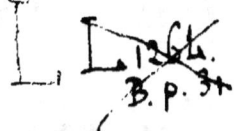

HISTOIRE
DES FRANÇAIS.
TOME XXXI.

Ouvrages du même Auteur, publiés par la Librairie TREUTTEL et WÜRTZ.

HISTOIRE DES FRANÇAIS ; 31 vol. in-8°. *Paris,* 1821 à 1844. (Ouvrage complet)............................. 210 fr.
— Le même ouvrage, sur papier vélin superfin...... 315 fr.
JULIA SEVERA, ou l'An quatre cent quatre-vingt-douze (Tableau des Mœurs et des Usages dans les Gaules, du temps de Clovis). 3 vol. in-12. *Paris,* 1822............. 7 fr. 50 c.
HISTOIRE DES RÉPUBLIQUES ITALIENNES DU MOYEN AGE; quatrième édition, revue et corrigée. 10 vol. in-8°. avec gravures sur acier. *Paris,* 1840-1841. (Ouvrage complet)...... 50 fr.
HISTOIRE DE LA RENAISSANCE DE LA LIBERTÉ EN ITALIE, de ses Progrès, de sa Décadence et de sa Chute. 2 vol. in-8°. *Paris.* 1832.. 12 fr.
DES ESPÉRANCES ET DES BESOINS DE L'ITALIE. Brochure in-8°. *Paris,* 1832.................................. 60 cent.
DE LA LITTÉRATURE DU MIDI DE L'EUROPE ; nouvelle édition, revue et corrigée. 4 vol. in-8°. *Paris,* 1829....... 28 fr.
HISTOIRE DE LA CHUTE DE L'EMPIRE ROMAIN ET DU DÉCLIN DE LA CIVILISATION, de l'an 250 à l'an 1000. 2 vol. in-8. *Paris,* 1835.. 9 fr.
ÉTUDES SUR LES SCIENCES SOCIALES. — Tome I. *Études sur les Constitutions des peuples libres.* 1 volume in-8. *Paris,* 1836.................................. 7 fr. 50 c.
— Tome II. III. *Études sur l'Économie politique,* 2 vol. in-8°, *Paris,* 1837-1838................................. 15 fr.
PRÉCIS DE L'HISTOIRE DES FRANÇAIS, 3 volumes in-8°, 1838-1843.. 15 fr.

HISTOIRE
DES FRANÇAIS,

PAR

J. C. L. SIMONDE DE SISMONDI,

Chevalier de la Légion d'honneur; Associé étranger de l'Institut de France, de l'Académie impériale de Saint-Pétersbourg, de l'Académie royale des Sciences de Prusse, de l'Académie royale des Sciences de Turin; Membre honoraire de l'Université de Wilna, de l'Académie et de la Société des Arts de Genève, de l'Académie Italienne, de celles des Georgofili, de Cagliari, de Pistoia, de Palerme, de Chiavari, de San Miniato, de Val d'Arno, de Cortona; de l'Académie Romaine d'Archéologie, et de la Société Pontaniana de Naples.

TOME TRENTE-UNIÈME.

TABLE GÉNÉRALE ALPHABÉTIQUE.

A PARIS,

CHEZ TREUTTEL ET WÜRTZ, LIBRAIRES,
RUE DE LILLE, N° 17.

A STRASBOURG, même Raison de Commerce, Grand'Rue, n° 15.

1844.

HISTOIRE DES FRANÇAIS.

TABLE GÉNÉRALE ANALYTIQUE
ET RAISONNÉE,
PAR ORDRE ALPHABÉTIQUE.

ABD

ABAFFI (MICHEL), prince de Transylvanie; ses hostilités contre l'empereur; XXV, 320, 378. Se rattache à lui, 527.

ABAGHA, khan des Mogols de Perse; son ambassade au concile de Lyon; négociations sans résultat; VIII, 252, 253.

ABAILARD; sa naissance; son génie; son école à Melun; V, 64. Puis à Paris; fonde la réputation des écoles de cette ville; ses amours; vengeance de Fulbert; son égoïsme, son insensibilité; élégance de sa latinité, 65 et suiv. Ses vers amoureux; on ne sait en quelle langue, 69. Sa controverse avec saint Bernard, 291. Condamné par le concile de Sens, s'enferme à Clugny, où il meurt, 293 et suiv.

ABBON, abbé; son voyage à Rome; horreur que le pape Jean xv lui inspire; IV, 90, 91. Ses négociations à la cour de Rome, 100.

ABBOVILLE (D'), général français; commande l'artillerie à York-Town; XXX, 201.

ABD-EL-MELEK fait passer des forces dans les Gaules; II, 136: Est emprisonné; II, 141.

ABD

ABD-EL-MELEC, lieutenant du calife Issem; envahit l'Aquitaine; sa victoire; II, 345.

ABDÉRAME, lieutenant du calife Hescham, fait tuer Munusa; II, 127. Passe les monts; bat Eudes, 128. Menace Tours, 129. Perd la bataille de Poitiers; est tué, 130, 131.

ABDÉRAME, fils de Mouviah, sépare l'Espagne de l'empire des califes; II, 141, 196. N'est pas redoutable aux chrétiens de l'Occident, 142. Pourquoi appelé *Miramolin*, 196. Regardé par le calife abasside de Grenade comme un rebelle, 258. Révoltes contre lui, 259. Protecteur des princes chrétiens de Navarre et des Asturies, 261.

ABDERAME II, roi de Cordoue, protège l'indépendance des Navarrais; II, 462. Seconde la révolte d'Aizon, 468. Seconde Guillaume; III, 83. Fait la paix avec Charles-le-Chauve, 91. Envoie des secours à Pépin, 93. Ses troupes dévastent la Provence, 94. Sont chassées de Barcelone, 95.

ABDERRAMAN envahit la Provence; II, 136.

ABDOULLAH dispute le califat à son neveu Alhaccan; vient au camp de Charlemagne; s'empare de Valence, qui lui reste; II, 360, 361.

ABODRITES, Slaves protégés par Charlemagne; attaqués par les Weltsi; secourus par le roi franc; II, 332. Convoqués au Champ-de-Mai; 353. Attaqués par les Saxons; sont vainqueurs, 365. Attaqués par Guifrid, 409.

ABOUBECRE (SEIFFEDDIN), sultan de Damas et d'Egypte; attaqué par les croisés; VI, 501.

ABOU-SAID-SAMAC, sultan d'Egypte; ses rapports avec Charles VII et Jacques Cœur; XIII, 451, 452.

ABU IOUSEF, empereur de Maroc; invoqué par les nobles de Castille contre leur roi; VIII, 235. Passe en Espagne; 261. Ses victoires, 262, 270. Il bat les Arragonais, 271. Il repasse en Afrique, 272, 282. Invoqué par Alphonse X contre don Sanche; son intervention, 328.

ABUL-HASAN, roi de Fez et de Maroc; envahit la Castille; est vaincu à Vadacelito; X, 225.

ACADEMIES Française; des Inscriptions et Belles-Lettres; des Sciences; de peinture; époques de leur fondation; XXIII, 280; XXV, 118.

ACFRED, comte d'Auvergne, duc d'Aquitaine, ne reconnaît point Rodolphe; III, 356. Le reconnaît, 372.

ACHÉ (LE COMTE D); ses défaites dans les Indes; XXIX, 302, 304.

ACHMET III, sultan des Turcs; sa guerre avec les Vénitiens et l'empereur; XXVII, 309. Sa chute, XXVIII, 88.

ACKERMANN (FRANÇOIS) conduit hors de Gand une nombreuse troupe des plus pauvres citoyens; XI, 350. Ses opérations après la victoire de Bruges, 357. Remplace Arteveld comme capitaine général; ses négociations avec l'Angleterre; par quel incident renouées; 417, 418. Il renforce les assiégeants devant Ypres, 425. Il surprend Oudenarde, 431. Petite guerre qu'il soutient; sa générosité, 461. Travaille à la paix, 464, 465. Présente une députation de Gantois au duc de Bourgogne; croit profiter de l'amnistie; est assassiné, 466, 467.

ACRE (SAINT-JEAN D'), long et mémorable siége de cette ville; VI, 83 et suiv. 106, capitule; massacre des habitans, 111, 112. Assiégé et repris définitivement par les Musulmans; VIII, 448 et suiv.

ACY (REGNAULT D'), avocat général; est tué; X, 521.

ADALBÉRON, évêque de Metz, du parti de Louis IV; III, 403. Réduit, 405. Vengeance qu'il attire de la part du duc de Lorraine, 446.

ADALBÉRON, archevêque de Reims, dévoué aux intérêts d'Othon; III, 487. Correspondance de son secrétaire, 490. Charles de Lorraine sollicite vainement son appui; réponse qu'il lui fait, 496. Sacre Hugues-Capet, 498; IV, 41. Sacre son fils Robert, 41. Sa mort, 44.

ADALBERON, évêque de Laon; ses amours supposées avec la reine Emma; III, 488, 491. Chassé de son siége, 492. Prisonnier du prince Charles, 494. D'intelligence avec Hugues Capet, lui livre les princes Carlovingiens; IV, 49, 50.

ADALBERT, duc de Metz, forcé sur le Rhin par Louis-le-Germanique; III, 62.

ADALBERT, duc de Toscane, s'empare de Rome; III, 231.

ADALBERT, comte de Périgueux, attaque Guillaume Fier-à-Bras; sa réponse à une sommation de Hugues Capet; IV, 48.

ADALGER livre aux Lorrains les portes de Reims; IV, 45. Rejette sa trahison sur l'archevêque Arnolphe, 57.

ADALGISE, fils de Didier, roi des Lombards; son père demande pour lui Giselle, sœur de Charlemagne; II, 227. Se renferme dans Vérone, 242. S'enfuit, 245. Trouve un asile à Constantinople, 246. Conspiration en sa faveur, 252. Nommé patrice de Sicile, 309. Soulève l'Italie méridionale, 328. Sa défaite; sa mort, 331.

ADALGISE, duc de Bénévent, fait prisonnier l'empereur Louis II; III, 183.

ADALHARD, député près de Louis-le-Germanique; III, 128.

ADAMS, l'un des rédacteurs de la déclaration d'indépendance des Américains; XXX, 158.

ADÉLAIDE, seconde femme de Louis-le-Bègue; le pape refuse de la couronner; pourquoi; III, 232, 287.

ADÉLAIDE de Bourgogne, promise en mariage à Lothaire d'Italie, III, 397. Est veuve; épouse Othon-le-Grand, 445. Se retire chez son frère, 475. Réconciliée avec son fils, 485. S'interpose pour la paix en France, 493. Protectrice de Gerbert; IV, 54, 62. Médiatrice entre Rodolphe III et ses grands, 74.

ADELAIDE, impératrice, femme de l'empereur Henri IV; enfermée par lui; IV, 499. L'accuse devant un concile de l'avoir prostituée; doutes sur la valeur de ses déclarations, 500.

ADÉLAIDE de Savoie épouse Louis-le-Gros; V, 111.

ADÉLAIDE de Louvain épouse Henri Ier, roi d'Angleterre; V, 160.

ADÉLAIDE de France, fille de Louis XV; ses soins à son père, et incidemment nommée; XXIX, 503; XXX, 128, 254.

ADÈLE, femme de Baudoin de Flandre, l'excite à se révolter contre son père; IV, 194. Elevée à la cour de Flandre, 208. Sa mort, 311.

ADELGISE, chambellan de Charlemagne envoyé contre les Souabes; II, 291. Sa défaite, sa mort, 292, 293.

ADELHARD (SAINT) reconnaît Charlemagne comme successeur de Carloman; II, 232. L'un des ministres de l'empire français, 428. Est exilé, 434. Rentre en grâce, 451. Louis lui demande pardon publiquement, 453.

ADHELARD, lieutenant de Charles à la bataille de Fontenay; III, 64.

ADHEMAR, comte de Poitiers, supposé ennemi d'Eudes; III, 307.

ADHEMAR (LE COMTE D') est nommé ambassadeur en Angleterre; XXX, 240. Est de l'intimité de la reine, 262.

ADOLPHE de Nassau, élu empereur; VIII, 454. Edouard d'Angleterre cherche à l'exciter contre la France; ses griefs; secours qu'il promet 483, 484. Déclare la guerre à Philippe-le-Bel, 491. Se borne à de vains défis, 494. Reproches et menaces que lui adresse le pape, 499. Trève dans laquelle Edouard veut le comprendre, 513. Pourquoi Philippe ose organiser la résistance de ses sujets allemands; son immobilité; IX, 8. Ses ambassadeurs auprès du comte de Flandre, 13. Chef d'une nouvelle ligue qui n'agit point, 15, 16, 18. Est entouré d'ennemis en Allemagne, 24. Parti pour le déposer, 25, 41, 42. Est tué, 43.

ADOLPHE de Gueldres; pourquoi il est exclu de la succession paternelle; XIV, 381 à 383. Prétend à la main de Marie de Bourgogne; est tué, 521. La liberté de ses enfants réclamée par les états de Gueldres, 584.

ADOLPHE FREDERIC II, roi de Suède; appui que lui donne Choiseul; sa mort, XXIX, 467, 468.

ADORNO (ANTONIOTTO), doge de Gênes; secours qu'il obtient de Charles VI contre le roi de Tunis; XI, 582. Fait déférer au roi Charles la seigneurie de Gênes; XII, 82, 83. Luttes de sa famille pour la cause française; XV, 628; XVII, 248.

ADRIEN Ier, pape, refuse de sacrer les fils de Carloman; II, 240. Ses prétentions sur le territoire des Lombards; commence les hostilités contre eux; ses négociations avec Charlemagne, 241. Le reçoit à Rome, 244. Donation qu'il obtient de lui, 245 et suiv. Politique personnelle qu'il lui inspire; titre qu'il lui donne; son inimitié contre les ducs lombards, 252. Les pousse à la révolte, 253. Ses prétentions au sujet de la donation faite à l'église; ses réclamations; ses accusations contre les ducs lombards; récriminations de ces princes; comme il se disculpe, 280 à 284. Appelle Charles en Italie, 284. Baptise un de ses fils et le sacre roi ainsi que son jeune frère, 285. Intervient dans les négociations entre Charles et Tassilon, 289. Odieux aux Grecs et aux Lombards, 305. Sa position ambiguë dans la monarchie des Francs, 306. Excite encore Charles contre les Lombards, 308. S'oppose à la mise en liberté de Grimoald, 309. Menace Tassilon de l'excommunier, 310. Donne à Charles deux maîtres de chant grégorien et des Antiphonaires, 323. Appui qu'il tire de l'autorité des fausses décrétales, 324. Avertit Charles de la fermentation causée en Italie par la présence d'Adalgise, 328. Ambitionne la possession de toute la péninsule, 339. Reçoit l'abjuration de l'évêque d'Urgel, 339. Dénonce sa rétractation, 347. Elude la question iconoclaste, 351. Sa mort; considéré par Charles comme son lieutenant en Italie, 354.

ADRIEN II, pape; sa conduite à l'égard de Lothaire; paroles qu'il prononce en donnant la communion à lui et à ses compagnons; mort de ceux-ci et du roi; III, 154, 157. Veut assurer à l'empereur Louis l'héritage de Lothaire, 179. Sa controverse avec Hincmar, 180. Protége Carloman, fils de Charles; sa lettre véhémente à ce roi, 192. Change de langage, abandonne Carloman; promet l'empire à Charles, 196. Sa mort, 197.

ADRIEN IV, pape, couronne à Rome l'empereur Frédéric Barberousse; V, 423; sa mort, schisme qui la suit, 430.

ADRIEN V, pape; brièveté de son règne; VIII, 269.

ADRIEN VI (ADRIEN FLORENT D'UTRECHT), pape, d'abord précepteur de Charles-Quint, puis cardinal de Tortose; gouverne l'Espagne; n'est point obéi; XVI, 124. Son élection; son dévouement à l'empereur, 147, 148. Fin des insurrections qui ont éclaté contre lui en Espagne, 163. Il se réconcilie avec les d'Estes; les Urbins; Venise; il forme une ligue générale contre la France, 165 à 167. Sa mort, 199.

ÆGA, Neustrien, s'empare de l'esprit de Dagobert; II, 26. Son principal ministre; le roi lui recommande son fils, 38; sa prudence, sa justice; il est maire du palais de Neustrie; sa mort, 40.

ÆGIDIUS, gouverne le Soissonnais; I, 165. Arrête les Visigoths, 166. Gouverne les Francs, 178.

ÆGIDIUS, évêque de Reims, contribue à perdre Mérovée; I, 349. Fait partie de l'ambassade envoyée à Chilpéric, 362. Chef de la faction aristocratique; sédition contre cette faction qui le force à se réfugier à Reims, 364. L'un des administrateurs du jeune Childebert est député aux plaids du royaume, 378. Comme il évite la vengeance du roi, 394. Condamné à la dégradation et à l'exil, 397.

ÆGINA; sa querelle avec Brodulphe; I, 18.

AERSCHOTT (LE DUC D'), général de Charles-Quint en Flandre; piége qu'on lui tend et auquel il échappe; XVI, 182, 183.

AERSCHOTT (LE DUC D'), exclus nominativement d'un échange de prisonniers; XVIII, 41. Est lieutenant du duc de Savoie, 45. Est otage pour l'exécution du traité de Cateau-Cambresis, 93.

AETIUS, général romain; I, 149. Se maintient dans les Gaules, et pour faire reconnaître l'autorité impériale bat les Francs, les Bourguignons, les Visigoths, les Bagaudes; 150 et suiv. Marche contre Attila, fait lever le siége d'Orléans, 154. Races diverses qui composent son armée, 156. Sa victoire de Châlons, 158. Il est tué par l'empereur, 160.

AFFIS (D'), président à Bordeaux; son opposition aux frondeurs; comment réduit; XXIV, 343, 344.

AGAPIT, pape, s'interpose pour pacifier la France; III, 431. Ses lettres en faveur de Hugues de Reims; mal accueillies par le concile de Mouson; il convoque un autre concile, 433. Confirme l'excommunication prononcée contre Hugues de France, 441.

AGLIE (PHILIPPE D'), amant de la régente de Savoie; se concerte avec l'ambassadeur de France; XXIII, 327, 331. Détermination qu'il cause, 348. Conseils qu'il donne à la princesse; Richelieu veut le faire disgracier, 375, 376. Défend l'indépendance de son pays, 384, 387, 388. Son arrestation, 433.

AGNÈS de Poitiers, épouse l'empereur Henri III; IV, 266. A la tutelle de son fils, 304. Avec qui elle la partage, 325. Commence le premier schisme en faisant consacrer pape Honorius II, et refusant de reconnaître l'élu du sacré collége, 326. Complot contre elle, 327. Son fils lui est enlevé; elle se retire en France, puis à Rome, 328, 329.

AGNÈS de France, duchesse douairière de Bourgogne; protége sa petite-fille Jeanne de France; IX, 339, 340. Transige sur les droits à la couronne de la jeune princesse à son propre profit, 350. Protestation en son nom au sacre de Philippe v, 351.

AGOULT (LE MARQUIS D') arrête Montsabert et d'Eprémenil; XXX, 373 et suiv.

AGRICOLA (JEAN ISLEB), l'un des rédacteurs de l'Intérim; XVII, 340.

AGUILAR (LE COMTE D'); ses menées contre Albéroni; XXVII, 318.

AGUESSEAU (D'), chancelier, d'abord procureur général; conseiller du duc d'Orléans; XXVII, 233. Sa faiblesse de caractère, 234. Influence le parlement, 238. Sa promotion, 296. Sa disgrâce, 341, 349. Son rappel, 423. Transaction qu'il ménage dans l'affaire de la bulle *Unigenitus*, 435. Pourquoi s'éloigne du conseil de régence; est encore exilé, 460, 461. Persécutions auxquelles il s'est opposé, 515. Quand rappelé de l'exil; XXVIII, 7, 45. Abandonne le parti des libertés gallicanes, 47. Il négocie avec le parlement, 49. Conseillers dont il obtient qu'ils retirent leurs démissions, 50. Son portrait, 188 et suiv. A limité le pouvoir des intendants, 355. Se maintient aux affaires, 477.

AGUESSEAU (D') opposé aux réformes judiciaires; XXX, 379.

AGWORTH (THOMAS D'), lieutenant d'Edouard III en Bretagne; X, 257. Renfort qu'il reçoit; ses opérations; il est prisonnier, puis délivré, et prend Charles de Blois, 322, 323. Ordre qu'il reçoit du roi; XI, 39.

AIGLE (RICHARD DE L'); exemple de son respect pour les franchises ecclésiastiques; V, 143.

AIGUILLON (LA DAME DE COMBALET DUCHESSE D'), nièce de Richelieu; maltraitée par Marie de Médicis, XXIII, 154; chassée par elle, 158. Cette princesse tente de l'enlever, 214. Projet de mariage pour elle, 233. Honneurs prétendus que son oncle lui destine, 453. De quoi accusée, 530. Le Havre est sous sa garde; offensée par Condé, elle entraîne la reine à s'unir aux frondeurs; XXIV, 295 à 297. Elle repousse la duchesse de Longueville, 310.

AIGUILLON (LE DUC D'), d'abord duc d'Agenois; ses amours avec Mme de la Tournelle; XXVIII, 255 et suiv. Gouverneur de la Bretagne; il repousse les Anglais; XXIX, 166. Armement qu'il prépare, 204. Ses débats avec le parlement de Rennes, 304, 352 et suiv. Sa haine envers Lachalotais; il le fait arrêter; est regardé comme chef du parti réactionnaire, 319 à 322. Ses accusations; ses intrigues contre Choiseul, 337, 365, 399 et suiv. Se déclare pour la Dubarry, 402. Est chef du parti anti-autrichien, 407. Excite le roi contre le Parlement, 412 à 416. Procès que lui intente celui de Rennes, 417 et suiv. Il siége à l'assemblée de Versailles, 424. Il fait exiler Choiseul, 426 et suiv. Se croit maître du pays, 440. Exalté par la favorite, 457. Nommé ministre des affaires étrangères; ses alliances, 463 à 465. Agitation que sa nomination cause en Bretagne; révolution qu'il seconde en Suède, 466 à 471. Il envoie Vioménil en Pologne, 478. Le traité de partage de ce royaume lui est communiqué, 481. Inquiet de la douleur du roi, lui propose de conquérir les Pays-Bas, 485. Pourquoi ne sauve pas les Jésuites; est surveillé par le roi; réaction de l'opinion contre lui; lettres de cachet qu'il emploie pour la comprimer; n'est point dévot; 492 à 496; fait ramener à Versailles le roi malade, 499. Ses derniers rapports avec lui, 501 et suiv. Sa disgrâce; XXX, 24 et suiv. Adversaire de la reine, 253.

AILLY (PIERRE D'), évêque de Cambrai; ses ambassades pour faire cesser le schisme, XII; 112, 113, 262, 264.

AIMERY, évêque de Clermont; ses démêlés avec Guillaume VI, comte d'Auvergne; V, 163, 201.

AIMERY, vicomte de Narbonne, protége la retraite de Philippe-le-Hardi; VIII, 372. Fait arrêter les ambassadeurs d'Aragon, 404. Plaintes du pape Boniface VIII contre lui ; IX, 72. Pourquoi emprisonné ; Charles-le-Bel le place à la tête d'une croisade abandonnée, 412.

AIMERY de Pavie, feint de vouloir livrer Calais aux Français ; les trompe ; sa mort ; X, 362, 363.

AIMOIN, moine ; son récit des incursions des Normands ; III, 122 et suiv.

AIMON, évêque de Verdun ; son discours en langue romane au concile de Mouson ; IV, 61.

AIRE (JEAN D'), son dévouement pour la ville de Calais ; X, 330 et suiv.

AITELLI, chef des Corses insurgés contre Gênes ; son arrestation ; XXVIII, 202.

AIX (LOUIS D'), viguier de Marseille ; complice de Casaux ; sa fuite ; XXI, 391, 396, 397.

AIZON, suspect à Louis-le-Débonnaire ; II, 467. Fait révolter une partie de l'Espagne ; ses succès, 468.

ALAIS (LE COMTE D'), ses démêlés avec le parlement d'Aix ; XXIV, 267 à 269 ; 286, 287. Marseille a pris son parti, 591.

ALAINS, Tartares du Volga appelés dans les Gaules par Gratien ; I, 40. Quelques-uns suivent les Vandales, 123. Leur assurent la victoire, 128. Les suivent en Espagne, 134. Dépossédés par les Visigoths, 144. Suivent les Vandales en Afrique, 149. Tribus d'Alains établis à Orléans et à Valence, 151.

ALAIN-LE-GRAND est roi des Bretons ; III, 228, 229. Indépendant, 293. Ne combat que les Normands, 294. Les bat après l'avoir emporté sur son rival Judicael ; II, 299. Règne seul, 323.

ALAIN (BARBE-TORTE), comte de Nantes, vaincu par Guillaume Longue-épée ; réfugié en Angleterre ; III, 394. Restitution qu'il obtient, 395. Fait hommage à Louis IV, 413. Aux prises avec les Normands ; vaincu, 424.

ALAIN III, duc de Bretagne ; révolte de paysans pendant sa minorité ; affreux supplices ; IV, 190. Fait hommage à Robert-le-Magnifique, 237. Paraît à sa cour plénière, 239. Tuteur de son fils ; sa mort ; soupçons d'empoisonnement, 241.

ALAIN, comte de Penthièvre ; ses démêlés avec ses voisins ; IV, 337.

ALAIN-FERGENT, duc de Bretagne, aux prises avec Guillaume-le-Conquérant ; IV, 475. Le bat ; épouse sa fille ; accepte la paix, 476. Etendue de ses domaines ; V, 8. Marche à la croisade, 22. Sa soumission volontaire à Henri d'Angleterre, 110.

ALARÇON, capitaine espagnol ; troupes qu'il commande ; il escorte François Ier prisonnier ; XVI, 222, 240, 264, 267, 277.

ALARÇON (don MARTIN D'), inquisiteur à bord de l'invincible Armanda ; XX, 383.

ALARD-GUILLEBAUD, défend le jeune seigneur de Bourbon ; V, 97.

ALARD DE SAINT-VALERY, chevalier, dirige l'armée de Charles d'Anjou à la bataille de Tagliacozzo ; VIII, 172.

ALARIC Ier, roi des Visigoths ; I, 118. Reçoit d'Arcadius le commandement en Illyrie ; ravage l'Italie, 119. Vaincu par Stilichon, 126. Marche sur l'Italie, s'empare de Rome, 136. Meurt en Calabre, 137.

ALARIC II remplace Euric ; I, 169. Livre Syagrius à Clovis, dans le but d'abattre finalement la puissance romaine, 179 et suiv. Epouse la fille de Théodoric, roi d'Italie, 216. Son zèle arien, 217. Ses querelles avec son clergé orthodoxe, desquelles Clovis est le moteur, 218. Son entrevue avec le roi franc, 219. Attaqué, vaincu et tué à Vouglé, 220 à 223.

ALARY (L'ABBÉ), sous-précepteur du Dauphin ; son club de l'entresol ; XXVIII, 187.

ALBANI (LE CARDINAL), gagné par Dubois ; XXVII, 436, 441.

ALBANO (CARDINAL D'), préside la commission qui condamne Jacques de Molay ; IX, 288.

ALBANO (LE CARDINAL), commission dont il fait partie ; XXVI, 288. Est élu pape (voy. Clément XI), 307.

ALBANY (DUC D'), de la maison Stuart, réfugié en France ; XIV, 583. Blessé à Metelin ; XV, 351.

ALBANY (le duc d') est de l'armée d'Italie; XVI, 23. Est régent d'Ecosse, 54, 149. Siége au Parlement parmi les Pairs, 180. Envoyé à Naples avec un corps français, 228. Arrêté en route par la maladie, 239. Est rappelé en France, 251.

ALBE (CARDINAL D'), légat du pape à l'expédition de Tunis; meurt; VIII, 194.

ALBE (FRÉDÉRIC DE TOLÈDE, DUC D'), capitaine-général du Roussillon; ses succès; XV, 411. Il fait la conquête de la Navarre; entre en France, 603 à 606. Sa prétendue délibération sur la captivité de François Ier; XVI, 265. Est de l'armée impériale d'Italie, 505.

ALBE (FERDINAND ALVAREZ DE TOLÈDE, DUC D'); sa politique à l'égard des Cortès; XVII, 371. Soupçonne Maurice de Saxe, 438. Assiége Metz, 484 et suiv. Commissaire pour la paix, 545. Gouverneur du Milanais, 551. Aux prises avec Brissac; ses revers, 352, 353. Vice-roi de Naples; le pape le force à des hostilités; il gagne les Farnèses; son manifeste; XVIII, 12, 13. Ses conquêtes; ses cruautés, 14. Son ascendant, 15. Amnistie qu'il signe, 18. Il se concentre à Naples, 35. Ses opérations; il bat l'armée papale sous Palliano, 38 à 40. Il menace Rome et signe la paix, 41, 42. Commissaire pour la paix générale, 83. Otage pour l'exécution du traité, 193. Exprime le vœu que les sectaires de France soient persécutés, 248. Accompagne la reine d'Espagne en France; ses conférences avec Catherine; Ses rapports avec elle, 444 à 448, 450, 451, 453, 478. Est envoyé dans les Pays-Bas; sa marche, 484, 485. Est côtoyé par Montbrun, 497. Présents qu'il envoie en France, 515. Le prince d'Orange s'apprête à le combattre, 531. Le roi lui ordonne de purger les Pays-Bas des hérétiques; il institue le conseil des troubles; nombreuses victimes de ce tribunal; raffinement des supplices; désespoir des Flamands; XIX, 11 à 13. Il bat Louis de Nassau; est secondé par Charles IX, 14, 15. Evite de livrer bataille au prince d'Orange; ses forces, 16. Félicité par le pape, 20. Il envoie du renfort à Catherine, 52, 53. Les Nassau lui cherchent des ennemis, 109. Ses inquiétudes, 111, 112. Sa tyrannie; il dépeuple la Flandre; ses embarras financiers; impôts qu'il demande; opposition qu'il éprouve; supplices qu'il commande; exploits des gueux de mer, 117 à 121. Il obtient satisfaction d'Elisabeth; ses échecs; soulèvement de la Hollande; il est remplacé, 133 à 136. Bat Genlis à Saint-Guilain, 146, 147. Prisonniers que Charles lui recommande, 148. Il force Orange à quitter les Pays-Bas; ses pillages; il obtient la capitulation de Mons, 200 à 203. Viole celle de Harlem, 251 à 253. Définitivement rappelé; durée et désastres de son gouvernement, 482, 483. Ses édits persécuteurs supprimés, 489. Il envahit le Portugal; XX, 27. Ses cruautés; sa mort, 33.

ALBE (DON FERDINAND DE TOLÈDE, DUC D'); expédition où il échoue; n'obtient point de remplacer son père; XIX, 135, 136. Est envoyé en Hainaut, 146, 147. Prend Harlem, 251, 252. Puis Maestricht, 487. Son scrupule d'étiquette près de Philippe III; XXII, 524.

ALBEMARLE (LE COMTE D'), lieutenant du roi d'Angleterre en Bretagne; VII, 102.

ALBEMARLE (LE DUC D') commande la flotte anglaise; est battu par Ruyter; XXV, 113.

ALBEMARLE (LORD), prisonnier à Denain; XXVII, 162.

ALBEMONT (HENRI, COMTE D'), auxiliaire du comte de Flandre; est fait prisonnier; IX, 21.

ALBEREDA, comtesse d'Evreux, fait aveugler son architecte; pourquoi; aveuglée elle-même; IV, 516.

ALBERIC, patrice de Rome, tient le pape dans sa dépendance; III, 415, 433.

ALBERIC, moine chroniqueur; généalogie de Hugues Capet selon lui; IV, 38.

ALBERIC de Toulouse, épouse Béatrix, héritière du dauphin de Vienne; V, 448. Priviléges que lui accorde l'empereur, 536. Sa mort sans enfants; VI, 30, 162.

ALBERCROMBIE (LE GÉNÉRAL); son échec à Ticonderoga, XXIX; 176.

ALBERONI (LE CARDINAL JULES), confident de la reine d'Espagne; origine de sa fortune; son portrait; son titre à Madrid; son pouvoir; ses intrigues; passions qu'il sert; XXVII, 270 à 275. Ses avances à l'Angleterre repoussées; secours qu'il donne à l'Italie; sa promotion; envoyé français qu'il éconduit; expédition contre l'Autriche à laquelle il est entraîné, 279 à 289. Ses projets pour l'indépendance de l'Italie, paralysés par la maladie du roi, 310 à 316. Faction contre lui, 317 et suiv. Son irritation contre l'Angleterre, contre l'empereur. Ses alliances au nord en faveur des Stuarts; ses apprêts de guerre; ses offres au duc de Savoie; il fait la conquête de la Sicile; ses explications avec Stanhope; comparé à Dubois, 324 à 335. En butte à l'envie de ce dernier et à l'inimitié de l'Angleterre, 360 à 362. Sa part dans les intrigues de Cellamare et de la cour de Sceaux, 364 et suiv. Saint-Aignan lui échappe, 370. Echecs de ses armes et de sa diplomatie, 378 et suiv. Il tente d'agiter la Bretagne, 382. Sa chute, 384 à 387, 450, 499. Confiance qu'il inspire au pape; il refuse de reparaître sur la scène, 502. Ses rapports avec Riperda, 274, 527. Incidemment nommé; XXVIII, 10, 187, 204.

ALBERT de Parme, secrétaire et négociateur d'Innocent IV; VIII, 4, 5, 31. Mission que lui donne en France Urbain IV, 57.

ALBERT de Hapsburg; son père lui donne l'Autriche; VIII, 305. Efforts de son père pour lui assurer l'empire et la couronne de Hongrie, 453. Les électeurs l'écartent, 454. Conjuration en sa faveur; IX, 25. Secondé par Philippe-le-Bel, élu par la minorité du corps électoral, 42. Livre le combat de Gelheim, où son adversaire est tué; cherche à faire valider son élection; opposition du pape, 43. Sa conférence avec Philippe; projet d'alliance entre eux; il lui laisse le champ libre à Lyon et en Franche-Comté, 44; dénoncé par le pape comme usurpateur et meurtrier, 62, 64. Les Allemands déliés par une bulle de leurs serments envers lui, 65. Ses succès en Allemagne; Boniface ratifie son élection, 112, 113. Offre prétendue que le pontife lui aurait faite de la couronne de France, 114. Il est sollicité par lui de prendre les armes en faveur de Charobert, 115. Est aux prises avec les Bohémiens, 173, 174. Soins qui l'occupent; il évite de donner de la jalousie à Philippe-le-Bel; violences de ses lieutenants en Suisse, 213. Il y court pour réprimer l'insurrection; est assassiné, 214.

ALBERT, cardinal archiduc d'Autriche; Philippe II lui destine sa fille; XXI, 359. Il est nommé gouverneur des Pays-Bas, 379, 380. Met son armée en mouvement; fait prendre Calais, 423 à 426. Il rentre en Flandre, 427. Ne peut sauver Amiens, ni passer la Somme; sa retraite; est disposé à la paix, 466 à 469. Son mariage; les Pays-Bas lui sont cédés; ses défaites; XXII, 38, 39. Il assiége Ostende, 64. Son désir de la paix, 137. Traités qu'il signe, 138 à 140. N'ose accueillir Condé, 173. Henri IV lui demande passage dans ses états, 174. Sa mort, 533.

ALBERT de Brandebourg fait partie de l'armée impériale; XVII, 197. Secoure l'autorité de Maurice de Saxe, 472. Ils combattent à Sivershausen; Maurice est tué; armée qu'il amène sur la Moselle, 480, 481. Sa conduite ambiguë; il attaque les Français et se réunit à l'empereur, 484 à 486. Troubles qu'il excite en Allemagne, 504. Effet de ses violences, 561.

ALBERT-LE-GRAND; ses opinions réalistes; X, 35.

ALBERT de Bavière, régent du Hainaut; sa fidélité à l'alliance française; XI, 111. S'interpose vainement entre le comte de Flandre et ses sujets, 346. Son intervention dans leurs démêlés, 349, 350. Mariage de ses enfans, 454. Il accueille sa nièce Isabeau, 455.

ALBERT II (d'Autriche), élu empereur; XIII, 324.

ALBERT duc de Saxe, lieutenant de Maximilien dans les Pays-Bas ; ses échecs ; XV, 85. Son entrée à Bruxelles, 89. Ses succès contre les Flamands soulevés, 123. Contenu sur les frontières françaises, 124.

ALBERGOTTI, blessé à Malplaquet ; XXVII, 88. Capitule à Douai, 101.

ALBIGEOIS réformateurs ; V, 370. Leurs principes se répandent, 524. Mesures prises contre eux, 529. Commencement des croisades pour les exterminer ; VI, 31. Leur réforme est le produit de la fermentation générale des esprits, 125, 126. Leur enthousiasme sombre, 160. Leur identité avec les réformateurs du 16ᵐᵉ siècle, 254. Grande croisade contre eux, 273 et suiv. Sur qui doivent rejaillir les crimes de cette expédition, 367 et suiv.

ALBOIN, roi des Lombards, s'allie aux Avares ; I, 317. Passe les Alpes ; fait la conquête de l'Italie, 323.

ALBORNOZ (EGIDIO), cardinal ; à l'aide des compagnies, rétablit l'autorité pontificale dans les états romains ; XI, 66.

ALBRECHT, aventurier, position qu'il s'est faite en Champagne ; X, 547.

ALBRET (LES D'), famille puissante du Midi ; leurs querelles avec les Armagnac et les comtes de Foix, (v. ces noms.)

ALBRET (LE SIRE D'), requis par le prince Noir ; ses démêlés avec lui ; il l'accompagne en Espagne ; XI, 69 à 71. Prend part à la bataille de Najerra, 75. S'attache aux intérêts de la France, 86, 88, 89. Aux prises avec les Anglais, 109. Accompagne le connétable, 407.

ALBRET (PERDUCCAS D'), capitaine de compagnies ; se met au service d'Henri de Transtamare ; XI, 39. Rappelé par le prince de Galles ; bat les officiers royaux de Charles v, 69. Sert sous ses drapeaux ; change de parti, 117. Défend Bergerac pour les Anglais, 228.

ALBRET (CHARLES D'), connétable de France ; entre dans le conseil des princes ; XII, 182. Ses hostilités en Guienne, 206, 245. Ses troupes, 254. Assiste au conseil, 273. Prend parti pour la reine, 298. Ne paraît point aux états, 340. Son étroite liaison avec Armagnac, 347. Guerre qu'il engage, 367. Est destitué, 380. Ses stipulations avec Henri IV, 382. Assiégé dans Bourges, 387. Sa soumission, 390. Son serment à Auxerre, 393. Son inertie en présence des Anglais, 397. Il rentre en fonctions, 435. Sa maladie, 449. Armée qu'il commande, 471, 477. Ses opérations, 478 à 480. Il perd la bataille d'Azincourt ; est tué, 481 à 489.

ALBRET (LE SIRE D'), fils du connétable ; otage en Bretagne ; XIII, 43. Ordonnance qu'il signe, 69. Arrête Giac, 72. Sommation que lui adressent les Etats, 92. Echoue à La Charité, 158. Reçoit l'ordre d'attaquer Thouars, 167. Sa capitulation à Tartas, 387. Dégagé par le roi, 389, 390. Il assiége Dax, 513. Seconde le comte de Clermont, 555. Est au siége de Bordeaux, 556. Prête serment de réconcilier le roi et le dauphin ; XIV, 64. Comment la couronne de Navarre est transmise à cette maison, 106. Engagé dans la ligue du bien public, 164. Armistice qu'il signe, 171. Ce qu'il obtient par le traité de Conflans, 192. Sa liaison avec le duc de Bourbon, 201. Désormais dévoué au roi, 220.

ALBRET (ALAIN SIRE D') ; son rôle aux Etats généraux ; XIV, 645, 652, 675, 678, 682. Dans les guerres de Bretagne, 31, 34, 42, 43, 47. Ses titres à ce duché, 33. Il appuie Comminges, 37. La main d'Anne de Bretagne lui est proposée, 42. Cette promesse est éludée ; son ressentiment, 48. Ses débats avec d'Orléans ; son poste ; sa fuite à Saint-Aubin du Cormier, 54 à 56. Négocie avec le roi, 63. Insiste pour son mariage avec la jeune duchesse, 72 à 74. Sa visite à Ferdinand et à Isabelle ; fiançailles de son fils ; par qui secondé en Bretagne, 78. Son pardon stipulé, 88. Apprend le mariage de la duchesse, 94. Il vend Nantes au roi, 97. N'est point récompensé ; 111, 112. Mariage de sa fille, 304. Son commandement sur les frontières d'Espagne ; son peu de succès, 410, 411. Il dépose contre Gié, 437.

ALBRET (CHARLOTTE D') ; son mariage avec César Borgia ; XV, 304.

ALBRET (LE MARÉCHAL D') ; sa promotion; XXIV, 441, 498. Gouverneur de Guienne; soulèvement avec lequel il transige; XXV, 313, 314.

ALCUIN, savant enrichi par Charlemagne; possède 20,000 esclaves; II, 276. Instituteur de ce prince, 318. Dirige les études de tout le royaume, 321. Ses ouvrages, 347. Sa prédiction sur Louis-le-Débonnaire, 426.

ALDOBRANDINI, légat du pape; s'interpose entre la France et la Savoie; XXII, 56, 57.

ALDOBRANDINI (LE CARDINAL), nonce du pape en Espagne; XXVII, 287. Décide Philippe à remonter sur le trône, 505.

ALEMBERT (D') est à la tête de la coalition des encyclopédistes; XXIX, 96. Flatté par Catherine II, 394.

ALENÇON (CHARLES DE VALOIS, COMTE D'), frère de Philippe VI; ses commandements; IX, 450; X, 20, 118. Est chargé de couvrir la frontière de la Guienne; s'empare de Saintes; X, 50. Sa violence expiée, 52. Son frère veut lui donner la couronne d'Italie; 69. Intervention du roi de Bohême en sa faveur, 70. Est à l'armée royale, 173. Assiste Charles de Blois contre Montfort, 191, 199, 217. Prend part à la bataille de Crécy, 297, 300. Y est tué, 301.

ALENÇON (JEAN DE VALOIS, COMTE PUIS DUC D') siége au conseil d'état; XII, 222. Allié de Jean-sans-Peur, 235. Assemblée à laquelle il assiste, 298. Se ligue contre le Bourguignon, 347, 434. Est de l'armée d'Artois; son désir de la paix, 449. Est duc et pair, 549. Joute avec le roi, 463. Se rend à l'armée, 477. Il coupe les ponts de la Somme, 478. Tué à Azincourt, 489.

ALENÇON (JEAN II DE VALOIS, DUC D'), visite le dauphin; XII, 507. Parrain de Louis XI; XIII, 27. Battu à Verneuil et prisonnier, 33 à 36. Est racheté, 76. Faveurs qu'il obtient, 88. Assiste aux états, 91. Présent aux examens que subit Jeanne d'Arc, 122. Prend Jargeau, 133. Sauve Suffolk, 134. Ses opérations de guerre, 135, 149 à 152, 158. Représente au sacre l'un des pairs laïques, 144. Ligué contre le favori; son débat avec le duc de Bretagne, 221 à 223. Seconde le connétable, 239. Insurrection qu'il ne peut soutenir, 242. Il entre dans le complot de la Praguerie, 359, 361. Il plie devant le roi; emmène le dauphin en Bourbonnais, 363. Conférences, hostilités; il demande grâce, 366. Caution du duc d'Orléans, 374. Il se tient à l'écart, 381. Se rend à l'assemblée de Nevers; ses réclamations personnelles; ce que le roi lui accorde, 392, 394, 395. Il prend Alençon, 487. Escorte Charles à Caen, 504. Ses intrigues; ses négociations avec le duc d'York; son arrestation; son entrevue avec le roi, 633 à 637. Est mis en jugement; sa condamnation; sa captivité; XIV, 16 à 22. Mis en liberté par Louis XI, 82. Engagé dans la ligue du bien public, 164. Invité à signaler les abus, 226. Recommence la guerre civile, 232. Ses échecs, 234. Se met en route pour rejoindre le Bourguignon, 365. Louis donne ordre de l'arrêter, 366. Ses complots; sa condamnation à mort; son emprisonnement; il meurt en captivité, 384 à 386.

ALENÇON (RENÉ, DUC D'); d'abord comte du Perche; seconde Louis XI contre son père; XIV, 234. Assiste aux états de Tours, 244. A l'assemblée des notables, 319. Son procès; sa condamnation, 589, 590. Sa captivité, 615. Mis en liberté par Charles VIII, 637. Assiste aux Etats généraux, 645. Est du parti d'Orléans, 649, 663. Représente au sacre l'un des pairs laïques; XV, 7. Disposé à la paix, 15. Siége au lit de justice, 49.

ALENÇON (CHARLES DE VALOIS, DUC D'); son âge à la mort de Charles VIII; représente un des pairs laïques au sacre de Louis XII; XV, 266. Entre avec lui à Paris, 281. Otage du comte de Flandre, 406. Suit le roi en Italie; son mariage avec Marguerite d'Angoulême; époque de sa mort, 519, 520. Il joute au couronnement de François Ier; XVI, 10. Est de l'armée du Milanais, 23. Fait lever le siége de Mezières, 131, 132. Grief du connétable contre lui, 170 Retenu près du roi, 192. Sa fuite à Pavie, 237. Sa retraite, 239. Sa mort, 244.

ALEXANDRE I*er*, roi d'Ecosse, rend hommage à Louis de France; envahit le nord de l'Angleterre; VI, 459.

ALEXANDRE III, roi d'Ecosse; sa mort; VIII, 455. Sa convention avec Edouard d'Angleterre pour assurer sa couronne à sa petite-fille, 456.

ALEXANDRE II, pape; son élection contestée; IV, 326. Quand se termine ce schisme, 329. Donne l'Angleterre à Guillaume de Normandie, 356. Son zèle pour détruire la simonie, 384. Mission qu'il donne à Damiens, 385. Refuse de prononcer le divorce de l'empereur Henri IV; le somme de se rendre à Rome; meurt, 386, 387.

ALEXANDRE III, pape, fondateur de la ligue lombarde; V, 431. Sa lutte avec Victor III, 432. Reconnu par le concile de Toulouse, 439. Bien accueilli en France, 440. Ses représentations à Louis-le-Jeune, 441. Son entrevue avec lui et le roi d'Angleterre, 442. Préside le concile de Tours, 447. Condamne les *constitutions de Clarendon*, 450. Démarches de l'empereur contre lui, 453. Comment en évite l'effet, 454. Retourne en Italie; feudataires qui abandonnent son parti, 456. Nomme Thomas Becket son légat en Angleterre, 460. Ses ménagements envers Henri, 473. Sa vengeance invoquée à cause du meurtre de Becket, 489. Ses légats réconcilient Henri avec l'Eglise, 492, 493. Reconnu par Frédéric; fin du schisme, 523. Le trône du pape domine toute la chrétienté, 524. Ses légats à Rouen, 525; et en Languedoc, 532; VI, 31.

ALEXANDRE IV, pape; laisse aux gibelins l'ascendant; VIII, 7. Rigueurs qu'il prescrit en France contre l'hérésie, 25. Son peu d'empressement à faire élire un empereur, 30. Ses projets sur les Deux-Siciles; 31, 32. Ne se prononce pas entre les deux rois des Romains, 34. Médiateur entre les rois de France et d'Angleterre, 38. Comment console le premier de la mort de son fils aîné, 44. Félicite le khan des Mogols sur la ruine de Bagdad, 49. Implore contre lui le secours de l'Occident; convoque un concile, 50. Sa mort; accusé par les Guelphes, 51. Immobilité du comte d'Anjou pendant son pontificat, 52. Ranime les espérances d'Edmond d'Angleterre, 53; et dégage Henri III de ses sermens envers ses sujets, 55. Ses concessions à saint Louis sur les immunités ecclésiastiques, 100, 101.

ALEXANDRE V (PIERRE DE CANDIE), pape; son élection; XII, 323. Louis II d'Anjou le soutient; ses alliés, 342, 343. Sa mort, 345.

ALEXANDRE VI (BORGIA), pape; titres qu'il donne au roi d'Espagne; XV, 125. Son élection; sa vénalité, 143. Ses dispositions pour défendre Naples, 152, 153, 170, 177. Effets de sa politique tortueuse, 181 à 183. Ses négociations avec Charles; menaces de le déposer; son traité avec le roi, 184 à 186. Il lui refuse l'investiture de Naples, 205. Emprunte des troupes à la ligue italienne, 210. Rompt le mariage de Louis XII, 273 à 275. Ses rapports avec ce prince, 331, 337. Prononce la déposition de Frédéric de Sicile, 340. Divorce de sa fille Lucrèce, 354. Il institue la censure sur les livres imprimés, 365. Soulèvement parmi les princes d'Italie contre lui, 390. Intrigues dans lesquelles il seconde son fils, 396. Recherche l'alliance de Gonzalve de Cordoue, 398. Sa mort presque subite; comment interprétée, 413.

ALEXANDRE VII (CHIGI), pape; son élection; XXIV, 517. Humilié par Mazarin, 593. Ses démêlés avec Louis XIV; satisfaction qui lui est demandée; apprêts militaires du roi; XXV, 44 et suiv. Est forcé à la paix, 55 et suiv. Sa bulle contre les cinq propositions de Jansénius, 88. Sa mort, 139.

ALEXANDRE VIII (OTTOBONI), pape; son élection; XXVI, 44. Il condamne les quatre propositions de Bossuet; sa mort, 68.

ALEXIS COMNÈNE, empereur de Constantinople; ses ambassadeurs au concile de Plaisance; IV, 528. Fait retenir prisonnier Hugues de France, 548. Respect qu'il témoigne au comte de Toulouse, 550. Son habileté, 551. Serment qu'il fait prêter aux croisés, 552. Méfiance qu'il leur inspire; V, 30.

ALEXIS-PETROWITZ, sa mort, son fils monte sur le trône de Russie; XXVIII, 21, 22, 75.

ALFRED-LE-GRAND, roi d'Angleterre; ses luttes pénibles avec les Normands; III, 305, 317, 318. Vainqueur de Hastings, 318.

AL HACCAN Ier, calife de Cordoue; ses oncles lui disputent le trône; II, 360. Ses traités avec Charlemagne, 412, 415. La guerre lui est déclarée, 436. Il demande la paix, 440.

ALI, fils d'Iousouf, empereur de Maroc; ses conquêtes en Espagne; V, 115. Sa domination chancelle; naissance de la secte des Almohades ou unitaires, 167.

ALIGRE (ÉTIENNE D') est nommé garde des sceaux, XXII, 514. Est destitué, XXIII, 15.

ALIGRE (D'), sous-ministre de Colbert; XXV, 29. Est nommé chancelier, 220. Fait mettre en liberté les accusés de magie et sortilége, 221. Sa mort, 356.

ALIX ou ADÉLAIDE d'Angleterre, comtesse de Blois, excite son époux à repartir pour la terre Sainte; V, 27. Prépare le repas nuptial de Boemond, 49. Se plaint à Louis-le-Gros des brigandages du seigneur du Puiset, 81. Son zèle pour la couronne de France, 105.

ALIX de Champagne, épouse Louis-le-Jeune; V, 435. Chargée du gouvernement pendant sa dernière maladie; VI, 14. Comment son fils la mécontente, 15 et 16. Satisfaction qu'elle obtient, 18. Nommée régente, 92. Epoque de sa mort, 240.

ALIX de France, fille de Louis-le-Jeune; sa naissance; V, 435. Son mariage stipulé avec Richard Cœur-de-lion, 468. Démêlés à ce sujet, 525, 652; VI, 50. Sa mise en liberté stipulée, 59, 62. Son projet de mariage abandonné; pourquoi, 103. Offerte à Jean-sans-Terre, 140. Elle épouse le comte de Ponthieu, 166.

ALIX, duchesse de Bretagne; VI, 240. Mise sous la protection de Philippe-Auguste, 241. Epouse Pierre de Dreux, 327.

ALIX de Montmorency, épouse Simon de Montfort; VI, 299. Renfort qu'elle lui amène, 379. Sauve trois femmes au massacre de Minerve, 384. Invoque le secours de Philippe-Auguste, 493.

ALIX, reine de Chypre, réclame l'héritage de Champagne; VII, 62, 63. Vient en France; son procès évoqué à Rome; transaction qui le termine, 127, 128, 130. Réclame la couronne de Jérusalem, 209.

ALIX, dernière comtesse de Mâcon, vend son fief à saint Louis et prend le voile; VII, 327.

ALLEGRE (YVES D'), enfermé dans les châteaux de Naples; XV, 228. Livré comme otage au roi Ferdinand, 230. Auxiliaire de Borgia en Romagne; intercède pour Catherine Sforza, 305. Comment rappelé en Lombardie, 306. Route qu'il se fraye à travers le Milanais soulevé, 307, 308. Défend Novarre; qu'il rend, 310, 311. Pourparler de ses Suisses avec ceux de Sforza, 313. Il retourne en Romagne, 324. Est de l'expédition de Naples, 339. Lieutenant du vice-roi, 383. Mis en fuite à Gérignoles, 404. Se retire dans Gaëte, 408. S'oppose vainement au passage du Carigliano, 422. Marche contre les Génois, 473. Défend Bologne, 580. Son poste à la reprise de Brescia, 583. Est tué à Ravenne, 593.

ALLEMANDS; leurs efforts pour s'établir en deçà du Rhin; leurs défaites; I, 21, 24, 27, 28, 30, 34, 35, 39. Leurs cantonnemens; d'où vient leur nom; élémens de leur confédération, 115. Leurs progrès, 172. Vaincus à Tolbiac par Clovis; suites de leur échec, 185 et suiv. Font partie de l'association des Francs, 251. Souvent insoumis et réduits; II, 103, 104, 123, 152. Se coalisent avec Odilon de Bavière; battus avec lui; désarmés et punis par Carloman, 155 et suiv. Maîtres de la Suisse et de la Souabe; marchent sous l'étendard de

Charles, 248. Sont envoyés contre les Saxons, 266. Voy. *Germains.*

ALLEMAGNE (LE BARON D'), aux prises avec les troupes royales en Provence; sa mort; XX, 216 à 218.

ALLEN (GUILLAUME), cardinal légat de Sixte, v; sur l'invincible Armada; XX, 383.

ALMANZA (BATAILLE D'), gagnée par Berwick sur lord Galloway; XXVII, 24.

ALMODIS, veuve de Boson II, comte de la Marche; épouse Guillaume-le-Grand; IV, 72.

ALPAIDE, mère de Charles Martel; II, 101. Mépris que lui témoigne saint Lambert, 102. Mère de Childebrand, 137.

ALPHESTON conspire contre Richelieu; son supplice; XXIII, 227.

ALPHONSE I, le Batailleur, roi d'Aragon; ses luttes avec les Musulmans; V, 115. Ses conquêtes; son appel aux seigneurs français, 167. Chevaliers qui l'aident à prendre Saragosse, 168. Son mariage avec Urraca, cassé, 185. Sa défaite; Français tués sous ses drapeaux; sa mort sans enfans; legs de ses états aux chevaliers du Temple, 218.

ALPHONSE II, roi d'Aragon, son avénement; V, 420. Réunit la Provence à ses états, 421. Ses luttes avec le comte de Toulouse, 459, 499; VI, 30, 164. Soldats qu'il prête au vicomte de Béziers; V, 472. Son alliance avec Henri d'Angleterre, 495. D'accord avec Richard Cœur-de-lion; VI, 48. Sa mort; extension de son pouvoir en France, 163.

ALPHONSE III, roi d'Aragon, seconde son père contre les Français; VIII, 366. Expéditions qu'il prépare sur Majorque, 373. Comment considère Philippe-le-Bel, 384. Sa guerre avec lui, 385. Son étroite union avec son frère Jayme, 391. Conquiert Majorque et Minorque; suites de ce succès, 392 à 404. Accuse de mauvaise foi le roi de Naples, 408, 409. Aux prises avec son oncle de Minorque; ne peut s'entendre sur les conditions de la paix; est défié par lui, 437, 438. Vainqueur des Castillans, 441. Traité qu'il souscrit, 443. Traité particulier avec son oncle; ses apprêts de mariage; sa mort, 444, 445.

ALPHONSE IV, roi d'Aragon; son avénement; IX, 429. Son secours invoqué par Edouard d'Angleterre, 452. Sa guerre avec les Génois; X, 30. Epoque de sa mort, 96.

ALPHONSE V, le Magnanime; roi d'Aragon; parti pour lui à Naples; il assiége Gaëte; est vaincu et prisonnier; XIII, 294, 295. Est mis en liberté; ses succès, 296. Il l'emporte sur Réné, 413. Aux prises avec lui et Sforza, puis avec son fils; sa mort; XIV, 39 à 41, 103. Asile qu'il a donné au prince de Viane, 104.

ALPHONSE d'Aragon, hérite des comtés de Provence et de Forcalquier; VI, 164.

ALPHONSE II d'Aragon, roi de Sicile, se résout à résister aux Français; XV, 153. Secondé par le pape et la république Florentine, 170. Son abdication; sa mort, 187, 188. Ses ambassadeurs à Venise, 200. Son entrevue avec Gonzalve de Cordoue, 224.

ALPHONSE le Catholique relève la monarchie espagnole; II, 196.

ALPHONSE II, le Chaste, roi des Asturies; protégé par Charlemagne; II, 361. Prend Lisbonne; présens qu'il envoie à Charles, 365.

ALPHONSE VI, roi de Castille et de Léon; épouse Constance de Bourgogne; IV, 467. Sa valeur; ses conquêtes; sa défaite à Zelaka donne lieu à une croisade de Français en Espagne, 468. Ses luttes avec les musulmans; perd son fils don Sanche à la bataille d'Uclès; ses succès; V, 115.

ALPHONSE VII, roi de Castille; prend le titre d'empereur des Espagnes; V, 219. Réclame l'hommage du roi d'Aragon; s'empare de Saragosse; cède aux représentations des seigneurs aquitains, 219, 220. Aux prises avec le comte de Barcelone, 285. Marie sa fille à Louis-le-Jeune, 393.

ALPHONSE VIII, roi de Castille; mariage de sa fille; VI, 189.

ALPHONSE IX, roi de Castille;

accablé par les Maures; VI, 405. Victoire qui le sauve, 406.

ALPHONSE X, roi de Castille; son avénement; mécontentemens qu'il excite; VIII, 7. Protége les Gascons; traite avec Henri III, 8. Projets de mariage entre sa famille et celle de saint Louis, 29. Proclamé roi des Romains par une partie du corps électoral, 34. Par qui reconnu, 35. Ne fait rien pour affermir son pouvoir en Allemagne; y est oublié, 48, 120. Ses luttes pénibles avec les Maures, 119. Ses deux frères à Naples, 166. Seconde la croisade par des subsides, 170. Mariage de son fils, 177. Insurrection contre lui, 235. Sollicite vainement le pape de reconnaître son élection comme roi des Romains, 243. Sa demande est repoussée au concile de Lyon, 252. Menace la Navarre, 257. Orage qui se forme contre lui dans son royaume, 259. Ses négociations; son entrevue avec le pape; dangers qui le rappellent en Espagne, 260, 261. Défaite de ses lieutenans assaillis par les Maures; désastres de sa famille, 262. Invoque le secours du roi d'Angleterre, 263. Ne peut faire prévaloir les droits de ses petits-fils à sa succession, 270, 271. Il défie le roi de France, qui l'attaque; conditions que lui fait ce prince, 275. Son entrevue avec le comte d'Artois; leur traité, 276, 277. Ses sentimens secrets d'accord avec les prétentions de Philippe, 278. N'ose les manifester; sommation qu'il fait au roi d'Aragon, 279, 308. Ses négociations sans effet avec Philippe, 313 à 316. Expédition contre les Maures qu'il médite; dans quel but; concerte avec Philippe la délivrance des la Cerda, 327. Révolte de son fils; il invoque le secours de l'empereur de Maroc et engage la guerre civile, 328. Secondé par le pape; son testament en faveur des la Cerda; il pardonne à Sanche et meurt; n'a point mérité le surnom de *Sage* que l'histoire lui a donné, 354, 355.

ALPHONSE XI, roi de Castille; son avénement à treize mois; troubles de sa minorité; IX, 272. Règne honorablement, 382. Sa majorité ne met point terme aux guerres civiles, 429. Il fait assassiner Jean de Biscaye; X, 29. Ses projets d'alliance avec Edouard III, 348. Sa mort, 401.

ALPHONSE I, premier roi de Portugal; secondé par les croisés du Nord; prend Lisbonne; V, 310.

ALPHONSE III, roi de Portugal, prend la croix, mais n'accomplit pas son vœu; VIII, 170.

ALPHONSE V, roi de Portugal; époux de Jeanne de Castille; son alliance avec Louis XI; il n'en tire aucun secours; son voyage en France; il veut se faire moine; Louis le renvoie en Portugal; son traité avec Isabelle de Castille; XIV, 512 à 514.

ALPHONSE VI, roi de Portugal; son avénement; sa guerre avec la Hollande; XXIV, 548. Retarde la paix des Pyrénées, 588. Secondé par la France et l'Angleterre; XXV, 22. Sa folie, sa férocité, 37. Refusé par Mlle de Montpensier; officiers que lui envoie Louis XIV, 38. Son mariage; sa déposition; III, 112, 152.

ALPHONSE JOURDAIN; son père Raymond de Saint-Gilles lui laisse ses états en Asie; V, 32. Vient prendre possession de ceux d'Europe, 117. Ses luttes avec le comte de Poitiers, 118, 158. Avec Raymond Bérenger III; paix avec ce dernier, 170. Son intervention en Aragon, 219. Soutient les prétentions de la famille des Baux, 284.

ALTOVITTI, blessé par Henri d'Angoulême; le tue; XX, 214, 215.

ALTRINGER, général de l'empereur, prend et détruit Mantoue; XXIII, 140, 141. Manœuvre pour rallier Tilly, 177. Passe d'Italie en Allemagne, 242.

ALTIOEUS, duc des Bulgares, survit à sa nation; II, 31.

ALVEYDA (ANTONIO D'), gouverneur de la Franche-Comté conquise par Louis XIV; 274.

ALVIANO (BARTHÉLEMI D'), général italien; sa retraite devant les Français; XV, 193. Renforce Gonzalve; passe le Garigliano, 421. Commande l'armée vénitienne; incursion qu'il propose, 487. Il perd la bataille d'Agnadel; est prisonnier, 507 à 510. Mis en liberté, 622. Marche sur Vérone, 628. Serre de près Cardonne; XVI, 26. Sa part à la victoire de Marignan, 29, 30, 34.

AMALRIC, fils d'Alaric II, roi des Visigoths ; écarté par le peuple ; rétabli sur le trône; son mariage ; ses désastres, sa mort; I, 224, 226, 256 à 258.

AMALFI (LE DUC D'), tyran de Sienne; XVII, 494.

AMAT, confesseur de Louis XIV, est de son conseil de conscience; XXV, 15. Sa disgrâce, 172.

AMAURY, roi de Jérusalem, succède à son frère Baudoin; VI, 67, 68. Sa bravoure ; ses perfidies fondent la grandeur de Saladin, 68. Sa politique déloyale en Egypte; vaincu par Shircouk, 69. Sa mort, 70.

AMAURY, de Chartres, professe un enseignement réputé erroné; enquête à laquelle il donne lieu; VI, 312.

AMALASONTHE. Voy. *Théodat.*

AMAND, duc des Gascons, prétendu aïeul maternel de Boggis et Bertrand; II, 26. Vient à la cour de Dagobert, 35.

AMBOISE (FRANÇOISE D'), duchesse de Bretagne; ses malheurs domestiques; XIV, 12. Pourquoi Louis XI tente de la faire enlever, 100, 101.

AMBOISE (LOUIS D'), juge des accusés de la mort du duc de Guienne; grâces qu'il reçoit de Louis XI; XIV, 357. Il délivre la duchesse de Savoie, 484.

AMBOISE (CHARLES D'), comte de Brienne; entre en Bourgogne; XIV, 499. Ses concessions, 501. Reprend cette même province, 542 à 544. Fait la conquête de la Franche-Comté, 558, 559. Envahit le Luxembourg, 574. Sa mort, 602.

AMBOISE (GEORGES D'), archevêque de Rouen ; d'abord évêque de Montauban; son arrestation; XV, 35. Recherche l'alliance de Graville, 96. Compris dans un traité de réconciliation, 102. Son incapacité, 221. Il excite les soupçons du roi, 256. Est le principal conseiller de Louis XII, 267. Accueille les députés de l'université, 269. Est cardinal, 285. Ses promesses au duc de Savoie, 291. Son désir du bien du royaume, 298. Il part pour l'Italie, 308. Va au devant des Suisses, 312. Avis qu'il donne à La Trémoille, 314. Comptable de la trahison envers Sforza, 321. Son entrée à Milan; ses suites, 322, 323, 324. Comment gagné par Alexandre VI, 331. Confiance absolue que lui accorde le roi; ses négociations ; ses traités, 333. Sa mission auprès de Maximilien ; incursions des Suisses qu'il arrête; traité qu'il signe à Trente, 367 à 373. Il escorte le comte de Flandre, 375. Entre à Paris en qualité de légat du pape; réforme les ordres religieux, 377 à 379. Comment gagné par César Borgia, 391. Son désir d'obtenir la tiare, 394. Il accourt en Italie à la mort d'Alexandre; arrête près de Rome l'armée qui marche sur Naples; son traité avec César; il est joué, 414, 415. Fait nommer Jules II, 416. Ses intrigues, 428, 429. Reçoit au nom du roi l'investiture du duché de Milan; son serment, 439, 440. Assiste aux Etats généraux, 452. Ses négociations avec Ferdinand et Maximilien, 461, 462. Pourquoi favorise les desseins de Jules II, 466, 468. Ne peut décider le pontife à une entrevue avec le roi, 480. Aventuriers qu'il met au service du duc de Gueldre, 484. Idée qu'il se fait des rapports de peuple à peuple, 493. Il signe la *ligue de Cambray*, 498 à 501. Il stipule pour le pape ; part qu'il lui assigne dans les dépouilles de Venise, 502, 503. Sa mission près de Maximilien, 515. Sa mort, 532.

AMBOISE (CHAUMONT D'); son projet de mariage; XV, 96. Est grand maître de France ; a le commandement du Milanais, 324, 532. Fait reculer les Suisses, 371. Aide Jules II à déposséder Bentivoglio ; protection qu'il vend à ce prince, 468, 469. Ses hostilités contre Gênes, 473. Il entame les états Vénitiens ; dans quel but; son retour à Milan, 505, 506. Son poste à la bataille d'Agnadel, 508. Seconde l'armée impériale; rappelé à Milan, 533 à 538. Il sauve Reggio, 542. Fait reculer une armée Suisse, 542, 543. Est excommunié, 545 ; ses hostilités. Ses négociations avec Jules; il est dupé; sa jalousie envers Trivulzio; ses mauvais succès ; sa mort, 546 à 553.

AMBOISE (LOUIS D'), évêque d'Alby, négociateur de Louis XII; XV, 125, 281. Le chapeau de cardinal lui est promis, 274.

AMBOISE (GEORGES DE CLERMONT D'), huguenot; déclaré responsable des hostilités du parti; XVIII, 503. Soulève les réformés du Quercy; XIX, 31. Se retire à Saintes, 49. Commande la flotte des Rochellois, 449. Propose à Condé de prendre possession d'Angers; XX, 196. Rendez-vous qu'il lui donne; quand le rejoint, 198, 199. L'accompagne dans sa retraite, 205. Prend part à la victoire de Coutras, 272.

AMBOISE (JACQUES D'), du parti de Henri IV; est nommé recteur de l'université; décret d'obéissance qu'il fait rendre par la Sorbonne; XXI, 275, 276.

AMÉ II, de Savoie; comment s'agrandit; IV, 454. Fidèle au parti de l'empereur Henri IV, 455. Se rend complétement indépendant, 463.

AMÉ III, comte de Maurienne, beaufrère de Louis-le-Gros; obtient le titre de comte de Savoie; V, 111. Fait hommage à l'empereur Henri V, 113.

AMÉ V, comte de Savoie; ses efforts en faveur d'Edouard d'Angleterre; son mariage; IX, 15. Mission en France dont le charge Edouard, 39. Traité qu'il souscrit, 117. Trêve qu'il ménage entre les Flamands et Philipe-le-Bel, 138. Médiateur pour la paix définitive, 155. Part qu'il prend à l'acquisition de Lyon pour le roi de France, 266.

AMÉ VI, comte de Savoie; restitue sa fiancée au roi de France; X, 380, 381. Est invoqué par le pape contre les hérétiques; XI, 160, 213. S'engage à suivre à Naples le duc d'Anjou, 370.

AMÉ VII, comte de Savoie; entrevue avec Charles VI à Avignon; XI, 566.

AMÉ VIII, premier duc de Savoie; allié à la maison de Bourgogne; XII, 195. Renforce le parti à Paris, 236. Ses débats avec le duc de Bourbon, 317. Médiation à laquelle il s'emploie; XIII, 39 à 43, 232. Par qui créé duc; ses prétentions; mariage de son fils; ses hostilités contre le duc de Bourbon, 236, 237. Sa retraite à Ripaille; il accepte du concile de Bâle la papauté sous le nom de Félix V (voy. ce nom), 325, 326.

AMÉ ou AMÉDÉE IX, le Bienheureux, duc de Savoie, son mariage avec Yolande de France; XIII, 546. Sa faiblesse; XIV, 142. Le duc de Bretagne recherche son alliance, 221. Prisonnier de ses frères, 342. Epoque de sa mort, 344.

AMELINE, l'un des seize; son supplice; XXI, 139.

AMELOT (LE PRÉSIDENT JACQUES); ses reproches à Condé; XXIV, 434.

AMELOT (LE PRÉSIDENT); son ambassade en Espagne; XXVI, 447, 463. Encourage Philippe V dans la voie du despotisme; XXVII, 28. Avis qu'il donne au roi, 69.

AMELOT de Chaillou est nommé ministre des affaires étrangères; XXVIII, 192, 193. Convention qu'il signe pour la pacification de la Corse, 210. Son traité avec l'Espagne, 290. Sa disgrâce, 306. Incidemment nommé; XXX, 248.

AMHERST (LE GÉNÉRAL); troupes anglaises qu'il conduit au Canada; XXIX, 175, 178 et suiv. 181, 182.

AMIGUS. Voy. Buccelinus.

AMOURS (D'), ministre huguenot; sa prière à Coutras; XX, 273. Prend part à la bataille, rend grâce de la victoire, 278. Ses prêches à Dieppe; XXI, 39.

AMURAT Ier; ses victoires; défie Charles VI de se mesurer avec lui; XII, 7.

AMURAT, vaincu par Huniades; XIV, 11.

AMYOT (JACQUES), évêque d'Auxerre, traducteur de Plutarque, précepteur de Charles IX, arrêté comme protestant; XVI, 450. Ambassadeur de Henri II au concile de Trente; protestation qu'il développe; XVII, 433.

ANAGNI (JEAN D'), médiateur entre Henri II et Philippe II; VI, 59, 61.

ANAGNI (TRAITÉ D'), entre les familles de France et d'Aragon; VIII, 501, 502.

ANASTASE Ier, empereur d'Orient; son hérésie; I, 188. Favorise l'agrandissement des Ostrogoths, 216. Sa diversion en Italie en faveur de Clovis;

lui envoie les ornemens consulaires, 227.

ANCEL (GUILLAUME), négociateur de Henri IV en Allemagne; XXI, 430.

ANDELOT (TRAITÉ D'), entre Gontran et Childebert; I, 395.

ANDOIN est de la maison du Dauphin; XVII, 67. Banni de la cour, 257.

ANDOINS (CORISANDE D'), comtesse de Guiche; ses amours avec Henri IV; XIX, 247; XX, 68, 283. Leur rupture; XXI, 332.

ANDOVÈRE, femme de Chilpéric, mère de Clovis. Voir ces noms et celui de Frédégonde.

ANDRÉ III, le Vénitien, élu roi de Hongrie; VIII, 407. Sa mort; son long règne; IX, 65 à 67.

ANDRÉ de Hongrie, son avénement au trône de Naples; X, 223. Sa mort, 283. Le pape évoque la poursuite de ce meurtre, 338.

ANDRÉ (JACQUES) de Tubingen; sa controverse avec de Bèze; XX, 257.

ANDRONIC PALEOLOGUE, empereur de Constantinople; sa détresse; IX, 191. Le pape le déclare anathème, dans quel but, 192.

ANGE (ROMAIN CARDINAL DE SAINT), légat en France; VI, 564. Renoue les négociations relatives à l'Albigeois, 566. Sa bulle contre Raymond VII; pourquoi évite de rompre formellement avec lui, 569. S'interpose entre les rois de France et d'Angleterre, 573. Comment conduit les débats du concile de Bourges; traite avec Louis et fait décréter la dépossession du comte de Toulouse, 574 à 577. L'excommunie, 579. Sa colère contre Avignon; il enjoint au roi d'assiéger cette ville, 586, 587. Pourquoi il la ménage lorsqu'elle se rend, 592. Ne trouve qu'un hérétique à brûler dans l'Albigeois, 594. Appui que Blanche de Castille attend de lui; pourquoi; VII, 17. L'engage à hâter le sacre de Louis IX, 23. Assiste à l'assemblée de Tours, 29. Animosité dont il est l'objet, 32. Il règle les affaires de l'Albigeois; réconcilie Avignon avec l'église; à quelles conditions; son dévouement à la reine Blanche; ce qu'il obtient du pape, 35 à 37. Accusé d'être l'amant de la reine, 60. Sa médiation, 63. Agrandit la France aux dépens du comte de Toulouse, 66, 69 à 71; 87, 90. Son déni de justice à l'université de Paris, 94.

ANGELIQUE (LES DEUX MÈRES), abbesses de Port-Royal; XXV, 78. Persécution dont la seconde est victime, 80.

ANGERVILLIERS (D'), ministre de la guerre; sa correspondance avec Noailles; XXVIII, 131. Quand appelé aux affaires; sa mort, 188, 193, 194.

ANGLES; leur établissement en Angleterre; II, 12.

ANGOULÊME (JEAN D'ORLÉANS VALOIS, COMTE D'); assemblée à laquelle il assiste; XIII, 392. Otage de son frère; est mis en liberté; XII, 397; XIII, 449. Est de l'armée royale, 512. Assiste aux obsèques de Charles VII; XIV, 70. Représente un des pairs au sacre de Louis XI, 75. L'accompagne à Rouen, 149. Est de l'assemblée de Tours, 154.

ANGOULÊME (CHARLES, COMTE D'); sécurité que donne à Louis XI son jeune âge; XIV, 402. Serment qu'il prête à l'égard du Dauphin, 614, 615. Actes qui lui sont communs avec son cousin d'Orléans (Louis XII), 635, 637, 645, 649 et suiv. Faveurs qui lui sont accordées; XV, 4. Disposé à la paix, 15. Veut défendre le duc d'Orléans, 25. Ligue dans laquelle il entre, 34. Provinces dont il dispose, 37. S'humilie devant le roi, 39. Son mariage avec Louise de Savoie; il s'excuse de siéger à la cour des pairs, 49. Intercède pour d'Orléans prisonnier, 76, 96. Gouverneur de Guienne, 79. Proposé pour époux à Anne de Bretagne, 103. Reste dans son gouvernement pendant l'expédition de Naples, 159. Sommes qu'il envoie au duc d'Orléans, 220. Sa mort, 255.

ANGOULÊME (CHARLES DUC D'), comte d'Auvergne et grand prieur; bâtard de Charles IX; XIX, 274. Légataire de la reine mère; XX, 472. Assiste aux derniers momens de Henri III, 542. Combat à Arques; XXI, 30. Son poste à Ivry, 53, 56. Ses services; méfiance

Table générale de l'Histoire des Français.

du roi pour lui, 302, 303. Il entre dans le complot de Biron; XXII, 52. Il l'accompagne en Angleterre, 65. Dénoncé par Lafin, 70. Son arrestation, 73. Obtient sa grâce; espionnage qu'il s'offre à exercer, 76. Ses intrigues; son arrestation; il est condamné à mort et gracié, 105 à 108; 112. Projet de le faire évader de la Bastille, 119. Sa captivité continue, 218. La reine mère le délivre; dans quel but; position qu'elle lui rend, 365, 366. Ses prétentions à la préséance au conseil; comment éludées, 380, 381. Commande l'armée royale contre le duc de Mayenne, 390, 391. Comment apprend la mort de Concini; retourne à l'armée, 399, 400. Passe en Italie, 421. Devient duc et chevalier du chevalier du Saint-Esprit, 458. Négociateur en Allemagne, 473. Trompé par Rohan, 491. Marche sur la Rochelle; XXIII, 49. Son poste, 56. Il demande en vain la grâce de Montmorency, 211. Est de l'armée de Lorraine, 273. Intrigue qu'il révèle à Richelieu, 330. Fait de la fausse monnaie, 443.

ANGRIVARIENS, Francs; I, 113.

ANHALT (LES PRINCES D'); leurs services dans les armées impériale et prussienne; XV, 533, 534; XXVI, 473; XXVII, 163; XXIX, 137.

ANIELLO (MAZ); est chef de la révolution de Naples; ses extravagances; sa mort; XXIV, 153 à 156. Ses magnifiques funérailles, 157.

ANNE de Russie; comment connue en France; épouse Henri 1er; ses fils; IV, 265 à 267. Se regarde comme exilée en France, 311. Exclue de la tutelle de ses fils, 320. Epouse Raoul de Crespy; se retire en Russie, 323. Revient en France et y finit ses jours; 324.

ANNE IV de Savoie; service qu'il sollicite et obtient de saint Louis; VIII, 26.

ANNE de Bavière, épouse l'empereur Charles IV; le réconcilie avec sa famille; X, 351.

ANNE de Bohème, reine d'Angleterre; sa mort; XII, 71.

ANNE de Bourgogne, son mariage avec le duc de Bedford; XIII, 24. Son entrevue avec Philippe-le-Bon, 154. Sa mort, 218.

ANNE de Chypre, épouse Louis de Savoie; XIII, 236. Ses compatriotes haïs à la cour de son mari; sa mort; XIV, 142, 143.

ANNE d'Angleterre, fiancée de Charles VIII; XIV, 519. Ce projet bouleversé, 571, 575, 610 à 612.

ANNE de France (DAME DE BEAUJEU), promise au duc de Calabre; XIV, 343. Le projet est rompu, 365. Elle épouse Pierre de Beaujeu, 366, 402. Elle reçoit Marguerite d'Autriche, 623, 624. Son esprit; son caractère; est chargée de diriger le jeune roi, 633, 635. Prend l'avance sur les princes du sang; leur fait signer les actes du gouvernement, 636 à 638. Favorise Réné II de Lorraine, 639. Comment; son influence contrebalancée, 649. Conseillers que les Etats veulent lui adjoindre, 652. Elle prend l'ascendant sur le parti d'Orléans; la garde du roi lui est confiée, 660 et suiv. Son gouvernement constitué, 665. Ses adversaires; ses alliés; XV, 2, 3, 6 à 9. Hommes d'action dont elle s'entoure; elle force d'Orléans à se soumettre, 15, 25. Elle seconde Henri VII d'Angleterre, 19, 20. Se réconcilie avec le duc Breton, 24. Fait entrer son frère en campagne, 27. Ses succès; jalousie qu'elle excite; intrigues qu'elle déjoue, 28, 29. Griefs contre elle, de Réné de Lorraine; de François de Bretagne; nouvelle ligue, 30 à 34. Elle en a les secrets; ses mesures; elle est victorieuse; fermeté et modération de son administration; donne le change aux idées de liberté des états généraux; ne les assemble plus; l'âge de son frère doit mettre un terme à sa domination; sa puissance; sa haine pour d'Orléans bien servie et flattée; sa résolution de subjuguer la Bretagne, 35 à 53, 57 à 62. Son frère accorde la paix au duc malgré son opposition, 63, 64. Sa résolution de pousser les hostilités, 72. Ne suit point l'armée; élude de répondre aux instances de d'Angoulême pour le duc d'Orléans; met en liberté le prince d'Orange, 76. Son autorité affaiblie, où réside; reçoit la visite de son frère ; refuse de rendre la liberté à d'Orléans, 95, 96. Sa négociation avec d'Albret, 97. Sa réconciliation avec d'Orléans, 101, 102. Présente aux fiançailles du roi, 106. Son ressentiment contre Graville, 113. Opposée à l'expédition de Naples, 149. Ses remontrances au roi, 157. Pouvoir qu'il lui confie, 159. Mariage de sa fille, 282, 338. Elle accueille le comte de Flandre. 375.

ANNE de Bretagne, héritière du duché ; promise à la fois à plusieurs prétendans, dans quel but ; XV, 42, 47. Amour du duc d'Orléans pour elle, peu vraisemblable, 48. Son père meurt ; ses tuteurs, 65. Le roi réclame sa garde-noble, 66. Son éloignement pour d'Albret, 73. Reconnue par les Etats ; est secouru par Henry VII, 74 et suiv. Maximilien traite pour elle, 88. Elle accède à la paix de Francfort, 90. Son mariage par procureurs avec le roi des Romains ; elle prend le titre de reine, 91 à 93. Sa réconciliation avec Rieux ; ses embarras ; ce qu'elle obtient de Charles ; mort de sa sœur, 94, 95. Le traité violé à son égard ; elle ne l'observe pas mieux avec ses alliés ; n'est point secondée par son époux, 97 à 99. Ses prétendus amours ; partis qu'on lui propose malgré son mariage légal ; son duché subjugué par Charles ; elle épouse ce prince, 102 à 107. Sa beauté ; sa supériorité d'esprit ; en quoi conseillée par le roi, 109, 110. Suit son mari ; prend congé de lui, 159. Sa douleur à la mort de leur fils, 241. Comment le roi cherche à la distraire ; comment offensée par le duc d'Orléans ; naissance et mort de ses autres fils, 242, 429. Sa douleur à la mort du roi problématique ; sa fierté ; elle fait acte de souveraineté en Bretagne, 262 à 265. Ses négociations avec Louis XII ; leur mariage, 269 à 279. Naissance de sa fille, 297. Ses voyages, 334. Pourquoi contribue de son trésor à armer la flotte française, 339, 340. Pourquoi désire le mariage de sa fille avec Charles-Quint, 366, 367. Suit le roi à Lyon, 380. Son amour, son ambition pour sa fille ; couronne qu'elle veut lui faire porter ; traité qu'elle fait conclure à Blois, 429 à 432. Ses précautions lors de la maladie du roi ; elle se prépare à emmener sa fille en Bretagne ; ses luttes avec Gié, 434 à 438. Son affection pour la maison d'Autriche ; haine mutuelle qu'elle et Louise de Savoie se portent, 447, 448. Sa promesse à Philippe, 449. Bon accueil qu'elle fait à Louise, 465. Son entrée à Rouen, 499. Son séjour à Lyon ; ses conseillers, 519. Craintes que lui inspire une guerre avec le pape ; le clergé de Bretagne entre dans ses vues, 544, 545. Sa grossesse ; ses terreurs superstitieuses ; elle presse le roi de faire la paix, 564. A qui veut marier sa fille Renée ; ce plan échoue, 612, 613. Ses négociations pour le mariage de ses enfans, 621, 622. Sa mort 660. Son empire sur le roi ; ses dernières tentatives d'alliance avec la maison d'Autriche, 661, 662.

ANNE d'Autriche ; son mariage stipulé avec Philippe II ; XIX, 96.

ANNE d'Autriche, son mariage avec Louis XIII ; XXII, 230, 255, 256, 351. Est ramenée en France ; sa renonciation à la succession de son père et de sa mère, 351, 352. Son entrée à Paris, 363. Le fils de Concini lui est présenté, 407. Sa frivolité, 413. Froideur du roi pour elle ; sa jalousie contre la dame de Luynes, 433, 434. Elle en fait son amie, 461. Suit le roi à l'armée, 482. Sa fausse couche, 499. Rejoint le roi à Lyon, 517. Ses amours avec Buckingham, 558. Son aversion pour le roi ; XXIII, 9. Conspire contre Richelieu, 13 à 16. Son humiliation ; son projet d'épouser son beau-frère, 23. Le cardinal pense à la disgracier, 24. Ses soins au roi malade, 152 et suiv. Changemens dans sa maison, 160. Séparée de sa belle-mère, 162. Comment lutte avec Richelieu, 169. Joie qu'elle témoigne à la maladie du cardinal, 214, 215. Humiliée par le roi, 228. Sa correspondance saisie ; suite de cette affaire ; le roi lui pardonne ; sa grossesse, 332 à 336. Naissance de son fils, 350.

Fêtes qui suivent ses couches, 355. Elle donne le jour à un second fils, 433. Sa part dans le complot de Cinq-Mars, 485 et suiv. Parti pour lui donner la régence; mauvaise humeur du roi, 536, 537. Rôle de dissimulation qu'elle accepte, 538. Elle est nommée régente, 539 et suiv. Tumulte à la cour; elle invoque l'appui de Beaufort, 543 et suiv. Sa tendance à s'emparer du pouvoir absolu; circonstances qui la secondent; son portrait; son penchant pour Beaufort; ses partisans; les Vendôme, chefs de sa cabale; XXIV, 1 à 8. Elle annonce un lit de justice; comment apaise Condé; son retour à Paris, 8 à 10. Se fait donner le pouvoir absolu par le parlement, 12 à 17. Prend Mazarin pour ministre, 18. Accueil qu'elle fait à la duchesse d'Orléans, 19. Ses entretiens avec Mazarin, 21. Elle rappelle Mme de Chevreuse; ministre que celle-ci lui propose; faveur croissante du cardinal, 22 à 26. S'interpose entre la princesse de Condé, et Mme de Montbazon, 28. Disgracie les *importants*, 32 et suiv. Ses larmes sur l'arrestation de Beaufort, 34. Ses habitudes; son cercle; ses promesses à d'Enghien, 35 à 38. Insouciance avec laquelle elle fait la guerre à son frère; son premier débat avec le parlement; elle cède, 50 à 54, 79. Autre débat au sujet du livre d'Arnaud et autres motifs, 55 à 63. Comment Mazarin lui annonce la victoire de Nordlingen, 88. Parlementaires qu'elle fait arrêter; lit de justice; édits bursaux qu'elle fait enregistrer, 92 à 99. Son despotisme; c'est la volonté de Mazarin qu'elle fait régner, 102, 103, 110. Fêtes à l'occasion du mariage de la reine de Pologne; elle lui cède le pas, 104. Querelle avec la cour de Rome dans laquelle elle se jette, 106 et suiv. Choisie pour arbitre par son frère; lui renvoie sa proposition, 113. Elle entrevoit l'espoir d'hériter de l'Espagne, 129. Se fait conférer l'amirauté; pourquoi, 131. Ses fêtes; elle fonde l'Opéra; accueille le prince de Galles, 132, 133. Ses embarras, 171. Provinces qu'elle acquiert par le traité de Westphalie, 184, 185. Talon appelle son attention sur la misère publique, 196. Elle engage la lutte avec le parlement et consent à l'exécution de l'arrêt d'union, 198 à 204, 208, 209, 210. Parti qu'elle tire de la victoire de Lens; arrestation qu'elle fait faire; tumulte qu'elle provoque; elle offense le cardinal de Retz, 211 à 217. Paris se barricade; le parlement lui demande la liberté des prisonniers; elle cède, 217 à 222. Elle s'établit à Saint-Germain; ses mesures, 223 à 227. Elle transige et rentre à Paris, 230, 231. Ses projets de vengeance, 232, 233, 240. Elle exile le parlement à Montargis; commence la guerre, 242 et suiv. Elle fait la paix de Ruel, 258 à 267. Reçoit les chefs de la Fronde; entre à Paris, 270 276. Reçoit Mme de Chevreuse, 277. Son traité avec Condé, 280. Amour que lui témoigne Jarzay, 277, 282. Exigences des maisons ducales; sa décision, 284, 285. Pourquoi le parlement lui adresse des remontrances, 288. Elle se rapproche des frondeurs et fait arrêter Condé, 295 à 304. Suites de ce coup d'Etat, 305 et suiv. Elle part pour la Normandie; y abat la Fronde; fait arrêter la duchesse de Bouillon, 310, 311. Exils qu'elle ordonne; ses illusions sur l'arrestation des princes; son expédition en Bourgogne, 312 à 316. Protestations que lui fait la princesse de Condé; leur entrevue, 318, 350. Son expédition au midi, 332 à 335. Gondi rompt avec elle; elle fait transférer les princes au Havre, 354. S'installe au Palais-Royal, 355. Sa maladie; 357, 360. Satisfaction qu'elle donne au parlement, 362 et suiv. Remontrances qu'elle reçoit; sa réponse; son projet de fuite; obstacles qui s'y opposent, 364 à 368. Faction pour lui enlever la régence, 370. Comment décompose le parti vainqueur, 374 et suiv. Elle veut faire tuer Condé, 380 et suiv. Le renvoi de ses ministres lui est demandé, 384. Son manifeste contre Gondi, 385. Son intrépidité, 389. Elle se sert du parlement pour écraser les princes, 390 et suiv. Elle remet le pouvoir à son fils, 392 et suiv. Dirigée par Mazarin ; passion que Condé feint pour elle, 396 et suiv. Elle change le ministère, 398. Voit avec joie commencer la guerre civile, 401. Pourquoi négocie, 402. Elle soumet le Berry ; ses mesures, 403 et suiv. Elle rappelle Mazarin ; elle convoque à Poitiers ce ministre, 411, 412. Le cardinal la rejoint, 416. Trompée par le pape, 420, 421. Ses rapports avec Marsin, 432. Elle suit l'armée, 436 et suiv. Passe pour la maîtresse de son ministre, 440. Négocie avec le parlement, 443. Puis avec Condé, 463. Accueille Gondi ; rentre à Paris, 471 à 473. Ses mesures contre le parti, 474 à 476. Comment gouverne après la victoire, 479. Fête le retour de Mazarin, 480. Un de ses confidents disgracié, 499. Joie que lui donne l'exil de quelques magistrats, 502. Son amour des fêtes, 515, 547. Elle voit sans chagrin la passion de son fils pour Olympe Mancini, 516. Jalousée par ce prince, 542, 543. Sa réconciliation avec Mademoiselle, 557. Ses habitudes, 571. Son désir de la paix et de marier son fils ; elle trompe la cour de Savoie, 575 à 577. Liberté qu'elle laisse au roi, 578. Elle rompt ses amours avec Marie Mancini, 582, 583. Son entrevue avec son frère ; sa joie au mariage de son fils, 595, à 597. Se console de la mort de Mazarin ; XXV, 2. Réunion chez elle ; méfiance de son fils, 5, 6. Elle lui a appris à dissimuler, 12. Position de son grand aumônier, 15. Favorise l'inclination du roi pour La Vallière, 17, 18. L'exhorte à la cacher, 20. Conviction religieuse qu'elle lui a inspirée, 43. Sa maladie, 52. Ses explications avec son fils, 62. La Vallière admise à sa table de jeu, 63. Déclin de sa santé ; elle intercède pour les Navailles, 83, 84. Sa mort, 90 et suiv. Ses ouvertures à la cour d'Espagne relativement aux Pays-Bas, 125. A longtemps contenu le désordre dans les mœurs, 173.

ANNE, reine d'Angleterre ; son père lui destine le trône ; XXV, 561. Abandonne ce prince ; XXVI, 23. Ce que Louis XIV espère pour elle, 177. Reconnue héritière de Guillaume III, 311. Son avénement ; son général ; son ministère ; elle déclare la guerre à Louis, 328 à 331. Accueil qu'elle fait à l'archiduc Charles ; secours qu'elle lui prête, 427, 430. Présens qu'elle fait au duc de Savoie ; XXVII, 63. Se lasse de la duchesse de Marlborough ; ses plénipotentiaires à Gertruidenberg, 94, 95. Se rapproche des tories ; disgracie sa favorite, 116, 136 et suiv. Consent à la paix, 157. L'annonce au parlement ; disgracie Marlborough ; retire ses troupes de la grande alliance, 157 à 160. Suite de cet événement ; sa réconciliation avec Louis XIV, 164 à 168. Sa convention avec l'empereur ; affaiblissement de sa santé, 169, 170. Elle signe la paix d'Utrecht, 171. Sa mort, 208. Ses anciens ministres émigrés en France, 251.

ANNE, impratrice de Russie, placée sur le trône par les Dolgorouki ; les exile ; ses conseillers ; durée de son règne ; ses désordres ; XXVIII, 75, 76. Prend parti pour Auguste de Saxe ; l'aide à monter sur le trône de Pologne, 87 à 92. Retire ses troupes, 99. Rejette le projet d'amnistie, 141 ; sa mort, révolutions qui s'ensuivent, 264 à 266. Incidemment nommée, 407.

ANNE de Mecklembourg, régente de Russie ; sa chute ; XXVIII, 265, 266.

ANNEBAUT (LE SIRE D') prend part à la conquête du Piémont ; XVI, 488. Commande à Turin, 506. Guerroie autour de cette ville, 523. Promu maréchal, 556. Sa mission à Venise ; XVII, 79. Est nommé gouverneur du Piémont, 92. Ses négociations avec le roi de Danemarck, 113. Troupes qu'il lève, 118. Sa supériorité sur les impériaux, 120. Reçoit l'ordre de renforcer le Dauphiné, 124. Il fait échouer le siége de Perpignan, 127. Retourne en Piémont ; est appelé à la cour ; est nommé amiral, 128, 129. Ses expédiens fiscaux, 131. Ses opérations dans le Hainaut, 147. Il marche au secours du duc de Clèves, 152. Conseil auquel il assiste, 179. Son opinion, 183. Ses forces au camp de Jaulons, 200. Il négocie, 204, 207. Se prépare à descendre en Angleterre, 259. Sa campagne maritime, 260, 261. Sa mission près de l'empereur 264. Sa bonne administration; legs que lui fait le roi, 301, 302. Disgracié par Henri II, 304. Est associé à la régence, 448. Troupes qu'il rassemble, dans quel but, 459.

ANNEBOURG, défend Ardres; ses débats avec Belin; XXI, 426.

ANNESE (GENNARO), fait proclamer la république à Naples; XXIV, 159. Ses rapports avec Guise et le ministère français, 163 à 166. Sa trahison; son supplice, 168 à 170.

ANNIBALDESCHI (RICHARD DES), du parti guelfe et français; commis à la garde des cardinaux Orsini; VIII, 319. Sa punition, 320.

ANSCER, abbé de St-Riquier; part qu'il prend à l'institution de cette commune; V, 127.

ANSÉGISE, fils d'Arnolphe, gendre de Pépin l'ancien; II, 9. Père de Pépin d'Héristal, 78.

ANSEL, évêque, institue la commune de Beauvais; V, 124.

ANSELME, archevêque de Cantorbery; ses luttes avec le roi Henri Ier; V, 39.

ANSÉMOND, secoue l'autorité des Sarrasins; II, 197.

ANSGARDE, épouse Louis-le-Bègue; III, 188. Qui la renvoie par ordre de son père, 232. Ses fils regardés comme légitimes, 287.

ANSON (L'AMIRAL); ses expéditions contre l'Espagne dans la mer Pacifique; XXVIII, 267. Sa victoire sur les Français, 450.

ANSPERT, archevêque de Milan, préside la diète de Pavie; III, 201. Partisan de Boson, 238.

ANTIN (DE MONTESPAN, DUC D'); son affection pour sa mère; XXVI, 48. Préside le conseil des dépêches; XXVII, 245. Mépris que le régent fait de lui, 349. Il agrée l'édit qui fonde la banque, 390, 393. Demande pour le roi la main de Marie Leczinska, 523.

ANTOINE DE BOURGOGNE; son mariage; fiefs que son père lui cède; XII, 160. Mis en possession du Brabant, 194. Fait hommage à Charles VI, 195. Siége au conseil d'état, 221. Y est convoqué par son frère, 234. Approuve le meurtre du duc d'Orléans, 279. Accompagne son frère, 283, 284, 297. Son mariage, 319. Médiateur entre le roi et Jean-sans-Peur, 447, 451, 460. Tournoi dans lequel il joute, 463. Son frère le désavoue, 467. Quand rejoint l'armée royale, 477. Tué à Azincourt, 489.

ANTOINE, bâtard de Bourgogne, part pour la croisade; XIV, 141, 155. Son retour à Bruxelles, 156. Son commandement dans l'armée de son frère, 168. Position qu'il prend, 173. Son ambassade en Angleterre, 418. Traité qu'il signe, 425. Son poste à la bataille de Morat, 479. Cruauté à laquelle il s'oppose, 491. Prisonnier à la bataille de Nancy, 494. Passe au service de Louis XI, 523, 524. Il siége au parlement; XV, 49.

ANTOINE, duc de Lorraine; son avénement; XV, 499. Accompagne Louis XII, à l'armée, 519. Sa neutralité, XVI, 161. Secouru par son frère, Époque de sa mort; XVII, 396. Fortune de sa maison; XX, 121.

ANTOINE DE BOURBON, duc de Vendôme, puis roi de Navarre; son projet d'arrêter Charles-Quint; XVII, 48. Escorte François Ier à la Rochelle, 137. Ses opérations en Artois, 147. Son mariage avec Jeanne d'Albret, 153, 362. Défend la Picardie, 198, 270. Est présent à la protestation du dauphin contre le traité de Crépy, 216. Fait partie du conseil royal, 304, 305. Son commandement; ses opérations, 528. Il professe le calvinisme; XVIII, 75. Par qui averti de la mort du roi, 104. Est le chef des Bourbons; il tient de sa femme la couronne de Navarre; sa faiblesse, 106, 107. Il vient à la cour; son entrevue avec Condé, 109. Sa mollesse déjoue les projets de ce dernier; mission qu'il accepte, 110, 111. N'a point la force de résister aux Guises; ses confidens leur sont vendus; ses rapports avec les réformés, 127. Intimidé par Philippe, part pour l'Espagne, 130, 131. Exemple proposé à sa famille en Ecosse, 133. Il combat dans le midi les complices des conjurés d'Amboise, 156. Condé se rend à sa cour, 159. Il ne paraît pas à l'assemblée des notables, 161. Est invité à assister aux états généraux, 167. Il paralyse Ferrières-Maligny, 168. Son embarras ; il obéit au roi, 170 à 172. Son arrestation, 174 à 177. Guet-apens que les Guises lui préparent, 180. Est sauvé par la reine-mère ; son entrevue avec elle, 182, 183. Sa croyance le rend suspect à la majorité des citoyens, 185. Il salue roi Charles IX, 186. Promet de se réconcilier avec les Guises ; renonce à la régence ; espère recouvrer la Navarre, 187, 188, 250. Sa part dans le gouvernement ; son rôle aux états, 190, 193, 201. Il veut faire disgracier les Guises ; est nommé lieutenant général du royaume ; sa proposition de faire rendre gorge aux favoris, 208 à 210. Il demande aux états l'enregistrement de l'édit d'Orléans ; son accord avec la reine mère ratifié par cette assemblée, 222. Son frère le cardinal lui cède le pas, 225. Il assiste à la conférence de Poissy, 231. Par qui circonvenu, 232, 249. Sa jalousie contre son frère ; ses négociations secrètes ; sa défection, 250, 251. Pourquoi se rend au parlement, 254. Il change ouvertement de parti, 257. Suit la cour à Monceaux, 258. Rappelle les Guises, 261, 262. Prend fait et cause pour eux ; entre à Paris ; ses démonstrations catholiques, 269, 270. Il emmène à Paris le roi et la reine mère, 275, 276. Les triumvirs le mettent à la tête de l'armée royale ; il entre en campagne, 286. Compte qu'il rend au parlement ; fureur populaire qu'excite cette compagnie, 294 à 296. Mission qu'il donne à Montpensier, 297. Il se rend au camp de Bourges, 304. Influence de son exemple sur le duc de Nevers, 308. A favorisé le penchant de la Guienne pour la réforme, 313, 314. Projet de lui faire épouser Marie Stuart et de lui donner la couronne d'Angleterre, 341. Il assiége Rouen ; est blessé ; sa mort, 343 à 346.

ANTOINE DE CRATO, prétend à la couronne de Portugal ; XX, 25, 26.

Se fait proclamer ; s'enfuit aux Açores, qui le reconnaissent ; est accueilli à la cour de France, 27 à 29. Échoue dans son expédition sur Terceire, 30 à 32. Son retour en France, 32, 34. Supplice de ses partisans, 35, 36.

ANTONIO (DON SIMON) ; envoyé de l'Espagne près de Villars ; congédié par lui ; XXI, 244, 283.

ANVILLE (LE DUC D') ; flottes qu'il doit commander ; sa mort ; expédition préparée contre les Anglais que cet événement fait avorter ; XXVIII, 440.

APIA (JEAN D') ; commande les troupes pontificales ; VIII, 320.

APRAXIN, général russe ; bat les Prussiens à Jagerndorf ; fait retraite ; XXIX, 143. Ce mouvement expliqué, 147.

AQUAVIVA (ANDRÉ MATHIEU D'), général sicilien ; sa retraite devant les Français ; XV, 193. Prend parti pour eux, 386.

AQUILA (DON JUAN D'), commandant des auxiliaires espagnols en Bretagne ; XXI, 310, 334.

AQUITAINE ; ses rapports avec les Mérovingiens ; I, 305, 306, 363, 381 ; II, 20. Echappe à la monarchie, 94, 150. Affecte de s'en distinguer par l'origine, par les mœurs, 200 et suiv. Y est réunie, 205. Soulevée, puis vaincue, 223, 224. Comment organisée, 343, 344. Ses rapports avec les Carlovingiens, 433 ; III, 45, 112, 117, 130. Echappe encore et pour deux cents ans à la monarchie, 460.

ARABLAY (PIERRE D'), chancelier de France et cardinal ; préside les Etats généraux ; IX, 352.

ARAMONT (LE SIRE D') ; sa mission auprès de Soliman ; XVII, 293, 323. Ses négociations, 417 à 420, 429, 430. Il monte sur la flotte turque, 492.

ARANDA (LE COMTE D') ; fait expulser d'Espagne les jésuites ; XXIX. 370 et suiv. Son accord avec Choiseul, 387.

ARAUCOURT (D') ; commande la garnison de Doulens ; XXI, 367. Est prisonnier, 370.

ARBOGASTE, chef franc, commande les armées de Valentinien II dans les Gaules ; refuse de quitter son commandement ; fait assassiner l'empereur ; fait proclamer Eugène son propre secrétaire ; I, 43. Réduit à se tuer, 44.

ARC (PIERRE D'), frère de la Pucelle ; l'accompagne (voy. *Jeanne d'Arc*) ; XIII, 120.

ARCADIUS, empereur d'Orient ; I, 45. Loi de lui sur la culture, 87. Donne à Alaric le commandement de l'Illyrie, 119. Gouverné par Rufin et Eutrope, 125.

ARCHAMBAUT, archevêque de Tours ; unit Robert et Berthe ; IV, 99. Excommunié à ce sujet, 101.

ARCO (LE COMTE D'), maréchal de Bavière ; vaincu à Schellemberg ; XXVI, 405.

ARÇON (LE CHEVALIER D') ; batteries flottantes qu'il construit devant Gibraltar ; XXX, 210.

ARCOS (LE DUC D'), vice-roi de Naples ; secourt les Présidi ; XXIV, 124, 125. Sa tyrannie, ses exactions ; soulèvement qu'il excite ; comment perd Maz Aniello ; est renforcé, 152 à 159. Son départ ; ses dernières cruautés, 167, 168.

ARDEMBOURG (JACQUES), pacificateur de Gand ; XI, 464, 465.

ARDFAST ; épie les hérétiques ; part qu'il prend à leur procès ; IV, 148 à 150.

ARDOIN, roi d'Italie ; obscurité de son règne ; IV, 76, 85. Quand élu par les Italiens, 129.

AREMBERG (GUILLAUME D'), sire de la Mark, *Sanglier des Ardennes*; tient les Bourguignons en échec ; XIV, 427. Fureurs qu'il excite à Gand, 509. Il tue l'évêque de Liége, 608, 609. Est tué ; XV, 17.

AREMBERG (LE DUC D') ; renfort qu'il amène en France aux catholiques ; XVIII, 515. Battu et tué à Groningue ; XIX, 14.

AREMBERG (LE COMTE D'), lieutenant du duc de Parme ; XXI, 81.

AREMBERG (LE DUC D'), général de Marie-Thérèse ; son plan de campagne ; XXVIII, 279. Son commandement dans les Pays-Bas, 311. Sa jonction avec le grand duc, 375.

ARENES (D'), député par les Huguenots près de Henri III ; XIX, 332. Fonctions auxquelles il est appelé, 392.

ARENE (D'), défend Crémone ; XXVI, 333.

ARENTHON (D'), évêque de Genève, confident de Mme Guyon ; XXVI, 238.

ARGENCE (D') ; Condé se rend à lui ; XIX, 46, 47.

ARGENS (LE MARQUIS D'), vers que lui adresse Frédéric ; XXIX, 136.

ARGENSON (D'), lieutenant de police ; détruit Port-Royal ; XXVII, 92. Est garde des sceaux ; se prononce pour la quadruple alliance, 322. Son double ministère, 341, 342, 349. Son discours au parlement, 354. Il agrée l'édit fondant la banque de Law, 390, 393. Cède à ce dernier le ministère des finances, 413. Sa disgrâce, 423.

ARGENSON (LE MARQUIS D') fréquente le club de l'entresol ; XXVIII, 187. Est ministre des affaires étrangères ; son opinion sur la cour d'Espagne, 291. Epoque de son entrée au ministère ; misère qu'il signale, 352 et suiv. Ses conseils et négociations pacifiques, 360, 361, 392 et suiv. Comment apprécie la conduite du roi de Sardaigne, 396. Et les rapports avec l'Espagne, 433. Sa disgrâce, 435, 436. Ses dernières négociations, 437.

ARGENSON (LE COMTE D') fréquente le club de l'entresol ; XXVIII, 187. Est ministre de la guerre ; donne l'armée d'Allemagne à Noailles, 280. Brouillé avec son frère, 436. Son indépendance à l'égard de la favorite, 477. Oppose le clergé au parlement, 483 ; XXIX, 32, 216. Il fait emprisonner sœur Perpétue, 34. Commandement qu'il fait donner à Richelieu, 72. Son désir d'une guerre continentale, 77, 81. Négociations qu'on lui cache, 78. Sa disgrâce, 92, 113, 114. A signé l'ordre d'exil de l'archevêque de Paris, 98. Son opinion sur Lally, 300 et suiv. Sa maxime, *ne pas trop gouverner*; XXX, 33. A eu l'idée des assemblées provinciales, 115.

ARGENTI (JACQUES), colonel ligueur ; éloigné de Paris par Brissac ; XXI, 259.

ARGENTON (LE SIRE D') ; sa fidélité

au parti anglais; il est prisonnier; XI, 179.

ARGOUGES dévoile le complot du connétable de Bourbon; XVI, 185.

ARGYLE (LE COMTE D'); prend les armes pour la cause protestante; XVIII, 133. La comtesse témoin du meurtre de Rizio, 491.

ARGYLE (LE DUC); se révolte contre Jacques II; son supplice, XXV, 523.

ARGYLE (LE DUC D'); bat le comte de Mar à Sheriffmuir; XXVII, 253. Remplacé par Cadogan, 254.

ARIGISE, duc de Benevent; son indépendance après la conquête de Charlemagne; II, 247. Menacé par lui; lui envoie son fils Romuald, 306. Résiste à l'invasion, 307. Obtient la paix; dénoncé encore par le pape, 308. Meurt, 309.

ARIOSTE (L'); son génie aurait pu créer la célébrité de Roland; II, 264. Son poëme; époque de sa mort; XVII, 3.

ARIOWALD, roi des Lombards; auxiliaire de Dagobert dans la guerre contre Samo; II, 29.

ARISTA (INIGO); jette les fondemens du royaume de Navarre; attaqué par les Francs est vainqueur; II, 462.

ARLES (ROYAUME D'); par qui fondé; III, 368. Étranger à la France; IV, 73. Passe sous la domination de l'empire, 225. Son morcellement pendant la guerre du sacerdoce; indépendance de plusieurs feudataires, 462 et suiv.

ARLINGTON (LORD); gagné par Louis XIV; XXV, 196, 206. Sa mission près de Guillaume, puis en France, 251, 252.

ARLOTTO, légat du pape en Angleterre; soulèvement produit par sa demande de subsides; VIII, 53, 54.

ARMAGNAC (LES), famille puissante du Midi; démêlés du comte Géraud avec le sire de Casaubon; VIII, 231. Ses débats sur la succession de Béarn; comment réglés, 439, 440. Sa guerre privée avec le comte de Foix; IX, 31. Le comte d'Armagnac seconde le sire d'Albret tantôt sous les drapeaux anglais, tantôt contre; XI, 69 à 71, 75, 86, 88, 89, 109. Garde son pays, 136. Réconcilié avec la maison de Foix, 222. Allié du duc de Berry, 328. Ses aventuriers ravagent le midi, 330.

ARMAGNAC (JEAN III, COMTE D'); son avénement; son commandement au midi; XI, 458. Reçoit l'ordre de transporter ses troupes en Flandre, 471. Accompagne le roi, 477. Son expédition en Italie; bandes qu'il y emmène; 588; XII, 61, 62. Ses combats sous Alexandrie; est battu par les Milanais; sa mort, destruction de son armée; XI, 588 à 593. Premier mari de la comtesse de Comminges; XIII, 401.

ARMAGNAC (BERNARD, COMTE D'); conduit en Aragon une bande d'aventuriers; XI, 576; XII, 61, 62. Supplée le duc de Berry, son beau-père, dans le gouvernement de Languedoc; ses vengeances, 143. Ses hostilités en Guienne, 245. Il ne paraît point aux états, 340. Devient le chef du parti d'Orléans; ses alliances, ses négociations; il entre dans la ligue de Gien, 346, 347. Pillages de ses Gascons, leur signe de ralliement, 350, 351. Jalousie des princes contre lui, 352. Guerre qu'il engage, 367. Il est attaqué par le comte de Foix, 377. Ses stipulations avec Henri IV, 381 à 384. Il prend les couleurs de l'Angleterre, 397. Refuse à Jean-sans-Peur l'entrée de Paris, 440, 441. Commande l'armée contre lui; ses succès, 443 à 446. Bourguignons qu'il défait, 447. S'oppose à tout accommodement, 448. Réaction contre son parti en son absence, 465. Il est rappelé à Paris, 491. Guerre qui l'a retenu; il est nommé connétable; relève son parti, 493. Ordonne à Jean-sans-Peur de s'éloigner; fait exécuter plusieurs de ses confidens, 494, 495. Repousse la médiation de l'empereur, 499. Ses rigueurs à Paris; son échec contre la garnison d'Harfleur, 500, 501. Il dispose de la succession du duc de Berry, 502. Assiége Harfleur par mer; est repoussé; refuse de recevoir à Paris le Dauphin, 505. Ses mesures pour empêcher son retour; soupçons sur son parti au sujet de la mort de ce prince, 508. Reste seul maître des affaires; honneurs dont il fait combler le nouveau Dauphin; pouvoir qu'il reçoit de lui; il fait exécuter Bosredon et exiler la reine, 510 à 512. Sa tyrannie; ses proscriptions; ses mesures fiscales; corvées qu'il impose aux Parisiens, 514 à 515. Il envoie le Dauphin contre Rouen soulevé, 518. Défection du sire de Lille-Adam; ses efforts pour défendre Paris, 519, 520. Il y concentre toutes les troupes, 524, 525. Complot qu'il prévient; destitué par la reine; continue ses fonctions; ses succès, 528. De quoi accusé par elle; sa fidélité à Benoît XIII; défection du Midi; il assiége Senlis; y emmène le roi, 529 à 531. Ses cruautés, retraite, 532, 533. Il négocie; projet de traité rompu, 534 à 536. Rumeur contre lui dans Paris; ses excès contre la bourgeoisie, 536 à 537. Est surpris; comment échappe, 538, 539. Fureur de la réaction contre lui; il est livré aux Bourguignons, 540. Est massacré, 545. Haine contre ses pillards Gascons; XIII, 7.

ARMAGNACS (LES), faction opposée aux Bourguignons; XII, 350, 351. Sont prêts à combattre, 359, 360. Massacrés à Paris; leurs excès dans le Vermandois, 361 à 363. Leurs progrès en Champagne et en Picardie; mépris qu'ils font du roi; le conseil se déclare contre eux, 364. Leurs brigandages autour de Paris, 369 à 371. Le conseil les considère comme excommuniés; leurs négociations avec l'Angleterre, 372, 373. Leurs échecs; massacre de Saint-Cloud; leur retraite, 374 à 376. Il mettent leurs personnes et leurs biens au service de l'Angleterre, 383. Ordonnances tendant à effacer ce nom, 393, 432. Ne peuvent rentrer dans leurs biens confisqués, 394, 395. Ils reprennent le pouvoir, 434, 435. Mesures extrêmes qu'ils prennent contre Jean-sans-Peur, 441, 442. Leurs excès à Soissons, 445, 446. Leurs couleurs proscrites par la paix d'Arras, 451. Bourguignons qu'ils font pendre, 458. Réaction en leur faveur, 459. Puis contre eux, 464 à 466. Abattus à Azincourt, 490. Comment relevés, 493. L'empereur leur offre sa médiation, 497. Fureurs mutuelles des deux partis, 506, 507, 520, 527. Le pape s'interpose entre eux, 534. Réaction furieuse contre eux à Paris, 540, 544. Massacre des prisons, 546, 547, 550, 552. Ils affament cette ville, 548. Le parti prend le nom de *Dauphinois*, 554. Ne sont point regardés comme Français; XIII, 6, 7. Les Suisses donnent ce nom à l'armée qui marche contre eux, 427 et suiv.

ARMAGNAC (JEAN IV, COMTE D'), d'abord vicomte de Lomagne, conseiller du Dauphin; XII, 514. S'engage à faire hommage à Henri V, 555. Ses stipulations avec le comte de Foix; XIII, 81. Sommation que lui adressent les états, 92. Reconnaît l'anti-pape Clément; abdication de ce dernier à son avantage; bulles du pape Martin V, 107, 108. Représenté au congrés de Gravelines, 341. Se rend à la journée de Tartas, 389, 390. Réclame le comté de Comminges, 402. Ses plaintes contre Charles VII; ses négociations avec Henri VI; ses hostilités, 403, 404, 408. Est arrêté par le Dauphin; ses états sont mis sous la main du roi, 409, 410. Sa délivrance; sa mort, 447.

ARMAGNAC (ANNE D'); épouse le duc d'Orléans; XII, 346.

ARMAGNAC (JEAN V, COMTE D'); suit Charles VII contre la Praguerie; XIII, 364, 365. Se rend à la journée de Tartas, 389, 390. S'enfuit en Navarre, 409. Son avénement, 447. Il assiége Rions, 513. Son mariage incestueux; comment accueille les remontrances de Charles VII; dépossédé par lui, s'enfuit en Aragon, 625 à 627. Traduit au parlement; vient à Paris; s'enfuit à Bruxelles; son entrevue avec le dauphin; se réfugie à Rome; XIV, 34 à 36. Louis XI lui rend ses domaines, 82. Troupes que son cousin conduit en Espagne, 108. Engagé dans la ligue du bien public. 164. Ses demandes; ses mouvemens; armistices qu'il signe, 169 à 171. Il rejoint Charolais, 181. Ce qu'il obtient par le traité de Conflans, 192. Sa liaison avec le duc de Bourbon, 201. Désormais dévoué au roi, 220. Ses intrigues, 242; 285. Est attaqué; s'enfuit; ses biens sont judiciairement confisqués, 291. Rappelé par le duc de Guienne, 346. Ligué avec le roi d'Angleterre, 349. Ses mesures ; piége qu'il tend à Beaujeu ; il le fait prisonnier ; soulève toute la Guienne, 365, 366. Est réduit et poignardé, 386 à 388.

ARMAGNAC (D'), comte de la Marche et de Pardiac ; opérations de guerre et évènemens politiques auxquels il prend part ; XIII, 92, 311, 312, 317, 351, 358, 360, 361, 374, 389, 426.

ARMAGNAC (LE BATARD D') est nommé maréchal de France ; XIV, 81. (Voy. *Comte de Comminges*.)

ARMAGNAC (JACQUES, COMTE D') ; Louis XI le fait duc de Nemours ; XIV, 108, 111. Assiste à l'assemblée de Rouen, 149. Du parti du duc de Berry, 164. Ses négociations ; ses hostilités dans la ligue du bien public, 169 à 171. Ses liaisons avec le duc de Bourbon, 201. Invité à signaler les abus, 226. Ses relations avec les Anglais, 242, 285. Fait la paix avec le roi, 291, 292. Sa trahison, 391. Sa captivité, 472, 473. Son procès ; son supplice, 535 et suiv. Réclamations de ses fils, 650, 655, 656.

ARMAGNAC (CHARLES D'), vicomte de Fezensac ; prisonnier à la Bastille ; XIV, 390. Réclame l'héritage de son frère, 650.

ARMAGNAC (LOUIS D'), duc de Nemours ; ses réclamations aux États généraux ; XIV, 650. Il siége à la cour des pairs ; XV, 49. Ses biens lui sont restitués, 101. Est proposé pour époux à la duchesse de Bretagne, 103. Garantit la paix de Senlis, 134. Est nommé vice-roi de Naples, 355. Ses débats avec Gonzalve de Cordoue pour les limites ; leur entrevue, 357, 358. La guerre éclate entre eux, 380 à 382. Son armée ; ses lieutenans ; ses opérations ; il prend Canosa, 383 à 385. Sa mauvaise volonté pour d'Ars ; ses plans ; ses échecs ; mission qu'il donne à d'Aubigny ; leur mutuelle aigreur ; son humiliation, 386 à 388. Son incapacité ; ses pertes, 398, 401, 402. Vaincu à Cérignoles et tué, 403, 404. 407.

ARMAGNAC (GEORGE, CARDINAL D'), évêque de Rhodez ; ambassadeur de France à Venise ; négociations qu'il dirige ; XVII, 24, 80. Son domicile violé ; pourquoi, 81. Siége aux Etats généraux ; XVIII, 225. Association qu'il signe, 452. Chasse les protestans d'Avignon, 474. Damville a ordre de se concerter avec lui ; XIX, 292. Ses flagellans, 316.

ARMAGNAC, valet de chambre de Henri IV ; favorise son évasion ; XIX, 357 à 360.

ARMAGNAC (MADAME D') ; inclination de Louis XIV pour elle ; XXV, 170.

ARMÉE ; organisée en France par la célèbre ordonnance d'Orléans ; XIII, 354 et suiv.

ARMENONVILLE (FLEURIAU D') est nommé garde des sceaux ; XXVII, 461. Ses projets de lois, 508 et suiv. Reste au ministère sous Fleury ; XXVIII, 7. Est remplacé, 39, 45.

ARMINIUS ; secte qu'il fonde en Hollande ; XXII, 455.

ARMORIQUE ; son indépendance ; I, 133. Sa résistance aux Francs ; son alliance avec eux, 190. Tributaire des Francs et non sujette, 305. Renonce à l'allégeance ; II, 95.

ARNAUD DE BRESCIA, élève d'Abailard ; V, 292. Ses idées de réforme ; ses prédications en Allemagne et en Italie, 294. Son séjour à Zurich, 295. Comment rappelé à Rome, 296.

ARNAUD (AMALRIC), abbé de Citeaux ; son zèle contre les Albigeois ; VI, 273. Chef de la croisade ; légat du pape, 275. Forces qu'il rassemble à Lyon, 279. Pourquoi Milon lui est adjoint, 280. Sa réponse à Raymond-Roger, 282. Il fait livrer aux flammes la garnison capitulée de Chasseneuil, 283. Assiége Béziers ; fait massacrer tous les habitans ; son mot atroce, 284 à 287. Dissimule le nombre de ses victimes. Assiége Carcassonne, 288. Elude la médiation du roi d'Aragon, 289, 290. Ses inquiétudes, 291. Reçoit Raymond-Roger ; le fait arrêter ; prend possession de la ville ; supplices qu'il ordonne, 292 à 294. Ce qu'il médite pour achever son œuvre ; assemblée qu'il tient : il dispose des vicomtés de Béziers et Carcassonne ; refus qu'il essuie, 295, 296. Les donne à Simon de Montfort, 297.

Comment accable le comte de Toulouse, 377 et suiv. Vient au camp des croisés, 381. Piége qu'il tend au sieur de Minerve, 382. Massacre dans ce château, 383, 384. Son attitude au concile d'Arles à l'égard de Raymond et du roi d'Aragon, 389. Il repousse une dernière avance de ce dernier, 393. Se fait investir de l'archevêché et du duché de Narbonne; excite ainsi le dépit de Montfort; passe en Espagne, 403 à 405. Reproches et ordres que lui adresse Innocent, 412 à 414. Sa rupture avec Simon de Montfort; il l'excommunie, 477. Invoque Louis VIII contre l'hérésie, 543. Ses négociations avec Raymond VII, 550 à 552. Sa mort, 573.

ARNAUD (GUILLAUME), grand inquisiteur; sort de Toulouse; VII, 158. Excommunie cette ville et le comte Raymond, 159. Son tribunal massacré par des Albigeois, 268.

ARNAUD de Villeneuve; livre de lui condamné par l'inquisition; IX, 240. Sa fuite en Sicile, 287.

ARNAUD D'ANDILLY; nouvelles manœuvres militaires qu'il enseigne; XXII, 463. Lettres contradictoires que lui écrit Louis XIII, 516.

ARNAUD (ANTOINE) publie son livre de la *Fréquente Communion*; débats qu'il soulève; XXIV, 55 et suiv. Son zèle janséniste; XXV, 77, 78. Mandement de son frère cassé, 88, 89. Se cache à Châtillon, 139. Son mémoire au roi, 140. Eclat qu'il répand sur les lettres, 160 (voy. *Marquis de Pomponne*). Epoque de sa mort; XXVI, 385.

ARNAULT est du conseil secret de Marie de Médicis; XXII, 199. Envoyé par Sully à Concini, 209.

ARNAULT, du parti de Condé; envoyé en Bourgogne; XXIV, 385.

ARNHEIM, favori de l'électeur de Saxe; ses trahisons; XXIII, 177, 194, 221.

ARNOLD, fils de Drogon; son héritage; II, 107.

ARNOLD, colonel américain; tente sans succès d'insurger le Canada; XXX, 137. Sa trahison, 190, 198 et suiv.

ARNOLPHE; prend parti pour Clothaire; I, 439, 440. Conseiller de Dagobert; évêque de Metz; II, 9. Perd Chrodoald, 14. S'interpose entre Clothaire et Dagobert, 15. Sa retraite, 23. Son pouvoir; son crédit, 89.

ARNOLPHE, empereur, bâtard de Carloman; d'abord duc de Carinthie; III, 248. Paraît à la diète de Tibur, 271. Dépossède Charles-le-Gros; sort qu'il lui fait, 272. Reçoit l'hommage du roi de Bourgogne, 290. A des partisans en France; reconnaît Eudes et reçoit son hommage, 291. Attaqué par les Normands; ses troupes sont vaincues; il les écrase à Louvain, 301 à 304. Sollicité en faveur de Charles-le-Simple, 308. Lui accorde la couronne et lui donne une armée, 309. Invoqué de toutes parts en France, convoque les deux rivaux, 310. Résout de soutenir Eudes; donne la couronne de Lorraine à son bâtard Zwentibold; lui ordonne de soutenir Eudes, 311. Proclamé empereur, 313. Sa paralysie; vigueur de son caractère, 314. Accusé d'avoir attiré les Hongrois, 320. Sa mort, 321.

ARNOLPHE, comte de Flandre; médiateur entre Louis IV et Othon; fait hommage à ce dernier; III, 403. Fait assassiner Guillaume Longue-Epée, 417, 418. Aux prises avec Hugues de France, 431. Réconcilié avec lui, 442.

ARNOLPHE, bâtard de Lothaire de France, archevêque de Reims; prête serment à Hugues-Capet; prend parti contre ce prince; IV, 44 et suiv. Défend Laon assiégé, 48. Est prisonnier, 50. Son jugement; son abdication, 57 à 60. Quoique prisonnier est déclaré archevêque légitime, 62. Démêlés à ce sujet entre le pape et le roi Robert, 99. Mis en liberté, 100. Confirmé dans son siège, 121.

ARNOLPHE, fils de Baudoin VI de Flandre; réfugié en France; tué à la bataille de Cassel; IV, 411 à 413.

ARNOLPHE, évêque de Lisieux; son influence en faveur du pape Alexandre III; V, 432.

ARNOLPHE; part qu'il prend à l'arrestation de Boniface VIII; IX, 130 et suiv.

ARNOLPHE D'EGMONT, duc de Gueldre; vend sa succession à Charles-le-Téméraire; XIV, 381 à 383.

ARNON, missionnaire chez les Huns; II, 402.

ARNOUL II, comte de Flandre, auteur supposé d'une des six pairies laïques; IV, 16. Partisan des Carlovingiens, 42. Seconde Charles de Lorraine, 45. Sa mort; sa guerre avec Richard-sans-Peur, 65.

ARNOUX, jésuite, confesseur de Louis XIII; l'excite à exterminer les huguenots; XXII, 485. Confidences que lui fait le roi au sujet de Luynes, 489. Est renvoyé, 493.

ARPAJON (D') est de la Fronde; XXIV, 400. Traite avec la reine, 403.

ARQUIEN (LE COMTE D'), beau-père de Jean Sobieski; Louis XIV lui refuse le titre de duc; XXV, 449.

ARRAN (JAMES HAMILTON, COMTE D'), régent d'Ecosse sous Marie Stuart; sa politique; XVII, 258. Château qu'il assiége, 334. Défait par les Anglais, 336. Il repousse leurs propositions; comment est gagné à la France, 365, 366. Envoie en ce royaume la jeune Marie Stuart, 368. Prend les armes pour la cause protestante; XVIII, 133.

ARRAS (TRAITÉ D'); réconciliation entre Charles VII et Philippe-le-Bon; XIII, 254 à 258.
— Autre traité entre Louis XI et Maximilien d'Autriche; XIV, 610.

ARS (LOUIS D'); sa retraite à travers le Milanais; XV, 307. Sforza veut se livrer à lui, 316. Lieutenant du vice-roi de Naples, 383. Se signale au siége de Canosa, 385. Ville qu'il surprend; ses dangers, 386. Mis en fuite à Cerignoles, 404. Sa résistance à Venosa, 408. Sa retraite, 427.

ARTAUD, élu archevêque de Reims; III, 379. Sacre Louis IV, 395. Devient son conseiller, 398. Lui est seul fidèle; récompense qu'il reçoit, 406. Dépossédé, 407, 409. Rétabli, 429. Eclat de ses démêlés avec Hugues, son compétiteur; concile qui ordonne son maintien dans son siége, 432, 433. Son discours au concile d'Ingelheim; idiome dont il se sert, 435. Son intronisation ordonnée, 436. Réconcilié avec Hugues de France, 442. Sacre Lothaire, 458. Sa mort, 466.

ARTEVELD (JACQUEMART OU JACQUES D'), brasseur de Gand; chef du parti populaire; X, 111. Son pouvoir; il soulève Gand; son alliance avec Edouard III; il chasse le comte de Flandre, 112 à 115. Sa méfiance envers ce prince; frayeur qu'il lui inspire, 135. Traité qu'il conclut avec Edouard, 156 à 158. Se prépare à assiéger Tournai, 163. Seconde le comte de Hainaut contre la France, 166. Sa harangue à la diète de Valenciennes, 170. Est emprisonné, puis délivré par ses partisans soulevés, 198. Reçoit Edouard à l'Ecluse, 258. Sa position délicate; ses débats avec la corporation des tisserands, 259. Favorable au projet de nommer comte de Flandre le prince de Galles, 260. Sa mort, 262, 263.

ARTEVELD (PHILIPPE D'), fils de Jacques; nommé capitaine général des Gantois; XI, 347. Ses mesures de police; il repousse la paix qui l'eût sacrifié; tue l'un des négociateurs; consent à être exilé; fait connaître aux Gantois la dure capitulation que leur accorde le comte; les décide à marcher contre lui; prend position près de Bruges; 348 à 353. Il gagne la bataille de Bruges, 354, 355. Il entre en cette ville; recommande ses habitans aux Gantois; soumet toute la Flandre; prend le titre de régent, 356 à 358. Assiége Oudenarde, 380. Son peu de succès; ses négociations avec Richard II; sa lettre à Charles VI; piége que lui tend le gouvernement français et qu'il évite, 383 à 385. Il coupe les ponts de la Lys, 386. Son lieutenant à Ypres tué; défection de cette ville; soumission au roi et révolte contre lui de la Flandre maritime, 389, 390. Il marche au devant de l'armée royale, 391, 392. Perd la bataille de Rosebecque et la vie, 393 à 396. N'est point remplacé à Gand, 400. Son train de prince, 439, 440.

ARTHUR de Bretagne, petit-fils de Henri II d'Angleterre; sa naissance; VI, 50. Son mariage projeté, 103. Successeur désigné de Richard-Cœur-de-lion, 138. Ligué avec lui, 169. Ses droits à la succession de Richard; sermens qu'il reçoit; attaqué par son oncle Jean, 184. Confié à Philippe-Auguste, 185. Conditions que celui-ci stipule pour lui, 186. Reconcilié avec son oncle; confié encore à Philippe, 188. Part que lui laisse le traité de paix, 189. Son mariage; fait hommage à Philippe, 211. Armée qu'il forme, 212. Assiége son aïeule à Mirebeau; est fait prisonnier, 213. Sa mort, 214.

ARTHUR II, duc de Bretagne; son avénement; IX, 171. Fait arrêter les templiers de son duché et s'approprie leurs biens, 209.

ARTHUR III, duc de Bretagne, d'abord comte de Richemont, puis connétable de France; assiste au service du duc d'Orléans; XII, 459. Est confident du Dauphin, 465, 466. Son poste à Azincourt; il est prisonnier, 482, 489. Est délivré et prend part au siége de Meaux, 617. Son mariage; XIII, 24. Il s'éloigne des Anglais, 39. L'épée de connétable lui est offerte, 41. Son entrevue avec Philippe-le-Bon, 42. Puis avec Charles, 43. Ses dispositions en Bretagne; il est installé comme connétable, 44 à 46. Ses efforts pour dominer le roi; son but; brigue contre lui, 58 à 60. Ses hostilités en Normandie; son échec à Saint-James de Beuvron; à qui l'attribue, 61 à 63. Il presse le duc de Bourgogne de se réconcilier avec le roi, 65. Son retour, ses luttes de cour, 68, 69. Sa jalousie envers le comte de Foix; ses reproches à Charles; son influence à la cour; favoris qu'il élève et précipite; sa rupture avec La Trémoille, 71 à 79. Attaqué de vive force; son immobilité, 89, 90. Veut rejoindre l'armée royale; La Trémoille veut l'arrêter; il passe outre; la Pucelle s'interpose entre lui et le roi; chevaliers qui l'accompagnent, 134, 135. Ses opérations sur la Loire, 137. Méfiance qu'il inspire à La Trémoille; ne peut obtenir de se rendre au sacre, 139. Le roi veut les réconcilier; il se fait remplacer à l'entrevue projetée; trahison envers ses délégués, 165 à 167. Il contribue à la chute du favori, 221 à 225. Il ressaisit le pouvoir; tient la journée sur la lande du grand Ormeau; fait reculer Arundel; son entrevue avec le roi, 238, 239. Il secourt La Hire, 240. Se rend au congrès de Nevers; ce qu'il stipule pour la paix générale; accueil que lui fait le roi, 243 à 245. Représente la France au congrès d'Arras, 250. Réconcilie les maisons de France et de Bourgogne, 254. Ce qu'il obtient de La Hire et Saintrailles, 258. Son succès contre les Anglais, 271. Il soumet Paris, 272 à 277. Se considère comme un souverain indépendant, 284. Sa guerre privée avec Flavy, 287, 288. Il se rend caution de Réné, 297. Son poste au siége de Montereau, 311. Il escorte le roi à Paris; abandonne cette ville, 313, 316. Ses rigueurs contre les aventuriers, 329. Il insiste pour la reprise de Meaux, 344. Secondé par le roi, il emporte la place, 346, 347. Sa cruauté; il refuse la bataille; il achève sa conquête; dureté de sa justice prévôtale, 348, 349. Se rend aux états d'Orléans, 351. A ordre de marcher sur Avranches; s'y rend; lève le siége, 249, 357, 358. Sa fidélité, 358 à 362. Il s'interpose pour la paix, 366. Accompagne le roi, 378. Aventuriers qu'il réduit, 388. Part qu'il prend à la journée de Tartas, 390. Conseil auquel il assiste, 421, 440. Refroidissement de Charles pour lui, 448. Ses hostilités contre les Anglais, 484, 492. Il décide la victoire à Fourmigny, 500 à 502. Il assiége Caen, qui capitule, 503, 504. Il investit Cherbourg, 505. Prend cette place, 506. La garde de la Normandie lui est confiée, 510. Son amitié pour son neveu Giles, 527. S'interpose entre lui et le duc François, 528, 529. Le fait venger, 535. Son biographe, 599. Son avénement au duché de Bretagne; il reste connétable; ses rapports avec Charles; son projet de descente en Angleterre; XIV, 12 à 14. Il refuse de siéger à la cour des pairs, 18. Intercède pour le duc d'Alençon; fait hommage au roi; meurt; ses services; sa superstition; ses derniers momens tourmentés par l'évêque de Nantes, 21 à 24. Ses exécutions sommaires, 197.

ARTOIS (ROBERT Ier, COMTE D'), frère de saint Louis; dispositions testamentaires de son père en sa faveur; VI, 577. Son mariage; apanage qu'il reçoit, VII, 182. Aide le roi à la translation de la sainte couronne d'épines, 194. Le pape l'appelle à remplacer Frédéric II, 202. Asiste à la cour plénière de Saumur, 235. Son voyage à Cîteaux, 308. Croisé avec saint Louis, 348. Part avec lui, 380, 382. Son poste au camp de Mansourah, 415. Son poste à la bataille de ce nom; il est tué, 421 à 425.

ARTOIS (ROBERT II, COMTE D'), neveu de saint Louis; prend la croix; VIII, 163. S'embarque, 181. Son expédition en Navarre; son traité avec Alphonse de Castille; comment cherche à perdre le favori de Philippe-le-Hardi, 273 à 277. Est un des juges qui le condamnent, 290. Sollicite vainement du pape la punition du beau-frère de la Brosse, 295. Marche au secours du roi de Naples, 337. Sa mission en Castille, 356. Est chargé de gouverner Naples, 393. Sa victoire sur Loria; son mécontentement; son retour en France, 405 à 407. A qui est mariée sa fille, 483. Sa victoire près de Dam, 508, 509; IX, 8. Ses opérations en Flandre; mort de son fils unique, 18 à 21. Sa prétendue opposition à l'arrangement entre la France et l'Angleterre, 38. Ses débats avec l'évêque de Cambrai; intervention du pape, 47. Le pape cherche sans succès à l'attirer en Italie, 61. Récriminations du pontife contre lui, 83. Marche sur les Flamands révoltés; son armée formidable, 97. Perd la bataille de Courtrai et la vie, 99 à 101.

ARTOIS (PHILIPPE D'), sire de Conches; fils unique de Robert II; renfort qu'il lui amène; il est tué; IX, 20, 21.

ARTOIS (ROBERT, COMTE D'), d'abord comte de Beaumont le Roger; dispute l'Artois à la comtesse Mathilde; aux prises avec les troupes françaises; transige et épouse la fille de Charles de Valois; IX, 343, 344. Accompagne ce prince à l'armée du Midi, 450. Commande une division de l'armée française; X, 21. Ses droits à l'Artois; il les revendique; accusé d'empoisonnement et de faux; condamné au bannissement, 39 à 45. Acharnement de Philippe à ruiner sa famille, 55, 56. Ses opérations magiques révélées, 74 à 76. Sa terreur; il se réfugie en Angleterre, 77. Accueil qu'il y reçoit, 87, 88, 105. Philippe demande vainement qu'il lui soit livré, 106. Son échec à Saint-Omer; méfiance qu'il inspire aux Flamands; sa fuite, 173. Déception que peut lui reprocher Edouard, 179. Nature de ses prétentions à l'Artois, 188. Est envoyé en Bretagne à la tête d'une armée; bataille navale qu'il livre, 211. Prend Vannes, 212, 213. Y est surpris et blessé; sa mort, 214, 215. Voy. *Eu (comte d')*.

ARUNDEL (LE COMTE D'); part qu'il prend à la victoire de Crécy; X, 294, 300. Sa négociation en Flandre, 319. Il meurt naufragé; XI, 287.

ARUNDEL (RICHARD COMTE D'); son expédition maritime; XI, 520, 521. Débarque en Aunis; ses ravages, 523, 524. Soutient le duc de Glocester, 546. Accusé de complot; son supplice; XII, 103, 105.

ARUNDEL (LE COMTE D'); troupes anglaises qu'il conduit en France; XII, 373. Ses ravages, 396. Sa maladie, 476. Sa présence à la cour de Henri VI; XIII, 173. Victoire qu'il remporte, 195. Il est surpris à Rouen, 210. Marche sur Lagny, 211. Guerroie dans le Maine; sa retraite, 238, 239. Mission dont le charge Bedford; il est blessé et meurt, 248, 249. Ses rigueurs à Calais, 299, 300.

ASCELIN; ses paroles sur la tombe de Guillaume-le-Conquérant; IV, 481.

ASCELIN livre Andely à Louis-le-Gros; V, 141.

ASFELD (LE MARÉCHAL D'); sa belle défense à Bonn; XXVI, 41. Ses opérations en Espagne; XXVII, 25, 27. Commande l'armée du Rhin; prend Philipsbourg; XXVIII, 104 à 106.

ASPREMONT, général piémontais; combat les Espagnols, sur le Panaro; XXVIII, 287.

ASSAS (LE CHEVALIER D'); son dévouement; XXIX, 215.

ASTARAC (CENTULLE D'); défend Marmande; sauvé par la loyauté de Louis de France; VI, 505 à 507.

ASTARAC (D'), victime de la Saint-Barthélemy; XIX, 172.

ASTOLPHE, roi des Lombards, n'ose empêcher le pape de se rendre en France pour implorer contre lui le secours de Pépin; II, 184. Ses efforts pour détourner l'orage; sa défaite; sa soumission à l'église; n'exécute point ses promesses et attaque de nouveau Rome, 188 à 190. L'assiége; est encore réduit, 192, 194. Appelle Grifon, 201. Sa mort; traité de tyran par le pape, 206.

ATAULPHE, roi des Visigoths; succède à Alaric; I, 137. Vainqueur des rivaux de l'empereur; épouse sa sœur Placidie, 138. Son établissement dans la Gaule méridionale, 139 à 141. Passe les Pyrénées, 143. Sa mort, 144.

ATHALARIC succède en Italie à Théodoric; I, 256. Sa mort, 272.

ATHELSTAN, roi d'Angleterre; donne asile à Louis d'Outre-mer; III, 356, 393. Députations pour lui demander ce jeune prince, 394. Il le secourt, 401.

ATHLONE (LE COMTE D'), général anglais aux prises avec Boufflers dans les Pays-Bas; ses succès; XXVI, 343 et suiv.

ATHOL (LE COMTE D'); assassine Jacques Ier, roi d'Écosse; XIII, 292.

ATRIE (ANNE D'); style qu'elle introduit à la cour de Catherine de Médicis; XIX, 510, 511.

ATTAIN, l'un des assassins de Coligny; XIX, 165.

ATTALUS; dispute l'empire à Honorius; I, 146.

ATTILA, roi des Huns; I, 152. Envahit les Gaules; ses dévastations; assiége vainement Orléans, 154. Il se retire en Champagne; perd la bataille de Châlons; évacue les Gaules; envahit l'Italie; meurt, 157 à 160.

ATTON (BERNARD), vicomte de Beziers; élu tuteur du jeune comte de Barcelone; IV, 440. Allié du comte de Toulouse; V, 169. Démêlés de ses successeurs avec la ville de Nîmes.

AUBÉPINE (DE L'), négociateur de François Ier avec Henri VIII; XVII, 217. Commissaire de Henri II pour la paix, 546; XVIII, 83. Sa subordination au connétable, 104. Il lui retire le cachet du roi, 108. Est de l'assemblée de Moulins, 465.

AUBETERRE, ligueur; du complot d'Angoulême; XX, 393, 397, 398.

AUBETERRE (LE MARQUIS D'), ambassadeur de France à Rome; demande la suppression des jésuites; XXIX, 376.

AUBIGNÉ, écuyer de Henri IV; favorise son évasion; XIX, 357 à 360. Ses hostilités, 418. Piége qu'on lui tend et auquel il échappe, 525, 526. Sa sévérité; comment compromis par le Béarnais; il se rapproche de lui. Son opposition sous Louis XIII; sa retraite à Genève; XX, 103 à 105. S'oppose au changement de religion proposé à Henri, 106. Lieutenant de Condé, 192, 197, 198, 212. Surprend Maillzais, 508. Accompagne Henri à Saint-Cloud, 544. Se renferme avec lui; XXI, 7. Conseil qu'il lui donne, 12. Le pousse à se convertir, 200. Sujet de mécontentement que lui donne le roi, 458. Jalousé par Sully; XXII, 18. Écarté de la cour, 48. Complot dont il refuse de faire partie, 53. Dénoncé par Lafin, 71.

AUBIGNÉ (Mlle D'); épouse le comte d'Ayen depuis duc de Noailles; XXVI, 232; XXVIII, 280.

AUBIGNY (ÉDERARD STUART SIRE D'), ambassadeur de Charles VIII en Italie; XV, 150 à 152. Son commandement; sa marche; son arrivée devant Rome, 176, 177. Soumet la Calabre, 193. Est gouverneur de cette province, 206. Gagne la bataille de Seminara, 226, 227. Sa lutte pénible contre Gonsalve de Cordoue, 228, 229. Il capitule, 236. Son commandement sous Louis XII; il passe les Alpes, 290. A le commandement du Milanais, 324. Est chargé de l'expédition sur Naples, 236. Sa marche; il prend d'assaut Capoue, 340 à 345. Armistice qu'il accorde au roi; il est mis en possession de Naples,

346. Y porte le titre de lieutenant-général du roi ; sa jalousie envers Vesc; sa maladie, 352, 353. A l'arrivée d'un vice-roi il demande son rappel, 355. Se rend au camp de Troia, 383. Sa loyauté; capitulés qu'il escorte, 385. Mission que lui donne Nemours; leur mutuelle aigreur, 387. Pénètre en Calabre; par qui arrêté, 398, 399. Vainqueur à Terranova ; est vaincu à Seminara et investi dans Angitula, 402, 403. Date de sa défaite, 407. Il capitule, 408. Villes de Lombardie qu'il rend, 600. Il surprend Colonna; XVI, 25. Conseille en vain au roi de ne point passer en Italie, 220. Est tué à Pavie, 236.

AUBIJOUX, gentilhomme du duc d'Orléans; complice de Cinq-Mars; XXIII, 488 et suiv. Est de la cabale des importans; XXIV, 20.

AUBIN (CORMIER SAINT-) (traité du) met fin aux guerres civiles de la minorité de saint Louis; VII, 104.

AUBRECHICOURT (EUSTACHE D'), chef d'aventuriers; position qu'il s'est faite en Champagne; X, 547. Comment considère ses brigandages; son portrait, 551. Part qu'il prend à la bataille d'Auray; XI, 21. Il s'engage dans l'expédition contre Pierre-le-Cruel 39. Est rappelé par le prince de Galles, 55. Il enlève la duchesse de Bourbon, 134.

AUBRYOT (HUGUES), prévôt de Paris; ses richesses; faveur dont il jouit auprès des princes; en butte à la haine des prêtres; est enfermé dans les cachots de l'inquisition; XI, 332, 333. Délivré par les *Maillotins*, s'enfuit en Bourgogne, 365.

AUBUSSON (PIERRE D'), grand maître de Rhodes; comment envoie en France Gem, frère de Bajazet; XV, 145 à 147.

AUDENHAM (ARNOULD D'), maréchal de France; expéditions dans lesquelles il accompagne le roi Jean; X, 392, 393, 449, 456. Prisonnier à Poitiers, 465, 466. Assiste au siége de Melun, 552. Présente au dauphin le traité de Londres, 555. Rapporte son refus, 560. Suit le roi en Bourgogne, 592. Prend la croix, 600. Est gouverneur du Languedoc, 602. Combat les compagnies d'aventuriers; XI, 31. Accompagne en Espagne Jean de Bourbon, 46. Son retour en France, 50. Part qu'il prend à la défaite de Najarra; il est prisonnier, 73, 74, 75. Expédition à laquelle il est employé, 83.

AUDLEY (PIERRE D'), aventurier anglais; position qu'il s'est faite en Champagne; X, 547. Surprend Châlons et en est chassé, 550.

AUDLEY (LORD), du parti de la *rose rouge*; sa défaite; XIV, 50.

AUDOUARD, agent du duc d'Aiguillon; XXIX, 417, 421.

AUDULPHE, sénéchal de Charlemagne; réprime les Bretons; II, 304.

AUFFEMONT (LE SIRE D') ; ses débats ; sa réconciliation avec La Hire; XIII, 286, 287.

AUFFRATZ ; poursuit Villars ; XXVI, 369.

AUGUSTE; son édit sur la religion dans les Gaules; I, 6. Traces d'un dénombrement qu'il aurait ordonné dans cette province, 54.

AUGUSTE, électeur de Saxe; son avénement; XVII, 480. Sa correspondance avec l'empereur Maximilien II ; XVIII, 425. N'accueille point les propositions des protestans français; 514.

AUGUSTE Ier, roi de Pologne; d'abord FREDERIC-AUGUSTE II, électeur de Saxe; monte sur le trône de Pologne; XXVI, 231, 232. Disposé à s'allier à la France, 306. Sa lutte avec Charles XII, 403, 438. Sa vie désordonnée; XXVIII, 19, 84. S'unit à l'empereur; ses persécutions, 30, 31. Sa mort; suites de cet événement; 77 à 80, 85 et suiv.

AUGUSTE II, roi de Pologne, ou FRÉDÉRIC-AUGUSTE III, électeur de Saxe; Stanislas lui dispute le trône; sa faiblesse; sa fausseté; ses alliés; ses succès; XXVIII, 79, 84, 87. A ébranlé la morale publique, 185. Ses prétentions à l'héritage de l'empereur, 222. Il se ligue contre Marie-Thérèse, 226. Son indolence; son ministre le trahit, 240, 241. Accède à la paix de Breslaw, 245. On songe en France à le faire élire empereur, 360, 372, 373.

Table générale de l'Histoire des Français.

Son traité avec Marie-Thérèse, 374. Défaite de son armée à Nesseldorf, 376. Il reçoit des subsides de la France et de l'Espagne; le Dauphin épouse sa fille, 433, 434. Entre dans la ligue contre Frédéric; XXIX, 58, 116. Écrasé par lui, 117, 118. Ce que le second traité de Versailles stipule en sa faveur, 193. Son désir de la paix, 251. Il signe le traité d'Habersbourg, 265. Ses malheurs; sa mort, 309.

AUGUSTIN (SAINT); son récit de l'invasion des Gaules, cité; I, 129. Auteur favori de Charlemagne; II, 316.

AUGUSTULE, dernier empereur; I, 164.

AUMALE (GUILLAUME DE MANDEVILLE COMTE D'); commandement que lui confie le roi d'Angleterre; VI, 52. Mission que lui donne Richard, 90.

AUMALE (JEAN DE HARCOURT COMTE D'), du parti de Charles VII; aux prises avec les Anglais; XIII, 17, 18. Assiste à la bataille de Verneuil, 33 et suiv.

AUMALE (CLAUDE DE LORRAINE GUISE DUC D'); son mariage; XVII, 396; XVIII, 7, 19. Il part pour l'Italie; XVII, 428, 552. Son commandement à l'armée royale, 448, 485. Il est prisonnier, 486. Sa rançon, 516. Est de l'armée de son frère; XVIII, 31. Défend Amboise, 148. Est de l'assemblée des notables, 161. Salue roi Charles IX, 186. Accompagne Marie Stuart en Écosse, 228, 229. Par qui suppléé en Bourgogne, 258. Son entrée à Paris, 270. Va prendre le gouvernement de Rouen; y est prévenu par les huguenots; ses rigueurs, 284. Son zèle persécuteur en Bourgogne, 310. Il agite Paris, 405. Son frère le cardinal l'y appelle, 440. Il le rejoint, leur trouble, 441. Il parcourt les environs de Paris, 442. Ne se réconcilie point avec les Châtillons; est accusé de vouloir les faire assassiner; quitte la cour, 471. Escorte le roi, 500. Est aux prises avec d'Andelot, 508. La reine l'appelle à l'armée, 526. Est opposé au duc de Deux-Ponts; XIX, 52. Ses fautes, 53. Il se replie sur la Loire; sa jonction avec le duc d'Anjou; 54. Insubordination de ses troupes, 56. Part qu'il prend à la Saint-Barthélemy, 154, 156, 165,171. La fait annoncer au cardinal son frère, 187. Se rend au siége de La Rochelle, 225. Est tué, 226.

AUMALE (CHARLES DE LORRAINE GUISE DUC D'); troupes qu'il rassemble; XIX, 448. Est gouverneur de Picardie; XX, 12, 501. Confiance qu'il accorde au cardinal de Lorraine, 121. Tente de surprendre Boulogne, 166, 167. Place de sûreté qu'il obtient, 168. Lieutenance de son frère, 303. Ses opérations autour de Paris, 331. En est gouverneur, 476. Se rend à l'hôtel de ville, 498. Son échec à Senlis, 525, 526. Renforce Mayenne; XXI, 28, 81. Ses projets d'indépendance, 46. Secourt Noyon, 103. Ses prétentions, 173. Conférence à laquelle il assiste, 190. Son engagement de rester fidèle à la Ligue, 237. Se rend au congrès de Bar-le-Duc, 287. Se prononce pour la guerre, 289. Sa détresse, 319. Secouru par les Espagnols, 333. Place qu'il leur livre, 362, 363. Son procès; son exécution en effigie, 364, 365. Il combat à Douleus, 367, 368. Traité dont il ne profite pas, 407, 409.

AUMALE (LE CHEVALIER D') commande la place de Paris; XXI, 61, 66. Attroupements qu'il dissipe, 77. Ses ménagements pour l'opinion, 79. Il attaque Saint-Denis; est tué, 99, 100.

AUMONT (JEAN D') est nommé Maréchal; XIX, 502. Dénoncé par Salcède; XX, 63. Est reçu à coups de feu aux barricades, 351. Conférences auxquelles l'admet le roi, 365, 400, 401. Troupes qu'il rassemble, 456. Valois lui demande son aide pour se défaire de Guise, 458. Conseil auquel il assiste, 461. Arrestation qu'il fait, 463. Plie devant Mayenne, 497. Étouffe une insurrection à Angers, 506. Se porte au devant du Navarrais, 518, 519. Réconcilié avec Épernon, 524. Son commandement à l'armée royale, 534, 535. Ses troupes sont toutes catholiques; XXI, 5. Querelle que lui fait Épernon, 15. Troupes qu'il conduit en Champagne, 19, 37. Secourt le camp d'Arques, 32. Son poste à

Ivry, 53, 56. Il est envoyé en Bourgogne, 92. Ses revers en Bretagne, 172. Il force Marcœur à publier la trêve, 235, 236. Demande des secours à Elisabeth, 308, 309. Assiége et prend le Crozon, 310, 311. Sa mort, 383. A pris Morlaix, 418.

AUMONT (LE COMTE D'); son combat avec Chateauroux; XXII, 252.

AUMONT (LE MARÉCHAL DUC D'); troupes qu'il licencie; XXIV, 401. Contient les Espagnols, 488. Son coup de main sur Ostende; il est prisonnier, 564, 565. Son commandement à l'armée des Pays-Bas; XXV, 127. Place dont il s'empare, 128.

AUMONT (LE DUC D') est aide de camp de Louis XV; XXVIII, 309. Se tient auprès de Louis XV mourant; XXIX, 503. Principes libéraux auxquels il adhère; XXX, 372.

AUQUETONVILLE (RAOUL D'), assassin du duc d'Orléans; XII, 271, 272. Récompense qu'il reçoit, 279.

AURAY (BATAILLE D'), gagnée par Jean de Monfort sur Bertrand Du Guesclin; XI, 20 à 23.

AURELIEN, empereur, bat son rival Tetricus dans les plaines de Châlons; I, 15.

AURISPA (JEAN). Voy. Guarino.

AUROUX, l'un des seize; son supplice; XXI, 139.

AUSSONVILLE (LE BARON D') engage le combat de Fontaine-Française; XXI, 338, 339.

AUSTRASIE, France orientale; I, 305. Contrée d'aristocratie, 342. De gouvernement fédéral, 343. Impatiente du joug des Mérovingiens, 361. Ses relations avec ces princes, 362, 363. Ses expéditions en Italie, 366, 367. Ses efforts pour affaiblir le pouvoir royal, 373, 374, 375, 378. Sa haine contre la Neustrie, 417. Son désir d'un roi indépendant; II, 8, 33. Son aristocratie secondée par le vicaire du palais, 60. Réunie à la France occidentale, 61. Obtient encore un roi, 62. Révolutions dans le sens populaire, 71, 77 et suiv. Prétend seule être le pays des Francs; son esprit républicain et guerrier, 91. Vaincue par les Neustriens, 108. Prend pour chef Charles Martel (voir ce nom). Confondue désormais avec le reste de la monarchie.

AUSTRASIENS. Voy. Austrasie.

AUTCHARIS, Franc, attaché à la cause des fils de Carloman; II, 242. Livré à Charlemagne, 246.

AUTERME (ROGER D'), bailli de Gand; mission que lui donne le comte Louis de Male; il est tué; XI, 268, 269.

AUTERME (OLIVIER); provoque les Gantois; XI, 276. Le comte de Flandre promet de l'exiler, 277.

AUTHON (HUGUES DE GENÈVE, SEIGNEUR D'), négociateur à Bretigny; X, 570.

AUTRAY (LE SIRE D'), compagnon de Jean-sans-Peur, assassiné avec lui, XII, 583.

AUVERGNE (LE DAUPHIN D') est de la journée de Thouars; XI, 177. Est de l'armée royale, 169, 180; XII, 477.

AUXERRE (LE COMTE D'), l'un des capitaines de Charles V; XI, 17, 18. Prisonnier à la bataille d'Auray, 22. Feinte punition que lui inflige le roi; 80. Est de l'armée de Charles VI; XII, 387.

AVENSON (D'); du conseil privé de François II; assiste à l'assemblée des notables; XVIII, 161.

AVARES ou UGURS; leur irruption en Germanie; I, 316. Vainqueurs de Sigebert, traitent avec lui, 317. Ecrasent les Gépides; errent encore entre l'Asie et l'Europe centrales; s'établissent enfin au nord du bas Danube, 318. Ont soumis les Vénèdes; les oppriment; ils se révoltent; II, 10. Victoire des Vénèdes, 11. Révolutions rapides chez les Avares, 12. Chassent les Bulgares, 30. Pour leurs guerres avec Charlemagne, voy. Huns.

AVAUGOUR (LE BARON D'), fils naturel du duc de Bretagne; se déclare contre lui; XV, 41. Lieutenant du roi en Bretagne, 159.

AVAUX (LE COMTE D'), envoyé par Richelieu près des cours du Nord; XXIII, 257. Négociateur au congrès de Munster; XXIV, 76 et suiv, 179. Puis à Ruel, 260.

AVAUX (LE COMTE D'), ambassadeur de Louis XIV en Hollande; son mémoire aux états généraux; XXV, 461. Il pénètre les desseins de Guillaume III; XXVI, 19. Il quitte la Haye, 22. Ses négociations au nord, 176. Est envoyé en Hollande, 303, 304, 310. Est rappelé, 311.

AVELLINO, lieutenant de Fuentès dans les Pays-Bas; XXI, 360.

AVENELLES, confident du complot d'Amboise; le dénonce aux Guises; XVIII, 142.

AVERRHOÈS; son école de médecine; IV, 488. Ses enseignemens sceptiques; VII, 42. Sa philosophie introduite dans les écoles y répand l'incrédulité; IX, 246. Il a réveillé l'esprit d'examen; XI, 158.

AVERSPERG (LE PRINCE D'), ministre de l'empereur; ses négociations pour la future succession d'Espagne; XXVI, 271.

AVESNES (JACQUES D'), et (GAUTHIER D'), héros des 3e et 5e croisades; VI, 83, 117, 499.

AVESNES (BOSSAERT D'), tuteur de Marguerite de Flandre; la séduit; leurs fils *Jean et Baudoin*; veut se faire relever de la prêtrise et l'épouser; VII, 297. Contestation de ses fils avec leur mère; arbitrage de saint Louis, 298. Le Hainaut leur est attribué, 370. Leurs nouveaux débats avec les Dampierre, 485, 486. Secondés par Guillaume de Hollande; VIII, 7. Remis en possession du lot à eux alloué, 30. Voy. *Jean, comte de Hainaut*.

AVEYRO (LE DUC D') conspire contre Joseph de Portugal; son supplice; XXIX, 222 à 225.

AVICENNE, son école de médecine; IV, 488.

AVITUS, ses négociations; I, 155. Proclamé empereur dans les Gaules, 161, 162. Déposé, 163.

AVITUS (SAINT), évêque de Vienne; calme les remords que causent à Gondebaud ses fratricides; I, 173. Flatte Clovis, 189. Appelé à convertir le roi Bourguignon, 207. Élève le fils de ce prince dans l'orthodoxie, 259.

AVOGARO (LOUIS COMTE D') insurge Briescia contre les Français; XV, 582. Son supplice, 584.

AYDIE (ODET D'), sire de Lescun, puis comte de Comminges, ambassadeur du duc de Bretagne à la cour de Louis XI; séduit le frère du roi; XIV, 162. Est l'occasion de la rupture entre son maître et ce jeune prince, 205. Louis tente de le gagner, 254, 286. Son influence sur le prince Charles, 292. Secours qu'il amène à l'armée royale, 330. Pourquoi dessert Louis, 342. Projet de mariage qu'il propose au duc son frère, 347. Supplanté par une maîtresse dans la faveur de ce prince; soupçonné au sujet de leur mort, 353. Rejette les soupçons sur le roi, 357. Ses rapports avec lui; leur marché; leur entrevue, 368, 369, 373. Sa fidélité à le servir, 395, 396. Ministre désigné, 652. Commissaire pour la répartition des impôts, 678. Excite le mécontentement du duc de Bretagne; XV, 24. Ligue dans laquelle il entre, 34. Est le but des premiers coups; son comté saisi, 36 à 38. La noblesse bretonne veut le faire expulser, 40, 41. Promesses qu'il signe, 43. Soulèvement contre lui, 45. Sa mission auprès du roi échoue, 46. Il est condamné à mort, 50. Renoue les négociations, 55, 63. Contraire aux prétentions de d'Albret, 78. Son pardon stipulé, 88.

AYDIE (ODET D'), sénéchal de Carcassonne; réduit par la dame de Beaujeu; XV, 36 à 38.

AYDIE (ODET D'), comte de Comminges; sert sous le vice-roi de Naples; XV, 383. Forme des compagnies d'infanterie, 505. Défend Bologne, 580.

AYELLE (LA DUCHESSE D'), maîtresse de Henri IV; intrigues qu'elle lui dévoile; XIX, 357. Accompagne la reine-mère au Midi, 507.

AYLVA (LE BARON D') ouvre aux Français les portes de Maestricht; XXVIII, 458.

AYETONE (LE MARQUIS D'), gouverneur des Pays-Bas; embarras que lui donnent les cours émigrées de Gaston et de la reine mère; ses conventions avec le premier; XXIII, 239 à 241. Fait lever le siège de Lerida; XXIV, 135, 136.

AYMAR, évêque du Puy-en-Velay; le premier des croisés; nommé vicaire apostolique de l'expédition; IV, 532. Part avec le comte de Toulouse, 549.

AYMAR, comte de Limoges, révolté contre Richard Plantagenet; prisonnier et gracié; V, 522.

AYMARD, trésorier du Temple; exécuteur testamentaire de Philippe-Auguste; VI, 525.

AYMON, duc de Savoie; succède à son frère; X, 38. Fait partie de l'armée de Philippe de Valois, 149, 172. Est son plénipotentiaire, 176. Est tué à Crécy, 301.

AYTHON, historien arménien; envoyé à l'assemblée de Poitiers; IX, 188.

AZEBEZ (DIEGO D'), évêque d'Ozma; ses prédications; ses controverses avec les Albigeois; VI, 262. A enseigné l'art d'alimenter les bûchers par l'espionnage, 370.

AZINCOURT (BATAILLE D'), gagnée par Henri v, roi d'Angleterre, sur les Français, commandés par le connétable d'Albret; XII, 481 à 489.

AZZO (ALBERT), marquis de Liguri; beau-frère d'Héribert le jeune; appelé dans le Maine; retourne en Italie; IV, 404 et suiv.

BAD

BABINGTON entre dans un complot pour poignarder Elisabeth et délivrer Marie Stuart; est dénoncé; s'évade; son supplice; XX, 251 à 253, 255.

BACHAUMONT, conseiller au parlement; donne au parti réformateur le nom de *la Fronde*; XXIV, 205.

BACHELIER, valet de chambre de Louis XV; à quoi employé; XXVIII, 165 et suiv.

BACHEVILLIERS (DE); rigueurs qu'il exécute en Piémont; XXVI, 132, 133.

BACON, bandit languedocien; sa fortune; X, 347.

BADE DOURLACH (LE PRINCE DE) contribue à la prise de Philipsburg; XXV, 341. Combat les Turcs; XXVI, 25. Aux prises avec le dauphin dans le Palatinat, 128. Avec Lorges sur le Rhin, 148, 184. Commande l'armée des cercles; assiège Landau; la fait capituler, 345, 347 à 349. Battu à Friedlingen par Villars, 352, 353. Aux prises avec ce général, 364 à 369, 441, 464, 465. Par qui renforcé, 404. Victorieux à Schellemberg, 405. Assiège en vain Ingolstadt, 409, 412. Assiège Landau, 413. Accusé par Marlborough, 440. Ses lignes de Stolhoffen; sa mort; XXVII, 31, 32.

BADERIC, roi des Thuringiens; I, 248. Sa mort, 249.

BADOERO (JEAN), ambassadeur vénitien à la cour de François Ier; fait

BAI

perdre à ce roi l'alliance de la république; XVI, 166.

BADOERO (LOUIS), ambassadeur de Venise près de Soliman; traité qu'il négocie; XVII, 80, 81.

BAGAUDES, paysans révoltés des Gaules; massacrent les nobles, incendient les châteaux; sont défaits; I, 18. Nouveaux Bagaudes après l'invasion, 132. Battus par Aetius, 151.

BAGLIONI (JEAN-PAUL), prince de Pérouse; dépossédé par le pape Jules II; XV, 467, 468. Commande l'armée vénitienne; sa faiblesse, 534. Mis en déroute par Gaston de Foix, 582. Renforcé par des Suisses; reprend l'attaque; ses succès, 597 et suiv.

BAGNO (LE COMTE DE), lieutenant du pape dans la Valteline; remet aux Français les forts qu'il occupe; XXII, 552.

BAILLET, président du parlement de Paris; sa harangue à Brion; XVI, 196.

BAILLEUL (RENAUD DE), révolté contre Henri Ier d'Angleterre; V, 137, 141, 143.

BAILLEUL (ENGHERRAND DE), amiral français vaincu et fait prisonnier en Catalogne; VIII, 371.

BAILLEUL (LE PRÉSIDENT), surintendant des finances; XXIV, 25. Préside le parlement, 413. Insulté par la populace, 443. Ne réunit plus l'assemblée, 449. Est blessé, 450.

BAILLOL (JEAN) prétend à la couronne d'Ecosse; VIII, 458. Elle lui est allouée par décision du roi d'Angleterre; il fait hommage à ce prince, 460. Son humiliation; est traité comme un sujet anglais, 461. Le but d'Edouard a été d'asservir par lui l'Ecosse, 474. Son traité avec Philippe-le-Bel, 497, 498. Il renonce à son hommage au roi d'Angleterre, 510. Ses défaites; sa captivité, 511, 512. Son parti n'est pas abattu; IX, 9. Est mis en liberté et se retire en Normandie, 50.

BAILLOL (ÉDOUARD) détrône en Écosse David Bruce; est couronné; X, 54, 55. Il se reconnaît feudataire de l'Angleterre; ses échecs, 71. Pourquoi repoussé par les Ecossais, 91. Son lieutenant vaincu, 99.

BAILLY, avocat-général, destitué; XXV, 73.

BAJAZET; ses conquêtes; XII, 74. Il assiége Constantinople; bat le roi de Hongrie; s'éloigne de l'Europe; y revient; ses menaces, 75. Gagne la bataille de Nicopolis, 87 à 89. Représailles qu'il exerce; message dont il charge Helly, 90. Prix excessif qu'il demande pour la rançon des prisonniers, 91. Les délivre, 95, 96. Les invite à le combattre encore, 98. Il met Constantinople aux abois; ravage des Turcs en Europe; sa prochaine guerre avec Tamerlan, 120, 121. Vaincu par lui et prisonnier, 168.

BAJAZET II., sultan des Turcs; reliques qu'il offre à Louis XI au prix de l'extradition de son frère Gem; XIV, 624. Leur lutte; l'a vaincu à Serviza; XV, 145. Ses vengeances contre les Grecs, 194. Ses ambassadeurs à Venise, 200, 204. Comment secourt le Maure, 288.

BALAGNI (LE MARÉCHAL); ses démarches en Pologne pour faire donner le trône à Henri III; XIX, 212 à 215. Gouverneur de Cambrai; XX, 45. Renforts qu'il envoie à Guise, 296. Son zèle pour la ligue, 484. Sa défaite à Senlis; il est nommé gouverneur de Paris, 526. Est de l'armée de Mayenne; XXI, 27. Le rejoint à Meaux, 61. S'est rendu indépendant à Cambrai, 281. Sa fortune; son mariage; son traité avec Henri IV; sa tyrannie, 304 à 306. Il prête serment devant le parlement, 307. Il perd Cambrai et sa femme; se remarie à Diane d'Estrées, 372 à 379. Sa réputation militaire ruinée, 382. Sa tentative sur Cambrai désavouée par le roi; XXII, 41.

BALAGUY (LE SIRE DE) capitule à Roye; défend victorieusement Beauvais; XIV, 360 et suiv.

BALE (CONCILE DE); esprit démocratique de cette assemblée; XIII, 318 et suiv.

BALL (JEAN), disciple de Wickleff; ses prédications; soulèvement qu'elles causent; XI, 336, 337. Sa mort, 339.

BALLARD, complice de Babington; XX, 251 et suiv.

BALLEROY, (DE); madame de Châteauroux demande son exil; XXVIII, 344.

BALTHAZAR (DON), infant d'Espagne; sa mort; XXIV, 129.

BALUE (JEAN DE LA), évêque d'Évreux, depuis cardinal; met Paris en état de défense; XIV, 168. Trêve qu'il signe avec Charles le Téméraire, 236. Assiste aux Etats de Tours, 244. Comment s'est insinué dans la faveur de Louis XI; cage de fer qu'il invente; perd Charles de Melun; décide l'entrevue de Péronne; y accompagne le roi, 261 à 268. Il le trahit, est découvert et mis en jugement, 287 à 289. Enfermé dans une de ces cages qu'il a inventées; y reste dix ans, 299, 300. Rendu à la cour de Rome; y devient puissant, 581, 582. Son arrivée à Paris comme légat du pape; XV, 7. Pourquoi a hâte de retourner à Rome, 8.

BALZAC (LE SIRE); commandement que lui confie Louis XI; XIV, 351, 387, 388. Est prisonnier, 394.

BANNIER, lieutenant de Gustave-Adolphe; XXIII, 179, 192. Puis de Weymar, 220. Ne peut sauver Ratisbonne, 246. Remporte la victoire de Wistock, 302. Ses succès divers, 320. Son plan de campagne, 370. Ses mouvemens; il cherche à débaucher les Weymariens, 422. Son expédition sur Ratisbonne; ses dangers; Guébriant assure sa retraite; il meurt, 474 à 476.

BAR (LES COMTES ET DUCS DE); quand cette maison fondée; III, 466. Événemens auxquels ils prennent une part accessoire jusqu'à ce que leur fief soit dévolu à Réné d'Anjou; V, 56, 368, 499; VII, 61, 208, 210, 548; VIII, 168, 275, 495, 507; IX, 17, 25, 445; X, 20, 75, 87, 301; XI, 294, 314, 477, 556, 583; XII, 77, 89, 221, 251, 286, 313, 315, 317, 385 et suiv., 393, 424, 430, 431, 449, 480, 482, 543, 544; XIII, 30. Le cardinal Louis adopte son petit-neveu Réné, qui hérite du duché, 169, 197.

BAR; son rôle dans la ligue; XX, 133.

BAR (DE); refuse de livrer le Havre à Mazarin; XXIV, 369.

BARBARES; leur conquête ne peut être comprise que par l'examen de l'état du pays conquis; I, 8. Franchissent en 253 la grande barrière du Rhin, 12. Leur audace croissante favorisée par l'indiscipline des soldats romains, 14. Reçoivent des terres de l'empereur Probus, 16. De Constance Chlore, 22. Les prétendans à l'empire invoquent leur secours et leur livrent les provinces, 26. Leurs pillages; leurs massacres; ils possèdent tout le cours du Rhin, 27. Chassés par Julien; à sa mort, envahissent l'Occident, 33. Par qui arrêtés, 34. Quand prennent pied dans les Gaules, 45. Contrée alors déserte, 47. Leur commerce d'esclaves, 86. Se subdivisent en trois grandes races: Germains, Slaves ou Sarmates, Scythes ou Tartares (voy. ces noms), 107. Invasion universelle, 126 à 129. Professent presque tous l'arianisme, 184. Dégénération rapide des races barbares; ses causes, 400.

BARBASAN, officier Armagnac; dirige le siége de Senlis; XII, 532. Seconde Duchatel, 540. Offre à Jean-sans-Peur la réconciliation des deux partis, 573. N'a point eu part à son assassinat, 585. Défend glorieusement Melun et capitule, 603, 604. Délivré de prison; XIII, 180. Il prend Anglure, 196. Sa mort, 201.

BARBAVARA, corsaire au service de Philippe VI; X, 147. Ses conseils à la bataille de l'Ecluse dédaignés; sa division seule échappe à la défaite, 167 à 169.

BARBERINI (FRANÇOIS), cardinal-légat en France; XXII, 565 à 567, 579. Guerres de sa famille avec les Farnèses et autres; XXIV, 47. Leur échec à l'élection d'Innocent X; réaction contre eux, 78, 79, 106 et suiv. 126. Le pape transige avec eux, 143.

BARBEROUSSE (AROUDJ ET KHAÏR-EDDYN), rois d'Alger et de Tunis; le second est amiral de Soliman II; ses pirateries; apprêts de Charles-Quint contre lui; XVI, 445, 446. Il perd le fort de la Goulette; est battu devant Tunis; cette ville est prise et l'ancien roi rétabli, 467, 468. S'apprête à transporter des troupes en Italie, 542. Ville qui lui est livrée, 550. Est assisté par une escadre française; XVII, 24. Reprend Castel-Novo en Dalmatie, 34, 35. Ses succès; sa férocité; ses pirateries; son commerce d'esclaves; expédition de Charles contre lui, 102 à 105. Attaque dont il est chargé, 112. Flotte qu'il conduit en Provence, 140, 141. Son expédition, 157 à 159. Son mécontentement contre le roi; il prend Nice, puis lève le siège du château; ce qu'il coûte au roi, 160 à 163, 174. Son retour à Constantinople; ses pillages, 195, 196.

BARBET (ÉTIENNE), bourgeois de Paris; sa maison pillée; IX, 179.

BARBEZIEUX défend Marseille; XVI, 516.

BARBEZIEUX, fils de Louvois; son père mourant l'appelle auprès de lui; XXVI, 78. Il le remplace, 82. Il affaiblit l'armée de Piémont, 107. Son amour des plaisirs, 117, 136. Comment est compromis à l'armée de Catalogne, 154. Ses ordres à l'armée du Rhin, 199. Époque de sa mort, 220, 301.

BARBIN, confident de Marie de Médicis; explications qu'il fait donner par Villeroy; XXII, 362. Remplace Jeannin aux finances, 364. Fait résoudre l'arrestation de Condé, 372 et suiv. Luynes le perd dans l'esprit du roi, 392. Est emprisonné, 396. La reine-mère demande en vain qu'il lui soit rendu, 404. Sa condamnation, 448, 449.

BAREITH (le marquis de) commande l'armée impériale sur le Rhin; XXVI, 109; XXVII, 32. Perd les lignes de Stolhoffen, 33 et suiv.

BARDI (les), banquiers florentins pillés à Londres; IX, 464.

BARGELLINI, nonce de Clément ix en France; apaise la querelle du jansénisme; XXV, 140, 141.

BARILLON (le président) demande l'exclusion des collègues de Richelieu; XXIV, 17. Soutient les prétentions des enquêtes, 56. Sa lutte avec la cour; son arrestation; sa mort, 94 à 98.

BARILLON, ambassadeur de Louis xiv en Angleterre; se lie avec le parti populaire; XXV, 413.

BARKLEY; conspire contre Guillaume III; XXVI, 195 et suiv.

BARLAIMONT, l'un des conseillers de la gouvernante des Pays-Bas; son mot sur les réformés; XVIII, 479. Lieutenant du duc de Parme; XXI, 81.

BARLAIMONT (louis de), archevêque de Cambrai; se rend maître de cette ville; XXI, 372, 374, 377.

BARNEVELT (olden), négociateur de la Hollande pour la paix générale; XXI, 477. Suspension d'armes qu'il signe pour la Hollande; XXII, 138 à 140. Condamné et exécuté comme arminien, 455, 456.

BARRADAS, écuyer de Louis xiii; son complot contre Richelieu; sa disgrâce; XXIII, 11 et suiv. 25, 403.

BARRAS (le comte de), envoyé par de Grasse à Washington; XXX, 199.

BARRES (guillaume des), compagnon de croisades de Philippe-Auguste; sa lutte courtoise et ses démêlés avec Richard Cœur-de-lion; VI, 101, 102. Largesses que lui fait le roi de France, 104. Sa valeur célébrée dans la *Philippide*, 221. Prend part à la conquête de la Normandie, 229. Prend part à la victoire de Bouvines, 358, 362. A celle de Muret, 419, 426.

BARRIERE (pierre) s'engage à assassiner Henri iv; son supplice; XXI, 222, 223.

BART (jean); escadre qu'il commande; XXVI, 197. Ses captures, 200, 201. Il conduit en Pologne le prince de Conti, 231.

BARTENSTEIN, ministre de l'empereur; son injonction au duc de Lorraine; XXVIII, 144. Son discours à la diète de Hongrie, 231. Sa disgrâce; XXIX, 54.

BARTHELEMI de Carcassonne, prétendu légat d'un prétendu pape réformé; VI, 521.

BASCHI (siffrein de), mis à mort par ordre de Charles-le-Téméraire; XIV, 491.

BASCHI (perron de), ambassadeur de Charles viii en Italie; XV, 150 à 152. Soumet la Calabre, 193.

BASCHI (l'abbé de); sa mission à Naples; XXIV, 166.

BASILE le Macédonien, empereur d'Orient; exhorte Louis ii à renoncer au titre d'empereur; III, 182.

BASIN, capitaine ligueur; ses sorties au siége de Rouen; XXI, 144.

BASNAGE; miracles qu'il certifie XXVIII, 56.

BASSOMPIERRE est de la ligue; XX, 131. Lève pour elle des reîtres, 140, XXI; 25. Conférence à laquelle il assiste, 190. Négociateur du duc de Lorraine; fait la paix; ce qu'il obtient pour lui, 315, 316.

BASSOMPIERRE (le comte de), courtisan de Henri iv; ses dérèglemens; XXII, 88. Négocie sans succès le mariage du Dauphin avec une princesse lorraine, 150. Renonce à la main de Charlotte de Montmorency, 155. Le roi d'Espagne offre de lui consigner Juliers, 168. Ce qu'il raconte du sacre de la reine, 176. Se dévoue à elle, 186. Son entretien avec Sully, 194. Est de l'intimité régente, 207. Médiations entre elle et les Guise, 270, 271. Charge vénale qu'on lui donne pour payer ses dettes, 303. Accident qu'il éprouve, 358. Scène dont il est témoin, 362. Escorte Concini, 369. Contribue à l'arrestation de Condé, 376. Engage Brissac à réclamer la préséance au conseil, 380 à 381. Confidences que lui fait Concini, 386. Comment Louis lui explique la mort de Charles ix, 412. Est chevalier du Saint-Esprit,

458. Conduit l'armée royale en Béarn, 476. Louis lui confie sa lassitude de Luynes; sa prudence, 489, 493. Conseille de lever le siége de Montauban, 492. Goût du roi pour lui; il refuse la place de Luynes, 498. Est nommé maréchal, 507. Son ambassade en Espagne, 523 à 526. Sa querelle avec la Vieuville, 537. Ses négociations en Suisse, 575 et suiv. Assiste à l'assemblée des notables; XXIII, 29. Son ambassade en Angleterre, 40, 41. Son mot sur le siége de la Rochelle, 55. Poste qu'il occupe, 56. Le roi se loge à son quartier, 73. Il amène les députés des assiégés, 77. Se rend en Italie, 102, 103. Combat les huguenots, 114, 117. Cherche à exciter les Suisses contre les impériaux, 138. Entre en Savoie, 139. Inconstance avec laquelle il a été employé, 151. Est enfermé à la Bastille, 162, 184, 449. Mis en liberté, 533.

BASTARNES, barbares transportés en Thrace par Probus; I, 16. Reçoivent de Constance Chlore des districts dans les Gaules, 22.

BASTI (GEORGES ET NICOLAS), lieutenans de Farnèse; renforts que Nicolas fait entrer à La Fère; XXI, 81, 421.

BASTIDE, voy. *Duterrail*; XXII, 238.

BATAILLES : de Tolbiac, Clovis contre les Allemands; I, 185.

— de Fontenay, entre les fils de Louis-le-Débonnaire; III, 64.

— de Muret, Simon de Montfort contre les Albigeois; VI, 419.

— de Bouvines, Philippe II contre l'empereur Othon, 357.

— de Courtray, les bourgeois flamands contre la chevalerie française; IX, 99.

— de Mons-en-Puelle, Philippe-le-Bel contre les Flamands, 152.

— de Cassel, Philippe de Valois contre les mêmes; X, 22.

— de Crécy, Edouard III contre Philippe de Valois, 292 à 303.

— de Poitiers ou Maupertuis, le prince Noir contre Jean II, 465 à 472.

— de Rosebecque, Charles VI contre les Flamands; XI, 392 et suiv.

BATAILLES : d'Azincourt, Henri V contre le connétable d'Albret; XII, 480 et suiv.

— de Patay, le connétable Richemont contre Talbot; XIII, 136.

— de Montlhéry, les grands feudataires contre Louis XI; XIV, 174.

— de Fornovo, Charles VIII contre la ligue italienne; XV, 214.

— de Cerignola, par Gonsalve de Cordoue contre d'Armagnac, duc de Nemours, 403.

— d'Agnadel, Louis XII contre les Vénitiens, 508.

— de Ravenne, Gaston de Foix contre la ligue italienne, 591.

— de Guinegatte, Henri VIII contre les Français, 642.

— de Marignan, François Ier contre les Suisses; XVI, 30 et suiv.

— de Pavie, les Espagnols contre François Ier, 234.

— de Cerisoles, le comte d'Enghien contre del Guasto; XVII, 186.

— de Saint-Quentin, les Espagnols commandés par le duc de Savoie contre le connétable de Montmorency; XVIII, 51.

— de Coutras, Henri IV contre Joyeuse; XX, 273.

— d'Ivry, Henri IV contre Mayenne; XXI, 54 et suiv.

— de Rocroy, le grand Condé contre les Espagnols; XXIV, 40.

— de Fribourg, le même contre le comte de Merci, 65 et suiv.

— de Mariendal, Merci contre Turenne, 82.

— de Nordlingen, Condé contre Merci, 85.

— de Lens, Condé contre l'archiduc Léopold, 171.

— de Rethel, Duplessis-Praslin contre Turenne, 357.

— du faubourg Saint-Antoine, Turenne contre Condé, 453.

— des Dunes, Turenne contre don Juan d'Autriche et Condé, 568.

— de Senef, Condé contre le prince d'Orange; XXV, 277.

— de Turkeim, Turenne contre le grand électeur, 291.

— de Cassel, Monsieur contre le prince d'Orange, 348.

BATAILLES : de Fleurus, Luxembourg contre le prince de Waldeck, XXVI, 52.

— de Staffarde, Catinat contre le duc de Savoie, 63.

— de Steinkerque, Luxembourg contre le prince d'Orange, 109.

— de Nerwinde, Luxembourg contre le prince d'Orange, 122.

— de la Marsaille, Catinat contre le duc de Savoie, 133.

— de Hochstett, Eugène et Marlborough contre Tallard et Marsin, 409.

— de Ramillies, Marlborough contre Villeroi, 458.

— de Turin, Eugène contre le duc d'Orléans, 472.

— d'Almanza, Berwick contre lord Galloway; XXVII, 24.

— de Malplaquet, Eugène et Marlborough contre Villars, 87.

— de Villaviciosa, Vendôme contre le comte de Stahremberg, 114.

— de Denain, Villars contre Eugène, 162.

— de Dettingen, Georges II contre Noailles; XXVIII, 280.

— de Fontenoy, maréchal de Saxe contre le duc de Cumberland, 364 et suiv.

— de Raucoux, le même contre le prince Charles de Lorraine, 408.

— de Lawfeld, le même contre le duc de Cumberland, 442.

— de Rosbach, Frédéric contre Soubise; XXIX, 137 et suiv.

BATHILDE, esclave, puis femme de Clovis II; II, 43. Ses fondations religieuses, 59. Est associée au gouvernement; donne aux Austrasiens pour roi Childéric II; durée de sa régence; sa retraite, 61 à 63.

BATHORI (LES FRÈRES); leurs guerres avec l'empereur Rodolphe; XXII, 440.

BATOU, khan des Mongols, conquiert la Russie; détruit Moscou et Kiow; VII, 198. Pousse sa cavalerie jusqu'en Allemagne, 199. Comment se mettait à l'abri du ressentiment des vaincus, 223.

BATTEFOL (SEGUIN DE) conduit sur Lyon la grande compagnie d'aventuriers; X, 592, 593. Gagne la bataille de Brignais; pille les rives du Rhône; s'enrôle pour l'Italie, 594, 595. Les compagnies y conduisent la peste, 596. Elles y rétablissent l'ordre; XI, 65.

BAUDOIN, comte de Flandre, enlève et épouse Judith, reine d'Angleterre; III, 143.

BAUDOIN-LE-CHAUVE, comte de Flandre, d'abord opposé à Eudes; prend son parti; III, 291. Le reconnaît; lui fait la guerre; sa puissance, 295. Se met sous la protection de Zwentibold, 312. Réconcilié avec Eudes, 314. Fait assassiner Foulques, 316.

BAUDOIN III, comte de Flandre; en guerre avec le comte de Montreuil; III, 463.

BAUDOIN IV A LA BELLE BARBE, comte de Flandre; sa jeunesse à la mort de son père; IV, 64. S'empare de Valenciennes; y est vainement assiégé; la rend à l'empereur et la reçoit de lui en fief, 140 à 142. Recourt à la protection de Robert-le-Magnifique contre son fils révolté; rétabli par lui, 193, 194.

BAUDOIN V, DE LILLE, comte de Flandre; excité par sa femme, se révolte contre son père; leur réconciliation; IV, 194. Ses ambassadeurs au sacre de Philippe Ier, 268. Ligué avec Godefroi-le-Hardi; ses échecs; il fait la paix avec l'empereur Henri IV, 273 à 276. A été excommunié, 301. Institué tuteur des fils de Henri Ier; ses soins à son pupille; sa probité; favorable au deuxième mariage de Anne de Russie; fait confirmer par le roi ses donations au couvent de Hasnon; sa mort, 320 à 324. Favorable à l'avénement de Guillaume au trône d'Angleterre, 348. Sa mort livre Philippe à lui-même, 381. Sa famille, 408.

BAUDOIN VI, de Mons, comte de Flandre; survit à peine à son père; IV, 323. Ses donations au couvent de Hasnon confirmées par le roi, 324. Déjà comte de Mons par sa femme; quand il succède à son père, 408. Deux versions sur son genre de mort, 411. Franchises accordées par lui à la ville de Grammont, 435.

BAUDOIN VII, comte de Flandre; reçoit de Louis-le-Gros l'investiture de son comté; V, 84. Son zèle pour la justice; pourquoi surnommé *à la Hache;* sa fidélité aux intérêts français, 107. Ligué avec le roi contre Henri d'Angleterre, 134. Entre en Normandie; ses succès, 137. Sa blessure; sa mort, 138. Guerre civile pour sa succession, 171.

BAUDOIN DE JÉRUSALEM, fils de Baudoin VI de Flandre; IV, 413. Perd cette province; garde le Hainaut, 414. Prend la croix, 533. Part avec Godefroi, 545.

BAUDOIN DE BOUILLON, comte d'Édesse, puis roi de Jérusalem, prend la croix; IV, 533. Part avec Godefroi son frère, 545. Mariage de sa fille; sa mort; V, 195.

BAUDOIN III; succède à Jérusalem à son père Foulques d'Anjou; V, 297. Sa présence à l'assemblée de Saint-Jean d'Acre, 352. Son règne est une époque de calamité; guerre civile avec sa mère; ses talens; prise d'Ascalon; son titre de gloire; sa mauvaise foi; VI, 67. Ses défaites; sa mort, 68.

BAUDOIN IV LE LÉPREUX, roi de Jérusalem couronné roi; VI, 70. Sa maladie; cause des troubles de son règne, 71. Pourquoi résigne le trône à Baudoin V; régents qu'il lui donne; secours de la France invoqué, 72.

BAUDOIN V, roi de Jérusalem; ses régents; VI, 72. Sa mort; soupçons à ce sujet, 75.

BAUDOIN V de Hainaut et IX de Flandre, empereur de Constantinople; son mariage avec Marguerite de Flandre; VI, 15. Philippe-Auguste se dit son allié; est attaqué par le comte de Flandre, 40, 41. Acquiert cette province, 141. Ligué avec Richard Cœur-de-lion, 168. Enveloppe l'armée de Philippe; concessions qu'il en obtient, 169. Prend Saint-Omer, 174. Abandonné par Jean, 189. Se croise, 205. Porté au trône de Constantinople; prisonnier des Bulgares, 560. Est oublié; un homme reparaît en Flandre après vingt ans et déclare être Baudoin; Jeanne, fille de ce prince, le méconnaît, 561. Soulèvement en sa faveur; Louis VIII se déclare contre lui, Henri III pour lui, 562. Inefficacité de ce secours; se soumet au jugement de Louis VIII et du légat du pape; se trouble dans ses réponses, 564. Veut fuir; est arrêté et exécuté par ordre de Jeanne, 565.

BAUDOIN II, empereur de Constantinople; à qui sa couronne est donnée pendant sa minorité; VII, 110. Sollicite des secours en Europe, 184. Comment se fait restituer son patrimoine en Flandre; dons qu'il obtient en Angleterre et en France; armée qu'il forme; indulgence que le pape lui accorde; cherche à vendre à saint Louis la couronne d'épines du Christ; Nouvelle vente de reliques, 188 à 194. Sa croisade l'ébranle; son arrivée à Constantinople; sa détresse, 204 à 206. Pressé par Vatacès; revient à Rome solliciter des secours; sa médiation entre l'empereur et le pape, 302. Son effet, 306. Assiste au concile de Lyon, 318. Implore l'aide de saint Louis à Chypre, 393. Comme se défend encore à Constantinople; y est forcé; sa fuite; VIII, 50, 51. Inquiétudes qu'il donne au vainqueur, 182.

BAUDOIN de Luxembourg, archevêque de Trèves; ses soupçons sur le genre de mort de l'empereur Henri VII son frère; IX, 271.

BAUDOIN, bâtard de Bourgogne, part pour la croisade; ne dépasse pas Marseille; XIV, 141, 155. S'évade de la cour du Téméraire; prend du service en France, 325, 326. Accusé de complot par son frère; récrimine contre lui, 328, 329. Secours qu'il conduit en Bretagne; XV, 44.

BAUDRICOURT (ROBERT DE) reçoit les confidences de la Pucelle; la rebute; XIII, 119. Il lui donne une épée, 120.

BAUDRICOURT (LE SIRE), gouverneur des deux Bourgognes; XIV, 602. Ministre proposé, 652. Lieutenant de La Trémouille; XV, 51. Compris dans un traité de réconciliation, 102. Lieutenant du roi en Bourgogne, 159.

BAUDRY évêque, institue la commune de Noyon; V, 123.

BAUGÉ (BATAILLE DE), gagnée par Lafayette et Buchan sur le duc de Clarence; XII, 610.

BAUGULFE, abbé de Fulde; circulaire à lui adressée par Charlemagne, citée, II, 321.

BAUTRU, envoyé par Richelieu en Espagne; XXIII, 94, 103.

BAUVES (DE), fils de Duplessis Mornay; tué en Flandre; XXII, 114.

BAUX (RAYMOND COMTE DES), dispute l'héritage de Provence au comte de Barcelone; V, 116. Son fils Hugues continue cette guerre, 284. Leur parti abattu, 420.

BAUX (BARAIL DES), lieutenant de Charles d'Anjou; assiége Marseille; VIII, 59. Croisé contre Manfred, 151.

BAUX (MARIE DES), femme du dauphin Humbert II; l'accompagne en Orient; X, 268. Sa mort, 356.

BAVAROIS, dépendent des Francs; I, 252. Accueillent d'abord et massacrent ensuite les Bulgares; II, 30. Se sont affranchis, mais sont soumis de nouveau par Charles Martel, 123. Qui cependant ne les comprend point dans le partage de ses états, 150. Attaqués par Carloman, 155 et suiv. Par Pépin; font la paix avec lui, 163. Réunis à la monarchie des Francs, 327.

BAY (LE MARQUIS DE), commande les Espagnols sur la frontière de Portugal; ses succès; XXVII, 29, 65, 106. Vainqueur à la Gudiña, 90. Seconde le roi en Aragon; fait retraite avec lui, 107, 108. Bat les Portugais en Estramadure, 164.

BAYARD (PIERRE DU TERRAIL), chevalier dauphinois; se signale au siége de Canosa; XV, 385. Dégage d'Ars, 386. Son duel avec Soto Mayor, 400. Arrête seul deux cents chevaux sur un pont, 419. Cachet de ses mémoires, 490. Il forme des compagnies d'infanterie, 505. Est détaché comme auxiliaire de Maximilien, 517, 518. Atroce brigandage qu'il punit, 536. Est excommunié, 545. Tente d'enlever le pape, 550. Blessé à Brescia, 583. Avis qu'il donne à Gaston, 589, 590. Est à l'armée de Picardie, 639. Veut livrer bataille, 640. Est prisonnier, 643. Son portrait de François Ier;
XVI, 4. Cité, 11. Est de l'armée du Milanais, 23. Surprend Colonna, 25. Danger qu'il court à Marignan, 32. Arme le roi chevalier, 35, 36. Défend Mézières, 132. Son échec à Rebecco, 204. Sa mort; ses reproches au conétable, 206, 207.

BAYARD (GILBERT), secrétaire d'Etat de François Ier; son arrestation; sa mort; XVII, 304.

BEATOUN (LE CARDINAL), ministre d'Ecosse; à qui projette de marier Marie Stuart; XVII, 144. Chef du parti intolérant, 258. Il est assassiné, 334.

BEATRIX, sœur de Hugues Capet; épouse de Frédéric de Lorraine; III, 465, 466. S'interpose pour la paix en France, 493.

BEATRIX, femme de Godefroi le Hardi; lui donne la Toscane; IV, 276.

BEATRIX héritière de Franche-Comté; épouse Frédéric Barberousse; V, 424.

BEATRIX, d'Albon, épouse Albéric de Toulouse; V, 448. Est veuve; VI, 30. Epouse le duc de Bourgogne et fait passer le Dauphiné dans cette maison, 35.

BEATRIX de Dauphiné, épouse Amaury de Montfort; VI, 435.

BEATRIX de Savoie, comtesse de Provence, son voyage en France et en Angleterre; VII, 287. Mère de quatre reines; son entrevue avec elles; VIII, 23. Ses débats avec le comte d'Anjou; pacifiés, 45.

BEATRIX de Provence, son père lui assure son héritage; son mariage; VII, 329 à 334. Son départ de Damiette, 445. Son entrevue avec sa mère et ses sœurs; VIII, 23. Son désir de régner; elle excite l'ambition de son mari, 58, 139. Humiliations que lui font subir ses trois sœurs; jalousie de la reine de France à son égard, 142. Couronnée reine des Deux-Siciles, 152. Epoque de sa mort, 300.

BEATRIX de Portugal, épouse Ferdinand de Castille; XI, 420. Dépossédée de la succession paternelle, 468, 469.

BEAUCHAMP (LE SIRE DE), lieutenant d'Edouard III; ses victoires sur les Français; X, 392, 393. Prisonnier à Calais, 398.

BEAUCOIN de Pequillon ou Belcarius, historien; est évêque de Metz; XVIII, 442, 443.

BEAUFORT (HENRI DE), cardinal de Winchester; ses débuts avec Glocester; XIII, 49, 61, 174, 282. Est promu cardinal; croisade qu'il doit commander, 66, 67. Il accompagne Bedfort en France, 82. Celui-ci retient les troupes qu'il a levées contre les hussites; leur traité, 146, 147. Sa présence à la cour de Henri VI, 175. Au prononcé du jugement de la Pucelle, 189. Son entrée à Paris; il officie au couronnement de son petit-neveu, 148, 206, 207. Effet de son influence sur les communes, 230. Entrevue qu'il conseille, 233. Son entrée à Arras; ses exigences; il rompt les négociations, 252. Il veut la paix; l'emporte sur Glocester; accuse Philippe de perfidie; cherche à soulever ses sujets, 266. Son entrevue avec la duchesse de Bourgogne, 334. Il se rend au congrès de Gravelines, 337. Ses instructions, 339 et suiv. Comment dirige les négociations; elles sont rompues, 341 à 344. Il consent à la délivrance du duc d'Orléans, 373. Persécute Glocester, 391, 392. Intrigue contre lui, 412. Le fait périr; lui survit à peine, 456 à 458.

BEAUFORT (JEAN DE), duc de Sommerset, prisonnier en France; est échangé; XIII, 317. Ne peut sauver Meaux, 347. Offre la bataille au connétable, qui la refuse; se retire, 348. Il assiége Harfleur, 370, 371. Sa campagne infructueuse, 407, 408. Réclamations de Charles VII et du duc de Bretagne qu'il élude, 481, 482. Attaqué par Dunois, 485 et suiv. Rend au roi Rouen et stipule l'évacuation de toutes les places de Normandie, 488 à 492. N'est point exempt de blâme, 494. Retiré à Caen; son impuissance, 498, 500. Est assiégé et capitule, 502, 504. Est emprisonné à Londres; mis en liberté par la reine; prend place au conseil, 509. Menacé par York, il triomphe de cette opposition, 548. Soulèvement contre lui; il est enfermé, 572, 573. Le poste de gouverneur de Calais lui est enlevé, 575. Tué à la bataille de Saint-Albans, 634.

BEAUFORT (PAYEN DE), chevalier de l'Artois; jugé comme hérétique; XIII, 618 et suiv. Pourquoi tiré de prison; XIV, 61.

BEAUFORT (DUC DE SOMMERSET); commande les forces des Lancastre; XIV, 15. Ses partisans; ses forces à Londres; pacification, 16. La guerre recommence; ses alternatives; défaite de Lowton; sa fuite, 52, 55. Accueil que lui fait Louis XI; il est encore vaincu; son supplice, 120, 121.

BEAUFORT (DUC DE SOMMERSET), ministre des Lancastre; réfugié à Bruxelles; XIV, 323. Avances que lui fait Charles-le-Téméraire, 333. Il renforce Warwick; vaincu avec lui rejoint la reine; vaincu encore à Tewksbury; il est décapité, 337 à 339.

BEAUFORT, financier sous Louis XIII; plan qu'il présente pour racheter les offices vénaux; XXII, 304.

BEAUFORT (FRANÇOIS DE VENDOME, DUC DE); compromis dans le complot de Cinq-Mars; se réfugie en Angleterre; XXIII, 517. Son retour, 534. Pourquoi s'éloigne des ministres, 538. Comment devient chef des *importans*, 542 à 544. Goût de la reine pour lui; XXIV, 4. Son portait; ses prétentions; sa passion pour Mme de Montbazon; offense Condé; son rôle de favori, 7 à 10. Déconvenue de sa cabale, 18. Ses partisans, 21. Nouvel appui qu'il attend, 22. Il diffame la duchesse de Longueville, 27. Complote contre Mazarin, 28 à 31. Son arrestation, 33. Larmes qu'elle coûte à la reine, 34. Son évasion, 204. Il offre ses services à la fronde, 246. Il ravitaille Paris; sa popularité; sa liaison avec Gondi, 247, 248, 258. Attitude qu'il prend à la paix, 267, 270, 271, 276. Son entrevue avec Condé, 279. Accusé d'assassinat, 292 et suiv. Grâces qui lui sont promises, 299. Ses secrets connus de Mazarin, 3 2. Siége au parlement, 331. La princesse palatine se rapproche de lui, 353. Traité qu'il signe, 361. Son entrevue avec les princes, 370. Il rompt avec Gondi, 375. Est du tiers parti, 422. Accompagne Mademoiselle, 424, 425. Ses altercations avec Nemours, 426. Son poste à Blesneau, 427. Se rend à Paris, 433, 434. Conspire contre le parlement, 437 et suiv. 448 et suiv. Auxiliaires qu'il donne à Condé, 439. Combat au faubourg Saint-Antoine, 454. Seconde Condé; est nommé gouverneur de Paris, 458 à 462. Son duel avec Nemours, 465, 466. Donne sa démission; est excepté de l'amnistie, 473. Est reçu en grâce, 557. Son expédition en Afrique; XXV, 66. Il donne la chasse aux vaisseaux algériens, 86. Flotte qu'il met en mer; dans quel but, 111, 114. Son expédition à Candie; sa mort, 180, 181.

BEAUGENCY (HUGUES DE); cause une défaite de Louis-le-Gros; V, 85. Ligué contre lui, 106.

BEAUHARNAIS (LE CHEVALIER DE) est gouverneur de Canada; XXIX, 174.

BEAUJEU (HUMBERT SIRE DE); ses brigandages; réprimés par Philippe-Auguste; VI, 13.

BEAUJEU (HUMBERT DE), lieutenant de Louis VIII en Albigeois; VI, 595. Attaqué par le comte de Toulouse; VIII, 37. Comment secouru par la reine Blanche; château qu'il prend, 38. Accablé par Raymond, 67. Secours qu'il reçoit; dévaste les environs de Toulouse; part pour Constantinople, 205. Assiste à la cour plénière de Saumur, 235. Marche sur le comte de Toulouse, 271. Commande la garde laissée par le roi au concile de Lyon; VIII, 250.

BEAUJEU (GUICHARD DE); prisonnier du Dauphin; IX, 431. Sa victoire sous Calais; X, 398. Est tué à Poitiers, 469.

BEAUJEU (LE SIRE DE); prisonnier à la bataille de Brignais; X, 594. L'un des capitaines de Charles V; XI, 17, 18. Accompagne en Espagne Jean de Bourbon, 46. Son retour en France, 50.

BEAUJEU (LE SIRE DE); voy. *Bourbon (Pierre de)*.

BEAULIEU (GEOFFROI DE), confesseur de saint Louis; le discipline; VII, 346. Envoyé en France à la mort du roi; VIII, 207.

BEAULIEU (DE); conseil de guerre dont les ligueurs veulent qu'il fasse partie; XXI, 134. Il rend Vincennes à Henri IV, 267.

BEAUMANOIR (ROBERT DE), chevalier breton; provoque le combat des *trente*; son parti est vainqueur; X, 397. Part qu'il prend à la bataille d'Auray; XI, 20. Sentiment qui l'a attiré dans les armées françaises, 280. Confédération dans laquelle il entre, 283. Part qu'il a eue à la conquête de la Guienne, 290. Est arrêté, puis délivré par le duc de Bretagne, 505 à 508. Ses hostilités contre lui, 511.

BEAUMANOIR; accompagne le connétable; prend part au combat de Patay; XIII, 135, 136.

BEAUMARCHAIS, lieutenant du roi à Toulouse; embrasse la cause du sire de Casaubon; VIII, 231. Ses progrès dans le comté de Foix, 232, 233. Envahit la Navarre; gouverne ce royaume, 258. Excite un soulèvement universel; invoque le secours du roi, 263. Armée qui marche à sa délivrance, 273. Il reste dans son commandement, 276. Fermentation contre lui, 283. Attaque l'Aragon, 347, 353. Gouverneur de Gironne, 370. Capitule, 373.

BEAUMARCHAIS; son procès; ses mémoires; XXIX, 456. Expédie des armes aux Américains; XXX, 143. Ses écrits; son Figaro représenté, 299 et suiv.

BEAUMONT le Roger (MATHIEU COMTE DE), aux prises avec Louis-le-Gros; leur réconciliation; V, 11, 12.

BEAUMONT (JEAN DE), lieutenant de saint Louis, réduit Raymond Trencayel; VII, 230, 231. Croisé contre Manfred; VIII, 151.

BEAUMONT (GUILLAUME DE); opine pour que saint Louis demeure en terre sainte; VII, 459. Croisé contre Manfred; VIII, 151.

BEAUMONT (LE COMTE DE), général de Henri IV d'Angleterre; défait et tué; XII, 206.

BEAUMONT (JEAN DE), prisonnier par la capitulation de Bayonne; XIII, 518.

BEAUMONT (LOUIS DE); victorieux

à Châtillon; XIII, 551 à 554. Est au siége de Bordeaux, 556.

BEAUMONT (LE SIRE); armée française qu'il conduit aux Florentins pour reprendre Pise; XV, 324. Étrange siége qu'il entreprend; amour des assiégés pour la France; soins qu'il donne aux malades, aux blessés; il abandonne cette opération, 326 à 330. Ses conseils à l'attaque de Mételin, 350.

BEAUMONT (JEAN DE) fait partie de l'expédition aux Açores; est tué; XX, 30 à 32.

BEAUMONT; disgracié à la suite de Fénélon; XXVI, 254.

BEAUMONT (CHRISTOPHE DE), archevêque de Paris; son zèle persécuteur; XXVIII, 176. Ses précédens; sa nomination, 481, 482. Réunion de prélats chez lui pour résister aux mesures financières; XXIX, 22. Sa résolution d'extirper le jansénisme, 24 et suiv. Est aux prises avec le parlement, 30. Blâmé par le roi, 31. Son temporel saisi, 33, 34. Son exil, 39, 98. Ses hostilités; sa fougue; il accuse le pape de jansénisme, 103. Inculpé par Damiens, 110. Cabale dévote dont l'entoure le Dauphin, 328. Il intrigue contre Choiseul, 400. Il reprend crédit, 496. Accourt auprès du roi malade, 502, 503, 505. Favorable à Necker; XXX, 125, 128.

BEAUMONT (ÉLIE DE); plaide pour la famille Calas; XXIX, 294.

BEAUNE (RÉGNAUT DE), archevêque de Bourges; vice-président du clergé aux états de Blois; ses discours; XX, 405, 417, 433, 491. Se déclare pour le roi, 492. Fait modifier l'édit de tolérance; XXI, 118. Songe à rendre l'église gallicane indépendante de Rome, 167. Conférences auxquelles il représente les royalistes, 187 et suiv. Il annonce comme prochaine la conversion du roi et propose une trêve, 195. Par qui secondé; ses instructions; il lui donne l'absolution, 199 à 203. S'entend avec la Chatre, 209. Pourquoi le roi ne se fait point sacrer par lui, 250.

BEAUPRÉ (DE), chef huguenot; comment délivre Épernon; XX, 398.

BEAURAIN (LE COMTE DE), général de Charles-Quint; guerroie sur la frontière de Picardie; XVI, 152. Fait sa jonction avec Surrey; leur retraite, 162. Intermédiaire entre Charles et le connétable de Bourbon, 177. Est joint par Norfolk; villes qu'ils prennent; ils pénètrent jusqu'à l'Oise, 194, 195. Sa retraite, 197. Porte à François 1er prisonnier les propositions de l'empereur, 262. Réponse du roi, 266. Menace la Picardie, 507. Défend les frontières des Pays-Bas, 540. Assiége et prend Saint-Pol; suite de ses opérations, 543, 544. Manœuvre pour rallier le roi d'Angleterre; XVII, 197. Il assiége Montreuil, 198.

BEAUSSET (LE CAPITAINE); livre à Médicis le château d'If; XXI, 392. Sa famille persécutée; complot ourdi par le docteur Nicolas Beausset, 394. Il veut rendre le fort à la France; échoue, 398.

BEAUVAIS; siége mémorable de cette ville par Charles-le-Téméraire; XIV, 36 et suiv.

BEAUVAU (JEAN DE), évêque d'Angers; auteur de la fortune de la Baluc; calomnié et supplanté par lui; XIV, 262.

BEAUVAU (LE MARQUIS DE) demande pour Louis XV la main de Marie Leczinska; XXVII, 523. Ambassadeur en Prusse; XXVIII, 224.

BEAUVAU (LE PRINCE DE); troupes françaises qu'il conduit en Portugal; XXIX, 256. Commandant en Languedoc; donne sa démission, 466.

BEAUVILLIERS (LE DUC DE), gouverneur du deuxième dauphin et confident de Louis XIV; XXVI, 239, 240, 292, 294, 296, 297; XXVII, 44, 50, 78, 135, 206, 226. Sa mort, 296.

BECCARIA; son livre Des délits et des peines; XXX, 377.

BECHER (JEANNE); pourquoi brûlée en Angleterre; XVII, 517.

BECK, général de l'empereur; lieutenant du duc de Lorraine en Flandre; XXIV, 115. Blessé mortellement à Lens, 173, 174.

BEDA (NICOLAS BEDIER dit), syndic de la Sorbonne; son intolérance; lettrés qu'il veut faire brûler et que la reine de Navarre protége; il s'attaque à cette princesse; fait arrêter Louis de

Berquin et intente un procès à Erasme; le roi réprime son zèle; XVI, 379 à 382.

BEDFORT (JEAN DE LANCASTRE DUC DE), frère de Henri v; nommé régent d'Angleterre; XII, 472, 525. Il délivre Cosne, est chargé de gouverner la France, 622. Ses mesures; il cherche à appuyer Henri vi sur l'affection du peuple; est proclamé protecteur de l'Angleterre; réside à Paris; emplois et priviléges qu'il confirme; il règle les monnaies; XIII, 12 à 15. Son inertie; guerre confuse; ses capitaines; ils gagnent la bataille de Cravant, 17 à 21. Il épouse Anne de Bourgogne; son alliance avec la famille de Bretagne; ses ménagements pour Philippe-le-Bon; embarras que lui donne Glocester, 24 à 27, 38. Ses opérations de guerre, 30 et suiv. Il gagne la bataille de Verneuil, 33 à 36. Il ne peut contenir l'arrogance de ses compatriotes, 37. S'interpose entre son frère et le duc de Brabant, 38, 39. Empêche le combat entre le premier et Philippe-le-Bon, 49. Où il réside, 52, 53. Protection qu'il accorde au commerce, 55, 56. Pourquoi passe en Angleterre, 61. Ses efforts pour apaiser les querelles de Glocester avec Winchester et Philippe; conduite impolitique de ses lieutenants en France, 65 à 67. Ses ambassadeurs traitent avec le duc de Bretagne, 76. Son retour en France; son entrevue avec Philippe; comment rassuré à son égard; il reprend les hostilités contre Charles vii; assemble les Etats, 82 à 85. Il veut sans succès pressurer l'église; ses lieutenants, 86. Il repousse les conditions que propose le duc d'Orléans pour se racheter, 87. Par qui remplace Salisbury, 96. Refuse de remettre Orléans en dépôt au duc de Bourgogne, 101. Nombre de Français l'abandonnent, 133. Sa perplexité après l'échec de Patay; il n'ose troubler la marche sur Reims; annonce à Henri vi le pouvoir diabolique de la Pucelle; retient l'armée de Winchester, 145 à 147. Secondé par Philippe-le-Bon; il réside à Paris, 148. En sort avec son armée; l'y fait rentrer, 149, 150, 151. Forcé de partir pour la Normandie, 151. Il offre la régence à Philippe; la lui remet, 154, 155. Sa résidence à Rouen; il y fait venir Henri vi, 174, 175. Procès de la Pucelle suivi en leur nom, 183, 185 et suiv. Fait couronner son neveu à Paris; le ramène à Rouen; fonde une école à Caen, 206 à 209. Fait attaquer Lagny, 211. Y marche lui-même; lève le siége, négocie, 214, 215. Il se remarie à Jacqueline de Luxembourg; conséquences de cette union, 218, 219. Ne reçoit plus de subsides de l'Angleterre; y renvoie le roi; tombe dans l'indolence, 230. Son peu d'empressement de terminer la guerre; son entrevue avec Philippe, 233. Révolte en Normandie; il vient à Paris; marques d'inimitié qu'il recueille; il s'en éloigne, 242, 243. Mission dont il charge Arundel, 248. Fait secourir Paris, 249. Sa maladie, 250. Sa mort, 256.

BEDFORT (LE DUC DE) négocie la paix entre l'Angleterre et la France; XXIX, 263. Signe le traité de Paris, 264.

BEDMAR (LE MARQUIS DE), ambassadeur d'Espagne à Venise; conspire contre cette république; XXII, 422 et suiv. Est rappelé, 425, 467.

BEDMAR (LE MARQUIS DE); commande les Espagnols en Flandre; XXVI, 372.

BEGARDS (LES), secte réprimée par le concile de Vienne; IX, 262. Sont horriblement persécutés par le pape Jean xxii, 358 à 361. Nouveaux Begards persécutés par le pape Urbain vi, puis par Grégoire xi; XI, 159.

BEHUCHET (NICOLAS), grand trésorier de Philippe vi; commande sa flotte; X, 117. A ordre d'intercepter les convois de l'Angleterre, 147. Surprend et pille Southampton, 148. Perd la bataille de l'Ecluse et est tué, 167 à 169.

BELA, roi de Hongrie; son mariage avec Marguerite de France; VI, 48.

BELGIOIOSO (CHARLES DE BARBIANO COMTE DE), administrateur du duché de Milan; XV, 142.

BELGIOIOSO, lieutenant de Fuentès dans les Pays-Bas; XXI, 361. Entre à Cambrai, 377. Assure la retraite de l'armée, 434, 435.

BELIDOR; ses travaux à Cherbourg anéantis; XXIX, 165.

BELIN (FAUDOAS DE); renvoyé par Henri IV à Mayenne; XXI, 46. Commande Paris, 101, 119. N'est point obéi, 133. Mesures qu'il concerte avec Mayenne, 138. Dépêches qu'il reçoit des catholiques royalistes, 184. Conférence à laquelle il assiste, 190. Gagné par Henri IV, le parlement lui défend de quitter son poste, 252, 253. Il passe au camp royal, 254. Rentre à Paris avec le roi, 262. Prisonnier à Doulens, 366, 368. Sa réputation militaire compromise, 382. Ses vains efforts pour entrer dans Calais, 424. Capitule à Ardres; est traduit en jugement, 426, 427.

BELISAIRE dépossède les Vandales en Afrique; attaque les Ostrogoths en Italie; I, 272. Ses lieutenants battus par Théodebert, 277. Ses reproches au roi Franc, 278. Fait prisonnier Vitigès, 282. Aux prises avec un chef d'aventuriers francs, 283.

BELLARMINO; ses prédications en italien dans Paris assiégé; XXI, 68.

BELLEFONDS (LE MARÉCHAL DE); troupes qu'il conduit en Italie; XXV, 55. Ses opérations en Flandre, 131. Sa disgrâce, 235. Ses opérations en Navarre et en Catalogne, 461. Expédition qu'il doit commander contre l'Angleterre; XXVI, 102 et suiv.

BELLEFONDS, archevêque de Paris; son zèle persécuteur; XXVIII, 176.

BELLEGARDE (LE MARÉCHAL); renfort qu'il amène à Montluc; XVIII, 320. Henri III l'éloigne de sa personne; il prend du service en Savoie; XIX, 310. A assiégé Livron, 321. Prétexte sous lequel le roi l'a exilé, 340. Il rentre en France; ses intrigues avec Damville; ses opérations contre les Huguenots, 451, 452. Son entrevue avec Catherine de Médicis; sa mort; soupçons à ce sujet, 519.

BELLEGARDE (LE MARÉCHAL DE), prisonnier à Coutras; XX, 277. Témoin des derniers moments de Henri III, 543, 545. Ses plaintes; XXI, 198.

rentre à Paris, 263. Contrôleur des monnaies; XXII, 23. Rival du roi, 29, 178. Envoyé à Florence pour demander la main de Marie de Médicis, 58. Est son amant, 62. Sa familiarité avec le roi, 88. Prend parti pour la régente, 186. Est de son intimité, 207. Gouverneur de Bourgogne, 216. Sa querelle avec Concini, 233, 259. Soutient Sully, 236. Prévenances de la reine mère pour lui, 255. Accusé de magie, 260. Trame contre lui, 266, 267, 367. Son retour à la cour, 400. Sollicite la condamnation d'Eléonore Galigaï, 409. Son inimitié contre Richelieu; XXIII, 154. Déclaré coupable de lèse-majesté, 164, 165. Son gouvernement lui est ôté, 166. Il est condamné à mort, 186. N'accompagne pas Gaston en Brabant, 191. Il vend à Cinq-Mars la charge de grand écuyer, 403. Est reçu par Louis XIII mourant, 544.

BELLESME (GUILLAUME DE); révolté contre Robert-le-Magnifique; sa mort; IV, 193.

BELLESME (ROBERT DE), compagnon d'exil de Robert Courte-Heuse; IV, 448. Arrêté par son ordre, 505. A part aux dépouilles des bourgeois de Rouen, 512. Fait prisonnier Elie comte du Maine, 557. Traduit en jugement par Henri Ier d'Angleterre; V, 37. Ses cruautés, 40. Sa fidélité à Robert, 46. Mis en fuite à la bataille de Tinchebray, 47. Réconcilié avec le vainqueur, 48. Excite contre lui Louis-le-Gros, 101. Chassé de ses domaines, 108. Envoyé par Louis à Henri comme ambassadeur, arrêté par ce dernier et condamné à une prison perpétuelle, 109.

BELLEVILLE (JEANNE DE), veuve de Olivier Clisson; vengeance qu'elle tire de la mort de son mari, X, 237.

BELLISLE (FOUQUET COMTE, PUIS MARÉCHAL DE); confiance que Dubois lui accorde; XXVII, 462. Intrigue contre lui; 471, 472. Disgracié, 474. Fleury le comble d'honneurs; XXVIII, 7, 28. Son désir de la guerre, 78. Ses opérations, 103 et suiv. Commande l'armée de la Mozelle, 135, 136. Il engage la France dans la guerre

Table générale de l'Histoire des Français.

de la Pragmatique-Sanction; son ambassade à Francfort, puis en Prusse, 225 à 228. Ses succès contre l'Autriche, 230. Sa maladie, 234. Hommages qu'il reçoit à Francfort; ses prétentions; ses manières impérieuses, 236, 237. Son indignation contre Frédéric; par qui remplacé, 239. Seconde de Broglie, 243. Retourne près de Frédéric, 444, 445. Son entrevue avec Konigseck, 246 et suiv. Renfermé dans Prague; sa retraite, 257 à 262. Prête sa voiture à Mme de Chateauroux, 317. Il est arrêté à Hanovre, 336. Envoyé en Provence, 411. Son succès contre Neuhauss à Castellane; repousse les coalisés, 419. S'ébranle pour rentrer en Italie; échec de son frère, 446 à 449. Il commande l'armée contre l'Angleterre; XXIX, 71. Est nommé ministre de la guerre; sa mort, 92, 235. Ses ordres aux généraux en Allemagne, 155, 194 et suiv. Il propose une expédition contre l'Angleterre, 204.

BELLISLE (FOUQUET CHEVALIER DE); son retour aux affaires; XXVIII, 28. Son influence sur le cardinal Fleury, 225. Il est arrêté à Hanovre, 336. Veut forcer le col de l'Assiette; est tué; échec de ses troupes, 446 à 449.

BELLOVÈSE envahit l'Italie supérieure; I, 4.

BELMONT (LE PRINCE DE) commande l'armée impériale à Naples; battu à Bitonto; XXVIII, 118.

BELZUNCE, évêque de Marseille; son zèle pendant la peste de cette ville; XXVII, 429 et suiv.

BENAC (LE BARON DE); ses conciliabules dans le Périgord; XXII, 68. Informations judiciaires contre lui, 120.

BENAIS (PIERRE DE), beau-frère de la Brosse favori de Philippe-le-Hardi; promu évêque de Bayeux; VIII, 266. Enquête dont il est chargé, 288, 289. Sa fuite à Rome; protection que lui accorde le pape; il reprend son siège, 291 à 295, 383.

BENAVIDÈS (EMMANUEL); danger qu'il court à Seminara; XV, 227.

BENDOCDAR. Voy. *Bibars*.

BENEDICT, comte de Cornouailles, évêque marié; IV, 68.

BÉNÉFICES; nature de cette propriété; III, 220, 221.

BENEZET, pasteur protestant du Languedoc; son supplice; XXIX, 46.

BENOIT III, pape; ses réprimandes au clergé de France; III, 125.

BENOIT VIII, pape; sa bulle pour revendiquer une abbaye au comte de Provence; IV, 92 à 95. Pour apaiser un ouragan fait périr des Juifs, 158. Invoqué par le Normand Rodolphe, l'envoie combattre dans la Pouille, 162. S'est attribué à lui-même la papauté, 294.

BENOIT IX, pape à dix ans; IV, 228. Neveu de Benoît VIII et de Jean XIX, 294. Sa tyrannie; révoltes qu'elle cause; partage ses palais, ses revenus avec deux rivaux Grégoire VI et Sylvestre III, 295. Déposé, 296. Cherche vainement à se faire réintégrer, 298.

BENOIT X, pape, élu par les marquis de Tusculum; déposé; IV, 305.

BENOIT XI, pape; son élection; il hésite à continuer la lutte de son prédécesseur avec le roi de France; il excommunie les conjurés d'Anagni; députés que Philippe-le-Bel lui envoie; IX, 144, 145. Ses ménagemens pour le roi et ses barons; qui il relève de l'excommunication, qui il excepte; il meurt empoisonné, 146 à 148.

BENOIT XII, pape; son élection; ses vertus; X, 86. Exhorte à la paix les rois de France, d'Ecosse et d'Angleterre, 91, 92. Refuse les demandes de Philippe VI; cherche à s'appuyer sur l'empereur; ses négociations et entrevues avec ces princes, 94 à 98. Sa médiation entre Philippe et Edouard, 104. Son dernier effort pour prévenir leur rupture, 127. Ce qu'il obtient, 128. L'empereur veut expulser ses conseillers français, 136. Il seconde, malgré son penchant pour Louis de Bavière, la cause de Philippe; ses promesses trompeuses au premier, 142, 144. Menace d'anathème Edouard; pourquoi, 155. Fait mettre la Flandre en interdit, 164. Sa médiation pour la paix générale, 175. Refuse à l'empereur l'absolution demandée par le roi de France, 182, 183. Sa mort; sa politique bienveillante et pacifique, 196.

BENOIT XIII (PIERRE DE LUNA), pape schismatique; son élection; XII, 59. Comment élude la proposition du clergé de France, 68 à 70. Son autorité suspendue dans le royaume; son obstination; comment résiste à la force, 111, 114. Désastres publics imputés à cette attaque, 119. Zèle du duc d'Orléans pour lui, 146, 153. Sentimens qu'il inspire en France, 177. Controverse des Universités; son parti fortifié par le retour en France de Louis d'Anjou; il s'évade d'Avignon; frappe de terreur les cardinaux; bourgeois qu'il fait périr; le roi lui rend l'obédience de la France, 178 à 181. Se refuse à toute condition; comment accueille le duc d'Orléans, 189, 190. Ecclésiastiques qu'il traite comme intrus, 199. Froideur des peuples et des princes pour lui, 212. Il se rend en Italie; dans quel but, 213 à 214. Hostilité contre lui en France, 256. Sa mauvaise foi; ses moyens dilatoires; comment élude son abdication, 260 à 266. La France se déclare neutre entre lui et son compétiteur; il fulmine contre le roi et les princes des lettres d'excomunication; l'ordre est donné de l'arrêter, 293, 294. Il approuve l'élection d'un évêque à Liége, 295. Sa fuite en Aragon; déposé par le concile de Pise; conserve des partisans, 321 à 323. Refuse de reconnaître le concile de Constance, 496, 497. Fidélité que lui garde d'Armagnac, 530. Epoque de sa mort; XIII, 54. Remplacé en Espagne par un antipape, 107.

BENOIT XIII (ORSINI), pape; son élection; sa confiance en Alberoni; XXVII, 502. Ses prétentions sur Parme et Plaisance, 505; XXVIII, 66. Ses efforts pour rétablir la paix de l'église; XXVII, 538. Il canonise Grégoire VII; opposition des parlemens de France; XXVIII, 45, 46.

BENOIT XIV (LAMBERTINI), pape; son élection; son caractère impétueux; XXVIII, 219, 220. Sa neutralité, 272. Ses états dévastés, 336. Intercède pour Gênes, 412. Sa lettre encyclique; XXIX, 103. Il nomme Bernis cardinal; sa mort, 189. Anecdote, 217.

BENOIT-ZACHARIE, Génois; intermédiaire entre Michel Paléologue et Pierre d'Aragon; VIII, 329.

BENOIT, conseiller au parlement; son arrestation ordonnée; il s'évade; XXIV, 213.

BENOIT, ministre de Frédéric à Varsovie; XXIX, 490.

BENTINK (LE COMTE DE), ambassadeur hollandais; signe les préliminaires d'Aix-la-Chapelle; XXVIII, 460.

BENTIVOGLIO (ANNIBAL); sa part à la défaite de Fornovo; XV, 215, 216.

BENTIVOGLIO (JEAN), seigneur de Bologne; appelle les Français en Italie; XV, 245. Rançonné par eux, 303, 323. Menacé par les Borgia, 393. Renforce l'armée de La Trémoille, 412. Est dépossédé par Jules II; asile que lui vend la France, 465, 469. Son parti à Bologne, 546. Il y rentre, 570. Est exilé et proscrit, 606, 610.

BENTIVOGLIO (LE CARDINAL) engage Condé à réclamer la couronne de France; XXII, 224.

BENTIVOGLIO (CORNELIO), nonce du pape à Paris; XXVII, 299. Ses intrigues; son rappel, 362, 363.

BERARD DE SORIANO; sa déposition absurde dans le procès de Boniface VIII; IX, 242.

BERARD; conspire contre Venise; XXII, 424.

BERCHENY (LE MARÉGHAL); ses services en France; il organise les hussards; XXVIII, 406, 407.

BERCHTOLD, duc de Meranie; mariage de sa fille avec Philippe-Auguste; VI, 155.

BERENGER Ier, roi d'Italie, se déclare contre Charles-le-Chauve; III, 209. Partisan de Boson, 238. Son origine; se fait couronner, 287. Dépouillé par Arnolphe, 311. Aux prises avec Louis de Provence, est vainqueur, 322. A reçu la couronne impériale; son règne longtemps paisible; ses malheurs; sa mort, 362 à 365.

BERENGER II, roi d'Italie; vaincu par Othon; se reconnaît son feudataire;

III, 445, 446. Renversé une seconde fois, 467.

BERENGER; sa doctrine contraire à la transsubstantiation; IV, 147. Quand il la professe, 290. Jugé par six conciles; confessions qu'on lui propose; il les accepte; sa retraite, 292. Meurt en paix, 293.

BERENGER-RAYMOND; hérite du comté de Provence; ses autres fiefs; V, 216. Ses alliances; son mariage, 217. Ses luttes avec la famille des Baux; est tué, 284, 285.

BERENGERE de Navarre; son mariage projeté avec Richard Cœur-de-lion; VI, 102. Arrive à Messine; ses fiauçailles, 104. Tempête qu'elle essuie, 105.

BERETTI LANDI (LE MARQUIS), ambassadeur d'Espagne à La Haye; traité qu'il signe; XXVII, 387.

BERGHEN (BATAILLE DE), gagnée par le maréchal de Broglie sur le prince de Brunswick; XXIX, 194.

BERGHEYCK (LE BARON DE), négociateur à Aix-la-Chapelle; XXV, 154.

BERGHEYCK (LE BARON DE) administre les Pays-Bas; XXVII, 48. Refusé par les alliés comme négociateur, 75.

BERINGHEN est nommé inspecteur des mines; XXII, 23. Ses dérèglemens, 88.

BERKELEY (LORD) débarque à Brest; incendie Dieppe; bombarde le Havre et Dunkerque; XXVI, 154 à 157.

BERLEPS (LA COMTESSE DE), favorite de la reine d'Espagne; de quoi accusée; XXVI, 279. S'est rendue odieuse, 281. Suspecte au roi, 287. Son départ, 290.

BERMUDEZ (LE PÈRE), confesseur du roi d'Espagne; l'exhorte à ne point revenir sur son abdication; XXVII, 504. Le duc de Bourbon négocie avec lui, 530.

BERNARD, fils naturel de Charles-Martel; II, 151. L'un des généraux de Charlemagne; franchit le grand Saint-Bernard, 241, 242. Ses fils ministres de Charles, 428.

BERNARD, fils de Pépin, petit-fils de Charlemagne; la couronne d'Italie lui est destinée; II, 415. Son obéissance envers l'empereur son oncle, 432. Surveillé par lui, 436. Sa déférence, 437. Sa révolte, sa mort, 443 à 445.

BERNARD, duc de Septimanie, confident de l'impératrice Judith; II, 466. Favori de Louis; soupçonné d'être le père de Charles-le-Chauve; envoyé contre Aizou; ses pertes en Espagne; mécontentement public contre lui, 467 à 471. L'empereur le comble de faveurs; ses espérances, 473. Sa rivalité avec Pépin, son suzerain; III, 5. S'enferme dans Barcelone, 6. Déclaré innocent, 16. N'est plus appelé au conseil; se rapproche des mécontens, 18. Louis prononce sa déchéance, 19. Avance que lui fait Charles, 57. Evite de se prononcer; forcé de lui promettre fidélité, 61. Spectateur de la lutte entre les fils du Débonnaire, 62, 63. Sa mort; ses plans ambitieux, 82. Ses négociations avec les deux princes qui se disputent l'Aquitaine, 83.

BERNARD II, duc de Gothie, ligué avec Boson 1er; III, 224. Son pouvoir, 229. En rébellion contre Louis-le-Bègue, 230. Son marquisat de Gothie donné au comte d'Auvergne, 231. Excommunié, 233. Est de la faction de Gauzelin, 236.

BERNARD, comte d'Auvergne; ligué avec Boson 1er; III, 224. Son pouvoir, 229. Réconcilié avec Louis-le-Bègue, 230. Reçoit le marquisat de Gothie, 231. Mission que lui donne le pape, 233. De la faction d'Hugues, 236.

BERNARD, bâtard de Charles-le-Gros; III, 271. Son sort à la chute de son père, 272. Prétendant au pouvoir, 287.

BERNARD le Danois, gouverneur de Normandie; sa feinte soumission à Louis IV; III, 425. Rompt le projet de partage de la province; demande des secours au roi de Danemarck, 426. Retient Louis prisonnier, 427. Son traité avec lui, 428.

BERNARD (SAINT); reproches qu'il adresse au pape; V, 200. Son zèle pour Innocent II; ses griefs contre

Anaclet, 223. Intervient dans les affaires ecclésiastiques de France, 260. Comment offensé par le comte de Vermandois, 263. Intercède pour Louis-le-Jeune auprès de la cour de Rome; comment le mécontente, 265 à 270. Rangé parmi les pères de l'église; sa controverse avec Abailard; il se prononce contre Arnaud de Brescia, 290 à 295. Eclat qu'il répand sur la France, 301. Légat du pape à l'assemblée de Vézelay; prépare la croisade; prodiges qu'on lui attribue; juifs qu'il protége; il décide l'empereur Conrad à se croiser; son éloquence, 306 à 315. Ses succès en Allemagne, 319. Son retour en France; compte qu'il rend de son apostolat, 321. Récriminations contre lui après les désastres de la croisade, 358. Son amitié pour Thibaut le Grand, 365. Sa mort, 368. Son absolutisme; son opposition à l'esprit de réforme, 369. Comment a combattu les Henriciens; 372. A attaqué le mariage de Louis-le-Jeune, 377.

BERNARD, prêtre hérésiarque; brûlé par ordre de Philippe-Auguste; VI, 314.

BERNARD DE MONTEPULCIANO, confesseur de l'empereur Henri VII; soupçonné de l'avoir empoisonné; IX, 271.

BERNARD, député de Dijon aux Etats de Blois; en a tenu journal; XX, 404, 413. Prévenances du roi pour lui, 427. Audiences auxquelles il est admis, 435, 436, 438, 443. Son discours de clôture, 491. Député aux Etats de Paris; XXI, 178. Assemblée à laquelle il assiste, 190.

BERNARD (SAMUEL); sommes qu'il avance au prince de Conti; XXVI, 231. Secours que le roi tire de lui; XXVII, 46.

BERNARDIN de Saint-Pierre; son roman de Paul et Virginie; XXVIII, 451.

BERNAY (RAYMOND DE); sauve Boulogne; XX, 167.

BERNIS (LE CARDINAL DE) est attiré par Mme de Pompadour; XXVIII, 355, 469. Son influence sur de Concès; XXIX, 60. Négociateur avec l'Autriche, 77 et suiv. Il est nommé ministre des affaires étrangères; sa disgrâce; il est promu cardinal, 90, 91. Comment interprète la convention de Closter Seven, 148. Son désir de la paix, 186 et suiv. Comment supplanté par Choiseul et exilé, 188 à 190. Son mémoire au roi, 366. Il se rend au conclave, 383. Pape qu'il fait élire, 384. Candidat au ministère; XXX, 20 et suiv. Sa politique abandonnée, 156.

BEROLD, évêque de Soissons; ses négociations avec Guérin, évêque de Beauvais, et Gérard, évêque de Cambray; IV, 175 et suiv.

BERQUIN (LOUIS DE); arrêté comme suspect d'hérésie; mis en liberté; XVI, 380, 381. Son procès est repris; il est brûlé vif, 382.

BERRY (LE ROI D'ARMES); apprécié comme historien; XIII, 598.

BERRYER, lieutenant de police; sédition qu'il provoque à Paris; XXVIII, 487 et suiv. Est ministre de la marine; puis garde des sceaux; XXIX, 89, 93.

BERTE ou BERTRADE, femme de Pépin-le-Bref, sacrée avec lui; II, 173, 186. Ses efforts pour maintenir en paix ses deux fils, 225. Pour maintenir la paix générale; ses voyages en Italie, en Bavière, 226. Alliances qu'elle ménage, 227. Sa mort, 295.

BERTHAIRE, roi des Thuringiens; I, 248. Sa mort, 249.

BERTHAIRE, maire du palais de Neustrie; causes de son autorité chancelante; II, 84. Perd la bataille de Testry; est tué, 85.

BERTHE, fille de Charlemagne; ses amours; II, 406.

BERTHE de Souabe; épouse Rodolphe II de Bourgogne; III, 363. S'enfuit en Italie; épouse le roi Hugues, 396, 397.

BERTHE, fille de Conrad-le-Pacifique; épouse Robert, roi de France; IV, 99. Son mariage est rompu pour cause de parenté par la cour de Rome, 100, 101. Son prétendu enfantement monstrueux, 103. Mère d'Eudes de Blois; droits qu'elle lui donne à l'héritage de son frère Rodolphe-le-Fainéant, 221. Favorisée par les grands, 222.

BERTHE, impératrice, femme de Henri IV; divorce demandé par le jeune empereur; IV, 385. Réconciliation des deux époux, 386. Elle meurt, 499.

BERTHE de Hollande épouse Philippe Ier, roi de France; IV, 414. Il veut la répudier, 472. Reléguée loin de lui, 517. Epoque de sa mort, 521.

BERTHEFRIDUS. Voy. *Ursio*.

BERTHIANY (LE MARÉCHAL DE) commande les Autrichiens à la bataille de Lawfeld; XXVIII, 442.

BERTHOALDE, maire du palais en Bourgogne; laisse Brunehault s'emparer de l'esprit du jeune roi; I, 416. Trahi par elle, 421. Sa mort, 422.

BERTHOD, cordelier; contribue à pacifier la Guienne; XXIV, 484.

BERTIN est nommé contrôleur général des finances; XXIX, 95. Ses édits bursaux, 274. Il est remplacé, 284. Nommé aux affaires étrangères, 427, 428. Se tient auprès du roi malade, 502. Le ministère dont il fait partie est remplacé; XXX, 24 et suiv.

BERTRADE, femme de Clothaire II; sa mort; II, 8.

BERTRADE, reine de France; passion de Foulques-le-Réchin pour elle; IV, 507. L'épouse, 508. Sa beauté séduit Philippe Ier, 517. Elle l'épouse, 518. Excommuniée, 523. Constance de Philippe à son égard, 541. Prend en haine Louis-le-Gros; le fait empoisonner; leur réconciliation; tendresse du roi pour elle; ses enfans; prend le titre de reine; se réconcilie avec Foulques-le-Réchin; V, 12 à 17. Inquiétudes qu'elle donne à Louis-le-Gros, 72. Ses dernières intrigues; sa retraite; sa mort, 76 à 78.

BERTRAND. Voy. *Boggis*.

BERTRAND, comte de Provence; se fait feudataire du saint-siège; IV, 462.

BERTRAND, comte de Toulouse; rachète ses comtés; V, 28. Son père Raymond lui laisse ses états en Europe, 32. Passe en Orient; y meurt; fonde sur le Rhône le prieuré de Saint-Gilles, 117.

BERTRAND, cardinal, légat du pape dans l'Albigeois; jure d'exterminer les Toulousains; VI, 508. Echoue devant cette ville, 509. Institue l'ordre des chevaliers de la foi, 512.

BERTRAND de Molleville; ses dangers en Bretagne; XXX, 383.

BERTRANDI (LE PRÉSIDENT) est du conseil de Henri II; XVII, 305. Remplace Liset, 397. Est nommé garde des sceaux, 398. Ses expédiens fiscaux, 468, 519. Est promu cardinal; XVIII, 35. Son discours aux Etats-généraux, 70. Son peu de crédit, 105. Est disgracié, 109.

BERTRANDI (PIERRE), évêque de Cahors; protestans qu'il fait égorger; XVIII, 317.

BERULLE (LE CARDINAL DE), fondateur de l'Oratoire; médiateur entre Louis XIII et Marie de Médicis; XXII, 453. Sa mission à Rome, 545. Son crédit près de la reine mère; XXIII, 59, 88, 94, 119. Sa mort, 120.

BERWICK (JACQUES FITZ-JAMES, DUC ET MARÉCHAL DE); son zèle pour son père; XXVI, 23. Il l'accompagne en Irlande, 42, 50. Est rappelé en France, 100. Se rend à la Hogue, 102. Prend part à la victoire de Steinkerque, 110. Prisonnier à Neerwinde, 124. Son voyage en Angleterre, 194 à 197, 201. Ses opérations; ses succès dans la Péninsule, 428 et suiv., 432. Son rappel, 433. Employé dans les Cévennes et en Savoie, 444. Renvoyé en Espagne, 456. Opposé à l'armée portugaise, 465. Ne peut préserver Madrid, 468. Appelé en Provence; XXVII, 18. Ses manœuvres en Espagne; il gagne la bataille d'Almanza; suites de sa victoire, 21 à 29. Est appelé sur le Rhin, 46, 49, 50. Détaché sur la Flandre, 52, 53, 56, 57, 60. Ses fautes, 58. Son commandement à l'armée de Flandre, 99. Se met à la tête de celle des Alpes; contient les alliés, 100, 104, 146, 164. Envoie des renforts à Noailles, 110. Réduit Barcelone, 180, 181. Réprime les Huguenots, 305. Commande l'armée contre l'Espagne, 375 et suiv. Ses opérations, 377 et suiv. Ambassade que Dubois veut lui donner, 471. Ses mémoires; XXVIII, 3. Son désir de la guerre, 78. Son commandement sur le Rhin, 93. Commence les hostilités, 100 à 102. Ses opérations ; sa mort, 103 à 106, 121.

BESENVAL est de l'intimité de Marie-Antoinette ; XXX, 262.

BESME porte le coup mortel à Coligni ; XIX, 165, 166.

BESONS (LE MARÉCHAL DE) ; ses opérations en Catalogne ; XXVII, 90. Puis sur le Rhin, 102, 144. Ses rapports avec le duc d'Orléans, 126 et suiv. Sa fidélité à la constitution, 300. Vote contre le duc du Maine, 351.

BESSARION (LE CARDINAL); sa mission en France; sa mort; XIV, 419.

BESSOLA (LA), sœur de lait et seule amie de la dauphine bru de Louis XIV ; XXVI, 48.

BESTUCHEFF (LE COMTE), favori de l'impératrice Elisabeth de Russie ; lui fait conclure une alliance avec l'Angleterre ; XXVIII, 266. Ses ménagemens pour Frédéric ; pourquoi ; XXIX, 147.

BETHIZY, marin français ; blessé à Savannah ; XXX, 186.

BETHUNE (JEAN DE) ; commande l'armée européenne de l'empereur de Constantinople ; sa mort; VII, 190.

BETHUNE (LA DEMOISELLE DE) ; son arrestation ; XX, 70, 72.

BETHUNE (LE COMTE DE) négocie le traité de Savoie ; XXII, 421. Médiateur entre la cour et d'Epernon, 453. Est chevalier du Saint-Esprit, 458. Son ambassade en Allemagne, 473. Son entrevue avec le duc de Savoie, 553.

BETIZAC (LE SIRE DE), trésorier du duc de Berry ; escorte Charles VI ; ses exactions dévoilées ; est mis en jugement ; avoué et réclamé par son maître ; XI, 569 à 571. Piége qu'on lui tend ; il demande des juges ; son supplice, 572, 573.

BEUIL (LA DEMOISELLE DE), comtesse de Moret ; maîtresse de Henri IV ; XXII, 109. Embarras qu'elle lui cause, 128. Leurs réciproques infidélités, 141. Aimée de Joinville, 179.

BEUNIGEN (VAN) négocie la paix d'Aix-la-Chapelle ; XXV, 151 et suiv. Bravade que Louis XIV lui attribue, 205.

BEUVRON (LE MARQUIS DE) se bat en duel avec Boutteville ; XXIII, 45. Défend Casal, 90. Ne donne point asile à la duchesse de Longueville ; XXIV, 309.

BEUVRON (LE MARQUIS DE) ; accusé de la mort de Madame ; XXV, 193.

BEVEREN (LE SIRE DE) défend Saint-Omer contre Louis XI ; sa fidélité à la maison de Bourgogne ; XIV, 523, 524.

BEVERN (LE DUC DE) commande l'armée de l'empire ; XXVIII, 104. Sa femme régente de Russie, 265. Lieutenant de Frédéric ; XXIX, 137. Perd la bataille de Breslaw, 141.

BEVERNING, négociateur hollandais au congrès de Nimègue ; XXV, 363.

BÈZE (THÉODORE DE) expose sa doctrine calviniste à la conférence de Poissy ; XVIII, 230 à 232. Répond au cardinal de Lorraine, 235, 236. Confession qu'il signe, 237. Le roi de Navarre le renvoie de sa maison, 257. Porte plainte du massacre de Vassy, 268, 269. Accusé par Poltros de complicité avec lui, 365. Comment apprécie le meurtre de Guise, 375. Est reconnu chef de l'église protestante ; XIX, 112. Recommande au parti la méfiance, 354. Sa controverse avec André de Tubingen ; ses démarches près des princes luthériens ; XX, 257, 258.

BEZIERS (VICOMTE DE) lègue à ses deux filles deux évêchés ; IV, 90.

BEZIERS ; pris par les croisés du Midi ; horrible massacre de ses habitans ; VI, 284 à 287.

BIBARS EL BONDUK DARY, chef des Mameluks à la bataille de Mansourah ; ses dispositions ; VII, 423. Se prépare à une attaque définitive, 427. Est repoussé, 428, 429. Fait assassiner le soudan, 442. Ses victoires en Syrie ; VIII, 150. Il échoue devant Acre ; dévaste la Syrie, 156, 157. Villes qu'il prend ; ses massacres ; sa barbarie ; il détruit Antioche, 158, 159. Effet de ses victoires en Occident, 182. L'Egypte est le siége de sa puissance, 184. Sa trève avec le prince Edouard d'Angleterre, chef des croisés, 228. Sa mort, 285, 286.

BIBBIENA (BERNARD DOVIZIO, CARDINAL DE), légat du pape en France; ses observations sur la cour de François 1er; XVI, 70, 71. Le roi lui annonce son projet de croisade, 76. Ses efforts pour faire rappeler Lautrec, 83. Comment sert les Médicis, 88. A quitté la France, 97.

BIEZ (LE MARÉCHAL DE) défend Montreuil; XVII, 198, 223. Négociations dont il est chargé, 217. Il assiége Boulogne, 261. Ses opérations, 263. Sa disgrâce, 308. Sa condamnation, 382 à 385.

BILLON (MARTIN), vicaire général de l'inquisition en France; demande qu'il soit procédé contre Jeanne d'Arc; XIII, 181. Présent à sa sentence, 189.

BINCKEN (L'AMIRAL) commande la flotte hollandaise aux Antilles; XXV, 354.

BINICOUR (LALAING DE) assiége Terouenne; XVII, 505.

BINSKI (LES FRÈRES); disposés à faire monter Henri d'Anjou sur le trône de Pologne; XIX, 213.

BIRAGO (RÉNÉ DE), chancelier; son entrée au conseil; XIX, 25. Ses intrigues pour forcer Condé à prendre les armes, 28, 29. Est nommé garde des sceaux, 101. Signe le traité de Blois avec l'Angleterre; introduit en France le système économique de protection, 125, 126. Part qu'il prend à la Saint-Barthélemy et aux délibérations qui la précèdent, 151, 160, 162, 164. Haï du roi, 260. Dresse les lettres patentes qui défèrent la régence à Catherine, 274. Son discours aux états de Blois, 402. Y accompagne le cardinal de Bourbon, 421. Siége au conseil d'état, 445. Promu cardinal; donne sa démission de chancelier, 501.

BIRAGO (SACRAMORO) est de la ligue; XX, 131.

BIRAGUE (LE SIRE DE) part pour le Piémont; XVII, 552. Opine pour la conquête de la Lombardie; XVIII, 34.

BIREN est conseiller de l'impératrice Anne de Russie; XXVIII, 76. Gagné par Auguste de Saxe, 87. Est régent; sa chute, 264, 265.

BIRON (ARMAND DE GONTAUT MARÉCHAL DE); confiscation qui lui est allouée et qu'il refuse; XVII, 380, 381. Contribue à la défense de Metz, 483. Part pour l'Italie; XVIII, 31. Prisonnier à Saint-Quentin; 53. Envoyé en Guienne, 420. Signe la paix de Lonjumeau, 528 à 531. Envoyé à Coligni; XIX, 80. Négocie le mariage de Henri IV, 105. Donne asile à Caumont, 173. Ses négociations avec les Rochellois, 204, 290. Assiége leur ville, 224. Tente de la surprendre, 257. Accompagne Guise, 347. Envoyé par le roi aux chefs huguenots; leurs entrevues, 418, 434, 435, 446, 453. Siége au conseil d'état, 445. Sa promotion, 502. Ses progrès en Agénois, 504. Escorte la reine mère, 507. Aux prises avec le roi de Navarre; canonne Nérac, 528, 530, 533. Est de l'armée de d'Alençon en Flandre; XX, 50. Son commandement, 190. Il marche contre Condé, 201. Son armistice avec le Navarrais, 213, 227. Accompagne la reine mère, 229. Fait entrer des troupes dans Paris, 342 à 344. Est reçu à coups de feu aux barricades, 351. Son commandement à l'armée royale, 534, 535. Salue Henri IV, 545. Ses troupes sont toutes catholiques; XXI, 5. Il entraîne les Suisses au service du nouveau roi, 10. Ses stipulations particulières, 11. Querelle que lui fait Epernon, 15. Il accompagne le roi en Normandie, 19. Trace le camp d'Arques, 26. Prend part au combat de ce nom, 30. A Ivry reçoit les Suisses à quartier, 53, 57. Négocie, 63, 64. Reste auprès du roi, 92. Est au siége de Chartres, 102. Surprend Louviers, 104. Est du parti des politiques, 110. Il investit Rouen, 135. Est chargé du siége, 146. Par qui contrarié, 151. Sa blessure, 152. Il est tué, 160.

BIRON (CHARLES DE GONTAUT DUC ET MARÉCHAL DE); prend part au combat d'Arques; XXI, 31. Son poste à Ivry, 53, 56. Reste auprès du roi, 92. Est du parti des politiques, 110. Sa blessure, 150. Manœuvre qu'il éclaire, 158. Il est nommé amiral, 160. Son influence sur la conversion du roi, 199. Ce prince donne sa place à Villars et le nomme maréchal; son ressentiment, 280, 284. Sa bravoure; ses opérations au siége de Laon, 296 à 300. Ses services; méfiance du roi pour lui, 301 à 303. Il est chargé de défendre la Bourgogne, 307. Conseille la déclaration de guerre à l'Espagne, 332. Ses opérations, 334, 335. Sa position critique à Dijon; sa valeur; sa blessure à Fontaine Française, 338, 339. Ses succès en Artois, 434, 435. Ne peut empêcher le ravitaillement d'Amiens; blâmé puis loué par le roi, 465. Sa position féodale; XXII, 10. Irrité contre le roi par le duc de Savoie; offre que lui fait ce prince d'ériger son gouvernement de Bourgogne en souveraineté; complices qu'il gagne, 49 à 54. Fait partie de l'armée royale, 55. Ses aveux au roi; pardon qu'il obtient; comment compromis encore; son ambassade à Londres; mort d'Elisabeth, 62 à 66. Dénoncé par Lafin; attiré à Fontainebleau; son arrestation; son procès; son supplice, 68 à 76.

BIRON (LE DUC DE) paye les dettes de l'amiral Rodney; XXX, 188.

BISEGLIA (LE DUC DE), beau-frère de César Borgia; assassiné; XV, 354.

BISIGNANO (LE PRINCE DE) appelle les Français en Italie; XV, 141. Les seconde, 386.

BISSEY (ANTOINE DE), bailli de Dijon; auxiliaires suisses qu'il amène à Gênes; XV, 160. Nouvelles recrues qu'il fait entrer en Lombardie, 220 à 222. Autres qu'il conduit en Romagne, 305. Part pour faire en Suisse une forte levée, 308. Maltraité par ses mercenaires, 320. Près d'être surpris à Lugano, 369.

BISSY (LE CARDINAL DE); son ambition; XXVII, 300. Il transige dans l'affaire de la bulle *Unigenitus*, 435. Part pour le conclave, 441. Médiateur entre Dubois et Villeroi, 464, 465. Source de sa fortune, 510. Il réveille le zèle constitutionnaire, 538. Son ardeur de persécutions; XXVIII, 58.

BIVAR (DON RODRIGUE DE), le Cid; époque de sa gloire; IV, 467, 468. Sa chronique écrite en arabe, 489. Ses amis musulmans, 490.

BLACKNEY (GÉNÉRAL ANGLAIS); capitule à Port-Mahon; XXIX, 74.

BLACONS, capitaine protestant en Dauphiné; XVIII, 327. Seconde des Adrets, 331. Puis Crussol; XIX, 35. Se retire à Sarcelles, 49. Défend Angoulême, 70. Aux prises avec de Vins; XX, 216 à 218. Envoyé en Savoie; XXII, 419.

BLAINVILLE (LE MARÉCHAL DE), un des chefs de l'armée de Normandie; XI, 240.

BLAINVILLE, ambassadeur de Louis XIII en Angleterre; intrigues où il est compromis; XXIII, 39.

BLAINVILLE (LE MARQUIS DE) capitule à Kayserswerth; XXVI, 343.

BLAMONT (LE PRÉSIDENT); son exil; XXVII, 357.

BLANCHARD (ALAIN); soulève Rouen; XII, 518. Sa glorieuse part à la défense de cette ville; son supplice, 564.

BLANCHE, femme de Louis v; III, 488. L'abandonne, 489. D'intelligence avec Hugues Capet; soupçonnée d'avoir empoisonné son mari, 495.

BLANCHE de Castille; son mariage avec Louis VIII; VI, 189, 190. Secours qu'elle envoie à son mari en Angleterre, 470, 471. Sacrée avec lui, 538. Amour qu'elle inspire au comte de Champagne, 591, 592. Tutrice de son fils, 596. Son âge à la mort de Louis VIII; ses enfans; VII, 14. Son portrait, 15 à 17. Son beau-frère Philippe n'ose lui disputer la régence; elle convoque le baronnage au sacre de son fils, au nom des seigneurs qui ont entouré Louis VIII à sa mort, 21. Le fait couronner; ses bienfaits; ses rigueurs; elle dissout la ligue des seigneurs a recours aux bourgeois de Paris; embarras que lui donne la cour de Rome; n'a plus à craindre de résistance en Albigeois, 23 à 35. Continue à percevoir l'impôt sur le clergé, 37. Sans prendre la qualité de régente, règne sous le nom de son fils, 50 et suiv. Ses rapports avec les barons; ses forces; secours que lui amène Thibaud; son expédition contre le duc de Bretagne; accusée de mœurs déréglées, 60. Marche au secours du comte de Champagne; joie que lui cause la querelle entre ce prince et la reine de Chypre; comment détourne l'armement préparé en Angleterre; pacifie l'Albigeois; acquiert à la France une grande province, 54 à 66. Conciles auxquels elle assiste; destine la fille de Raymond à l'un de ses fils; 71, 72. Son administration intérieure; elle termine la guerre de Bretagne par un acte judiciaire, 91 à 98. Comment apaise le parti des barons; pacification qu'elle obtient; signe le traité de Saint-Aubin du Cormier, 101 à 105. Prudence de sa politique, 107. Comment excite une insurrection à Beauvais, 112. Rigueurs que son fils y exerce, 113. Ses différends avec la cour de Rome, 114, 115, Comment elle pousse hors du royaume l'activité guerrière des chevaliers, 121. Comment traverse les projets d'alliance de Thibaud, 127. De quoi soupçonnée, 129. Fiefs qu'elle acquiert de Thibaud, 130. Difficultés de sa position, 131 et suiv. Négocie le mariage de son fils avec l'héritière de Provence, 134 et suiv. Sa jalousie envers sa bru; son despotisme à l'égard des deux époux, 136. Traverse les projets de mariage du roi d'Angleterre, 139. Ne peut empêcher celui de l'empereur, 140. Continue à gouverner après la majorité de son fils; attaque Thibaud; à quelles conditions lui accorde la paix, 164. La faiblesse de son autorité encourage les ligues des barons, 169. Ses larmes en apprenant l'invasion des Mogols, 199. Sa présence à la cour plénière de Saumur, 236. Fait recevoir en grâce le comte de Toulouse, 271. Son voyage à Cîteaux, 308. Ses alarmes; ses instances quand son fils prend la croix, 312. Seule admise en tiers à la conférence du pape et de son fils, 324, 326. Ses efforts pour qu'il se fasse relever de son vœu de croisade; ils échouent, 377. Chargée du gouvernement pendant l'absence de son fils; par qui secondée, 380, 381. L'accompagne; quand se sépare de lui, 382, 383. Silence de l'histoire sur les événemens de sa régence, 464. Prend possession du comté de Toulouse, 467. Conférence que le pape lui refuse, 472. Lettre de son fils qu'elle publie; elle défend de se croiser contre Conrad, 473. Elle fait exterminer les Pastoureaux, 479. Ses deux fils lui servent de conseillers, 482. Refuse à Henri III le passage par la Normandie, 491. Son autorité absolue; ses démêlés avec le chapitre de Paris, 493, 494. Elle meurt sous le voile de l'ordre de Cîteaux, 496. Analogie de sa position avec celle de la veuve de Louis X; IX, 338.

BLANCHE, fille de saint Louis; épouse Ferdinand de Castille; VIII, 177. Son frère défend les droits de ses enfans, 273. Rendue à sa famille, 278, 308. Lieu de sa retraite, 382, 383.

BLANCHE d'Artois, reine-mère de Navarre; enlève sa fille et la conduit en France; VIII, 257, 258. A épousé Edmond d'Angleterre, 323.

BLANCHE, sœur de Philippe-le-Bel; son mariage avec Rodolphe d'Autriche; IX, 44. Sa mort, 170.

BLANCHE de Bourgogne, épouse de Charles-le-Bel; accusée d'adultère; IX, 290. Tonsurée et incarcérée; prend le voile, 292. Son mariage cassé, 406.

BLANCHE de Lancastre; son origine; droits que sa famille en fait dériver; IX, 445.

BLANCHE de Valois; son mariage avec Charles de Luxembourg, depuis empereur; IX, 421. Sa mort; X, 351, 353.

BLANCHE de France, fille posthume de Charles-le-Bel; sa naissance; IX, 469. Son droit à la succession paternelle a des partisans; X, 8. Epoque de sa naissance, 11.

BLANCHE de Navarre, épouse de Philippe de Valois; X, 364. Est veuve et grosse, 367. La cour de France s'oppose à son mariage avec le roi de Castille, 403. Médiatrice entre Jean et Charles-le-Mauvais, 412, 415. Confiscations qui lui ont été données, 430. S'interpose entre son frère et le dauphin, 515. Livre au premier le château de Melun, 541. Y est assiégée; fait conclure la paix, 552, 553. Son aversion pour le dauphin; XI, 2. Négocie la paix définitive entre les deux beaux-frères, 27. Est informée de la mort de son frère, 489.

BLANCHE de Bourbon, épouse de Pierre-le-Cruel; sa captivité; sa mort; X, 404, 405; XI, 38.

BLANCHE II, reine de Navarre; mariée à Jean d'Aragon; sa mort; XIV, 103.

BLANCHE de Navarre, princesse de Viane; ses malheurs; sa captivité; elle meurt empoisonnée; XIV, 104 à 106.

BLANCHE de Montferrat, duchesse de Savoie; accueille Charles VIII; lui prête ses joyaux; XV, 162, 163.

BLANCMENIL, président au parlement; son arrestation; XXIV, 213. Il est mis en liberté, 222.

BLARU (LE SIRE DE) entre dans le conseil de Charles VI; XII, 353.

BLECOURT remplace d'Harcourt en Espagne; XXVI, 291.

BLICHILDE, femme de Theudebert, roi d'Austrasie; I, 416. Gouverne Theudebert; repousse les avances de Brunehault; est tuée, 431.

BLOSSET, soulève les Huguenots du Poitou; XIX, 31. Avertissement qu'il donne à Coligni, 142.

BOCCACE; ses attaques contre les scandales de l'église; XI, 208.

BOCCANEGRA (AMBROSIO), amiral de Castille; anéantit la flotte anglaise à la Rochelle; XI, 165 à 167. Emmène les prisonniers en Galice, 168.

BOCHART de Champigny; Richelieu lui fait confier les finances; XXII, 539.

BOCHETEL, secrétaire d'état sous Henri II; sa subordination au connétable; XVIII, 104. Ses négociations en Allemagne, 390, 414.

BOCKELS (JEAN) ou Jean de Leyde; se fait roi de Munster; son supplice; XVI, 462, 463.

BODILON; offense que lui fait Childéric; II, 68. Le fait massacrer avec sa famille, 69.

BODIN (JEAN); auteur du livre de la République; est député aux Etats de Blois; XIX, 404. Réclame vainement la liberté religieuse, 414. Ce qu'il fait insérer dans le discours de clôture, 429. Projet de commission permanente qu'il fait abandonner, 438, 439.

BOEHMER, joaillier de la couronne; son rôle dans l'affaire du collier; XXX, 305 et suiv.

BOEMOND, fils aîné de Robert-Guiscard; part avec les croisés; IV, 548. Débarque en Asie, 553. Est prince d'Antioche, 559. Prisonnier des Musulmans; son vœu; son voyage en France; son mariage; V, 49. Prêche la croisade; armée qu'il obtient, 50.

BOEMOND III, prince d'Antioche; prisonnier à Tybériade; VI, 76. Mis en liberté; se retire à Antioche; 84.

BOESSE PARDAILLAN, huguenot, prend parti pour Condé; XXII, 349. Soumet au roi une partie des réformés du Midi, 488.

BOGGIS et BERTRAND, prétendus fils de Childebert II; II, 26. Doutes sur leur existence, 27.

BOHEMES ou BOHEMIENS; guerre contre eux; II, 404, 407.

BOHIER (THOMAS), général de Normandie; comment licencie l'armée victorieuse à Ravenne; XV, 594. N'a pu enlever le cardinal de Médicis, 619. Négocie le traité d'Etaples, 666.

BOHUN (GUILLAUME), comte de Northampton; lieutenant d'Edouard III, en France; X, 201. Lettres patentes que le roi lui adresse, 247. Son échec à Quimper; ses succès, 258. Prend part à la victoire de Crecy, 294, 300. Sa négociation en Flandre, 319. A Bretigny, 570.

BOIANO (LE DUC DE); du parti Français à Naples; son supplice; XVI, 342.

BOILEAU (ÉTIENNE), prévôt de Paris sous saint Louis; pourquoi nommé par ce roi; VIII, 19. Rédacteur de *l'établissement des métiers de Paris*, 113, 114.

BOILEAU; ses vers sur la conquête de la Franche-Comté; XXV, 149. Eclat qu'il a répandu, 160. Est nommé historiographe du roi, 356.

BOIS-DAUPHIN (LE MARÉCHAL) est de la Ligue; XX, 131. Rôle que lui destine Guise, 331. Soulève le quartier de la Bastille, 347. Son arrestation, 464. Sa mise en liberté, 470. Entraîne l'armée en faveur de Marie de Médicis; XXII, 195. Accompagne Louis XIII au parlement, 293. Commande l'armée contre les princes, 343 à 345. Sa timidité, 348. Conféderé avec la reine, 462.

BOIS DE LA MOTHE (L'AMIRAL); attaqué par les Anglais; XXIX, 65, 66.

BOIS DU LYS prend part à la victoire de Coutras; XX, 272.

BOISGELIN évêque favorable à Necker; XXX, 125.

BOISGELIN (LE DUC DE) assiste aux assemblées des Bretons; sa disgrâce; XXX, 382.

BOISGUILBERT; son projet de dîme royale; XXVII, 535.

BOISMAILLI, alchimiste; ses promesses à Richelieu; XXIII, 304.

BOISRIGAULT, ambassadeur de François Ier en Suisse; hostile à Charles-Quint; XVII, 91.

BOISROBERT (L'ABBÉ), l'un des fondateurs de l'Académie; XXIII, 280.

BOISROSE, capitaine royaliste; dépossédé pour complaire à Villars; indemnité qu'il reçoit; XXI, 280, 281, 284.

BOISSIEUX (LE COMTE DE); troupes françaises qu'il conduit en Corse; ses opérations; sa mort; XXVIII, 208 à 210.

BOISSISE (JEAN DE THUMERY DE), ambassadeur de Henri IV à l'union de Hall; XXII, 165. Commissaire du roi près de l'assemblée des Huguenots, 247. Négociateur avec la cabale, 382. Son ambassade en Hollande pour sauver Barneveld, 456.

BOISSY (ARTHUR DE GOUFFIER, SIRE DE), gouverneur de François Ier; XV, 448. Goûts littéraires qu'il lui donne; XVI, 3.

BOISSY (ADRIEN DE) est promu cardinal; XVI, 44.

BOISSY (LE SIRE DE); témoin de la protestation de François Ier contre le traité de Madrid; XVI, 275. Lieutenant de Saint-Pol, 325. Prisonnier en Provence, 514.

BOISSY (DE), grand écuyer de France; conseil auquel il assiste; XVII, 179. Il est témoin de Jarnac, 315.

BOISSY (DE) surveille la reine-mère en exil; XXII, 432.

BOLESLAS, roi de Pologne; ses guerres avec Henri II; IV, 167.

BOLESLAS, duc de Pologne; renfort qu'il amène aux croisés; V, 337.

BOLEYN (ANNE); passion qu'elle inspire à Henri VIII; XVI, 346. François Ier conseille à ce prince de l'épouser, 404. Son mariage, 432. Son supplice, 532.

BOLINGBROKE, ministre de la reine Anne; à quoi compare Louis XIV; XXVII, 74. Son désir de la paix, 140. Négociateur en France, 165 et suiv. Accusé de trahison, 251. Il fréquente le club de l'entresol; XXVIII, 187.

BOLOGNA (STEPHANO) assiste Henri III à ses derniers momens; lui donne l'absolution; XX, 543.

BON, ministre de France à Bruxelles; XXIX, 494.

BONACCORSI (NOTTO); sa déposition dans le procès de Boniface VIII; IX, 242.

BONAVENTURE (SAINT) se rend au concile de Lyon; y est nommé cardinal; y meurt; VIII, 250. Ses enseignemens; sa philosophie réaliste; X, 35.

BONGARS; ses négociations pour Henri IV en Allemagne; XXII, 40. Son mémoire sur la succession de Clèves, 164.

BONIFACE, général romain; perd l'Afrique; I, 149.

BONIFACE (SAINT); ses prédications en Germanie secondent les armes de Charles Martel; II, 116. Ses réformes religieuses, 154. Consulté à la retraite de Carloman, 160. Sacre le nouveau roi Pépin, 173. Ses plaintes, ses mesures contre les faux prêtres, 178, 180. Meurt chez les Frisons, qu'il veut convertir, 212.

BONIFACE II, comte de Lucques; débarque en Afrique; II, 470.

BONIFACE, marquis de Spolète; cause la ruine de Bérenger; III, 365.

BONIFACE VIII; armes judiciaires tournées contre lui; VIII, 432. Est élu pape, 490, 491. Délie le roi d'Ecosse de ses sermens au roi d'Angleterre; prêche la paix; ses légats en France et en Angleterre; ses repro_ ches; ses menaces à l'empereur élu, 498, 499. Réconcilie les maisons de France et d'Aragon; ses stipulations personnelles, 500, 503. Prétend conduire les négociations entre Édouard et Philippe; sa bulle en faveur des immunités ecclésiastiques; prend acte de sa brouillerie avec Philippe, 513, 514, 516. Ses sentimens jusque-là pour la maison de France; son animosité contre les Gibelins; ses efforts pour donner la Sicile à Charles de Naples, 518, 519; IX, 10, 11. Réprimandes qu'il adresse à Philippe; VIII, 519 et suiv. Désirs de vengeance de ce roi; longtemps dissimulés; IX, 8, 10, 11. Diversion à la colère de Boniface; ses rigueurs contre les Colonna; ses avances à Philippe, 26, 27. Il prononce la canonisation de saint Louis, 28. Médiateur entre Edouard et Philippe, 35. Clauses restrictives du compromis; sa sentence arbitrale; sa partialité pour Philippe; il lui assure presque toute l'Aquitaine, 36 à 40. Opposé à l'élection d'Albert de Hapsburg, 43. Ses relations avec Philippe; il l'exhorte à secourir les chrétiens de l'Orient; preuve de zèle qu'il en reçoit, 45. Exactions auxquelles il cherche à mettre un frein, 46. Effet de sa médiation entre les rois de France et d'Angleterre à l'égard de leurs alliés, 49. Il ne stipule rien en faveur du comte de Flandre, 51. Il ordonne un jubilé; son orgueil, 57, 58. Il poursuit ses plans en faveur de la maison de Naples; fait attaquer le roi de Sicile par don Jayme d'Aragon, 59. Permet à celui-ci de se retirer, 60. Fait appel aux princes français; attire en Italie Charles de Valois; promesses qu'il fait à ce prince; il lui fait entrevoir la couronne impériale, 61 à 63. Délie les Allemands de leurs sermens envers Albert d'Autriche; dispose de la couronne de Hongrie; protège les infans de la Cerda, 64, 67. Ce qu'il réclame pour eux; il légitime leur compétiteur; sa politique à l'égard de Édouard, 68. Il proclame l'Ecosse tributaire du saint-siège; la prend sous sa protection; ses prétentions ne sont point reconnues, 69. Son entrevue avec Charles de Valois; titres et mission qu'il lui donne; ses discussions avec Philippe, 70, 71, 72. Violence de son légat, 73. La punition de ce prélat lui est demandée, 76. Il réclame sa mise en liberté, 77. Il convoque le clergé de France à Rome, 78. Adresse à Philippe la bulle *Ausculta fili*; lui fait entendre de sévères reproches et l'exhorte à passer en Terre-Sainte, 79, 80. Fait expliquer sa bulle et récrimine contre le chancelier de France, 82, 83. L'accuse de falsification, 86. Lettre que lui adresse Philippe, 87. Lettre que lui adressent les trois ordres des Etats-généraux de France; sa conduite mesurée à leur égard; ses explications, 89 à 91. Il déclare tenir Philippe pour excommunié, 92. Conséquences de leur rupture, 110 à 114. Il reçoit en grâce le roi de Sicile; recommande Charobert à l'empereur, 115. Mesures que Philippe prend contre lui; assemblée de prélats et de seigneurs; Nogaret l'accuse d'usurpation et conclut à son emprisonnement, 118 à 120. Sa négociation; sa déception; il excommunie le roi et convoque à Rome le confesseur de ce prince; acte d'accusation contre lui; étranges allégations; protestations en sa faveur; dignité de sa défense; ses sarcasmes contre Plasian et Nogaret, 121 à 127. Enumération de ses griefs contre le roi; il se dispose à publier une bulle solennelle d'excommunication; complot ourdi contre lui, 128, 129. Est trompé par Nogaret; son séjour à Anagni, 130. Son arrestation; injures qu'il subit; est délivré par le peuple; sa mort, 131 à 133. En quoi il a blessé l'orgueil de Philippe, 134. Le désir de vengeance du roi le distrait de toute autre affaire, 135. Son successeur hésite à continuer sa politique, 144, 145. Attitude de son parti au conclave, 158, 159. Sa mémoire poursuivie par Philippe et Nogaret, 163 à 165, 169, 188 et suiv., 233 et suiv. Clément v admet les témoins à déposer contre lui, 236, 237. Par qui cette procédure a été conservée malgré l'église; résumé des dépositions; difficulté de les apprécier et de s'arrêter à une opinion probable, 238 à 247. Commencement de l'instruction solennelle de sa cause, 248. Par qui la mémoire de Boniface défendue ; les lois de l'inquisition tournées contre lui à cause de l'accusation d'hérésie, 249. Impossibilités de ce procès, 250. Bulle évasive qui le termine, 251 à 255. Est déclaré par le concile de Vienne pontife légitime et exempt d'hérésie, 261. A composé le sixième livre des Décrétales, 293. Sa malédiction contre la famille de Philippe, 467.

BONIFACE IX (PIERRE TOMMACELLI), pape schismatique ; son élection ; XI, 564. Charles VI projette de le renverser, 585. Comment cherche à agir sur l'esprit de ce prince ; XII, 39. Bulle qu'il lui adresse, 56. Croisades qu'il prêche contre Bajazet, 74, 421. Rois qui le reconnaissent, 113. Désastres publics imputés aux hostilités contre lui, 119. Sa mort, 210, 211.

BONIFACE ; poignardé à Marseille par son frère, ligueur ; XX, 143.

BONNE de Luxembourg, fille du roi de Bohême ; épouse Jean, depuis roi de France ; X, 66. Sa mort, 354.

BONNE d'Artois ; épouse Philippe-le-Bon ; XIII, 42.

BONNE de Savoie ; son mariage projeté avec le roi d'Angleterre ; XIV, 228, 229. Duchesse douairière de Milan ; tutrice de son fils ; lutte qu'elle soutient ; secondée par Louis XI, 550, 551 ; XV, 139. Supplantée par son beau-frère, 142.

BONNER (EDMOND) ; sa mission auprès du pape au nom de Henri VIII ; XVI, 430, 431. Ses négociations en France ; XVII, 19, 20.

BONNEVAL (DE), député de la noblesse aux Etats de Paris ; insulte un membre du tiers ; est condamné à mort ; XXII, 329.

BONNEVAL (LE COMTE DE) ; ses conseils au grand visir ; XXVIII, 199. Ses rapports avec Théodore Neuhof, 204.

BONNIVET, amiral de France ; est à l'armée de Picardie ; XV, 639. Négociateur avec Henri VIII et Wolsey ; XVI, 55, 56. Objet des libéralités du roi, 74. Ambassadeur en Allemagne, 98, 99. Accroissement de sa faveur ; il gouverne la guerre, 104. Rapports entre son caractère et celui du roi ; est attaqué par Seckingen ; sa maladie ; il excite François à se venger de Charles, 105. Est gouverneur de Guienne, 131. Ses succès en Biscaye, 135. Est du parti de la mère du roi, 169. Haine qu'il inspire au connétable, 171. Il entre en Italie, 184. A ordre d'accomplir seul l'expédition dans le Milanais, 172. Sa belle armée, 197. Inopportunité de l'attaque ; chances de succès que lui donne la mort du pape et la maladie de Colonna, 198, 199. Il passe le Tésin ; sa lenteur ; est réduit à la défensive ; fait assiéger Arona, 200 à 203. Ses échecs ; secours qui lui arrivent de France et de Suisse ; il se replie sur ses derniers renforts, 204, 205. Désastres de sa retraite ; il est blessé ; l'armée repasse les monts, 206 à 208. Fait résoudre l'invasion du Milanais, 219. Est seul chargé du soin de l'armée ; opine pour livrer bataille à Pavie, 230, 231. Sa folle valeur ; il se fait tuer, 234, 236.

BONNIVET (LES TROIS FRÈRES) partent pour le Piémont ; XVII, 184. L'un d'eux rivalise aux exercices du saut avec Henri II, 393. Part pour l'Italie, 552.

BONREPOS ; notification qu'il fait au sénat de Gênes ; XXV, 469.

BONSHOMMES, hérétiques ; V, 370. Rigueurs contre eux, 454, 455. Voy. *Albigeois*.

BONSTETTE, colonel suisse de l'armée huguenote ; annonce le dessein de se retirer ; XX, 305. Députation des siens à Henri III, 306.

BONTEMPS, valet de chambre de Louis XIV ; témoin de son mariage avec Mme de Maintenon ; XXV, 447. Fait les logemens à Marly ; XXVI, 94.

BONZI (LE CARDINAL), ambassadeur de Toscane ; ses missions en France et en Espagne ; XXII, 168. Accompagne Louis XIII au parlement, 293.

BOONEN (LAMBRECHT) commande les Flamands soulevés ; X, 21.

BORDON dirige le massacre des

Huguenots de Lyon ; XIX, 188. Félicité par le légat, 189.

BOREL, marquis de Barcelone ; ses rapports avec Hugues Capet ; IV, 47.

BOREL, Hollandais ; son ambassade à Paris ; XXIV, 528.

— Autre du même nom ; ses conférences pour la paix ; XXVIII, 35.

BORGHESE (LE CARDINAL) ; soupçonné de l'assassinat de Fra-Paolo Sarpi ; XXII, 132.

BORGIA (CÉSAR), duc de Valentinois ; légat d'Alexandre VI près de l'armée française ; XV, 186, 201. Sa fuite ; soupçonné d'avoir empoisonné Gem, 202. Ses intérêts stipulés à l'occasion du divorce de Louis XII, 274. Est porteur de la bulle de divorce ; veut se la faire payer ; est trahi ; sa vengeance, 279, 285. Il dépose le chapeau de cardinal ; épouse Charlotte d'Albret ; obtient de Louis XII une armée pour conquérir la Romagne ; ses succès, 304, 305. D'Allegre retourne à son aide, 324. Ses conquêtes ; ses cruautés, 331, 332. Il attaque les Florentins, 337. Est de l'expédition de Naples, 339, 346. Ses crimes ; il fait assassiner son beau-frère Biseglia, 354. Ses usurpations ; ses meurtres ; son atroce politique ; menacé d'une attaque de la part de Louis, il se rend près de lui ; gagne d'Amboise et fléchit le roi ; l'escorte ; revient menaçant en Romagne, 388 à 394. Ligue contre lui ; il se réconcilie avec ses chefs ; les réunit à Sinigaglia ; les fait périr ; prend à l'égard de Louis un ton plus arrogant, 395 à 398. Sa double négociation avec Gonzalve et Louis ; mort de son père ; il est rapporté moribond à Rome ; soulèvement de ses rivaux ; son activité ; crainte qu'il inspire encore, 412 à 414. Comment joue d'Amboise, 415. Réconcilié avec Jules II ; le pape le laisse ruiner, puis le fait arrêter, 416, 417. Effets de sa chute, 425, 466.

BORGIA (LUCRÈCE) ; ses mariages ; ses amours ; XV, 331, 354.

BORGIA (LE CARDINAL), vice-roi de Naples ; remplace d'Ossuna ; XXII, 468.

BORITIUS, compétiteur de Geisa roi de Hongrie ; ses démarches auprès des croisés ; V, 326.

BORN (BERTRAND DE), sire de Hautefort ; excite les fils de Henri II d'Angleterre à la révolte ; V, 519. Allié de Raymond de Toulouse, assiégé par Henri ; reçu en grâce ; son inimitié contre Richard Cœur-de-lion ; VI, 36.

BORNA, duc de Dalmatie ; se met sous la protection de l'empereur d'Occident ; II, 447.

BOROSE, capitaine ligueur ; ses sorties au siège de Rouen ; XXI, 144.

BORROMEI (LES COMTES) ; comblés de richesses par le pape leur oncle ; XVIII, 245.

BORROMEI (FRÉDÉRIC), archevêque de Milan ; encourage le complot de Robustelli dans le Valteline ; XXII, 518.

BOSCAWEN, amiral anglais ; ses hostilités contre les Français ; XXIX, 65, 76. Forces qu'il conduit en Canada, 175. Il gagne la bataille du cap Lagos, 204 à 206.

BOSON (GONTRAN) combat les Neustriens ; I, 330. Tue Théodebert, 331. Réfugié à Tours ; y attire Mérovée, 345. En part avec lui, 347. Soupçonné de l'avoir trahi, 349. Fait alliance avec les grands de l'Austrasie, 361. Les sert contre Gontran ; interpellé par lui ; ses dénégations, 375 à 380. Abandonne Gondowald, 383. Qui lui est livré, 385. Prisonnier à Verdun, 392. Sa mort, 394.

BOSON ; son divorce prononcé par un concile ; pourquoi ; III, 143. Un autre Boson, père de la reine Theutberge, 144.

BOSON (COMTE), frère de Rodolphe roi de France ; ses démêlés avec Henri ; III, 372. Avec Hugues et Héribert, 374. Assiège Reims, 379. Sa mort, 381.

BOSON Ier, roi de Provence, beau-frère de Charles-le-Chauve ; III, 187. Assiste à la diète de Pavie, 201. Est nommé duc de Lombardie, 202. Empoisonne sa femme et épouse Ermengarde, 209. Soupçon qu'il inspire à Charles, 212. Refuse de reconnaître Louis-le-Bègue ; sous quels prétextes, 224. Gouverne la Provence, 229. Reçoit le pape Jean VIII, 231. Marie sa fille à Carloman, 233. Accompagne le pape en Italie; fortune que Jean lui destine, 235. De la faction d'Hugues, 236. Le pape cherche vainement à le faire nommer roi d'Italie; il revient en Provence, 238,239. S'y fait proclamer roi; par qui, 239 à 242. Vaincu par le roi de France, 245. Retiré dans les montagnes de la Provence, 252. Sa mort, 268. Comment il s'est maintenu dans son royaume, 269.

BOSREDON (LOUIS); armée qu'il commande; XII, 426. Son supplice, 511, 512.

BOSSANGE, joaillier de la couronne; son rôle dans l'affaire du collier; XXX, 305 et suiv.

BOSSUET a cru attaquer la réforme en signalant les variations de ce qui doit être aussi varié que la raison humaine; XVI, 373. Missionnaire à Port-Royal; XXV, 80. Turenne lui attribue sa conversion, 160. Moins persistant à l'égard de Louis XIV que Mme de Maintenon, 397. Son discours à l'assemblée du clergé; sa fortune; sa doctrine; a été instituteur du Dauphin; rédacteur des quatre propositions du clergé de France, 426 à 430. Son adulation à l'égard du roi, 483. Son oraison funèbre de Letellier, 515. Ses propositions condamnées; XXVI, 68. Rétractation qu'il consent, 115. Sa rivalité avec Fénélon; il intervient dans l'affaire de Mme Guyon; la réfute; son triomphe; sa mort, 242 à 261. Son intolérance, 387, 389.

BOSSUET (L'ABBÉ) poursuit Fénélon; XXVI, 252, 254, 256, 257.

BOSSUT (LE COMTE DE) attaque les gueux de mer; échoue; pille Rosterdam; pousse la Hollande à la révolte; XIX, 135.

BOSTON donne le signal de la révolution d'Amérique; XXX, 135.

BOTHWELL (JAMES); accusé du meurtre de Darnley; est acquitté; épouse Marie Stuart; sa fuite; XVIII, 492, 493.

BOTSKAI (ÉTIENNE); ses luttes avec la maison d'Autriche; XXII, 440.

BOTTA-ADORNO (LE MARQUIS DE), transfuge génois; conduit les Autrichiens à Gênes; XXVIII, 404. Sa dureté à l'égard de ses compatriotes; sédition qu'il ne peut vaincre; sa fuite, 412 à 417.

BOTTEREL (HUGUES DE), chevalier; blesse le comte de Flandre; V, 138.

BOUCARD presse Coligny de prendre les armes; XVIII, 272. Porte plainte à la reine mère contre Montpensier, 453. Ses hostilités nouvelles; il est déclaré responsable pour le parti, 496, 503. Sa mort; XIX, 51.

BOUCHARD (AMÉRIC), secrétaire du roi de Navarre; son arrestation; XVIII, 177.

BOUCHAVANNES; la reine le rend responsable des hostilités des Huguenots; XVIII, 504. Elle l'appelle aux conférences de Châlons, 526. Il se rend à Lonjumeau, y signe la paix, 528 à 531. Soupçonné d'intelligence avec la cour; XIX, 163.

BOUCHERAT, chancelier; sa mort; XXVI, 300.

BOUCHER (JEAN), l'un des orateurs de la ligue; XX, 136. Reproches que lui fait Valois, 314. Exaltation qu'il produit dans Paris assiégé; XXI, 68. Ses prédications furieuses; ses invectives contre le Béarnais, 128 et suiv. 189 et suiv. Assemblée qu'il harangue, 255. Sort de Paris, 267.

BOUCICAULT, maréchal de France; négociateur à Brétigny; X, 570. Annonce en France la maladie du roi Jean, 612. Est chargé d'attaquer les fiefs Normands du roi de Navarre; XI, 8. Surprend Mantes, 9. Ses qualités militaires, 17. Mission qu'il remplit, 18. Négociateur en Bretagne, 24.

BOUCICAULT, maréchal de France; accompagne en Orient le comte de Nevers; XII, 77. Sa témérité; il est fait prisonnier, 87 à 89. Est racheté, 96. Est nommé maréchal, 97. S'apprête à retourner dans le Levant, 98. Marche contre Benoît XIII; comment vaincu par le pontife, 112, 113. Secourt Constantinople; amène l'empereur grec en France, 120. Accueille Benoît XIII à Gênes, 214. Sa fuite; en quelle circonstance, 233. Il reçoit l'ordre d'arrêter Benoît, 294. Ses exactions à Gênes; ses projets ambitieux; il marche sur Milan; est chassé en Savoie, 324 à 327. Bande qu'il défait, 357. Armée qu'il commande, 471. Ses opérations, 478. Son peu d'influence sur les princes, 481. Son poste à Azincourt, 482. Il est prisonnier, 489.

BOUDIN, médecin de la duchesse de Bourgogne; soupçons d'empoisonnement qu'il répand; XXVII, 151.

BOUETTIN, curé de Saint-Etienne-du-Mont; son zèle moliniste; XXIX, 26 et suiv. Il est décrété de prise de corps, 29. Il est condamné au bannissement perpétuel, 39.

BOUFFLERS; en quel état trouve les places de Picardie; XXIII, 289.

BOUFFLERS (LE MARQUIS PUIS MARÉCHAL DE) prend part à la bataille d'Ensisheim; XXV, 289. Bombarde Luxembourg, 452. Ses opérations en Brabant, 459. Chargé de convertir militairement les Huguenots du Béarn, 501. Ses opérations sur le Rhin; XXVI, 22. Il investit Mons, 65. Bombarde Liège, 71. Est au siège de Namur, 98. Décide de la victoire à Steinkerque, 111. Sa promotion, 117. Est sous les ordres du roi, 120. Suit le Dauphin en Allemagne, 128. Son armée en Flandre, 146, 180, 181. Capitule à Namur, 183. Ses opérations; son entrevue avec Portland; suspension d'armes qu'il signe, 204 à 206, 211. Son luxe au camp de Compiègne, 234. Il est envoyé en Belgique, 303. Ce que témoigne sa correspondance, 315. Commande l'armée des Pays-Bas, 317, 342, 343. Ses fautes, 344, 345. Se tient sur la défensive, 346. Est subordonné à Villeroi, 362, 372. Se jette dans Lille, où il capitule; XXVII, 57 à 59. Son dévouement; ses manœuvres à Malplaquet, 87 et suiv.

BOUFFLERS (LE DUC PUIS MARÉCHAL DE) est aide de camp de Louis XV; XXVIII, 309. Est envoyé au secours de Gênes, 420. Y meurt, 445.

BOUGAINVILLE (L'AMIRAL); débris de la flotte française qu'il rallie; XXX, 209.

BOUILLÉ (LE MARQUIS DE), gouverneur de la Martinique; prend Saint-Dominique; XXX, 180. Appuyé par de Grasse, 197. Suite de ses succès, 202, 203. Ses négociations en Prusse, 273.

BOUILLON (LE DUC DE); prisonnier des impériaux; XVIII, 4. Gouverneur de Normandie; favorable aux Huguenots, 284. Joint ses forces à l'armée allemande; XX, 290 et suiv. Par qui rejoint; mort de son frère, 298 et suiv. Ce qu'il obtient des auxiliaires, 307. Se retire à Genève; époque de sa mort, 312. Sa fille est sous la tutelle de Lanoue, 320.

BOUILLON (HENRI DE LA TOUR DUC DE); d'abord vicomte de Turenne; dirige le complot des mécontents, XIX, 248, 249. Son étourderie, sa jeunesse, 260. Ses efforts pour mettre les princes en liberté, 265. Sa fuite, 268. Aux prises avec Joyeuse; embrasse la réforme, 334, 335, 530. Il rejoint d'Alençon, 344. S'établit à Turenne, 366. Désir du roi d'abaisser sa famille, 465. Est à la cour de Navarre, 504, 505. Ses débats avec Henri; son combat avec Duras; ses blessures, 510, 511. Ses amours avec la reine de Navarre dénoncées à Henri, il s'éloigne, 516, 517. Mécontentement de Condé contre lui, 521. Son activité dans la guerre des amoureux, 533, 534. Ce qu'il obtient par la paix de Fleix, 542. Comment la fait publier; XX, 19. Se met au service de d'Alençon, 38. Est fait prisonnier, 42. Son zèle pour le Navarrais, 105. Son rôle dans la guerre des trois Henri, 187. Aux prises avec Mayenne; licencie son armée, 206, 207. Ses succès, 262. Sa jonction avec le Navarrais, 266, 267. Prend part à la victoire de Coutras, 269, 274. Le corps de Joyeuse lui est remis, 278. Ses troupes veulent quitter l'armée, 281. Jalousie qu'il fomente, 283. Ses prétentions, 284. Négocie avec Montmorency, 321. Troupes qu'il a amenées au Béarnais; XXI, 5. Ses négociations en Angleterre, en Hollande, en Allemagne; armée qu'il obtient; il épouse l'héritière de Bouillon, 113 à 116. Sa jonction avec le roi, 135, 141. Ses forces au siège de Rouen, 142, 143. Tient tête à Farnèse, 154. Les regards du parti protestant se tournent vers lui, 215, 327, 329. Est au siège de Laon, 296. Ses services; méfiance du roi pour lui, 302, 303. Il prête serment devant le parlement,

307. Ses rapports avec le roi, 326, 327. Il veut porter la guerre dans les Pays-Bas, 348. Est repoussé, 361. Secourt le château de Ham, 363. Est vaincu à Doulens, 366 à 368. Remet le commandement à Nevers, 369. Sa réputation militaire compromise, 382. Est envoyé en Angleterre, 420. Comment accueilli, 428 et suiv. Traité qu'il signe avec la Hollande, 430, 431. Sujet de mécontentement que lui donne le roi, 458. Le parti obtient l'édit de Nantes, 481 et suiv. Sa position féodale; XXII, 11. Jalousé par Sully, 18. N'ose sortir de sa citadelle de Sédan, 48, 49. Son voyage au Midi; son entrevue avec le roi; griefs qu'il lui expose; dénoncé par Lafin, 68 à 71. Le roi cherche à l'attirer à la cour; il se retire à Genève; cette ville est attaquée par le duc de Savoie; il se rend chez l'électeur palatin; de quoi accusé, 79 à 83. Par qui recommandé au roi, 84. Ce prince veut exclure ses députés de l'assemblée des huguenots, 116. Une de ses lettres est interceptée, 118. Il fait ouvrir ses forteresses au roi; informations contre ses serviteurs, 119, 120. Apprêts militaires contre lui; il fait sa soumission; suit Henri à Paris, 122 à 127. Dénoncé comme mécontent, 144. Est prince souverain; charge qu'il vend à Concini, 218, 219. Avance que lui fait la reine; il n'obtient pas le commandement de l'armée, 221, 222. Il va à la rencontre de Condé, 225. Est du parti anti-espagnol, 229. Ne se rend pas au sacre, 230. Prend fait et cause pour Conti, 232. Ses exigences, 235. Abandonne Sully, 236. Il part pour Sédan, 237. Son rôle à l'assemblée des huguenots; il la fait transférer à Saumur; ne réussit pas à en être nommé président, 242, 243, 247. Son ressentiment; sa rivalité avec Sully; leur réconciliation, 244 à 246. Promesses que lui fait Concini, 250. Ses menées contre Rohan; son ambassade en Angleterre, 257. Son ambition trompée, 259. Intrigues auxquelles il se mêle, 260 et suiv. Met la politique avant la religion, 264. S'éloigne de la cour, 273. Rapprochement que désire la reine, 274. Complice de Condé, 282 et suiv. 338 et suiv. Dirige son armée, 347. Incline pour la paix, 355. Se rend aux conférences de Loudun, 356. Ses dispositions, 359. Est de la cabale; son projet de tuer Concini; il le trompe, 367 à 372. Evite d'être arrêté, 378. Gratification qu'il a reçue; son manifeste, 389. Retiré à Sédan, 432. Se rapproche de la reine-mère, 434. Son émissaire près d'elle, 449, 450. Son poste dans leurs confédérations, 463. Encourage l'électeur palatin à accepter la couronne de Bohême, 471. Son opinion sur l'assemblée de la Rochelle, 479. Est nommé par elle commandant général de ses forces; il se borne à intercéder pour elle, 482, 483, 503. Attire Mansfeld sur la frontière, 508. Sa mort, 561.

BOUILLON (CHARLOTTE DE LA MARK, HÉRITIÈRE DE) est sous la tutelle de La Noue; XX, 320. Epouse le vicomte de Turenne; XXI, 116. Sa mort, 302.

BOUILLON (FRÉDÉRIC MAURICE DUC DE) refuse de seconder Rohan contre la cour; XXII, 563. Son abjuration; XXIII, 27. Sa mère prête serment de fidélité, 181. Turenne son frère puîné sert à l'armée d'Allemagne, 270. Donne asile à Soissons, 310. Conspire avec lui; négocie ce traité avec l'Espagne; secours qu'il reçoit; ses hostilités; procédures contre lui, 444 à 452. Son manifeste; sa soumission à la suite de la bataille de la Marfée, 454 à 459. Complice de Cinq-Mars, 484 et suiv. Sa réserve; il part pour l'Italie, 489. Il prend le commandement de l'armée; ses projets révélés; son arrestation, 501 à 505, 518. Dénoncé par Gaston, 508. Retranché du procès, abandonne Sédan au roi, 516. Cette place est réclamée pour lui; XXIV, 24. Engagé dans la Fronde, 239, 246. Son but; ses rapports avec l'Espagne, 254 à 259. Il séduit la Trémoille et Turenne, 260, 261. Son traité avec l'archiduc Léopold, 262. Se prononce contre la paix de Rueil, 263 et suiv. Apprend la fuite de son frère, 266. Se rend à la cour; se rapproche de Condé, 270, 276. Il demande pour sa maison le rang de prince, 284. Il part pour l'Auvergne, 308. Sa puissance dans le Limousin, 316, 319. Il vient au devant de la princesse de Condé, 322, 323. Commence la guerre civile, 324 et suiv. Est déclaré rebelle, 332. Son zèle dans la guerre, 340 et suiv. Il mate le parlement de Bordeaux, 343, 344. Il fait la paix, 349 à 351. Se déclare pour la reine, 401. Engage son frère à attaquer Condé, 452. Sa mort, 465.

BOUILLON (LA DUCHESSE DE) agite Paris; XXIV, 247. Dévouée à l'Espagne, 254. La reine ordonne de l'arrêter, 309, 311. Entraîne son mari et Turenne dans le parti de cette princesse, 401.

BOUILLON (LE DUC DE) épouse une nièce de Mazarin; XXIV, 414, 601. Avertissement qu'il donne à sa belle-sœur; sa femme compromise dans le procès de la Voisin; XXV, 404 et suiv.

BOUILLON (LE CARDINAL DE) décide Turenne à se convertir; XXV, 160. Obtient pour lui carte blanche, 255. Marie le grand Dauphin, 395. Sa disgrâce, 546.

BOUILLON (LE DUC DE) s'emploie à faire confesser Louis XV; XXVIII, 315, 316. La favorite demande son exil, 344. Il donne asile à Charles-Edouard Stuart, 379.

BOULE (JEAN), l'un des chefs du parti populaire à Gand; XI, 272. Accueil que lui fait le duc de Bourgogne, 274. Guerre qu'il fait aux nobles, 279. Sa constance, 340. Sa défaite au siège d'Ypres; sa mort, 341.

BOULOGNE (GUI DE), cardinal; fait renouveler la trêve entre la France et l'Angleterre; X, 407. Conseil qu'il donne au comte de Namur, 410. Négociation à laquelle il s'emploie, 412, 415, 416. Sa fuite, 417.

BOULOGNE (JEAN DE) est contrôleur général des finances; XXIX, 94.

BOURATTIER est député à Jean-sans-Peur; XII, 503. Prend part à la victoire de Hasbain, 304. En rend compte à Paris, 308.

BOURBON (AYMON DE) usurpe l'héritage de son neveu; réduit par Louis-le-Gros; paraît cependant avoir pris possession de la seigneurie de Bourbon; V, 97, 98.

BOURBONS (LES); leurs débats de famille; V, 97. Prennent la croix avec Louis-le-Jeune, 307. Archambaud s'embarque à Satalie, 347. Conspiration dans laquelle la comtesse Alix est engagée, 361. Ordonnance que signe Gui de Dampierre; VI, 306. Assemblée à laquelle ce seigneur assiste, 327. Ordonnance que signe Archambaud, 541. Ce seigneur assiste aux derniers momens de Louis VIII, 595. Il convoque à Reims le barronnage; VII, 21. Massacre de bourgeois qu'il fait à Orléans, 162, 163. Il assiste à la *grande cour* de Saumur, 235. Leur fief devient un apanage de la maison royale; VIII, 177. Et la famille se subdivise en *Bourbons, La Marche, Montpensier, Vendôme, Beaufort, Enghien, Condé, Conti, Soissons, La Roche-sur-Yon, Chatellerault, Orléans, Maine, Toulouse, Vermandois, Charolais, Clermont, Penthièvre, Lamballe.* V. ces noms.

BOURBON (ROBERT COMTE DE); d'abord comte de Clermont; quatrième fils de saint Louis; acquiert le comté de Bourbon; VIII, 177. Survit à trois de ses frères, 300. Est armé chevalier; blessé dans un tournoi; sa démence perpétuelle, 302. Tige de la maison de Bourbon, 303.

BOURBON (LOUIS 1er, COMTE DE CLERMONT ET DUC DE) fait partie de l'armée de Flandre; IX, 19. Echappe à la défaite de Courtrai, 101. Commande une division de l'armée française; X, 21. Assiste à la cour plénière de Philippe VI; serment qu'il prête, 66, 67. Fait partie de l'armée royale, 172.

BOURBON (PIERRE 1er, DUC DE) assiste Charles de Blois contre Montfort; X, 191, 199, 217. Sa mission en Agénois, et en Languedoc, 251. Fait partie de l'armée royale, 272, 325. Rompt le mariage projeté de sa fille avec Humbert; lui fait épouser Charles de France, 357, 358. Négocie la paix avec l'Angleterre, sans succès, 419,

420. Tué à la bataille de Poitiers, 469.

BOURBON (LOUIS II LE BON, DUC DE); otage du roi Jean II; X, 577. Comment rachète sa liberté, 604 et suiv. Son retour à Londres, 611. Congé que lui accorde Edouard; XI, 57. Veut délivrer sa mère prisonnière des Anglais, 134. Accompagne le duc de Berry, 135, 169, 174, 177. Fait partie de l'armée de Bretagne, 180. Est nommé co-tuteur des enfants du roi, 205. Entre en Normandie, 234. Son inaction forcée, 240. Secours que lui porte Duguesclin, 260. Est chargé de prendre possession de la Bretagne; il échoue, 283. Sa démarche auprès de Duguesclin, 287. Confiance qu'il inspire au roi son beau-frère, 289. Rendez-vous que lui donne le duc de Bourgogne, 294. Assiste aux derniers moments et aux obsèques du roi, 296 à 298. Réclame une part de l'autorité; accord auquel il consent, 308 à 310. Assiste au sacre de Charles VI, 314. Contribue à apaiser le mécontentement de Paris, 317. Institue un conseil de régence, 321. Ses habitudes de retenue et de déférence dans le conseil, 379. Se prononce pour l'expédition de Flandre, 382. Sa marche sur cette province, 385, 386, 388 et suiv. Son séjour à Arras, 405. Sa vengeance sur Des Marets; fin des supplices à Paris, 411. Demande qu'ils soient remplacés par des amendes et confiscations, 412. Villes dans lesquelles les mêmes scènes se reproduisent, 414, 415. Chargé de conquérir la Guienne, 457. Ses opérations; ses auxiliaires génois, 458. Ses plans ne sont point continués, 471. Accompagne le roi, 477. Appelé au commandement de la guerre d'Espagne; sa lenteur; son entrevue avec Clément VII; son arrivée tardive en Castille, 493, 494. Est congédié par le roi Jean; son opération n'est qu'accessoire, 498, 499. Charles VI le garde dans son conseil; affection générale qu'il inspire, 543. Il accompagne le roi au Midi, 561. Entre avec lui à Avignon, 563. Expédition qu'il commande contre Carthage; il échoue; son retour, 583, 584. Il accompagne le roi; XII, 13, 21. Est écarté des affaires, 30. Nommé tuteur du Dauphin, 40. Conférence à laquelle il assiste, 56, 86. Sa mission en Agénois, 132. Signe la trêve avec Henri IV, 135. Son crédit baisse, 180, 181. Conseil dont il fait partie, 182. Rôle auquel il se borne, 219. Convoqué par Jean-sans-Peur, 233. Négociateur auprès de d'Orléans, 237. Médiateur entre les deux ducs, 239. 240. Conseil auquel il assiste après le meurtre du dernier, 273 à 275. Se retire dans son duché, 283. Prend parti pour la reine, 298, 307, 310, 313. Se réconcilie avec le comte de Savoie, puis avec le duc de Bourgogne, 317, 318. Pourquoi réside à Paris, 330. Ses vains efforts pour sauver Montagu; sa retraite, 334, 337. Il entre dans la ligue de Gien, 347. Sa mort, 350.

BOURBON (JEAN Ier, DUC DE); d'abord comte de Clermont; commence les hostilités en Guienne; XII, 201, 202. Siége au conseil d'Etat, 222, 273. Se retire avec son père dans le duché de Bourbon, 283. Prend parti pour la reine, 298. Se réconcilie avec la famille de Bourgogne, 319. Ses vains efforts pour sauver Montagu; sa retraite, 334, 337. Il entre dans la ligue de Gien, 347. Son avénement; son hostilité contre Jean-sans-Peur, 350. Guerre qu'il commence, 363. Ses stipulations avec Henri IV, 381 à 384. Assiégé dans Bourges, 387. Sa soumission, 390. Son serment à Auxerre, 393. Assiste aux Etats, 400. Rassemble des troupes, 425. Sa colère au siège de Soissons, 445. Bourguignons qu'il défait, 447. Il jure la paix d'Arras, 451. Il assiste au service du duc d'Orléans, 459. Son exil, 464, 465. Il rejoint l'armée royale, 477. Somme Henri V de choisir le jour et le lieu du combat, 479. Son poste à Azincourt; il est prisonnier, 482, 489. Avantage que les Bourguignons tirent de son absence, 491. Congé qu'il demande; il promet à Henri V de faire accepter le traité de Brétigny, 504. Son désir de la paix, 570. Il veut racheter sa liberté en reconnaissant Henri v, 607; XIII, 156. Les Anglais refusent de le délivrer, 157. Il offre sa médiation pour la paix ; sa mort rompt les négociations, 232, 235.

BOURBON (CHARLES Ier, DUC DE), d'abord comte de Clermont; abandonne les Armagnac; XII, 542. Prête son nom aux Bourguignons; préside le conseil, 543. Gendre de Jean-sans-Peur; prisonnier après sa mort; se déclare pour le Dauphin, 607, 608. Epoque de son mariage; ses efforts auprès de son beau-frère pour se rapprocher de Charles VII; XIII, 42, 43. Sa jalousie envers Richemont, 60. Ordonnance qu'il signe, 69. Se fait donner le duché d'Auvergne, 71. Ses luttes avec la Trémoille, 78, 79, 90. Son rôle aux Etats, 91, 92. Vaincu à la journée des harengs; abandonne Orléans, 97 à 100. Il représente au sacre l'un des pairs laïques, 144. Prend part à l'attaque de Paris, 151. Négociateur avec Philippe-le-Bon, 153. Son entrevue avec lui, 155. Il se retire dans le Bourbonnais, 156. Gouverne cette province au nom de son père, 168. Commande les troupes du duc d'Alençon, 222. Aux prises avec le duc de Bourgogne; ses échecs, 228, 229. Son avénement; ligue contre lui; ses états envahis; suspension d'armes, 235 à 238. Il se rend au congrès de Nevers; se réconcilie avec Philippe, 243, 245. Représente la France au congrès d'Arras, 250. Réconcilie les maisons de France et de Bourgogne, 254. Ce qu'il obtient de Lahire et Saintrailles, 258. Caution de Réné d'Anjou, 297. S'engage à exclure Villandrade, 310. Se rend aux états d'Orléans, 350. Son mécontentement; il entre dans le complot de la *Praguerie*, 359, 361. Se fait amener le Dauphin ; veut vainement entraîner le duc de Bourgogne; son embarras; Philippe lui refuse l'entrée de ses domaines, 363 à 365. Conférences; hostilités; il fait la paix; grâce qu'il ne peut obtenir, 366 à 368. Il se tient à l'écart; correspond avec Philippe, 381. Se rend à l'assemblée de Nevers, 392. Ses réclamations personnelles mal fondées, 395.

BOURBON (JEAN II LE BON, DUC DE), connétable de France; conseils auxquels il assiste; XIII, 421, 440. Siéges auxquels il prend part, 495, 496. Marche contre les Anglais; gagne la bataille de Fourmigny, 499 à 502. Suites de la victoire; il assiège Caen qui capitule, 503, 504. Est nommé gouverneur de Bordeaux, 517. Réduit à la défensive, 550. Reprend l'attaque, 555. L'un des conseillers du roi; XIV, 3, 19. Fait hommage lige à Louis XI, 75. L'escorte, 114. Excité contre lui par le duc de Bretagne, 144. Ses griefs personnels, 146. Engagé dans la ligue du bien public, 154. Prétexte dont il couvre ses démarches, 161. Invoqué par le roi; commence contre lui les hostilités, 165, 166. Ses demandes; armistice qu'il signe, 169, 171. Il rejoint Charolais, 181. Attaqué par Sforza, 184. Il envahit la Normandie; Rouen lui est livré, 186, 188. Ce qu'il obtient par le traité de Conflans, 192. Sa puissance; ses relations; sa famille; comment Louis s'assure de lui, 201, 202. Arbitre entre ce roi et son frère, 209. Faveurs que reçoit sa famille, 211. Désormais dévoué au roi, 220. Invité à signaler les abus, 226. Est chargé de lever les forces du Languedoc, 230. Sa correspondance avec le comte du Maine, 242. Il accompagne le roi à Peronne, 268. Chevalier de Saint-Michel, 296. Est de l'assemblée des notables, 319. Avis qu'il donne au Téméraire, 325. Ne seconde point le roi, 436. Charges qu'il fournit contre Saint-Pol, 457. Dénoncé par Nemours; ménagemens du roi pour lui, 537, 540. Leurs luttes judiciaires, 584, 585. Son affaiblissement; il n'a point d'enfans, 614. Exclu des affaires par ses infirmités, 635. Ordonnance qu'il signe; sa présence à la cour, 636, 637. Il est nommé connétable, 638. Il favorise Réné II de Lorraine, 639. Impuissance où le met son état maladif, 640. Se venge de Doyat, 641. Formation d'un ministère qu'il doit présider avec le duc d'Orléans, 652, 653. Longs débats sur ce projet, 656 à 659, 663. Crédits qu'il demande pour l'armée, 675, 676.

Comment donne prise à la dame de Beaujeu; XV, 2, 3. Disposé à la paix, 15. Veut secourir d'Orléans, 25. Ses observations au roi; par qui excité; leur effet, 28, 29. Ordonnance qu'il signe, 30. Ligue dans laquelle il entre, 34. Provinces dont il dispose, 37. Ses chagrins de famille; son mariage, 39. Sa mort, 51.

BOURBON (PIERRE II, DUC DE), d'abord sire de Beaujeu; négociateur à Gravelines; XIII, 337. Prend Bourges; XIV, 166. Frère du duc de Bourbon, 201. Accompagne Louis XI à Peronne, 268. Est de l'assemblée des notables, 319. Le roi lui promet sa fille en mariage; opposé à d'Armagnac; est prisonnier, 366. Comment mis en liberté, 388. Son mariage, 402. Il arrête le duc de Nemours, 473. L'un de ses juges; a part d'avance à ses dépouilles, 536, 538. Lieutenant général du royaume, 602. Ses rapports avec le roi, 614. Soupçonné par lui, 622. Reçoit Marguerite d'Autriche; envoyé près du Dauphin, 623, 624. Chargé de le diriger à son avénement, 633. N'a aucun droit à l'autorité, 635. Actes de gouvernement communs à sa femme et à lui, 636 à 638. Il assiste aux états généraux, 645. Il présente les députés au roi, 646. Il est du ministère proposé; veut faire écarter trois de ses collègues, 652, 653. Sa part dans l'administration, 663. Sa résistance aux vœux du peuple; bureau dont il fait partie, 675, 678. Assiste au sacre; préside le conseil; XV, 6, 7. Traités qu'il signe, 8, 9. Sa condescendance pour sa femme, 37. Il est nommé gouverneur de Guienne, 39. Siége au lit de justice, 49. Hérite du duché de Bourbon et autres fiefs, 51, 52. Gouverneur du Languedoc, 59, 79. Pourquoi promène d'Orléans de prison en prison, 61. Sentence qu'il signe, 89. N'intervient plus dans les actes royaux; où réside, 95. Nantes lui est livré par d'Albret, 97. Il se réconcilie avec d'Orléans, 101, 102. Garantit la paix de Senlis, 134. Opposé à l'expédition de Naples, 149. Est nommé vicaire du roi, 157. Ramène la reine, 159. Engage Charles à rentrer en Italie, 245.

Ses lieutenans au midi, 249. Son intimité avec d'Orléans, 256. Son âge à la mort du roi; il n'a qu'une fille, 265. Il représente un des pairs laïques au sacre de Louis XII, 266. Entre avec lui à Paris, 281. Grâce que lui accorde le roi, 282. Mariage de sa fille, 338. Il accueille le comte de Flandre, 375.

BOURBON (CHARLES II, DUC ET CONNÉTABLE DE), d'abord comte de Montpensier; son âge à la mort de son père et à la mort de Charles VIII; XV, 256, 265. Son mariage avec l'héritière de Bourbon; il obtient qu'elle recueille les fiefs paternels, 282, 338. Otage du comte de Flandre, 403. Suit Louis XII en Italie, 519. Son commandement en Guienne; sa rivalité avec Dunois, 602, 604. Il surveille l'Aragonais, 634. Joute au couronnement de François Ier; est nommé connétable; XVI, 10, 12. Fait partie de l'armée royale, 22, 23. Son poste à Marignan, 31. Reste à la tête des troupes du Milanais, 45. Retraite des Français, 48. Le danger se dissipe; Charles revient en France, 49, 50. Il présente le concordat au parlement, 60. Ses griefs contre Louise de Savoie; jalousie que lui inspire Bonnivet; magnificence avec laquelle il reçoit le roi, 170, 171. Il perd son enfant et sa femme; désire épouser Renée de France; refuse la main de Louise; procès qu'elle lui intente en restitution des biens provenant des Bourbons; complot dans lequel il s'engage contre l'indépendance nationale, 172 à 176. Ses conventions avec Henri VIII et Charles-Quint; faste de sa cour, 177, 178. Son complot dévoilé; son entrevue avec le roi; proposition qu'il lui fait faire; sa fuite, 185 à 190. Condamnation de ses complices; doutes du parlement sur sa culpabilité; étrangers que son émissaire introduit dans le royaume, 191 et suiv. Arrive en Lombardie avec 6000 Landsknechts, 202, 203. Attaque Bonnivet pendant sa retraite; sa pitié pour Bayard mourant; réponse du chevalier, 206, 207. Il obtient la permission d'envahir la Provence, 210, 211. Ses lieutenans;

ses plans; sa marche; ses succès; animosité de Pescara; il échoue au siége de Marseille; sa retraite, 212 à 216. Par qui poursuivi, 217. Prévenu par le roi à son retour en Lombardie; va chercher des secours en Allemagne, 219, 221. Est autorisé à faire des levées, 225. Passe sur les terres neutres des Vénitiens, 227. Rejoint les impériaux; réussit à entraîner l'armée sur Pavie, 228, 229. Il gagne la bataille de ce nom, 233 à 238. Ses entrevues avec le roi prisonnier, 240. Parti pour lui dans le royaume; ses relations supposées avec Vendôme, 244. Cris de *vive Bourbon!* 247. Il est en désaccord avec Lannoy et Pescara, 261. Il veut garder François en Italie, 262. Trompé par Lannoy, 264. François offre de lui rendre ses biens, 267. Son voyage en Espagne; comment accueilli par l'empereur et les soldats; mot de Villena, 269, 271, 272. Son pardon stipulé par le traité de Madrid, 276. Son retour en Italie; la souveraineté du Milanais lui est promise; ses lieutenans; il fait capituler Sforza, 284 à 286. Prévient les confédérés à Gênes, 291. Rallie Frundsberg; prend le commandement de ses Landsknechts; s'attache Morone; conduit l'armée sur Rome; est tué; excès de ses troupes, 293 à 296.

BOURBON (CHARLES CARDINAL DE), depuis proclamé roi; sa promotion; XVII, 309. Est frère du duc de Vendôme, 363. Est présent au couronnement de la reine, 377. Commission inquisitoriale dont il fait partie; XVIII, 63, 64. Accompagne le roi de Navarre en Espagne, 130, 131. Est de l'assemblée des notables, 161. Presse ses frères de se rendre aux Etats-généraux, 170. Est à l'ouverture de cette assemblée, 191. Cède le pas à ses frères, 225. Est nommé gouverneur de Paris, 270. Ordre qu'il donne au parlement, 374. Assiste au lit de justice de Rouen, 396. Ses réponses aux remontrances du parlement de Paris, 401. Est du voyage du roi, 437. Est de l'assemblée de Moulins, 465. Célèbre le mariage du Béarnais; XIX, 149, 150. Se rend chez l'amiral, 157. Présent à la lecture de l'acte qui donne la régence à Catherine, 274. Conseils auxquels il est appelé, 308. Empêche le culte réformé de s'établir à Rouen, 393. Assiste à l'ouverture des Etats de Blois, 399. A une autre séance, 409. Demande qu'il adresse au clergé, 421, 422. Repousse pour le culte réformé toute liberté, 436. Siége au conseil d'état, 444, 445. Escorte la reine-mère dans le Midi; on songe à le faire roi, 508, 509. Fêtes qu'il donne à l'occasion du mariage de Joyeuse; XX, 7. Candidat de la ligue à la succession de Valois; son entretien avec ce dernier; ses mesures; sa qualité reconnue par le traité de Joinville, 125 à 129. Soulève les ligueurs de Normandie et de Picardie; publie son manifeste; 140 à 143. Est à l'armée de Guise, 147. Lettre que lui écrit Gonzague, 160. Vains efforts de la reine-mère pour le détacher des Guises, 167. Place de sûreté qu'il obtient, 168. Ses plaintes accueillies, 291. Valois ordonne à Guise de le rejoindre, 311. Les Seize s'autorisent de son nom, 369. Acte qu'il souscrit, 421. Son parti, 454. Ses pages aux prises avec ceux des *Guisards,* 455. Son arrestation, 463. Ses reproches à la reine-mère, 471, 472. Reste prisonnier, 493. Négocie avec son geôlier; est racheté par Valois, 496. Mayenne le reconnaît roi; XXI, 22, 23. Edit pour qu'on lui prête serment; sa captivité est resserrée; il donne lui-même à son neveu le titre de roi, 24. Proposition pour les associer, 26. Sa mort considérée comme prochaine, 45. Il meurt, 65. Par qui préféré à son neveu, 111.

BOURBON (LOUIS DE), cardinal évêque de Langres; ses poursuites contre la magie; XII, 193.

BOURBON (AGNÈS DE BOURGOGNE, DUCHESSE DE), médiatrice entre son frère et son mari; XIII, 237. Son entrevue avec le premier, 243.

BOURBON (ALEXANDRE BATARD DE), ligué avec Villandane; XIII, 310. Entre dans le complot de la Praguerie, 359. Ses pillages, 361. Est du secours d'Harfleur, 371. Le roi le fait noyer, 378, 379.

BOURBON (LOUIS DE), évêque de Liége, abandonne cette ville au joug du duc de Bourgogne; XIV, 213. Attaqué par les Liégeois dans sa résidence; secouru par Charles-le-Téméraire, 231. Sa retraite, 232. Prisonnier des Liégeois soulevés, 270, 271. Tué par le *Sanglier des Ardennes*, 608, 609.

BOURBON (LE BATARD DE), amiral de France, associé de Chabannes; XIII, 360. Il assiste au service de Charles VII; XIV, 69. Est nommé amiral, 211. Accompagne Warwick, 229. Troupes qu'il commande, 253. Rigueurs auxquelles il se refuse envers du Lau, 264. Est chevalier de Saint-Michel, 296. Circonspection que le roi lui recommande, 305, 330. Est de l'assemblée de Tours, 320. Ses mesures contre les Anglais en Normandie, 426. Sa victoire sur les Bourguignons aux portes d'Arras, 437. Saint-Pol lui est livré, 457. Défend mal les Lorrains, 460. Il envahit le comté d'Avignon, 476. Fait assembler les Etats de Savoie, 483. Son ambassade en Suisse, 485. Sa mission en Picardie et en Artois, 498. Sauf-conduit qu'il accorde aux bourgeois de d'Arras, 516. Il commande l'armée de Flandre, 533. Se rend à la cour de Charles VIII, 637. Sa mort; XV, 37.

BOURBON (LOUIS CARDINAL DE), offre des subsides à François Ier; XVI, 312. Assiste au couronnement de la reine; XVII, 377. Fait racheter par le clergé la *Guillelmine*, 470.

BOURBON (CATHERINE DE), sœur de Henri IV; son âge à la mort de son père; XVIII, 346. Accompagne sa mère; XIX, 30. Est catéchisée, 198. Rendue à son frère, 373 et suiv. Projets de mariage pour elle; XX, 162, 285; XXI, 194. Son union convenue avec le comte de Soissons est rompue, 278 et suiv. Elle épouse le duc de Lorraine; sa mort; XXII, 67, 68, 88, 89, 109.

BOURBON (CHARLES CARDINAL DE VENDÔME PUIS DE), reçoit Henri IV à Tours; XXI, 38. Son ambition; il prétend au trône, 110 et suiv. Edit de tolérance qu'il repousse, 118. Il entraîne Biron au siége de Rouen, 151. Sa faction, 168. Ses intrigues, 194. Sa mort, 277 et suiv. Confidence qu'il a faite à Sully, 330.

BOURBOULON cabale contre Necker; XXX, 126.

BOURCHIER (JEAN), Anglais, est nommé à Gand régent de Flandre; XI, 453. Son opposition à la paix; son salut stipulé, 465.

BOURDALOUE (LE PÈRE); ses prédications aux Huguenots; XXV, 518. Son intolérance; XXVI, 389.

BOURDEILLE (HÉLIE DE), archevêque de Tours; ses remontrances à Louis XI; XIV, 617.

BOURDILLON (IMBERT DE LA PLATIÈRE MARÉCHAL DE) part pour le Piémont; XVII, 184. Contribue à la surprise de Metz, 452. Est de l'armée royale, 484. Echappe au désastre de Saint-Quentin; XVIII, 53. Ambassadeur près de l'empereur, 87. Lieutenant général en Piémont; ordre qu'il reçoit, 173. Sa répugnance à prêter des troupes au duc de Savoie, 214. Sa résistance au traité de Blois, 388 à 390. Lieutenant du connétable au siége du Havre, 393. Assiste au lit de justice de Rouen, 397. Est du voyage du roi, 437. Est de l'assemblée de Moulins, 465. Sa mort, 476.

BOURDIN (JACOB), négocie et signe avec l'Angleterre le traité de Troyes; XVIII, 417.

BOURG (HUBERT DU), défend le château de Douvres pour Jean-sans-Terre; VI, 459, 460. Chef de justice de Henri III; est accusé des vices de ce prince, 563. Ses demandes aux barons accordées, 571. Domine le roi; VII, 27. Est gagné par la reine-mère de France, 64. Sa trahison; il reprend son empire sur le roi, 65. Circonspection qu'il lui inspire, 99. Est disgracié et prisonnier, 118, 119.

BOURG (BAUDOIN DU) prend la croix; IV, 533. Part avec Godefroi, 545.

BOURGOGNE. Voy. *Bourguignons*, puis *Gontran*.

BOURGOGNE, roi d'armes de Charles-Quint; cartel qu'il porte à François Ier; XVI, 322, 323.

BOURGOGNE (LE DUC DE), petit-fils de Louis XV; mort enfant; XXIX, 329.

BOURGOIN, supérieur des Dominicains; confidences que lui aurait faites Jacques Clément; XX, 537. Est tué; XXI, 35, 42.

BOURGUIGNONS dévastent les Gaules, chassés par Probus jusqu'à l'Oder; I, 15. En guerre avec les Allemands; s'allient à Valentinien; amènent sur le Rhin quatre-vingt mille hommes et effrayent l'empereur, qui leur manque de foi, 35, 121. Se maintiennent non loin du Rhin, 121. Leurs établissemens dans les Gaules, 120, 121, 126. Alliés des Romains, 135. Détails sur leur prise de possession, 141 à 143. Battus par Aetius, 151. S'affermissent, 165. Leur respect pour les droits des chefs du sang royal, 168. Leurs progrès dans la Gaule orientale, 169. Professent l'arianisme, 184. Propriétaires des deux tiers des terres dans les provinces qu'ils occupent, 197. Se dispersent et perdent leurs habitudes militaires, 198. Leur défaite, 203. Leur code, 208. Ont institué les combats judiciaires, aussi absurdes mais moins cruels que la torture qui les a remplacés, 214, 215. Perdent du terrain du côté des Ostrogoths, 255. Vaincus par les Francs, 260. Vainqueurs à leur tour, 261. Soumis finalement, 265. Compris dans le lot de Gontran, qui prend le titre de roi des Bourguignons, 311.

BOURGUIGNONS (LES), faction opposée aux Armagnacs; XII, 350, 351. Prêts à combattre, 359. Le roi se déclare pour eux, 364. Massacrent leurs adversaires à Saint-Cloud, 375. Dévastent les domaines des Orléans, 377. Ordonnances tendant à effacer ce nom, 393, 432. Leur échec, 447. Leur signe de ralliement proscrit par la paix d'Arras, 451. Leurs prisonniers pendus par les Armagnacs, 458. Rigueurs contre eux, 459. Se relèvent après la défaite d'Azincourt, 490. L'empereur leur offre sa médiation, 497. Fureurs mutuelles des deux partis, 506, 520, 527. Le pape s'interpose entre eux, 534. Sont maîtres de Paris; leurs chefs, 537 à 543. Préférés à leurs rivaux à Paris et dans les provinces voisines; pourquoi; XIII, 7.

BOURNONVILLE (ENGHERRAND DE), général bourguignon; ses opérations sous Paris; XII, 440. Défend Soissons; est forcé; son supplice, 444 à 446.

BOURNONVILLE (ROBINET DE); son poste à Azincourt; XII, 487. Son entrée à Paris, 538.

BOURNONVILLE; pourquoi condamné à mort; XXII, 449.

BOURNONVILLE (LE DUC DE), commande l'armée impériale sur le Rhin; aux prises avec Turenne; vaincu à Ensisheim, à Turkheim; ses désastres; XXV, 284 à 290 et suiv.

BOURRY (BEC DE), capitaine huguenot; religionnaires fugitifs qu'il sauve; XIX, 59.

BOUSSAC (LE MARÉCHAL DE); parti qu'il soutient à la cour de Charles VII; XIII, 41. Il perd le favori, 76, 77. Ses luttes avec La Trémoille, 78, 79. Marche au secours d'Orléans, 95. Prend part à la journée des harengs, 97. Ses efforts pour relever le courage des assiégés, 100. Convoi qu'il introduit dans la place à l'aide de la Pucelle, 124 à 127. Il renforce le comte de Vendôme, 157. Secourt Compiègne, 178, 179. Offre la bataille au duc de Bourgogne, 179. Tente de remplacer la Pucelle par un faux inspiré; sa défaite, 195. Il surprend Rouen; défection des siens; sa retraite, 210, 211. Il seconde Dunois, 214. Ses succès en Normandie, 263. Il se regarde comme un souverain indépendant, 284. Est au siége de Montereau, 311. Marche contre le concile de Bâle, 331, 332. Est du secours d'Harfleur, 371.

BOUTHILLIER, surintendant des finances sous Louis XIII; fait partie du conseil; XXIII, 368, 540. Est congédié; XXIV, 25.

BOUTIERES (LE SIEUR DE) punit une insurrection à Lyon; XVI, 466. Est commandant à Turin, 545. Sauve cette place, 547. Ses échecs en Piémont; XVII, 174, 175. Il se retire, 176. Son poste à la bataille de Cerisoles, 187, 189.

BOUTTEVILLE-MONTMORENCY (LE COMTE DE); son duel; son supplice; XXIII, 45, 46.

BOUVINES (BATAILLE DE), gagnée par Philippe-Auguste sur l'empereur Othon IV; VI, 357 et suiv. Part qu'y prend la milice des communes, 364.

BOVES (HUGUES DE), chef de routiers du parti d'Othon; VI, 350. S'enfuit à Bouvines, 362. Conduit des routiers en Angleterre; est naufragé, 452.

BOVILLE (HUGUES); mission que lui donne Louis x; IX, 308. Libéralités envers sa famille révoquées, 369.

BOYER, évêque de Mirepoix; principes qu'il a donnés au Dauphin son élève; XXVIII, 470. Fait nommer Beaumont archevêque de Paris, 481, 482. Observations qu'il présente au roi; XXIX, 22. Son zèle moliniste, 23, 24. Sa mort, 39, 87.

BOYS (LE COMMODORE) bloque Dunkerque; XXIX, 204.

BOZINO, ministre du roi de Sardaigne; rejoint son armée; XXVIII, 108. Préliminaires qu'il signe, 394.

BRABANÇONS, ROUTIERS, COTEREAUX, soldats aventuriers; V, 388, 504, 509, 521; VI, 27, 31 et suiv. 167, 550.

BRABANSON, lieutenant de Charles-Quint; sa retraite de Metz; XVII, 488.

BRACCIO de Montone, assiége Rome; XII, 343.

BRACCIOLINI (POGGIO). Voy. *Guarino*.

BRACHET, confident de Mazarin; XXIV, 389, 398.

BRADLEY (HUNFROI); dessèchemens qu'il entreprend en France; XXII, 22.

BRAGNEAU, capitaine rochellois; pilote de la flotte anglaise; XXIII, 62.

BRAGUEMONT (ROBERT DE); renfort qu'il conduit en Castille; pillage dont il profite; XI, 472, 473. Vainement provoqué par les Anglais, 496.

BRANCAS (LE DUC DE); son mot sur le régent; XXVII, 486. Pourquoi siége comme juge de Leblanc, 534.

BRANCION; part qu'il prend à la bataille de Mansourah; VII, 428.

BRANDIS (LE COMTE DE) rend aux Français Montmélian; XXII, 55.

BRANDON, duc de Suffolk; ses amours avec Marie d'Angleterre; XV, 668. Il l'épouse; François 1er intercède pour lui; Henri consent à ce mariage; XVI, 8, 9.

BRANTES (ALBERT DE), duc de Piney-Luxembourg et maréchal, frère de Luynes; XXII, 296. L'aide à circonvenir le roi, 402, 405. Est nommé maréchal; épouse l'héritière du duché de Piney-Luxembourg; en prend le titre, 457.

BRANTOME; prétendue confession de Louis XI qu'il rapporte; XIV, 357, 358. Son jugement sur ce roi, 629. Anecdote qu'il rapporte sur la passion de François 1er pour la jeune femme de Louis XII; XV, 669. Son témoignage sur Louise de Savoie; XVI, 5. Sur Claude, 69. Sur la maison de François 1er, 72 à 75. Sur l'état du Milanais, 82. Cité, 104, 187. Quelle cause il donne à la mort de la reine Claude, 217. Cité, 295. Portrait qu'il fait de Montmorency; XVII, 13. Portrait de Henri II, 392 et suiv.

BRAQUE (NICOLAS), commissaire de Charles v en Languedoc; XI, 259.

BRAUSE (GUILLAUME DE), premier gardien d'Arthur, prisonnier; sa noble conduite; VI, 214.

BREDERODE (HENRI DE); requête qu'il présente à la gouvernante des Pays-Bas au nom des réformés; XVIII, 479.

BREGY D'AVERNE (MADAME DE), maîtresse du régent; XXVII, 461.

BRENNE (LE COMTE DE), écuyer de Marie de Médicis; confident de son évasion; XXII, 450.

BRENNEVILLE (BATAILLE DE), gagnée par Henri 1er d'Angleterre sur Louis-le-Gros; V, 146.

BRESSIEUX avertit Luynes d'un complot contre lui; XXII, 405.

BRETAGNE (JEAN DE), orateur du tiers-état; esprit novateur que son discours révèle; alarmes qu'il répand; XVIII, 224 à 226.

BRETAGNE (LE DUC DE), petit-fils de Louis XIV; mort enfant; XXVII, 150.

BRETEUIL (GUILLAUME DE), compagnon d'exil de Robert Courte-Heuse; IV, 448. A part aux dépouilles des bourgeois de Rouen, 512. Sa guerre avec Goel; prisonnier; par quelle torture est forcé de payer une riche rançon, 514, 515. Comment se venge, 521. Veut vainement défendre les droits de Robert Courte-Heuse au trône d'Angleterre; V, 34.

BRETEUIL (EUSTACHE DE); sa révolte contre Henri 1er d'Angleterre; par quoi causée; atroce vengeance; V, 137 à 141.

BRETEUIL (LE MARQUIS DE); nommé ministre de la guerre; source de sa faveur; XXVII, 474, 475. Rentre aux affaires; XXVIII, 194. Sa mort, 248, 280.

BRETEUIL (LE BARON DE) négocie la paix de Teschen; XXX, 230. Direction qu'il veut donner au procès du *Collier*, 309, 313. Fermentation qu'il entretient contre Calonne, 344. Son triomphe, 346 à 349. Insulté à Paris, 368. Quitte le ministère, 386.

BRETH, négociateur entre Richelieu et d'Olivarès; XXIII, 361.

BRETIGNY (TRAITÉ DE) entre la France et l'Angleterre; X, 571, 572.

BRETONS; voy. *Armorique* et *Waroch*; leur origine; II, 303. Leurs démêlés avec Charlemagne, 304. Désarmés par ses ordres, 375. Soumis par Louis, 445. Soulevés et châtiés, 460, 461. Demeurent libres; pourquoi; III, 2. Encore remuans, 60, 61. Soumis par Rollon, 332.

BREZÉ (PIERRE DE), ministre de Charles VII; XIII, 399. Le représente au congrès de Tours, 411.

BREZÉ (LE SIRE DE), sénéchal de Normandie; dévoile le complot du connétable de Bourbon; XVI, 185. Est nommé gouverneur de Normandie, 284. Deuil de sa veuve; XVII, 69.

BREZÉ (LOUISE DE) épouse le duc d'Aumale; XVII, 396; XVIII, 7.

BREZÉ (LE MARÉCHAL DE MAILLÉ), beau-frère de Richelieu; ses négociations en Allemagne; XXIII, 181. Victorieux à Avain; rejoint le prince d'Orange; leurs opérations, 267 à 272. Ramène ses troupes en Picardie, 287. Reprend le Catelet, 342. Renforce La Meilleraye, 463. Vice-roi de Catalogne, 468, 497. Son rappel, 520. Sa mort; XXIV, 316.

BREZÉ (L'AMIRAL DE); son expédition en Italie; il est tué; XXIV, 123 à 125. Les Condé réclament ses emplois, 131.

BRIANDAS, fou de la cour de François 1er; son dialogue avec ce prince; XVII, 255, 256.

BRICHERASCO (LE COMTE DE), Piémontais, défend victorieusement le col de l'Assiette; XXVIII, 447, 448.

BRIÇONNET, général des finances de Charles VIII; ordonnance qu'il signe; XV, 30. Faveur dont il jouit, 113. Fait résoudre l'expédition de Naples, 147 à 149. Son ambassade en Italie, 150 à 151. Prend le parti d'Alexandre VI; est promu cardinal, 186. Ce qu'il négocie, 213. Son incapacité, 221. Il empêche Charles de rentrer en Italie, 246, 247. L'y invite, 255. Chargé de consoler la reine, 264.

BRIÇONNET (GUILLAUME), évêque de Meaux; accusé d'hérésie; son abjuration; XVI, 119, 120.

BRICOT (THOMAS), député de Paris aux états généraux, demande le mariage de François 1er et de Claude de France; XV, 453.

BRIDE (JEAN), consul des bouchers à Bruges; son arrestation excite le soulèvement des Flamands; IX, 93. Introduit des troupes dans Bruges, 94.

BRIENNE (LE COMTE DE); combat naval qu'il livre; est prisonnier; puis délivré; VIII, 396.

BRIENNE (RAOUL DE), connétable de France; envahit la Guienne; X, 117.

BRIENNE (GAULTIER DE), duc d'Athènes; négocie la paix entre Jean et Charles-le-Mauvais; X, 423. Stipule pour la noblesse aux états généraux, 428. Est tué à la bataille de Poitiers, 466, 467.

BRIENNE (LE COMTE DE) sert sous le vice-roi de Naples; XV, 383. Vendôme lui laisse le commandement de la Picardie; XVI, 245.

BRIENNE (LE COMTE DE) renforce Henri III; XX, 504. Mayenne le fait prisonnier, 518. Donne des lettres de recommandation à Jacques Clément, 537.

BRIENNE (LE COMTE DE) accompagne la reine d'Angleterre; aspect de la cour de Louis XIII à son retour; XXIII, 3 et 4. Ordre qu'il porte à la reine-mère, 163. Est nommé secrétaire d'état; XXIV, 25. Propose de promettre et de ne pas tenir à l'égard des frondeurs, 226. Négocie à Ruel, 260. Ses fonctions, 543, 544; XXV, 15.

BRIENNE (LE COMTE DE); ses fonctions au ministère de Louis XIV; XXV, 15.

BRIENNE (DE LOMÉNIE DE), archevêque de Toulouse; délégué du clergé; XXX, 65. Son impiété; ses mœurs, 66. Il porte la parole devant le roi, 67, 68. Favorable à Necker, 125. Candidat au ministère des finances, 246, 248. Est de l'assemblée des notables, 336. Cabale qu'il dirige contre Colonne, 339, 341. Se prépare à le supplanter, 342 et suiv. Son avénement au ministère, 346 à 350. Ses précédens, son portrait, 351 et suiv. Attitude des notables à son égard, 353 à 357. Inférieur à son prédécesseur en capacité; ses hésitations; ses fausses combinaisons; impôts qu'il propose, 357 à 359. Son imprévoyance, 361. Il exile le parlement; se fait nommer premier ministre; ses expédiens; opposition qu'il provoque, 362 et suiv. Sa mauvaise santé; ses luttes avec la magistrature; parlementaires qu'il fait arrêter; il institue une cour plénière; ses reformes judiciaires; son seul bienfait, 369 à 376 et suiv. Arrêts foudroyans contre lui, 379 et suiv. Mouvemens dans les provinces; son imbécile sécurité, 381 à 386. Abandonné par la cour et par l'opinion; ses avances à Necker repoussées; il vide les caisses; son projet de papier monnaie; sa chute, 387 à 395, 416. Projets extérieurs qu'il a fait échouer, 398 et suiv. Abandon qu'il a fait des insurgés hollandais, 401. France qu'il laisse, 404. Haine qu'on lui porte, 408. Son départ pour l'Italie, 409. Excès populaires, 410. Hostilité de la noblesse à son égard, 426, 441. Premiers clubs sous son ministère, 432. Traité en ennemi par la magistrature, 442. Vain désir du roi de le garder, 455.

BRIGIER (LES FRÈRES FOLCAULD ET JEAN DE), lieutenans d'Amaury de Montfort; leurs excès; leur punition; VI, 510.

BRILLAUD, contrôleur de Henri de Condé; accusé d'empoisonnement; ses aveux; son accusation; son supplice; XX, 322, 323.

BRILLET (DE) conspire contre Mazarin; XXIV, 30.

BRINON (JEAN DE) négocie le traité de Moore; XVI, 257.

BRINVILLIERS (LA MARQUISE DE); ses empoisonnemens; son procès; son supplice; XXV, 401 et suiv.

BRION (PHILIPPE DE CHABOT, SIRE DE), favori de François 1er; XVI, 12. Objet de ses libéralités, 74. Ordre qu'il donne à Vendôme, 184. Ses exagérations donnent au parlement des doutes sur la culpabilité du connétable, 191. Envoyé par le roi pour rassurer Paris; réponse qui lui est faite, 196, 197. Défend Marseille, 214. Conseille l'invasion du Milanais, 219. Ses passe-temps avec le roi, 230. Sa folle valeur, 234. Il est prisonnier, 238. Plénipotentiaire à Madrid, 272. Est nommé amiral et gouverneur de Bourgogne, 284. A ordre d'entrer en Savoie, 480. Son armée; ses opérations, 486. Il fait la conquête du Piémont; pourquoi ne prend point Verceil, 488, 489. Position d'où il revient, 498. Ordres qu'il reçoit; places qu'il fortifie; délai qu'il demande, 499, 500. Rappelé près du roi, 502. Seul indépendant du connétable; XVII, 12, 13. Son arrestation, 62, 63. Sa condamnation; sa grâce; sa mort, 75 à 77. Sa négociation avec le roi de Danemarck, 113. Epoque de sa mort, 129. Ses créatures jugent Poyet, 248.

BRIQUEMAUT presse Coligny de prendre les armes; XVIII, 272. Est envoyé en Normandie, 294. Négociateur auprès d'Elisabeth; traité qu'il signe, 342. Se résout encore à la guerre civile, 496. Rejoint le duc de Deux-Ponts; XIX, 54. Sa valeur à Arnay-le-Duc, 83. Sa mission à Paris, 102. Intermédiaire entre la cour et Coligny, 132. Son aveuglement, 162. Son supplice, 178, 179, 185.

BRISA (CHARLES) fait le premier l'emploi de l'artillerie légère; XXI, 31.

BRISSAC, négociateur de François 1er

auprès de Charles-Quint; XVII, 16, 25, 26.

BRISSAC (LE COMTE DE), lieutenant de Montpensier ; bat Mouvans; XIX, 35. Force le passage de la Charente, 45. Est tué, 51.

BRISSAC (LE DUC DE), volontaire à l'armée des Pays-Bas ; XXIV, 80. Offre ses services à la Fronde, 246. Ne se réconcilie pas avec Mazarin, 270, 276. Gouvernement qui lui est promis, 299. Pacification qu'il attend, 475. Son attitude après la paix, 504, 507.

BRISSAC arrête le maître d'hôtel de Madame ; XXV, 192 et suiv.

BRISSAC (LE DUC DE); vaincu à Gohfeld ; XXIX, 197.

BRISSON (BARNABÉ) préside le parlement ligueur ; XX, 482. Son supplice ; XXI, 132.

BRITTO (DON GREGORIO) défend Lerida contre les Français ; XXVI, 128, 134 et suiv.

BRODULPHE, beau-frère de Clothaire ; sa querelle avec Ægina ; II, 18. Lève des troupes en faveur de Charibert, 20. Est tué, 22.

BROGLIE (LE COMTE DE) accompagne Mazarin dans sa fuite ; XXIV, 366.

BROGLIE (LE COMTE, PUIS MARÉCHAL DUC DE); ses rigueurs contre les Huguenots ; XXVI, 391 et suiv. Contribue à la prise de lignes de Stolhoffen ; XXVII, 33 et suiv. A part à la victoire de Denain, 163. Sa disgrâce, 471. Sa mission en Angleterre, 519. Accompagne George Ier à Hanovre, 542. Sa promotion ; son commandement en Italie ; XXVIII, 123. A part au combat de la Secchia et à la victoire de Guastalla, 125 à 130. Reste à la tête de l'armée, 131. Ses succès contre l'Autriche, 230. Il prend le commandement en Bohême ; ses manières impérieuses, 236, 237, 239. Sa mésintelligence avec Frédéric, 240. Son avantage à Salée suivi d'un échec, 243, 244. Renfermé dans Prague ; se retire en Bavière, 257 à 263. Se replie en deçà du Rhin, 275, 279. Est remplacé, 283.

BROGLIE (LE DUC, PUIS MARÉCHAL DE) ; ses opérations en Hesse ; XXIX, 156. Il remporte la victoire de Berghen, 194 et suiv. Son poste à la bataille de Minden ; il commande toute l'armée après la défaite, 196 à 199. Sa promotion ; ses forces, 208, 209. Ses opérations, 213 à 215. Perd la bataille de Villingshausen ; est remplacé, 246 à 248. Incidemment nommé ; XXX, 182.

BROGLIE (LE COMTE DE) ; fautes auxquelles il entraîne son frère ; il est puni ; XXIX, 246, 247. Sa correspondance avec Louis XV, 307. Diplomatie secrète dans laquelle il le seconde, 308, 398. Son exil, 494.

BROGLIE (L'ABBÉ DE) dirige la police secrète de Louis XV ; XXIX, 307, 318, 319.

BROOKES (ROBERT) ; excommunié par Thomas Becket ; V, 479.

BROOKS (HUGUES) commande la place de Derval ; XI, 182.

BROSSAI (LE COMTE DE) défend Lille assiégé par Louis XIV ; XXV, 130 et suiv.

BROSSE (PIERRE DE LA), favori de Philippe-le-Hardi ; recommandé par le testament de ce prince ; VIII, 206. Fait seul sa société, 241. Envie qu'il porte à la reine ; envie qu'il inspire lui-même à la noblesse ; son crédit ; faveurs qu'il attire sur sa famille, 265 à 268. Le comte d'Artois cherche à le perdre, 277. Il accuse la reine d'empoisonnement ; enquêtes sur cette affaire ; il est jugé et pendu, 287 à 290. Incertitudes sur sa culpabilité, 296. Comparé à Marigny ; IX, 306

BROSSE (JEAN DE) épouse la maîtresse de François Ier ; est fait duc d'Etampes ; XVI, 280, 281.

BROUSSEL, conseiller au parlement ; remontrances qu'il fait décider ; XXIV, 211. Son arrestation ; tumulte qu'elle cause ; la reine refuse de le remettre en liberté, 213 à 215. Attitude que prend l'assemblée, 217. Il est mis en liberté, 222. Fait refuser un héraut de la cour, 253. Et admettre un émissaire de l'Espagne, 255. Accusé d'assassinat, 292 et suiv. Récuse Molé, 294. Grâces que reçoit sa famille, 303. Vote qu'il fait passer sur les plaintes du parlement de Bordeaux, 336. Accuse Mazarin, 358. Propose d'interdire l'entrée des conseils aux cardinaux, 372. Nommé prévôt des marchands, 462. Fait nommer Condé généralissime, 464. Donne sa démission, 473.

BROWN (LE GÉNÉRAL); troupes autrichiennes qu'il conduit en Italie; XXVIII, 400.

BROWN, maréchal autrichien; vaincu à Lowositz par Frédéric de Prusse; XXIX, 118. Perd la bataille de Prague; est tué, 122, 123.

BRUCE (ROBERT) prétend à la couronne d'Ecosse; VIII, 458. Est écarté, 460. Son fils du même nom défend l'indépendance des Ecossais; IX, 167. S'échappe de Londres; tue Comyng; soulève toute l'Ecosse; est excommunié, 172. Défait deux fois; supplices de ses partisans, 173. Délivre encore une fois son royaume, 182, 183. Remporte la victoire de Bannock-Burns, 332, 333. Jean XXII refuse de le reconnaître et menace de l'excommunier, 379. Est enfin reconnu par lui, 381. Longue trêve à laquelle il force le roi d'Angleterre, 447. Est reconnu par la reine; X, 14. Sa mort, 15.

BRUCE (DAVID); ses droits au trône d'Ecosse reconnus par la reine d'Angleterre; son mariage stipulé; X, 15. Il règne sous la protection de la France, 30. Détrôné; se réfugie auprès de Philippe VI, 54, 55. Son parti se relève; secours qu'il reçoit de la France, 71, 72. Défaite du régent, qui le remplace, 73. Echecs et constance de ses partisans, 90, 91. Armistice que l'intervention du pape leur obtient, 92. Philippe négocie en sa faveur; victoire de son parti, 99. Marche sous les drapeaux français, 154, 172. Passe en Ecosse; est aux prises avec les Anglais; son armistice avec Edouard, 195, 196. Ses désastres; il est fait prisonnier, 314, 315. Sauf-conduit qu'il demande à Edouard, 611. Longue trêve qu'il signe; XI, 111. Sa mort; son successeur, 151.

BRUCTERES, Francs; I, 113.

BRUGES (BATAILLE DE) gagnée par Philippe d'Arteveld sur le comte Louis II de Flandre; XI, 354, 355.

BRUHL (LE COMTE DE), ministre de Saxe; sa trahison; XXVIII, 241. Gagnée à Marie-Thérèse, 373. Sa vénalité, 434; XXIX, 309.

BRULART, secrétaire d'état, chargé d'interroger Salcède; XX, 63. Est aux conférences d'Epernay, 150. Est congédié, 400.

BRULART (LÉON); ses négociations pour assurer à la France seule le passage par la Valteline; XXII, 521. Signe le traité de Ratisbonne; XXIII, 170.

BRULART, ingénieur français; villes qu'il fait capituler; XXVIII, 406.

BRUN (GILLES LE), connétable; conseiller de Jean de Béthune lors de l'expédition sur Naples; VIII, 151.

BRUN (ETIENNE); son supplice; XVII, 88.

BRUNEAU de Saint-Clair est nommé prévôt de Paris; XII, 353. Quitte cette ville, 439.

BRUNEAU, secrétaire de la légation espagnole; son arrestation; XXII, 121.

BRUNEHAULT épouse Sigebert Ier; I, 313. Sa rivalité avec Frédégonde, 326. Entre à Paris avec ses enfans et ses trésors, 331. Prisonnière de Chilpéric, 339. Sa captivité à Rouen; son mariage avec Mérovée, 343. Réclamée par les seigneurs austrasiens et mise en liberté, 346. S'oppose à la faction aristocratique; sauve le duc Lupus, 362; Accusée de l'assassinat de Chilpéric, 371. Correspond avec Gondowald, 383. Sauve Waddon un de ses partisans, 386. Empêche de remplacer Wandelinus, maire du palais, 387. Fait périr deux assassins envoyés par Frédégonde, 388. Elève son fils à la dissimulation, 391. Intervient dans le traité d'Andelot, 395. Cherche à s'attribuer l'autorité à la mort de Childebert, 414. Fait tuer Quintrio, maire du palais, 415. Est exilée; se retire en Bourgogne; pouvoir qu'elle prend sur son petit-fils Thierry II, 416. Ses cruautés; corrompt le jeune roi, 419. Ses vices; élève son amant Protadius, 420. Perd Berthoalde, 421, 422. Le remplace par Protadius; excite Thierry contre Theudebert, 424. Fait renvoyer Ermemberge, épouse de Thierry, 427. Fait périr Saint-Didier; persécute Saint-Colomban, 428 à 430. Propose à Blichilde une entrevue, 431. S'efforce de faire reconnaître Sigebert, fils de Thierry, 438. Haine qu'on lui porte en Austrasie, 439. Elle lève une armée au-delà du Rhin, 440. Cherche à se défaire de Warnachaire, qui lui échappe et le trompe, 441. Elle est prisonnière; son supplice, 443. Jugement sur elle, 444 et suiv.

BRUNIQUEL (LE VICOMTE DE); chef protestant dans le Rouergue; XVIII, 518. Se retire dans ses terres; XIX, 4.

BRUNO (SAINT), archevêque de Cologne; envahit la Lorraine à la tête d'une armée; III, 446. Secours qu'il donne à sa sœur Gerberge, 457. Est maître de la Lorraine; reconnaît Lothaire, 458. Protége ses deux sœurs; venge Gerberge du comte de Hainaut, 463. Maintient la paix; partage la Lorraine, 465. Dispose de l'archevêché de Reims, 466. Soupçonné de perfidie, 469. Sa présence à Cologne, 473. Sa mort, 474.

BRUNO, évêque d'Angers; adopte l'opinion de Bérenger sur l'Eucharistie; IV, 291.

BRUNO, pape sous le nom de Léon IX; fausses reliques qu'on lui présente; IV, 270. Excommunie Godefroi, 274. Pape désigné par l'empereur, se fait élire par le clergé et le peuple Romain, 298. Son zèle pour l'indépendance de l'Eglise et contre la simonie; il préside le concile de Reims, 299. Sa sévérité; déposition d'évêques simoniaques; excommunication de seigneurs déréglés; par qui secondé, 300, 301. Arme contre les Normands de la Pouille; est vaincu et prisonnier, 302. Donne à Robert Guiscard, leur chef, l'investiture des Deux-Siciles à titre de fief du saint siége; meurt, 303.

BRUNO, légat du pape; préside un concile à Poitiers; V, 50.

BRUNO. Voy. *Guarino*.

BRUNON, évêque de Langres; du parti de Othe-Guillaume; IV, 131. Sa mort, 163.

BRUNSWICK (LES); leur origine; IV, 405.

BRUNSWICK (OTHON DE), son duel projeté avec le duc de Lancastre; X, 399.

BRUNSWICK (LE DUC DE); levée qu'il fait pour la ligue; il est tué; XXI, 25, 56. Voy. *Ferdinand*.

BRUSQUET, fou de François Ier; place l'empereur dans son calendrier des fous; XVII, 48.

BRUTO (JEAN-MICHEL), historien florentin; écrit en France; signale la tyrannie de Médicis; XVI, 354, 355.

BRUYS (PIERRE DE) attaque les enseignements de l'Eglise; est brûlé vif; V, 371.

BUA (MERCURIO), de l'armée de Joyeuse; son échec; XX, 269.

BUBENBERG (ADRIEN DE), défend Morat contre Charles-le-Téméraire; XIV, 477. Prend part à la bataille de ce nom, 479. Ambassadeur près de Louis XI, 486, 532.

BUCCELINUS, chef d'aventuriers francs; ses conquêtes, ses succès en Italie; I, 283. Défait par Narsès, 284.

BUCH (JEAN DE GRAILLY CAPTAL DE); son exploit contre les *Jacques*; X, 531. Est négociateur du roi de Navarre, 591. Commande ses troupes en Normandie; perd la bataille de Cocherel; est prisonnier; XI, 10 à 13. Ses négociations, 27. Mis en liberté; assiste aux Etats d'Aquitaine, 52. Part qu'il prend à la bataille de Najarra, 74. Place qu'il défend contre le duc d'Anjou, 136. Il empêche la révolte de la Rochelle, 168. Est chargé seul de défendre l'Aquitaine, 170, 171. Est fait prisonnier à Soubise; Charles V refuse de le remettre en liberté, 172, 173. Conditions qu'il lui fait, et qu'il refuse; sa mort, 229. 230.

BUCH (ARCHAMBAUD DE GRAILLY CAPTAL DE); sa femme hérite du comté de Foix; XII, 143, 144. Ses démêlés avec l'Anglais, 154, 155, 206. Ses hostilités contre d'Armagnac, 377.

BUCH (LE CAPTAL DE) surprend Pontoise; XII, 577. Son traité particulier avec la France; il remet ses fiefs à son petit-fils; XIII, 516.

BUCHAN (LE COMTE DE), Ecossais; bat les Anglais à Baugé; XII, 610. Ses compagnons; pourquoi servent la France; est connétable du Dauphin; 621; XIII, 9, 28. Tué à la bataille de Verneuil, 32 à 36.

BUCKINGHAM (LE DUC DE), du parti de Lancastre ; vicissitudes auxquelles il a part ; XIV, 52 et suiv.

BUCKINGHAM (GEORGES VILLIERS DUC DE) ; son ambassade à Madrid ; jalousie qu'il donne à d'Olivarès ; rupture qui s'ensuit ; XXII, 544. Désire la guerre avec l'Espagne, 548. Ses amours avec la reine de France, 557 et suiv. Avec la duchesse de Chevreuse, 572. Accusé de conspirer contre la religion anglicane ; XXIII, 38. Comment envenime les débats entre Charles Ier et la reine ; son projet d'ambassade en France ; refus qu'il essuie ; son ressentiment, 39 à 42. Cherche à soulever le parti huguenot, 43. Il débarque à l'île de Rhé ; ses désastres ; son retour en Angleterre, 47 à 51, 53. A épuisé la Rochelle, 61. Accusé de trahison, 63. Flotte qu'il arme, 64. Est tué, 68.

BUCKINGHAM (LE DUC DE), gagné par Louis XIV ; XXV, 196. Sa mission près de Guillaume, puis en France, 251, 252.

BUCQUOI (LE COMTE DE) ; troupes espagnoles qu'il conduit en Bohême ; est battu ; XXII, 446, 472.

BUDÉ (GUILLAUME) apprend le grec de Lascaris ; XVI, 355. Est appelé par Érasme le prodige de la France ; est admis dans la familiarité de François Ier ; ses fonctions ; sa mort, 360, 361.

BUDES (SILVESTRE), commandant de la grande compagnie bretonne en Italie ; XI, 290.

BUFFON ; sa gloire ; sa popularité ; XXVIII, 352.

BUHY (PIERRE DE MORNAI), chef protestant ; s'empare de Mantes ; XIX, 263. Secourt Cambrai ; XXI, 373, 374, 376.

BULGARES ; quelques-uns suivent les Lombards en Italie ; I, 323. Vicissitudes de ce peuple ; II, 12, 30, 31. Se retrouvent limitrophes de l'empereur d'Occident, 457. Attirés contre Louis-le-Germanique par Charles-le-Chauve ; III, 112.

BULLION (CLAUDE), ambassadeur de Henri IV près du duc de Savoie ; XXII, 167. Commissaire du roi près de l'assemblée des Huguenots, 247. Loué par Richelieu, 249. Assoupit l'affaire de Rochefort, 330. Accusé par Condé, 340. Sa disgrâce, 358. Il négocie la paix avec Gaston ; XXIII, 209, 213. Conseil auquel il assiste, 368.

BULLONDE, lieutenant de Catinat ; échoue au siége de Coni ; est emprisonné ; XXVI, 73.

BUOSO DE DOARA, chef de Gibelins, gagné par le parti du comte d'Anjou ; VIII, 152.

BURCHARD, connétable ; remporte plusieurs avantages à la tête d'une flotte, la première du règne de Charlemagne ; II, 408.

BURCHARD, duc d'Allemagne ; fondateur de la maison de Souabe ; vainqueur de Rodolphe II de Bourgogne ; leur réconciliation, III, 363. Est tué en Italie, 368.

BURCHARD, favori du roi Robert II ; inimitié qu'il lui attire ; IV, 134, 135. S'est formé à la cour d'Hugues Capet, 208.

BURCHARD, archevêque de Lyon ; exilé ; IV, 224.

BURDINO, archevêque de Prague ; nommé pape par l'empereur Henri V, sous le nom de Grégoire VIII ; V, 149. Excommunié par le concile de Reims, 151. Condamné à un emprisonnement perpétuel, 165.

BUREAU (JEAN), maître de l'artillerie ; son art de battre en brèche ; il l'applique au siége de Meaux ; XIII, 347, 348. Puis à celui de Pontoise, 385. Et à celui d'Harfleur, 495. Commande l'artillerie à l'armée de Guienne, 511, 512. Négociateur avec les Gascons, 515. Son frère Gaspard commande l'artillerie à Bayonne, 518. Les deux frères décident la victoire à Châtillon, 551 à 554. Font prendre Cadillac, 555. Jean est armé chevalier ; XIV, 74. Réprime une insurrection à Reims, 90.

BUREAU (LAURENT), évêque de Sisteron ; confesseur de Louis XII ; sa mission chez les Vaudois ; sa tolérance ; XV, 364.

BURES (LE COMTE DE) défend la frontière des Pays-Bas ; XVI, 540.

Assiége et prend Saint-Pol, 543. Suite de ses opérations, 544. Manœuvre pour rallier le roi d'Angleterre; XVII, 197. Il assiége Montreuil, 198. Il cesse les hostilités, 219. Marche contre les protestans d'Allemagne, 279.

BURGOYNE (LE GÉNÉRAL) renforce Gage en Amérique; XXX, 135. Est pris avec son corps d'armée à Saratoga, 149, 202.

BURIE (LE SIRE DE) défend Turin contre les impériaux; XVI, 523. Veut surprendre Casal; est fait prisonnier, 545. Lieutenant général en Guienne, y fait exécuter l'édit de tolérance; XVIII, 312. Montluc l'entraîne à se mettre à la tête du parti catholique, 318, 347.

BURKE, cité; XXIX, 486. Prend parti pour les Américains; XXX, 141. Dénonce au parlement les constructions de Cherbourg, 318.

BURLEIGH, secrétaire d'état d'Elisabeth; inquiétude que lui donne Marie Stuart; XX, 249.

BURLEY (SIMON DE), lieutenant du prince Noir; est fait prisonnier; XI, 109. Est condamné à mort, 513, 546, 547.

BURRÉ (HUBERT), protestant; son supplice; XVII, 378, 379.

BUSARELLI (DON FRANCISCO), gouverneur de Buenos-Ayres; ses hostilités avec les Anglais; XXIX, 413.

BUSENVAL, ambassadeur de Henri IV en Hollande; traité qu'il négocie; XXI, 430. Nouvelle mission dont il est chargé; ses instructions; politique qu'elles révèlent; XXII, 139.

BUSHY. Voy. Scrope.

BUSSY-D'AMBOISE; du parti d'Orléans; son arrestation; XV, 35. Est prisonnier à Guinegatte, 643. Défend Dijon, 647. Surprend Colonna; XVI, 25. Tué à Marignan, 35.

— Autre du même nom, tué à Pavie, 236.

BUSSY-D'AMBOISE; réaction catholique à laquelle il prend part en Champagne; il surprend le duc de Lunebourg; XVIII, 308. Ses amours avec la reine de Navarre; XIX, 348. Il ramène d'Alençon à la cour, 380. Favori de ce prince; ses railleries contre les mignons du roi; il est arrêté; sa querelle avec Grammont; attaqué par Quélus et autres; envoyé en prison; arrêté de nouveau; sa réconciliation avec Quélus; il s'enfuit avec Monsieur, 472 à 479. L'accompagne en Flandre; signe le traité d'Anvers, 493, 494. Joie que son absence donne au roi, 497. Est tué par Monsoreau, 520.

BUSSY-D'AMBOISE (RÉNÉE DE); à quelle condition a épousé Balagni; médiatrice entre lui et Henri IV; XXI, 305. Excite le courroux des habitans de Cambrai; sa maladie; sa mort, 376 à 379.

BUSSY-D'AMBOISE; tué en duel; XXIII, 45.

BUSSY-LECLERC, ligueur; XX, 132. L'un des seize; soulèvement qu'il prépare, 328 à 330. Excité par Guise, 343. Gouverneur de la Bastille; membres du parlement qu'il arrête, 481, 482. Emprisonne Brigard; XXI, 130. Exécutions qu'il fait faire avec l'assentiment de la Sorbonne, 131, 132. Agite la populace, 133. Conseil de guerre dont il doit faire partie, 134. Sa fuite; il devient maître d'armes à Bruxelles, 138.

BUSSY-RABUTIN; son échec contre Condé; XXIV, 523. Sa disgrâce; il aspire à être historiographe du roi; XXV, 356. Ce que témoigne sa correspondance, 390, 487.

BUTE (LORD), ministre favori de Georges III; refuse des subsides à la Prusse; XXIX, 243, 244. Ses offres au czar, 250. Ses négociations avec la France, 251. Il remplace Pitt, 253. Ses succès attribués à ce dernier, 262.

BUTTA-FUOCO, négociateur corse; XXIX, 317.

BUYS, négociateur hollandais à Gertruidenberg; XXVII, 96, 98.

BYNG, amiral anglais; fait échouer l'expédition du prétendant; XXVII, 42. Bloque sa flottille, 251. Détruit la flotte espagnole à Syracuse, 331 à 333. Son fils laisse prendre Port-Mahon et est fusillé; XXIX, 73 à 75.

BYRON (L'AMIRAL); ses opérations contre les Français en Amérique; XXX, 178. Ne peut sauver la Grenade, 184, 185.

CABOCHE, de la faction des bouchers de Paris; XII, 363. Fait armer la bourgeoisie, 407. Donne son nom au parti, 416. Ses fonctions à Paris; son luxe, 422. Sa chute, 428 à 431. Il reparaît, 550.

CABOCHIENS (LES), faction extrême du parti bourguignon; d'où son nom; son caractère; causes du pouvoir qu'elle obtient; comme elle l'exerce; XII, 415, 416. La bourgeoisie s'éloigne d'eux, 422, 423. Réaction contre eux, 427 et suiv. Ils sont proscrits, 435.

CACCHIERE (BORNIO). Voy. *Valperga*.

CADALO, duc de Frioul; pacifie la Liburnie; II, 375. Ses démêlés avec le duc de Pannonie, 448.

CADAVAL (LE DUC DE) commande les Portugais contre Philippe V; XXVI, 427, 428.

CADE (JACQUES) se prétend John Mortimer; se rend maître de Londres; son supplice; XIII, 508.

CADENET (ALBERT DE), duc de Chaulnes et maréchal; frère de Luynes; XXII, 295. L'aide à circonvenir le roi, 402, 405. Est fait duc et maréchal, 457. Est de l'armée royale; XXIII, 423. Complice de Cinq-Mars, 484 et suiv.

CADETS DE LA CROIX (LES), croisés contre les camisards; XXVI, 401.

CADOCUS, chef des routiers; lieutenant de Philippe-Auguste; son expédition; VI, 232.

CADOGAN, négociateur anglais à Bruxelles; sa disgrâce; XXVII, 116. Ses talens, 137. Bat les jacobites, 254.

CADOUDAL (GUILLAUME DE); sa belle défense à Rennes; X, 199, 200. Conseil que donne aux Anglais Garnier de Cadoudal, 323.

CAGLIOSTRO; confiance qu'il inspire au cardinal de Rohan; XXX, 313. Engouement dont il est l'objet, 314. Amitié de d'Esprémenil pour lui, 422.

CAHORS, prêtre; chancelier de Louis VII; conspire contre lui; V, 361.

CAHORSINS; les premiers chrétiens adonnés à la banque; VII, 495.

CAHUSAC est attiré par Mme de Pompadour; XXVIII, 355.

CAIETAN (BENOÎT), légat du pape en France; VIII, 443. Ses débats avec le roi de Naples, 489. Réconcilié avec lui; promesses qu'il lui fait; est élu pape sous le nom de Boniface VIII, 490, 491. Voy. *ce nom*.

CAIETAN (HONORÉ), comte de Fondi; ses efforts pour rétablir la république à Rome; XII, 119.

CAIETAN (LE CARDINAL), légat à Francfort; XVI, 99.

CAILLET (GUILLAUME), chef des *Jacques*; est pendu; X, 533.

CAJAZZO (LE COMTE DE) appelle les Français en Italie; XV, 141. Lieutenant de d'Aubigny, 176, 177. Conduit une division milanaise à l'armée vénitienne, 211. A part à la défaite de Fornovo, 214 à 217. Est opposé aux Vénitiens maintenant ennemis de Sforza, 291, 292. Sa retraite, 293. Sert les Français contre Naples, 339, 346. Sa mort, 353.

CALAIS; prise mémorable de cette ville; X, 330 et suiv.

CALAS (JEAN); son supplice; sa réhabilitation; XXIX, 292 à 295, 297.

CALATAGIRONE (GUILLAUME); sa déposition dans le procès de Boniface VIII; IX, 243.

CALATAGIRONE (JEAN BONAVENTURE), général des franciscains; sa mission près de Philippe II; XXI, 434. Succès de ses négociations pour la paix, 468. Assiste au congrès de Vervins, 475.

CALDORA (JACQUES), condottiere au service de Louis duc d'Anjou; XI, 372.

CALIGNON, chancelier de Navarre; commissaire de Henri IV auprès des Huguenots; XXI, 457.

CALIXTE II, pape; son élection; sa famille; conciles qu'il tient en France; sa conférence avec le roi d'Angleterre; V, 150 à 155. Fait emprisonner son compétiteur; traite avec l'empereur; abandonne les prétentions d'Hildebrand, 165, 166. S'oppose au mariage de Guillaume Cliton et de Sibylle d'Anjou, 172.

CALIXTE III, anti-pape; son élection; V, 465. Protection que lui accorde l'empereur, 466.

CALIXTE III (ALPHONSE BORGIA),

pape; son élection; XIII, 625. Croisade qu'il organise, 542. Bulle autorisant le mariage incestueux de d'Armagnac; arguée de faux, 626. Sa mort; XIV, 36. Hostile à Ferdinand roi de Sicile, 41.

CALLIERES (LE COMTE DE), ambassadeur de France; est reçu à La Haye; XXVI, 202.

CALONNE (DE) perd la Chalotais; XXIX, 321, 364, 365. De quoi accuse Necker; XXX, 114. Ne dépasse pas la portée des hommes de son temps, 129. Est nommé ministre des finances, 247, 248, 287. Ses précédens; par qui appuyé, 288. En quelle situation trouve le trésor; déficit; ses propositions en faveur de la cour, 289, 290, 324, 387. Ses expédiens; ses mœurs; ses familiarités; illusion qu'il produit; il établit la caisse d'amortissement; il refond les monnaies d'or; ses banques, 291 à 299. Sa condescendance pour la reine, 312, Embarras qu'il accumule, 323 à 326. Il fait convoquer les notables, 327 et suiv., 416. Projet qu'il soumet au roi; comment compose l'assemblée, 330 à 334. Il y fait entrer ses adversaires; y porte la parole, 336 et suiv. Ses luttes, 339 et suiv. Il s'adresse à l'opinion, 344. Fait renvoyer Miromesnil, 345. Sa chute, 346 à 350, 387, 393, 410. Comparé à son successeur, 352 et suiv., 357. Sa mise en jugement demandée, 361, 362. Sa mauvaise santé, 369. Ses projets extérieurs avortés, 398. Sa fuite en Angleterre, 409. Traité en ennemi par la magistrature, 442. Vain désir du roi de le garder 456.

CALVERLEY (HUGUES DE); part qu'il prend à la bataille d'Auray; XI, 21. Ordre que lui transmet Edouard III; s'engage contre Pierre-le-Cruel, 39. Récompense qu'il reçoit, 49. Est rappelé par le prince de Galles, 55. Lui amène du renfort, 108. Ses opérations, 109. Est commandant de Limoges, 136. Ses succès sur mer, 230. Lieutenant du duc de Buckingham, 292. Lieutenant de l'évêque de Norwick; conseils qu'il lui donne, 421. Evacue Bergues; défend Bruckbourg, 427 et suiv.

CALVIN (JEAN); sa naissance; ses études; ses voyages; s'élève au premier rang entre les réformateurs français par la publication de son institution chrétienne; XVI, 385, 386. Sa dédicace au roi, 463, 464. Son livre proscrit; XVII, 140. Ses doctrines analogues à celles des Vaudois; ses notes de la première traduction de la Bible, 234. Sa controverse avec Servet; supplice de ce dernier, 518. Ses sectaires en France; XVIII, 24, 75. Il a professé l'obéissance passive, 124, 138. Epoque de sa mort; XIX, 112. Le clergé qu'il a combattu transformé, 326.

CALVO; sa défense victorieuse à Maestricht; XXV, 339, 341. Il prend Lewe, 368.

CAMBRAI perd ses privilèges de commune; V, 289. (LIGUE DE), formée contre la république de Venise; XV, 497 et suiv.

CAMPEGIO, légat de Clément VII en Allemagne; son zèle pour y écraser l'hérésie; XVI, 390.

CAMPION conspire contre Richelieu; XXIII, 295. Les deux frères conspirent contre Mazarin; XXIV, 28 à 31.

CAMPO-BASSO trahit Charles-le-Téméraire; est accusé de sa mort; XIV, 460, 463, 464, 489 à 492, 495.

CAMPO-FLORIDO (LE PRINCE DE), ambassadeur d'Espagne; traité qu'il signe avec la France; XXVIII, 290.

CAMPREDON, ambassadeur de France en Suède; subsides qu'il remet à la reine; XXVII, 406.

CAMPULUS conspire contre Léon III; II, 369. Le saisit, 370. Arrêté, 374.

CAMUS (LE SIRE DE) défend Bordeaux contre Charles VII; capitule; XIII, 556 à 558.

CAMUS DE PONTCARRÉ, conseiller frondeur; ses explications avec Condé; XXIV, 444.

CANAYE (JACQUES), arrêté comme protestant; XVI, 450.

CANAYE (PHILIPPE DE), sieur de Fresne; négociateur de Henri IV près d'Elisabeth; XXI, 25, 26.

CANDALE (LE SIRE DE), traite avec la France; XIII, 516. Conspire contre elle, 547. Capitule à Châtillon, 554. Reçu en grâce par Louis XI; XIV, 102.

CANDALE (LE SIRE DE), lieutenant du gouverneur de Guienne; XV, 39. Fait capituler le sire d'Albret, 43.

CANDALE (LE COMTE PUIS DUC DE), fils aîné de d'Epernon; gouvernemens qui lui sont donnés; XXII, 217. Nouvelles faveurs qu'il reçoit, 283. Embrasse la réforme; prend parti contre la cour, 348. Se rend aux conférences de Loudun, 356. Passe en Italie, 421. Confédéré avec la reine-mère, 462. Seconde son frère le cardinal; XXIII, 321. Intercède pour son autre frère, 365. Sa mort, 381.

CANDALE (LE DUC DE); son projet de mariage; XXIV, 278, 338 et suiv. Commande l'armée royale en Guienne, 483. Fait la paix, 484, 485. Commande en Catalogne; sa mort, 538, 556, 559.

CANE (FACINO); comment se rend maître du Milanais; XII, 325 à 327.

CANILLAC (LE MARQUIS DE), gardien de la reine de Navarre; la met en liberté; XX, 226.

CANILLAC, du parti d'Orléans; XXVII, 235. Son habileté; son zèle à servir ce prince, 250. Entre au conseil de régence, 358. Sa disgrâce, 471.

CANISY; renfort qu'il amène à Henri IV; XXI, 156.

CANNY (LE SIRE DE), soupçonné à tort du meurtre du duc d'Orléans; XII, 274.

CANOLLES (LE CHEVALIER); mis à mort par représailles; XXIV, 345.

CANTELMO (DON CÉSAR), agent de François Ier à Constantinople; XVII, 23, 32.

CANTELMO (DON ANDRÉ), vaincu par d'Harcourt en Catalogne; XXIV, 89 à 91.

CANUT (LE GRAND), roi d'Angleterre et de Danemarck, escorte l'empereur Conrad II à son couronnement à Rome; IV, 186. Ses démêlés avec Robert-le-Magnifique, 236.

CANUT (HARDI), fils du précédent; rappelle en Angleterre son frère de mère Édouard depuis roi; IV, 242.

CANUT VI, roi de Danemarck; mariage et divorce de sa sœur Ingeburge;

ses négociations à ce sujet; VI, 153, 154. Ses ambassadeurs au concile de Soissons, 198.

CAPECE (CONRAD) soulève la Sicile en faveur de Conradin; VIII, 172.

CAPELLO (BIANCA), belle-sœur de Ferdinand de Médicis; empoisonnée par lui; XXII, 191.

CAPELUCHE, bourreau de Paris; massacres qu'il dirige; son supplice; XII, 550 à 552.

CAPEREL (HENRI), prévôt du Châtelet; son supplice; IX, 388.

CAPILUPI; sa relation de la Saint-Barthélemy; XIX, 93, 137.

CAPOUE (PIERRE CARDINAL DE), légat du pape en France; sa mission; VI, 191.

CAPPEL (JACQUES) requiert que Charles-Quint soit cité au parlement; XVI, 538.

CAPPIZUCCHI (CAMILLO); troupes italiennes qu'il met sous les ordres de Mayenne; XXI, 75.

CAPPOCCIO (NICOLAS), cardinal, légat du pape; cherche à prévenir la bataille de Poitiers; X, 463. Trêve qu'il négocie, 502.

CAPPONI (PIERRE), légat du pape; ranime le parti ecclésiastique en Allemagne; VII, 365. Ses pouvoirs, 379.

CAPPONI (PIERRE), Florentin; sa négociation avec Charles VIII; XV, 175, 176.

CAPRARA (LE COMTE DE), général de l'empereur; vaincu par Turenne à Sintsheim; XXV, 284. Prend part à la bataille de d'Ensisheim, 289. Plaintes du duc de Savoie contre lui; XXVI, 170.

CAPUCHONS (ASSOCIATION DES); son origine; son but; VI, 32. Son courage; ses exploits, 33.

CARA (MARTIN DE LA), lieutenant de Charles de Navarre à l'armée du prince de Galles; XI, 74.

CARACALLA; son édit d'égalité; I, 6, 91.

CARACCIOLI (LES) se mettent à la tête du parti angevin à Naples; XI, 447.

CARACCIOLI (TROÏLO), Napolitain au service de Soliman II; XVI, 542. Ville d'Italie qui lui est livrée; avis qu'il donne au sultan, 550, 551.

CARACCIOLI (SERGIANNI) veut former une légion d'étudians pour défendre Paris; XVII, 206.

CARACCIOLI (JEAN-ANTOINE), évêque de Châlons, embrasse la réforme; XVIII, 307.

CARACCIOLI (LE CARDINAL), en quel sens vote au conclave; XXVII, 442.

CARACCIOLI (L'ABBÉ), confident de Philippe V; sa disgrâce; XXVIII, 15.

CARACÉNA (LE MARQUIS DE), gouverneur de la Lombardie; aux prises avec le duc de Modène; XXIV, 145. Ses échecs, 176, 177. Ses succès divers, 274, 275, 496, 525. Ses opérations en Flandre, 535, 551, 554, 567 et suiv.

CARADEUX, fils de la Chalotais; son arrestation; XXIX, 321, 364. Sa réhabilitation, 416 et suiv.

CARAFFA (THOMAS), prince de Matalona; perd la bataille d'Eboli; XV, 229.

CARAFFA (LE CARDINAL), neveu de Paul IV; sa promotion; XVIII, 8, 9. Il se montre favorable à l'ambition des Guises, 10. Est légat à la cour de France, 12. Trêve qu'il signe avec le duc d'Albe, 18. Ses efforts pour s'allier Venise, 32. Promesses qu'il a faites à Guise et qu'il ne peut réaliser; récrimination mutuelle, 37 à 40. Dépouillé par son oncle, 88. Est étranglé, 244. Sa réhabilitation, 245.

CARAFFA (ANTONIO), cardinal; mis en jugement et acquitté; XVIII, 244.

CARAFFA (LE GÉNÉRAL), lieutenant de Visconti à Naples; son système de défense; XXVIII, 115 et suiv.

CARAGLIO (LE MARQUIS DE); sa belle défense à Alexandrie; XXVIII, 398.

CARAMAN (LE MARQUIS DE), lieutenant de Boufflers dans les Pays-Bas; XXVI, 345.

CARAMAN (LE COMTE DE), prisonnier à la Secchia; XXVIII, 126.

CARARIC, roi franc de Térouanes; détrôné par Clovis; I, 230.

CARAUSUS détache de l'empire l'Angleterre, dont il se déclare souverain; ses alliances avec les Francs; est assassiné; I, 19.

CARCASSONNE (ASSEMBLÉE DES ÉTATS DE LA SÉNÉCHAUSSÉE DE) délibère sur la sortie des blés; VIII, 178.

CARCES (PONTIVER COMTE DE) refuse de faire massacrer les huguenots de Provence; XIX, 176. Les combat et commande les carcistes; 337.

CARDENAS (INIGO) signe le traité de double mariage entre les familles de France et d'Espagne; XXII, 256.

CARDON défend Boulogne contre les Anglais; XV, 122.

CARDONE (DON RAYMOND DE), vice-roi de Naples; conduit son armée en Romagne; XV, 577. Prend le commandement des forces de la ligue contre Louis XII; sa circonspection; il assiège Bologne; sa retraite, 579 à 581. Ses manœuvres pour éviter le combat, 589. Il perd la bataille de Ravenne, 590 à 593. Prend Brescia, Peschiera, 600. Son expédition en Toscane; il seconde Sforza, 609, 610. Il reprend aux troupes pontificales Parme et Plaisance, 620. Recule devant l'armée française, 628. Envahit les états Vénitiens, 633, 634. Son embarras en présence des armées française et vénitienne; XVI, 26. Sa position pendant la bataille de Marignan, 29.

CARIGNAN (LE PRINCE DE), transporte chez lui le marché des effets publics; XXVII, 425, 426.

CARIGNAN (LE PRINCESSE DE); attachement du cardinal de Fleury pour elle; XXVIII, 154. Négociation à laquelle elle s'emploie, 394.

CARILLO D'ALBORNOZ (DON PEDRO); secours qu'il amène en Bretagne; XV, 77, 78.

CARLETON, général anglais en Amérique; négocie; XXX, 203, 204.

CARLISLE (LORD HAY COMTE DE); ses ambassades en France, XXII; 370, 545.

CARLOIX (VINCENT), secrétaire de la Vieilleville; prend part à la campagne d'Alsace; caractère de ses mémoires; XVII, 461.

CARLOMAN, roi de France, épouse la fille de Boson; III, 233. Voy. *Louis III*. Seul roi, 250. Sollicité de s'emparer de la couronne impériale, 251. Ses avantages contre les Normands, 254. Sa mort, 256, 257.

CARLOMAN II, fils de Pépin-le-Bref ; partage l'empire avec Charlemagne ; quand reçoit le titre de roi ; ses états ; ses dissentimens avec son frère ; II, 173, 186, 211, 219 à 225. Sa fidélité conjugale ; sa mort, 228, 231.

CARLOMAN, fils aîné de Charles Martel ; gouverne l'Austrasie ; II, 149. Ses expéditions communes avec Pépin ; ses réformes religieuses ; ses victoires en Germanie ; sa retraite, 151 à 160. Sa mission auprès de son frère, 187.

CARLOMAN, quatrième fils de Charles-le-Chauve ; abbé, puis militaire et chef de brigands ; ses désordres ; sa condamnation ; son supplice ; sa mort ; III, 189 à 197.

CARLOMAN, fils de Louis-le-Germanique ; envoyé en Italie ; se retire ; III, 200. Son père lui laisse la Bavière, 205. Aux prises avec les Venèdes, 208. Maître par un partage avec ses frères de la région la plus orientale et la plus militaire de l'empire des Francs ; il marche sur l'Italie, 211. Couronné à Pavie ; sa maladie, 227. Rome prise par ses partisans, 231. Sa santé languissante, 234, 235, 239, 242. Sa mort, 243. Ne laisse qu'un fils illégitime, 248.

CARLOS (DON) d'Espagne, fils de Philippe II ; états qui lui sont réservés ; XVII, 525. Son mariage négocié, 547 ; XVIII, 83, 89. Reçoit sa belle-mère en Espagne, 131. Ses rapports avec les Flamands, 483. Sa passion pour sa belle-mère ; il est déféré à l'inquisition ; sa mort mystérieuse ; XIX, 8 à 11.

CARLOVINGIENS ; leur élévation n'est point seulement un changement de dynastie, c'est une révolution sociale ; en quoi elle consiste ; II, 168 et suiv. Leur rapide abâtardissement ; III, 51. Ne tombent que quand ils sont arrivés au dernier degré d'imbécillité, 281. Obscurité qui voile la révolution qui les renverse, 456. Font place à une république féodale ; IV, 35. Leur suppression ne cause aucun bouleversement, 37.

CARMARTHEN (LORD) débarque à Brest ; XXVI, 155.

CARNAVALET, chef catholique ; son commandement indépendant ; XVIII, 525. Par qui remplacé, 526. Ses remontrances au duc d'Anjou ; XIX, 47. Par qui remplacé à sa mort, 309.

CARNAVALET (LA DAME DE), maîtresse de Henri IV ; intrigues qu'elle lui révèle ; XIX, 357.

CARNERO, confident d'Olivarès ; Fontrailles lui est remis ; XXIII, 491.

CARNESECCHI (PIERRE), littérateur florentin ; brûlé par l'inquisition ; XVIII, 462.

CAROLINE, reine d'Angleterre ; favorable à l'empereur ; XXVIII, 139.

CAROLINE-MATHILDE, reine de Danemarck ; son exil ; XXIX, 472.

CAROUGE (TANNEGUI DE) ; arrête la douairière de Roye ; XVIII, 177.

CARPI (LE CARDINAL DE), gouverneur de Rome ; par qui rassuré sur les projets de Barberousse ; XVII, 159.

CARPIO (BERNARD DE) ; vainqueur de Roland, selon les romances espagnoles ; II, 265.

CARREL, bourgeois de Paris ; sa requête à Henri IV en faveur des rentiers ; il est emprisonné ; XXI, 458.

CARTERET (LORD) ; son entrée au ministère ; XXVIII, 268. Accompagne le roi à l'armée, 277.

CARTIER, capitaine catholique ; Huguenots qu'il s'apprête à massacrer ; sa défaite ; XIX, 58, 59.

CARVAJAL prend la fuite à la bataille de Ravenne ; XV, 592.

CARVAJAL, ministre d'Espagne ; XXIX, 236.

CASANATI (LE CARDINAL) ; son influence contre Fénélon ; XXVI, 257.

CASAUBON (LE SIRE DE) ; son démêlé avec le comte d'Armagnac ; par qui est appuyé ; VIII, 231. Ses crimes ; son supplice ; IX, 413, 414.

CASAULX s'empare du pouvoir à Marseille ; XXI, 231. Est nommé consul, 391. Offre cette ville à Philippe II ; complot contre lui ; sa mort, 392 à 397.

CASILHAC (BERNARD DE) dispute à main armée l'évêché d'Albi ; XIII, 309.

CASSEL (BATAILLES DE), gagnées par Philippe VI sur les Flamands ; X, 22, 23. Par Monsieur frère de Louis XIV sur Guillaume III ; XXV, 348.

CASTANAGE (LE MARQUIS DE), gouverneur des Pays-Bas ; assemblée à laquelle il assiste; XXVI, 66. Sa mort, 99, 200.

CASTANET, chef des camisards; XXVI, 396.

CASTEL-BELTRAN (LE PRINCE DE), lieutenant du duc de Parme ; XXI, 81.

CASTEL DOS RIOS défend Ath; XXVI, 205. Est ambassadeur en France, 292, 295.

CASTEL-MONCAYO (LE MARQUIS DE), ambassadeur espagnol en Hollande; XXV, 462.

CASTEL RODRIGO (LE MARQUIS DE), gouverneur espagnol des Pays-Bas; aux prises avec Louis XIV; XXV, 126 et suiv. Refuse une suspension d'armes, 144. Négocie, 150 et suiv. Subsides qu'il promet aux alliés de son maître, 177.

CASTELLAN (PIERRE); ses exhortations à François Ier mourant; XVII, 296.

CASTELLANE (BONIFACE COMTE DE), défend Marseille contre le comte d'Anjou; est chassé de la Provence; VIII, 46.

CASTELLANI (OTTO), dénonciateur et successeur de Jacques Cœur; XIII, 538, 541. Disgracié et condamné à son tour, 605, 606.

CASTELLAR (LE MARQUIS DE), favori de la reine d'Espagne; est à l'armée d'Italie; XXVIII, 398, 399. Coupé du corps principal, 400.

CASTELNAU (PIERRE DE), légat du pape contre les Albigeois; ses dissensions avec Raymond de Toulouse; son assassinat; VI, 261 à 269.

CASTELNAU (LE SIRE DE); sa demande aux états généraux; XIV, 682.

CASTELNAU, évêque de Tarbes, négociateur de François Ier auprès de Charles-Quint; XVII, 16, 25, 26, 28. Offre à ce prince le passage par la France, 43.

CASTELNAU est de la maison du duc d'Orléans; XVII, 68. Envoyé par les triumvirs à la reine-mère, XVIII, 360. Complot qu'il dénonce à Charles IX, 498. Il escorte ce prince, 500. Sollicite des secours du duc d'Albe et du duc de Saxe, 515. Encore envoyé près du premier; XIX, 52.

CASTELNAU DE CHALOSSE est de la conjuration d'Amboise; XVIII, 141.

S'échappe; est pris, 146, 147. Sa mort, 152, 153.

CASTELNAU (LE MARÉCHAL, MARQUIS DE) prend part à la bataille de Nordlingen; XXIV, 86. Assiège Sainte-Menehould, 494. Son échec contre Condé, 522.

CASTEL-PAIX est de la maison du duc d'Orléans; XVII, 68.

CASTIGLIONE (BALTHASAR); son livre du Cortigiano; XVI, 353.

CASTIGLIONE (LE COMTE DE), Milanais, tué par les gens de Maraviglia; XVI, 421.

CASTILLE (PHILIPPE DE), receveur général du clergé; plaintes de l'ordre contre de lui; XIX, 421.

CASTILLON, ambassadeur de France en Angleterre; XVII, 19, 20. Ses plans pour détrôner Henri VIII et partager son royaume, 27 et suiv. Est remplacé, 31.

CASTRIES (LE MARQUIS, PUIS MARÉCHAL DE); sa victoire à Closterkamp; XXIX, 214, 215. Est envoyé en Corse, 316. Son ministère; ses luttes; XXX, 121, 192, 195, 240, 247, 335. Direction qu'il donne au procès du collier, 309, 312. Sa démission, 362. Ses plans militaires, 398.

CASTRO (INEZ DE); sa mort vengée par Pierre-le-Justicier; XI, 47.

CASTRO-PISAGNO (LE DUC DE) commande les troupes napolitaines; sa retraite; XXVIII, 286. Prend part au combat de Velletri, 327.

CATEAU-CAMBRESIS (TRAITÉS DE) entre Henri II et Elisabeth d'Angleterre, puis entre Henri II et Philippe II; XVIII, 86 à 91.

CATHERINE DE MÉDICIS, reine de France; ses parens, XVI, 78. Son mariage projeté, 410, 414, 416. Promesse que fait le pape en faveur de cette union, 417. Elle est célébrée; dot qu'elle apporte à Henri de France, 431, 432. Pourquoi l'impératrice n'offre point à son mari le duché de Milan, 479. Se rend au congrès de Nice, 560. Présentée à l'empereur, XVII, 10. Donne le jour à une fille, 270. Sa contenance pendant l'agonie de son beau-père, 301. Présent que lui fait le pape, 307. Elle cède à l'ascendant de la maitresse de son mari, 311. Son couronnement, 377. Est régente; son indisposition; son mécontentement, 447. 448. Exclue des affaires; n'a aucune influence sur son époux, XVIII, 7. Sa nombreuse famille; âge de ses fils à la mort du roi; son âge; sa longue dissimulation; affronts qu'elle a dévorés; inimitié que lui a témoignée Montmorency; ses mœurs; pourquoi portée à s'unir aux Guises, 99 à 103. La retraite de Diane lève l'obstacle à leur alliance, 104. Cabinet qu'elle compose, 108, 109. Espoir qu'elle a donné aux religionnaires, 112. Dénonciation calomnieuse qu'elle accueille contre eux, 119. Sa correspondance avec le roi d'Espagne, 129. Appelle Coligni à Amboise, 144. Voit avec peine l'élévation de Guise, 147. Prisonniers pour qui elle intercède en vain, 152. Propose de nommer L'Hospital chancelier, 154, 155. Sa tentative pour se former un parti; sa duplicité, 158, 159. Elle assiste à l'assemblée des notables, 161, 162. Est présente à l'arrestation des Bourbons, 175 à 177. Alarmes que lui cause l'ascendant des Guises; elle leur refuse la mort des prisonniers; son entrevue avec le roi de Navarre, 180 à 183. Sa situation à l'avénement de Charles IX, à l'égard des partis, 185. Elle s'empare de l'autorité; compte se maintenir par l'opposition et l'équilibre des factions; elle réconcilie le roi de Navarre et les Guises; obtient de ce prince sa renonciation à la régence; s'attache au connétable; emploie Saint-André et se concilie les Guises, 187 à 189. Comment distribue les hauts emplois, 190. Elle assiste à l'ouverture des Etats, 191. Remercîments que lui fait une partie de la noblesse, 197. Elle clôt la session, 202, 203. Son indifférence en matière de religion; ses conseillers; ses inquiétudes; ses mesures, 206 à 210. Secrètement accusée par le parlement, 213. Sa tolérance détermine celle du duc de Savoie, 217. Son accord avec Navarre ratifié par les Etats, 222. Elle croit la révolution réformatrice accomplie; espère payer la dette de l'état avec les biens du clergé; sa lettre au pape, 227. Elle réconcilie Guise et Condé; gouvernement qu'elle donne à ce dernier, 229, 230. Elle assiste à la conférence de Poissy, 231. Modifie le caractère de ce colloque, 234 à 236. Confession qu'elle fait rédiger et que la Sorbonne rejette, 237. Comment influe sur l'éducation du roi, 239. Fureurs populaires et complot contre elle, 240 à 242. Ses explications avec Philippe II; pourquoi; 248, 249. Son système de tolérance; son édit de janvier; remontrances; elle force l'enregistrement de l'édit, 251 à 256. Le renvoi de Châtillon lui est demandé, 257. Elle emmène le roi à Monceaux; pourquoi, 258. Ses embarras; elle persiste dans le système de tolérance, 260. Insultée par le connétable; bravée par le triumvirat; Condé lui offre l'appui des protestans; elle reçoit plainte au sujet du massacre de Vassy; ses ménagemens pour Guise, 266 à 269. Il entre dans Paris malgré sa demande; comment pourvoit à la paix de cette ville; elle ramène la cour à Fontainebleau, 270, 271. Est emmenée à Paris par les triumvirs, 275. Ne se regarde point comme captive; son caractère; son mobile, 279, 280. Ses entrevues; ses négociations sans fruit avec les chefs protestans, 287 à 292. Compte qu'elle en rend au parlement, 294. Se rend au camp de Bourges, 304. Elle a longtemps préservé de persécutions les Huguenots de la Bourgogne, 310. Ses mesures relatives aux provinces du Midi, 312. Elle arrête Condé par des négociations, 352, 353. Impressions que lui font les alternatives de la bataille de Dreux et la victoire; elle défère à Guise la lieutenance générale du royaume, 360, 361. Est prête encore à négocier, 362. Prend sous sa protection la famille de Guise; son entrevue avec la princesse de Condé; elle signe le traité de paix publié sous le nom d'édit d'Amboise, 366 à 369. Opposition qu'elle éprouve de la part des parlemens, 372 à 374. Alarme que lui donne Coligni, 377. Comment donne le change aux passions des deux partis, 378. Ses dettes en Italie, 389. Son négociateur en Allemagne, 390. Elle fait déclarer la guerre à l'Angleterre, 392. Pourquoi déclare le roi majeur, 394 à 396. Son discours au lit de justice de Rouen, 399, 400. Ses lettres à son fils et à l'évêque de Rennes ; garde qu'elle organise pour son fils, 403 à 405. Soupçonne d'Andelot de la mort de Charri ; sa dissimulation ; ne se fie qu'à L'Hospital ; intrigues qu'elle mêle aux grandes vues du chancelier ; séductions dont elle entoure Condé ; son indifférence pour les hommes d'état qui l'entourent ; mécontentement que lui donne le concile de Trente ; congrès de souverains qu'elle propose ; mise en demeure de jurer l'observation du concile ; réponse qu'elle dicte à son fils ; son désir de se réconcilier avec Elisabeth ; ses négociateurs signent le traité de Troyes, 407 à 417. Son voyage ; dans quel but ; 418, 419. et suiv. Violences qu'elle ne réprime pas, 422, 423. Lettre qu'elle fait écrire par le roi à Condé, 424. Ses plans contre les Huguenots, 427. A qui les communique, 428, 429. Suite de son voyage, 437, 438. A autorisé le cardinal de Lorraine à avoir des gardes, 440, 441. Son entrevue avec la reine d'Espagne ; ses conférences avec le duc d'Albe, 443 à 448. Paraît avoir adopté dès lors un projet d'extermination, 450, 451. Alarmes que ces entretiens causent aux protestans ; son retour ; son passage à Nérac ; plaintes des réformés qu'elle écoute ; fin de son voyage, 453, 454. Instances que lui fait le pape, 464. Elle l'affermit dans ses desseins ; éloigne Aumale et les Chatillon, 470, 471. Ses intrigues ; sa promesse éludée ; méfiance qu'elle excite ; ses projets divulgués ; les Huguenots prennent l'alarme, 475 à 478. Ses intelligences avec Philippe ; troupes qu'elle lève, 484, 485. Accueil qu'elle fait aux ambassadeurs des princes protestans de l'Allemagne, 487. Ses intelligences avec Marie-Stuart, 494. Projet de Coligni de l'enlever, 496. Envoie Montmorency aux chefs protestans, 498, 499. Ses négociateurs ; chefs qu'elle rend responsables de la désobéissance du parti, 503. Secours extérieurs qu'elle demande et obtient, 505, 515. Comment remplace le connétable, 513. Ses conférences de Châlons, 516. Montluc lui envoie des renforts, 520. Elle divise le commandement ; défend de livrer bataille et négocie, 525, 526. Elle conclut la paix de Lonjumeau, 528 à 531. Sa confidence à l'ambassadeur vénitien ; ses ordres secrets aux gouverneurs de provinces ; places où elle interdit le culte ; elle ne fait rien pour réprimer les fureurs populaires contre les Huguenots ; elle exclut L'Hospital ; sa réclamation à Condé et Coligni ; obtient du pape une aliénation des biens du clergé ; dans quel but ; XIX, 21 à 26. Elle pousse à bout les chefs protestans, 28, 29. Est prévenue par eux ; leur laisse les premiers succès, 33. Fait encore nommer son second fils lieutenant-général, 35, 36. Se rend à Metz ; demande des renforts au duc d'Albe, 52, 53. Se rend à l'armée, 55, 57. Elle arrive à Niort, 73. Méfiance que lui donne le combat d'Arnay-le-Duc ; elle fait la paix, 83, 84. S'en excuse auprès des cours catholiques ; elle n'abandonne pas ses plans ; sa confiance en elle-même ; frivole cruauté de l'époque ; exemples que ses fils ont reçus ; sa préférence pour Henri ; caractères de ces princes ; doutes si sa résolution d'exterminer le parti a été constamment dans sa pensée, 87 à 95. Ses efforts pour attirer à Paris les chefs du parti, 105 et suiv. Ses rapports avec Jeanne d'Albret ; conseil que lui donne Tavannes, 130, 131. Ses rapports avec son fils ; motif qu'on attribue à sa résolution d'ordonner la Saint-Barthélemy ; une de ses créatures empoisonne la reine de Navarre, 138 à 141. Part qu'elle prend à la Saint-Barthélemy et aux délibérations qui la précèdent, 151, 152, 157, 159, 162, 164, 167. Surprise de son isolement en Europe ; son désir de faire monter Henri sur le trône de Pologne ; ses négociateurs, 191, 211 à 220. Elle se montre encore favorable aux protestans, 220 à 223. Elle fait faire la paix, 232, 235 à 237. Son désir de procurer une couronne au duc d'Alençon, 248. Elle fait partir le roi de Pologne, ses adieux; elle le destine à défendre la Hollande contre Philippe; ses émissaires, 250, 251, 253. Où se sépare de Henri, 254. Sa surprise aux nouvelles demandes des protestans; elle les élude; sa vaine tentative pour surprendre la Rochelle, 256, 257. Elle espère revoir Henri; ses conférences avec Louis de Nassau; sa méfiance envers d'Alençon, 258, 259. Elle veut donner la lieutenance générale au duc de Lorraine, 260, 261. Le complot des politiques lui est dénoncé; elle part pour Paris, 264. Veut faire tuer Lanoue, 265. Comment dirige le procès contre les politiques, 267 et suiv. Sa résolution de perdre Montgommery, 271, 272. Son fils la nomme régente, 274. Son portrait; sa politique; son admiration pour le gouvernement turc; ses efforts pour extirper toute puissance autre que celle du trône, 276 à 282. Son dessein d'abaisser les Guises, 282 à 285. Ses ménagemens pour tous les partis, 286. Le nouveau roi la confirme dans sa régence; ses actes de gouvernement; ses instructions à son ambassadeur d'Angleterre; ses avances aux Huguenots soulevés, 287 à 291. Sa résolution d'abaisser les Montmorencys et de se défaire de Damville; elle annonce à ce dernier son remplacement, 292 à 294. Sa correspondance avec Fénélon; elle fait exécuter sous ses yeux Montgommery, 296 à 299. Emissaire qu'elle envoie au devant de son fils, 304. Leurs conférences, 307 à 309. A qui veut marier son fils; impression que produit sur elle la mort du cardinal de Lorraine, son amant selon les Huguenots, 318 à 320. De quelles gens entourée, 327. Croit Damville empoisonné; s'apprête à se défaire de Montmorency, 332, 333. Alarmes que lui donne la défection de d'Alençon, 345. Ses intrigues; elle se rend en Poitou, 346. Sa trêve avec les mécontens; ses concessions, 351, 352. Ses conférences, 354. Comment envisage la fuite du roi de Navarre, 361. Elle conclut la paix de Monsieur, 362, 363. Se félicite d'avoir ajourné les difficultés, 365. Trompe les jeunes Bourbons, 375. Elle attire d'Alençon à la cour, 380. Plaisir qu'elle prend au théâtre, 387. Elle assiste à l'ouverture des Etats de Blois, 399. Et aux séances royales, 409, 428. Elle inspire l'orateur de la noblesse, 412. Plans de finances qu'elle propose à l'assemblée, 430, 431. Elle refuse de faire tuer le roi de Navarre; propose de laisser à la réforme quelque liberté, 436. Presse son fils et les états de faire la paix, 441, 445. Sa mission près de d'Alençon, 479, 480. Ses prétendues conférences avec don Juan, 488. Elle réconcilie sa fille avec le Béarnais; son voyage au Midi; ses fêtes; ses ruses; elle signe le traité de Nérac, 505 à 513. Symptômes de guerre qu'elle observe sur sa route; son entrevue avec le duc de Savoie; soupçonnée de la mort de Bellegarde; avis qu'elle donne au roi, 518, 519. Défiance de Montmorency pour elle, 531. Médiatrice du traité de Fleix, 540 à 542. Sa guerre avec Philippe II; XX, 21, 23. D'où ses prétentions à la couronne de Portugal, 26, 27. Veut la faire donner à Antoine de Crato, 29. Expéditions désastreuses qu'elle envoie aux Açores, 30 à 32, 34, 35. Son fils proteste contre toute solidarité avec elle, 36. Assiste aux derniers momens de d'Alençon; Cambrai lui est donnée, 86 à 90. A qui destine la succession des Valois, 123. Ouvre avec Guise les conférences d'Épernay, 147. Elle reçoit l'ultimatum de la ligue, 150 à 152. Est forcée de traiter, 167. Son opinion sur la manière d'exécuter le traité, 171. Son entrevue projetée avec le Navarrais, 214, 226. Ses retards; ses explications avec Guise; par qui accompagnée; elle se rend à la Bois, 227 à 230. Ses conférences avec Henri IV, 234 à 237. On propose au prince de la faire prisonnière; son refus, 238. Ses fêtes; ses bals, 241. Obstacle à la pacification, 258. Fin des conférences, 260, 262. Elle ménage l'entrevue de Meaux entre son fils et Guise, 291, 292. S'efforce de se réconcilier avec Montmorency, 321. Son mépris pour Poulain, 327. Guise se rend d'abord chez elle; elle le conduit au Louvre; ses précautions militaires; ses conférences, 334 à 341.

Ses négociations pendant les barricades, 351 à 356. Elle reste à Paris, 358. Secrets desseins que lui soupçonne son fils, 364. Paraît approuver l'insurrection; promet de ramener le roi, 373. Ses négociations avec Guise, 378. Leur entrevue avec le roi, 399. Par qui sa jalousie excitée, 400. Se rend à Blois, 405. Combat de pages sous son salon; ce qu'elle remarque sur l'attitude de Guise, 455. Comment accueille la nouvelle de sa mort, 465, 466. Son entrevue avec le cardinal de Bourbon; reproches que lui adresse ce prince; son saisissement; sa mort; ses legs; médiocre attention qu'on prête à cet événement, 471 à 474. Sa prédiction à son fils près de se réaliser, 488.

CATHERINE Ire, impératrice de Russie; propose d'unir à Louis xv sa fille Elisabeth; XXVII, 519, 520. Sa mort, celle de son mari; à quoi attribuées; XXVIII, 21, 75. Secours qu'elle a promis à l'empereur, 30.

CATHERINE II, impératrice de Russie, détrône et fait périr son mari; ses dispositions à l'égard de Frédéric; XXIX, 261. Elle place Poniatowski sur le trône de Pologne, 310, 311. Ses crimes; son ambition; ses flatteries aux philosophes français; ses hostilités contre les Turcs, 394, 395. Elle traite le roi de Pologne en vassal; comment provoque sa nation, 396 et suiv. Elle goûte le projet de la partager, 480. Dessein qu'elle annonce de rendre la Grèce à la liberté, 488, 489. Ce que valent ses coquetteries aux penseurs français; XXX, 10. Jalousie qu'elle excite en leur pays, 12, 13, 17. Ses offres à Necker, 128. Son enthousiasme pour les insurgés américains, 139. Son voyage en Crimée, 404.

CATHERINE de France, fille de Charles VI; demandée en mariage par Henri v; XII, 461, 462, 468. Son entrevue avec ce prince, 571, 572. Est emmenée à Troyes, 578. Son mariage, 596 à 599. Elle suit l'armée anglaise, 603. Son entrée à Paris, 605. Passe en Angleterre, 606. Son retour en France, 620. A transmis à son fils l'incapacité des Valois; XIII, 280.

Son second mariage; ses fils; époque de sa mort, 281.

CATHERINE de Navarre; porte ce royaume dans la maison d'Albret; XIV, 106. Son avénement, 613. Ses fiançailles; XV, 78. Louis XII conteste ses droits au trône, 500. Autres ennemis qui surgissent 586. Cherche asile en France, 603. Ses intérêts stipulés dans le traité de Noyon; XVI, 50. Sa mort, 106.

CATHERINE d'Aragon; son mariage avec Henri VIII d'Angleterre; XV, 527. Projet de divorce de son mari; XVI, 320, 346, 404, 416. Par qui son divorce prononcé, 433. Sa mort, 487, 532.

CATHERINE de Courtenai; son mariage projeté avec Charles de Valois; doit lui apporter en dot la succession au titre d'empereur d'Orient; IX, 162.

CATHERINE de Castille; négociations au sujet de son mariage; il est stipulé avec Henri de Castille; XI, 525 à 527.

CATHERINE de Bourgogne épouse Louis III d'Anjou; XII, 345. Est renvoyée à son père, 436. Négociations pour la marier à Henri v, 461.

CATHERINE de Sienne (SAINTE) reproche au pape Grégoire XI d'abandonner l'Italie; XI, 214.

CATHERINE de France épouse Charles-le-Téméraire; XIII, 336, 337.

CATHO (ANGELO), médecin de Louis XI; le sauve d'une attaque d'apoplexie; XIV, 595.

CATINAT (LE MARÉCHAL); son expédition contre les Vaudois; XXV, 541. Contre les Barbets; XXVI, 41, 52, 56, 57. Il envahit le Piémont; gagne la bataille de Staffarde, 58 à 64. Ses démêlés avec Feuquières; ses succès divers, 72, 73, 96. Son armée est affaiblie; les coalisés envahissent le territoire français; ses mesures, 107 à 109. Sa promotion, 117. Reste en Piémont, 120, 146. Ses mouvemens; il gagne la bataille de la Marsaille, 130 à 137. Se tient sur la défensive, 149 et suiv. Exemple de lui que suit Noailles, 152 à 154. Mécontentement du roi, 170. Promesses que lui fait le duc de Savoie, 171 et suiv. Tenu en échec par les Anglais, 173. Ses apprêts contre Victor-Amédée qui se joint à lui, 188, 189. Ses opérations en Flandre, 204 à 206. Il commande l'armée d'Italie, 317, 319. Aux prises avec le prince Eugène; ses opérations; il fait connaître ses soupçons sur le duc de Savoie; est disgracié, 320 à 327. Est envoyé en Alsace, 342. Ses revers, 345, 347 à 349. Il se retire à Saint-Gratien, 350, 351. Consulté par le roi; XXVII, 16.

CATTES. Voy. *Francs.*

CAUCHON (PIERRE), évêque de Beauvais; réclame et achète Jeanne d'Arc; est chargé de poursuivre son procès; XIII, 181 à 183. Ses fureurs, 185, 186, 189. Piége qu'il lui tend; il lui lit sa sentence de mort, 190 à 192. Son entrée à Paris, 206. Gouverne cette ville, 231. Conseiller de lord Willoughby, 270.

CAUMARTIN est garde des sceaux sous Louis XIII; XXII, 513.

CAUMONT (LE VICOMTE DE), chef protestant dans le Languedoc; XVIII, 518. Suit Montgommeri; XIX, 56. Echappe à la Saint-Barthelemy, 173.

CAUMONT DE LA FORCE (LE MARÉCHAL DE, échappe à la Saint-Barthelemy, où périt son père; XIX, 172, 173. Accompagne Henri IV à Saint-Cloud; XX, 544. Se renferme avec lui; XXI, 7. Refuse de s'expliquer sur l'opportunité de changer de religion, 11, 12. Sa position féodale; XXII, 11. Le roi veut exclure ses députés de l'assemblée des Huguenots, 116. Troupes qu'il met en mouvement, 174. Est dans la voiture du roi à sa mort, 181. Est gouverneur de Béarn, 216. Se rend à l'assemblée des Huguenots, 242. Acte d'union qu'il signe, 264. Prend parti pour Condé, 349. Humilié par le roi; agite le Béarn, 435, 436. En reste gouverneur, 477. Défie la puissance royale, 481. Sa défection annoncée, 483. Il défend Montauban, 490. Traite avec la cour; est nommé maréchal, 504. Refuse de seconder Rohan, 563. Assiste à l'assemblée des notables; XXIII, 29. Richelieu lui donne l'ordre d'enlever les princes de Savoie, 136. Commande l'armée de Piémont, 139. Par qui renforcé; ses opérations, 143, 145. Marche au secours de Casal, 147 et suiv. Inconstance avec laquelle il a été employé, 151. Fait arrêter Marillac, 157. Armée qu'il rassemble en Champagne, 181. Poursuit le duc d'Orléans, 197. Par qui contenu, 205. S'empare de Lunéville, 233. Son commandement en Allemagne; il bat le duc de Lorraine, 270. Est de l'armée royale, 273. On reproche au roi de l'employer, 282. Est sous les ordres des princes, 293. Echoue au siége de Saint-Omer, 342. Est de la nouvelle Fronde; XXIV, 316, 319, 341, 400, 403. Négocie, 348.

CAUMONT DE LA FORCE (LE DUC DE); sa retraite à Fontarabie; XXIII, 345. Est de la Fronde; XXIV, 329.

CAUSSIN, jésuite; ses intrigues contre Richelieu; sa disgrâce; XXIII, 328 à 330.

CAVAGNES; du parti huguenot; sa mission à Paris; XIX, 102. Intermédiaire entre la cour et Coligny, 132. Son supplice, 178, 179, 185.

CAVALCANTE (GUIDO), négociateur d'Elisabeth d'Angleterre; XVIII, 86.

CAVALIER (JEAN), chef des camisards; XXVI, 397. Traite avec Villars, 418 et suiv. Devient officier général en Hollande; époque de sa mort, 420.

CAYLUS (LA MARQUISE DE); sa conversion; XXV, 419, 420. Accompagne le roi; XXVII, 149.

CAVENDISH, popularise en Angleterre la cause des Américains; XXX, 141.

CÉ (LE COMMANDEUR DE) est de la ligue; XX, 131.

CECIL, ministre d'Élisabeth; accueil qu'il fait aux envoyés français; XXI, 428. Négociateur pour la paix générale, 477.

CÉLESTIN II, pape; réconcilie Louis-le-Jeune avec l'Eglise; V, 269, 270.

CÉLESTIN III, pape; son entrevue avec Philippe-Auguste; VI, 116. Prend sous sa protection Richard captif, 146. Ses négociations avec Philippe au sujet de son divorce, 154, 155. Intercède pour la mise en liberté de l'évêque de

Beauvais; réponse de Richard, 168. Sa mort, 170.

CELESTIN V, élu pape; son incapacité; son abdication; son zèle pour la France; VIII, 489, 490. Son successeur accusé d'usurpation; IX, 120. Accusé de l'avoir fait périr, 241.

CELLAMARE (LE PRINCE DE) est ambassadeur d'Espagne en France; XXVII, 272. Ses liaisons avec le duc du Maine, 326. Sa prétendue conspiration; ses intrigues avec la cour de Sceaux; ses papiers sont saisis; il est arrêté, 361 à 368. Sort de ses complices, 448 et suiv. Faveurs dont ils jouissent à la cour d'Espagne, 450. Ses plans repris, 497. Incidemment nommé, XXVIII, 24.

CELTES; leur langue, leurs superstitions disparaissent; I, 7.

CENTAL (LES SIRES DE); leurs fiefs vaudois; XVII, 233. La dame de Cental traduit en justice les auteurs des massacres de Mérindol, 245, 401.

CERBELLONI (DON JUAN) défend Perpignan; XVII, 126.

CERDA (INFANTS DE LA), Alphonse et Ferdinand, fils de Ferdinand de Castille; à qui recommandés; VIII, 262. Leurs doits méconnus, 263; 270, 271. Leur mère, leur oncle Philippe-le-Hardi les défendent, 273, 275. Leur aïeul Alphonse x leur est favorable, 277. Conduits en Aragon, 278. Indifférence de la nation pour eux, 279. Le nombre de leurs partisans augmente, 283. Vainement protégés par Philippe, 308, 314, 316. Leur captivité stipulée; leur aïeul projette leur délivrance, 327. Il fait en leur faveur un testament qu'il révoque, 355. Leur parti reste immobile; ce que le roi de France sollicite pour eux; à quelles conditions l'aîné proclamé roi de Castille et de Léon par Alphonse d'Aragon, 356, 401. A la mort de don Sanche ils font la guerre à son fils, 504. Le pape Boniface VIII les protège; Philippe-le-Bel les abandonne; IX, 67, 68. Leur renonciation à la couronne, 174. Alphonse commande les Français en Guienne, 461. Voy. *Espagne* (Louis d').

CERI (RENZO DE); sa mission à Venise; XVI, 166. Assiége Arona, 203. Renfort de Grisons qu'il ne peut amener, 204, 205. Sa glorieuse défense de Marseille, 214. Il fait élever le *rempart des dames*, 215. Son expédition à Naples, 291. Il secourt Genève insurgée; est battu, 476.

CERI (PAUL DE) indique le point vulnérable de Perpignan; XVII, 126.

CERIGNOLA (BATAILLE DE), gagnée par Gonzalve de Cordoue sur d'Armagnac, duc de Nemours; XV, 403, 404.

CERISAIS (GUILLAUME); Louis XI lui confie les domaines séquestrés de la maison d'Anjou; XIV, 422. Saint-Pol lui est livré, 457.

CERISOLES (BATAILLE DE), gagnée par le comte d'Enghien sur Guasto; XVII, 185 à 191.

CERNY (LE BARON DE); ses fureurs catholiques; XVIII, 303.

CERUTTI, défenseur de la noblesse; ses luttes avec Mirabeau; XXX, 436 et suiv. 446.

CERVOLES (ARNAUD DE); ses pillages en Provence; il rançonne le pape et passe en Bourgogne; X, 507, 508. Rentre en Provence; s'empare d'Aix, 548. Est envoyé contre la grande compagnie d'aventuriers; la reconnaît, 593. L'attaque; est fait prisonnier, 594. Expédition à laquelle l'emploie Charles v; ses échecs; XI, 36, 37.

CERVOLLES, capitaine bourguignon; ses ravages; XIII, 377. Obtient son pardon, 378.

CESAR (JULES) passe les Alpes avec une armée formidable; ses victoires achetées par un massacre affreux; I, 5. Ses confiscations, 71. Sa description des Gaules avant la conquête, 79. A fait périr le quart de la population, 81.

CÉSAR D'ARAGON, frère naturel de Ferdinand roi de Sicile; opérations de guerre auxquelles il prend part; XV, 225.

CHABAN surveille et poursuit Condé; XIX, 28, 29.

CHABANNES (JACQUES DE) marche au secours d'Orléans; XIII, 95. Défend Creil; puis Compiègne, 153, 159. Attaque Corbie, 196. Ligué avec Villandrade; est au siége de Montereau,

310. Ses pillages, 315. Il réduit le comte de Saint-Pol, 379. Il est de l'armée du Dauphin, 424. Entre en Guienne, 550. Victorieux à Chatillon, 551 à 554. Est au siége de Bordeaux, 556. Y meurt d'épidémie, 558. Voy. *Dammartin.*

CHABANNES (GILBERT DE); son influence sur Charles de Guienne ; XIV, 292.

CHABANNES (DE), évêque d'Agen ; rigueurs qu'il provoque contre les Huguenots; XXIX, 40.

CHABOD DE JACOB, ambassadeur de Savoie en France; sa réclamation ; XXII, 230.

CHABOT-CHARNY refuse de faire massacrer les Huguenots de Bourgogne; XIX, 176.

CHABOT (LE COMTE DE) épouse Mlle de Rohan ; XXIV, 105. Est tué à Lérida, 128.

CHAILLI prête sa maison à l'assassin de Coligny; XIX, 156.

CHALAIS (HENRI DE TALLEYRAND PRINCE DE), favori de Louis XIII ; son complot contre Richelieu; ses révélations; XXIII, 11, 16 et 17. Son procès; son supplice, 20 à 22, 24, 44.

CHALIGNY (LE COMTE DE) accompagne Mayenne à l'Hôtel-de-Ville; XX, 498. Commande en Champagne, 501. Rejoint Mayenne à Meaux; XXI, 81. Conférence à laquelle il assiste, 190.

CHALLON (JEAN DE), comte d'Auxerre; prisonnier du Dauphin ; IX, 431.

CHALLON (LOUIS DE), comte de Genève; du parti bourguignon; ses opérations en Languedoc; XII, 529 à 531. Voy. *Orange.*

CHALONS (BATAILLE DE), gagnée par Aetius sur Attila ; I, 158.

CHALONS (GUILLAUME COMTE DE); ses brigandages; réprimé par Philippe-Auguste; VI, 13.

CHALONS (COMTE DE); tournois auquel il invite le prince Edouard d'Angleterre ; VIII, 239. Scènes sanglantes de cette fête, 240.

CHALONS (LOUIS DE), prisonnier à la bataille de Brignais; X, 594. L'un des capitaines de Charles v; XI, 17, 18.

CHAMAVES, de la confédération des Francs; repoussés au delà du Rhin ; I, 29. Encore relatés, 113.

CHAMBLI (PIERRE ET OUDART); libéralités envers eux révoquées ; IX, 369.

CHAMBRE (LE COMTE DE LA), régent de Savoie; XIV, 552. Ses luttes, 582. Son arrestation, 605.

CHAMIER, ministre huguenot; ses menaces au gouvernement de la régente; XXII, 248.

CHAMILLART; confidence que lui fait Louis XIV; XXVI, 77. Il est nommé ministre des finances et de la guerre, 301, 302. Soupçon dont l'avertit Catinat, 323. Laisse ce général au dépourvu, 347. Ne garde que le ministère de la guerre, 361 ; XXVII, 43. Ses instructions à Villars; XXVI, 439. Sa legèreté ; son ignorance, 455. Ses ordres à Villeroi, 456, 457. Son rapport contre lui, 461. Son gendre assiége Turin, 468. Ses expédiens financiers ; XXVII, 6 et suiv. Sa correspondance avec Tessé, 16. Spéculateurs courtisans qui le compromettent, 45. Envoie l'électeur de Bavière sur le Rhin, 49 et suiv. Presse les généraux de livrer bataille, 58. Sa chute semble prochaine, 71. Conseil auquel il assiste, 78. Est destitué, 83, 84.

CHAMILLY (LE COMTE DE) défend Stenay; XXIV, 510. Prend part à la conquête de la Franche-Comté ; XXV, 146 et suiv. Bloque Maëstricht, 236. Capitule à Grave, 280.

CHAMLAY, premier commis de Louvois; refuse de le remplacer ; XXVI, 81. Son rapport sur l'armée du Piémont, 137.

CHAMOIS, envoyé par Guise à Paris; XX, 331. Est tué, 526.

CHAMPAGNE (LE SIRE DE); conseil de guerre dont les ligueurs veulent qu'il fasse partie; XXI, 134.

CHAMPEAUX (GUILLAUME DE), professeur d'Abailard; V, 65.

CHAMPEAUX (DE), négociateur français à Turin ; XXVIII, 394.

CHAMPIGNI, lieutenant des états de Flandre; assiége la citadelle d'Anvers; est vaincu; XIX, 487.

CHAMPLATREUX, fils du président Molé; son rôle dans la Fronde; XXIV, 290, 357, 373, 388.

CHANDIEU sert sous le vice-roi de Naples; XV, 383. Tué à Cérignola, 404.

CHANDIEU (ANTOINE DE), ministre protestant; prisonnier relâché par le crédit du roi de Navarre; XVIII, 75.

CHANDOS (JEAN); conseils qu'il donne au prince de Galles; X, 470, 500. Est gouverneur des provinces du Languedoc cédées à l'Angleterre, 593. Est envoyé en Bretagne; XI, 19. Gagne la bataille d'Auray, 20 à 23. Ordre qu'Édouard III lui transmet en Guienne, 39. Il met en liberté Duguesclin, 40. Son commandement sous le prince de Galles, 71. Part qu'il prend à la victoire de Najarra, 74. Pourquoi quitte la cour, 89. Ses opérations à la rupture de la paix, 109, 117 à 119. Il est tué, 129.

CHANTELOUBE (LE PÈRE), confident de Marie de Médicis; XXIII, 191, 227, 239, 253.

CHANTERAC (L'ABBÉ) défend Fénélon à Rome; XXVI, 252.

CHANTONNAY (PERRENOT DE), ambassadeur de Philippe II en France; son zèle catholique; ses dénonciations sur la reine-mère; ses négociations secrètes avec le roi de Navarre; XVIII, 248 à 251. Démarche qu'il concerte avec ce dernier, 257. Se rend à Paris, 270.

CHANUT (PIERRE); son ambassade en Hollande; XXIV, 528.

CHANVALLON, amant de la reine de Navarre; XX, 70. Négociateur avec la cabale; XXII, 382.

CHARBONNIERES, lieutenant de Condé; XX, 192. Son régiment taillé en pièces, 263. Il est tué, 534.

CHARENTON (ÉBO DE); ses brigandages; réprimé par Philippe-Auguste; IV, 12.

CHARIBERT Ier, fils de Clothaire Ier; I, 302. Obtient par le sort Paris, 303. Son lot, 305. Sa mort; ses états partagés entre ses frères, 306. Ses nombreux mariages, 309. Obscurité de son règne, 319.

CHARIBERT II, fils de Clothaire et de Sichilde; II, 18. Obtient de son frère Dagobert l'Aquitaine, 20. Meurt, 26.

CHARLES MARTEL; sa naissance; II, 101. Déshérité et emprisonné par son père; pourquoi, 106, 107. Rassemble une armée austrasienne, 109. Ses luttes avec les Frisons, les Saxons, les Neustriens; sa victoire signalée de Vincy; il déposséde Plectrude; proclame Clothaire IV; vainqueur de Raginfred et d'Eudes; fait reconnaître rois Chilpéric II, puis Thierri IV; ses idées monarchiques, 112 à 117, 122. Soumet les duchés outre-Rhin, 123, 124. Marche contre les Sarrasins; remporte la victoire de Poitiers; reçoit le surnom de Martel; pénètre en Bourgogne, en Provence; bat encore les Frisons; court en Aquitaine; y reçoit le serment d'Hunold, 130 à 135. Envoie son frère en Provence; assiége Narbonne; bat une armée de secours; sa retraite; ses dévastations, 137, 138. Ne donne point de successeur à Thierri IV, 139. Bataille avec les Saxons; retourne contre les Sarrasins; secondé par Liutprand, 140. Ses victoires; secondé par les troubles de l'Espagne, 141. Silence des écrivains de son temps sur ses mœurs; son administration; sa vie toute militaire; ses confiscations sur le clergé; ses largesses envers lui; haine que lui portent les prêtres; légendes sur sa damnation, 142 à 145. Ses premières relations avec le pape d'où devait résulter la grandeur de son petit-fils, 147, 148. Sa mort; ses fils; ses dernières volontés, 149, 150. Elles ne sont point exécutées, 151. Les exploits poétiques de Roland doivent se rapporter à son époque, 263, 264. A renouvelé la population libre, 274. Nouvelles concessions de terre; bénéfices; III, 220. A élevé au-dessus des pouvoirs locaux le pouvoir national; IV, 6.

CHARLES ou CHARLEMAGNE, fils de Pépin-le-Bref; sacré avec lui; II, 173, 186. Le royaume partagé entre lui et son frère, 211. Sa grandeur; ses lois; certitude de son histoire; son âge à la mort de son père; quand a reçu le titre de roi; l'occident lui est assigné; est couronné à Noyon, 217 à 220. Se montre mauvais frère ; commence son règne par des voyages ; marche sur l'Aquitaine; réduit Hunold ; reconnaît Loup comme duc des Gascons ; maîtrise ce pays, 222 à 224. Répudie sa première femme; épouse Désirée, sœur de Didier ; la répudie, 228. Assemble les Etats de la nation ; son premier capitulaire empreint de l'influence ecclésiastique; comment il se soustrait à cette influence; ses mariages; ses divorces; ses désordres tolérés par le clergé ; se fait reconnaître comme successeur de son frère ; commence la guerre avec les Saxons, 229 à 233. Provoqué par eux, ravage leur contrée ; détruit leur idole, 235. Se fait livrer des otages, 236. Ses victoires en Lombardie, 239, 241, 242. Bloque Pavie ; se rend à Rome, 243. Humilité de son entrée dans cette ville, 244. Donation qu'il signe en faveur de l'église; revient au siége de Pavie, qu'il réduit, 245. Est maître de Vérone ; silence de l'histoire sur le sort de sa belle-sœur et de ses neveux, 246. Prend le titre de roi des Lombards ; étendue de ses états; grands duchés presque indépendans qui y sont annexés ou enclavés ; ses alliés en Angleterre, en Espagne ; ses ennemis en Allemagne ; irruption des Saxons ; il les force à jurer la paix, 247 à 251. Sa préférence pour les contrées de langue germanique; abat tour à tour l'Italie et la Saxe; tient le champ de mai à Paderborn, 252 à 256. L'émir Ibn-al-Arabi l'engage à marcher sur l'Espagne ; il passe les Pyrénées ; ses succès ; son retour ; son désastre dans le val de Roncevaux, 259 à 262. Ses victoires ; ses mesures ; ses fondations au delà du Rhin, 266 à 269. L'éclat de ses victoires excite l'attention des esprits studieux de son temps; laconisme de leurs récits, 270. Absence de traces d'enthousiasme ; silence sur la condition intérieure de la nation, 271. L'action de Charlemagne s'exerce hors de ce qui est aujourd'hui la France, qui est à peine mentionnée dans son règne, 272. Révolutions sociales indiquées par la législation, 273. Disparition des cultivateurs libres amenés par Pépin l'ancien et Charles Martel ; culture par des esclaves, 274 à 276. Capitulaire précieux sur l'administration du domaine royal ; ce qu'il faut penser de l'économie de Charlemagne, 277, 278. Confusion des droits de propriété et de souveraineté qui rend incompréhensible le sens de la donation faite à l'Eglise romaine ; prétentions du pape à ce sujet, 279 à 284. Négociations de Charlemagne avec Irène ; avec le pape ; avec Tassilon ; son voyage en Italie ; il y fait baptiser son fils Pépin, qui est sacré roi de Lombardie; son fils Louis est sacré roi d'Aquitaine, 285. De retour à Worms, reçoit les sermens de Tassilon, 289. Tient le champ de mai au delà du Rhin, y conduit son armée ; reçoit des ambassadeurs de toute la Germanie; impose aux Saxons l'administration française, 290. Ses officiers marchent contre les Sorabes ; leur défaite ; sa vengeance, 291 à 294. Il s'engage dans la carrière des exécutions sanglantes ; influence sur son caractère des femmes qui l'entourent; son mariage avec Fartrade; son système d'extermination ; il sillonne la Saxe en tous sens, le fer et la flamme à la main; reçoit la soumission de Witikind ; soumet les Thuringiens ; punit leurs chefs ; comparution des chefs bretons, 295 à 303. Nouvelle guerre d'Italie ; il accorde la paix à Arigise, 304 à 308. Il dépossède Tassilon, 309 à 313. Sa grandeur a frappé ses contemporains, 314. Son portrait par Eginhard ; son costume, 315. Sa sobriété; son régime, 316. Son éloquence, 317. Ses connaissances, 318. Son gout pour les lettres ; il relève les écoles publiques; attire des savans de toutes les parties du monde chrétien ; recommande aux évêques et aux couvens l'étude, la culture de l'esprit; sa prédilection pour la musique d'église et pour le chant grégorien ; absence de critique des études sacrées, 320 à 324. Sa domination s'étend sur presque toutes les nations de langues latine et germanique ; son empire vulnérable sur le bas Danube ; invasion des Huns réprimée ; il organise la Bavière ; en contact avec les Grecs; sa rupture avec Irène, 325 à 327. Sa victoire, 330 à 331. Soumet les Weltsi; a pour frontière orientale l'Oder, 333. Il touche aux frontières de l'empereur d'Orient; voisin des Huns; ses contestations avec eux; il les envahit, 335. Ses succès; sa retraite, 334 à 337. Ses apprêts d'une nouvelle campagne; juge des hérétiques, 338. Conspiration contre lui, 339. Révolte des Saxons, 340. Revers de fortune, 341. Attaqué par les Sarrasins; son projet de jonction par un canal du Danube et du Rhin, 342. Avant de punir les Sarrasins, veut accabler les Saxons et terminer les affaires ecclésiastiques; concile de Francfort; hérésie de Félix, 346. Sa docte lettre à ce sujet, 347. Culte des images recommandé en Orient; blâmé par le concile de Francfort, 348 à 350. Charles appuie cette dernière opinion, 351. Epouse Liutgarde; accable les Saxons et revient en France, 352. Les convoque au champ de mai; les punit par de nouveaux ravages de n'y avoir point paru, 353. Envoie recevoir le serment des Romains, 354. Son séjour à Aix-la-Chapelle; ses embellissemens; ses désirs de civilisation, 355. Ravage encore la Saxe, 356. Fait attaquer les Huns par son fils; distribue les richesses qu'il leur enlève; continue à envahir la Saxe, 357. Nombreux captifs qu'il enlève; y établit un camp permanent, 358. Villes qu'il fonde; influences civilisatrices, 359. Ambassadeurs et souverains qui l'entourent dans son camp en Saxe, 360 et suiv. Punit les Saxons de nouveaux soulèvemens, 364, 365. Reçoit les envoyés d'Irène et d'Alfonse, 365. Troubles en Italie, 366. Où il recrute ses armées, 367. Néglige la Gaule; Aix est sa capitale, 368. Passe le Rhin, 371. Reçoit le pape à Paderborn, 372. Leurs entrevues; promet d'amnistier les Romains révoltés, 373. Rétablit l'ordre troublé dans ses états; reçoit les présens d'Haroun-al-Raschid; parcourt les côtes de l'Océan, 374 à 376. Remplace sa femme Liutgarde par quatre concubines; préside les comices de Mayence; passe à Rome; est proclamé empereur d'Occident; adopte le cérémonial de Bysance; ses rapports avec Rome, avec le pape ne sont point changés; son séjour à Rome; son départ, 377 à 383. Fait demander la main d'Irène; reçoit une ambassade et de riches présens du calife de Bagdad, 384, 385. Complette par le capitulaire de Pavie la loi des Lombards; l'ère chrétienne ou vulgaire figure pour la première fois parmi les dates de cet acte, 386. Réforme partout la législation; incohérence de ses capitulaires, 387, 388. Règlemens ecclésiastiques; élection des évêques assurée au clergé et au peuple, 389, 390. Règlement militaire; service gratuit imposé aux possesseurs de *bénéfices* ou *fiefs*; service imposé aux propriétaires de *Manses*, 391, 392. Les grandes expéditions de Charles rendent les services ruineux, 393. Dépopulation; les officiers de l'armée sont des chefs territoriaux ou seigneurs; serment qu'ils prêtent; députés impériaux ou *missi dominici*; leurs fonctions judiciaires, administratives, fiscales, 394 à 396. Lois nationales conservées, 397. Crimes atroces; mœurs corrompues révélés par les capitulaires; les impôts n'y sont point mentionnés, 398. Entraves au commerce de blé; au commerce d'armes; tentative de *maximum*; l'empereur confie à ses fils le soin de continuer la guerre, 399. Leurs succès; Irène le reconnaît empereur; Nicéphore suit cet exemple; paix entre les deux empires, 400. Sa dernière guerre contre les Saxons, 401. Ses moyens de conversion et de conquête employés avec les Huns, 402, 403. Souverains qui se rangent d'eux-mêmes sous ses lois; Champ de mai de Thionville; partage projeté entre les trois fils de l'empereur, 404. Ses sept filles; leur beauté; leur galanterie, 405, 406. Dispositions qu'il prend en leur faveur, 407. Reçoit une nouvelle ambassade du calife de Bagdad; succès de ses lieutenans contre les Sarrasins, 408. Symptômes d'affaiblissement de l'empire; il marche sur les Danois; reçoit la nouvelle de la mort de son fils Pépin; consent à une paix générale, 409 à 412. Ses mesures défensives; fait construire des flottes pour les opposer à celles des Danois, 413. Perd son fils Charles; sa douleur; sa dévotion monacale, 414. Envoie en Italie le fils de Pépin; ses traités avec l'Orient, l'Espagne, l'Italie, le Danemarck, 415. Investit de ses titres le fils légitime qui lui reste, 416. Il veut qu'il ne relève que de Dieu; lui fait prendre sur l'autel la couronne impériale; lui recommande ses frères naturels; le renvoie en Aquitaine, 417. Ses exercices; sa dévotion; sa maladie; sa mort, 418. Inhumé à Aix-la-Chapelle, 419. Coup d'œil sur son règne, 420 à 423. Ses mœurs déréglées; désordres de son palais, 429. Sa gloire défend son fils, 439. Sa politique en Saxe; III, 73. Sous lui les bénéfices sont devenus héréditaires, 221. Extinction de sa race; chute de son empire, 274. L'éclat de son règne n'a fait que dissimuler, sans l'arrêter, une décadence intérieure, 336. A pour successeurs les Saxons, 345. Le prestige de ses souvenirs lie entre eux les princes de l'Occident, 357. Son ordonnance relative aux bons artisans, 386. L'ordre social fondé par lui, renversé par ses successeurs; état de la propriété; situation de l'ordre inférieur; IV, 6 et suiv. L'empire préparé au régime féodal; l'esclavage y est universel, 14, 28. Sa toute-puissance, 35. Deux grandes divisions de son empire; deux systèmes de royauté, l'un héréditaire, l'autre électif, 123. Récits brillans de sa cour; lecture habituelle, dès le onzième siècle, des esprits chevaleresques, 198. Il a recueilli les chants des Germains du temps de la grande conquête; nature de ces poésies, 487. Chroniques fabuleuses sur son règne; quand recueillies; V, 245. Prétendues traditions de son règne invoquées au sacre de Philippe-Auguste, 538. Alliance de sa maison et de celle des Capétiens; VI, 16. Son nom incidemment rappelé, 311; VII, 398; VIII, 11, 40, 108; XVI, 97; XX, 389; XXIII, 416; XXV, 35.

CHARLES, fils aîné de Charlemagne, commande une moitié de son armée; bat les Saxons à Druvenick; II, 298. Marche encore contre eux, 352. Passe l'Elbe; différends qu'il règle; hommage qu'il reçoit, 372, 374. Bat les Bohémiens; lots que son père lui destine, 404. Continue la guerre contre les Sorabes et les Bohêmes, 407. Ses mesures contre les Danois, 409, 410. Sa mort, 414. Sans enfans, 415.

CHARLES II (LE CHAUVE); roi de France, puis empereur; sa naissance; soupçons à ce sujet; II, 467. Son éducation confiée à Bernard, 473. Couronné roi d'Allemagne, 474. Est envoyé pour délivrer sa mère; III, 14. Enfermé dans un couvent, 23. Son lot augmenté aux dépens de Lothaire, 36. Puis aux dépens de ses trois frères, 39. Reçoit les armes viriles, 40. Reçoit le serment de fidélité des princes de ses états, 41. Sa part dans le dernier partage de l'empire, 44, 45. Ses apprêts contre Pépin, 52. Sa jeunesse à la mort de l'empereur; message que lui envoie Lothaire, 54. Ses négociations; sa résolution de se rendre indépendant; injustice de sa cause; pourquoi elle triomphe; sa détresse; fidélité de son armée; son traité avec Lothaire; ses luttes avec Bernard, Pépin, les Bretons; son allié Louis; sa victoire de Fontenay; n'en retire aucun fruit; se retire en Alsace; entrevue de Strasbourg, 57 à 72; Charles fait la guerre en Aquitaine, 73. Négociations avec Lothaire; traité de Verdun; la part de Charles est la marche d'Espagne, plus la France limitée par le Rhône, la Saône et la Meuse, 75 à 77. Son mariage, 77, 78. Ne prend aucune mesure contre les Normands, 81. Ses diverses résidences; il assiége vainement Toulouse; fait tuer Bernard, 83. Echec d'un de ses corps d'armée; sa présence aux états de Thionville; vains actes de cette assemblée, 84. Aux prises avec les Normands; laisse prendre Paris, dont il paye la rançon, 85 à 87. Fait la paix avec Pépin; est réduit à la Neustrie, 88. Indépendance des feudataires; faiblesse de l'empire; audace des barbares; Charles reconnaît Noménoé roi des Bretons ; ses menaces au roi des Danois ; fait la paix avec Abdérame, 89 à 91. Ses intrigues en Aquitaine ; élu roi à la place de Pépin; la guerre entre eux recommence, 93. Intérêt qu'il prend aux querelles théologiques, au moment des ravages des Normands ; il leur concède un comté; reconnaît le fils de Noménoé; n'a d'activité que contre les siens ; fait tonsurer Pépin, qui s'échappe et lui dispute encore l'Aquitaine ; est aussi aux prises avec Louis, second fils de Louis-le-Germanique ; sa conférence avec Lothaire; son ambassade à son second frère ; l'évasion de Pépin et de Charles ranime la guerre, 103 à 113. Charles-le-Chauve fait couronner roi d'Aquitaine son jeune fils Charles, 116. Marie sa fille au roi d'Angleterre, 121. Remontrances que lui font ses seigneurs et ses évêques ; son capitulaire de Kiersy; dénoncé comme tyran à Louis-le-Germanique ; attaqué par lui ; ses vicissitudes ; il regagne sa couronne sans combat; récompense ses partisans par des bénéfices ecclésiastiques, 124 à 132. Ce que sont ses capitulaires ; son humilité à l'égard du pouvoir ecclésiastique ; sa paix avec Louis et Lothaire ; oppose aux Normands d'autres Normands ; à quel prix ; quel en est le résultat, 137 à 141. Sa conduite dans le procès de Theutberge, 145. Son acharnement contre son neveu ; son ingratitude, 149. Le force de reprendre Theutberge, 152. Calamités de ses peuples et de sa famille ; accroissement de sa domination, 159. Veut s'emparer des états de Charles de Provence, décédé, 161. Commence la grandeur de Robert-le-Fort, 162. Fait juger Pépin II ; rend un édit de réforme ; ordonne de raser les forteresses privées et fait fortifier l'entrée des rivières ; inutilité de ses précautions contre les Normands, 175 à 172. Il traite avec eux et achète leur retraite; à quel prix; la Loire livrée aux pirates, 172 à 174. Apprend la mort de Lothaire; prend possession de son héritage, 176, 178. Entre en Alsace, 180. Il partage la Lorraine avec Louis, 181. Veut s'agrandir encore, 183, 184. Son habileté à opposer les uns aux autres les chefs normands ; son portrait ; ses fils; procès du dernier ; intervention du pape, 184 à 196. Il passe en Italie, 198. La France sous lui est une théocratie, 199. Son entrée à Rome ; il reçoit du pape la couronne impériale, 200. Elu par la diète de Pavie roi de Lombardie, 201, 202. Sa lutte avec son frère et ses neveux ; proclamé empereur à Saint-Denis ; est sans force en Italie comme en France; est défait à Andernach ; sa fuite; ses pertes, 202 à 207. Ses derniers actes ; sa mort, 208 à 213. Son édit de Kiersy a consacré et rendu légale la succession héréditaire dans les comtés; a anéanti les restes de l'autorité royale sur les provinces, 218. A effacé toute différence entre les *comtes* ou *magistrats* et les *seigneurs* ou *propriétaires*. Seul fils qu'il laisse ; sa défiance envers lui, 222, 223. Les seigneurs ne regardent plus la couronne comme héréditaire, 225, 226. La classe intermédiaire a disparu sous son règne; IV, 7. Lâcheté de la population de son temps, 11.

CHARLES (LE GROS), empereur, puis roi de France; passe en Italie; III, 198. S'éloigne, 200. Son père lui laisse la Souabe, 205. Sa conférence avec Louis de Saxe, 208. Convoqué par ses frères, 234. Sommé par le pape de rester dans ses limites, 238. Marche sur l'Italie ; son entrevue avec ses neveux de France; il leur donne son appui; est couronné empereur, 243 à 245. Regardé comme chef de la monarchie Carlovingienne, 247. Transaction honteuse avec un chef normand, 251. Ses états dévastés ; il accepte la couronne de France, qui lui est offerte; ne prend aucune mesure contre les Normands, 257 à 261. Ce qui le préoccupe pendant que Paris est aux abois ; éloigne les assiégeans par un traité infâme ; sa honte ; sa maladie, 264 à 268. N'a point d'enfans ; prend en affection les fils des princesses Carlovingiennes ; quel accueil il fait à Louis, fils de Boson, 269. Accuse d'adultère l'impératrice Richarde et l'évêque Liutward, 270. Ridicule qui le couvre; affaiblissement de sa raison; convoque une diète des Francs; veut vainement faire reconnaître son fils naturel Bernard, 271. Est dépossédé; sa mort, 272. Méprisé de ses sujets; honoré par l'Église; légende, 273. Sa mort renverse l'édifice de Charlemagne; signal d'une nouvelle barbarie, 274. Rupture du lien social dans l'empire d'Occident; évènement heureux pour l'humanité; pourquoi, 280 à 283. Accroissement prodigieux de la population, 285.

CHARLES III (LE SIMPLE), roi de France; sa naissance; pourquoi regardé comme bâtard; III, 257, 271, 287. Proclamé roi; son imbécillité, 307. N'est soutenu que par la protection d'Arnolphe et de Zwentibold; assiége Laon; soupçonne son allié; négocie avec son rival, 308 à 312. Se réfugie en Lorraine; puis se livre à Eudes, 313. Est reconnu roi à la mort de ce dernier, 315. Forteresses qu'il fait bâtir; attaqué de toutes parts par les Normands, 317, 318. Sur quoi il règne, 323. Attaqué par Rollon; lui donne sa fille en mariage; l'investit du duché de Normandie; hommage insultant qu'il reçoit, 325 à 329. Serment que lui et ses seigneurs prêtent, 330. N'a fait que lui céder ce qu'il tenait déjà; transaction jugée honteuse mais conforme à l'intérêt de tous, 336. Survit à tous les Carlovingiens, 340. Ses vicissitudes en Allemagne et en Lorraine; favori qui le dirige; attaqué par les Hongrois; ses concessions aux seigneurs; attaqué par Robert; est vaincu près de Soissons; trahi et fait prisonnier par le comte de Vermandois, 341 à 355. Remis en liberté, 371. Emprisonné encore; délivré définitivement par Rodolphe; meurt, 373. A laissé le pouvoir royal périr entre ses mains; IV, 35.

CHARLES, frère de Pépin II, tonsuré; III, 94. S'échappe et entre en Aquitaine, 110.

CHARLES, fils de Lothaire, est roi de Provence; III, 115. Ses frères veulent le tonsurer, 116. Les grands du royaume le confirment dans son pouvoir, 117. Meurt sans enfans; n'a point eu de résidence fixe; n'a eu qu'une vaine autorité, 160.

CHARLES, fils de Charles-le-Chauve; couronné à sept ans roi d'Aquitaine; III, 116. Chassé par les Aquitains, 130. Révolté contre son père, 161. Demande son pardon; meurt, 163.

CHARLES-CONSTANTIN, fils de Louis de Provence; III, 362. Mis en possession du comté de Vienne, 374. Accueille Louis IV, 410. Va le trouver à Mâcon, 443.

CHARLES, second fils de Louis IV; en bas âge à sa mort; III, 448. A en apanage le duché de basse Lorraine, 476, 477. Sa rapacité, 478. Prend parti pour Henri de Bavière, 486. Sollicité de s'interposer pour la paix en France, 493. Retient prisonniers Emma et Adalberon, 494. Héritier du trône à la mort de son neveu; entre à Laon; résidence royale; invoque vainement l'appui de l'archevêque de Reims, 496. Considéré comme rebelle, 498. Son droit incontestable; IV, 41. Faiblesse de ses ressources; sa lenteur à faire valoir ses prétentions; ses partisans, 42. Son neveu Arnolphe investi de l'archevêché de Reims, 44. Surprend Laon; est proclamé roi; s'empare de Reims, 45. Fait lever le siége de Laon, 48. Prisonnier avec sa famille; meurt en captivité; sa postérité; quand elle s'éteint, 50, 51.

CHARLES IV (LE BEL), roi de France; d'abord comte de la Marche; se rend à l'assemblée de Poitiers; IX, 137. Est armé chevalier; prend la croix, 274, 275. Sa femme accusée d'adultère, 290. Il lui fait prendre le voile, 292. Son apanage confirmé par le testament de son père, 295. Son goût pour les plaisirs, 299. N'a aucun intérêt à faire reconnaître reine sa nièce Jeanne, 350. N'assiste point au sacre de Philippe-le-Long, 351. Se rapproche de son frère, 353. Plainte que lui fait le pape, 358. Serment qu'il confirme, 375. Son avénement sans opposition, 405. Il fait casser son mariage, 406. Epouse Marie de Luxembourg; obscurité qui voile son caractère, 407, 408. Il adoucit le sort des lépreux et des juifs; il révoque les grâces de ses prédécesseurs; il altère les monnaies; il projette une croisade et obtient du pape des subsides, 409 à 411. Il place à la tête de cette expédition abandonnée Aimery de Narbonne, 412. Punit les crimes du sire de Casaubon, 413. Fait exécuter de prétendus sorciers; fait arrêter le sire de Parthenay, 415, 416. Il visite les provinces; fête poétique qu'on lui prépare à Toulouse, 419. Il ne l'attend pas; il perd sa femme et son enfant, 420. Epouse Jeanne d'Evreux; marie sa cousine Blanche au fils du roi de Bohême, 421. Fait examiner et reconnaître le droit de Louis comte de Flandre, 422, 423. Réclame la mise en liberté de ce prince, 426. Menace et intimide les communes de Flandre, qui se soumettent, 427. Ses rapports avec l'Espagne, 428, 429. Ses négociations avec le Dauphin Viennois, 431. Plans avortés pour lui donner la couronne impériale, 433 à 435. Rendez-vous qu'il donne à Bar aux princes Allemands; il s'y présente comme candidat à l'empire; n'est secondé que par Léopold d'Autriche; ses conventions avec ce prince; subsides qu'il lui fournit, 436, 437. Progrès et ruine de son parti, 438, 439. Il fait passer des secours en argent à Léopold, 441. La mort de ce prince met fin à ces négociations, 443. Son influence sur les événemens d'Angleterre, 444 et suiv. Ses empiétemens en Aquitaine; il n'écoute point les réclamations d'Edouard; plaintes que lui adresse sa sœur, 447, 448. Edouard demande à lui faire hommage; le sire de Montpezat, vassal de ce prince, insulte le territoire français; réparation qu'il demande; armée qu'il rassemble, 449, 450. Accueil qu'il fait à la reine d'Angleterre; traité qu'il signe avec elle, 454. Reçoit le jeune Edouard et annonce à Edouard II qu'il refuse de retourner en Angleterre, 455 à 457. Fait attaquer la Guienne, 461. Fait la paix avec Edouard III, 466. A aidé Isabelle à détrôner son mari; n'a point trempé dans le meurtre de ce prince, 467. Sa mort; ses dernières dispositions, 468, 469. Il laisse une fille et sa femme est enceinte; X, 1. Question de succession qu'il laisse à décider, 6, 7, 8. Sa mort est le signal de troubles en Flandre, 18.

CHARLES V (LE SAGE), roi de France; est mis en possession du Dauphiné; épouse Jeanne de Bourbon; X, 358, 359. Epoque de son mariage, 365. Il est armé chevalier, 376. Invoqué par le pape contre les Vaudois, 395. Lieutenant de son père en Normandie; ménage la paix avec le roi de Navarre; entre avec lui à Paris, 421 à 423. Cause son arrestation à Rouen, 448, 449. Réclame en vain contre la violence de son père, 450. Prétendu pardon que le roi lui accorde, 452, 453. Part qu'il prend à la bataille de Poitiers, 462, 466, 467. Fuit jusqu'à Paris; exerce l'autorité royale; altère les monnaies, 476. Expose aux Etats les besoins du royaume, 478. L'assemblée lui adresse ses demandes; comment les élude, 481, 482. A recours aux Etats provinciaux; entend les mêmes doléances; son entrevue avec l'empereur; il altère encore les monnaies, 483 à 485. Réunit de nouveau les Etats-généraux, 490. Préside l'assemblée; entend ses doléances, 493. Consacre ses demandes par une ordonnance de réforme, 494 et suiv. Ne s'oppose point aux pillages du comte de Longueville, 502. Donne le gouvernement du Languedoc à son frère Jean; pourquoi; ses démêlés avec les Etats, 509 à 511. Il veut secouer le joug, 512. Les convoque de nouveau, 513. N'ose refuser au roi de Navarre l'entrée de Paris, 514. Fait la paix avec lui, 515. Comme il l'observe; il veut rallumer la guerre, 516, 517. Il falsifie les monnaies, 518. Mépris et haine de ses conseillers envers les communes; fermentation qu'il augmente, 519. Son impuissance à réprimer le Navarrais; deux de ses conseillers massacrés sous ses yeux par ordre de Marcel; il prend les couleurs nationales, 520, 521. Prend le titre de régent, 522. Se rend aux Etats de Champagne, 523. Sa réconciliation avec le Navarrais; parti qu'il se forme hors de Paris; il convoque les États à Compiègne, 524, 525. Promet à l'assemblée la fixité des monnaies ; ce qu'il en obtient, 526. Les nobles lui demandent le meurtre de Marcel, 527. Négociations avec Paris, 527, 528. Armée qu'il forme ; ses opérations sur la Seine et la Marne, 529. Bloqué à Marché de Meaux par les *Jacques* ; par qui secouru, 531, 532. Traite avec le roi de Navarre ; demande que douze bourgeois de Paris, à son choix, lui soient livrés, 535. Rentre à Paris ; fait arrêter les partisans de Marcel, 540. Est défié par le roi de Navarre, 541. Ses mesures fiscales et militaires, 544, 545 à 547. Prétendu complot qu'il punit, 549. Il sort de Paris ; assiége Melun ; fait la paix avec les Navarrais, 551 à 553. Fait rejeter par les États-généraux le traité de Londres ; se prépare à la guerre avec les Anglais ; altère les monnaies, 555 à 557. Mollesse de ses apprêts ; faiblesse de sa santé et de son caractère ; son système d'inaction ; par quoi motivé, 560, 561. Le peuple prend partout les armes, 562. Le régent ne rassemble point d'armée, 565. Ne songe qu'à dominer Paris ; sa rupture avec le roi de Navarre, 566, 567. Ne veut ni faire la paix ni livrer bataille, 569. Ses négociations ; il conclut et jure le traité de Brétigny, 570 à 572. Se procure le premier terme de la rançon de son père par le mariage de sa sœur avec Jean-Galéas Visconti, 574, 575. Attend son père à Boulogne, 578. Est nommé par lui lieutenant du royaume, 592. Puis régent, 610. Apprend la mort du roi, 613. Son avènement ; XI, 1. Mépris et aversion pour lui de la noblesse ; de sa famille ; des bourgeois ; des paysans ; d'où son surnom ; son panégyriste ; son éducation lettrée ; ses études astrologiques, 2 à 4. Contraste entre son immobilité et les succès de son règne ; science mystérieuse dont on lui a tenu compte ; il fait inhumer son père ; quand prend le titre de roi ; sa haine pour le roi de Navarre, 5, 6, 7. Il le fait attaquer en Normandie, 8 et suiv. Il fait exécuter des bourgeois de Mantes et Meulan, 10. Est sacré à Reims, 13. Récompense qu'il donne à Duguesclin, vainqueur à Cocherel ; exécutions nouvelles, 14. Confirme la donation de la Bourgogne faite à son plus jeune frère ; donne le gouvernement du Languedoc à son frère aîné, 15. Celui-ci est vainement réclamé par Edouard III ; Charles est défié par Louis de Navarre ; sa résolution de chasser les bandes de brigands, 16. Ses capitaines ; leur tactique ; mission qu'il leur donne, 17. Leurs succès ; exécutions qu'il leur commande ; armée qu'il rassemble pour combattre en Bretagne, 18, 19. Se résigne à pacifier cette province, 24, 25. Reçoit l'hommage du duc Jean IV, 26. Il fait la paix avec le roi de Navarre, 27, 28. Désordres intérieurs qu'il ne peut réprimer ; révolte de Tournai qu'il feint d'approuver, 29, 30. Ses exactions, 32. Ses besoins ; embarras que lui donnent les Compagnies ; sa répugnance pour leur opposer le peuple, 33, 34. Il se décide à les employer au dehors ; propositions que lui fait l'empereur ; parti auquel il se détermine, 35 à 37. Pourquoi veut détrôner le roi de Castille ; son inimitié envers Edouard III ; mariage qu'il empêche, 38, 39. Il paye la rançon de Duguesclin et le place à la tête de l'expédition contre Pierre-le-Cruel, 40. Marche silencieuse de son administration intérieure, 42. Il recommence à agir en rival d'Edouard III, 56. La France renaît ; les provinces s'efforcent de supprimer le brigandage ; Charles convoque les États pour le seconder ; débilité de cette assemblée ; affaiblissement de la population, 59 à 63. Priviléges que le roi accorde à l'Université de Paris, 64, 65. Ses instances vaines pour retenir le pape en deçà des monts ; ses efforts pour maintenir Transtamare sur le trône de Castille, 67. Ses officiers en Languedoc battus par une compagnie ; leur déloyauté, 69. Sa feinte opposition au recrutement en France des forces de Transtamare, 80. Ses rapports avec Edouard III ; accueil qu'il fait à l'un de ses fils, 82. Sa vie retirée l'aide à dissimuler ses sentimens, 83. Sa tactique à l'égard des compagnies congédiées par le prince de Galles, 85. Il s'attache Clisson; les Albrets, les Armagnacs, 86. Son traité d'alliance contre Edouard avec Transtamare, 91. Il se décide à la guerre; il accueille le recours des seigneurs aquitains au parlement de Paris; il trompe Edouard III, 92, 93. Il s'assure des dispositions du Midi; marche de sa procédure; il fait ajourner le prince de Galles, 95 à 98. Il défend au duc d'Anjou de commencer les hostilités, 99. Ses apprêts; ses feintes négociations; avis qu'il donne aux otages en congé; il envoie son défi à Edouard par un valet de cuisine; il fait enlever le Ponthieu, 100, 101. Son alliance étroite avec Transtamare; il convoque les Etats-généraux; fait ratifier sa procédure, 106, 107. Est secondé en Quercy par le clergé; ses dévotions à Paris, 109, 110. Succès de ses négociations; mariage de son frère avec l'héritière de Flandre; ses pourparlers avec le roi de Navarre, 111 à 113. Sa sagesse; ses bonnes mesures financières; son indépendance à l'égard de Rome; sa fermeté à maintenir la hiérarchie judiciaire, 114, 115. Villes reconquises dont il confirme les priviléges; il fait porter sa vaisselle à la monnaie; ses lieutenans; son extrême circonspection, 116, 117. Son projet de descente en Angleterre; il l'abandonne, 120. Direction qu'il donne au duc de Bourgogne; il ne lui permet pas de liver bataille, 121, 122. Contraste de son caractère avec celui de la nation; contraste de sa conduite avec les grands résultats qu'il obtient; voile qui couvre ses actions; pourquoi le surnom de *Sage* lui a été conservé, 125, 126. Sentence de la cour des pairs, qu'il confirme, qui déclare l'Aquitaine confisquée, 127, 128. Suite de ses négociations avec le Navarrais, 131, 133. Plan de campagne qu'il concerte avec ses frères, 134. Ses dispositions défensives au Nord, 140. Ce qu'il fait pour repousser Knolles; conseil que lui donne Clisson; il nomme Duguesclin connétable, 142. Comment considère les résultats de la campagne; grâces et récompenses qu'il accorde,

144, 145. Abus de pouvoir de ses officiers qu'il réprime, 146. Son traité avec le roi de Navarre, 147, 148. Il ne profite point au Midi du départ du prince de Galles; seigneurs qui se donnent à lui, 150. Son alliance avec Robert, roi d'Ecosse, 151. Son désir de s'allier avec le comte de Flandre, 152. Sa popularité en Bretagne; l'alliance du duc lui échappe, 153 à 155. Il élude la médiation du pape, 161, 162. Nouvelle ardeur de Transtamare à le seconder, 164. Ses intelligences dans les conseils d'Angleterre; il emprunte la flotte de Castille pour combattre celle de son rival, 165. Ordre qu'il donne à ses frères après la victoire de la Rochelle, 168, 169. Il refuse au Captal de Buch de racheter sa liberté, 172. Villes qui se rendent et qu'il récompense par des priviléges, 173, 174. Il accepte la capitulation de Thouars, 175. Sa détermination de n'attaquer un ennemi nouveau qu'après avoir accablé l'ancien; il médite la perte du duc de Bretagne, 178. Il expose ses griefs contre lui; le fait attaquer par Duguesclin, 180. Effort d'Edouard pour le forcer de traiter sur les mêmes bases qu'à Brétigny, 184. Attaqué au Nord; il défend à ses généraux de combattre, 185. Sa tactique; succès de ses capitaines; détresse de l'ennemi, 186, 187. Son triomphe, 188. Les merveilleux résultats de sa politique signalent un homme extraordinaire; instrumens de son administration mystérieuse; sentimens de terreur qu'il inspire; son carractère, 190 à 194. Il nomme des plénipotentiaires pour la paix, 198. Ses ordonnances pendant la trêve; ordre dans les finances; application des amendes aux gages des gens de justice; règlement de la maréchaussée; fixation de l'âge de majorité des rois, 200 à 202. Sa famille; il règle la régence et la tutelle de ses enfans; les apanages; il adoucit le sort du peuple, 203 à 206. Il réunit à la couronne l'apanage du duc d'Orléans, 207. Le pape lui signale des hérésies à extirper, 209. Sectaires qu'il fait brûler vifs, 210. Ses efforts inutiles pour retenir le pape à Avignon, 214. Il débarrasse la France des soldats licenciés, 217. Négociations qui prolongent la trêve, 218, 219. Prévient la guerre entre son frère Louis et le roi d'Aragon, 220. S'apprête à profiter de l'affaiblissement de la maison d'Angleterre; réconcilie les comtes de Foix et d'Armagnac; négociations qu'il fait suivre à Bruges et dont il élude la conclusion, 222 à 224. Apprêts qu'il a faits; il commence les hostilités après la mort d'Edouard, 226. A quelles conditions offre de délivrer le Captal de Buch, 229. Sa résolution d'attaquer à la fois l'Angleterre et le roi de Navarre; il accuse ce dernier d'empoisonnement et de sortiléges, 231. Procès qu'il fait faire à son chambellan; il fait arrêter son fils; saisir ses fiefs; exécuter ses officiers; il le fait attaquer en Navarre, 232 à 236. Son armée en présence de l'armée anglaise; il interdit toute attaque; fruit qu'il retire de cette campagne, 240. Fermentation générale de l'Europe, 241 et suiv. Il adoucit les mesures contre les hérétiques, 247. Il protége le pape Clément VII; fomente le grand schisme, 248, 249, 251. Il s'est vainement appliqué à endormir l'esprit de liberté, 252. Soulèvement contre son frère en Languedoc, 253 et suiv. Commissaires qu'il y envoie; il rappelle le duc d'Anjou; le remplace par Gaston de Foix, 258 à 260. Comment offensé par le comte de Flandre, 261. Lui promet assistance contre ses sujets révoltés; conseil qu'il lui donne, 278. Illusion qu'il se fait sur les sentimens des Bretons; il ajourne le duc de Bretagne; il le fait déclarer convaincu de lèse-majesté; il confisque ses fiefs, 280, 281. Il introduit la gabelle en Bretagne; confédération contre lui; résistance de la province, 282, 283. Son obstination à faire valoir l'arrêt de confiscation; Bretons qu'il envoie au supplice; il mécontente Duguesclin, 286, 287. Il éloigne des affaires ses deux frères aînés; sa confiance au troisième, 288. Sa confiance au duc de Bourbon; pourquoi fortifie l'ascendant du duc de Bourgogne; grade qu'il lui donne, 289. Capitaines bretons qui le quittent; faveur dont Clisson jouit auprès de lui; ses négociations avec les Etats de Bretagne, 290, 291. Attaqué par les Anglais; persiste dans sa tactique de défensive inerte, 292 et suiv. Il s'oppose à ce que son frère livre bataille, 294. Il négocie avec les Bretons pour fermer la retraite aux ennemis, 295. Sa maladie; sa mort; ses obsèques, 296 à 298. Sa famille; ses dispositions à l'égard de ses frères; fruits de son despotisme, 306, 307. Contestation et accord sur ses dernières volontés, 308 à 313. Dispositions qu'on lui suppose à l'égard de Clisson et des impôts établis sur la ville de Paris, 315, 318. Sa mort apaise la Bretagne, 324. Son ordonnance de suppression des impôts publics, 332. Ses serviteurs rappelés au conseil, 536, 543.

CHARLES VI, roi de France; sa naissance; séance royale à laquelle il assiste comme dauphin; tuteur que lui donne son père; XI, 203, 204. Son avénement, 296 à 298. Il est destiné à humilier la majesté royale, 303. Sa jeunesse à la mort de son père, 306, 307. Son oncle d'Anjou s'oppose à ce qu'il soit couronné; le chancelier propose de le sacrer, 308, 309. Incident qui retarde cette cérémonie; sa haine contre Michel de Dormans, 313. Il est armé chevalier; arme plusieurs jeunes seigneurs, puis est sacré et couronné, 314, 315. Le duc de Bretagne se réconcilie avec lui, 325, 326. Se dispose à partir pour le Languedoc; il prend l'oriflamme à Saint-Denis; le duc de Bourgogne le retient à Paris, 329. Il reçoit l'hommage du duc de Bretagne, 362. Marche sur Rouen, puis sur Paris soulevés, 365, 366. Préside les états de Compiègne, 368. A quelles conditions rentre dans Paris, 369. Ses tuteurs sentent que la guerre est engagée entre la nation et eux, 378. Le duc de Bourgogne le décide à marcher contre les Flamands; il prend l'oriflamme à Saint-Denis, 381 à 383. Lettre que lui adresse d'Arteveld; son arrivée à Péronne; il reçoit l'hommage du comte de Flandre comme comte d'Artois, 385. Ses opérations, 386 à 389. Il reçoit la soumission de la Flandre maritime, 390. Il gagne la bataille de Rosebecque, 394 à 396. Promet à son armée le pillage de Courtrai; funeste effet sur son caractère de la victoire dont il n'a point partagé les dangers; n'ambitionne d'autre gloire que celle de punir les peuples, 398 à 400. Retenu à Courtrai par les pluies; il veut marcher sur Gand; on lui insinue de châtier Paris; il fait mettre à sac et brûler Courtrai; il refuse la souveraineté de Gand; demande au comte de reconnaître Clément VII; capitaines qu'il nomme en Flandre; son séjour à Tournai puis à Arras, 401 à 405. Il marche sur Paris; ses menaces; la bourgeoisie se porte en armes au devant de lui; intention qu'il lui prête; il la fait retirer; son entrée dans la ville; arrestations; exécutions qu'il commande, 406 à 410. Il met fin aux supplices; exactions et confiscations par lesquelles il les remplace; destination des sommes qui en résultent; il rétablit les gabelles et aides, 411 à 413. Traite comme Paris: Rouen, Reims, Châlons, Troyes, Sens et Orléans, 414, 415. Evoque la répression des *Tuchins*, 416. Son besoin de mouvement, de nouveauté, de supplices; ses garnisons attaquées en Flandre, 417. Invoqué par le comte Louis; se met en mouvement; seigneurs qui l'accompagnent; sa nombreuse armée; ses progrès, 426, 427. Ses fureurs à Bergues, 428. Est repoussé à Bruckbourg; se lasse de la guerre, 429. Fait massacrer les habitans après la capitulation de cette place; évacue la Flandre, 430. Trêve générale qui comprend ses alliés, 433. Sa victoire sur la nation; ses germes de folie; en décimant la bourgeoisie il ne l'a point abattue, 435, 436. L'esprit de corps de la noblesse lui a donné l'impulsion, 445. Son pardon aux Languedociens à quelles conditions, 450. Subsides qu'il accorde à son oncle de Bourgogne; celui-ci l'engage à ne point renouveler la trêve, 452, 453. Il assiste au mariage de son cousin Jean de Bourgogne; son entrevue avec Isabeau de Bavière; son mariage avec cette princesse, 454 à 457. Ses apprêts contre les Gantois, 460. Il reprend et incendie Damm, ses ravages; son retour en France; 462, 463. Epuisement de ses finances; ses expédiens, 464. Pourquoi refuse les négociations proposées par Richard, 470. Ses renforts en Castille, 469, 472. Son projet de descente en Angleterre; sa flotte nombreuse; ville de bois qu'il fait construire par les soins de Clisson; ses immenses approvisionnemens; ses mesures fiscales; son départ de Paris, 473 à 476. Son arrivée à Lille; princes et seigneurs qui l'accompagnent; terreur qu'il inspire aux Gantois; son retard à s'embarquer, 477 à 480. Il ajourne l'opération; ruine de sa flotte, 481, 482. Ses démêlés avec la famille de Navarre, 488 à 490. Invoqué par le roi de Castille, lui fait passer des secours; appelle au commandement de l'expédition le duc de Bourbon, 493. Prépare un nouvel armement contre l'Angleterre, 499. Incident qui l'y fait renoncer; ses négociations avec le duc de Bretagne au sujet de l'arrestation de Clisson, 509 à 511. Brigandages qu'il laisse impunis; il est défié par le duc de Gueldre; sa colère; répugnance de ses chevaliers pour cette expédition à laquelle il se détermine, 515 à 519. Diversions qu'il craint du roi de Navarre et du duc de Bretagne, 520. Est rassuré à l'égard de ce dernier; leur entrevue à Paris, 521 à 523. La pacification de la Castille lui est cachée, 527. Il part pour la Gueldre; pourquoi se dirige par la Champagne; veut assurer le service des vivres, mais sans succès; ravages de son armée, 528 à 530. Satisfaction qu'il obtient et dont il se contente; sa retraite; désastres et murmures de l'armée, 531 à 534. Assemblée dans laquelle il congédie ses oncles et réclame la plénitude du pouvoir; ses ministres; l'un d'eux meurt empoisonné; il se sépare des deux ducs, 535 à 538. Nullité des résultats des immenses efforts qu'il a faits jusque-là; haine qu'on porte à ses oncles ; formation d'un nouveau conseil ; comment le compose ; il rétablit la charge de prévôt des marchands, 539 à 544. Zèle de ses ministres ; négociateurs qu'ils nomment pour faire la paix avec l'Angleterre, 545. Signature d'une trêve générale ; ses négociations ; ses bons rapports avec l'empereur et avec le roi de Castille ; son désir de rétablir la paix de l'Eglise, 548, 549. Il se déclare pour *l'immaculée conception* ; bulle qu'il obtient du pape ; fait rétracter les dominicains, 552. Il arme chevaliers ses deux cousins d'Anjou ; fêtes et tournois célébrés à cette occasion ; obsèques de Duguesclin ; but du roi dans cette cérémonie ; épuisement de son trésor, 554 à 557. Il ordonne pour la reine une entrée solennelle à Paris, son déguisement ; mystères joués sur des échafauds ; riches présens offerts à la reine, 558, 559. Mariage de son frère Louis ; nouvelles fêtes ; son départ pour le Midi, 560, 561. Son entrevue avec son oncle de Berry ; autres princes qui entrent avec lui à Avignon ; son désir de mettre fin au schisme et de faire couronner Louis II d'Anjou roi de Naples, 562 à 564. Ses fêtes perpétuelles ; ses largesses ; il prend congé de ses oncles ; ses goûts licencieux ; il écoute les plaintes portées contre ses oncles ; fait arrêter le trésorier du duc de Berry, 566 à 569. Ses ministres font exécuter cet homme, 572, 573. Feudataires dont il reçoit l'hommage ; sa visite au comte de Foix ; il achète sa future succession, 573 à 576. Son retour par la Bourgogne ; fêtes qu'on lui donne ; il revient à Paris à franc étrier ; il destitue son oncle de Berry, 577. Entreprend la réforme des finances ; ses ordonnances ; ses idées chevaleresques, 580, 581. Secours qu'il accorde au doge de Gênes, 582, 583. Son goût pour les croisades ; il projette d'en entreprendre une en Italie contre Boniface ; ordres qu'il donne à ce sujet ; comment accueille les observations de l'université ; il abandonne ce dessein et ne secourt même pas le duc d'Anjou, 584 à 587. Contrecarré par ses oncles, 589 à 593. Son ignorance ; son incapacité ; sa superstition ; frayeur que lui cause une trombe ; exaction à laquelle sa terreur le fait renoncer ; bruits d'empoisonnemens ; supplices, 594 à 596. Il disgracie Craon, 597. Son rendez-vous avec le duc de Bretagne ; il remet l'héritage de Foix au neveu du comte, 598, 599. Aigreur de ses conférences avec le prince Breton ; leur traité, 600 à 602. Les idées despotiques qu'il a puisées dans son éducation l'ont disposé à sa maladie mentale ; XII, 1 à 4. Quand elle commence à se manifester ; d'où son ridicule surnom de *Bien-Aimé*, 5. Son incontinence l'a encore prédisposé à la folie ; son premier accès, 6. Se rend à Amiens pour traiter de la paix ; son désir de combattre Amurat, 7. Sa magnificence ; accueil qu'il fait aux princes anglais, 10, 11. Son accès de délire ; son retour à Paris ; événement qui trouble la cour ; assassinat de Clisson ; vengeance que le roi promet au connétable ; ses mesures contre Craon, 13 à 18. Il le réclame vainement du duc de Bretagne ; se dispose à la guerre ; ordres qu'il donne à ses oncles, 19. Son départ pour la Bretagne ; représentations des princes ; son irritabilité ; scène dans la forêt du Mans ; sa folie furieuse, 22 à 24. Soupçons d'empoisonnement ; où il est transporté, 25. Régence qu'on institue ; part qui lui est réservée dans le pouvoir, 26 à 31. Son retour à la santé ; son oncle l'éloigne des affaires ; fatale mascarade qui l'y rappelle ; il veut enfin mettre un terme au schisme, 36 à 38. Négociations ; sa rechute ; il a confirmé l'âge de majorité fixé par son père ; réglé la tutelle et la régence ; ses efforts pour rappeler Clisson, 39 à 41. Son voyage à Abbeville, 42. Sa fureur augmente ; empire que conserve sur lui la duchesse d'Orléans ; imposteur qui le déclare ensorcelé, 44, 46. Les ordonnances sont rendues en son nom ; stagnation des affaires, 47, 48. S'interpose entre Clisson et Jean v ; ses voyages ; il remplace les jeux de hasard par le tir à l'arc ; la noblesse fait annuler cette disposition; il expulse les juifs, 49 à 53. Ses cruautés religieuses; bulle que lui adresse Boniface; requête que lui présente la Sorbonne; moyen de faire cesser le schisme qu'il goûte; parti que lui fait prendre le duc de Berri, 56, 57. Ne se soumet point à Benoît XIII; convoque le clergé de France, 59. Par qui rappelé à des occupations sérieuses; travaille, de concert avec sa famille, au bien du royaume, 60, 61. Ses efforts pour pacifier le Midi, 62. Puis la Bretagne, 63. Ambassade qu'il envoie pour notifier à Benoît XIII la décision de l'assemblée du clergé, 68. Il se fatigue des affaires; exile son médecin; sa rechute, 70. Mariage de sa fille Isabelle avec Richard II stipulé; prolongation de la trêve, 72, 73. Subsides qu'il accorde au connétable; pour quelle expédition, 75. Secours qu'il donne au comte d'Ostrevant; son entrevue avec Richard II; célébration du mariage de sa fille, 78 à 80. La seigneurie de Gênes lui est déférée, 83. Ses dispositions à l'égard des Visconti; son alliance avec les Florentins; ses projets de guerre rompus, 84 à 86. Ses longs accès; causes surnaturelles qu'on leur cherche; distractions qu'on lui donne; on le met entre les mains de moines qui se prétendent sorciers; lenteur que son état imprime aux affaires, 91 à 94. Contribue à racheter les captifs de Nicopolis; oubli qu'il fait de Clisson, 97. S'oppose au départ de son frère; célèbre de nouveau les noces de sa seconde fille; fait prendre le voile à la troisième; accueille le roi de Navarre, 98 à 100. Sa libéralité envers Derby malgré Richard; sa folie perpétuelle, 107, 108. Son entrevue avec Wenceslas; dans quel but; ce qui la rend infructueuse, 109, 110. Il suspend l'autorité de Benoît XIII en France, 111. Supplice des moines sorciers qui ont entrepris de le guérir, 114, 115. Ses longs paroxysmes; il est toujours regardé comme souverain; pourquoi conserve l'affection du peuple; la peste éclate; alarmes générales, 116 à 119. Son affection pour Derby, 123 à 125. Sa colère à la chute de Richard II; vaine tentative de son gouvernement pour saisir la Guienne, 132, 133. Il reconnaît Henri IV, 135. Mobilité de son esprit; comment les princes en tirent parti; leurs prodigalités, 138, 139. Ordonnance de réforme que ses conseillers lui font signer, 140, 141. Ses largesses recommencent; ses fils; leurs apanages, 142. Ses nouveaux dons, 145. Ses actes d'aministration, 151, 152. Largesse qu'il fait au duc de Bourgogne; pouvoir qu'il donne au duc d'Orléans, 161. Puis au duc de Bourgogne, 163. Comment on le distrait; il assiste aux représentations des Mystères, 165 à 167. Ses libéralités envers l'empereur de Constantinople, 268. Progrès de la France au milieu d'affreuses calamités, 170 à 175. Il rend à Benoît XIII l'obédience du royaume, 181, 189. Ses mœurs; influence que conserve sur lui la reine; conseil qu'elle lui fait organiser; pouvoir qu'elle se fait attribuer, 182, 183. Ses efforts pour tenir la balance entre les ducs de Bourgogne et d'Orléans, 184. Opérations magiques pour sa guérison, 190, 191. Il reçoit l'hommage du duc de Bretagne, 194. Puis des fils du duc de Bourgogne, 195. Est gouverné par le duc d'Orléans, 196 et suiv. Il fait punir Savoisy, 209, 210. Perd encore l'occasion de faire cesser le schisme, 211. S'oppose à l'altération des monnaies; abandon dans lequel on le laisse pendant ses accès; il souffre de la faim, 224, 225. Prédicateur dont il approuve les réprimandes, 228. Ses longues crises, 229, 231, 234. Soins hygiéniques qu'on lui donne, 242. Sa compassion pour le peuple, 254. Ses ambassadeurs en Italie pour éteindre le schisme, 262. Sa trêve avec l'Angleterre renouvelée partiellement, 267. Ordonnance que rend le roi contre le droit de prise, 268. Il promet de venger son frère; il retombe dans sa frénésie, 281. Remet le pouvoir au duc de Bourgogne, 291. Il rappelle à Paris la reine et les princes; se déclare neutre entre les deux papes; est menacé d'excommunication, 293, 294. La reine l'enlève à Tours, 308, 309. Reçoit à Chartres les excuses de Jean-sans-Peur et lui pardonne, 313, 314. Reprend par la paix de Chartres un pouvoir absolu ; qui l'exerce ; son retour à Paris, 316. Renouvelle la trêve avec l'Angleterre et l'alliance avec la Castille, 320. Pourquoi son gouvernement est le plus vigoureux de l'Europe, 321. Il enjoint à ses prélats de se rendre au concile de Pise, 322. Il perd Gênes, 324 à 327. Assiste aux fêtes données par Montagu, 330. Sa rechute, 332. Félicité de sa guérison par les princes ; apprend et approuve le supplice de son ministre ; convoque les États, 338, 339. Délègue le pouvoir au dauphin et en réalité à Jean-sans-Peur, 240, 341. Ses mesures pour empêcher la guerre civile, 349, 350. Par le traité de Bicêtre son conseil est renouvelé; les princes du sang en sont exclus, 352, 353. Impuissance de ses nouveaux ministres pendant ses accès, 354. Ses rapports avec les princes et avec la reine ; l'université lui refuse des subsides ; doctrines anti-monarchiques de ce corps, 356 à 358. Ses négociations, 360. Il n'a plus de parti ; son conseil se décide pour les Bourguignons, 362 à 364. Déclare rebelles et excommuniés les princes de la faction d'Orléans, 372. Il sévit contre ce parti ; ses ordonnances, 380. Invoque le secours du conseil contre les Armagnacs et les Anglais ; se met à la tête de l'armée royale ; assiége Bourges ; fait la paix ; 385 à 391. Son délire, 392. Son conseil convoque les États-généraux, 399. Il les préside, 400. Stérilité de cette assemblée, 402. Il prend le chaperon blanc des cabochiens ; discours qu'il entend ; arrestations faites en son nom, 418. Ordonnance qui les approuve ; ordonnance de réformation ; il la révoque ; pourquoi ne se croit point lié, 419, 420. Les princes lui demandent une entrevue, 426. Il entend leurs propositions, 428. Les rappelle à Paris, 432. Jean-sans-Peur tente en vain de l'enlever ; tient un lit de justice et consomme la réaction en faveur des Armagnacs ; il dénonce les cabochiens au roi d'Angleterre, 433 à 435. Il est à la merci du parti maître de sa personne, 437. Il marche contre les Bourguignons ; villes qu'il prend ; il reçoit la soumission du comte de Nevers et des Flamands ; demande que le duc se mette à sa discrétion ; est résolu à le déposséder ; assiége Arras, 442 à 448. Fait la paix, 450 à 452. Calamités de son long règne ; incapacité de sa famille ; son retour à Paris, 453 à 456. Il assiste au service funèbre de son frère, 459. Ratifie néanmoins la paix, 460. Ses négociations avec Henri v, 461, 462. Tournoi dans lequel il joute, 463. Son accès laisse le pouvoir à son fils, 464. Il marche contre Henri v, 474, 475. Ses délibérations ; il ne suit pas l'armée, 476, 478, 479. Son retour à Paris, 491. Il n'a plus de volonté, 492. Il nomme d'Armagnac connétable, 493. Il ordonne le supplice de Bosredon, 511. Il n'a plus connaissance de ce qui se passe dans son royaume, 514. Ses négociations avec Henri v, 524. Est emmené au siége de Senlis, 531, 532. Pouvoirs qu'il donne pour la paix ; il approuve le projet de traité, 534, 535. Saisi par les Bourguignons et promené par eux dans Paris, 539. Invoqué par Rouen assiégé ; il prend l'oriflamme ; sa marche inutile, 560, 562, 563. Trêve qu'il signe avec Henri, 565. Entrevue projetée entre eux, 572. Son retour à Saint-Denis, 576. Est emmené à Troyes, 578. Dégénération physique et morale de sa race, 594, 595. Il la dépossède par le célèbre traité de Troyes, 596 à 600. Fait approuver cet acte par les États, 601, 602. Suit l'armée anglaise, 603. Sa rentrée à Paris, 605. Son abandon ; son humiliation, 609. Il se rend au siége de Meaux, 615. Son insensibilité, 620. Sa mort, 623. Hésitation du pays à reconnaître son successeur ; XIII, 5. Défiance que sa longue démence a inspirée contre sa légitimité, 6. Ses obsèques, 12. Romans de chevalerie traduits ou écrits sous son règne, 585. A été associé à la confrérie des Mystères de la Passion, 596.

CHARLES, fils de Charles VI; sa naissance; est mis sous la tutelle de sa mère; sa mort; XII, 6, 39, 142.

CHARLES VII, roi de France, d'abord comte de Ponthieu, puis dauphin; fait partie de l'armée royale; XII, 479. Est investi des fiefs du duc de Berri; est capitaine général des Parisiens, 502. Accompagne sa mère, 507. Devient dauphin, 509. Honneurs et prérogatives que d'Armagnac lui fait déférer; pouvoir qu'il donne à ce chef de parti, 510 à 512. Il n'est que son instrument, 514. Ses conseillers, 515. Il soumet Rouen, 518; projet de traité qu'il approuve et qui est rompu, 534 à 536. Duchatel l'enlève à la Bastille, 539; et l'envoie à Melun, 542. Sa cour; son entourage; succès de son parti; ouvertures que lui fait Jean-sans-Peur; il repousse la paix, 554 à 556. Ses négociations avec Henri V, 557. Propositions qu'il lui fait, 561. Trêve qu'il signe avec lui; autre trêve avec Jean, 565. Son entrevue avec ce dernier; paix incomplète de Pouilly, 574 à 576. Il vient à Montereau; fait demander au duc une nouvelle conférence, 580. Ses chevaliers assassinent ce prince, 582, 583. Il force le château de Montereau; interprète le meurtre du duc; ses compagnons s'en glorifient 584, 585. Le jeune duc se résout à l'exclure du trône; trêve dans laquelle il n'est pas compris; ses courses; son entrevue avec le duc de Bretagne, 588, 589. Il se rend à Toulouse, 590. Approuve la trahison de Penthièvre, 593. Son indignité, 594. Son père, Henri V, le duc de Bourgogne s'engagent à ne point traiter avec lui, 600. Ses dispositions; il s'aliène le comte de Foix, 603. Ajourné au parlement de Paris; il est condamné au bannissement, 606. Secondé par le comte de Clermont et surtout par le caractère de Henri V, 608. Succès et recrutement de son parti, 610. Assiége Chartres; se retire en Languedoc, 611, 612. Composition de son conseil; ses rapports avec les Anglais sur la frontière de Guienne, 616. Paraît au siége de Côné; son armée; ses auxiliaires; son connétable, 621. Désir d'indépendance de la nation qui se manifeste sous son règne; XIII, 3. Hésitation du pays à le reconnaître à la mort de son père; pourquoi, 5, 6. Provinces qui lui sont fidèles; composition de ses armées; époque de sa naissance; son âge à son avénement; sa frivolité; où proclamé roi; ses premières ordonnances, 9 à 11. Ses courses, 12. Ses partisans à Paris; il sent le besoin de s'appuyer sur l'affection du peuple; il réforme les tribunaux du Dauphiné, 13, 14. Les Parisiens le nomment le roi de Bourges; il convoque les Etats; secours qu'il en obtient; feudataires qu'il se concilie, 15. Son inertie; guerre confuse de ses capitaines; ils perdent la bataille de Cravant, 17 à 21. Désastres de son parti, 22, 23. Sa mollesse; naissance de son fils, 27. Renfort qu'il reçoit, 28, 29. Ses échecs au nord, 31. Succès variés des siens; ils perdent la bataille de Verneuil, 32 à 36. L'arrogance des Anglais renforce son parti, 37, 38, 39. Sa trêve avec Philippe-le-Bon; par quelle médiation; discorde de sa cour, 40. Négociations de sa belle-mère, 41. Révolution de cour qui éloigne les assassins de Jean-sans-Peur et remet à Richemont l'épée de connétable; légèreté du jeune roi; son nouveau favori, 42 à 46. Il ne fait rien pour défendre le Maine, 47. Il erre de château en château; progrès de sa législation; ordonnance en faveur de la cour de Rome sur laquelle il revient; protection qu'il accorde au commerce, 52 à 56. Son enfance prolongée, 57. Efforts du connétable pour le gouverner; son entrevue avec Marguerite de Bourgogne; brigue pour détruire leur influence, 58 à 60. A quoi sa cour emploie les fonds réclamés par Richemont, 63. Il fait lever le siége de Montargis, 64. Cède à l'ascendant du connétable; abandonne le Languedoc au comte de Foix; ses rapports avec Jacques de la Marche; reproches que lui fait Richemont, 68 à 71. Sa colère à la mort de Giac; nouveau favori qu'il accepte; son voyage, 74. Son favori tué; il le remplace par la Trémoille, 76, 77. Discordes de sa cour; ses actes de gouvernement; il réprime les exactions de Jean comte de Foix; il rassemble les

Etats; sur quoi repose la sécurité, 78 à 82. Bedford s'apprête à l'attaquer, 85. Ses prodigalités, 88. Ses folles inimitiés; il attaque Richemont; est aux prises avec les princes; son arrangement avec eux; il convoque les états, 89, 90. Ce qu'il en obtient, 91, 92. Ses affaires semblent désespérées; ce qui le sauve, 101, 102. Mouvement littéraire et religieux des esprits, 103 et suiv. Idées populaires sur le pouvoir du démon, 111, 112. Prédicateur que le roi protége, 115. Pourquoi dans les idées du peuple n'est regardé que comme dauphin; Jeanne d'Arc se croit appelée à le faire sacrer, 116 à 118. Elle lui est présentée, 121. Il la fait armer de toutes pièces, 124. Sa belle armée après le siége d'Orléans; officiers qui s'y trouvent, 134. Jeanne veut le réconcilier avec le connétable, 135. Elle le décide à marcher sur Reims; il refuse l'assistance du connétable, 137 à 139. Sa marche; son entrée à Troyes, à Châlons, à Reims; il est sacré; refuse de congédier Jeanne, 140 à 145. Lettre que lui adresse le pape, 147. Desservi par Philippe-le-Bon; villes qui se rendent à lui après le sacre; ses hésitations; ses manœuvres en présence de Bedford; il marche sur Paris; attaque que son indolence fait échouer, 148 à 152. Se retire au delà de la Loire; funestes conséquences de sa mollesse, 153 à 157. Efforts de ses partisans; complots pour lui à Paris, 159, 231, 232. Il ne reparaît point à l'armée; son ingratitude envers la Pucelle. Mystères de son caractères et de sa vie cachée; influence funeste de la Trémoille; ses ordonnances; comment il dissipe son peu de ressources, 162 à 167. Subside qu'il reçoit du Languedoc, 170. Repos dont jouit la province où il réside; son dégoût de la société de ses capitaines, 172, 173. Progrès de son parti, 180. Ce qu'il fait pour Jeanne et sa famille, 193, 194. Langueur de la guerre, 196. Son partisan René d'Anjou prisonnier à Bullégneville, 202. Imploré par sa femme; sa passion pour Agnès Sorel, 203. Sentimens qu'elle réveille en lui; trêve qu'il signe avec le duc de Bourgogne, 204, 205. Tentatives de ses capitaines en Normandie; combats autour de Lagny; prise de Chartres, 209, et suiv. Il négocie, 215. Intrigues qui préparent et effectuent la chute de son favori; il l'approuve, 220 à 225. Seigneurs qui font avec lui leurs paix particulières, 228. Son peu d'empressement de terminer la guerre, 233. Le duc d'Orléans propose de le déposséder, 234. Se réconcilie avec le connétable, 238, 239. Etats qu'il préside, 240. Il est représenté au congrès de Nevers; stipulations pour la paix générale; il promet au connétable de convoquer les Etats, 244, 245. Est déjà en paix avec Philippe, 247. Par qui représenté au congrès d'Arras, 250. Exigences de l'Angleterre; rupture des négociations avec elle; traité avec le duc de Bourgogne, 251 à 257. Apprend la mort de sa mère; leur longue rupture; sa joie à la nouvelle de la paix d'Arras; il jure de l'observer; l'annonce aux Etats, 261. Sa paix avec Lille-Adam, 262. Villes qui arborent son drapeau, 263, 264. Secouru par les Bourguignons, 269. Le connétable lui soumet Paris, 272 à 277. Conséquences de sa réconciliation avec Philippe et de la soumission de la capitale, 278. Son caractère, son indolence mettent obstacle au rétablissement de l'ordre, 282, 283. Esprit d'indépendance de ses capitaines; leur férocité, 284, 285. Il tient les Etats de Languedoc; ne donne point de successeur au comte de Foix; se rapproche de Paris soumis; réorganise les corps judiciaires, 289, 290. Etablissement du parlement de Toulouse; mariage du dauphin, 291. Intérêt que le roi prend aux affaires de la maison d'Anjou, 292. Il intercède pour la mise en liberté du roi René, 297. Paye une partie de sa rançon, 298. Ne songe plus aux Anglais, 299. Sa campagne contre Villandrade, 309, 310. Il prend goût à la guerre; assiège et fait capituler Montereau, 311, 312. Son entrée à Paris; son escorte, 313. Il abandonne cette ville; misère publique; épidémie, 314 à 316. Préside l'assemblée du clergé; promulgue la pragmatique sanction, 317, 318. Excite le ressentiment d'Eugène IV, 329. Ravages des aventuriers dans ses provinces, 332. Vaines négociations de Gravelines, 336 à 341, 342 à 344. Changement dans le caractère du roi, 344, 345. Ressources pécuniaires que lui propose Jacques Cœur; comment il en dispose, 346, 347. Revient à Paris; convoque les Etats à Orléans; but de cette assemblée; la question de la paix y est décidée; importante ordonnance d'Orléans qu'il signe pour ramener l'armée sous sa dépendance, 348 à 356. Pourquoi évite désormais de réunir les Etats, 357. Mécontentement de la cour, 358. Complot de la Praguerie pour mettre son fils à la tête du gouvernement, 359 à 361. Son activité pour le déjouer; il fait reculer d'Alençon; le ménage; rallie Dunois; soumet le Poitou; entre en Bourbonnais; succès de ses capitaines; il convoque les états d'Auvergne, 362 à 365. Inutiles négociations; il pousse ses avantages; fait la paix de Cusset, 366 à 368. Pouvoirs qu'il donne à son chancelier pour traiter avec Henri VI; les conférences ne sont point reprises, 370. Jalousie que son énergie nouvelle inspire aux princes, 371. Ils veulent le condamner au repos, 372. Il les pénètre; sa jalousie du pouvoir; assemblée à laquelle il soumet les affaires de l'église; il se prononce pour Eugène IV; il rappelle Duchatel; pourquoi; sa tournée à la tête d'une armée; de qui accompagné; désordres qu'il réprime ou punit; il fait réduire le comte de Saint-Pol; élude les réclamations de la duchesse de Bourgogne; villes qu'il prend et assiége; il est accusé des maux du peuple, 377 à 381. Sa constance au siége de Pontoise; son obstination à refuser la bataille; il prend la place d'assaut, 382 à 386. Pourquoi quitte Paris; son entrevue avec le duc de Bretagne; aventuriers qu'il fait réduire ou congédier; il tient la journée de *Tartas*; son armée; sa nombreuse suite de barons; villes qu'il prend; il réprime les routiers; tient les Etats à Béziers; subsides qu'il en obtient, 387 à 391. Les princes assemblés à Nevers lui exposent leurs doléances; ses réponses; publicité qu'il leur donne; l'opinion se tourne pour lui, 392 à 396. Son plan de délivrer la France de la tyrannie des grands et des soldats; pourquoi nommé Charles-*le-Bien-Servi*; habileté de ses ministres, 397 à 399. Il s'interpose entre les feudataires du midi, 400. Fait mettre en liberté la comtesse de Comminges; son traité avec cette famille; plaintes de d'Armagnac, 401 à 403. Ses hostilités contre les Anglais en Guienne; il secourt Dieppe, 404, 405. Confie cette expédition au dauphin, 406. Surveille Sommerset; envoie son fils contre d'Armagnac, 408. Est maître de ses états, 410. Trêve qu'il signe avec l'Angleterre, 411. Comment en use pour le bien du royaume; par qui secondé; il ranime le commerce; il se détermine à entraîner les gens de guerre hors du royaume; occasion qui se présente; l'empereur lui demande des soldats, 415 à 421. Lui-même prépare une expédition contre Metz, 423. Il assiége cette ville; traite avec elle, 436, 438. Son but secret d'humilier et d'atténuer les compagnies est atteint; il consomme la réforme de l'armée, 439 à 442. Mécontentement de Paris, 442 à 445. Il renouvelle ses traités avec la maison de Bourgogne; il remet en liberté d'Armagnac, 445 à 447. Personnages dont il s'éloigne; Lavarenne devient son favori; il renouvelle la trêve avec Henri; convient d'une entrevue, 448, 449. Pas d'armes funeste tenu sous ses yeux; il s'abstient des jeux chevaleresques, 450, 451. Ses rapports avec le sultan d'Egypte; ses transactions avec les états de Languedoc; il étend la juridiction du prévôt de Paris; son autorité absolue, 452 à 454. Son goût pour les plaisirs; sa faiblesse pour Agnès Sorel; à quoi attribuer l'heureux choix qu'il fait de ses ministres, 460 à 464. Il institue un corps d'infanterie nationale; les francs archers; les élus; répartition des impôts; organisation militaire de la noblesse, 465 à 469. Se méfie du dauphin; disgracie Lavarenne, 470 à 472. S'interpose pour faire cesser le schisme et obtenir l'abdication de Félix V, 472, 474. Se préoccupe des affaires du Milanais; les abandonne, 476 à 478. La guerre avec l'Angleterre recommence; il fait assiéger et prendre le Mans, 479. Ses réclamations à l'Angleterre, 481. Progrès de ses armes, 482, 483, 484. Il ordonne à Dunois de conquérir la Normandie; ses griefs, 485. Armée qu'il conduit en personne, 486, 487. Renfort qu'il reçoit; il concentre toutes les troupes; il fait capituler Rouen et stipule avec Sommerset l'évacuation de toutes les places de la province; il fait son entrée à Rouen, 488 à 492. A quoi est due la fortune de ses armes, 494. Son activité s'accroît; villes qu'il fait enlever; il perd Agnès Sorel; il continue la guerre, 495 à 498. Qui oppose aux Anglais débarqués, 499. Accourt au siége de Caen; accorde une capitulation aux assiégés; fait son entrée dans cette ville, 504. Il poursuit sa guerre de siéges; complette la conquête de la Normandie; marche sur la Guienne, 505 à 507. Sa louable activité; opérations de ses capitaines, 510, 511. La Guienne est conquise, 512 à 518. Le roi est surnommé *le Victorieux*; priviléges qu'il accorde ou confirme; pourquoi aux Etats-généraux préfère les Etats provinciaux; étendue de son autorité, 522 à 524. Ses rapports avec la Bretagne, 525, 526. Il reçoit l'hommage du duc François; sert sa haine contre Giles, 528, 529. Réclame ce prince après son arrestation; son alliance avec le duc, 530 à 532. Reçoit l'hommage de Pierre II qui lui succède, 536. A quoi condamne son receveur général Xaincoings, 536. Son ingratitude envers Jacques Cœur, 537 à 542. Ses rapports avec son fils; il veut s'opposer à son mariage; leur mécontentement mutuel; il attaque le duc de Savoie, 543 à 545. Fait la paix avec lui; comment attiré en Guienne, 546 547. Sa résolution de conserver cette conquête; ses mesures contre les Anglais, 550 et suiv. Seigneurs gascons qui se rendent à sa merci, 554. Il assiége Bordeaux; sa sévérité envers les sujets français; il admet la place à capituler, 556 à 558. S'assure de toute la province; pourquoi ne prend pas Calais. Ses explications avec le duc de Bourgogne, 559, 560. Il promet de ne point protéger les Gantois soulevés, 564. Il offre sa médiation, 566, 567. Sa sécurité du côté de l'Angleterre, 575. Sa vie retirée; ses amours, 576, Il détourne Philippe de ses projets de croisade contre les Turcs, maîtres de Constantinople; lui permet de lever des soldats en France, 579, 580. Style de ses ordonnances, 582. Romans de chevalerie traduits ou écrits sous son règne, 585. Célébré comme religieux par les chroniqueurs contemporains, 600. Son portrait; ses dérèglements; sa facilité à sacrifier ses serviteurs, 603 à 606. Ses historiens latins, 607, 608. Pourquoi dépossède d'Armagnac, 625 à 627. Ses débats avec son fils, 628 à 632. Il fait arrêter le duc d'Alençon; son entrevue avec lui, 636, 637. Fuite du dauphin, 638 et suiv. Le roi prend possession du Dauphiné, 641, 642. C'est sa dernière expédition; il reprend sa vie retirée et rentre dans l'ombre; XIV, 1 à 4. Il saisit les revenus de son fils, 4. Conditions inacceptables qu'il lui fait, 6. Est sollicité de faire la guerre au duc Philippe, 8, 9. Ladislas de Hongrie lui demande sa fille; étrange ambassade qu'il reçoit, 10, 11. Le duc de Bretagne lui rend hommage, 13. Ses intelligences avec Marguerite d'Angleterre, 15. Il convoque les pairs pour juger le duc d'Alençon; refus des ducs de Bourgogne et de Bretagne, 16 à 18. Il ouvre la session; composition de la cour; sa présence au prononcé de l'arrêt; grâce qu'il fait au condamné, 19 à 22. Il reçoit l'hommage du duc de Bretagne; sa répugnance pour ce seigneur, 22 à 24. Il reçoit l'hommage de son successeur, 25. Ses débats avec Philippe; pourquoi la rupture n'est point complète; son gouvernement silencieux, 26 à 29. Ses mesures financières; querelles qu'elles lui suscitent avec l'Université, 30 à 34. Comment veut faire juger d'Armagnac, 36. Ses ambassadeurs à la diète de Mantoue; il ne songe qu'aux intérêts de la maison d'Anjou, 37, 38. Fait prendre possession de Gênes, 40. N'envoie aucun secours à Jean d'Anjou, 46. Demande imprudente qu'il fait aux Génois, 49.

Intérêt qu'il prend à la reine d'Angleterre; comment il soulève et perd Gênes, 55 à 59. Ses derniers démêlés avec le duc de Bourgogne; ses soupçons à l'égard de son fils; sa mort, 60 à 65, 66. Ses obsèques, 70. Faiblesse de sa tête; son dégoût du travail, 77. Sa résistance à la cour de Rome, 95.

CHARLES, second fils de Charles VII; inquiétudes du Dauphin à son sujet; XIII, 629. Siége à la cour des pairs; XIV, 19. Louis XI lui donne le duché de Berry, 99. Excité contre lui par le duc de Bretagne, 144. Engagé dans la ligue du bien *public*, 154. Ses intelligences avec l'ambassade de Bretagne; il se retire dans cette province; sa lettre au duc de Bourgogne; instrument des princes; vues de ceux-ci, 162, 163. Ses demandes, 169. Il manœuvre pour rejoindre Charolais, 172, 173. Leur réunion, 180. Il arrive aux portes de Paris; en demande l'entrée, 182, 183. Il perd son crédit, 184. La Normandie lui est cédée, 191. Il fait hommage au roi, 199. Sa rupture avec le duc de Bretagne; son frère lui enlève la Normandie; apanage qui lui est promis; il se retire en Bretagne, 205 à 209. Ses réclamations; comment accueillies, 211. Désir de Charolais de marcher à son secours, 212, 214. Piége qu'il évite; son mécontentement, 217 à 219. Sa correspondance, 228. Il recommence les hostilités, 232. La dame de Villequier lui fournit de l'argent, 233. Concessions qu'il obtient, 241. La question d'apanage soumise aux Etats, 247. Comment résolue, 250. Son traité avec Edouard IV, 250. Réduit et abandonné par le duc de Bretagne, 253 à 255. Comment son apanage réglé, 275. Arrière-pensée de Louis, 280. Propositions que lui fait ce prince, 286. Intrigues qui le rendent indécis; il accepte enfin la Guienne, 287 à 290. Ses dernières trahisons; sa correspondance avec Edouard IV; il est mis en possession; son entrevue avec son frère; ses craintes; ses précautions; ascendant que Louis prend sur lui, 292 à 294. Son frère veut le marier en Espagne; il rejette les offres du duc de Bourgogne, 295. Chevalier de Saint-Michel, 296. Dégagé de la garantie du traité de Péronne, 321. Il recommence à intriguer avec les ennemis de son frère; projet de le marier à l'héritière de Bourgogne; il propose d'attaquer le Téméraire, 322, 323. Est à l'armée royale, 330. Ses négociations avec le Bourguignon, 342, 343. Conseils que lui donne le roi; il s'évade de la cour; demande des dispenses pour épouser Marie; rappelle d'Armagnac, 344 à 346. Le Téméraire élude ses promesses; on lui propose d'épouser Eléonore de Foix; obstacles qu'y met le roi; duplicité de Louis que le prince dévoile, 347, 348. Il se ligue avec Edouard IV; le Téméraire l'abandonne, 348, 349. Sa maladie, 350. Ses armemens; il somme le Téméraire de tenir ses promesses, 351, 352. Il meurt, non sans soupçon d'empoisonnement, 353 à 355. Ses dernières dispositions; pardon qu'il demande au roi, 358.

CHARLES VIII, roi de France; fermentation de gloire qui l'entraîne en Italie; XIII, 3. Sa naissance; XIV, 304. Sa faible santé, 345. Projet de lui faire épouser Marie de Bourgogne, 349, 498, 503. Son père le fiance à une princesse d'Angleterre, 519, 571. L'éloigne de sa résidence, 593. Le bénit, 602. Veut lui faire épouser Marguerite d'Autriche, 570, 608, 610. Instructions et recommandations que lui fait son père, 615, 616. Serment que prêtent les princes à son égard, 615. Ses fiançailles, 624. Son âge à son avénement, 633. Son éducation; sa faiblesse physique et morale; son incapacité; majeur, légalement regardé comme un enfant, 634. 635. Par qui ses premières ordonnances signées; entouré de princes du sang, 636, 637. Affaiblissement de son gouvernement, 640. Ses conseillers convoquent les Etats-généraux; il reçoit les députés; la séance royale est ouverte, 648. Débat sur son éducation et son conseil; sa sœur lui suggère ses discours, 651 à 659. Les enfans de Nemours lui sont recommandés, 656. Sa fatigue aux Etats, 660. A qui sa garde est confiée; comment le gouvernement de Madame est constitué, 661 à 665. Demande que lui font les députés du tiers, 669 à 672. Son chancelier les offense; leur agitation; comment calmée, 673 à 675. Tailles qu'ils lui acccordent, 677. Ils demandent leur réunion périodique, 678. Leurs vœux sont éludés par lui; comment il est sacré, 684. Ascendant que prend sur lui d'Orléans; la dame de Beaujeu les sépare; XV, 6, 7. Parti en Bretagne pour lui donner la souveraineté; d'Orléans veut le faire passer pour prisonnier de sa sœur, 9 et suiv. Son retour à Paris; lit de justice qu'il tient à Rouen, 14, 15. Ligue que d'Orléans veut former contre lui, 16. Son traité avec Henri VII d'Angleterre, 21. Son traité avec le duc de Bretagne, 24. Il se porte au secours de ses généraux attaqués par Maximilien, 27. Comment accueille les observations du duc de Bourbon; licencie son armée, 29. Il réunit la Provence à la France; signataires de l'ordonnance, 30. Son désir de rejoindre d'Orléans, 36. Emmené par sa sœur au midi, 37. Soumissions qu'il reçoit, 38, 39. Il se rend en Bretagne, 40. Son retour à Paris, 45. Accueil qu'il fait à Comminges, 46. Lit de justice qu'il tient, 49, 50. Sa sœur espère le gouverner, 52. Soumission qu'il lui témoigne; la France le regarde comme son seul souverain, 59. On évite qu'il voie d'Orléans, 61. Il reçoit les négociateurs bretons; fait avec eux la paix de Sablé, 63, 64. Il réclame la garde noble des jeunes filles du feu duc; son armée recommence les hostilités, 66. Son traité avec les Etats de Flandre confirmé, 72. Pourquoi se rend en Touraine, 76. Ce que lui réclame Ferdinand d'Aragon; leurs hostilités confuses, 77 à 79. Ses débats avec le duc de Savoie sur l'hommage du marquis de Saluces; accueil qu'il fait au premier de ces princes; succès de ses troupes au nord, 81 à 83. Il perd Saint-Omer; sa lassitude de la guerre, 85. Ses négociateurs signent le traité de Francfort; il abandonne les Flamands; pardons qu'il accorde, 86 à 88. Arbitre entre Maximilien et ses sujets; condamne ces derniers, 89. Retire ses troupes de Bretagne et garde les places fortes; commence à gouverner, 94, 95. Visite sa sœur; convoque les états du Languedoc; grâces qu'il accorde, 96. Son entrée à Nantes, 97. Son désir de gloire et de conquêtes; par qui excité; il délivre le duc d'Orléans; réhabilite les d'Armagnacs; réconcilie sa sœur et d'Orléans, 100, 101. Il achève de subjuguer la Bretagne et épouse la duchesse, 102 à 107. Importance de la réunion de cette province à la France; efforts du roi pour gagner son affection; indépendance fiscale et judiciaire qu'il lui laisse; priviléges qu'il accorde, 108 à 111. Ses idées romanesques; noms qu'il donne à son fils; ses favoris 112, 113. Ambassade de Maximilien; il ne lui rend point sa fille, 115, 116. Obligation que lui a Henri VII, 118. Ses forces militaires; sa belle artillerie, 119. Par qui fait défendre Boulogne, 122. Son traité avec Ferdinand d'Aragon; lui rend le Roussillon et la Cerdagne; à quelles conditions; ses propositions à Henri VII, 125 à 127. Il signe et ratifie avec ce prince le traité d'Etaples, 128, 129. Il fait avec Maximilien le traité de Senlis, qui lui restitue, avec sa fille, l'Artois et la Franche-Comté; ses réserves; n'a point mérité le blâme que cette transaction lui a attiré, 132 à 135. Se dispose à conquérir l'Italie et à renverser l'empire turc, 136. Son père lui a préparé l'entrée de l'Italie, 137 à 140. Emigrés qui s'adressent à lui, 141. Invoqué par Louis-le-Maure, 143. Comment son zèle stimulé; par quoi encouragé à conquérir l'Orient; ses négociations au sujet de Gem; secours que le Maure attend de lui; leur traité secret; comment considère la guerre; ses prodigalités; ses flatteurs; opposition de sa sœur, 144 à 149. Ses ambassadeurs en Italie; leur peu de succès, 150 à 152. D'abord résolu à gagner Naples par mer; abandonne ce projet; donne le commandement de la flotte au duc d'Orléans; refuse de recevoir une députation de Paris; ses dépenses; sa vie dissipée à Lyon; remontrances de sa sœur; il nomme son beau-frère régent, 154 à 157. Ses emprunts; son entrée à Grenoble; sa suite; comment pourvoit à l'administration intérieure; il se sépare de la reine; passe les monts, 158, 159. Discipline de son armée; son entrée à Turin; il met en gage les bijoux des princesses de Savoie et de Montferrat; princes qui le rejoignent à Asti; ses excès; sa maladie; son rétablissement; son conseil de guerre opine pour la retraite; par qui décidé à pousser en avant; sa marche; son entrevue avec le jeune Sforza et sa femme; il apprend la mort de ce prince; il passe le col de Pontremoli; force de son armée, 162 à 170. Places que lui livre Médicis; est accueilli à Pise aux cris de liberté, 171 à 173. Son entrée à Florence; ses prétentions; résistance qu'il craint; son traité; son arrivée devant Rome, 174 à 176. Supériorité de ses forces; son ignorance brutale déjoue la politique italienne; rejoint par le Maure, 178 à 181. Influencé par Julien de la Rovère, 182. Ses négociations avec le pape; traite avec les Orsini; son entrée à Rome; son traité avec Alexandre; Gem lui est livré, 183 à 186. Sa marche; fort qu'il prend et dont la population est massacrée; son traité avec Trivulzio; son entrée à Naples, 187 à 192. Les châteaux, les provinces se soumettent à lui; épouvante les Turcs; insurrection des Grecs; il ne songe plus à eux; ses largesses à ses officiers aux dépens des Aragonais et des Angevins; ses vaines négociations avec la famille détrônée; il ne s'occupe que de fêtes, que de tournois; 193 à 197. Comment offense Sforza; son ambassadeur à Venise; ligue qui se forme contre lui, 198 à 200. Son altercation avec l'ambassadeur espagnol; fuite de Borgia; mort de Gem, 201, 202. Sa sécurité; avertissemens que lui fait parvenir Commines; ligue de Venise; ne peut obtenir du pape l'investiture de sa conquête; se fait couronner; commence la retraite, 203 à 206. Ses lieutenans à Naples; son passage à Rome, à Sienne; garnisons qu'il laisse en Toscane; il arrive à Pontremoli, 206 à 208. Excès des Suisses; il passe l'Apennin, 209. Il se trouve en présence de l'armée vénitienne; fait en vain demander le passage; gagne la bataille de Fornovo, 212 à 217. Sa retraite, 218, 219. D'Orléans demande son secours; ses dissipations; il négocie; reçoit un renfort de Suisses; fait la paix à Verceil avec le Maure; congédie ses auxiliaires et revient à Lyon, 220 à 224. Oublie son armée de Naples, 231. Ce qui reste de ses conquêtes, 236, 237. Leurs conséquences sur la politique générale; elles commencent l'ère de l'action réciproque des nations les unes sur les autres, 238, 239. Son séjour à Lyon; sa légèreté; est peu affligé de la mort de son fils; comment cherche à consoler la reine; mort de ses autres enfans; son libertinage effréné, 240 à 242. Sommations que lui adresse Savonarola; fidélité de Florence à son alliance; sort des forteresses que gardent ses officiers; il fait ravitailler les places napolitaines; par qui pressé de rentrer en Italie; par qui entravé; ses amours; il abandonne l'expédition; 243 à 248. Ses vacillations; complot qu'elles font échouer, 249. Ses hostilités au midi; il négocie avec Ferdinand le partage du royaume de Sicile, 249 à 253. Trêve générale; en sécurité du côté de l'Angleterre; ses joutes; ses tournois, 254, 255. Ses soupçons à l'égard de ses beaux-frères; il perd son dernier fils; changement dans son humeur; sa mort; sa bonté, 256 à 260. Son peu d'égards pour la reine, 262, 263. Ses obsèques, 266. Ses engagemens envers les Florentins à l'égard de Pise; ses promesses inconsidérées aux Pisans, 325, 326.

CHARLES ROLAND, fils de Charles VIII; pourquoi son second prénom; XV, 112. Sa mort, 241.

CHARLES IX, roi de France; son précepteur arrêté comme protestant; XVI, 450. Son avénement à dix ans et demi; XVIII, 184. Il est isolé au milieu des partis, 185. Par qui salué roi, 186. Défère au chancelier la présidence du conseil, 190. Il fait l'ouverture des Etats, 191. Préside une seconde séance publique, 199. Les députés refusent de voter des subsides sans de nouvelles instructions de leurs commettans, 201, 202. Il retourne à Fontainebleau, 208. Il défend au connétable de quitter la cour, 209. Il est sacré, 212. Son conseil incline pour la tolérance, 218. Il fait l'ouverture de la reprise des Etats, 222. Ordonne à Guise et Condé de mettre fin à leur différend, 230. Assiste à la conférence de Poissy, 231. Son gouverneur, 239. Il prend la parole devant une députation du parlement, 255. Sa mère l'emmène à Monceaux, 258. Il est insulté par le connétable, 267. Rentre à Fontainebleau, 271. Est emmené à Paris; ses larmes, 275. Sa délivrance est un des prétextes des protestans, 282. Se rend au camp de Bourges, 301, 304. Troubles à Toulouse; amnistie qu'il accorde, 320 à 323. Ses ambassadeurs au concile de Trente; leur conduite, 380. Traité de Blois par lequel il règle ses rapports avec le duc de Savoie, 388. Son mariage stipulé avec une fille de l'empereur; à quelles conditions, 390. Pourquoi n'entre point au Havre; est déclaré majeur à Rouen; y tient un lit de justice; son discours; il confirme l'édit d'Amboise, 394 à 399. Sa réponse aux remontrances du parlement de Paris; il force ce corps à se soumettre, 401 à 403. Lettre que lui adresse sa mère; il évoque le jugement du différend entre les Guises et les Chatillons; l'ajourne à trois ans, 403 à 405. Garde que sa mère organise pour lui, 406. Il soupçonne d'Andelot du meurtre de Charri, 407. Sa réponse à une ambassade solennelle du pape, de l'empereur, du roi d'Espagne et du duc de Savoie, relative au concile de Trente et au meurtre de Guise, 415, 416. Son voyage; harangue de Tavannes, 418, 419 et suiv. Il destitue le gouverneur de Lyon; places dont il s'assure; il donne l'Anjou à son frère en échange d'Orléans; lettre que lui écrit Condé en faveur des protestans; il le rassure, 423 à 425. Ses plans contre eux; à qui il les communique, 428, 429. Suite de son voyage; son entrée à Toulouse; son escorte; ses fêtes; comment accueille les plaintes des Huguenots, 437, 438. Son séjour à Bayonne, 443 et suiv. A Nérac, 453. Fin de son voyage, 454. Etat de l'Europe au moment où le roi d'Espagne lui suggère ses plans d'extermination, 455 et suiv. Préside l'assemblée de Moulins; il y rend compte de son voyage, 464, 465. Réconciliations qu'il fait faire, 469, 470. Comment accueille une députation des princes protestans de l'Allemagne, 486, 487. Sa sortie contre l'amiral, 488. Celui-ci projette de l'enlever, 496. Le complot lui est dévoilé; il part pour Paris; comment y rentre; haine qu'il conçoit contre les Huguenots, 498 à 501. A qui donne le commandement de son infanterie, 506, 507. Il donne à son frère Henri le commandement général des armées, 513. Demande que lui adressent les Etats du Languedoc, 517. Il ne fait la paix que pour écraser le parti; XIX, 5. Seconde le duc d'Albe, 15. Révoque les priviléges de la Rochelle, 24, 25. Interdit l'exercice du culte réformé, 32. Pourquoi ne prend point le commandement de l'armée, 36. Sa mère l'emmène à Metz, 52. Ses boutades contre son frère, 56. Protestans qu'il force la duchesse de Ferrare d'expulser de Montargis, 58. Sa haine violente pour Coligni, 62. Envie que lui inspirent les victoires de Henri; il prend le commandement de l'armée; ses favoris; il assiége et prend Saint-Jean d'Angely; ses pertes, 72 à 75. Son désir de la paix, 81. Ses propositions non agréées, 82. Traité qu'il conclut, 84. Effets de son édit de Saint-Germain, 85 et suiv. Exemples qu'il a reçus; sa dissimulation; ses talens; son esprit; ses vers à Roussard, 90, 91. Son mariage avec Elisabeth d'Autriche, 96, 97. Pourquoi veut faire tuer Guise; il se réconcilie avec lui; à qui projette de marier sa sœur, 98. Les princes allemands lui proposent pour exemple son beau-père Maximilien; ses promesses, 99, 100. Ne tient point parole aux Huguenots; donne les sceaux à Birage, 101. Négociateurs qu'il envoie aux chefs du parti; arbitrage qu'il fait faire, 102. Excès populaires qu'il réprime, 103, 104. Ses efforts; ses offres pour attirer à la cour les seigneurs huguenots; accueil qu'il fait à la famille de Navarre; pourquoi fait tuer Lignerolles, 105 à 109. Il annonce à Nassau le dessein de combattre Philippe II et de mettre Coligni à la tête de ses armées; accueil et présent qu'il fait à ce dernier; plans qu'il approuve; il l'admet à ses conseils, 110 à 114. Son ardeur à s'emparer des Pays-Bas; avidité avec laquelle il écoute Nassau et Coligni, 117. Forces qu'il rassemble pour seconder le prince d'Orange; ses négociations avec l'Allemagne et l'Angleterre; il veut marier Henri et Elisabeth; traité qu'il signe, 122 à 125. Pourquoi n'insiste pas pour rappeler en France Charlotte de Bourbon; ordonne à Coligni et à Guise de se réconcilier, 132, 133. Ses entretiens avec le premier; défiance qu'il témoigne de sa mère; son affection apparente pour quelques chefs protestans; sa haine pour son frère; ses caresses à la reine de Navarre; ses épanchemens avec Catherine; douleur qu'il affecte à la mort de Jeanne, 138 à 141. Ses confidences faussés à Coligni et Teligni; mémoires qu'il demande sur la paix et la guerre, 142 à 144. Places de sûreté que l'amiral lui rend, 145. Il fait recommander au duc d'Albe les prisonniers français; le mariage du Béarnais est célébré, 148 à 151. Ce qu'on lui confie des projets de massacre; ses indécisions, 152. Il trompe encore Coligni; autorise Guise à le tuer, 153, 154. L'amiral est blessé; visite qu'il lui fait, 157. Il lui donne des gardes; par qui commandés, 158. Il prend, dit-on, la résolution d'ordonner la Saint-Barthélemy, 159 à 161. Fait armer les bourgeois, 163. Prend feu tout à coup et commande le signal, 164. Fait appeler dans sa chambre les jeunes Bourbons, 168 à 171. Son ardeur de massacre; qui il épargne; ses ordres dans les provinces; nombre des victimes; sa déclaration au parlement; supplices auxquels il assiste, 175 à 179, 182, 183. Médailles frappées en son honneur; félicitations que lui adresse la cour de Rome; accueil qu'il fait au légat, 186 à 189. Félicité par Philippe II; blâmé ouvertement par les souverains du nord; ambassadeurs qu'il envoie pour s'expliquer, 190 à 192. Il veut forcer le Béarnais et Condé à se convertir; ses explications avec Philippe, 197 à 200. Son entrevue avec Lanoue; il l'envoie à la Rochelle; étrange position qu'il lui fait, 204 à 210. S'occupe de faire monter Henri sur le trône de Pologne, 210, 216. Il renouvelle avec les Nassau les projets de ligue contre l'Espagne, 220, 221. Son impatience de voir son frère s'éloigner; son voyage en Lorraine, 222 à 224. Pertes de son armée au siége de la Rochelle, 232. Il publie l'édit de paix de Boulogne, 235 à 237. Promesses que Montluc fait en son nom aux Polonais, et qu'il ne confirme pas; son goût pour les plaisirs, 240 à 243. Folie qui pense lui couter la vie chez Nantouillet, 244. Ordonne d'étrangler la Mole; ses emportemens; sa haine contre Henri; ses exercices violens; sa maladie, 245, 246. Ses rapports avec Elisabeth, 249. Il fait partir le roi de Pologne, 250. Le reconduit; maladie qui l'arrête, 253. Idée que les protestans ont de son incapacité; demandes qu'ils lui font; ses promesses vagues; ses protestations aux Rochellois, 255 à 257. Ligue que forme le parti, 258. Intrigues et factions à la cour pour faire nommer un lieutenant général, 259 à 261. Querelles en sa présence, 262. Complot des politiques; il quitte précipitamment Saint-Germain, 264. Dépositions qui excitent sa colère contre son frère et contre le Béarnais, 270. Son indifférence en apprenant la capture de Montgommery; ses derniers momens; il nomme sa mère régente; sa famille; sa mort, 271 à 275. Ses entretiens avec Poncet, 290. Ordres transmis en son nom à Damville, 292.

CHARLES X, comte d'Artois, frère de Louis XVI; son éducation; XXX, 14. Est inoculé, 20. Se prononce pour le parlement exilé, 37. Opposé à Necker, 126. Se montre au blocus de

Gibraltar, 210. D'Ormesson refuse de payer ses dettes, 242. Sa femme hostile à Marie-Antoinette, 255. Est de l'intimité de cette reine, 278. Son portrait; sa légèreté; ses dépenses; son opposition aux réformes, 280 à 284. Énervement de son courage, 286. Son anglomanie, 287. Il fait nommer ministre de Calonne, 288. Celui-ci paye ses dettes, 290, 324. Libéralité de son bureau à l'assemblée des notables, 338. Ses débats avec Lafayette, 341. Abandonne Brienne, 387. Le fait tomber, 393. Mémoire au roi qu'il signe, 424.

CHARLES, d'abord comte d'Angoulême, puis duc d'Orléans; troisième fils de François Iᵉʳ; négociations pour lui donner le duché de Milan; XVI, 479 et suiv. Ce prince est présenté à l'empereur; XVII, 10. Mariage projeté pour lui, 25, 26. Reçoit l'empereur à Bayonne, 44. Anecdote, 48. L'empereur offre pour dot à sa future épouse l'héritage de la maison de Bourgogne, 51 et suiv. Sa maison; ses folies, 67, 68. Commandement qui lui est destiné; sa jalousie envers son frère, 119. Son entrée en campagne; par qui est dirigé, 121. Il envahit le Luxembourg; ses progrès; pourquoi licencie son armée et rejoint celle du Dauphin, 122 à 124. Escorte son père à la Rochelle, 137. Est au camp de Jaulons, 200. Prétendues trahisons de la duchesse d'Étampes pour le rehausser; son mariage stipulé pour le traité de Crespy, 210 à 214. Sa visite à l'empereur; sentiments qu'il inspire, 225. Son ambition; note qu'il fait adresser à son père, 226. Sa mort; plans qu'elle déconcerte, 252 à 264. Sa mémoire poursuivie par les courtisans de Henri II, 313, 314.

CHARLES, petit-fils de Louis XIV, duc de Berry; sa naissance; XXVI, 49. Ce que le testament du roi d'Espagne stipule à son égard, 263. Envoyé en Provence; XXVII, 18. Puis en Flandre, 48. Quitte l'armée, 60. Ses égards pour Mˡˡᵉ Choin, 123. Son mariage, 129. Blesse le duc de Bourbon, 150. Scandale que donne sa femme, 158. Renonce à tous droits sur l'Espagne, 167, 168. Sa mort, 200 et suiv.

CHARLES IV, empereur; épouse Blanche de Valois; IX, 421. Est margrave de Brandebourg; est aux prises avec l'empereur Louis de Bavière; X, 97. Le roi de Bohême son père forme une ligue en sa faveur, 99. Serment qu'il prête à l'empereur, 145. Est élu roi des Romains, 284. Est expulsé; cherche un asile en France, 285, 286. Ses coureurs poursuivent les Anglais, 291. Se met en sûreté à la bataille de Crécy, 299. La mort de son compétiteur relève ses espérances; il détache Avignon de l'empire, 340. Répugnance des Allemands pour lui; comment il écarte ses rivaux, 348 à 351. Ses préoccupations, 453. Son entrevue avec le Dauphin; comment a ruiné l'autorité impériale en Italie; ses fêtes à Metz, 484, 485. Son entrevue avec le pape; il promet de seconder la croisade; se fait couronner roi d'Arles; ses négociations avec Charles-le-Sage; XI, 35, 36. Le pape l'invoque contre les hérétiques, 160. Sa constante amitié pour le roi de France, 192. Impulsion intellectuelle qu'il a donnée à la Bohême, 210. Le pape l'invite à poursuivre Milleczius, 211. Son pèlerinage en France; sa mort, 230. Restriction de l'autorité impériale entre ses mains, 244. Son indignité, 301.

CHARLES-QUINT (premier du nom en Espagne et cinquième en Allemagne), roi d'Espagne et empereur; naît à Gand; son mariage projeté avec Claude de France; XV, 366, 406. Cette union stipulée par les traités de Blois, 429 à 432. Louis résout de ne pas l'accomplir, 446. Le sire de Chièvres est chargé de son éducation, 454, 462. Maximilien réclame sa tutelle; son droit à être reconnu roi de Castille, 463. Son aïeul se prépare à le conduire en ce pays, 482. Ses futurs héritages, 497. Sa tutelle réclamée par ses deux grands-pères, 526. Est fiancé à Marie d'Angleterre, 527. Ferdinand stipule pour lui, 623, 659. Son entrevue avec Henri VIII, 655. Sa fiancée épouse Louis XII, 664 à 667. Sa grandeur future contrariée par son aïeul maternel;

préparée par la politique des rois de France; la main de Rénée lui est offerte; XVI, 18 à 20. Son avénement à seize ans; est formé aux affaires; congrès dont il convient avec François 1er, 46 à 48. Traité de Noyon entre eux, 50. Il exhorte Maximilien à y accéder, 51. Ses rapports avec François; leur candidature à l'empire, 78, 79. Ses négociations avec les Médicis, 88. Electeurs engagés à lui donner leurs voix, 93. Ses négociations secrètes avec la cour de Rome; son portrait; doutes sur sa capacité; sa déférence pour Chièvres; son séjour en Espagne; il disgracie Ximénès; répugnance des cortès à le reconnaître au préjudice de sa mère, 94 à 96. Ses partisans; ses adversaires en Allemagne, 98, 99. Motifs allégués pour l'exclure, 101. Il est élu; accepte malgré les Espagnols, 102, 103. Ses motifs de rupture avec François; il retient la Navarre espagnole; il conteste la possession du duché de Milan; il révendique la Bourgogne; il hésite à commencer la guerre; fermentation contre lui en Espagne; il passe dans les Pays-Bas, 105 à 107. Ses entrevues avec Henri VIII; il gagne Wolsey; est couronné à Aix-la-Chapelle, 116, 117. Fermentation qu'il trouve en Allemagne, 119. Diète qu'il convoque à Worms et qui condamne Luther, 121, 122. Ses débats avec Robert de La Mark; il le fait attaquer; ses lieutenans violent le territoire français; il recourt à Henri VIII; sa négociation secrète avec Léon; son exclamation en apprenant que d'Alençon passe la frontière, 125 à 132. Wolsey lui promet le concours de Henri VIII, 133, 134. Son désarroi à Valenciennes, 135. Son lieutenant en Italie, 136. Forces dont il dispose contre son rival, 140, 141. Son ancien précepteur élu pape, 147. Son alliance avec Henri VIII; il promet d'épouser sa fille; provinces de la France qu'il convoite, 150, 151. Abat le parti des communes en Espagne par la victoire de Villalar et la prise de Tolède; amnistie qu'il accorde, 163, 164. Ses conventions avec le connétable, 177. Il laisse sans argent son armée d'Italie, 199, 220, 225. Mouvement général qu'il lui donne, 200. Il autorise Bourbon à envahir la Provence, 210, 211. Subside que lui promet Henri VIII; qui il donne pour lieutenans au connétable, 212. Plans qu'il rejette, 213. Ne reçoit plus d'argent de l'Angleterre, 225. On lui annonce la victoire de Pavie; lettre que lui adresse le roi, 241. Henri cherche à rompre avec lui, 255, 256. Alarmes que sa victoire répand en Italie; élémens d'une ligue générale contre lui, 258, 259. Propositions exorbitantes qu'il fait faire à François, 262, 263. Lannoy conduit ce prince en Espagne; joie qu'il en éprouve; il évite de le voir; sa correspondance avec la régente; sa prétendue délibération avec deux confidens; ses résolutions; trèves qu'il signe, 264 à 266. Pourquoi se décide à visiter son prisonnier; leur entrevue, 267, 268. Complot contre lui en Italie; il lui est révélé; son accueil à la duchesse d'Alençon, 269 à 272. Il signe le traité de Madrid, 275 à 277. Ne peut en obtenir la ratification; comment son rival veut l'intimider, 278 à 280. Comment fait ressortir son manque de foi, 282. François négocie avec lui, 285. Calamités qu'il fait tomber sur l'Italie, 292 et suiv. François veut le contraindre à accepter le rachat de la Bourgogne, 297. Il consent à modifier en ce sens le traité; est refusé; ses circulaires sur la captivité du pape, 306, 307. L'Italie près de lui échapper, 314. Doria passe à son service, 316. Ses concessions à François; déclaration de guerre que ce prince et Henri VIII lui font notifier; sa réponse; provocations réciproques que lui et le roi de France s'adressent, 317 à 323. Sa situation critique en Allemagne et en Hongrie; est aux prises avec Soliman et le parti luthérien; sa tante signe le traité de Cambrai, 330 à 333. Alarmes que lui donne Soliman; il passe en Italie, 338. Sa paix avec le pape; avec Sforza, avec les Vénitiens, 339. Il réconcilie le pape et le duc de Ferrare; prend sous sa protection les princes d'Urbin, de Mantoue, de Montferrat; s'attache le duc de Savoie; abandonne aux rigueurs du prince d'Orange les Angevins de Naples, 340, 341. Prête au pape ses armées contre Florence, 343. Ses comptes réglés avec François; il lui rend ses fils, 345 à 351. Son tyran à Florence; terreur de l'Italie, 354. Couronné par le pape comme roi de Lombardie et comme empereur; il passe en Allemagne; entend et fait condamner la *Confession d'Augsbourg;* fait élire son frère roi des Romains; comment se forme la ligue de *Smalkade* que favorisent François et Henri, 388 à 392. Il demande au premier son assistance contre Soliman; aide que lui offre le roi; il transige avec les protestans; secondé par eux, il contient les Turcs, 394 à 396, 406. Son séjour dans les Pays-Bas; il donne ce gouvernement à sa sœur Marie, 403. Son influence dans l'affaire du divorce de Henri VIII, 347, 404, 416. Levée de subsides que lui accorde le pape, 408. Conseil qu'il donne au pontife; leur entrevue projetée, 410. Ce qu'il obtient de lui; création d'une ligue italienne; son mécontentement et sa méfiance; son retour en Espagne, 414 à 416. Veut en vain empêcher l'entrevue entre Clément et François, 418, 419. Demande le renvoi de Milan d'un agent de ce roi, 421. Réparation que François lui demande après la mort de son émissaire, 422. Le duc de Gueldre lui cède ses états, 424. Par qui le Wirtemberg lui est donné; il le transmet à son frère Ferdinand, 425. Sa haine pour Henri VIII, 435. Alliance qu'il fait offrir à François, 444. Ses apprêts contre Barberousse, 445 à 447. Soupçon qu'il propage contre François, 455, 456. Ses prompts succès en Afrique; il bat Barberousse; prend Tunis; remet sur le trône Muley-Hassem; son retour en Sicile, 468. Leyva prend possession en son nom du duché de Milan, 469. Est l'arbitre de l'Italie; confirme l'autorité d'Alexandre Médicis; lui donne sa fille en mariage; embarras que lui donne le Milanais, 476, 477. Il le fait offrir à François pour son troisième fils à la condition de rétablir l'unité religieuse et politique en Europe, de déclarer la guerre à ses alliés, 478 à 480. Réponse du roi, 481 à 484. L'invasion de la Savoie le décide à rassembler ses troupes, 485. Continue en apparence la négociation avec François; alliés qu'il cherche; ses ouvertures à Henri VIII; ses mesures de défense dans les Pays-Bas et en Allemagne, 486, 487. Son entrée à Rome; son colloque avec Velly, envoyé français, 490, 491. Son long discours au consistoire que tient Paul III; son défi personnel à François; son ultimatum; ses explications à Velly, 492 à 495. Rejoint par le cardinal de Lorraine; ne lui laisse aucun espoir de paix, 498. Ses rapports avec le général que choisit son rival, 503. Il rejoint ses troupes; annonce l'intention de pénétrer en France; ses lieutenans; Saluces prend parti pour lui; ville qu'il assiège et prend, 504 à 506. Il presse toutes les frontières; ses intelligences à l'intérieur, 507. Malgré les instances de Leyva et de ses généraux, il envahit la Provence; ruines au milieu desquelles il s'avance; ses équipages incendiés; sa seule rencontre militaire; comment fait des vivres; parvenu à Aix, éprouve la disette, 508 à 515. Ses projets de rétablir le royaume d'Arles; comment entravés; il fait brûler le palais de Justice d'Aix, 516, 517. Les moulins qui l'approvisionnent détruits, Gênes menacée; son armée ravagée par une épidémie, 518, 519. Ses énormes pertes; attitude menaçante des Français; il entend les conseils de Leyva mourant; sa retraite; qui place à la tête de son armée; son départ pour l'Espagne, 521 à 523. Son épuisement après la première campagne, 526. Accusé d'empoisonnement sur la personne du Dauphin, 528, 529. Ses projets d'alliance avec Henri VIII, avec Jacques V d'Ecosse, 532, 533. Son rival le fait citer en parlement, 538, 539. Ses lieutenans sur la frontière des Pays-Bas, 540. Conditions auxquelles il offre la paix, 555. Ses négociateurs, 556. Se rend au congrès de Nice; trêve qu'il y signe,

558 à 562. Son rival tend à se rapprocher de lui; prix qu'il attache à son alliance; leur accord secret à Nice; leur rencontre à Aigues-Mortes; XVII, 5 à 10. Désir du connétable de le réconcilier avec le roi, 16. Effet de son invasion, 17. Ses négociations avec Henri; mariage projeté; il y renonce et traite avec François, 18 à 21. Son désir de le détacher des protestans, 22. Projets de mariage; il perd sa femme; on veut l'unir à la fille de François, 25, 26. Plans contre l'Anglais qu'il rejette; ce qu'il propose, 28. Garanties qu'il demande à la France; ses embarras; ses échecs en Dalmatie; hostilité de ses cortès, 34 à 37. Révolte des Gantois, 38. Le roi lui offre le passage par la France, 40. Valeur de cette invitation qu'il accepte, 41 à 43. Son voyage en France; zèle du roi pour lui, son entrée à Paris; anecdote; son arrivée à Gand; ses répressions; il refuse de donner l'investiture du duché de Milan, 44 à 50. Ses offres; ses plans; comment il entend partager ses états, 51 à 54. Sa surprise au rejet de ses propositions; il investit son fils du duché de Milan, 55 à 60. Les secrets de la ligue de Smalkade lui sont livrés, 82. Il propose une tolérance religieuse réciproque, 86. Il dissout la diète de Ratisbonne et établit comme règle de l'empire la paix de Nuremberg, 87. Méfiance qu'il a inspirée aux ambassadeurs de François près des diverses cours, 91. Son rival cherche à soulever l'opinion contre lui; ses apprêts contre les corsaires d'Afrique, 100 à 102. Son retour en Italie; son entrevue avec le pape; il s'embarque pour Alger; ses désastres; il revient presque seul à Carthagène, 103 à 105. François se résout à l'attaquer; il n'est point préparé pour soutenir la guerre, 106, 107. Situation critique de sa maison; il ne peut se rendre à la diète de Spire, 108 à 110. Le roi lui dénonce la guerre, 118. Il est pris au dépourvu dans le Luxembourg, 122. Cette province lui est enlevée, 123. Sa sœur la recouvre, 124. La clémence de son rival à la Rochelle opposée à sa sévérité à Gand, 138. Sa force de tête; intérêts qu'il embrasse; fiançailles de son fils; son projet de passer en Italie; son alliance avec l'Angleterre, 141 à 145. Il passe en Italie; repousse le plan de pacification du pape; se rend en Allemagne; sa résolution de punir le duc de Clèves; il le réduit et lui fait grâce; ses conditions, 148 à 151. Renforcé par les Anglais; il assiége Landrecies, 154. Il lève le siége; met garnison dans Cambrai, 156. Epuisement de ses finances, 169. Secours qu'il obtient de la diète de Spire, 170 à 173. Son plan d'attaque générale, 173. Il rassemble son armée en Lorraine pour marcher sur Paris, 195 à 198. Villes qu'il prend; il assiége Saint-Dizier; résistance qu'il éprouve; la place se rend, 199 à 202. Son dissentiment avec Henri; il est disposé à traiter; ses négociateurs; il s'avance jusqu'à Château-Thierri; prend Soissons; fait la paix à Crespy, 203 à 207. Prétendus dangers auxquels le traité le soustrait; politique qui l'a dicté; ses conditions; son but constant de combattre les Turcs et les protestans atteint; don qu'il promet au duc d'Orléans, 209 à 214. Son désir de faire la paix avec les Turcs, 215. Il offre sa médiation entre François et Henri, 218. Retire ses troupes de l'armée anglaise, 219. Ses cantonnemens; ses dispositions à l'égard du duc d'Orléans, 220. Note qu'il adresse au roi en faveur de ce prince; son désir d'humilier la ligue de Smalkade; il envoie des ambassadeurs à Trente, 226, 227. Son mécontentement, 228. Lettre hautaine qu'il reçoit du pape, 229. Il accepte la bulle du pontife relative à la convocation du concile général; il ratifie le traité de Crépy, 230, 231. Il impose aux Pays-Bas la confession de Louvain; supplice qu'il ordonne, 232. Il se rend à la diète de Worms, 251, 252. Comme il s'y prononce à l'égard des protestans; ses offres à Soliman, 253. Sa politique sincèrement servie par la France, 255. Modifications qu'y apporte la mort du duc d'Orléans, 265. Ses apprêts de guerre contre les protestans, 265, 268. Sa trêve avec Soliman, 272. Haine que lui porte le pape; pourquoi; son traité

avec lui, 274, 275. Il abat la ligue protestante, 276 à 280. Il licencie en partie son armée, 286. Sa réponse à la sommation de Henri II d'assister à son sacre; parti qu'il tire de la mort de François; il gagne la bataille de Muhlberg, 316 à 319. Il fait emprisonner le landgrave de Hesse, 320. L'empire lui est soumis, 321. Insurrection contre lui à Naples, 326. Il la punit, 327. Il autorise l'assassinat du duc de Plaisance, 330, 331. Il convoque la diète d'Augsbourg; embarras que lui donne le pape; il publie l'intérim et le fait adopter par la diète comme loi de l'empire, 337 à 342. Il investit Maurice de l'électorat de Saxe; ses rigueurs; il retourne à Bruxelles; y appelle son fils, 342, 343. Il excite le protecteur d'Angleterre contre la France, 364. Ses plans de monarchie universelle, 370, 371. Sa politique d'oppression à l'égard de l'Italie; dureté de ses vice-rois, 372, 373. Ses projets de despotisme en Allemagne; ses précautions, 374. Concours que lui prête l'Angleterre; la France seule lui fait obstacle; il veut obtenir l'abdication de son frère, 375. Il marche vers le pouvoir absolu; il est résolu à abattre la France, 403, 404. Il jette le masque de la tolérance; son édit cruel contre les protestans en Belgique; ses projets sur l'Allemagne; il convoque une diète à Augsbourg; sa confiance en Maurice de Saxe; il remplace Granvelle par le fils de cet homme d'état, 405 à 409. Il obtient du pape la convocation du concile à Trente, 410. Son dessein de réduire Magdebourg, 412. Tâche qu'il réserve à son fils; résistance de sa famille, 415, 416. Il fait attaquer Dragut, 417. Ses prétentions sur Parme et Plaisance, 421. Ses hostilités, 422, 423, 426. Il est trahi par Maurice de Saxe, 435. Ce prince demande l'admission des protestans au concile de Trente, 437. L'empereur ne soupçonne pas sa fidélité, 438. Séjour de Charles à Inspruck; ambassade qu'il y reçoit; il est surpris par la levée de bouclier de Maurice; son frère le sauve; sa fuite, 439 à 445. Le roi de France publie son manifeste contre lui, 446. Ses ambassadeurs aux conférences de Passau; paix de ce nom, 472 à 475.-Ses infirmités; ses humiliations, 476, 477. Politique de Maurice à son égard, 478. Ses armemens; son but est de reprendre les trois évêchés et la Lorraine, 481, 482. Il passe le Rhin; ses forces; ses lieutenans, 484. Il s'arrête de sa personne à Thionville; pourquoi, 485. Sa paix avec Albert de Brandebourg, 486. Il se fait porter au camp qu'assiége Metz; sa retraite, 487 à 490. Oppression qu'il fait peser sur Sienne, 494, 495. Cette ville se soulève; mesures qu'il prend contre elle, 496 à 498. Secours qu'il donne à la république de Gênes, 502. Il fait assiéger Terouenne; ruine de cette ville; il donne le commandement de son armée au duc de Savoie, qui envahit l'Artois, 504 à 507. Il défend Cambrai et évite la bataille, 508, 509. Il dirige la conduite de sa nièce Marie Tudor, 511. Il conseille l'exécution de Jane Grey; il fait épouser Marie à son fils, 514, 524, 525. Ses embarras; ses attaques de goutte; le travail lui est interdit, 521 à 523. Vivement attaqué par Henri, il se décide à lui tenir tête, 529. Il perd le combat de Renty; se retire à Bruxelles, 531. Donne un nouveau gouverneur au Milanais, 538. Ses commissaires pour la paix, 545. Ses prétentions, 546, 547. Don qu'il fait à son fils, 549. Ses troupes mal soldées et victorieuses, 554, 555. Sombre avenir de ses états; horreur qu'inspire le nom de ses lieutenans en Europe et en Amérique; épuisement des provinces où il a établi sa domination, 556 à 559. Son frère lui apparaît comme un rival; il le laisse présider la diète d'Augsbourg, 560, 561. Chagrin que lui cause le recès de cette diète; son dépit contre Henri II; son impatience contre son fils; mort de sa mère; il convoque les Etats des Pays-Bas; son abdication, 563 à 567. Son désir de repos pour lui et pour l'humanité; XVIII, 1. Trève qui se négocie et qu'il jure, 2 à 5. Le pape refuse de reconnaître son abdication comme empereur, 9. Il part pour l'Espagne et entre au couvent de

Saint-Just, 28, 29. Comment juge de la victoire de Saint-Quentin, 53. Sa mort, 87.

CHARLES VI, empereur, d'abord archiduc d'Autriche; ce que le testament de Charles d'Espagne stipule à son égard; XXVI, 263. Son lot selon les projets de partage, 276, 283. Son père et son frère renoncent en sa faveur à la couronne d'Espagne; il part pour l'Angleterre; entre dans le Tage; 427. Son parti en Catalogne, 430, 450. Ses échecs en Portugal, 432, 433. Ses excès; répugnance contre lui qu'ils inspirent, 450. Il débarque dans le royaume de Valence; est proclamé roi; se rend maître de Barcelone, 451, 452. Défend cette ville, 466. Son frère lui donne l'investiture du Milanais; XXVII, 12. Son indolence; il quitte l'armée, 21 à 23. Son traité de commerce avec l'Angleterre, 39, 40. Reconnu par le pape; ce qu'il cède aux Anglais, 64. Les alliés veulent le faire reconnaître par Louis, 80, 94. Ses opérations en Aragon, 107. Son entrée à Saragosse, 108. Son entrée à Madrid; 109 et suiv. Sa retraite; il perd la bataille de Villa-Viciosa; est appelé par la mort de son frère à l'héritage de l'Autriche, 110, à 117. Il passe en Allemagne; est élu empereur; fait la paix avec les Hongrois; son parti ruiné en Espagne, 144, 145. Son refus de renoncer à cette monarchie, 167. Son obstination à ne point reconnaître Philippe; il retire ses troupes de la Catalogne; ce que la paix d'Utrecht lui réserve, il ne la signe pas, 169 à 176, 269. Il souscrit le traité de Rastadt, 178. Prolonge la guerre en Catalogne, 179 et suiv. N'a que des filles; ses dispositions à leur égard, 208, 209. Sa froideur pour les puissances maritimes; sa guerre avec les Turcs, 274, 309. Ses rapports avec Georges; il offense le roi d'Espagne; ses victoires en Hongrie; Philippe v lui enlève la Sardaigne, 282 à 289. Haine que lui porte ce prince, 312. Ses levées espagnoles employées contre lui, 316. Ce que la quadruple alliance lui destine, 320 et suiv. Il fait la paix avec la Turquie; revient sur ses promesses, 323, 324. Comment irrite Alberoni, 325. Ennemis que celui-ci lui cherche, 329. Il adhère à la quadruple alliance, 335. S'applique à brouiller la France et l'Espagne; sa domination en Italie, 359, 360. Il s'emploie à faire nommer Dubois cardinal, 437. Difficultés qu'il fait naître sur la succession des Médicis, 506, 525, 526. Son traité avec l'Espagne, 527 à 529. Riperda révèle leurs négociations; XXVIII, 13. Il donne son agrément à la promotion du cardinal Fleury, 23. Peu disposé à la guerre; menacé par le ministre français, il négocie, 34 à 42. La reine d'Espagne l'abandonne, 67, 68. Sa politique se borne à faire accepter par l'Europe la *pragmatique-sanction*, 85. Aide Auguste de Saxe à monter sur le trône de Pologne, 87 et suiv. Menacé par l'alliance de Turin, a recours aux puissances maritimes; espère encore la paix, 99, 100. Est attaqué, 101 et suiv. Ses places en Italie capitulent, 109 et suiv. Sa détresse, 134, 135. Il signe une suspension d'armes; négocie et signe les préliminaires de Vienne, 138 à 151. Rompt avec les Turcs; est battu; fait la paix, 199, 200. Secourt les Corses insurgés, 201. Pacifie l'île, 202. Son résident en Toscane se fait proclamer roi de Corse, 204 et suiv. Convention que signe son ambassadeur à Paris, 210, 212. Sa mort; sa politique; appui qu'il a trouvé en Angleterre, 213 à 216. A sauvé du supplice le prince de Prusse, 220. Philippe v prétend à son héritage, 269. A vendu Finale aux Génois, 329.

CHARLES VII., empereur, d'abord CHARLES-ALBERT, électeur de Bavière; ses prétentions à l'héritage de Charles vi; XXVIII, 222. Son traité avec la France, 226, 292. Par qui secondé; ses succès, 229, 230, 234. Est couronné roi de Bohême, archiduc d'Autriche; est élu empereur, 235. Inquiétudes qu'il donne au roi de Prusse; sa convention avec lui, 237 à 239. Ses désastres, 261, 263, 275, 276. Les alliés manœuvrent pour l'enlever, 279. Il doit intervenir au traité de Fontainebleau, 291. Marie-Thérèse veut faire annuler son élection, 296. Offres que lui fait l'Angleterre ; offre que lui fait Louis xv, 297, 298. Union confédérale en sa faveur, 304. Il rentre en Bavière ; sa mort, 337, 374. Son fils écarté de l'empire, 360.

CHARLES d'Autriche soutient les prétentions de sa femme à l'héritage de Clèves ; XXII, 164 et suiv.

CHARLES Ier, roi d'Angleterre ; son mariage négocié en Espagne ; XXII, 507. Son séjour à Madrid ; il épouse Henriette de France, 544 à 546, 557. Son avénement, 557. Sa froideur avec Louis XIII, 572. Garant des conditions accordées aux Rochellois, 578. Ses luttes avec le parlement ; ses brouilleries avec sa femme ; ses démêlés avec la France ; XXIII, 37 à 42. Ses hostilités ; son manifeste, 47. Flottes qu'il envoie au secours de la Rochelle, 62, 63. Ses promesses ; embarras qui l'empêchent de les remplir, 68. Invoqué par Rohan, 70. Envoie une nouvelle flotte, 72. Conditions de paix qu'on lui transmet, 75. Le traité est signé, 110, 111. Ses préoccupations intérieures, 264. Il donne asile à Marie de Médicis ; s'oppose à l'agrandissement de la France en Belgique ; Richelieu excite contre lui les puritains, 363, 364. Ses instances pour la rentrée en grâce de la reine-mère, 368. Subside qu'il donne à l'électeur palatin, 372. Ses débats avec le covenant, 434. Avec le parlement, 435. Vaincu par l'armée parlementaire à Marston-Moor ; XXIV, 61. Se livre aux Ecossais, 133. Qui le remettent aux commissaires du parlement ; époque de sa mort, 170.

CHARLES II, roi d'Angleterre, d'abord prince de Galles ; son voyage en France ; XXIV, 133. Abandonné par Mazarin ; se réfugie en Espagne, 529, 551. Cherche à intervenir au traité des Pyrénées, 587. Remonte sur le trône ; à qui sa mère veut le marier ; marie sa sœur, 597, 598. Son alliance avec le Portugal ; subsides qu'il reçoit de Louis XIV ; XXV, 22. Son traité avec ce prince ; il lui rend Dunkerque, 39, 40. Sa parenté avec le prince d'Orange, 103. Il déclare la guerre à la Hollande, 106. Offre à Louis XIV les Pays-Bas espagnols pour prix de sa coopération, 108. Ne seconde pas l'évêque de Munster, 110. Incendie de Londres ; ouvertures de paix que lui font les Etats-généraux, 115, 116. Il signe le traité de Breda ; son accord secret avec Louis, 119 à 122. Ligue dans laquelle il entre ; sa déloyauté, 175, 177, 210. Gagné à prix d'argent par le roi de France, 183. Son entrevue avec sa sœur, 188. Sa correspondance avec elle ; il refuse la lettre que lui écrit le duc, 191, 192. Son traité avec Louis, 195, 196. Il trompe son ambassadeur en Hollande, 206. Comment de Witt espère le ramener ; il commence les hostilités et déclare la guerre, 232, 233. Fermentation contre lui dans le royaume et le parlement, 257, 258, 265. Forcé de faire la paix, 270, 271. Offre sa médiation, 343 à 345, 361 à 365. Se déclare prêt à s'allier à la Hollande, 369. Son mécontentement contre Louis, 412. Politique qu'il suit, 457, 458. Arbitrage qui lui est confié, 463. Sa mort, 474.

CHARLES Ier, roi d'Espagne. Voy. *Charles-Quint.*

CHARLES II, roi d'Espagne ; sa débilité ; son avénement ; XXV, 85. Incapacité de sa mère, 125, 126. Ligue pour garantir ses états, 175. Entre dans la coalition contre Louis XIV, 261, 265. Qui prétend à le gouverner, 322. Messine se soulève contre lui, 330 et suiv. Il est déclaré majeur ; disgracie sa mère, 334, 353. Fait la paix à Nimègue, 375, 376. Son mariage, 393. Sa faiblesse, 412. Son indignation contre le duc de Mantoue, 436. Déclare la guerre à Louis, 452, 455 à 457. Trève qu'il signe, 463, 501. Il signe la ligue d'Augsbourg, 529. Prétentions d'étiquette du pape auxquelles il se soumet, 553. Menaces que lui fait Louis ; XXVI, 14. Il lui déclare la guerre, 26. Il perd sa femme, 34. Son contingent dans la coalition, 67. Son impopularité en Catalogne, 105. Sujets de plainte qu'il a donnés au duc de Savoie, 164, 188. Obstacles qu'il met à la paix, 203. Son dépérissement; sa mélancolie, 207, 208. Il perd Barcelone et Carthagène, 209, 210. Signe la paix de Ryswick, 211 et suiv. Sa mort; son testament, 262 et suiv. Sa longue agonie; sa dépendance perpétuelle dans sa famille; comment circonvenu et déterminé; son testament en faveur du prince de Bavière; mort de ce prince, 272 à 279. Ses anxiétés; ses méfiances; il consulte le pape; mort de ce pontife, 286 à 289. Sa décision, 290. Son successeur accepte et est proclamé, 292 à 297. L'empereur proteste contre son testament, 312.

CHARLES III, roi d'Espagne d'abord roi de Naples; sa naissance; XXVII, 268. Son mariage stipulé avec mademoiselle de Beaujolais, 453. Ce que sa mère lui destine, 313 à 315, 505. Sa future renvoyée en France, 525. L'empereur lui manque de parole, 526. Nouveaux projets d'alliance pour lui, 528, 529, 542; XXVIII, 11. Souveraineté qui lui est réservée, 65, 67, 68. Son établissement en Italie, 93 et suiv. Il prend possession de Parme; marche sur Naples; y est proclamé roi, 112 à 117. Son armée victorieuse à Bitonto s'embarque et s'empare de la Sicile, 118, 119. Reconnu roi par le traité de Vienne, 140 à 151. Se ligue contre Marie-Thérèse, 226, 272. Forcé de retirer ses troupes, 285, 286, 324. Il reprend les armes; a part au combat de Velletri, 325 et suiv. Conditions auxquelles il signe la paix d'Aix-la-Chapelle, 461. Son avénement au trône d'Espagne; XXIX, 236, 237. Ses dispositions à l'égard de la succession de Naples; il signe avec la France le pacte de famille, 238 à 241. Déclare la guerre à l'Angleterre; envahit le Portugal, 255, 256. Sa correspondance avec Louis XV, 307. Ses rapports avec Choiseul; son ressentiment contre les Anglais, 313, 387. Ses prétentions à la philosophie; ses ministres; insurrection qui l'engage à quitter Madrid; il supprime les jésuites, 369 à 373,

376. Ses apprêts de guerre, 388. La Louisiane lui est cédée; il la ruine, 389. Ses débats avec l'Angleterre au sujet des îles Falkland, 390, 391. Ses projets de guerre entravés par Louis XV, 413. Il se propose de secourir la Pologne, 485. Inquiétudes que lui donne l'insurrection américaine; XXX, 181.

CHARLES IV, roi d'Espagne, est proclamé prince des Asturies; XXIX, 238.

CHARLES d'Anjou, roi des Deux-Siciles; donne le goût des tournois aux Napolitains; IV, 379. Dispositions testamentaires de son père Louis VIII en sa faveur; VI, 577. Son mariage stipulé; VII, 30. Autre union que son frère négocie, 328. Son mariage avec Béatrix de Provence; sa joie; son ambition, 331 à 335. Apanages que lui donne son frère, 336. Croisé avec lui, 380. L'accompagne, 382. Son poste au camp de Mansourah, 415. Son trouble à la vue du feu grégeois, 420. Sa valeur; ses périls à la bataille de Mansourah, 428. Sauve un avant-poste, 433. Est remis en liberté, 446. Opine pour le retour en Europe, 456, 458. Sa légèreté; mécontentement qu'il donne au roi; son départ, 460. Négociation qu'il entrave, 481. Conseiller de sa mère; son accord avec son frère Alphonse pour enlever aux villes du Midi leurs libertés, 482. Villes qu'il réduit; par quoi son ambition détournée, 484. Intervient en Flandre et reçoit le Hainault, 485. Quand il le restitue, 489. Est encore occupé à ces débats à la mort de sa mère, 499. Sollicite la couronne des Deux-Siciles; VIII, 4; 5. Détourne son frère de se faire moine, 24. Aux prises avec le comte de Hollande, 29. Il renonce au Hainault; à quel prix, 30. Epoque de son traité avec Innocent, 31. Ses débats avec sa belle-mère; pacifiés, 45. Il réduit Marseille; ses vengeances, 46. Manque à ses engagemens avec ses trois belles-sœurs; longs démêlés qui en résultent, 47. Fait taire ses prétentions sur les Deux-Siciles pendant le pontificat d'Alexandre IV, 52. Etend son influence en Piémont; villes qui se donnent à lui, 53. Ses négociations avec Urbain IV; comme il les conduit, 58, 59, 139, 140. Leur traité, 141. Pourquoi ralentit ses apprêts; ses relations avec Leicester, 144. Accueille les fils fugitifs de ce dernier, 148. Son arrivée à Rome, où il a été nommé sénateur, 149. Le pape lui donne l'investiture des Deux-Siciles et il prend le titre de roi, 150. Son gendre commande les croisés qui marchent à son aide; seigneurs qui l'accompagnent, 151. Est couronné au Vatican; part pour Naples, 152. Ses progrès; il gagne la bataille de Grandella, qui lui livre tout le royaume; son entrée à Naples, 153. Ses confiscations dont il gratifie les croisés, 154. Ses promesses à l'égard de la Terre-Sainte, 160. Par qui menacé et desservi, 166. Irritation contre lui dans son royaume, 171, Assiége les Sarrasins de Nocera; attaqué par Conradin; se heurte contre lui à Tagliacozzo, 172. Gagne la bataille; fait prisonnier Conradin et ses principaux partisans : les fait périr sur l'échafaud, sauf Henri de Castille; conseils que lui a donnés le pape, 173 à 175. Son inimitié envers Michel Paléologue, 182. Envers les Pisans, 183. Annonce à son frère sa prochaine arrivée à Carthage, 192. Les Grecs invoquent contre lui saint Louis mourant, 194. Son arrivée en Afrique, 206. Sa contenance; sa douleur; préside aux obsèques du roi, 207. Son inertie au camp de Carthage, 208. Accusations et mécontentement contre lui, 209. Ses avantages contre les Maures, 210, 211. Ses négociations et traité avec le roi de Tunis; il médite l'attaque de Constantinople, 212 à 214. Son arrivée en Sicile, 215. Naufrage qui le force de renoncer à ses projets, 216. Témoin du meurtre du prince Henri d'Angleterre; accusé d'y avoir pris part; sa justification, 219, 220. Efforts du pape pour le réconcilier avec sa belle-sœur de France, 245. Son ambition contenue par Grégoire X, 269, 285. Haine que lui porte Nicolas III, 282. Desseins de ce pontife et de l'empereur Rodolphe contre lui; ses projets sur Constantinople; ses acquisitions en Orient; ses drapeaux arborés en Terre-Sainte, 284, 285. Survit seul à son frère, 299. D'où ses débats avec sa belle-sœur de France, 300. Son inquiétude aux interventions qu'elle invoque; il envoie son fils aîné en Provence, 301. Sa domination en Italie; jalousie de la cour de Rome, 304. Son refus d'unir un de ses fils à la famille de Nicolas, 305. Ce pontife lui enlève ses prérogatives sur l'Italie septentrionale; sa longanimité, 306. Parti que le roi d'Aragon ranime contre lui; son alliance avec les Grecs schismatiques; ennemis que lui cherche Procida, 311, 312. Traité que lui ménage le pape avec Rodolphe, 313. Comment influence le conclave à la mort de Nicolas; partialité du nouveau pape pour lui, 318, 319. Nommé encore sénateur romain, 321. Armée que convoque contre lui la reine-mère de France; barons qui prennent parti pour elle, 322, 323. Par quelles médiations il termine ces débats, 325. Fait excommunier l'empereur de Constantinople; se prépare à transporter en Grèce une armée, 329. Son imprévoyance à l'égard du roi d'Aragon, 330. Le peuple commence les hostilités contre lui; vêpres siciliennes, 332. Pourquoi la France embrasse sa cause avec ardeur; il assiége Messine; refuse à cette ville une capitulation, 333, 334. Est forcé de lever le siége; perd une partie de ses vaisseaux; sa fureur, 336. Convient de combattre en champ clos son rival; passe en France, 338, 339. Revers qu'il apprend en route, 341. Son entrevue avec Philippe; ses apprêts de combat, 342 à 344. Son arrivée au rendez-vous, 345, 346. Son retour en Provence; armée qu'il y lève, 347. Il rentre en Italie, 353. Sa flotte battue à Malte, 357. Son fils battu et prisonnier à Naples; son arrivée en cette ville; ses projets de vengeance; exécution qu'il commande; son activité, 358, 359. Ses désappointemens; sa mort, 360, 374.

CHARLES (LE BOITEUX), roi des Deux-Siciles, d'abord prince de Salerne, envoyé en Provence; se rend à la cour de France; VIII, 301. Tournoi fatal donné à cette occasion, 302. Médiateur entre la France et la Castille, 315. Barons qui s'opposent à sa prise de possession de la Provence, 323. Par quelles médiations ces débats se terminent, 325. Marche au secours de son père, 337. Celui-ci lui confie le royaume, 339. Rébellion contre lui, 347. Vaincu et prisonnier, 358. Condamné à mort, 359. Sa captivité; secours que ses fils invoquent, 393. Projet de traité qui stipule sa liberté; pourquoi retardée, 394, 395. Les négociations sont reprises; ses promesses, 397, 398. Il est délivré et se rend à la cour de Philippe-le-Bel, 402, 403. Ce prince ne reconnaît pas les conditions onéreuses du traité qui le délivre; le pape le dégage de ses sermens, 404. Son couronnement; son dégoût de la guerre; sa trêve avec le roi de Sicile; il est abandonné par les chevaliers français; il fait couronner son fils roi de Hongrie, 405 à 407. Son retour en France; formalités qu'il accomplit pour éluder ses obligations envers l'Aragon, 408, 409. S'interpose pour la paix générale; traité qu'il ménage; il s'engage pour l'église et pour Charles de Valois; cession qu'il fait à ce dernier; compensation qu'il reçoit; stipule pour Philippe-le-Bel et pour Jacques de Minorque, 441 à 444. Amitié d'Edouard pour lui, 468. Sa présence au conclave; ses débats avec Caietan; se réconcilie avec lui après avoir profité de l'incapacité de Célestin v et le fait élire pape, 488 à 490. Zèle du pape pour lui, 500. Il assiste au congrès d'Anagni; traité qu'il conclut, 501. La Sicile lui est abandonnée, mais il ne peut s'en rendre maître, 502. Il fait massacrer les Sarrasins de Luceria, 503. Efforts du pape pour lui donner la Sicile, 519. Subsides qu'il reçoit du pontife; IX, 11. Sa mollesse; le pape prend sur lui le fardeau de la guerre, 59. Son fils vaincu à Trapani, 60. N'aspire qu'à renoncer à la Sicile, 114. Philippe de Dampierre lui remet ses fiefs italiens, 136. Convié à l'assemblée de Poitiers, 188. Faveurs que Clément v accumule sur sa famille, 194. Remise à lui faite de sa dette envers l'église, 195. Il fait arrêter les Templiers de Provence, 209. Epoque de sa mort; comparé à son père, 267. Amour du peuple pour lui; ses profusions; ses désordres, 268.

CHARLES MARTEL, prince de Naples; couronné à la cour de son père roi de Hongrie; effet de cette vaine cérémonie; VIII, 407, 408. Honneurs qu'il rend au pape Célestin v, 489. Prétend au royaume de Hongrie, 504. Porte le titre de roi; IX, 66. Sa mort, 194, 268. Louis Hutin épouse sa fille, 308 et suiv.

CHARLES d'Anjou n'a point d'appui à la mort de son père; XI, 450. Est armé chevalier avec son frère Louis, 554 et suiv. Entre avec le roi à Avignon, 563. Assiégé à Naples; XII, 144.

CHARLES II (LE MAUVAIS), roi de Navarre; son mariage projeté et refusé avec Jeanne de Penthièvre; X, 108. Son avènement à onze ans, 227. La mort de sa mère lui laisse la couronne, 354, 400. Son portrait, 401. Son entrevue avec Pierre de Castille; son couronnement; complot qu'il punit cruellement; d'où son surnom, 402. A qui projette de marier sa sœur; avances que lui fait Jean; pourquoi, 403, 404. Dégoûts dont l'abreuve ce roi lorsqu'il a épousé Jeanne sa fille; jalousie que lui inspire Charles d'Espagne, 405, 406. Il le fait assassiner, 409 à 411. Son traité avec le roi, 412, 413. Sa comparution devant lui en lit de justice, 414 à 416. Sa fuite, 417. Négocie avec Jean, 418. Se met en défense; s'allie avec Edouard III, 421, 422. Fait enfin sa paix; entre à Paris avec le Dauphin, 423. Sa résistance à l'établissement de *la gabelle*; réveille la haine du roi de France, 447, 448. Est arrêté par lui, 449 à 451. Sa captivité au Louvre; complot dont l'accuse le roi, 452, 453. Son supplice est ajourné; vexations qu'il endure; sa patience; ses fiefs attaqués, 454, 455. Les Etats-généraux demandent sa mise en liberté, 481. Est délivré; est accueilli à Amiens comme le sauveur du royaume, 513. Entre à Paris; sa harangue au peuple assemblé; son éloquence; sa paix avec le Dauphin, 514, 515. Son entrée à

Rouen; envie qu'il inspire au prince; inexécution de leurs conventions; il recommence les hostilités, 516, 517. Ravages de ses compagnies, 519, 520. Son retour à Paris; sa réconciliation avec le Dauphin, 524. Avis qu'il donne à Marcel, 527. Celui-ci le fait nommer capitaine général, 529, 530, Il contribue à écraser les Jacques, 533. Il trahit les bourgeois; est destitué; traite avec le Dauphin, 534, 535. Ses conférences avec Marcel; ses droits à la couronne; il stipule que la porte Saint-Denis lui soit livrée, 536, 537. Envoie son trésorier en prendre possession; ce projet échoue, 538, 539. Il défie le Dauphin; s'empare de Melun, 541. Troupes qu'il lève; est secondé par son frère; bloque Paris, 542, 543. Il fait la paix avec le Dauphin, 552, 553. Rompt encore avec lui, 566, 567. Ses hostilités en Normandie, 568, 569. Nouveau traité, 577. Ses droits à la succession de Bourgogne; il les fait vainement réclamer au roi Jean; il se prépare à la guerre, 589 à 591, 605. Ses hostilités perpétuelles avec Charles v; XI, 3. Ses alliances; ses combats en Espagne; son désir de ne point rompre avec la France, 7, 8. Ses fiefs de Normandie sont attaqués; échec de son parti, 10 à 13. Charles déjoue ses espérances sur la Bourgogne, 15. Il fait la paix avec lui, 27, 28. Promesses que lui a faites Henri de Transtamare, 50. Il traite à la fois en sens opposé avec lui et avec son rival, 54, 55. Il s'avance à la rencontre du prince de Galles; traite avec lui; sa seigneurie de Montpellier est saisie; il accompagne l'armée d'Aquitaine, 70, 71. Est fait prisonnier; soupçons à ce sujet, 72. Part que prend son lieutenant à la victoire de Najarra, 74. Il livre passage à l'armée anglaise en retraite, 81. Villes de Castille qui se donnent à lui, 90. Parti qu'il veut tirer de la chute de Pierre-le-Cruel, 105. Son voyage en France; ses négociations avec Charles v, 113. Et en même temps avec Edouard, 131 à 133. Attaqué en Navarre par le roi de Castille; il traite avec Charles v. Se réconcilie avec le duc d'Anjou; rentre dans Montpellier; offre sa médiation aux deux rois rivaux, 147 à 149. Accusé d'empoisonnement par Charles v; attaqué de toutes parts, 231 à 235. Il se réfugie à Saint-Jean-Pied-de-Port; son alliance avec Richard II, 237. Secouru par les généraux anglais; obtient la paix de l'infant de Castille, 239. Poison qu'il aurait donné à Charles v dans sa jeunesse, 296; survit aux rois ses contemporains, 303; droits qu'il a perdus, 305, 306. Epoque de sa mort, 487. Encore accusé d'empoisonnement, 488. Sa mort annoncée en France à sa sœur Blanche; procès qu'elle interrompt, 489, 490.

CHARLES III (LE NOBLE), roi de Navarre; laissé comme otage à Paris avec son frère Pierre; XI, 148. Son mariage en Castille; son retour à Paris; son chambellan accusé d'empoisonnement, 231 à 233. Assiste au sacre de Charles VI; est armé par lui chevalier, 314. Date de sa mise en liberté; ses démêlés avec la France; il est reconnu roi, 487 à 490. Inquiétudes qu'il donne à Charles VI, 520. Ses négociations avec l'Angleterre; XII, 48. Sa présence; ses inutiles réclamations à la cour de France, 99, 100. Il assiste à l'entrevue de Reims et à l'assemblée du clergé, 109 à 111. Son accord avec la France pour faire cesser le schisme, 113. Son alliance avec le duc de Bourgogne et la famille de Bretagne, 156, 157. Son traité avec la France; il est créé pair du royaume, 198, 199. Siége au conseil d'état; sa résidence à la cour; profit qu'il en retire, 220, 221. Convoqué par Jean-sans-Peur, 233. Médiateur entre lui et d'Orléans, 239, 240. Est du parti de la reine, 307, 310, 313. Son traité avec le duc de Bourgogne, 318. L'amour des plaisirs le retient à Paris, 330. Son traité avec la reine et autres, 338. Ses conférences à Gien, 347. A qui a laissé sa couronne; XIV, 103.

CHARLES de Navarre, prince de Viane; sa révolte contre son père; sa proscription; il meurt empoisonné; insurrection à cette occasion; XIV, 104 à 106.

CHARLES (LE BON) (SAINT), comte de Flandre; sa naissance; appelé à la succession de Baudoin VII; V, 171. Service féodal qu'il fait sous Louis-le-Gros, 201. Ligué en faveur de Guillaume Cliton, 204. Est assassiné, 205. Prétendans à sa succession, 207. A prétendu à la couronne impériale, 213.

CHARLES (LE TÉMÉRAIRE), comte de Charolais, puis duc de Bourgogne; né à Dijon; titre qui lui est donné à sa naissance; XIII, 229. Son entrée à Paris, 246. Arrêté avec sa mère par les Brugelois, 304. Son mariage, 336. Il fait ses premières armes contre les Gantois; sa cruauté, 566. Il épouse Isabelle de Bourbon, 579. Prend pour règle unique de sa conduite les romans de chevalerie, 586, 587. Célébré comme religieux par les chroniqueurs contemporains; son portrait, 600, 602, 603. Louis XI est parrain de sa fille; XIV, 5. Son mécontentement contre son père, 7. Leur violent débat, 8. Son irritation, 61, 62. Il assiste au service de Charles VII, 69. Son voyage en Bourgogne, 84. Il est appelé à la cour, 85. Il négocie avec le duc de Bretagne; affection que lui témoigne Louis XI; il s'égare à la chasse; inquiétude du roi; poste et pension qu'il reçoit, 86, 87. Comment mis en opposition avec le prince breton, 88. Protecteur de Marguerite d'Anjou; recouvre la faveur de son père; usage qu'il en fait; supplice de Toustain, 122, 123. Sa jalousie réveillée contre les favoris de son père, 125. Il se retire en Hollande, 126. Sa haine envers Louis XI; il se croit *envoûté*; ses négociations contre le roi, 132, 133. Précautions que prend celui-ci, 136. Réconcilié avec son père, 139, 140. Négociation qu'il entrave; pourquoi fait arrêter Rubempré, 147, 148. Entend la harangue de Morvilliers; sa colère, 150 à 152. Se déclare frère d'armes du duc breton, 153. S'empare du pouvoir; expulse les de Croy, 156 à 158. Se présente pour chef aux princes français mécontens, 159. Mesures défensives contre lui, 167. Armée qu'il conduit en France; ses lieutenans, 168. Sa marche; sa méfiance de ses alliés; par qui rassuré, 170, 172. Position qu'il prend, 173. Il gagne la bataille de Montlhéry, 175 à 178. Apprend qu'il est victorieux; influence de ce premier succès sur son caractère; il rejoint le duc de Bretagne, 179, 180. Il épuise ses trésors, 184. Ses entrevues avec le roi; il signe le traité de Conflans, 188 à 193. Pourquoi fait hommage au roi; prend congé de lui, 199. Marche sur les Liégeois, 203. Injure qu'il veut venger, 204. Son envoyé à Louis; les Liégeois lui offrent de traiter, 212. Il le nomment leur Maïmbourg et lui promettent un tribut; querelles entre ses troupes et les bourgeois; sa résolution de punir Dinant; il détruit cette ville de fond en comble, 213 à 216. Rançonne encore Liége, 217. Ses négociations avec les Bretons, 218. Son désespoir à la mort de son père; magnifiques obsèques qu'il fait célébrer, 221. Comment rend aux Gantois leurs priviléges; sa terreur; il sort de cette ville; sa modération; l'héritage du Brabant lui est disputé; les Etats prononcent en sa faveur, 222 à 225. Arrêt que le roi obtient contre lui, 226, 227. Sa correspondance avec le duc breton; il demande en mariage Marguerite d'Angleterre, 228, 229. Secourt l'évêque de Liége, 231. Sa colère contre lui, 232. Ses négociations; son traité avec le roi; il remet en liberté les otages liégeois; gagne la bataille de Bruestein; soumet Liége, 235 à 239. Les villes des Pays-Bas renoncent à leurs priviléges, 240, 241. Ses rapports avec le comte du Maine et les Bourbons, 242. Ambassade que lui envoient les Etats de Tours, 250. Son mariage, 251, 252. Armée qu'il assemble; projets qu'il annonce, 253. Sa colère à la nouvelle du traité d'Ancenis; fermentation dans ses Etats; cruauté de son prévôt des maréchaux; sa dureté, 257 à 260. Son entrevue avec Louis à Péronne; offres que lui fait le roi; il apprend les massacres de Liége; il fait le roi prisonnier; ses menaces; par qui calmé, 266 à 272. Conseil qu'il écoute; à quoi se détermine; traité qu'il impose au captif, 273 à 275. Marche sur Liége; emmène avec lui le roi ; entre d'assaut dans cette ville ; exigences que Louis élude ; promesse qu'il surprend ; Charles continue à ravager le pays liégeois, 276 à 280. Sa correspondance avec deux confidens de Louis découverte, 287 à 289. Le duc de Guienne rejette ses offres, 295. Il porte l'ordre de la Jarretière d'Angleterre ; son pouvoir ; il prend en gage l'Alsace et le Brisgau, 296 à 298. Son alliance avec Edouard IV, 301. Ses hostilités contre Warwick ; ambassade que lui envoie Louis, 303 à 305. Avertissement qu'il donne au roi Anglais, 308. Son désir de prendre la couronne royale, 311. Louis expose ses griefs contre lui à l'assemblée des notables et est dégagé des obligations du traité de Péronne, 320, 321. Politique de Saint-Pol à son égard ; les princes veulent le forcer à donner sa fille au duc de Guienne ; ses ménagemens pour les deux partis Anglais ; accueil qu'il fait à Edouard, 322 à 324. Il licencie ses troupes ; sommé par un huissier du parlement ; sa colère ; est averti de l'attaque qui le menace, 325. Défection de son frère Baudoin ; pertes de Saint-Quentin, d'Amiens ; troupes que rassemble Charles, 326. Ses reproches à Dammartin ; réponse de celui-ci ; accusations odieuses entre le roi et lui ; récriminations de son frère Baudoin, 328, 329. Ses opérations de guerre ; ouvertures que lui fait le parti des princes ; son mécontentement ; son billet au roi ; trêve d'Amiens, 330 à 332. Ses avances au parti de Lancastre ; pourquoi se rapproche d'Edouard ; faible secours qu'il lui prête, 333, 334. Offres que lui fait le prince après ses victoires, 341. Prétendans à qui il fait espérer la main de sa fille, 343, 344. Obstacles que croient mettre à ses desseins Louis et Edouard IV ; il trompe Charles de Guienne ; s'ouvre à Commines, 345 à 347. Se ligue avec Edouard ; traite avec Louis, 348, 349. Sa mauvaise foi, 350. Sommé par le duc de Guienne d'exécuter ses promesses, 351, 352. Jure le traité avec le roi, 355. N'entend point l'exécuter ; sa fureur à la mort du duc de Guienne ; ses accusations contre Louis, 356. Passe la Somme ; prend Nesle ; fait massacrer les habitans ; fait capituler Roye ; échoue devant Beauvais ; envahit la Normandie, 358 à 364. Ses lieutenans ; ses alliés, 365. Défections des Bretons ; de Commines ; il fait retraite, 366 à 372. Rompt avec le duc de Calabre ; désire se venger de Saint-Pol ; signe une trêve, 374 à 376. Vassal à la fois de Louis et de l'empereur ; las de la lutte avec le premier, se tourne contre le second, 379, 380. Comment réunit la Gueldre à ses états ; demande à l'empereur une entrevue, 381 à 388. Comment leurre la maison de Lorraine, 398. Fait enlever le nouveau duc, Réné II ; le relâche, 399, 400. Seul des ennemis de Louis XI encore inquiétant, 403. Le roi lui propose de réduire Saint-Pol ; son entrevue avec Frédéric ; son luxe ; il demande comme condition du mariage de Maximilien et de sa fille que ses états soient érigés en royaume ; l'empereur élude de le couronner ; son voyage en Lorraine, en Alsace ; plaintes contre son Landvoght ; ambassade qu'il reçoit des Suisses ; son entrée à Dijon ; son désir de défier l'empereur, 404 à 408. Il embrasse la cause de l'archevêque dépossédé de Cologne ; soupçonné de vouloir faire périr Louis ; ses négociations avec lui, 409, 410. Projet de perdre Saint-Pol, 411. Son parlement à Malines ; son dessein de conquérir la Suisse, 413, 414. Il renvoie les ambassadeurs de cette contrée ; la fait parcourir par des émissaires ; encourage la tyrannie de Hagembach, 415, 416. Insurrection contre ce dernier ; sa mort ; fureur de Charles ; son armée, 417. Il assiége Neuss, 418. Médiation du pape, 419. Il cherche à acquérir la succession de Réné d'Anjou, 421, 422. Ligue qu'il forme avec Edouard ; ses stipulations, 424 à 426. Résistance qu'il éprouve à Neuss ; ses lieutenans sont battus en Alsace ; son armée se fond ; le duc de Lorraine le fait défier, 427 à 429. Il lève le siége ; son léger avantage contre l'empereur ; il rejoint Edouard à Calais sans troupes, 433. Il lui donne rendez-vous à Reims, 434. Sa détresse ; sa méfiance de l'Anglais,

438. Saint-Pol lui refuse l'entrée de Saint-Quentin, 440. Pourquoi quitte Édouard, 441. Ses alarmes; son entrevue avec lui; comment irrité contre Saint-Pol, 447 à 449. Son traité signé à Soleure avec le roi, 452, 453. Il fait arrêter Saint-Pol; le livre à Louis à la condition de se venger de Réné II de Lorraine, 455 à 457. Ce qu'il retire de la confiscation de Saint-Pol; aventuriers qui l'entourent; trahi par Campo-Basso; il fait la conquête de la Lorraine; marche contre la Suisse, 459 à 461. Ligue contre lui entre l'empereur et Louis; son armée; ses Lombards; son dégoût des Flamands; crédit de Campo-Basso; ses négociations avec le vieux Réné; son impatience de ceindre la couronne royale; il entre en Suisse; massacre de Grandson; 462 à 465. Il perd la bataille de ce nom, 466 à 469. Son message à Louis; sa douleur; armée qu'il rassemble de nouveau; menace d'intervenir dans la querelle du pape et du roi, 474 à 476. il assiége le château de Morat, 477. Perd la bataille de ce nom; sa fureur; il fait arrêter la duchesse de Savoie; convoque les états de ses provinces, 478 à 481. Refus qu'il essuie; sa solitude; ses emportemens, 482. Son réveil; il marche au secours de Nancy; trouve cette ville au pouvoir des Lorrains; l'assiège, 487 à 489. Campo-Basso lui est dénoncé par Louis; sa confiance redouble; il ordonne le supplice de Baschi, 490, 491. Il perd la bataille de Nancy; sa mort; son portrait, 492 à 496.

CHARLES de Blois, neveu de Philippe VI; son mariage avec Jeanne de Penthièvre; X, 109, 185. Parti qui le reconnaît duc de Bretagne, 186. Il se place sous la protection de Philippe, 188. Il invoque contre son compétiteur Montfort les coutumes du duché; le parlement prononce en sa faveur, 189. Armée qu'il rassemble, 190, 191. Ses progrès; il entre à Nantes; son rival est prisonnier, 192, 193. Il reprend les hostilités; princes qui le secondent; il assiége et prend Rennes, 199, 200. Il assiége dans Hennebon la comtesse de Montfort; échec et progrès de son parti, 201 à 206. Il assiége encore Hennebon; don qu'il octroie à Louis d'Espagne; son échec, 207 à 209. Fait la petite guerre, 210. Est assiégé dans Nantes, 216. Délivré par le duc de Normandie, 217. Trêve, 218. Il continue les hostilités, 234. Il surprend Quimper, qui est le théâtre d'affreux massacres, 238, 239. Ses opérations; il est fait prisonnier, 322, 323. Mariage de sa fille, 406. Est mis en liberté; préside le banc de la noblesse aux États généraux, 477. Fait avec désavantage la guerre en Bretagne, 504. Villes qui lui sont fidèles, 505. Acharnement de la lutte qu'il soutient, 563. Ce que le traité de Brétigny stipule pour lui, 572. Politique des deux rois à son égard, 577. Il signe le traité d'Angrand et ne l'observe pas; est secouru par Duguesclin; XI, 18, 19. Il perd la bataille d'Auray et est tué; sa canonisation, 20 à 23; 154, 155. Sa famille, 24; 500, 501.

CHARLES, duc de Savoie; son avénement; XIV, 605. Est dans la dépendance de la France, 613. Ses débats avec Louis de Saluces et Charles VIII; son voyage en France; sa mort; XV, 81 à 83.

CHARLES III (LE BON), duc de Savoie; invité à accéder à la ligue de Cambrai; XV, 503. Se réconcilie avec la sainte ligue, 601. Neutre entre François Ier et Charles-Quint; XVI, 140. Sa neutralité couvre la frontière française, 160. Prend parti pour l'empereur; don qu'il reçoit de lui, 340, 341. Entre dans la ligue italienne, 416. Ses rapports avec François, 418. Ce prince veut le déposséder; sous quel prétexte, 469 à 473. Insurrection de Genève secondée par le roi, 474 à 476. Il évacue ses états, 488, 489. Est rejoint par l'empereur, 504. Représailles qu'il exerce à Aix, 517. Il prétend au commandement de l'armée impériale, 523. Seule ville qui lui reste, 558. Sacrifié par la trêve de Nice, 560 à 562. Echange que lui propose François et qu'il refuse; XVII, 94. Sa dernière ville prise injustement, 161. La restitution de ses états stipulée par le traité de Crépy, 214. Sa mort, 503.

CHARLES-EMMANUEL Ier, duc de Savoie; épouse une fille de Philippe II d'Espagne; XX, 156. Favorise la ligue, 446. Ses opérations, 529 à 533. Ses prétentions sur la France; XXI, 22; 45. Ses échecs en Dauphiné, 104, 105. Reçoit des subsides de l'Espagne, 121. Chassé de la Provence, 170. Ce que lui écrit son envoyé, 183. Aux prises avec Lesdiguières, 237. Ses conquêtes sur les Vaudois, 314. Renforce le duc de Nemours, 337. Ses villes de Provence lui échappent, 390. Sa position; il négocie et signe la paix de Vervins, 470, 471, 475, 478 et suiv. Sa guerre avec Henri IV; XXII, 36 et suiv., 42 à 59. Ses intrigues, 64. Sa tentative sur Genève, 81 à 83. Pourquoi entre dans l'alliance française, 167; 229. Son rôle dans la guerre projetée contre l'Espagne, 174. Secret de ses négociations, 230. Licencie ses troupes, 238, 239. Ses démêlés avec la famille autrichienne, au sujet de Montferrat; son espion surpris à la cour de France, 275 à 278; 415 à 417. Négocie avec l'empereur, 447. D'Ossuna compte sur son appui, 468. S'interpose pour l'indépendance de la Valteline, 526. Son entrevue à ce sujet avec Louis XIII, 528. Stipule le partage de la république de Gênes, 552 et suiv. Ses succès, 562. Sa retraite, 573, 574. Ses intrigues contre Richelieu; XXIII, 13, 43, 70. Il convoite le Montferrat, 64, 86. Il bat le marquis d'Uxelles, 89. Sa tentative contre Gênes, 90 à 93. Aux prises avec l'armée royale, 104 et suiv. Il signe le traité de Suse, 107 et suiv. Cherche à s'y soustraire, 132. Il le rompt; ses échecs, 134 à 140. Encore attaqué; sa mort, 143 à 145.

CHARLES-EMMANUEL II, duc de Savoie; son avénement; XXIII, 348. L'empereur nomme administrateur du duché le cardinal Maurice, 377. Sa mère l'envoie en Savoie, 382. Il tient tête aux Espagnols; XXIV, 274. Allié aux Français, 525. Ses persécutions contre les Vaudois, 530 à 532. Ses opérations militaires, 537, 555, 573. Se lasse de la guerre, 575. Son voyage en France, 576, 577. Ses intérêts stipulés, 580, 587. Mort de sa mère et de sa femme; XXV, 60. Sa mort, 433.

CHARLES-EMMANUEL III, roi de Sardaigne; son père abdique en sa faveur; il le fait arrêter; XXVIII, 68 à 74. Son traité avec la France et l'Espagne, signé à Turin, 95 et suiv. Ses opérations militaires, 106, 108 et suiv. Il achève la conquête du Milanais; ses adieux à Villars, 120 à 122. A part au combat de la Secchia et à la victoire de Guastalla, 125 à 130. Retourne dans ses états, 131. Par qui renforcé; ses débats avec la reine d'Espagne, 133 à 135. Il entrave les opérations de Montemar, 136 à 138. Ce que les négociations et le traité de Vienne stipulent pour lui, 141, 147. Ses prétentions à la succession de l'empereur, 223. Ses traités en sens contraire avec l'Espagne, avec l'Autriche, 270, 271. Aux prises avec Montemar, puis avec l'infant don Philippe; la France lui déclare la guerre, 272 à 274, 292. Bat les Espagnols sur le Panaro; cession qu'il obtient; son alliance avec l'Autriche et l'Angleterre, 287 à 290. Ses inquiétudes; 325. Il convoite Gênes, 329, 386. Ses mesures défensives, 330, 331. D'abord repoussé; il fait lever le siége de Cuneo, 333, 334. Ses états envahis; sa défaite à Busiguana, 387 à 390. Sa détresse, 391. Préliminaires qu'il signe avec la France, 393 et suiv. Il reprend les hostilités; promesses que lui font l'Autriche et l'Angleterre; succès de ses armes, 396 à 401. Il poursuit Maillebois, 402. Villes dont il s'empare, 404. Envahit la Provence, 410. Subsides qu'il reçoit de l'Angleterre, 445. Signe le traité d'Aix-la-Chapelle, 457. Ses prétentions, 460. Projets de Marie-Thérèse contre lui; XXIX, 56. Il écrit contre les jésuites, 232.

CHARLES IX, roi de Suède; chasse de ce pays son neveu Sigismond; y maintient la réforme; XXII, 41.

CHARLES XI, roi de Suède; décadence de son royaume pendant sa minorité; XXV, 257. En guerre avec le grand électeur; ses échecs, 341, 380. Il fait la paix, 384, 388. Politique qu'il suit, 447. Il signe la ligue d'Augsbourg, 529. Médiateur pour la paix générale ; sa mort ; XXVI, 176, 202, 204.

CHARLES XII, roi de Suède ; son avénement médiateur pour la paix générale ; XXVI, 204. Ce qu'il obtient par le traité de Ryswick ; 215. Ses exploits, 403, 438. Ses démêlés avec le roi d'Angleterre ; XXVII, 276, 277. Ses projets en faveur des Stuarts ; sa mort, 326 à 328. Elle anéantit la Suède, 359, 375. Sort du roi de Pologne son protégé, 522.

CHARLES-GUSTAVE, roi de Suède ; Christine abdique en sa faveur ; XXIV, 545. Son traité avec la France, 550. En guerre avec le Danemark, 575. Signe le traité d'Oliva, 598.

CHARLES, duc de Lorraine ; aux prises avec le roi de France ; XII, 251. Allié de Jean-sans-Peur, 284, 286, 528. Audience à laquelle il assiste, 403. Marche sur Paris, 491. Assiste au sacre de Charles VII ; XIII, 144. Son héritier, 197.

CHARLES III, duc de Lorraine ; son avénement ; XVII, 396. Henri II occupe ses états et l'envoie en France, 454, 455. Le roi lui destine une de ses filles ; XVIII, 3. Son entrevue avec sa mère, 73. Il épouse Claude de France, 91. Pourquoi appelé à Paris ; XIX, 260, 261. Son armée arrête les auxiliaires allemands des Huguenots ; XX, 297. Il refuse de suivre Guise en France, 298. Celui-ci se retire à sa cour, 317. Ses hostilités dans le duché de Bouillon, 320. Ce que lui écrit Guise, 352. Ses prétentions sur la France ; XXI, 22, 173. Renforts qu'il envoie à Mayenne, 28. Ses projets ; il fait escorter le légat, 44, 45. Jaloux des Guises, 119. Congrès qu'il tient, 287. Il se prononce pour la paix, 289. A portée de troubler le siége de Laon, 297. Traité qu'il signe avec Henri IV, 315, 414, 470.

CHARLES IV, duc de Lorraine ; coalition contre Richelieu à laquelle il promet son appui ; XXIII, 43, 44. Donne asile au duc d'Orléans, 120. Surveillé par Marillac, 147. Secours qu'il conduit en Allemagne ; son retour ; son traité avec la France, 182, 183. Promesses que lui fait l'empereur ; il s'apprête à le seconder ; sa correspondance interceptée ; il est attaqué et réduit par Louis XIII, 195 à 197. Griefs de Richelieu contre lui ; ses offres ; il livre sa capitale, 224 à 226. Son abdication ; ses projets, 232. Son bannissement décrété par le parlement, 234. Se distingue à la bataille de Nordlingen, 248. Battu à Montbéliard, 270, 271. Prend Saint-Mihiel, 273. Entre en Bourgogne ; 291. Echoue au siége de Saint-Jean-de-Losne ; sa retraite, 296. Est repoussé par Weymar, 320. Correspond avec la reine Anne, 332 et suiv. Veut secourir Brisach ; est battu, 341. Vaincu au secours d'Arras, 424, 425. Ses rapports avec Olivarès et le cardinal-infant ; ses mœurs ; son second mariage du vivant de sa femme ; son traité avec le roi de France, 440 à 442, 444. Sa trahison, 451, 470. Ses états repris, 471. Ses opérations en Allemagne ; XXIV, 45, 46. Traite avec Mazarin, 63. Ses ministres exclus du congrès de Munster, 114. Il commande l'armée impériale en Flandre ; ses opérations, 115 et suiv. Prétexte qu'il donne pour rompre les négociations avec l'Espagne, 182. Intervient dans la guerre de la Fronde, 446 et suiv., 466, 470 et suiv., 487. Est mis sous les ordres de Condé, 490. Qui commande son armée, 491. Son arrestation ; sa captivité en Espagne, 509. Son traité, 529, 530. Sa mise en liberté stipulée, 580. Ses intrigues retardent la signature de la paix, 588. Réconcilié avec la France, 598. A qui veut marier son héritier ; ses amours avec Marianne Pajot ; il se brouille avec sa sœur ; négocie avec Louis XIV la vente de ses états ; XXV, 34 à 36. Lui remet Marsal, 54. Sa guerre avec l'électeur palatin, 159. Chassé par le roi, 207. Ligué contre lui, 253. Contenu par Turenne, 275, 284. Envahit l'électorat de Trèves ; prend cette ville et meurt, 325 à 328.

CHARLES V, duc de Lorraine ; ses amours avec Marguerite d'Orléans ; XXV, 19. Refusé par Mlle de Montpensier ; brouillé avec son oncle ; s'enfuit à Florence, 34, 35. Prétend au trône de Pologne, 179. Son avénement, 328. Il prend Philipsbourg, 340, 341. Commande l'armée impériale, 349. Aux prises avec Créqui ; ses échecs, 350 à 352; 379 et suiv. Plie devant Kara Mustapha, 450. Ses pertes au siége de Bude, 473. Il prend cette ville, 527. Est chargé d'envahir l'Alsace; XXVI, 26. Passe le Rhin; prend Mayence, 40. Sa mort, 52.

CHARLES de Lorraine (LE PRINCE) commande les troupes de Marie-Thérèse; XXVIII, 233. Marche au secours de Prague, 235. Ses opérations en Bohême, 236. Battu à Chotusitz par Frédéric, 242. Assiége les Français dans Prague, 256 et suiv. S'avance jusqu'au Rhin, 274. Bat Minucci près de Braunau, 275. Il passe le Rhin; ses coureurs en Lorraine, 311 à 313. Diversion qui le rappelle, 314. Par quoi sauvé; il repasse le fleuve, 319, 320. Sa retraite; son arrivée opportune en Bohême, 321, 322. Il a évacué la Bavière, 337. Il perd la bataille de Friedberg, 375. Envoyé dans les Pays-Bas; vaincu à Raucoux, 408, 409. Aux prises avec Frédéric; est bloqué dans Prague et délivré; XXIX, 122 à 125.

CHARLES-LOUIS, électeur palatin. Veut prendre à sa solde l'armée de Weymar; est arrêté; XXIII, 372. Ce que la Suède réclame pour lui; XXIV, 183, 184. En guerre avec le duc de Lorraine; XXV, 159. Le duc d'Orléans épouse sa fille, 211. Ses désastres; incendie du Palatinat, 284, 286. Sa mort, 528.

CHARLES-ALEXANDRE, duc de Wirtemberg; commande l'avant-garde des alliés; XXVI, 147. Ce qu'il obtient à la paix, 215. Ne peut forcer les lignes de Wissembourg; XXVII, 164.

CHARLES; son ascension en aérostat; XXX, 315.

CHARLOTTE de Savoie épouse le dauphin (Louis XI); XIII, 544. Il offre de l'envoyer à la cour de son père; XIV, 6. Son arrivée en Brabant; 8. Il l'éloigne de sa résidence, 593. Elle lui survit à peine; leurs rapports, 632, 633. Sa mort, 640.

CHARNACÉ (LE BARON DE), négociateur de Richelieu en Allemagne; XXIII, 130, 131. Signe avec la Suède le traité de Bernwald, 172. Sa mission en Hollande, 222. Il est tué, 257.

CHARNY (GEOFFROI DE) tente de surprendre Calais; est prisonnier; sa vengeance; X, 362, 363.

CHARNY (JEAN DE) fait périr Marcel; X, 538, 539. Mesures qu'il prend, 540.

CHARNY (LE COMTE DE); troupes espagnoles qu'il conduit en Toscane; XXVIII, 94.

CHAROLAIS (DE BOURBON-CONDÉ, COMTE DE) poursuit la dégradation des légitimés; XXVII, 337 et suiv. Sa campagne en Hongrie; inquiétude qu'il donne au régent, 448. Pourquoi n'est point envoyé en Espagne, 530. Ses mœurs féroces; XXVIII, 27, 161, 162. Querelle d'étiquette qu'il renouvelle; tuteur de son neveu; ordre et fierté qu'il montre, 475, 476.

CHAROLAIS (LA PRINCESSE DE); ses agaceries à Louis XV; XXVIII, 27, 163, 165.

CHAROST (LE DUC DE) est nommé gouverneur de Louis XV; XXVII, 469. Initie le roi aux affaires, 472. Remet au duc de Bourbon l'ordre de s'exiler, 548.

CHAROST (LE DUC DE); principes libéraux auxquels il adhère; XXX, 372.

CHAROBERT, (CHARLES-ROBERT), roi de Hongrie; le pape prépare son avénement; IX, 66, 67. Il dispute le trône à Wenceslas; bulle pontificale qui reconnaît ses droits, 115. Clément V. lui accorde définitivement le royaume, 194. Son jeune frère Robert s'empare à son préjudice de la couronne de Naples, 268. Reconnu par les Hongrois, 309. Sa fidélité à la maison de France; X, 30.

CHARRI (JACQUES PREVOT DE) commande la garde de Charles IX; ses bravades à l'égard de d'Andelot; il est assassiné par Chastelier; XVIII, 405 à 408.

CHARRON, prévôt des marchands de Paris; Guise lui ordonne d'armer une partie des bourgeois; XIX, 163.

CHARTIER (JEAN), historiographe de Charles VII; appelé à l'armée; XIII, 496. Son jugement sur Agnès Sorel, 497, 498. Caractère de son panégyrique, 598.

CHARTIER (ALAIN), secrétaire de Charles VII; platitude de ses œuvres; baiser que lui a donné la dauphine; XIII, 594, 595.

CHARTIER (GUILLAUME), évêque de Paris; ses négociations avec le parti des princes; XIV, 183.

CHARTON, président au parlement; son arrestation; XXIV, 213.

CHARTRES (HECTOR DE), Armagnac; son supplice; XII, 551.

CHARTRES (REGNAULT DE), archevêque de Reims, chancelier de France, principal ministre de Charles VII; XII, 616. Il croit la Pucelle alliée du démon; épreuves qui le détrompent; XIII, 122, 123. Convoi qu'il prépare pour Orléans, 127. Ses hésitations à Troyes; son entrée à Reims; il sacre le roi, 141, 143, 144. Négociateur avec Philippe-le-Long, 153. Son entrevue avec lui, 155. Communication qu'il fait aux Etats, 225. Il se rend au congrès de Nevers, 244. Puis au congrès d'Arras, 250. Il marie le dauphin, 291. Négociateur à Gravelines, 337, 369. Ouvre les Etats d'Orléans, 351. Est caution du duc d'Orléans; se rend au-devant de lui, 374, 375. Assiste aux Etats de Béziers, 390. Envoyé à l'assemblée de Nevers, 392.

CHARTRES (LE VIDAME DE) part pour le Piémont; XVII, 184, 552. Son zèle à Metz, 483. Ses intrigues contre les Guises découvertes; son arrestation; XVIII, 167, 173. Sa mort, 182. Il est déclaré innocent, 212.

CHASSA (JEAN DE) accusé de complot par Charles-le-Téméraire, publie sa justification; XIV, 328, 329.

CHASSAGNE (DE LA), président du parlement de Bordeaux; insurrection qu'il fait avorter en cette ville; XVII, 352, 353.

CHASSANÉE, président du parlement d'Aix; pourquoi suspend les rigueurs prononcées contre les Vaudois; XVII, 236.

CHASSINCOURT, envoyé de Henri de Navarre près de Valois; XX, 89, 147.

CHASTEL (JEAN), assassin de Henri IV; son supplice; XXI, 319, 320. Sa tentative est l'occasion de rigueurs contre les jésuites; son père est exilé, 321, 322.

CHASTELLIER-POURTAUT assassine Charri; XVIII, 406. Sollicite des secours en Allemagne pour le parti protestant; 514. Est tué; XIX, 46.

CHASTELLUX (LE SIRE DE); son entrée à Paris; XII, 538. Conseil dont il fait partie, 543. Ses extorsions, 544. Est nommé maréchal, 548. Prend part à la victoire de Cravant; XIII, 19 à 21.

CHASTES (AYMAR DE); expédition qu'il conduit aux Açores; ses désastres; XX, 34, 35. Livre Dieppe à Henri IV; XXI, 25.

CHATAIGNERAYE (FRANÇOIS DE VIVONNE, SIEUR DE LA); son duel avec Jarnac; sa mort; XVII, 314 à 316.

CHATEAUDOUBLE, conseiller au parlement de Grenoble; aux prises avec les huguenots; XXV, 505.

CHATEAU-GUYON (LE SIRE DE), du parti de Charles-le-Téméraire; XIV, 157. Tué à Grandson, 467. Mission qu'il devait remplir, 469.

CHATEAUNEUF (ODON DE), légat du pape; prêche la croisade en France; VII, 348, 358. Est évêque de Tusculum; ordre qu'il reçoit du pape, 369. Approuve l'arbitrage de saint Louis dans les affaires de Flandre, 371. Accompagne le roi, 382. Chargé de recueillir le butin de Damiette; à quel prix le rachète, 407. Opine pour le retour en Europe, 459.

CHATEAUNEUF, est garde des sceaux de la régence de Marie de Médicis; XXII, 176. Elle lui confie les finances, 236. Négociateur en Allemagne, 473. Richelieu lui donne les sceaux du royaume; XXIII, 157. Réprimande qu'il reçoit, 165. Commission qu'il préside, 170. Il préside le parlement de Toulouse; pourquoi, 211. D'où sa disgrâce, 214, 215. Sa captivité, 541. Mme de Chevreuse le propose à la reine pour ministre; XXIV, 23. Pourquoi écarté, 25. Son exil, 223,

225, 228. Les sceaux lui sont rendus, 330. Trompé par Mazarin, 354. Annonce la mise en liberté des princes; à quelles conditions, 363. Mission que lui donne Gaston, 364. Trahit la reine, 367. Est remplacé, 374, 417. Rentre en fonctions, 398. Presse la régente de commencer les hostilités, 404. Sa mort, 543.

CHATEAUNEUF, huguenot; prend parti pour Condé; XXII, 349. Sa déclaration au duc de Rohan et autres, 480. Il les entraîne dans la guerre civile, 481. Se vend à Luynes, 488.

CHATEAUNEUF, parrain de Voltaire; sociétés où il l'introduit; XXVII, 294.

CHATEAU-RENAUD (LE MARQUIS DE); flotte française qu'il commande; son échec à Vigo; XXVI, 357, 358.

CHATEAUROUX; son combat avec d'Aumont; XXII, 252.

CHATEAUROUX (DE NESLE, VEUVE DE LA TOURNELLE, DUCHESSE DE), maîtresse de Louis XV; XXVIII, 253 à 256. Sentiments qu'elle lui inspire, 293, 294, 307. Elle fait disgracier Amelot, 306. Le roi lui refuse de l'accompagner à l'armée; elle le rejoint, 309, 310. Son expulsion, 315 et suiv. Le roi songe à la rappeler; leur entrevue; ses exigences; sa mort, 343 à 347. Rivale qui lui succède, 348. Incidemment nommée, 411. Son désintéressement, 468.

CHATEAUVIEUX est de la conjuration d'Amboise; XVIII, 141.

CHATEAUVIEUX assiste aux derniers momens de Henri III; salue Henri IV; XX, 543, 545. Est du conseil de régence; XXII, 176.

CHATEL-MORANT (JEAN DE); renforts qu'il conduit en Castille; pillage dont il profite; XI, 472, 473. Défend Constantinople contre Bajazet; XII, 120. Escorte l'empereur Manuel, 168.

CHATELAIN (GEORGES); ses poésies lyriques; XIII, 594.

CHATENAY (LE SIRE DE) opine pour que saint Louis demeure en Terre Sainte; VII, 459.

CHATILLON (RENAUD DE); aventurier; s'établit près d'Antioche; ses brigandages; VI, 74. Prisonnier à Tibériade, 77. Tué par Saladin, 78.

CHATILLON (GAUTHIER DE); sa belle contenance à la bataille de Mansourah; VII, 429. Défend avec vaillance une tête de pont qui couvre le camp, 433. Son dévouement pour saint Louis, 437.

CHATILLON (MILON DE), évêque de Beauvais; secours qu'il amène au pape; ses dettes; VIII, 111. Obtient un gouvernement en Italie; ses exactions; est pillé et dépouillé sur la route de France, 112. Sédition à Beauvais dont il est victime, 113. Excommunication qu'il fulmine; il est rappelé à Rome, 114.

CHATILLON (JACQUES DE), gouverneur de Flandre, nommé par Philippe-le-Bel; sa rapacité; plaintes qu'elle excite; IX, 56. Sa tyrannie; il fait arrêter à Bruges les chefs des corporations, 93. Entre dans cette ville soulevée, 94. Echappe au massacre général des Français, 95. Tué à la défense de Courtrai, 101. Voy. Crécy.

CHATILLON (JACQUES DE); commandement que lui donne Charles V; XI, 101. Négociateur à Bruges, 224. Se déclare pour le duc de Bretagne, 285. Est nommé amiral de France; XII, 292.

CHATILLON (LE SIRE DE); forcé d'ouvrir les portes de Reims à Charles VII; XIII, 142. Est gouverneur du Dauphiné; XIV, 3. Assiste aux Etats de Tours, 244. Va chercher en Lorraine Marguerite d'Anjou, 306.

CHATILLON (ODET DE) est promu cardinal; XVI, 432. Il assiste au couronnement de la reine; XVII, 377. Commission inquisitoriale dont il fait partie; XVIII, 63, 64. Ses vertus; sa mère lui inspire des idées de réforme, 106. Il combat les conjurés d'Amboise, 148. Assiste à l'assemblée des notables, 161. Avis qu'il fait donner à Condé, 167. Assiste à l'ouverture des Etats, 191. Faveur de sa famille; il insiste pour la tolérance, 218. Il cède le pas au prince de la Roche-sur-Yon, 225. Confession qu'il fait dresser à Poissy, 237. Avances que lui fait le cardinal de Ferrare, 249. Il rejoint Coligni, 272. Met un terme aux fureurs de

Des Adrets, 332. Cité à l'inquisition, 383, 384. Assiste au lit de justice de Rouen, 397. Proteste contre le renvoi de son frère devant le parlement, 404, 405. Projet du roi à l'égard de sa famille, 429. Est de l'assemblée de Moulins, 465. Efforts de la reine pour se l'attacher, 477. Elle le déclare responsable de la prise d'armes du parti, 503. Vains efforts de son oncle pour le ramener, 504. Ses négociations; son habileté, 516, 526. Il se rend à Longjumeau; y signe la paix, 528 à 531. Il se réfugie en Angleterre; XIX, 31. Secours qu'il obtint d'Elisabeth; brigandage maritime qu'il avoue, 39, 40. Sa mort, 106. Ses bénéfices transférés à Coligni, 113.

CHATILLON (LE COMTE DE); confiance qu'il inspire aux huguenots; XIX, 451. Le roi veut l'abaissement de sa famille, 465. Aux prises avec son oncle Montmorency, 530. Ses opérations, 532. Est rejoint par Condé, 535. Assiste à l'assemblée de Montauban; XX, 111. Rejoint les auxiliaires allemands, 298. Ses opérations, 300, 305, 307, 310. Se retire en Vivarais, 312, 320. Rejoint Henri III, 524. Son succès contre Saveuse, 527. Est à l'avant-garde de l'armée royale, 535; XXI, 5. Se joint à Henri IV, 11, 78. Son poste à l'assaut des faubourgs de Paris, 35. Sa mort, 142.

CHATILLON (HENRI DE), petit-fils de Coligni; est tué; XXII, 80. Les députés de sa famille exclus de l'assemblée des huguenots, 116.

CHATILLON (LE MARQUIS DE), maréchal, prend parti pour Conti; XXII, 232. Se rend à l'assemblée de Chatelleraut, 242. S'efforce de calmer le Midi, 349. Entraîné à la guerre civile, 481. Sa défection annoncée, 483. Sa soumission, 505. Refuse de seconder Rohan, 563. Il entre en Savoie; XXIII, 139. Inconstance avec laquelle il a été employé, 151. Son commandement au Nord; est victorieux à Avain; rejoint le prince d'Orange; leurs opérations, 267 à 270. Il prend ses quartiers d'hiver en Hollande, 273. Est sous les ordres des princes, 293. Entre en Luxembourg, 321. Echoue au siége de Saint-Omer, 342. Marche sur le Hainaut; ne secourt point Feuquières, 391. Place qu'il prend, 392. Est sous les ordres du roi; prend Arras, 423 à 426. Marche contre les insurgés de Sedan; est trompé par le duc de Lorraine, 451. Perd la bataille de la Marfée; apprend la mort de Soissons, 454 à 457.

CHATILLON (LE COMTE DE) épouse Mlle de Bouteville; XXIV, 105.

CHATILLON (LA DUCHESSE DE); son rôle dans la Fronde; XXIV, 314, 329, 332, 352, 399, 463. Entraîne la défection de d'Hocquincourt, 524. Son entrevue avec Condé, 589.

CHATILLON (LE DUC DE); assemblée de la noblesse chez lui; XXVII, 340.

CHATILLON (LE COMTE DE); son poste à la bataille de Guastalla; XXVIII, 128. Conduit le dauphin près du roi malade, 319. La favorite demande son exil, 344. Principes sévères qu'il a donnés au jeune prince, 470.

CHATILLON (BATAILLE DE) gagnée par Jacques de Chabannes sur Talbot; XIII, 551 et suiv.

CHAUCES. Voy. *Francs.*

CHAULIEU (LE MARÉCHAL DUC DE) défend la frontière de Picardie; XXIII, 273. Renforcé par Brezé, 287.

CHAULIEU; ses relations avec Voltaire; XXVII, 295.

CHAULNES (CHARLES D'ALBERT DUC DE), gouverneur de Bretagne; soulèvement qu'il combat; XXV, 315 et suiv. Est ambassadeur à Rome; XXVI, 44, 69, 114. Voy. *Cadenet.*

CHAULNES (LE DUC DE) a part à la victoire de Fontenoi; XXVIII, 369.

CHAUMONT, de la faction des Bouchers; fait armer la bourgeoisie; XII, 407. Ses fonctions à Paris; son luxe, 422. Il accompagne Jean-sans-Peur; 458.

CHAUVELIN (DE), président au parlement de Paris; est nommé garde des sceaux; XXVIII, 39, 45. Lettre que lui adresse le comte de Plélo, 90. Négocie le traité de Turin, 95 et suiv. A réussi à isoler l'Autriche, 98, 99. Son portrait, 188, 191 et suiv. Son exil, 192.

CHAUVELIN (L'ABBÉ DE), conseiller

au parlement; remontrances qu'il propose; XXIX, 35. Sa lutte contre les jésuites, 231.

CHAUVELIN (LE MARQUIS DE); troupes qu'il conduit en Corse; XXIX, 378 et suiv. Son rappel, 381. Sa mort subite; alarme qu'elle cause au roi, 498.

CHAUVIN, chancelier et négociateur du duc de Bretagne; XIV, 209, 254. Arbitre du prince Charles de France, 255. Pourquoi arrêté par Louis XI; 541. Sa disgrâce; sa mort, 598, 599.

CHAVAGNAC conspire contre Richelieu; son supplice; XXIII, 227. Autre du même nom; complice de Cinq-Mars, 497.

CHAVAGNAC refuse de tuer Gondi; XXIV, 388. Accompagne Condé, 432.

CHAVIGNY (HUGUES DE), nommé gouverneur de la Bastille; XIV, 210.

CHAVIGNY se rend au siége de la Rochelle; XIX, 225. Gardien du cardinal de Bourbon; XXI, 24.

CHAVIGNY (BOUTHILLIER DE), secrétaire d'état sous Louis XIII; conseil auquel il assiste; XXIII, 368. Envoyé en Piémont, 383, 387. Communication qu'il fait au roi, 503. Sa mission près de Gaston, 506, 507. Propositions qu'il fait au roi de la part du cardinal, 522. Jaloux de Mazarin, 530. Grâces qu'il obtient du roi, 533. Incline pour donner la régence à la reine; sa circonspection, 536 à 538. Est appelé à faire partie du conseil, 540. Est confirmé dans ses fonctions; XXIV, 18. Est congédié, 25. Son emprisonnement, 223, 225. Est mis en liberté, 228, 231. Rentre au ministère, 374. Avis qu'il donne à Condé, 381. Son renvoi, 398. Il propose l'enlèvement de Gondi, 409. Décide le prince à quitter l'armée, 433. Négocie, 441, 442. Sa mort, 543.

CHAVIGNY (LE MARQUIS DE), négociateur français en Allemagne; XXVIII, 297 et suiv. à 303.

CHEGERET EDDUR, mère du soudan d'Egypte Touran Chah; lui conserve le trône; XII, 412. Est en butte à sa haine, 442. Conjurés qui gouvernent en son nom, 444.

CHEMANS (ERRAULT DE), garde des sceaux de François Ier; négocie la paix avec l'empereur; XVII, 204.

CHENAILLE expose aux états de Blois la situation financière; XX, 428. Insulté par Bonneval; XXII, 329.

CHENAY (ROBERT DE), capitaine de partisans; victoire à laquelle il prend part; XI, 69.

CHENEVIÈRES, député de la noblesse aux états généraux de Paris; XXI, 178.

CHERUSQUES, Voy. *Francs*.

CHESTER (COMTE DE), rebelle contre Henri II; vaincu et prisonnier; V, 506. Emmené en Angleterre, 509. Ramené en Normandie, 514. Epouse Constance de Bretagne; VI, 50.

CHESTER (LE COMTE DE), lieutenant du roi d'Angleterre en Bretagne; VIII, 102. Bat les Français, 103. Jure la paix, 405.

CHESTERFIELD (LE COMTE DE) dirige l'opposition anglaise; XXVIII, 300.

CHEVALERIE; son origine; en quoi elle consiste; IV, 198 et suiv. Voy. *France*.

CHEVERNY signe la quadruple alliance; XXVII, 322.

CHEVERT (LE GÉNÉRAL), capitulation qu'il obtient à Prague; XXVIII, 260, 261. Est de l'armée d'Allemagne; XXIX, 121. Contribue à la victoire d'Hastenbeck, 129 et suiv. Expédition contre l'Angleterre qu'il doit commander, 204.

CHEVREUSE (PIERRE DE), commissaire du roi en Languedoc; XII, 31. Sa mort; comment est remplacé, 50.

CHEVREUSE (DE LORRAINE GUISE, DUC DE); d'abord prince de Joinville; chassé de Troyes par les royalistes; XXI, 284, 285, 287. Son arrestation; il est relâché; XXII, 80, 143. Souvent rival du roi, 179. Est de l'intimité de la régente, 207. Est nommé duc de Chevreuse, 218. Est du parti anti-espagnol, 229. Ses exigences, 235. Se rend à Soissons, 379. Son retour à Paris, 382, 383. Jalousie qu'il inspire à Louis XIII, 493. Il épouse la veuve de Luynes, 500. Sa dévotion, 504. Représente Charles Ier d'Angleterre à son mariage, 557. Offre ses services à la Fronde; XXIV, 246. Réunions chez lui, 285. Sa mort, 548.

CHEVREUSE (MARIE DE MONTBAZON, DUCHESSE DE); épouse Luynes; XXII, 431. Ses agaceries au roi, 434. Comment gagne les bonnes grâces de la reine, pamphlets contre elle, 461. Suit l'armée royale, 482. Jalousie qu'elle inspire au roi, 493. Son second mariage, 499, 500. Favorise les galanteries de la reine, 558. Négociation à laquelle l'emploie Richelieu, 572. Intrigues auxquelles elle se mêle contre lui; XXIII, 16. Son exil, 23, 541. Ses intrigues en Lorraine, 44. Son retour à la cour, 160. Elle perd Châteauneuf, 215. Comment compromise encore; s'enfuit en Espagne, 332 à 336. Puis en Angleterre, 365. Ses rapports avec de Thou, 485. Son rappel; elle veut renverser Mazarin; il transige avec elle; XXIV, 22 à 25. Elle complote contre lui; demi-confidence qu'elle fait à d'Epernon qui fait avorter ses projets, 28 à 31. Son exil, 32, 33. Reçue par la reine, 277. Intermédiaire entre elle et les frondeurs, 311. Mission que lui donne Gondi, 353, 355. Conti refuse sa fille, 375. Repousse l'idée de tuer Condé, 380. Conseils qu'elle donne au coadjuteur, 396.

CHEVREUSE (Mlle DE); passion qu'elle inspire au cardinal de Retz; XXIV, 277. Promise à Richelieu, 295. Projet de la marier au prince de Conti, 311, 375. Son rôle dans la Fronde, 367, 379, 383, 410, 471.

CHEVREUSE (LE DUC DE), gendre de Colbert, ami du duc de Bourgogne et de Fénélon; XXVII, 44, 206, 226. Sa mort, 296.

CHIARAMONTE (FRANCESCO) défend Montmélian pour le duc de Savoie; capitule; XVI, 486.

CHIGI (FABIO), nonce du pape; comment qualifie Servien; XXIV, 76. Est élevé au saint-siége, 517. Voy. *Alexandre VII.*

CHIGI (MARIO); son rôle dans le débat entre le pape et Louis XIV; XXV, 46 et suiv., 58 et suiv. Rôle de ses deux frères: le cardinal et don Agostino, 58, 59.

CHILDEBERT Ier, roi des Francs; I, 238. Sa part dans l'héritage paternel, 241. Ses succès contre les Visigoths, 257, 258. Prend part à la guerre bourguignonne, 260 et suiv. Ne défend pas l'Auvergne soulevée en sa faveur, 265. Ses querelles avec Thierry, 268. Réside à Paris; y attire son neveu Théodebert, 269. Sa malheureuse expédition en Espagne, 279, 280. Excite Chramne à la révolte, 289. Entre lui-même en Champagne; il meurt à Paris, 290.

CHILDEBERT II, roi des Francs; enlevé et conduit à Metz; reconnu par les Austrasiens sous un maire du palais; I, 338 à 340. Survit seul aux petits-fils de Clothaire, 360. On lui porte les trésors de Chilpéric mort; il marche sur Paris, qui lui refuse ses portes, 373. Guerre entre ses provinces Aquitaines et celles de Gontran, 377. Se rend en personne aux plaids du royaume; accueil et promesses que lui fait Gontran, 382. Sa popularité; son mariage, 387. Ses vices; sa perfidie; fait tuer Magnovald, 391. Conjuration contre lui; il la punit; son traité avec Gontran, 392, 395. Accueille les avances de Récarède; ses vaines expéditions en Italie, 395. But de ces incursions; complot contre lui; sa réaction contre les grands, 396. Nouvelles tentatives contre sa vie; sa mésintelligence avec Gontran, 397. A la mort de ce prince prend possession de ses états, 409. Veut déposséder Clothaire; est vaincu, 410. Ne commande jamais ses armées; ses persécutions contre les grands; sa mort, 412. Soupçons à ce sujet, 413.

CHILDEBERT, fils de Thierry II; I, 439. Disparaît après la défaite de son aïeule, 443.

CHILDEBERT III, roi des Francs; est proclamé; II, 100. Sa mort, 104.

CHILDEBRAND, frère de Charles-Martel, reprend aux Sarrasins Avignon; II, 137. Seul nommé, par les annalistes, des généraux de son frère, 142. Accompagne Pépin, 150.

CHILDERIC, Ier, roi des Francs; son exil en Thuringe; I, 177. Son retour, 178.

CHILDERIC II, troisième fils de Clovis II; II, 44. Reconnu roi, 61. Règne en Austrasie, 62. Proclamé par les grands roi de Neustrie et de Bourgogne, 66. Ses débauches ; disgracie Saint-Léger, 67. Outrage Bodilon, 68. Est massacré avec sa famille, 69.

CHILDERIC III, proclamé roi par Pépin-le-Bref; n'est point reconnu en Austrasie; II, 153. Est déposé, tonsuré; meurt et met fin à la dynastie mérovingienne, 166; 187.

CHILPERIC, roi des Bourguignons, chef de la milice romaine; I, 170. Sa mort, 172.

CHILPERIC Ier, roi des Francs; I, 302. Ses démarches; son lot après la mort de son père, 303. Sa luxure; ses cruautés; il épouse Galswinthe; la fait étrangler; épouse Frédégonde, 313 à 315. Ses luttes avec Sigebert, 318 à 331. Reconnu par les Neustriens; marche sur Paris, 335. Y rentre, 338. Fait conduire Brunehault à Rouen, 339. Pardonne à Mérovée; réduit Godinus, 344. Désarme Mérovée, 345. Et le poursuit en Lorraine, puis en Champagne, 347, 348. Envoie en Aquitaine son troisième fils Clovis, 349. Ne tient pas compte des réclamations de son frère et de son neveu, 352. Emploie des milices romaines; sa guerre avec Waroch en Bretagne, 354. Fait faire le recensement dans son royaume, et établit un impôt territorial, 355. Ses remords causés par la peste, 356. Défend de lever de nouveaux impôts, 357. Fait poignarder Clovis; persécute les amis de son fils, et fait périr Audovère, 358. Le Néron de la France; ses prétentions littéraires, 359. Ses recherches théologiques; il invente une explication de la Trinité, 360. Traite avec les Austrasiens; sa guerre avec Gontran, 363, 364. Se renferme dans Cambrai, 367. Est assassiné, 371, 372.

CHILPERIC II; caché dans un couvent sous le nom de Frère Daniel; II, 69. Proclamé roi à quarante-deux ans; son incapacité, 111. Paraît à l'armée, 114. Emmené par Eudes en Aquitaine; est proclamé roi de tous les royaumes par Charles Martel, 117. A quoi se réduit sa royauté, 118. Il meurt, 122.

CHILTRUDE, fille de Charles-Martel, s'enfuit en Bavière, épouse le duc Odilon; II, 151. Mère de Tassilon, 163.

CHIMAI (LE PRINCE DE) trahit les Etats de Flandre; XX, 86. Lieutenant du duc de Parme; XXI, 81. Son poste au combat de Doulens, 367.

CHIMAI (LE PRINCE DE) capitule à Luxembourg; XXV, 460.

CHIRAC, médecin du régent; ce qu'il lui prédit; XXVII, 478.

CHLOCHILAICH, roi danois, débarque avec des Saxons en Armorique; I, 246. Est tué, 247.

CHLODOALD ou SAINT CLOUD, fils de Clodomire; échappé à ses oncles, se fait religieux; I, 263.

CHLODULPHE, évêque de Metz, fils d'Arnolphe; II, 78.

CHOIN (Mlle); ses rapports avec le dauphin fils de Louis XIV; XXVI, 227; XXVII, 122, 123.

CHOISEUL (LE MARÉCHAL, COMTE DE); sa promotion; XXVI, 117. Ses opérations sur le Rhin, 126 et suiv., 184, 199. Est envoyé en Normandie, 146.

CHOISEUL (LE COMTE DE STAINVILLE, DEPUIS DUC DE) négocie avec François de Lorraine; XXVIII, 259. Est de l'intimité de Mme de Pompadour, 469. Fabre lui doit sa liberté; XXIX, 52. Il est nommé ministre des affaires étrangères, 91. Passe au ministère de la guerre, 92. Et prend celui de la marine, 93. Comment supplante Bernis et le fait exiler; son portrait 188 à 192. Il conclut le second traité de Versailles, 193 et suiv. Il s'appuie sur le parlement; est hostile aux jésuites, 215 à 217, 227, 228. Ses motifs, 233. Il obtient du roi leur sécularisation, 234. Pourquoi continue la guerre, 235. Il signe avec l'Espagne le pacte de famille, 240, 241. Ses négociations générales, 251 et suiv. Il fait envahir le Portugal, 255 et suiv. Signe avec l'Angleterre le traité de Paris, 263, 264. N'est point aimé du roi, 371 et suiv. Ses efforts pour restaurer la marine, 274. Amitié de Voltaire pour lui, 294.

Son aigreur contre Lally, 303, 305. Diplomatie secrète du roi qui lui est revélée, 308. Son influence en Espagne; son ressentiment contre les Anglais, 313. Son influence en Italie; son traité avec Gênes; il fait céder la Corse à la France, 314 à 318. Espionné par le roi, 319. Est regardé comme chef du parti progressif, 322. Sa popularité; son portrait; ses réformes; ses profusions, 326 à 328. Accusé d'empoisonnement, 337. Son portrait, 342 et suiv. Intrigues contre lui, 365, 366. Ses négociations avec Rome; sa résolution de faire supprimer les jésuites; il fait prendre possession du comtat Venaissin et de la Corse, 367 à 383. Pape qu'il fait élire; il obtient de lui l'abolition de l'ordre; ses projets belliqueux; ses réformes dans l'armée; son accord avec l'Espagne, 384 à 388. Il lui cède la Louisiane, 389. Ses explications avec l'Angleterre, 391. Ses apprêts qu'il cache au roi, 392. Son dessein de disputer la Pologne à l'influence russe; sa chute préparée, 398 et suiv. Opposé à la Dubarry, 402, 403. Négocie le mariage du dauphin, 406 et suiv. Ses projets de guerre entravés par le roi, 413, 414. Ligue contre lui, 414 et suiv. Accusé d'avoir proposé une guerre maritime à l'insu du roi; son exil, 426 et suiv., 440. Affluence à son hôtel et au lieu de son exil; époque de sa mort, 447, 448. Ses prodigalités lui sont reprochées, 458, 459. Ses alliances maintenues par son successeur, 464, 465. Appui qu'il a donné au roi de Suède, 467. Ses négociations à l'égard de la Pologne, 473 et suiv. Y a envoyé Dumouriez, 478. Regret que lui donne le roi, 482, 485. Succès de sa négociation avec le pape, 492. Réaction de sa faction contre ses adversaires, 495, 496, 501. Vains efforts de ses partisans pour le faire rentrer aux affaires; ses actes et son nom incidemment rappelés; XXX, 13, 17, 19, 26 et suiv., 36, 55, 96, 115, 143, 156, 163, 253 à 255, 351.

CHOLLART (LE CAPITAINE) livre à Guise le château d'Auneau; XX, 307.

CHOLLET (JEAN), cardinal; légat du pape en France; VIII, 349. Compte qu'il rend de sa mission, 350 et suiv. Prêche la croisade contre les Siciliens et les Aragonais, 353. Sa présence à l'armée royale, 361. Ordre qu'il donne à l'assaut d'Elna, 364. Traité qu'il négocie entre la France et la Castille, 401.

CHOTECK, commissaire impérial à Gênes; contribution qu'il lève; XXVIII, 404. Ses exigences, 412 et suiv.

CHOUPES (DE), négociateur des Huguenots avec le roi; XXI, 454 et suiv.

CHRAMNE, fils de Clotaire; soumet pour lui l'Auvergne; I, 287. Sa révolte, 289. Ses progrès en Bourgogne; à la mort de Childebert fuit en Bretagne, 290. Est vaincu; est brûlé vif, 291.

CHRETIEN (FRANÇOIS), chancelier de Bretagne; contribue à la chute de Landais; XV, 23.

CHRISTIAN IV, roi de Danemark; reçoit le commandement des troupes de la ligue protestante; XXII, 550. Désire placer la France à la tête des défenseurs de la liberté en Europe; XXIII, 110. Battu à Lutter par Tilly; ses désastres, 123 à 125. Il fait la paix, 127, 130. Offre sa médiation, 358.

CHRISTIAN Ier, électeur de Saxe; est de l'assemblée de Lunebourg; XX, 288.

CHRISTIAN de Brunswick seconde Ernest de Mansfeld; XXII, 507, 508. Guerroie en Allemagne, 530 à 532. Sa mort; XXIII, 125.

CHRISTIAN, l'un des orateurs de la ligue; XX, 136. Annonce en chaire la perte de la bataille d'Ivry; XXI, 60.

CHRISTIANISME; s'établit dans les Gaules; I, 94. Adopté par Constantin, 96. Ses progrès, 100. Ses transformations; d'abord purement moral; puis consistant surtout dans l'orthodoxie; réduit enfin à la bienfaisance envers les couvens; II, 50.

CHRISTIERN Ier, roi de Danemark; le duc de Bretagne recherche son alliance; XIV, 221.

CHRISTIERN III, roi de Danemark; François Ier recherche son alliance; XVII, 113. Il y renonce; pourquoi, 172.

CHRISTIERN VII, roi de Danemark; révolution à sa cour; XXIX, 471 à 473.

CHRISTINE de Danemark; son mariage avec Sforza; XVI, 421, 469. Nouveau projet de mariage pour elle; XVII, 18.

CHRISTINE de Lorraine; projet de mariage pour elle; XX, 227. Elle épouse le grand duc de Toscane, 457. Légataire de son aïeule, 473. Son passage à Marseille; XXI, 392.

CHRISTINE de France; son mariage avec Victor-Amédée de Savoie, XXII, 434, 454. Est tutrice du duc son fils et régente; XXIII, 325, Trahison qu'elle prévient, 326. Ses galanteries; mesures que prend son amant pour lui assurer le pouvoir; son confident, 327. Monod lui est dénoncé; elle éconduit ses beaux-frères, 331. Ses institutions; elle se rattache à l'alliance française; mort de son fils aîné; elle fait proclamer le second, 347 à 349. Ses vicissitudes; ses beaux-frères, les Espagnols, la France, l'attaquent à la fois; se jette dans les bras du roi son frère, 373 à 388. Richelieu secoue son alliance; sa rentrée à Turin; elle y est sans pouvoir; arrestation de son amant, 431 à 433. Elle accuse Richelieu de ses malheurs, 434. Rompt encore avec ses beaux-frères, 471. Traite avec eux, 518, 519. Elle traite avec Mazarin; XXIV, 71. Se lasse de l'alliance française, 575. Trompée par la cour d'Anne d'Autriche, 576, 577. Sa mort; XXV, 60.

CHRISTINE, reine de Suède; son avénement; XXIII, 220. Congrès auquel on l'invite à envoyer des députés, 360. Son abdication; son voyage en France; son abjuration, 545 à 547. Elle fait assassiner Monaldeschi, 561 et suiv. Sa médiation entre le pape et Louis XIV refusée; XXV, 48.

CHRISTOPHE, duc de Wirtemberg; parti pour le rétablir dans les états de son père; XVI, 425. Secours qu'il amène aux Français en Piémont, 546. Est présenté à l'empereur; XVII, 10.

CHRODEBERT, duc des Allemands; auxiliaire de Dagobert dans la guerre contre Samo; II, 29.

CHRODOALD, seigneur autrasien persécuté par les autres grands; mis à mort; II, 14.

CHRODOGANG; évêque de Metz; se rend en Italie pour recueillir des reliques; II, 214.

CHRYSOGONE (PIERRE DE SAINT-); légat du pape en Languedoc; prélats qui l'accompagnent; V, 532. Informe contre le chevalier de Mauran; pénitence qu'il lui impose, 533, 534. Excommunie le vicomte de Béziers, 535.

CHUNIBERT, évêque de Cologne; conseiller de Dagobert; II, 23. Puis de Sigebert, 33.

CHYPRE (LE CARDINAL DE) représente le concile de Bâle au congrès d'Arras; XIII, 250. Ses efforts pour réconcilier les maisons de France et de Bourgogne, 254, 255.

CIACCALDI, chef des Corses insurgés contre Gênes; son arrestation; XXVIII, 202.

CIBO (JULES), partisan des Français à Gênes; XVII, 329. Son complot contre Doria; son supplice, 347.

CIBO (LE CARDINAL) dénonce les doctrines de Molinos; XXV, 489.

CICÉ (DE), archevêque de Bordeaux; son esprit philosophique; XXX, 66, 67. Favorable à Necker, 125.

CINQ-MARS (HENRI D'EFFIAT, MARQUIS DE) devient favori de Louis XIII; sa beauté; son arrogance; ses démêlés avec Nemours; il est grand écuyer; recherche Marie de Gonzague; son ennui; XXIII, 401 à 404. Nom que lui donne Richelieu, 435. Distrait seul Louis de sa tristesse; est humilié par le cardinal; conspire la mort de ce dernier; ses complices, 480 à 494. Suit le roi au midi; a d'abord seul son oreille; renonce à tuer le cardinal; sa défaveur commence, 497 à 500. Signal que les Espagnols attendent de lui; Fontrailles lui conseille de fuir; ses projets dévoilés au roi; son arrestation, 500 à 505. Dénoncé par Gaston, 508. Ses aveux; son jugement; sa mort, 511 à 516. A compromis

Beaufort, 517. Comment sa proposition de tuer le cardinal accueillie par le roi, 521.

CIPIERRE (MARCILLY DE), gouverneur de Charles IX; son zèle catholique; XVIII, 239. Est chargé de s'assurer d'Orléans et prévenu, 277, 278. Prisonnier à Coutras; XX, 277.

CIVILIS; sa révolte dans les Gaules, I, 10. Part qu'y prennent les cités, 64. Tournure romaine des noms de son armée, 90.

CLAMECY (GILES DE), prévôt de Paris; XII, 579. Ses mesures après le meurtre de Jean-sans-Peur, 586.

CLARENCE (THOMAS, DUC DE), frère de Henri V; ses hostilités en France; XII, 396, 397. Son succès contre d'Armagnac, 505. Lieutenant de son frère en Normandie et au siége de Rouen, 533, 558. L'accompagne aux entrevues de Meulan et de Troyes, 572, 598. Est nommé capitaine général de Paris; met garnison dans les châteaux, 605. Perd la bataille de Beaugé; est tué, 610.

CLARENDON, chancelier d'Angleterre; menacé par la clameur publique; XXV, 122. Sa petite-fille élevée dans la foi protestante, 364.

CLARIS (BARTHÉLEMY), pasteur protestant; son arrestation; son évasion; XXVIII, 61.

CLAUDE accorde le droit de cité à la Gaule chevelue; I, 6. Prohibe les sacrifices humains, 7.

CLAUDE de France, fille de Louis XII; sa naissance; XV, 297. Son mariage projeté avec Charles-Quint, 366, 406. Cette union stipulée par le traité de Blois, 429 à 432. Son père se détermine à la marier à François 1er, 446 à 448. Leurs fiançailles, 451 à 457. Pourquoi le mariage retardé, 621, 661. Il est enfin célébré, 662, 663. Surveillance qu'elle exerce sur sa belle-mère, 669. Son mari lui achète le Milanais; XVI, 18. Attend le roi à Lyon, 45. Son peu de crédit, 69. Elle désire que sa sœur épouse le connétable, 172. Sa mort, 217, 218. Son testament, 399.

CLAUDE de France, fille de Henri II; épouse Charles III de Lorraine; XVIII, 91.

CLAUDE de Lorraine; son mariage avec le cardinal François; XXIII, 232, 233.

CLAUDE, ministre protestant; traité de séditieux; XXV, 518.

CLAUDIUS, romain; maire du palais de Bourgogne; I, 425. Son administration, 426.

CLAUSONNE (LE SIEUR DE); envoyé par les protestans à Toulouse; jeté en prison; XVIII, 421. Ferme Nîmes aux catholiques; XIX, 195. Député près de Damville, 293, 295.

CLAUSSE, secrétaire d'état sous Henri II; sa subordination au connétable; XVIII, 104.

CLAUZEL, émissaire de Rohan en Espagne; XXIII, 70. Traité qu'il signe, 112.

CLÉMENCE de Hongrie, reine de France; Louis X la recherche en mariage; IX, 308, 309. Son naufrage; elle perd ses trésors; son mariage; elle est sacrée à Reims, 309, 310. Est veuve et enceinte, 336, 337. Intérêts de son enfant à naître stipulés, 338, 339. Donne le jour à un fils qui meurt aussitôt et que l'on nomme Jean 1er, 344, 345. Prend le voile à Aix, 350.

CLEMENGIS (NICOLAS DE); présente au roi Charles VI au nom de la Sorbonne un moyen de faire cesser le schisme; le traité est envoyé à Clément VII; XII, 56, 57.

CLEMENT II, élu pape; IV, 296. Meurt, 298.

CLÉMENT III, pape. Voy. Guibert.

CLEMENT IV, pape; son élection; VIII, 138, 144. Ses lettres encycliques; sa situation à l'égard de l'Angleterre; son dévouement au pouvoir absolu et à saint Louis, 145. Ses vertus; sa modestie; son désintéressement; légat qu'il envoie en Angleterre, 146. Son mécontentement contre Charles d'Anjou, 149. Il lui donne toutefois l'investure des Deux-Siciles et prêche la croisade contre Manfred; motifs qu'il allègue, 150. Décision remarquable qu'il rend dans une question de fief contesté entre l'Eglise et saint Louis, 156. A quoi sacrifie les intérêts de la terre sainte; sa correspondance; son éloquence seul secours qu'il prête à la

Palestine, 157 à 159. Ses exhortations aux princes français, 158. Il tente de détourner saint Louis de partir pour une nouvelle croisade; il accepte ses vœux, 161. Subsides qu'il impose au clergé de France malgré ses réclamations, 164. Il frappe Londres d'interdit, 167. Défend à Jacques d'Aragon de prendre la croix; par quel motif, 169. Charles lui annonce la victoire de Tagliacozzo, 173. Conseils qu'on lui attribue; sa mort, 174, 175. Ses débats avec saint Louis, 175, 176.

CLÉMENT V, pape; sa promotion; il convoque les cardinaux pour se faire couronner à Lyon; souverains qu'il invite à s'y trouver; IX, 165. Hommage que lui fait le roi d'Aragon; les rois de Majorque et de France le rejoignent à Lyon; il relève Edouard d'Angleterre de ses sermens envers ses sujets, 166, 167. Faveurs qu'il accorde à Philippe-le-Bel; il retourne à Bordeaux après son couronnement, 168, 169. Il excommunie Robert Bruce, 172. S'interpose entre Edouard et Philippe, 182. Ce que ce dernier veut arracher de lui, 186. Il se rend à Poitiers; y est en quelque sorte prisonnier, 187. Le roi tient surtout à obtenir la condamnation de Boniface; comment il tente de le désarmer, 189, 190. Cherche à gagner du temps; par qui conseillé; il demande la convocation d'un concile œcuménique; il absout Nogaret et Supino; il veut élever Charles de Valois au trône de Constantinople, 190, 191, 192. Comme il favorise l'entrée à Pampelune de Louis-le-Hutin, 193. Grâces qu'il accumule sur la famille des Capétiens; comment envisage la demande d'abolition de l'ordre des Templiers, 194, 195. Renvoie la décision de cette affaire au futur concile, 197. Son opposition à leur arrestation; il n'y persiste pas, 201, 202. Le roi d'Angleterre les lui recommande, 208. Il renonce à les défendre et convoque le concile de Vienne pour les juger, 210. Sollicité par Philippe de faire élire empereur Charles de Valois; ne se prête point à ce projet, 215, 216. Sa nouvelle conférence avec Philippe, 220. Son consentement aux premières exécutions des Templiers, 222. Il se fixe à Avignon; veut conserver les biens et réclame le jugement des dignitaires de l'ordre, 223, 224. Ses commissaires interrogent le grand maître, 225, 226 et suiv. Il ajourne le concile de Vienne, 232. Sollicité de nouveau par Philippe de condamner la mémoire de Boniface, 233. Comment cherche à éluder ce procès scandaleux; contrainte qu'exerce sur lui le roi; il admet les témoins à se présenter devant lui, 234 à 237. Ses mœurs dissolues, 246. Admet en plein consistoire les accusateurs; incidens de la procédure; bulle évasive qui termine le procès, 248 à 255. S'occupe de celui des Templiers; convoque le concile de Vienne, 256. Enquête qu'il fait faire en tous lieux, 257. Il fait l'ouverture du concile, 258. Publie l'abolition de l'ordre, 259. Sa sentence citée; à qui transmet les biens des condamnés, 260. Comment clôt le concile, 263. Abandonne tacitement Lyon à la France, 267. Sanctionne l'usurpation de Robert roi de Naples; grâce qu'il lui accorde, 268, 269. Fait couronner à Rome l'empereur Henri VII, 270. S'oppose à ce qu'il envahisse le royaume des Deux-Siciles, 271. Sa médiation repoussée en Angleterre, 273. Cité par Jacques Molay au tribunal de Dieu; sa maladie; il publie la septième décrétale, 293. Sa mort; pillage de son trésor; son catafalque incendié; scandale de ses amours, 294. Bulle de lui invoquée contre les Flamands, 326. Long interrègne à sa mort, 333.

CLEMENT VI, pape; son élection; est une créature du roi de France; sa médiation entre ce prince et le roi d'Angleterre; son légat en Flandre; X, 196, 197. Il fait anathématiser les Flamands, 198, 199. S'interpose pour la continuation de la trêve entre la France et l'Angleterre, 210. Protège vainement le roi de Majorque, 228. Ce qu'il accorde à Philippe VI, 236. Dispose en faveur de Louis d'Espagne des îles Fortunées, 239, 240. Confirme les explications de Philippe à Edouard, 241. Ce dernier lui annonce son dessein de reprendre les hostilités, 247. Sa bulle pour justifier Philippe, 248. Ses rapports avec le dauphin Viennois; croisade dont il le nomme généralissime, 266 à 268. Pourquoi excommunie encore l'empereur, 283. Fait élire roi des Romains le fils du roi de Bohême, 284. Médiateur entre Philippe et Edouard, 335. Il évoque la poursuite du meurtre d'André roi de Naples; achète Avignon de la reine Jeanne, 338. La déclare innocente; la fait rentrer à Naples, 339. Subvient aux dépenses du roi de Majorque, 354. Nomme Humbert patriarche d'Alexandrie, 359. Condamne les flagellans, 361. Accueille le roi Jean, 381. Ses efforts pour le maintien de la paix, 393. Sa partialité pour la France; cardinaux français qu'il nomme; extension qu'il obtient de la juridiction ecclésiastique; ses rigueurs contre les Vaudois; son luxe; ses mœurs scandaleuses; sa mort, 394 à 398.

CLÉMENT VII (JULES DE MÉDICIS), pape; son élection; son désir d'affranchir l'Italie; ses efforts pour prévenir l'invasion de la France; XVI, 211. Comment apaise le mécontentement de Wolsey, 212. Disposé à se rapprocher de François Ier, 222. Négociateur qu'il lui envoie; sa convention de neutralité, 226, 227. Il insiste pour la paix, 232. Sa position critique après la bataille de Pavie; il se tourne vers Henri VIII; ses hésitations; trompé par Lannoy; s'adresse à Louise de Savoie, 255, 258 à 260. Ses intrigues contre l'empereur; avis qu'il lui donne, 268 à 270. Ses ambassadeurs à François; promesses trompeuses que le roi leur fait, 278, 279. Ligue qu'il forme par le traité de Cognac, 282, 283. Ses terreurs; il est assailli et assiégé par les Colonna; se met sous la protection des impériaux; se retire de la ligue, 286, 287. Son ambassadeur à Paris, 288. Sa flotte à Gênes, 291. Prise et désastres de Rome; Clément trompé par François et abandonné par Henri, 294 à 297. Sa lenteur à donner des juges à l'évêque de Paris, 303, 304. Sa captivité; indignation de la chrétienté, 305. Charles-Quint en décline la responsabilité; ses circulaires, 306, 307. Le pape s'échappe, 314. Abandonné par la France; son traité avec l'empereur, 333. Réconcilié par lui avec le duc de Ferrare, 340. Assouvit sa haine dénaturée contre Florence, 343, 344. Ses hésitations dans l'affaire du divorce de Henri VIII; il évoque la cause à Rome, 347. Tyran qu'il donne à la Toscane, 354. Son influence religieuse sur François, 386. Il couronne Charles-Quint, 388. Sa querelle avec Henri VIII s'envenime; ce prince nie sa suprématie, 403, 404. Griefs de François contre lui; levée de subsides qu'il accorde à Charles, 408. Ses négociations avec le roi de France; ce prince lui propose le mariage de Henri avec Catherine de Médicis; son entrevue projetée avec l'empereur, 409, 410. Cardinaux que François lui envoie, 411. Ses concessions; ses ménagemens pour les deux rivaux; sa famille; alliances que l'un et l'autre lui proposent; ses négociations ambiguës; ligue fictive qu'il forme; mécontentement et méfiance qu'il inspire à Charles, 413 à 416. Promesses qu'il fait en faveur du mariage de Catherine; convient de venir trouver le roi à Marseille, 417 à 419. François se plaint à lui de la mort de Maraviglia, 422. Son entrevue avec ce prince; il célèbre le mariage de Catherine de Médicis; cardinaux qu'il nomme; son départ; époque de sa mort, 429 à 432. Son consistoire frappe d'anathème Henri VIII, 433. Apprêts que suspend sa mort, 442, 443. Conseil qu'il a donné à François Ier, 469.

CLÉMENT VII (ROBERT DE GENÈVE), anti-pape; son élection après la déposition d'Urbain VI; il établit le saint siége à Avignon; XI, 216, 217. Pourquoi abandonne l'Italie, 247, 248. Protégé par Charles V, 248, 249. Il fait adopter le duc d'Anjou par Jeanne de Naples; souverains qui le reconnaissent, 250, 251, 309. Il s'interpose entre le duc d'Anjou et les Languedociens révoltés, 256, 258. Scandales qu'il ajoute au scandale du schisme, 300, 301, 484. Médiateur entre les duc de Berry et comte de Foix, 330.

Opposition qui se manifeste contre lui, 334, 335. Il donne l'investiture de Naples au duc d'Anjou ; l'exhorte à expulser Urbain VI, 371. Le roi veut le faire reconnaître par le comte de Flandre, 405. Son compétiteur prêche la croisade contre ses adhérens, 419. Epoque de sa mort, 484. Embarras que lui donne l'affaire de *l'immaculée conception* ; son opinion à cet égard ; il la sacrifie à la politique ; la condamne par une bulle, 550 à 552. Ses efforts à la mort d'Urbain pour rallier les cardinaux de son parti, 563. Accueille Charles VI ; couronne Louis II d'Anjou roi de Naples, 564, 566. Projet que ses partisans inspirent au roi de France, 585, 586. Son légat à Naples, 588. Il appuie la faction des princes ; XII, 20. Protégé par le duc de Berry ; cherche à agir sur l'esprit du roi, 38, 39. Scandale de ses rapports d'intérêt avec le duc de Berry, 54, 55. Inquiétude que lui donne l'intervention de la Sorbonne ; il meurt, 57. Résolution que prennent les cardinaux, 58.

CLÉMENT VIII (HIPPOLYTE ALDOBRANDINI), pape ; son élection ; XXI, 124. Ouvertures que lui fait Henri IV, 162. Ses négociations avec lui, 166 à 168. Ses secrètes intentions favorables à ce prince ; sa politique italienne ; émissaires secrets et ambassade solennelle qu'il reçoit ; il refuse l'absolution ; pourquoi, 217 à 222. Se réjouit des succès de Henri, 326. Condition qu'il met à son absolution, 329. Il la lui donne, 341 à 346. Heureux choix de son légat en France ; son désir de la paix générale, 431 à 433. Prononce le divorce du roi ; XXII, 32, 33. Le marquisat de Saluces lui est remis en séquestre, 42, 43. Dispenses qu'il accorde pour le mariage de la sœur du roi, 67, 68.

CLÉMENT VIII (GILES MUNOZ), antipape espagnol ; son élection ; son abdication ; XIII ; 107, 108.

CLEMENT IX (JULES ROSPIGLIOSI), pape ; son élection ; XXV, 139. Il rend la paix à l'Eglise, 81, 140, 141. Intervient dans le traité d'Aix-la-Chapelle, 154. Sa mort, 186.

CLEMENT X (ALTIERI), pape ; son élection ; XXV, 186. Sa mort, 342

CLÉMENT XI (ALBANO) ; son élection ; XXVI, 307. Son hésitation lever des troupes contre les coalisés, 320. Décision de la Sorbonne qu'i condamne, 387. Croisés qu'il oppos aux Camisards, 401. Ses débats ; so traité avec l'empereur ; il reconnaît l prétendant d'Espagne ; XXVII, 62 64. Sa bulle *unigenitus*, 192. Alarmes que lui donnent les Turcs ; secours qu'il reçoit de l'Espagne ; il nomme Alberoni cardinal, 281, 286, 287. Son bref contre lui et le roi d'Espagne, 288. Se plaint de Tellier ; explications que lui demande le régent sur la bulle contre les jansénistes ; son nonce à Paris ; ses hostilités contre l'Eglise de France, 297 à 300. Contre Alberoni, 325, 384, 386 ; Pourquoi rappelle son nonce, 363. Secourt Marseille pestiférée, 432. Intrigues pour qu'il donne à Dubois le chapeau de cardinal, 433 et suiv. Il le trompe, 439. Sa mort, 440. Intrigues pour le remplacer, 441 et suiv. Titre qu'il a donné à d'Entraigues, 480.

CLÉMENT XII, pape. Ses prétentions sur Parme à Plaisance ; XXVIII, 93. Efforts du cardinal Fleury pour lui plaire, 175. Sa mort, 219. Singulière dispense qu'il a accordée au prince de Clermont, 311.

CLÉMENT XIII (REZZONICO), pape ; son élection ; XXIX, 189. Ses efforts pour sauver les jésuites, 367 et suiv. 371, 373 et suiv. Ressentiment de Choiseul contre lui à leur sujet ; sa mort, 375 à 377, 383, 384.

CLÉMENT XIV (GANGANELLI), pape ; son élection ; ses efforts pour sauver les jésuites ; il abolit leur ordre ; XXIX, 384, 385, 492. Le comtat Venaissin lui est rendu, 493.

CLÉMENT (ROBERT), maréchal du palais de Philippe-Auguste ; son favori ; sur qui il s'appuie ; VI, 14. Se prête à la réconciliation de la famille royale ; par quelle influence, 18.

CLÉMENT (HENRI), maréchal de Philippe-Auguste ; son expédition ; VI, 232.

CLÉMENT (JACQUES), dominicain ; assassine Henri III ; XX, 537 à 539.

Par qui son crime exalté ; XXI, 16, 17.

CLÉMENT de Bavière, évêque de Ratisbonne ; parti pour le nommer électeur de Cologne ; XXV, 562. Rejeté par Louis XIV ; XXVI. 27. La capitale de l'électorat se déclare pour lui, 40. Le traité de Ryswick le confirme dans sa dignité, 216. Prend parti pour la France, 304, 306. Défendu par les garnisons françaises, 342. Léopold veut le mettre au ban de l'empire, 435. Ne prend point part à l'élection de Charles VI ; XXVII, 144. Regardé par lui comme rebelle, 169.

CLÉRAMBAULT (PALLUAU, MARÉCHAL DE) ; appelé au siége d'Ypres ; XXIV, 172. Combat les princes, 404.

CLERIEUX (GUILLAUME DE POITIERS, SIRE DE), négociateur de Charles VIII ; XV, 252.

CLERIS (HUGUES DE) ; envoyé de Foulques V auprès de Louis-le-Gros ; a laissé le récit de son ambassade ; V, 135.

CLERMONT (JEAN DE), maréchal de France ; accompagne le roi Jean en Normandie ; X, 456. Part qu'il prend à la bataille de Poitiers, 465. Est tué, 466.

CLERMONT (ROBERT DE), maréchal de Normandie ; massacré par ordre de Marcel ; X, 520, 521. Irritation que ce meurtre produit chez la noblesse, 523, 524, 527.

CLERMONT (LE COMTE DE) est de la Fronde ; XXIV, 323.

CLERMONT ; ses amours avec la princesse de Conti ; XXVI, 227.

CLERMONT (DE BOURBON CONDÉ, ABBÉ, COMTE DE) ; ses mœurs ; XXVIII, 27. Sa bravoure à Dettingen, 281. Siéges qu'il commande ; dispense qu'il a obtenue, 311. S'introduit auprès du roi malade, 316. Ses désordres, 476. Est mis à la tête de l'armée contre le Hanovre ; ses désastres ; il perd la bataille de Crefeld ; son rappel ; XXIX, 150 à 152, 159. Sa protestation contre le parlement Maupeou, 449 et suiv.

CLERMONT-TONNERRE, évêque de Châlons ; principes libéraux auxquels il adhère ; XXX, 372.

CLERMONT-TONNERRE (LE DUC DE) ; troubles contre lesquels il lutte à Grenoble ; XXX, 383 et suiv.

CLERVANT (LE SIEUR DE) ; envoyé par Henri IV au roi ; XX, 75. Lettres qu'il signe, 89. Assurance que lui donne Valois, 147. Sa mission en Allemagne ; marche avec les levées de ce pays, 289, 290. Dessein que lui annoncent les Suisses, 305. Sa mort, 312.

CLÈVES (LES PRINCES DE), alliés de Jean-sans-Peur ; XII, 235, 284 ; XIII, 243 ; XIV, 69, 75, 499. Les Flamands désirent que la fille de Charles-le-Téméraire se marie à un prince de cette maison, 506, 507, 509. Elle rejette ce prétendant, 528. Voy. Nevers.

CLÈVES (GUILLAUME DE), allié de la France ; projet de lui faire épouser Jeanne d'Albret ; XVII, 82, 83. Succession qu'il recueille, 115. Défaite de ses troupes, 146. Réduit par Charles-Quint, 149 à 153.

CLÈVES (HENRIETTE DE) épouse Louis de Gonzague ; XVIII, 472.

CLÈVES (MARIE DE), marquise de Lille ; son mariage avec le prince de Condé ; XIX, 107, 148. Son abjuration, 198.

CLÈVES (SIBYLLE DE) épouse Charles d'Autriche ; réclame la succession du duc Jean Guillaume ; XXII, 164.

CLIGNET de Brabant, amiral de France ; son mariage ; XII, 248. Son échec en mer, 255. Poursuit le duc de Bourgogne, 275. Est destitué, 292. Ses hostilités, 363. Armée qu'il commande, 426. Il reprend ses fonctions, 435. Est opposé aux Anglais en Picardie, 471 ; 477. Son poste à Azincourt, 482, 485.

CLINCHAMP ; du parti de Condé ; prend part au combat de Bleneau ; XXIV, 427. Blessé au combat de Saint-Antoine, 456.

CLISSON (AMAURY DE) ; envoyé par la comtesse de Montfort au roi d'Angleterre ; X, 200. Débarque près d'Hennebon assiégé, 204. Chevaliers qu'il délivre, 209. Son attachement au parti de Montfort, 234.

CLISSON (OLIVIER DE) commande à Vannes, qui est pris ; X, 212, 213. Reprend cette place, 214. Sa captivité ;

il est délivré, 284. Est attiré à Paris et mis à mort avec quatorze seigneurs bretons, 235. Vengeance que sa veuve tire de sa mort, 237. Courroux du roi d'Angleterre, 240, 241.

CLISSON (OLIVIER DE), connétable de France; sa mère le présente à la comtesse de Montfort; X, 237. Est élevé avec le jeune comte dont il doit être un jour l'ennemi, 238. Part qu'il prend à la victoire d'Auray; XI, 22. A celle de Najarra, 74. Charles V se l'attache; mission qu'il lui confie, 86. Il combat le projet de descendre en Angleterre, 120. Conseille de ne point combattre Knolles; accompagne à sa poursuite Duguesclin, 142. Faveur dont il jouit à la cour de France, 153. Il assiste à la reddition de Thouars, 177. Injonction qu'il fait au duc de Bretagne, 178. Ses cruautés dans cette province, 181. Trace avec le roi les plans qu'il est chargé d'exécuter, 193. Assiégé dans Quimperlé; est sauvé par la trève de Bruges, 199. Sentiment qui l'a attiré dans les armées françaises, 280. Ne témoigne point d'opposition à la réunion de la Bretagne au domaine de la couronne; conseil qu'il donne aux Nantais, 282, 283. Pourquoi reste sous les drapeaux de Charles V, 285. Part qu'il a eue à la conquête de la Guienne; faveur dont il jouit auprès du roi, 290. Reçoit l'épée de connétable, 315. Son amitié sauve Bureau de la Rivière, 320. Hostilité de sa famille envers les Anglais, 324. Sa réconciliation avec le duc de Bretagne, 362. Force le passage de la Lys, 386 à 388. Gagne la bataille de Rosebecque, 393 à 396. Reconnaît l'armée parisienne; explication qu'il obtient; ordres qu'il donne, 407, 408. Sa part dans les confiscations de Paris, 413. Aux prises avec les Anglais en Flandre; ne leur fait point de quartier, 427. Construction qu'il dirige en Bretagne; ses retards, 474, 479. Autre armement qu'il prépare; il rachète Jean de Blois; est arrêté en trahison, puis libéré par le duc de Bretagne conséquences de cet incident, 499 à 508. Issue de ses débats avec le duc, 509 à 511 et 523. Il conduit le deuil aux obsèques de Duguesclin, 556. Fermeté qu'il imprime à l'administration; haine que lui portent les frères du feu roi; moyens qu'ils emploient pour tenter de le faire tomber; leur échec, 589 à 593. Sa guerre avec le duc de Bretagne; pourquoi Craon et les princes la font cesser, 597. S'oppose en vain à la restitution du comté de Foix, 599. Motifs de haine qu'il a donnés au duc de Bretagne et à Craon; est assassiné par celui-ci; XII, 14 à 17. Le roi promet de le venger, 18. Son testament; ses trésors; sa guérison, 20. Sa disgrâce quand Charles perd la raison, 27, 32. Il quitte Paris; est condamné à l'exil; reprend les hostilités en Bretagne, 34, 35. Ne répond point au rappel que prononce le roi; par qui secondé contre le duc Jean, 41, 42. Par qui pacifié, 49, 50, 63, 64. Son entrevue avec son ennemi; nouveau traité, 65. Remplacé comme connétable, 74. Ne reprend point ses fonctions, 97. Intrigue dans laquelle il seconde le duc d'Orléans, 136. Il fait attaquer une flotte anglaise, 187. Sa mort, 269.

CLISSON (MARGUERITE DE); son mariage avec Jean de Blois; XI, 511. A part à l'arrestation du duc de Bretagne; le remet en liberté; XII, 592, 593.

CLINTON (LE GÉNÉRAL); troupes qu'il conduit contre les Américains insurgés; XXX, 135. Son commandement; son échec à Montmouth, 175. Ne peut déposter Rochambeau, 193. Ni secourir Cornwallis, 200. Remplacé, 204.

CLIVE; ses succès dans les Indes contre les Français; XXIX, 67.

CLODERIC assassine son père Sigebert et est assassiné par ordre de Clovis; I, 229. Comment poignardé, 243.

CLODION, roi des Francs; incertitudes sur l'histoire de ce prince; I, 177.

CLODOMIRE, roi des Francs; I, 238. Sa part dans l'héritage paternel, 241. Dirige la guerre contre les Bourguignons; victoire des Francs, 260. Fait périr Sigismond; vaincu à son tour, est tué, 261. Ses fils massacrés par leurs oncles, 262. Son royaume partagé entre les meurtriers, 263. Orléans était sa résidence, 303.

CLOTHAIRE Ier, roi des Francs; I, 238. Sa part dans l'héritage paternel, 242. Seconde son frère Thierry contre les Thuringiens, 249. Son mariage avec sainte Radegonde; retraite de cette reine, 250. Echappe aux embûches de Thierry, 253. Prend part à la guerre contre les Bourguignons, 260 et suiv. Tue les deux fils de Clodomire, 263. Allié de Thierry, envoie son fils Gonthier contre les Visigoths, mais retire ses troupes, 268. Réside à Soissons, 270. Sa malheureuse expédition en Espagne, 279, 280. Epouse Wultrade, veuve de Théodebald; ses femmes nombreuses, 285. Remontrances du clergé sur ce dernier mariage; Clothaire fait épouser Wultrade par le duc des Bavarois, 286. Il s'empare du royaume de Théodebald sans en faire part à Charibert; fait prendre l'Auvergne par son fils Chramne; ravage la Thuringe; effraye les Saxons insoumis, 287. Les combat malgré lui; est vaincu; première guerre civile à son retour, 288. Marche en personne contre son fils révolté et soutenu par les Bretons; sa victoire; supplice de son fils, 291. Sa mort, 292. Ayant survécu à ses frères et neveux, s'est trouvé à la tête de l'un des états les plus puissans qu'ait vus l'univers, 293. Ses armées nombreuses recrutées au-delà du Rhin; il n'a point fait usage de sa puissance, 294.

CLOTHAIRE II, fils de Chilpéric; sa naissance; I, 367. Protégé par Gontran; est proclamé roi, 373, 374. Sa légitimité affirmée par serment, 387. Les ducs gouvernent en son nom. 392. Tenu sur les fonts de baptême par Gontran, 398. Exclus de l'héritage de Gontran; ses luttes avec Childebert et ses neveux, 409, 410, 417. Son alliance, puis sa lutte avec Thierry, 433, 438, 439. Gagne l'armée de Brunehaut; la fait prisonnière; ordonne son supplice; réunit les trois couronnes, 442 à 444; II, 1. Survit seul à la race de Clovis; allégresse universelle à son avènement; son caractère; secondé par les trois maires du palais, 2 à 4. Il réprime l'aristocratie; restreint l'autorité royale; modère les impôts; s'associe Dagobert; ce qu'il lui cède, 6 à 9. Autorité qu'il conserve sur lui; veut vainement sauver Chrodoald; rend à l'Austrasie ses provinces contiguës; fait massacrer Godinus, 13 à 17. Ses mœurs rangées; apaise la querelle de Brodulphe et d'Ægina, 18. Sa mort, 19.

CLOTHAIRE III, fils aîné de Clovis II; II, 44; âgé de quatre à cinq ans à la mort de son père; reconnu roi, 61. Meurt sans enfans, 65.

CLOTHAIRE IV, prétendu prince mérovingien; proclamé roi en Austrasie; II, 115. Sa mort, 117.

CLOTILDE, prisonnière de son oncle Gondebaud; I, 172. Exilée par lui; épouse Clovis, 182. Son orthodoxie; sa piété; ses efforts pour convertir Clovis, 184. Excite la haine de ses fils contre sa propre famille, 259. Trompée par Clothaire et Childebert; leur livre ses petits-fils qu'ils immolent, 262, 263.

CLOTILDE, fille de la précédente, épouse Amalaric (voy. ce nom); I, 257.

CLOUDESLEY-SHOWEL (sir) débarque l'archiduc Charles à Valence; XXVI, 451. Chargé d'attaquer Toulon; XXVII, 15.

CLOVIS Ier, roi des Francs; I, 113, 177. Succède à son père, 178. Fait alliance avec Ragnacaire; bat Syagrius et le fait périr, 179. Soumet les Tongriens, 181. Epouse Clotilde, 182. Lui permet de faire baptiser ses fils, 184. Bat les Allemands à Tolbiac; fait vœu d'embrasser le christianisme, 185. Reconnu roi par les vaincus; se trouve tout à coup à la tête d'une grande armée; sa conversion; son baptême; il est seul roi orthodoxe; joie et félicitations du pape et du clergé gaulois, 186 à 189. Est chef des Romains; étendue de sa domination; nature de son pouvoir; ses forces; leurs cantonnemens; leur évaluation; terres qu'elles obtiennent, 191 et suiv. Il réside d'abord à Soissons, puis à Paris, 201. Donne aux cités un gouverneur, et leur laisse leur administration; ses luttes avec les autres barbares; il abat Gondebaud, puis Alaric, 202 à 205, 218 à 223. Ses conquêtes au midi; reçoit de l'empereur d'Orient et revêt les ornemens consulaires; revient à Paris; fait périr tous les princes de sa race, 225 à 233. Miracles de son règne mérités par son orthodoxie et ses largesses pour le clergé, 234. Immunités de l'Eglise, 235. Mort de Clovis, 236. Ses suites, 237 et suiv. A fondé sa monarchie parce qu'il s'est montré digne d'être le premier entre ses égaux, 240. Permanence d'opinions accréditées de son temps; IV, 4.

CLOVIS, troisième fils de Chilpéric et d'Audovère, continue la guerre d'outre Loire; I, 350. Reste seul fils du roi; ses imprudences; est accusé de maléfices, 357. Sa mort, 358.

CLOVIS II, fils de Dagobert et de Nantechilde; II, 33. Son père lui assure la Neustrie et la Bourgogne, 34. Roi à quatre ans, 40. Obscurité qui enveloppe son règne; son mariage; ses fils; légende sur sa fin, 43, 44. Fait périr Grimoald, 61.

CLOVIS III, fils de Thierri III; proclamé roi; II, 99. Meurt, 100.

CLUGNY, intendant de Bordeaux; remplace Turgot au ministère; réagit contre son système de réforme; il institue la caisse d'escompte, la loterie; comparé à Terray; sa mort; XXX, 90 à 94, 96, 98 et suiv., 104. Comparé à Fleury, 236.

CLUNY (LE PROTONOTAIRE DE), ambassadeur de Marie de Bourgogne près de Louis XI; XIV, 504 à 506. Son supplice, 509.

COBHAM (REGNAULT DE) sauve la vie du roi Jean; X, 472. Conseil qu'il donne au prince de Galles, 500.

COBHAM (ÉLÉONORE), maîtresse puis femme du duc de Glocester; XIII, 48, 49, 83. Accusée d'*envoûter* Henri VI, 391. Son emprisonnement, 392.

COBHAM (LORD); accueil qu'il fait aux envoyés de Henri IV à Elisabeth; XXI, 428.

COCHEREL (BATAILLE DE), gagnée par Duguesclin contre les troupes de Charles-le-Mauvais; XI, 11 à 13.

COCHERY, complice des seize; son évasion; XXI, 139.

COCONAS, confident de d'Alençon; ses crimes; XIX, 263, 264. Son procès; son supplice, 268 à 270, 335, 341.

COCQUELAY, député du clergé aux états de Blois; ses communications au tiers; XX, 431.

COCQUEVILLE est de la conjuration d'Amboise; XVIII, 141. Il attaque cette place, 147, 148. Seconde les insurgés flamands; est pris à Saint-Valery et exécuté; XIX, 14.

COEHORN envahit la Flandre maritime; XXVI, 343. Seconde Marlborough, 372.

COETIVY (LE SIRE DE), amiral de France; contribue à la chute de la Trémoille; XIII, 224, 225. Accompagne le roi contre la Praguerie, 362. Son poste au siége de Pontoise, 383. Est éloigné de la cour, 399. Assiége le Mans, 479. Est tué au siége de Cherbourg, 506. A arrêté Giles de Bretagne, 528, 529. L'a vainement réclamé au nom de Charles VII, 532.

COETIVY (OLIVIER DE), sénéchal de Guienne; XIII, 517. Prisonnier des Anglais, 549.

COETLOGON (LE MARQUIS DE); soulèvement qu'il combat en Bretagne; XXV, 316.

COETLOSQUET (DE), précepteur de Louis XVI; son incapacité; XXX, 14.

COETMEN (OLIVIER DE), négociateur du traité d'Arras; XIV, 610.

COETQUEN (LA MARQUISE DE); aimée de Turenne; divulgue les secrets qu'elle lui arrache; XXV, 194.

COEUR (JACQUES); dirige les finances de Charles VII; XIII, 346. Assiste aux états de Béziers, 390. Confiance que lui accorde le roi, 416. Il rétablit le haut commerce; ses relations avec l'Orient, 451, 452. Sa faveur; sa fortune; ordonnance qu'on peut lui attribuer, 464, 466. Négociateur pour faire cesser le schisme, 476. Comment contribue au succès des armes françaises, 494. Son procès; accusé d'empoisonnement; reconnu innocent; condamné comme coupable de lèse-majesté; grâce qu'il obtient; il meurt à Chio, 537 à 542. Sa famille recouvre ses biens; XIV, 129.

COEUVRES (ANNIBAL, MARÉCHAL D'ESTRÉES, MARQUIS DE); chargé d'enlever la princesse de Condé; XXII, 173. Fait disgracier Sully, 236. Négocie l'alliance entre Soissons et Concini, 250. Manque être assassiné par le chevalier de Guise, 253. Réconcilie les princes du sang, 254. Intrigues dont il est le nœud, 259 à 261, 274. Pacifie Vendôme, 290. Occupe la Valteline, 551, 552. Sa négociation avec la Savoie, 553. Ses opérations contre les Huguenots; XXIII, 113 et suiv. S'enfuit de Mantoue, 141. Sa mission près des deux reines, 162, 163, 166. Ses succès en Allemagne; pourquoi se croit disgracié, 215. Ses démêlés à Rome, 400, 401, son retour, 534.

COFFIN, principal du collége de Beauvais; persécuté comme janséniste; XXIX, 26, 27.

COGNÉE; victime de la Saint-Barthélemy; XIX, 172.

COIGNEUX (LE PRÉSIDENT LE), conseiller de Gaston d'Anjou; se vend à Richelieu; XXIII, 16, 18, 159, 216. Déclaré coupable de lèse-majesté, 165. Ne suit pas le prince en Brabant, 191. Sa charge confisquée, 216. Il combat l'édit du tarif; XXIV, 191. Ouvre le parlement de Pontoise, 463.

COIGNY (LE MARQUIS, PUIS DUC ET MARÉCHAL DE), lieutenant de Villars en Italie; XXVIII, 107. Prend le commandement de l'armée; remporte la victoire de Parme, 123, 124. Surpris sur la Secchia; il gagne la bataille de Guastalla, 125 à 130. Son retour à Paris, 131. Commande l'armée du Rhin; ses opérations, 135, 136, 283. Ses forces, 309. Il laisse l'ennemi passer le fleuve; se retire sur Strasbourg, 311, 312. Il assiége et prend Fribourg, 321, 322.

COIGNY (LE COMTE DE), tué en Corse; XXIX, 380.

COLALTO (LE COMTE JACQUES DE); levées qu'il fait en Allemagne pour la ligue; XXI, 25. Est auxiliaire de Mayenne, 95. Peste que ses troupes ont propagée; XXIII, 102, 130. Force l'entrée des Grisons, 115, 129, 132. Ses talens; sa férocité, 127. Ses propositions à Richelieu, 133. Brigandages de ses troupes, 134. Appelé à Turin par le duc de Savoie, 137. Assiége Casal, 138. Fait ravager le Mantouan; ses lieutenans détruisent Mantoue, 140, 141. Vaincu par Montmorency, 143. Emulation qu'il donne à Spinola, 146. Sa mort, 149.

COLBERT, recommandé au roi par Mazarin mourant; XXIV, 603. Ses travaux avec ce prince; XXV, 7. Son portrait; sa rivalité avec Fouquet; service qu'il rend au roi; son zèle pour ce prince, 8 à 12. L'aide à perdre le surintendant, 25 et suiv. Hérite de son pouvoir, 29. Il forme une marine; il centralise l'administration, 40. Développement qu'il donne au commerce, aux colonies, à la navigation intérieure; il entreprend le canal de Languedoc, 64 à 68. Son acharnement contre Fouquet, 70, 72. Manufactures qu'il établit; ses soins à la marine, aux bâtimens, à la justice, 86, 87. Prospérité publique due à son activité, 95. Traité qu'il a fait faire avec la Hollande, 101. Négocie la paix d'Aix-la-Chapelle, 153 et suiv. Réduit les rentes, 158. Protége les Huguenots, 166. Ses expédiens fiscaux, 183, 219. Son code forestier, 185. Ses armemens maritimes, 209, 411. Il ramène La Vallière à Versailles, 217. Sa rivalité avec Louvois, 218, 219. Presse le roi d'accepter le titre de protecteur de l'académie, 220. S'oppose au rétablissement du commerce avec la Hollande, 359. Embarras que lui suscite Louvois, 388. Son zèle pour la grandeur du roi, 408. Sa mort, 447 à 449. Désordres financiers qui en résultent, 532. Il a créé la science de l'administration; XXVI, 5. Quand son crédit a baissé, 7.

COLBERT DE CROISSY, négociateur à Aix-la-Chapelle; XXV, 154. Ambassadeur en Angleterre, 175, 195. Est nommé ministre des affaires étrangères, 407. Ses menaces au nonce, 556. Sa science diplomatique; XXVI, 5. Son portrait; sa mort, 219.

COLBERT DE TORCY est ministre des affaires étrangères; XXVI, 219. Son assertion sur les affaires d'Espagne, 215. Se prononce pour l'acceptation du testament de Charles II, 295 et suiv. Son opinion justifiée, 299. Tout le poids des affaires lui reste, 300. Ses rapports avec la princesse des Ursins, 426. Ses négociations en Hollande; XXVII, 78 et suiv. Il ouvre, par l'intermédiaire de l'abbé Gautier, celles qui amènent la paix d'Utrecht, 139 et suiv. Son indignation contre la princesse des Ursins, 174. Ses mémoires, 181. Ses débats avec lord Stairs, 210. Mémoire sur la régence à lui attribué, 227. Entre au conseil, 245. Exclut le prétendant, 251. Se prononce pour la quadruple alliance, 322. Poste que lui enlève Dubois, 475. Il fréquente le *club de l'entresol;* XXVIII, 187.

COLBERT, marquis de Seignelai; ministre de la marine; dirige l'expédition contre Gênes; XXV, 465 et suiv. Sa mort; XXVI, 80, 81.

COLBERT, évêque de Rhodez; son esprit philosophique; XXX, 67. Favorable à Necker, 125.

COLIGNI (GASPARD DE) sert sous le vice-roi de Naples; XV, 383. Son expédition sur Cérignola, 384. Il est excommunié, 545.

COLIGNI (GASPARD DE), amiral de France; part pour le Piémont; XVII, 184. Fort qu'il bâtit près de Boulogne, 364. Son commandement à l'armée royale, 448. Butin qui lui est réservé, 459. Il accompagne le roi, 484. Est aux prises avec le prince d'Orange, 555. Il signe la trêve de Vaucelles; XVIII, 2, 3. Il reçoit le serment de l'empereur et de Philippe, 5. Il protège en secret les protestans; son projet de les coloniser au Brésil; l'exécution échoue, 27, 28. Il cherche à surprendre Douai; s'empare de Lens, 30. Il défend la frontière du Nord, 45. Se jette dans Saint-Quentin; mauvais état de la place, 47, 48. Son activité; secours que lui amène son frère, 49 à 52. Sa longue résistance; il est prisonnier, 54; et oublié du roi, 55. Ses vertus; quand s'attache à la réforme, 105, 106. Il veut céder à Condé le gouvernement de la Picardie, 109. C'est à Brissac qu'on le donne, 110. Provoque un édit d'amnistie, 144. Il quitte la cour après le complot d'Amboise, 156. Conseille l'assemblée des notables, 160. Y assiste, 161. Pétition qu'il présente en faveur des religionnaires, 162. Mesures qu'il propose, 163. Confession catholique que les Guises espèrent lui voir refuser, 173. Se rend aux états-généraux; sa résolution; ses périls, 179, 180. Salue roi Charles IX, 186. Assiste à l'ouverture des états, 191. Incriminé par l'orateur du clergé, qui se rétracte, 200. Il fait entrevoir à la reine-mère le triomphe prochain de la réforme, 207. Assiste à la réunion du conseil et du parlement; ses plaintes, 218 à 220. Il fait voter des subsides à condition que la tolérance religieuse soit établie, 238, 239. Il se retire de la cour, 257. Est pressé de monter à cheval; ses hésitations; il rejoint Condé; 272 à 274. Il signe l'association protestante, 282. Entrevues auxquelles il assiste, 287, 291, 352. Il conseille d'agir avec vigueur, 289. Ses scrupules au sujet des auxiliaires, 290. Attaque qu'il décide, 292. Secours étrangers qu'il invoque, 341. Manœuvre qu'il empêche, 354. Part qu'il prend à la bataille de Dreux, 355, 357, 358. Est reconnu chef du parti, 361. Charge son frère de défendre Orléans; ses opérations en Normandie, 362. A quoi a employé Poltrot; accusé par lui d'être son complice, 365. Mécontentement que lui cause la paix d'Amboise; ses reproches à Condé, 370, 371. Comment repousse la déposition de Poltrot; cortége avec lequel il veut répondre à la requête des Guises de le mettre en jugement, 375 à 377. Ne paraît point au siège du Hâvre, 393. Les Guises demandent sa mise en jugement; le roi évoque la décision de ce différend et l'ajourne, 404 à 405. Apprend le meurtre de Charri, 407. Est de l'assemblée de Moulins; serment qu'il y prête; sa réconciliation avec les Guises, 465, 469. Aumale accusé d'avoir tenté de le faire assassiner; il s'éloigne de la cour, 471. Conseils auxquels il est appelé; sa défiance éveillée, 485. Députés allemands qui se concertent avec lui, 486, 487. Sortie du roi contre lui, 488. Il fait résoudre une seconde prise d'armes; son projet est d'enlever le roi et la reine-mère, 495, 496. Appelle Montbrun en Brie, 498. La reine le déclare responsable, 503. Vains efforts de son oncle pour le ramener, 504. Son poste à la bataille de Saint-Denis, 511. Se porte au-devant des Allemands, 515. Comment relève le courage de l'armée, 522. Il la conduit sur la Loire; ses succès; il assiége Chartres; sa victoire à Houdan, 526 à 528. Paix qui met fin à ses opérations, 529 à 531. Il se retire à Châtillon; XIX, 4. Réclamation que lui fait la reine, 26. Est poussé à bout; se rend à la Rochelle, 28 à 30. Cruautés de ses soldats qu'il ne peut réprimer; son emportement contre Puy-Viaud, 33, 34. Deviné par Tavannes, 42. Il défend en vain le passage de la Charente; appelle le secours de Condé; il perd la bataille de Jarnac, 43 à 48. Il se retire à Saintes, 48, 49. Les jeunes princes sont placés sous sa direction; il est le vrai chef du parti; mort de son frère, 50, 51. Les négociateurs qu'il envoie à la reine sont arrêtés; 57. Il assiége Poitiers; s'en éloigne pour secourir Châtellerault, 59 à 61. Sa position critique; haine que lui porte le roi; il est condamné par le parlement; sa tête est mise à prix; ses manœuvres pour éviter le combat, 62 à 64. Il perd la bataille de Montcontour, 65 à 68. Sa retraite sur la Rochelle; ses mesures défensives; sa constance, 69 à 71. Intrigues dans le parti victorieux qui sauvent sa cause, 72. Il se rend au midi; sa jonction avec Mongommery; leurs succès, 75 à 77. Sa résolution de remonter à Paris par la vallée du Rhône; sa maladie; négociateurs que la cour lui envoie, 78 à 80. Il continue sa marche; sa bonne contenance au combat d'Arnay-le-Duc; il fait la paix et obtient des places de sûreté, 82 à 84. Se retire à la Rochelle, 86. Respect du duc d'Alençon pour lui, 92. Ses envoyés à Paris, 102. Sa méfiance de la cour; il se remarie; donne sa fille à Téligni, 105 à 107. Est enfin attiré à la cour; sous quels prétextes; faveur dont il est l'objet; son crédit, 110 à 113. Sa malheureuse entreprise sur les Antilles, 114. Ses conférences avec le roi, 117. Troupes qu'il lève pour attaquer les Pays-Bas, 122. Il réside à Châtillon; est rappelé à Paris; se réconcilie avec Guise, 132, 133. Mission qu'il a donnée à Genlis, 136. Subjugué par le roi; avertissemens qu'il reçoit, épanchemens de Charles; mémoire qu'il lui fait remettre, 138 à 144. Places de sûreté qu'il lui restitue, 145. Ses ordres à Genlis, 147. Il recommande les prisonniers de l'armée de ce capitaine; est à la cour, 148. Assiste au mariage du Béarnais, 150. La reine s'apprête à le faire périr, 152. Le roi le trompe et autorise Guise à le tuer, 153, 154. Il est blessé; visite que lui fait Charles, 156, 157. Ce prince le retient à Paris; lui donne des gardes, 158. Conseil tenu près de lui, 161. Les médecins le déclarent non transportable, 162. Sa mort, 165, 166. Ce que deviennent ses restes, 174, 175. Arrêt qui le flétrit, 183 à 185.

COLIGNI (LE CHEVALIER DE); ses amours avec mademoiselle de Longueville; XXIV, 27, 28. Son duel avec le duc de Guise; sa mort, 34, 161.

COLIGNI (LE COMTE DE) accompagne dans sa fuite la princesse de Condé; XXIV, 322, 350. Prend part au combat de Bléneau, 428. Prisonnier aux Dunes, 570. Troupe qu'il conduit au secours de l'empereur; XXV, 68.

COLMENERO (LE GÉNÉRAL), tué à la bataille de Guastalla; XXVIII, 130.

COLOGNE (L'ÉLECTEUR DE), allié de Louis XIV. Voy. *Furstemberg* (les frères).

COLOMB (CHRISTOPHE). Propagation du fléau qu'il a apporté du Nouveau Monde; XV, 164, 165, 237.

COLOMBAN (SAINT), Irlandais; I, 428. Couvent qu'il fonde; ses austérités; ses prédications, 429. Chassé par Thierry, 430.

COLOMBIER soulève les Huguenots normands; XIX, 31, 265. Est tué, 271.

COLOMBIER; renfort qu'il amène à Henri IV; XXI, 156.

COLONNA (les), gibelins de Rome; rigueurs de Boniface VIII contre eux; VIII, 519; IX, 26, 27. Deviennent l'objet des faveurs de Philippe-le-Bel, 112, 129. Part que prend Sciarra Colonna à l'arrestation du pape, 131, 132. Il est chassé d'Anagni par le peuple, 132, 133. Soupçonnés de l'empoisonnement de Benoît XI, 148. Leurs partisans au conclave, 159. Les deux cardinaux de ce nom sont réintégrés, 168.

COLONNA (les) se soulèvent contre Alexandre VI; XV, 177, 182, 183. Se réconcilient avec lui, 186. Passent sous les drapeaux d'Aragon, 228. Hostilités des Français contre eux, 342. Prennent l'ascendant sur les Borgia, 413. Protégés par Ferdinand-le-Catholique, 609.

COLONNA (prosper), ambassadeur près du pape, arrêté par lui; XV, 184. Passe au service des Aragonais; contient les Français, vainqueurs à Eboli, 230. Renforce le roi Ferdinand, 232. Son poste sous Frédéric, 341. Il reprend Capoue, 408. Défend les passages des Alpes; est surpris et fait prisonnier; XVI, 24, 25. Commande l'armée impériale, 136. Reprend le Milanais, 137 à 139. Le défend contre Lautrec; gagne la bataille de la Bicoque; est maître de l'Italie, 153 à 159. En fortifie les entrées, 184, 185. Menacé par Bonivet; sa maladie; l'empereur le laisse sans argent; il marche au-devant des Français; sa retraite; se fortifie à Milan; sa mort, 199 à 202.

COLONNA (fabrice); son poste à l'armée de Charles VIII; XV, 187. Ses succès, 193. Il sert sous les drapeaux de Ferdinand, 232. Son poste sous Frédéric, 341, 342. Est prisonnier, 345. Il soumet l'Abbruzze, 408. Sa témérité à la bataille de Ravenne; il est prisonnier, 592.

COLONNA (octavien) renforce Gonsalve; XV, 403.

COLONNA (marc-antoine), général de Jules II; son attaque infructueuse sur Gênes; XV, 541. Marche au secours de Ravenne, 590.

COLONNA (le cardinal pompée) envahit Rome; assiége Clément VII dans le château Saint-Ange; XVI, 286, 287.

COLONNA (pirro) défend Carignan contre le comte d'Enghien; XVII, 176. Capitule, 194.

COLONNA (marc-antoine); sa famille dépouillée par Paul IV; XVIII, 8, 9. Ville qu'il prend d'assaut, 41. Ses intérêts stipulés par la paix, 42. Prend part à la victoire de Lépante; XIX, 116.

COLONNA (marc-antoine), cardinal; s'oppose à l'absolution de Henri IV; XXI, 344.

COLONNA (le connétable), épouse Marie Mancini; XXIV, 601; XXV, 16.

COMBALET. Voy. Aiguillon (duchesse d').

COMBAULT, négociateur de Catherine de Médicis; XVIII, 529.

COMBRONDE (le sire); commandement que lui confie Louis XI; il bat les Bourguignons à Guipy; XIV, 436.

COMMENDON (le cardinal), légat de Pie V près de l'empereur; XVIII, 463, 464. Ses négociations pour la succession de Pologne; XIX, 238.

COMMERCY (le prince de); son poste à la Marsaille; XXVI, 134. Plaintes du duc de Savoie contre lui, 170. Sert à l'armée impériale, 324.

COMMINES (philippe de); son jugement sur Louis XI; XIV, 130, 131. Part qu'il prend à la bataille de Montlhéry, 177. A quoi attribue la présomption de Charles-le-Téméraire, 179. Contribue à Péronne à calmer sa colère; est d'avis de ne point délivrer Louis XI, prisonnier, 272, 273. Présent à l'entrevue des deux princes, 274. Portrait qu'il fait d'Edouard IV, 309. Est envoyé à Calais, 324. Charles lui dévoile ses projets sur la France, 346, 347. Il passe au service de Louis, 370, 371. Conseil qu'il lui donne, 414. Portrait qu'il fait de ce prince, 443 à 445. Conversation qu'il entend caché, 449. Présent à l'entrevue avec Edouard, 451. Envoyé en Picardie, 498. Pourquoi envoyé en Poitou, 503, 504. Fruit que le roi retire de ses pratiques, 515. L'un des juges de Nemours, a part à ses dépouilles, 537. Son ambassade en Italie, 549 à 551. Entend seul le roi après sa première attaque d'apoplexie, 595. Le voue à saint Claude, 601. Comment s'exprime sur Cottier, 603. Effrayé du dépérissement du roi, 605. Comment rapporte ses derniers momens, 625. Comment l'apprécie, 629. Ministre proposé, 652. Il excite le duc de Bourbon contre la dame de Beaujeu; XV, 28. Est disgracié, 29. Son emprisonnement, 35, 36. Sa condamnation, 50, 57. Ses négociations en Italie, 138. Son jugement sur la duchesse de Milan, 142; cité, 149, 151. Part avant l'armée de Naples, 157. Son ambassade à Venise, 199, 200. Ce qu'il y observe; ses avertissemens au duc d'Orléans et au roi, 203, 204. Ce qu'il négocie, 212, 213, 218, 221. Frappé de l'incapacité du roi; sentimens qu'il lui attribue, 240; 241; cité, 242, 244, 245, 251, 255, 257, 260.

COMMINGES (COMTE DE) seconde le comte de Foix en faveur de Raymond de Toulouse; excommunié comme lui; VI, 394, 401, 416, 417. Vaincu à Muret, 421, 422. Reconcilié avec l'Eglise, 432. Remis en possession provisoire de ses Etats, 443, 444. Renforce l'armée du comte de Toulouse, 490.

COMMINGES (LE COMTE DE) attaque la Guienne; IX, 461.

COMMINGES (MATTHIEU DE FOIX, COMTE DE); reconcilié avec Charles VII; XIII, 16. Ordonnance qu'il signe, 69. Il défend le Béarn, 71. Partage avec son frère les revenus du Languedoc, 170. Se rend à la journée de Tartas, 389, 390. Retient sa femme en captivité, 401. Le comté de Comminges lui est garanti, 402, 447. Il assiége Mauléon, 493.

COMMINGES (MARGUERITE DE), héritière du comté de ce nom; ses maris; ses désordres; sa captivité; XIII, 401. Charles VII la fait mettre en liberté; sa mort, 402, 403.

COMMINGES (LE COMTE DE), favori de Louis XI; est nommé comte et maréchal; XIV, 81, 111; assiste à l'entrevue avec le roi d'Espagne, 114.

Troupes qu'il commande, 170. Reçoit l'ordre de Saint-Michel, 296.

COMMINGES (LE VICOMTE DE), chef protestant; suit Montgommery; XIX, 56.

COMMINGES (LE COMTE DE) est de l'intimité d'Anne d'Autriche; XXIV, 37. Parlementaires qu'il arrête, 212. Il est décrété de prise de corps, 217. Arrête les princes, 302.

COMMOLET, jésuite, prédicateur de la ligue; demande la mort des politiques; XXI, 129. Son zèle pour Henri IV converti, 276.

COMMUNES (ÉTABLISSEMENT DES); la première au Mans; IV, 406 et suiv.; symptôme d'un effort général dont le résultat est apparent pendant deux siècles, 417. Ce qu'était une commune, 420 et suiv. Dispositions de celle de Soissons, 429. De celles de Noyon et de Roye, 431. Droit qu'elles acquièrent des croisés à prix d'argent, 542. Fermentation générale qui les affranchit; part de l'autorité royale et des seigneurs dans cette révolution; V, 120 à 130.

COMOR ou CONOBRE, roi de Bretagne; prend parti pour Chramne; est vaincu et tué; I, 291.

COMPANS (JEAN), l'un des seize; excité par Guise; XX, 343. Nommé échevin de Paris, 359. Député aux Etats de Blois, 413. Son arrestation, 464. Par qui substitué, 476. Relâché sur parole; investit le palais, 480, 481.

COMYNG (JEAN DE) est nommé régent d'Ecosse; IX, 68, 69. Ses succès, 117. Abandonné et trompé par Philippe-le-Bel, 118. Sa mort, 172.

COMYNG, lieutenant d'Edouard Baillol; vaincu à Kilblane; X, 99.

CONAN Ier (LE-TORT), comte de Rennes et de Nantes; ses guerres; ses alliances avec les comtes d'Anjou; tué à la bataille de Conquéreux; IV, 68 à 70.

CONAN II, duc de Bretagne, à trois ans succède à son père; IV, 242. Ses démêlés avec ses voisins, 337. Réclame de Guillaume-le-Conquérant la Normandie; attire ce prince en Bretagne; meurt empoisonné, 343 à 345.

CONAN III, duc de Bretagne, épouse une fille naturelle de Henri 1er d'Angleterre; V, 110. Seconde Louis-le-Gros contre le comte d'Auvergne, 163. Service féodal qu'il fait encore, 201. Déclare en mourant que le fils de sa femme ne lui appartient pas, 399.

CONAN IV (LE PETIT), élu duc de Bretagne; prend possession du comté de Nantes; ses démêlés avec Henri II; V, 400. Menaces de celui-ci; en quelle qualité, 401. Il lui restitue Nantes, 406, 407. Ses guerres civiles; est secouru par Henri, 449. Abandonne la Bretagne à son gendre, fils de ce roi, 457, 458.

CONAN, bourgeois de Rouen, livre l'entrée de la ville aux soldats de Guillaume-le-Roux; IV, 510. Sa mort, 511, 512.

CONCINI (CONCINO), maréchal d'Ancre; accompagne Marie de Médicis en France; XXII, 58. Passe pour son amant, 62. Epouse Galigaï, 104. Haï du roi, 142, 143. Ses intrigues, 156, 157. Il est du conseil secret de la régente, 199. Sa faveur; ses efforts pour en dévoiler la nature; comment accueille les offres de Sully, 209, 210. Nom qu'il donne aux gentilshommes empressés de lui offrir leur épée, 214. Titres qu'il achète, 218, 219. Sa querelle avec Bellegarde, 233. Ses exigences, 235. Fait renvoyer Sully, 236. Mésintelligences qu'il entretient, 237. Sa faveur croissante; ses rapports avec Soissons, avec Bouillon; ses projets d'alliance avec la famille royale, 249 à 251. Il veut faire tomber le ministère; comment cherche à perdre Bellegarde, 259, 260. Ses complots avec Luz, 266 à 268. Sa faction battue, 269 à 272. Son humiliation; ses reproches; sa réconciliation avec la reine; il est nommé maréchal, 273 à 275. Compromis dans le procès de Maignat; ses terreurs; comment récompense la complaisance de Mangot, 278, 279. Recommence ses menées contre les ministres, 280. Sa frayeur à la levée de boucliers des princes, 281, 283, 288. Accompagne Louis XIII au parlement, 293. Favorise l'entrée de Luynes à la cour, 296. Accusé par Condé, qui exploite son impopularité et sa rivalité avec Longueville, 340, 341. Pourquoi la reine ne lui donne pas le commandement de l'armée, 343. Il se retire en Picardie, 346. Favorable à la paix, 353. Sacrifice qu'il fait pour y arriver, 357, 359, 361 à 363. Déchaînement contre lui; insulte que lui fait Picard; ses rapports avec Condé, avec les princes; la cabale veut le faire périr; il quitte Paris, 367 à 371. Ses avis à la reine, 372. Son hôtel pillé, 378. Son retour; il fait entrer Richelieu au ministère; perd sa fille; ses pressentimens; il veut quitter la France, 384 à 386. Accusé par la cabale des malheurs publics, 389. Est assassiné, 391 à 398. Licenciement des troupes qu'il a levées, 400. Sort de sa famille, 406 à 411.

CONCINI, comte de Pène; comment traité à la mort de son père; XXII, 406, 407. Bien qu'il recouvre en Toscane; sa mort, 411.

CONCRESSAULT (LE SIRE DE); instructions que lui donne Louis XI; XIV, 306. Ambassadeur en Angleterre, 318.

CONDÉ (PIERRE DE), chapelain de saint Louis; son opinion sur le débarquement à Tunis; VIII, 188. Sa relation citée, 190.

CONDÉ (LOUIS 1er DE BOURBON, PRINCE DE) est frère du duc de Vendôme; XVII, 363. Part pour l'Italie, 428, 552. Est de l'armée royale, 484. Il se jette dans Metz; ses sorties, 487. Corps qu'il commande, 528. Il secourt Saint-Quentin; XVIII, 50. Echappe à la défaite, 53. Il professe le calvinisme, 75. Son ardeur, sa vaillance, son peu de fortune, 107. Son entrevue avec son frère aîné; élémens d'opposition qu'il veut réunir contre les Guises; Coligni veut lui céder le gouvernement de Picardie, 109, 110. Sa mission près de Philippe II, 111. Il est sollicité de se mettre à la tête des mécontens; ses conditions, 131, 132. La Renaudie l'annonce aux conjurés protestans comme leur chef, 140. Son entrevue avec lui, 142. Il se rend à Amboise après la découverte du complot, 145. Combat les conjurés, 148. Est forcé d'assister à leur supplice, 150. Chargé par eux; se présente au roi et provoque quiconque oserait l'accuser; Guise se déclare son second, 151. Se pose comme chef de parti; se rend à la cour de Navarre, 159. Ne paraît pas à l'assemblée des notables, 161. Sa correspondance avec le connétable saisie; est invité à assister aux Etats généraux; avis que lui font donner les Châtillons, 167. Son embarras; mesures de précaution qu'on lui conseille; il obéit au roi, 170 à 172. Son arrestation; commission pour le juger; ses appels, 174 à 178. Est sauvé par la mort du roi, 181 à 183. Sa croyance le rend suspect à la majorité des citoyens, 185. Reste en captivité; pourquoi, 190. Est déchargé de toute accusation, 208, 212. Son frère le cardinal lui cède le pas, 225. Sa réconciliation avec Guise; il reçoit le gouvernement de Picardie, 229, 230. Jalousie de son frère contre lui, 250. Sa force organisée dans Paris, 256, 257. Il offre à la reine-mère l'appui des protestans, 267, 268. Son infériorité à Paris; il en sort; pourquoi, 270 à 272. Est rejoint par Coligni; ses forces; il manœuvre pour enlever le roi; est prévenu; s'empare d'Orléans, 274 à 278. Son manifeste, 279. Est hors d'état d'agir; violence des Huguenots d'Orléans qu'il ne peut empêcher; acte d'association qu'il signe, 280 à 282. Il est maître de la Normandie et des places de la Loire; il fait battre monnaie; il entre en campagne, 285, 286. Ses négociations avec la reine-mère; leur entrevue; suite de pourparlers sans résultat, 287 à 292. Ses opérations de guerre; ses mesures; il se borne à défendre Orléans, 293, 294, 298. Il fait attaquer Bourges, 302. Mouvement général dont la prise d'Orléans a donné le signal, 306. Mission qu'il avait reçue de la reine en Guienne, 312. Il donne à Soubise le commandement de Lyon, 332. Chances diverses de la guerre dans tout le royaume; contagion à Orléans; il lève des troupes à l'étranger; il entre en négociation avec Elisabeth, 339 à 341. Son traité avec cette reine, 342. Il charge Montgommery de défendre Rouen, 343. Cette ville est prise; le parti reçoit des coups accablans, 347. Envoyé qui le représente à la diète de Francfort, 350. Renforts allemands qu'il reçoit; Condé sort d'Orléans, 349 à 351. Ses opérations autour de Paris; ses négociations sans fruit, 352, 353. Il part pour le Havre; perd la bataille de Dreux et est prisonnier; caresses que lui fait Guise, 354 à 360. Son entrevue avec le connétable; il signe le traité d'Amboise, 366 à 369. Reproches que lui fait Coligni, 370 à 371. Ses landsknechts soldés par une vente de biens ecclésiastiques, 374. Il empêche Coligni de se présenter à la cour; se déclare son garant, 377. Il se signale au siége du Havre, 393. Réclame la lieutenance générale, 395. Ses mœurs désordonnées; sa passion pour mademoiselle de Limeuil; mort de sa femme; partis qu'on lui propose; il épouse Françoise d'Orléans, 410, 411. Plaintes qu'il reçoit des protestans; il les porte au roi, qui le rassure, 424. Projets de ce prince à son égard, 429. Est à l'assemblée de Moulins, 465. Trompé par Catherine, 475, 476. Conseils auxquels elle l'appelle; sa méfiance éveillée, 485. Députés allemands qui se concertent avec lui, 486, 487. Il se résout à prendre les armes, 495, 496. Fait côtoyer le duc d'Albe par Montbrun, 497. Appelle ce dernier en Brie, 498. Escarmouche avec l'escorte du roi, 500. Ses manœuvres pour affamer Paris; ses négociations, 503. Le connétable sort pour l'attaquer; faiblesse de son armée; il livre la bataille indécise de Saint-Denis, 507 à 511. Ses partis; il insulte Paris; se retire à Montereau, 512. Marche au-devant des auxiliaires allemands, 515. Avis qu'il a donnés aux religionnaires du Midi, 516. Son lieutenant reçu à la Rochelle, 521. Ses embarras; comment entretient le courage de l'armée; son entrevue avec Jean Casimir; comment paye les auxiliaires; il n'a pas encore l'avantage du nombre, 522 à 524. Ses opérations, 526 à 528. Paix qui les termine, 529 à 531. Affaiblissement du parti; il ne demande plus qu'une sécurité dont il n'est pas assuré; Condé se retire en Bourgogne; XIX, 1 à 4. Il est renforcé par le prince d'Orange, 17. Réclamation que lui fait la reine, 26. Est poussé à bout; se rend à la Rochelle; y donne rendez-vous à tout le parti, 28 à 31. Emportement de Coligni qu'il modère; force qu'il fait organiser en Dauphiné, 33, 34. Son mot sur la reprise d'armes; besoins du parti; ses ressources, 39, 40. Ses opérations d'hiver, 41. Lève ses cantonnemens; renfort qu'il attend et qu'il appelle, 42. Il perd la bataille de Jarnac et est tué, 45 à 47.

CONDÉ (HENRI Ier DE BOURBON, PRINCE DE) est reconnu chef du parti protestant; XIX, 50. N'assiste point à la bataille de Montcontour, 67. Sa valeur à Arnay-le-Duc, 83. Se retire à la Rochelle, 86. Est séduit par les offres de la cour; son mariage négocié, 104 à 107. Et célébré, 148. Pourquoi épargné à la Saint-Barthélemy, 162, 166, 168 à 171. Sa conversion forcée, 197, 198. Il se rend au siége de la Rochelle, 225. Son intimité; son complot avec d'Alençon, 248 à 250. Son étourderie; sa jeunesse, 260. Il se réfugie à Strasbourg, 267. Son manifeste, 295, 296. Troupes qu'il lève; son alliance avec Damville, 328, 329. Leurs députés au roi, 331, 332. Il se met sous les ordres de d'Alençon, 345. Ses levées arrêtées par une trêve et soldées par la cour, 351, 352. Recommande au parti de se méfier des catholiques; il entre en campagne; sa belle armée; ses opérations en Bourgogne, 354 à 356. Sa jonction avec Alençon, 361. Leurs forces, 362. Il annonce le dessein de s'établir à Péronne, 366. Pourquoi refuse d'entrer à Bourges; réclame le gouvernement de Picardie, 368, 369. Apprend l'opposition de cette province; ce qu'il obtient en échange, 371. Son entrée à la Rochelle; accueil qu'il y reçoit; son entrevue avec le Béarnais; la cour les joue, 374, 375. Il se fait reconnaître de vive force dans les villes à lui cédées, 376. Sa rivalité avec le Béarnais; ses rapports avec le parti, 380, 381. Ses frères aux états de Blois, 399. Sa protestation contre les résolutions de l'assemblée, 417. Elle lui envoie une députation, 418, 419. Accueil qu'il lui fait, 434. Sa jalousie envers le Béarnais; sa défiance de Damville, 447. Il commande en Poitou; son talent médiocre, 449. Stipulations du traité de Bergerac en sa faveur, 456, 457. Dissensions que la reine-mère sème entre lui et son cousin, 510. Son mécontentement contre ce dernier, contre Turenne; il s'empare de Lafère; traite avec le roi, 521, 522. Dissuade le Béarnais de faire la guerre, 524. Passe en Allemagne pour y lever des troupes, 529. Revient seul en Dauphiné puis en Languedoc, 534, 535. Ce qu'il obtient par la paix de Fleix, 542. Ce qu'est pour lui la religion; XX, 4. Son pouvoir en Poitou, 13. Son désir de faire rompre la paix, 19. Son humeur contre le Navarrais, 105. Son alliance avec Montmorency; leur déclaration, 181. Excommunié par Sixte V, 182 à 185. Son rôle dans la guerre des trois Henri, 187. Est le premier aux prises; ses succès; il repousse Mercœur; investit Brouage, 191 à 194. Est appelé à prendre possession d'Angers; divise ses forces; passe la Loire; attaque les places qu'il croit surprendre; son échec; sa retraite, 196 à 200. Sa situation critique; son armée se disperse; il passe à Guernesey, 202 à 205. Revient à la Rochelle; y épouse Charlotte de la Trémoille; y est rejoint par le Navarrais, 211. Ses avantages sur Saint-Luc, 212. Ses succès; sa retraite, 262. Ses frères prennent les armes, 265. Sa jonction avec le Navarrais, 266, 267. Prend part à la victoire de Coutras, 269, 275, 276. Sollicité de se rendre indépendant de son cousin, 283. Sa mort; sa femme accusée d'empoisonnement, 322, 323.

CONDÉ (HENRI II DE BOURBON, PRINCE DE); sa naissance; doute sur sa légitimité; est élevé dans la foi catholique; XX, 322, 323; XXI, 329, 330, 345. Présenté au légat, 433. Est amené à la cour, 456. Dénoncé comme mécontent; XXII, 143, 144. Il épouse Charlotte de Montmorency; l'emmène de la cour;

passion du roi pour elle, 154 à 156. Henri IV prétend être son père, 170. Il quitte la France, 171 à 173, 178, 196. Est gouverneur de Guienne, 216. Son absence se prolonge, 217. La cour d'Espagne l'engage à disputer la couronne de France; son retour à Paris, sa rupture avec sa femme; sa nombreuse escorte; son accommodement avec la régente, 223 à 227. Est de la faction anti-espagnole, 229. Sa querelle pour la préséance avec le cardinal de Joyeuse, 233. Ses exigences, 235, 259. Abandonne Sully, 236. Il part pour la Guienne, 237, 249. Son retour; sa réconciliation avec Soissons, 254. Donne son assentiment au mariage du roi, 255. S'éloigne au moment où on le publie, 258. Intrigues auxquelles il se mêle; son retour à la cour, 260, 261. Attitude qu'il y prend, 262 et suiv. Manque l'occasion de s'emparer du gouvernement, 268 à 272. S'éloigne de Paris, 273. Rapprochement que désire la reine, 274. Levée de boucliers de son parti; ses négociations; défaite de la faction, 282 à 290. Il accompagne le roi au parlement, 291, 292. Offre à la reine de renoncer à la convocation des Etats-généraux, 297. Invite le tiers à s'expliquer au roi, 310. Impunité qu'il assure à Rochefort, 329, 330. Brigue qu'il forme avec une partie du parlement, 337. Il quitte la cour; se pose en chef de faction; repousse les avances de la reine; son manifeste; pourquoi accuse Concini, 338 à 343. Condamné par le parlement; guerroie avec Bois-Dauphin; déclaré par le roi criminel de lèse-majesté; ses opérations, 344 à 350. Renforcé par des reîtres, 352. Ses ouvertures pour la paix; pourquoi se rend aux conférences de Loudun; prétentions générales du parti, 354 à 358. Sa maladie; il signe la paix, 359, 360. Ce qu'il obtient, 361 à 363. Comment exécute le traité; son entrée à Paris; sa popularité; ses rapports avec la reine-mère, avec Concini; sa cabale; ses menées; son arrestation; 366 à 377. Gratifications qu'il a reçues, 388. Excepté du pardon général; zèle de sa femme; leur réconciliation, 401, 402. Par qui remplacé en Guienne, 433. Jugement de conjurés pour sa délivrance, 449. Il est mis en liberté, 457. Abandonne son rôle de chef de parti, 460. Combat les Huguenots, 486. Son empressement auprès du roi à la mort de Luynes, 499. Jalousé par les ministres, 500. Fait résoudre la guerre; y emmène le roi; son inhabileté; sa dévotion, 501 à 504. Comment éloigne Lesdiguières de l'armée; ses échecs devant Montpellier; il se retire, 509 à 513. Ses intrigues pour le mariage de Gaston; XXIII, 13 et suiv. S'humilie devant le cardinal, 17, 18. Armée qu'il lève contre les Huguenots, 52, 53. Aux prises avec Rohan; son échec à Montpellier, 69 à 72. Son entrevue avec le roi et le cardinal; obtient la permission d'entrer à Paris, 102, 103. Ses opérations contre les Huguenots, 115. Il accompagne le roi au parlement, 204, 230. Envahit la Franche-Comté; est rappelé en Picardie, 285 à 287. Son commandement sur la Bidassoa; ses premiers succès; échec de Fontarabie; sa retraite, 343 à 346. Gouverne la Guienne, 365. Chargé d'attaquer le Roussillon, 369. Sa campagne insignifiante, 393 à 396, 404. Se soumet à la protection du cardinal, 444. Entre en Catalogne, 468, 469. Reçoit le commandement de Paris, 495. Est appelé à présider le conseil, 538, 540. Son parti; haine que lui porte sa femme; XXIV, 6. Ses promesses à la reine; offensé par Beaufort; origine de sa cabale, 9, 10. Ne réclame aucune part du pouvoir, 13, 14. Se contente d'être déclaré chef du conseil, 17, 18. Son assiduité chez la reine, 36. Transaction avec le parlement à laquelle il se prête, 62. Son discours à ce corps, 96. Sa cupidité; ses nouvelles demandes; sa mort, 130, 131.

CONDÉ (CHARLOTTE-MARGUERITE DE MONTMORENCY, PRINCESSE DE) paraît à la cour de Henri IV; passion qu'elle inspire au roi; Bassompierre renonce à sa main; elle épouse le prince de Condé; XXII, 154 à 156. Scandale de l'amour du roi; son mari l'enlève; sa correspondance avec Henri IV; il veut la faire enlever ; se décide à l'aller reprendre à Bruxelles, 170 à 174. Son mari refuse de la voir, 224, 225. Leur réconciliation, 402. Elle sort de prison avec lui, 457. Intrigues auxquelles elle se mêle contre Richelieu ; XXIII, 14 et suiv. Intercède en vain pour Boutteville, 45. Puis pour son propre frère, 211. Marraine de Louis XIV, 542. Son dévouement pour la reine ; sa haine pour son mari ; XXIV, 6. Son ressentiment contre Châteauneuf, 25. Ses démêlés avec Mme de Montbazon, 28, 32. Exils qu'elle demande, 294. Sa dernière entrevue avec son fils, 301. Son exil, 312. Sa cour de Chantilly, 314, 315. Requête qu'elle présente en personne au parlement ; elle s'éloigne, 329 à 332. Sa mort, 357.

CONDÉ (LOUIS II DE BOURBON, DUC D'ENGHIEN, PUIS PRINCE DE) ; son alliance avec Richelieu ; XXIII, 393. Il se signale au siége d'Arras, 426. Fêtes de son mariage, 434. Commande en chef l'armée de Picardie, 535. Comment venge sa sœur ; XXIV, 33, 34. Son assiduité chez la reine, 36. Promesses qu'elle lui a faites, 38. Ses opérations militaires, il gagne la bataille de Rocroy, 39 à 42. Il prend Thionville et renforce Guébriant, 43. Il gagne la bataille de Fribourg, 66 à 70. Puis celle de Nordlingen, 79, 81, 84 à 88. Sa maladie, 89. Il est adjoint au duc d'Orléans ; ses opérations dans les Pays-Bas ; il commande seul l'armée ; il prend Dunkerque ; ses sévérités à l'égard de Gaston ; son retour à la cour, 114 à 121. Son orgueil ; ses demandes ; son avénement ; il est chef des *petits-maîtres* ; ses débats avec d'Orléans, 130 à 132. Il est envoyé en Catalogne, 133. Échoue à Lérida, 134 à 136. Est appelé en Flandre ; ses opérations ; il gagne la bataille de Lens, 171 à 175, 212. Son absence laisse sa faction sans chef, 205. Est appelé à la cour, 224. Sa hauteur à l'égard des parlementaires ; ses conférences avec eux, 225 à 230. Se brouille avec d'Orléans, 231, 232. Ses conférences avec Gondi ; circonstance qui le rattache à la cour, 233, 238. Ses hostilités autour de Paris ; il prend Charenton, 247, 249. Négocie, 258 à 260. Il protége le comte d'Alais et le parlement de Normandie, 269. Mal accueilli à Paris ; son dédain pour Mazarin ; son départ pour la Bourgogne, 271. Ses réconciliations ; il ramène la cour à Paris ; ses exigences ; il insulte le cardinal ; ses entrevues avec les Frondeurs ; son traité avec la reine ; rivalité qu'il prévoit de la part de d'Orléans ; ses mesures ; il gagne La Rivière et Jarzay, 276 à 281. Se pose comme chef de la noblesse ; son caractère ; son portrait ; comment heurte le parti qu'il veut conduire ; députation qu'il menace du bâton ; hostile à d'Epernon, 282 à 287. Prétendue tentative d'assassinat sur lui, 292 et suiv. Comment marie Richelieu ; il offense la reine ; son arrestation résolue ; trompé par Mazarin ; il est conduit à Vincennes ; partage de ses dépouilles, 295 à 304. Suites de ce coup d'état ; dispersion de ses amis ; les princesses sont à la tête du parti, 305 à 309. Les femmes lui rattachent la noblesse, 313 à 317. Ses adhérens au parlement, 333. Ses officiers agitent Paris, 337. Il est transféré, 338, 354. Sa liberté, demandée et promise ; à quelles conditions ; par quels obstacles retardée, 346, 349, 357, 359 à 363, 365. Son départ du Havre ; son retour à Paris ; ses partisans parlent de l'élever au trône, 369, 370. Ses rivalités ; la reine lui donne le gouvernement de Guienne, 374 et suiv. La régente songe à le faire arrêter ou tuer ; ses dangers ; il quitte Paris, 376 à 382. Il fait renvoyer les sous-ministres ; siége au parlement ; lutte avec Gondi, 382 à 384, 386 et suiv., 396. Ses apprêts de guerre civile, 385, 390, 393, 399. Déclaration du roi en sa faveur, 394. La reine veut le perdre ; ouverture qu'il repousse ; il se rend en Guienne ; accueil qu'il y reçoit ; ses partisans, 401 à 403. Ses échecs, 404 et suiv. Ses offres à Cromwell, 406. Déclaré rebelle, 407. Son projet d'enlever Gondi ; il échoue, 409, 410. Il tente de se réconcilier avec le parlement, 417 et suiv. Livre le combat de Bléneau, 426 et suiv. Pourquoi a quitté la Guienne, 429 et suiv. Il se rend à Paris; comment y est admis; attitude du parlement; reproches que lui adresse Amelot; échec de ses troupes; conspire contre l'assemblée, 433 à 438. Ses opérations militaires autour de Paris, 439, 448 et suiv. Ses demandes à la cour, 442. Son arrogance à l'égard des magistrats, 443. Froideur que lui témoigne le duc de Lorraine, 446. Perd la bataille du faubourg Saint-Antoine, 452 et suiv. Il fait attaquer l'hôtel de ville et se rend maître de Paris, 458 à 462. Négocie avec la cour; ses prétentions; il est nommé généralissime par le parlement; désorganisation de son parti; ses voies de fait avec Rieux, 463 à 466. Son dégoût, 467. Il refuse l'amnistie de la cour, 469. Il rentre en campagne; se jette dans les bras des Espagnols, 470, 473. Mesures du roi contre lui, 475. Abandonné par La Rochefoucauld, 482. Son parti ruiné en Guienne, 483 à 485. Est rejoint par sa femme et son fils; ses ressources; ses opérations; il sort de France, 486, 487. Le roi d'Espagne le nomme généralissime; sa campagne contre Turenne, 487, 489, 490 à 496. Son procès; sa condamnation, 500, 501. Ses démêlés avec le duc de Lorraine, 509, 510. Il rentre en campagne; vaincu à Arras, 510 à 512. Aux prises en Hainaut avec Turenne; sa correspondance avec lui et avec le roi, 520 à 524. Emissaire que veut lui envoyer le cardinal, 526. Par qui remplacé comme grand-maître de la maison du roi, 532. Sa défection ne rétablit pas les affaires de l'Espagne. 533. Ce que Haro stipule pour lui, 534, 583. Sauve Valenciennes, 535, 536. Prend Saint-Guilain; se jette dans Cambrai; ses échecs en Flandre, 551 à 555. Sa correspondance avec *Mademoiselle*, 556. Hesdin lui est livré, 564. Vaincu aux Dunes, 566 à 570. Son pardon promis, 579. Ce qu'il obtient, 584. Ses intrigues retardent la signature du traité, 588. Se présente au roi, 589, 590. Ne suit pas la cour, 595. Projet de le faire roi de Pologne; XXV, 112, 179. Fait la conquête de la Franche-Comté, 145 et suiv. Comment récompensé, 150.

Édits qu'il fait enregistrer, 184. Présent à la défense que le roi fait à Lauzun d'épouser Mademoiselle, 205. Reçoit Louis XIV à Chantilly, 215, 216. Il fait enfermer sa femme, 217. Son commandement à l'armée de Hollande, 235, 260. Ses opérations, 236 à 238. Il passe le Rhin, 240 et suiv. Propose de démolir les places prises, 251. Est envoyé en Alsace, 253. Le roi lui préfère Louvois, 256. Son inaction, 264. Sa campagne de Flandre; il gagne la bataille de Senef; ses opérations, 275 à 280. Empêche la disgrâce de Louvois, 293. Remplace Turenne, 301, 302, 324. Ne prend plus de commandement, 337, 338. Alliance qu'il recherche pour son neveu, 394. Sa mort; sa rancune contre sa femme, 547, 548. Sa liaison avec Luxembourg; XXVI, 139. Mariage qu'il lui a fait faire, 140. Le roi lui survit, 217.

CONDÉ (CLÉMENCE DE MAILLÉ-BREZÉ, PRINCESSE DE), promise à d'Enghien; XXIII, 393. Fêtes de ce mariage, 434. Est exilée; XXIV, 312. Femmes qui lui sont attachées, 314. Elle fuit en Berri; ses protestations à la reine, 317 à 319. Elle se rend au Midi et commence la guerre civile, 322 à 324. Entre à Bordeaux, 325. Emissaire du ministre qu'elle épargne; elle se met sous la protection du parlement; le peuple se déclare pour elle, 326 à 329. Son peu de ressources; secours qu'elle reçoit de l'Espagne, 340 à 343. Arrêt de protection que le parlement rend en sa faveur, 344. Fureurs contre Mazarin qu'elle excite, 347. Elle fait la paix; son entrevue avec la reine; sa retraite, 348 à 351. Sa requête au parlement, 357. Son retour à Paris, 370. Est à Bordeaux, 484. Rejoint son mari, 486. Elle est enfermée; XXV, 216, 217, 548.

CONDÉ (HENRI-JULES DE BOURBON, PRINCE DE); *Monsieur le Prince*; amour que lui porte sa mère; XXIV, 312. Son enlèvement, 317 et suiv. Il est présenté aux seigneurs de la Fronde, 323. Entre à Bordeaux, 324, 325, 484. Sa mère le présente au parlement, 327. Fureurs contre Mazarin qu'il excite, 347. Il rejoint son père,

Table générale de l'Histoire des Français.

486. Combat aux Dunes, 569. Ses intérêts stipulés, 584. Mot que lui adresse Louis XIV; XXV, 150. Son empressement à dépouiller sa mère, 217. Alliance qu'il recherche pour son cousin, 394. Mariage de son fils; XXVI, 86. Est de l'armée royale, 98, 120. Son portrait; sa famille; sa mort; XXVII, 130, 131. Son testament, 133. Ses rapports avec Voltaire, 294.

CONDÉ (LOUIS III DE BOURBON, PRINCE DE); *Monsieur le Duc;* son mariage; XXVI, 86. Est au siége au Namur; 98. A la bataille de Steinkerque, 110. A celle de Neerwinde, 124. Il continue à la mort de son père à être appelé *Monsieur le Duc;* son portrait; ses rapports avec sa famille; sa mort; XXVII, 131 à 134.

CONDÉ (LOUISE-FRANÇOISE DE BOURBON, Mlle DE NANTES, PRINCESSE DE), épouse le duc de Bourbon; XXVI, 86. Passion qu'elle inspire au prince de Conti, 230; XXVII, 132. Demande vainement à Louis XV le retour à la cour de son fils; XXVIII, 26, 27. Ses entrevues avec Vintimille, 59.

CONDÉ (LOUIS-HENRI DE BOURBON, PRINCE DE); *Monsieur le Duc;* son jeune âge à la mort de son père; XXVII, 133. Il perd un œil, 150. Assiste au parlement, 203. Est du conseil de régence, 231. Le duc d'Orléans l'en déclare chef, 238, 244. Opposé à la quadruple alliance, 322. Il poursuit la dégradation des légitimés, 337 et suiv. Il réclame la surintendance de l'éducation du roi; 345 et suiv., 352. Coup d'état qu'il approuve, 351. Concourt à l'arrestation du duc et de la duchesse du Maine, 369. Le régent lui communique l'édit fondant la banque, 390, 393. Son agiotage, 425. Il remet un passe-port à Law, 426. Ses reproches au régent, 444, 445. Inquiétudes qu'il lui donne, 448. Il presse le roi de consentir à se marier, 456. Sa maîtresse; pourquoi attaque Leblanc et Bellisle, 471, 472. Initie le roi aux affaires, 472, 473. Est du conseil d'Etat, 474. Fleury lui destine le ministère, 478 et suiv. Est informé de la mort du régent, 480. Le remplace comme principal ministre, 481, 482. Ne peut luⁱ être comparé; sa grossièreté; ses vices, 483, 484. Déplaît au roi, 491. Apprécié par Fleury; sa passion du pouvoir; dominé par Mme de Prye; ses intrigues contre le duc d'Orléans, 495 et suiv. S'oppose au voyage de Philippe V en France, 501. N'empêche pas la réclusion de la reine d'Espagne, 502. Voit avec joie Philippe remonter sur le trône, 505. Sa politique extérieure; par quoi influencée; son incapacité de fermer les plaies intérieures, 506. Il promulgue le code noir et la déclaration contre les calvinistes, 509 et suiv. Soins qu'il donne à la santé du roi; il lui inspire le goût de la chasse; veut rompre son mariage projeté avec l'infante; songe à lui faire épouser sa sœur; puis une princesse d'Angleterre; ouvertures que lui fait l'empereur de Russie; ses alarmes; il se résout à renvoyer l'infante; à qui marie le roi, 516 à 523. Courroux de la cour d'Espagne contre lui, 524. Ses négociations, 530, 531. Désastres de son administration, 532 et suiv. Ses profusions; expédiens de Duverney; opposition qu'ils soulèvent; assemblée du clergé; il la dissout; signe le traité de Hanovre avec la Prusse et l'Angleterre; son ambassadeur à Vienne, 535 à 542. Il institue la milice, 543. Sa lutte avec Fleury; il succombe; sa disgrâce; époque de sa mort, 544, à 549; XXVIII, 4.

CONDÉ (LOUIS-JOSEPH DE BOURBON, PRINCE DE); époque de sa naissance; son tuteur; XXVIII, 475, 476. Sa victoire à Johannisberg; XXIX, 260, 261. Il proteste contre le parlement Maupeou; son accommodement, 449 et suiv. S'enferme avec le roi mourant, 504. Ses idées absolutistes; XXX, 37. Ses rapports avec Necker, 126. Le visite dans sa retraite, 128. Son peu d'importance; son opposition aux réformes, 282. Mémoire au roi qu'il signe, 425.

CONDÉ (LOUIS-HENRI-JOSEPH DE BOURBON, DERNIER PRINCE DE); proteste contre le parlement Maupeou; son accommodement; XXIX, 449 à 452. Reste avec le dauphin, 504. Ses idées absolutistes; XXX, 37. Se montre au blocus de Gibraltar, 210. Son duel avec le comte d'Artois, 281. Son peu d'importance; son opposition aux réformes, 282. Mémoire au roi qu'il signe, 425.

CONDORCET, capitaine protestant en Dauphiné; XVIII, 327.

CONFLANS (JEAN DE), gouverne la Navarre; X, 402.

CONFLANS (LE SIRE DE), maréchal de Champagne; massacré par ordre de Marcel; X, 520, 521. Irritation que ce meurtre produit chez la noblesse, 523, 524, 527.

CONFLANS, du parti du Dauphin; fait prisonnier à Mons en Vimeu; se rachète; XII, 612, 613.

CONFLANS (TRAITÉ DE) entre Louis XI et la ligue du bien public; XIV, 191 à 193.

CONFLANS (LE MARQUIS DE); troupes impériales qu'il commande en Franche-Comté; XXIII, 320.

CONFLANS (L'AMIRAL DE); flotte qu'il commande contre l'Angleterre; XXIX, 204. Est vaincu dans la baie de Quiberon, 206, 207.

CONINGHAM, capitaine de la garde écossaise de Charles VII; accusé de complot; XIII, 471.

CONNECTE (THOMAS), carme breton; ses prédications; il est brûlé à Rome; XIII, 113, 114.

CONRAD, comte de Paris, gouverne la Neustrie; III, 229. Est de la faction de Gauzelin, 236. Prend les armes, 237.

CONRAD, meurtrier d'Hubert; sa grandeur; sa famille; III, 289.

CONRAD Ier, empereur, d'abord duc de Franconie; son élection; III, 341. Ses guerres perpétuelles; la rivalité de Henri de Saxe le force à reconcer à la Lorraine, 342. Sa mort; qui il désigne pour lui succéder, 345.

CONRAD II (LE SALIQUE), empereur, d'abord duc de Franconie; son élection; IV, 178. Couronné; son activité; intimide Robert; 180. Beau-neveu de Rodolphe le Fainéant; renouvelle avec lui le traité qui assure le royaume d'Arles à l'empire, 182. Y affermit son autorité; subjugue d'Italie; couronné à Rome par le pape; escorté de deux rois, 186. Est l'appui de Rodolphe, 222. Entre après sa mort dans son royaume; est salué roi; sa guerre avec Eudes, 223. Envahit la Champagne; reconnu par Eudes; soumet ses feudataires; exile l'archevêque de Lyon, 224. Puissance que lui donne l'accession du royaume d'Arles; fermeté de son caractère; révolte à Milan; par quoi causée, 225. Ses expéditions en Italie; son administration régulière en Bourgogne; sa législation sur les fiefs, 228. S'associe son fils Henri III; meurt, 229. Pourquoi son histoire est connue, 230. Pourquoi s'est fait appeler *le Salique*, 383.

CONRAD III, empereur, d'abord duc de Souabe; fait triompher le parti gibelin; V, 281. Son intervention dans les royaumes français relevant de l'empire, 281 à 283. Sollicité par Bernard de prendre la croix, 311. Refuse d'abord et se décide soudain, 312. Louis le Jeune lui demande des vivres et le libre transit, 315. Ses ambassadeurs à Châlons, 321. Puis à Etampes; insistent pour que l'expédition s'embarque, 322. Son départ; sa marche; ses pertes; son arrivée à Constantinople, 326 à 331. Son armée est détruite, 333 à 335. Il rallie Louis VII, 336. Retourne en Europe, 338. Débarque à Saint-Jean-d'Acre, 352. Assiége Ascalon; s'embarque pour l'Europe, 354. Sa mort; il recommande son neveu Frédéric aux électeurs, 421.

CONRAD IV, empereur; mesures que son père Frédéric II lui fait prendre contre les Mogols; VII, 199. Projet de lui faire épouser une nièce d'Innocent IV, 307. Est roi des Romains et gouverne l'Allemagne, 357. Le pape fait prêcher une croisade contre lui en faveur du landgrave de Thuringe, 358. Il perd son armée, 359. Bat à son tour son rival, 361. Il saisit les subsides que le pape fait passer à ce dernier, 364. Se retire devant l'armée des prêtres; passe en Italie, 365. A la mort de son père le pape prêche contre lui la croisade, 472. Où il porte la guerre; VIII, 3. Prend Naples et Capoue; ses vengeances, 4. Sa mort; il laisse un fils âgé de trois ans, 5.

CONRAD (LE PACIFIQUE), roi d'Arles ; son élection ; il est dépossédé par Othon le Grand ; III, 396. Gouverne sous sa tutelle, 410. Secours qu'il amène à Louis IV, 429. Son règne ignoré ; sa déférence pour Othon, 467. Pourquoi surnommé le Pacifique, 472. Accueille l'impératrice sa sœur, 475. Accompagne l'empereur son neveu en Italie, 485. Epoque de sa mort ; IV, 73.

CONRAD, comte de Worms, du parti d'Othon ; sa victoire ; III, 404. Reçoit le duché de Lorraine et épouse la fille d'Othon, 405. Mission que lui donne son beau-père, 437. Négocie la paix, 441. Sa médiation, 442. Fait la guerre à son beau-père ; ses vengeances à Metz ; attire les Hongrois, 446. Est réduit, 458.

CONRAD, duc de Carinthie ; compétiteur à l'empire de Conrad le Salique ; IV, 177.

CONRAD, fils de l'empereur Henri IV ; reçoit en apanage le duché de basse Lorraine ; IV, 461. Séduit par le parti ecclésiastique, 499. Passe sous les drapeaux de l'Eglise ; accuse son père devant un concile de l'avoir excité à l'inceste, 500. Dépossédé de son apanage, 501. Mesures pour lui assurer l'Italie, 528. Déshérité de l'empire ; sa pauvreté en Italie ; sa mort ; V, 51.

CONRAD, cardinal-légat dans l'Albigeois ; appel qu'il fait aux évêques de France ; VI, 519. Convoque un concile à Sens, 520. Dénonce un prétendu pape et un légat réformés, 521. Espère ébranler Philippe-Auguste et obtenir une armée, 522. Officie à ses obsèques, 528.

CONRADIN, dernier rejeton des Hohenstauffen ; son âge à la mort de son père ; ses droits oubliés ; VIII, 5. Anathème fulminé contre ses partisans, 30. Scrupules de saint Louis à usurper ses droits, 57. S'apprête à les disputer, 166. Entre en Italie, 171. Entre à Rome ; se heurte contre Charles d'Anjou à Tagliacozzo, 172. Perd la bataille ; est prisonnier et mis à mort, 173 à 175. Comment les Siciliens veulent le venger, 359.

CONSTANCE (CHLORE), empereur romain ; réduit l'Angleterre ; I, 19. Son règne glorieux dans les Gaules, 20. Bat les Allemands à Langres ; fait une multitude de prisonniers ; les distribue aux propriétaires des terres, 21. Abandonne les districts déserts des Gaules aux Sarmates et aux Bastarnes, 22. Remplacé par son fils Constantin, 23. Favorable aux chrétiens, 96.

CONSTANCE empereur romain ; ses victoires ; il invoque le secours des Germains et leur ouvre les Gaules, I, 24 à 26. Veut ensuite les chasser, et confie cette tâche à Julien, 28. Ses désastres en Perse ; sa mort, 32.

CONSTANCE, seconde femme du roi Robert II ; sa beauté ; son caractère ; IV, 104. Anecdote à ce sujet, 105. S'oppose aux charités de son mari ; anecdotes, 106, 108, 109. Ses démêlés avec lui, 135. Fait assassiner Hugues, son favori ; introduit le luxe à sa cour, 136 et suiv. Assiste au procès de son confesseur Étienne, lui arrache un œil après sa condamnation, 150 à 152. Inquiétudes que lui donne le pèlerinage de Robert à Rome, 161. Chagrins que lui donne son fils Hugues, 173. Trahit Foulques-Nerra ; alléchée par l'offre de la couronne de Lorraine pour son mari ou ses fils, 183, 184. Veut écarter du trône son fils Henri, 188. Cède à la volonté de son mari ; par quels motifs, 189. Son inimitié contre Henri ; ses efforts pour élever sur le trône Robert ; parti qui l'appuie, 211. Fait la paix, 212. Sa mort, 213.

CONSTANCE de Bourgogne, fille du duc Robert de France ; épouse Alphonse VI de Castille ; IV, 467.

CONSTANCE de France, épouse Eustache d'Angleterre ; V, 384. Son second mariage avec le comte de Toulouse, 393.

CONSTANCE, fille d'Alphonse VII, de Castille, épouse Louis VII ; meurt ; V, 393. Epoque de sa mort, 435.

CONSTANCE de Bretagne ; épouse Geoffroi d'Angleterre ; V, 457. Sa grossesse à la mort de son mari ; VI, 49. Donne le jour à Arthur ; se remarie au comte de Chester, 50. Jalousie qu'elle inspire à Éléonore ; elle reçoit le serment de fidélité de plusieurs provinces,

184. Confie son fils à Philippe-Auguste et reçoit des garnisons françaises, 185. Remariée à Gui de Thouars, 188. Sa mort, 211.

CONSTANCE de Sicile; épouse Pierre d'Aragon; VIII, 60, 61. Droits qu'elle lui transmet, 311. La couronne de Sicile offerte à son époux en son nom, 333. Son entrée à Messine, 339. Sauve la vie du prince de Salerne, 359. Son fils don Jayme lui laisse l'administration de la Sicile, 445. Scrupules que le pape cherche à réveiller chez elle; IX, 11.

CONSTANCE de Castille; épouse le duc de Lancastre; XI, 163. Il veut faire valoir ses droits sur l'héritage de son père, 322. Est couronnée en Galice, 491, 492.

CONSTANT a les Gaules dans son apanage; I, 24. Bat les Francs; fait périr Constantin II; est assassiné, 25.

CONSTANT (AUGUSTIN DE); son zèle pour Henri IV; XX, 105. Sa mission près de Montmorency, 181. Sauve le prince à Coutras, 276.

CONSTANTIN, empereur; assiége dans Marseille, puis dépouille et fait massacrer Maximien son beau-père; I, 23. Bat les Francs et les Allemands; soumet tout l'empire; ne s'occupe plus des Gaules, 24. Ote au préfet de cette province l'autorité militaire, 51. Concède des terres du fisc, 72. Retire les légions des Gaules de leurs camps; les établit dans les villes, 75. Sa conversion au christianisme, 96. Son édit en sa faveur; ses pieuses libéralités pour expier ses meurtres, 97. Petit nombre des chrétiens dans les Gaules sous son règne, 102.

CONSTANTIN II a, dans son apanage, les Gaules; I, 24. Constant le fait périr, 25.

CONSTANTIN, proclamé empereur dans les Gaules après l'invasion; I, 131. Conquiert l'Espagne; en guerre avec Honorius, 132.

CONSTANTIN (COPRONYME), empereur d'Orient; encore représenté à Rome par des officiers; II, 183. Ne la protége contre les Lombards que par des ambassadeurs, 184. Zèle iconoclaste de sa famille; séditions sous son règne, 286, 287.

CONTANTIN V., empereur d'Orient; son contrat de mariage avec Rothrude, fille de Charlemagne; II, 288. Sa mère rompt ce mariage et lui fait épouser une Arménienne, 328. Ambassade qu'il envoie à Charles, 361. Ses démêlés avec sa mère, 362. Sa mort, 363.

CONSTANTIN, élu pape par la faction romaine; ses lettres à Pépin; dépossédé et aveuglé par la faction lombarde; II, 208. Mis en jugement; traitement qu'il subit, 209, 210.

CONSTANTIN (DUCAS), empereur d'Orient; accueil qu'il fait à un imposant pèlerinage; IV, 332.

CONSTANTIN (PALÉOLOGUE), dernier empereur de Constantinople; sa mort; XIII, 575.

CONSTANTIN, soldat de Dandelot; complice du meurtre de Chavri; XVIII, 406, 407.

CONSTANTIUS, général des Romains dans les Gaules; I, 138. Assiége Narbonne, 143. Traite avec Wallia, 144. Epoux de Placidie, 148.

CONTADES laisse échapper le prétendant; XXVII, 251.

CONTADES (LE MARÉCHAL DE) est de l'armée d'Allemagne; XXIX, 121. En reçoit le commandement, 152, 155. Il laisse échapper le prince de Brunswick, 156. Il perd la bataille de Minden; est remplacé, 194 à 199.

CONTARINI (LE CARDINAL) présente au pape les projets de Loyola; XVII, 90.

CONTARINI, ambassadeur vénitien au congrès de Munster; XXIV, 77.

CONTAY (LE SIRE DE) prend part à la bataille de Montlhéry; XIV, 175, 177. Conseil qu'il donne à Charles-le-Téméraire, 179. Inquiétude que lui donne ce prince, 190. Il opine pour la mort des otages liégeois, 237. Prisonnier, 437. Conversation que Louis lui fait entendre avec l'émissaire de Saint-Pol, 448, 449. Intermédiaire entre Charles et le roi, 452. Envoyé près de ce dernier, 474. Tué à la bataille de Nancy, 494.

CONTI (DE BOURBON, PREMIER PRINCE DE) prend les armes pour le roi de

Navarre; XX, 265. Persiste dans ce parti, 391, 454. Rejoint l'armée allemande, 307. Puis l'armée royale; XXI, 78. Est envoyé en Tourraine, 92. Ses succès, 107. Ses infirmités, 110. Son échec à Craon, 172. Ses intrigues, 194. Représente un pair laïque au sacre de Henri IV, 250. Le remplace à Paris, 336. Est gouverneur du Dauphiné, 384. Agit dans l'intérêt de son beau-frère; XXII, 196. Assiste au lit de justice, 197. Sa nullité, 199. Représente un pair laïque au sacre de Louis XIII, 231. Sa faction, 232, 253. Largesses qu'il a reçues, 388.

CONTI (DE GUISE, PRINCESSE DE) sert l'ambition de son frère; XXII, 196, 270, 271. Est de l'intimité de la régente, 207. L'excite contre Richelieu; XXIII, 59, 154. Son exil; sa mort, 162.

CONTI (ARMAND DE BOURBON, PRINCE DE); attaché au parti de Mazarin; XXIV, 6. Ses conférences avec les parlementaires, 227. Son frère veut le faire cardinal, 231, 232. Gondi veut le mettre à la tête de la Fronde, 238, 239. Il est nommé généralissime, 245, 246. Héraut que lui envoie la cour, 253. Il annonce l'approche de Turenne, 261. Se plaint de la paix de Ruel, 262. Se rend à la cour, 270. Réconcilié avec son frère, 276. Reçoit le gouvernement de Champagne, 277. Ce qu'il demande pour les La Rochefoucaulds, 284. Siège au parlement, 293. Son arrestation, 295 à 302. Suites de ce coup d'état, 305 à 309. Projet de le marier à Mlle de Chevreuse, 311. Vain espoir de soulever la Champagne en sa faveur, 315. Il est transféré, 338, 354. Les deux Frondes demandent sa délivrance; elle est promise au parlement, 346, 349, 363, 365. Est effectuée, 369, 370. Il rompt avec les Chevreuses, 376. Il est gouverneur de Provence, 376. Quitte Paris, 382. Accompagne le roi au parlement, 393. Se résout à la guerre civile, 399. Sommes que lui laisse son frère, 402. Il le rejoint, 404. Déclaré rebelle, 407. Excite les *Ormistes;* jaloux de sa sœur; rompt avec elle; par qui dirigé à Bordeaux, 429 à 432.

Mesures du roi contre lui, 475. Il fait la paix, 483 à 485. Sa retraite, 486. Son mariage, 500, 524, 558, 601. Ses opérations militaires aux Pyrénées, 514, 526. En Italie, 555. Sa mort; XXV, 174.

CONTI (LOUIS-ARMAND DE BOURBON, PRINCE DE); son mariage; XXV, 394. Faveurs qu'il ambitionne en vain, 441. Son expédition contre les Turcs, 526. Son retour; accueil que lui fait le roi; sa mort, 545 à 547.

CONTI (FRANÇOIS-LOUIS DE BOURBON, PRINCE DE); d'abord prince de La Roche-sur-Yon; son expédition contre les Turcs; XXV, 526. Son retour; accueil que lui fait le roi; il hérite de son frère, 545 à 547. Est de l'armée de Luxembourg; XXVI, 98, 110 à 124. Sa candidature au trône de Pologne, 225, 229 et suiv. Echoue, 231, Epoque de sa mort; XXVII, 130. Sa passion pour la duchesse de Bourbon; XXVI, 230; XXVII, 132.

CONTI (LOUIS-FRANÇOIS, PRINCE DE); son jeune âge à la mort de son père; XXVII, 134. Assiste au parlement, 203. Poursuit la dégradation des légitimés, 337 et suiv. Coup d'état qu'il approuve, 351. Commande l'armée d'Espagne, 376 et suiv. Son avidité; coup funeste qu'il porte à la banque de Law, 414 et suiv. Procès qu'il fait faire au duc de La Force, 417. Ses mœurs féroces; XXVIII, 162. Il commande l'armée de Piémont, 309. Est associé à l'infant don Philippe; victorieux à Villa-Franca; prend Demonte; assiége Cuneo; sa retraite, 330 à 334. Est à la tête de l'armée du Rhin, 362. Son impuissance, 371, 373, 375. Ses conquêtes dans les Pays-Bas, 406, 407. Son rappel, 433. Mariage de sa fille; ses désordres; ses dettes; scandale de la conduite de sa femme, 475, 476. Diplomatie secrète dans laquelle il seconde le roi; XXIX, 305 et suiv. Il recherche l'amitié du parlement, 348. Il proteste contre le parlement Maupeou; son accommodement, 449 et suiv. Exilé de la cour, 504.

CONTI (LA PRINCESSE DE) fait la cour à Mme de Pompadour; XXVIII, 350. Ses désordres, 476.

CONTI (LOUIS-FRANÇOIS-JOSEPH DE BOURBON, PRINCE DE) prend parti pour les parlemens; XXX, 37 et suiv. Son alliance avec ces corps, 44. Mémoire au roi qu'il signe, 425.

COOK; ses grandes explorations maritimes; XXX, 317.

COOPER (ASHLEY) est gagné par Louis XIV; XXV, 196.

COOTE (SIR EYRE) aux prises avec Tippoo Saëb; XXX, 217.

COP (GUILLAUME), médecin de François Ier; encourage ses goûts littéraires; XVI, 357.

COPE (LE GÉNÉRAL); battu à Preston par Charles-Edouard Stuart; XXVIII, 380.

CORASMIENS (LES), poussés par les Mogols; se jettent sur la Syrie; remportent sur les chrétiens et les musulmans réunis la victoire de Gaza; VII, 302. Massacrent la population de Jérusalem, 304. Détruits et chassés de la Syrie, 314.

CORBARAN (DON JUAN), général navarrais; envahit l'Aragon; sa défaite; VIII, 393.

CORBE, fils de Thierry II; I, 439. Sa mort, 444.

CORBIE (ARNAUD DE), premier président du parlement; porte la parole aux Etats-généraux; XI, 368. Paix qu'il négocie à Paris, 369. Assemblée à laquelle il propose la guerre de Flandre, 382. Est nommé chancelier, 544. Négociateur avec l'Angleterre, 545. Notification qu'il fait à la Sorbonne; XII, 57. Conseil dont il fait partie, 182.

CORBINELLI (JACOB), lecteur de Henri III; XIX, 464.

CORBINELLI; exilé de la cour de Louis XIV; XXV, 83. Son enthousiasme pour ce prince, 356.

CORDOUE (MARTIN DE); sa défense dans Carmona; XI, 105.

CORDOUE (HUGUES DE); danger qu'il court à Séminara; XV, 227.

CORDOUE (FERNAND-GONSALVE DE); armée qu'il amène en Sicile; XV, 224. Perd la bataille de Séminara, 226, 227. Reprend l'ascendant en Calabre, 229. Défend la Sicile contre les Turcs, 337. Sa trahison envers Frédéric, 340, 341; il refuse de tourner ses forces contre les Turcs, 349. Il épie la discorde qui se manifeste entre les capitaines français, 355. Sa dignité de *grand capitaine*; ses talens; ses conquêtes; ses perfidies envers le prince Ferdinand, 356. Ses discussions avec les Français pour les limites; son acte d'hostilité; sa conférence avec le vice-roi, 357, 358. La guerre éclate entre eux; il se renferme dans les places, 380 à 384. Position qu'il prend, 386 à 388. Avances que lui fait Borgia; son immobilité dans Bartelle, 399. Bat et fait prisonnier La Palisse, 401, 402. Reçoit du renfort; rentre en campagne; gagne la bataille de Cérignola, 403, 404. Son refus de suspendre ses opérations, 407. Il entre à Naples, 408. Borgia lui offre son armée, 412. Est en présence des Français sur le Garigliano; sa mauvaise position; sa constance; par qui renforcé; passe le fleuve; détruit l'armée ennemie. Fait capituler Gaëte, 417 à 424. Pourquoi licencie ses troupes; il réduit d'Ars, 426, 427. Inquiétude qu'il donne à Ferdinand, 459. Est ramené par lui en Espagne, 464. Admiration que lui témoigne le roi de France, 481.

CORDOUE (FERDINAND DE), duc de Sessa; gouverneur du Milanais; ses succès contre Brissac; XVIII, 81.

CORDOUE (GONZALÈS DE) bat Mansfeld à Fleurus; XXII, 508. Envahit le Montferrat; XXIII, 86. Son échec à Casal; sa soumission au duc de Savoie, 90 à 92. Défend le Pas de Suse, 105. Consent à ce que son allié traite; engagemens qu'il prend pour sa cour, 107, 109. Armée qu'il rassemble pour secourir l'empereur, 191, 194. Troupes qu'il prête au duc d'Orléans, 195. Sa défaite, 196.

CORDOVA (LOUIS DE), amiral espagnol; ses opérations de concert avec les Français; XXX, 183.

CORMONS, Huguenot français; marche avec l'armée allemande; XX, 291.

CORNAC (L'ABBÉ), prisonnier à Blois; XX, 493.

CORNEILLE (PIERRE); pensionné

par Richelieu; fait représenter *le Cid*; XXIII, 314, 315.

CORNETO (LE CARDINAL); son empoisonnement; XV, 413.

CORNU (GUILLAUME), amiral de Charles d'Anjou; battu à Malte; VIII, 357.

CORNWALLIS (LORD) bat les Américains; reprend Charles-Town; XXX, 190. Son plan d'opérations, 199. Sa capitulation à York-Town, 200 à 203.

CORSO (JEAN-BAPTISTE) se charge d'assassiner Léon Strozzi; ses aveux; XVII, 432.

CORVARE (PIERRE DE), antipape opposé à Jean XXII sous le nom de Nicolas IV; X, 36. Se soumet au pape; est emprisonné, 47, 48.

CORZANA (LE MARQUIS DE) commande les Portugais contre Philippe V; XXVI, 449.

COSENZA (BÉATRIX DE), veuve du comte de Cantecroix; épouse le duc de Lorraine du vivant de sa première femme; XXIII, 441, 470.

COSSA (JEAN DE), amiral des princes d'Anjou; son expédition à Naples; XIV, 43.

COSSÉ (RENÉ DE), favori de Charles VIII; son empire sur lui; XV, 100.

COSSÉ - BRISSAC (CHARLES DE); troupes qu'il conduit à l'armée du dauphin; XVII, 125. Il commande à Vitry, 201. Est nommé gouverneur du Piémont, 424. Comment fait passer des troupes à Parme, 425. Il commence la guerre, 427. Gentilshommes qui le rejoignent, 428. Ses opérations; armistice qu'il signe avec Gonzague, 462 à 467. Le roi le laisse sans secours, 468. Il reprend les hostilités et l'offensive, 490, 491. Nouvelle trêve, 503. Il surprend Verceil, 504. Suite de ses succès; le connétable ne lui permet pas de quitter le Piémont, 538, 539. Ses nouveaux avantages, 550, 551. Aux prises avec le duc d'Albe; le bat, 552, 553. Sa pénurie financière; XVIII, 20, 31. Le duc de Parme lui annonce sa neutralité, 32. Est d'avis de conquérir la Lombardie; diversion qu'il y opère, 33 à 35. Ses opérations, 40. Reste encore une fois seul en Italie, 43. Conseille la convocation des Etats-généraux, 68. Il perd l'ascendant en Piémont, 81. Le parti des Guises résout de se l'attacher, 109. Est gouverneur de Picardie, 110. Assiste à l'assemblée des notables, 161. Il salue roi Charles IX, 186. Est présent à l'ouverture des États, 191. A la réunion du conseil et du parlement, 218 à 220. Il résigne son gouvernement en faveur de Condé, 230. Il repousse toute idée de tolérance, 252. Son entrée à Paris, 270. Lieutenant connétable au siége du Havre, 393. Assiste au lit de justice de Rouen, 397. Sa mort; il n'est point regretté de la reine-mère, 412, 413.

COSSÉ-BRISSAC (TIMOLÉON, MARÉCHAL DE), d'abord sire de Gonnor; est nommé gouverneur de Metz; défend cette ville; XVII, 454, 483. Part pour le Piémont, 552. Négociateur entre les Catholiques et les Huguenots; XVIII, 352. Fait enregistrer l'édit d'Amboise, 373, 374. Confiance de la reine-mère pour lui, 412. Sa promotion, 476. Son commandement, 506, 525, 526. Il bat et fait périr Cocqueville; XIX, 15. Livre le combat d'Arnay-le-Duc, 82, 83. Trait de cruauté de lui, 89. Ses missions à la Rochelle, 102, 112. Défiance que le roi témoigne de lui, 143. Se rend chez l'amiral, 157. Se rend au siége de la Rochelle, 225. Est du parti des politiques, 260, 261. Est emprisonné, 268. Est remplacé comme maréchal, 313. Est mis en liberté, 346. Siége au conseil d'état, 445. Réconcilie Bussy et Grammont, 474. Négociateur à Fleix, 540.

COSSE-BRISSAC (CHARLES, MARÉCHAL DE) fait partie de l'expédition aux Açores; en ramène les débris; XX, 30 à 32, 34. Est de la ligue, 131. Angers lui est enlevé, 195 et suiv. Rôle que lui destine Guise, 331. Il fait tirer sur les troupes royales, 347. Préside la noblesse aux Etats de Blois, 405, 412. Son discours passionné, 418 à 420. Requête qu'il présente au roi, 433. Ses offres au tiers, 438. Son arrestation, 464. Sa mise en liberté, 470. Son discours de clôture, 491. Reçoit le gouvernement de Normandie, 501. Insurrection qu'il fomente à Angers réprimée, 506. Battu par Montpensier, 521, 522. Est nommé maréchal; gouverneur du Poitou; ses échecs; XXI, 236. Est nommé gouverneur de Paris; livre cette ville à Henri IV, 254 à 268. Conséquences de sa trahison, 269, 270. Son traité porté au parlement, 273. Fait renouveler la trêve en Bretagne, 435. Sa position féodale; XXII, 10. Il est du conseil de régence, 176. Entraîne l'armée en faveur de Marie de Médicis, 195. Ses débats avec le duc de Retz, 251. Sa communication à l'assemblée du tiers, 323. Négocie la paix avec Condé, 355. Conseil qu'il préside; ses démêlés pour la préséance, 380, 381. Inquiétudes qu'il donne au roi, 462.

COSSEINS commande les gardes donnés à Coligni, XIX, 158. Est un de ses meurtriers, 165. Est tué, 229.

COSSEINS refuse de livrer aux Navarrais le Pont de Cé; XX, 516.

COSTA (BERNARDINO DE) commande pour Sforza le château de Milan; XV, 295.

COTTE-BLANCHE, échevin de Paris, arrêté à Blois; XX, 464. Par qui substitué, 476. Relâché sur parole, 480.

COTTIER (JACQUES), médecin de Louis XI; son empire sur ce roi; largesses qu'il reçoit; ses remèdes cruels; XIV, 603, 644. Il annonce à Louis sa mort prochaine, 625. Est exilé, 642.

COTTON (LE PÈRE), jésuite, confesseur de Henri IV; l'exhorte à réprimer les duels; XXII, 153. Est du conseil secret de la régente, 199. Révélation que lui aurait faite la demoiselle d'Escoman, 205.

COUCY (LES); leur origine; III, 455.

COUCY (ENGHERRAND DE), comte d'Amiens; s'oppose à l'établissement de la commune en cette ville; V, 93. En guerre avec son fils; leur réconciliation, 94. Son lieutenant forcé à Amiens, 134.

COUCY (ENGHERRAND DE), petit-fils du précédent; ses brigandages; est as- siégé par Louis-le-Gros; se réconcilie avec lui; son mariage; V, 211.

COUCY (ENGHERRAND ET LES SIRES DE) assistent à la mort de Louis VIII; VI, 595; VII, 21. Au sacre de son fils, 24. Du parti des seigneurs; attaquent le comte de Champagne, 61, 101. Assiste à la cour plénière de Saumur, 235. Raoul tué à Mansourah; colère de saint Louis contre Engherrand; par quoi motivée; grâce qu'il lui accorde; VIII, 98.

COUCY (ENGHERRAND VII, COMTE DE); son expédition en Suisse; XI, 217 et suiv. Négociateur pour la France avec Edouard III, 224. Attaque le roi de Navarre, 234. Défend Arras, 293. Médiateur avec le duc d'Anjou, 369. Est de l'armée de Flandre, 386. Marche sur Paris, 407, 408. Passe en Castille, 472. Quitte l'armée d'Harfleur, 509. Envoyé en Bretagne, 521. Avant-garde qu'il commande, 529. Jean-sans-Peur lui est recommandé; XII, 76. Négociateur avec le duc de Milan, 83. Prisonnier à Nicopolis, 88, 89.

COULON (GUILLAUME), vice-amiral de Louis XI; capture qu'il fait; XIV, 570.

COURAULT (LE MARQUIS DE) est de la Fronde; XXIV, 323.

COURÇON, légat du pape en France; blâme la croisade contre les Albigeois; VI, 414. Y conduit une armée, 433. Fraude pieuse qui lui est attribuée, 434.

COURDIEU (ABBÉ DE), vice-légat du pape au siége de Lavaur; VI, 396.

COURMENIN, complice de Gaston d'Orléans; son supplice; XXIII, 209.

COURT (L'AMIRAL DE); son combat dans la rade de Toulon; sa disgrâce; XXVIII, 323, 324.

COURT (ANTOINE), pasteur des Huguenots; ses prédications *au désert;* XXVII, 302; XXVIII, 60; XXIX, 45.

COURTENAY (JOSSELIN DE), comte d'Edesse; ses démêlés avec le sultan d'Alep; perd Edesse V, 299, 300. Corégent de Baudoin V; de Jérusalem; VI, 72. Prisonnier à la bataille de Tybériade, 76.

COURTENAY (ROBERT DE), archevêque de Reims ; son temporel saisi ne lui est point restitué ; IX, 46. Autorise l'arrestation de l'évêque de Châlons, 303. Sacre Louis x et la reine, 310. Sommé par le duc de Bourgogne de ne point sacrer Philippe v, 351.

COURTEHEUSE (THOMAS DE), complice du meurtre du duc d'Orléans ; XII, 271. Récompense que lui et son frère reçoivent, 279.

COURTIN, ambassadeur de Louis XIV en Angleterre ; sommes qu'il y répand ; XXV, 362.

COURTRAI (BATAILLE DE), gagnée par les Flamands soulevés contre Robert d'Artois, cousin de Philippe-le-Bel ; IX, 99 à 101.

COUSAT (CHARLES), bourgeois de Paris ; son zèle pour la liberté ; X, 512. Son supplice, 540.

COUSINOT (PIERRE), procureur général de Charles VII ; défend les libertés de l'église gallicane ; XIII, 54, 55.

COUSSIN est député de Dijon aux états de Blois ; XX, 413. Prévenances du roi pour lui, 427. Audiences auxquelles il est admis, 435, 438.

COUTRAS (BATAILLE DE), gagnée par Henri IV sur Joyeuse ; XX, 273.

CRAMAIL (LE COMTE DE) conspire contre Richelieu ; XXIII, 449. Mis en liberté, 533.

CRANMER (THOMAS) dirige Henri VIII dans la cause de son divorce ; XVI, 347 et suiv. Déclare nul le mariage du roi et de Catherine d'Aragon, 433.

CRAON (JEAN DE), archevêque de Reims ; stipule pour le clergé aux Etats-généraux ; X, 428.

CRAON (PIERRE DE), favori du duc d'Orléans ; son infidélité à l'égard du feu duc d'Anjou ; sa disgrâce ; secrets qu'il divulgue ; il se réfugie en Bretagne ; promesses qu'il fait au duc ; XI, 596, 597. Mépris que lui a témoigné Clisson ; son complot contre lui ; il l'assassine ; se retire dans le Maine ; XII, 14 à 17. Son procès ; ses biens confisqués ; le duc de Bretagne le cache, 18, 19. Les princes le protégent, 21. Son retour à Paris ; asile que lui donne la duchesse de Bourgogne ; la duchesse d'Anjou le fait emprisonner,

66, 67. Est gracié et mis en liberté, 80. Sa dévotion ; ses dispositions en faveur des suppliciés, 92. Accompagne Derby, 129.

CRAON (LE SIRE DE), favori de Louis XI ; XIV, 7. Négociateur auprès de Charles-le-Téméraire, 351, 355. Troupes qu'il rassemble, 400. Annonce à Louis la bataille de Nancy, 497, 498. Le roi lui ordonne de saisir la Bourgogne, 498. Entre en cette province, 499. Ses concussions, 501. Gouverneur des deux Bourgognes ; insurrection contre lui ; ses opérations militaires ; il perd la Franche-Comté, 524 à 527. Son insolence à l'égard des ambassadeurs suisses, 532.

CRAVANT (BATAILLE DE), gagnée par les Anglo-Bourguignons sur les partisans de Charles VII ; XIII, 19 à 21.

CRECY (HUGUES DE), fils du comte de Rochefort ; comment Bertrade veut le marier ; V, 78. Ligué contre Louis-le-Gros, 80, 85, 106.

CRECY (GAUTIER DE), sire de Chatillon ; lieutenant de Philippe-le-Bel en Champagne ; défend cette province ; envahit le comté de Bar ; IX, 16. Est connétable ; assiste à l'assemblée de Paris, 120. Accompagne en Navarre Louis Hutin, 193. Attaqué par le comte de Beaumont, 343. Conseille à Philippe VI de faire la guerre aux Flamands ; X, 19.

CRECY (BATAILLE DE), gagnée par Edouard III contre Philippe de Valois ; X, 292 à 303.

CREFELD (BATAILLE DE) ; gagnée par le prince Ferdinand de Brunswick contre le comte de Clermont ; XXIX, 151, 152.

CREMILLES est dans le secret du siége de Maëstricht ; XXVIII, 455. Son entrée au ministère ; sa mort ; XXIX, 92.

CRÉNAN (DE) capitule à Casal ; XXVI, 172, 173. Tué à Crémone, 332, 333.

CRÉQUI (BERTRAND DE) ravage plusieurs provinces à la tête d'une compagnie d'aventuriers ; X, 581.

CRÉQUI (ANTOINE DE) défend Terrouenne ; XV, 639. Reconnaît l'armée milanaise ; XVI, 155, 156. Sa bravoure à défendre la Picardie, 194, 195.

CRÉQUI (LE MARQUIS DE), maréchal; ses hostilités en Savoie; XXII, 55. Est de l'intimité de Marie de Médicis, 207. Charge qu'il vend à Concini, 219. Contribue à l'arrestation de Condé, 376. Est nommé duc et pair, 379. Porte à Lesdiguières les insignes de connétable, 505. S'oppose en vain à la démolition des forteresses de l'intérieur; XXIII, 35. Contrarie l'expédition de d'Uxelles, 88. Est de l'armée d'Italie, 103. Réduit Pignerol, 137. Entre en Savoie, 139. Inconstance avec laquelle il a été employé, 151. Il s'humilie devant Richelieu, 162. Appui que Montmorency attend de lui, 200. Sa fidélité au roi, 205. Son commandement; ses mauvais succès en Italie, 278, 279. Suite de ses opérations, 297 à 300. Soupçons contre lui au sujet de la mort du duc de Savoie, 325. Trahison qu'il entreprend en vain, 326. Est tué au secours de Brême, 346, 347.

CRÉQUI (LE CHEVALIER DE) se jette dans Arras assiégé, XXIV, 510.

CRÉQUI (LE DUC DE); ses rapports avec Mazarin; XXIV, 440, 498, 499. Son ambassade à Rome; XXV, 44 et suiv. 55 et suiv.

CRÉQUI (LE MARÉCHAL, MARQUIS DE); son commandement à l'armée des Pays-Bas; XXV, 127. Ses opérations, 131. Il fait la conquête de la Lorraine, 207. Sa disgrâce, 235. Ses opérations; sa longue résistance à Trèves, 325 à 328. Il seconde le roi en Flandre, 338. Est opposé au duc de Lorraine; ses belles campagnes, 349 à 352, 379 et suiv. Il force le grand électeur à faire la paix, 384. S'empare de Luxembourg, 438, 459, 460. Son expédition contre Trèves, 472, 473. Expédition de ses fils contre les Turcs, 526. Sa mort; XXVI, 217.

CRÉQUI (LE DUC DE) contribue à sauver Crémone; XXVI, 334.

CRESCENTIUS, consul; ses efforts pour faire revivre la république romaine; IV, 60, 61. Ses luttes avec le pape, 90.

CRESPIN (GOSSELIN), baron rebelle, réduit par Henri Plantagenet; V, 387.

CRESPY (TRAITÉ DE) entre Charles-Quint et François Ier; XVII, 207.

CREUTZ (LE COMTE DE); le roi de Suède lui annonce le dessein d'imiter Necker; XXX, 113.

CRÈVECOEUR (PHILIPPE DE), partisan de l'alliance entre le duc de Bourgogne et le roi de France; XIII, 268. Son poste à l'attaque de Liége; XIV, 238. Vient à la rencontre de Louis XI à l'entrevue de Péronne, 268.

CRÈVECOEUR (LE MARQUIS DE) accueille en Hainaut Marie de Médicis; XXIII, 166.

CRÉVILLE (LE SIRE DE), émissaire de Saint-Pol; sa conversation avec Louis XI; XIV, 448, 449.

CRILLON (LE COMTE DE) ne rend pas à Guise son salut; XX, 337. Il combat dans Paris, 347, 348. Suit le roi hors de la ville, 358. Ses boutades contre le capucin Joyeuse, 367. Combattans qu'il sépare à Blois, 455. Refuse d'assassiner Guise, 459. Fait fermer la porte du château, 462. Est du parti politique; XXI, 110. Sa lassitude de la guerre, 198.

CRILLON (LE COMMANDEUR DE) rend Honfleur à Henri IV; XXI, 286.

CRILLON (LE DUC DE); sa valeur à la prise du fort Saint-Philippe; XXX, 205. Son attaque à Gibraltar, 211.

CROISADES; prédication et événemens de la première croisade; IV, 527 à 552. Expéditions qui s'y rattachent; V, 26 à 32, 48, 49. Circonstances qui déterminent la seconde croisade. 297 et suiv. Marche, désastres et retour des croisés, 326 à 354. Troisième croisade; VI, 67 à 122. Conséquences matérielles et morales de ces expéditions, 124 à 132. Quatrième croisade; conquête de Constantinople, 203 et suiv. Première croisade contre les Albigeois, 248 à 300, 268 à 422, 424 à 442, 477 à 494. Cinquième croisade en Orient, prise de Damiette; désastres des croisés, 498 à 502. Deuxième croisade contre les Albigeois, 504 à 520, 541 à 546. 566. Troisième croisade contre les mêmes, 575 à 695; VII, 35 à 38, 65, 143. Sixième croisade en Orient; VI, 547; VII, 44 et suiv. Septième croisade en Orient, 160, 184 à 214. Légitimité des croisades, 215 et suiv. Ravage de la terre sainte par les Corasmiens, 302 et suiv. Dernière expédition en Orient et en Afrique conduite par saint Louis, 310, 347 et suiv. 384 et suiv., 450 et suiv., 475 à 479, 498 à 503; VIII, 156 à 170, 180 à 197, 208 à 215, 228.

CROISSY (FOUQUET DE), frondeur; excepté de l'amnistie; son procès; XXIV, 480, 481.

CROMOT; cabale contre Necker; XXX, 126.

CROMWELL (OLIVIER); offres que lui fait Condé; XXIV, 406, 485. Son traité avec Mazarin, 528, 550 et suiv. Ses menaces au duc de Savoie, 531. Satisfaction que lui donne le cardinal, 555, 566. Dunkerque lui est remis, 570. Sa mort, 574. Cette conquête vendue à la France; XXV, 39. Guerre coloniale qu'il a faite aux Hollandais, 103.

CRONÉ, complice des seize; son évasion; XXI, 139.

CRONSTROM (LE BARON DE) commande à Berg-op-zoom; la place est prise d'assaut; XXVIII, 444.

CROQUART, bandit breton; sa fortune; X, 347.

CROSAT (DEMOISELLE) épouse le duc de Choiseul; XXIX, 191. Fortune qu'elle lui a apportée, 328.

CROY (JEAN DE), prisonnier et mis à la torture par les d'Orléans; XII, 355, 356. Troupes qu'il rassemble; XIII, 48, 50. Il part pour les Pays-Bas, 177. Accompagne Philippe-le-Bon, 229. Serment qu'il reçoit de Charles VII, 261. Désire la guerre avec les Anglais, 268. Faveur dont jouit sa famille à la cour de Bourgogne; XIV, 9, 10. Irritation du comte de Charolais contre lui, 61. Il assiste au service de Charles VII, 69. Ses fils armés chevaliers, 74. Réconcilié avec Saint-Pol, 84. Son ambassade auprès de Louis XI; sa fermeté; gagné par lui, 124, 125. Quitte la cour de Philippe, 140. Négociateur entre les deux princes, 147. Lutte contre Charles-le-Téméraire; se réfugie en France, 156 à 158. Est nommé grand maître de l'hôtel, 210. Ses réclamations aux états-généraux, 649, 682.

CROY (ANTOINE DE); faveurs dont le comble Louis XI; XIV, 125. Lutte contre Charles-le-Téméraire; se réfugie en France, 156 à 158.

CROY (GUILLAUME DE), sire de Chièvres, gouverneur des Pays-Bas; Louis XII lui annonce la rupture des traités de Blois; il se prépare à la guerre; XV, 457, 458. La mort de Philippe le laisse au dépourvu; ses alliés lui échappent; le duc de Gueldre l'attaque, 460, 461. Est chargé de l'éducation de Charles-Quint, 454, 462. Son désir de la paix; XVI, 18. A formé son élève aux affaires, 46. Jaloux de Ximénès; plénipotentiaire de Charles pour traiter avec la France, 47, 48, 50. Son empire sur Charles; il fait disgracier Ximénès, 95. Sa conférence avec Boissy; ses regrets à la mort de ce négociateur, 104. Il retient pour Charles la Navarre espagnole; à quel titre, 106, Sa mort, 133.

CROY (ANTOINE DE), prince de Porcien, signe l'association protestante; XVIII, 282. Son entrevue avec la reine-mère, 291. Est envoyé en Champagne, 294. Conduit ses levées à Orléans, 307. Prend part à la bataille de Dreux, 357, 358. Combat dans Paris, 441. Sa mort, 477.

CRUCÉ; son rôle dans la ligue; XX, 133. Dirige la première émeute, 328. Donne le signal de la grande insurrection, 345. Nommé échevin de Paris, 476.

CRUSSOL (LE SIRE DE); envoyé par Louis XI à Philippe-de-Bresse; XIV, 143. Son emprisonnement, 166.

CRUSSOL (JACQUES DE); envoyé par Louis XII contre les Suisses; XV, 370.

CRUSSOL (LE COMTE DE); mission que lui donne François II près des Bourbons; XVIII, 167. Il fait enregistrer en Provence l'édit de tolérance, 259, 260, 312. Il accepte des états de Languedoc le gouvernement de cette province, 325.

CRUSSOL (JACQUES DE), sire de Beaudiné, chef protestant; ses combats en Languedoc avec Joyeuse; XVIII, 325. Il refuse de poser les armes,

420. Prend le nom de d'Acier; se rend maître de Montpellier, 517. Se réunit à l'armée des vicomtes; est aux prises avec Joyeuse, 518 à 520. Il se retire en Languedoc; XIX, 4. Il commande l'armée de Dauphiné; ses opérations, 34, 35. Coligni appelle son secours, 44. Il se retire à Saintes, 48, 49. Est prisonnier à Montcontour, 69. Est créé duc d'Usez et pair; se rend au siége de la Rochelle, 225. Lieutenant du Dauphin d'Auvergne, aux prises avec Damville, 292 et suiv.

CRUSSOL-BEAUDINÉ se retire à Saintes; XIX, 49. Rejoint Coligni, 78. Victime de la Saint-Barthélemy, 168.

CUEVA (BERTRAND DE LA), favori de Henri IV de Castille, père présumé des enfans de ce roi; entrevue à laquelle il l'accompagne; XIV, 113, 114.

CUGNIERES (PIERRE DE), avocat du roi à l'assemblée de 1329; X, 33. Négocie la cession à la France du Dauphiné, 222.

CULANT (LE SIRE DE), amiral de France; marche au secours d'Orléans; XIII, 97. Ses opérations en remontant la Loire, 137. Sa retraite, 153. Opérations auxquelles il prend part, 380, 409, 424, 510.

CULANT (LE SIRE DE), chancelier du duc d'Orléans; a entrée au Conseil; XIV, 654. Excite le duc de Bourbon contre la dame de Beaujeu; XV, 28. Est disgracié, 29.

CULDOE (JEAN), prévôt des marchands de Paris; obtient la suppression des aides, gabelles et autres impôts établis sur cette ville; XI, 317.

CULDOE (CHARLES), prévôt des marchands de Paris; chassé de cette ville; XII, 362.

CUMBERLAND (GUILLAUME DE HANOVRE, DUC DE) accompagne son père Georges II; XXVIII, 277. Sa bravoure à Dettingen, 282. Il perd la bataille de Fontenoi, 363 à 369. Ses opérations contre Charles-Edouard Stuart; son échec à Penrith; sa victoire décisive de Culloden, ses cruautés, 382 à 385. Il perd la bataille de Lawfeld, 441 à 443. Négociation que Louis XV lui propose, 453. Pourquoi veut la guerre, 454. Marche au secours de Maëstricht, 456. Faible renfort que lui a amené le stathouder, 460. Son armée en Allemagne; XXIX, 121. Recule devant les Français, 128. Perd la bataille d'Hastenbeck, 129 et suiv. Il capitule à Closter Seven, 132 et suiv. Est forcé de se retirer des affaires, 144. Son droit de traiter mis en question, 149.

CUNÉGONDE, impératrice; son vœu de chasteté; IV, 127.

CURÉE (GILBERT DE LA), gouverneur de Vendôme; est assassiné; XVIII, 422.

CUREUIL (GAULTIER DE), chevalier croisé avec saint Louis; impression que produit sur lui le feu grégeois; VII, 419.

CURTON chassé de Saint-Quentin par Saint-Pol; négocie contre lui; XIV, 403, 410, 411.

CURTON, du parti de Henri IV; sa victoire à Issoire; XXI, 62.

CZARTORISKI (LES); leur faction en Pologne; XXIX, 309.

CZERNICHEFF, général russe; occupe Berlin; XXIX, 212. Est mis sous les ordres de Frédéric, 250. Rappelé par Catherine II, 261.

DAG

DAFFIS, avocat général à Toulouse; résiste à la populace; XX, 485.

DAGOBERT Ier; roi des Francs, son père lui cède l'Austrasie; II, 8, 9. Comment s'agrandit; son mariage; il protège Godinus, 14 à 16. Veut s'emparer de tout le royaume; cède à Charibert l'Aquitaine; son administration; ses vices; ses femmes, 19 à 24. Change de conseillers; s'empare de l'héritage de Charibert; son empire, son influence sur ses voisins; ses guerres avec Samo; avec les Bulgares; avec les Vénèdes, 26 à 31. Lot qu'il destine à son second fils, 33, 34. Soumet les Gascons, les Bretons, 34 à 36. Son amitié pour saint Éloi et saint Ouen, 37. Il meurt; coup d'œil sur son règne, 38, 39. Ses libéralités envers l'église de Saint-Denis, 52, 53.

DAGOBERT II, fils de Sigebert III; tonsuré et jeté dans un monastère par Grimoald; II, 60. Rappelé au trône par le parti des hommes libres; son ignorance, 71. Ses vices, 77. Sa déposition; sa mort, 78.

DAGOBERT III, proclamé roi; II, 104. Emmené à l'armée par les Neustriens, 108. Sa mort, 110.

DAILLON (JEAN DE), sire de Ludë; commandement que Louis XI lui confie; XIV, 394. Ravage le Roussillon, 423, 424. En fait la conquête, 430, 431. Fait assembler les états de Savoie, 483. Négociation qu'il suit, 515. Sa rapacité, 517.

DAILLON; son influence sur la conversion de Henri IV, XXI, 200.

DAMAS II est élu pape et meurt; IV, 298.

DAMIEN (PIERRE, SAINT); son récit de la rupture du mariage de Robert de France; controuvé; IV, 103. Son but, 104. Seconde les efforts réformateurs du pape Léon IX, 299. Attaque le clergé marié ou *nicolaïque*, 307. Sa mission en France; son succès; passe en Germanie; pourquoi, 385. Son inflexibilité à l'égard de l'empereur Henri IV, 386.

DAMIENS assassine Louis XV; son arrestation; son supplice; XXIX, 108 à 112. Accusation contre les jésuites dont il est le prétexte, 218, 227 et suiv.

DAMMARTIN (ANTOINE DE CHABANNES, MARÉCHAL DE), chef d'aventuriers; ses expéditions; gloire de son nom; XIII, 173, 196, 227. Se regarde comme un souverain indépendant, 284. Marche contre le concile de Bâle, 331, 332. Assiége Avranches; son insubordination, 357, 358. Il entre dans le complot de la Praguerie; ravage le Berri; enlève l'artillerie du roi, 359, 361, 364. Gagne la bataille de Saint-Jacob sur la Birse, 428 et suiv. Dénonce le dauphin, 470. Négociateur avec les Gascons, 515. Dénonciateur de Jacques Cœur; a part à ses dépouilles, 538 à 540. Haï du dauphin, 543. Il excite le roi contre d'Armagnac, puis contre le prince, 627, 629. Armée qu'il rassemble pour attaquer Louis, 632. Arrive sur les frontières du Dauphiné, 638. Entre en cette province, 641. Ne peut décider le roi à la guerre; XIV, 10, 28, 29. S'efforce de perdre le prince; signe la lettre qui le rappelle, 63, 64. Est voué à la haine du nouveau roi; se cache, 68, 69. Son émissaire auprès de ce prince; comment accueilli, 72, 73. Il n'ose se présenter devant lui, 80. Poursuivi judiciairement, 82. Exilé et emprisonné; ses biens confisqués, 128 à 130. Délivré de prison par le parti des princes; il s'enfuit en Bourbonnais, 163, 164. Il prend Bourges, 166. Ses biens lui sont restitués, 193. Ses imitateurs, 198. Le roi l'emploie désormais; pourquoi, 207. Faveurs qu'il reçoit, 210. Son zèle à servir le roi, 220. Il encourage les soulèvemens des Liégeois, 225. Reçoit l'ordre de rester neutre, 237. Négociation dont il est chargé, 241. Conseille la guerre avec le Bourguignon, 260. Son mot sur La Balue, 263. Il fait périr Charles de Melun, 265. Il dissuade le roi de se rendre à Péronne, 267. Instances de ce prince pour qu'il n'entreprenne point de le délivrer, 281. Il refuse de désarmer; est envoyé au Midi, 282, 283. Dans quel but, 284, 285. Sa faveur croissante, 287. A mission de soumettre les d'Armagnacs; ses succès; son traité avec le duc de Nemours, 291, 292. Il est de l'assemblée des notables, 319. Ses intelligences à Auxerre; ses hostilités en Picardie; sa correspondance avec le Téméraire, 327, 328. Ses opérations de guerre, 329, 331. Chagrin que lui donne la trêve, 333. Son retour à Paris, 344. Le roi lui annonce la maladie de Charles de Guienne, 353, 354. Ordres qu'il reçoit, 372. Négociateur auprès du Bourguignon, 374. Vainement invoqué par Saint-Pol, 456. Le roi lui commande de se tenir prêt à la guerre, 483. Ses conquêtes en Hainaut, 522. L'armée reste sous ses ordres, 533. Soupçonné par Louis; dans quelle circonstance, 536. Dénoncé par Nemours; ménagemens du roi pour lui, 537, 540. Est mis à la retraite, 557. Fonctions que lui donne la dame de Beaujeu; XV, 14.

DAMPIERRE (GUILLAUME DE) épouse Marguerite de Flandre; VII, 297. Ses fils Gui et Jean; la Flandre leur est attribuée, 371. Leurs débats avec les d'Avesnes, 485, 486. Le prince de France Charles d'Anjou les seconde; VIII, 7. Saint Louis leur assure la possession du lot à eux alloué dans l'héritage maternel, 30. Voy. *Jean* et *Gui*.

DAMPIERRE est de la maison du dauphin; XVII, 67. Se rend en Piémont, 184. Son poste à la bataille de Cerisole, 187. Banni de la cour, 257.

DAMPIERRE quitte Paris avec Henri III; XX, 358. Salue Henri IV, 545. Proclame la résolution de ne point obéir à un hérétique; XXI, 7.

DAMPIERRE (LE COMTE DE); troupes espagnoles qu'il conduit en Bohême; est battu; XXII, 446, 472.

DANDELOT (FRANÇOIS DE CHATILLON); troupes qu'il conduit en Écosse; XVII, 367. Il secourt son frère dans Saint-Quentin; XVIII, 49 à 52. Est prisonnier, 54. S'échappe et contribue à la prise de Calais, 57, 58. Il embrasse le calvinisme; sa réponse au roi; il est arrêté, puis relâché, 75, 76. Ses vertus; quand s'attache à la réforme, 105, 106. Réconcilié avec la Roche-sur-Yon, 109. Quitte la cour après le complot d'Amboise, 156. Pourquoi les Guises ne le font point arrêter, 171. Confession catholique qu'ils espèrent lui voir refuser, 173. Subsides qu'il fait voter; à quelle condition, 238, 239. Troupes qu'il amène à Paris; son entrée au conseil d'état, 256, 257. Protection qu'il donne aux protestans bretons, 260. Il presse Coligni de monter à cheval, 272. Il combat à Orléans, 277. Signe l'association protestante, 282. Son entrevue avec la reine-mère, 291. Il est envoyé en Allemagne, 294, 342. Levées qu'il y fait; il les amène à Orléans, 349, 351. Part qu'il prend à la bataille de Dreux; fièvre qui le mine, 356, 358. Se charge de défendre Orléans; ses forces; ses mesures, 361 à 363. Son frère espère le dégager, 370. Il proteste contre la déposition de Poltrot, 377. Ne paraît point au siége du Havre, 393. Soupçonné du meurtre de Charri, 406 à 408. Est de l'assemblée de Moulins, 469. Tentative d'assassinat à son égard; il s'éloigne de la cour, 471. N'est point nommé maréchal, 477. Se résout à prendre les armes, 495. La reine le déclare responsable, 503. Vains efforts de son oncle pour le ramener, 504. N'est point remplacé comme colonel général de l'infanterie, 507. Ses manœuvres hors de Paris, 508. Rejoint l'armée, 512. Se porte au devant des Allemands, 515. Il se retire en Bretagne; XIX, 4. Son échec sur la levée de la Loire, 31, 32. Cruautés de ses soldats qu'il ne peut réprimer, 33. Son poste à la bataille de Jarnac, 45. Il se retire à Saintes, 48, 49. Les jeunes princes sont placés sous sa direction; il meurt, 50, 51.

DANDELOT (CHATILLON), fils de Coligni; confiance qu'il inspire aux Huguenots; XIX, 451.

DANDOLO (HENRI), doge de Venise; son traité avec Willehardoin; VI, 206.

DANDONE, capitaine Armagnac; ses expéditions; XII, 17.

DANÈS (PIERRE) apprend le grec de Lascaris; XVI, 355. Enseigne le premier cette langue au collége de France; son ambassade; son mot à l'évêque d'Orvietto; ses fonctions, 359.

DANGEAU (LE MARQUIS DE) est du jeu du roi; XXV, 304. Ses mémoires; XXVII, 182.

DANTE (LE) fait descendre Hugues Capet d'un boucher; IV, 40. Place en enfer le sire de Born; V, 519. Son jugement sur Charles de Valois, frère de Philippe-le-Bel; IX, 52. Sa présence à Rome au jubilé de l'an 1300, 58.

DARIEZ, ligueur Marseillais; son supplice; XX, 144.

DARMSTADT (LE PRINCE DE) défend Barcelone; XXVI, 207 à 210. S'est rendu odieux aux Espagnols, 281.

Quitte la péninsule, 290. Expédition dont il fait partie, 355 à 357. Propose de débarquer en Catalogne, 430. Il prend Gibraltar, 431. Esprit qu'il a nourri à Barcelone, 450. Il s'embarque avec l'archiduc, 451. Est tué, 452.

DARNLEY (HENRI), époux de Marie Stuart; réfugié en Angleterre; XVII, 259. Epoque de son mariage; XVIII, 426. Il tue David Rizzio; sa mort, 490 à 492.

DAUBENTON (LE PÈRE), confesseur de Philippe v; contribue à la chute d'Alberoni; XXVII, 384. Dominé par Dubois; lui ramène le roi, 450, 451, 492.

DAUN (LE COMTE), gouverneur de Milan pour l'empereur; prend possession de Parme et Plaisance; XXVIII, 93. Fournit des blés au Piémont, 100. Attaqué par les Français et Charles Emmanuel; son système de défense, 108. Ses opérations contre Frédéric; il gagne la bataille de Kolin; XXIX, 122 à 125. Puis celle de Breslaw; est vaincu à Leuthen ou Lissa, 141, 142. Prévenu par Frédéric en Moravie, 160, 161. Ses opérations en Saxe; vainqueur à Hochkirchen; sa retraite, 162 à 164. Contenu par le prince Henri; il fait capituler Finck, 203. Il sauve Dresde; perd la bataille de Torgau, 211, 213. Ses progrès en Saxe, 245. Vaincu à Burkersdorff, 262.

DAUPHIN (ROBERT) dispute à main armée l'évêché d'Albi; XIII, 309. Pour Guichard Dauphin, voy. *Jaligny*.

DAUVET (JEAN), négociateur de Louis XI; XIV, 185. Nommé président du parlement de Paris, 202. Est de la commission des réformateurs, 226.

DAVID, roi d'Écosse; prête serment à Mathilde d'Angleterre; V, 192. Attaque son compétiteur Etienne, 232. Ravage les comtés septentrionaux de l'Angleterre, 274. Arme chevalier Henri Plantagenet, 375. Pour David II, voy. *Bruce (David)*.

DAVID, frère de Guillaume roi d'Écosse; envahit l'Angleterre; V, 503.

DAVID, prince de Galles; combat Edouard 1er; lui est livré; son procès; son supplice; VIII, 387.

DAVID, avocat au parlement; son mémoire au pape tendant à réclamer pour les Guises la succession de Charlemagne; XIX, 389 à 391.

DAVILA (SANCHE) bat Louis de Nassau à Moocher; XIX, 484. Prend Anvers, 487.

DAVILA (LOUIS) avertit Henri III de l'entrée de Guise à Paris; XX, 335, 336. Ce qu'il observe dans cette ville et à l'hôtel de Guise, 345, 346.

DAVINET, député aux états de Blois; pourquoi l'assemblée veut l'exclure; XX, 434.

DÉAGEANT conspire contre Concini; XXII, 392 et suiv. Emissaire de Luynes près d'Ossuna, 468. Circonvient Lesdiguières, 505. Son arrestation; XXIII, 15.

DEANE (SILAS), envoyé du congrès Américain en France; ses rapports avec La Fayette; XXX, 147. Ses négociations; traité qu'il signe, 148 à 151.

DE LA HAYE (JEAN), chef catholique; sert les protestans; son supplice; XIX, 335, 336.

DE LAISTRE (EUSTACHE), chancelier nommé par les Bourguignons; sa fuite; XII, 432. Il accompagne Jean-sans-Peur, 458. Rentre dans ses fonctions, 548. Seconde le jeune comte de Saint-Pol, 579. Ses mesures après le meurtre du duc, 585, 586. Sa participation au traité de Troyes; assemblée par laquelle il le fait approuver, 598.

DELAMARRE (PIERRE), orateur du *bon parlement*; XI, 245.

DE LA PIERRE (JEAN) attire en France les premiers imprimeurs; XIV, 592.

DE LA VIGNE tient un journal de l'expédition de Charles VIII; XV, 197.

DEL BENE (MASSIMO), ingénieur; reconnaissance qu'il fait dans Calais; XVIII, 56.

DEL BENE (BACCIO), évêque d'Albi; lecteur de Henri III; XIX, 464. Conseille la paix avec les Huguenots; XX, 171. Confidences auxquelles l'admet le roi, 259, 365. Lui conseille de tuer Guise, 336. Son avis pendant les barricades, 355. Sa mission près de d'Epernon, 371. Compromis par le complot d'Angoulême, 395 à 397. Intermédiaire entre la reine-mère et Montmorency; XXIII, 198 et suiv. Vendu à Richelieu; chassé par Gaston, 284.

DEL BENE arrête le prince de Condé; XXII, 375 à 377.

DÉLICIEUX (FRÈRE BERNARD), réformateur franciscain; sa condamnation; IX, 360.

DE L'ISLE, l'un des juges de Nemours; a part à ses dépouilles; XIV, 537. Ordonnance qu'il signe; XV, 30. Compris dans un traité de réconciliation, 102.

DE L'ISLE, ambassadeur français à Rome; ce qu'il annonce à Catherine de Médicis; XVIII, 242.

DEL MONTE (JEAN-BAPTISTE), neveu de Jules III; commande ses troupes; XVII, 423. Est tué, 467.

DELOR (JACQUES), accusé de magie; se donne la mort; IX, 306, 307.

DELOR (GAUCHIER), négociateur de Charles-le-Mauvais auprès de Jean de France; X, 418.

DE LORME (PHILIBERT) bâtit le château d'Anet; XVII, 311.

DE LORME (MARION), maîtresse de Cinq-Mars; XXIII, 481.

DE METZ (JEAN), chevalier; s'offre à escorter Jeanne d'Arc; XIII, 119, 120.

DEMOCHARÈS. Voy. *Mouchy.*

DENAIN (BATAILLE DE), gagnée par Villars sur le prince Eugène; XXVII, 162.

DENBIGH; flotte qu'il conduit au secours de la Rochelle; son insuccès; XXIII, 62, 63.

DEN ENDEN (VAN) conspire contre Louis XIV; XXV, 282.

DENIS (SAINT), évêque de Paris; I, 95.

DENIS (GÉRARD), doyen des tisserands de Gand; son inimitié envers d'Arteveld; X, 259. Il le tue, 263.

DENISELLE, prétendue hérétique brûlée à Arras; XIII, 615 à 618.

DEODOIN, évêque de Liége; hérétiques qu'il veut faire punir; IV, 291.

DERBY (HENRI DE LANCASTRE, COMTE DE); sa victoire à Cadsand; X, 118, 119. Édouard III le laisse en Flandre, 160. Il s'oppose au supplice du sire de Léon, 240. Force qu'il commande en Guienne; ses opérations; ses succès; sa victoire à Auteroche; son humanité; il prend Angoulême, 250 à 257. Il recule devant le duc de Normandie; places qu'il met en défense; il ne peut tenir la campagne, 273 à 275. Reprend l'offensive; ses succès; ses rigueurs, 313. Il prend Poitiers et revient en Angleterre, 314. Voy. *Lancastre (duc de).*

DERBY (HENRI, COMTE DE), depuis duc de Lancastre, puis roi d'Angleterre, seconde l'administration du duc de Glocester; XI, 546. Richard II l'envoie en Prusse; négociateur à Amiens; XII, 9, 10. Est créé duc d'Hereford, 103. Est du parti royal; son exil en France, 105 à 108. Y apprend la mort de son père; la haine de Richard l'y poursuit; ses projets de mariage; comment rompus; a la faveur du peuple anglais, 122 à 125. Secondé par les ducs d'Orléans et de Bretagne; il passe en Angleterre; détrône Richard et prend le nom de Henri IV. Voy. *ce nom,* 128 à 131.

DES ADRETS (FRANÇOIS DE BEAUMONT, BARON), chef des protestants en Dauphiné; ses débuts; XVIII, 326 à 328. Est aux prises avec Maugiron, 329. Lutte à la fois contre lui et les troupes pontificales; ses cruautés; prisonnier à qui il fait grâce, 330, 331. Ses fureurs réprimées; il bat le comte de Suze, 332, 333. Attaqué par Nemours, 335, 336. Négocie avec lui; est arrêté par son parti, 349. Sert dans l'armée catholique; XIX, 40. Son fils tué à la Saint-Barthélemy, 166.

DES AGUIS, député du roi de Navarre aux Etats de Blois; XIX, 417.

DES ARCS (VILLENEUVE, BARON), assassine le comte de Cipierre; XIX, 27, 28.

DESBORDES, réaction catholique à laquelle il prend part en Champagne; XVIII, 308.

DES BORDES, commandant du château d'Angoulême; son rôle dans le complot de cette ville; XX, 392, 394, 397.

DES BORIES, colonel huguenot;

Table générale de l'Histoire des Français.

son régiment taillé en pièces; XX, 263.

DES BROSSES, ligueur battu et tué à Bonneval; XX, 527.

D'ESCARS est de la maison du dauphin; XVII, 67. Se rend en Piémont, 184. Banni de la cour, 257. Confident du roi de Navarre; est vendu aux Guises; XVIII, 127, 159, 160, 171, 250. Député de la noblesse aux Etats de Blois; XX, 412.

DESCARTES est sorti de l'école janséniste; XXV, 486.

DESCHAMPS (GILLES), théologien; son sermon au pape; XII, 69.

DES CHAMPS, du complot d'Amboise; attaque cette place; XVIII, 147, 148.

DESCHAPELLES (LE COMTE); exécuté comme duelliste; XXIII, 45.

DESCOUTURES, syndic des rentiers de Paris; son arrestation; XXIV, 300.

DES ESSARTS (PÉPIN) fait périr Marcel; X, 538, 539. Mesures qu'il prend, 540.

DES ESSARTS (PIERRE), capitaine français en Ecosse, fait prisonnier à la défaite de Homeldon; XII, 154. Est nommé prévôt de Paris, 292. Arrête Montagu, 333. Est remplacé, 353. Rentre en fonctions; dirige les Parisiens, 370. Sa circonspection, 376. Avis qu'il donne à d'Orléans, 400. Soupçonné par le duc de Bourgogne; enquête qu'il redoute; sa fuite; il est nommé gouverneur de la Bastille, 406, 407. Se livre au duc Jean; est emprisonné, 408 à 410. Sa condamnation; son supplice, 423, 424.

DES ESSARTS (PHILIPPE); envoyé par le duc de Bretagne à Louis XI; se vend au roi; XIV, 368, 369. Sa frayeur, 373.

DES ESSARTS (LA DEMOISELLE), maîtresse de Henri IV; XXII, 141. Aimée de Joinville, 179.

DES ESSARTS se montre prêt à tuer Richelieu; XXIII, 521.

DES FOSSÉS négocie la paix entre Louis XIII et son frère; XXIII, 209.

DES GALLARDS, l'un des chefs protestans; confession qu'il signe à Poissy; XVIII, 237.

DES HAYES, négociateur de Richelieu en Allemagne; XXII, 550.

DÉSIRÉE, femme de Charlemagne; répudiée; II, 228, 230, 239.

DES LANDES, rapporteur du procès de Léonora Galigaï; ses conclusions; XXII, 409.

DES LANDES-PAYEN, conseiller au parlement; sa charge confisquée; XXIII, 216. Son rôle dans la Fronde; XXIV, 330, 357, 382.

DESMARETS; sa tragédie de Mirame, attribuée à Richelieu; XXIII, 434.

DESMARETS est nommé directeur des finances sous Louis XIV; XXVI, 360. Ses expédiens; XXVII, 7, 43 et suiv., 72 et suiv. Gratification qu'il obtient, 248. A reconnu les talens des frères Pâris, 258. Sa liaison avec Law, 260.

DESPENCE défend la cause catholique à la conférence de Poissy; XVIII, 235.

DESPENSER (HUGUES), favori d'Édouard II; l'accompagne en France; IX, 274. Sa faveur; est exilé avec son père, 378 à 381. Tous deux juges de Lancastre, 445. Envie qu'ils inspirent à la reine, 448. Leur mort, 464, 465.

DESREAUX, négociateur de Henri IV en Angleterre; XXI, 114.

DESTOUCHES, commande la flotte française en Amérique; détachemens qu'il fait dans la Chesapeake; XXX, 198.

DES VIGNES (PIERRE), secrétaire de l'empereur Frédéric II; VII, 180. Sa négociation à Rome, 306. Ses écrits en faveur de l'empereur, 322.

DETTINGEN (BATAILLE DE), gagnée par Georges II sur le maréchal de Noailles; XXVIII, 230.

DEUX PONTS (LE DUC DE); renfort qu'il amène aux Huguenots; XIX, 42.

DEUX-PONTS (LE PRINCE DE) commande l'armée des Cercles; ses opérations en Saxe; XXIX, 163, 203.

DE VAUX (ROBINET), ermite; pourquoi brûlé vif; XIII, 615.

DEVEREUX, capitaine anglais vaincu et prisonnier à Chizey; XI, 179. Assiégé par Clisson, 199.

DEVILLIERS DE GROSLAYES (JEAN), abbé de Saint-Denis, préside les États-généraux; XIV, 648. Délibération importante qu'il ouvre, 651. Il est du parti d'Orléans, 652, 653. Rumeur qu'il excite dans l'assemblée, 674.

DE VINS veut s'emparer de Marseille pour la ligue; échoue; XX, 143, 144. A le commandement des troupes royales; ses opérations; sa défaite, 215 à 218. Reconnaissance dont le charge Guise, 302. Ses combats en Provence, 488. Se donne au duc de Savoie; XXI, 104.

DE VINS; soulèvement qu'il combat en Bretagne; XXV, 317.

DEVONSHIRE (COURTENAY, COMTE DE); ses prétentions à épouser Marie Tudor; XVII, 514.

DIANE DE POITIERS, maîtresse de François Ier; condamnation de son père; XVI, 190. Est maîtresse du dauphin; son inimitié envers la duchesse d'Étampes; XVII, 67, 69, 119, 211, 288. Sa joie pendant l'agonie de François, 301. Sa puissance; elle est créée duchesse de Valentinois; largesses du roi en sa faveur, 305, 306. Elle reçoit ce prince à son château d'Anet, 311. Les diamans de la duchesse d'Etampes lui sont donnés, 314. Son zèle catholique, 343. Hérétiques qu'elle fait périr, 378. Appui qu'elle prête aux Guises, 395, 396. Puis à Cossé Brissac, 424. Ses inquiétudes, 448. Dans quel intérêt elle fait brûler des protestans, 516. Elle tient la balance entre les Guises et les Montmorency; XVIII, 7. Décide le roi à la guerre, 12. Montmorency recherche son alliance, 19. Son influence employée dans les affaires de la guerre, 34. Pourquoi disposée à la paix, 82. Et à la persécution, 92. Ménagemens de la reine pour elle, 101. Sa retraite, 104. Tolérance de Catherine opposée à son fanatisme, 112. Pourquoi s'emploie à réconcilier les Guises et Montmorency, 210, 211. Sa mort, 471.

DIANE DE POITIERS, fille naturelle de Henri II; sa naissance; XVII, 306. Son mariage avec Horace Farnèse, 329, 504. Est veuve; le connétable lui destine un de ses fils; XVIII, 7, 19. Paix contre laquelle elle proteste; XXI, 409.

DIDEROT; ses sectateurs; XXVIII, 482. Il se met à la tête de la coalition des encyclopédistes; XXIX, 96. Flatté par Catherine II, 394.

DIDIER, duc de Toulouse; commande dans l'Aquitaine pour Chilpéric; est vaincu près de Limoges; I, 350. Attaque l'Aquitaine Bourguignonne, 363. Ses succès, 364. Prend parti pour Gondowald, 377. L'abandonne, 383. Se réfugie dans ses châteaux-forts, 386.

DIDIER (SAINT), évêque de Vienne; tué par ordre de Brunehault; I, 428.

DIDIER, roi des Lombards; ses luttes avec Rome; II, 206 à 208. Donne asile à Hunold, 224. Veut maintenir la paix, 226. Alliances qu'il propose, 227. Donne asile à la veuve de Carloman, 232. Conséquences de cet événement; ses hostilités avec le pape; attaqué par Charles; est livré au vainqueur; et enfermé dans une abbaye, 239 à 242, 245.

DIDIER (ARTHUR), émissaire du clergé près de Philippe II; son arrestation; son évasion; XVIII, 247.

DIDON, complice de Grimoald; II, 60. Oncle de Saint-Léger, 65.

DIESBACH (NICOLAS DE), négociateur suisse auprès de Louis XI; XIV, 415, 486.

DIESBACH (JEAN DE) dispose les Suisses à traiter avec François Ier; XVI, 26. Son départ, 28. Tué à Pavie, 235.

DIETS (GUILLAUME DE), évêque de Strasbourg; lève une armée d'aventuriers contre le concile de Bâle; XIII, 329 à 332.

DILLON, archevêque de Narbonne; ses reproches à Terray; XXIX, 460.

DILLON contribue à la prise de la Grenade; XXX, 184.

DINAN (LE SIRE DE); son hostilité envers les Anglais en Bretagne; ses négociations à la cour de Charles VI; XI, 324, 325.

DINAN (FRANÇOISE DE FOIX DE), héritière de Chateaubriant; enlevée par Giles de Bretagne; XIII, 527. Comtesse de Laval; ligue dans laquelle elle entre; XV, 34. Promesses qu'elle signe, 43. Tutrice des enfans du duc François II, 65. Seconde les prétentions de d'Albret, 72. Maîtresse de François Iᵉʳ; XVI, 82, 123. Son parti à la cour, 169, 170. Souvenir que le roi lui donne, 401.

DINAN (CHARLES DE HALLWIN, COMTE DE) est tué à Doulens; XXI, 370, 381.

DIOCLÉTIEN, empereur reconnu par l'Occident; I, 19. S'associe Constance-Chlore, Maximien et Galère, 20. Sa grande persécution contre les chrétiens rappelée, 96, 97.

DIVION (DEMOISELLE); soupçonnée de faux; à quelle occasion; mise à la torture; brûlée vive; X, 43 à 45.

DIZEMIEU, confident du duc de Nemours à Lyon; est prisonnier; XXI, 232. Livre Vienne aux royalistes, 337.

DODON; ses démêlés avec Saint-Lambert; II, 102.

DODUN, contrôleur général; sa disgrâce; XXVII, 549.

DOHNA (FABIEN DE); son expédition en France au secours des Huguenots; XX, 290, 291, 297 à 304, 307 à 311.

DOHNA (LE COMTE); Orange lui est enlevé; XXIV, 593. Négociateur à Aix-la-Chapelle; XXV, 154.

DOHNA (LE COMTE); prisonnier à Almanza; XXVII, 26.

DOLÉ est du conseil secret de Marie de Médicis; XXII, 199. Intrigues auxquelles il se mêle, 260, 268, 269. Ses relations avec Maignat, 278. Accusé par Condé, 340. Sa mort, 358.

DOLGOROUKI (LES) renversent Menzikoff; font monter sur le trône de Russie Anne de Courlande; XXVIII, 75. Leur exil, 76.

DOMINIQUE (SAINT); ses prédications; ses controverses contre les Albigeois; VI, 262. Est placé à la tête des frères prêcheurs, qui deviennent les inquisiteurs, 274. Art cruel qu'il a enseigné, 370. Sa mort; sa chasteté; VII, 150. Sa canonisation, 151.

DORIA (ANTOINE), amiral génois au service de Philippe VI; sa mission; X, 147. Son commandement à Crécy, 295.

DORIA (ANDRÉ) défend les côtes de Provence; XVI, 216. Bat la flotte espagnole, 217. Va chercher les Français détachés sur Naples, 251. Sa supériorité sur la Méditerranée, 263. Il bloque Gênes, 313. Passe au service de Charles-Quint, 316. Ses motifs; il reconstitue la république de Gênes, 324, 325. Reconduit l'empereur en Espagne, 416, 523. Reconduit le pape de Marseille en Italie, 432. Amiral que le sultan lui oppose, 445. Commande la flotte impériale contre Barberousse, 467. Côtoie l'armée qui envahit la Provence, 515. Demande à se porter sur Gênes, 518. Il rallie l'escadre française; est présenté au roi; XVII, 9. Il approvisionne le Piémont, 93. Fait partie de l'expédition d'Alger; ses désastres, 104. Secourt le Roussillon, 125. Se dispose à transporter l'empereur en Italie, 143. Le débarque à Gênes, 148. Conspiration de Fieschi contre lui, 287, 324 à 326. Complot de Jules Cibo, 347. Ses galères transportent en Italie l'infant don Philippe, 371. Sa faction domine à Gênes et obéit aux volontés de l'empereur, 372. Est chargé d'attaquer Dragut, 417. Défend Naples; est vaincu par les Turcs, 493. Griefs de la France contre lui, 501. Il reprend la Corse, 502.

DORIA (PHILIPPINO) bloque le port de Naples; bat la flottille espagnole de Moncade; XVI, 315, 316.

DORIA (GIANNETTINO); piège qu'il tend au duc d'Enghien; XVII, 157. Sa mort, 325.

DORIOLE (PIERRE), chancelier; est emprisonné; XIV, 166. Négociateur auprès de Charles-le-Téméraire, 351, 355, 374. Suit le procès du duc d'Alençon, 386. Interroge Saint-Pol, 457. Soupçonné à ce sujet par Louis, 536. Sa disgrâce, 622.

DORMANS (GUILLAUME DE), chancelier; communique aux Etats-généraux le projet de traité de Londres; X, 556. Sa négociation en Angleterre; XI, 100. L'un des instrumens de la politique de Charles V, 193. Négociateur à Bruges, 224.

DORMANS (JEAN DE), chancelier; négociateur à Bretigny; X, 570.

DORMANS (michel de) dirige les finances de Charles v; XI, 193. Il n'assiste point au sacre de Charles vi; haine que lui porte ce prince, 313. Il s'enfuit à Avignon, 314. Mission que lui donne le pape, 330.

DORMANS (miles de), chancelier; contribue à apaiser le mécontentement de Paris; XI, 317. Négociation dont il est chargé auprès de d'Arteveld, 385.

DORSET (le comte de); son succès contre d'Armagnac; XII, 500. Son poste au siége de Rouen, 559. Assiége Honfleur; XIII, 370.

DORSET (thomas gray, marquis de) débarque un corps anglais en Guipuscoa; XV, 601. Menace la Navarre, 603. Pourquoi se rembarque, 604.

DOUCE de Provence et de Gevaudan; épouse le comte de Barcelone; sa sœur dispute l'héritage qu'elle lui apporte; V, 116.

DOUCIN (le père); sa fuite; son exil; XXVII, 297.

DOUGLAS (archibald), régent d'Écosse; vaincu et tué à Berwick; X, 73.

DOUGLAS (le comte de) chasse les Anglais de l'Ecosse; passe la frontière; X, 171, 172. Sert sous les drapeaux français, 457. Envahit encore l'Angleterre; est tué; XI, 547.

DOUGLAS (le comte de), au service de Charles vii; XII, 621. Renfort qu'il lui amène; est créé duc de Touraine; XIII, 28. Tué à la bataille de Verneuil, 32 à 36.

DOUGLAS, chargé d'arrêter le prétendant; le manque; XXVII, 252.

DOUJAT; commission judiciaire dont il fait partie; XXIV, 481.

DOYAT (jean), favori de Louis xi; service qu'il lui rend; XIV, 584, 585. Recommandé au dauphin, 616. Objet de la vengeance du duc de Bourbon, 641, 642.

DRAGUT, corsaire turc; Henri ii lui donne asile dans les ports de Provence; l'empereur l'y fait attaquer; XVII, 417. Opération dont lui-même doit être chargé, 420. Il attaque la Sicile et Malte; il prend Tripoli, 429. Son expédition sur Naples, 492, 493.

Son retour; ses ravages; effroi qu'il répand en Italie, 500. Ses pillages en Corse; il abandonne les Français, 502. Prend part au siége de Malte; XVIII, 459.

DRAKE (sir francis), l'un des destructeurs de l'Armada; XX, 384 à 388.

DRAPER (le général sir) prend Manille, XXIX, 258.

DREUX, conseiller au parlement; donne lecture du testam. de Louis xiv; XXVII, 234.

DREUX (bataille de), gagnée sur les catholiques par les protestans; XVIII, 354 à 360.

DROGON, fils de Pépin; nommé duc de Champagne; II, 92. Son mariage; sa puissance; sa mort; ses fils, 100, 105, 117.

DROGON, fils de Carloman; dépossédé; II, 160.

DROGON, bâtard de Charlemagne; II, 417. Evêque de Metz, 446. Du parti de Louis; va délivrer Judith; III, 14. Assiste Louis dans ses derniers momens, 47.

DROGON (comte de vexin) transporte au duc de Normandie son hommage; IV, 215.

DROGON, chef d'aventuriers normands en Italie; IV, 301.

DROST (le baron de) secourt les Corses insurgés; XXVIII, 209 et suiv.

DROUART, suppléant du prévôt des marchands de Paris; XX, 476. Déclaration de déchéance contre Henri qu'il provoque, 478.

DROUET, agent confidentiel de Louis xv; XXIX, 494.

DRUIDES; leur pouvoir d'abord progressif, puis stationnaire; I, 2, 3. Leur esprit de domination; leur religion qui faussa l'esprit plus qu'elle ne l'éclaira, 3. Leur influence détruite par les empereurs Auguste et Claude, 6, 7. Seuls en crédit avec les chevaliers avant la conquête, 79.

DRUMMOND (lord); secours qu'il amène à Charles-Edouard Stuart; XXVIII, 382.

DU BARRY (les comtes jean et guillaume); leurs rapports avec la fille Lange; XXIX, 401, 402. Leur prétendue généalogie, 415.

DU BARRY (LA COMTESSE) ou demoiselle Lange ; passion qu'elle inspire à Louis xv ; XXIX, 400 et suiv. Maupeou réclame sa parenté, 404. Sa présentation à la cour, 408 à 410. Excite le roi contre les parlémens, 415, 416. Elle exalte d'Aiguillon, 457. Avis qu'elle lui donne, 494. Ses alarmes, 497. Comment domine le roi, 498. Veut le retenir à Trianon, 499. Ses dernières entrevues avec lui ; elle quitte Versailles, 500 à 506. A humilié la dauphine ; XXX, 19. Hommages que lui rend Joseph II, 156. Le *collier* lui a été destiné, 305.

DU BELLAY (JEAN), évêque de Bayonne, puis de Paris, puis cardinal archevêque de Bordeaux ; ambassadeur de François Ier en Angleterre ; trêve à laquelle il accède ; XVI, 329. Sa célébrité ; ses fonctions ; sa fortune, 356, 357. Son vain effort pour réconcilier Henri VIII et le pape, 433. Dispose le roi à la tolérance, 448. Procession à laquelle il assiste, 451. Ses rapports avec Melanchton, 458. Mission que lui donne le roi ; XVII, 152. Ambassadeur près de la diète de Spire ; ne peut s'y rendre ; son manifeste, 171, 172. Négociateur avec Henri VIII, 217. Il invite l'Université de Paris à envoyer des députés à Trente, 254. Est envoyé à Rome, 308. Négociation qu'il continue, 331. Complot qu'il encourage, 347, 348. Sa disgrâce ; XVIII, 10.

DU BELLAY (MARTIN) ; ses talens militaires ; historien de François Ier ; XVI, 356. Ordres qu'il porte à Brion, 499. Discours qu'il prête au roi, 500, 501. Convoi qu'il reprend sur les impériaux, 541. Dangers qu'il court à l'assaut de Saint-Pol, 543, 544. Son récit des offres des Gantois et des procédés du roi ; XVII, 41. Hostile à Charles-Quint, 91. Ses conseils au siège de Landrecies, 147. Il ravitaille cette place, 155. Subsides qu'il reçoit pour l'armée de Piémont, 184. Prend part à la victoire de Cérisoles, 188. Est lieutenant du roi en Champagne, 270.

DUBOIS (PIERRE), l'un des chefs du parti populaire à Gand ; XI, 272. Guerre qu'il fait aux nobles, 279. Sa constance, 340. Sa position pendant la bataille de Nivelle ; sa retraite après la défaite, 344, 345. Il fait nommer à Gand un capitaine général, 347. Repousse leur capitulation qui l'eût sacrifié ; tue l'un des négociateurs, 349, 350. Sa conduite à Bruges, 356. Reconnaissance des Gantois pour lui, 358. Défend le pont de Comines sur la Lys ; est forcé, 386 à 388. Blessé ; se fait transporter à Gand, 397. Ranime les Gantois ; résolution qu'ils prennent, 401, 417. Il renforce les assiégeans devant Ypres, 425. Question qu'il aurait adressée à Arteveld, 439, 440. Petite guerre qu'il soutient, 461. Son opposition à la paix ; son salut stipulé, 464, 465. Il se retire en Angleterre, 467.

DUBOIS, juge à Périgueux ; confiscations qu'il s'offre à réaliser ; XVII, 380.

DUBOIS (LE CARDINAL) ; ses débuts ; XXVI, 88. Ses argumens pour entraîner l'ambassadeur d'Angleterre au parti d'Orléans ; XXVII, 235. Son habileté ; le régent promet de ne point l'employer, 245. Il est son confident, 250. Mission que ce prince lui confie ; son entrevue avec Stanhope, 263 et suiv. Il négocie la triple alliance, 277 et suiv. Il aspire au chapeau de cardinal, 301. Sa mission en Angleterre, 311, 320 et suiv. Il signe la quadruple alliance, 322 et suiv. Sa convention secrète avec Stanhope, 324. Comparé à Alberoni ; dupé par l'empereur, 334, 335. Son retour à Paris, 344. Résolution qu'il inspire au régent, 348. Parlementaires qu'il fait arrêter, 357. Est nommé ministre des affaires étrangères, 358. Ses vues personnelles mobiles de sa politique, 359 et suiv. Exploite la prétendue conspiration de Cellamare, 361 et suiv. Arrestations qu'il fait faire, 366 et suiv. Liste de conjurés qu'il feint de vouloir lire, 368 et suiv. Son triomphe complet, 370. Il fait déclarer la guerre à l'Espagne, 373. Veut faire tomber Alberoni, 384. Philippe V demande en vain son renvoi, 386. Fait catéchiser Law par le frère de sa maîtresse, 412. Mesures qu'il provoque pour la sûreté des agioteurs, 417. Fait exécuter Horn, 419. Le régent lui laisse le pouvoir; il se fait donner l'archevêché de Cambrai; par qui sacré; aspire au chapeau de cardinal; chasse les jacobites pour plaire à Georges 1er, 420 à 422, 433. Veut faire arrêter un secours destiné à Marseille pestiféré, 432. Ses intrigues pour obtenir le cardinalat, 434 et suiv. Trompé par le pape; se résout à acheter le conclave; ses agens; son désappointement, 438 à 442. Est enfin promu, 443, 444. Les désastres du système lui survivent, 448. Domine Daubenton et ramène le roi d'Espagne; ses traités; il sacrifie le commerce de la France aux intérêts de l'Angleterre; mariage qu'il négocie, 450 à 454. Ses intrigues; il décompose le conseil de régence; exile ses rivaux; fait disgracier Villeroi; est nommé principal ministre, 459 à 470. Rivaux qu'il écarte ou compromet; il forme le roi aux affaires; ses dernières intrigues; son insatiable ambition; sa mort, 472 à 476. Services qu'il a rendus au régent; sa volonté énergique; il a isolé le roi, 486, 487, 491, 492. Sa pension anglaise transmise à Mme de Prye, 506. A secondé l'ambition de Tressan, 510 et suiv. Son économie, 535. Son administration éhontée; XXVIII, 4, 22. Rente qu'il a créée, 29. Son nom incidemment rappelé, 44, 58, 175, 194, 294, 467; XXIX, 23.

DU BOUCHAGE (LE SIRE), confident de Louis XI; instruction qu'il reçoit; XIV, 347, 348. Chargé de punir une insurrection à Bourges, 421. Mission atroce dont il est chargé, 430. Saint-Pol lui est livré, 457. Méfiance qu'il inspire au roi, 578, 579. Il le voue à saint Claude, 601. Louis le recommande à son fils, 616. Sert la dame de Beaujeu; XV, 25. Compris dans un traité de réconciliation, 102. Sa négociation en Espagne, 252. Conseiller de la reine Anne, 519.

DU BOURG (ANTOINE), chancelier; XVI, 465. Lit de justice auquel il assiste, 539. Sa mort; XVII, 61.

DU BOURG (ANNE), conseiller au parlement; discours hardi qu'il pro-

nonce devant Henri II; son arrestation; XVIII, 95 à 97. Son procès; son supplice, 120 à 123.

DU BOURG, commandant ligueur de la Bastille; se rend à Henri IV; XXI, 267. Défend Laon, 286, 296. Capitule, 300.

DU BOURG (LE MARÉCHAL) bat Mercy à la Hart; XXVII, 89.

DU BREUIL (PIERRE), prédicateur calviniste à Tournai; son supplice; XVII, 232.

DU BUEIL (LE SIRE), neveu de la Trémoille; contribue à sa chute; est avoué par Charles VII; XIII, 223 à 225. Seconde le connétable, 239. Prend Sainte-Suzanne, 349. Est de l'armée du dauphin, 424. Est au siège de Bordeaux, 556.

DUCHAFFAULT (LE COMTE) commande l'avant-garde française à Ouessant; XXX, 168. Son dévouement, 170.

DU CHAILA (DE LANGLADE); ses cruautés contre les Huguenots des Cévennes; XXVI, 393 et suiv. Sa mort, 395.

DUCHATEL (TANNEGUI), du parti des Anglais en Bretagne; expédition qu'il concerte avec eux; X, 322.

DUCHATEL (GUILLAUME) attaque une flotte anglaise; XII, 187. Son échec près de Darmouth, 205.

DUCHATEL (TANNEGUI); son expédition en Angleterre; XII, 205. Prend part à la prise de Rome, 344. Est prévôt de Paris; désarme cette ville, 457. Ses rigueurs contre les Bourguignons, 459. Est l'un des conseillers du dauphin, 515. Ses efforts pour contenir Paris, 520. Dirige le siège de Senlis, 532. Projet de traité qu'il repousse, 536. Ses excès contre la bourgeoisie, 537. Il enlève le dauphin à la Bastille, 539. Sa sortie; il est vaincu; envoie le dauphin à Melun; sort de Paris par capitulation, 540 à 542. Son influence sur le jeune prince; traité qu'il l'empêche de conclure, 554, 556. Trêves qu'il l'engage à signer, 565. Réconciliation qu'il offre à Jean, 573. Il demande une nouvelle conférence à ce prince, 580. A part à son assassinat, 582, 583. S'en disculpe, 585. Conduit le dauphin à Toulouse, 590. Excite les Penthièvres contre le duc Jean vi, 591. Est l'un des conseillers du dauphin, 616. Le domine; XIII, 6. Courses qu'il lui fait faire, 11, 12. Il tue un nouveau favori; son crédit décline; ses négociations, 40, 41. Il est éloigné de la cour, 42 à 46. Son rappel, 377. Assiste aux États de Béziers, 390. Installe le parlement de Toulouse, 417.

DUCHATEL (TANNEGUI) est exilé par Louis xi; XIV, 82. Assemblée dont il fait partie, 162. Réfugié à la cour de Bretagne, 164. Rentre en grâce; est fait grand écuyer, 192, 198. Brouillé avec le duc de Bretagne, 233. Nommé gouverneur du Roussillon, 234, 235. Sa mission près du duc de Bourgogne, 266. Intermédiaire entre le roi et son frère, 288. Chevalier de saint Michel, 296. Ambassadeur près de Henri vi, 318. Vend le gouvernement de Roussillon, 352. Alarmes qu'il donne à l'envoyé de Bretagne, 373. Tué au siége de Bouchain, 522.

DUCHATEL (PIERRE), helléniste; lecteur de François 1er, puis évêque et grand aumônier de France; XVI, 358.

DU CHATELET (LE DUC); son attitude à l'assemblée des notables; XXX, 343.

DUDLEY (GUILFORT) épouse Jeanne Grey; son supplice; XVII, 512, 513.

DU DOGNON (LE MARÉCHAL COMTE) est de la nouvelle Fronde; XXIV, 317, 319, 348, 400, 403. Refuse de recevoir Condé à la Rochelle, 405, 406. Sa soumission; sa promotion, 486.

DUEILLY, chef protestant, rejoint le duc de Deux-Ponts; XIX, 54.

DU FARGIS (CHARLES D'AUGENNES, COMTE); traités qu'il signe avec l'Espagne; XXII, 576 et suiv., XXIII, 42. Sa captivité, 227. Il conspire avec Soissons, 449.

DU FAUR, conseiller au parlement; discours hardi qu'il prononce devant Henri II; son arrestation; XVIII, 95 à 97.

DU FAY, envoyé par Henri IV en Angleterre; XX, 321.

DU FAY défend et rend Philipsburg; XXV, 341.

DU FERRIER (ARNAUD), ambassadeur à Venise; dissuade Henri IV de se convertir; XX, 107.

DU GUAST (LOUIS-BÉRENGER), favori de Henri III, sa mission en Lorraine; XIX, 321. Il est assassiné, 349.

DU GUAST (LE CAPITAINE) tue le cardinal de Guise; XX, 464. Nommé gouverneur d'Amboise, 494. Sa fidélité apparente; sa trahison; il transige avec le roi, 495, 496.

DU GUESCLIN (BERTRAND), connétable; ses commencemens; son portrait; X, 504, 505; XI, 8 à 10. Gagne la bataille de Cocherel; sa récompense, 11 à 14. Ses opérations en Bretagne; il perd la bataille d'Auray, 17 à 23. Ses pillages, 29. Son expédition contre Pierre-le-Cruel, 40, 41, 44 à 46. Est nommé connétable de Castille, 49. Revient en France, 56. Entre en Espagne par l'Aragon; fait prisonnier le roi de Navarre; est pris à la bataille de Najarra, 72 à 75. Est délivré, 79. Troisième expédition qu'il dirige; il contribue à la victoire de Montiel et à la mort du vaincu; récompense qu'il reçoit, 83, 90, 92, 103 à 105. Ses opérations en France; est envoyé à l'armée du duc de Berry, 135 à 138. Est nommé connétable; ses succès contre les Anglais, 142 à 144. Il escorte le roi de Navarre, 147. Petite guerre qu'il fait en Auvergne, 150, 151. Faveur dont il jouit à la cour de France, 153. Il dirige l'armée du duc de Berry; ses conquêtes en Poitou et contre le duc de Bretagne, 169 à 183. Il suit le duc de Lancastre, 187, 188. Est un des instrumens de la politique du roi, 193. N'attaque point les Anglais, 195. Rendez-vous auquel il se trouve, 196. Ses opérations de guerre à l'armée du duc d'Anjou, 227 et suiv. Ses opérations en Normandie contre le Navarrais, 234 à 236. Sa jonction avec le duc d'Anjou; son retour en Normandie, 238. Son inaction forcée, 240. Son expédition au Midi; sa mort; sa grande renommée, 260. Sentiment qui l'a attiré dans les armées françaises, 280. Ne s'est point opposé à la réunion de la Bretagne à la France, 282. Pourquoi est resté sous les drapeaux de Charles v, 285. Lui a renvoyé l'épée de connétable; époque de sa mort, 286, 287. Part qu'il a eue à la conquête de la Guienne, 290. Ses tardives et magnifiques obsèques, 556.

DU GUESCLIN (OLIVIER), frère du connétable, échoue au siége de Cherbourg; est fait prisonnier; XI, 239. Succède à son frère dans la charge de connétable de Castille; accueille les renforts français; ses opérations, 472, 473. S'oppose à ce qu'on livre bataille, 494, 496. Ses insubordonnés compagnons, 497. Petit nombre qu'il conserve; il reconquiert la Galice, 498, 499.

DU HALDE accompagne Henri III hors de la Pologne; XIX, 302. Le botte au moment où il s'enfuit de Paris; XX, 357.

DU HALLIER conspire contre Concini; XXII, 394. Est chevalier du Saint-Esprit, 458. Arrête Ornano; XXIII, 15. Est au siége d'Arras, 425. Conseiller de d'Enghien, 535.

DU HALOT surprend Angers; sa mort; XX, 195, 196.

DUHAN indique à Louis XIV *le droit de dévolution* en Brabant; XXV, 100.

DUJARDIN (PIERRE); ses révélations sur Ravaillac; XXII, 205.

DU LAIT (LE SIRE); ce qu'il dépose contre la dame de Beaujeu; XV, 11.

DU LAU (ANTOINE DE CHATEAUNEUF, SIRE), courtisan de Louis XI; présent à son entrevue avec le roi de Castille; XIV, 114. A celle avec Charolais, 188. Est emprisonné, 210, 234. Le roi veut le faire enfermer dans une cage de fer; il s'échappe, 264, 265. Se présente devant Louis à Péronne, 269. Fait sa paix avec lui; achète le gouvernement du Roussillon, 352. Est prisonnier, 394. Ministre proposé, 652.

DU LAURENT (HONORÉ); sa réponse au discours d'ouverture des états de Paris; XXI, 179.

DU LION (GASTON); commandement que lui confie Louis XI; XIV, 351,

387, 388. Lieutenant de la Trémoille; XV, 51.

DULIS (JEANNE); nom d'une prétendue Pucelle de France; XIII, 194.

DU LUC (LOUIS, COMTE); sa naissance; pourquoi appelé Demi-Louis; XXVIII, 171.

DU LUDE (LE COMTE), gouverneur du Poitou; son zèle catholique; XVIII, 299. Fermentation qui le force à la retraite; ses menaces, 300. Ses succès, 520. Il assiége vainement Niort; XIX, 55. Il défend Poitiers, 60. Tente de surprendre la Rochelle, 257.

DU LUDRE (MADAME); inclination de Louis XIV pour elle; XXV, 399.

DU MESNIL (JEAN); son arrestation; sa mort; XII, 413, 421.

DU MESNIL (MARTELET) est prisonnier des Armagnacs; son supplice; XII, 494, 495.

DU MESNIL est de la conjuration d'Amboise; XVIII, 141.

DUMESNIL (LE MARQUIS) a mission de réprimer le parlement de Grenoble; XXIX, 281 et suiv. Décret de prise de corps contre lui, 283, 304. Son rappel, 347.

DU MONTAL (LE COMTE); sa belle résistance à Charleroi; XXV, 255. Ses opérations en Brabant, 459.

DU MORTIER (ANDRÉ GUILLARD), du conseil privé de François II; assiste à l'assemblée des notables; XVIII, 161.

DU MOULIN (CHARLES); sa consultation contre le concile de Trente; est emprisonné; sa mise en liberté; à quelle condition; XVIII, 414, 415.

DUMOURIEZ; ses opérations militaires en Corse; XXIX, 382. Envoyé en Pologne; battu par Suwarow; son retour, 478. Est mis à la Bastille, 494.

DU MUY (LE MARÉCHAL) est nommé ministre de la guerre; XXX, 27. Se prononce contre le rappel du parlement, 381. Sa mort, 58, 59.

DUNES (BATAILLE DES), gagnée par Turenne sur don Juan d'Autriche; XXIV, 568.

DUNOIS (BATARD D'ORLÉANS); otage en Bretagne; XIII, 43. Victorieux à Montargis, 64. Se jette dans Orléans, 92. Battu et blessé à la journée des Harengs, 97 à 99. Relève le courage des assiégés, 100. Secondé par la Pucelle, 125. Ses sorties victorieuses, 128. Conseils qu'il donne au roi, 149, 150. Il surprend Chartres, 212, 213. Secourt Lagny, 214, 215. Se porte vers Compiègne, 240. Evacue Saint-Denis, 262, 263. Ses succès contre les Anglais, 271. Entre dans Paris, 274. Est au siége de Montereau, 311. Se rend caution du duc son frère; dons que lui fait ce prince, 335. Ambassadeur au congrès de Gravelines, 337. Se rend aux états d'Orléans, 351. Il entre dans le complot de la Praguerie, 359. Fait sa paix avec le roi, 363. Secourt et ne peut sauver Harfleur, 370, 371. Se rend au devant du duc d'Orléans, 375. Il se tient à l'écart, 381. Se rend à l'assemblée de Nevers, 392. Ravitaille Dieppe, 404. Seconde le dauphin, 406. Conseil auquel il assiste, 421, 440. Négociateur pour faire cesser le schisme, 476. Assiége le Mans, 479. Fait la conquête de la Normandie, 484 à 503. Prend le commandement de l'armée de Guienne; villes dont il s'empare; siéges que fait l'armée, 512 à 519. A part aux dépouilles de Xaincoings, 536. Haï du dauphin, 543. Il arrête le duc d'Alençon, 636. Son influence sur le roi; XIV, 3. Il siége à la cour des pairs, 19. Prête serment de réconcilier le roi et le dauphin, 64. Résolu à se réunir à l'héritier du trône, 68. Son mot à de Croy, 124. Engagé dans la ligue du bien public, 164. Ses demandes, 169. Négociateur du parti, 185. Ce qu'il obtient par le traité de Conflans, 192. A armé chevalier Tristan l'Ermite, 196. Son peu de scrupule comme homme de parti, 197, 198. Reçu en grâce, 207. Préside la commission des réformateurs, 219, 226. Assiste aux Etats de Tours, 244. Accompagne la reine d'Angleterre, 318. Est de l'assemblée des notables, 319. Epoque de sa mort, 639.

DUNOIS (FRANÇOIS D'ORLÉANS, COMTE DE); soupçonné par Louis XI; XIV, 622. Ordonnance qu'il signe; sa présence à la cour, 636, 637. Est nommé gouverneur du Dauphiné, 639. Quel parti suit aux Etats généraux, 649. Comment influe sur les débats, 652 et suiv. Vaincu en habileté par la dame de Beaujeu, 660. Sa résistance aux vœux du peuple; bureau dont il fait partie, 675, 678. Faveurs qui lui sont accordées; XV, 4. Seconde les démarches de d'Orléans; fuit avec lui; destitué; se soumet, 12 à 15. Exilé à Asti, 25. Forme une nouvelle ligue contre la dame de Beaujeu; ses confédérés; ses mouvemens; ses échecs; ses succès divers, 33, 34, 39 à 45. Condamné au parlement; ses biens confisqués, 50. Il renoue les négociations, 55, 63. Entrave le mariage d'Albret, 73. Ses voyages avec la jeune duchesse, 74. Auxiliaires qu'il attire, 77, 78. Son pardon stipulé, 88. Ce qu'il obtient de Charles, 95. Compris dans le traité de réconciliation entre les d'Orléans et les Bourbons; dénouement qu'il prépare à ces troubles, 102 et suiv. Présent aux fiançailles du roi, 106. Sa mort, 113, 114.

DUNOIS (JEAN DE), duc de Longueville; entre avec Louis XII à Paris; XV, 281. Envoyé contre les Suisses, 370. Escorte le comte de Flandre, 375. Son amour pour Anne de Foix, 377. Son commandement en Guienne, 601, 602. Sa rivalité avec Montpensier, 604. Défend la Picardie, 639. Perd la bataille de Guinegatte; est prisonnier, 641 à 643. Négocie le mariage de Louis XII et de Marie d'Angleterre; traité qu'il signe, 665 à 667. Voy. Longueville.

DU PASSAGE; la ligue lui enlève la forteresse de Lyon; XX, 145.

DUPATY cherche à dépopulariser le parlement; XXX, 365. Ses idées de réforme judiciaire, 377.

DUPORT, conseiller au parlement; son opposition à la cour; sa popularité; XXX, 360. Arrestations contre lesquelles il proteste, 366. Clubs chez lui, 371, 432.

DUPORTAIL, chef du génie français en Amérique; dirige le siége d'York-Town; XXX, 201.

DUPERRON (DAVID), cardinal; favori du cardinal de Bourbon; âme du tiers parti; son but; ses intrigues; XXI, 111, 112. S'insinue dans la faveur de Henri IV, 188. Influence qu'il a sur sa conversion, 199, 200. Entre avec lui à Paris; est envoyé au légat, 266. Négociateur pour l'absolution du roi, 343, 345, 346. Sa discussion avec Duplessis; XXII, 49. Est du conseil de régence, 176. Accompagne Louis XIII au parlement, 293. Son discours au tiers Etat, 319 et suiv.

DUPLEIX; ses succès dans l'Inde; sa jalousie à l'égard de Labourdonnais; il le fait arrêter; XXVIII; 452. Ses revers; son rappel; sa mort; XXIX, 66 à 68.

DU PLESSIS (BOURRÉ), secrétaire de Louis XI; instructions que lui donne ce roi; XIV, 305, 306.

DUPLESSIS-BELLIÈRE; forcé de capituler à Armentières; XXIV, 138. Ses combats en Catalogne, 496, 497.

DUPLESSIS-BESANÇON; envoyé par Richelieu aux Catalans révoltés; XXIII, 416. Défend Barcelone, 466, 467.

DU PLESSIS-GUÉNÉGAUD est secrétaire d'état sous Mazarin; XXIV, 544.

DUPLESSIS-MORNAY; mémoire qu'il remet à Charles IX; XIX, 143, 144. Il s'empare de Mantes, 263. Se met au service de d'Alençon; XX, 38. Son mémoire pour réfuter les prétentions des Guises à la couronne, 61, 123. Sa mission auprès de Henri III, 72. Ses rapports avec le Béarnais, 77, 78. Complot qu'il révèle, 87. Avertit Henri de Navarre du dépérissement de d'Alençon; déclaration qu'il signe, 89. Son zèle pour le Navarrais, 105. Il s'oppose au changement de religion qu'on lui propose, 106. Sa plume employée par ce prince, 148, 176, 178. Son mémoire à la reine d'Angleterre, 164, 165. Sa lettre à ses ministres, 176. Ses instructions à Morlas, 281, 287, 288. Est d'avis de se rapprocher de Valois; manifeste qu'il rédige, 511 et suiv. Sa mission près de ce prince, 515. Saumur lui est remis, 516. Sa maladie; XXI, 11. Il se fait livrer le cardinal, 24. Protestations que lui fait le roi, 39. Son poste à Ivry, 53. Ses négociations en Angleterre, 114. Sa rédaction de l'édit de tolérance, 117. Ses ouvertures à Villeroi, 161 à 163. A la conversion de Henri, il s'éloigne de la cour; y est rappelé; son mémoire; ses rapports avec le roi, 210 à 215. Il négocie avec Mercœur, 244, 435. Mission que lui donnent les Huguenots, 329. Compte qu'il rend de leurs négociations avec le roi, 452 et suiv. Le prince ne lui donne aucune satisfaction, 458. Saumur qu'il commande donné comme place de sûreté aux Huguenots, 485. Sa position féodale; XXII, 11. Jalousé par Sully. 18. Humilié par le roi, 49. Sécheresse de ce prince à son égard; il perd son fils unique, 113, 114. Le roi veut exclure ses députés de l'assemblée des Huguenots, 116. Intérêt qu'il prend à Bouillon, 123, 124. Sa correspondance avec Venise, 132. Dénoncé comme mécontent, 144. Avances que lui fait la régente, 221. Comment voudrait composer l'assemblée de Chatelleraut, 241. Elle est transférée à Saumur; il en est nommé président, 243. Réconcilie Sully et Bouillon, 246. Acte d'union qu'il signe, 264. Sa modération comme homme de parti; son âpreté comme écrivain; son livre *Mystère d'iniquité*, 265. Imprudence de son parti qui l'afflige, 346. Soulèvement qu'il empêche, 390. Son influence sur l'assemblée des réformés, 459. Il veut en vain prévenir celle de la Rochelle, 478, 479. Assurances que lui donne le roi, 485. Il est trompé; ses places lui sont enlevées; sa retraite; époque de sa mort, 486, 561.

DU PONT (BARON), victime de la Saint-Barthélemy; curiosité dont il est l'objet; XIX, 168.

DUPRAT (ANTOINE) est nommé chancelier; s'est attaché à Louise de Savoie; cause de sa fortune; considère la justice comme un instrument politique; noble résistance qu'il trouve chez les magistrats; études et vie sévères de ceux-ci; ses premières ordonnances contre les gens d'armes; sur les *enquêteurs*; sur la chasse; il fait enregistrer celles-ci sur des lettres de jussion; XVI, 12 à 17. Fait abolir la pragmatique sanction, 42 à 44. Concordat par lequel il veut la faire remplacer, 57. Il se présente au parlement ; réfute les argumens de ce corps, 60, 62. Il flatte les penchans voluptueux du roi, 69. Il gouverne la justice et les finances, 104. Charges qu'il rend vénales, 108, 109. Sommes qu'il extorque ; à quoi les prodigue, 110. Se rend à la conférence de Calais, 133. Sert la vengeance de Louise de Savoie contre Semblançay ; est du parti de cette princesse, 169. Moyen de vengeance qu'elle lui suggère contre le connétable, 173. Le complot de ce prince lui est dénoncé, 185. Ressentimens contre lui dans le royaume, 245, 247. Opposé aux agrandissemens du côté de l'Italie, 289. Entre dans les ordres ; pourquoi se venge du parlement et des Poncher, 297 à 305. Serment qu'il fait prêter aux notables, 309. Fait battre de la fausse monnaie pour payer les Espagnols ; sa supercherie découverte, 350. Sa jalousie à l'égard de Budé, 361. Il préside le concile provincial de Paris, qui condamne les doctrines de Luther, 383, 384. Ses rigueurs contre les protestans, 387. S'emploie à la réunion de la Bretagne, 400. Sa mort, 465.

DU PRAT, envoyé de Charles-Quint en Allemagne ; XVI, 487.

DUPRAT, évêque de Mende, confident du roi de Navarre ; vendu aux Guises ; XVIII, 127.

DUPUIS (LAURENT), gardien de la reine Isabeau ; se noie ; XII, 521.

DUPUY, consul de Montauban, défend cette ville contre Louis XIII ; XXII, 490.

DUQUESNE (L'AMIRAL) ; son commandement en Sicile ; il est nommé lieutenant général ; il livre contre Ruyter la bataille de Mont-Gibel ; XXV, 332 à 336. Il châtie les Barbaresques, 437. Bombarde Alger, 454, 455. Puis Gênes, 466 et suiv. Est Huguenot ; sa mort ; XXVI, 217.

DUQUESNE (LE MARQUIS), gouverneur du Canada ; ses débats avec les autorités des colonies anglaises ; XXIX, 64.

DURAND, charpentier auvergnat, fonde l'association des Capuchons ; VI, 32.

DURANTI, premier président du parlement de Toulouse ; son arrestation ; pourquoi ; XX, 485, 486.

DURAS ou DURRAZO (CHARLES DE), roi de Naples et de Hongrie ; se dispose à détrôner Jeanne ; XI, 250. Se met en marche, 310. Son entrée à Naples ; est couronné roi sous le nom de CHARLES III ; fait étouffer la reine déchue, 358, 359. Son parti en Provence ; il est attaqué par le duc d'Anjou ; son système de petite guerre, 370, 372. Légitimité de ses droits ; sa constance à suivre sa prudente tactique, 446 à 448. Sa maladie ; mort de son rival, 449. La Provence se déclare pour lui, 450. Il se fait couronner roi de Hongrie ; est assassiné ; funestes conséquences de sa mort pour sa maison à Naples et en Provence, 486, 487, 564, 565. Luttes de son parti, 587 et suiv.

DURAS (GAILLARD DE DURFORT, SIRE DE) se soumet à la France ; XIII, 516. Conspire contre elle, 547. Exclu de la capitulation de Bordeaux, 558. Secours qu'il reçoit du duc d'York, 574. Anglais qu'il amène en France ; XIV, 425.

DURAS, chef protestant, est envoyé en Guienne ; XVIII, 294. Agitation qu'il entretient à Poitiers, 299. Aux prises avec Montluc, 336 à 338. Sa défaite, 347. Renfort qu'il amène à Orléans, 351. Blessé à mort, 364.

DURAS, catholique attaché à Henri IV ; mission que ce prince lui donne ; XIX, 372, 373. Désir du roi d'abaisser cette famille, 465. Provoque Turenne, 511. Suit la reine-mère, 513.

DURAS (LA DEMOISELLE DE) ; son arrestation ; XX, 70, 72.

DURAS (LE MARÉCHAL DUC DE) est de la Fronde ; XXIV, 323. Combat aux Dunes, 569. Est envoyé en Alsace ; sa promotion, XXV, 301, 302. Ses opérations, 325. Il dévaste le Palatinat ; XXVI, 34 et suiv. Il ne défend pas le passage du Rhin ; ne peut sauver Mayence, 39 à 51.

DURAS (LORD) ; sa mission en France ; XXV, 364, 365.

DURAS (LA MARÉCHALE DE) présente les princesses à l'archevêque de Paris ; XXVIII, 482.

DURAS (LE DUC DE), commandant en Bretagne ; donne sa démission ; XXIX, 466.

DU RESNEL, victime de la Saint-Barthélemy ; XIX, 172.

DURET , député aux Etats de Blois ; sa communication à l'ordre du clergé ; XX, 431.

DURET, médecin de Marie de Médicis ; est de son conseil secret ; XXII, 199.

DURFORT (AYMERIC DE), vassal d'Edouard III en Agénois ; expulsé par les officiers du roi de France ; X, 100.

DURFORT forme des compagnies d'infanterie française ; XV, 505.

DU ROSIER (HUGUES-SUREAU), ministre protestant converti ; catéchise Henri de Navarre ; retourne au calvinisme ; XIX, 196, 198.

DU ROURE (Mme); compromise par la Voisin ; XXV, 405.

DURUE (JACQUES), chambellan du roi de Navarre ; missions que lui donne ce prince ; Charles V le fait accuser d'empoisonnemens, de complicité avec son maître ; XI, 231 à 233. Son supplice, 234 et suiv.

DU SAULZAY ; conseil de guerre dont les ligueurs veulent qu'il fasse partie ; XXI, 134.

DU SAUZAI ; maladie dont il guérit Louis XIV ; XXIV, 571.

DUSSEN (VAN DER), négociateur hollandais à Gertruydenberg ; XXVII, 96.

DU TERRAIL ; son complot pour livrer Genève au duc de Savoie ; son supplice ; XXII, 238.

DU TERTRE, capitaine du roi de Navarre ; son arrestation ; son supplice ; XI, 232, 235.

DU TILLET, greffier du parlement ; cause indirecte de la disgrâce de Poyet ; XVII, 130. Justifie les Guises ; XVIII, 128, 129. Son procès avec La Renaudie, 137. Il est de la commission qui doit juger Condé, 177.

DU TILLOT (GUILLAUME), ministre de Parme ; supprime les jésuites ; XXIX, 374.

DU VAIR, député aux Etats de Paris ; XXI, 178. S'entend avec Henri IV ; sa récompense, 257. Est nommé garde des sceaux ; XXII, 363. Sa disgrâce, 383. Rentre au ministère ; lettres qu'il refuse de signer, 410 à 412. Sa querelle d'étiquette avec d'Epernon, 432. Sa mort, 488.

DU VAL, conseiller au parlement ; son arrestation ordonnée ; il s'enfuit ; XVIII, 96.

DUVAL cause la disgrâce de la princesse de Condé ; XXV, 216, 217.

DUVERGIER DE HAURANNE, abbé de Saint-Cyran, fondateur de Port-Royal ; XXIV, 517 à 519.

DUVERNEY (PARIS); confiance que lui accorde Mme de Prye ; XXVII, 494. Ses mesures financières et administratives, 506 et suiv. Craint la guerre, 518. Ses projets inexécutables ; son obstination à les accomplir, 532. Ses nouveaux impôts ; il propose d'établir la dîme royale, impose les biens du clergé, 535 à 537. Donne l'idée de la milice, 543. Son poste dans la maison de la reine, 545, Il est mis à la Bastille, 549. Ses violences ; XXVIII, 4, 22. Enrichit Voltaire, 183. Mme de Châteauroux se retire dans sa maison de campagne, 310. Est dans le secret du siége de Maestricht, 455. Procès de Beaumarchais contre ses héritiers ; XXIX, 456.

DU VERZIER , député aux Etats de Blois ; exclus comme hérétique ; XX, 422.

EBB

EBBON (SAINT), repousse de Sens les Sarrazins ; II, 136.

EBBON, archevêque de Reims, concourt à la déposition de Louis Ier ; III, 28. Se déclare indigne de l'épiscopat ; 36. Son successeur, 102.

EBE

EBERHARD, duc de Franconie, porte à Henri de Saxe les ornemens royaux ; III, 345. Ligué contre Othon-le-Grand ; 401. Partisan de son frère Henri, 402. Est tué, 404.

EBERHARD, duc de Bavière, ligué

contre Othon-le-Grand; III, 401.

EBERWIN, lieutenant de Charlemagne; ses victoires sur les Sarrazins; II, 365.

EBLES; sa lutte avec Eudes; est tué; III, 306.

EBOIN, comte d'Évreux, ses réclamations au concile de Reims; V, 154.

EBROIN, maire du palais; fait tuer son rival; gouverne la Neustrie; veut l'autorité royale; place Thierri III sur le trône; est surpris et enfermé à Luxeuil; I, 66. Y est rejoint par son rival Saint-Léger, 68. Sort de captivité; ses ressources; ses mesures; ses succès; son pouvoir absolu; ses vengeances; 70 à 76. Vainqueur du parti des Pépins; fait périr le duc Martin; meurt assassiné, 80 à 83.

ECCELIN DE ROMANO protége les religionnaires en Lombardie; VII, 300.

ECDICIUS, gouverne l'Auvergne; I, 165. Dépossédé par Euric, 168.

ECKENFORT, général de l'Empire; cause la défaite de Rhinfeld; XXIII, 339.

ECLUSE (BATAILLE NAVALE DE L'), gagnée par Edouard III sur la flotte française; X, 167 à 169.

ÉCORCHEURS (LES), nom des aventuriers sous Charles VII; XIII, 248.

ÉCQUENCOURT se jette dans Arras assiégé; XXIV, 510.

EDELINE (GUILLAUME), prieur de Saint-Germain-en-Laye; condamné comme ayant fait hommage au diable; XIII, 624.

EDGAR-ATHELING ne peut faire valoir ses droits à la succession d'Edouard-le-Confesseur; IV, 346, 360. Emmené en Normandie comme otage, 365.

EDMOND, fils de Henri III d'Angleterre; son père sollicite pour lui la couronne des Deux-Siciles; VIII, 6. Le pape la lui concède; il y renonce, 31 à 33. Le pape ranime ses espérances, puis l'abandonne; par qui défendu, 53 et suiv. 57. Combat Manfred, 121. Le pape l'engage à abdiquer, 138. Charles d'Anjou s'apprête à le supplanter, 144. Son titre de comte de Champagne; secours qu'il prête à la reine-mère de France, 323. Négociation dont son frère le charge, 475 à 479. Ses conventions invoquées, 482. Sa maladie, 505. Son retour en Gascogne; sa mort, 508; IX, 8.

EDMOND, comte de Kent, frère d'Edouard II; mission que lui donne le roi; IX, 449. Commande en Aquitaine; trêve qu'il signe, 451. Inquiétudes qu'il donne à sa belle-sœur; X, 15. Sa mort, 26, 50.

EDMOND, d'abord comte de Cambridge, puis duc d'York; troisième fils d'Edouard III, mariage que son père projette pour lui; XI, 39, 106. Seconde le prince de Galles; 108, 109, 118. Enlève la duchesse de Bourbon, 134; concourt au siége de Limoges; son combat corps à corps, 136, 139. Epouse Isabelle de Castille, 163. S'embarque avec son père, 176, 177. Ses opérations en Bretagne, 199. Survit à son frère aîné, 221. Repousse les Français, 227. Seconde le duc de Lancastre, 237, 238, 240. Son expédition en Portugal, 323, 336, 339, 420. Il est créé duc, 469, 470. Ses conseils repoussés par le roi, 478. Affaires dans lesquelles il marche d'accord avec son frère Thomas; 513, 520, 521. Négociateur à Amiens; XII, 10, 11. Prolonge la trêve, 53, 54. S'éloigne de la cour, 103. Ses craintes à la mort de Glocester, 105. Son neveu lui laisse la régence, 127. Est abandonné de ses troupes, 129, 130. Tué à Azincourt, 489.

EDOUARD, vainqueur d'Ethelwald; III, 318.

ÉDOUARD-LE-CONFESSEUR, roi d'Angleterre; élevé à la cour de Rome; IV, 236. Rappelé dans sa patrie, 242. Fait de la langue française la langue de la cour, 253. Accueille Guillaume; son vœu de chasteté; ses favoris normands, 279, 280. Tenu en tutelle par Goodwin; sa haine pour lui, 341. Sa mort; prétendans à son héritage, 345 et suiv.

EDOUARD Ier, roi d'Angleterre; son père l'envoie pour réprimer la Guienne soulevée; VII, 490, 491. Ses luttes avec les barons; VIII, 56, 127, 132 et suiv. 147, 167. Prend la croix, 170. Fait voile de la Sicile pour Acre, 216. Amitié qu'il y contracte avec le légat, 227. Son retour, 228, 229. Son entrevue avec le pape; avec les comtes de Savoie, le sire de *Tournon* et le comte de Châlons, 236 à 240. Fait hommage à Philippe-le-Hardi ; son traité avec le roi de Navarre, 241, 242. Couronné à Westminster, 257. Elude de secourir le roi de Castille, 263. S'interpose entre lui et le roi de France, 276. Etranger aux affaires du continent ; ses luttes avec le prince de Galles, 283, 284. Intervient dans le démêlé entre Marguerite et Charles d'Anjou, 301. Fiefs dont il hérite en France ; son traité avec Philippe, 306, 307. Sa médiation entre ce prince et le roi de Castille éludée, 314, 315. Lettre de la reine-mère de France, 322 et suiv. Arbitre dans ses débats, 325. Ne peut connaître le but des armement de Pierre d'Aragon, 330. Duel projeté dans son duché d'Aquitaine, 338. Son opposition, 340, 345, 346. Comment considère Philippe-le-Bel, 384. But de son séjour en France, éclat de son règne ; ses talens, sa modération, son respect pour les droits de ses sujets ; sa guerre de Galles ; inquiétudes qui l'attirent en Aquitaine ; il fait hommage à Philippe-le-Bel ; son traité avec lui, 389 à 391. Sa médiation entre la famille de France et celle d'Aragon ; trêve qu'il ménage ; remerciements que lui adresse le conclave ; il fait mettre en liberté Charles de Salerne ; ses conventions méconnues par Philippe-le-Bel, 393 à 398, 402 à 404. Acte que lui envoie Charles ; protestations d'Alphonse d'Aragon, 408, 409. Son influence accrue en Bretagne, 410. Le pape le presse de passer en terre sainte, 416, 417. Il exile les juifs de ses états, 433, 434. Sa médiation entre les rois de Minorque et d'Aragon, 438. Envie qu'il inspire à Philippe ; son joug impatiemment supporté en Aquitaine, 440 à 442. Ses projets sur l'Ecosse ; fait donner le trône à Jean Baillol ; Philippe se détermine à l'attaquer, 455 à 462. Citation qu'il reçoit de lui, 465. Comment motivée ; il négocie ; la Guienne est saisie ; il est accusé de contumace ; sa colère ; ses mesures ; ses alliés ; difficulté qui l'arrêtent ; révolte des Gallois ; ses vengeances, 468 à 486. Le pape évoque le jugement de son différend avec Philippe ; ses armemens retardés ; progrès de son parti, 490 à 492. Diversion qu'il veut produire, 494, 495. Trêve qu'il consent ; comment change de disposition, 499, 500. Ses plans d'attaque ; sa lenteur, 504, 505. Prières qu'il ordonne pour la veuve de saint Louis ; congrès qu'il convoque, 507. Sa faiblesse dans cette guerre, 509, 510. Ses succès contre les Ecossais ; ses fureurs ; il remporte la victoire de Dumbar ; il presse la conclusion d'une trêve avec la France, 511 à 513. Ses exactions sur le clergé anglais, 515 et suiv. Philippe protège les Ecossais contre lui ; ses échecs en Aquitaine ; immobilité de ses alliés ; IX, 8. Son mariage stipulé avec Isabelle de Flandre ; ligue qu'il forme ; ses effets, 14 à 16. Il ne défend point les Flandres, 18. Mauvaise volonté de son parlement ; il l'apaise par des pleurs ; amène aux Flamands un faible secours ; sa lutte avec Philippe jusqu'au traité de Montreuil ; il épouse Marguerite de France, 22 à 41. Il abandonne les Flamands ; écrase les Ecossais et met en liberté Jean Baillol, 49, 50. Pousse à bout les vaincus, 68. Repousse les prétentions du pape sur l'Ecosse ; accorde au pays une trêve, 69. Change d'attitude à l'égard de Philippe ; dans quelles circonstances, 103. Ses échecs en Ecosse ; ouvertures que lui fait Philippe ; négociations et traité définitif entre eux, 116, 117. Un de ses sujets élu pape, 161 et suiv. Il est invité à son couronnement ; relevé de son serment envers ses sujets, 165 et suiv. Aux prises avec les Ecossais ; secondé par le pape ; ses rigueurs ; débats et négociations avec Philippe ; sa mort ; ses vaines mesures contre la faiblesse de son fils, 172, 173, 181 à 184. Ses ambassadeurs à l'assemblée de Poitiers, 188. Sa veuve en France, 212.

ÉDOUARD II, roi d'Angleterre ; son mariage avec Isabelle de France ; IX, 37, 39, 41. Fait hommage de l'Aquitaine à Philippe-le-Bel au nom de son père, 167. Son mariage, 182, 212. Sa mollesse ; son favori Gaveston ; il renonce à la guerre d'Écosse dès son avénement, 184, 185. Sollicité par Philippe-le-Bel, fait arrêter les Templiers de son royaume après s'être montré favorable à l'ordre, 207 à 209. Forcé d'exiler Gaveston; compte sur le secours de Philippe pour le rappeler, 212, 213. Pouvoir qu'il laisse en Aquitaine au roi de France, 223. S'engage à passer en terre sainte, 262. Soulèvement contre lui; mort de son favori; convention et amnistie qu'il jure; son voyage en France; il prend la croix; ses échecs en Angleterre et en Écosse, 272 à 277. Son inconséquence; ses vices, 299. Il recommande à son beau-frère Engherrand de Marigny, 302, 303. Expulse les Flamands de l'Angleterre, 327. Envahit l'Écosse; est vaincu; mépris de son peuple pour lui, 332, 333. Reconnaît Philippe v, 352. Est dispensé de lui faire hommage; pourquoi; sa guerre avec l'Écosse; sédition en Angleterre; il exile Despenser, 377 à 381. Saisit les fiefs en Guienne du sire de Casaubon; les restitue, 413, 414. Invoque le secours du roi de France contre Lancastre; fait ce dernier prisonnier; le fait périr; sa cruauté; ses échecs; trêve qu'il signe avec Bruce; ses réclamations auprès de Charles-le-Bel, 444 à 447. Demande à lui prêter hommage et rassemble des troupes, 449. Leurs différends; leurs négociations; leurs hostilités; leurs conventions; leur correspondance; soulèvement contre lui; il est prisonnier; son supplice; indignation du peuple contre lui, 450 à 467.

ÉDOUARD III, roi d'Angleterre; origine de ses prétentions sur le trône de France; IX, 212. Son père l'envoie sur le continent; son refus de retourner en Angleterre, 455, 456. Son mariage stipulé, 461. Est proclamé roi; fait la paix avec Charles-le-Bel, 466. N'est point en mesure de réclamer le trône de France; X, 8, 9, 14 à 16. Son hommage à Philippe de Valois; son retour en Angleterre, 25 à 27, 49, 51. Il fait arrêter Mortimer et la reine; révolution qu'il opère en Écosse, 52 à 55. Ses rapports avec Bailloi; avec le roi de France; sa guerre en Écosse, 71 à 73, 87 à 92. Donne asile à Robert d'Artois; ses projets pour ce prince; il reçoit l'hommage du duc de Bretagne; hostilités de Philippe, 77 à 87. Leurs négociations; leurs contestations; ses dispositions; ses rapports avec les Flamands; il refuse de livrer le comte d'Artois, 99 à 106. Ligue qu'il forme; propose à l'empereur de se liguer avec lui; il prend le titre de roi de France; victoire de sa flotte à Cadsand, 109 à 119. Conséquences de la guerre qu'il commence, 121 et suiv. A la demande du pape, il consent à une trêve; il sollicite l'alliance du dauphin Viennois; il offre la paix à l'Écosse, 128, 129. Efforts de son rival pour le prévenir en Guienne, 130. Son voyage dans les Pays-Bas; la Flandre lui échappe; il la reconnaît neutre, 132 à 134. Ajourne ses opérations militaires; comment secondé par l'empereur et par les princes ses subordonnés; échecs de ses lieutenans au Midi; ses démarches minées; son rival; intervention du pape; il commence les hostilités; se retire à Bruxelles; s'est attiré le courroux du pape; échecs des siens en Guienne; il est reconnu roi de France par les Flamands; son traité avec eux, 137 à 160. Le comte de Hainaut le rejoint en Angleterre; mesures de son rival pour l'y retenir, 162. Il brave l'interdit dont la Flandre est frappée, 164. Il gagne la bataille navale de l'Écluse; suites de sa victoire; son échec à Tournai; est abandonné par les Flamands; son désir de la paix, 167 à 174. Trêve qu'il signe; son retour en Angleterre, 176, 177. Ses motifs pour désirer un traité définitif, 178 et suiv. Se met en défense du côté de la Guienne; prolonge la trêve, 183, 184. Prend sous sa protection Montfort de Bretagne, 190. Ses opérations contre les Écossais; armistice, 195, 196. Est invoqué par la comtesse de Montfort; secours qu'il lui envoie, 200, 201. Sa résolution de conduire en France une armée, 210. Il fait débarquer en Bretagne le comte d'Artois, 211. Ses opérations en ce pays; il signe une trêve générale, 215 à 218. Seconde l'expédition en Espagne du roi de Navarre, 227. Met en liberté Olivier Clisson, 234, 235. Son courroux à la mort de ce chevalier, 240, 241. Par quoi décidé à la trêve; pourquoi reprend les hostilités; griefs qu'il publie contre son rival; ses partisans; son plan d'attaque; succès divers de ses officiers en Bretagne; il débarque à l'Écluse, 245 à 258. Il propose aux Flamands pour comte le prince de Galles, son fils, 260, 261. La mort d'Arteveld le détermine à retourner en Angleterre, 263. Les Flamands demeurent fidèles à son alliance; il perd son beau-frère, Guillaume de Hainaut, 264. Grande armée qu'il rassemble et veut conduire en Gascogne; pourquoi débarque en Normandie; ses progrès, 275 à 282. Sa position critique; il marche sur le Ponthieu; gagne la bataille de Crécy; portée de cette victoire, 287 à 307. Prend Calais, 309, 310, 324 à 334. Ses projets sur la Flandre, 318 à 321. Son épuisement; sa lassitude; trêve qu'il signe, 335, 336. Ses négociations en Espagne; la couronne impériale lui est offerte; il la refuse et reconnaît Charles IV, 348 à 350. Pacifie la Flandre, 352. Il renouvelle la trêve; sauve Calais; combat corps à corps, 361 à 364. Il délivre le comte de Guines, 377. Rompt et renouvelle avec Jean II la trêve stipulée avec son père, 392, 393, 407. Sa négociation pour la paix, 419. Son manifeste, 421. Son traité avec le roi de Navarre; il s'embarque, 422. Ses vaines hostilités, 424, 425. Dément le complot attribué à Charles-le-Mauvais, 452. Accueille les comtes de Longueville et d'Harcourt; donne ordre de défendre les possessions en Normandie du roi de Navarre, 454. Comment annonce à son royaume la victoire de Poitiers, 475, 476. Met en liberté Charles de Blois, 477. Accueille en Angleterre le roi Jean, prisonnier; ordonne de cesser les hostilités en Bretagne, 503 à 505. Signe avec Jean le traité de Londres, 554. Le soupçonne de l'avoir fait rejeter; resserre sa captivité; se prépare à la guerre, 558 à 561. Sa campagne en France jusqu'au traité de Brétigny, 563 à 573. Son séjour à Calais; il ratifie avec Jean le traité; sermens dont le pape le dégage; est médiateur pour le roi de Navarre, 576, 577. Il reconnaît les priviléges de ses nouveaux feudataires du Midi, 580. Réprime les compagnies d'aventure, 586, 587. Donne l'Aquitaine à son fils Édouard, 601. Traité qu'il fait avec les princes du sang, otages du roi, 604 et suiv. Il refuse de prendre part à la croisade, 607. Il accueille le roi de France; leurs fréquentes entrevues; sauf-conduit qu'il accorde, 610, 611. Otages qu'il réclame; XI, 16. Sa part dans la pacification de la Bretagne, 25. Les chefs de compagnies feignent d'agir en son nom, 34. Comment se manifeste le ressentiment de Charles V; comment Édouard défend son allié le roi de Castille; le mariage de son fils avec Marguerite de Flandre échoue, 38, 39. Sa longanimité; sa générosité envers les otages, 41. Il approuve le projet de son fils de restaurer Pierre-le-Cruel, 53. Ses rapports avec Charles; avec les princes otages; mariage de son fils Lionel; son désir de repos, 56, 57, 82, 93. Bien-être dont il a fait jouir l'Aquitaine, 94. Prétexte qu'il donne à la rupture du traité de Brétigny, 96. Ses négociations; Charles le fait défier; par qui sa lettre lui est remise; il est attaqué dans le Ponthieu; il permet aux otages de se racheter, 100 à 102. Il projette de marier ses fils aux filles de Pierre-le-Cruel, 106. Son alliance avec le roi d'Aragon, 108. Il convoque son parlement; reprend le titre de roi de France; sa trêve avec le roi d'Écosse; ses négociations extérieures; ascendant de son rival; ses alarmes, 110 à 114. Forces qu'il fait passer à Calais, 120. Attention qu'il prête aux plaintes des Gascons; sa vieillesse prématurée; situation de sa famille; disparition de ses vieux capitaines; ses alliés lui échappent; ses négociations avec Charles-le-Mauvais, 128 à 133. Par qui fait attaquer le nord de la France, 140. Il renouvelle les traités avec la Flandre, 152, 153. Son alliance avec la Bretagne, 153 à 155, 162, 163. Il accueille la médiation du pape, 162.

Mariage de ses fils, 163. Il fait prendre au duc de Lancastre le titre de roi de Castille, 164. Comment il perd la Rochelle, 173. Ses efforts pour sauver Thouars; il s'embarque; les vents le rejettent en Angleterre, 175, 176. Il projette d'attaquer la France par Calais; il donne au duc de Lancastre le commandement de son armée, 184. Désastres de cette expédition; son épuisement, 188. Déclin de sa santé; il nomme des plénipotentiaires pour la paix, 198. Fait reconnaître son petit-fils comme futur roi, 221. Pleins pouvoirs qu'il donne à ses négociateurs pour la paix, 223. Sa mort, 225. La trêve expire trois jours après, 226. Son pouvoir contenu par le parlement, 244. Ses favoris, sa maîtresse ont été expulsés, 245. Négociations auxquelles il a employé Wickleff, 246.

ÉDOUARD, prince de Galles, ou le prince Noir; accompagne son père en Flandre; X, 258. Est proposé par lui pour comte aux Flamands, 260. Ses premières armes, 275. Part qu'il prend à la bataille de Crécy, 292, 300. Accompagne son père à Calais, 362. Son heureuse expédition dans le Midi, 425, 426. Seconde invasion; il gagne la bataille de Poitiers, 458 à 475. Emmène son captif en Angleterre; leur arrivée à Londres, 498 à 503. Il entre en France avec son père, 565. Il jure le traité de Brétigny, 572. Il conduit Jean à Calais, 573. L'accompagne jusqu'à Boulogne à pied, 578. Est souverain de l'Aquitaine; en prend possession; y rétablit la paix et l'ordre, 601, 602. Accueille le roi de Chypre, 612. Il accuse le duc d'Anjou de manque de foi; XI, 16. Il envoie Chandos en Bretagne, 19. Il fait alliance avec le duc Jean IV, 26. Sa vigueur à repousser les compagnies, 34. Capitaines à son service enrôlés contre son allié le roi de Castille, 39. Ce prince se réfugie auprès de lui, 48. Sa résolution de le défendre; il convoque les Etats; sur leur avis soumet son projet à son père; les convoque de nouveau; promesse que lui fait Pierre, 51 à 53. Comment provoqué par le duc d'Anjou, 58. Ses efforts pour renverser Transtamare, 67. Compagnies qu'il convoque en Aquitaine, 68. Forces qu'il rassemble; ses démêlés avec le sire d'Albret; naissance de son fils; son départ, 69, 70. Son expédition en Espagne; sa victoire de Najara; suites de ce succès; sa maladie; il délivre Duguesclin; son retour; il découvre l'animosité du duc d'Anjou; 71 à 82. Il épuise son épargne pour entretenir les compagnies, et enfin les envoie en France, 84, 85. Il soulève contre lui la noblesse d'Aquitaine, 87 à 89. Orage qui éclate; bienfaits de son administration; sa cour de Bordeaux, 91 à 95. Il est cité au parlement; sa surprise; sa fière réponse; son hydropisie; il est attaqué le premier, 98, 99. Conséquence de son expédition inique en Castille, 102. Renforts qu'il reçoit, 108. Son parti l'exhorte à reconquérir la France, 110. Opérations qu'il dirige, 118. Son affaissement physique, 129. Il refuse son assentiment au traité entre son père et le roi de Navarre, 133. Se met à la tête de son armée; ses opérations; ses souffrances; il perd son fils aîné; il retourne en Angleterre, 135 à 140. La guerre languit après son départ, 149. Il s'embarque avec son père, 175, 176. Il lui remet tous ses fiefs de France, 184. Déclin de ses forces, 198. A laissé en Espagne don Jayme de Majorque, 219. Sa mort; sa famille, 221.

EDOUARD IV, roi d'Angleterre, d'abord comte de la Marche; ses victoires sur le parti de Lancastre; est proclamé; XIV, 51, 52, 55. Est couronné à Londres; supplices qu'il ordonne, 119, 120. Son rival lui est livré, 121. Ses trêves; ses négociations avec Philippe-le-Bon, 122, 133, 135 à 137. Ses négociations avec le duc de Bretagne, 218, 221. Son mariage; ses projets d'alliance avec Charles de Bourgogne; avances que lui fait Louis XI, 228, 229. Mariage de sa sœur; son traité avec Charles de France et avec le duc de Bretagne, 251, 252. Sa correspondance avec les d'Armagnacs, 285. Avec le duc de Guienne, 292. Sa légèreté; ses relations avec les ennemis de Louis; ennemi que lui suscite Warwick; il le bat, 300 à 303. Ses vicissitudes; sa fuite, 308 à 310. Louis XI lui interdit l'entrée de la France, 318. Accueil que lui fait Charles-le-Téméraire, 324. Secondé par lui; il débarque en Angleterre; ses forces; son frère se joint à lui; il rentre à Londres; naissance de son fils, 333 à 336. Ses victoires; son trône affermi; ses offres au Téméraire, 338 à 341. Ses conditions, 345. Ligue qu'il forme contre la France, 348, 349. Son traité avec le duc de Bretagne; secours qu'il lui envoie, 367. Sa correspondance avec Landois, 396, 541. Ligue que lui propose le Bourguignon, 418. Il la signe; ses stipulations; ses sommations à Louis, 424, 425. Débarque à Calais; ce que Louis annonce à son héraut; ce qu'il observe lui-même; Charles le rejoint sans troupes, 431 à 433. Lui donne rendez-vous à Reims; son mécontentement, 434. Échecs qu'ils apprend en route; méfiance du Bourguignon; ce qu'il attend de cette guerre; son peu d'ardeur; Saint-Pol lui refuse l'entrée de Saint-Quentin; il ne croit pas aux explications de Charles; celui-ci l'abandonne; avances que lui fait Louis; il signe une trêve de neuf ans, 437 à 442. Titres qu'il donne au roi; désir de ce prince de gagner son amitié; son entrevue avec Charles, 445 à 447. Puis avec Louis; paix de Pecquigny; son départ pour l'Angleterre, 450 à 452. Charges qu'il a fournies contre Saint-Pol, 454, 457. Il rentre dans l'inaction, 511. Son inimitié contre son frère Clarence, 529. Les Anglais le pressent de recommencer la guerre, 544. Son goût pour les plaisirs l'emporte; influence de Louis XI sur lui; il fait périr son frère Clarence; renouvelle sa trêve, 553 à 555. Avertissemens de sa sœur; rumeurs de son peuple; son traité avec la France; disposé à rompre, 571 à 576. Son accord secret avec Maximilien et le duc de Bretagne, 598. Il annonce qu'il va recommencer la guerre; sa mort, 612.

EDOUARD V, roi d'Angleterre; sa naissance; XIV, 336. Son avénement à douze ans, 612. Détrôné, 640. Sa mort; XV, 18.

EDOUARD VI, roi d'Angleterre; sa naissance; XVII, 18. Projet de lui faire épouser Marie Stuart, 144, 333, 365. Son avénement, 290 à 293. Son mariage stipulé avec Elisabeth de France, 405, 406. Il reconnaît pour héritière Jeanne Grey; sa mort, 509 à 512. Hérétiques brûlés sous son règne, 517.

EDOUARD, prince de Galles, fils de Henri VI, sa naissance; XIII, 572. Sa fuite; XIV, 52. Sa mère le confie à un brigand qui le sauve, 121. Epouse la fille de Warwick; son traité avec lui et avec Clarence, 307. Procession à laquelle il assiste, 318. Son retour en Angleterre; prisonnier à Tewksbury; il est massacré, 337 à 340.

EDOUARD, comte de Warwick, le dernier des Plantagenets; son supplice; XV, 21.

EDOUARD, comte de Savoie; sa guerre avec le dauphin de Viennois; sa défaite; IX, 430, 431. Réconcilié avec lui; X, 17. Sa mort; comment sa succession est réglée, 37, 38.

EFFIAT (LE MARÉCHAL D'), surintendant des finances de Louis XIII; son discours à l'assemblée des notables; XXIII, 30 et suiv. Ses nombreux collègues dans la guerre de Mantoue, 151. Réduit le duc de Lorraine, 195 à 197. Ses accusations contre Montmorency, 199. Sa mort, 215. Les troupes lorraines lui ont été livrées, 224. A rétabli l'ordre dans ses finances, 249. Voy. Cinq-Mars.

EFFIAT (RUZÉ D'); accusé de la mort de Madame; XXV, 193.

EFFIAT (D'); sa fidélité à la constitution; XXVII, 300. Opposé à la quadruple alliance, 322.

EGINHARD, secrétaire et historien de Charlemagne; II, 236 et suiv. Portrait qu'il trace de son héros, 315 et suiv. Ses amours avec Emma, 406, 407.

EGMONT (CHARLES D'), duc de Gueldre; sa lutte avec Philippe d'Autriche; leur trêve; XV, 449. Il recommence la guerre, 460, 461, 483, 484, 488. Trêves dans lesquelles il est compris, 498, 623. Il reprend les hostilités, 553. Est le seul allié de la France, 617. Est de l'armée du Milanais; XVI, 22. Retourne dans ses Etats, 27. Abandonné par la France, 333, 561. Cède la nue-propriété de sa souveraineté à Charles-Quint, 423, 424. Sa mort; XVII, 115.

EGMONT (LE COMTE D'); son ambassade en Angleterre; XVII, 524. Est lieutenant du duc de Savoie; XVIII, 45. Son poste à la bataille de Saint-Quentin, 51. Il gagne la bataille de Gravelines, 79, 80. Est otage pour l'exécution du traité de Cateau-Cambresis, 93. Ses représentations hardies à Philippe II, 449. Pacification qu'il négocie, 480. Il refuse de se joindre à la confédérations des gueux, 483. Son supplice; XIX, 12.

EGMONT (LE COMTE D'); renfort qu'il amène à la ligue; XXI, 50, 51. Sa valeur à Ivry; il est tué, 55, 56.

EGMONT (LE COMTE D') est de l'armée d'Allemagne; XXIX, 131.

ELBOEUF (DE LORRAINE GUISE, MARQUIS D'); XVII, 397. Part pour l'Italie, 428. S'enferme dans Metz, 483. Est de l'armée de son frère; XVIII, 31. Accompagne Marie Stuart en Ecosse, 228, 229. Il agite Paris, 405. Sa mort, 476.

ELBOEUF (DE GUISE, MARQUIS, PUIS DUC D'); part qu'il prend à la Saint-Barthélemy; XIX, 154. Son dévouement pour le Balafré; XX, 121. Aux prises avec Joyeuse, 147. Est de l'armée de son frère, 303. Son arrestation, 463, 493. Conférence à laquelle il assiste; XXI, 190. Engagement qu'il signe, 237. Le gouvernement du Poitou lui est donné, 254. Se soumet à Henri IV, 285, 287. Représente un des pairs laïques au sacre de Louis XIII; XXII, 231. Accompagne ce prince au parlement, 292. Déclaré coupable de lèse-majesté; remplacé dans son gouvernement; XXIII, 164, 166. Sa condamnation, 186. Complice de Montmorency, 205. Abandonné par Gaston, 250, 251.

ELBOEUF (DE LORRAINE GUISE, DUC D'), volontaire à l'armée de Flandre; XXIV, 80. Est nommé général de la Fronde; s'empare de la Bastille, 246, 247. Emissaire espagnol accrédité auprès de lui, 255. Son mobile, 258. Siége au parlement, 331. Dénonce le projet de retour de Mazarin, 411. Sa mort, 548.

ELEONORE d'Aquitaine épouse Louis-le-Jeune; V, 237 et suiv. Laissée sous la garde de l'évêque de Chartres, 251. Couronnée à Bourges, 253. Prend la croix, 307. Sa brouillerie avec son époux, 349, 350. Donne le jour à une fille, 375. Son divorce; ses prétendans; son deuxième mariage; naissance de son fils, 377 à 381; 384. Ne prend aucune part au gouvernement, 398. Sa fidélité envers Henri; sa jalousie, 497. Sa captivité, 500, 517. Mise en liberté; VI, 38. Son fils Richard lui confie une autorité absolue, 90. Appelée en Sicile, 102. Arrive à Messine, 104. A l'administration de l'Angleterre, de la Normandie et de l'Aquitaine, 139. Son activité contre son fils Jean; déjoue ses entreprises; négocie le rachat de Richard, 143, 144. A sa mort prend parti pour Jean-sans-Terre, 184. Va chercher en Castille sa petite-fille Blanche; se retire à Fontevrault; époque de sa mort, 190. Assiégée par son petit-fils, 213. Meurt, 232.

ELEONORE de Provence; son mariage avec le roi d'Angleterre; VII, 140. Son entrevue avec sa mère et ses sœurs; VIII, 23. Accompagne son mari en France, 129. Prolonge son séjour à la cour de sa sœur; différend qu'elle lui soumet, 132. Elle rassemble des soldats sur les côtes de France, 136. Les disperse, 138, 144. Réclame le partage de la Provence, 300. Presse son fils de seconder ses prétentions; 325.

ELÉONORE de Castille; son dévouement pour le prince Edouard d'Angleterre son époux; VIII, 229.

ELEONORE d'Autriche, sœur de Charles-Quint; projet de la marier à Louis XII; XV, 664. Puis au connétable de Bourbon; XVI, 177, 210. François 1er la demande en mariage, 266. Leurs fiançailles, 277. Elle l'épouse, 351. Négocie et fait signer la trêve de Monçon, 553, 554. Se rend au congrès de Nice, 560. Sa joie de réunir son époux et son frère; est présente à leurs entretiens; XVII, 10. Sa visite à l'empereur, 225. Elle se retire à Bruxelles, 312. Duel à son occasion, 315. Est présente à l'abdication de son frère, 565.

ELEONORE d'Aragon, comtesse de Foix; comment recueille la succession de Navarre; XIV, 103 à 106. Son avénement; courte durée de son règne, 553. Sa mort, 613.

ELIE, seigneur de Gerberoi; donne asile à Robert-Courte-Heuse; IV, 449.

ELIE, seigneur de la Flèche, achète le Maine; se fait proclamer comte; IV, 509. Ses guerres à ce sujet; il prend la croix, 556 à 559; V, 34, 35. Epoque de sa mort, 102.

ELIPAND, évêque de Tolède; son hérésie; II, 339, 347.

ELISABETH de Flandre, femme de Philippe-Auguste; descend des Carlovingiens; IV, 51.

ELISABETH de Vermandois, comtesse de Flandre; sa mort; VI, 22.

ELISABETH de Jérusalem; ses mariages; VI, 71, 85, 121.

ELISABETH (sainte), sœur de saint Louis; ses austérités; sa mort; VIII, 179.

ELISABETH, reine douairière de Hongrie; fait assassiner Charles Durazzo; est emprisonnée et noyée; XI, 486, 487.

ELISABETH d'York épouse le comte de Richemond (Henri VII); XV, 19, 21.

ELISABETH, reine d'Angleterre, déclarée bâtarde par le parlement; XVI, 532. Parti pour elle; elle est emprisonnée; XVII, 525. Son avénement; dangers qu'elle a courus; pourquoi sauvée par Philippe II; il la reconnaît; elle est couronnée; ses rivales; XVIII, 84, 85. Démarches de Philippe pour l'épouser; elle rétablit le culte réformé; elle fait la paix avec la France et l'Ecosse, 86, 87. Intervient dans ce dernier pays; ses succès, 134 à 136. Sa méfiance de Marie Stuart, 228. Elle refuse de recevoir les nonces du pape, 246. Ses négociations; son traité avec Condé, 341, 342. Secours qu'elle envoie en France, 343. Subsides qu'elle fait passer à d'Andelot, 350. Et à Condé, 354. Comment espère recouvrer Calais; la reine-mère lui déclare la guerre, 391, 392. Elle désire une réconciliation, 416. Ses négociateurs signent le traité de Troyes, 417. Réconciliée avec Marie Stuart, 426. Ses explications avec la France au sujet de Calais; inquiétudes que lui donne la reine d'Ecosse, 489, 490. Elle accueille Châtillon; XIX, 31. Envoie des subsides au parti, 39. Son royaume enrichi par l'émigration flamande; convoi qu'elle fait saisir, 118, 119. Son mariage négocié avec Henri d'Anjou; elle ne souhaite pas cette union; elle retient Marie Stuart en captivité; fait exécuter Norfolk; son traité avec la France, 123 à 125. Horreur et effroi que lui cause la Saint-Barthélemy, 190, 192. Négociations pour lui faire épouser le duc d'Alençon, 221, 228, 248, 492, 497. Refuse de secourir les Rochellois, 227, 228. Ses rapports avec Charles IX et Philippe II, 249. Avec la régente de France, 289. Invoquée par les Etats de Flandre, 486. Son alliance avec eux; par quoi motivée, 491, 492. Envoie des subsides à Jean Casimir; dans quel but, 495. Elle retient Marie Stuart en captivité; XX, 23. Elude l'alliance avec la France et son mariage avec d'Alençon, 46, 47. Ses négociations avec le Navarrais, 112, 113. Parry tente de l'assassiner, 115, 116. Ses lois cruelles contre les catholiques, 134. Valois lui recommande les Pays-Bas, 139. Considérée par Philippe comme son ennemie personnelle, 155. Nouvelles négociations avec Henri, 161 à 166. Elle charge Leicester de secourir les Flamands, 242, 243. Son royaume est le centre d'action du protestantisme; il n'est pas à l'abri d'une révolution intérieure; conséquence du principe d'autorité adopté par l'Eglise anglicane; facilité avec laquelle le pays a changé de religion; inquiétudes que donne Marie Stuart aux ministres d'Elisabeth; vœux du pape, de Philippe, du prince de Parme, pour la mort de cette dernière, 244 à 250. L'armée allemande qu'elle a levée entre en France, 279, 280. Ses efforts pour sauver les Huguenots de ce royaume, 288. Reçoit un envoyé du Navarrais, 321, 322. Propositions de paix que lui fait Philippe ; congrès de Bourbourg, 381, 382. Départ de l'invincible Armada; bulle d'excommunication contre la reine, 383. Est sauvée par la destruction de l'Armada ; secours que les Huguenots attendent d'elle, 386 à 389. Henri IV lui demande son aide; XXI, 24, 113, 114. Ses renforts retardés par les vents contraires, 31. Leur arrivée, 32, 33. Presse le roi de se rendre maître de la Normandie, 141. Envoie des secours à ses lieutenans en Bretagne ; ses exigences; ses reproches, 309. Ses rapports; ses négociations avec le roi converti, 415 à 420. Elle ne sauve point Calais, 425. Son alliance avec la France, 427 à 430. L'aide à recouvrer Amiens, 466. Retard de ses ambassadeurs pour la paix générale, 474 à 477. Ses inquiétudes; ses dangers; XXII, 41. Pourquoi se rapproche d'Ostende ; ambassadeur que lui envoie Henri ; son accueil à Biron; elle l'entretient du supplice de d'Essex, 64 à 66. Elle recommande Bouillon au roi; sa mélancolie; sa mort, 84. Où Henri apprend cet événement, 90.

ÉLISABETH de Pologne épouse le roi de Hongrie; XVII, 84. Elle règne en Transylvanie, 418, 559. Réconciliée avec sa noblesse et Ferdinand, 440.

ELISABETH de France, fille de Henri II ; son mariage stipulé avec Edouard VI; XVII, 406. Puis avec don Carlos d'Espagne, 547; XVIII, 83. Elle épouse Philippe II, 89, 91. Est escortée par le roi de Navarre; son mariage célébré, 111, 130, 131. Son entrevue avec sa mère, 443 et suiv. Passion de don Carlos pour elle; XIX, 8. Sa mort, 11.

ÉLISABETH d'Autriche; son mariage avec Charles IX; XIX, 96, 97. Douleur que lui cause la Saint-Barthélemy ; ce qu'elle obtient du roi, 198. Est veuve et mère d'une fille, 274.

ÉLISABETH de France; son mariage stipulé avec Philippe IV d'Espagne; XXII, 230, 255, 256. Sa maladie, 346. Son mariage par procuration, 350. Son entrée en Espagne, 351. Elle n'a plus de rapports avec la France; XXIII, 434. Elle presse la disgrâce de d'Olivarès; ses conseils au roi; XXIV, 48, 49. Sa mort, 74.

ELISABETH-CHARLOTTE, princesse palatine, épouse le duc d'Orléans; XXV, 211. Ses prétentions à la succession de son frère, 529; XXVI, 20, 215. Confidence que lui fait le roi, 81. Mariage de son fils; anecdotes à ce sujet, 88 et suiv. Son opinion sur Dubois; XXVII, 245.

ÉLISABETH, impératrice de Russie; projet de lui faire épouser Louis XV; XXVII, 520. Révolution qui la place sur le trône; XXVIII, 265, 266. Troupes qu'elle rassemble, 454. Entre dans la ligue contre Frédéric; XXIX, 58, 80, 116, 146, 147. Sa mort, 249.

ÉLISABETH (madame), sœur de Louis XVI ; par qui sa maison gouvernée; XXX, 261. Pureté de sa réputation, 267.

ELNHAM (GUILLAUME), lieutenant de l'évêque de Norwich en Flandre; XI, 421.

ELOI (SAINT); amitié de Dagobert pour lui; II, 37. Ses travaux d'orfèvrerie, 52.

ELPHINSTONE (L'AMIRAL), au service des Russes; contribue à la victoire de Tchezmé; XXIX, 395, 477.

EMERY (D'), commissaire de Louis XIII aux Etats de Languedoc; son arrestation; XXIII, 202. Ambassadeur en Savoie; trahison qu'il fait en vain entreprendre, 326. Ses mesures pour assurer le pouvoir à la régente, 327, 331. Traduit Montgaillard devant un conseil de guerre, 347. Rattache la régente à l'alliance française, 348. Est nommé contrôleur des finances; XXIV, 25. Edit de confiscation qu'il exhume; débats qu'il soulève, 57 et suiv. Sa subtilité; sa dureté fiscale, 102. Taxe nouvelle dont il frappe Paris, 190 et suiv. Est remplacé, 208. Puis rappelé, 289. Sa mort, 334.

EMMA, fille de Charlemagne; ses amours avec Eginhard; II, 406.

EMMA, femme de Rodolphe, roi de France; sa mort; III, 381.

EMMA, fille de l'impératrice Adélaïde, épouse Lothaire; III, 474. Sa haine envers son beau-frère Charles, 476. Ses galanteries, 488. Reçoit le serment de fidélité des princes francs; accusée d'inconduite, 491. Invoque le secours de sa mère, 492. Combat dans le Rémois, 493. Prisonnière du prince Charles, 494.

EMMA, fille de Hugues de France; son mariage projeté; III, 430. Femme de Richard-sans-Peur; IV, 65.

EMMA de Sicile, demandée par le roi de France; comment épouse le comte d'Auvergne; IV, 473.

EMMANUEL PHILIBERT, duc de Savoie, d'abord prince de Piémont; ses premières armes en Italie; puis au siége de Metz; XVII, 490, 491. Il commande l'armée impériale; prend Hesdin, 506, 507. Ses ravages en Artois; il perd le combat de Renty, 530, 531. Est aux prises avec le duc de Nemours, 543. Son mariage négocié, 547. Il donne lecture de l'abdication de Charles-Quint, 565. Est encore général en chef des impériaux; trompe les Français; investit Saint-Quentin; XVIII, 45, 46. Il gagne la bataille de ce nom et propose de marcher sur Paris, 51 à 53. Prend Saint-Quentin, 54. Rassemble son armée à Maubeuge, 78. Pourquoi désire la paix, 82. Son mariage stipulé, 83. Et célébré, 91, 98. Hérétiques qu'il se charge d'exterminer, 174. Guerre qu'il fait aux Vaudois; édit de tolérance qu'il leur accorde, 213 à 217. Il réclame ses places séquestrées par la France; traité de Blois qui règle ce différend, 385 à 388. Ses créances sur la cour, 389. Sommation qu'il fait faire à Catherine, 415. Plans qu'elle lui communique, 428, 429. S'oppose au mariage de Coligni; XIX, 106. Annonce à Damville la mort du roi, 293. Le fait évader; obtient de Henri III la restitution de ses places, 304 à 307. Prend Bellegarde à son service, 310. Médiateur entre Damville et la cour,

382, 450. Ses intrigues avec Catherine de Médicis, 519. D'où ses prétentions à la couronne de Portugal; XX, 26. Reconnaît Philippe II, 29. Son complot pour s'emparer du Dauphiné révélé au roi, 87, 88.

EMMELINE, femme de Guillaume-Fier-à-Bras; sa jalousie contre la vicomtesse de Thouars; sa vengeance; IV, 71. Guerre qu'elle soutient contre son mari; leur réconciliation, 72.

EMPSER (JACOB), capitaine de l'infanterie allemande de Louis XII; l'empereur lui ordonne de quitter l'armée; XV, 589. A qui se confie; sa mort, 590.

ENGELBERGE, impératrice, recommande Lothaire au pape Adrien; III, 155. Cause l'emprisonnement de Louis II son époux; ses négociations avec ses oncles, 183. Assiste à la diète de Pavie, 198.

ENGHIEN (GAULTIER, SIRE D'), lieutenant du comte de Flandre; ses expéditions; sa mort; XI, 345 à 347.

ENGHIEN (FRANÇOIS DE BOURBON-VENDOME, COMTE D') est de l'armée du duc d'Orléans; XVII, 122. Envoyé en Provence pour recevoir les Turcs, 141. Piége auquel il échappe, 157, 158. Il prend Nice, 159 à 161. Lève le siége du château, 162 à 174. Commande en Piémont; ses opérations; sa brillante victoire de Cérisoles, 175 à 191. Pourquoi perd le fruit de la bataille, 192, 193. Armistice qu'il conclut, 194, 195. Témoin de la protestation du dauphin contre le traité de Crespy, 216. Rejoint le roi, 223. Est gouverneur du Languedoc, 270. Accident qui cause sa mort, 289.

ENGHIEN (JEAN DE BOURBON, COMTE DE SOISSONS, PUIS D') part pour l'Italie; XVII, 363, 428, 552. Est de l'armée royale, 484. Se jette dans Metz; ses sorties, 487. Est tué à Saint-Quentin; XVIII, 52.

ENGILBERT (SAINT) envoyé à Rome par Charlemagne; II, 354. Porte au pape Léon III une part des dépouilles des Huns, 357. Ses amours avec Berthe, fille de Charles; leur fils, 406.

ENNERY (LE COMTE D'); projet de le nommer ministre; XXX, 55.

ENSENADA (LE MARQUIS DE LA),

ENTRAGUES (D'), commandant français; vend aux Pisans la citadelle de Pise; XV, 243.

ENTRAGUES (FRANÇOIS DE BALZAC, D'); avis qu'il donne à Guise; XIX, 98. Lieutenant du chancelier à Orléans; XX, 365. Méfiance qu'il inspire au Balafré, 374. Défend la citadelle, 475. Témoin des derniers momens du roi, 543. Promesse de mariage que fait Henri IV à sa fille; XXII, 34. Ses intrigues; son arrestation; sa captivité, 105 à 109. Sa trahison, 119.

ENTRAGUES (CHARLES DE BALZAC D'), dit Antraguet; insulte Quélus; leur duel; XIX, 498 à 500. Est de la ligue; XX, 131. Lieutenant du chancelier à Orléans, 365. Méfiance qu'il inspire au Balafré, 374.

ENTRAGUES (LA DEMOISELLE DE BALZAC D'), duchesse de Verneuil; maîtresse de Henri IV; promesse qu'il lui fait de l'épouser; XXII, 33, 34. Désir du roi de se rapprocher d'elle; il la fait présenter à la reine, 60 à 62. Obtient la grâce du comte d'Angoulême, 76. Exactions qu'elle obtient. Elle attaque Sully, 98. Ses intrigues avec l'Espagne; elle rend au roi sa promesse de mariage; son procès; sa condamnation; sa grâce, 104 à 108, 193. Embarras qu'elle donne au roi, 128. Leurs relations renouées, 141. Menaces qu'il lui fait, 142. Sa réconciliation avec la régente; à quel prix, 219, 220.

ENTRAIGUES (LE COMTE D'); ses déclamations contre la noblesse; XXX, 436.

ENTREMONT (JACQUELINE D') épouse Coligny; XIX, 106. Se réfugie en Suisse, 192.

EON DE L'ÉTOILE se croit appelé à venir juger la terre; ses disciples condamnés au feu; V, 373.

EON (LE CHEVALIER D'), secrétaire d'ambassade en Angleterre; XXIX, 263.

EPERNON (ANDRÉ), prévôt des marchands de Paris; les bouchers lui demandent d'armer la bourgeoisie; XII, 407. Ses efforts pour calmer la foule, 408.

EPERNON (JEAN-LOUIS NOGARET DE LA VALETTE, DEPUIS DUC D') est appelé à la faveur de Henri III; XIX, 502; XX, 6. Le roi lui destine sa belle-sœur; lui donne d'avance la dot; le fait duc et pair; il gouverne ce prince, 8, 9. Le Béarnais recherche son amitié, 101. Est envoyé près de ce prince, pour l'engager à changer de religion, 106 et suiv., 120. Conserve Metz au roi, 145. Lui propose de s'allier aux protestans, 146. Ses succès contre les ligueurs, 147. Sa mission près de la reine-mère, 169. Il conseille la paix avec les Huguenots, 171. Son commandement, 190. Il marche contre Condé, 201. Est nommé gouverneur de Provence, 216. Ses opérations en ce pays, 218, 221, 222. Limites à la confiance que lui accorde le roi, 260. Son mariage avec Marguerite de Foix; il fait mal accueillir Joyeuse, 264, 265. Son commandement à l'armée royale; ses opérations, 300, 301. Négocie avec les Allemands, 311. Haine que lui portent les ligueurs; surnommé Gaveston; libelle contre lui; sa réponse, 323, 324. Efforts de Guise contre lui; faveurs dont il est comblé; indignation de la bourgeoisie, 325, 326. Complot des seize pour l'enlever, 328. Part pour Rouen, 332. Ses démêlés avec Villeroi, 363. Il commence à être à charge à Valois, 364. Accusé par les Seize, 369. Résigne le gouvernement de Normandie; s'éloigne de la cour, 371, 372. Ses relations avec le Navarrais, 391. Complot d'Angoulême dont il manque d'être victime, 392 à 398. Renfort qu'il envoie au roi, 504. Il n'ose confier sa personne à ce prince, 515, 516. Occupe Blois, 521. Réconcilié avec Aumont, 524. Son commandement à l'armée royale, 535. Assiste aux derniers momens du roi, 543. Ses troupes sont toutes catholiques; XXI, 6. Il abandonne le camp de Saint-Cloud, ses motifs; ses prétextes, 14, 15. Est de la journée des farines, 101. Est du tiers-parti, 111. Ses succès en Provence, 170, 171. Ses opérations; ses excès en ce pays; tous les partis se réunissent contre lui et se soumettent à l'autorité royale, 245 à 248. Ligue contre son pouvoir, 313 à 315, 317, 384. Ses menaces au roi; son traité avec Philippe, 387 à 389. La soumission de Marseille entraîne la sienne propre, 390 à 398. Ce qu'il obtient du roi, 399. Est de l'assemblée de Rouen, 443. Rancune que lui garde Henri, 482. Sa position féodale; XXII, 10. Aversion qu'il témoigne pour le roi, 49. Elude de se compromettre dans le complot de Biron, 53. Son entrevue avec le roi, 68, 69. Déposition de Lafin sur son compte, 70. Il accueille Biron, 72. Ses dérèglemens, 88. Le roi veut soustraire Metz à son autorité, 89, 90. Sa position à la cour; il s'attache à la reine, 179. Est dans la voiture du roi à sa mort; le couvre de son manteau, 181, 182. S'empare de l'autorité, 184, 185, 187. Il fait nommer la reine régente, 188, 190. Sa position politique, 192. Ses bonnes paroles à Sully, 197. Est du conseil secret, 199. A empêché de tuer Ravaillac, 202. Ses prétendus rapports avec lui, 205. Ses gouvernemens, 216. Position que la reine fait à ses fils, 217. S'est élevé par le favoritisme, 218. Se rend au-devant de Condé, 225. Penche pour l'alliance espagnole, 227. Représente un des pairs laïques au sacre, 231. Prend parti pour Soissons; entre en carrosse au Louvre, 232. Ses exigences, 235. Il part pour Angoulême; démonstrations que lui fait la reine, 237, 249. Son retour; bon accueil qu'il reçoit, 255. Froideur que lui témoigne la régente, 259. Complice de l'assassinat de Luz, 266 à 268. Triomphe de sa faction, 269 à 272. La reine veut s'en dégager, 274. Il se renferme à Metz, 280. Son rappel, 283. Il accompagne Louis XIII au parlement, 292. Comment brave la justice, 328. Gouverne la reine, 345, 353. Elle est fatiguée de son humeur, 354. S'éloigne de la cour; après quel accident, 358. Ses rapports avec la cabale, 367, 368. Prend les armes, 379. Gratifications qu'il a reçues, 389. Sa querelle d'étiquette avec le garde des sceaux; il quitte encore la cour, 432, 433. Se rapproche de la reine-mère, 434. La fait évader; le roi lui fait la guerre; leur accommodement, 450 à 453. Confédéré de nouveau, 462. Accueille le roi à Cadillac, 476. Attaque La Rochelle, 487. Est nommé gouverneur de Guienne, 506. Aux prises avec Rohan, 564. Suite de ses opérations; XXIII, 115. Il s'humilie devant Richelieu, 162. Appui que Montmorency attend de lui, 200. Sa fidélité au roi, 205. Il demande en vain la grâce de Montmorency, 211. Son attitude à l'égard du cardinal, 214. Ses débats avec Sourdis; sa mortification, 229, 230, 301. Puissance qu'il a conservée, 309. Refuse de faire la guerre au cardinal, 310. Ses démêlés avec Condé, 343. Son abaissement, 349, 365, 381. Sa mort, 478. Voy. *Lavalette.*

EPERNON (LE DUC D'), d'abord marquis, puis duc de Lavalette; son grade; XXII, 217. Confédéré avec la reine-mère, 462. Révoltés qu'il écrase en Guienne; XXIII, 301. Conspire contre Richelieu, 309, 310. Son échec à Fontarabie; il se retire en Angleterre, 345, 346. S'y réunit à la reine-mère; son procès; son exécution en effigie, 365 à 367, 381. Est du complot de Sedan, 452. La Guienne demandée pour lui; XXIV, 24. Complot contre Mazarin qu'il fait avorter, 31. Volontaire à l'armée des Pays-Bas, 80. Il prétend au rang de prince; ses démêlés avec Condé et avec le parlement de Bordeaux; il le fait casser; remontrances à ce sujet, 284, 287, 288. Aux prises avec les nouveaux frondeurs, 324, 325, 329. Sa tyrannie dénoncée au parlement de Paris, 335 et suiv. Faiblesse de Mazarin pour lui, 336. Pourquoi; ses crimes; ses vices; haine que lui porte la bourgeoisie, 338 à 340, 403. Sa destitution offerte par Gaston, 346. Il est révoqué, 350. Nommé gouverneur de Bourgogne, 374. Ses succès contre le parti des princes, 407, 482. Veut se récuser dans le procès de Condé, 500, 501. Mort de son fils, 559. Sa mort; XXV, 41.

EPERNON (LE DUC D'); son mémoire contre Fleury; son exil; XXVIII, 63, 64.

EPREMENIL (DUVAL D') combat au parlement l'emprunt proposé par Necker ; XXX, 109 et suiv. Sa popularité, 360, 361. Sa véhémence, 364. Il propose de publier les principes constitutifs de la monarchie ; son arrestation, 371 à 375. Son attitude après sa mise en liberté, 421 et suiv.

ERASME (DIDIER), le savant le plus universel de son siècle ; ses amis en France ; son influence en ce pays où il refuse de se rendre ; date de sa mort; XVI, 357, 360, 361. L'enseignement du grec, de son temps, se naturalise en France, en Allemagne, en Angleterre ; il est invité à diriger le collége de France, 362, 363. Son édition du Nouveau Testament en grec, 374. Son incrédulité sous le voile du catholicisme, 376. Procès que lui fait Béda, 380.

ERCHINOALD, maire de Neustrie ; II, 41. Comment il domine Clovis, 43. Gouverne les trois royaumes ; est favorable aux hommes libres ; fait reconnaître par chacun des royaumes les trois fils de Clovis sans faire entre eux le partage, 61. Sa mort, 62.

EREMBURGE, héritière du Maine ; assure ce comté à son époux Foulques d'Anjou; V, 102.

ERGUERY (LE SIRE D'), capitaine de Philippe VI ; commence les hostilités dans l'Agénois ; X, 130.

ERIC, roi de Norwège ; sa fille est héritière de l'Ecosse; VIII, 456. Il stipule le mariage de la jeune reine avec un prince d'Angleterre, 457.

ERLACH (LE COMTE D'), major-général de l'armée de Weymar ; son traité avec la France ; XXIII, 372. Prend part à la victoire de Fribourg ; XXIV, 66. Renforce Condé, 173. Marche sur Paris insurgé, 223 à 225. Raffermit la fidélité des Weymariens, 264, 266.

ERMEMBERGE, femme de Thierry II ; répudiée ; I, 427.

ERMENFROI, menacé de la justice d'Ebroïn ; II, 81. L'assassine; honneurs dont le comble Pépin, 82.

ERMENGARDE, femme de Louis-le-Débonnaire ; II, 423. L'excite à dé-

pouiller son neveu Bernard, 436. Sa trahison envers ce dernier, 444. Le fait périr ; meurt elle-même, 445.

ERMENGARDE, fille unique de l'empereur Louis II ; exclue par les lois de son héritage ; III, 197. Epouse Boson, 209. Son ambition, 238. Est assiégée dans Vienne, 245, 252. Prisonnière, 252. Tutrice de son fils, 288.

ERMENGARDE, femme d'Eudes de Blois ; découvre son cadavre ; IV, 227.

ERMENGARDE, vicomtesse de Narbonne ; livre au comte de Barcelone l'entrée du Languedoc ; V, 409. Sa cour rendez-vous des troubadours ; VI, 159. Ses cours d'amour ; sa mort, 160, 161.

ERMENGEAUD, comte de Rouergue, ne reconnaît point Rodolphe; III, 356.

ERMESENDE, comtesse de Barcelone ; comment elle force les Sarrasins à la paix ; IV, 159.

ERNEST, duc d'Autriche, offre passage aux croisés de Nicopolis ; XII, 76. Mariage de son fils, 195. Renforce à Paris les Bourguignons, 236.

ERNEST d'Autriche prétend à la couronne de Pologne ; XIX, 218, 219. Défiance des Polonais à son égard, 238. Projet de mariage pour lui ; XXI, 180, 192. Gouverneur des Pays-Bas, 290. Refuse d'arrêter Mayenne, 295. Sa mort, 359.

ERRERA (LOUIS DE) renforce Gonsalve; XV, 403.

ESCHAUFFOU (ARNAUD D'), compagnon de Guillaume-le-Bâtard ; révolté contre lui ; IV, 338.

ESCLAVOLLE (GUEDON, SIEUR D'), envoyé par Guise à Paris ; XX, 331.

ESCLAT (PIERRE DE L'), conseiller du duc de Berry ; arrêté avec Montagu ; XII, 333.

ESCOMAN (LA DEMOISELLE D'); ses révélations sur Ravaillac ; XXII, 205.

ESCORNAY (LE SIRE D') viole la trêve en Flandre ; XI, 453.

ESMEAUX (D'); pourquoi condamné à mort en Provence ; XXIV, 266.

ESPAGNE (LOUIS D') ou de la Cerda seconde Charles de Blois ; commande son armée ; X, 191, 199. Lève le siége d'Hennebon, 205. Ses progrès; sa défaite à Quimperlé; don qu'il demande à Charles; vengeance qu'il projette; comment empêchée, 206 à 209. Commande la flotte française; bataille indécise qu'il livre, 211. Est déclaré par le pape roi des îles Fortunées, 239, 240. Flotte que lui promet le Dauphin viennois, 266.

ESPAGNE (CHARLES D') ou de la Cerda est nommé connétable de France; X, 379. Accompagne le roi en Saintonge, 392. Faveurs dont il est comblé; il épouse Marguerite de Blois; excite la jalousie du roi de Navarre, 406. Est assassiné, 409 à 411.

ESPARRE (ARINVILLE, SIRE DE L'); chargé de défendre la Gascogne contre le roi de Navarre; VII, 296.

ESPARRE (LE SIRE DE L'), prisonnier de Charles VII; XIII, 513. Conspire contre la France, 547. Excepté de l'amnistie, 558. Est exécuté, 574.

ESPENAN (D') défend Salces pour les Français; capitule; XXIII, 394, 395. Troupes qu'il conduit en Catalogne, 464. Sa retraite, 465, 466. Sa querelle avec Fontrailles, 483. Prend part à la victoire de Fribourg; XXIV, 67.

ESPESSE (LE SIEUR D'); envoyé par Henri III à sa mère; XIX, 287. Projet de loi criminelle qu'il présente aux Etats de Blois; XX, 489, 490. Rassemble à Tours les membres fidèles du parlement, 505.

ESPINAC (PIERRE D'), archevêque de Lyon; préside le clergé aux Etats de Blois; XIX, 402. Porte au roi, au nom des trois ordres, la proposition d'adjoindre au conseil d'Etat trente-six députés nommés par eux, 409. Sa réponse au président de la chambre des comptes, 420. L'ordre le charge de demander la guerre sans donner les moyens de la soutenir, 426, 427. Son discours de clôture, 428. Il signe le cahier de l'ordre et le présente au roi, 438. Est de la Ligue; XX, 131. Libelle à lui attribué contre d'Epernon; accusé d'inceste, 324. Ses conférences avec Guise, 340. Est du conseil secret, 378. Confiance que lui témoigne le roi, 400. Ce qu'il lui demande, 416.

Audience à laquelle il est présent; est envoyé au tiers-état, 435, 436. Son mot à plusieurs députés, 443, 444. Conseil auquel il assiste; il est prisonnier, 461, 463. Le roi le rassure, 470. Il reste prisonnier; ses interrogatoires; sa fermeté, 493. Se rachète; est garde des sceaux de l'Union; XXI, 47. Communication que lui fait Mayenne, 60. Envoyé à Henri IV, 80. Procession qu'il conduit à Notre-Dame, 86. Conférences auxquelles il représente les ligueurs, 187 et suiv. Assemblée à laquelle il assiste, 190. S'empare du pouvoir à Lyon; fait le duc de Nemours prisonnier; la ville se déclare pour Henri IV, 231 à 235. Il persiste dans le parti de la ligue; époque de sa mort, 383.

ESPINEVILLE (D'), corsaire français; ses exploits; sa mort; XVII, 559.

ESQUERDES (LE MARÉCHAL D') défend Abbeville pour Charles-le-Téméraire; XIV, 327. Traite de la remise d'Arras, 505. Commande l'armée de Louis XI; perd la bataille de Guinegatte, 561 à 564. Belle armée sous ses ordres, 607. Négociateur du traité d'Arras, 610. Le roi le recommande à son fils, 616. Ministre proposé, 652. Envoyé en Flandre; XV, 17. Il contient Maximilien, 27, 28. Ses succès, 66, 67. Il secourt le prince de Clèves, 72. Ses succès, sa blessure, 83 à 85. Sentence qu'il signe, 89. Défend la frontière du Nord, 124. Négociateur avec Henri VII, 127. Tente vainement de reprendre Arras; ses échecs, 132. Villes que le traité de Senlis laisse à sa garde, 134. Sa mort, 159.

ESSÉ (ANDRÉ DE MONTALEMBERT, BARON D'); sa belle défense à Landrecies; XVII, 148, 154. Troupes qu'il conduit en Ecosse; sa harangue, 367. Ses opérations; violences de ses soldats à Edimbourg, 368, 369. Son rappel, 370. Il défend Térouenne, 505. Est tué, 506.

ESSEX (LE COMTE D'), négociateur à Gravelines; XIII, 337.

ESSEX (LE COMTE D'); secours anglais qu'il conduit à Henri IV; XXI, 114. Ses forces au siége de Rouen, 142. Il ne prend point Calais, 425. Son supplice; XXII, 65, 66.

ESTAING (L'AMIRAL D'); sa flotte sort de Toulon; XXX, 163, 165. Son arrivée en Amérique; ses précédens; son confident; son caractère; retardé par les vents, 173 à 175, 197. Ses opérations, 176, 177. Ses dissentimens avec les Américains; ses succès dans les Antilles, 178 à 180, 184, 185. Son échec à Savannah; son retour en France; sa disgrâce, 185, 186. Remplacé par Guichen, 188. A manqué d'inspiration, 192. Entravé par son état-major, 193. Suffren a servi sous lui, 212.

ESTAINVILLE (D'); coup de pistolet qu'il tire sur Guy-Joly; XXIV, 291.

ESTE (HUGUES D'); appelé par les habitans à gouverner le Maine; IV, 405. Par qui dirigé, 406. Retourne en Italie, 407. Rappelé dans le Maine révolté; sa noblesse; vend ses droits et rentre en Lombardie, 508, 509.

ESTE (NICOLAS D'); son usurpation à Ferrare; sa mort; XIV, 534.

ESTE (HERCULE Ier, D'), duc de Ferrare; accueille Charles VIII à Asti; XV, 163. Forteresse qui lui est consignée, 223. Il offre ses services à la France, 245. Sommes que Louis XII exige de lui, 303. Il rejoint ce prince, 380. Ligué contre Borgia, 390. Renforts qu'il a promis à La Trémoille, 412.

ESTE (ALPHONSE Ier, D'), duc de Ferrare; son mariage; XV, 354. Il est de la ligue de Cambrai; combat les Vénitiens, 503, 512, 518. Est excommunié, 539. Aux prises avec les troupes pontificales, 541, 546. Son artillerie à la bataille de Ravenne, 591. Il fait prisonnier Colonna, 592. Son absolution, 600. Sentiment du nouveau pape à son égard, 620. Ce qu'il écrit aux Médicis; XVI, 88. Réconcilié avec le saint-siége, 165. Pourquoi a pris parti pour les Allemands, 222. Rançonné par l'armée impériale, 258. Clause qui le concerne dans le traité de Madrid, 336. Son alliance avec la famille de France, 340. Ligué avec l'empereur, 415, 416. Va à sa rencontre; XVII, 103.

ESTE (HERCULE II, D'), duc de Ferrare; son mariage; XVI, 340. Sa fille Anne épouse le duc d'Aumale, depuis Guise; XVII, 349, 362. Il entre dans l'alliance française; XVIII, 32. Refuse de suivre son gendre à Naples, 35. Ses opérations; ses désastres, 40, 43. Son entrevue avec Catherine de Médicis, 428.

ESTE (FRANÇOIS Ier, D'), duc de Modène; entre dans l'alliance française; XXIV, 144. Ses hostilités contre les Espagnols, 176, 177. Sa détresse, 274. Allié à Mazarin, 525, 559, 601. Il commande en chef l'armée alliée; prend Valence, 537. Son séjour à la cour de France, 547. Assiége Alexandrie, 555. Sa mort, 573, 574.

ESTE (FRANÇOIS II), duc de Modène; restitution qu'il réclame; XXV, 55. Territoire qu'il vend, 58. Achète sa neutralité; XXVI, 191. Reçoit garnison française, 326.

ESTE (FRANÇOIS III), duc de Modène, gendre du duc d'Orléans; désire s'allier aux Bourbons; XXVIII, 273. Se rend à Naples, 325. Prend part au combat de Velletri, 327. Expulsé de ses états, 336, 410. En reprend possession, 392. Son séjour à Venise, 398. Son désespoir à la retraite des Français, 404. Signe la paix d'Aix-la-Chapelle, 457.

ESTE (HIPPOLYTE D'), cardinal de Ferrare; ses actes administratifs en Italie; XVII, 532 et suiv.; XVIII, 115. Légat en France, 234 et suiv., 249 et suiv. Pérore aux Etats de Blois; XIX, 431.

ESTE (LE CARDINAL D') éprouve l'arrogance des Espagnols; XXIV, 144. Ce que son frère stipule pour lui, 274.

ESTE (MARIE D'), reine d'Angleterre; sa grossesse; XXV, 561. Naissance de son fils; XXVI, 16. Sa fuite à la cour de France, 24, 30 et suiv. Louis XIV lui promet de reconnaître son fils, 305.

ESTE (HENRIETTE D'), duchesse de Parme; sa feinte grossesse; XXVIII, 93, 95. Dépossédée, 112.

ESTELLE, échevin de Marseille; son courage pendant la peste de cette ville; XXVII, 429.

ESTERNAY (LE SEIGNEUR D') signe l'association protestante; XVIII, 282. Entrevue à laquelle il assiste, 352. La reine-mère le rend responsable des hostilités du parti, 504. Rejoint le duc de Deux-Ponts; XIX, 54.

ESTISSAC (LE BARON D') commande les royalistes contre la Fronde; XXIV, 403. Secourt les Rochellois, 406.

ESTIVET, chanoine de Beauvais; accusateur public dans le procès de Jeanne d'Arc; XIII, 183.

ESTOBLON (TADDÉE DES BASCHI, SIRE D') commande les rasats en Provence; est aux prises avec Carces; XIX, 337, 338.

ESTOURMEL (MICHEL D'), ligueur; arbore l'étendard de Henri IV dans son gouvernement; XXI, 241.

ESTOUTEVILLE (LE SIRE D') défend Harfleur contre Henri V; XII, 473. Capitule et en rend compte au roi, 474. Seconde Dunois; XIII, 213. Défend Harfleur contre Beaufort de Sommerset puis se rend, 370, 371. Est prévôt de Paris; extension de sa juridiction, 453. Destitué par Louis XI; XIV, 81. Replacé, 202.

ESTOUTEVILLE (LE CARDINAL D'), légat du pape; sollicite en faveur de Jacques Cœur; XIII, 541. S'interpose entre Charles VII et le duc de Savoie, 545. Réformateur de l'université de Paris, 607.

ESTRADES (LE COMTE PUIS MARÉCHAL D') commande en Catalogne; XXIV, 538. Prend le pas sur l'ambassadeur d'Espagne; XXV, 23, 24. Sa mission en Hollande, 104 et suiv. 111, 113, 116, 124, 130, 144. Commande à Maëstricht, 262. Sa promotion, 302. Négociateur à Nimègue, 371.

ESTRÉES (GABRIELLE D'), maîtresse de Henri IV; son influence sur sa conversion; XXI, 199. Elle conseille la déclaration de guerre à l'Espagne; son mariage; son fils reconnu par le roi, 332, 333. Balagni est son protégé, 373, 375. Ses fêtes à Lyon, 382. Dons qu'elle reçoit, 410, 459. Sauve Belin traduit en jugement, 427. Ses rapports avec Zamet, 437. Elle fait entrer Sully aux finances, 440, 441. Son opinion sur le discours du roi à l'assemblée de Rouen; réponse de ce prince, 444, 445. Publicité de ses amours, 459, 460. Se dispose à le suivre à l'armée,

463. Ses infidélités; le roi se refuse à la surprendre; il songe à l'épouser; sa mort; soupçons d'empoisonnement; XXII, 28 à 31. Voy. *Cœuvres*.

ESTRÉES (DIANE D') épouse Balagni; XXI, 379.

ESTREES (LE MARQUIS D') se noie au combat de Valenciennes; XXIV, 536.

ESTRÉES (LE MARÉCHAL D'); flotte qu'il commande contre les Hollandais; XXV, 238, 239, 264. Ses succès en Amérique, 354, 355. Il bombarde Alger; XXVI, 11. Est envoyé en Bretagne, 27. Vogue pour rejoindre Tourville, 102. Menace Barcelone, 106, 207.

ESTREES (LE DUC D'), ambassadeur à Rome; sa mort; XXV, 488, 552, 554.

ESTRÉES (LE CARDINAL) accuse Molinos; XXV, 488. Ses missions à Rome, 563; XXVI, 115. Ses intrigues en Espagne; il est supplanté par son neveu du même nom, 425 et suiv. 447.

ESTRÉES (LE COMTE, PUIS MARÉCHAL D') préside le conseil de la marine; XXVII, 245. Vote contre le duc du Maine, 351.

ESTRÉES (LE MARÉCHAL D') commande l'armée d'Allemagne; XXIX, 120, 121. Ses précédens; ses succès, 126 à 128. Il gagne la bataille d'Hastenbeck; est remplacé par Richelieu, 129 à 132. Rôle de son armée, 138. Rappelé à la tête des troupes; ses échecs, 260, 261.

ETALLONDE (D'), co-accusé de la Barre; accueilli en Prusse; XXIX, 297 à 299.

ETANGES (LA DUCHESSE D'), maîtresse de Henri IV; XXII, 141.

ETATS-GENERAUX DU ROYAUME OU DE LANGUE D'OIL ET DE LANGUE D'OC; leur réunion ou convocation; IX, 83, 218, 352, 364; X, 230, 269, 270, 384, 427, 447, 477, 482, 490, 512, 522, 525, 555, 608; XI, 62, 63, 106, 368; XII, 399, 531; XIII, 16, 81, 90, 309, 349, 376; XIV, 29, 243, 641 à 683; XV, 452; XVIII, 68, 191, 221; XIX, 393 à 443; XX, 401 à 465; XXI (de la ligue), 165; XXII, 297 à 334; XXX, 412 et suiv.

ETAUGES (FRANÇOIS D'ANGLURE, VI-

COMTE D') défend Luxembourg; XVII, 197. Conduit des troupes en Ecosse, 367.

ETHELBALD, roi d'Angleterre; son mariage; III, 143.

ETHELRED II, roi d'Angleterre; ses luttes avec les Danois et les Suédois; IV, 85. Dépossédé et réfugié en Normandie, 236.

ETHELWAD dispute le trône d'Angleterre à Edouard; III, 318.

ETHELWOLF, roi d'Angleterre; épouse Judith fille de Charles-le-Chauve; III, 121.

ETIENNE, roi d'Angleterre; introduit les tournois dans son royaume; IV, 378. Fidèle à la cause de Henri Ier; récompense qu'il en reçoit; V, 138. Son échec, 139. Sur quoi fonde ses prétentions au trône, 191. Prête serment à la fille de Henri Ier, 193. Aux prises dans son comté de Boulogne avec Guillaume Cliton, 208. S'empare du trône d'Angleterre, 230. Jalousie qu'il excite, 231. Retient Geoffroy dans l'Anjou; favorisé par Louis-le-Gros et le pape; attaqué par le roi d'Ecosse, 232. Prend possession de la Normandie; en fait hommage à Louis-le-Gros; transige avec son frère Thibaud, 239. Sur quoi fonde son droit; comment l'appuie; ses mercenaires brabançons, 271, 272. Nature de sa guerre en Normandie, 273. N'y trouve point d'obéissance; sa trêve avec Geoffroy, 274. Sa vaillance; ses succès contre les Ecossais, 276. Prisonnier de Mathilde; offre de renoncer à la couronne, 277. Remis en liberté; s'affermit sur le trône, 278. Perd la Normandie; l'Angleterre lui reste, 279. Surveille avec soin Henri Plantagenet, 375. Son autorité nulle, 376. Parti contre lui, 381. Ligué avec Louis-le-Jeune contre Henri, 382. Attaqué en Angleterre; décision que les seigneurs proposent, 383. Cause de ses hésitations, 384. Perd son fils aîné; reconnaît Henri pour son successeur, 385. Convient avec lui de raser les châteaux forts des particuliers; n'exécute point cette convention, 386. Sa mort, 387.

ETIENNE II, pape; II, 173. Implore en vain la protection de l'empereur d'Orient contre les Lombards; passe en France, 184. Y est reçu comme un messager de la Divinité; renouvelle pour Pépin et sa famille l'onction sacrée, 186. Sanctionne par la menace d'excommunication l'élévation du nouveau roi et celle de sa race; protection que la nation lui promet, 187. Accompagne leur armée; sollicite et fait conclure la paix, 189. Retourne à Rome; attaqué de nouveau; rappelle les Francs, 190 à 194. Ses lettres à Pépin; sa mort, 206.

ETIENNE III, pape; installé par la faction Lombarde; II, 208. Fait juger Constantin, son prédécesseur, 209. S'oppose aux mariages proposés entre les princes francs et la famille de Didier, 227, 228. Sa mort, 239.

ETIENNE IV, pape; élu par le clergé et le peuple romain sans l'assentiment de Louis Ier; II, 437. Son inquiétude; son voyage en France; réception qu'on lui fait; il sacre l'empereur, 438. Meurt, 442.

ETIENNE V, pape; ses transactions avec Charles-le-Gros; III, 264. A couronné empereurs Guido et Lambert, 321.

ETIENNE VIII, pape; intervient dans les affaires de France; III, 413. Vit dans la dépendance d'Albéric, patrice de Rome, 415.

ETIENNE IX, pape; meurt; IV, 305.

ETIENNE, comte d'Auvergne; son mariage cassé par un concile; pourquoi; III, 143. Tué dans un combat, 164.

ETIENNE, évêque de Clermont; va trouver à Mâcon Louis IV; III, 443.

ETIENNE, prêtre d'Orléans; confesseur de la reine Constance; renouvelle avec Lisois la doctrine des gnostiques; sa condamnation; son supplice; IV, 148 à 152.

ETIENNE, comte de Champagne; IV, 227. Fait la guerre au roi Henri Ier; vaincu et mis en fuite, 234.

ETIENNE, comte de Blois; prend la croix; IV, 533. Part avec Robert Courte-Heuse, 546. Son retour en France, 559. Etendue des domaines de sa maison; V, 8. Part de nouveau pour la terre sainte, 27, 29. Son retour à Constantinople, 31.

ETIENNE, comte d'Aumale; prend la croix; IV, 533. Ligué avec Louis-le-Gros; V, 204.

ETIENNE, comte de Bourgogne; part pour la croisade; V, 29.

ETIENNE hérite du comte de Sancerre; V, 366. Henri II d'Angleterre recherche son alliance, 403. Leur réconciliation, 407. Partage avec la reine sa sœur et ses trois frères le gouvernement de la France; VI, 14. Offensé par le jeune roi, 15, 16. Ligue dont il fait partie; comment y engage le comte de Flandre, 20, 21. Reçu en grâce, 23. Désigné par Philippe de Flandre comme son allié; dans quelle circonstance, 40. Sa mort en terre sainte, 120.

ETIENNE de Bavière, père de la reine Isabeau; XI, 454, 455. Fait reconnaître en France l'empereur élu; XII, 138.

ETIENNE (BATHORI), roi de Pologne; son élection; XIX, 340, 341.

ETRÉES (D') est prévenu à Orléans par Condé; XVIII, 278.

EU (JEAN D'ARTOIS, COMTE D') est reçu en grâce et armé chevalier par le roi Jean; X, 376. Reçoit le comté d'Eu, 379. Est présent à l'exécution du comte d'Harcourt, 451. Prisonnier à la bataille de Poitiers, 470, 474. Ses violences à Péronne, 581. Il accompagne le roi en Bourgogne, 592. Assiste à ses funérailles; XI, 5.

EU (PHILIPPE D'ARTOIS, COMTE D'), connétable; tumulte qu'il apaise; XI, 601. Reçoit l'épée de connétable; XII, 35. Expédition qu'il dirige en Hongrie; ses motifs; à quoi ses armes sont employées, 74, 75. Il accompagne le comte de Nevers, 77. Est prisonnier à Nicopolis, 88, 89. Sa mort, 96.

EU (CHARLES D'ARTOIS, COMTE D'); du parti *Armagnac*; XII, 390, 425. Prisonnier à Azincourt, 482, 489. Opérations de guerre et événemens politiques auxquels il prend part; XIII, 317, 366, 367, 370, 380, 488, 495; XIV, 19. Représente un des pairs laïques au sacre de Louis XI, 75. Assemblée à laquelle il assiste, 149. Son ambassade à Lille, 150. Chargé de défendre Paris, 182. Le roi dispose de sa succession, 210. Il assiste aux Etats de Tours, 244. Accompagne la reine d'Angleterre, 318. Sa mort, 401.

EUDES, roi de France, d'abord comte de Paris; présumé fils de Robert-le-Fort; défend Paris assiégé par les Normands; III, 262, 265, 266. Assemble une diète; est couronné roi; lutte avec les Normands; fait hommage à l'empereur; couronné à Reims; à quoi se réduit son royaume, 290 à 297. Comment éloigne les Normands, 300. Recommence la guerre; est vaincu; se fait reconnaître au midi de la Loire; conjuration contre lui en Neustrie; sa guerre avec Charles-le-Simple; il se confie à Arnolphe; est trahi par Zwentibold; abandonne la campagne; négocie avec Charles; se réconcilie avec Baudoin; se débarrasse à prix d'argent des Normands; meurt, 310 à 315.

EUDES, duc d'Aquitaine; étendue de sa domination; sa prétendue généalogie; II, 95. Marche au secours de Raginfred; est vaincu avec lui; se réfugie au delà de la Loire; traite avec le vainqueur, 117. Ses alliances, ses luttes avec les Sarrasins; il invoque le secours de Charles-Martel, 126 à 129. Délivré par la victoire de Poitiers, 132. Paraît avoir possédé en partie la Provence, 133. Sa mort, 135.

EUDES Ier, duc de Bourgogne; n'a laissé aucun souvenir; expéditions d'aventuriers bourguignons pendant son règne; IV, 467. Etendue de ses domaines; V, 8. Meurt en pèlerinage à la Terre-Sainte, 22.

EUDES III, duc de Bourgogne, assentiment qu'il donne à la guerre de Philippe-Auguste contre Jean-sans-Terre; VI, 225. S'engage dans la croisade contre les Albigeois, 273. Refuse les dépouilles de Raymond-Roger, 296. Quand quitte la croisade, 299. Assemblée à laquelle il assiste, 327. Prend part à la victoire de Bouvines, 359. A paru dans la guerre du Nord et dans celle du Midi, 426.

EUDES IV, duc de Bourgogne, protége sa nièce Jeanne de France;

ses conventions avec Philippe v; IX, 337, 339, 350, 351, 354. Commande une division de l'armée française; X, 20. Ses prétentions à l'Artois, 40. Est mis en possession; son influence sur le procès du comte Robert, 42, 44. Ses débats avec ses vassaux; ils lui prêtent hommage, 56. Cour plénière à laquelle il assiste; serment qu'il prête, 66, 67. Opérations magiques de Robert d'Artois contre lui, 74 et suiv. Ses débats en Franche-Comté avec le comte de Châlons, 98. Réconcilié avec lui, 107. Bat le comte d'Artois, 172, 173. Assiste Charles de Blois contre Montfort, 191, 199. Renfort qu'il amène à l'armée royale, 272. Il perd son fils unique, 310. Le roi lui rend l'oriflamme, 318. Marche au secours de Calais, 325. Sa mort, 354.

EUDES (COMTE), battu par les Normands; III, 172.

EUDES, fils d'Héribert, reçoit le comté de Vienne; III, 369, 373. Dépossédé, 375.

EUDES Ier, comte de Blois et de Chartres; son mariage; sa mort; IV, 99.

EUDES II, fils du précédent; aux prises avec Foulques-Nerra; IV, 134. Comment Robert excite son ressentiment, 135. Il secourt le comte de Sens, 156, 157. Ses démêlés avec l'empereur Henri II, 168. Comment s'est élevé malgré ses défaites; son habileté à se relever de ses revers; est maître de presque toute la Champagne, ravagée par les Normands; réconcilié avec le duc Richard; sa querelle avec le comte de Toul; il donne asile à Hugues, fils de Robert, 170 à 173. Appui qu'il donne au comte de Poitiers; ses motifs, 181. Ses prétentions au royaume d'Arles; nouvelles luttes; il fait la paix avec Robert, 182 et suiv. Fait la paix avec Foulques; mais trop tard pour prévenir Conrad dans le royaume d'Arles, 186. Part qu'il prend au couronnement de Henri Ier de France, 188. Paraît avoir servi dans la maison du roi Robert, 208. Ligué avec Constance contre Henri, 211. Part qu'il prend à leur guerre, 212. Fait la paix avec le roi, 214. S'ébranle pour réclamer l'héritage de Rodolphe, 222. N'ose prendre la couronne; aux prises avec Conrad-le-Salique, 223. Le reconnaît; ses regrets; ses intrigues, 224. La couronne de Lombardie lui est offerte; envahit la Lorraine; vaincu près de Bar-le-Duc; disparaît, 225. Comment son cadavre est découvert, 227.

EUDES de France; son imbécillité; IV, 187. Parti en sa faveur, 234. Enfermé, 235. Mis en liberté; mission que lui donne son frère, 271. Sa défaite dans la guerre entre Henri et Guillaume, 283. L'époque de sa mort n'est point connue, 311.

EUDES, évêque de Bayeux; gouverne l'Angleterre en l'absence de son frère Guillaume-le-Conquérant; IV, 365. Générosité de celui-ci à son égard, 443. Pourquoi emprisonné; quand remis en liberté, 478. Se met en Angleterre à la tête du parti de son neveu Robert, 504. Marie Philippe et Bertrade, 518. Accompagne son neveu à la croisade, 546.

EUDES, comte de Corbeil; arrêté et emprisonné; pourquoi; V, 79. Délivré par Louis-le-Gros, 81. Meurt sans enfans, 83.

EUDON, élu duc de Rennes; V, 399. Cède la place à Conan IV, 400. Fait la guerre à Henri Plantagenet; pourquoi; ses alliés, 464. Forcé de se réfugier en France, 491.

EUDOXIE, femme divorcée du czar Pierre Ier; sort de prison; XXVIII, 75.

EUGÈNE proclamé empereur; I, 43. Sa mort, 44.

EUGENE II, pape; donne satisfaction aux partisans des Francs; II, 459.

EUGENE III, pape; retenu à Rome par l'établissement de la république; fait prêcher la seconde croisade; V, 305, 306, 308. Se rend en France, 319. Ses entrevues avec Louis VII, 325, 355. Secours que lui demande Suger, 361. Préside le concile de Reims; condamne les réformateurs, 372.

EUGENE IV, pape (GABRIEL CONDOLMIERI); prédicateur ascétique brûlé sous son pontificat; XIII, 114. Il intervient dans les affaire de France, 205. Représenté au congrès d'Arras,

250. Il réclame le royaume de Naples; soulèvement contre lui en Italie, 294, 295. Quand introduit dans le sacré collége; sa conduite à l'égard des hussites, 319, 320. Cité à comparaître devant le concile de Bâle; il résiste; est déclaré contumace, 321 à 323. Convoque un autre concile à Ferrare; l'assemblée de Bâle nomme un autre pape, 324 à 326. Son ressentiment contre Charles VII, 329. Ses instances pour la paix générale, 334. La France se déclare pour lui, 376. Sa trahison envers Sforza, 413, 414. Veut employer l'armée du Dauphin contre le concile de Bâle, 425. Sa mort, 463. Semble avoir considéré la religion comme un moyen de gouvernement, 609.

EUGÈNE de Savoie, comte de Soissons; son mariage; XXIV, 532, 559, 601. Il souffre les assiduités de Louis XIV près de sa femme, 577. Son exil; XXV, 83.

EUGENE de Savoie (LE PRINCE); époque de sa naissance; XXIV, 532. Pourquoi quitte la France; XXV, 405. Son expédition contre les Turcs, 526. Sa disgrâce, 546. Il marche au secours du duc de Savoie; XXVI, 60, 107. Son poste à Staffarde, 64. Il trompe Ballande, 73. Envahit la vallée de Barcelonnette, 108. Son poste à la Marsaille, 134. L'empereur lui destine la Savoie, 166. Il assiége Casal, 172. Aux prises avec Catinat; ses opérations, 320 à 323. Il bat Villeroi à Chiari; suites, 324 à 327. Fait ce général prisonnier dans Crémone, 331 à 335. Aux prises avec Vendôme, 336. Livre la bataille de Luzzara; évacue le Séraglio, 338 à 340. Soupçons dont il se disculpe, 341. Pourquoi quitte l'armée, 373. Commande en Allemagne, 403. Sa jonction avec Marlborough, 404. Tient Villeroi en échec, 404, 406. Remporte la victoire de Blenheim ou Hochstett, 407 à 411. Suites de la victoire, 412, 413. Il perd la bataille de Cassano, 445, 446. Retourne à Vienne, 463. Il amène des renforts sur l'Adige, 464. Passe cette rivière, 469. Sa marche sur Turin; il gagne la bataille de ce nom, 470 à 474.

Est l'un des trois directeurs de la grande alliance; sa convention avec les vaincus; XXVII, 10, 11. Envahit la Provence, 12, 15 à 19. Termine glorieusement cette expédition malencontreuse, 20. Il renforce Marlborough en Flandre; leur succès à Oudenarde, 52 et suiv. Ses opérations après la prise de Lille, 59, 60. Son projet de marcher sur Paris, 71. S'oppose à la paix, 76, 78 et suiv. Prend Tournai; livre la bataille de Malplaquet; prend Mons, 85 à 89. N'ose refuser de négocier, 94. Plénipotentiaire à Gertruydenberg, 95 et suiv. Sa guerre de siéges, 99 et suiv. Son inaction en Allemagne, 144. Son voyage à Londres; il refuse de déposer les armes; il prend le Quesnoy; assiége Landrecies; perd la bataille de Denain, 159 à 163. Villars prend l'ascendant sur lui; il signe le traité de Rastadt, 176 à 179. Bat les Turcs à Peter-Waradin, 284. Puis à Belgrade, 309. Aux prises avec Berwick et d'Asfeld; ne peut sauver Philipsbourg; XXVIII, 104 à 106. Se tient sur la défensive, 136. Son affaiblissement; sa mort, 213.

EUREWYN (ROGER DE), pacificateur de Gand; XI, 464, 465.

EURIC, roi des Visigoths; tue et remplace son frère Théodoric II; I, 167. Aspire à régner sur les Gaules entières; ses conquêtes; sa mort, 168, 169.

EUSTACHE, comte de Boulogne; les Anglo-Saxons recourent à lui; IV, 399. Prend la croix, 533, 545.

EUSTACHE, fils d'Etienne; roi d'Angleterre; surveille Henri Plantagenet; V, 375. Vient le combattre sur le continent, 382. Sa mort, 385.

EVRARD, archevêque de Sens; résiste aux Normands; sa mort; III, 265.

EVREUX (LOUIS, COMTE D'), frère de Philippe-le-Bel; fait partie de l'armée de Flandre; IX, 19. Son témoignage à l'assemblée de Paris, 120. Requête qu'il présente au roi contre le pape, 122. Assiste à l'assemblée de Poitiers, 188. Signalé par Clément V comme accusateur de Boniface, 236. Déclare s'en rapporter à la prudence

Table générale de l'Histoire des Français.

du pontife, 237. Conseiller de son neveu, 266. Pacifie l'Angleterre, 273. Fête qu'il donne; il prend la croix, 275. Juge de Jeanne de Bourgogne, 292. Confiance que le roi son frère a eue en lui, 300. L'Artois lui est consigné, 344. N'a aucun intérêt à faire couronner reine sa petite-nièce Jeanne, 350. Assiste de mauvaise grâce au sacre de Philippe v, 351. Transige avec lui, 354. Veut marier sa fille à l'héritier de Flandre, 373. Epoque de sa mort, 375. Mariage de sa fille Jeanne, 421.

EVREUX (LOUIS D'), comte d'É-tampes; complot dont il est accusé et puni; X, 549.

EXETER (LE DUC D'); son poste au siége de Rouen; XII, 558. Capitaine de Paris; il fait arrêter Lille-Adam, 609. Fait tirer sur le peuple, 610.

EXETER (LE DUC D'), général de la Rose rouge; réfugié à Bruxelles; XIV, 323. Avances que lui fait Charles-le-Téméraire, 333. Il renforce Warwick; est tué, 337, 338.

EXILI, complice de la Brinvilliers; XXV, 401 et suiv.

FAK

FABERT (LE MARÉCHAL) est gouverneur de Sedan; XXIII, 516. Y accueille Mazarin; XXIV, 370. Assiége Stenay, 510. Refuse l'ordre du Saint-Esprit; sa mort; XXV, 30. Son fils unique tué à Candie, 180, 181.

FABRE (JEAN), protestant; son arrestation; sa piété filiale; XXIX, 52.

FABRI (JEAN), l'un des juges de la Pucelle; XIII, 185.

FABRI (JACQUES), apôtre de la réforme à Meaux; XVI, 119, 120. Comment sauvé du bûcher, 254.

FABRI (LE CHEVALIER DE), marin français; son heureuse croisière; XXX, 173.

FABRICIUS, secrétaire du conseil en Bohême; violence dont il est l'objet; XXII, 445.

FAGEL, grand pensionnaire de Hollande; annonce la paix au prince d'Orange; XXV, 374.

FAGEL, lieutenant de l'archiduc Charles; XXVI, 427, 449.

FAGON, médecin de Louis XIV; consulté par Guillaume III; XXVI, 304. Son étrange précaution pendant la maladie du Dauphin; XXVII, 134.

FAKHR-EDDYN, chef des Mameluks; VII, 401. Est défait par saint Louis; sa retraite, 402. Il craint la colère du sultan; établit avec lui l'armée à Mansourah, 406. Ses escarmouches autour de Damiette, 409.

FAR

Il dissimule la mort du sultan et harcèle les chrétiens; est repoussé, 412 à 415. Est tué, 422.

FALANDRE, ligueur; défend Dreux; XXI, 51.

FALARI (LA DUCHESSE DE) est témoin de la mort du régent; XXVII, 480.

FALCONBRIDGE (LORD), ambassadeur de Cromwell en France; honneurs qu'il reçoit; XXIV, 551.

FALSTAFF (SIR JOHN), vainqueur à la journée des Harengs; XIII, 97 à 99. Opine pour lever le siège d'Orléans, 131. Conduit les débris de l'armée anglaise, 136, 137.

FAMARS surprend Valenciennes; XIX, 136.

FAMECHON (PIERRE DE); du parti d'Orléans; son supplice; XII, 378.

FARDULFE, lombard; découvre une conspiration contre Charlemagne; II, 339. Reçoit en récompense l'abbaye de Saint-Denis, 340.

FAREL (GUILLAUME), apôtre de la réforme à Meaux; XVI, 120. S'enfuit à Genève, 254. Soulève cette ville, 475.

FARINELLI, chanteur italien; son crédit à la cour d'Espagne; noble usage qu'il en fait; flatté par Marie-Thérèse; XXVIII, 430, 431; XXIX, 57, 236. Son exil, 239.

FARJAUX défend Maëstricht contre les Français; XXV, 260. Il capitule, 262.

FARNÈSE (PIERRE-LOUIS), duc de Parme et de Plaisance, reçoit l'empereur à Gênes ; XVII, 149. Amour que lui porte son père Paul III, 228. Il reçoit de lui ses fiefs, 274, 328, 421. Complice de Fieschi, 287, 324. Il est assassiné, 330, 421.

FARNESE (OTTAVIO), duc de Parme; reçoit Charles-Quint à Trente ; XVII, 103. Projet de lui donner le Milanais, 149. Il commande les troupes du pape, 278. Son mariage, 329. Echange que lui propose son aïeul, 388. Confirmé dans son duché, 421. Se met sous la protection de Henri II, 423. Son traité avec la France et le pape, 468. Subsides qu'il a reçus de l'empereur, 470, 471. Se réconcilie avec ce prince ; XVIII, 13. Alarmes que lui donnent les Français, 32. Ses hostilités contre le duc de Ferrare, 43.

FARNÈSE (HORACE), duc de Castro; épouse Diane, fille de Henri II ; XVII, 329, 504. Conjure contre Gonzaga, 348. Ses efforts pour sauver sa famille, 422, 423. Il est prisonnier et relâché, 424. Sa mort, 507.

FARNESE (ALEXANDRE) ; sa faction au conclave; XVII, 389.

FARNESE (ALEXANDRE), duc de Parme; est élevé à la cour de Philippe II ; XVIII, 13. Troupes qu'il conduit en Flandre ; XIX, 491. Don Juan le désigne pour lui succéder, 496. Ses succès, 536, 537. D'où ses prétentions à la couronne de Portugal; XX, 25. Reconnaît Philippe II, 29. Assiége Cambrai; sa retraite, 41, 42. Comment dispose son armée, 44. Ses opérations, 49, 50. Sa connivence avec Salcède, 57 à 59. Ses succès, 85, 86. Prête sans scrupules son ministère aux complots de Philippe, 115. Encourage l'assassin de Nassau, 117. Prend Anvers, 118. A l'ascendant, 242, 243. Ses vœux pour la mort d'Elisabeth, 249, 250. Renforts qu'il envoie à Guise, 296. Promesses qu'il lui fait, 379. Ses envoyés au congrès de Bourbourg, 381 à 382. Troupes d'embarquement qu'il rassemble, 383. Leur insubordination, 387. Envoie des renforts à Mayenne ; XXI, 32, 51. Son entrevue avec lui ; ordre qu'il a reçu de soutenir à tout prix la ligue; sa faiblesse dans les Pays-Bas ; ses embarras; ses objections à Philippe ; il s'apprête à entrer en France, 73 à 75. Il rassure les Parisiens ; se met en marche ; son armée; ses lieutenans ; discipline qu'il établit; sa jonction avec Mayenne, 80 à 83. Son désir d'éluder la bataille, 84. Il trompe le Béarnais par ses manœuvres et surprend Lagny, 85 à 91. Entre à Paris ; assiége et prend Corbeil ; retourne en Flandre, 93 à 95. Appuie Mayenne, 122, 123. Le jeune Guise lui est envoyé, 137. Sa conférence avec Mayenne pour sauver Rouen; place qu'il se fait livrer ; sa marche ; ses escarmouches avec le Béarnais ; comment apprécie la témérité de ce prince, 144 à 150. Sa sortie victorieuse; ses opérations autour de Rouen ; puis au delà de la Somme; puis enfin sur la Seine ; il fait lever le siége ; sa blessure; maladie mortelle qu'elle lui cause, 151 à 155. Il sauve l'armée de la ligue ; sa retraite, 156 à 161. Sa mort, 169.

FARNESE (RANUCCIO) rassemble l'armée de son père ; XXI, 146. Aux prises avec Henri IV, 159.

FARNESE (ÉDOUARD), duc de Parme; s'engage dans l'alliance française ; XXIII, 265, 277 et suiv. Son voyage à Paris ; 284, 296. Sa guerre avec les Barberini ; XXIV, 47. Sa mort, 144.

FARNESE (ÉLISABETH) épouse Philippe V d'Espagne ; fait disgracier la princesse des Ursins ; XXVII, 200, 211 et suiv. Son portrait ; naissance de son fils ; elle lui destine la couronne de France ; son ambition ; son confident, 267 à 272. Négociations la concernant, 283. Sa politique à l'égard de l'Italie, 313 à 315, 505. Faction contre elle, 317 et suiv. L'empereur lui est hostile, 323. Elle nomme Alberoni archevêque de Séville, 325. Rumeurs qu'elle répand contre le régent, 343, 362, 450. Rentre avec le roi à Madrid, 379. Sa nourrice lui inspire de la méfiance contre Alberoni, 385. Sa retraite, 497 et suiv. Son ressentiment au renvoi de l'infante, 523 et suiv. Favori qui s'insinue près d'elle ; mariage de son fils stipulé,

527, 528. Négociations de son confesseur, 530. Trompée par Riperda; XXVIII, 11 et 12. Son zèle pour l'Autriche, 15 et suiv. Son impatience de commencer la guerre; ses hostilités, 31, 32. Efforts de Fleury pour l'apaiser, 34. Naissance de son second fils; espoir que lui donne la mort de Georges Ier; comment accueille l'envoyé de Louis XV; son opiniâtreté vaincue; préliminaires qu'elle signe; prend part au congrès de Soissons, 36 à 42. Se réconcilie par le traité de Séville avec la France et l'Angleterre, 65 à 68. Etablissement de son fils en Italie, 92 et suiv. Signe le traité de Turin, 95 et suiv. Envoie une cocarde à Villars, 107. Ses prétentions, 111. Ses forces, 112. Ses exigences, 134, 140, 147. Ses débats avec l'Angleterre, 218. Ses prétentions à la succession de Charles VI, 223, 270. Qui met à la tête de l'armée d'Italie; ses instructions, 284 et suiv., 330, 386, 392. Fait obstacle à la paix, 291, 395. Son favori en Italie, 396. Ses projets bouleversés par la mort du roi, 403. Pourquoi insensible aux calamités de la guerre, 429. Appelée à la régence; XXIX, 236. Elle exile Farinelli, 239.

FARNESE (ANTONIO); sa famille s'éteint en sa personne; XXVII, 208, 268; XXVIII, 66, 83, 93.

FASTRADE, femme de Charlemagne; son caractère hautain et cruel; II, 295. Son influence sur les actes de son époux, 301, 303. Odieuse aux grands, 340. Sa mort, 352.

FAUBOURG SAINT-ANTOINE (BATAILLE DU) gagnée par Turenne sur Condé; XXIV, 453.

FAUCON (CLAUDE), seigneur de Ris; premier président du département de Rennes; son arrestation; XX, 500.

FAURE DE DIE (JORDAN), abbé de Saint-Jean-d'Angély; accusé d'empoisonnement sur le duc de Guienne; XIV, 353, 354. Son procès, sa disparition; fortune de ses juges, 357.

FAVAS (JEAN), Huguenot; ses hostilités; XIX, 418. Ses avis à Henri IV, 511, 524.

FAVIER, agent confidentiel de Louis XV; XXIX, 494.

FAY (GODEMAR DU) commande une chevauchée autour de Courtrai; X, 163. Reçoit le commandement de Tournai, 169. Défend le gué de Blanchetache, sur la Somme, contre Edouard III, 289. Est forcé; se retire à Abbeville, 290, 291.

FAYE (BARTHÉLEMY), l'un des juges de Condé; XVIII, 177.

FAYE, avocat du roi sous Henri III; sa servilité; XX, 326.

FELIX, évêque d'Urgel, jugé par Charlemagne comme hérétique, son abjuration; II, 338, 339. Se rétracte, 347.

FÉLIX V (AMÉDÉE VIII DE SAVOIE), pape élu par le concile de Bâle; XIII, 326. La France se déclare contre lui, 376. Il n'est reconnu qu'en Suisse, 472. Charles VII l'engage à abdiquer, 474. Il se résigne, 476. Le Dauphin (Louis XI) épouse sa petite-fille, 544.

FELIX, chirurgien de Louis XIV; l'opère de la fistule; XXV, 548, 549.

FELTON (THOMAS DE) et son frère; vaincus par les frères de Henri Transtamare; XI, 73, 74. Thomas défend la cause anglaise en Guienne; est fait prisonnier; se rachète, 228, 229.

FELTON assassine le duc de Buckingham; XXIII, 68.

FENELON; erreurs qu'on lui a reprochées; comment punies sous Philippe-le-Bel; IX, 287. D'où sa disgrâce; XXV, 483. Ses rapports avec Mme Guyon, 488, 489; XXVI, 239. Est précepteur du duc de Bourgogne, est nommé archevêque de Cambrai; 240, 241. Admis aux conférences d'Issy; 244. Orage contre lui; sa lutte avec Bossuet, 245 et suiv. Se soumet au jugement du pape, 250. Sa condamnation, 260. Son exil en son archevêché, 385. Son intolérance, 389. Sa prédilection pour le duc de Bourgogne; XXVII, 48. Abandonné par Mme de Maintenon, 187. Comment persécuté, 189. Propose la création d'un conseil de régence, 206, 227. Ses plans d'administration, 243. Sa soumission a fait taire ses disciples, 292. Sa liaison avec le régent, 295. Sa mort, 296. Sa chaire donnée à Dubois, 421, 438. Son nom incidemment rappelé; XXIX, 443.

FÉNÉLON (LAMOTHE); mission que Charles IX lui donne en Angleterre; XIX, 191, 192. Instructions que lui fait passer la régente, 289, 297, 298.

FENWICK (JOHN) conspire contre Guillaume III; XXVI, 201.

FÉODALITÉ. Voy. *Charles-le-Chauve et Charles-le-Gros V;* III, 280 à 287, 451 à 457. En quoi elle consiste; IV, 5 et suiv. Ses effets sur l'accroissement de la population; sur le courage individuel; sur les mœurs nationales, 9 et suiv. Echelle féodale, 18. Subordination nouvelle, 19 et suiv. Oblations de fiefs, 21. La couronne regardée comme un grand fief d'où les autres relèvent, 23. Cours de justice féodale pour les gentilshommes; pénalité arbitraire pour la partie inférieure de la société, 26 et suiv. Régime de liberté pendant la vigueur de l'institution; d'oppression après le rétablissement de l'autorité royale, 32. Son effet sur la constitution civile du clergé, 88 et suiv.

FERDINAND Ier, empereur; frère de Charles-Quint; royaumes que son aïeul lui destine; XVI, 19. Est institué grand maître des ordres militaires d'Espagne, 46. Possessions que lui laisse son frère, 141. Ligué contre la France, 167. Bourbon lui demande des secours, 221. Il lui permet de faire des levées, 225. La couronne de Hongrie lui est refusée, 330. Il est élu roi des Romains, 390. Son frère lui confie la défense de l'Allemagne, 414. Guerroie avec les Turcs; est donataire du Wirtemberg, 425. Consent au rétablissement du duc Ulric; fait la paix avec la ligue de Smalkalde; son élection n'est plus contestée, 428. Récriminations de François contre lui; avances que lui fait la ligue de Smalkalde, 456, 457. Sa fille offerte au duc d'Orléans, 555. Il perd contre Soliman la bataille d'Esseck, 557. Son accord secret avec le roi de Hongrie; XVII, 22. Sa politique en Allemagne, 37. Il réclame la couronne de Hongrie; est vaincu par les Turcs à Bude; ses ménagemens pour les protestans, 84, 85, 103, 104, 108. Ville lui appartenant livrée aux Français, 95. Il préside la diète de Spire, 110. Sa fille épouse le duc de Clèves, 153. Ses défaites, 156, 157. Il assiste à la diète de Spire, 170. Il préside celle de Worms, 252. Sa trêve avec Soliman, 272. Il envahit la Saxe, 280. Fermentation dans ses états, 287. Son triomphe; sa dureté, 322. L'empereur cherche à obtenir son abdication en faveur de Philippe, 375. Son refus, 415, 416. Ses négociations avec Martinuzzi, 418. Il le fait assassiner, 440, 441. Il réclame la liberté du landgrave de Hesse, 442. Il sauve son frère en retardant Maurice de Saxe, 444, 445. Ses conférences avec ce prince à Passau; engagemens qu'il prend par la paix de ce nom, 471 à 474. Est devenu le rival de son frère, 560. Il préside la diète d'Augsbourg, 561. Sa modération; il arrête les bases fondamentales du récès, 562, 563. Charles lui résigne l'empire, 567; XVIII, 28. Le pape d'abord refuse de le reconnaître, et ne cède qu'à la mort de son frère, 8, 9, 87. Ses négociations avec la France, 87, 88. Sa faiblesse, 244. Il fait reconnaître son fils roi des Romains, 350. Ses ambassadeurs au concile de Trente; leur ligne de conduite; son désir de contenter les luthériens; son entrevue avec le cardinal de Lorraine, 380, 381. A quelles conditions renonce à réclamer les trois évêchés, 390. Sommation qu'il fait faire à Catherine, 415, 416. Sa mort, 425.

FERDINAND II, empereur; d'abord duc de Styrie; dispute la couronne à Mathias; XXII, 441, 443. Est couronné roi de Bohême et de Hongrie; commence l'attaque contre la réforme et la guerre civile, 444 à 446. Sa détresse; il se fait proclamer empereur, 470, 471. Par qui secouru; ses négociations avec Louis XIII; ses succès; ses rigueurs, 472 à 475. Il réduit Gabor; soumet la Hongrie; donne la dignité électorale au duc de Bavière; son système de guerre; armée que lui offre Wallenstein, 529 à 533. Inquiétudes que son fanatisme donne à Richelieu, 540. Sa puissance, 541. Il refuse au duc de Nevers l'investiture de Mantoue; XXIII, 64, 86. Sa politique inflexible et cruelle; pays qu'il dépeuple; succès de ses entreprises; il force le parti protestant à la paix; habileté de ses généraux; faveurs qu'il accorde à Wallenstein, 122 à 127. Ses persécutions religieuses; exécutions dont il charge ce général; il irrite même la ligue catholique; sommation que lui fait le duc de Bavière, 128 à 130. Ses concessions à la diète; propositions que lui fait Richelieu,131 à 133. Retarde la paix, 146. Son accord avec le duc de Mantoue, 149, 150. Son traité avec la France, 170. Trompé par Richelieu; attaqué par Gustave-Adolphe, 171 à 173. Il destitue Wallenstein et réduit son armée, 174. Son fanatisme funeste à sa cause, 176. Le duc de Bavière lui reste fidèle; celui de Lorraine renonce à son alliance, 182, 183. Par qui secondé, 192. Il rappelle Wallenstein, 193. Ses promesses au duc de Lorraine, 195. Concessions que lui conseille son général et qu'il refuse, 221. Son obstination cause des longues calamités de l'Europe, 223. Ordres qu'il donne à Wallenstein; ses soupçons; il le fait assassiner, 242 à 244. Electeurs qui lui demandent la paix, 247. Il signe le traité de Prague, 257, 258. Il fait élire son fils roi des Romains; déclin de sa santé, 302, 303. A quoi destine Werth, 320. Sa mort; comparé à Philippe II, 322, 323.

FERDINAND III, empereur; d'abord roi de Hongrie; son père ne peut le faire élire roi des Romains; XXIII, 131, 132. Il commande l'armée; gagne la bataille de Nordlingen, 245, 247. Menace l'Alsace, 285. Marche sur la Bourgogne, 291. Est enfin nommé roi des Romains, 302. Son avénement; sa tolérance; comparé à Maximilien II; son désir de la paix, 323. Son peu de scrupule à l'égard de Venise, 358. Sa participation au congrès de Cologne, 360. Il nomme régent de Savoie le cardinal Maurice, 377. Son traité avec Bouillon, 450. Son envoyé en Lorraine, 451. Assiégé avec la diète dans Ratisbonne par Bannier, 473, 474. Presse la chute de d'Olivarès; XXIV, 48. Envoie Piccolomini en Espagne, 50. Ses négociateurs au congrès de Munster, 77. Remet en liberté l'électeur de Trèves, 89. Prétentions que soutient contre lui la France, 113, 114. Son désir de la paix; mort de l'impératrice; échecs de ses armes, 121, 122. Il est abandonné par le Bavarois, 141, 142. Ses concessions, 182. Mariage de sa fille, 274. Il rappelle son frère des Pays-Bas, 534. Sa mort, 548. Election de son fils, 549. Renforts qu'il fait passer en Italie, 555.

FERDINAND III, roi de Castille; entre dans une ligue contre saint Louis; VII, 249. Ne prête aucun secours aux confédérés, 267. Epoque de sa mort; VIII, 7.

FERDINAND IV, roi de Castille, sous la tutelle de sa mère; guerre civile dans son royaume; VIII, 504; IX, 67. Est légitimé par le pape, 68. Troubles de son règne, 174. Ses conquêtes sur les Maures de Grenade; sa mort, 272.

FERDINAND V, roi de Castille; son mariage avec Béatrix de Portugal; XI, 420.

FERDINAND, prince de Castille; épouse Blanche, fille de saint Louis; VIII, 177. S'apprête à combattre les Sarrasins; meurt; à qui recommande ses fils, 262. Les droits de ces princes méconnus, 263.

FERDINAND II (LE CATHOLIQUE), roi d'Aragon; sa naissance; XIV, 103. Est assiégé dans Gironne, 107. Son mariage avec Isabelle de Castille; il marche au secours de son père assiégé dans Perpignan, 393. Obtient une suspension d'armes, 394. Pourquoi abandonne le Roussillon, 430. Sa femme reconnue reine de Castille, 512 à 514. Son avénement au trône d'Aragon; sa paix avec la France, 552, 553, 583. Engagé dans la guerre avec les Maures, 613. Rigueurs de son inquisition, 614. Ses hostilités avec la France; secours qu'il envoie en Bretagne; XV, 77 à 79. Ses idées de politique générale, 80. Opposé à la pacification de la Bretagne, 90. Ne retire pas ses troupes, 94. Prend Grenade; reçoit le titre de roi Catholique;

se fait restituer par Charles VIII le Roussillon et la Cerdagne; renonce aux alliances anglaise et autrichienne, 125 à 127. Ses ambassadeurs à Venise, 200. Ligue qu'il signe, 203, 204. Et qu'il ne renforce pas, 210. Il envoie en Sicile Gonsalve de Cordoue, 224. Son avarice le rend peu redoutable, 245, 246. Ses hostilités en Languedoc; il négocie avec Charles le partage du royaume de Sicile; pourquoi ces projets suspendus; mort de son fils, 249 à 253. Ses conventions avec Louis XII, 286. Il reprend et signe avec ce prince le traité ébauché avec Charles, 332, 334, 336. Est sur la défensive en Sicile; plan honteux qu'il concerte contre Frédéric, 337, 340, 341. S'est engagé à employer ses forces contre les Turcs, 349. Donne à Gonsalve la dignité de *grand capitaine*, 356. Invite son gendre à se rendre en Espagne, 374. Le parti aragonais à Naples se rattache à lui, 381. Sa jalousie contre Philippe, 405. Convention de Lyon que son gendre signe en son nom, 406, 407. Pourquoi refuse de la ratifier; ses contre-projets, 409. Son avarice atténue les succès de Gonsalve, 426. Trêve de trois ans qu'il signe et jure, 427. Suivie du traité de Blois, 429 à 432. Isabelle meurt et lui laisse l'administration du royaume, 439. Se met en possession du gouvernement; ses rapports avec son gendre; il épouse Germaine de Foix; ses conventions avec Louis, 443 à 445. Comment servi par Henri VII, 450, 451. N'ose s'opposer au débarquement de son gendre; passe à Naples, 458, 459. Ne s'empresse pas d'en revenir; ramène Gonsalve, 464. Evite le pape; sa conférence à Savone avec Louis XII, 481. Invité à envoyer ses ambassadeurs à Cambrai; sa querelle avec Maximilien pour la régence déférée à cette entrevue, 499. Part qu'on lui offre dans les dépouilles de Venise, 502. Ce qu'il prend, 513. Sa haine pour Maximilien, 525, 526. Mariage de sa fille avec Henri VIII; son traité avec ce prince, 527, 528. Jules II lui donne l'investiture de Naples, 538. Ses ambassadeurs au congrès de Mantoue, 566. ménagemens de Louis pour lui, 571. Il entre dans la ligue sainte, 574, 576. Plan d'attaque dont il convient avec Henri VIII; son but réel; bulle qu'il obtient du pape pour s'emparer de la Navarre, 585, 586. Sa trêve avec Maximilien, 590. Il expulse les d'Albrets; refuse sa coopération aux troupes anglaises, 602 à 604. Position qu'il prend à l'égard de la ligue; il se rapproche de Louis, 609 à 611. Il veut en vain réconcilier Maximilien et Venise, 613. Sa négociation auprès de la reine Anne, 621. Trêve qu'il signe; souverains dont il se porte fort, 623. Sa mauvaise foi; coalition qu'il propose contre la France à Henri VIII; il trompe les deux rois, 624 à 626. Reproches qu'il reçoit de Henri, 638. Ses projets d'attaque, 655. Il négocie à la fois avec les confédérés et avec Louis; il renouvelle le traité d'Orthez, 658. Trêve générale que son ambassadeur fait signer, 659. Mariage qu'il propose à Louis, 664. Sa jalousie envers Charles-Quint; à qui destine les royaumes du midi; XVI, 19. Rompt avec François 1er; promesses que lui fait le pape, 21. Sa mort; ses dernières dispositions, 45, 46. A qui laisse la régence, 47. Ses subsides à Maximilien, 48.

FERDINAND VI, roi d'Espagne; ce que l'acte d'abdication de son père stipule pour lui; XXVII, 504. Son mariage, 531. Ce que sa belle-mère lui destine; XXVIII, 65. Son avénement; ses ordres à l'armée d'Italie, 403. Son indifférence pour son frère don Philippe, 424. Sa mélancolie; influence du chanteur Farinelli; position qu'il fait à sa belle-mère; ses négociations, 430 à 433. Signe le traité d'Aix-la-Chapelle, 457, 460, 461. Sa mort; XXIX, 235, 236.

FERDINAND d'Autriche représente l'empereur son frère au mariage de Charles IX; XIX, 97.

FERDINAND d'Autriche; cardinal infant d'Espagne; est nommé gouverneur des Pays-Bas; son armée en Allemagne; XXIII, 245, 247. Il envahit la Picardie; ses progrès, 286 à 290. Sa retraite, 293. Arrête les succès de Lavalette, 321. Correspond avec la reine Anne, 332 et suiv. Laisse prendre Hesdin, 391, 392. Puis Arras, 424, 425. Il veut réformer les mœurs du duc de Lorraine, 441. Son traité avec Bouillon, 450. Ses opérations en Artois; sa mort, 462, 463.

FERDINAND-CHARLES, archiduc d'Autriche; son traité avec la France; XXIV, 598.

FERDINAND Ier, roi de Sicile, fils légitimé d'Alphonse-le-Magnanime; son père lui laisse l'Italie; son compétiteur; ses partisans; sa défaite; constance de sa femme; XIV, 41, 42, 43, 46 à 48. Triomphe de son parti, 115 à 119. Ses cruautés; ses perfidies; Charles VIII invoqué contre lui; XV, 140, 141. Ses négociations avec la cour de Milan, 142, 143. Ses avances au pape, à Sforza; sa mort; sa famille, 152, 153.

FERDINAND II, roi de Sicile; d'abord duc de Calabre; commande l'armée de son père; XV, 154. Sa retraite, 176, 177, 183, 185. Son père abdique en sa faveur, 188. Postes qu'il défend; défection des soldats de sa capitale; il s'embarque, 189 à 192. Places qui lui restent, 193. Ses vaines négociations avec Charles VIII, 196. Son entrevue avec Gonsalve de Cordoue; il débarque en Calabre, 225. Perd la bataille de Seminara; débarque près de Naples; est reçu dans cette ville, 226, 228. Signe avec le vice-roi français une convention que celui-ci n'exécute pas, 230. Continue la lutte; réduit son adversaire; sa mort, 231 à 236.

FERDINAND, duc de Calabre; sa résistance à Gonsalve de Cordoue; sa captivité; sa mort; XV, 356.

FERDINAND Ier, roi de Naples; son avénement; XXIX, 238. Est compris dans le pacte de famille, 241. Son mariage, 314. Il supprime les jésuites, 373, 376.

FERDINAND, roi de Portugal; son alliance avec Transtamare; XI, 48. Il reconnaît Urbain VI, 250. Epoque de son avénement, 303. Son traité avec le duc de Lancastre, 323. Son alliance avec la Castille; mariage de sa fille avec l'infant, 420. A eu pour but de réunir le Portugal à la Castille; sa mort, 468.

FERDINAND SANCHE d'Aragon; son expédition en Terre-Sainte; VIII, 170. Sa lutte avec son frère; sa mort, 235.

FERDINAND de Bourbon, duc de Parme; son mariage; XXIX, 314. Il expulse les jésuites, 374, 375.

FERDINAND, évêque de Ceuta, l'un des juges du divorce de Louis XII; meurt empoisonné; pourquoi; XV, 274, 279.

FERDINAND, prince de Brunswick; ses opérations contre Richelieu; XXIX, 135. Est mis à la tête de l'armée hanovrienne; bat le comte de Clermont; remporte la victoire de Crefeldt, 149 à 152, 160. Repasse le Rhin, 156, 157. Enthousiasme en France pour lui, 158, 204. Il perd la bataille de Berghen, 194 et suiv. Gagne celle de Minden, 196 à 199. Ce que lui annonce Frédéric, 203. Est aux prises avec de Broglie, 209, 213, 214. Gagne la bataille de Fillingshausen, 246 à 248. Victorieux à Wilhemstadt, à Luttemberg; il prend Cassel, 260, 261.

FERDINAND, d'abord prince héréditaire, puis duc de Brunswick; son poste à la bataille d'Hastenbeck; XXIX, 129. Est attaché à l'armée hanovrienne, 149. Contribue à la victoire de Crefeldt, 151. Puis à celle de Minden, 197. Ses succès divers à Corback, à Empsdorf, à Fritzlar; son échec à Clostercamp, 214, 215. A part à la victoire de Fillingshausen, 246 à 248. Battu à Johannisberg, 260, 261. Son expédition en Hollande; XXX, 400 et suiv.

FERIA (LORENZO SUAREZ DE FIGUEROA DUC DE), envoyé par Philippe II près des Etats-généraux de Paris; XXI, 173. Intrigue qu'il dirige, 179, 186. Assemblée à laquelle il propose d'élire reine de France l'infante d'Espagne, opposition qu'il éprouve, 190, 191. Par qui fait soutenir son opinion devant les Etats, 192. Propose le mariage de Guise et de l'infante; son désappointement, 195 à 197. Veut faire assassiner Mayenne, 227, 228. Engagemens qu'il signe, 238. Trompé par

Brissac, 258. Ses soupçons; ses mesures, 260, 262. Sort de Paris, 266. S'obstine à vouloir faire proclamer l'infante reine de France, 291. Préventions qu'il inspire contre Mayenne, 292. Sa correspondance; il propose de l'arrêter, 293 à 295. Son ambassade près de Marie de Médicis; double mariage qu'il propose; XXII, 230. Massacre qu'il fait faire dans la Valteline, 518. Son but; importance de ce pays pour les communications entre l'Espagne et l'Autriche, 521. Il le fait occuper militairement, 522. N'exécute pas le traité de Madrid; est aux prises avec les Grisons, 526, 527. Sauve la Ligurie; entre en Piémont, 574.

FERMOR, général russe, battu à Zorndorff; XXIX, 161, 162.

FERNAMONT (LE BARON DE) combat les Grisons; XXIII, 276.

FERRAND de Portugal, comte de Flandre; ses rapports avec Louis de France; VI, 328, 329. Ses luttes; richesse de ses domaines, 335 à 341. Ligué avec Othon, 350. Prisonnier, 359. Est enfermé à Paris, 365. Epoque de sa délivrance, 428, 538; VII, 22, 24. Sa mort, 132.

FERRAROIS (JACQUES) approvisionne Paris; XXI, 86.

FERRER (SAINT VINCENT), supplices qu'il commande; XII, 177.

FERRERS (RAYMOND DE); négociateur anglais à la cour de France; VIII, 481.

FERRIER, conseiller au parlement; son arrestation ordonnée; il s'enfuit; XVIII, 96.

FERRIER (LE PÈRE), confesseur de Louis XIV; ses complaisances; XXV, 173.

FERRIÈRE-MALIGNY est de la conjuration d'Amboise; XVIII, 141. Condé le fait échapper, 151. Sa tentative sur Lyon, 168. Il hérite du vidame de Chartres, 212. Négociateur auprès d'Elisabeth, 342. La reine-mère le rend responsable des hostilités du parti, 504. Il soulève les Huguenots de Picardie; XIX, 31. Sa tête mise à prix, 63. Pressent le massacre de son parti, 161. Y échappe, 173.

FERRONIÈRE (LA BELLE); XVII, 12.

FERRY DE VAUDEMONT épouse Yolande d'Anjou; XIII, 217, 298, 414. Sa femme hérite de la Lorraine; il la cède à leur fils; XIV, 399.

FERVAQUES (LE MARÉCHAL) reçoit les adieux de Montgommery; XIX, 299. Accompagne Guise, 347. Confident de la fuite de Henri de Navarre; le trahit, 359, 360. Son pouvoir sur lui, 374. Son rôle à l'armée de Flandre; XX, 50 et suiv. Est de la ligue, 130. Est du conseil de régence; XXII, 176. Entraîne l'armée en faveur de Marie de Médicis, 195. Est lieutenant-général de Normandie, 216. Comment cause la mort du comte de Soissons, 261, 262. Sa mort, 275.

FESTIGNY (JEAN DE), évêque de Chartres; tué à la surprise de cette ville; XIII, 213.

FEUQUIÈRES, chef protestant, rejoint le duc de Deux-Ponts; XIX, 54.

FEUQUIÈRES (LE MARQUIS DE), envoyé par Richelieu en Allemagne; XXIII, 220, 257. Est chargé d'envahir le Luxembourg; défait au siège de Thionville; sa mort, 391, 392.

FEUQUIÈRES (LE MARQUIS DE) prend part à la bataille de Saint-Denis; XXV, 373. Compromis par la Voisin, 405. Contribution qu'il lève en Allemagne; XXVI, 28. Ses opérations; ses rigueurs; ses mémoires, 39, 56, 60. Son échec à Veillane; ses démêlés avec Catinat, 72, 73.

FÉVRIER; diplomatie secrète dans laquelle il seconde le roi; XXIX, 307 et suiv.

FEYDEAU (LE PRÉSIDENT); son exil; XXVII, 357.

FEYDEAU DE BROU est garde des sceaux; XXIX, 89.

FICHET (GUILLAUME) appelle en France les premiers imprimeurs; XIV, 592.

FIENNES (LE CONNÉTABLE DE), médiateur entre le roi et le dauphin; X, 535. Repousse les Navarrois, 545. Donne sa démission; XI, 142.

FIENNES (LE COMTE DE), gouverneur de Flandre pour Charles-Quint; aux prises avec Vendôme; danger auquel il échappe; XVI, 182 à 184.

FIÈRE (WINOCK DE) commande les Flamands soulevés; X, 21.

FIESCHI (HIBLETTO DE) passe au service de Charles VIII; XV, 198. Luttes de cette famille pour la cause française, 474, 541, 627, 628.

FIESCHI (JEAN-LOUIS DE); sa conspiration à Gênes; XVII, 287, 324 à 326.

FIESCHI (LE COMTE DE); comment traite le fils de Concini; XXII, 406, 407.

FIESQUE; pourquoi s'éloigne des ministres; XXIII, 538. Est de la cabale des importans; XXIV, 20. Ne se réconcilie pas avec Mazarin, 270.

FIGUENIERES (LE BARON DE); pourquoi condamné à mort en Provence; XXIV, 286.

FIGUEROA (SUAREZ DE) est nommé gouverneur du Milanais; ascendant que prend sur lui Brissac; XVII, 538.

FILELFO (FRANÇOIS). Voy. *Guarini*.

FILLINGSHAUSEN (BATAILLE DE), remportée par le prince de Brunswick sur le maréchal de Broglie; XXIX, 247.

FILOMARINI (LE CARDINAL), archevêque de Naples; son rôle dans la révolution de cette ville; XXIV, 155 et suiv.

FINCK, lieutenant de Frédéric; capitule à Maxen; XXIX, 203.

FITZ-HERBERT, ambassadeur anglais en Russie; négociation qui lui échappe; XXX, 396.

FITZ-JAMES, évêque de Soissons; aumônier de Louis XV; sa sévérité à la maladie de ce prince; il fait expulser la maîtresse; XXVIII, 315 et suiv. Son exil, 344 et suiv. Son nom incidemment rappelé; XXIX, 501.

FITZ-JAMES (LE DUC DE) a mission de réprimer le parlement de Languedoc; XXIX, 281 et suiv. Décret de prise de corps contre lui, 283, 304. Déféré à la cour des pairs; son rappel, 344 à 347. Il est nommé commandant général de la province, 352. Principes libéraux auxquels il adhère; XXX, 372.

FITZ-URSE (REGINALD). Voy. *Tracy*; V, 479.

FITZ-WALTER (ROBERT) offre, au nom des barons anglais, la couronne d'Angleterre à Louis de France; VI, 454. Lui reste fidèle; son échec à Lincoln, 468.

FITZ-WALTER, lieutenant de Glocester en Hollande; ses défaites; XIII, 65, 66.

FLAGEAC (GILES DE); mission que lui donne la reine Blanche; VII, 185.

FLAGELLANS (LES); secte enthousiaste; leur condamnation; X, 360, 361.

FLAOCHAT, maire de palais en Bourgogne; sa mort; II, 41.

FLASSAN (PONTIVEZ DE), maire d'Aix; ses fureurs catholiques; XVIII, 259, 260. Il seconde Sommerive, 335.

FLAVACOURT (MADAME DE); comment obtient un logement à Versailles; XXVIII, 253. Refuse d'être maîtresse du roi, 346, 347.

FLAVY (GUILLAUME), nommé commandant de Compiègne; XIII, 153. Refuse de livrer cette place au duc de Bourgogne, 154. Soupçonné de trahison à l'égard de la Pucelle, 160. Gloire de son nom, 173. Il est secouru et dégagé, 178, 179. Il menace Paris, 249. Se regarde comme un souverain indépendant, 284. Sa guerre privée avec le connétable, 287, 288. Il arrête le maréchal de Rieux, 330. Prend part au siége de Pontoise, 384.

FLÉCHIER; son éloge de Mme de Montausier peu mérité; XXV, 171. Son éloge de Turenne, 299. Son adulation à l'égard du roi, 483. Son oraison funèbre de Letellier, 484, 516. Son intolérance; XXVI, 389.

FLEURANGES (LE MARÉCHAL); cachet de ses mémoires; XV, 490. Brigandages dont il est témoin, 536. Est de l'armée du Milanais, 627 Villes qu'il soumet, 628. Blessé à Novarre, 632. Est envoyé en Picardie, 635, 640. Raffermit l'armée après la défaite de Guinegatte, 643, 644. Pourquoi la reine veut l'employer, 661. Cité; XVI, 8 à 11. Sa reconnaissance sur Milan, 29. Est armé chevalier par le roi, 36. Son père rompt avec la France; il reste attaché à la cour, 90 à 92. Ambassadeur en Allemagne, 98, 99. Cité, 104, 111, 112. Embuscade où il est employé, 182. Prisonnier à Pavie, 236, 238. Est nommé maréchal, 284. Défend victorieusement Péronne, 525, 526.

FLEURUS (BATAILLE DE) gagnée par Luxembourg sur le prince de Waldeck; XXVI, 52.

FLEURY (L'ABBÉ), sous-précepteur des enfans de France; compromis dans l'affaire du quiétisme; XXVI, 255. Est confesseur de Louis XV; sa mort; XXVII, 491, 492.

FLEURY (LE CARDINAL DE), évêque de Fréjus; est nommé précepteur de Louis XV; XXVII, 232. Le presse de consentir à se marier, 456. Direction qu'il donne à son éducation, 458, 459. Associe sa faveur à celle de Villeroi; abandonne celui-ci, 469. Initie le roi aux affaires, 472. Son influence sur lui, 476, 492. Fait nommer *Monsieur le Duc* ministre, 478 à 482. Ses précédens; son ambition, 492, 493. Le nouveau ministre ne s'attaque pas d'abord à lui, 495. Mémoire que lui remet Tressan, 516. Compromet Duverney, 536. Associé aux constitutionnaires, 538. Sa lutte avec Monsieur le Duc; sa retraite; le roi le rappelle; sa victoire, 544 à 549. Son arrivée au pouvoir saluée avec joie; XXVIII, 4. Son influence sur le roi; son portrait; sa politique de ménagement, de silence et de paix; il ne prend point le titre de premier ministre; sa rancune à l'égard de la reine; ses collègues; ses rapports avec Walpole, 5 à 9. Ses avances à la cour d'Espagne, 14. Est nommé cardinal; son affection pour les légitimés, 22, 23. Ses opérations financières, 28 et suiv. Envoyé du roi d'Espagne qu'il pénètre, 32 à 34. Ses efforts pour apaiser cette cour; ses menaces à l'empereur; il négocie, 38 à 42. Ses confidens intimes; son zèle pour l'acceptation de la bulle *Unigenitus*; il la fait enregistrer en lit de justice; ses débats avec le parlement; ses négociations avec ce corps, 43 à 50. Comment se trouve entraîné à persécuter, 58 et suiv. Déjoue la conspiration des Marmouzets, 62 à 64. Ses efforts pour le maintien de la paix; il sacrifie l'Italie; se réconcilie par le traité de Suse avec l'Espagne, 64 à 68. Entreprend de rétablir Stanislas sur le trône de Pologne, 78 à 80, 85. Faible secours qu'il lui donne, 90 à 92. Ses armées sur le Rhin et en Italie, 93. Son alliance avec l'Espagne et la Sardaigne, 95. L'empereur compte sur sa faiblesse; il déclare la guerre, 100. Embarras que lui donne la reine d'Espagne, 111. Sa confiance en Belle-Isle, 136. Seconde Montemar; suspend les hostilités, 137, 138. Négocie et signe les préliminaires de Vienne, 140 à 151. Il gouverne sans partage; son grand âge; sa modération; sa galanterie; son aversion pour l'hypocrisie; son ingratitude; il n'a point les qualités d'un grand ministre; comment maintient son empire sur le roi; craint la reine, 152 à 158. Eloigne les princes du sang des affaires; sa longue domination importune aux courtisans, 159, 163. Ferme les yeux sur les premières amours du roi; lui fait de vaines représentations; se sert de leur fureur, 166 à 170. Comment veut plaire au pape, 175. Esprit des hommes d'état qui forment son conseil, 187. Club qu'il protége; ses collègues, 188 et suiv. Sa médiation en Suisse, à Constantinople, à Gênes, 198 et suiv. Propose la réunion de la Corse à la France, 203, 208, 209. Se ligue contre Marie-Thérèse d'Autriche, 224 et suiv. Par qui remplace Belle-Isle à l'armée, 239. Ses négociations avec la reine de Hongrie, 241, 246. Sa mort, 247 à 249. Regretté du roi, 250 et suiv. Intrigues de Richelieu contre lui, 255. Etat des armées, 256. Ses négociations avec l'Espagne, 269. Ses successeurs suivent l'impulsion qu'il a donnée, 274. Ce qu'il a fait pour Tencin, 294, 295. Incidemment nommé, 256, 426, 470; XXIX, 23, 59, 325, 392, 444.

FLEURY (ROSSET, DUC DE); source de sa fortune; XXVIII, 170.

FLEURY (JOLY DE) remplace Necker; abandonne ses traditions; XXX, 235 et suiv. Il augmente les impôts; docilité du parlement de Paris; résistance de celui de Besançon, 237 et suiv. Ses emprunts, 239, 243. Sa subordination à l'égard de Vergennes, 240. Sa chute, 241. Affaires confuses que laisse son successeur, 246. Déficit, 289. Témoignage qu'il porte en faveur de Necker, 345.

FLORAUX (JEUX) de Toulouse; leur origine; IX, 419.

FLOTTE (PIERRE), chancelier; IX, 73. Dresse l'accusation de l'évêque de Pamiers, 75. Sa lutte avec Boniface VIII, 81 à 83, 85 à 87, 89, 91. Tué à la défaite de Courtrai, 101. A quoi a dû sa fortune, 301.

FLOTTE (GUILLAUME); libéralités envers lui révoquées; IX, 369. Il négocie la cession du Dauphiné; X, 222.

FLOTTE, abbé de Vézelay, conseiller de Louis de Flandre; IX, 423.

FLOTTE, confident du duc d'Orléans; ses intrigues en Espagne; XXVII, 67 et suiv., 125, 213.

FOIX (RAYMOND-ROGER, COMTE DE) aux prises avec Simon de Montfort; fait la paix; VI, 299, 300. Que Simon rompt, 373. Ligué avec le comte de Toulouse; bat les croisés allemands, 394. Assiége Castelnaudary, 401. Bat un corps de secours; est à son tour défait, 402. Exclus des bienfaits de la pacification, 416. Excommunié, 417. Vaincu à Muret, 421, 422. Réconcilié avec l'Eglise, 432. Remis en possession provisoire de ses états, 443, 444. Lutte encore avec Simon de Montfort, 485. Renforce l'armée du vieux comte de Toulouse, 490. Bat Simon, 492. Aux prises avec les lieutenans d'Amaury; sauvé par Raymond VII, 505. Sa mort 518.

FOIX (ROGER-BERNARD III, COMTE DE); querelle féodale dans laquelle il intervient; sa lutte avec Philippe-le-Hardi; VIII, 231 à 234. Marche avec les troupes royales sur la Navarre, 273. Prisonnier du roi d'Aragon, 331. Gendre du vicomte de Béarn; ses débats sur cette succession; veut recourir aux armes; sa soumission à Philippe-le-Bel, 439, 440. Refuse de se liguer contre lui, 485. Est sollicité de le seconder, 508. Sa guerre privée avec d'Armagnac; IX, 31, 32.

FOIX (BRUNISSENDA DE), femme de Hélie Talleyrand de Périgord; scandale de ses amours avec le pape Clément v; IX, 294.

FOIX (GASTON II, COMTE DE) fait emprisonner sa mère; X, 55, 56. Philippe VI le prend à sa solde, 107. Mission que lui donne ce prince, 140. Edouard III se met en défense contre lui, 183. Son expédition en Espagne; sa mort, 225, 226.

FOIX (GASTON III, COMTE DE); d'où son surnom de Phœbus; son avénement; X, 226. Fait partie de l'armée royale, 325. Attaque le comte d'Armagnac, 411. Secourt le dauphin contre la Jacquerie, 531. Position que lui fait le traité de Brétigny, 571. Réconcilié avec d'Armagnac, 601. Promesses qu'il fait à Henri de Transtamare; XI. 56. Il l'accueille après sa défaite, 79. Fait hommage à la France, 196, 197. Sa paix définitive avec le comte d'Armagnac, 222. Est nommé gouverneur du Languedoc, 260. Dispute à main armée ce poste au duc de Berry; le lui cède, 327 à 330. Accueille le roi Charles VI; lui vend sa succession, 573 à 576. Sa mort; son héritage remis à son neveu, 598, 599.

FOIX (JEAN, COMTE DE) se déclare pour le Dauphin; XII, 590, 591. Offensé par ce prince; passe au service de l'Angleterre, 603, 604. Se réconcilie avec le prince devenu Charles VII; XIII, 16. La souveraineté du Languedoc lui est presque abandonnée; il défend le Béarn, 69 à 71. Sa jalousie envers Richemond; il l'évite, 71, 170. Ses exactions réprimées, 80, 81. Il contrôle les prodigalités du roi, 88, 89. Sommation que lui adressent les Etats, 92. Son pouvoir absolu en Languedoc; subside qu'il fait accorder au roi, 170. Fait la guerre aux routiers, 171. Sa mort, 289, 290.

FOIX (GASTON IV, COMTE DE), l'un des conseillers et généraux de Charles VII; opérations de guerre et événemens politiques auxquels il prend part; XIII, 389, 421, 493, 513, 516, 517, 555, 556; XIV, 19. Intrigues dont il est confident; il aigrit le roi contre le Dauphin; quand fait serment de les réconcilier, 62 à 64. Résolu à se réunir à l'héritier du trône, 68. N'ose se présenter devant Louis XI, 80. Est appelé à la cour; son fils épouse la sœur du roi, 85. D'où le désir de Louis XI de se l'attacher; ils resserrent leur alliance; crimes par lesquels il assure à sa femme la succession de Navarre, 102 à 106. Procure au roi d'Aragon le secours de Louis XI, 107. Entre en Espagne, 108. Escorte le roi, 114. Indemnité qu'il reçoit de lui, 115. Sa fidélité; il maintient le midi dans l'obéissance, 167. Est chargé de défendre la Guienne, 230. Assiste aux Etats de Tours, 244. Est gagné par le duc de Bretagne, 343. Projet de mariage de sa fille et du duc de Guienne; lettre que lui écrit Louis XI; ligue dans laquelle il entre, 347 à 349. Sa mort, 391. Voy. *Eléonore d'Aragon.*

FOIX (DE), d'abord vicomte de Castelbon, épouse Madeleine de France; XIV, 85. Prend le titre de prince de Viane; escorte Louis XI, 114. Sa mort, 391.

FOIX (FRANÇOIS-PHŒBUS, COMTE DE), sous la tutelle de sa mère; XIV, 391. Sa mort, 613.

FOIX (GERMAINE DE) épouse Ferdinand-le-Catholique; XV, 445. Le suit à Naples, 459. Son droit d'hérédité à ce royaume déféré au congrès de Cambrai, 499. Louis XII, en son nom, a disputé la Navarre aux d'Albrets, 586. Fiefs de son frère que son mari réclame pour elle, 659. Mort de son enfant; XVI, 19. Ses prétendus droits à la Navarre espagnole, 106.

FOIX (GASTON DE), vicomte de Narbonne, puis duc de Nemours; Louis XII veut le porter au trône de Navarre; XV, 500, 586. Suit le roi en Italie, 519. Est excommunié, 545. Est opposé aux Suisses; leur retraite, 578, 579. Prend le commandement de l'armée; fait lever le siège de Bologne, 580, 581. Marche sur Brescia; écrase l'armée vénitienne; reprend la ville insurgée, 582, 583. La punit; excès de son armée; son affaiblissement, 584. Louis le presse d'anéantir l'armée de la ligue; ses manœuvres; il apprend que l'empereur veut lui enlever l'infanterie allemande et brusque les événemens, 588 à 590. Il gagne la bataille de Ravenne et est tué, 591 et suiv.

FOIX (PAUL DE), conseiller au parlement; son arrestation; XVIII, 96. Discours que l'historien de Thou met dans sa bouche; XIX, 308, 309.

FOIX (MARGUERITE DE) épouse d'Épernon; XX, 264. Dangers qu'elle court à Angoulême, 394 à 397.

FOLARD (LE CHEVALIER), traducteur de Polybe; miracles qu'il atteste; XXVIII, 56.

FONSECA (DON ANTONIO DE), ambassadeur espagnol; proteste contre les conquêtes de Charles VIII; déchire le traité entre ce prince et ses maîtres; XV, 201, 202.

FONSECA (LE BARON DE), ambassadeur de l'empereur à Paris; menaces que lui fait Fleury; XXVIII, 34. Il négocie, 35.

FONTAINES (PIERRE DE), légiste sous saint Louis; l'assiste dans ses jugemens sous le chêne de Vincennes; VIII, 87.

FONTANGES (Mlle DE), maîtresse de Louis XIV; XXV, 399. Sa mort, 400.

FONTANGES, marin français, blessé à Savannah; XXX, 186.

FONTENAILLES (LE SIRE DE) secourt Beauvais; XIV, 362.

FONTENAY (BATAILLE DE) gagnée par Charles-le-Chauve et Louis-le-Germanique sur Lothaire et Pépin II; III, 64, 65.

FONTENAY-MAREUIL; missions que lui donne Richelieu; XXIII, 20, 289, 293.

FONTENELLE (LE BARON DE); son supplice sous Henri IV; XXII, 77.

FONTENELLE est attiré par Mme de Pompadour; XXVIII, 355.

FONTENOY (BATAILLE DE) gagnée par le maréchal de Saxe sur le duc de Cumberland; XXVIII, 364.

FONTRAILLES, capitaine de Louis XII; est excommunié; XV, 545. Est à l'armée de Picardie, 639. Son poste à la bataille de Guinegatte, 642.

FONTRAILLES, chef protestant; conseiller de Damville; XIX, 295.

FONTRAILLES (LOUIS D'ASTARAC, VICOMTE DE); haï de Richelieu; excite Cinq-Mars à conspirer; XXIII, 483 et suiv. Sa mission en Espagne, 490 et suiv. Se réfugie en Angleterre; ses conseils à Cinq-Mars, 501 et suiv. Dénoncé par Gaston, 508. Est de la cabale des importans; XXIV, 20. Sa liaison avec Gondi, 236. Ne se réconcilie pas avec Mazarin, 270, 276, 291. Est excepté de l'amnistie, 473.

FORBIN DES SOLLIERS (LOUIS DE), négociateur de Louis XI; XIV, 578.

FORBIN (PALAMÈDE), favori du roi Réné d'Anjou; gagné par Louis XI; XIV, 586. Sa disgrâce, 622.

FORBIN; soulèvement qu'il combat en Bretagne; XXV, 317.

FORBIN; son expédition sur l'Écosse; XXVII, 41, 42.

FORNOVO (BATAILLE DE) gagnée par Charles VIII sur la ligue italienne; XV, 214 et suiv.

FORSTER commande les jacobites; est défait à Preston; XXVII, 253.

FORTUNIO, vice-roi de Navarre; son ambition déjouée; IX, 193.

FORTEAU, capitaine huguenot; place qu'il prend d'assaut; XIX, 41.

FOSSEUSE (LE SIRE DE), officier de Jean-sans-Peur; ses hostilités; XII, 506. Sa mission, 517. Délivre la reine, 521. Secourt Senlis, 532. Laisse massacrer d'Armagnac, 545. Epidémie dont il meurt, 549.

FOUCAUD (JACQUES); ses filles brûlées vives comme Huguenotes; XX, 368.

FOUCAULD DU MERLE, chevalier; son cri à la bataille de Mansourah; VII, 422.

FOUCAULT (JEAN), capitaine de Charles VII; défend Lagny; XIII, 211, 213. Surprend Saint-Denis, 249.

FOUCAULT, greffier du parlement; sollicite contre Fouquet; XXV, 73.

FOUCAULT (LE GÉNÉRAL); tué à Turkheim; XXV, 292.

FOUCAULT, intendant de Béarn; chargé de convertir les Huguenots; XXV, 501 et suiv.

FOUGÈRES (RAOUL DE), rebelle breton réduit par Henri d'Angleterre; V, 457, 506.

FOULON, candidat au ministère des finances; XXX, 246.

FOULQUES, archevêque de Reims;

appelle en France le duc de Spolète; III, 287, 288. Prend parti pour Arnolphe, 291. Couronne Eudes, 293. Conjuré contre lui; fait reconnaître et sacre Charles-le-Simple, 306, 307. Le reçoit à Reims; sa lettre à Arnolphe, 308. Forcé à l'obéissance par Eudes, 313. Assassiné, 316.

FOULQUES Ier, comte d'Anjou; ses luttes glorieuses contre les Bretons et les Normands; reconnaît Eudes; III, 296.

FOULQUES II (NERRA), comte d'Anjou; ses luttes avec Conan-le-Fort; son audace; ses violences; ses expiations; IV, 113 à 115. Aux prises avec Eudes de Blois, 134. Secours qu'il donne à sa nièce Constance, 135. Excite le fanatisme du calife Hakem, 153. Remporte sur Eudes la victoire de Pontleroi, 170. Leur rivalité; sang qu'elle fait répandre, 182 à 184. Il fait la paix, 186. Ligué avec Constance contre Henri, 211. L'exhorte à faire la paix, 212. Pourquoi l'histoire a recueilli ses actions; sa mort, 230 et suiv.

FOULQUES III (LE RÉCHIN), comte d'Anjou; son récit de la fin de Geoffroi-Martel; IV, 335, 336. S'empare de tout l'héritage de ce dernier; ses luttes avec son frère, 337. Sa célébrité; ses déréglemens; consent à servir Robert; épouse Bertrade, 506 à 508. Philippe Ier la lui enlève; il fait la guerre au roi, 519. Protége Elie, comte du Maine, 557. Etendue de ses domaines; V, 8. Réconcilié avec Bertrade; la reçoit à Angers avec Philippe, 16. Secourt le comte du Maine, 35. Sa tyrannie; accusé de s'être associé avec des brigands, 40. Epoque de sa mort, 102.

FOULQUES IV, comte d'Anjou, puis roi de Jérusalem; V, 17. Prisonnier chez le comte de Poitiers, 18. Ligué contre Louis-le-Gros, 77. Son alliance avec lui; il acquiert le Maine; malveillance de Henri d'Angleterre, 102, 103. Gagné à sa cause, 109. Insurrection contre lui à Angers, 130. Ligué avec Louis-le-Gros contre le roi Henri, 134, 135, 137. Réconcilié avec Henri, 144, 145. Perd sa fille dans un naufrage, 158. Part pour la Terre-Sainte, 161. A secondé Louis contre le comte d'Auvergne, 163. De retour en Europe; favorise Guillaume Cliton, 171. Ses négociations; mariage de son fils; il lui abandonne ses états; son mariage en Terre-Sainte; époque de son avénement au trône de Jérusalem, 193 à 195. Service féodal qu'il a fait sous Louis-le-Gros, 201. Sa mort, 298.

FOULQUES, fils d'Albert Azzo; souche des maisons de Ferrare et de Modène; IV, 405.

FOULQUES, curé de Neuilly; ses prédications; VI, 202. Mot de Richard Cœur-de-lion sur ses exhortations; il prêche la croisade, 203. Dans quelles circonstances, 204.

FOULQUES (DE SAINT-GEORGES), grand inquisiteur à Toulouse; réprimé par Philippe-le-Bel; IX, 107, 108.

FOULQUES (DE LAVAL), chef d'aventuriers; ses ravages; X, 528.

FOUQUET, lieutenant de Frédéric; battu et tué à Landshut; XXIX, 210.

FOUQUET, évêque de Toulouse; donne les règlemens de l'ordre des inquisiteurs; VI, 274. Ses projets d'extirpation de l'hérésie, 302. Sa fureur sanguinaire, 374. Ses prédications en France; fanatisme qu'il excite, 391, 393. Sort de Toulouse assiégée, 400. Prend possession du palais des comtes, 439. Accusations contre lui au concile de Saint-Jean de Latran, 444. Sa férocité; sa perfidie à l'égard des Toulousains, 482 à 484. Demande en vain des secours en France, 493, 498. Ce qu'il espère de Philippe-Auguste, 522, 523. Est le seul prélat de l'Albigeois au concile de Sens, 527. Accueil qu'il fait à Louis VIII, 593, 594. Assiste au siége de Bécède; exécutions qu'il commande; VII, 38. Il fait dévaster les environs de Toulouse, 68. Ses vains efforts pour alimenter les bûchers de l'inquisition, 85. Persécute encore Raymond; époque de sa mort, 88.

FOUQUET est nommé surintendant des finances; XXIV, 497. Taxes qu'il invente, 516, 544, 545. Mazarin mourant éveille les soupçons du roi contre lui, 602. Méfiance de ce prince; XXV, 6. Ses travaux avec lui, 7. Origine de sa disgrâce, 8 à 12. Son arrestation;

son procès, 25 à 29. Sa condamnation, 70 à 75.

FOURMIGNY (BATAILLE DE) gagnée par Jean de Bourbon contre Thomas Kiriel; XIII, 500 à 502.

FOURQUEROL (JACQUES DE) passe du parti de Maximilien au parti flamand; XV, 84.

FOURQUEUX est nommé contrôleur général de France; XXX, 346.

FOURQUEVAUX; renfort qu'il amène à Montluc; XVIII, 320. Association catholique qu'il signe, 452. Lieutenant du Dauphin d'Auvergne; XIX, 292.

FOX (CHARLES) est ministre; sa chute; XXIX, 144. Popularise en Angleterre la cause des Américains; XXX, 141. Rentre au cabinet; se retire, 223. Sa faute politique, 227. Repousse toute alliance avec la France; ses attaques contre Pitt, 319 et suiv.

FRADIN (ANTOINE), prédicateur expulsé du royaume par Louis XI; XIV, 547, 548.

FRANÇAIS; distincts des Gaulois; I, 1. Unité de leur vie nationale dès le cinquième siècle, 2. Leçons qu'ils peuvent tirer de leur histoire; elle ne commence qu'au cinquième siècle, 8. Diversité de l'origine de ceux qui portent ce nom, 22. Ils descendent des peuples de toutes les contrées, 106. Quand commencent à former un corps de nation; III, 10. Opprimés sous Charlemagne; leur aversion pour son fils, 10, 11. Leurs efforts pour recouvrer leur indépendance; rendus vains par la trahison des princes qu'ils prennent pour chefs, 17, 18. Quand secouent le joug germanique, 58, 59. Extinction des familles nobles, 93. Extension du pouvoir sacerdotal; les champs de mai sont des conciles, 100. Ne sont plus appelés aux armes que pour s'entr'égorger au nom de la royauté; supportent avec impatience le joug du petit-fils de Charlemagne, 118. Misère et ruine des cités; esclavage, désolation des habitans de la campagne, 119. Modifications rapides dans leur gouvernement, 215. Long travail de leur reconstitution, 216. Dû à l'anéantissement complet de la puissance nationale, des élémens d'ordre social, 217. A cette anarchie succède le système féodal, 218. Les seigneuries sont héréditaires, 218 à 222. La couronne élective, 236. La valeur militaire renaît chez eux, 297. Esprit aventureux que leur donne l'établissement des Normands en Neustrie, 333. Ne forment plus une nation, 382. Quand commencent à concevoir les jouissances intellectuelles; IV, 33. Fixation de la langue, 253. Histoire de sa formation et de ses dialectes, 254 à 263. Réputation supérieure de bravoure et de chevalerie des Français, 377. Ne doivent leur liberté qu'à leur propre valeur, 418. Neuf périodes dans leur histoire; neuf fois ils apparaissent comme un peuple nouveau; VII, 5. Caractères généraux des dernières périodes, 10 à 12. Leur histoire faiblement éclairée à dater du retour de saint Louis de la Terre-Sainte jusqu'à l'avénement des Valois; VIII, 3. Quand se mélangent avec les Italiens, 154. Infériorité de leurs historiens sur les contemporains du treizième siècle; témoignage de leur langueur, 205. Ne comprennent point encore la liberté à la fin du treizième siècle; IX, 7. La couronne reconnaît leur droit de se taxer, 371. Ils applaudissent aux avanies contre les étrangers, 372. S'accoutument à applaudir aux supplices, 414. Au quatorzième siècle, les nobles seuls ont le sentiment qu'ils sont Français; X, 433. Leur brillante valeur; associée à leurs amours; leur étourderie; leur présomption; XI, 123 et suiv. Leur ignorance de la guerre; XII, 567 et suiv. Superstition populaire; penchant du peuple à la dévotion; XIII, 111 à 113. Quand la pensée prend un libre essor; XIV, 630. Progrès de l'instruction; de la connaissance de l'univers; du goût pour les lettres; résultat de leurs expéditions en Italie; XV, 360. Sont toujours captivés par la vertu militaire; XXI, 96. Epoque de la centralisation du pouvoir; XXII, 6 à 9. Comment profitent de la diminution du prix de l'argent, 25, 26.

FRANCE; où la voient les Francs;
I, 302. S'étend du Rhin à la Loire, 304. Divisée en Austrasie et Neustrie, 305. En dépendaient: au sud-est, la Bourgogne; outre-Loire, l'Aquitaine, 304, 305. Les provinces germaniques regardées comme annexes de l'Austrasie, 305. Ravagée par une maladie contagieuse, 356. Se couvre de monumens religieux; II, 46. Est à peine mentionnée sous le règne de Charlemagne, 272. Est devenue le patrimoine des seigneurs et des prélats, 276. Perdue dans les états de Charlemagne; à l'abri des invasions; n'a plus de citoyens belliqueux, 367. Déterminée par le traité de Verdun; III, 77. Plus de moitié du territoire appartient à l'Église; le courage national s'éteint; la défense commune est confiée à des reliques, à des sanctuaires, 101. Est devenue une république théocratique; le clergé dispose de la force militaire; il s'est arrogé le droit de veiller sur les mœurs publiques, 141 à 144. Ses souffrances excessives, 252. Détruite par le premier siècle des Carlovingiens; recréée par le second, 275. Pusillanimité des Occidentaux attaqués par les pirates, 276. Causée par l'extinction de la population rurale, 279. Commencemens de la succession des seigneurs suzerains; attention que méritent leurs dynasties, 294. Divisée en cinq royaumes outre les grandes seigneuries; son extrême faiblesse, 323. Devenue une fédération de princes indépendans, 357. N'est plus qu'un assemblage d'états de grandeurs différentes, bizarrement constitués, 382. Les rois ne protégent aucun des ordres de l'état; n'ont plus de rapports avec le peuple; détresse des villes; il n'y a plus de capitale, de métropoles, 383, 384. Rois, prélats, seigneurs, habitent des châteaux; plus d'industrie; le commerçant n'est que voyageur, 385. Chaque couvent, chaque château a sous son ombre un village d'artisans dont le travail est nécessaire au maître; progrès de ces villages hâtant la ruine des villes, 887. Elles perdent leurs priviléges, 388. Villages dont tous les habitans sont co-propriétaires; disparition de l'ordre des bourgeois; accroissement du nom

bre des serfs, 389. Classe d'hommes qui ne connaissent que le seigneur du château et n'ont aucune idée générale; titres que prennent les seigneurs, 390. Dispersion des fiefs sous plusieurs souverainetés; complication d'intérêts qui augmente la confusion de l'histoire, 391. Brigandages nés du droit de guerre privée, 399. Silence des conciles; le pouvoir militaire a remplacé le pouvoir sacerdotal, 440. Uniformité de la population malgré la diversité d'origines, 450. Langue française naît avec l'identité de la nation; le pays se repeuple; est fortifié; se couvre de soldats, 451. Le système féodal est pleinement établi; son influence bienfaisante, 452. Les noms propres ne sont pas encore en usage; on y supplée par des surnoms ou par l'hérédité des prénoms, 453. Le nom de la seigneurie joint à celui de l'homme ramène l'usage des noms propres, 454. Gouvernée par une confédération de princes rarement soumis à une volonté commune; IV, 2. Nombre de ces princes, 3. Prétendues pairies, 16. Développement rapide de la nation pendant l'époque de la confédération féodale, 83. Formation de maisons feudataires, 75, 76. Peste en Limousin et en Aquitaine; première origine de la *trêve de Dieu*, 76, 77. Isolement des feudataires; cause du silence de l'histoire sur leurs actions, 82. Indifférence des chroniqueurs pour leurs petites guerres; seconde cause de ce silence, 84. Croyance générale de la fin prochaine du monde, 86. Elémens d'une révolution dans le pouvoir de l'Église, 88. Violence des seigneurs; foi superstitieuse qui la contient, 113. Fréquence des miracles annoncés en chaire; frein aux passions de l'époque, 115. Le clergé multiplie ses conciles; conserve son esprit de corps; rend des décisions civiles, 143. Construction des cathédrales gothiques; découverte de nouvelles reliques, 144, 145. Fermentation religieuse; intolérance du clergé, 145. Premières tentatives de réforme, 146 et suiv. Supplice des hérétiques, 151, 152. Explosion de fureur contre les juifs; par quoi motivée, 152 et suiv. Les bourgeois des villes commencent à stipuler pour eux des conditions; pacte entre les villes d'Amiens et de Corbie, 174. Coalition d'évêques pour le maintien de la paix et de la justice, 175 et suiv. Progrès graduel de la nation; décadence simultanée de l'autorité royale; devient l'école d'héroïsme de tout l'Occident, 197. Incertitude sur l'origine et les progrès de la chevalerie, 198. Époque de son éclat, 199. Engagement religieux autant que militaire, 201. Détails sur la réception; apprentissage sous un chevalier; la domesticité anoblie; mœurs élégantes des châteaux; hiérarchie de ces écoles de courtoisie; la cour occupe le premier échelon; circonstance qui remet en honneur le pouvoir royal, 202 à 208. Horrible famine, 216 à 220. Etablissement de la *trêve de Dieu*, 242 à 251. Pourquoi plus d'assemblées nationales, 325. Aspect héroïque et chevaleresque de la France; ce qu'est la nation; c'est la noblesse seule qui attire les regards, 366. Barrière qu'elle élève entre elle et les parvenus; distinction de naissance; 367, 368. Etablissement des tournois, 370. Leur inventeur et législateur; règles et description de ces jeux, 370 et suiv. Invention toute française; réputation qu'elle donne à la France, 377. Quand passent dans les autres contrées, 378 et suiv. Symptôme d'une grande révolution dans les mœurs et la condition du peuple, révélé par l'établissement de la commune du Mans, 417. Révolution qui crée en France le tiers état et la liberté, 418. Quelle était antérieurement la situation des cités, 422 et suiv. Corporations et privilèges, 432, 433. Esprit d'association en Flandre et en Belgique, 434 et suiv. Permanence des privilèges des villes du Midi, 436. Rôle important qu'y jouent la bourgeoisie et les hommes libres, 438 et suiv. La monarchie française n'a point d'histoire pendant le onzième siècle, 482. C'est toutefois une époque de vie et de création; progrès de la langue, du commerce; amour de la

Table générale de l'Histoire des Français.

liberté; commencemens de la poésie, 483, 484. Quelle est l'école de la renaissance des beaux-arts, 487 et suiv. Trobadors ou troubadours, 494. Circonscriptions féodales de la France à la fin du onzième siècle; V, 6 et suiv. Ses progrès sous le règne de Philippe Ier, 62 et suiv. Circonstances qui l'agrandissent au sud, à l'ouest et à l'est, 247, 248. Est regardée comme le centre de la chrétienté, 301. L'activité de la pensée y renaît et produit dans les idées religieuses un mouvement précurseur de la grande réformation, 370. Circonscriptons à l'avénement de Philippe-Auguste; VI, 4 et suiv. Ruinée par les soldats d'aventure; sauvée par des associations populaires, 32. Soumise pendant l'époque féodale à quatre royautés, 248. Désolée par le départ d'une croisade d'enfans qui périssent dans les flots, 345 et suiv. Comment gouvernée pendant la minorité de saint Louis; VII, 53 et suiv. Se compose de deux nations : la noblesse et la bourgeoisie; esprit républicain des villes, surtout dans le Midi, 167, 169 et suiv. Transition de la confédération féodale au régime absolu; VIII, 62. Par qui est reconstitué l'ordre public, 64. Souffrances de la France sous le régime absolu; avantages qu'elle en a retirés, 65. Le peuple s'associe à la révolution qui s'opère dans l'état, 66. La France applaudit à la destruction des libertés féodales, 67. Le luxe et les arts y sont introduits par suite des conquêtes de Charles d'Anjou en Italie, 154. Obscurité de son histoire après saint Louis, 200. Comment courbée sous le despotisme, 202. Assemblées de ses États généraux, 352. Ses transformations lentes sont inaperçues des contemporains, 375. Devient de plus en plus monarchique, 376. Elle n'a plus que l'apparence de sa constitution féodale; les gentilshommes ne font plus usage de leurs forteresses que pour opprimer leurs vassaux; guerre sourde que leur font les juges royaux; état de la bourgeoisie; faiblesse des villes; absence de toute notabilité nationale; influence extérieure, 377 à 380, 410. La nation disparaît devant le monarque; les phases de sa vie sont des phases de l'histoire nationale, 423. Douleur publique à la perte de la terre sainte, 451. Absence de principes chez ses gouvernans pendant les huit premiers siècles de son histoire, d'où est résulté l'avilissement de tous; IX, 4. Vices de l'ordre religieux pendant cette période; le pouvoir de l'Église employé à troubler les notions du juste et de l'injuste, à anéantir la morale, 5. La nation n'est pas prête encore à entrer sur la scène de l'histoire, 6. La liberté de longtemps ne doit pas lui être garantie, 7. Elle lui est tellement étrangère que son souverain peut oser la protéger chez les peuples voisins, 8. L'hérédité à la couronne n'est réglée par aucune loi; les filles ne sont point légalement exclues, 346, 347 et suiv. Comment leur exclusion devient loi fondamentale de l'état, 349. Terreur que causent de prétendus sortiléges, 415. Comment l'autorité, au lieu de la sanction de la force, a acquis la sanction du droit; X, 2. Circonstances qui rendent suspect le corps appelé à prononcer sur le droit, 3 et suiv. Hésitation de l'opinion sur la préférence donnée à la ligne masculine, 7. Influence extérieure de l'élégance de la cour de France, 17, 59. Rapports de la nation avec l'Angleterre avant la rupture de Philippe VI et d'Edouard III; pourquoi n'a point été passionnée dans cette lutte; assoupissement dans lequel le despotisme l'avait plongée; c'est aux Anglais qu'il faut emprunter les documens de cette guerre; pourquoi, 120 à 126. La France obéissait et ne pensait pas, 127. Comment la guerre devient nationale, 308. Ravages de la peste de 1348, 341 et suiv. Recouvre ses assemblées périodiques, 431. N'a point assez de vigueur pour faire tourner à son avantage cette révolution, 433. Comparée à l'Italie, 435. Idées et besoins que développent son contact avec cette contrée, 436 à 438. Ce qu'est la nation, 442, 443. Souffrances cruelles dont elle commence à se remettre; XI, 59. Causes de prospérité indépendantes du gouvernement; l'ordre public renaît; association des villes et des villages, 60 à 62. Les grandes maisons féodales sont éteintes, 305. Ce qu'est devenue l'autorité royale, 306. État et fermentation de grandes villes; la guerre est engagée entre la nation et les princes, 373 à 378. Réflexions sur la défaite de la nation, 434 à 436. Causes du désavantage de la bourgeoisie dans sa lutte contre la noblesse; difficiles à apprécier; pourquoi, 437 à 440. Orthodoxie de toutes les classes, 441, 442. Servilité de l'enseignement, 443, 444. Progrès de la France au milieu des calamités du règne de Charles VI; à quoi sont dus; XII, 170 à 175. Entourée d'états troublés et impuissans; désire elle-même la paix, 176. Sommeil et indifférence politique du peuple, 177. Frivolité; amour des plaisirs chez les grands; le séjour de Paris satisfait leurs goûts dissipés, et la France est sauvée d'un démembrement, 328 à 330. Commence à renaître; XIII, 461 et suiv. Une nation nouvelle s'est formée; progrès du langage, 581 et suiv. Sa littérature arriérée, 583 et suiv. Le *Roman de la Rose*, 588. Ses poètes, 589 à 596. Ses historiens, 598 à 606. Ses historiens latins, 607, 608. Esprit d'examen, 609 et suiv. Comment les inquisiteurs raniment les supplices, 612, 613. L'opinion publique n'est pas encore éveillée; XV, 556. Quand passe du moyen âge aux temps modernes; quand commencent les études sérieuses et la double série d'écrivains qui met en évidence la vie du pays; XVI, 1 à 3. La nation est de moins en moins belliqueuse; XVIII, 45. Elle a perdu tout souvenir de liberté; toute pensée d'opposition, 68, 69. Quand s'accoutume à ce que rien ne se fasse dans les provinces; XXII, 6 à 9. Institution d'une nouvelle féodalité; sur quoi fondée, 10 et suiv. Les calamités de la guerre de trente ans se répandent dans quelques provinces françaises, 354. Provinces que la France acquiert; XXIV, 184, 185. Progrès des lumières et plaies du pays; XXVI, 2, 25, 55, 111, 161, 262. Préparée pour une révolution; XXX, 2 et suiv. 457.

FRANCESCHI (LE COLONEL) défend pour Mayenne la citadelle de Dijon XXI, 338.

FRANCO (THEOBALDO) tente d'assassiner l'empereur Frédéric; aveux que ce prince lui attribue; VII, 357.

FRANÇOIS Ier, empereur, d'abord duc de Lorraine, puis grand duc de Toscane; XXVIII, 144 et suiv. Son mariage, 149. A quel prix Frédéric lui offre son suffrage, 222. Il marche au secours de Prague, 235. Négocie, 259. Neutralise la Toscane, 272. Sa concurrence à l'empire, 360, 371 et suiv. Il est élu, 373. Sa jonction avec d'Aremberg, 375. Signe le traité d'Aix-la-Chapelle, 457. Attachement que lui porte Choiseul; XXIX, 91. Son désir de la paix, 146. Sa mort, 308, 311.

FRANÇOIS Ier, roi de France; ses vers sur Agnès Sorel; XIII, 345. Son âge à la mort de son père comte d'Angoulême; XV, 256. Son âge à la mort de Charles VIII, 266. Il accueille le comte de Flandre, 375. Précautions que prend Gié pour que la reine ne l'enlève pas, 435, 436. Louis XII se détermine à lui donner en mariage sa fille Claude; tendresse que le roi lui témoigne; haine de la reine, 446 à 448. Ses fiançailles avec la princesse, 451 à 457. Il va au-devant du roi, 519. Est envoyé à l'armée de Béarn; renforts qu'il reçoit, 604. Pourquoi son mariage retardé, 621. Prend le commandement de l'armée de Picardie, 644. Trêve générale qu'il signe à Orléans, 659. Son mariage célébré, 662, 663. Comment compromet sa future royauté, 668 à 670. Son avènement signale le passage du moyen âge aux temps modernes, XVI, 1. Ses goûts littéraires; idées qu'il a puisées dans les romans de chevalerie; sa beauté; son adresse, pouvoir de sa mère sur lui; son école de galanterie; son idolâtrie pour lui; modèle qu'il se propose; son absolutisme, 3 à 8. Ses avertissemens à Brandon; sa colère en apprenant son mariage avec la veuve de Louis XII; il pardonne; pompe de ses fêtes; son sacre à Reims; son couronnement à Saint-Denis; son entrée à Paris, 8 à 11; initié par Louis XII aux affaires; emplois qu'il distribue, 12. Ordonnance sur la chasse qu'il fait enregistrer malgré la résistance du parlement, 16, 17. Son projet de conquérir le Milanais; il l'achète à la reine; ses négociations pour dissoudre la ligue; il promet à Charles (Quint) la main de sa belle-sœur, 18 à 20. Il renouvelle la paix avec Henri VIII; l'alliance avec Venise; sa convention avec Frégose, avec Léon; sa rupture avec Ferdinand, 21. Armée qu'il rassemble; il laisse la régence à sa mère; ses troupes passent les Alpes; ses premiers succès; le pape se déclare neutre; les Suisses négocient, commissaires qu'il nomme, 22 à 27; il gagne la bataille de Marignan, 29 à 34. Se fait armer chevalier par Bayard; arme lui-même Fleuranges, est maître du Milanais et de Gênes, 35 à 37. Sa fausse politique; son traité avec le pape; ses promesses aux Médicis, 38 à 40. Son alliance avec les Suisses, 41. Son entrevue avec le pape; il modifie la pragmatique sanction, 42 à 44. Il ajourne la conquête de Naples; revient en France, 45. Congrès dont il convient avec Charles (Quint), 47, 48. Traité de Noyon entre eux, 50. Son traité de Cambrai avec Maximilien; son traité d'alliance perpétuelle avec les Suisses; sa ligue avec Venise, 51 à 53. Son traité de Londres avec Henri VIII, 54 à 56. Son concordat avec Léon; il le fait présenter au parlement; résistance de ce corps; enregistrement forcé et après protestation; résistance de l'université, 57 à 65. Luxe du roi; sa dissipation; par qui encouragé dans ses goûts voluptueux, son autorité sans bornes, 68, 69. Son activité; son désir de paraître seul maître, 70, 71. Sa vie de châteaux; comment entend la royauté; sa prodigalité; Vivonne la lui reproche, 72 à 75. Ses édits bursaux; son projet de croisade; adresse de ses négociations avec le pape, 76, 77. Avec les ambassadeurs anglais; avec Charles, qu'il nomme son gendre; il annonce au souverain pontife sa candidature à l'empire; lui conseille d'appeler Maximilien en Italie, 78 à 80. Ses amours avec la dame de Chateaubriand, 82. Faveur qu'il accorde à Visconti; sa dureté à l'égard de Trivulzio; sa conduite imprudente en Italie; alliés qu'il sacrifie aux Médicis, 85 à 89. Son imprudence dans les Pays-Bas; il refuse de reconnaître les priviléges de Tournai; il offense la famille de La Mark, 89 à 92. Il demande la couronne impériale, 97. Ses ambassadeurs en Allemagne; leurs moyens de corruption; motifs allégués pour l'exclure, 98 à 100. Sacrifices auxquels son élection eût entraîné la France, 103. Rapports entre son caractère et celui de Bonnivet; celui-ci l'excite à la guerre contre Charles; leurs griefs réciproques; il hésite à commencer la guerre; 105 à 107. Ses expédiens financiers; vénalité des charges, 108, 109. Son entrevue du champ du drap d'or avec Henri VIII; est dupe de Wolsey, 110 à 117. Comment blessé chez Saint-Pol, 117, 118. Ne profite point des embarras où il sait Charles; fait envahir la Navarre; reçoit en grâce La Mark; lui permet de défier l'empereur, puis l'arrête, 122 à 126. Sa négociation avec Léon X; trompé par lui, 128. Averti de se méfier de ce pontife, 129. Accuse Charles de violation de territoire, recourt à Henri VIII, 130. Met la France en état de défense, 131. Marche de Reims sur Valenciennes; rencontre l'armée impériale; la laisse échapper, prend Hesdin, 134, 135; n'est point préparé à la guerre qu'il a provoquée; a contre lui quatre puissances dont chacune est à peu près égale à la France, 140. Il est sans alliés, 141. Comment remplit le trésor; vente de charges; création d'une quatrième chambre dans le parlement de Paris; résistance de ce corps; il le force à obéir; il crée des rentes sur l'hôtel-de-ville, 142 à 147. Autorise Tournai à se rendre; rompt avec Henri VIII, reçoit sa déclaration de guerre; fait arrêter les marchands anglais, 148 à 150. Fait lever des Suisses pour reprendre le Milanais; se rend à Lyon, 151; fait passer de l'argent à Lautrec, 154. Il perd l'Italie; neutralités qui couvrent ses frontières, sauf le nord de la Champagne et la Picardie; ses mesures défensives, 159 à 161. La fin des troubles de l'Espagne le rend vulnérable de ce côté; l'Italie entière se tourne contre lui; ligue générale; ses explications avec Lautrec; il découvre les concussions de sa mère; sa cour divisée entre cette princesse et la dame de Chateaubriand, 164 à 169. Sa nonchalance; il abandonne les affaires à Louise; jalousie du connétable; le roi est parrain de son fils; magnificence avec laquelle il est reçu, 170, 171. Fiefs de Bourbon que lui adjuge le parlement, 173, 174. Ses prodigalités, désastres publics; ravages des gens de guerre; peste à Paris et désordres; lit de justice qu'il tient au parlement; sa fermeté, 178 à 180. Son projet d'envahir le Milanais; combinaisons au nord qu'il fait échouer par sa vanité puérile, 182 à 184. Il part pour l'Italie; a connaissance du complot du connétable; son entrevue avec lui; il le fait surveiller; le fait assiéger, fait arrêter ses partisans; le force à fuir, 184 à 190. Retenu en France par ces événemens; garde auprès de lui les princes du sang; confie à Bonnivet l'expédition d'Italie, 192. Fait rassurer Paris; ses efforts pour reconquérir le Milanais, 196, 197. Secours qu'il envoie à Bonnivet, 204. Ses mesures administratives et financières, 208, 210. Ses mesures pour défendre la Provence; mort de sa femme; son incontinence; trait de vertu d'une jeune Provençale, 216 à 218. Il envahit le Milanais; avis qu'il néglige; il nomme sa mère régente; ses opérations; son incapacité militaire; ses idées fausses de la dignité royale; il assiége Pavie, 219 à 223. Fait un détachement sur Naples; affaiblissement de son armée; ses embarras, 227, 228. Se concentre et réunit son conseil de guerre à l'approche des Impériaux; se résout à livrer bataille, 230, 231. Echec de ses détachemens; les Grisons le quittent, 232. Il perd la bataille de Pavie et est prisonnier, 233 à 238. Son entrevue avec Bourbon; sa captivité; ses lettres à Charles-Quint et à sa mère, 240 à 242. Son heureuse précaution de l'avoir nommée régente, 243. Expédition de Guise dont il le félicite, 250. Comment gardé, craintes que donne aux alliés la possibilité de son évasion, 261. Propositions exorbitantes que lui fait l'empereur; Lannoy lui insinue de passer en Espagne; comment s'y rend; est conduit à Madrid, 262 à 265. Ses contre-propositions à Charles; sa maladie; son entrevue avec l'empereur, 266 à 268. Son édit d'abdication; il le retire; signe le traité de Madrid, contre lequel il proteste; cède la Bourgogne; est fiancé à Eléonore d'Autriche; livre ses fils en otages; est remis en liberté, 273 à 277. Il refuse de ratifier le traité; renouvelle ceux avec l'Angleterre; négocie avec les principautés italiennes; son but; sa passion pour Anne de Pisseleu; fortune qu'il fait au mari qu'il lui trouve, 278 à 281. Assemblée sur laquelle il rejette la violation de ses engagemens, 282. Se place par le traité de Cognac à la tête de la ligue italienne; la sert mollement, se livre tout aux plaisirs, 282 à 284. Négocie avec l'empereur, 285. Inquiétudes qu'il inspire aux confédérés; ambassadeur qu'il reçoit; flotte qu'il ébranle, 287 à 290. Comptable des maux qui accablent Rome; nature défensive de son alliance avec l'Anglais; espère forcer Charles à accepter le rachat de la Bourgogne; il visite Paris, 296, 297. Lit de justice qu'il tient pour venger Duprat; ses injonctions au parlement, financiers qu'il fait poursuivre; met en jugement l'évêque de Paris; son impatience contre le pape, 298 à 304. Invoqué au secours du pontife captif; ses traités avec Henri VIII; son mariage stipulé avec Marie d'Angleterre; son entrevue avec Wolsey; armée qu'il prépare à entrer en Italie; assemblée par laquelle il se fait relever des obligations du traité de Madrid, 305 à 311. Subsides qu'on lui offre; il donne à Lautrec le commandement; le laisse sans argent, 312, 314. Repousse les concessions de Charles, le fait défier; leurs provocations réciproques, 318 à 323. Langueur de ses efforts en Italie; il perd l'amitié de Doria, puis Gênes, puis l'armée de Saint-Pol, 324 à 327. Epuisement de son trésor et de ses peuples; neutralité des princes voisins; il veut ensuite ramener la guerre en Flandre; entrevue projetée de sa mère et de Marguerite d'Autriche, 327 à 329. Ces deux princesses signent le traité de Cambrai, 332, 333. Cette paix honteuse le laisse sans alliés; comment appréciée par les historiens; il proteste contre le traité; son parlement proteste contre l'enregistrement, 334 à 338. Excite la résistance des Florentins assiégés, 343. Paiemens qu'il règle; il transige avec Henri VIII; solde le compte de l'empereur; ses fils lui sont rendus; son mariage avec Eléonore, 345 à 351. Comment acquiert la gloire de *protecteur* et de *père des lettres;* se plaît à s'entourer de savans; livre sur lequel l'a consulté Castiglione; proscrits lettrés qu'il pensionne, 351 à 354 et suiv. Précepteur qu'il donne à ses enfans, 355. Suite de ses protégés, 355 à 361. Il fonde le collége des *trois langues* ou collége de France; se refroidit pour cet établissement; pourquoi; prédications contre *le grec;* son mépris pour ces déclamations; inquiétudes que lui donne la réforme, 362 à 365. Disposé d'abord à réprimer l'intolérance, met un frein au zèle de Béda; profanation d'une image qui change ses dispositions; il la remplace solennellement par une statue d'argent; il fait brûler vif Berquin et réveille les exécutions en France, 379 à 383. Par qui influencé tour à tour dans ses sentimens religieux; il hérite de sa mère; emploi qu'il fait de ses trésors, 386 à 388. Il seconde la ligue de Smalkade, 392. Ses rapports avec Jean Zapolsky, roi de Hongrie, et avec Soliman; l'empereur lui demande assistance contre ce dernier, il offre de garder l'Italie, 394, 395. Justice prévôtale qu'il fait exercer dans les provinces; il réunit la Bretagne à la France; dons qu'il fait à Françoise de Foix; son fils aîné est proclamé duc de cette province réunie dont il confirme les priviléges, 399 à 402. A quelle occasion signe avec Henri un traité de défense mutuelle, 403. Il lui conseille d'épouser Anne de Boleyn; son entrevue avec lui; sous quel prétexte ils conviennent de réunir une armée, 405, 406. Ses motifs pour rechercher cette alliance; il convoite les biens du clergé; ses griefs contre Clément; pourquoi négocie avec lui; il lui fait proposer le mariage de son fils Henri avec Catherine de Médicis; inquiétude que lui donne l'entrevue projetée du pontife et de l'empereur; cardinaux qu'il charge d'y assister; son retour à Paris; subsides qu'il obtient du clergé, 407 à 412. Concessions que lui fait le pape; le pontife convient de le venir trouver à Marseille, 413 à 419. Ses rapports avec le duc de Savoie, 413. Son agent Maraviglia à Milan; pourquoi mis à mort; réparation qu'il demande; ses menaces à l'empereur; explications que lui donne Sforza, 419 à 423. Pourquoi intervient dans les affaires d'Allemagne; en quoi lui était utile l'alliance qu'il a perdue du duc de Gueldre; la remplace par celle de la ligue de Smalkade; méfiance que ses rigueurs envers les protestans inspirent à la ligue; il la seconde dans le rétablissement du duc Ulric de Wirtemberg, 423 à 428. Son entrevue avec le pape; honneurs qu'il lui rend; oubli qu'il fait de ses promesses au roi d'Angleterre; fait célébrer le mariage de son fils avec Catherine de Médicis; faveur qu'il obtient du saint père, 429 à 432. Sa vaine tentative pour rattacher Henri à la cour de Rome, 433. Son désir de la guerre; état prospère de ses finances; alliés sur lesquels il compte; il organise la force publique; crée une infanterie nationale, discipline qu'il veut y établir par la terreur; son peu de constance; sa rigueur extrême dans la punition des délits; supplices atroces qu'il ordonne pour les voleurs de grands chemins, 434 à 440. Il demande passage au duc de Savoie, fait lever les Landsknechts; ne peut avoir de Suisses, 441 à 442. La mort de Clément VII, la guerre que Charles porte en Afrique suspendent ses apprêts; alliance que lui offre ce prince, 443 à 447. Son soin pendant l'expédition de son rival de gagner l'affection des dévots; ses dispositions précédentes en faveur des protestans; influence de sa sœur et de Du Bellay;

il incline à appeler en France Melanchton; par qui maintenant dirigé; grande procession à laquelle il assiste; il fait brûler six réformés; met lui-même le feu au bûcher; monte en chaire et promet la persécution; son édit dans ce sens; sa ferveur alarme la ligue de Smalkade, 448 à 455. Son ressentiment contre les princes d'Autriche à cause de leurs révélations sur ses relations avec les Turcs; ses récriminations; il s'explique avec la ligue; signale les suppliciés comme ennemis de l'église d'Allemagne; appelle en France Melanchton, 456, 457. Conférence qu'il propose; son édit de tolérance; il oublie le réformateur allemand, 458 à 460. Calvin lui dédie son *Institution chrétienne*, 463, 464. Par qui remplace Duprat; s'empare du trésor de ce dernier; fait réprimer une insurrection à Lyon, 465, 466. Ses projets de vengeance contre Sforza; à la mort de ce prince il se décide à dépouiller le duc de Savoie; ses motifs, ses prétextes; ses réclamations, sur quoi fondées; langage impératif de son envoyé; ses actes d'hostilité, 468 à 474. Il favorise l'insurrection de Genève fomentée par des hommes qu'il a proscrits; échecs de ses troupes; son dépit, 475 à 476. L'empereur lui offre le Milanais pour son troisième fils; à quelles conditions; ses mesures, sa réponse, son traité avec Soliman, 478 à 481. Il insiste pour que le duché de Milan soit remis, sinon à lui-même, au duc d'Orléans; sa facilité à abandonner ses alliés, 482 à 486. Ses lieutenans font la conquête du Piémont, 488, 489. Son étrange résolution de désarmer, 496 à 498. Il apprend la sortie de l'empereur contre lui dans le consistoire; ordres qu'il donne, 498, 499, 500 à 502. Demande au commandant de Fossano de tenir trente jours, 505. Ne peut recruter son armée; pourquoi, 506. Menacé sur toutes les frontières; se trouve sans troupes, 507. S'établit à Lyon, nomme Montmorency son lieutenant général, 508, 519. Rejoint l'armée, 521. Protecteur du comte de la Mirandole, 524. Succès de la campagne, 526. Il perd son fils aîné; accusé d'empoisonnement son rival; ne donne point suite à cette accusation, 527 à 529. Confirme les priviléges d'Arles et de Marseille; refuse d'alléger les tailles de la Provence; revient à Paris; est rejoint par le roi d'Ecosse, 529 à 531. Son désir de s'allier à ce prince; il lui offre Marie de Bourbon, 532, 533. Il fait citer Charles en parlement comme détenteur de la Flandre et de l'Artois, 538, 539. Il porte la guerre au nord; ses opérations dans les Pays-Bas; il licencie son armée, 540, 541. Opération qu'il combine avec Soliman sur l'Italie, 542. Hostilités confuses en cette contrée; il est sur le point de perdre le Piémont; ses dispositions, 545 à 549. Son armée d'Italie; il manque à ses engagemens avec le Turc; quand s'ébranle; suspend le combat; évite de se trouver en contact avec Soliman; accède à la trêve de Monçon; licencie son armée; reçoit les conditions de paix de l'empereur; négocie; donne à Montmorency l'épée de connétable; nomme deux maréchaux; avoue son alliance avec le Turc; promet de se tourner contre lui à la paix, 550 à 558. Se rend au congrès de Nice; trêve qu'il y signe, 558 à 562. Sa vieillesse prématurée; son dégoût de ses alliés infidèles, hérétiques ou républicains; sa confiance en Montmorency; ses projets d'allier sa politique à celle de Charles-Quint; il lui propose une entrevue; XVII, 1 à 6. Prix que l'empereur attache à son alliance; leur accord secret à Nice; leur rencontre à Aigues-Mortes, 7 à 10. Il redouble de rigueurs contre les hérétiques; sa maladie honteuse, 11, 12. Désir du connétable de le réconcilier avec son rival, 16. Ses subsides à Henri, 17. Ses négociations avec lui; son traité avec l'empereur, 18 à 21. Alliance qui doit lui être à charge; ses rapports avec Soliman, 22 à 25. Projet de mariage avec la famille de l'empereur, 25, 26. Lettre que lui adresse Henri, 30. Mécontentement contre lui en Allemagne, 31. Garanties que lui demande l'empereur, 34. Les Gantois lui demandent sa protection, 38. Il offre à Charles le passage par la France, 40. Va au-devant de lui, 43. Son zèle; ses fêtes; anecdotes, 44 à 48. Proposition qu'il reçoit de l'empereur et qu'il rejette; il insiste pour obtenir le duché de Milan, 54. Les négociations sont rompues, 58 à 60. Rivalité à sa cour, 67. Ses plaintes sur la froideur du Dauphin, 69. Son humeur contre ses courtisans, contre le connétable; il fait arrêter les financiers et revendique les domaines de la couronne, 70 à 73. Son intervention dans le jugement de Brion-Chabot, 75, 76. Son ressentiment contre Venise, 81. Persécution et supplice des protestans; arrêt du parlement contre les Vaudois; clémence du roi; par quoi motivée, 88, 89. Ses ambassadeurs n'ont pas cru à sa réconciliation avec l'empereur, 91. Echange qu'il propose au duc de Savoie, 94. Parti qu'il se dispose à tirer de l'assassinat de son ambassadeur à Constantinople, 100. Il fait arrêter un fils naturel de Charles-Quint, 101. Joie que lui donnent les désastres de son rival à Alger, 105. Sa résolution de recommencer la guerre, 106, 108. Insuffisance de ses apprêts, 109. Envoie un ambassadeur à la diète de Spire; ses explications, 110, 111. Plans qu'il concerte avec Soliman; son alliance avec le roi de Danemark, 112, 113. Avec le roi de Suède; ses négociations en Angleterre et en Ecosse; Henri repousse ses avances, 114. Le duc de Gueldre est son allié le plus actif; ses explications à la gouvernante des Pays-Bas, 115 à 117. Il commence les hostilités et dénonce la guerre à l'empereur, 118. Se décide à l'attaque du Roussillon; sa lenteur, 120. Mécontentement que lui donne le duc d'Orléans, 124. Il fait échouer par sa lenteur l'expédition de Roussillon, 124 à 127. Faibles résultats qu'il retire de ses ruineux armemens, 128. Son humeur; faveur qu'il accorde à Annebaut; courtisans qu'il disgracie; arrestation de Poyet; sa pénurie; ses expédiens fiscaux, 129 à 132. Insurrection de la Rochelle; grâce qu'il accorde, 135 à 138. Sa sévérité envers les hérétiques; son alliance avec les Turcs; il attire ceux-ci en Provence; inconstance de ses projets, 139 à 141. Colère qu'il inspire à Henri VIII; alliance de ce prince avec Charles-Quint contre lui, 145. Il porte la guerre au Nord; ses opérations, 146 à 148. Son inaction à Reims, 150. Il reprend le Luxembourg; rompt avec le duc de Clèves, 152, 153. Ses plans, sa retraite, 154. Il marche au secours de Landrecies, 155. Joie que lui donne la victoire des Turcs, 156. Faibles ressources dont il dispose au midi, 157. Mécontentement de Barberousse; secours qu'il lui envoie, 160, 161. Sommes énormes que cet allié lui coûte; indignation de l'Europe, 163. Ses finances, ses troupes; il crée de nouvelles charges de judicature, 164 à 169. Ses lettres produites à la diète de Spire; ambassadeurs qu'il envoie et qui ne peuvent remplir leur mission, 171, 172. Alliés qu'il perd; fidélité des Suisses; dispositions de la diète pour qu'il ne puisse faire de levées en Allemagne, 172, 173. Abandon où il laisse son lieutenant en Piémont; il le remplace par le comte d'Enghien, 175. Renforts qu'il envoie au prince, 176. L'autorise à livrer bataille, 179 et suiv.; subsides qu'il envoie à son armée, 184. Ne permet pas qu'elle envahisse le Milanais; lui emprunte des troupes d'élite, 192, 193. Est abandonné au nord à ses seules forces, 195. Insuffisance de ses apprêts de défense, 198, 200. Répit que lui donne la résistance de Saint-Dizier, 202. Il négocie et signe le traité de Crespy, 203 à 207. Conditions de cette paix la plus honorable du siècle, 209 à 216. Désir que Henri VIII lui suppose de traiter avec lui; leur négociation, 217. Est rejoint par son fils, 223. Note que le duc d'Orléans lui fait adresser, 226. Prédilection du pape pour lui; par quoi motivée, 228. Il le sollicite de convoquer un concile général, 230. Ses rigueurs contre les protestans; comment a suspendu l'arrêt contre les Vaudois; pourquoi ordonne de le mettre à exécution, 232 à 238. Massacres qu'il approuve, 244. Ses exactions; soulèvemens qu'elles excitent; comment il les punit, 245 à 247. Il fait juger Poyet; il dépose en personne contre lui et l'accuse de faux, 248, 249. Il lui fait grâce; par qui le remplace, 251. Il fait proposer les questions à résoudre au concile, 253. Sincérité et motifs de ses efforts pour s'attacher l'empereur, 255. Son dialogue avec le fou Briandas; sa colère, 255 à 257. Ses plans d'attaque contre l'Angleterre, 257. Il secourt le parti intolérant en Ecosse, 258. Incendie de son vaisseau au Havre; départ de sa flotte, 260. Il marche par Boulogne, 262. Il perd son second fils; négociateurs qu'il envoie à l'empereur, 263, 264. Il est excité à l'attaquer, changement dans sa politique; mortalité dans son armée, 265 à 267. Il signe la paix avec Henri VIII; espérance qu'il lui donne de réformer le clergé français, 268 à 269. Ses avances à ce prince; ses apprêts de défense contre l'empereur, 270. Offices qu'il supprime; défend l'usage des arquebuses et pistolets; dans quel but; effet de ses précédentes négociations, 271, 272. Est trompé par Henri de Brunswick, 276. Persécutions atroces qu'il commence contre les protestans; supplices de Meaux et autres, 281 à 286. Ses hésitations; sa mélancolie; sa maladie; intrigues de sa cour; son affection pour le comte d'Enghien, 288, 289. Chagrin que lui cause la mort de Henri VIII; activité de ses ambassadeurs; ses apprêts contre Charles, alliés qu'il recherche, 291 à 293. Sa mort, ses dernières recommandations; jugement sur lui, 294 à 297. Comment a gagné le cœur des Français, 298 à 300. Ses dispositions testamentaires, 300; 301. Ses obsèques, 312 à 314.

FRANÇOIS II, roi de France; projet de lui faire épouser Marie Stuart; XVII, 336. Son mariage célébré; XVIII, 71. Il prend le titre de dauphin roi, 72, 73. Son avénement à quinze ans et demi; sa faiblesse de corps et d'esprit; sa tendresse pour sa femme, 99, 100. Est conduit au Louvre, 108. Congédie le connétable; est sacré, 110, 111. Edit qu'il rend contre les hérétiques; 116. Il fait recommencer le procès de Du Bourg, 120. Edit et proclamation sur les grâces et les dettes, 125. Sa soumission aux Guises manifeste, 126.

Philippe lui promet son appui, 130. Son mariage a uni intimement la France et l'Ecosse; analogie entre la situation des deux royaumes, 132. Amnistie qu'il accorde en Ecosse, 136. Rassemblement qui s'ébranle pour venir le trouver à Blois, 141. Il se rend à Amboise, 142. Son édit d'amnistie, 144. Ses alarmes; il nomme Guise son lieutenant général, 147. Est témoin du supplice des conjurés, 149. Déclaration que lui fait Condé, 151. Comment représente le complot, 155, 156. Pressé d'introduire en France l'inquisition d'Espagne, 157. Sa santé chancelante, 159. Assemblée de notables qu'il convoque, 160. Il y assiste, 161. Son discours, 162. Il convoque les Etats généraux, 165. Il suspend les supplices, 166. Fait inviter les Bourbons à se rendre à l'assemblée, 167. Il va la présider; sa nombreuse escorte, 172. Ses mesures pour l'extermination des hérétiques; il signe l'ordre d'arrêter les Bourbons; ses remontrances à Condé; il le fait emprisonner et nomme une commission pour le juger, 173 à 177. Les Guises ménagent une querelle entre lui et le roi de Navarre; sa maladie; sa mort, 180 à 183. Il laisse la France sans gouvernement, 184. Ses obsèques, 191.

FRANÇOIS, fils de François Ier, dauphin; son mariage stipulé avec Marie d'Angleterre; XVI, 56, 115. Edit en sa faveur, révoqué, 273, 274. Otage de son père, 277. Mis en liberté, 351. La Bretagne lui est léguée pour sa mère, 399. Est proclamé duc, 402. Son ardeur de plaisirs; sa mort; accusation d'empoisonnement, 527 à 529.

FRANÇOIS DE VALOIS, duc d'Alençon; son portrait; XIX, 92. Négociations pour lui faire épouser Elisabeth d'Angleterre, 221, 228, 248. Est au siége de la Rochelle, 225. Les mécontens veulent le mettre à leur tête; haine du roi contre son favori; affection que lui portent le Béarnais, Condé et Turenne, 231, 245, 247 à 250. Les protestans se croient assurés de lui, 255. Objet de la méfiance de sa mère; parti pour le faire nommer lieutenant général du royaume; le roi lui donne le commandement des troupes, 259 à 261. Il trahit les protestans ; est prisonnier, 262 à 264. Marche que sa mère lui indique pour faire tomber la punition sur des subalternes, 267 et suiv. Colère de son frère ; tentative de la reine de Navarre pour le faire échapper, 270, 271. Lecture qu'il entend, 274. Bienveillance que lui témoigne la régente, 286. Sa circulaire aux gouverneurs des provinces, 288. Projet de lui donner le trône de Pologne, 300. Il se rend au devant de son frère, 307. Sa délivrance stipulée par Condé, 329. Ses rapports avec Turenne, avec Lanoüe, 334 à 336. Son caractère méprisable ; il s'échappe ; son manifeste ; est accueilli par les chefs huguenots ; se trouve à la tête d'une armée ; alarmes de sa mère ; le parti le reconnaît pour chef ; se rend en Poitou, 341 à 346. Est rejoint par Thoré, puis par Vittaux, 347, 349. Trêve qu'il signe avec sa mère ; places de sûreté qui lui sont livrées, 351 à 353. Se plaint d'une tentative d'empoisonnement, 354. Son armée en Poitou, 356. Sa jonction avec Condé, 361. Leurs forces ; avantage que lui assure la paix de Monsieur, 362, 363. Il prend le titre de duc d'Anjou, 365. Sa cour de Bourges, 366. Entrée qu'il fait en cette ville ; pourquoi Condé ne l'accompagne pas, 368. Il abandonne les Huguenots et revient à la cour, 379, 380. Remontrances qui lui sont adressées sur les élections aux Etats généraux, 397. Assiste à l'ouverture de la session, 399. Et aux séances royales, 409. Signe la ligue, 436. Siége au conseil d'état ; armée qu'il commande, 444 à 446. Ses succès ; ses cruautés, 448. Il aspire au trône, 463. Spécule sur le mépris dont se couvre son frère ; querelles entre leurs mignons ; leur rupture ; sa fuite, 472 à 479. Assurance qu'il donne à son frère ; il ambitionne un trône en Flandre, 480, 481. Les états invoquent son secours, 486. Il leur envoie une armée qu'il suit ; est proclamé protecteur de la liberté belge, 492 à 495. Difficultés qu'il éprouve, 496. Ses opérations de guerre ; son inimitié pour Jean Casimir ; il passe en Angleterre, 497. Sa mauvaise santé, 510. Son retour à la cour, 519. Il cause la mort de Bussy, 520. Ne renonce point à son projet sur les Pays-Bas, 535. Rappelé par les états ; fait faire la paix de Fleix, 537 à 542. Ce qu'est pour lui la religion ; XX, 4. Epoque de sa mort, 20. Sa nouvelle expédition en Flandre, 23, 38 et suiv. Il s'empare de Cambrai ; il part pour l'Angleterre, 44 à 46. Elisabeth ajourne leur mariage projeté ; son retour à Anvers ; il est proclamé duc de Brabant ; ses démonstrations catholiques ; il est soupçonné de l'assassinat du prince d'Orange, 47, 48. Ses opérations de guerre ; son armée débarque à Dunkerque, 49, 50. Il conçoit le projet de se rendre maître des villes de Flandre où il a garnison ; échoue en personne à Anvers, 51 à 55. Places qu'il prend ; places qui lui échappent ; sa réconciliation avec les états ; son retour en France, 56, 57. Accueille Salcède ; découvre et signale ses intrigues, 57 à 63. S'emploie à réconcilier le roi et la reine de Navarre, 73. Effet que produit son dépérissement, 80, 81. Ses dernières tentatives sur les Pays-Bas ; sa réconciliation avec son frère ; sa maladie, 84, 87. Sa mort, 89 à 91. Cet événement change la situation des partis, 92 et suiv.

FRANÇOIS Ier, duc de Bretagne ; son mariage avec Yolande de France ; XIII, 169. Son avénement ; ses réclamations à l'Angleterre ; récriminations contre lui ; sa haine contre son frère, 481, 482. Ses drapeaux déployés par le connétable, 484. Ses opérations, 492, 493. Sa jalousie contre son oncle, 500. Son âge à son avénement ; sa position équivoque à l'égard de la France et de l'Angleterre ; ses vices ; sa faiblesse ; par qui gouverné ; sa lutte avec son frère Giles ; ses remords ; il meurt, 525 à 534.

FRANÇOIS II, comte d'Etampes, puis duc de Bretagne ; son avénement ; il prête hommage à Charles VII ; XIV, 24, 25. Ses rapports avec Louis XI et Charolais, 85 à 88, 101, 133. Débats dans lesquels il reconnaît les juges du roi de France ; ses offres à Edouard IV, 136. Il excite les princes du sang à la révolte; Louis xi expose ses griefs contre lui, et met des troupes sur pied, 144 à 146, 153 à 155. Son ambassade à Louis détermine l'explosion, 161, 162. Conjurés réunis à sa cour; le duc de Berry les y rejoint, 164. Par qui surveillé, 169. Forces qu'il ébranle, 170. Il manœuvre pour rejoindre Charolais, 172, 173. Leur réunion, 180. Ce qu'il obtient par le traité de Conflans, 192. Il accompagne en Normandie Charles de France, 199. Sa rupture avec ce prince; son traité avec Louis; arbitre entre les deux frères, 205 à 209. Charolais veut marcher à son secours, 214. Ses protestations de soumission au roi; son mécontentement; ses négociations, 217 à 221. Invité à signaler les abus, 226. Sa correspondance avec Charles-le-Téméraire, 228. Il recommence les hostilités; est réduit; signe le traité d'Ancenis, 232, 241, 250 à 255. Par qui gouverné, 286. Pourquoi refuse l'ordre de Saint-Michel; porte celui de la Toison-d'Or; continue ses intrigues, 296. Confirme à Angers le traité d'Ancenis, 304. Veut à peine reconnaître le roi comme son suzerain, 311. Dégagé de la garantie du traité de Péronne, 321. Son inconstance; ses négociations secrètes; son mariage, 342, 343. Ligué avec le roi d'Angleterre, 349. Confidence que lui fait le Téméraire, 350, 356. Rendez-vous pris en Normandie avec le Bourguignon, 364. Son traité avec Edouard iv; attaqué par Louis; leur lutte; leurs négociations, 367, 368, 372 à 374, 395, 403, 424, 426, 435. Ce qu'Edouard attend de lui, 438. Il signe le traité de Senlis, 453, 454. Charges qu'il fournit contre Saint-Pol, 457. Louis lui envoie Commines, 504. Intrigue que le roi surprend; serments mutuels qu'ils se prêtent, 540 à 542. Il entrave ses négociations, 571, 572. Son accord secret avec Edouard et Maximilien, 596, 598. Il fait arrêter Chauvin, 598, 599. Ses armemens inutiles, 612, 613. Son alliance avec le duc d'Orléans; conspiration contre son favori; parti pour donner la Bretagne à Charles viii; il se rapproche de ce prince; XV, 5, 6, 9 à 12, 15, 16, 22 à 24. Lutte avec la dame de Beaujeu, 31 à 35. Sa noblesse soulevée contre lui, 40, 41. A qui promet sa fille, 42, 47. Il pardonne à Rieux; son parti se relève, 47, 48. Sommé à comparaître au lit de justice; il n'est point prononcé de sentence contre lui, 49, 50. Est tombé en enfance, 62. Son traité avec la France; son testament; sa mort, 64, 65.

FRANÇOIS, duc de Lorraine; son avénement; sa mort; XVII, 396.

FRANÇOIS, cardinal, duc de Lorraine; son frère offre d'abdiquer en sa faveur; il fait évader sa nièce; XXIII, 225, 226. Son avénement; son mariage; sa fuite; son bannissement décrété par le parlement, 232 à 234. Il prend le commandement des troupes de son frère; XXIV, 509. Jaloux de Condé, 510. Se réfugie en France avec son armée, 530. Proteste contre la cession de la Lorraine à Louis xiv; XXV, 36.

FRANÇOIS-JACINTHE, duc de Savoie; son avénement; XXIII, 325. Sa mort, 348.

FRANÇOIS, marquis de Saluces; François Ier lui donne le commandement en Piémont; ses négociations avec l'empereur et Leyva; ses idées superstitieuses; méfiances qu'il excite; il passe à l'ennemi; XVI, 502 à 505. Il prétend au commandement de l'armée impériale, 523. Il est tué, 546.

FRANÇOIS D'ASSISE (saint); milice dévouée qu'il donne au saint-siége; VI, 375.

FRANÇOIS DE PAULE (saint); Robert Retortillo; son ermitage au Plessis les Tours; XIV, 621.

FRANÇOISE de Lorraine, duchesse d'Etampes et de Mercœur; son mariage avec le duc de Vendôme; XXI, 471; XXII, 169.

FRANÇOISE-MARIE de Bourbon, épouse le duc de Chartres (le régent); XXVI, 87 et suiv. Ses rapports avec son mari; XXVII, 129, 152. Réunion chez elle, 520.

FRANCON, archevêque de Rouen; négociateur auprès de Rollon; III, 327. Le baptise, 330.

FRANCOURT (GERVAIS) porte plainte du massacre de Vassy; XVIII, 268, 269. Sollicite des secours en Allemagne, 514.

FRANCS, ou hommes libres; confédération des Chauces, des Cherusques, des Cattes et autres Bas-Germains; passent le Rhin; traversent les Gaules; franchissent les Pyrénées; I, 13. Saccagent la Catalogne; ravagent les côtes de la Mauritanie, 14. Dévastent les Gaules; sont repoussés par Probus, 15. Reçoivent des terres sur le Danube et dans le Pont, 16. Ces derniers à travers la Méditerranée; en pillent les côtes; puis en tournant l'Espagne et la Gaule reviennent dans la Frise, 17. S'allient à Caraunus, 19. Vaincus par Constantin; leurs rois livrés aux bêtes féroces, 24. Battus par Constant, 25. S'établissent dans l'île des Bataves et le Brabant ou Toxandrie, 27. Ces derniers s'allient aux Romains; les autres sont repoussés par Julien au delà du Rhin, 29. S'affermissent dans les Gaules par les services qu'ils rendent aux Romains, 39. Leur fournissent une excellente infanterie, 40. Ne sont point seuls l'origine de la nation française, 106. Leurs Mérovingiens, 111. Leurs cantonnemens au quatrième siècle; élémens de leur confédération; leurs rois tous de la famille de Mérovée, 113. Apparaissent dans l'histoire vers 241, page 114. Arrêtent d'abord les Vandales, mais sont enfin vaincus, 128. Battus à Reims par Aëtius, 150. Prennent parti les uns pour l'empire, les autres pour Attila, 153, 156. S'affermissent, 165. Leur respect pour les droits des chefs du sang royal, 168. Les derniers venus dans les limites de l'empire; leur fidélité à l'alliance des Romains; leur affection pour leur pays compris entre la rive droite du Rhin et l'Océan, 174. Leurs incursions; leurs établissemens sur la rive gauche du fleuve; leur rôle dans les Gaules, 175. Leur attachement à leur ancien culte, 184. Leur conversion les unit aux Gaulois, 187, 190. Leurs champs de mars, 194. Leurs familles ne les ont pas suivis; ils restent en corps d'armée, 197. Conservent les habitudes guerrières que les autres barbares ont perdues, 198. Leur code, 199. Leur besoin de victoires, 202. Leur force vitale; leur unité; leur souveraineté réside dans l'armée, 238. Leur lien social resserré plutôt que détendu par la mort de Clovis; leurs habitudes démocratiques, 239. Leur tendance à affaiblir la puissance royale, 240. Manière dont ils envisagèrent les crimes de Clovis, 240, 241. Etrange partage de l'héritage du roi; montre qu'ils ne comptent point sur leurs rois pour gouverner la monarchie, 242. A quoi se réduit la royauté des fils de Clovis; le peuple abandonné à lui-même; est gouverné le moins possible, 243. Essor que sous eux prend la nation des Francs, 245. Leur association s'étend des bouches de la Meuse à celles de l'Elbe, 246. Répriment les Saxons, 247. Soumettent les Thuringiens, 251. Ont sous leur dépendance les Allemands et les Bavarois; transmettent à la Germanie la civilisation gauloise, 252. Perdent du terrain au midi, 255. Battent les Visigoths, mais sans fruit, 257, 258. Battent les Bourguignons, 260. Sont vaincus, 261. Evacuent la Bourgogne, 262. La soumettent finalement, 265. Comment commencent leurs guerres en Italie; accroissement de leur population, 274. Leurs nombreuses armées; secondent d'une manière détournée Vitigès, 275. Passent les Alpes, 276. Leurs victoires; leurs désordres; leur retraite, 277, 278. Vitigès leur cède la Provence et Justinien les droits de l'empereur sur les Gaules, 279. Continuent, sans leurs rois et malgré les maladies contagieuses, à passer en Italie, 280. Part qu'ils prennent aux révolutions de ce pays, 282. Chefs d'aventuriers célèbres, 283. Les Francs forcent Clothaire de livrer bataille aux Saxons insoumis; vaincus ils demandent la paix, 288. Commencent à perdre leur caractère de soldats souverains pour prendre celui de sujets, 289. Prospérité; étendue de leur empire, 293. Leur lien social relâché; ne se sont point soumis à payer des impôts, 295. Trésor et domaine royaux, 296. Administration de la justice; émanant du peuple; confiée au peuple; ses formes, 297. Sans centralité; aggravation de la pénalité, 298. Indépendance du clergé, 299. Le pouvoir royal réduit au commandement des armées, 300. Anéantissement de l'ordre civil, 301. Voient la France dans le rayon de leurs quatre capitales: Paris, Orléans, Soissons, Reims, 302. Composition de leur empire, 304. Dégénèrent sous les fils de Clothaire; la monarchie et non la dignité royale est maintenant partagée, 306. Déjà ils adoptent les mœurs des vaincus; mœurs effrénées de leurs rois, 307. Crédit du clergé, 308. Part que prend la nation aux guerres de ses princes, 326. Malheureuses expéditions en Italie, 389, 396. Ils sont victimes de leur indiscipline; de leur intempérance, 396. Gloire du premier siècle de leur monarchie, 399. Commencent à déchoir depuis Clovis, 402. Moins durs que les Romains pour la race esclave qui se multiplie plus que sous l'empire, 499. Leurs expéditions lointaines; malheurs en Septimanie, en Italie, en Bretagne; ils anéantissent les Warnes, 412. Gouvernés à la mort de Childebert II par des enfans, 413. La vigueur de leur empire renouvelée; II, 1. Ont perdu leur esprit d'égalité, 5. Progrès de l'aristocratie; envie que lui porte le peuple, 6. Leur crédit s'étend jusqu'à l'empire d'Orient; ils ont remplacé celui d'Occident, 11. Survivent à tous les royaumes barbares, 12, 13. Zèle religieux des grands; ignorance du peuple, 46. Décadence littéraire, 47 à 50. Passion nationale pour la vie monastique, 55. Leur indifférence pour les affaires publiques; due à l'absence de vie politique, 56. Leur enthousiasme pour les voyages, les miracles; les fondations religieuses des saints, 57. Importance de la population monacale, 58. Leur opposition à l'hérédité des fonctions publiques autres que la royauté, 87. Progrès du système d'hérédité, 88. Esprit d'indépendance des princes de la confédération des Francs, 90. Ancien esprit de la nation réveillé en Austrasie, 91. Décomposition du pouvoir; associations entre voisins; force de la richesse territoriale, 93. Anéantissement des forces de la monarchie; veulent les relever, 96. Rétablissent les comices nationaux, 97. Importance de leurs guerres contre les Sarrasins et les Saxons, 120. Silence des annalistes sur le développement de leurs institutions pendant le huitième siècle, 121. Epoque toute militaire, 123. Sauvent la France des Sarrasins, 129. Gloire qu'ils tirent de leurs négociations avec le pape, 148. Rajeunis par l'avénement des Carlovingiens, 168. S'étaient éteints en Neustrie, en Bourgogne; font de ces provinces comme une nouvelle conquête, 171. Ce que deviennent leurs assemblées nationales; les prêtres y dominent; les guerriers les abandonnent; questions qui s'y agitent, 173 à 176. La réforme dont leurs mœurs avaient besoin est empreinte de l'esprit monastique, 176. Modification dans leur législation criminelle; les délits poursuivis non comme offense privée, mais comme contraires aux lois de Dieu, 177. Férocité; corruption de la nation; prouvée par ses lois criminelles; citation, 180. Sanction de l'excommunication donnée à la loi, 181. Effet que produit sur eux la venue du pape, 186. Protection qu'ils lui promettent, 187. Plus germaniques à l'avénement des Carlovingiens, 200. Origine de l'inégalité des partages, quoique contraire à leurs sentimens, 220, 221. La nation composée des seuls propriétaires d'hommes et de terres; leur petit nombre; cause de l'affaissement du pays, 279. Exclusivement appelés aux commandemens par Charles, 367. Epuisés par ses guerres; presque anéantis; III, 3. Reprennent le nom de Germains, 9.

FRANGIPANI (LÉON) fait élire pape Innocent II; V, 221.

FRANGIPANI (PIERRE); excité par l'empereur Frédéric II à soulever les Romains; VII, 171.

FRANGIPANI (LE MARQUIS); sa révolte contre l'empereur; son supplice; XXV, 212, 213.

FRANKLIN; son rôle au congrès

américain; XXX, 137 et suiv. L'un des rédacteurs de la déclaration d'indépendance, 138. Sa mission en France; accueil qu'il y reçoit, 146, 154, 158. Ses négociations; traité qu'il signe, 148 à 151. Lenteurs dont il gémit, 152, 153. Contrebalance l'influence de l'empereur, 157. Voltaire bénit son fils; son séjour à Paris se prolonge, 162. Son heureux ascendant sur le roi, 191. Sa noblesse à l'égard de la France, 223. Couleur anglaise qu'il a consacrée à la cour, 286.

FRANQUET d'Arras, chef d'aventuriers bourguignons; son supplice; XIII, 159.

FRANZESI (BICCIO ET MUSCIATTO, FILS DE GUIDO), marchands florentins établis en France; faveurs dont ils jouissent auprès de Philippe-le-Bel; VIII, 429. Avanie contre leurs compatriotes qu'ils lui suggèrent, 430, 431. Conseils habiles qu'ils lui donnent; priviléges qu'ils obtiennent de lui, 506. Part que prend Musciatto au complot contre Boniface VIII; IX, 129, 130. Il est soupçonné de l'empoisonnement de Benoît XI, 148.

FRANZURES (LE SIRE DE) harcèle l'armée du duc de Buckingham; XI, 293.

FRATTA (THOMAS), Albanais de l'armée de Guise; reconnaît l'armée allemande; XX, 302.

FREDEGAIRE, cité comme chroniqueur, I, 183 à II, 42. Obscurité où sa mort laisse l'histoire, 42.

FREDEGONDE, maîtresse, puis femme de Chilpéric; I, 313, 315. Sa haine pour Brunehauld, 326. Fait assassiner Sigebert, 333. Cherche à faire périr Mérovée, 346, 347. Ses remords; elle fait suspendre la levée des impôts; perd tous ses enfans; accuse Clovis et Mummolus de maléfices; sa vengeance; son huitième enfant, 356 et suiv., 364 et suiv. Envoie sa fille en Espagne, 368, 369. Soupçonnée de la mort de Chilpéric; protégée par Gontran, 371 à 374. Exilée par lui, 386. Fait affirmer par serment la légitimité de son fils, 387. Ses assassinats, 388 à 390, 397. Part qu'on lui prête dans la guerre contre les Austrasiens, 410. Cherche à s'attribuer l'autorité à la mort de Childebert; bat les Austrasiens; meurt, 414. Comment jugée, 415.

FREDELON, premier comte de Toulouse; VII, 467.

FREDERIC Ier (BARBEROUSSE), empereur; se croise avec l'empereur Conrad son oncle; V, 312. Rend compte à Louis-le-Jeune des désastres des Allemands, 333. Continue son entreprise, 336. Assiste à l'assemblée de Saint-Jean-d'Acre, 352. Louis recherche son alliance, 404. Elu roi des Romains; reçoit la couronne impériale; son mariage; sa réconciliation avec les Zœhringen; reçoit l'hommage des seigneurs du royaume d'Arles; sa puissance va s'épuiser contre les communes d'Italie, 421 à 427. Desservi par l'Eglise; il protége l'antipape Victor; ses progrès en Italie; son entrevue projetée avec Louis-le-Jeune, 430 et suiv, 440 à 442. Reconnaît et favorise l'antipape Pasqual III, 453. Feudataires du midi de la France qui recherchent son alliance, 456. Son ambassade et ses offres à Henri Plantagenet, 466. Sanctionne la liberté des républiques d'Italie; reconnaît le pape Alexandre III, 523. Couronné à Arles; à quoi se réduit son autorité, 536. Son ambassade à la cour plénière du roi d'Angleterre; VI, 38. Il prend la croix; négocie avec Saladin; son départ; il gagne la bataille de Konieh; sa mort, 54, 80, 81, 86 à 88.

FREDERIC II, empereur, d'abord roi des Deux-Siciles; entouré d'eunuques musulmans; IV, 489. Son avénement; VI, 170. Est réduit à l'Italie, 246. Sa lutte avec Othon, 319 à 321. Il l'emporte, 349, 428. Reçoit la couronne impériale, 497. Son mariage; ses projets de croisade; ses représentations au pape, 546, 547. Retard qu'il met à partir, 552. Pourquoi retenu en Europe, 566. Ses recommandations sauvent la vie des habitans d'Avignon, 592. A hérité du royaume des Deux-Siciles et acquis celui de Jérusalem; son septicisme; il est excommunié; part pour la Terre-Sainte; recouvre Jérusalem; VII, 41 à 48. Attaqué en Italie par son beau-père; y revient, dégage ses états, 49, 109. Fait la paix avec le pape, 111. Reçoit l'hommage de Raymond VII ; pour quels fiefs, 138. Son mariage avec Isabelle d'Angleterre, 140. Son édit contre les hérétiques, 145. Met obstacle au prosélytisme du pape, 149. Quels reproches il encourt, 159. Sa trêve en Terre-Sainte expire, 160. Son dessein de mettre une barrière aux empiétemens de la cour de Rome, 171, 172, 178, 180. Assemblée de rois qu'il provoque ; pourquoi l'ajourne, 181. Est rappelé en Italie, 182. Probabilité de ses hostilités avec le pape, 183. Comment desservi et désobéi en Terre-Sainte ; grief de Grégoire contre lui, 185. Pourquoi influe sur la marche de l'armée de Baudoin, 190. Sa lettre aux souverains de l'Europe sur l'invasion des Mogols ; mesures qu'il prend contre eux, 199. Est excommunié en ce moment, 200. Le roi de France est excité contre lui, 201. Proteste devant ses ambassadeurs de son orthodoxie ; le désarme, 204. Défend aux croisés de traverser ses états sans sauf-conduit, 207. Son lieutenant à Jérusalem n'est point obéi, 209. Ce qu'il faut conclure de son zèle pour les croisades, 216. Ses vues en les secondant, conformes aux lois fondamentales de l'humanité, 218 et suiv. Raymond VII recherche son amitié, 227. Il met au ban de l'empire le comte de Provence ; fief qu'il donne au comte de Toulouse, 228. Devient plus favorable au premier ; par quelle intervention, 229. Le comte de Toulouse abandonne son parti, 232. Le pape convoque un concile pour le déposer ; il fait arrêter en mer plus de cent prélats, 242, 243. Annonce cette victoire à son beau-frère Henri III ; Louis réclame de lui ses sujets, 244 et suiv. Sa réponse, 246. lettre que lui adresse le roi d'Angleterre, 279. Comment qualifie le sacré collége, 289. Ce qu'il attend du nouveau pape jadis son ami, 290. Celui-ci d'abord modéré lui déclare la guerre, 291, 292. Médiations de Raymond, 294. De Baudoin de Constantinople, 302. L'empereur a toujours un lieutenant à Jérusalem ; lors de l'invasion des Corasmiens, 303. Accuse les templiers des désastres de la Terre-Sainte et fait appel aux princes de l'Occident, 305. Son désir de réconciliation ; ses négociateurs ; projet d'accommodement ; piége que lui tend le pape ; comme il l'élude, 306, 307. Excommunié de nouveau ; doutes d'un curé de Paris sur la justice de cette punition, 315. Il le récompense, 316. Son ambassadeur prononce sa justification au concile de Lyon, 318. Le pape élude sa présence et fulmine contre lui l'excommunication, 320. L'opinion publique le défend ; soin qu'il prend de la réveiller ; écrits de Pierre Desvignes, 322. Le roi d'Angleterre fournit au pape des subsides contre lui, 354. Son inimitié avec Innocent désastreuse pour saint Louis, 356. Est l'objet d'une tentative d'assassinat ; en accuse le pape, 357. Ses revers ; son recours à la médiation de saint Louis ; ses offres de partir en Terre-Sainte, 359. Il ramène la victoire, 361. Il tente de surprendre le pape à Lyon, 362. Comment retenu en Italie, 366. Bulles du pape contre lui et ses partisans, 378, 379. Ses magasins à Chypre pour les croisés, 388. Il leur est représenté comme ennemi, 390. Secours généreux qu'il leur fait passer, 396. Mieux apprécié par eux, 451. Sa mort ; son ambassade à saint Louis pour le féliciter de sa délivrance, 469, 470. Sa mort donne au pape une audace nouvelle ; VIII, 3. Ses enfans, 4. Ses souvenirs chers aux peuples, 6.

FREDERIC III d'Autriche, empereur élu ; demande des soldats à Charles VII ; XIII, 421. Son dessein d'écraser les Suisses, 422. Parti pour lui dans le canton de Zurich ; guerre civile entre les cantons, 425 et suiv. Ses explications avec le Dauphin, 434, 435. L'empire met un terme aux expéditions des Français, 438. Fêtes que donne à l'empereur Philippe de Bourgogne, 450. Son secrétaire, 463. Réformes religieuses qu'il opère, 475, 476. Elude la rencontre du duc Philippe ; pourquoi, 579. Retient prisonnier le roi de Bohême ; XIV, 10. Charles-le-Téméraire tourne ses efforts contre lui, 380. Leur entrevue, 383, 400, 405, 406. Désir de Charles de le défier, 408. Son armée au siége de Neuss, 427. Son alliance avec René II, 429. Son échec, 433. Son traité avec Louis XI, 462. Son indolence, 511. Son fils épouse Marie de Bourgogne; son avarice, 529, 530. Se dispose à secourir Maximilien, 544. Embarras dans lequel il ne le seconde pas, 606. Son fils élu roi des Romains; XV, 26. Il amène à ce prince une armée, 71. Ses idées de politique générale, 80. Diète qu'il convoque pour faire secourir son fils par l'Allemagne; est lui-même aux prises avec Matthias Corvin, 86. Sa mort, 132.

FRÉDÉRIC, duc de Souabe, fils de l'empereur Frédéric; part avec lui pour la croisade; VI, 86. Prend le commandement de l'armée; meurt, 88, 106.

FRÉDÉRIC d'Autriche; prisonnier avec Conradin; VIII, 173.

FRÉDÉRIC d'Autriche, prétendant à l'empire, est écarté; IX, 216. Recherche encore les suffrages des électeurs; ses qualités, 331. Il est proclamé par la minorité du corps électoral; guerre civile, 332. Ruine de son parti, 384. Armée qu'il forme; il perd la bataille de Muhldorf et est fait prisonnier, 432. Démarches de son frère Léopold pour le mettre en liberté, 437. Son rival le délivre; sa loyauté envers lui malgré les instances du pape, 439 et suiv. Ses traités avec Louis de Bavière, 442. Obscurité de ses dernières années; époque de sa mort, 444.

FRÉDÉRIC, roi de Sicile; d'abord lieutenant de son frère Alphonse II; commande sa flotte; XV, 153 à 155. Ses opérations; ses troupes de terre battues à Rapallo, 160. Sa retraite, 177. Recueille le roi son neveu; brûle sa flotte et s'éloigne, 192. Ses entrevues avec Charles VIII, 196. Est maître de Brindes, 205. Rejoint la flotte vénitienne, 225. Son avénement; ses succès; sa modération, 236, 237. Son impuissance à défendre Sforza, 288. Sa fille refuse Borgia, 304. Grief sur lequel Ferdinand-le-Catholique et Louis fondent sa dépossession, 336. Trahison que ces princes concertent, 337. Il offre au roi de France un tribut et l'hommage féodal, 338. Sa déposition prononcée par le pape; il invoque le secours de Gonsalve; reconnaît l'hostilité de celui-ci; ses mesures de défense, 340, 341. Sa soumission, 345, 346. Il se rend en France, 347. Y meurt, 348. Ce que le Catholique a voulu stipuler pour lui, 409. Louis XII l'a conduit en Italie, dans quel but, 428. Date de sa mort, 429.

FRÉDÉRIC d'Aragon, vicaire de son frère en Sicile; VIII, 445. Sa position pendant le congrès d'Anagni, 501. Est couronné roi, 502. Dans quel moment; IX, 10, 11. Réduit aux abois par son frère, 59, 60. Vainqueur du prince Philippe de Tarente, 61. Reçu en grâce par le pape; prend le titre de roi de Trinacrie, 115. Donne asile à Arnaud de Villeneuve, 287.

FRÉDÉRIC-GUILLAUME, électeur de Brandebourg; ligué avec les Etats-généraux; XXV, 116. Offre sa médiation, 210. Marche contre Louis XIV, 253. Turenne le force à la paix, 255 à 257. Il se déclare de nouveau contre la France, 271. Ses désastres en Alsace, 287 à 292. Ses succès contre le roi de Suède, 341, 380. Il fait la paix, 383, 384, 388. A le premier employé les mortiers incendiaires; XXVI, 68.

FRÉDÉRIC Ier, premier roi de Prusse; d'abord électeur de Brandebourg; prête ses troupes à Guillaume III; XXVI, 18. Son commandement contre les Français, 25. Ses opérations dans l'électorat de Cologne, 40, 41. Assemblée à laquelle il assiste, 66. L'empereur lui donne le titre de roi, 307, 436. Ligué contre Louis XIV, 311. La principauté de Neuchatel se donne à lui; XXVII, 37. Les alliés le font reconnaître par Louis, 80, 173.

FRÉDÉRIC-GUILLAUME, roi de Prusse; son traité avec la France et l'Angleterre; XXVII, 540 et suiv. Sa chute préparée par Riperda; XXVIII, 10. Ses mœurs brutales; son portrait; ses épargnes; ses géans, 19, 20. Se détache de la ligue de Hanovre, 31. Ses vices; ses emportemens à l'égard de son fils, 84. Sa mort, 220.

FRÉDÉRIC II (LE GRAND), roi de Prusse; victime des emportemens de son père; son goût pour les lettres et les arts; XXVIII, 84. Son avénement; ses précédens; sa liaison avec Voltaire; il envahit la Silésie; à quel prix offre son suffrage à Marie-Thérèse, 220 à 222. Il gagne la bataille de Molwitz; alliés que lui donne la victoire, 223 et suiv. Son entrevue avec Belle-Isle; sa convention avec la France, 227, 228. Se réconcilie avec Marie-Thérèse, 237 et suiv. Son engagement opposé avec le nouvel empereur, 239. Entre en Moravie; renoue avec l'Autriche; remporte la victoire de Chotusitz, 240 à 243. Signe le traité de Breslaw, 244, 245 et suiv. S'interpose pour la paix générale, 275. Se rapproche de la France; rompt la négociation, 298, 299. Ses conditions; ligue dans laquelle il entre, 304. Ses projets, 305. Son envoyé en France, 306. Il marche sur Prague et fait envahir la Moravie, 313, 314. Il prend Prague; ses embarras; sa retraite, 320 à 322. Ses plaintes contre la France; sa lutte pénible, 337. Comment Argenson entend l'appuyer, 361. Sobriquet qu'il donne à Louis, 365. Il invoque son intervention, 371. Ses sarcasmes contre Bruhl, 373. Seul contre l'Autriche, la Saxe et l'Angleterre; sa victoire de Friedberg; son traité avec Georges II; ses victoires de Sohr et de Nesseldorf; il signe la paix de Dresde, 374, 376. Ses rapports avec Charles Stuart, 462. Ligue qui se forme contre lui; XXIX, 56 et suiv. Offres que lui fait Louis XV; son traité avec l'Angleterre; irritation qu'il cause à Versailles, 80, 81. Il commence la guerre; prend Dresde; remporte sur les Autrichiens la bataille de Lowositz; fait capituler les Saxons à Pirna; ses dangers; les Français marchent contre lui; il leur oppose Cumberland; bat les Autrichiens à Prague; perd la bataille de Kolin; évacue la Bohême, 116 à 125. Son seul allié capitule, 133. Coups accablans qu'il reçoit de toutes parts; sa résolution; il gagne la bataille de Rosbach; marche aux Autrichiens; les bat à Leuthen ou Lissa; les chasse de la Silésie; puissance que lui donnent ses victoires; il reçoit des subsides de l'Angleterre; souffrances de ses troupes, 134 à 145.

Haines qui le poursuivent; enthousiasme qu'il inspire au futur czar; ménagemens de la Russie pour lui, 146, 147. Généraux qu'il prête à l'armée hanovrienne, 149. Enthousiasme en France pour lui, 158, 204. Il pénètre en Moravie; se retourne contre les Russes; les bat à Zorudorff; accourt en Saxe; dégage son frère; vaincu à Hockirchen; force l'ennemi de lâcher prise, 159 à 164. Projet de partager ses dépouilles, 193. Il perd les batailles de Zullichen et de Kunersdorff; fait évacuer Dresde; perd un corps d'armée à Maxen; désastres de ses cantonnemens d'hiver, 199 à 203. Suite de ses opérations; ses succès divers; il remporte les victoires de Liegnitz et de Torgau, 209 à 213. Il se tient sur la défensive; l'Angleterre l'abandonne; sa détresse, 244 à 246. Il est sauvé par l'avénement de Pierre III, 248 à 251. Menacé par Catherine II; sa victoire de Burkersdorff; succès de ses lieutenans, 261, 262. Il signe le traité d'Hubertsbourg, 265. Il donne asile à d'Etallonde, 299. Il seconde l'avénement de Joseph II, 311. Sa tactique introduite en France, 387. Il ne cherche que le repos, 393. Pourquoi propose le partage de la Pologne; son entrevue avec Joseph II, 479 à 481. Il convoite Thorn et Dantzick, 483. Sa philosophie renfermée dans son palais; XXX, 10. Jalousie qu'il excite en France, 12, 13. Comment apprécie Saint-Germain, 82. Puis Turgot, 89. A écrit en l'honneur des insurgés américains, 139. Emulation qu'il donne à Joseph II, 155. Il entrave l'ambition de ce prince, 228 et suiv. Pourquoi décrie Marie-Antoinette, 256. Son projet d'alliance avec la France, 273. Son goût pour les vers, 279. Pitt est son rival en diplomatie; sa froideur à l'égard du stathouder; sa politique abandonnée après lui, 396 et suiv. Epoque de sa mort, 404.

FREDERIC-GUILLAUME II, roi de Prusse; son intervention en Hollande, XXX, 399 et suiv.

FREDERIC Ier, roi de Danemarck; accorde la liberté de conscience à ses peuples; XVI, 408.

FREDERIC II, roi de Danemarck, est de l'assemblée de Lunebourg; XX, 288.

FREDERIC III, roi de Danemarck, assiégé dans Copenhague; secouru par les Hollandais; XXIV, 575. Révolution qui le rend absolu, 598. Ligué avec Louis xiv; XXV, 60. Piraterie que l'Angleterre l'engage à imiter, 106, 107. Il s'allie aux États-généraux, 116.

FREDERIC Ier, roi de Suède; son avénement; XXVII, 406, 407. Affaiblissement de son pouvoir; XXVIII, 263. Fait la paix avec la Russie, 264. Entre dans l'union fédérale, 304.

FREDERIC (LE SÉVÈRE), margrave de Misnie; son poste au siége de Tournai; X, 170. L'empire lui est offert; son désistement, 350.

FREDERIC III, électeur palatin; sa correspondance avec Maximilien II; XVIII, 425. Secours qu'il donne aux protestans français, 514. Alliance que lui propose Charles IX; XIX, 123. Asile qu'il donne à Charlotte de Montpensier, 132. Il seconde Condé, 328.

FREDERIC V, électeur palatin, prend parti pour les Bohémiens; XXII, 447. Ils lui défèrent la couronne, 470. Appuis sur lesquels il compte et qui lui échappent, 471, 472. Sa défaite, 474. Il est mis au ban de l'empire, 475. Son beau-père le regarde comme un rebelle; par son conseil il licencie ses armées, 496, 507. Est dépouillé de sa dignité électorale, 530. Richelieu entreprend de le relever, 543, 572, 576. Il entre dans Munich; XXIII, 192. Ne prend point part à l'élection de Ferdinand III, 302.

FREDERIC (LE SAGE), duc de Saxe; protecteur de Luther; la cour de Rome songe à l'élever à l'empire; XVI, 94. Les électeurs lui offrent la couronne; il la refuse, 102. Prend sous sa protection l'université de Wittemberg, 119. Fait enlever et cacher Luther, 122. Fait rédiger la confession d'Augsbourg et forme la ligue de Smalkade, 389, 391. Reconnaît Ferdinand comme roi des Romains, 428. Ne permet point à Melanchton de se rendre en France, 460. Ses désastres; XVII, 277 à 280. Ses succès contre Maurice, 286. Sa puissance, 287. Vaincu à Muhlberg; sa soumission; sa captivité, 319, 374, 414. Sa renonciation à l'électorat stipulée, 436. Il refuse sa liberté, 445.

FREDERIC, évêque de Mayence, du parti de Louis IV; III, 403. Exilé puis gracié par Othon, 405.

FREDERIC, premier duc de la Lorraine supérieure; III, 465. Beau-frère de Hugues Capet, 466.

FREDERIC de Castille, frère d'Alphonse X; son exil; VIII, 166, 186. Rentré en Espagne; est étranglé, 279.

FRÉDÉRIC de Bavière; seconde Charles VI contre les Flamands; XI, 426. Conduit en France sa nièce Isabeau, 455.

FREDERIC de Brunswick, empereur élu; meurt aussitôt; XII, 137.

FREDOL (BÉRENGER), évêque de Maguelone; vend à Philippe-le-Bel ses droits sur Montpellier; VIII, 464.

FREGOSE (CÉSAR) accompagne Aincon en Italie; est assassiné; XVII, 97 à 99.

FREGOSO (PIERRE), doge de Gênes; soumet cette ville à la France; XIV, 40. Se soulève; est tué, 42, 43. Sa faction réunie à la faction rivale des Adorni; chasse les Français, 57 à 59. Leurs luttes, 583. Le cardinal de ce nom passe au service de Charles VIII; XV, 198.

FREGOSO (OCTAVIEN); son attaque infructueuse sur Gênes; XV, 540, 541. Est élu doge, 634. Veut refuser passage à des prélats français; injonction qu'il reçoit du pape, 657. Ses conventions avec François Ier; XVI, 21. Il lui livre Gênes, 37. Sa faction remet cette ville sous la protection de la France, 313.

FRERON (RENAUD), médecin de Charles VI; son influence sur lui; XII, 51. Il le rappelle à des occupations sérieuses, 60. Est exilé, 70.

FRESSE (JEAN DE), évêque de Bayonne; négociateur de Henri II avec les protestans; XVII, 435. Assiste à la conférence de Passau, 471.

FRETEAU, conseiller au parlement; son opposition à la cour; sa popularité;

XXX, 360. Son arrestation, 364, 365. Son exil, 367.

FRONDE (LA); son origine; d'où ce nom; XXIV, 205.

FREYDANK, médecin; empoisonne l'empereur élu Gonthier; meurt du même poison; X, 351.

FRIBOURG (LE COMTE DE), lieutenant de Philippe-le-Bon en Bourgogne; ses exécutions sommaires; XIII, 289.

FRIBOURG (BATAILLE DE) gagnée par Condé sur Mercy; XXIV, 65.

FRISONS secouent l'autorité des Francs; II, 96. Vaincus, 97. Encore soulevés et vaincus, 103. Soumis par Charles-Martel, 123. Encore envahis, 135. Confédérés avec les Saxons, 162. Le droit d'hérédité leur est rendu par Louis-le-Débonnaire, 432. Ne sont point assimilés aux Francs; III, 2.

FROELICH (GUILLAUME); son posté à la bataille de Cérisoles; XVII, 187.

FRONSAC (LE DUC) se tient auprès de Louis XV mourant; XXIX, 502.

FROTHAIRE, archevêque de Bordeaux; transféré à Bourges; pourquoi; III, 210.

FROTTIER (PIERRE), l'un des assassins de Jean-sans-Peur; XII, 583.

FRUELA, roi des Asturies; ligué contre Charlemagne; II, 261.

FRUNSBERG, capitaine allemand; décide ses compatriotes à marcher sur Pavie; XVI, 229. Armée d'aventuriers qu'il amène en Italie; Bourbon le rallie; frappé d'apoplexie; il lui laisse le commandement; sa haine pour les prêtres, 292 à 295.

FUENSALDAGNE (LE COMTE); ses négociations avec Bouillon; XXIV, 255. Son traité avec Sillery, 400. Abandonné par La Rochefoucauld, 482. Ses succès en Flandre, 488. Est mis sous les ordres de Condé, 490, 491. Leur mésintelligence, 492. Ses désastres à Arras, 512, 513. Est envoyé à Lombardie, 535. Ses opérations, 537. Renfort qu'il reçoit, 555. Se concerte avec Pimentel, 578.

FUENTÈS (LE COMTE DE) réconcilie les ministres d'Espagne avec les princes Lorrains; XXI, 229. S'obstine à vouloir faire proclamer en France l'infante, 291. Commande l'armée des Pays-Bas; ses qualités; ses lieutenans; ses opérations, 360, 361. Il entre en Picardie; son échec à Ham; sa cruauté envers Gomeron; ses progrès; sa victoire à Doulens, 362 à 369. Il prend cette ville; ses mouvemens; il s'empare de Cambrai, 370 à 379. Pousse le duc de Savoie à la guerre; XXII, 43, 44. Qui négocie près de lui au nom de Biron, 64, 69. Fort qu'il fait bâtir à l'entrée des Grisons, 135, 136. Donne asile à Condé, 173. L'engage à revendiquer la couronne de France, 223. Tué à la bataille de Rocroy; XXIV, 38 à 42.

FULBERT, évêque de Chartres; prêche la doctrine de la transsubstantiation; IV, 147. Justifie l'occupation de Sens, sous prétexte de l'hérésie du comte, 156. Réconcilie Robert et son fils aîné, 172. Favorise l'élévation de Henri Ier, 188.

FULBERT; sa vengeance contre Abailard; V, 66.

FULCOALD, Franc; fait périr Salomon, roi de Bretagne; III, 186.

FULCODI (GUI), archevêque de Narbonne; promu au cardinalat; VIII, 52. Légat en Angleterre; Monfort lui défend d'y débarquer; excommunication qu'il fulmine, 137. Elu pape sous le nom de Clément IV, 138. Voy. ce nom.

FUMÉE (ANDRÉ), médecin de Charles VII; pourquoi emprisonné; XIV, 63.

FUMÉE (ADAM); sa mission près du parlement de Paris; XVI, 251.

FUMÉE (ANDRÉ), conseiller au parlement; son arrestation; XVIII, 96.

FUMEL (LE SEIGNEUR DE); son zèle catholique; il est massacré par ses vassaux; XVIII, 317. Comment vengé, 319.

FURSTEMBERG (LES COMTES FÉLIX ET GUILLAUME DE); landsknechts qu'ils conduisent en France; XVI, 191. Leur retraite, 193. Levées que Guillaume fait pour François Ier, 441. Il fait le dégât en Provence, 510. Commande les landsknechts, 551. Passe au service de l'empereur; assiège Luxembourg; XVII, 154, 197. Ses cruautés à Vitry, 201. Il indique à l'empereur les passages de la Marne; il est fait prisonnier, 205.

FURSTENBERG (LE COMTE DE) envoyé par l'empereur à Louis XIII; XXII, 472.

FURSTEMBERG (LES FRÈRES), alliés et émissaires de Louis XIV; leur influence sur l'électeur de Cologne; l'un d'eux est arrêté; l'autre est cardinal; le roi veut faire conférer au premier l'électorat; ses vicissitudes; ses négociations; ce que la paix lui donne; XXV, 176, 211, 234, 245, 268, 272, 370, 371, 551, 561, 562; XXVI, 12, 20, 22, 40, 216, 270.

FUST (JEAN); l'un des inventeurs de l'imprimerie; ses élèves à Paris; XIV, 592.

GAG

GABOR (BETHLEM) est proclamé roi de Hongrie; l'électeur palatin compte sur son appui; XXII, 470, 471. En guerre avec l'empereur, 475. Réduit par lui à la Transylvanie, 529. Sa mort; XXIII, 125.

GABRIEL, évêque d'Aix, frère du marquis de Saluces; XVI, 502. Hérite de cette principauté, 546. Ses intrigues; sa captivité; sa mort; ses états réunis à la France; XVII, 346.

GABRIEL de Savoie; son expédition contre les Vaudois; XXV, 541.

GAERIN, frère de Saint-Léger, complice du meurtre de Childéric III; II, 68. Son supplice, 76.

GAETANI (CARDINAL) dirige la faction Guelfe du conclave; IX, 158. Accord qu'il fait avec le chef du parti opposé, 159, 160.

GAETANI (LE CARDINAL), évêque de Plaisance, légat de Sixte V en France; ses instructions en sens opposé; sa circonspection; XXI, 44, 45. Subsides qu'il livre à Mayenne, 50. Communications que lui fait ce prince, 60, 61. Négociateur qu'il envoie au roi, 64. Processions qu'il conduit dans Paris assiégé, 69, 86. Ses vains efforts pour retenir Farnèse, 94. Pour ranimer le fanatisme de la ligue, 174, 190, 208. Le pape ne se confie pas à lui, 218. Il veut allier l'infante à un Bourbon, 228. Dépêche de lui interceptée, 237. Trompé par Brissac, 258, 259. Quitte Paris; sa mort, 266, 267.

GAETANO (PIETRO) est auxiliaire de Mayenne; XXI, 95.

GAGE (LE GÉNÉRAL) fait tirer sur les insurgés de Boston; XXX, 135.

GAL

GAGES (LE COMTE DE) commande l'armée espagnole en Italie; perd la bataille de Panaro; XXVIII, 285 à 288. Rallie le roi de Naples; livre le combat nocturne de Velletri; poursuit l'armée autrichienne, 325, 328. Son plan d'invasion de l'Italie identiquement celui de Bonaparte; ses succès; sa victoire à Busignana; son entrée à Milan, 386 à 392. Il perd la bataille de Plaisance, 399 à 401. Est remplacé, 402.

GAILLANDE, docteur en Sorbonne; hostile au régent; son exil; XXVII, 363.

GAILLARD (LE PRÉSIDENT), négociateur de François Ier en Allemagne; XVI, 98, 99. Ses remontrances au roi, 299, 300.

GAILLARDET, commandant de Cadillac; Charles VII le fait mettre à mort; XIII, 555, 557.

GAILLART (LOUIS), évêque de Tournai, se retire à la cour de France; XVI, 55.

GAILLOT DE GENOUILLAC commande l'artillerie française à la bataille de Pavie; XVI, 233, 234. Est appelé à rendre compte de sa fortune; XVII, 72, 73.

GALDRIC, évêque de Laon s'oppose à l'établissement de la commune; est massacré; V, 91, 92.

GALEN (MATTHIEU VAN), évêque de Munster; allié de Louis XIV; XXV, 211, 388. Déclare la guerre à la Hollande, 234. Ses troupes, 235, 243. Ses opérations, 245. Il fait la paix, 268. Seconde les impériaux, 276, 287.

GALERANDE prend part à la victoire de Coutras; XX, 269.

GALIGAÏ (ÉLÉONORE DORI) accompagne en France Marie de Médicis; XXI, 58. Epouse Concini, 104. Haïe du roi, 142, 143. Ses intrigues, 156, 157. Elle est du conseil secret de la régente, 199. Sa faveur; son portrait, 207 à 208. Procès en magie qu'elle intente, 259, 260. N'ose se présenter chez la reine, 273. Sa frayeur à la levée de boucliers des princes, 281, 283, 288. Accompagne la reine au Midi; rentre en faveur, 346, 353. Rumeurs populaires contre elle; on l'accuse de sortilége à l'égard de la reine-mère; elle refuse de l'abandonner, 385, 386. Son mari mort, la reine ne lui donne point asile; son arrestation, 395, 396. Son procès; son supplice, 406 à 410.

GALLAS, général de l'empire; ses talens; sa férocité; XXIII, 127. Prend et détruit Mantoue, 140, 141. Signe le traité de Cherasque, 150. Remplace Wallenstein, 244, 245. Prend Philipsbourg, 262. Aux prises avec Weymar, 271 à 273. Menace l'Alsace, 274. Elude la bataille, 285. Echoue en Bourgogne, 291, 296. Fait capituler Rohan, 318. Aux prises avec Torstenson; XXIV, 44. Fait reculer l'armée victorieuse à Nordlingen, 89.

GALLIEN, empereur; interdit aux sénateurs les fonctions militaires; I, 91. Premières attaques des Allemands sous son règne, 115.

GALLIOT, grand écuyer de François Ier; conseil auquel il assiste; XVII, 179.

GALLITZIN (LE PRINCE); sa négociation en Angleterre; XXIX, 250.

GALLOIS DE LA BAUME, capitaine de Philippe VI; ses hostilités en Agénois; X, 130. Commande à Cambrai, 149.

GALONE, cardinal, légat du pape auprès de Philippe-Auguste; VI, 271.

GALSWINTE. Voy. *Chilpéric Ier*.

GALUZZI (ANTONIOLO DE); son entretien avec Boniface VIII; rapporté dans le procès de ce pontife; IX, 245.

GAMACHE, du parti du Dauphin; fait prisonnier à Mons en Vimeu; se rachète; XII, 612, 613. Prisonnier à Cravant; XIII, 21.

GAMARRA (ESTEVAN), général espagnol; pris à Rhetel; XXIV, 359. Contenu dans l'Argonne, 407. Son ambassade en Hollande; alliance qu'il propose avec l'Espagne; XXV, 105, 106. Eveille l'attention sur l'ambition de Louis XIV, 129. Traité qui lui est communiqué, 144.

GAMIN, serrurier; sa familiarité avec Louis XVI; XXX, 275.

GANNAY (LE PRÉSIDENT DE), ambassadeur près du pape; XV, 184, 185. Présens qu'il a reçus, 195. Est nommé chancelier, 521.

GARAI (DON JUAN DE); aux prises avec les Français en Catalogne; XXIV, 275.

GARCIAS (INIGO), roi de Navarre; ligué contre Charlemagne; II, 261.

GARCIE RAMIREZ élu roi de Navarre; V, 219. Aux prises avec le comte de Barcelone, 285.

GARDINER, chancelier d'Angleterre; commissaire pour la paix; XVII, 546.

GARIN, évêque de Senlis; prend part à la victoire de Bouvines; VI, 356. Fait prisonnier le comte de Boulogne, 362. Est exécuteur testamentaire de Philippe-Auguste, 525.

GARISENDE, femme d'Albert Azzo; IV, 405. Voy. *Este (Hugues d')*.

GARLANDE (LES FRÈRES), favoris de Louis-le-Gros; V, 78. Alliances de l'aîné *Ansel*; il est nommé grand sénéchal; est fait prisonnier, 79. Sauvé par son frère *Guillaume*, 80. Tué, 135. Remplacé par Guillaume; celui-ci fait hommage au comte d'Anjou; en quelle qualité, 136. Tué au service du roi; remplacé par son frère Etienne, 209. Démêlés de celui-ci avec Louis; est réduit; puis reçu en grâce, 210.

GASSION (LE MARÉCHAL); on reproche au roi de l'employer; XXIII, 282. Soulèvement qu'il réprime en Normandie, 396 et suiv. Il prend part à la victoire de Rocroy; XXIV, 40 à 42. Blessé à Thionville, 43. Lieutenant du duc d'Orléans; promu maréchal malgré sa religion, 64, 65. Sa conversion; 80. Ses opérations en Flandre, 115 et suiv. Contribue à la prise de Dunkerque; sévérité de Condé à son égard; l'armée lui est confiée, 119 à 121, 133. Sa rivalité avec Rantzau, 137. Ses dernières opérations; sa mort, 138, 139.

GARNIER, comte de Nantes; ligué avec Noménoé; III, 95.

GASCON envoyé par Guise à Paris; XX, 331.

GASCONS; indépendance de ce peuple; I, 418. Sa soumission aux rois francs, 419. Vaincus par Charibert; II, 20. Soumis par Dagobert, 34, 35. Recouvrent leur indépendance, 95, 116, 152. Vaincus par Pépin, 205. Se donnent un duc, 222. Part qu'ils prennent à l'affaire de Roncevaux, 262. Soulevés et punis, 439, 462. Demeurent libres; pourquoi; III, 2. Encore indépendans, 229.

GASTANETA, amiral espagnol; battu à Syracuse par les Anglais; XXVII, 331 à 333.

GASTON, vicomte de Bearn; ligué avec Raimond de Toulouse; VI, 394, 401. Excommunié, 416, 417. Vaincu à Muret, 422.

GATES, général américain; vainqueur à Sarratoga; vaincu à Cambden; XXX, 190.

GATTINARA (MERCURIO), chancelier de Charles-Quint; négocie le traité de Madrid; XVI, 273. Sa mort, 554.

GATTINARA, archevêque de Turin; conseille l'arrestation de Victor-Amédée; XXVIII, 72.

GAUCHER, comte de Saint-Paul; soupçons dont il est l'objet; VI, 350. Comment s'en lave à Bouvines, 359. Se croise contre les Albigeois, 504. Sa loyauté, 506.

GAUCOURT (LE SIRE DE) défend Harfleur contre Henri V; XII, 473. Négociateur en Angleterre, 504. Prend parti pour le Dauphin, 610. A part à la victoire de Montargis; XIII, 64. Médiateur entre les princes et La Trémoille, 79. Se jette dans Orléans, 92. Sa femme vérifie la virginité de Jeanne d'Arc, 123. Troupes qu'il rassemble à Blois, 124. Bat le prince d'Orange, 171. Gloire de son nom, 173. Il seconde Dunois, 213, 214.

Contribue à la chute de La Trémoille, 223, 224. Surprend Saint-Denis, 249. Son poste au siége de Montereau, Sa fidélité au roi, 360. Est du secours d'Harfleur, 371. Seconde le Dauphin, 406.

GAUFRID, moine; compagnon de saint Bernard; prodiges de ce saint dont il rend compte; V, 308, 309, 314.

GAULES (LES), leur barbarie; I, 1. Sans monuments de leurs temps primitifs, 2. Ebranlées par le soulèvement des Helvétiens; conquises en dix ans par César, 5. Province romaine pendant quatre siècles, 8. Civilis veut vainement les affranchir, 10. N'apparaissent plus dans l'histoire que comme théâtre de luttes entre les prétendans à l'empire, 11. De troubles qu'apaise l'empereur Decius; de premières incursions de barbares que réprime l'empereur Alexandre-Sevère, 12. Sont ensuite dévastées par les Francs et autres barbares, 15. Troublées par les Bagaudes, 18. Encore ravagées par les Francs, 19. Attribuées par Dioclétien à Constance Chlore, 20. Défendues par ce prince qui les repeuple de Bastarnes et de Sarmates, 21, 22. Presque paisibles sous Constantin, 23, 24. Attribuées à Constantin II, puis à Constant, 24. Livrées aux barbares par Constance qui invoque leur secours, 26. Délivrées et restaurées par Julien, 28 à 31. Envahies de nouveau par les Allemands, 33. Protégées par Valentinien, 35. Leurs côtes maritimes ravagées par les Saxons, 36. Sont le théâtre d'atroces brigandages, 37. Défendues par Gratien qui chasse les Allemands, mais qui affermit les Francs, 39. Définitivement perdues pour l'Empire sous Honorius, 45. Elles n'ont eu ni prospérité ni sécurité sous la domination romaine, 46. Oppression de toutes les classes sociales; diminution de la population, 47. L'une des plus riches provinces de l'empire, mais sans liberté, sans garantie, comparable aux provinces éloignées de la Russie, 48. Renferme cent quinze cités opulentes, mais la grande masse est servile et arriérée; sa vaste étendue, 49. Médiocre relativement à celle de l'empire;

l'une de ses quatre grandes préfectures; l'Espagne et les îles Britanniques en dépendent, 50. Son organisation administrative et militaire, 51. Son unité, 52. Sans nationalité, 53. Traces d'une diète de ses cités, 54, 55. Sans effet, 56. Richesse et magnificence de plusieurs de ses villes, 57. Les cités gouvernées par des curies, 57, 58. Institution annulée par l'avidité fiscale qui rend les magistrats de toutes les provinces solidaires entre eux, 59, 60. Répugnance des citoyens pour les charges publiques, 62. Revenus municipaux, 63. Milices bourgeoises, leur vitalité, leurs rivalités, 64. Eteinte dès le deuxième siècle, 65. Ne résistent pas aux barbares, 66. La province écrasée par les impôts, 68. Qu'adoucissent Julien et Valentinien; la Gaule entière ne contient que cinq cent mille contribuables, 69. Terres du domaine dont la recolte est réservée en nature et transportée aux frais des citoyens, 70. S'accroissent par la deshérence; deviennent à charge aux empereurs, qui les concèdent, ou les donnent aux soldats, 72. Importance de la frontière des Gaules, 73. Défendues par huit légions, 74. Cantonnées: quatre à Mayence, quatre à Cologne, 75. Nouvelle organisation, 76. Etat de la culture, 78. Vastes domaines des nobles; asservissement du peuple, 80. Condition des colons partiaires favorable à la population, 81. Le vide causé par la conquête comblé en une génération; progrès; culture de la vigne; ruine des petits propriétaires; grandes propriétés *Latifundia*; perdent la Gaule, 82. Les seigneurs vivent dans les villes; la culture est abandonnée aux esclaves, 83. Décroissement rapide de la population, 84. Disparition de la langue nationale, 85. Remplacée par le latin; esclaves gaulois enlevés par les barbares, 86. Changent sans regret de maîtres; extinction des familles vouées à la culture; détresse des propriétaires; la législation retient la populace au service des terres, 87. Retour à la culture libre; colons protégés par la législation; leurs querelles avec les propriétaires, 88. Le pays devient désert, 89. Noblesse gauloise; ses noms romains; Aristocratie fondée sur la richesse territoriale, 90. Distinctions de naissance effacées par les empereurs, 91. Les nobles ne sont plus que des notables sans priviléges, 92. Le Christianisme s'établit dans les Gaules, 94, 95. Peu persécuté, 96. Immunité du clergé; son avidité, 96, 97. Réclame vainement l'exemption de l'impôt territorial; recruté par voie d'élection, 98, 99. Et par les évêques, 99. Priviléges des évêques; juridiction ecclésiastique; droit d'asile, d'excommunication; progrès de la religion, 100. Zèle persécuteur contre les païens, 101. Entière conversion des Gaules au quatrième siècle, 102. Absence de lien social entre leurs habitans; toutes les races y sont confondues; classe nombreuse des affranchis, 103, 104. Ses mœurs, 105. Les esclaves, les barbares se ruent sur ces élémens divers, 106. Quelle cause leur ouvre le chemin, 119. Races des premiers conquérans, 120 et suiv. Leurs premiers établissemens, 126. Les Gaules ouvertes par le départ des légions, 128. Envahies finalement, 129. Horribles dévastations, racontées par saint Augustin, 129, 130. Constantin reconnu empereur, 131. Etablissemens qu'y forment les Visigoths et les Bourguignons, 138 à 143. Défendues encore par Aétius, 150. Attaquées par Attila, qui y trouve des partisans, 153. Sauvées par la victoire de Châlons, 158. Centre de l'empire; cherchent à se donner un empereur, 161. Les provinces centrales encore indépendantes des barbares, 164.

GAULOIS, distincts des Français; I, 1. Leur affaiblissement quand les Romains parviennent sur leurs frontières, 3. Leur contact six siècles avant l'ère chrétienne avec les peuples les plus avancés; leur indifférence pour les arts de Marseille; détruisent les arts étrusques sur les bords du Pô; leurs luttes avec les Romains en deçà et au delà des Alpes, 4. Détruits plutôt que vaincus par César; se mêlent intimement avec les vainqueurs; admis au sénat; perdent leur nom et ne sont plus que Romains, 6, 7. Leur histoire finit avec le premier siècle de notre ère, 8. Devinrent Français comme ils étaient devenus Romains, 9. Victimes des luttes entre les prétendans à l'empire, 11. Leurs calamités pendant les guerres civiles entre les successeurs de Constantin, 25. Leur situation dans l'armée, 93. Disposés à se soumettre à Clovis, 187. Leur intérêt à ne point tomber sous le pouvoir des rois visigoths, 189. Leur alliance avec la France, 190. Persistent à se régir par le droit romain, 199. Quand deviennent Français; III, 9, 10.

GAULTIER, comte de Pontoise, et Biote sa femme, prétendent au comté du Maine; IV, 339. Sont empoisonnés, 340.

GAULTIERS (LES), paysans ligueurs; XX, 521.

GAUTHIER-SANS-AVOIR dirige la première expédition des croisés; route qu'il suit; IV, 539. Passe en Asie, 540. Est tué, 553.

GAUTIER, évêque de Meaux; sa mission en Russie; IV, 266.

GAUTIER, archevêque de Rouen; conseiller de Jean-sans-Terre; VI, 140. Lui remet la couronne de Normandie, 185.

GAUTIER (L'ABBÉ) entame les négociations qui amènent la paix d'Utrecht; XXVII, 139 et suiv.

GAUVILLE (GUILLAUME DE) surprend le château d'Evreux; X, 505, 506. Comment échappe au dernier supplice; XI, 14.

GAYANT (LE PRÉSIDENT) soutient les prétentions des enquêtes; XXIV, 56. Sa lutte avec la cour; son exil; sa mort, 94 à 98.

GAUZBERT résiste à Eudes; est tué; III, 306.

GAUZELIN, chancelier; sa lutte contre Louis-le-Bègue; III, 225, 226. Gouverne la Neustrie, 229. Sa faction offre la couronne à Louis de Saxe, 236, 237. Nommé évêque de Paris, 254. Soutient le siège contre les Normands, 261, 262. Sa mort, 265.

GAVARET se charge d'assassiner Henri IV; il est déjoué; garantie qu'il donne à son parti; XX, 78 à 80.

GAVESTON (PIERRE), favori d'Edouard II d'Angleterre; est exilé par Edouard Ier; rappelé à la mort de ce roi; fait comte de Cornouailles; IX, 184. Richesses que le jeune roi accumule sur lui, 211. Son exil; il est nommé vice-roi d'Irlande; efforts d'Edouard pour le rappeler, 213. Son retour; son nouvel exil; sa mort, 272 à 274. Honneurs que le roi rend à sa mémoire, 378.

GEILON, comte de l'étable de Charlemagne; envoyé contre les Sorabes; II, 291. Sa défaite; sa mort, 292, 293.

GEILON, évêque de Langres; couronne Guido; III, 288.

GEISA, roi de Hongrie; Louis VII lui demande des vivres et le transit pour la seconde croisade; V, 315. Ses ambassadeurs à Etampes proposent la route de mer, 322. Son attitude en présence des croisés, 326, 327.

GELASE II, pape; chassé de Rome par l'empereur Henri V; se réfugie en France; y meurt, V, 149.

GELDUIN, archevêque de Sens; combats au sujet de sa nomination; est intronisé; IV, 213, 214.

GELIMER, roi des Vandales; prisonnier des Grecs; I, 272.

GELIS (DE), négociateur hollandais aux conférences de Breda; XXVIII, 437.

GELOSI (LI), comédiens italiens, attirés en France par Henri III; XIX, 387, 388.

GEM ou ZIZIM, frère de Bajazet II; réfugié en France; XIV, 621. A disputé l'héritage de Mahomet II; où vaincu; ses vicissitudes; sa retraite à Rome; XV, 145 à 147. Livré à Charles VIII, 186. Meurt selon toute apparence empoisonné, 202.

GENEBRARD, depuis archevêque d'Aix; député aux Etats-généraux de Paris; XXI, 177.

GENLIS, livré comme otage à Naples; XV, 230.

GENLIS (LE SIRE DE); ses campagnes en Piémont; XVII, 184, 428. Il signe l'association protestante; XVIII, 282. Conseille de temporiser, 289. Ses entrevues avec la reine-mère, 291, 352. Il dénonce son frère, 304. La reine le déclare responsable, 503. Son poste à la bataille de Saint-Denis, 509. Il se retire en Picardie; XIX, 4. Sa mort, 51.

GENLIS (JEAN) rejoint le duc de Deux-Ponts; XIX, 54. Sa valeur à Arnay-le-Duc, 83. Troupes qu'il rassemble contre les Pays-Bas, 112, 122, 136. Sa défaite; sa mort, 147.

GENOUILLAC (LOUIS DE), ligueur de Bordeaux; son arrestation; XX, 144.

GENSERIC, roi des Vandales, fait la conquête de l'Afrique; I, 150. Allié d'Attila, 154.

GENTIEN (PIERRE), nommé prévôt des marchands de Paris; XII, 362.

GENTIEN (BENOIT); son discours aux Etats-généraux; XII, 402.

GEOFFRIN (MADAME); son salon; XXX, 112.

GEOFFROI (GRISE-GONNELLE), comte d'Anjou; ses luttes avec Conan-le-Tort; sa défaite; IV, 68, 69.

GEOFFROI, comte de Rennes, fait la paix avec le comte d'Anjou; IV, 70. Sa mort, 190.

GEOFFROI-MARTEL, comte d'Anjou; son père se l'associe; il veut le déposer; son humiliation; IV, 231, 232. Lui succède; ses victoires, 233, 234. Ses ambassadeurs au sacre de Philippe Ier, 268. Ses échecs contre Guillaume de Normandie, 278, 279. Ligué contre lui avec le roi de France, 283. Ses démêlés avec ses voisins; sa mort, 335, 336. A reçu l'hommage du comte du Maine, 339.

GEOFFROI (LE BARBU), vaincu par Foulques-le-Réchin; sa captivité; IV, 336, 337, 379, 380.

GEOFFROI, comte de Rennes; ses dissensions avec ses voisins; IV, 337.

GEOFFROI DE PRUILLY, inventeur et législateur des tournois; IV, 370. Sa déloyauté; sa mort, 380.

GEOFFROI DE MAYENNE; conseiller de Hugues d'Este dans le Maine; ses exactions; sa trahison; IV, 406 et suiv.

GEOFFROI-MARTEL, fils de Foulques-le-Réchin; meurt assassiné; V, 17.

GEOFFROI (PLANTAGENET), comte d'Anjou; V, 161. D'où son surnom;

son mariage avec l'impératrice Mathilde; est mis en possession des Etats de son père; ses brouilleries avec sa femme, 193 à 196. Son insubordination à l'égard de Henri, 228. Sa guerre de Normandie, 229 et suiv., 273 et suiv. Prend Rouen; soumet la province; en fait hommage à Louis, 279. Sa mort, 364. Comment a disposé de son héritage, 376.

GEOFFROI (PLANTAGENET II); lot que lui réserve son père; V, 376. Veut épouser Eléonore d'Aquitaine, 380. Ligué contre son frère Henri, 382. Réduit par lui, 383. Invoque Louis-le-Jeune pour obtenir sa part de l'héritage paternel, 394. Abandonné par ses protecteurs; attaqué par son frère; transige avec lui, 395 à 397. Appelé au comté de Nantes; sa mort, 400.

GEOFFROI, évêque de Chartres, chargé d'escorter Eléonore de France; V, 251.

GEOFFROI, duc de Bretagne, fils de Henri II d'Angleterre; son mariage; est mis en possession du duché; en fait hommage à son père; V, 457, 458. Fait hommage à Louis-le-Jeune, 468. Son désir de secouer l'autorité paternelle, 498. Sa révolte, 500. Sa soumission, 515. Se rend au couronnement de Philippe-Auguste, 533. Sa bravoure; sa bonne mine; pourquoi son impatience de régner; VI, 24. Pourquoi attaque son frère Richard, 37. Sa mort, 49.

GEOFFROI, évêque de Lincoln, fils naturel de Henri II; commandement que lui confie son père; VI, 52.

GEOFFROI, comte du Perche; prend la croix; VI, 205.

GEOFFROI (TÊTE NOIRE), châtelain de Ventadour; ses brigandages; XI, 515.

GEORGE d'Autriche, archevêque de Valence; arrêté en France; pourquoi; XIII, 101.

GEORGE, évêque d'Exeter, ambassadeur auprès de Philippe-le-Bon; ouverture que lui fait Louis XI; XIV, 135.

GEORGE d'York, duc de Clarence, épouse la fille de Warwick; fait la guerre à son frère Edouard IV; est vaincu; se réfugie en France; XIV,

301 à 303. Son traité avec les Lancastre, 307. Réconcilié avec Edouard, 335, 336. Le seconde à Tewksbury, 339. [L'un des prétendans de Marie de Bourgogne, 529. Sa condamnation; sa mort, 554, 555.

GEORGES, duc de Meklembourg; commence la guerre contre Magdebourg; XVII, 412. Son armée; sous quel prétexte réunie, 438, 439. Maurice de Saxe l'emploie contre l'empereur, 443.

GEORGES Ier, roi d'Angleterre, d'abord duc de Hanovre; est créé électeur; XXVI, 307, 436. Allié contre Louis xiv, 311. Commande l'armée impériale; XXVII, 36. Les alliés veulent faire reconnaître par le roi sa dignité électorale, 80. Contenu par d'Harcourt, 89. Son désir de continuer la guerre, 142. Prend part à l'élection de Charles vi, 144. Reconnu par le traité de Rastadt, 178. Il monte sur le trône d'Angleterre; ses dispositions à l'égard de la France, 208 et suiv. Son ambassadeur circonvenu par le parti d'Orléans, 235. Fait accuser de trahison les ministres de la reine Anne, 251. Son trône ébranlé et raffermi, 252 à 255. Son voyage sur le continent, 265. Son alliance recherchée à la fois par la France et l'Espagne, 274, 275. Repousse les ouvertures de cette dernière puissance; ses préoccupations; sa rupture avec Charles xii et Pierre Ier; il accueille les avances du régent, 276 et suiv. Conclut la triple alliance, 279, 333. Son respect pour l'empereur, 282. Secours que lui demande Alberoni, 283. Médiateur entre l'empereur et les Turcs, 323. Son armement maritime; alliance contre lui; projets de Charles xii de Suède, 326 et suiv. S'applique à brouiller la France et l'Espagne, 359 et suiv. Provinces qu'il prend à la Suède, 407. Dubois sert ses passions; dans quel espoir, 422. Il le recommande au régent pour lui faire obtenir le cardinalat, 433, 437, 439. Il le pensionne; ses traités de commerce avec l'Espagne, 451, 452. Ligue contre lui, 530. Son traité avec la France et la Prusse, 540 et suiv. Sa chute préparée par Riperda; XXVIII, 10. Ses désordres; il retient sa femme en captivité; sa haine pour son fils, 20, 21. Sa mort, 37.

GEORGES II, roi d'Angleterre; haine que lui porte son père; XXVIII, 21. S'interpose pour la paix, 139 et suiv. Son zèle pour Marie-Thérèse paralysé par les Français; 228, 229. Accède au traité de Breslaw, 245. Armée qu'il rassemble, 263. Forme un nouveau ministère, 268. Plan de campagne qu'il annonce, 274. Il marche sur Francfort, 277 à 279. Gagne la bataille de Dettingen, 280 à 282. Ne profite pas de la victoire, 283, 284. Louis xv lui déclare la guerre, 292. Ses offres à Charles vii, 297. Intrigue et expédition pour le détrôner, 299 et suiv., 303. Conseil qu'il donne à Marie-Thérèse, 305. Il fait arrêter Bellisle, 336. Son fils à la tête de l'armée, 368. S'interpose en faveur de l'électeur de Bavière, 372. Il fait la paix avec Frédéric, 375. Son armée couvre Londres, 382. Intérêt qu'il prend à la défense des Pays-Bas, 406. Ses vengeances en Ecosse, 408. Son gendre proclamé stathouder, 440. Ses subsides à l'empereur et au roi de Sardaigne, 445. Négociateur qu'il envoie à Louis xv, 453, 454. Ses prétentions, 455. Il signe le traité d'Aix-la-Chapelle, 457. Ses hostilités contre la France; il invoque le secours des Hollandais; XXIX, 71. Il publie sa déclaration de guerre, 75. Son traité avec Frédéric, 80. Mesures de la France contre lui, 81. Il refuse de neutraliser le Hanovre, 119. Il casse la convention de Closter-Seven; généraux qu'il emprunte à Frédéric, 149. Sa mort, 243.

GEORGES III, roi d'Angleterre; son avénement; XXIX, 243. Il refuse des subsides à Frédéric, 244. Ses débats avec l'Espagne au sujet des îles Falkland, 390 et suiv. Sa sœur exilée du Danemarck, 472. Sa bienveillance à l'égard des Américains paralysée par ses ministres; XXX, 134.

GÉPIDES, transportés sur les bords du Rhin par Probus; I, 16. Etaient des Goths, 116. S'établissent sous Ardaric dans la Dacie, 169. Anéantis par les Lombards et les Avares, 318; II, 12.

GERALD, archevêque de Bordeaux, expose à Henri III les griefs de la Guienne; VII, 487, 489.

GERALDI (HUGUES), évêque de Cahors; jugé comme coupable de sortiléges; son atroce supplice; IX, 357.

GERARD, comte de Paris; du parti de Lothaire; III, 56.

GERARD, évêque de Cambrai; coalition où il refuse d'entrer; il relève de l'empire; IV, 176, 177. Ses scrupules justifiés, 246.

GERARD d'Alsace; tige de la maison impériale de Lorraine; reçoit la Lorraine supérieure; IV, 274.

GERARD, comte de Mâcon; réduit par Louis-le-Jeune; V, 394.

GERARD SCROPHA à Bouvines; VI, 358. Blesse le cheval de l'empereur Othon, 361.

GERARD de Parme, légat du pape en France; VIII, 443.

GERARD (BALTHASAR) assassine le prince d'Orange; XX, 116, 117.

GERBERGE, sœur d'Othon, épouse Louis IV; III, 405. Donne le jour à Lothaire, 410. Ses négociations pour délivrer son mari, 428. Abbaye qui lui est donnée, 444. A la mort du roi recherche l'appui de Hugues de France, 457. L'accompagne au siége de Poitiers, 459. Sa bonne intelligence avec sa sœur Hedwige; appui que leur donne Saint-Bruno, 463. Maintient la paix par son secours; se rend auprès de lui, 465. Paraît à la cour de son frère, 473.

GERBERGE, fille de Conrad-le-Pacifique; IV, 221. Favorisée par son frère Rodolphe-le-Fainéant, 222.

GERBERON (LE PÈRE); son arrestation; XXVI, 388.

GERBERT, depuis Sylvestre II, pape; sa correspondance, seul document historique de son époque; III, 490. Grande affaire qu'il annonce (l'avénement de Hugues-Capet), 493. Atténue la défaite de ce prince à Laon; IV, 48, 49. Son génie; sa naissance obscure; ses études; soupçonné de magie; du parti de Hugues-Capet, 52 à 55, 119. Discours remarquable qu'il a conservé; élu archevêque de Reims; pourquoi quitte la France; nommé archevêque de Ravenne, puis pape, 58 à 62. Son éloquence comme écrivain, 80. Quand il est élevé au saint-siége, 118. Comment a mérité la haine des dévots; précurseur des croisades, 120, 125. Pardonne à son ancien rival, 121. Fait juger Adalberon, évêque de Laon; sa mort, 122.

GERBIER (Mlle); son rôle dans la Fronde; XXIV, 314. Elle trompe un émissaire de Mazarin, 318. Sa fuite, 322.

GERBOIS; son livre sur l'indépendance de l'épiscopat; débats qu'il soulève; XXV, 423.

GERHOLD, gouverneur de la Bavière; défait par les Huns; II, 374.

GERING (ULRICH) de Constance, premier imprimeur fixé à Paris; XIV, 592.

GERMAINE (LORD); sa mission en France; XXIII, 368.

GERMAINS; leurs mœurs; ils connaissent l'agriculture et aiment la vie errante; ils connaissent les arts et n'estiment que la guerre; fécondité de leurs mariages; I, 107, 108. N'ont point de forteresses; pouvoir limité de leurs rois, 109. Leur fisc; leur administration; leurs esclaves, 110. N'ont point l'usage des noms de famille, sauf quelques exceptions, telles que les Mérovingiens chez les Francs, 111. Chefs et distinctions de leurs armées, 112. Se subdivisent à l'époque de l'invasion, en Saxons, Francs, Allemands, Goths, Vandales, Bourguignons, Hérules, Lombards, 112 à 121. (V. ces noms.) Poussés vers l'Occident, 124. Les Francs proprement dits reprennent le nom de Germains; III, 9. Louis-le-Débonnaire s'appuie sur eux, 10, 11. Leur situation à l'extinction de la race Carlovingienne; qui ils élisent roi, 340, 341. Voy. *Barbares* et *Francs.*

GEROLD DE SAVOIE, voyez *Humbert aux blanches mains.*

GEROY (ROBERT DE), seigneur normand; sa férocité; IV, 515.

GERTRUDE, veuve de Florent Ier,

comte de Frise; sa guerre avec Robert-le-Frison; elle l'épouse; IV, 410.

GERVAIS, archevêque de Reims; sacre Philippe Iᵉʳ; formule qu'il prononce; IV, 268, 269.

GERSON (JEAN), chancelier de l'université; son discours au conseil d'état de Charles VI; effet qu'il produit; XII, 241, 242. Il prêche contre Jean-sans-Peur, 459, 460. Poursuit les doctrines de Jean Petit au concile de Constance, 499.

GESALRIC, roi des Visigoths; succède à Alaric II; I, 224. Est détrôné, 226. Sa mort, 227.

GESSLER soulève la Suisse par ses violences; IX, 213.

GESVRES (DE) est du conseil de régence de Marie de Médicis; XXII, 176.

GESVRES (LE MARQUIS DE); sa retraite à Fontarabie; XXIII, 345. Tué à Thionville; XXIV, 43. Autre du même nom tué à Lérida, 128.

GESVRES (LE DUC DE); son mémoire contre Fleury; son exil; XXVIII, 63, 64. Nommé incidemment, 253.

GHENT (VAN), tué à la bataille de Solebay; XXV, 239.

GHIBERTI (JEAN-MATTHIEU), négociateur de Clément VII avec les Français; XVI, 226.

GHISBERT (MATTHIEU ET LES); leur rivalité avec les Hyons; prennent parti pour le comte Louis de Male, dans les troubles de Gand; sont chassés de la ville; XI, 265 à 269. Leur joie à la mort de Jean Hyons, 271.

GHISLIERI (LE CARDINAL), grand inquisiteur; poursuivi par le peuple; XVIII, 115. Est élu pape, 462. (Voy. *Pie V*.)

GIAC (LA DAME DE), maîtresse de Jean-sans-Peur, contribue à le rapprocher du Dauphin; XII, 574. Le décide à l'entrevue à Montereau, 580. Se met sous la protection du Dauphin, 584.

GIAC (LE SIRE DE); comment devient le favori de Charles VII; XIII, 46. Sa jalousie envers Richemont, 60. Projet de vengeance de celui-ci, 63. Il se plaît à le mortifier, 71. Sa mort, 72, 73.

GIAFFERI, chef des Corses insurgés contre Gênes; son arrestation; XXVIII,

202. Son mémoire au cardinal Fleury, 208. Il s'embarque, 211.

GIBELIN, nom que prend le parti impérial ou de l'indépendance de l'autorité civile; V, 214.

GIBUIN, évêque, appelle à une conférence le réformateur Leutard; répand le bruit que celui-ci s'est noyé; IV, 146.

GIÉ (LE MARÉCHAL DE); commandement que Louis XI lui confie; XIV, 561. Ministre proposé, 562. Il contient Maximilien; XV, 28. Chargé d'arrêter le duc d'Orléans, 35. Surveille la Navarre, 79. Part pour Naples, 158. Ambassadeur près du pape, 185. Occupe Fornovo, 212. A part à la victoire de ce nom, 214. Escorte le comte de Flandre, 375. Son commandement sur la frontière d'Espagne; son peu de succès, 410, 411. Grief contre lui, 434. Il empêche la reine d'enlever le jeune François; son procès; sa condamnation, 435 à 438. Premier gouverneur de François; amant de Louise de Savoie; XVI, 1, 3.

GIFFORD, complice de Babington; XX, 251 et suiv.

GILBERGA, femme de Carloman; II, 228. S'enfuit en Lombardie avec ses enfans, 232. Se renferme dans Vérone, 242. Livrée à Charlemagne, 246.

GILBERT, conjuré contre Bérenger; son ingratitude; III, 364.

GILBERT, chevalier; devient le chef de la deuxième croisade; V, 344. Sauve l'armée; bat les Turcs; arrive à Satalie, 345.

GILBERT GIFFORD, complice de Babington; XX, 251 et suiv.

GILES de Bretagne; arrêté par son frère François; XIII, 482. Haine que lui porte celui-ci, 500. Intentions qu'a eues son père à son égard, 525, 526. Son caractère hardi et ambitieux; il enlève Françoise de Dinan; son arrestation; sa mort, 527 à 534.

GINCKELL, général de Guillaume III; ses succès en Irlande; XXVI, 100, 101.

GIRARD signe le traité entre la France et les Américains; XXX, 150. Accueil qui lui est fait à Boston, 179.

GIRESNE (LE COMMANDEUR DE), l'un

des défenseurs d'Orléans; XIII, 92, 94, 131. Commande à Melun, 158.

GISELBERT, comte de Dijon; prétend à l'héritage de Rodolphe; III, 381, 397. Traite avec ses compétiteurs, 397.

GISÈLE, sœur de Charlemagne; II, 227. Finit ses jours dans un couvent, 228.

GISÈLE, fille de Lothaire et de Valdrade, épouse Godfrid; III, 252.

GISÈLE, fille de Charles-le-Simple, épouse Rollon; III, 328, 329.

GISÈLE, femme de Conrad-le-Salique; fille de Gerberge; droits qu'elle donne à son époux sur l'héritage de Rodolphe-le-Fainéant; IV, 221.

GISLEBERT; investi duc de Lorraine; III, 343. Se reconnaît homme du roi de France, 372. Sa guerre avec Hugues de France, 377, 380. Prend part à l'élection d'Othon-le-Grand, 396. Ligué contre Louis IV, 400. Puis contre Othon-le-Grand; assiégé par lui, 402. Sa mort, 404.

GISLEBERT, évêque d'Évreux; prononce le panégyrique de Guillaume-le-Conquérant; IV, 480.

GISLEMAR fait la guerre à Pépin d'Héristal; II, 83. Meurt, 84.

GISORS (LE COMTE DE) tué à la bataille de Créfeld; XXIX, 151, 152.

GIUDICE (LE CARDINAL), premier ministre en Espagne; recherche l'alliance française; XXVII, 272. Le roi suit une politique différente de la sienne, 274. Sa disgrâce, 280, 284.

GIUSTINIANI (DÉMÉTRIUS), l'un des chefs de l'insurrection génoise; son supplice; XV, 477.

GIVRY; ses protestations à Henri IV; XXI, 10. Troupes qu'il conduit en Brie, 37. Son poste à Ivry, 53, 56. Somme qu'il reçoit des Parisiens, 64. Il reprend Corbeil et Lagny, 94. Péril dont il sauve le roi; il arrête l'armée de Farnèse; sa blessure, 149, 150. Sa mort; regrets du roi, 160.

GLANDSDALE (WILLIAM) prend part au siège d'Orléans; XIII, 94, 95, 96. Battu par la Pucelle; est tué, 130, 131.

GLEEN, général autrichien, prisonnier à Nordlingen; XXIV, 87.

GLENDOWER (OWEN) commande les Gallois soulevés; XII, 154. Encouragé par les Français, 186. Son alliance avec le gouvernement de Charles VI, 201. Ses succès, 207. Renfort qu'il reçoit, 244.

GLOCESTER (COMTE DE), rival de Montfort de Leicester; seconde Henri III; VIII, 55. Se tourne contre lui, 56. Part qu'il prend à la victoire de Lewis, 134. Se range encore du parti du roi; délivre le prince Edouard, 147. Soulevé contre la famille royale, 167.

GLOCESTER (COMTE DE) battu par les Ecossais; IX, 183.

GLOCESTER (STUART, DUC DE) expulsé de France; XXIV, 529. Son poste à la bataille des Dunes, 568.

GODEFROI (LE HARDI); ses prétentions au duché de Basse-Lorraine; ses alliés; sa lutte avec l'empereur; il obtient la Toscane; IV, 272 à 274, 276.

GODEFROI (LE BOSSU), duc de Basse-Lorraine, secourt la comtesse de Flandre; IV, 414. Du parti de l'empereur Henri IV; est assassiné, 461.

GODEFROI DE BOUILLON, roi de Jérusalem, fils d'Eustache de Boulogne; reçoit de l'empereur le marquisat d'Anvers et de Brabant; IV, 461. Reçoit le duché de Basse-Lorraine, 501. Prend la croix, 533. Rang qui lui est déféré; arrive dans l'empire grec, 545. Délivre Hugues de France, 548. Ses victoires de Nicée, de Dorylenm; situation de son armée, 553 et suiv. Ses succès à Antioche; prise de Jérusalem; est élu roi, 559 et suiv.

GODEFROI DE BRABANT; Français qu'il engage au secours du duc son frère; VIII, 413. Recherche l'alliance de Philippe-le-Bel; IX, 31. Tué à la défaite de Courtrai, 101.

GODEGISILLE, roi des Vandales, attaque les Gaules; vaincu et tué; I, 128.

GODEGISILLE, roi des Bourguignons; I, 170. Son alliance avec Clovis; l'aide à vaincre Gondebaud, 203. Sa mort, 205.

GODEMAR, roi des Bourguignons; I, 170. Sa mort, 173.

GODEMAR II, successeur de saint Sigismond ; ses luttes avec les Francs ; il les bat; I, 261, 264.

GODESCALE, moine allemand ; cohue de croisés qu'il dirige; ses effroyables calamités; IV, 540. Perd tous ses compagnons, 553.

GODET DES MARAIS, évêque de Chartres ; adversaire de Mme Guyon ; XXVI, 242. Et de Fénelon, 250 et suiv.

GODESCHALDE, ambassadeur de Charlemagne ; massacré par les Saxons; II, 364.

GODFRID, roi de Danemarck ; Saxons réfugiés près de lui ; II, 401. Bataille avec le fils aîné de l'empereur ; est assassiné, 409 et suiv. Ses fils reprennent le pouvoir, 433. Aux prises avec une armée de Louis Ier, 435. Partage la royauté avec Hériold, 449.

GODFRID, chef normand, obtient de Charles-le-Chauve un comté sur les rives de la Seine ; III, 104. Est le fils d'Hériold; rejoint ses compatriotes et prend part à leurs dévastations, 110. Son traité avec Charles-le-Gros, 251. La Frise lui est cédée; son mariage ; sa conversion, 252. Ses déprédations continuent ; il menace Reims, 253. Trahi et massacré, 259.

— Autre du même nom, tué à Louvain, 304.

GODFRID, premier duc de la Lorraine inférieure ; III, 465.

GODINUS ; sa révolte contre Chilpéric ; sa fuite ; I, 344.

GODINUS, fils de Warnachaire ; excite la colère de Clothaire; II, 16. Est tué, 17.

GODOLPHIN (lord) dirige le ministère de la reine Anne ; XXVI, 329. Sa disgrâce ; XXVII, 137.

GOEL (Ascelin de) ; sa guerre avec de Breteuil, son suzerain ; IV, 514, 515. Sa seigneurie ruinée, 521.

GOETZ (le comte de), général bavarois ; veut secourir Brisach; est battu ; XXIII, 341. Commande les Hessois ; rejoint Turenne ; XXIV, 84. Contribue à la victoire de Nordlingen, 87.

GOEZMANN (le conseiller) ; son procès avec Beaumarchais; XXIX, 456.

GOFFREDI (jean), évêque d'Arras, puis cardinal d'Albi ; légat du pape auprès de Louis XI ; XIV, 91. Promu cardinal, 99. Employé à l'extermination de la famille d'Armagnac, 387 et suiv. Assiège Perpignan, 393. Sa retraite désastreuse, 394. Reçoit la soumission de la Franche-Comté, 502.

GOGON élu maire du palais en Austrasie ; I, 341. Sa mort, 361.

GOMATRUDE épouse Dagobert ; II, 15.

GOMBAUT, confident de Louis-le-Débonnaire ; ses promesses aux jeunes fils de l'empereur ; III, 12. Gouverne la cour, 18.

GOMBETTES, loi des Bourguignons ; I, 208. Dans la répression des offenses plus de distinction entre les offensés ; dispositions hospitalières ; singulières restrictions, 210. Nouvelle procédure ; le serment déféré à l'accusé ; sorte de jugement de Dieu, 212. Les abus de cette faculté donnée à l'inculpé font naître une disposition qui l'oblige à faire affirmer son serment par douze jurés qui doivent être unanimes ; origine du jury, 213. Droit accordé à la partie adverse avant le serment d'appeler au jugement de Dieu ; combats judiciaires, 214.

GOMMERON négocie la remise de Ham aux Espagnols ; son supplice ; XXI, 362, 363.

GONDEBAUD, roi des Bourguignons ; part qu'il prend aux affaires de l'empire ; I, 170. Sa lutte avec ses frères ; sa vengeance ; ses remords, 172, 173. Consent au mariage de sa nièce Clotilde, 182. Vaincu par Clovis ; ses cruautés dans Vienne ; ses ménagemens pour les Romains et les orthodoxes ; sa législation, 203 à 208. Affermi sur son trône jusqu'à la fin du règne de Clovis, 215. Le seconde contre les Visigoths, 225. Est battu à Arles, 226. Sa mort, 259.

GONDI (Albert de), comte puis maréchal de Retz, favori de Charles IX ; XIX, 72, 73. Sa mission en Allemagne, 97. L'un des auteurs de la Saint-Barthélemy, 100. Indiscrétion dont le roi l'accuse à tort, 108. Défiance que le roi témoigne de lui, 143. Part qu'il prend au massacre des Huguenots et aux délibérations qui le précèdent, 151, 154, 157, 159, 160, 162, 164. Entrevue, chez lui, du roi et de Lanoue, 204. Se rend au siége de la Rochelle, 225. Somme Lanoue d'en sortir, 227. Sa mission en Angleterre, 248. Puis en Allemagne, 251. Haï du roi, 260. Conseils auxquels il est admis, 308. Villes de province qu'il rachète; XX, 37. Est aux conférences d'Epernay, 150. Conseille la paix avec les Huguenots, 171. Conférences auxquelles l'admet le roi, 259, 365. Acte qu'il souscrit, 421. Conseil auquel il assiste, 461. Arrestation qu'il fait, 463. Quitte le roi; prisonnier des ligueurs; se rachète à grand prix, 502. Il représente au sacre un des pairs laïques; XXI, 250. Est de l'assemblée de Rouen, 443, 445. Ses débats avec Brissac; XXII, 251. Sa levée de bouclier, 283. Confédéré avec la reine-mère, 462.

GONDI (PIERRE, CARDINAL DE), évêque de Langres, puis de Paris; XIX, 73. Acte qu'il souscrit; XX, 421. Conseil auquel il assiste, 461. Ses aumônes dans Paris assiégé; XXI, 71. Est envoyé à Henri IV, 80. Sa mission à Rome, 162, 166, 325, 343. Ordre qu'il reçoit du pape; son mémoire justificatif, 167. Est de l'assemblée de Rouen, 443. Il préside le conseil de raison; ce qu'est ce conseil, 447, 450.

GONDI (JÉRÔME DE), envoyé par Valois au pape; sommes qu'il rapporte en France; XXI, 395, 432. A apporté au roi le portrait de Marie de Médicis; XXII, 35.

GONDI (HENRI DE), cardinal de Retz; président du conseil de Louis XIII; triumvirat qu'il forme; XXIII, 498. Sa mort, 510.

GONDI (JEAN-FRANÇOIS-PAUL DE), cardinal de Retz; d'abord abbé; conspire contre Richelieu; XXIII, 308, 309. Dissuade Soissons de la guerre civile, 446 et suiv. Le seconde; conjurés qu'il engage, 448 à 450. Ses menées échouent, 457. Pourquoi s'éloigne des ministres, 538. Comment est jeté dans le parti de la Fronde; XXIV, 214 à 217. Ses conférences avec Condé, 233. Ses liaisons; ses cliens, 236, 237. Ses partisans; il veut se faire chef de la Fronde sous le nom du prince de Conti, 238, 239. Faiblesse qu'il trouve chez les parlementaires, 243. Résolutions qu'il presse; état-major de la Fronde; il se lie avec Beaufort; il est reçu au parlement, 245 à 249. Fait refuser un héraut de la cour, 253. Son mobile, 258, 259. Attitude qu'il prend à la paix, 266, 267, 270, 276. Il s'oppose à l'exil de Mme de Chevreuse; pourquoi, 277. Son entrevue avec Condé, 279. Parti qu'il tire de l'affaire des rentiers; accusé d'assassinat; se défend en personne; son triomphe; Condé veut l'exiler; il se rapproche de la reine; concerte avec elle l'arrestation des princes, 290, 292 à 299. Mazarin songe à ruiner son parti, 307, 308, 330. Dirige Gaston; se trouve en présence de la douairière de Condé, 330 à 332. Combat les plans de Mazarin, 333. Petite guerre que lui fait le ministre; il négocie avec les princes, 334, 335. Ses embarras; il reçoit un coup de poignard, 337. Disposé à la paix, 338. Il négocie, 346 et suiv. Compromis par Mazarin, 349. Se rapproche de la princesse palatine; rompt avec la reine; trompé par le cardinal, 353, 355. Ranime le courage du parti, 359. Excite le parlement contre Mazarin; 363 à 365. Empêche la fuite de la reine, 367, 368. Ses rivalités nouvelles, 374, 375 et suiv. Son entrevue avec la reine, 377 et suiv. Il rejette le projet de tuer Condé, 380 et suiv. Fait déclarer perturbateurs les correspondans de Mazarin, 382. Est nommé cardinal, 383, 419 à 421. Ses luttes au parlement; danger qu'il court, 384, 386 et suiv. Sa passion feinte pour la reine, 396 et suiv. Son étonnement, 402. Projet de l'enlever; il échappe, 409, 410. Aveu que lui fait Gaston, 414. Tiers parti qu'il forme, 417 et suiv. Rappelle Monsieur à Paris, 423. Comment ruine la Fronde, 436. Raillé par le duc de Lorraine, 447. Se tient à l'écart, 467. Ses avances à la cour, 471. Son arrestation, 475, 476. Ses rapports avec Mazarin;

sa démission; il est transféré à Nantes; sa fuite; sa blessure; il se retire à Rome, 503 à 507. Secours que lui ont prêté les jansénistes, 519. Ses courses; il se démet définitivement de l'archevêché de Paris, 539, 540, 543; XXV, 43, 75. Poste dont il a pourvu Beaufort, 180. Son influence sur le conclave, 342.

GONDI (DE), duc de Retz; offre ses services à la Fronde; XXIV, 246. Ne se réconcilie pas avec Mazarin, 270, 276. Son attitude après la paix, 504, 507.

GONDICAIRE, roi des Bourguignons, battu par Aëtius; I, 151. Son long règne; son alliance avec les Romains; ses quatre fils; partage entre eux, 170 à 171.

GONDOWALD, fils de Clothaire Ier, disgracié, s'enfuit à Constantinople; ramené en France et salué roi par une faction; I, 376, 377. Ses succès; ses désastres; est trahi et tué, 381 à 385.

GONDRIN; renfort qu'il conduit à Catherine de Médicis; XVIII, 520.

GONNOR (LE SIRE DE). Voy. *Cossé Brissac (Timoléon maréchal de).*

GONTHIAIRE, capitaine des Bourguignons; I, 141, 170.

GONTHIER, archevêque de Cologne, frère de Valdrade; III, 144. Excommunié, 151.

GONTHIER de Schwartzbourg; élu empereur par une partie des électeurs; est emprisonné; sa mort; X, 350, 351.

GONTRAN, fils de Clothaire Ier, roi d'Orléans; transporte sa résidence à Châlons-sur-Saône; I, 302 et suiv. Prend le titre de roi des Bourguignons; son administration; ses femmes, 311 à 313. Vainqueur de Sigebert; menacé par les Lombards; s'interpose entre ses deux frères; pour qui prend parti, 321 à 330. Secourt son neveu; ses passions; ses cruautés, 350 à 352. Donne asile au duc Lupus; lutte avec les Austrasiens et avec Chilpéric, 362 à 364. Ses apprêts contre les Lombards; sans effets, 366, 367. Prend le jeune Clothaire sous sa protection; rompt avec les Autrasiens; refuse de leur livrer Frédégonde; son interpellation au peuple; adversaire de l'aristocratie naissante; son pouvoir, 373 à 375. Guerre entre ses provinces aquitaines et celles de Childebert; ses insultes aux Austrasiens, 377 et suiv. Arme contre Gondowald; se réconcilie avec Childebert, 382. Exile Frédégonde, 386. Ses doutes sur la légitimité de Clothaire; preuve qu'il admet, 387. Son enquête sur le meurtre de Prétextat; son expédition en Septimanie, 389, 395. Affection que lui portent ses sujets; ses qualités; ses ménagemens pour Frédégonde, 390. Ses rapports; son traité avec Childebert, 393 à 397. Parrain de Clothaire; meurt, 398.

GONZAGA (GUAGUINO), capitaine de François Ier en Italie; sa mésintelligence avec Rangone; XVI, 545, 546.

GONZAGUE (FRANÇOIS DE), marquis de Mantoue; commande l'armée vénitienne contre Charles VIII; est vaincu à Fornovo; XV, 210, 217. Renforce le roi de Sicile, 232. Offre ses services à la France, 245. Vient au devant de Louis XII, 380. Le sollicite de déposer Alexandre VI, 390. Renforce l'armée de la Trémoille, 412. En prend le commandement; ses désastres, 414 à 420. Invité à accéder à la ligue de Cambrai, 503. Ses conquêtes sur les Vénitiens, 513. Auxiliaire de l'empereur, 518. Louis offre de le sacrifier aux Vénitiens, 622. Il commande l'armée pontificale; XVI, 199. Se réconcilie avec l'empereur, 340. Entre dans la ligue italienne, 416.

GONZAGUE (FERDINAND DE), marquis de Mantoue; est de l'armée impériale; XVI, 504. En reçoit le commandement, 523. Accusé de la mort du Dauphin, 528, 529. Refuse de recevoir le concile à Mantoue, 537. Est vice-roi de Sicile; révoltés qu'il trompe et punit; XVII, 36. Reçoit Charles-Quint à Gênes, 148. Assiège Guise, 154. Prend Luxembourg, 197. Négocie, 204. Fait assassiner Farnèse; prend possession de Plaisance; signe un armistice avec le duc de Parme, 329, 330, 421. Complot contre ses jours, 348. Sa fausseté; sa cruauté, 372. Est chargé d'attaquer Parme, 423. Massacre qu'il commande; ses hostilités, 425, 426. Ses opérations ; armistice qui les termine, 462 à 467. Recommence à guerroyer, 490, 491. L'empereur lui ordonne de marcher sur Sienne, 497. Sa nouvelle trêve, 503. Ce qu'il conseille à l'empereur, 529. Est remplacé à Milan, 538. Propose de marcher sur Paris; XVIII, 53.

GONZAGUE (LOUIS DE), duc de Nevers; est du voyage du roi; XVIII, 437. De l'assemblée de Moulins, 465. Epouse l'héritière du duc de Nevers, 472. Secours qu'il amène à l'armée catholique; son passage en Bourgogne; indépendance de son commandement, 524, 525. Part qu'il prend à la Saint-Barthélemy; XIX, 154, 157, 160, 162, 164, 172. Nouveau projet de massacre auquel il s'oppose, 224. Il se rend au siège de la Rochelle, 225. Haï du roi, 260. Proteste contre la remise des places de Piémont, 306. Nommé gouverneur du Languedoc, 332. Communication que lui fait le roi, 411, 412. Prêt qu'il offre à ce prince, 430. Siège au conseil d'Etat, 445. Troupes qu'il a rassemblées, 448. Désir du roi de l'abaisser, 465. Ses scrupules pour accéder à la ligue; son voyage à Rome; XX, 157 à 161. Se détache de la ligue; envoyé près du Navarrais, 226, 229. Sa conférence avec ce prince, 230 à 232. Idées du pape sur l'obéissance due au roi qu'il rapporte à Valois, 233. Est gouverneur de Picardie, 2 6, 234. Intervient dans l'entretien entre Catherine et Henri IV, 236. Limites à la confiance que lui accorde Valois, 260. Son commandement à l'armée royale, 300. Ses injonctions aux Suisses, 306. Négocie avec eux, 311. Son double rôle, 319, 320. Commande l'armée de Poitou, 378. Acte qu'il souscrit, 421. Détresse de son armée; les Etats ne lui votent pas de subsides, 443 à 445. Est aux prises avec le Navarrais, 449, 450. Est guisard, 454. Sa faction; conseille au roi de se mettre à la tête du parti fanatique, 501, 504. Sa retraite, 508, 509. Neutralité qu'il veut observer; XXI, 44. Ses espérances, 46. Il rejoint l'armée de Henri IV, 78. Est envoyé en Champagne, 92. Péril dont il sauve le roi, 149, 150. Son ambassade à Rome, 220 à 222, 343. Est au siège de Laon, 296. Est gouverneur de Champagne, 316. Puis surintendant des finances, 318. Ses opérations en Picardie, 367, 369 à 379. Sa mort, 382.

GONZAGUE (CHARLES DE), duc de Mantoue, d'abord duc de Rothelois, puis de Nevers; son père l'envoie à Amiens; puis à Cambrai; XXI, 371, 374. Ses gouvernement et places; XXII, 215. Est de la maison de Mantoue, 218. Représente un des pairs laïques au sacre de Louis XIII; sa querelle avec Guise, 231. Ses exigences, 235. S'éloigne de la cour, 273. Défend le Montferrat, 276. Sa levée de bouclier, 282 et suiv. Médiateur entre la reine et Condé, 338, 339, 355, 356. Charge qu'il cède au comte d'Angoulême, 366. Ses projets sur l'empire d'Orient; par quoi ramené en France; prend parti pour les princes, 379. Ses hostilités, 383, 386. Gratifications qu'il a reçues, 387. Son manifeste, 388. Déclaré rébelle; battu par les troupes royales, 390, 391. Rentre en grâce, 400. Arrête Mansfeld par ses négociations, 508. Flotte qu'il rassemble pour se transporter en Orient, 560. Est appelé à la succession de Mantoue; XXIII, 60, 85. L'empereur lui refuse l'investiture, 64, 86. Soutenu par Richelieu et Louis XIII malgré la haine de la reine-mère; appuyé par les Vénitiens; armée qu'il lève; elle est dispersée; résistance de ses troupes à Casal, 87 à 90. Le roi stipule pour lui avec le duc de Savoie, 107. Ligue dans laquelle il entre, 108. Il n'espère pas l'investiture, 109. Richelieu la demande de nouveau, 133. S'enfuit de Mantoue, 141. Son accord avec l'empereur, 149, 150. Ses chagrins; mort de son fils; ce qu'il peut pour la France, 265. Ligué avec Richelieu, 277 et suiv. Sa mort, 324.

GONZAGUE (MARIE DE), héritière du duc de Mantoue; Henri IV lui destine un de ses fils; XXII, 151. Ses prétentions sur le Montferrat, 275. Offerte à Gaston d'Anjou; XXIII, 13. Son mariage, 85. S'enfuit de Mantoue, 141.

GONZAGUE (MARGUERITE DE) épouse

Table générale de l'Histoire des Français.

le duc de Lorraine; XXII, 150. Son voyage à la cour de France, 255.

GONZAGUE (VINCENT Ier DE), duc de Mantoue; sa mort; XXII, 275.

GONZAGUE (FRANÇOIS III), duc de Mantoue; sa mort; débat sur sa succession; XXII, 275 et suiv.

GONZAGUE (FERDINAND, CARDINAL DE), hérite du duché de Mantoue; ses débats avec la Savoie; XXII, 276 et suiv., 416.

GONZAGUE (VINCENT II DE), duc de Mantoue; sa mort; XXIII, 64, 85.

GONZAGUE (CHARLES II DE), duc de Mantoue; son avénement; XXIII, 324. Sa mère désire la paix; est devoué à l'Autriche, 348, 358. Entre dans l'alliance française; XXIV, 525. S'en détache, 555. Sa détresse, 573. Ses sollicitations près des négociateurs du traité des Pyrénées, 587.

GONZAGUE (CHARLES IV DE), duc de Mantoue; vend Casal à la France; XXV, 434, 435. Cette ville lui est restituée; XXVI, 172, 174. Achète sa neutralité, 191. Consent à recevoir garnison française, 307. Ses prodigalités, 319. Ses états envahis, 326. Est ruiné par la guerre, 342.

GONZAGUE (CHARLES DE), duc de Rhétel; son mariage; XXIII, 85. Sa mort, 265.

GONZAGUE (FERDINAND DE), duc de Mayenne; Casal lui est consigné; XXIII, 149. Sa mort, 265.

GONZAGUE (MARIE DE), fille du duc de Nevers; recherchée par le duc d'Orléans; XXIII, 60, 164. Enfermée à Vincennes, 119. Mise en liberté, 120. Recherchée par Cinq-Mars, 404. Avis qu'elle lui donne, 502. Elle devient reine de Pologne; XXIV, 103 à 105.

GONZAGUE (ANNE DE), princesse palatine; son premier mariage; XXIII, 445. Elle est reçue par le roi, 544. Son second mariage; XXIV, 61. Est mise à la tête de la nouvelle Fronde, 309. Comité secret qu'elle dirige, 352. Son but est de réunir les deux Frondes contre le ministère; ses rapports avec le coadjuteur, 353, 355. Traité signé chez elle, 361. Son désappointement, 376. Intermédiaire entre la France et le duc de Mantoue, 525. A qui destine la couronne de Pologne; XXV, 112. Son mari à sa mort abdique, 179.

GONZAGUE (DON VINCENT DE), viceroi de Sicile; ses rigueurs à Messine; XXV, 377, 378.

GOODWIN, beau-père d'Edouard-le-Confesseur; fait expulser d'Angleterre les favoris Normands; IV, 280. Tient son gendre en tutelle, 340. Pourquoi haï de celui-ci; époque de sa mort, 341.

GORDES (BARON DE SIMIANE, BARON DE) opine pour la conquête de la Lombardie; XVIII, 34. Refuse de faire massacrer les huguenots en Dauphiné, 176. Bat et fait prisonnier Montbrun, 338.

GORMOND, neveu d'Horic, lui livre une bataille où périt la fleur des guerriers du Danemarck; III, 114.

GORNEY, meurtrier d'Edouard II; IX, 465.

GORTZ (LE BARON DE); ses intrigues en faveur des Stuart; son supplice; XXVII, 327.

GOTESCALE, bénédictin; ses querelles théologiques avec Hincmar; sa condamnation; III, 103.

GOTFRID, comte français; vaincu par les Normands; III, 175.

GOTH (BERTRAND DE), archevêque de Bordeaux; comment désigné comme candidat à la papauté par un parti du conclave; IX, 160. Son entrevue avec Philippe-le-Bel; ses engagemens envers le roi; il est proclamé, 161, 162, 165. Voy. *Clément V.*

GOTHS; Germains lointains; leurs migrations; fondent les premiers dans l'empire un royaume barbare; I, 116. Etablis sur le Bas-Danube, 117. Chassés par les Huns sont admis dans la Thrace; leurs révoltes, 118. Se subdivisent en Ostrogoths et Visigoths. Voy. ces noms.

GOTTELON, duc de Basse-Lorraine; protégé par Robert de France; IV, 179. Victoire qu'il remporte sur Eudes de Blois, 226.

GOUDIMEL, auteur de la musique des Psaumes de Marot; XVIII, 23. Massacré à Lyon; XIX, 188.

GOUFFIER. (Voy. *Léon Brulart.*)

GOUFFIER (GUILLAUME), chambellan

de Charles VII; enrichi des dépouilles de Jacques Cœur; poursuit son procès; XIII, 539 et suiv. Disgracié et condamné à son tour, 605, 606.

GOUGE (MARTIN), évêque de Clermont; *Armagnac* s'enferme à la Bastille; XII, 539.

GOUGH (MATTHIEU), ou Mathago, chef d'aventuriers; marche contre les Suisses; XIII, 424, 425. Renforce Kiriel, 499. Sa retraite après la défaite de Fourmigny, 502, 503.

GOULAS, confident de Gaston d'Orléans; trahison dont il est soupçonné; XXIII, 504. Négociation dont il est chargé; XXIV, 442.

GOURDE (DE), chef protestant; est de l'armée de Crussol; est tué; XIX, 35.

GOURDON (BERTRAND DE); sa haine envers Richard Cœur-de-Lion; il le blesse à mort; son supplice; VI, 177 à 179.

GOURGUES, président à Bordeaux; député au parlement de Paris; XXIV, 336.

GOURNAY, économiste; l'un des maîtres de Turgot; XXX, 32, 33.

GOURVILLE, confident de La Rochefoucauld; XXIV, 349, 351. Est chargé d'enlever Gondi; échoue, 409, 410. Négociateur du tiers-parti, 442. Mission qu'il remplit, 482. Autre où il échoue, 526. Sa passion du jeu, 600. Il s'exile; XXV, 28. Mission que lui donne Condé. 2 5. Rançonné par Colbert, 219. Est du jeu du roi, 304.

GOUVILLE, prêtre; ses sorties au siége de Rouen; XXI, 144.

GOUVILLE (Mme DE); son rôle dans la Fronde; XXIV, 314, 322.

GOWEL (THOMAS) rend Cherbourg aux Français; XIII, 506.

GRAMMONT (MICHEL DE), négociateur de Charles VIII en Espagne; XV, 252.

GRAMMONT (LE CARDINAL DE), envoyé par François 1er près du pape; pourquoi; XVI, 411, 413, 415, 417. Correspondance qu'il surprend; XVII, 83.

GRAMMONT D'ASTER (LE COMTE DE) signe l'association protestante; XVIII, 282. Ses entrevues avec la reine-mère, 291, 352. Agitation qu'il entretient à Poitiers, 299.

GRAMMONT, mignon de Henri III; ses querelles avec Bussy; XIX, 473, 474. Sa blessure, 501.

GRAMMONT (LE MARÉCHAL DUC DE); sa retraite à Fontarabie; XXIII, 345. Prend part à la victoire de Fribourg, 66 et suiv. Puis à celle de Nordlingen, où il est prisonnier, 84 à 87. Lieutenant du duc d'Orléans en Flandre, 115. Renforce le stathouder; est témoin de sa folie, 116, 119. Accompagne Condé en Catalogne, 134 et suiv. 171 et suiv. Décide de la victoire à Lens, 174. Veut se récuser dans le procès de Condé, 500, 501. Sa mission en Allemagne, 548. Demande la main de l'infante d'Espagne pour le roi, 586.

GRAMMONT (LE CHEVALIER DE); comment fait capituler Dôle; XXV, 148.

GRAMMONT (LE DUC DE); son ambassade en Espagne; XXVI, 446.

GRAMMONT (LE DUC DE) cause la défaite de Dettingen; XXVIII, 281.

GRAMMONT (LA DUCHESSE DE), sœur du duc de Choiseul; son zèle pour lui; XXIX, 328. Dessein qu'on lui suppose de succéder à Mme de Pompadour, 400. Se déclare contre la Dubarry, 402. Son exil, 427.

GRANBY (LE MARQUIS DE) prend part à la victoire de Minden; XXIX, 198.

GRANA (LE GÉNÉRAL) cause la bataille de Saint-Denis; XXV, 374. Ne peut sauver Luxembourg, 460.

GRANCEY (EUDES DE) sauve Châlons-sur-Marne; X, 550.

GRANDELLA (BATAILLE DE), gagnée sur Charles d'Anjou par Manfred; VIII, 153.

GRANCEY (LE MARÉCHAL COMTE DE) s'empare de la Lorraine; XXIII, 471. Ses combats en Italie; XXIV, 493, 514.

GRANDIER (URBAIN), curé de Loudun; son procès; son supplice; XXIII, 236 et suiv.

GRANDMESNIL (HUGUES DE), chevalier de Guillaume-le-Bâtard; révolté contre lui; IV, 338.

GRANDPRE (LE COMTE DE) contient les Espagnols dans l'Argonne; XXIV, 407.

GRANDSELVE (ABBÉ DE), médiateur entre Louis IX et Raymond VII de Toulouse; VII, 69 et suiv.

GRANDSON (OTHON DE); ligué contre la France; IX, 15. Signe le traité de paix entre Edouard d'Angleterre et Philippe-le-Bel. 117.

GRANDSON (BATAILLE DE) gagnée par les Suisses sur Charles-le-Téméraire; XIV, 466 à 469.

GRANTHAM (LORD , négociateur en Espagne; XXIX, 414.

GRANDVELLE (PERNOT DE , ambassadeur de Charles-Quint près de François Ier; est arrêté; XVI, 320. A son audience de congé. 3 1. Ses conférences avec Villy, 479. Il est nommé garde des sceaux de l'empereur; ses négociations, 554, 556. Présent aux entretiens de l'empereur et du roi; XVII, 10. Plans de Charles qui lui ont été communiqués, 56, 58. Son projet de traité avec le duc de Clèves, 146. Il négocie, 204. Sa mort, 209.

GRANDVELLE (ANTOINE DE), évêque d'Arras, puis cardinal ; est nommé grand chancelier de Charles-Quint; XVII, 409. Ses offres à Ferdinand, 415. Trompé par Maurice de Saxe, 438, 478. Commissaire pour la paix, 545. Prend la parole lors de l'abdication de l'empereur, 567. Son entrevue avec le cardinal de Lorraine (Charles de Guise); leurs plans politiques; XVIII, 73, 74. Commissaire pour la paix, 83. Conseiller de la gouvernante des Pays-Bas, 113, 448. Forcé par l'indignation publique de se retirer (en Franche-Comté, 449.

GRASSE (L'AMIRAL DE) renforce d'Estaing; XXX, 184. Ses succès dans les Antilles, 196, 197. Son arrivée dans la Chesapeake, 199. Il contribue à la prise de York-Town, 200 et suiv. Sa victoire à Sandy-Hook ; son échec à Saint-Christophe, 202, 203. Il perd la bataille des Saintes; il est prisonnier, 204, 206 à 209, 211, 212, 214.

GRATIEN, fils aîné de Valentinien; bat les Allemands, alliés des Francs; les affermit dans les Gaules; tenu en tutelle par leur roi Mellobaudes; les offense en appelant auprès de lui un corps d'Alains; soulèvement qui s'ensuit; sa mort; I, 38 à 41.

GRAVE, vice-amiral anglais, vaincu par de Grasse; XXX, 202.

GRAVELINES (BATAILLE DE) gagnée, par le comte d'Egmont sur de Termes; XVIII, 79, 80.

GRAVILLE (LE SEIGNEUR DE), arrêté avec le roi de Navarre; X, 449. Son exécution, 449.

GRAVILLE (LE SIRE DE), du parti de Charles VII; aux prises avec les Anglais; XIII, 17. A part à la victoire de Montargis, 64.

GRAVILLE, l'un des juges de Nemours; a part à ses dépouilles; XIV, 537. Ordonnance qu'il signe; XV, 30. Est nommé grand amiral, 37. Laissé à la cour par la dame de Beaujeu, 78. Sa flotte à Brest, 94. Contresigne les ordonnances royales, 95. Se rapproche du parti d'Orléans, 96. Sa disgrâce, 113. Lieutenant du roi en Normandie et Picardie, 159. Le dissuade de retourner en Italie, 247, 255. Est gouverneur de Paris, 465. Legs qu'il fait au roi, 6 6.

GREEN. Voy. Scrope.

GREEN, général américain; ses succès dans le Sud; XXX, 203.

GREGOIRE (DE TOURS) défend contre les soldats de Chilpéric le droit d'asile de sa basilique; I, 345. Y accueille et protège Mérovée, 346. Défend Saint-Prétextat et les libertés ecclésiastiques, 348. Où l'histoire qu'il a laissée s'arrête, 398. Apprécié comme historien, 356 et suiv. Cité comme tel, 91 à 398.

GREGOIRE III, pape, se rend indépendant de l'empereur d'Orient; ses démêlés avec Liutprand; ses négociations avec Charles-Martel; II, 147, 148. Sa mort, 149.

GREGOIRE IV, pape, accompagne Lothaire en France; médiateur entre l'empereur et ses fils; III, 21.

GREGOIRE V, pape; son élection; IV, 92. Casse le mariage de Robert de France, 100 et suiv. Sa mort, 117.

GREGOIRE VI, pape. Voy. Benoît IX.

GREGOIRE VII, pape. Voy. Hildebrand.

GREGOIRE IX, pape; favorable au roi d'Angleterre; injonctions qu'il fait à saint Louis; VII, 34. Suprime, puis rétablit les subsides du clergé de France pour la guerre d'Albigeois, 37. Son injustice à l'égard de l'empereur Frédéric II; il l'excommunie; traverse ses desseins en Orient; ennemi qu'il arme contre lui en Italie, 44 à 8. Sa croisade dans les Deux-Siciles; elle échoue, 49. Ses efforts pour maintenir la paix entre la France et l'Angleterre, 63. Son intervention dans le démêlé entre la reine Blanche et l'Université, 94 et suiv. Encore médiateur entre Louis et Henri III, 104. Fait la paix avec l'empereur, 111. Gouvernement qu'il confie à l'évêque de Beauvais, 112. Ses démêlés avec la cour de France, 114, 115. Comment remplit l'Angleterre de prêtres italiens; sa prédilection pour Henri III; ses bulles en sa faveur, 116. Opposition du clergé anglais; mécontentement du pape, 117. Ses excommunications pour modérer la passion des tournois, 123. Autorise le mariage du fils de Pierre de Bretagne, 127. Evoque le procès de Thibaut et de la reine de Chypre, 128. Autorise le mariage de saint Louis, 135. Fiefs qu'il restitue au comte de Toulouse, 138. Autorise le mariage de l'empereur Frédéric, 140. Découvre des hérétiques à Rome même; ses mesures contre eux en divers pays; Sarrasins qu'il veut convertir; rend en France l'inquisition indépendante de tout pouvoir; ordonne la canonisation de saint Dominique; souverains dont il sollicite l'appui en faveur des inquisiteurs; son légat organise le tribunal de la foi; accuse le comte de Toulouse, 145 à 153. Inutilité de ses efforts, 155 et suiv. Il fait un crime à Frédéric de ses rapports avec Raymond de Toulouse, 159. Il fait prêcher la croisade, 160. Est obligé d'apaiser la fureur qui éclate contre les juifs, 161, 162. S'interpose entre Blanche et le comte de Champagne. 164. Comment se manifeste son inimitié envers l'empereur, 171, 172. Il se relâche de ses rigueurs envers les hérétiques, 175. Ordres qu'il donne au jacobin Robert, 179. D'où vient son empressement à s'assurer, sous prétexte de croisade, d'armées dévouées, 183. Son nouveau grief contre l'empereur; appel qu'il fait en France; place Pierre Mauclerc à la tête des croisés, 186. Subsides qu'il accorde à Baudoin II, de Constantinople, 189. Comment le favorise, 191. Redouble ses coups contre l'empereur au moment de l'invasion des Mogols; l'excommunie, 200 à 202. Seigneurs qu'il engage à se diriger non sur Jérusalem mais sur Constantinople, 204. Obligé de se justifier, 205. Sommation qu'il fait aux croisés, 207. Détache Raymond VII du parti de l'empereur, 232. Fait prononcer son divorce, 241. Veut faire condamner et déposer Frédéric; convoque à cet effet un concile à Rome; ses prélats sont captifs, 242, 243. Il en meurt de douleur, 246. Mort de son successeur, interrègne qui le suit, 247.

GRÉGOIRE X, pape; son élection; ses vertus; son amitié pour le prince anglais Edouard; son zèle pour la conservation de la Terre-Sainte; secours qu'il réclame et reçoit de Philippe-le-Hardi; VIII, 226 à 228. Son entrevue avec Edouard; ses négociations avec Michel Paléologue, il convoque un conseil œcuménique à Lyon; appuie les prétentions de l'archevêque de cette ville, 236 à 238. Fait élire un empereur en Allemagne; ses bons offices envers la famille de saint Louis; il obtient le comtat Venaissin, 243 à 247. Fait l'ouverture du concile de Lyon; honneurs qu'il reçoit en France; il nomme cardinal saint Bonaventure; sa politique conciliante; prétentions dont il est l'arbitre, 249 à 252, 285. Ses négociations avec le khan des Mogols, 253. Sa constitution pour prévenir les interrègnes du Saint-Siége, 254. Ses négociations avec Philippe III; il prévient une guerre entre la France et l'empire, 255, 256. Comment autorise le mariage de la reine de Navarre, 259. Ses négociations, son entrevue avec Alphonse de Castille; ses efforts pour maintenir la paix en Europe, 260, 261. Son espoir de faire marcher tous les souverains chrétiens à une croisade; son entrevue avec Rodolphe, 264. Heureux effets de la loyauté de son caractère; sa mort; succession rapide de trois papes qui détruit l'influence pacifique de la cour de Rome, 269, 270.

GREGOIRE XI (PIERRE ROGER), pape, retarde la canonisation de Charles de Blois; XI, 154, 155. Son élection; son origine; son penchant pour les Français; hérésies qu'il combat; sa vaine médiation entre Charles v et Édouard III, 157 à 162. Ses légats aux armées, 188. Invite de nouveau les deux rois à la paix, 198. Ses efforts pour s'opposer aux progrès de la réforme religieuse, et contre les magiciens; ses rapports avec le duc d'Anjou; les Florentins lui déclarent la guerre; il passe en Italie; sa mort; occasionne le grand schisme d'occident, 209 à 216. Sa médiation entre le duc d'Anjou et le roi d'Aragon, 220. Ses négociations pour un traité définitif entre la France et l'Angleterre, 226. Soulèvement qu'il a excité dans les États romains; sa guerre avec Florence, 242, 243.

GREGOIRE XII (ANGE CORRARIO), pape schismatique; son élection, serment qu'il prête; XII, 257. Comment il élude l'abdication promise, 263, 266. La France se déclare neutre, 293. Est déposé par le concile de Pise; son protecteur; il conserve des partisans, 321 à 323. Ladislas le défend, 342. Il abdique, 496. A introduit son neveu (depuis Eugène IV) dans le sacré collége, 319.

GREGOIRE XIII (BONCOMPAGNI), pape; son élection; XIX, 137. Actions de grâces qu'il rend à l'occasion de la Saint-Barthélemy; légat qu'il envoie pour féliciter Charles IX, 187, 188. Le Béarnais lui demande à être reçu au giron de l'église, 199. Mémoire qui lui est adressé en faveur des Guises, 389 à 391. Il ne permet pas que les chevaliers de l'ordre du Saint-Esprit soient dotés de bénéfices, 503. Il réclame pour le Saint-Siége la couronne de Portugal; XX, 26. Sa réforme du calendrier, 66. Ses rapports avec Joyeuse, 82, 83. Sorte d'approbation qu'il donne à la Ligue; sa mort, 157 à 159.

GREGOIRE XIV (SPONDRATO), pape; son élection; son court règne; son zèle pour la ligue; son armée; son manifeste contre le Béarnais; sa mort; XXI, 124, 125.

GREGOIRE XV (LUDOVISI), pape, donne le chapeau de cardinal à Richelieu; XXII, 514. Se prononce contre l'occupation espagnole de la Valteline, 526. Cette province lui est consignée; sa mort, 527. Cet événement empêche le mariage de Charles d'Angleterre en Espagne, 544.

GREMONVILLE (LE COMMANDEUR DE), ambassadeur de Louis XIV à Vienne; ses succès; XXV, 212, 213. Sa négociation sur la future succession d'Espagne; XXVI, 270 et suiv.

GREY (LORD) fait perdre à son parti la bataille de Northampton; XIV, 52.

GREY (JEANNE) reconnue par Édouard VI; son héritière; son mariage; son supplice; XVII, 512, 513, 514.

GREY (LORD) rend Guines par capitulation; XVIII, 58.

GRIFFITH, chef de partisans; ses pillages en France; X, 506.

GRIFON, troisième fils de Charles-Martel; ses frères le dépouillent; II, 149 et suiv. Sa fuite chez les Saxons; puis chez les Bavarois; ramené en France par Pépin; reçoit un apanage; s'enfuit en Aquitaine, 161 et suiv. Est assassiné, 201.

GRIGNAN, ambassadeur de François 1er à Rome; hostile à Charles-Quint; XVII, 91. Son projet de surprendre Nice, 157. Ses cruautés, 162. Rigueurs auxquels il excite le roi contre les Vaudois, 237, 238. Son ambassade près la diète de Worms; ses menaces aux protestans, 254. Leur efficacité, 272. Il est accusé judiciairement; comment se sauve, 401, 402.

GRIGNAN (LE COMTE DE); son zèle anti-janséniste; XXV, 487.

GRIMALDI (RENIER), amiral génois au service de Philippe-le-Bel; fait lever le siége de Ziriksée; sa victoire navale; IX, 150.

GRIMALDI (CHARLES), amiral génois; son commandement à Crecy; X, 295.

GRIMALDI (LUCIEN), noble génois; sa guerre avec les plébéiens; XV, 472.

GRIMALDI (HONORÉ II DE), prince de Monaco; secoue le joug espagnol; est créé duc de Valentinois; XXIII, 473.

GRIMALDI, ambassadeur d'Espagne à Paris; met obstacle à la paix; ses concessions; XXIX, 263. Est principal ministre, 313, 369. Son accord avec Choiseul, 387. Appui qu'il attend de lui contre les Anglais, 413. Ses plaintes contre d'Aiguillon, 464.

GRIMALDO (LE MARQUIS DE) est nommé ministre en Espagne; XXVII, 280. Sa circulaire sur la conquête de la Sardaigne, 288. Suit Philippe dans sa retraite; ses instructions au jeune roi, 497 et suiv. Exige des excuses du duc de Bourbon, 530. Renversé par Riperda; XXVIII, 10, 15.

GRIMANI (ANTONIO); flotte vénitienne qu'il amène sur les côtes de la Pouille; XV, 225.

GRIMOALD, maire d'Austrasie; ses échecs; II, 41, 42. Sa tentative d'usurpation, 60. Sa mort, 61.

GRIMOALD, fils de Pépin; son père lui réserve la Neustrie; II, 92. Maire du palais de ce royaume; a la garde de Childebert; ses vertus; son mariage; meurt assassiné, 100 et suiv.

GRIMOALD, fils d'Arigise; livré en otage à Charlemagne; II, 308. Remis en liberté, 309, 311. Chargé de repousser Adalgise, 330. Attaqué par Pépin, 383. Résiste avec vigueur, 400. Reçu en grâce, 415. Tributaire de Louis, 433.

GRIMOARD, consacré évêque de Poitiers; V, 259.

GRIMOARD (ANGLIE DE), cardinal d'Albano; légat en Languedoc; XI, 256 à 258.

GRITTI (ANDRÉ) reprend Padoue aux impériaux; XV, 517. Chargé d'attaquer Brescia; son armée anéantie, 580 à 583. Sa mission près de Louis XII, 622. Veut vainement retenir en Italie l'armée vaincue à Novarre, 633. Sa retraite après les désastres de Lautrec; XVI, 158.

GROPELLO, ministre des finances de Savoie; ses négociations; XXVI, 166 et suiv., 187.

GROSLIER (LES FRÈRES), royalistes de Lyon; débordés par la populace; XX, 501.

GROTIUS (HUGO), emprisonné puis exilé de Hollande comme Arminien; XXII, 456. Ambassadeur de Suède en France; déplaît à Richelieu; XXIII, 265 à 266. Anecdote qu'il rapporte sur le cardinal, 304. Apprécie l'échec de Fontarabie, 346.

GROTIUS, député par les Hollandais vers Louis XIV; XXV, 244.

GUADAGNI, surveille Lanoue à la Rochelle; XIX, 205. Mission que lui donne la régente, 289. Envoyé près du Navarrais; XX, 229. Vaincu à Lyon par la populace, 501.

GUADAGNI, général de Louis XIV; commande à Bugie; abandonne cette ville; XXV, 66.

GUAIFER, duc des Aquitains; II, 156. Donne asile à Grifon, 164, 201. Vaincu par Pépin; meurt assassiné, 204, 205.

GUAINIER; comment employé à Paris contre les protestans; XVI, 450.

GUALO, cardinal, légat du pape pour protéger Jean-sans-Terre contre les Français; VI, 455 à 458. Ses excommunications, 461, 465. Absout Louis, 472.

GUALTIERI (LE CARDINAL) s'emploie à faire nommer Dubois cardinal; XXVII, 439, 442.

GUARIN, évêque de Beauvais; sa tentative de coalition; IV, 175 et suiv.

GUARINO de Vérone; ses travaux littéraires; XIII, 104. Son influence sur les fortes études en France, 105.

GUASTALLA (CÉSAR, DUC DE), prétend à la succession de Mantoue; XXIII, 85. L'empereur l'appuie, 86.

GUASTO (ALPHONSE D'AVALES, MARQUIS DE); son poste à la bataille de Pavie; XVI, 234, 235. Lieutenant de Bourbon, 284. Commande les troupes de terre de l'expédition de Tunis, 467. Est de l'armée impériale d'Italie, 504. Sa reconnaissance sur Arles, 518. Ses succès dans le Piémont, 545 à 548. Est en présence de Montmorency, 552. Ses propositions à la France; XVII, 26. Sa mission à Venise, 79. Places qu'il fait fortifier; ses intrigues contre Langey; il est prévenu par celui-ci; est accusé de l'assassinat de Rincon, 94 à 99. Il reçoit l'empereur à Trente, 103. Est inférieur aux Français, 120;

Est contenu par Langey, 128. Reçoit l'empereur à Gênes, 148. A ordre de prendre l'offensive; ses opérations; ses progrès; ses manœuvres contre d'Enghien, 173 à 177 et suiv. Il perd la bataille de Cérisoles, 185 à 191. Il bat Pierre Strozzi, 193. Armistice qu'il conclut, 194, 195.

GUEBRIANT (LE MARÉCHAL COMTE DE); ses négociations avec Weymar; XXIII, 371. Il reçoit le commandement de son armée; aux prises avec Piccolomini, 422. Secourt Bannier; gagne la bataille de Wolfenbuttel, 473 à 477. Gagne la bataille de Kempten; sa promotion, 496. Inquiète Mello, 500, 517. Bat Jean de Werth, 518. Doit se concerter avec Torstenson, 535. Est renforcé par Rantzau; ses dernières et belles manœuvres en Allemagne; il est tué au siège de Rothweill; XXIV, 43 à 46.

GUEBRIANT; sa belle défense à Aire; XXVII, 101.

GUELFE IV, fils d'Albert Azzo, hérite de la Bavière; souche de la maison de Brunswick; IV, 405.

GUELFE VI, duc de Bavière; se déclare contre la maison de Souabe; son parti prend son nom; V, 281. Ses ambassadeurs à Châlons, 321. Assiste à l'assemblée de Saint-Jean d'Acre, 352.

GUELFE, nom que prend le parti du pape ou de la suprématie de l'Eglise dans les affaires civiles; V, 214.

GUEMENÉE (LA PRINCESSE DE), favorite de Marie-Antoinette; XXX, 259.

GUÉMÉNÉE (LE PRINCE DE); sa banqueroute; XXX, 362.

GUERET, jésuite; mis à la question à l'occasion du crime de Chastel; XXI, 321.

GUÉRIN (JEAN), négociateur du traité d'Arras; XIV, 610.

GUÉRIN, avocat-général à Aix; condamné et exécuté à cause des massacres de Mérindol; XVII, 402, 403.

GUERRA (GRAZIANO), condottière au service de Charles VIII; est réduit; XV, 236.

GUERRA; confesseur de la reine d'Espagne; négocie sa réconciliation avec le duc de Bourbon; XXVII, 530.

GUERRIERI (LE MARQUIS), ministre de Mantoue; son emprisonnement; XXV, 437.

GUEUX, nom que prennent les réformés des Pays-Bas; son origine; XVIII, 479. Exploit des Gueux de mer; XIX, 121.

GUEVARA (PIETRO DE) contribue à la défense de Perpignan; XVII, 126.

GUI-GEOFFROI, duc d'Aquitaine; présent au sacre de Philippe Ier; IV, 268. Quand prend le nom de Guillaume VI; son expédition en Espagne, 330. Lettre que lui adresse Grégoire VII, 395 et suiv.

GUI (FRÈRE), moine de Citeaux; envoyé par Innocent III à Narbonne; l'un des fondateurs de l'inquisition; VI, 260, 261 et suiv. Est abbé de Vaux-Cerny; renforts qu'il amène aux croisés, 372. Sa prédication aux capitulés de Minerve, 383. Est évêque de Carcassonne, 403. Amène une nouvelle bande de croisés, 433.

GUI (COMTE DE SAINT-PAUL) meurt au siège d'Avignon; VI, 589.

GUI de Beauvais, évêque d'Auxerre; croisé contre Manfred; VIII, 150.

GUI, comte de Blois; est armé chevalier; IX, 274, 275. Prend la croix, 276.

GUI DE DAMPIERRE, comte de Flandre; son traité avec Edouard d'Angleterre; il lui promet sa fille Philippa; VIII, 495. Se rend avec elle à Paris; est retenu prisonnier par Philippe-le-Bel; il s'échappe; ses accusations à la mort de sa fille; 496. Le roi organise la résistance de ses sujets contre lui; IX, 8. Déclare la guerre à la France; son alliance perpétuelle avec Edouard; nouveau projet de mariage, 14. Ses débats avec la magistrature de Gand, 17. Ses dispositions définitives; vaincu près de Furnes, 18 à 20. Evacue Bruges, 24. Ses pertes; armistice qu'il demande et obtient, 28, 29. A la reprise des hostilités est abandonné par le roi d'Angleterre; n'est point secouru par le pape; est vaincu; sa soumission; sa captivité; réunion de ses domaines à la couronne, 50 à 53. Son manque de respect pour les privilèges de ses sujets; cause de sa ruine, 55. Succès divers de ses fils et de ses sujets soulevés, 136, 137. Trêve qui le met en liberté; accueil que lui font les Flamands; il retourne dans sa prison; sa mort, 138, 139.

GUI DE DAMPIERRE, fils du comte de Flandre; prend un commandement chez les Flamands révoltés contre la France; prend Courtrai; marche audevant du comte d'Artois; IX, 97. Range ses troupes en bataille en avant de Courtrai, 98. Chevaliers qu'il arme, 99. Gagne la bataille de Courtrai, 100 et suiv. Tient tête à Philippe-le-Bel, 110. Est fait prisonnier au siége de Ziriksée, 150 Est mis en liberté, 155.

GUI, commandeur de Normandie, templier; son supplice; IX, 287 à 289.

GUI, bâtard de Flandre, commande les flottes de son frère; est vaincu à Cathsand et fait prisonnier; X, 118, 119.

GUI, évêque de Léon; négocie la capitulation d'Hennebon; passe au parti opposé; X, 203 à 205.

GUI, comte de Namur; son secours invoqué par Philippe de Valois; X, 282. Par quel conseil évite d'attaquer le connétable de France, 410. Négociation à laquelle il s'emploie, 412.

GUI de Blois, otage de son père en Angleterre; X, 477; XI, 24. Y meurt, 501.

GUIAOUC, khan des Mogols; ses négociations avec saint Louis; sans effet; VII, 392, 393.

GUIBE (JACQUES), neveu de Landais; sa faveur à la cour de Bretagne; XV, 40.

GUIBERT, abbé de Nogent; son opinion sur les communes; IV, 434. Récit de l'établissement de celle de Laon; V, 80. Portrait qu'il fait des comtes de Soissons, 126.

GUIBERT, archevêque de Ravenne, élu pape sous le nom de Clément III; IV, 455. Intronisé à Rome; couronne l'empereur Henri IV, 460. Est maître de Rome, 497, 499. Excommunié, 523, 528. Perd Rome, 647.

GUICCIARDINI, l'historien; commande à Reggio; donne asile au maréchal Lescuns; XVI, 129. Légat du pape à l'armée impériale; ses efforts pour la paix, 535, 536.

GUIBOURG (ÉTIENNE), complice de la Voisin; XXV, 404.

GUICHARD, evêque de Troyes; son procès; sa captivité; à quel sujet; IX, 286.

GUICHAUMONT porte le premier coup à Concini; XXII, 394, 395.

GUICHE (PIERRE DE LA), négociateur de François Ier avec les Suisses; XVI, 41.

GUICHE (LE SIRE DE LA), est de l'armée du duc d'Orléans; XVII, 122.

GUICHE (LE MARÉCHAL, COMTE DE) perd la bataille d'Hennecourt; XXIII, 500. Conseiller de d'Enghien, 535. Prend part à la victoire de Fribourg; XXIV, 66.

GUICHE (LE COMTE DE); son influence sur Monsieur; XXIV, 571. Inclination de la duchesse pour lui; XXV, 18. Intrigue à laquelle il se prête, 34. Son exil, 83. Sa conduite au passage du Rhin, 240 et suiv.

GUICHE (LA DUCHESSE DE); ses spéculations; XXVII, 45.

GUICHE (LE DUC DE) prend parti pour le duc d'Orléans; XXVII, 233. Gratification qu'il obtint, 248. Offre ses services au fils du régent, 496.

GUICHE (LE DUC DE); sa mission en Béarn; XXX, 32.

GUICHEN (LE COMTE DE) commande le vaisseau la *Ville de Paris*; XXX, 168. Est à la tête de la flotte des Antilles; ses succès, 188, 189. Son retour inopportun en France, 193, 198. Désastres qui en résultent, 195.

GUIDICCIONE (JEAN), évêque de Fossombrone; légat du pape à l'armée impériale; ses efforts pour la paix; XVI, 535, 536.

GUIDO, préfet de la frontière britannique; désarme les Bretons; II, 375.

GUIDO, duc de Spolète, appelé en Belgique; III, 287. Couronné roi des Francs; échoue; retourne en Italie, 288. A encore des partisans en France, 291. Abandonné par Foulques, 293. Dépouillé en Italie par Arnolphe, 311. A reçu la couronne impériale; sa mort, 321.

GUIDO, vicomte de Limoges; ses démêlés avec l'évêque d'Angoulême; jugement de la cour de Rome; IV, 139, 140.

GUIDO D'AREZZO, inventeur de la gamme; IV, 161.

GUIDO, comte de Mâcon; sa guerre en Normandie; IV, 240, 241, 277. Vaincu; se retire en Bourgogne, 278.

GUIDO, comte d'Abbeville; fait prisonnier Harald; le remet à Guillaume; IV, 342.

GUIDO, archevêque de Vienne; dirige le concile de cette ville; en rend compte à Rome; V, 114. Est élu pape sous le nom de Calixte II, voy. ce nom, 150.

GUIDONI (BERNARD), grand inquisiteur; témoins qu'il examine dans le procès contre Boniface VIII; IX, 250. Chargé du procès des templiers; son récit, 258, 259. Compare Marigny à Labrosse, 306. Supplices auxquels il préside, 361 et suiv.

GUIDOTTI (ANTONIO); avis qu'il donne à Henri II; XVII, 390.

GUIENNE, roi d'armes de François Ier, défie Charles-Quint; XVI, 319. Mémoire que lui remet ce prince, 320.

GUIGNARD, jésuite; exécuté à l'occasion du crime de Chastel; XXI, 322.

GUIGUE (LES), comtes d'Albon; leur élévation pendant la guerre du Sacerdoce; leurs usurpations en Dauphiné; IV, 463.

GUIGUE VII, dauphin; fait hommage à Frédéric Barberousse; V, 425.

GUIGUE VIII, dauphin de Viennois; gendre de Philippe-le-Long; sa guerre avec le comte de Savoie; sa victoire; IX, 430, 431. Réconcilié avec lui par la médiation de Philippe-de-Valois; X, 17. Il commande une division de l'armée française, 21. Il seconde les prétentions de la duchesse de Bretagne à la succession de Savoie, 38. Ses prétentions à l'Artois, 40, 56. Agrandissement de sa maison; sa mort, 78.

GUILLABERT DE CASTRES, prédicateur albigeois; réorganise l'Eglise des réformés; VI, 514.

GUILLART DU MORTIER (ANDRÉ); son discours aux Etats-généraux au nom du tiers état; XVIII, 70.

GUILLAUME Ier (LE BATARD), duc de Normandie, roi d'Angleterre; sa naissance; IV, 192. Son père le fait reconnaître, 239. Guerre civile pendant sa minorité; par qui il est appuyé, 241. Edouard lui prépare les voies en Angleterre; comment, 254. A influé sur la France, 264. Se maintient au milieu de ses turbulents barons; aux prises avec Guido; le bat; est attaqué par Geoffroi-Martel; ses succès; son voyage en Angleterre, 277 à 279. Son ambition excitée; son mariage; est aux prises avec son oncle Guillaume d'Argues et le roi Henri; ses victoires; paix entre eux, 280 à 285. Sa conquête d'Angleterre; ses apprêts; ses crimes; ses prétextes; son armée; son point de départ; son débarquement, 333 à 337. Attaqué à Hastings; remporte une sanglante victoire; est élu roi et couronné; fonde le pouvoir absolu; dépossède les propriétaires; leur substitue les Normands, 358 à 361. Distribue à ceux-ci les bénéfices ecclésiastiques; place son pouvoir au-dessus de celui du pape; réduit tout le royaume à dépendre de sa volonté; y transporte la langue française; son retour en Normandie; enthousiasme qu'il inspire, 362 à 364. Son soin à conserver les noms de ses chevaliers, 368. Sa puissance; sa richesse; oppression du peuple vaincu, 398. L'armée neutralisée; la puissance du conquérant affaiblie en Normandie; lassitude de ses compagnons; sa fermeté; fortifications qu'il élève; assentiment du clergé; éloge que fait de lui Grégoire VII; projet de renouveler pour lui l'empire d'Occident; complot qui fait avorter ces intrigues, 398, 403. Révolte du Maine, 404 et suiv. Soumission du Mans, 406. Fait secourir la comtesse de Flandre, 412. Sa rivalité avec Philippe de France; rebellions contre lui; son combat avec son fils; leur réconciliation de courte durée, 441 à 450. Ne prend point part à la querelle entre l'empire et le sacerdoce, 451. Lettre que lui adresse Hildebrand, 456. Ne fait rien pour l'Eglise romaine, 457. Ses rapports avec Philippe; défait par les Bretons; fait la paix avec eux; brûle Mantes; sa maladie; ses remords; ses dernières dispositions; sa mort, 475 à 481. Calme de l'Occident à sa mort, 496. Richesse qu'il a donnée à la ville de Rouen, 510.

GUILLAUME II (LE ROUX), roi d'Angleterre; comment irrite son frère Robert; IV, 447. Son père mourant le fait partir pour Londres, 478. S'assure de l'Angleterre; son habileté; se dispose à attaquer Robert en Normandie; ses vices; ses cruautés; sa rapacité, 503 à 505. Ses soldats introduits dans Rouen, 510, 511. Sa réconciliation avec Robert aux dépens de Henri, 513. Prêt qu'il lui fait à son départ pour la croisade; prend en gage la Normandie, 546. Espère ne jamais la rendre; ses guerres avec Philippe, avec Elie de la Flèche, 555 et suiv. Son inquiétude au retour de Robert Courte-Heuse, 560. Ses négociations avec le comte de Poitiers; est tué par accident, 561, 562.

GUILLAUME III, roi d'Angleterre; sa principauté d'Orange lui est enlevée par Louis XIV; XXIV, 593. Son âge tendre l'exclut des affaires; sa parenté avec Charles II excite la méfiance des Hollandais; XXV, 103. Est né posthume, 228. Sa faction, 229, 230. Il est nommé capitaine général, 232. Et proclamé stathouder; a part au massacre des de Witt, 247 à 249. Offres que lui fait l'Angleterre et qu'il rejette, 251. Aux prises avec Luxembourg; secondé par les Espagnols; échoue à Charleroi, 253 à 255. Il reprend Naerden, 261. Sa jonction avec Montecuculli, 267. Aux prises avec Condé; il livre la bataille de Seneff; ses opérations en Flandre, 275 à 280, 338, 340. Ses intrigues en Hollande, 323. Opposé à la paix, 344, 363, 364, 367 à 373. Il perd la bataille de Cassel, 347 et suiv. Son second échec à Charleroi, 355. Son mariage, 364. Il perd la bataille de Saint-Denis, 373 à 375. S'apprête à recommencer la guerre, 458. Ne peut entraîner les Hollandais, 460. Son inimitié contre le roi; ses soupçons à l'égard de son beau-père; son influence sur la ligue d'Augsbourg qu'il ne signe pas, 527 à 530. Intrigues du roi contre lui, 559 à 561. Révolution qui le place sur le trône, 565; XXVI, 17 et suiv. 23 à 25.

Assistance que lui donne la Hollande, 22. Ses victoires en Irlande, 50, 51. Assemblée qu'il préside; secours qui lui sont promis; il ne peut sauver Mons, 66, 67. Est battu à Leuze, 70, 71. Son mot sur la maîtresse et les ministres de Louis, 82. Ne peut sauver Namur, 96 à 99. Succès de son parti en Irlande, 99 à 101. Il perd la bataille de Steinkerque, 110 Celle de Nerwinde, 120 à 125. Ses manœuvres contre Luxembourg, 146, 147. Impulsion, unité qu'il donne à la ligue; comment a compromis l'indépendance de l'Europe, 161, 162. Ses droits à la couronne confirmés par le parlement, 177. Son armée dans les Pays-Bas, 180. Ses opérations; ses fautes; il assiège et prend Namur, 181 à 183. Ses embarras en Angleterre; complot contre lui, 192 à 197. Son inaction, 199. Il se lasse de la guerre; écoute les ouvertures de la France; concourt au congrès de Ryswick, 201 à 203. Il ébranle ses armées et obtient une suspension d'armes en Flandre, 204 à 206. Il signe la paix de Ryswick, 211 et suiv. Accueil que Louis fait à ses ambassadeurs, 232. Ouvertures que lui fait le roi sur la succession d'Espagne; projet de partage, 275, 276. Il le communique à l'empereur, 277. Son second traité, 282. Son irritation contre Louis; n'est pas prêt pour la guerre, 298 à 300. Déclin de sa santé, 304. Offensé par le roi, 305. Il signe la grande alliance, 310, 311. Sa mort, 327 à 329.

GUILLAUME, roi de Sicile, protége le pape Alexandre III; V, 456. Epouse une fille de Henri II d'Angleterre, 522. Secours qu'il envoie en Terre-Sainte; VI, 83. Sa mort, 99.

GUILLAUME, duc de Toulouse; battu par les Sarrasins; II, 342, 345. Père de Bernard, 466.

GUILLAUME, fils de Bernard, duc de Septimanie; venge son père; recueille son héritage; III, 83. Se maintient par le secours d'Abdérame, 93. Attire les Sarrasins à l'aide de Pépin, 94. Sa mort, 95.

GUILLAUME Ier, comte de Périgord; pourquoi il invoque Eudes; III, 296.

GUILLAUME (LE PIEUX), comte d'Auvergne; ses relations avec Eudes; III, 295. Les ennemis de celui-ci comptent sur son appui, 307.

GUILLAUME II, comte d'Auvergne, duc d'Aquitaine; ne reconnaît point Rodolphe; III, 356. Bat les Normands, 358.

GUILLAUME (LONGUE-ÉPÉE), duc de Normandie; son père Rollon lui remet le pouvoir; il se ligue avec Héribert; III, 371. Appuie la politique de la France; ses alliances, 393. Ses succès en Bretagne; parti qu'il prend à l'égard des princes vaincus, 394. Reçoit Louis IV, 395. Fait hommage à Othon, 403. Se réconcilie avec Louis, 407. L'accueille, 413. Donne asile à Harald, roi de Danemarck; le rétablit, 416. Assassiné par le comte de Flandre; son zèle chrétien, 417, 418.

GUILLAUME, archevêque de Sens, député en Angleterre pour rappeler Louis IV; III, 394.

GUILLAUME (TÊTE-D'ÉTOUPES), comte de Poitiers; son zèle pour Louis IV; III, 412. Ce qu'on croit qu'il en obtient, 443. Dispute à Hugues l'Aquitaine, 459, 460.

GUILLAUME (TAILLEFER), comte de Toulouse, fils de Raymond; III, 443. Règne sous la direction de sa mère, 472. Auteur présumé d'une des six pairies laïques; IV, 16. Partisan des Carlovingiens, 42. Dispose de l'évêché de Cahors en le mettant en vente, 89.

GUILLAUME (FIER-A-BRAS), comte de Poitiers et duc d'Aquitaine; III, 471. Sa fille épouse Hugues-Capet, 475. Auteur présumé d'une des six pairies laïques; IV, 16. Partisan des Carlovingiens; sa puissance surpasse celle d'Hugues-Capet, 42, 43. Aux prises avec lui; invoque son secours contre le comte Adalbert, 47, 48. Son désir d'éviter toute hostilité, 70. Sa guerre avec sa femme; leur réconciliation; sa mort, 72.

GUILLAUME (LE GRAND), comte de Poitiers, duc d'Aquitaine; domaines qu'il ajoute par son mariage à l'héritage paternel; IV, 72. La couronne d'Italie lui est offerte; se rend en ce pays en pèlerin; n'accepte point les offres des Italiens; son mépris pour Robert; s'appuie sur Eudes de Blois, 180, 181. Assiste au couronnement de Henri Ier, 188. Le plus puissant, le plus éclairé des princes de ce temps; sa mort, 195.

GUILLAUME II, comte de Provence; bulle que lui adresse le pape Benoît VIII; IV, 92 à 95.

GUILLAUME, abbé de Sainte-Bénigne à Dijon; remords que lui exprime Robert; IV, 133. Sa réputation de sainteté; ses réprimandes au roi, 138.

GUILLAUME, comte d'Angoulême; son voyage en Terre-Sainte; sa mort; IV, 195.

GUILLAUME (LE GROS), comte de Poitiers, duc d'Aquitaine; est fait prisonnier par Geoffroy d'Anjou; IV, 233. Sa fille épouse l'empereur Henri III, 266.

GUILLAUME D'ARQUES, oncle de Guillaume-le-Bâtard; ses démêlés avec lui; IV, 283, 284.

GUILLAUME FITZ-OSBERNE, d'abord opposé à la conquête de l'Angleterre; donne le signal de l'obéissance au duc Guillaume; IV, 353. Gouverne l'Angleterre en l'absence du conquérant, 365. Est tué, 413.

GUILLAUME IV, comte de Toulouse; vend à son frère Raymond la succession de son comté; IV, 465.

GUILLAUME VI, comte d'Auvergne; épouse Emma de Sicile; IV, 473.

GUILLAUME IX, comte de Poitiers; ses chansons; IV, 484. Genre de ses compositions, 494. Prétentions de sa femme au comté de Toulouse; longues guerres qui s'ensuivent, 549. Vainement invoqué par le comte du Maine, 557. Se croise; ses négociations avec Guillaume-le-Roux, 560, 561. Retient prisonnier le fils de Foulques-le-Réchin; à quelles conditions lui rend la liberté; V, 18. Etendue de ses domaines; y ajoute le comté de Toulouse; ses qualités brillantes, 24. Ses amours; concile dans sa résidence, 25. S'y fait le champion de l'autorité royale; pourquoi; veut vainement empêcher l'excommunication de Philippe, 26. Ses apprêts de départ pour la croisade, 27. Restitue le comté de Toulouse, 28. Son armée; guerriers qu'il enrôle, 29. Leurs désastres; trouve un refuge à Tarse, 31. Ses poésies licencieuses; dérèglement de ses mœurs; ses profanations, 70. Excommunié; exile l'évêque de Poitiers, 71. Ses luttes avec Alphonse Jourdain de Toulouse, 118. Plaintes de sa femme au concile de Reims, 104. Fait la guerre en Espagne; soulèvemens en son absence; sa mort, 168. 169. Son intervention dans la guerre d'Auvergne, 201. Époque de sa mort, 202.

GUILLAUME X, comte de Poitiers; hérite de ses prétentions sur le comté de Toulouse; V, 170. Succède à son père, 202. Se déclare pour l'antipape Anaclet, 222. Ligué avec Geoffroy Plantagenet, 234. Ses remords; ses chagrins domestiques; impression que produit sur lui l'exemple de Pons de Laraze, 235. Se décide au pèlerinage de Saint-Jacques de Compostelle: offre sa fille aînée en mariage au fils aîné de Louis-le-Gros, 237. Cède en cette circonstance aux idées de suzeraineté, 238. Meurt à Saint-Jacques, 239, 240.

GUILLAUME VI, comte d'Auvergne et de Forez; prend la croix; IV, 513. Part avec le comte de Toulouse, 549. Ses démêlés à son retour avec l'évêque de Clermont; Louis-le-Gros le force de se soumettre à sa juridiction; V, 163, 201.

GUILLAUME CLITON; son sort à la chute de son père Robert Courte-Heuse; V, 47. Menacé par son oncle; enlevé et placé sous la protection de Louis-le-Gros, 100, 101. Agite la Normandie, 108. Le roi de France se déclare pour lui, 133, 134. Seigneurs normands qui le reconnaissent leur duc, 137. Regardé comme leur souverain légitime, 144. Perd ses armes à la bataille de Bretonville; son oncle les lui fait rendre, 147 Abandonné par Louis-le-Gros et par son parti normand, 156. Comment devient l'héritier présomptif de la couronne, 159. Nouveau parti pour lui en Normandie; son mariage projeté avec Sibylle, fille de Foulques; il reçoit en fief de ce dernier le comté du Maine; le pape s'oppose à son mariage; qui il épouse, 171, 172 Protection constante que lui accorde Louis-le-Gros, 202. Ligue en sa faveur, 204. Ses droits au comté de Flandre à la mort de Charles-le-Bon; est reconnu par les états; mécontente les Flamands, 207. Attaque le comte de Boulogne; revient en Flandre; est blessé; sa mort, 208.

GUILLAUME-ATHELING, fils aîné de Henri 1er roi d'Angleterre; reçoit le château de Gisors; V, 105. Son mariage projeté, 109. Réalisé, 145. Fait hommage à Louis-le-Gros du duché de Normandie, 156. Son naufrage; sa mort, 158.

GUILLAUME (D'YPRES) dispute le comté de Flandre à Charles-le-Bon; V, 171. Prétend à sa succession, 207. Son zèle pour Étienne d'Angleterre; ses fonctions auprès de lui, 272. Effet de son approche en Normandie, 275. Congédié par Henri Plantagenet, 388.

GUILLAUME IV (L'ENFANT), comte de Bourgogne; est assassiné; tradition sur la mort de son père Guillaume III; guerre au sujet de sa succession; V, 214, 215.

GUILLAUME II, comte de Nevers; auxiliaire de Louis-le-Gros contre le comte de Marle; V, 132. Arrêté par Thibaud de Blois, 133. Seconde Louis contre le comte d'Auvergne, 163. Encore prisonnier de Thibaud, 212. Son fils Guillaume III autorise l'établissement de la commune de Vezelay, 428.

GUILLAUME (TAILLEFER), comte d'Angoulême; enlève la femme du comte de Poitiers; V, 237. Ses démêlés avec son évêque; intervention de Louis VII, 254, 255. Ligué contre Henri II, 462. Prisonnier et gracié, 522.

GUILLAUME, deuxième fils d'Étienne roi d'Angleterre, réduit par Henri II; V, 403. Sa mort, 437.

GUILLAUME, comte de Clermont; fait prisonnier par Louis-le-Jeune; V, 452. Ses démêlés avec son neveu; apaisés par Henri d'Angleterre, 457, 458.

GUILLAUME, dauphin d'Auvergne; opprimé par le comte de Clermont;

protégé par Henri d'Angleterre; V, 457, 458.

GUILLAUME, archevêque de Sens; sollicite l'excommunication de Henri Plantagenet; V, 475. Médiateur entre lui et Becket, 476. L'accuse du meurtre de ce dernier, 489. Frappe d'interdit ses domaines en France, 490. Son ambassade auprès de lui, 514. Est nommé archevêque de Reims, 517. Couronne Philippe-Auguste, 540. Partage avec la reine sa sœur et ses trois frères le soin du gouvernement; VI, 14. Offensé par le jeune roi, 15, 16. Ligue dont il fait partie, 20, 21. Ordonne le supplice d'une multitude d'hérétiques, 34. S'interpose entre le roi et le comte de Flandre, 44. Remet à son neveu les ornemens des croisés, 91. Est co-régent avec la reine-mère, 92.

GUILLAUME, comte de Ponthieu; épouse Alix de France; VI, 166.

GUILLAUME DE TYR; portrait qu'il fait d'Eléonore d'Aquitaine; V, 349, 350; prêche la croisade; VI, 53. Témoignage qu'il rend à Baudoin V, 70. Circonstance qui l'amène en Europe, 79.

GUILLAUME, roi d'Ecosse; envahit l'Angleterre; V, 503. Secours qu'il reçoit, 508. Vaincu et prisonnier, 511. Amené en Normandie, 514. Invoqué par Jean-sans-Terre; VI, 143.

GUILLAUME, évêque d'Ely; conseiller de Jean-sans-Terre; VI, 139. Gagné par Philippe-Auguste, 140.

GUILLAUME, évêque de Beauvais; prisonnier de Richard; VI, 168.

GUILLAUME (LE BRETON); son poëme de la *Philippide*; VI, 221. Sa description des richesses de la Flandre, 337. Part qu'il prend à la bataille de Bouvines, 358. Sa relation, 363. Quand finit sa chronique; il survit à Philippe, 498.

GUILLAUME, comte de Hollande; du parti d'Othon; VI, 350.

GUILLAUME, archevêque de Reims; sacre Louis VIII; VI, 538. Meurt au siége d'Avignon, 595.

GUILLAUME de Flandre; croisé avec saint Louis; VII, 348. Part qu'il prend à la bataille de Mansourah, 424, 428, 429. Son chapelain confesse les prisonniers, 443. Opine pour le retour en Europe, 456, 458. Y revient et meurt, 485.

GUILLAUME, comte de Hollande; élu par le parti du pape et couronné roi des Romains; ascendant de son parti; VII, 365. Comment le pape le seconde, 379. Part pour l'Allemagne à la mort de l'empereur, 472. Part qu'il prend aux troubles de la Flandre, 485. Son compétiteur Conrad ne défend pas contre lui l'Allemagne; VIII, 3. Il est universellement reconnu; ce qu'est son autorité, 7. Sa mort, 29. Elle laisse l'empire sans chef, 30.

GUILLAUME (DE SAINT-AMOUR), champion de l'université dans ses débats avec les jacobins; signale l'ignorance et les vices des ordres mendians; VIII, 27.

GUILLAUME de Chartres; confesseur de saint Louis; envoyé en France à la mort du roi; VIII, 207.

GUILLAUME de Namur; sa captivité; IX, 53. Est mis en liberté, 155.

GUILLAUME (DE JULIERS), petit-fils du comte de Flandre; est placé à la tête des Flamands révoltés contre la France; ses succès; IX, 96. Assiége Cassel; marche au-devant du comte d'Artois, 97. Range ses troupes en bataille en avant de Courtrai, 98. Chevaliers qu'il arme, 99. Gagne la bataille de Courtrai, 100 et suiv. Part qu'il prend à la bataille de Mons-en-Puelle, 151, 152.

GUILLAUME d'Avesnes, comte de Hainaut, de Hollande et de Zélande; ligué avec Louis X contre les Flamands; ses opérations; IX, 327. Seconde Isabelle d'Angleterre; alliance stipulée entre lui et cette reine, 460, 461. Il commande une division de l'armée française; X, 21. Contribue à la victoire de Cassel, 23. Ligué avec Edouard III, 109, 110, 118.

GUILLAUME (LE CHAUVE), Flamand révolté; son supplice; X, 25.

GUILLAUME d'Avesnes, comte de Hainaut, ligué avec Edouard III; sa parenté; son entrevue avec ce prince; X, 132, 133. Il fait d'abord son service féodal avec les Anglais sur les terres de l'empire; puis avec Philippe sur les terres de France, 150, 151. Rompt avec ce dernier; le défie, l'attaque, puis passe en Angleterre, 160 à 162. Se met à la tête de son armée; demande vainement un armistice, 166. Rejoint Edouard, 170. Est son plénipotentiaire, 176. Envahit la Frise; est tué; débat sur sa succession, 264, 265.

GUILLAUME d'Auxerre, évêque de Cambrai; y reçoit garnison française; X, 149.

GUILLAUME (DE BAVIÈRE), deuxième fils de l'empereur Louis IV. Reçoit de lui les comtés de Hainaut, de Frise, de Hollande et de Zélande; X, 265. Reconnu par le roi de France, 266.

GUILLAUME (L'INSENSÉ), comte de Hainaut, sous la régence de son frère Albert; XI, 454.

GUILLAUME, comte d'Ostrevaut, puis de Hainaut; son mariage avec Marguerite de Bourgogne; XI, 454. Son expédition contre les Frisons; XII, 78. Il marche contre les Liégeois, 296. Ses cruautés après la victoire, 306. Médiateur entre la reine Isabeau et Jean-sans-Peur, 311 et suiv. A part aux dépouilles de Montagu, 335. Son traité avec la reine et autres, 338. Défend les intérêts du Dauphin, son gendre; ses négociations; sa fuite; sa mort, 505 à 509.

GUILLAUME (DE JULIERS), duc de Gueldre; ses débats avec la France et le Brabant; ses rapports avec l'Angleterre; il défie le roi de France et le duc de Bourgogne; XI, 516 à 518. Sa victoire sur les Brabançons, 519. Le roi marche contre lui; sa constance; satisfaction qu'il lui donne, 528 à 534. L'empereur est indifférent à cette querelle, 549. Son alliance avec le duc d'Orléans; XII, 147 à 149.

GUILLAUME, landgrave de Hesse; ses propositions à Ferdinand d'Autriche; XVI, 457. Ses désastres; XVII, 276 à 280. Sa puissance, 287. Il est toujours en armes; sa captivité, 319, 320, 374. Sacrifice auxquels il se montre prêt pour recouvrer sa liberté, 414. Ambassade qui réclame sa délivrance, 441.

GUILLAUME DE HESSE (LE PRINCE) se rapproche de la France; rompt la négociation; XXVIII, 298 et suiv.

GUILLELMINE; ordonnance qui restreint la juridiction ecclésiastique; XVII, 470.

GUILLEM (DÉODAT DE), lieutenant du duc d'Anjou; punit une sédition à Montpellier; XI, 256.

GUILLEM (ARNAUD), sorcier languedocien; appelé pour guérir Charles VI; ce qu'il déclare; XII, 46.

GUILLEVILLE (GUILLAUME DE), auteur du Pèlerinage; XIII, 590.

GUINES (LE COMTE DE), connétable de France, fait partie de l'armée royale; X, 273. Est envoyé à la défense de Caen, 277. Est prisonnier, 278, 279. Sa mise en liberté; son procès; son supplice, 377, 378. Son château de Guines livré aux Anglais, 379.

GUINEGATTE (BATAILLE DE) gagnée par Maximilien d'Autriche sur le sire d'Esquerdes; XIV, 561 à 564.

— Autre gagnée par le même et Henri VIII sur Lapalisse, Bayard, etc. (journée des Eperons); XV, 638 et suiv.

GUINIGISE, duc de Spolète, sauve Léon III; II, 371.

GUIRAUD (DE MINERVE), assiégé par Simon de Montfort; capitulation dont les siens sont victimes; VI, 301 et suiv.

GUIRAUDE, dame de Lavaur, donne asile à son frère; professe la réforme albigeoise; VI, 392. Son supplice, 397.

GUIRONDO, messager de Charles; sauve Léon III; II, 371.

GUISCARD (ROBERT), chef d'aventuriers normands en Italie; bat les troupes du pape à Civitella; le fait prisonnier; IV, 302. Obtient de lui l'investiture des Deux-Siciles à titre de fief du saint-siège, 303. Ambitionne l'empire d'Orient; ses intrigues avec Robert-le-Frison, 410. Son dévouement à la cause d'Hildebrand; ses efforts infructueux, 460.

GUISE (JACQUES DE) fait fuir l'armée napolitaine; XV, 190. A part à la victoire de Fornovo, 214.

GUISE (CLAUDE DE LORRAINE, COMTE PUIS DUC DE), tige de cette maison;

XV, 499. Joute au couronnement de François 1er; XVI, 10. Est de l'armée d'Italie, 23. S'attache au service de la France, 161. Est gouverneur de Bourgogne, 186. Repousse les landsknechts, 193. Prévient une guerre servile; rejoint la régente, 248 à 250. Ordres qu'il reçoit pour la défense de la Champagne, 500. Il secourt Péronne, 526. Est présenté à l'empereur; XVII, 10. Est chargé de diriger les opérations de guerre du duc d'Orléans; par qui contrarié, 121. Places qu'il prend, 122, 123 Troupes que lui laisse le prince, 124. Ambition de sa famille, 302. Est du conseil de Henri II; son influence, 304, 305. Il enrichit sa nombreuse famille, 310, 396, 397. Leur fanatisme catholique vrai ou affecté, 344. Ce que fait leur parti, 361, 362. Ils s'égalent aux princes du sang; d'où leur prétention, 363. Est allié à la famille royale; sa mort, 396.

GUISE (FRANÇOIS DE LORRAINE, DUC DE), d'abord comte d'Aumale; est de l'armée du duc d'Orléans; XVII, 122. Présent à la protestation du Dauphin contre le traité de Crepy, 216. Accusé de la mort du comte d'Enghien, 289. Sa joie à la mort de François 1er, 301. Est du conseil royal, 305. Il est témoin de la Châtaigneraye, 315. Son mariage, 349, 362. Pourquoi prend le nom d'Anjou et le titre de prince; promesses que lui a faites le roi, 363. Son désir d'unir sa nièce à François de France, 364. Succède à son père, 396. Pourquoi sauve les accusés des massacres de Mérindol, 402. S'enferme dans Metz; ses apprêts; son activité; sa rudesse, 482, 483. Inquiétudes que lui donne Albert de Brandebourg, 485, 486. Sa glorieuse défense, 487. Son humanité envers les vaincus, 488, 489. Nature de l'ascendant de sa famille sur le roi; XVIII, 5. Ses prétentions sur Naples; ses alliances en Italie; zèle affecté des siens contre l'hérésie; leur désir d'introduire en France l'inquisition, 6. Leur lutte avec les Montmorency; appui qu'ils tirent de la cour pontificale, 7, 8. Leurs menées pour décider le roi à la guerre, 12. Il s'apprête à passer en Italie; 18. Armée qu'il y conduit; ses premières hostilités, 30, 31. Son conseil opine pour qu'il s'empare de la Lombardie; ses plans; ses menées; il marche sur Naples. 33 à 35. Son entrée à Rome; ses opérations de guerre; son désappointement; ses plaintes contre les Caraffa; il insulte Antonio, 37 à 40. Son rappel; congé que lui donne le pape, 41, 42. Sa réclamation au duc de Ferrare; son retour en France, 43. Son arrivée à la cour; ses plans; il s'empare de Calais, 55 à 58. Sa gloire, 59. Sa puissance; pouvoir de ses frères; ils veulent s'élever à l'aide du fanatisme catholique; leur alliance avec l'Espagne, 72 à 74. Il prend Thionville, 76, 77. Temps précieux qu'il perd dans le Luxembourg, 78. Il accompagne le roi au parlement, 94. Est son témoin d'armes, 97. L'ambition des siens se tourne vers l'intérieur; leurs appuis: Philippe, la reine-mère, 103, 104. Part qu'il prend dans le ministère, 108. Il est nommé grand maître; triomphe de sa famille, 110, 111. Sa tyrannie, 125, 126. Animosité de la noblesse; il fait surveiller les Bourbons; servi par leur mollesse, 127. Mémoire qui le dénonce comme aspirant au trône, 128. Repousse la convocation des Etats-généraux; comment intimide le roi de Navarre, 129, 130. Toute l'autorité lui est dévolue, 132. Se dégoûte de la guerre d'Ecosse, 135. Comme La Renaudie devient son ennemi, 137. Et trame contre lui et les siens le complot d'Amboise, 140, 141. Pourquoi transporte la cour en cette ville, 142, 143. Ses mesures contre les conjurés, 144 à 146. Il se fait nommer lieutenant général du royaume, 147. Horreur des supplices que témoigne la duchesse, 150. Comment répond à la provocation de Condé, 151. Successeur qu'il propose à Olivier, 154. Parti qu'il tire du complot d'Amboise, 155 à 157. Inquiétudes que lui donne la santé du roi; démarches de Condé et de Damville dont il est informé, 159. Assemblée de notables qu'il fait convoquer, 160. Y assiste, 161. Son discours, 162. Son pouvoir contrebalancé par la nombreuse escorte de

Montmorency, 163. Il réfute Coligni et consent à la convocation des Etats, 164, 165. Ses précautions pour dominer cette assemblée, 166, 172. Intrigues contre sa famille qu'il découvre, 167. Leurs officiers au Midi; leurs apprêts contre les Bourbons, 168 à 171. Confession catholique qu'ils se proposent d'exiger des membres des Etats; ils obtiennent l'ordre d'arrêter les Bourbons; le duc est présent à leur réception, 173 à 175. Le roi de Navarre récrimine contre lui; il est résolu à faire périr les prisonniers, 177, 178. Mort qu'il prépare au roi de Navarre, 180, 181. Ses vains efforts pour obtenir leur arrêt pendant l'agonie du roi, 182, 183. Sa mort lui ôte ses titres au pouvoir, 185. Il salue roi Charles IX, 186. Se montre disposé à une réconciliation, 189. Sa part dans le gouvernement, 190. Il assiste à l'ouverture des Etats, 191. Ses dispositions à la séance de clôture, 202. Effort des princes pour le faire disgracier, 208. Il se ligue avec le connétable, 211. Prend le pas au sacre sur le duc de Montpensier, 212. Ses menaces aux protestans, 220, 221. Les Etats demandent son exclusion, 223. Jusqu'où a escorté Marie Stuart, 228, 229. Sa réconciliation officielle avec Condé, 230. Il obtient du clergé le paiement de la dette à condition que l'ancienne religion soit maintenue, 238. Gouverneur qu'il a choisi pour le roi, 239. Saint-André lui propose de faire périr la reine-mère, 241. Il quitte la cour, 242. Son séjour en Lorraine; ses apprêts de guerre; il revient à Paris; massacre de Vassy, 261 à 265. Effroi du royaume; plaintes portées contre lui; ménagemens de la reine-mère; partialité du roi de Navarre, 266 à 269. Son entrée à Paris; il se rend à Fontainebleau, 270, 271. Y prévient Condé; pousse le roi de Navarre à ramener la cour à Paris, 274 à 276. Est hors d'état d'agir; ses protestations, 280, 281. Secours qu'il tire de l'étranger; il quitte la cour, 289, 290. Il enrôle une part de la garnison de Bourges, 304. Il ranime le fanatisme en Champagne, 308. Son lieutenant en Dauphiné tué, 326, 327. Par qui le remplace, 329. Il dirige le roi de Navarre, 343. Il prend Rouen d'assaut, 344, 345. Il décide de la victoire à Dreux; ses caresses au prince de Condé prisonnier, 355 à 360. Reste seul des triumvirs; est nommé gouverneur de Champagne et lieutenant général du royaume, 361. Refuse de suspendre les hostilités; assiége Orléans; est assassiné par Poltrot de Merey; ses derniers momens; sa mort, 362 à 366. Passions qu'elle soulève, 375. Sa famille demande vengeance, 377, 404. Souverains qui font une semblable requête, 415. Voy. *Aumale*, *Elbœuf*, *Mayenne*, *Montpensier* (*duchesse de*.)

GUISE (ANTOINETTE DE BOURBON DUCHESSE DE); son mariage; XVII, 396. Accueille Marie Stuart; XVIII, 208. Ennemie des protestans, 262. Demande justice des meurtriers de son fils, 404.

GUISE (CHARLES DE), archevêque de Reims, puis cardinal de Lorraine; vend à Longueval sa grâce; fait partie du conseil royal; son influence; XVII, 304, 305. Est promu cardinal, 309. Sa mission à Rome, 331. Complot qu'il encourage, 347. Il assiste au couronnement de la reine, 377. Hérite des titres de son oncle, 396. Il fait disgracier Lizet, 397. Ses efforts pour nuire au cardinal de Tournon, 401. Ses conférences avec le cardinal Pole, 526. Commissaire pour la paix, 545. Il aspire à la tiare; XVIII, 6. Ses liaisons avec le cardinal Caraffa; son ambassade à Rome, 10. Intrigues dont le charge son frère, 34. Commission inquisitoriale dont il fait partie; son but, 63, 64. Son discours aux Etats-généraux; somme qu'il demande au tiers-état, 69 à 71. Sa puissance; comment sa famille entend s'élever; son entrevue avec Grandvelle; politique qu'il embrasse, 72 à 74. Il dénonce Dandelot comme calviniste, 75. Ses négociations pour la paix, 76. Il est nommé commissaire, 82. Il accompagne le roi au parlement, 94. Part qu'il prend dans le ministère, 108. Il sacre le jeune roi, 111. Il renonce

Table générale de l'Histoire des Français.

au pontificat, 115. Ses mesures contre les hérétiques, 116. Dénonciation calomnieuse qu'il accueille contre eux, 119. Menace de la mort des créanciers de l'état solliciteurs, 125. Le complot d'Amboise lui est dénoncé, 142. Son portrait par Brantôme, 143. Ses dispositions contre les conjurés, 144. Il rend le roi témoin de leur supplice, 149. Il insiste pour l'arrestation de Condé, 151. Olivier mourant blâme son système de violence, 153. Il presse le roi d'introduire en France l'inquisition d'Espagne, 157. Témoin caché de l'entretien de Laplanche avec la reine-mère, 158, 159. Assiste à l'assemblée des notables, 161. Y rend compte de l'état des finances, 162. Il réfute Coligni et consent à la convocation des Etats, 164, 165. Présent à l'arrestation des Bourbons, 175. Comment compte perdre Coligni, 180. Il salue roi Charles IX; rend à la reine-mère le sceau de François, 186. Présent à l'entrevue de cette princesse et du roi de Navarre, 187. Se déclare disposé à une réconciliation, 189. Sa part dans le gouvernement, 190. Il assiste à l'ouverture des Etats, 191. Refuse d'être orateur du clergé, 194. Il quitte la cour et emmène Marie Stuart, 208. Il propose une conférence avec Calvin, 218. Sort de l'assemblée des Etats, 225. Ses idées sur la présence réelle, 232. Il réfute de Bèze aux conférences de Poissy, 233, 234. Préside le colloque; y attire des théologiens luthériens; dans quel but, 235. Confession qu'il approuve, 237. Requête adressée au roi d'Espagne; il passe pour en être le rédacteur, 247. Son séjour en Lorraine; ses apprêts de guerre; ses ouvertures aux luthériens; il est rappelé à Paris, 261, 262. Son arrivée à Nanteuil, 269. Sa présence au concile de Trente, 378. Alarmes qu'il donne à la cour de Rome; pourquoi; sa visite à l'empereur, 380, 381. Ses partisans quittent le concile, 383. Sa visite au pape, 384. Son retour en France, 413. Plan contre les Huguenots qu'il concerte avec la reine, 427. Est regardé comme le chef de sa famille; son orgueil; son ambition; sa lâcheté dans le péril; ses gardes; son dessein d'agiter Paris; il y appelle le duc d'Aumale, 439, 440. Combat des siens avec Montmorency; sa frayeur; son frère le rejoint; il se retire à Metz, 441, 442. Guerre qu'il y soutient, 443. Est de l'assemblée de Moulins, 465. Réconcilié avec Coligni et Montmorency; confiance que lui accorde la reine, 569, 470. Ses intelligences avec Marie Stuart, 494. Rencontre un parti de Huguenots; est dévalisé, 501, 502. Ses intrigues contre Condé; XIX, 29. Puis pour rehausser sa famille, 52, 53. Il se rend à l'armée, 55. Gloires nouvelles dont il est jaloux, 73. Relation de la Saint-Barthélemy publiée avec son approbation, 93, 137. Dans quel but consent à la paix, 101. Se rend à Rome, 114, 137. Sa joie en y apprenant le massacre des Huguenots, 187. Conseils auxquels il est appelé, 308. Sa mort; sa famille perd son ascendant, 318 à 321. Ses rapports avec Marie Stuart; XX, 248.

GUISE (LE CARDINAL DE) dirige les cardinaux français au conclave; XVIII, 115. Est de l'assemblée des notables, 161. Puis des Etats-généraux, 191, 225. Part pour Paris, 262. Siége au lit de justice de Rouen, 397. Escorte la reine-mère, 437. Siége aux Etats de Moulins, 465. Pérore aux Etats de Blois, 431. Ses rapports avec Marie Stuart; XX, 248.

GUISE (HENRI Ier LE BALAFRÉ, DUC DE), d'abord prince de Joinville; charges que lui assure la reine-mère; XVIII, 366. Est du voyage du roi, 437. Evite de se réconcilier avec Coligni, 469. Est lieutenant du duc de Montpensier; XIX, 35. Son oncle veut lui réserver la gloire de diriger le parti, 52. Echec dont il est cause, 55. Il défend Poitiers, 60. Ses amours avec Marguerite de France; le roi veut le faire tuer; il épouse Catherine de Clèves, 98. Il quitte la cour, 114. Est rappelé par le roi; se réconcilie avec Coligni, 133. Opinion pour faire périr sa famille avec les Huguenots, 152. Seigneurs qui l'accompagnent; le roi l'autorise à tuer Coligni; assassin qu'il choisit, 154 à 157. Menacé par les

Huguenots, 159. Part qu'il prend à la Saint-Barthélemy et aux délibérations qui la précèdent, 162 à 166, 171, 174, 177. Il fait poursuivre l'évêque Montluc, 216. Se rend au siége de la Rochelle, 225. Folie royale à laquelle il prend part, 244. Se charge d'étrangler La Mole, 245. Haï du roi, 260. Fait éclater sa haine contre Montmorency, 261, 262. Dessein de la reine-mère d'abaisser sa famille, 282 à 285. Conseils auxquels il est appelé, 308. Bat Thoré; sa blessure; d'où son surnom de *Balafré*, 347, 348. Trompé par le Béarnais, 359. Il propage la sainte ligue, 376. En est le chef tacite, 379. Mépris qu'il déverse sur le roi; mémoire tendant à réclamer pour lui la succession de Charlemagne, 389 à 391. Ne paraît pas à l'ouverture des Etats-généraux, 399. Séances auxquelles il assiste, 409, 423. Siége au conseil d'état, 444, 445. Troupes qu'il a rassemblées, 448. Il n'a garde de laisser dissoudre la ligue, 462. Aspire au trône, 463, 509. Le roi désire abaisser sa famille, 465. Ses mignons; d'où ce nom, 472. Ses conférences avec don Juan, 488. Ses insultes aux mignons du roi, 498. Il empêche le roi de faire juger Balzac Antraguet; il fait tuer Saint-Mégrin, 500. Est atteint de la coqueluche, 529. Alliance de sa famille avec Philippe II, 538. Ce qu'est pour lui la religion; XX, 4. Son pouvoir en Champagne, 12. Sa correspondance avec l'Espagne, 22. Ses intrigues pour se faire livrer Strasbourg, 37. Salcède, son émissaire dans les Pays-Bas, surpris; ses spéculations sur l'extinction des Valois; ses complots, 58 à 62, 81. Ses intrigues avec le duc de Savoie, 88. Il fait adopter par la ligue les doctrines de la liberté et de l'intérêt des peuples, 100. Provoque la haine des Valois, 101. Ses accusations contre lui; son portrait; portrait de sa famille; comment doit être jugé; désavoue la prétention de descendre de Charlemagne; son projet de diviser la France en plusieurs principautés sous la protection de Philippe II; rôle qu'il destine au cardinal de Bourbon, 120 à 126. Il stipule au traité de Joinville qui reconnaît ce prince comme héritier de Valois, 127 à 129. Ses créatures dans la ligue, 131. Comment exploite les exécutions des catholiques d'Angleterre, 134, 135. Associations que ses agens organisent en province, 136. Il soulève les ligueurs de la Champagne, 140. S'empare de Toul et de Verdun, 145. Son armée; ses mouvemens; la reine-mère entre en négociation avec lui, 146, 147. Il lui remet l'ultimatum de la ligue, 150 à 152. Sa réponse au défi du Navarrais, 154. Ses agens à Rome; ses rapports avec Nevers, 157 à 159. Place de sûreté qu'il obtient par le traité de Nemours, 167, 168. Comment dépopularise le roi, 170 à 172. Ses efforts pour faire de la guerre une affaire de religion, 180. Dans la guerre des trois Henri, il dirige le parti catholique ardent, 187. Son commandement, 189. Ses opérations, 225. Explications que lui donne la reine-mère, 227, 229. Vœux de sa famille pour l'avénement de Marie Stuart et la mort d'Elisabeth, 248 à 250, 253. Leurs espérances mortes, 256. Désirs du roi de se venger de lui, 259. Plans d'opérations que lui envoie ce prince; ses apprêts pour s'opposer à l'armée allemande; ses inquiétudes, 260 à 262. Son entrevue avec Valois; il le pénètre, 291, 292. Son armée; par qui renforcée, 291, 296. Est en présence des Allemands; sa bonne contenance; il la côtoie, 297, 298. Se jette entre elle et Paris, 301, 302. La combat avec succès à Vimaury; joie de la ligue, 303, 304. Il se fait livrer le château d'Auneau; sa victoire dans ce bourg, 307, 308. Poursuit les reitres; ses cruautés; sa conduite opposée à celle du roi, 311 à 313. Son mécontentement contre ce prince; ses rapports avec Philippe et Sixte V; il tient à Nancy les Etats de la faction; requête qu'elle présente à Valois; effets qu'il en attend; ses intelligences avec Nevers, 315 à 320. S'attaque surtout à d'Epernon, 325. Ses apprêts d'insurrection, 330, 331. Il vient à Paris malgré le roi; son entrée dans cette ville; enthousiasme public; son entrevue avec la reine-mère; elle le conduit chez le roi; ses dangers; accueil que lui fait ce prince; il voit le péril et se retire; ses précautions militaires, 332 à 339. Ses conférences avec l'archevêque de Lyon; ses visites aux deux reines; ses explications avec le roi, 340 à 342. Comment soulève les seize; sa victoire des barricades; le roi par sa fuite le laisse maître de Paris, 343 à 359. Il se rend maître des places qui environnent cette ville, 360, 361. S'assure de Troyes; demande Orléans et Bourges, 373, 374. Est nommé lieutenant général; à quoi est dû le triomphe de la ligue, 378, 379. S'attaque d'abord plutôt aux politiques qu'aux Huguenots, 391. Son entrevue avec Valois qui semble se fier entièrement à lui, 399, 400. Sa contenance à l'ouverture des Etats de Blois, 413. Changemens qu'il demande au discours du roi, 416. Acte qu'il souscrit, 421. Ses instances, au nom du roi, près des présidens des ordres contre leurs résolutions financières, 437. Ses efforts pour empêcher les Etats de se dissoudre, 439. Son mot à l'archevêque de Lyon, 444. Ses rapports avec le duc de Savoie, 446. Intrigues que le roi lui attribue; sa bonne foi aux Etats; passions de l'assemblée; aux yeux de Valois il les résume; son parti, 450 à 454. Ses pages aux prises avec ceux des Bourbons; ce qu'en pensent la reine-mère et le roi; nouveau démêlé avec ce prince; résolution que prend celui-ci, 455 à 457. Il est assassiné, 458 à 462. Suite de ces événemens, 467 et suiv. Sa veuve agite Paris, 475. Ses lieutenans soulèvent la Champagne, 487.

GUISE (ANNE D'ESTE, DUCHESSE DE); son mariage; XVII, 349, 362. Exécution à laquelle elle assiste; XVIII, 150. Accusés pour qui elle intercède, 152. Témoin du massacre de Vassy, 262 et suiv. Pardon que lui demande son mari mourant, 366. Elle poursuit Coligni, 377, 404. Se réconcilie avec lui, 469. Se remarie au duc de Nemours; ses fils; XX, 121. Est du parti guisard, 454. Son arrestation, 463. Elle réclame les corps de ses fils tués à Blois, 470. Est mise en liberté, 480.

Agite Paris; XXI, 17, 34, 67. Embarras qu'elle donne à Mayenne, 119. Ses alarmes, 133. Elle défend les intérêts de Nemours, 233. Dénonce Brissac à son fils, 256. Edit royal qu'elle obtient, 407. Surintendante de la maison de la reine; refusé de lui présenter la duchesse de Verneuil; XXII, 60, 61.

GUISE (LOUIS DE), cardinal de Lorraine, frère du Balafré; confiance que celui-ci lui accorde; XX, 121. Son entrevue avec le roi, 173, 174. S'empare de Troyes, 373. Promesses que lui fait le roi, 378. Président du clergé aux Etats de Blois, 405, 417, 421. Ses efforts pour dissuader l'assemblée de se dissoudre, 439. Troupes qu'il rassemble, 455. Conseil auquel il assiste, 461. Son arrestation, 463. Il est tué, 464. Circonstance qui détermine le roi à le faire périr, 469.

GUISE (HENRI II, DUC DE), fils du Balafré, d'abord prince de Joinville; est guisard; XX, 454. Sa captivité, 463, 493, 501; XXI, 23. Son évasion, 119, 120. Son arrivée à l'armée, 136. Il est envoyé près du duc de Parme, 137. Rival de Mayenne, 168. Ses prétentions au trône, 173. Ses rapports avec les Etats-généraux, 176. Conférence à laquelle il assiste, 190. Ses intrigues, 193. La main de l'infante lui est offerte; comment ce projet avorte; 195 à 197. Repousse l'idée d'assassiner son oncle; il se réconcilie avec lui, 227 à 229. Engagement qu'il signe, 237. Rend impossible le soulèvement de Reims, 248, 249. Tue Saint-Paul, 287 à 289. Est à portée de secourir Laon, 297. Il fait la paix; est nommé gouverneur de Provence; ce qu'obtiennent ses frères, 315, 316. Et son parti, 324. Lesdiguières lui est donné pour lieutenant; comment il l'éloigne, 385 à 387. Il soumet au roi la Provence et Marseille, 390 à 398. Sa position féodale; XXII, 10. Il se dévoue à la reine, 186, 188, 190. Servi par sa sœur; ses bonnes dispositions pour Sully, 197. Est de l'intimité de la régente, 207. Son gouvernement, 216. Puissance de sa maison, 218. Son mariage, 219. Se porte avec tous les siens au-devant de Condé, 226. Gratification qu'il reçoit, 227. Est du parti anti-espagnol, 229. Pourquoi ne se rend pas au sacre, 231. Querelles à son mariage; il prend parti pour Conti, 232. Ses exigences, 235. Soutient des derniers Sully, 236. Rapports de sa famille avec les princes du sang; la reine-mère redouble ses prévenances, 254 à 255. Froideur qu'elle lui témoigne, 259. Complice de la mort de Luz, 266 à 268. Sa faction triomphe, 269 à 272. La reine veut s'en dégager, 274. Jalousé par Concini, 280. Proposé pour commander l'armée contre les princes, 283 et suiv. Accompagne Louis XIII au parlement, 292. Gouverne la reine, 345, 353. Epouse par procuration du roi d'Espagne la princesse de France, 350. Ramène la future reine de France, 351. Péril qu'il court, 358. Qui la régente lui oppose, 365. Attiré dans la cabale, 368. Trompe Concini, 371. Ne veut pas seconder Condé, 373. Se rend à Soissons, 378, 379. Son retour à Paris, 382, 383. Gratifications qu'il a reçues, 388. Commande l'armée royale contre le duc de Nevers, 390, 391. Retenu à l'armée, 400. Est chevalier du Saint-Esprit, 458. Reste attaché à Condé, 460. Accueille le légat en Provence, 566. Vaisseaux génois qu'il fait saisir, 569. Pourquoi jalousé; XXIII, 12 à 13. S'oppose en vain à la démolition des forteresses de l'intérieur, 35. Mollesse de ses opérations militaires; ressentiment de Richelieu, 108. Il intrigue contre lui, 154. Part pour l'Italie; son gouvernement lui est ôté, 166. Complice de Montmorency, 200. Sa mort, 445. Voy. *Chevreuse.*

GUISE (CATHERINE DE CLÈVES, DUCHESSE DE), épouse le duc de Guise; XIX, 98. Agite Paris; XX, 475. Demande au parlement une enquête sur la mort de son mari, 496. Correspond avec Nevers, 503. Embarras qu'elle donne à Mayenne; XXI, 119. Ménage la paix pour ses fils, 316. Obtient la liberté du prince de Joinville; XXII, 80.

GUISE (LE CHEVALIER DE) est du parti anti-espagnol; XXII, 229. Sa tentative d'assassinat contre Cœuvres, 253. Il tue le baron de Luz, 267, 268. Tue en duel le fils de ce seigneur, 271, 272. Sa mort, 291.

GUISE (DE), archevêque de Reims; est du parti anti-espagnol; XXII, 229. N'officie point au sacre de Louis XIII, 230.

GUISE (HENRI III DE LORRAINE, d'abord archevêque de Reims, puis DUC DE); ses négociations avec Richelieu; XXIII, 445. Son entrevue avec le duc de Lorraine; est du complot de Bouillon; déclaration du roi contre lui, 451, 452. Son absence, 454. Il part pour la Flandre, 458. Ses bénéfices distribués, 495. Son exil; XXIV, 33. Son duel avec Coligni, 34, 161. Volontaire à l'armée des Pays-Bas, 80. Est appelé pour diriger la révolution de Naples; ses mariages; sa bravoure; souvenirs héréditaires de sa famille à Naples; secours que lui promet Mazarin; son départ; ses opérations; desservi par le ministère français; ses fautes; est prisonnier, 161 à 169. Sa paix avec Mazarin, 492. Veut se récuser dans le procès de Condé, 500, 501. Sa malencontreuse expédition à Naples, 514.

GUISE (LE CHEVALIER DE), lieutenant de Condé; XXIV, 491, 492. Sa mort, 493.

GUITAUT, capitaine des gardes d'Anne d'Autriche; arrête Beaufort; XXIV, 33. Est de l'intimité de la reine, 37. Conseille de mettre Broussel en liberté, 214. Arrête Condé et les autres princes, 302.

GUITAUT (LE COMTE DE) est de la Fronde; XXIV, 350. Prend part au combat de Bléneau, 428, 432. Blessé à celui de Saint-Antoine, 454. Combat aux Dunes, 569.

GUITON, maire de la Rochelle; condition qu'il fait aux citoyens assiégés; XXIII, 55. Son énergie sauvage; proposition qu'il fait rejeter, 65, 66, 72. Reçoit les troupes royales, 78.

GUITRY (LE SIRE DE) défend puis rend à Henri V le château de Montereau; XII, 602, 603. Se jette dans Orléans; XIII, 92. Est blessé, 94.

GUITRY, chef huguenot; commandement qui lui est destiné; XIX, 122,

S'approche en armes de la cour, 263. Soulève la Normandie, 265. Sa mission en Allemagne, 289. Il marche avec les levées faites en ce pays, 291. Il se rend près de Henri IV; XXI, 11. Sa mort, 160.

GUITRY intercède pour Lauzun; XXV, 200. Tué au passage du Rhin, 241.

GUNDOLAND, maire du palais en Neustrie; seconde Clothaire; II, 4.

GURK (LE CARDINAL DE), ministre de Maximilien; son entrevue projetée avec Georges d'Amboise; XV, 367. Ses conférences avec Louis XII, 516, 551. Puis avec l'ambassadeur de ce prince, 553. Offres que lui fait le pape, 564 et suiv. Leur mutuelle irascibilité; leur rupture, 567, 568. Ville qui lui est remise, 600. Est promu cardinal, 609.

GURMHAILLON, souverain de la Bretagne; soumis par Rollon; III, 332.

GURON (DE), négociateur de Richelieu en Italie; défend Casal; XXIII, 90.

GUSMAN (LOUISE DE), régente de Portugal; XXV, 37.

GUSTAVE-VASA, premier du nom, roi de Suède; embrasse la réforme; XVI, 408. Son alliance avec François Ier; XVII, 114.

GUSTAVE-ADOLPHE, roi de Suède; s'offre à commander les troupes de la ligue protestante; XXII, 550. Sauve Stralsund; XXIII, 127, 128. Richelieu recherche son alliance; ses victoires sur les Danois; sur les Moscovites; trêve qu'il signe avec la Pologne, 131. Son traité avec la France; ses opérations; ses alliés en Allemagne; il gagne sur Tilly la bataille de Leipsig; effets de sa victoire, 172 à 179. Envie qu'il inspire à Richelieu; le cardinal emmène le roi à l'armée, 180 à 183. Bat Tilly sur le Lech; fait la conquête de la Bavière, 192. Emissaire que Gaston lui envoie, 209. Il secourt Nuremberg; ses manœuvres après la levée du siége; il gagne la bataille de Lutzen; est tué, 218, 219.

GUSTAVE III, roi de Suède; son avénement; secondé par la France; il s'empare du pouvoir absolu; XXIX, 468 à 471; XXX, 28. Se propose d'imiter les mesures financières de Necker, 113. Son enthousiasme pour les insurgés américains, 139. Son expédition sur Saint-Pétersbourg, 396.

GUYENCOURT, député de la noblesse de Paris aux Etats de Blois; en a tenu un journal; XX, 403.

GUY-JOLY, frondeur; son assassinat simulé; XXIV, 291, 300.

GUYON (Mme) répand ses opinions mystiques; XXV, 439. Comment compromise, 488, 489. Ses voyages; son retour à Paris; son arrestation; est mise en liberté; ses relations; sa condamnation; elle est mise à la Bastille; sa mort, 236 à 261, 385. Incidemment nommée; IX, 287.

GUZMAN (ÉLÉONORE DE), maîtresse d'Alphonse II de Castille; négociations d'Edouard III avec elle; X, 348. Sa mort, 402, 403.

GUZMAN (HENRI HENRIQUEZ DE), lieutenant de Ferdinand-le-Catholique; ses incursions en Languedoc; XV, 249. Ses échecs suivis d'une trêve, 250.

GYLLENBERG (LE COMTE DE); ses intrigues en faveur des Stuarts; XXVII, 327.

GYSIAC (PONSARD), templier; prend la défense de l'ordre; IX, 226.

HAD

HACCON, roi de Norwège, refuse la couronne impériale; VII, 365. Prend la croix, 375, 376.

HADDICK, général autrichien; son entrée à Berlin; XXIX, 137.

HAG

HAGANON, favori de Charles-le-Simple; son insolence; III, 344. Soulèvement qu'elle excite; reçoit l'abbaye de Chelles; sa fuite; il perd la cause du roi, 347 à 351.

HAGEMBACH (LE SIRE DE), landvogth de Charles-le-Téméraire en Alsace; plaintes contre lui; XIV, 298, 407, 408. Ligue que sa tyrannie noue; sa mort, 415 à 417.

HAKEM, calife, destructeur du Saint-Sépulcre; ses vexations; IV, 120, 153.

HALLWILL (HANS DE), Suisse; son poste à la bataille de Morat; XIV, 479. Ambassadeur près de Louis XI, 486.

HAMILTON; ses prédications dans Paris assiégé; XXI, 68. Il quitte cette ville, 267.

HAMILTON (LORD); son entretien avec Turenne; XXV, 296.

HAMILTON; ses mémoires; XXV, 148.

HAMILTON, gouverneur anglais de la Pensylvanie; ses débats avec le gouverneur du Canada; XXIX, 64.

HAMON, l'un des solitaires de Port-Royal; XXV, 78, 138.

HANGEST (RENAUD DE), grand maître des arbalétriers de France; débarque en Angleterre; XII, 244. Est du parti d'Orléans, 367. Rétabli dans sa charge, 435.

HANNO, archevêque de Cologne, enlève l'empereur Henri IV à sa mère; IV, 327, 328.

HAPLINCOURT, gentilhomme picard; fait signer le premier acte de la sainte Ligue; XIX, 369 à 371.

HARALD, roi de Danemarck, se réfugie en Normandie; est rétabli sur son trône; III, 416. Secourt les Normands, 426, 427, 470.

HARALD, haï d'Edouard-le-Confesseur; IV, 341. Tombe entre les mains de Guillaume de Normandie, comment achète sa liberté; emmené par lui à la guerre contre les Bretons, 342 à 344. Fait annuler ses sermens à Guillaume; est porté sur le trône, 346, 347. Doublement attaqué; livre la bataille d'Hastings; est tué; son armée défaite, 355 à 359.

HARAUCOURT (GUILLAUME D'), évêque de Verdun; encourage le goût de Louis XI pour les négociations; XIV, 264. Il le trahit; sa captivité, 287 à 289, 299, 300, 581.

HARCOURT (JEAN D'), grand maréchal de France; combat qu'il soutient en Catalogne; VIII, 367. Fait brûler Roses, 371. Sa guerre en Belgique, 413.

HARCOURT (GODEFROI DE); son arrestation ordonnée par Philippe-le-Bel; sa fuite; X, 235, 236. Il fait hommage au roi d'Angleterre, 249. Le décide à débarquer en Normandie, 276. Intercède pour les habitants de Caen, 280. Culbute les milices d'Amiens, 287. Prend part à la victoire de Crécy, 292. Complice avec sa famille de l'assassinat de Charles d'Espagne, 410. Reçu en grâce, 413. Refuse l'invitation du Dauphin funeste aux siens, 449. Défie le roi de France, 453. Passe en Angleterre; fait hommage à Edouard comme roi de France, 454. Ses opérations militaires en Normandie, 455. Il est tué, 501.

HARCOURT (LE COMTE D') défend Rouen; X, 281. Sa bravoure à Crécy, 300. Il y est tué avec ses deux fils, 301.

HARCOURT (JEAN ET LOUIS COMTES D'), complices de l'assassinat de Charles d'Espagne; X, 410. Reçus en grâce par Jean, 413. Gagnés par lui, 417. Excitent sa colère, 447, 448. Arrêtés par lui avec leur frère Guillaume, 449. Supplice du comte Jean, 451. Mouvement à Rouen pour sa délivrance, 452. Louis continue à servir le roi, 453. Il est un de ses ôtages, 577. Obtient un congé; XI, 41. Sa part dans les confiscations de Paris, 413.

HARCOURT (LA COMTESSE D'); sa compagnie d'aventure en Provence; X, 586, 596.

HARCOURT (LE VICOMTE D') demande vainement la grâce de Rouen; XI, 414.

HARCOURT (JACQUES D') prend parti pour le Dauphin en Picardie; XII, 610, 612. Ses bandes; ses expositions; XIII, 8, 9, 17. Sa mort, 22, 23, 30.

HARCOURT (LE COMTE D') assiste aux Etats; XIII, 91. Au congrès de Nevers, 243. Caution de Réné d'Anjou, 297. Puis du duc d'Orléans, 374.

HARCOURT (HENRI DE LORRAINE COMTE D'), gouverneur de Normandie; XXI, 142. Commande l'armée de Piémont; vainqueur à la Rotta; XXIII, 388 à 390. Conquête dont il est chargé,

422. Victorieux à Casal, 426 à 428. Il prend Turin, 429, 430. Traité qu'il signe, 432. Il recommence les hostilités; ses succès, 471, 472. Ses opérations en Picardie, 500, 517. Comment sauve Mazarin; XXIV, 31. Est nommé vice-roi de Catalogne, 74. Ses succès, 89 à 91. Son échec à Lerida, 128, 129. Remplacé par Condé, 133. Ses travaux utilisés, 134. Commande l'armée de Flandre; ses opérations, 272, 273. Est gouverneur de Normandie, 303. Marche contre Condé, 404. Ses opérations, 405 et suiv., 417. Troupes qui le quittent, 421. Ses succès, 431, 437. Pourquoi se rend en Allemagne, 483. Sa soumission, 513, 514.

HARCOURT (LA PRINCESSE D') accompagne la reine d'Espagne; XXV, 393.

HARCOURT (HENRI, MARÉCHAL DUC D'); ses manœuvres à Neerwinde; XXVI, 124. Est sous les ordres de Boufflers, 146. Troupes qu'il prépare contre l'Angleterre, 197. Ambassadeur en Espagne; il fait aimer le nom français, 281. Influence qu'il acquiert, 285, 287. Ses mesures, 290. Accompagne Philippe v, 297. Commande l'armée du Rhin; contient le duc de Hanovre; XXVII, 89. Remplace Villars en Flandre, 102. Défend les lignes de Weissembourg, 144, 164. Est du conseil de régence, 231, 244.

HARCOURT (LE DUC, PUIS MARÉCHAL D'), lieutenant de Villars en Italie; XXVIII, 108. Son poste à la bataille de Guastalla, 128. Son commandement en Bavière; ses fautes, 262. Sa fausse manœuvre à Dettingen, 281. Ses forces sur la Moselle, 309.

HARCOURT (LE DUC D') a mission de réprimer le parlement de Normandie; XXIX, 281 et suiv. Décret de prise de corps contre lui, 283, 304.

HARDEMBERG (DE); son poste à la bataille d'Hastembeck; XXIX, 129.

HARDI (JEAN) accusé de tentative d'empoisonnement sur Louis XI; son supplice; XIV, 409, 410.

HARDI (CHARLES), amiral anglais; déjoue les manœuvres des Franco-Espagnols; XXX, 183, 185.

HARDUIN, tige des Coucis; III, 455. Défend le château de ce nom, 464.

HARENC (RAOUL DE) outragé par Eustache de Breteuil; V, 140.

HARLAY (ACHILLE DE), président de la Tournelle; indulgence de ce tribunal; XVIII, 93. Il est nommé premier président; XX, 65. Interpellé par Lincester, 477. Résume l'esprit du parlement; est du tiers-parti; son arrestation, 481, 482. Lettres qu'il a données à Jacques Clément, 537. Complimente Henri IV à Tours; XXI, 39. Investigation dont il est chargé, 403. Il est de l'assemblée de Rouen, 443. Boutade qu'il essuie du roi, 464, 465. Est du conseil de régence; XXII, 176. Rassemble le parlement, 187. Assemblée qu'il préside, 198.

HARLAY-SANCY, négociateur de Henri IV; armée suisse qu'il lève et amène en France; XX, 504, 505, 529 à 533; XXI, 6, 10. Ses plaintes, 198. Il entre à Paris, 209. Administre les finances, 319, 440. Envoyé en Angleterre, 420, 424 et suiv., 428. Son abjuration, 483. Sa disgrâce; XXII, 48. Traité qu'il signe avec Genève, 57.

HARLAY (DE), archevêque de Paris; propose à Louis XIV d'accepter le titre de protecteur de l'académie; XXV, 220. Préside l'assemblée du clergé, 424. Célèbre le mariage du roi et de Mme de Maintenon, 447. Livres huguenots qu'il fait proscrire, 513. Sa sévérité à l'égard de Mme Guyon; XXVI, 238. Déclin de sa santé; sa mort, 242, 245.

HARLAY, avocat général, puis premier président; appel qu'il interjette; XXV, 557. Favorable au maréchal de Luxembourg; XXVI, 143.

HARLESTON (RICHARD DE); renfort d'Anglais qu'il amène en Bretagne; XIV, 367.

HARLETTE DE FALAISE, mère de Guillaume-le-Conquérant; IV, 239. Comment s'empare du cœur de Robert, 240. Son mariage; ses enfans, 443.

HARO (LOUIS DE) remplace en Espagne d'Olivarès; XXIV, 49. Son obstination à continuer la guerre, 182, 188. Son envoyé auprès des frondeurs, 341. Il fait arrêter le duc de Lorraine, 509. Stipule les intérêts de Condé, 534,

583. Battu à Elvas ; préliminaires de paix qu'il conclut avec la France ; 579 et suiv. Sa conférence avec Mazarin, 581 et suiv. Signe le traité des Pyrénées, 588. Représente le roi de France à son mariage, 594.

HAROUN-AL-RASCHID, calife de Bagdad ; Charlemagne reçoit ses présens, II, 375. Ambassade que lui a envoyé Charles, 384. Il lui donne une horloge et les clefs du saint sépulcre, 385. Nouvelle ambassade de ce prince; causes de son estime pour le roi franc, 408.

HARPEDANE (JEAN DE), sénéchal de la Rochelle ; veut vainement secourir la flotte anglaise ; XI, 166. Sa mission auprès du duc de Berry, 577; 578. Il amène des renforts au duc d'Orléans ; XII, 235.

HARRACH (LE COMTE D'), ambassadeur de l'empereur en Espagne ; ses négociations relatives à la succession future de Charles II ; XXVI, 277 à 281, 287, 291.

HARRINGTON, ministre anglais; favorable à l'empereur ; XXVIII, 139.

HARSELLE (LE SIRE DE), chef gantois ; lève le siége d'Oudenarde ; XI, 397. Le bâtard de Harselle assassine Ackermann, 467.

HARTFORD (LE COMTE DE) aux prises en Angleterre avec le comte de Lorges; XVII, 267.

HARTMANN de Hapsburg ; son père Rodolphe lui destine le royaume d'Arles ; VIII, 265.

HARTRAD, Thuringien, conspire contre Charlemagne ; II, 301. Mis en jugement, 302. Comment lui et ses complices sont punis, 303.

HARTWELL (JEAN DE) ; renfort qu'il conduit en Bretagne ; ses opérations ; X, 322, 323.

HASTENBECK (BATAILLE DE), gagnée par le maréchal d'Estrées sur le duc de Cumberland ; XXIX, 129.

HASTINGS, chef de Normands ; ses exploits ; son origine ; III, 87, 88. Aux prises avec Louis III ; traite avec lui, 250. Évacue l'Aquitaine, 252. Aux prises avec Eudes ; négocie, 299. Passe en Angleterre, 317. Vaincu par Alfred, revient en France, 318.

HASTINGS (HUGUES DE), à la tête des Flamands, assiége Béthune ; X, 288.

HASTINGS commande les Anglais dans l'Inde ; XXX, 214.

HASE, bâtard de Flandre ; son père l'oppose aux Anglais ; sa défaite ; XI, 424.

HATTON, comte de Poitiers; victime d'une cruelle vengeance; II, 156.

HATZFELD (LE COMTE DE), général bavarois ; manœuvre pour rallier Lamboi ; XXIII, 496.

HAUTBOURDIN (LE SIRE DE), du parti de Charles-le-Téméraire ; XIV, 157. Conseille la retraite après la bataille de Montlhéry, 179. Inquiétude que le prince lui donne, 190.

HAUTEFORD (Mme DE) ; ses amours avec Louis XIII ; XXIII, 160, 328, 401 à 403. Son mariage, 403.

HAUTEFORD (LE MARQUIS DE) est de la Fronde ; XXIV, 323.

HAUTEFORT (D') défend Pontoise pour la ligue ; est tué ; XX, 534.

HAWKS (L'AMIRAL) bat les Français près de l'île d'Aix ; XXVIII, 450. Observe les côtes de Bretagne ; XXIX, 205. Remporte la victoire de Quiberon, 206, 207.

HAWKWOOD (JEAN), aventurier anglais ; général des Florentins ; XI, 592.

HAWLEY (LE GÉNÉRAL) battu à Falkirk par Charles-Édouard Stuart ; XXVIII, 384.

HAYM (ALEXANDRE), jésuite mis à la question, à l'occasion du crime de Chastel ; XXI, 321.

HEATH, général américain, commande sur l'Hudson ; XXX, 200.

HEBERT (JACQUES), maire de Poitiers ; son zèle huguenot ; neutralité dont il convient ; son supplice ; XVIII, 299, 301.

HECTOR, patrice de Marseille ; tué par ordre de Chilpéric ; II, 67.

HEDOUVILLE (LOUIS DE), envoyé par Louis XII contre les Suisses ; XV, 370.

HEDWIGE, femme de Hugues-le-Grand, mère de Hugues Capet; III, 405, 457, 462 et suiv. Maintient la paix, 465. Brouillée avec Thibault, 468. Paraît à la cour de son frère, 473.

HEIDECK (LE COMTE DE); renfort qu'il amène au duc d'Orléans; XVII, 122.

HEINSIUS, grand-pensionnaire de Hollande; signe la grande alliance contre Louis XIV; XXVI, 310, 311. Est un de ses trois directeurs; repousse les ouvertures pacifiques du roi; XXVII, 8, 9. Conditions dures qu'il lui fait, 75 et suiv. Ses conférences avec Torcy, 78 et suiv. N'ose refuser de négocier, 93 et suiv. Communication que lui fait la reine d'Angleterre, 157.

HELGAUD DE FLEURY, panégyriste de Robert; IV, 78, 98, 106, 107.

HÉLISACHAR, grand chancelier de Louis Ier; sa mission en Espagne; II, 468. L'un des favoris; III, 8. Maintenu dans ces fonctions, 12.

HELLIN, ambassadeur français, suit Charles-Quint en Flandre; XVII, 50, 54.

HELLY (JACQUES DE) apprend au roi le désastre de Nicopolis; XII, 86. Message que lui a donné Bajazet, 91. Retourne en Turquie, 95. Combat les Liégeois, 296. Seconde l'arrestation de Montagu, 333. Plie devant les Anglais, 397, 422. Prisonnier à Azincourt, 489. Défait par Saintrailles; XIII, 179.

HELOISE, amante d'Abailard; V, 66. Son talent d'écrire en latin, 69. L'un des ornemens de son époque, 291.

HEMERY (D'); lettres de cachet qu'il notifie; XXIX, 496.

HEMMING, successeur de Godfrid, roi des Danois, fait la paix; II, 412. Est tué, 415.

HENAULT (LE PRÉSIDENT) est de la cour de Stanislas; XXVIII, 472.

HENEIDES, Slaves; leur part à l'invasion des Gaules; I, 121. Voy. *Venèdes*.

HENNEQUIN (FRANCK), aventurier allemand; ses ravages dans le Laonnais; X, 551.

HENNEQUIN (PIERRE); commission judiciaire qu'il préside; XIX, 268. Promoteur de la sainte ligue à Paris, 376.

HENNEQUIN, évêque de Rennes; est du conseil d'union; XX, 498. Est envoyé près de Mercœur, 500.

HENRI Ier, roi de France; associé à la couronne; fait la guerre à son père; IV, 187 à 190. Longueur de son règne; la chevalerie lui est antérieure, 197 et suiv. Comment a compris sa position, son activité; assoupissement qui la suit; reconnu par les grands vassaux; attaqué par sa mère; se réfugie en Normandie; est secouru; la force à la paix; ses démêlés avec Eudes; inertie du reste de son règne; il cède le Vexin au duc de Normandie, 210 à 215. Situation des grands fiefs, 220 et suiv. Plus faible et moins connu que Henri III d'Allemagne; moins illustre que son vassal le comte d'Anjou, 230. Les fils d'Eudes lui font la guerre; son triomphe, 234. Favorable à Guillaume-le-Bâtard, 241. S'oppose à l'établissement de la trêve de Dieu dans ses domaines, 250. Sous son règne commence la prééminence de la langue française, 253. Premiers vestiges de poésie en Provence, 263. Obscurité de sa vie domestique; ses mariages; pourquoi épouse Anne de Russie; ses fils; il fait sacrer l'aîné, 264 à 268. Il fait constater la réalité des reliques de saint Denis, 270, 271. Sollicité de reprendre le royaume de Lorraine; son inertie; ses représentations à l'empereur victorieux; sa timidité, 273 à 275. Secourt Guillaume de Normandie, 278. Sa guerre avec lui, 281 à 285. Evénemens religieux; tentatives de réforme; persécutions, 286 et suiv. Invoqué contre les sectateurs de Béranger, 291. Veut vainement détourner Léon IX d'assembler le concile de Reims, 299. Ne seconde point son zèle réformateur, 301. Témoin passif des changemens dans les Etats et dans l'Eglise; recueille le fief de Sens, 308. Sa mort; 309. N'a pas laissé un seul souvenir glorieux, 310. Situation de la famille capétienne; son peu d'éclat; minorité des deux fils du roi, 311. Son testament; leur donne pour tuteur Baudoin de Lille; pourquoi, 319 et suiv.

HENRI II, roi de France, d'abord duc d'Orléans, puis dauphin; otage de son père; XVI, 277. Don que lui fait le roi d'Angleterre, 349. Mis en liberté, 351. Fait Duchâtel grand aumônier, 358. Nomme Danès précepteur de son fils aîné, 359. Son mariage, 409, 410, 414, 416, 431, 432. Son père réclame pour lui le duché de Milan; pourquoi l'empereur l'exclut, 479, 483 et suiv. Accourt à l'armée de Provence; son impatience de livrer bataille, 521. Est devenu dauphin; séance du parlement à laquelle il assiste, 538. Est de l'armée du Nord, 544. Puis à celle d'Italie; son ardeur, 551 à 553. Il est présenté à l'empereur; XVII, 10. Le reçoit à Bayonne, 44. Son projet de l'arrêter, 48. Sa maison; sa maîtresse; son favori, 67 à 70. Commandement qui lui est destiné; sa jalousie envers son frère, 119. Il échoue au siége de Perpignan, 124 à 127. Ses opérations en Hainaut, 148. Conseil auquel il assiste, 179. Ses opérations sur la Marne; composition de son armée, 200, 204 à 206, 208. Il blâme le traité de Crépy, 209. Il le ratifie, mais proteste contre cet acte, 215, 216. Il marche contre le roi d'Angleterre; son échec à Boulogne; ses suites, 219 à 223. Imprudence qu'un fou dénonce au roi; il s'absente de la cour, 255 à 257. Danger qu'il court d'être atteint de la peste, 262. Accusé de la mort du comte d'Enghien, 289. Son avénement; son caractère; son portrait; recommandations que lui fait son père, 298 à 303. Il met le connétable à la tête des affaires; comment compose le conseil; pouvoir de sa maîtresse; ses largesses, 304 à 307. Ses maréchaux; cardinaux qu'il fait nommer, 308, 309. Ses voyages; son séjour à Paris; obsèques de son père; sa haine contre son frère réveillée; ses débats avec la famille de Penthièvre, 311 à 314. Il autorise le duel de Jarnac et de la Châtaigneraye; son sacre; sommation à l'empereur d'y assister, 315 à 317. Il cherche à ranimer le zèle des princes allemands; emprunt qu'il veut faire; ses négociations avec Soliman, 322, 323. Ses vaines promesses aux insurgés italiens, 326. Ses négociations avec Venise et le pape, 327 à 331. Traité avec l'Angleterre qu'il refuse de ratifier; pourquoi, 332 333. Il secourt l'Ecosse;

projet de marier son fils et Marie Stuart, 335 à 337. Ses vacillations à l'égard des religionnaires; il encourage le pape dans son opposition à l'empereur; son voyage à Turin; il réunit Saluces à la couronne; ses intrigues; il marie le comte d'Aumale; insurrection qu'il apprend, 343 à 349. Esprit qui mûrit pendant son règne; son retour en France; ses mesures hostiles contre l'Angleterre, 361 à 364. Comment gagne le régent d'Ecosse; il envoie une armée dans ce royaume; veut y faire nommer un chancelier français, 366 et suiv. Ce qu'il apprend de don Philippe; couronnement de la reine; leur entrée à Paris; ses tournois; hérétique qu'il fait périr; forme de procédure qu'il établit; sa sévérité, 376 à 384. Lit de justice qu'il tient, 386. Aux prises avec l'Angleterre, 387. Son influence au conclave; son traité avec le protecteur; il rachète Boulogne; son incapacité; son goût pour les exercices du corps; il abandonne les affaires aux favoris, 389 à 395. Changement dans son ministère, 397 à 401. Il évoque la cause des massacres de Mérindol; comment les accusés sont sauvés, 402. Son désir de donner satisfaction aux protestans d'Allemagne; s'allie contre l'empereur à la Suisse; à Edouard vi, 403 à 406. Il consent à la nouvelle convocation du concile de Trente, 410. Il se glorifie de ses rigueurs contre les Huguenots, 413. S'occupe de sauver ceux d'Allemagne; ennemis qu'il suscite contre Charles-Quint; son intervention dans les affaires de Parme; il protége les Farnèses; forces qu'il fait passer en Italie; ses hostilités; il ordonne une attaque générale, 417 à 427. Intervention des Turcs; il s'en justifie, 429, 430. Ses rapports avec le concile; vigueur avec laquelle il agit envers le pape; sa correspondance avec les protestans; son traité avec les princes allemands, 432 à 437. Il publie son manifeste contre l'empereur; tient un lit de justice; son armée; régence qu'il institue; son édit pour renouveler les persécutions; il assiége et prend Metz; il occcupe la Lorraine,

Toul, Verdun et entre en Alsace; ses ménagemens pour les Suisses; sa retraite, 446 à 458. Il reprend le duché de Bouillon et licencie ses troupes; médiocre importance qu'il attache à la guerre d'Italie, 460. Ses correspondances à Naples, 465. Sa trêve avec le pape; épuisement de ses finances; ses expédiens, 467 à 470. Sa politique à l'égard de l'Allemagne, 472. Invitation que lui fait la conférence de Passau, 475. L'alliance d'Albert de Brandebourg lui est précieuse, 481. Il annonce le dessein de garder les trois évêchés, 482. Armée qu'il oppose à celle de l'empereur; ses lieutenans, 484. Il cherche à recouvrer Naples, 491, 492. Il fait prendre puis il perd la Corse, 501, 502. Fête qu'il célèbre, 504. Attaqué improvisément en Artois, 505. Il licencie l'armée, 509. Son ambassadeur disposé à seconder Marie Tudor, 513. Nouvelles rigueurs que les révolutions d'Angleterre lui inspirent contre les protestans, 515, 516. Ses mesures fiscales; ses parlemens semestriers; est prêt à rentrer en campagne; espérances qu'il fonde sur le dépérissement de Charles, 518 à 523. Sa vaine négociation avec Pole; ascendant de ses armes; il assiége Renty; gagne le combat de ce nom; licencie son armée; par qui fait défendre Sienne, 526 à 533, 536. Ses commissaires pour la paix; ses prétentions, 545, 546. Sombre avenir de son royaume, 556. Ses négociations avec Maximilien, 560. Dépit qu'il donne à l'empereur, 563. Dissimule son désir de la paix; ses communications au pape; trêve de Vaucelles; son besoin d'être gouverné; ses favoris; les Guises l'exhortent à introduire l'inquisition en France; XVIII, 2 à 6. Son traité secret avec le pape, 10. Le pontife le décide à la guerre, 12. Projets qu'il forme en faveur de la famille royale; Henri s'apprête à passer en Italie; il consent au mariage de François de Montmorency; sa pénurie financière; comment il récompense ses courtisans; leur cupidité; le fanatisme populaire le pousse à la persécution, 15 à 23. Son prétexte de guerre, 30. Plan de campagne qui lui est soumis; menées secrètes des Guises; il déclare la guerre à Philippe, 34, 35. Il ordonne à Strozzi de réconcilier les Caraffa et Guise; il rappelle celui-ci, 40. Marie Tudor se déclare contre lui; ses moyens de défense, 43 à 45. Ses ressources après la défaite de Saint-Quentin; il n'écoute que les Guises, 54, 55. Il aspire à la paix; ses efforts pour établir l'inquisition; résistance du parlement; procédures qu'il commence suivies de supplices puis interrompues; ses lois sanguinaires; pourquoi convoque les Etats-généraux; son discours; sommes qu'il obtient; usage qu'il en fait, 60 à 71. Pourquoi fait arrêter Dandelot, 75, 76. Découragé par la défaite de Gravelines; suspension d'armes qu'il signe; restitutions réciproques que Philippe et lui stipulent, 80 à 83. Il fait la paix avec Elisabeth; puis avec Philippe, 85 à 89. Le traité de Cateau-Cambresis est une ligue contre l'hérésie; Henri dévoile ses projets au prince d'Orange; ses débats avec le parlement; discours hardis qu'il entend; sa colère; conseillers dont il ordonne l'arrestation; il fait commencer leur procès; sa mort; sa famille, 91 à 99. Fidélité et soumission qu'a montrées la reine, 102. Apprêts de ses obsèques, 108. Ses engagemens de Cateau-Cambresis; difficultés auxquelles ils donnent lieu, 386 à 392.

HENRI III, roi de France; d'abord duc d'Orléans, puis d'Anjou, puis roi de Pologne; assiste à l'ouverture des Etats-généraux; XVIII, 191. Aux conférences de Poissy, 231. Complot pour l'enlever, 242. Il accompagne le roi au lit de justice de Rouen, 396. Reçoit l'Anjou pour apanage, 424. Est du voyage du roi, 437. Charges que sa mère annonce devoir lui conférer, 476. Il est appelé au commandement général des armées, 513. Ses opérations contre Condé, 522 à 527. Intrigue contre ce prince, où il doit être employé; XIX, 29. Sa seconde campagne; ses conseillers; sa jonction avec Montpensier, 35 à 38. Se met en cantonnement; ses opérations d'hiver, 40.

Il force le passage de la Charente; gagne la bataille de Jarnac; sa joie indécente à la mort de Condé, 43 à 48. Villes dont il s'empare; ses mouvemens entravés; sa jonction avec d'Aumale; insubordination des deux armées; pourquoi préfère la guerre au séjour de la cour; la reine met ses corps en cantonnement, 51 à 57. Effets de sa retraite, 59. Il assiége Chatelleraut; recule devant Coligni, 61. Forces qu'il rallie; il poursuit l'amiral; le bat à Montcontour, 63 à 68. Jalousie du roi qui se met à la tête de l'armée; il se retire, 72 à 74. Fils préféré de la reine-mère; son portrait, 91, 92. Son favori tué; pourquoi, 107 à 109. Son mariage négocié avec Elisabeth d'Angleterre; il ne souhaite pas cette union, 123, 124. Pourquoi aurait précipité le massacre des Huguenots, 139. Part qu'il prend à la Saint-Barthélemy et aux délibérations qui la précèdent, 151, 157, 159, 160, 162, 164, 182. Sa mère, son frère aspirent à le faire monter sur le trône de Pologne, 191, 210 à 223. Assiége la Rochelle; contagion; factions dans son camp; il est nommé roi de Pologne, 208, 224 à 232. Il propose des conditions de paix qui sont acceptées, 235 et suiv. Détails de son élection; conditions que lui font les députés polonais et qu'il se propose d'éluder; il prête serment; fait son entrée à Paris comme roi; son goût pour les plaisirs; folie qui pense lui coûter la vie, 237 à 244. Son chagrin de s'éloigner de la France, 246, 247. Son départ; rôle que sa mère lui destine, 250 et suiv. Il est sacré à Cracovie, 258, 259. Apprend la mort du roi; confirme Catherine dans sa régence, 287. S'échappe de la Pologne; sa perfidie envers Damville; places qu'il restitue au duc de Savoie; son arrivée en France; son accueil à la régente; ses conseillers; son penchant pour l'intolérance; sa mollesse; dégoût qu'il inspire à la noblesse; ses vieux capitaines ont disparu; Montluc lui conseille la paix; ses hostilités au midi; sa colère contre Montbrun; sa pénurie; il obtient des subsides des états de Languedoc; ses compagnies de flagellans; ses projets de mariage, 299 à 318. Il épouse Louise de Vaudemont; son sacre; donne l'assaut à Livron; veut marier Luxembourg; ses pratiques dévotes; reliques qu'il met en gage; la vraie croix disparaît; rumeurs populaires; mépris public à son égard; situation des esprits, 321 à 327. Députation qu'il reçoit des Huguenots; il donne le gouvernement de Damville, 331 à 333. Il fait exécuter Montbrun; par qui remplacé en Pologne, 338 à 340. Son peu d'empressement à mettre en liberté son frère et son beau-frère, 342. Ses mesures militaires; son entrevue avec sa mère; ses favoris; il ne venge pas Du Guast, 346 à 349. Emprunt qu'il demande à Paris et qu'il ne peut obtenir; son ressentiment dissimulé; il se dispose à violer la trêve signée par sa mère avec les mécontens, 352, 353. Dupe Henri de Navarre; est trompé à son tour, 356, 359, 360. Avantage qu'il accorde à son frère et à son parti par la paix de Monsieur ou de Chastenoy; il fait enregistrer l'édit de pacification, 363, 364. Subventions qu'il demande; sous quel prétexte, 367, 368. Places qu'il donne à Condé en échange de celles promises; refuse de rendre au roi de Navarre sa femme; lui renvoie sa sœur, 371 à 373. La ligue d'abord se cache de lui; il se met à sa tête, 378, 379, 436. Sa sœur le réconcilie avec d'Alençon, 380. Ses excès honteux; son entrée ridicule dans Paris; ses mignons; émotions dont se repaît sa cour; il ouvre en France le théâtre moderne; dans quel costume y paraît; attire de l'Italie *li Gelosi*; opposition du parlement; répugnance du pays; libelles contre lui; mépris dont les Guises aident à l'accabler, 382 à 389. Mémoire en faveur de cette famille et dont il a connaissance; se méfie autant des ligueurs que des Huguenots; sa lutte avec le parlement; haine qu'il manifeste contre la réforme; il convoque à Blois les Etats-généraux; protestations des Huguenots; crainte que lui inspire l'assemblée; il la préside; son discours, 391 à 402. Proposition que lui font les trois ordres d'ajoindre trente-six députés au conseil d'état; sa réponse; son dessein d'amener l'assemblée à la question religieuse et de faire supprimer le culte réformé; votes des ordres; remontrances en sens contraires que lui adressent les magistrats de Paris, 409 à 416. Il envoie Biron aux chefs du parti; il occupe l'assemblée de ses finances; ce qu'il en obtient; il hâte la rédaction des cahiers, 418 à 424. Préside la séance de clôture et retient les députés; plans de finances que l'assemblée repousse; le clergé offre de solder une armée, 428 à 433. Le roi refuse de faire tuer le roi de Navarre; comment élude l'exécution du dernier traité, 436. Les cahiers lui sont présentés, 438. Faible secours que lui donnent les Etats, la reine-mère le presse de faire la paix; ses négociations; il soumet au conseil d'état la question de la paix ou de la guerre; ses armemens, 440 à 446. Tente de détacher Damville du parti; succès de ses négociations; il fait la paix de Bergerac; ses motifs; son édit de Poitiers; il décrète l'abolition de la sainte ligue; ses stipulations avec le Béarnais et Condé, 450 à 458. Unanimité des Etats pour lui demander la suppression du culte huguenot; double complot pour le détrôner; ne suffit pas à cette lutte; son portrait; son esprit cultivé; ses lectures favorites; défauts de son système politique; il réforme les monnaies; son retour à Paris; il assiste aux noces de la fille à Marcel; désordres de cette fête; sa rupture avec Alençon; fuite de celui-ci; assurances qu'il en reçoit; leur politique mesquine à l'égard des Pays-Bas, 461 à 481. Ses prétendues conférences avec don Juan, 488. Il laisse son frère passer en Flandre avec une armée, 493. Querelles de mignons; combat qu'il autorise; sa douleur à la mort de Quélus et de Maugiron; obsèques qu'il fait célébrer; veut faire juger Balzac; Guise s'y oppose; malheurs de ses favoris; joie du public; haine commune contre ses conseillers; fonctions qu'il distribue hors de l'influence des Guises; il fonde l'ordre du Saint-Esprit; pourquoi désire réconcilier sa sœur avec le Béarnais; pourquoi sa mère a le même dessein, 497 à 505. Sentiment public sur sa fin prochaine, 509. Il dénonce à Henri IV l'infidélité de sa femme, 516, 517. Sa mère l'avertit de se préparer à la guerre, 519. Accueil qu'il fait à son frère; duels entre ses favoris; terreur que lui cause Saint-Luc; sa colère; il traite avec Condé qui s'est emparé de La Fère, 520 à 522. Dénûment de ses armées; il est atteint de la coqueluche; donne ordre à Matignon de reprendre La Fère, 528, 529. Méfiance de Montmorency à son égard, 531. Il publie son intention d'observer l'édit de pacification, 532. Motifs qui le décident à conclure la paix de Fleix; par quelle médiation, 537 à 542. Ce qu'est devenu le pouvoir; ce qu'est pour lui la religion; son caractère; ses vices; sa tendresse de cœur; son attachement pour sa femme; ses amusemens enfantins; ses dévotions pour demander des enfants; mariage et fortune de ses deux favoris Joyeuse et d'Epernon; sa pénurie; ses expédiens; disgrâce de d'O; ses profusions; il néglige l'armée; charges nouvelles que le parlement repousse; lit de justice; féodalité nouvelle; puissance provinciale que sa mollesse relève; grandes villes qui sont de véritables républiques; ses rapports avec Philippe II; XX, 2 à 23. Il accueille le prétendant qui dispute à ce prince le Portugal, 29. Il reconnaît le droit de guerre privée, complot qu'il dévoile au sénat de Strasbourg, 36 à 38. Il fait seconder son frère, 41. Son ambassade en Angleterre; traité qu'il refuse, 46, 47. Son but en encourageant son frère; son désir de ne point rompre avec l'Espagne, 50, 51. Grâce qu'il a accordée à Salcède, 58. Complots des Guises que ce dernier révèle; il le fait mettre à la torture; assiste à son supplice; par qui remplace de Thou; il établit l'usage du calendrier grégorien; ses occupations frivoles; offense qu'il fait à sa sœur de Navarre; ses explications avec Henri IV; sujets de brouillerie publique entre eux; négociation sans terme, 62 à 77. Proposition d'alliance que lui dévoile ce prince, 81. Assemblée qu'il tient à

Saint-Germain, 83, 84. Sa réconciliation avec son frère ; complot qui lui est révélé ; ses soupçons ; il hérite d'Alençon ; il déclare Henri de Navarre son héritier ; donne Cambrai à sa mère ; son dépérissement, 86 à 92. Guise excite contre lui l'opinion publique ; impôts qu'il supprime ; ménagement du Béarnais pour lui et ses favoris, 100, 101. Il lui fait proposer de changer de religion, 106 et suiv. Pronostic de son médecin, 107. Ce qu'il accorde aux protestans, 111. Ses velléités d'attaquer Philippe et de s'approprier les Pays-Bas ; ses plus secrets desseins connus de la ligue ; comment Guise le paralyse, 118 à 120. Dégoût qu'il lui inspire ; le cardinal de Bourbon aspire à lui succéder ; leur traité secret ; ses précautions ; ses quarante-cinq gentilshommes ; seigneurs engagés dans la ligue ; son espion, 122 à 131. Son alliance avec le Navarrais ; grand grief des ligueurs contre lui, 133. Son courage personnel ; sa hauteur ; sa colère contre le chevalier de Sèvre ; ambassade qu'il reçoit des Pays-Bas ; cette démarche fait éclater la ligue ; places qui lui sont enlevées par l'association ; places qu'il conserve ; ses négociations, 137 à 148. Sa mère reçoit l'ultimatum de la ligue, 150 à 152. Il ne peut plus rester neutre, 154. Parti qu'il prend ; il sauve Boulogne ; il fait enregistrer le traité de Nemours ; ses hésitations sur la manière de l'exécuter ; ses demandes d'argent pour faire la guerre aux Huguenots ; il leur fait demander leurs places de sûreté ; lettre que lui adresse le Navarrais, 166 à 180. A absous la ligue aux yeux du pape, 183. Son mécontentement contre ce pontife, 185. Dans la guerre des trois Henri il dirige le parti politique ; comment répartit les commandemens ; son édit pour faire rentrer les Huguenots dans le catholicisme, 187 à 190. Lettre qu'il envoie au grand-prieur ; remplace ce dernier par d'Epernon, 214 à 216. Pourquoi prend intérêt à la guerre et se rend à Lyon, 218, 219. Son retour à Paris ; il donne audience à l'ambassade des princes allemands ; leur rude allocution ; sa colère, 222 à 224, 289. Comment représenté par les prédicateurs de la ligue ; ses négociations avec le Navarrais ; il songe à faire casser son mariage ; à qui veut le remarier ; ses lenteurs ; à quoi attribuées ; ses explications avec le nonce du pape, 225 à 228. Comptes que lui rend Nevers ; idées de Sixte v ; application qu'il en médite, 230, 233. Donne à Nevers le gouvernement de Picardie, 234, 236. Ses embarras financiers le disposent à la paix ; édits bursaux qu'il fait homologuer ; résistance qu'il éprouve ; il cède ; ses emprunts ; il vend des biens du clergé ; ses prodigalités, 239 à 241. Il fait intercéder pour Marie Stuart, 256. Sa déclaration à la procession des chevaliers du Saint-Esprit ; conseils de Villeroi ; sa haine pour les Guises ; ses désirs de vengeance ; ses soucis ; ses confidens ; il ordonne au duc de Guise de combattre l'armée allemande ; espérances qu'il fonde sur sa témérité ; ses apprêts contre le Béarnais, 258 à 262. Présens dont il comble Epernon ; accueille mal Joyeuse ; lui permet de livrer bataille, 264, 265. Son entrevue avec Guise ; pénétré par lui ; commandement qu'il se réserve ; accusé par les Seize ; ses forces, 291 à 296. Il rejoint l'armée ; déclamations de la ligue, 300 à 302. Sa convention avec les Suisses ; puis avec les Allemands ; ordres qu'il donne à Guise, 306, 311. Lui est comparé ; son entrée à Paris ; accueil qu'il y reçoit ; ses reproches à Boucher ; concours que Philippe attend de lui, 312 à 315. Articles de Nancy que lui présentent les Guises ; comme il les accueille ; trompé par Nevers, 318 à 320. Ressentimens qu'il a attirés sur d'Epernon, 323. Ses ordres à la duchesse de Montpensier ; injures de cette princesse et des ligueurs ; complots des Seize ; il se met en défense ; ses envoyés près de Guise, 325 à 333. Apprend qu'il est entré à Paris ; sa colère ; leurs entrevues ; précautions militaires ; ses conférences avec sa mère ; ses mesures ; journée des Barricades ; sa fuite, 336 à 359. Il hésite à combattre la ligue ; ses conseillers ; sa défiance ; il ne s'ouvre à personne ; visité à Chartres par une procession de Flagellans; députations qu'il reçoit du parlement et des Seize; ses réponses; il éloigne Epernon; s'assure des dispositions de la Normandie; son entrée à Rouen; son traité de réconciliation avec la ligue; il nomme Guise lieutenant-général; faveurs qu'il distribue aux ligueurs; par quoi influencé; 360 à 380. Repousse d'abord; puis reçoit en grâce le comte de Soissons, 390. Complot qu'il autorise contre d'Epernon, 392, 393. Ses entrevues avec sa mère, avec Guise; il congédie ses ministres; par qui les remplace; à qui semble se confier; jalousie de Catherine; il se rend à Blois, 399 à 401. Lieux de réunion qu'il assigne aux trois ordres; ses premiers rapports avec les Etats; espoir des ligueurs qu'ils décèlent; l'autorité royale menacée; projet d'ôter au monarque même le veto suspensif; serment qu'on lui demande; son discours d'ouverture, 403 à 416. Reproches de tolérance que lui adresse Cossé-Brissac; sa réponse; il fait jurer l'édit d'union; résolutions contre le roi de Navarre qu'il cherche à éluder; ses prévenances pour les députés influens, 418 à 428. Requête qui lui est présentée pour l'abolition des tailles; prédication violente contre lui; exigences de l'assemblée; il lui fait connaître la détresse de ses armées; ce qu'il obtient; ses embarras intérieurs et extérieurs; est en guerre avec le duc de Savoie; succès de ce prince, 432 à 448. Intrigues qu'il attribue à Guise; il se détermine à le faire périr; à qui s'ouvre; qui se charge de l'exécution; il fait tuer le duc et le cardinal; son entretien avec sa mère; sa joie; ses airs de maître; son colloque avec le légat; colère de Sixte v; arrestations qu'il fait faire; grâces qu'il accorde, 450 à 470. Soins qu'il donne à sa mère mourante, 472. Soulèvemens dans les provinces; agitation de Paris; la Sorbonne le déclare déchu; député qu'il reçoit; prisonniers qu'il relâche; le parlement mutilé sanctionne sa déchéance; la révolte s'étend; il cherche à s'appuyer sur les Etats; n'obtient rien d'eux; congédie l'assemblée; conduit lui-même ses prisonniers à Amboise; ses regrets de la mort de Guise; il disgracie Longnac, 474 à 496. Est abandonné, trahi, dénoncé au peuple de Paris comme idolâtre; sollicité de se rapprocher du Navarrais; renfort que lui envoie d'Epernon; transfère le gouvernement à Tours; ses avances au pape et à Mayenne; est rebuté; s'adresse au Navarrais, 502 à 508. Par qui lui fait développer ses intentions, 510. Son entrevue avec Mornay; sa duplicité; son traité avec Henri iv, 515 à 520. Le reçoit à Tours; pense être surpris dans cette ville; secouru par les Huguenots; renforts qu'il reçoit; il échoue à Poitiers; succès de ses partisans; le Béarnais le presse de marcher en avant; pourquoi; séjourne à Tours, 522 à 529. Il s'ébranle; ses rigueurs; son armée à Saint-Cloud; attaque qu'il se réserve; il est assassiné; ses derniers momens; il recommande de reconnaître Henri iv; sa mort, 533 à 545. Effet soudain qu'elle produit; XXI, 1 et suiv.

HENRI IV, roi de France, d'abord roi de Navarre; comment ce royaume passe à sa maison; XIV, 106. Son âge à la mort de son père; XVIII, 346. Accompagne le roi, 396, 437. Mot du duc d'Albe qu'il recueille, 447. Se rend à la Rochelle; XIX, 30, 86. Se retire à Saintes; y est reconnu chef du parti, 48 à 50. N'assiste point à la bataille de Montcontour, 67. Sa valeur à Arnay-le-Duc, 83. Projet de lui faire épouser Marguerite de Valois; séduit par les offres de la cour; accueil que lui fait le roi, 98, 104 à 107. Obstacles à cette union; elle est célébrée, 112, 126 à 131, 148 à 151. Se rend chez l'amiral, 157. Pourquoi épargné à la Saint-Barthélemy, 151, 162, 166, 168 à 171. Sa conversion forcée; sa correspondance avec le pape, 197 à 199. Il paraît au siége de la Rochelle, 225. Son lieutenant en Guienne, 234. Son goût pour les plaisirs; folie qui pense lui coûter la vie; ses amours avec Corisande; son penchant pour le duc d'Alençon, 243 et suiv. Complot qu'ils forment, 232, 248 à 250. Son étourderie; sa jeunesse, 260. Complot des politiques; il est prisonnier, 262 à 264. La reine-mère le sauve; marche qu'elle lui indique, 267 et suiv. Colère du roi; tentative de sa femme pour le délivrer, 270, 271. Lecture qu'il entend, 274. Bienveillance que lui témoigne la régente, 286. Sa circulaire aux gouverneurs des provinces, 288. Il se rend au-devant du roi, 307. Entre dans une compagnie de flagellans, 316. Sa délivrance stipulée par Condé, 329. Amours qui le retiennent en captivité, 342. Intrigues dont il est dupe; son évasion; ses députés à Moulins, 356 à 362. Son dessein de s'établir en Guienne, 366. Son abjuration; il réclame sa femme et sa sœur; son entrée à la Rochelle; est joué par la cour; son entrevue avec Condé; la capitale de son gouvernement lui est fermée, 372 à 376. Offense d'Alençon; se prétend le chef du parti; sa rivalité avec Condé, 380, 381. Ses mandataires aux états de Blois; leur protestation; il appelle le parti aux armes; ses hostilités; députés que lui envoie l'assemblée, 417 à 419. Accueil qu'il leur fait; projet de se défaire de lui, 434 à 436. Ses négociations avec Montpensier, 441, 442. Biron et Villeroi lui sont envoyés; sa jalousie à l'égard de Condé; sa défiance de Damville; état du parti; revers de la campagne; sa guerre de partisans, 446 à 449. Il fait la paix de Bergerac, 453 et suiv. La messe proscrite dans ses états, 461. Désir du roi d'abaisser sa famille, 465. Il saisit la correspondance de don Juan et de Philippe; il l'envoie au prince d'Orange, 490. Lui fait passer des secours, 492. Il perd l'Agénois; sa belle-mère le réconcilie avec sa femme; leurs rapports; dissensions que Catherine excite entre lui, Turenne et Condé; leur guerre de ruses; ils signent le traité de Nérac; ses amours, sa maladie; soins que lui donne Marguerite; le roi lui dénonce ses intrigues avec Turenne, 504 à 517. Mécontentement de Condé contre lui, 521. Son entrevue avec Montmorency; il commence la guerre *des Amoureux*, 523 à 528. Biron lui est opposé, 530. Il fait la paix de Fleix, 540 à 542. Ce qu'est pour lui la religion; XX, 4. Il vend au roi la châtellenie d'E-

pernon, 8. Son pouvoir en Guienne; 12. Son entrevue avec Condé, 19. Il fait reconnaître Lesdiguières comme chef du parti en Dauphiné, 20. Ses négociations avec le Portugal, 36. Ses adieux à Sully; son jugement sur d'Alençon, 39, 40. Ses débats avec le roi; leurs négociations; son établissement précaire en Guienne; hommes vertueux qui l'entourent; ses qualités; ressentimens auxquels il est en butte; tentative contre ses jours; importance que lui donne le dépérissement de d'Alençon; alliance que lui propose Philippe; il le dénonce au roi, 69 à 81, 117. Il refuse de se rendre à l'assemblée de Saint-Germain, 83, 84. Complot qu'il fait connaître à la cour; Henri III le reconnaît son héritier, 87 à 89. Haine que portent les catholiques à lui et à son parti; doctrines républicaines des Huguenots; doctrines de pouvoir absolu que Henri commence à professer; ses ménagemens pour Valois et d'Epernon; sa politique tortueuse; sa rupture avec d'Aubigné; ses rapports avec Condé; ses amis les plus zélés; son refus de changer de religion; offres qu'il fait au roi; ses places de sûreté; ses négociations avec Elisabeth d'Angleterre, 93 à 113. Son accord secret avec Valois regardé par les ligueurs comme une future persécution; sa réponse à leur manifeste, 133, 135, 147 à 150. Sa propre déclaration; son défi à Guise; ses efforts pour conserver la paix; considéré par Philippe comme son ennemi personnel, 152 à 155. Songe à former une ligue protestante en Europe; ses négociations avec Elisabeth, 161 à 166. Valois lui fait redemander ses places de sûreté; ses observations; son alliance avec Montmorency; excommunié par Sixte V; sa réponse; dans la guerre des trois Henri il dirige le parti huguenot, 174 à 187. Ses représailles contre l'édit de suppression du culte réformé; laisse Condé exposé aux premiers coups, 190, 191. Aux prises avec Matignon et Mayenne; s'enferme dans la Rochelle, 207 à 209. Y trouve Condé, 211. Ses opérations; son armistice, 213, 226, 227. Ses conférences avec

Table générale de l'Histoire des Français.

Nevers et avec Catherine; il refuse de la faire prisonnière, 230 à 238. Ses amours lui font négliger les grandes affaires, 241. Obstacle à la pacification, 258. Les conférences sont rompues; ses succès; ses manœuvres à l'approche de Joyeuse; il gagne la bataille de Coutras, 260 à 277. A qui remet les restes de Joyeuse, 278. Envoie Morlas à l'armée allemande; marche qu'il lui indique; ne peut profiter de sa victoire; son voyage en Gascogne; discorde du parti; ses levées en Allemagne, 280 à 291. Les Seize proclament son exclusion, 293 à 295. Recommande à Dohna de ravager la Lorraine, 297. L'appelle en Bourbonnais, 304. Ses négociations avec Montmorency; avec les princes du Nord; avec Elisabeth, 321. Sa rupture avec Soissons; ses relations avec Epernon, 389 à 391. Troupes qu'il fait marcher sur Angoulême; pourquoi, 398. Requêtes de proscription contre lui; Valois temporise, 423 à 427. Est aux prises avec Nevers; Etats qu'il convoque à la Rochelle, 449, 450. Valois sollicité de se rapprocher de lui, 504. Son entrevue avec Diane d'Angoulême; son manifeste; il fait offrir à Valois toutes ses forces; sa confiance; ses conventions; il établit à Saumur le siége de son gouvernement; il conseille au roi de prendre l'offensive, 508 à 521. Il s'avance à son secours; le presse de marcher sur Paris; lettre interceptée qu'il envoie à Aumale; ses opérations sur la Loire, 524, 527, 528. Il s'ébranle; sa marche; l'armée entière à Saint-Cloud; attaque qu'il se réserve, 533 à 536. Il apprend la blessure de Valois, 540, 541. Celui-ci recommande de le reconnaître; il arrive à son camp après sa mort; accueil qu'il y reçoit, 543 à 545. Son armée lui échappe; comment elle se composait; bonnes nouvelles qu'il reçoit; il prend le deuil comme roi; ses négociations avec les catholiques qui l'entourent; ils le reconnaissent roi; défection de d'Epernon; de Vitry et d'une foule de soldats; ses négociations secrètes avec Mayenne; ses dispositions; son départ pour la Normandie; comment se maintient

malgré sa pénurie; ses manières populaires; son activité; le pape prévoit son triomphe; XXI, 3 à 22. Il fait resserrer la captivité de son oncle, qui lui donne le titre de roi; son désappointement à Rouen; il invoque le secours d'Elisabeth; se rapproche de Dieppe; victorieux à Arques; il marche sur Paris; faubourgs qu'il enlève et fait piller; sa retraite, 24 à 37. Son entrée à Tours; son adresse; sa harangue au parlement; ses opérations militaires; il est reconnu par Venise; repoussé par les autres puissances; requête que lui fait présenter la veuve du feu roi; il fait périr le prieur Bourgoin; faiblesse de son parti; cherche à attirer le légat; refus qu'il éprouve; exaspération des bourgeois de Paris contre lui; dispositions de Mayenne en sa faveur, 38 à 47. Nouveau caractère qu'il a donné à la guerre civile; la possession de Paris lui semble décisive; est déclaré, par la Sorbonne, hérétique relaps et excommunié; fait lever le siége de Melun; ses mouvemens; il livre et gagne la bataille d'Ivry, 49 à 59. Victoire de son lieutenant en Auvergne; sa lenteur; villes dont il s'empare; ses négociations; ses expédiens; il arrive sous Paris, 62 à 66. Cherche à affamer cette ville; misère qui la désole, 69 à 72. Il renferme Mayenne à Laon; revient sur Saint-Denis; s'en empare; enlève les faubourgs de Paris; resserre la ville; négociateurs qu'on lui envoie, 75 à 80. Aux prises avec Mayenne et Farnèse réunis, il lève le siége; ses manœuvres; il donne à Paris l'escalade; échoue et disperse son armée, 83 à 92. Poursuit Farnèse; sa vertu militaire propre à captiver la nation; sa petite guerre après la délivrance de Paris, 94 à 98. Tente sans succès de surprendre cette ville; enlève Chartres; prend Noyon; insuffisance de ces succès; n'a aucun pouvoir en Languedoc; perd la Bretagne; succès divers de son parti; factions qui le divisent; intrigues diverses; ses négociations extérieures; son édit de tolérance, 100 à 118. Fureurs contre lui des trois successeurs de Sixte v et des prédicateurs dans Paris, 124 à 126, 128 et suiv. Sa jonction avec Turenne ; il offre la bataille à Mayenne et assiége Rouen, 135, 141 et suiv. Il se porte au-devant de Farnèse ; ses escarmouches ; sa témérité ; ses périls ; sa blessure ; sa retraite, 146 à 150. Il reprend le siége ; est abandonné par sa cavalerie ; s'éloigne de nouveau ; renfort qu'il reçoit ; il bloque Mayenne que le duc de Parme dégage ; fidèles serviteurs qu'il perd, 153 à 160. Ses négociations ; sa méfiance de sa famille ; ses opérations de guerre, 161 à 169. Il envoie Aumont en Bretagne, 172. Ses rapports avec les Bourbons, 174. Intrigues de son conseil secret ; son projet de conversion ; ses entretiens avec Sully ; déclaration des catholiques de son parti au gouverneur de Paris ; sa manifestation contre Mayenne, 179 à 185. Sa confiance en Duperron ; attention qu'il prête aux conférences de Suréne ; sermons furieux contre lui, 188 à 190. Sa conversion prochaine annoncée ; il prend Dreux, 195. Motifs qui déterminent sa conversion ; il reçoit à Saint-Denis l'absolution ; opportunité du moment ; trève qu'il signe avec Mayenne, 197 à 205. Son art de gagner les cœurs ; il rappelle à la cour Duplessis-Mornay ; ses rapports avec lui ; sa négociation pour épouser l'infante ; son amitié pour Sully ; son désir d'obtenir l'absolution du pape ; ses agens secrets à Rome ; il y envoie en ambassade le duc de Nevers ; refus qu'il essuie ; tentative d'assassinat contre lui, 209 à 223. Son portrait par d'Aubigné, 224 et suiv. Ecrit qu'il surprend ; mauvaise foi de la ligue ; il renonce à traiter avec elle ; publie un édit de pardon ; nomme Vitry gouverneur de Meaux ; ligueurs qui se déclarent pour lui, 237 à 241 et suiv. Il se fait sacrer à Chartres ; arrêt du parlement et intrigues à Paris en sa faveur ; Brissac lui livre cette ville ; il y fait son entrée, 248 à 268. Changement dans sa condition ; purification à laquelle on procède ; il reçoit en grâce le parlement ligueur ; faveur qu'il accorde à d'O ; sa politique à l'égard de ses amis et de ses adversaires ; son mot à Lanoue ; ses édits ; zèle du parlement ; décret d'obéissance que rend la Sorbonne ; prédicateurs convertis ; il admet Lincester ; sa méfiance ; soumission de Villars ; de la Normandie ; de la Picardie ; d'une partie de la Champagne, etc., 269 à 285. Il assiége Laon ; est aux prises avec l'armée ennemie ; force la place à se rendre, 286, 296 à 300. Sa méfiance envers Biron, Bouillon, Epernon et le grand prieur ; il traite avec Balagni ; soumission qu'il reçoit ; emplois qu'il confère, 301 à 308. Il nomme Montmorency connétable ; son but ; ses négociations avec Joyeuse ; comment ruine le pouvoir de d'Epernon en Provence, 311 à 315. Ses traités avec les princes lorrains ; par qui fait administrer ses finances, 315 à 318. Il est blessé par Jean Chastel ; sévérité du parlement à cette occasion, 319 à 323. Ses rapports avec Rome, avec Turenne et avec les Huguenots ; organisation que se donnent ces derniers ; il fait convertir et réhabiliter la princesse de Condé et élever le jeune prince dans la foi catholique, 324 à 330. Il fait enregistrer par le parlement de Paris l'édit de tolérance ; son but ; il déclare la guerre au roi d'Espagne ; par qui influencé ; son fils né de Gabrielle ; son désir de lui conquérir une principauté indépendante, 331 à 333. Conseil qu'il établit à Paris ; il entre en campagne ; remporte l'avantage à Fontaine-Française ; sa trève avec Mayenne, 334, 336 à 341. Il reçoit l'absolution du pape ; aux prises avec Philippe ; leur parallèle ; son infériorité, 342 à 350. Etat de ses armées ; infimité de l'infanterie ; ses auxiliaires ; l'honneur national est confié à la cavalerie ; nature de cette arme ; qualités brillantes du roi nécessaires à ses généraux, 354 à 358. Echecs de ses lieutenans dans les Pays-Bas, 361. Comment pourvoit à la défense de la Picardie, 366. Et à celle de Cambrai, 373, 374. Le résultat de la première campagne n'est pas en sa faveur ; ses fêtes à Lyon ; ses amours ; il prolonge la trève avec Mayenne ; grands emplois dont il dispose, 381 à 385. Autorisation qu'il a donnée à Lesdiguières ; son ingratitude envers ce capitaine, 387. Guise lui soumet Marseille et la Provence ; son traité avec Liberta ; ce qu'il fait pour d'Epernon ; son traité définitif avec Mayenne ; puis avec Nemours, Joyeuse ; la ville de Toulouse, 399 à 411. Comment le théâtre de la guerre se trouve réduit à la Picardie et à l'Artois ; pourquoi le roi cherche des alliés, 412 à 414. Ses rapports ; ses négociations avec les Turcs ; avec Elisabeth ; renforcé par la noblesse ; on lui propose de rendre les gouvernemens héréditaires ; sa colère ; il perd Calais et prend Lafère ; il licencie son armée ; son but ; maladie qui éclate à Paris, 415 à 427. Son alliance avec l'Angleterre et avec la Hollande ; son désir de la paix ; ouverture qui lui est faite par le légat ; les hostilités suspendues en Bretagne ; misère publique, 428 à 436. Son amitié pour Zamet ; sur quoi fondée ; ses prodigalités ; prix des défections de ligueurs ; il appelle Sully aux finances ; se rend à Rouen pour l'assemblée nationale ; il en fait l'ouverture ; son mot à Gabrielle ; proposition des notables ; ses suites ; ses négociations avec les Huguenots, 437 à 458. Il fait incarcérer Carrel ; publicité de ses amours avec Gabrielle ; il apprend la surprise d'Amiens et s'apprête à partir, 459 à 461. Ses expédiens financiers ; ses boutades ; son armée ; ses auxiliaires ; long siége qu'il dirige ; ses périls ; il force l'archiduc à la retraite et fait capituler la ville ; ce qu'il demande pour faire la paix, 463 à 469. Il traite d'abord avec Mercœur ; sa conduite à l'égard de ses alliés ; ses négociateurs au congrès de Vervins ; la paix est signée dans cette ville, 470 à 480. Il rend l'édit de Nantes, 481 à 489. Ses efforts constans pour neutraliser le pouvoir et soumettre la France à sa volonté absolue ; dispositions du pays ; nouveaux grands vassaux nés de la guerre civile ; comment se compose le conseil du roi ; son aptitude ; XXII, 8 à 15. Son ordonnance pour défendre le port d'armes ; dans quel but ; Sully rétablit l'ordre dans les finances, 16 à 26. Emploi de son temps ; ses mœurs débauchées ; sa laideur ; infidélité de ses maîtresses ; il songe à épouser Gabrielle ; conseil de Sully ; son divorce ; son amour pour la demoiselle d'Entragues ; promesse de mariage qu'il lui fait ; il épouse Marie de Médicis, 26 à 36. Ses rapports avec la maison d'Autriche ; sa guerre avec le duc de Savoie ; leurs négociations préalables au sujet du marquisat de Saluces ; leur entrevue ; tentative d'assassinat dont il est l'objet ; mécontentement contre lui dans tous les partis, 36 à 48. Complot de Biron ; Henri force le Savoyard à la paix, 49 à 57. Son entrevue avec la reine ; leurs querelles ; naissance de son fils ; il pardonne à Biron et l'envoie en ambassade en Angleterre ; pourquoi se rend à Calais ; ce qu'est sa clémence ; mariage de sa sœur ; pourquoi se rend au Midi ; son entrevue avec Bouillon et d'Epernon ; dénonciation que lui fait Lafin ; sa *résolution de perdre Biron* ; il l'attire à Fontainebleau ; le fait arrêter ; le fait condamner et exécuter ; grâce qu'il accorde à Charles d'Angoulême ; à quelles conditions ; conseil que lui donne d'Ossat, 58 à 77. Ses rapports avec le duc de Bouillon ; sa joie à la mort de Châtillon ; il fait arrêter le prince de Joinville ; s'interpose entre Genève et la Savoie ; son inimitié envers Philippe III ; ses rapports avec La Trémoille, 79 à 84. Sa belle position extérieure et intérieure ; synode des Huguenots à Gap ; dérèglemens de sa cour ; son voyage en Lorraine ; comment s'assure de Metz ; y apprend la mort d'Elisabeth ; son retour à Paris, 85 à 90. Il envoie Sully en ambassade près du nouveau roi anglais ; ses instructions secrètes ; son projet de remaniement de l'Europe ; traité d'alliance conclu en son nom, 91 à 95. Dilapidation que Sully l'empêche d'autoriser ; son ministre l'excite à la guerre contre l'Espagne ; économies qu'il lui fait faire ; parti espagnol à sa cour ; il nomme Sully gouverneur du Poitou ; intrigues que celui-ci découvre, 96 à 103. Sa maîtresse elle-même est en correspondance avec l'Espagne ; son aversion pour Concini ; éloignement de la reine pour lui ; mécontentement que lui donne la favorite ; elle lui remet sa promesse de mariage; usage qu'elle en voulait faire ; il fait arrêter ses complices; leur procès ; grâces qu'il accorde, 104 à 108. Mort de sa sœur ; paix entre l'Angleterre et l'Espagne ; son traité de commerce avec cette puissance ; chagrin que lui cause la prise d'Ostende, 109 à 112. Son animosité contre ses anciens serviteurs protestans ; sa sécheresse à l'égard de Duplessis ; nouveaux complots qu'on lui dénonce ; mission qu'il donne à Sully, 113 à 117. Ses soupçons ; son voyage en Languedoc ; arrestations et supplices qu'il ordonne ; les forteresses de Bouillon lui sont ouvertes ; ses explications avec l'ambassadeur d'Espagne ; ses apprêts pour réduire Bouillon, 118 à 122. Son accommodement avec ce dernier ; il le ramène de Sédan à Paris, 123 à 127. Embarras que lui donnent sa femme et ses deux maîtresses ; il institue la paulette ; il rançonne les financiers, 128 à 130. Médiateur entre le pape et Venise, 131 à 133. Ses rapports avec les Suisses et les Grisons ; circonstance où il abandonne ces derniers ; ses continuels secours aux Hollandais ; il fait reconnaître l'indépendance des provinces unies, 134 à 140. Son ressentiment contre la maison d'Autriche ; ses amours sans délicatesse ; délations qu'il accueille ; mission qu'il donne à Sully, 141 à 145. Progrès du catholicisme dans son cœur ; fermentation contre lui dans le parti extrême des vieux ligueurs ; ses avances aux jésuites ; il fonde le collége de la Flèche ; il presse Sully de se convertir ; ses plans d'agrandissement pour le pays et sa famille ; ses négociations en Lorraine ; ses projets de mariage pour ses fils, 146 à 151. Ses édits contre les duels, 152 à 154. Sa passion pour la princesse de Condé ; requête qu'il signe pour divorcer ; jalousie de la reine ; il découvre sa correspondance avec l'Espagne ; ses hésitations entre l'ambition et les plaisirs ; influence de Sully ; son humeur, son envie contre son ministre ; son trésor ; comment grossi, 155 à 159. Abandonne les Maures expulsés d'Espagne, 162. La succession de Ju-

liers lui donne prétexte d'intervenir en Allemagne ; mémoire que lui envoie Bongars, son ambassadeur près de l'union de Halle ; il promet des secours; le duc de Savoie est son seul allié hors de l'empire ; promesses qu'il lui fait, 163 à 168. Toute l'Europe l'exhorte à la paix ; il pourvoit ses fils naturels ; scandale de sa passion pour la princesse de Condé ; sa colère à la fuite de son mari ; sa correspondance avec elle ; ses tentatives d'enlèvement ; ses apprêts de guerre, 169 à 175. Il nomme la reine régente ; conseil qu'il forme ; il la fait sacrer ; ses pressentimens, sa position intérieure et extérieure, 176 à 180. Il est tué par Ravaillac, 181, 182. Grands événements que suspend sa mort, 183 et suiv. Réaction espagnole dont elle est le signal, 192. Ses ministres restent à la tête des affaires, 198. Est regretté, 201, 202. Etat des gouvernemens à sa mort ; titulaires, 211 à 217. Ses obsèques, 220. A quoi ses trésors employés, 227.

HENRI ou EUDES, fils de Hugues-le-Grand ; entre en possession du duché de Bourgogne ; III, 462, 473. Auteur présumé d'une des six pairies laïques ; IV, 16. Surnommé le Grand ; on ne sait rien de lui ni de ses successeurs pendant deux siècles, 64, 65. Sa mort, sans enfans ; ses états partagés par les seigneurs bourguignons, 129 et suiv.

HENRI Ier, comte de Champagne ; croisé à Vezelay ; V, 307. Assiste à l'assemblée de Saint-Jean-d'Acre, 352. Quand hérite de la Champagne, 365. Ligué contre Henri Plantagenet, 382. Celui-ci recherche son alliance, 403. Leur réconciliation, 407. Sa négociation avec Frédéric Barberousse, 441. Gendre de Louis-le-Jeune ; ses brouilleries avec sa femme, 452. Partage avec la reine et ses frères le gouvernement ; VI, 14. Offensé par le jeune roi, 15, 16. Sa mort, 20.

HENRI, évêque de Beauvais, frère de Louis-le-Jeune ; défend le domaine royal ; V, 412. Archevêque de Reims ; meurt, 517.

HENRI II, comte de Champagne ; succède à son père ; VI, 20. Prend la croix, 54. Reçoit la couronne de Jérusalem, 121. Rompt la trêve avec les Sarrasins ; meurt ; les chrétiens sont renfermés dans Acre, 204.

HENRI D'ANGOULÊME, bâtard de Henri II, grand prieur de France ; se charge de tuer Guise et n'ose ; reproches que lui fait Charles IX ; XIX, 98. Complice du meurtre de Lignerolles, 107. Part qu'il prend à la Saint-Barthélemy, 162, 165, 171, 182. Nouveau massacre qu'il prépare ; par qui retenu, 223, 224. Il se rend au siége de la Rochelle, 225. Son guet-apens chez Nantouillet, 244. Consigne au duc de Savoie les places qu'on lui remet, 306. Conseils auxquels il est admis, 308. Est gouverneur de Provence ; XX, 12. Fait assassiner le baron de Saint-Anselme, 37. Conserve Marseille au roi, 143, 144. Est assassiné, 214, 215.

HENRI Ier (L'OISELEUR), roi de Germanie, d'abord duc de Saxe ; sa rivalité avec Conrad ; ses rapports avec Charles-le-Simple et Haganon ; son élection ; il soumet la Lorraine ; ses démêlés en Allemagne avec les ducs de Souabe et de Bavière ; III, 342 à 347. Puis avec les feudataires en deçà du Rhin, 372. Remporte en Thuringe sur les Hongrois une victoire qui met fin à leurs invasions, 376. Part qu'il prend à la guerre entre Gislebert et Hugues, 377. Sa médiation ; il rétablit la paix, 380. Sa mort ; promesses qu'il a obtenues des seigneurs allemands ; elles sont respectées, 395 et suiv.

HENRI II, empereur, dispose du duché de Basse-Lorraine ; IV, 50. Seul véritable souverain de son époque, 85. Son élection ; son vœu de chasteté ; son compétiteur ; l'Italie lui échappe, 127 à 129. Son activité ; son intervention dans les démêlés entre les comtes de Flandre et de Hainaut ; son entrevue avec Robert ; il assiége Valenciennes ; la prend ; donne cette place et l'île de Walcheren au comte de Flandre ; prend Gand, 140 à 142. Rodolphe-le-Fainéant lui soumet le royaume d'Arles ; sa puissance ; sa piété exagérée n'a point détruit son énergie ; ses guerres ; réunit la Bohème à l'empire ; ses expéditions en Italie ; présent qu'il accepte de Robert ; ses démêlés avec le comte de Blois ; il vient à Verdun ; il se fait moine et continue à gouverner, 164 à 169. Il tranche la querelle entre Eudes et Thierry, 171. Sa mort, 177. Soulèvement en Italie à cette nouvelle, 178. Secours qu'il a donnés à Rodolphe-le-Fainéant, 222.

HENRI III (LE NOIR), empereur ; son père se l'associe ; il lui succède ; IV, 229. Plus puissant ; mieux connu que le Capétien, 230. Son influence sur la France ; son mariage, 264 à 266. Ses inquiétudes sur la possession de la Lorraine ; il reçoit la couronne impériale ; accable le parti de Godefroi-le-Hardi ; donne à Gérard d'Alsace la Lorraine supérieure ; reçoit des otages de Baudoin ; attaque de nouveau ce dernier ; représentations du roi de France, 272 à 275. Son opposition au mariage de Guillaume de Normandie, 280. Fait pendre de prétendus manichéens, 289. Son repentir de quelques actes de simonie ; fait déposer Benoît IX et ses deux collègues ; les remplace par Clément II, 296. Désigne après ce pape Damas, puis Léon IX, 298. Appui qu'il donne à ce dernier, 301. Les Romains lui demandent un pape allemand ; sa mort ; il a soustrait le clergé à la dépendance des seigneurs ; la force qu'il lui a donnée se tourne contre ses successeurs, 303 à 305.

HENRI IV, empereur ; comment saint Pierre Damien cherche à l'intimider ; IV, 104. Agé de cinq ans à son avénement, 304. Eprouve combien est redoutable la force dont son père a investi le clergé, 305. Sous quelle tutelle il règne, 325 et suiv. Ses désordres ; prend le titre de roi des Français orientaux ; son trafic des dignités ecclésiastiques ; ses démêlés ; sa réconciliation avec l'impératrice ; il est sommé de se rendre à Rome, 382 à 386. Permet la consécration de Grégoire VII, 388. Son activité ; pouvoir qu'elle lui donne, 441, 442. Soutient seul contre Hildebrand les prérogatives du trône ; est excommunié ; abandonné par l'opinion populaire ; passe en Italie ; comment achète le libre transit des Alpes, 451 à 453. Ses humiliations à Rome ; révolte de son parti; élit un pape et prend les armes; ses victoires, 455, 456. Entre à Rome; fait accepter le pape Clément III; reçoit de lui la couronne impériale, 460. Sa lutte seule préoccupe l'Occident, 496. Force les Saxons à se soumettre; ses succès; troubles dans sa famille; accusations monstrueuses portées contre lui; son fils aîné le trahit; déclarations de celui-ci et de l'impératrice devant un concile, 498 à 500. Son influence en France affaiblie; donne à Godefroi de Bouillon la Basse-Lorraine qui lui reste fidèle; vicissitudes dans les autres contrées; laisse la maison de Savoie s'agrandir, 501. Excommunié, 523, 528. A abandonné l'Italie; sa faiblesse en Allemagne; V, 38. Associe son fils Henri V à la couronne de Germanie, 51. Attaqué par lui; son cri de douleur; sa lettre à Philippe Ier, 52. Ses malheurs; sa mort, 53.

HENRI V, empereur; associé par son père à la couronne de Germanie; lui déclare la guerre; réclame le droit d'investiture ecclésiastique; son ambassade au pape; V, 51 et suiv. Son mariage avec Mathilde d'Angleterre, 101. Donne le titre de comte à Amé de Savoie; reçoit son hommage; provinces de la France méridionale qui relèvent de lui; est couronné empereur par le pape; recommence avec lui la guerre des investitures; est excommunié, 111 à 114. Favorise l'affranchissement des bourgeois de Verdun, 131. Chasse de Rome le pape Gélase II; le remplace par Burdini sous le nom de Grégoire VIII, 149. Domine en Italie; excommunié par le concile de Reims, 149 à 151. Négocie avec Calixte II, 165. Fait la paix avec l'Eglise, 166. Armée qu'il rassemble à la sollicitation du roi d'Angleterre; la disperse, 174. Meurt sans enfans; extinction de la maison de Franconie, 178.

HENRI VI, empereur; ses droits, du chef de l'impératrice Constance, au trône de Sicile; par qui dépossédé; VI, 99. Retient Richard Cœur-de-Lion prisonnier; en donne avis au roi de France, 122 et suiv. L'accuse devant la diète germanique; le met en liberté,

145, 147. A concédé à ce prince le titre de roi de Provence, 158. Lui propose de se liguer contre Philippe, 165. Son expédition dans les deux Siciles; sa mort, 167.

HENRI VII, empereur; d'abord comte de Luxembourg; fait la paix avec le duc de Brabant; VIII, 414. Recherche l'alliance de Philippe-le-Bel; IX, 31. Son élection; sa pauvreté; sa faiblesse, 216. Ses succès en Italie, 251. Ne réclame point les droits de l'empire, sur l'ancien royaume d'Arles, 264. Son couronnement à Rome; sa rupture avec la cour pontificale; sa lutte avec le roi de Naples; sa mort, avec soupçon d'empoisonnement, 270 à 272. Long interrègne qui la suit, 321.

HENRI, duc de Frioul, principal conseiller de Pépin; roi d'Italie; II, 356, 357. Sa mort, 374.

HENRI de Saxe; conseil qu'il donne à Charles-le-Gros; III, 259. Marche au secours de Paris; sa mort, 263, 266, 267.

HENRI, frère cadet d'Othon; sa levée de boucliers contre celui-ci; son parti battu; III, 402. Il est reçu en grâce, 405.

HENRI (LE QUERELLEUR), duc de Bavière; ses démêlés avec Othon II; III, 477. Réclame la tutelle d'Othon III, 486, 487. Recouvre son duché; son zèle pour le jeune empereur, 488. S'interpose pour la paix en France, 493.

HENRI, évêque d'Augsbourg, seconde Agnès, tutrice de l'empereur Henri IV; IV, 325. Envie qu'il excite, 327.

HENRI (LE SUPERBE), duc de Saxe, dispute l'empire à Conrad III; V, 280. La guerre éclate entre eux, 281.

HENRI, duc de Saxe, gendre de l'empereur Frédéric Barberousse; mission que lui donne ce dernier; V, 466.

HENRI, duc de Brabant, assemblée à laquelle il assiste; VI, 327. Ligué avec Othon, 350. Prend la fuite à Bouvines, 362.

HENRI, duc de Limbourg, du parti d'Othon; VI, 350. Prend la fuite à Bouvines, 362.

HENRI, landgrave de Thuringe, élu roi des Romains par le parti du pape;

VII, 358. Sa victoire sur Conrad, 359. Ses échecs; sa défaite; sa mort, 361.

HENRI, fils de Frédéric II; sa parenté avec les Plantagenet; VIII, 4. Sa mort, 5.

HENRI III, duc de Brabant; mariage de sa fille avec Philippe-le-Hardi; VIII, 255. Fait partie de son armée, 275. Est l'un des juges qui condamnent La Brosse, 290. Sollicite vainement du pape la punition de l'évêque de Bayeux, 295.

HENRI de Namur, part qu'il prend à la bataille de Mons-en-Puelle; IX, 151.

HENRI, duc de Carinthie, défend contre la maison d'Autriche l'indépendance de la Bohême; IX, 174.

HENRI d'Autriche, prisonnier à la bataille de Muhldorf; IX, 433.

HENRI, duc de Brunswick; ses hostilités contre la ligue de Smalkade; sa défaite; XVII, 276.

HENRI, duc de Lorraine, d'abord duc de Bar; épouse la sœur de Henri IV; XXII, 66 à 68. Visite que lui fait ce prince, 89. Il perd sa femme, 109. Se remarie; n'a que des filles; le roi veut faire épouser l'aînée par le Dauphin, 150.

HENRI, prince de Prusse, frère de Frédéric; ses opérations en Saxe; XXIX, 162 et suiv. Puis en Silésie, 200, 203. Admiration des Français pour lui, 204. Il délivre Breslaw, 212. Défend la Saxe, 245. Gagne la bataille de Freiberg, 262. Sa mission à Saint-Pétersbourg, 480.

HENRI Ier, roi d'Angleterre, troisième fils du conquérant; comment irrite son frère aîné; IV, 447. Son père ne lui laisse qu'une somme d'argent, 478. Achète des fiefs à Robert; s'y distingue par son habileté, 503. Est arrêté, 505. Sauve Rouen; sa cruauté; dépossédé par ses deux frères; se retire en France, 512 à 513. Couronné roi d'Angleterre; sa loyauté à l'égard de Louis-le-Gros; V, 13. Commencement de son long règne; son habileté, 34. Attaqué par Robert; leur paix; il écrase son parti; s'engage dans la querelle des investitures, 36 à 39. Descend en Normandie; comment s'y agrandit; remontrances de l'évêque de Séez; sa docilité à s'y conformer; remporte sur son frère la victoire de Tinchebray; le fait prisonnier; s'empare de la Normandie, 41 à 48. Inquiétudes que lui donne son neveu, qui se place sous la protection de Louis-le-Gros; mariage de sa fille; il perd l'alliance du comte de Flandre; sa malveillance pour le comte d'Anjou; sa guerre avec Louis; leur entrevue; leur défi; paix bientôt rompue; ses alliés; désordre dans le domaine royal; ses voyages en Angleterre; dispositions de la Normandie; il fait emprisonner Bellesme; gagne à son alliance Foulques d'Anjou; force Louis à la paix; cessions qu'il obtient, 101 à 110. Le provoque; mécontentemens contre lui; est attaqué; ses pertes; défections des seigneurs normands; ses alliés; désastres d'une première campagne; déloyauté de son gendre Breteuil; quelle vengeance il en tire; révolte de celui-ci; il assiége et fait capituler sa fille Juliane, 133 à 141. Mariage de son fils; continue la guerre; gagne la bataille de Brenneville; aux prises avec la milice des villes, 144 à 148. Sa conférence avec le pape; sa paix avec Louis; il perd tous ses enfans dans un naufrage; parti que sa politique tire de ce désastre; son second mariage; ses démêlés avec Foulques, 155 à 160. Entraves qu'il met au mariage de son neveu, 172. Prévient par son attaque les partisans de ce dernier; à qui il destine son double héritage; inquiétudes à ce sujet, 173. Réduit ses vassaux normands, 177. Projets d'élévation de Mathilde au trône, 179 à 184. Fait prêter serment pour elle à ses barons; la marie à Geoffroi Plantagenet; chagrins que lui cause cette union, 192 à 196. Prétend au comté de Flandre; seconde Thierri d'Alsace; sourde hostilité contre Louis, 207 à 209. Se déclare pour Innocent II; vient en Champagne lui rendre hommage, 222 et suiv. Son ardeur guerrière refroidie par l'âge; inquiétudes que lui donnent les Gallois et son gendre; ses trésors; sa maladie; il recommande Mathilde comme son héritière; il meurt, 225 à 229.

HENRI II (PLANTAGENET), roi d'Angleterre; sa naissance ; V, 196. D'abord comte d'Anjou, 364. Mis en possession de la Normandie ; se dispose à tenter la fortune en Angleterre, 375 à 377. Son mariage avec Eléonore d'Aquitaine; étendue de sa domination ; ligue contre lui; est reconnu successeur d'Etienne d'Angleterre; fait raser en Normandie les châteaux forts des particuliers ; fermeté de son administration ; il fait la paix avec Louis; prend possession de son royaume; congédie les *Brabançons;* réduit les nobles à l'obéissance ; démolit les châteaux forts ; ses rapports avec le roi de France; sentimens qui rétablissent l'équilibre entre eux; réclamations de son frère Geoffroi ; les élude; il transige avec lui; il parcourt le Midi ; met fin aux brigandages et aux guerres privées ; favorise l'établissement de son frère en Bretagne, 381 à 399. Réclame le comté de Nantes ; fait valoir son titre de duc de Normandie et de sénéchal de France; la garde de la Flandre lui est confiée; il réduit le second fils d'Etienne; il négocie avec les fils de Thibaud-le-Grand ; il captive Louis; leurs visites réciproques ; son alliance avec la maison de Champagne; il fait revivre les prétentions de sa femme sur le comté de Toulouse, 400 à 407. Ses alliés ; assemblée qu'il tient à Poitiers ; ses feintes négociations avec Louis; ses hostilités dans le comté de Toulouse; fait attaquer le domaine royal; son lieutenant au midi; châteaux qu'il se fait livrer près de Paris; sa trêve avec Raymond ; sa marche ascendante ; sa puissance; comment elle s'anéantit, 409 à 418. Son clergé se déclare pour le pape Alexandre III, 432. Sa rupture avec Louis; ses hostilités; dispose du comté de Boulogne; fait une trêve; son voyage en Aquitaine ; il assiste au concile de Toulouse, 436 à 439. Son entrevue avec le pape et Louis; est au comble de la puissance ; ses projets sur la France ; le pape est dans ses intérêts ; obstacle que lui fait son clergé; il lui donne pour chef Thomas Becket; celui-ci devient son ennemi; sa présence au concile de Tours ; fait attaquer Raymond et secourir Conan IV; sa puissance est affaiblie ; embarras que lui donnent les affaires ecclésiastiques ; il fait poursuivre Becket ; le signale à Louis comme traître et lui enjoint de le chasser de ses états, 443 à 451. Dissimule ses mécontentemens contre lui ; ses négociations contre le pape; son séjour en Angleterre; pacifie l'Auvergne; soumet la Bretagne ; attaque le comte de Toulouse ; son entrevue avec Louis, 453 à 459. Leurs ruptures; hostilités entre eux ; leurs traités ou trêves ; il repousse le secours que lui offre l'empereur ; ses incursions en Gascogne, en Bretagne ; il fait couronner son fils aîné en Angleterre ; sa maladie; sa réconciliation avec Thomas Becket ; provocations et meurtre de ce prélat, 461 à 480. Démonstrations de désespoir de Henri ; sa lettre au pape ; poursuit ses projets d'agrandissement; prend possession de toute la Bretagne; fait la conquête de l'Irlande; sa réconciliation avec l'Église ; satisfaction qu'il donne à Louis ; il reçoit l'hommage du comte de Toulouse; fait alliance avec Alphonse d'Aragon et Humbert de Savoie ; mariage projeté de son quatrième fils ; mécontentemens dans ses états ; complot dans sa famille ; il réconcilie le roi d'Aragon et le comte de Toulouse ; est attaqué de tous points ; lève des *Brabançons;* trompé par Louis; le met en déroute; ses avances pour la paix ; victoires de son oncle en Angleterre, 488 à 507. Sa pénitence sur la tombe de Thomas; ses succès au nord, 509 à 511. Son retour à Rouen ; il fait la paix, 514 et suiv. Fait grâce aux révoltés d'Aquitaine ; alliances de famille avec Louis; discussions qui s'ensuivent; il continue à s'agrandir; soumet le Berry ; achète la Marche ; ses conventions avec Louis; il passe en Angleterre; ses dévotions au tombeau de Thomas, 521 à 529. Accueil qu'il fait au roi de France, 539. Son ascendant constant sur ce prince, 542. Enumération de ses domaines; VI, 4. Convention avec Philippe-Auguste, 17 à 19. Pacifie la France ; inquiétudes que lui donnent ses fils ; ses plans ; leurs caprices ; leur révolte ; violente guerre civile ; pourquoi refuse de voir l'aîné mourant ; son désespoir lorsqu'il l'a perdu ; il règle le douaire de sa veuve ; sa jalousie envers le comte de Toulouse, 21 à 30. Il refuse d'élever des bûchers contre les hérétiques ; réduit et gracie de Born de Hauteford ; discordes de famille ; cour plénière ; accommodement ; négociations pour concilier le roi de France et le comte de Flandre, 35 à 40. Son entrevue avec le premier ; nouveaux sujets de différends ; trêve employée en apprêts de guerre ; mesures défensives ; trahison de Richard ; négociations des deux rois ; tous deux prennent la croix, 47 à 54. Comment attaqué brusquement ; ses négociations interrompues par des hostilités ; circonstances qui le forcent à la paix ; trahison de son fils Jean-sans-terre ; sa mort, 56 à 63. La couronne de Jérusalem lui a été offerte, 73. Diète qu'il a présidée ; établissement d'une dîme *Saladine*, 82. Sa mort retarde le départ du roi de France et de Richard, 88.

HENRI III, roi d'Angleterre ; son infériorité à l'égard des princes capétiens contemporains ; VI, 183. Son avénement ; son parti ; le cardinal légat, le pape, se déclarent pour lui ; barons qui embrassent sa cause ; sa victoire à Lincoln, 462 à 469. Sa victoire maritime ; son traité avec Louis de France, 471, 472. Ses régens ; trêve qu'ils font en son nom, 496. N'assiste point au sacre de Louis VIII, 538. Attaqué par lui malgré la protection du pape, 553 et suiv. Est aux prises avec ses barons ; ne peut défendre ses provinces en France, 556. Fidélité de l'archevêque de Bordeaux ; pertes des provinces entre Loire et Garonne, 559. Se déclare pour le prétendu Baudoin ; son peu de pouvoir ; ses vices ; sa fausseté, 562 à 564. Subsides qu'on lui accorde ; secours qu'il envoie en France ; hostilités en Touraine ; il sollicite l'alliance de Raymond de Toulouse, 571 à 573. La menace d'excommunication le force à l'abandonner ; il renouvelle la trêve avec Louis, 581. Ligue qu'il forme en France ; prétentions qu'il veut faire revivre ; par qui il est dominé ; VII, 26, 27. Révoque les chartes anglaises ; excite un soulèvement qui le réduit à l'impuissance, 28. Protégé par la cour de Rome ; renouvelle les trêves avec la France, 33 à 35. Intervient dans la guerre de Bretagne, 59. Prolonge encore la trêve, 63. Sollicitations qui l'appellent sur le continent ; armée qu'il rassemble ; trahison qui fait avorter l'entreprise ; sa colère ; sa faiblesse, 64, 65. Son entrevue avec le roi d'Ecosse ; il débarque en Bretagne ; refuse de tenter de recouvrer la Normandie ; ses opérations de guerre ; ses alliés ; 97 à 100. Son retour en Angleterre ; 102. Trêve à laquelle il consent, 104. Ses rapports avec le pape ; il disgracie son favori du Bourg ; chevaliers français qui inondent sa cour ; leur faveur ; guerre civile qu'elle excite, 116 à 121. Est hors d'état de soutenir le duc de Bretagne, 133. Son mariage, 139, 140. Chef de la ligue des seigneurs de France ; renouvelle la trêve, 165. Mission qu'il donne à son frère Richard, 181. L'empereur le charge de modérer le zèle des croisés ; don qu'il fait à l'empereur de Constantinople, 187 à 189. Protége le comte de Provence, 229. Ses prétentions sur le Poitou, 236. Victoire que lui annonce l'empereur, 244. Ligué contre saint Louis, 248. Sa campagne en Saintonge ; son effroi au pont de Taillebourg ; obtient un armistice ; fait retraite ; désordre de son armée ; il perd la bataille de Saintes ; irrite les bourgeois de cette ville ; sa fuite ; rançonné et abandonné par les barons poitevins ; rejoint par Raymond de Toulouse ; fait un traité avec lui ; seigneurs gascons qu'il soudoie ; épuisement de son trésor ; fidélité du sire de Mirambeau ; signe une trêve de cinq ans, 251 à 266. Son inconséquence ruine l'aristocratie française, 274. Encouragé par la modération de saint Louis ; rompt les négociations ; sa lettre à l'empereur ; achète chèrement une trêve ; sa vie dissipée à Bordeaux, 277 à 281. Ses favoris ; sa magnificence ; son approbation du mariage de Richard, 288. Ses démêlés avec Louis et avec Thibaud, 295, 296. Soutient contre son clergé le parti du pape, 317. Refuse le concours de l'Angleterre à la croisade de saint Louis sa couronne offerte par le pape à ce dernier; leur trêve; le pape veut se réconcilier avec lui; subsides qu'il lui fournit, 350 à 355. Conférence que le pape lui refuse, 472. Louis veut l'attirer en Terre-Sainte; à quel prix, 481, 482. Opprime la Guienne; doléances qu'il reçoit; enquête qu'il fait faire; révolte des Gascons; qui il oppose aux insurgés; reçoit de nouvelles plaintes; envoie son fils sur le continent; y passe lui-même, 486 à 492. Pour qui demande la couronne des Deux-Siciles; VIII, 6. Soumet les Gascons; traite avec le roi de Castille; ses dissensions perpétuelles avec ses sujets, 8, 9. Ses réclamations à saint Louis; leur trêve; leurs négociations, 22, 23, 29. Son fils Edouard obtient du pape la couronne des Deux-Siciles; ses rapports avec le pontife, 31, 32. Réclame derechef la Normandie, 35. Ce qu'il obtient de saint Louis, 38, 39. Lui prête hommage comme duc d'Aquitaine; son séjour à Paris; honneurs funèbres qu'il rend au fils aîné du roi, 42 à 44. Soulèvement contre lui; il signe les statuts d'Oxford; est relevé par le pape de son serment; s'empare de la Tour de Londres; difficultés de sa situation; il invoque le secours de saint Louis; il envoie son trésor en France; il s'y rend lui-même, 54 à 57. Puissance extérieure de sa maison; troubles intérieurs; ses luttes avec l'aristocratie anglaise; son habitude de violer ses sermens; garanties que les barons exigent de lui; réduit à la Tour de Londres; vaincu par Montfort; se soumet à l'arbitrage de saint Louis, 121 à 129. Louis prononce en sa faveur; les hostilités recommencent; ses succès; il perd la bataille de Lewes; est prisonnier; sa captivité, 132 à 134. Le pape l'engage à renoncer pour son fils Edmond aux Deux-Siciles, 138. Légat envoyé auprès de lui, 140. Embarras que cherche à lui susciter Charles d'Anjou, 144. Espérances qui relèvent son parti, 145. Ses cruelles vengeances après la victoire d'Evesham; il abolit toutes les libertés et dépouille Londres de ses priviléges, 148. Réconcilié avec le roi de Navarre, 155. Guerroie contre le parti des barons, 167. N'assiste point au sacre de Philippe-le-Hardi, 222. Provinces du midi qu'il réclame de lui; comment ce différend est réglé, 225. Ses derniers débats avec le prince; sa mort; calamités de son long règne, 229, 230. Conséquences de son traité de paix avec saint Louis, 467.

HENRI IV, roi d'Angleterre; son avènement; colère qu'il excite à la cour de Charles VI; XII, 131, 132. La Guienne le reconnaît; conspiration qu'il punit; mort du roi détrôné, 134. Les princes français le reconnaissent; il renouvelle les précédentes trêves, 135. Ses plaintes contre eux; pourquoi se soumet à un arbitrage; son mariage avec la duchesse de Bretagne; il est défié par le duc d'Orléans; sa correspondance avec lui, 154 à 159. Hospitalité qu'il donne à l'empereur de Constantinople, 168. Troubles de son règne, 176. D'Orléans lui déclare la guerre en son nom; il fait surveiller les côtes de France; ses succès contre les rebelles; sa flotte attaquée par les Bretons; ses représailles, 185 à 188. Subsides levés en France pour l'attaquer, 197. Fait appel à l'opinion publique; ses flottes ravagent le littoral, 199 à 202. Pourquoi ne rompt pas la trêve; son armistice avec l'Ecosse; ses ouvertures à la France, 207, 208. Complot qu'il réprime par les supplices, 243. Traité qu'il propose à la France; négociations, 248, 249. Est attaqué; a laissé la Guienne sans défense, 255. Ses trêves avec la Bretagne, la Flandre, la France, 266, 267, 320. Il triomphe de Percy, 319. Il enjoint à ses prélats de se rendre au concile de Pise, 322. Ses négociations avec les deux partis en France; renfort qu'il envoie au Bourguignon, 372, 373. Traité qu'il fait avec les *Armagnacs*, 381 à 384. Ses hostilités contre la France, 396, 397. Sa mort, 398.

HENRI V, roi d'Angleterre; son avènement; il signe une trêve avec la France; XII, 398, 399. Charles VI lui dénonce les cabochiens, 435. Ses doubles négociations avec la France; ses apprêts de guerre, 461 à 463. Ambassade qu'il reçoit et qu'il congédie; son armée, 467 à 469. Régent qu'il nomme; complot qui le retarde; il débarque à Harfleur; prend cette ville; souffrances de son armée; il marche sur Calais; ses opérations pénibles; il gagne la bataille d'Azincourt; retourne en Angleterre, 472 à 490. Sollicité contre les Lollards, 497. Ses négociations : ses propositions à Jean-sans-Peur; pourparlers avec les princes prisonniers; pourquoi disposé à traiter; succès qui change sa politique, 502 à 505. Il négocie avec Charles VI et Jean-sans-Peur; pourvoit au gouvernement de l'Angleterre; descend en France; ses conquêtes en Normandie, 524 à 527, 533, 534. Est peu porté à négocier, 525. Le comte d'Armagnac traite avec lui; prend Rouen, 555 à 566. Son épuisement, 569. Son entrevue à Meulan avec la reine, sa fille et Jean-sans-Peur; son arrogance; ses exigences; rupture des négociations; il les fait reprendre, 571 à 574. Ses troupes surprennent Pontoise; leurs courses; villes qu'elles prennent, 577 à 579. Ses dispositions après le meurtre de Jean-sans-Peur; ses trêves; Philippe-le-Bon le reconnaît roi de France, 587 à 589. Valeur de ses droits à la couronne; motifs politiques pour la lui décerner; il signe le traité de Troyes qui le reconnaît régent et héritier de Charles VI; ses opérations de guerre; sa cruauté; son entrée à Paris; il se rend en Angleterre; princes qui le reconnaissent; il altère les monnaies; son retour en France; il fait lever le siége de Chartres, 596 à 611. Villes qu'il prend; il assiége Meaux; y est rejoint par Philippe-le-Bon; met en liberté Arthur de Bretagne; s'empare de la place; officiers et soldats qu'il fait pendre; ne songe point à adoucir les maux de la France, 614 à 620. Sa mort, 622.

HENRI VI, roi d'Angleterre; sa naissance; son avénement; XII, 620, 622, 623. Par qui reconnu roi de France; répulsion du peuple; XIII, 5. Composition de ses armées, 9. Dispositions de Paris à son égard; sur quoi son oncle veut l'appuyer, 12 à 15. Reconnu par le duc de Bretagne, 76. Bedford lui annonce ses désastres; comment les explique; départ de Winchester, 146. Mesures de son oncle pour le raffermir en France, 155. Son séjour à Rouen, 175. La Pucelle livrée à ses juges; le procès est suivi en son nom, 181 et suiv. Prétendu inspiré qui est emmené à sa suite, 196. Son entrée et son couronnement à Paris; son retour en Normandie, 206 à 209. Son retour en Angleterre, 230. Offres que le congrès de Nevers se propose de lui faire; déclarations de Philippe à ses conseillers; inquiétudes de son conseil à Paris; par qui représenté au congrès d'Arras, 245 à 253. Le duc de Bourgogne fait notifier à son conseil son traité de réconciliation avec la France, 262. Le pays de Caux retombe en son pouvoir, 264. Abandonné à Paris par les Bourguignons, 269. Sa cause perdue en France; son peuple désire la paix; son incapacité; comparé à son aïeul Charles VI; traite en frères les fils de sa mère, 279 à 281. Inquiétude que lui donne l'Ecosse; comment dissipée, 292. Echange que son conseil permet, 317. Vaines négociations de Gravelines, 336 à 341, 342 à 344. Saufs-conduits qu'il donne aux ambassadeurs français; conditions qu'il agrée; ses députés récusés par ceux de Charles, 369, 370. Il congédie le duc d'Orléans, 375. Son incapacité croissante, 391. D'Armagnac lui offre sa fille en mariage, 403. Il récompense Talbot, 404. Sa méfiance fait échouer les opérations de ses capitaines, 407, 408. Négociateur qu'il envoie en France; pleins pouvoirs qu'il lui donne; trêve; il épouse Marguerite d'Anjou, 410 à 415. Convient d'une entrevue avec Charles VII; prolonge la trêve, 448, 449. Dominé par sa femme; perd Glocester; valeur de ses droits au trône; comment donne à l'Angleterre occasion de les examiner, 455 à 459. N'envoie en France ni troupes ni subsides, 480. Réclamations qu'il reçoit, 481. Est cause des succès de son rival, 494. Troubles croissans de son gouvernement, 503, 507. S'enfuit au château de Kenilworth, 508. Ce qu'il a perdu en deux campagnes; il ne lui reste que Calais, 520 à 522. Il a toujours regardé le duc de Bretagne comme son allié, 525, 526. Faveurs sollicitées de lui par des prélats gascons, 547, 548. Sa maladie, 572. Prisonnier du Protecteur ; il l'exile, 635. Piége qu'il lui tend ; XIV, 15. Tour à tour roi et prisonnier, 50 à 55. Livré à Edouard IV, 121. Délivré de prison et proclamé de nouveau, 307, 309. Louis XI publie son alliance avec lui ; ambassade qu'il reçoit, 318. Désir de Charles-le-Téméraire de se réconcilier avec lui, 323. Emprisonné de nouveau, 336. Est égorgé, 340.

HENRI VII, roi d'Angleterre ; fils d'Edmond Tudor, comte de Richmond ; XIII, 281. Se réfugie en Bretagne ; XIV, 340. Edouard espère se le faire livrer, 438. Son mariage à Elisabeth d'York ; il détrône Richard III ; ses vices ; il fait périr le dernier des Plantagenets ; son traité avec Charles VIII ; XV, 19 à 21. Invité à défendre l'indépendance de la Bretagne, 42. Refuse son secours, 43. Offre en vain sa médiation, 53. S'engage enfin à envoyer des troupes aux Bretons, 75. Ses idées de politique générale, 80. S'oppose à la paix de la Bretagne, 90. Ne retire point ses troupes, 94. A quoi utilise dans son intérêt les troubles de Bretagne, 99, 100. Ses démonstrations belliqueuses contre la France ; leur but ; ses obligations envers Charles VIII ; ses luttes avec le parti d'York ; son appréciation des forces militaires du roi ; obtient des subsides pour la guerre ; veut en dégoûter le peuple anglais ; ses hostilités ; secours insignifians qu'il reçoit de Maximilien ; annonce faussement la coopération de l'Espagne ; publie le triomphe de Ferdinand sur les Maures ; le roi renonce à son alliance ; il signe avec Charles le traité d'Etaples ; son retour en Angleterre, 116 à 128. Autres traités, 254. Sa victoire sur Perkin Vaerbek ; il renouvelle avec Louis XII les conventions faites avec son prédécesseur, 284, 285. Pourquoi retient comme prisonnier Philippe d'Autriche ; ses extorsions, 450, 451. Il veut épouser Marguerite d'Autriche, 461, 462. Invité à envoyer ses ambassadeurs à Cambrai, 499. Il favorise Maximilien, 500. Sa mort ; son dernier projet de mariage ; ses trésors, 526, 527.

HENRI VIII, roi d'Angleterre ; son mariage avec Catherine d'Aragon ; son avénement ; son immense trésor ; XV, 527. Ses traités avec Louis XII et Ferdinand ; marque d'amitié qu'il reçoit de Jules II, 528. Il seconde la Ligue sainte, 574, 576. Y accède ; obtient des subsides du parlement ; transporte des troupes en Espagne, 585. Déclare la guerre à Louis XII ; rassemble des troupes en Picardie, 601. Force le roi d'Ecosse à rester neutre, 618. Ferdinand stipule pour lui ; le pousse à la guerre ; ses dispositions ; coalition que l'Aragonais lui propose ; trompé par lui, 623 à 626. Sa flotte le transporte à Calais ; il est rejoint par Maximilien ; gagne la bataille de Guinegatte ; fait raser Térouanne ; assiège Tournai ; ses succès encouragent Marguerite, 637 à 645. Son lieutenant bat les Ecossais ; il fait capituler Tournai ; son entrevue avec Marguerite et Charles (Quint) ; ses projets ; son retour en Angleterre, 653 à 655. Trompé par ses alliés ; trève dans laquelle il est compris, 658, 659. Mariage de sa fille avec Louis XII ; traité de paix d'Etaples, 664 à 667. Il consent au mariage de la jeune reine avec Brandon ; XVI, 9. Renouvelle la paix avec François Iᵉʳ, 21. Ses subsides à Maximilien, 48. Ses mécontentemens contre la France ; il signe le traité de Londres ; 54 à 56. Restitue Tournai, 78, 89. Son entrevue du champ du drap d'or avec François Iᵉʳ ; ses entrevues avec Charles (Quint), 110 à 117. S'interpose pour la paix, 126, 130. Promesse que son ministre fait à l'empereur en son nom ; 133, 134. Ses explications avec François ; il lui déclare la guerre ; son alliance avec Charles-Quint ; il lui promet sa fille, 148 à 151. Pleins pouvoirs qu'il donne pour traiter avec le connétable, 176, 177. Subsides qu'il fournit à l'empereur, 212. Cesse de l'envoyer et ne fait aucun mouvement, 225. Lui devient hostile après la bataille de Pavie ; traite avec la régente de France, 255 à 259. Ne la seconde que par des subsides, 296, 297. Autres traités, 305, 306. Il recommande de mettre Lautrec à la tête de l'armée, 312. Fait déclarer la guerre à Charles ; ses projets de divorce, 319, 320. Veut en vain attaquer la Flandre; trêve qu'il signe, 328, 329. Difficultés de ses rapports avec François et Charles; passion qui le détourne des affaires; il veut épouser Anne de Boleyn et faire prononcer son divorce avec Catherine d'Aragon; hésitation du pape; son empressement à transiger avec la France, 345 à 349. Son influence religieuse sur François, 386. Il seconde la ligue de Smalkade, 392. Ses rapports avec François ; avec le pape; avec Luther; avec la réforme; il disgracie Wolsey; ses projets de divorce, 403 à 406. Inquiétudes que lui donne l'entrevue projetée de l'empereur et du pape; il prend congé de François, 410, 412. Son divorce entravé par l'empereur, 416. Il épouse Anne de Boleyn ; sépare l'Angleterre de l'Église; est frappé d'anathème; élude la médiation de la France, 430 à 433. Sa haine pour Charles-Quint; François compte sur son alliance, 435. L'empereur lui offre de renouer leur ancienne amitié, 487, 532. Son despotisme; il fait périr Anne de Boleyn ; épouse Jeanne Seymour; recherche l'alliance du roi d'Ecosse, 531 à 533. Ressentiment que lui inspire le mariage de ce prince, 535. Eloignement du connétable pour lui; ses exactions; son despotisme; subsides qu'il reçoit de la France; il perd sa femme; ses négociations pour un nouveau mariage; son mécontentement contre François; l'empereur renonce à s'allier avec lui; XVII, 16 à 21. Intrigues pour le précipiter du trône; ses mesures; ses armemens, 26 à 31. Avances que lui fait François 1er; pourquoi les repousse, 114. Ses hostilités contre Jacques d'Ecosse; sa victoire; son projet de marier son fils à Marie Stuart ; pourquoi accepte l'alliance de Charles-Quint, 143 à 145. Renfort qu'il lui envoie, 154. Attaque qu'il projette, 195. Généraux de l'empereur qui doivent le rallier, 197. Ses dissentimens avec ce prince ; son désir de traiter, 203. Inquiétudes qu'il donne au Dauphin, 204. Il marche sur Paris, 207. Ses négociations avec François; il prend Boulogne et se retire en Angleterre; 217 à 220. Comment scandalise le pape, 226. Projets de François de l'attaquer, 257. Sa lassitude de la guerre; traité qu'il signe ; avances que lui fait François ; il est parrain de la fille du Dauphin, 267 à 270. Ses cruautés; sa mort, 290, 291. Conseil de régence qu'il a institué, 293.

HENRI, évêque de Winchester, favorise l'usurpation de son frère Etienne, roi d'Angleterre; V, 230. Prend pour quelque temps parti contre lui, 275. Son habileté ; son audace; abandonne Mathilde, 277.

HENRI (AU COURT MANTEL), prince d'Angleterre; son mariage projeté avec Marguerite de France; V, 405. On les marie encore enfans, 436. Hommage qu'il fait à Louis-le-Jeune ; remplit les fonctions de sénéchal de France, 468. Est couronné en Angleterre, 473, 474. Rétablit Becket dans sa dignité, 477. Couronné de nouveau avec sa femme, 494. Son désir de régner ; son voyage à Paris ; conseil que lui donne Louis, 498. Ses premières démarches, 499. Sa révolte, 500. Ligue qui le soutient, 501. Se prépare à descendre en Angleterre; son armée battue, 507. Ses nouveaux apprêts, 509. Appelé en Normandie; assiége Rouen, 512. Sa soumission, 515 à 517. Ses nouveaux désirs de révoltes, 519 à 521. Porte les armes de son père en Berry; ses progrès, 527. Assiste au couronnement de Philippe-Auguste, 538, 540. Accompagne son père en France; VI, 17. Secourt Philippe-Auguste, 21. Sa bravoure ; sa bonne mine; pourquoi son impatience de régner, 24. Son affection pour Philippe; son échauffourée; son père l'apaise à prix d'or, 25. Est l'idole des contemporains, 26. Sa révolte; ses caprices, 27, 28. Sa mort, 29.

HENRI, fils de Richard, comte de Cornouailles ; prisonnier de Montfort; VIII, 134. Prend la croix, 170. Est assassiné en Italie par Gui de Montfort, 219.

HENRI DE TRANSTAMARE, roi de Castille; sert sous les drapeaux français; X, 457. Vit en chef d'aventuriers; passe en Espagne pour attaquer Pierre-le-Cruel, 602. A pour alliés les rois de Navarre et d'Aragon; XI, 8. Prend à son service les compagnies, 37, 38, 39. Est rejoint à Barcelone par Duguesclin, 41. Sur quoi il fonde son droit à la couronne; composition de son armée, 44. Il entre en Castille; est proclamé roi; ses progrès rapides; embarras que lui donnent les compagnies; récompenses qu'il accorde; faible troupe qu'il garde avec lui; il convoque les Cortès; ses alliances; ses mesures contre son rival, 46 à 50. Traités qu'il signe pour lui fermer l'entrée de l'Espagne; il renvoie Duguesclin en France pour lever des troupes, 55, 56. Efforts de Charles pour le maintenir; d'Edouard pour le renverser, 67. Ses pourparlers avec ce dernier; il perd la bataille de Najarra, 72 à 75. Se réfugie en France; est secondé par le duc d'Anjou; guerroie en Aquitaine; rentre en Espagne, 79 à 81. Renfort qu'il reçoit; ses progrès; son traité d'alliance avec Charles v, 90, 91. Il gagne la bataille de Montiel; il poignarde son frère; embarras que lui donnent les rois ses voisins; il récompense Duguesclin; il bat les Portugais; il forme une alliance étroite avec le roi de France, 102 à 106. Il reprend ses villes dont le Navarrais s'est emparé, 147. Son ardeur à seconder Charles v; il envoie sa flotte contre la flotte anglaise, 164, 165, 226. Délivre don Jayme de Majorque; lui prête aide; son alliance avec le duc d'Anjou, 219, 220. Il fait attaquer la Navarre, 236. Ses concessions au peuple; quelquefois trop libérales; sa mort, 244.

HENRI IV, roi de Castille; donne asile au prince de Viane; XIV, 104. Attaque le roi d'Aragon, 107. Accepte l'arbitrage de Louis XI, 108, 109. Leur entrevue; de qui accompagné; pourquoi sa fille ne lui succède pas; son luxe; mécontentement mutuel des deux rois, 113, 114. Il perd son frère; mot de Louis XI, 293. Ce roi recherche son alliance, 295. Sa lutte avec ses sujets, 341. Sa mort, 430.

HENRI V, roi de Castille; d'abord prince des Asturies; son mariage stipulé avec Catherine de Lancastre; XI, 526, 527. Son avénement; rapports dans lesquels son mariage l'a mis avec l'Angleterre; XII, 11, 12. Renouvelle son alliance avec la France. 54. Prend le même parti qu'elle pour faire cesser le schisme, 113. Inaction de son royaume, 176. Négociateur français auprès de lui, 201. Epoque de sa mort, 320.

HENRI, de Castille, frère d'Alphonse X; forcé par lui de quitter l'Espagne; son alliance avec Charles d'Anjou; devient son ennemi; VIII, 166. Est sénateur romain; se déclare pour Conradin, 172. Est prisonnier avec lui; est condamné à une prison perpétuelle, 173, 174. Hospitalité qu'il a reçue à Tunis, 186. Le pape promet de s'interposer pour sa mise en liberté, 261.

HENRI Ier, roi de Navarre; succède à son frère Thibaud II; VIII, 217. N'assiste point au sacre de Philippe-le-Hardi, 222. Son traité avec Edouard d'Angleterre; alliance qu'il projette pour son unique héritière, 242. Sa mort, 256. Qui épouse sa veuve, 323.

HENRI II, roi de Navarre; épouse Marguerite d'Angoulême; XV, 520. Son avénement; XVI, 106. Il n'est en réalité qu'un seigneur français, 141. Est prisonnier à Pavie, 238. Son évasion, 261, 262. Rien n'est stipulé pour lui par le traité de Cambrai, 341, 345. Date de son mariage, 386. Lève des Basques; les oppose aux Espagnols, 507. Séance du parlement à laquelle il assiste, 588. Il est présenté à l'empereur; XVII, 10. Son projet de l'arrêter, 48. Cause l'arrestation de Poyet, 130. Fait partie du conseil royal; n'y siége pas, 304, 305. Insurrection qu'il punit en Guienne, 350.

HENRI, comte de Portugal, de la maison capétienne de Bourgogne; gendre d'Alphonse VI; fondateur de la maison de Portugal; IV, 469.

HENRI, archevêque de Braga; proclamé roi de Portugal; prétendans à sa succession; XX, 25, 26. Sa mort, 27.

HENRI II, DE LUSIGNAN, roi de

Chypre et de Jérusalem ; secourt Acre assiégée ; VIII, 449. Sa fuite, 450.

HENRI, chef de la secte des *Henriciens*, condamné à un emprisonnement perpétuel ; V, 371, 372. Voy. *Albigeois*.

HENRI, abbé de Clairvaux ; légat du pape en Languedoc ; VI, 31.

HENRI (JEAN), député aux États-généraux ; répond au discours du chancelier ; XIV, 648.

HENRI (JACQUES), maire de la Rochelle ; son pouvoir dans cette ville ; ses rapports avec Lanoue ; XIX, 207.

HENRIETTE de France ; épouse Charles 1er d'Angleterre ; XXII, 545 et suiv., 557 à 559. Ses serviteurs catholiques éloignés, 572. A été accompagnée par Brienne ; XXIII, 3. Ses imprudentes démonstrations papistes ; son pèlerinage à Tyburn ; ses brouilleries avec le roi, 37 à 41. Décision que Richelieu lui abandonne, 111. Sa mère se met sous sa protection, 363. Ses malheurs commencent, 434. Elle se réfugie en France ; XXIV, 61. Conseil qu'elle donne à la régente, 221. A qui veut marier son fils, 597. Traité dont elle est dépositaire ; XXV, 120. Sa mort, 186, 187.

HENRIETTE d'Angleterre ; épouse Monsieur ; XXIV, 598. Inclination de Louis XIV pour elle ; XXV, 16, 17, 33, 52. Qui elle lui préfère, 18, 34. Le roi lui recommande La Vallière, 61. Elle l'admet à sa table de jeu, 63. Son démêlé avec la comtesse de Soissons, 82, 83. Soins qu'elle donne à la reine-mère, 90. Elle quitte la cour, 174, 175. Sa mission près de son frère ; bouderies de son mari ; sa mort, 187 à 196. A causé la disgrâce de Villeroi ; XXVI, 117.

HENRIQUEZ (JEANNE), épouse Jean II, roi de Navarre ; naissance de leur fils ; XIV, 103. Assiégée par des insurgés, 107. Secours qu'elle reçoit, 108.

HENTIUS, roi de Sardaigne, fils de l'empereur Frédéric II ; capture en mer les prélats qui vont juger son père ; VII, 243.

HERACLIUS, empereur ; ses victoires en Orient ; II, 13.

HÉRARD (GUILLAUME) ; son sermon lors du prononcé de la sentence de la Pucelle ; XIII, 189.

HERBERT, abbé de Saint-Pierre le Vif ; prend la croix ; V, 307. Sa mort, 318.

HERBERT, négociateur d'Elisabeth d'Angleterre pour la paix générale ; XXI, 477.

HERBEVILLÉ, poursuit Villars ; XXVI, 369.

HEREFORD (COMTE D') ; son complot contre Guillaume-le-Conquérant ; IV, 403. Comment puni, 445.

HERIBERT, frère du duc de Septimanie ; son supplice ; III, 7.

HERIBERT Ier, comte de Vermandois ; III, 295. Reconnaît Eudes, 296. Conjuré contre lui ; fait reconnaître Charles-le-Simple, 306, 307. Forcé à l'obéissance, 313. Charles-le-Simple invoque son secours, 353. Il le fait prisonnier, 355. A part au gouvernement, 357. Bat les Normands, 359. Mécontentement que lui donne Rodolphe de France ; ses exigences ; ligue qu'il forme ; il remet Charles en liberté ; recourt au pape ; obtient satisfaction ; renferme Charles ; ligué avec Hugues contre Boson ; se brouille avec lui, 370 à 374. Ligué avec Gislebert ; leur guerre contre Hugues de France ; ses revers ; sa constance ; affection des bourgeois ; reprend Château-Thierry ; pacification, 377 à 380. Reçoit à Boulogne Louis IV, 395. Hugues se rapproche de lui, 398. Leur guerre avec Louis IV, 400. Fait hommage à Othon, 403. Rétablit son fils à Reims ; proclame Othon roi ; assiège Laon ; bat Louis sur l'Aisne, 407 à 409. Lui fait enfin hommage ; pacification, 414. Sa mort, 420.

HERIBERT II, fils du précédent, épouse Odgive ; III, 444. Douaire qu'il lui donne, 445.

HERIBERT III, fils du précédent, auteur présumé d'une des six pairies laïques ; d'où vient cette supposition ; IV, 16. Partisan des Carlovingiens, 42. Seconde son gendre Charles de Lorraine, 45. Se rend à Rome et gagne à son parti le pape Jean XV, 55, 56. Lui dénonce les actes du concile de Saint-Basle, 61. Sa mort, 63. Affaissement du comté de Vermandois, 64.

HERIBERT, comte du Maine; maltraité par Foulques-Nerra; IV, 231. Fait prisonnier par Geoffroi, 233. Lui fait hommage; pourquoi appelé *éveille-chiens*, 339.

HERIBERT-LE-JEUNE; fait hommage à Guillaume de Normandie; lui laisse son comté; IV, 339. Sa famille, 404.

HERIBERT, archevêque de Milan; arrêté par ordre de Conrad-le-Salique; délivré par une insurrection; IV, 225. Se réfugie chez Eudes de Blois, 226. Réconcilié avec Henri III, 229.

HERIOLD ET REGINFRED succèdent en Danemarck à Hemming; traitent avec Charlemagne; II, 415. Invoque la protection de Louis, 433. Secouru par ses troupes, 435. Partage la royauté avec les fils de Godfrid, 449, 456. Se fait chrétien; reçoit un comté dans la Frise, 464.

HERISPOÉ, reconnu roi des Bretons par Charles-le-Chauve; lui rend hommage; III, 106. Son gouvernement est augmenté de trois villes, 107. Sa mort, 130.

HERISSON (THIERRI DE), évêque d'Arras; comment mêlé au procès de Robert d'Artois; X, 42, 43.

HERISSON, aventurier; son atroce pillage de la grotte de Massano; XV, 535.

HERIVÉE, comte français; vaincu par les Normands; III, 175.

HERIVÉE, archevêque de Reims; forteresses qu'il fait bâtir; III, 316. Apaise le mécontentement du duc de Saxe, 344. Secours qu'il amène à Charles contre les Hongrois; lui donne asile à Reims, 347. Disgracié, 349. Couronne Robert; meurt, 351.

HERLUIN, comte de Montreuil; est cause de l'assassinat de Guillaume Longue-Epée; III, 417. Est tué, 427.

HERLUIN DE CONTAVILLE, mari de la mère de Guillaume-le-Conquérant; IV, 443.

HERMAN, duc de Souabe; victorieux à Andernach; III, 404.

HERMAN, duc de Souabe; prétend à l'empire; IV, 127. Brûle Strasbourg; est défait; se soumet à Henri II, 128.

HERMAN, archevêque de Cologne; pourquoi blâmé par Charles-Quint; XVII, 253.

HERMANN de Hesse-Cassel, élu archevêque de Cologne; XIV, 409. Assiégé dans Neuss par Charles-le-Téméraire, 418.

HERMANFROI, roi des Thuringiens; I, 248. Fait périr ses frères; s'associe à Thierry, 249. Sa mort, 250.

HERMANGARDE, épouse Lothaire; II, 451.

HERMANT, l'un des solitaires de Port-Royal; XXV, 139.

HERMENTRUDE, épouse Charles-le-Chauve; III, 78. Sa mort, 187.

HERMOISES (ROBERT DES), prétendu époux de la Pucelle; XIII, 194.

HERPIN, vicomte de Bourges, vend au roi de France sa vicomté et part pour la croisade; V, 29.

HÉRULES au service de l'empereur; I, 34. Etablis vers les Palus-Méotides, 120. Entraînent des Quades dans les Gaules, 123. Donnent leur nom aux fédérés d'Odoacre; disparaissent avec lui, 237.

HERVERSEM, amiral hollandais; ses pertes à la bataille de Sainte-Hélène; XXVI, 55.

HERVEY, comte de Nevers, croisé contre les Albigeois; V, 273. Refuse la vicomté de Béziers, 296. Son mécontentement contre Philippe, 322. Diète à laquelle il assiste, 327. Accusé d'être entré dans l'alliance de Jean-sans-Terre, 366. Prête à Philippe un nouveau serment, 430. Passe en Terre-Sainte, 499.

HESSE-CASSEL (LE PRINCE DE) battu sur le Speyerback; XXVI, 371. Prend Trauerbach, 413. Vaincu à Castiglione; XXVII, 10.

HESTRE (DU); renfort qu'il amène à Henri IV; XXI, 156.

HEU (GASPARD DE), exécuté par ordre du duc de Guise; XVIII, 137.

HEYLLE (JEAN DE), négociateur du duc de Bourgogne près des Gantois; XI, 464.

HIJAR (FRANÇOIS DE) étrangle Piétro Navarro; XVI, 317.

HILDBURGHAUSEN (LE PRINCE D') commande l'armée des Cercles; sa jonction avec Soubise; XXIX, 133, 135. Il perd la bataille de Rosbach, 137 à 140.

HILDEBRAND, duc de Spolète, complice de Radgaudes; II, 252. Accusé par le pape; apaise Charlemagne, 284. Est chargé de repousser Adalgise, 330.

HILDEBRAND, depuis Grégoire VII, pape, favorable à Béranger; IV, 292. Son intrépidité; ses talens; son influence sur le clergé; s'instruit des leçons d'Odilon de Cluny; son zèle pour l'indépendance de l'Eglise, 297 à 299. Est sous-diacre à Rome; mission que lui donnent les Romains auprès de l'empereur, 303. Comme il la remplit, 304. Combat le clergé marié, 307. Fait élire Alexandre II, 326. Elu à la mort de ce dernier; parti contre lui; désarme l'empereur; obtient son consentement et est consacré; ses plans de réforme; veut détacher le clergé des plaisirs du monde; l'opposer aux princes; opposition des évêques de France; son inflexibilité à l'égard du roi Philippe; sa lettre à l'évêque de Châlons, 388 et suiv. Sa lettre aux prélats de France; son appréciation de la situation du royaume, des maux qui le désolent; réparations qu'il exige du roi, 392 et suiv. Sa lettre, dans le même sens, au duc d'Aquitaine, 395 et suiv. Éloge qu'il fait de Guillaume-le-Conquérant; ses projets, 402, 403. Prétend exclure les princes séculiers de toute part aux nominations ecclésiastiques; ses légats soutiennent cette prétention; expulse un évêque de Chartres désigné par Philippe; dispute le droit d'investiture aux grands feudataires; cite à Rome l'empereur Henri IV, seul souverain qui lui résiste; l'excommunie; proclame son prétendu droit de déposer les empereurs, de condamner les rois, de faire seul les lois; humiliations qu'il fait subir à l'empereur; fait élire roi de Germanie Rodolphe de Souabe; la guerre éclate; défaites de son parti; ses dangers personnels; sa partialité pour Guillaume; ses lettres hautaines aux souverains; son ton méprisant avec Philippe, 451 à 458. Ses désastres; enfermé au château Saint-Ange; délivré par Guiscard; réfugié à Salerne; meurt, 460. Sermens que lui prêtent les feudataires qu'il détache de leurs suzerains, 462 et suiv. Pourquoi a excommunié le comte de Toulouse, 466. Qui élit son parti, 497, 498. Ses projets de croisade, 525. Ses prétentions en partie abandonnées par Calixte II; V, 166. A condamné l'usage des guerres privées et des combats judiciaires; VIII, 73. Sa canonisation; XXVIII, 45.

HILDEGARDE, femme de Charlemagne; II, 230. Appelée au siége de Pavie, 243. Sa mort, 295.

HILDEGARDE, femme de Guillaume IX de Poitiers; accuse son mari au concile de Reims; V, 154.

HILDERIC, abbé de Saint-Germain d'Auxerre; sommation que lui fait le roi Robert; IV, 132.

HILDUIN, du parti des fils de Louis Ier; III, 8. Enfreint ses ordres, 11. En est puni, 12. Se range du parti de Lothaire, 56.

HIMBERCOURT (LE SIRE D') demande la liberté des otages liégeois; XIV, 237. Sa prudence au siége de Liége, 239. Enlevé par les révoltés; mis en liberté, 270, 271. Négocie la perte de Saint-Pol, 410, 411. Est son gardien, 457. Conseiller de la jeune duchesse, 497. Son ambassade près de Louis XI, 504 à 506. Son supplice, 509.

HINCMAR, archevêque de Reims, domine son époque; III, 102. Ses querelles théologiques avec Gotescale; sa victoire, 103. Son entrevue avec Louis-le-Germanique, 134. Part qu'il prend au procès de Theutberge, 145, 147. Son ambition; son empire sur Charles-le-Chauve; ses démêlés avec le pape, 148. Ses humiliations, 149. Récit de la mort de Lothaire à lui attribué, 156, 157. Sa controverse avec le pape au sujet de l'héritage de ce roi, 180. Part qu'il prend au procès de Carloman, 194. Ennemi de ce prince et de son propre neveu qui a embrassé sa cause, 196. Se déclare en faveur de Louis-le-Bègue; conseil hautain qu'il lui donne, 225. Le couronne, 226. S'oppose vainement à Hugues de Lorraine, 228. Se retire par crainte des Normands ; sa mort, 253.

HINCMAR, évêque de Laon, neveu du précédent ; déposé par lui ; III, 196. Jeté en prison ; pourquoi, 197.

HINOJOSA (LE MARQUIS D'), gouverneur du Milanais ; intervient dans l'affaire de la succession de Mantoue ; XXII, 276, 278. Rompt avec le duc de Savoie, 415 à 417. Est aux prises avec lui ; ses succès arrêtés par un armistice, 418. Est rappelé, 419.

HIRTENSTEIN, Suisse ; son poste à la bataille de Morat ; XIV, 479.

HOCHSTETT ou BLENHEIM (BATAILLE DE) gagnée par Eugène et Marlborough sur Tallard et Marsin ; XXVI, 409.

HOCQUINCOURT (LE MARÉCHAL) battu par Turenne ; XXIV, 337. Conspire contre Condé, 380, 381. Attaqué dans le parlement ; il escorte Mazarin, 416 et suiv. Aux prises avec les frondeurs, 422. Son poste au combat de Bléneau, 426 et suiv., 433. Ses opérations en Catalogne, 497. Prend part au secours d'Arras, 512, 513. Sa défection ; sa fin, 523, 524.

HOEL II, comte de Nantes ; ses démêlés avec Geoffroi-Martel ; IV, 335. Avec ses voisins, 337, 446.

HOEL, fils putatif de Conan III, duc de Bretagne ; renié par celui-ci ; est reconnu par les Nantais ; V, 399. Abandonné par eux, 400.

HOGDSON, complice de Babington ; XX, 251 et suiv.

HOHENLOHE (LE COMTE DE), lieutenant du jeune prince d'Orange ; XX, 118.

HOHENSTAUFFEN (FRÉDÉRIC DE), du parti impérial ; s'empare de la Souabe ; IV, 498. Prétend à la couronne impériale ; V, 212. Pourquoi écarté, 213. Déclaré ennemi de l'empire, 214.

HOJO (LOUIS DEL), stratico de Messine ; querelles qu'il envenime ; il est destitué ; XXV, 330, 331.

HOLLAND (JEAN), connétable du duc de Lancastre ; ses négociations avec le roi de Castille ; XI, 497, 498. Conseiller de Richard II ; XII, 101.

HOLMES (L'AMIRAL) ; flotte anglaise qu'il conduit au Canada ; XXIX, 180.

HOLSTEIN (LE PRINCE DE), prisonnier à Denain ; XXVII, 163.

HOMPECH (LE BARON DE) force les lignes de Villeroi ; XXVI, 442.

HONGROIS ; leurs commencemens ; III, 211. Leurs incursions, 277, 320. N'ont d'autre domicile que leurs chars ; passent en cruauté les Normands, 320, 321. Théâtres de leurs ravages, 341. Réprimés par Henri-l'Oiseleur, 345. Leur incursion en France, 347. Attirés en Italie, 365. Leur origine ; leur migration ; leur établissement en Europe ; détruisent Pavie, 366. Inondent la Provence ; font de la Gothie un désert ; défaits par le comte de Toulouse ; leur armée est détruite, 367. Vaincus définitivement par Henri-l'Oiseleur, 376. Entrent en Bourgogne ; vaincus par Rodolphe, 380. Envahissent encore la France, 399. Attirés en Lorraine ; étendent leurs ravages en France, 447. Vaincus par Othon près d'Augsbourg et désormais contenus, 461.

HONORIUS, empereur d'Occident ; I, 45. Ordonne la convocation d'une diète annuelle des Gaules, 55. Loi de lui sur la culture, 87. Les Gaules entièrement chrétiennes sous son règne, 102. Gouverné par Stilichon, 125. Son règne signalé par l'invasion générale des Barbares, par l'établissement des Bourguignons et des Visigoths dans les Gaules, 126. S'oppose à l'élévation de Constantin, 131. Tente vainement de dégager les Gaules ; confirme l'établissement des Bourguignons et des Visigoths, 135. Fait assassiner Stilichon, 136. Se rapproche des Visigoths après la mort d'Alaric, 137. Les installe au midi de la Gaule, 138. Installe à l'est les Bourguignons, 141. Fin de son règne, 145, 146.

HONORIUS Ier, pape, élu par l'impératrice Agnès ; IV, 326. Abandonné par la nouvelle régence de l'empire, 328. Quand se termine le schisme, 329.

HONORIUS II, pape ; reproches que lui adresse Saint-Bernard ; V, 200. Sa mort, 220.

HONORIUS III, pape ; embrasse la cause de Henri III, roi d'Angleterre ;

VI, 466. Invoqué par Simon de Montfort, 493. Impôt qu'il autorise en France, 499. Comment il en affecte la répartition, 500. Prend sous sa protection Amaury de Montfort, 504. Son légat dans l'Albigeois, 508. Ses efforts contre les hérétiques, 512 à 516. Conditions que lui fait Louis VIII, 545. Espoir que lui donne l'empereur Frédéric d'une croisade en Terre-Sainte, 546. Accepte puis refuse les offres de Louis, 548, 549, 552. Il élude les propositions de Raymond, 553. Il recommande vainement à Louis de renouveler la trêve avec Henri III, 554. Sa protection à l'égard de ce roi, 555. Consent à ajourner le départ de Frédéric, 566. Poursuit les hérétiques en Italie, 570. S'interpose entre les rois de France et d'Angleterre, 573. Favorise ce dernier; VII, 33. S'efforce de retenir le comte de la Marche dans son alliance; sa mort, 34. Son inimitié pour l'empereur Frédéric II, 43. A négocié son mariage, 44.

HONORIUS IV, pape; son élection; VIII, 374. Faveurs spéciales qu'il accorde à Philippe-le-Bel, 384. Empêche la paix entre la famille de France et celle d'Aragon, 394, 395. Sa mort, 397. Ses vains efforts pour attirer en Italie Rodolphe de Hapsburg, 411.

HOOD, vice-amiral anglais, battu par de Grasse; XXX, 197, 202. Son habile manœuvre, 203, 221.

HOPITAL (MICHEL DE L'), chancelier; son amitié pour Olivier; XVII, 385, 399. Sa nomination; XVIII, 154, 155. Ses efforts pour empêcher l'introduction en France de l'inquisition d'Espagne, 157. Conseille l'assemblée des notables, 160. Y assiste, 161. Son discours, 162. Il signe l'ordre d'arrêter les Bourbons, 174. Se rend dans la prison de Condé, 178. Confirme la reine-mère dans sa répugnance à livrer les Bourbons aux Guises, 182. Lui conseille de s'emparer de l'autorité, 186. Il préside le conseil, 190. Assiste à l'ouverture des Etats, 191. Son discours, 192. Il donne la parole aux orateurs, 199. Subsides qu'il demande, 201. Ses propositions à la séance de clôture, 202, 203. Il présente au parlement les ordonnances d'Orléans et de Romorantin; ses luttes avec ce corps; sa tolérance, 204 à 206. Il déclare innocent le prince de Condé, 208. Il réunit le conseil privé et le parlement; ses idées de tolérance sont repoussées; ce qu'il obtient de l'assemblée, 218 à 220. Comment dispose la prochaine réunion des Etats, 221. Suspend de ses fonctions le premier président du parlement, 222. Est alarmé de l'esprit novateur de l'assemblée, 224. Assiste à la conférence de Poissy, 231. Sa lutte avec la Sorbonne; le général des jésuites l'accuse d'hérésie, 243. Conférences qu'il préside, 251, 252. Sa discussion avec une députation du parlement, 255. Ses embarras; il persiste dans son système de tolérance, 260. Sa délibération avec la reine, 275. Il est écarté du conseil, 277. Amnistie qu'il obtient pour Toulouse, 323. Puis pour Rouen, 345. Négociations qu'il conseille, 362. Son désir sincère de la paix, 370. Fait déclarer le roi majeur, 395, 396. Son discours au lit de justice de Rouen, 399. S'est défié avec raison de l'obéissance du parlement de Paris, 400. Le force à la soumission, 402, 403. La reine n'a confiance qu'en lui; intrigues de femme qu'elle mêle à ses grandes vues, 409. A quelle condition fait délivrer Du Moulin, 414, 415. Complots auxquels il est étranger; le pape est tenté de le traduire à l'inquisition; sa famille est protestante; sa bonne foi dans ses efforts de neutralité; sa capacité pour le travail; sa vie simple; ses réformes comme législateur; le parlement repousse celle relative au calendrier, 429 à 436. Son discours au parlement de Toulouse, 438. Réforme qu'il opère par l'ordonnance de Moulins, 466 à 469. Ses explications avec la reine d'Angleterre, 490. Il négocie avec les Huguenots, 503. Est éloigné par la reine; XIX, 25, 26, 101. Sa mort, 326.

HOPITAL (LE MARQUIS DE L') est gouverneur de la Champagne; XXIV, 303.

HORIC, roi de Danemarck, vainement menacé par les fils du Débonnaire; III, 91. Lance ses neveux sur les côtes de France et d'Angleterre, 104. Guerre civile avec un de ses neveux; bataille sanglante, 114.

HORN (JEAN DE), sénéchal du Brabant; flotte qu'il commande; XIII, 301. Est tué, 303. Sa veuve arrêtée, 304.

HORN (JEAN DE), évêque de Liége; soulèvement contre lui; XV, 115.

HORN (LE COMTE DE); ses représentations hardies à Philippe II sur les rigueurs exercées contre les religionnaires; XVIII, 449. Pacifications qu'il négocie, 480. Refuse de se rejoindre à la confédération des Gueux, 483, 484. Son supplice; XIX, 12.

HORN (GUILLAUME DE) accepte le commandement de l'armée nationale des Pays-Bas; XIX, 486.

HORN (GUSTAVE DE) signe avec la France, au nom de la Suède, le traité de Bernwald; XXIII, 172. Seconde Gustave-Adolphe, 179, 192. Bat le secours espagnol, 196. Se range autour de Weymar, 220. Ne peut sauver Ratisbonne; est prisonnier, 246, 247.

HORN (LE COMTE DE) assassine un agent de change; meurt sur la roue; XXVII, 418, 419, 425.

HOTLAND (LE COMTE DE); son ambassade en France; XXII, 545.

HOTTMAN (FRANÇOIS); sa publication intitulée *Franco-Gallia*; XIX, 256. Sa réponse à la bulle d'excommunication du Navarrais; XX, 185.

HOTTMAN (CHARLES), trésorier de la Ligue; XX, 133, 136. Soulevé par Guise, 343.

HOUDETOT (ROBERT DE), lieutenant du roi Jean; ses opérations en Normandie; X, 455.

HOULAGOU, khan des Mogols; détruit le califat et ruine Bagdad; VIII, 49. Envahit la Terre-Sainte, 50.

HOWARD (ÉDOUARD); sa flotte anglaise ravage les côtes de Bretagne; XV, 601. Est tué ainsi que son frère Thomas, 637.

HOWARD EFFINGHAM, amiral anglais; destructeur de l'invincible Armada; XX, 384 à 388.

HOWE (LORD), tué à Ticonderoga; XXIX, 177.

HOWE (LORD) renforce le général anglais Gage en Amérique; XXX, 135. Combat à Boston, 136. Ses opérations dans la Delawarre, 153. Sa retraite; il est remplacé, 175. Il combat d'Estaing, 176, 177. Ravitaille Gibraltar, 211.

HUBERT, beau-frère de Lothaire II, accusé d'inceste; III, 144. Accueilli par Charles-le-Chauve, 145. Sa mort, 151. Par qui tué, 289.

HUBERT, vicomte du Mans, force Guillaume-le-Conquérant à lui accorder la paix; IV, 475.

HUBERT, archevêque de Cantorbéry, prend parti pour Jean-sans-Terre; VI, 184. Le couronne pour la quatrième fois, 217. Le seconde dans ses exactions, 227.

HUE DE MIROMESNIL est nommé garde des sceaux; XXX, 27. Favorable au rappel du parlement, 38. Ligué contre Turgot, 86. Puis contre Necker, 126. Choisit le successeur de ce dernier, 235, 236, 237, 241. Est du conseil des finances, 239. Brouillé avec Vergennes, 245. Fermentation qu'il entretient contre Calonne, 344. Son renvoi, 345.

HUESCAR (LE DUC D'), ministre d'Espagne; XXIX, 236.

HUGONET (GUILLAUME), chancelier de Bourgogne; accuse Louis XI d'empoisonnement; XIV, 406. Est le gardien de Saint-Pol, 457. Conseiller de la jeune duchesse, 497. Son ambassade près de Louis XI, 504 à 506. Son supplice, 509.

HUGUENOTS, nom des libéraux de Genève; adopté par les religionnaires de France; XVIII, 117.

HUGUES-CAPET, roi de France; son âge à la mort de son père; III, 462. Est gouverné par sa mère; jalousie qu'il excite chez Lothaire, 473. Son mariage; sa médiocrité, 475. Sa part dans la querelle entre Lothaire et Othon II; obscurité de son histoire avant son usurpation; accompagne l'empereur en Italie, 483 à 485. Intrigues qui précèdent son avénement; son habileté à se tenir dans l'ombre, 492, 495. Proclamé roi par son armée et sacré à Reims, 498. Evénement qui commence la période où l'autorité royale est anéantie; n'a point le droit de faire des lois; ne se distingue des autres princes que par des prérogatives honorifiques; le régime féodal l'a précédé; coutumes des temps de Clovis accréditées encore de son temps; IV, 1 à 4. Prétendue prééminence de sa principauté sur d'autres seigneurs; seigneurs égaux en puissance à ceux qu'on a regardés comme ses pairs et comme auteurs des pairies laïques, 15 à 17. Est le complément de la révolution féodale; la médiocrité de son génie convient pour le régime qui commence; indifférence des contemporains sur ses actions antérieures à son avénement; sur les motifs de ses partisans; sur son origine et ses ancêtres; opinion de son temps qui le fait sortir des rangs inférieurs de la société; comme il forme l'assemblée qui l'élève sur le trône; sanction qu'elle reçoit; il fait sacrer son fils; sa promptitude à s'emparer de la couronne; ses adversaires; leur inertie le maintient; il s'appuie sur le clergé; laisse Arnolphe prendre possession de l'archevêché de Reims; sermens qu'il en reçoit; trahi par lui; sa longue inertie pour chasser de Laon et de Reims son rival; sa correspondance avec ses vassaux lointains; attaque Guillaume-Bras-de-Fer; assiégé en vain Poitiers; sa victoire infructueuse; invoqué par ce seigneur, 18 à 47. Sa sommation au comte Adalbert; réponse de celui-ci; assiége Laon; est vaincu; comment répare sa défaite; les princes carlovingiens lui sont livrés par trahison; ses luttes avec les grands feudataires; avec Robert, son fils, 36 à 52. Veut faire déposer l'archevêque Arnolphe; l'accuse devant le pape; le traduit devant un concile provincial; cherche vainement à apaiser le pape; son protégé Gerbert condamné par un concile; guerre obscure de feudataires pendant sa lutte avec l'Église; état des grands fiefs, 55 à 63 et suiv. Impossibilité de se former une idée de son caractère, 76. Sa mort; dernières paroles que lui attribue le panégyriste de son fils; sa dévotion superstitieuse; il n'a jamais porté les attributs de la royauté, 78, 79. Pourquoi a fait couronner son fils de son vivant, 96. Insubordination même dans ses domaines, 97. N'a pas laissé un seul souvenir glorieux, 310.

HUGUES, fils de Drogon; sa naissance; II, 100. Son héritage, 107.

HUGUES, bâtard de Charlemagne; II, 417. Tonsuré, 446. Commande une armée neustrienne; est tué; III, 84.

HUGUES, beau-père de l'empereur Lothaire; II, 451. L'anime contre son père, 467. Trahit Bernard, 468. Condamné à mort, puis gracié, 469. Opinion publique en sa faveur, 471. Sa mort; III, 37.

HUGUES, fils de Lothaire-le-Jeune; s'empare de la Lorraine; III, 228. Résiste aux armées de ses oncles, 247. Ses ravages, 254. Ligué avec Godfrid, 258. Trahi; aveuglé; emprisonné, 259.

HUGUES, abbé, partage avec Gauzelin le gouvernement de la Neustrie; III, 229. Sa faction fait couronner Louis III et Carloman, 236, 237. Défend Paris assiégé par les Normands, 262. Sa mort, 265. Comment le qualifient les historiens du temps, 280.

HUGUES-LE-BLANC, comte de France; sa puissance; III, 349. Revendique l'abbaye de Chelles, 350. Poursuit Charles en Lorraine; le met en déroute; sa conférence avec Henri-l'Oiseleur; maître de la couronne; la donne à son beau-frère Rodolphe ou Raoul, 352 à 355. Gouverne sous son nom, 357. L'appelle à son secours contre les Normands, 359. Médiateur entre Rodolphe et Héribert; ligué avec ce dernier contre Boson; se brouille avec lui; sa guerre avec Gislebert et Héribert; assiége Reims; fait la paix; s'approprie une part de la Bourgogne, 373 à 381. Le plus puissant des seigneurs de la France; états qu'il gouverne; ses abbayes; appelé le Grand; pourquoi ne prend point la couronne; la donne au jeune Louis d'Outre-mer, 391 à 395. Sur quoi il fonde ses prétentions à la Bourgogne; prend Langres; traite avec ses compétiteurs; inimitié du jeune roi contre lui; il s'allie avec Héribert, 397, 398. Fait la guerre à Louis IV, 400. Fait hommage à Othon, 403. Son succès à Reims; proclame Othon roi; assiége Laon; bat Louis sur l'Aisne, 407 à 409. Jalousie contre lui au midi, 411. Fait de nouveau hommage à Louis; pacification, 414. Ses combats en Normandie; protége le fils d'Héribert; se fait confirmer dans ses titres; accueille Louis à Paris; nouvelle guerre entre eux; son ambassade à Othon; obtient son amitié; propose à Louis de partager avec lui la Normandie, 420 à 423. Trompé par ce prince; son ressentiment, 426. Le retient captif; à quelle condition il le délivre; la guerre aussitôt recommencée; son alliance étroite avec les Normands; aux prises avec Arnolphe, 428 à 431. Prend et brûle Soissons; est excommunié conditionnellement, 437 à 439. Défend la citadelle de Laon; excommunié par le pape; se réconcilie avec ses ennemis, 441, 442. Nouveaux démêlés, 445. Promet son appui à la veuve de Louis; reconnaît Lothaire; obtient la concession de l'Aquitaine; assiége vainement Poitiers, 459. Sa retraite; sa victoire infructueuse; sa mort; sa famille, 457 à 462.

HUGUES de Provence, roi d'Italie; sa généalogie; descend de Charlemagne; III, 361. Son usurpation; fait hommage de la Provence à Rodolphe de France, 362. S'oppose aux Hongrois, 366. Enlève l'Italie à Rodolphe de Bourgogne, 368. Lui cède ses Etats en deçà des Alpes, 369. Épouse sa veuve, 397. Pourquoi ne détruit point les Sarrasins du Valais, 415.

HUGUES-LE-NOIR, premier souverain de la Franche-Comté; III, 361. Dispute l'héritage de son frère Rodolphe, 381, 397. Perd Langres; traite avec ses compétiteurs, 397. Ligué avec Louis IV, 400. Lui donne asile, 408. Sa médiation, 442.

HUGUES, fils du comte de Vermandois, archevêque de Reims à cinq ans; III, 371. Long siége que soutiennent les habitants pour le défendre; dépossédé, 379. Rétabli, 407, 409. Reçoit de la cour de Rome le pallium, 414. Protégé par Hugues de France, 421. Dépossédé encore, 429. Assiégé dans Mouson, 431. Eclat de ses démêlés avec Artaud; concile convoqué à Verdun pour juger entre eux; il le récuse, 432. Condamné par le concile de Mouson, 433. Son représentant au concile d'Ingelsheim; convaincu de faux; il est anathématisé, 436. Continue la guerre, 439. Réclame vainement son archevêché à la mort d'Artaud, 464.

HUGUES, évêque d'Auxerre, invite le roi Robert à se mettre en possession de la Bourgogne; est chassé de sa ville; IV, 130. Encourage les efforts du roi au siége d'Auxerre, 132. Continue la guerre, 163.

HUGUES, favori du roi Robert II; conseils qu'il lui donne; IV, 135. Assassiné sous ses yeux, 136.

HUGUES, chapelain du comte de la Rochechouart; soufflet qu'il donne à un juif à Toulouse; IV, 158.

HUGUES, comte de Châlons, fait prisonnier Renaud; puni par le duc de Normandie; IV, 191.

HUGUES, fils aîné de Robert II, associé à la couronne; IV, 172. Nommé le *Grand* par ses jeunes compagnons; réclame à quatorze ans sa part dans la royauté; ses pillages; se réfugie chez Eudes; réconcilié avec son père, 173. Demandé par les Italiens pour roi, 179. Sa mort, 187.

HUGUES, fils du roi de France Henri Ier, comte de Vermandois; sa naissance, IV, 267.

HUGUES, duc de Bourgogne; se fait moine; IV, 466, 467.

HUGUES, archevêque de Lyon, chargé par le pape de dissoudre le mariage de Philippe Ier avec Bertrade; IV, 522. Concile qu'il convoque, 523.

HUGUES, comte de Saint-Paul, prend la croix; IV, 533. Part avec Robert, 545.

HUGUES-LE-GRAND, frère du roi Philippe; prend la croix; IV, 532. Part avec Robert-Courte-Heuse, 546. Passe seul en Grèce avec quelques chevaliers, 547. Est retenu prisonnier; délivré par Godefroi de Bouillon, 548. Son retour en France, 559. Etendue de son comté de Vermandois; V, 8. Part de nouveau pour la Terre-Sainte, 27, 29. Sa mort, 30.

HUGUES II, duc de Bourgogne, prince fainéant; V, 22. Cherche à réprimer les vexations de ses officiers; noms de ces avanies, 23. Pourquoi nommé le Pacifique, 99.

HUGUES Ier, comte de Champagne; ses expéditions en Terre-Sainte; vend sa souveraineté à son neveu Thibaud de Blois; V, 99.

HUGUES II, comte de Rhodez; ligué avec le roi d'Angleterre; V, 459.

HUGUES III, duc de Bourgogne; ligué contre Philippe-Auguste; VI, 21. Reçu en grâce, 23. Son mariage avec la veuve d'Albéric de Toulouse; il acquiert le Dauphiné, 35. Ses exploits en Terre-Sainte, 45. Aux prises avec Philippe; se soumet, 40, 47. Prend la croix, 54. Son entrée à Gênes avec Philippe, 96. Ses prétendues propositions au roi de Sicile, 102. Largesse qu'il reçoit, 104. Massacre auquel il préside, 112. Partisan fidèle de Philippe; notifie à Richard l'intention du roi de France de partir, 113. Reçoit le commandement de l'armée, 115. La quitte, 119. Meurt, 120.

HUGUES IV, duc de Bourgogne; n'est point convoqué au sacre de Louis VIII; VI, 538. Assiste à celui de Louis IX; VII, 23. Son mariage; il attaque le comte de Champagne, 60, 61, 101. Est croisé; le pape veut le diriger sur Constantinople, 204. Comment obligé de s'embarquer à Marseille, 207, 208. Echauffourée de Gaza, d'où il s'échappe par la fuite, 210. Son départ pour l'Europe, 212. Il semble disparaître de la scène, 227. Sa nullité, 275. Croisé avec saint Louis, 348. Où le rejoint, 397. La garde du camp lui est confiée, 421. Ses machines secourent Braccion à la bataille de Mansourah, 428. Le roi se remet en communication avec lui, 429. Assiste au sacre de Philippe-le-Hardi; VIII, 222.

HUGUES, comte de Saint-Paul, prend la croix; VI, 205. S'engage dans la croisade contre les Albigeois, 273. Refuse les dépouilles du vicomte de Beziers, 296.

HUGUES V, duc de Bourgogne; son avénement; IX, 171, 172. Est armé chevalier, 274, 275. Prend la croix, 276.

HUGUES d'Angers; libéralité envers lui révoquée; IX, 369.

HUGUES, grand inquisiteur de Toulouse; le pape invoque ses rigueurs contre les Turlupins; XI, 161.

HUGUES (BESANÇON), négociateur entre Genève et les Suisses; XVIII, 117.

HUGUES (SIR EDWARD), amiral anglais; aux prises avec Suffren; XXX, 216, 219, 221.

HUMBAULD, seigneur de Saint-Sévère, forcé par Louis-le-Gros; V, 57.

HUMBERGOURT (LE SIRE D'), officier du duc de Bourgogne; mission qu'il remplit; XII, 517.

HUMBERCOURT (LE SIRE D') fait prisonnier; XV, 387. Racheté, 398. Est à l'armée de Picardie, 639. A celle d'Italie; XVI, 23. Surprend Colonna, 25. Son poste à Marignan; y est tué; 31, 35.

HUMBERT Ier (AUX BLANCHES MAINS), et Gerold, tige de la maison de Savoie; IV, 75. Paraissent à la cour de Conrad-le-Salique, 224.

HUMBERT II de Savoie agrandit sa maison; IV, 501. Beau-père de Louis-le-Gros; V, 111.

HUMBERT III de Savoie fait hommage à Frédéric Barberousse; V, 425. Attaque le comte de Toulouse; son peu de succès, 459. Son alliance avec Henri d'Angleterre, 495, 496. Son entrevue avec lui, 499.

HUMBERT, évêque du Puy-en-Valay; Louis-le-Gros lui accorde la seigneurie de cette ville; V, 255, 256.

HUMBERT II, dernier dauphin viennois; son avénement; comment s'est rendu mémorable; X, 79. Louis de Bavière lui offre le titre de roi, 94. Est sollicité à la fois par les rois de France et d'Angleterre de les seconder, 129. Fait partie de l'armée de Philippe de Valois, 149. Ses dispositions à vendre sa succession éventuelle; ses ouvertures au duc de Normandie, 221. Son traité avec Philippe, 222. Cessions qu'il fait en Auvergne; ses négociations avec la cour de Naples,

223. Ses projets; sa croisade, 266 à 268. Mort de sa femme; son retour en Europe; ses projets de mariage; sa cession définitive de ses Etats; prend l'habit de saint Dominique; est patriarche d'Alexandrie, 356 à 359.

HUMBERT (GUILLAUME), grand inquisiteur; confesseur de Philippe-le-Bel; convoqué à Rome; IX, 121 et suiv. Commis au jugement des templiers, 199. Quelle preuve il imagine de donner de son impartialité, 202.

HUMBERT, chimiste; ses travaux avec le duc d'Orléans; XXVII, 153 et suiv.

HUMIÈRES (LE SIRE D') prend le commandement en Piémont; par quoi réduit à l'impuissance; les landsknechts l'emmènent avec eux; XVI, 546 à 548. Est du conseil de Henri II; XVII, 305.

HUMIÈRES (JACQUES D') commence la sainte ligue; acte qu'il fait signer en Picardie; XIX, 369 à 371. Secourt Ham et est tué; XXI, 363, 381.

HUMIÈRES (d'); son poste à Ivry; XXI, 53. Il rejoint le roi, 156. Il entre à Paris avec lui, 262.

HUMIÈRES (LE MARÉCHAL D'); sa disgrâce; XXV, 235. Ses menaces à Utrecht, 269. Il seconde le roi en Flandre, 338, 339, 346. Prend part à la victoire de Cassel, 348. S'empare de Saint-Guillain, 350. De Courtrai, 452. Bombarde Oudenarde, 459. Aux prises avec le prince de Waldeck; son échec à Walcourt; XXVI, 38. Sa mort, 180.

HUNANDAIE (LE SIRE DE LA), l'un des chefs de la confédération bretonne; XI, 283.

HUNANDAIE (LA) part pour le Piémont; XVII, 184.

HUNBOURG (LE BARON D'); ses menaces au duc de Guise; XVIII, 78.

HUNIADES (JEAN); ses victoires sur les Turcs; sa mort; XIV, 11. Son fils élu roi, 12.

HUNOLD, succède à Eudes, duc d'Aquitaine; II, 135. Battu par les fils de Charles-Martel, 152. Ses mouvemens concertés avec ceux d'Odilon; réduit à la paix; se venge sur son frère Hatton; abdique en faveur de son fils;

par sa retraite, il met fin à la guerre, 156, 157. Sort du cloître après 25 ans de retraite; soulève les Aquitains, 223. A l'approche de Charlemagne disperse ses troupes et se réfugie chez les Gascons; livré au vainqueur; emmené en France; s'échappe et se réfugie chez les Lombards, 224.

HUNS, barbares scythes; leur irruption; I, 118. Quelques-uns suivent les Vandales, 123. Leur expédition sous Attila, 151 et suiv. Empire éphémère, 159. Asservis, 160. Leurs révolutions rapides; II, 12. Leurs armées attirées en Bavière et en Frioul par les intrigues de Tassilon; sont vaincues, 326. Nouvelle irruption, nouvelle défaite, 327. En discussion sur les limites avec l'empire franc; sont envahis et vaincus, 335, 336. Ligués avec les Saxons, 341. En proie à une guerre civile; abattus par Pépin, 357. Battent Gérhold, 374. Prédications dans leurs contrées, 402.

HUNTINGDON, négociateur de Edouard III dans les Pays-Bas; X, 109. Puis de Richard II avec Charles V; XI, 230.

HUNTINGDON (LE COMTE DE); son poste au siége de Rouen; XII, 559. Il viole la capitulation de Roye, 601. Sa présence à la cour de Henri VI; XIII, 175. Est au siége de Compiègne; sa retraite, 178, 179.

HUON, seigneur du Puiset; assiégé par Philippe Ier, roi de France; voit en fuite l'armée royale; IV, 471.

HURAULT DE CHIVERNY, chancelier d'Anjou; donne avis à Henri III de son avénement; XIX, 287. Se rend au-devant de lui, 304. Est admis à ses conférences avec la reine-mère, 308. L'argent qu'il procure au roi dissipé, 314. Sa mission en Lorraine, 321. Siége au conseil d'état, 445. Est nommé chancelier, 501. Dénoncé par Salcède; XX, 62. Edits bursaux qu'il prépare, 239. Son conseil aux journées des barricades, 336, 354. Réception qu'il fait faire au roi à Chartres, 358. Il traverse les desseins de ce prince, 365. Est congédié, 399. Il fait modifier l'édit de tolérance; XXI, 118. Embarras qu'il donne à Biron, 151.

Détermine la conversion du roi, 199. L'introduit dans l'église de Saint-Denis, 202. Se rend à Orléans, 210. Entre avec le roi à Paris; est envoyé aux princesses lorraines, 266, 267. Purifie les registres du parlement, 270. Porte à cette cour le traité avec Brissac, 273. Son discours à l'assemblée de Rouen, 445. Est à la tête du conseil du roi; époque de sa mort; XXII, 13.

HUSS (JEAN); relation entre sa réformation et celle des Albigeois; VI, 521. Prédications de son précurseur; XI, 211, 441. Sa réforme; XIII, 319, 320, 360.

HUYSON (LE SIEUR D'), envoyé par Henri II à Constantinople; XVII, 323.

HYDE-PARKER, marin anglais; son combat contre les Hollandais; XXX, 205.

HYDER-ALY, sultan de Mysore; ses luttes contre l'Angleterre; XXX, 214 et suiv. Sa mort, 220.

HYNDFORD (LORD) est médiateur entre Frédéric et Marie-Thérèse d'Autriche; XXVIII, 238, 241 et suiv., 245.

HYONS (JEAN), bourgeois de Gand, d'abord confident du comte Louis de Male, puis son ennemi; insurrection qu'il dirige; sa mort; XI, 264 à 271. Sa politique suivie par ses successeurs, 272. Constance de son parti, 340.

IMP

IBELIN (GUI D'); sa belle contenance à la bataille de Mansourah; VII, 429. Prisonnier; se confesse à Joinville, 443, 444. Fait la remise d'Acre à Charles d'Anjou, 285.

IBERVILLE, ministre de Louis XIV à Mayence; ce prince le presse de commencer la guerre; XXVI, 316.

IBN-AL-ARABI, émir de Saragosse, recherche l'alliance de Charlemagne; II, 249. Vient aux comices de Paderborn demander sa protection, 257. Est partisan du calife de Bagdad, 259. Charles le ramène en France, 260.

IDIAQUEZ (ALFONSO) est auxiliaire de Mayenne; XXI, 95.

ILLESCAS, émissaire espagnol près de la Fronde; XXIV, 255 et suiv.

IMMAD EDDIN, sultan de Damas; se réunit aux chrétiens pour arrêter les Corasmiens; est écrasé à Gasáli; VII, 302.

IMHOF (LE GÉNÉRAL) repousse les Français à Rees; XXIX, 156.

IMMACULÉE CONCEPTION; origine de cette querelle théologique; XI, 549, 550.

IMPERIALI (LE CARDINAL); son rôle dans le débat entre le pape et Louis XIV; XXV, 46 et suiv., 58 et suiv.

INN

IMPRIMERIE; date de son invention; XIV, 592.

INCHI (LE SIRE D') défend Cambrai; Monsieur, duc d'Alençon, lui enlève cette place; XX, 42, 45.

INFANTADO (LE DUC DE L') reçoit la reine d'Espagne; XVIII, 131.

INGEBURGE de Danemarck; son mariage avec Philippe-Auguste; il la répudie; sa retraite dans un couvent; VI, 153, 154. Le pape prend parti pour elle, 191, 192. Est emprisonnée, 193. Son époux la reprend, mais la traite en captive, 199. Dans quelle circonstance il annonce une entière réconciliation, 329. Legs que lui fait le roi, 526. Elle n'a point d'enfant, 527.

INGELTRUDE, femme de Pépin; II, 455.

INGELTRUDE, femme de Boson; son divorce; III, 143.

INGO, missionnaire chez les Huns; ses moyens de prédication; II, 402.

INNOCENT II, pape, sacre Louis VII; V, 198, 199. Besoin qu'il a de la protection du roi, 200. Quand élu pape, 221. Se réfugie en France; chassé par la faction d'Anaclet; le clergé se déclare pour lui, 222. Souverains qui le reconnaissent; zèle de saint Bernard,

223. Promet sa protection à l'usurpateur d'Angleterre Etienne, 232. Frappe d'interdit Louis-le-Jeune ; à quel sujet, 261, 262. Suite de ces démêlés ; mort du pape, 265 à 269.

INNOCENT III, pape, son avénement ; son ambition ; son inflexible énergie ; son fanatisme ; se déclare contre la maison de Souabe ; recherche l'appui de Richard Cœur-de-Lion ; offre la couronne impériale à Othon, neveu du roi anglais ; VI, 170 à 172. Fait sentir sa main vigoureuse aux souverains, 175. Ordonne à Philippe et à Richard de cesser la guerre et de partir pour la Terre-Sainte, 176. Ses démêlés avec Philippe au sujet de son mariage, 191, 192. Consent à faire juger la question de divorce, 194. Conditions secrètes qu'il fait au roi, 198. Plaintes que lui adresse Ingeburge ; il légitime les enfants de Marie de Méranie, 199. Son bref pour la croisade, 205. Ses injonctions relatives à la guerre de Philippe contre Jean-sans-Terre, 224, 225. Il délaisse Othon IV et se réconcilie avec Philippe de Souabe, 244. Favorise de nouveau Othon malgré les instances de Philippe de France, 246. Son despotisme ; sa résolution d'exterminer la race des dissidens ; supplices qu'il provoque, 257 à 259. Cherche à intimider ou à séduire les barons partisans des sectaires ; ses légats à Narbonne, 260 et suiv. Leurs prédications contre les routiers, 263. Approuve l'excommunication de Raymond de Toulouse ; sa lettre à ce prince ; songe à prêcher une croisade contre les Albigeois ; ses lettres à Philippe et à divers feudataires ; sa fureur à la mort de l'un de ses légats ; accuse Raymond ; engage Philippe à le déposséder ; indulgence qu'il accorde aux croisés du Midi, 267 à 271. Il institue l'ordre des inquisiteurs, 274. Promet le pardon à Raymond de Toulouse ; à quelles conditions, 277, 278. Pourquoi envoie un nouveau légat ; ce qu'il lui prescrit, 280. Arnaud lui cache le nombre des victimes du massacre de Béziers, 288. Il reconnaît que la mort de Raymond Roger a été violente, 301. Son respect pour Philippe-Auguste, 308. Comment désarmé par lui, 313. Comment disposé du siége de Cantorbéry, 315. Frappe l'Angleterre d'interdit ; excommunie Jean, 316. Couronne Othon IV ; trompé par lui, l'excommunie ; protége Frédéric II, 319 à 321. Ses légats en Angleterre ; il reçoit en don les états de Jean, 330. A donné le signal des persécutions du Midi, 370. D'où l'accueil qu'il fait au comte de Toulouse, 375, 376. Retard qu'il met à confirmer l'excommunication de ce seigneur, 387. Fait prêcher une croisade pour secourir l'Espagne, 405. Intercédé pour Raymond par le roi d'Aragon ; ses ordres humains à ses légats et à Montfort ; leurs représentations ; il revient sur ce mouvement de pitié, 411 à 417. Négocie avec les vaincus de Muret ; fait rendre aux Aragonais Jayme leur roi ; admet les comtes de Toulouse, de Foix de Comminges à se réconcilier avec l'Église, 431, 432. Tient le concile œcuménique de Saint-Jean de Latran ; actes de ce concile, 442 et suiv. Il confirme les chartes anglaises ; puis les casse et relève Jean de son serment, 449 à 451. Son intervention en faveur de ce roi, 454, 455. Entend le débat de sa cause à Rome, 461. Sa mort, 462. Assentiment qu'il a donné aux projets du comte Raymond, 480. Son inimitié pour l'empereur Frédéric II ; VII, 43.

INNOCENT IV, pape ; son inimitié pour l'empereur Frédéric II ; VII, 43. Son élection ; joie qu'elle cause en France ; sa famille ; comment l'empereur apprécie son élévation ; ses premières démarches toutes pacifiques ; il éclate contre ce prince, 286, 289 à 292. Médiation de Raymond, 294. De Baudoin de Constantinople, 302. Projet d'accommodement entre lui et l'empereur ; piége qu'il lui tend et que l'empereur évite ; il s'échappe de sa cour ; son dessein de passer en France et d'enflammer saint Louis pour la cause de l'Église ; son espoir déçu, 306 à 310. Il convoque un concile œcuménique à Lyon ; son ordre d'excommunier de nouveau l'empereur ; murmures en France ; mot d'un curé de Paris ; il le destitue ; petit nombre de prélats qui se rendent au concile; terrible excommunication qu'il fulmine; il se hâte de congédier l'assemblée; règlemens relatifs à la croisade et aux subsides du clergé; il s'aperçoit que l'opinion publique se prononce contre lui; ses efforts pour la ramener et pour persuader saint Louis, 315 à 324, 327. Favorise d'abord le mariage de Raymond de Toulouse avec Béatrix de Provence, 330. Joue ensuite ce prince, 332 à 334. Saint Louis le presse de faire prêcher la croisade; légat qu'il envoie en France, 348. Veut déposséder le roi d'Angleterre; songe à se réconcilier avec lui; il le gagne en révoquant les libertés anglaises; son inimitié avec l'empereur; désastreuse pour saint Louis; accusé d'avoir armé des assassins; redouble de fureur; fait nommer un roi des Romains; fait prêcher une croisade pour le soutenir; comment accueille la médiation de saint Louis, 350 à 360. L'empereur marche sur Lyon, dans le dessein de l'y surprendre, 362. Il ne se laisse point abattre; à qui offre la couronne impériale; elle est acceptée par le comte de Hollande; son ascendant en Allemagne; comment il retient l'empereur en Italie; il dispose du royaume de Jérusalem; il ordonne d'excommunier en France les confédérés contre le clergé; contraste de son orgueil avec l'humilité de saint Louis, 364 à 370. Comment le roi de Norwége pense se le rendre favorable, 375. Il le relève de son vœu de croisade; à quel prix, 376. Déclare l'empereur suspect d'hérésie; libère les débiteurs de ses partisans; relève du vœu de croisade ceux qui veulent le combattre; rend l'inquisition plus terrible encore; transforme les sentences du saint tribunal en amendes pécuniaires, 378 à 380. Son entrevue avec Louis, 385. Comment ses émissaires agissent sur les croisés, 390. Pourquoi Louis lui recommande encore l'empereur, 396. Comment envisage l'hérésie en Albigeois, 465. Sa joie à la mort de Frédéric II; sa résolution d'abattre la maison de Hohenstauffen; priviléges qu'il accorde à Lyon; il passe en Italie; refuse de conférer avec Blanche et Henri III; fait prêcher la croisade contre Conrad IV; opposition de la reine Blanche, 470 à 473. Son activité; à qui fait offrir la couronne des Deux-Siciles; ses négociations avec Charles d'Anjou; il veut réunir les Siciles aux domaines du saint-siége; son entrée à Naples; victoires de Manfred sur ses troupes; il meurt; VIII, 3 à 6. Ses projets sur l'Italie; la concède à Edmond d'Angleterre, 31.

INNOCENT V, pape; d'abord archevêque de Lyon; ses prétentions à une part de la souveraineté de cette ville; VIII, 238. Brièveté de son règne, 269. Prêche la croisade contre les Maures d'Espagne; sans effet, 270.

INNOCENT VI, pape; son élection; X, 397. Son zèle pour la paix et pour l'union de l'Eglise; supplices qu'il ordonne, 407, 408. S'interpose entre le roi de France et le roi de Navarre, 418. N'ose prononcer comme médiateur entre Edouard III et Jean, 419. Ses représentations contre les exactions de ce dernier, 446. Lettre que lui adresse Edouard, 452. Invoque Jean contre Cervoles; comment détourne ce chef d'aventuriers, 507, 508. S'interpose entre Edouard et le régent de France, 570. Sermens dont il délie les deux rois, 576. Sa cour terrifiée par la peste, 585. Est aux prises avec la grande compagnie d'aventuriers; comment en est délivré, 595. Il donne aux brigands l'absolution et une forte somme; sa mort, 596.

INNOCENT VII, pape schismatique; son élection; XII, 211. Prend l'engagement d'abdiquer, pourvu que son compétiteur l'imite; celui-ci se rend en Italie, 213, 214. Mort d'Innocent, 257. Empressement du collége de Rome à le remplacer, 259.

INNOCENT VIII, pape; étrange remède qui lui est appliqué; XIV, 604, Conclave qui l'élit; XV, 8. Confère à Ferdinand et Isabelle le titre de rois catholiques, 125. Reconnaît le titre de Réné de Lorraine comme roi de Naples, 140. Gênes lui est cédé, 146.

INNOCENT IX, pape; son élection; son court règne; XXI, 124.

INNOCENT X (PAMFILI), pape; son élection; son mauvais vouloir pour la France; sa réaction contre les Barbarini; XXIV, 78, 79. Médiateur pour la paix, 101. Sa querelle avec Mazarin; bulle qu'il fulmine contre les cardinaux absens de Rome, et contre laquelle le parlement admet l'appel comme d'abus, 106 à 110. Intimidé par les armées françaises, propose de s'accommoder, 126, 127. Il transige, 143, 144. Se hâte de nommer Gondi cardinal, 420, 421. N'accepte pas sa démission; l'accueille à Rome, 505, 507. Sa mort; il a soulevé la querelle du jansénisme, 517 à 520. Empoisonnemens à Rome pendant son pontificat, 401.

INNOCENT XI (ODESCALCHI), pape; son élection; son opposition à Louis XIV; XXV, 311, 342. Ses débats avec lui; son mécontentement des quatre propositions formulées par le clergé de France, 421 à 430, 485, 486. Ses nouveaux démêlés et hostilités contre lui, 550 à 565. S'oppose à ce que Furstenberg soit électeur de Cologne, 562; XXVI, 12. Menaces que lui fait Louis XIV; sa mort, 43.

INNOCENT XII (ANTONIO PIGNATELLI), pape; son élection; XXVI, 69. Négociation que Louis XIV entame avec lui, 96. Concessions qu'il obtient sur les quatre articles, 114 à 116. Favorise la paix en Italie, 187. Fénélon se soumet à son jugement; son bref contre lui, 250 à 260. Consulté par Charles d'Espagne; meurt avant lui, 287, 288.

INNOCENT XIII (CONTI), pape; son élection; il trompe Dubois; XXVII, 442. Le nomme cardinal, 444.

INQUISITION établie dans l'Albigeois; VII, 75. Manière de procéder contre les hérétiques, 76 et suiv. Rendue indépendante de tous les pouvoirs, 150. Ses rigueurs, 378 et suiv.

INTERIM; transaction imposée aux protestans par la diète d'Augsbourg; XVII, 340 et suiv.

INTERVENTION (DROIT D'); ce qu'on doit entendre par ce droit; VII, 221 et suiv.

IOUSOUF, empereur de Maroc; ses conquêtes en Espagne; V, 115.

IPERIUS, chroniqueur; son opinion sur l'origine de Hugues Capet; IV, 40.

IRENE, impératrice d'Orient; veuve de Léon IV; ses négociations avec Charlemagne; II, 284, 285. Persécutée par son mari, 287. Fait couronner son jeune fils Constantin V; recherche l'appui et l'alliance de Charlemagne, 288. Change cette politique, 327. Cherche à troubler les possessions de Charles en Italie, 328. Fait condamner par le concile de Nicée les iconoclastes, 349. Exilée par son fils, 362. Le détrône; le fait périr; le remplace, 363. Le monde romain gouverné pour la première fois par une femme; circonstance qui inspire à la cour de Rome le dessein de relever l'empire d'Occident, 364. Ambassade qu'elle envoie à Charlemagne, 365. Est très-éloignée de l'accepter pour époux, 384. Le reconnaît empereur; détrônée, 400.

ISAAC, comte de Cambrai; fait hommage à Louis IV; III, 402.

ISAAC COMNÈNE, souverain de Chypre; vaincu et fait prisonnier par Richard Cœur-de-Lion; VI, 105.

ISABEAU de Bavière, reine de France; son mariage avec Charles VI; XI, 454 à 457. Son premier accouchement, 535. Son entrée à Paris, 558, 559. N'accompagne point le roi au Midi; ses galanteries, 567. Sa frayeur pendant sa grossesse, 595. Naissance de son fils; XII, 6. Est mise sous la garde de la duchesse de Bourgogne, 27 et suiv. Fêtes auxquelles elle assiste, 36. Est nommée tutrice du dauphin, 40. S'interpose entre les ducs de Bourgogne et d'Orléans, 150. Fortifie le parti de ce dernier; ses rapports avec son mari; conseil qu'elle organise; pouvoirs qu'elle se fait attribuer, 182 à 184. Elle préside le conseil; comment envisage la royauté, 218. Ne paye point les dépenses publiques, 224. Réprimandes que lui adresse un prédicateur, 227. Sa fuite, 231. Sa colère à l'enlèvement du Dauphin, 233. Elle chasse ses femmes; elle désire la bataille contre Jean-sans-Peur; ordonnance qu'elle signe; elle rentre à Paris, 238 à 240. Sollicite le roi contre le droit de prise, 268. Ses couches,

271. Effroi que lui cause le meurtre de d'Orléans, 273. Rassemble des troupes; rappelée par le roi; obéit, 292, 293. S'empare du pouvoir; députés qu'elle envoie à Jean-sans-Peur, 297 à 303. Enlève le roi à Tours; ses partisans; elle fait la paix de Chartres, 308 à 316. Son séjour à Melun; comment apaisée après la mort de Montagu; son traité avec Jean, 333, 336 à 338, 464. Autorité qui lui reste, 340, 341, 491, 493. Neutre entre les Armagnacs et les Bourguignons, 356. Mission que lui donne le roi, 357. Sa médiation entre les deux partis, 360. Son incapacité, 454. Ses trésors enlevés par son fils, 465, 466. Marche audevant du Dauphin; ne le voit point; négocie avec le comte de Hainaut, 507, 508. Est exilée, 510 à 512. Ses épargnes pillées, 516. Délivrée par Jean-sans-Peur; embrasse son parti; ses actes de pouvoir; cour de justice qu'elle établit, 521 à 523. Ordonnances populaires que Jean lui fait rendre; connétable qu'elle nomme; ses accusations contre Armagnac, 528 à 530. Elle négocie, 534 à 536. Est absente de Paris, 543. Projet de traité qu'elle signe, 556. Elle suit l'armée, 562, 563. Son entrevue avec Henri v, 571, 572. Son retour à Saint-Denis, 576. Est emmenée à Troyes, 578. Fait signer au roi le traité de ce nom; stipulations qui la concernent, 596 à 600. Suit l'armée anglaise, 603, 605. Elle réside à Vincennes, 615. N'est préoccupée que de fêtes, 620. Vit isolée et ignorée; XIII, 52. Est témoin de l'entrée de Henri vi; ses larmes, 207. Sa mort; comment doit être jugée; parcimonie apportée à ses obsèques, 259 à 261.

ISABEAU de Bretagne; son mariage avec le comte de Laval; XIII, 169.

ISABEAU, mère de la Pucelle; aumône qu'elle reçoit de la ville d'Orléans; XIII, 193, 194.

ISABEAU d'Ecosse, duchesse de Bretagne; son favori; XIII, 526.

ISABEAU de Bretagne; ses tuteurs; XV, 65. Evénemens qui lui sont communs avec sa sœur Anne, 66. Sa mort, 95.

ISABELLE épouse Philippe-Auguste; VI, 15. Couronnée avec lui, 16. Sa mort retarde le départ pour la croisade, 90, 91. N'a laissé qu'un fils, 527. Voy. *Elisabeth de Flandre.*

ISABELLE d'Angoulême épouse Jean-sans-Terre; VI, 207. Son premier mari le comte de La Marche la reprend; vient avec lui à la cour plénière de Poitiers; VII, 247 à 249. Accusée de tentatives d'empoisonnement sur saint Louis, 256. Pourquoi se réfugie à Fontevrault, 285.

ISABELLE d'Angleterre épouse l'empereur Frédéric II; VII, 140, 141.

ISABELLE, fille de saint Louis, épouse le roi de Navarre; VIII, 8. Sa mort, 217.

ISABELLE d'Aragon épouse Philippe-le-Hardi; VIII, 60, 61. Accouche en Calabre et meurt, 217. Ses enfans, 287.

ISABELLE DE VALOIS; son mariage stipulé avec le roi d'Ecosse; VIII, 498. Elle épouse le duc de Bretagne; IX, 12.

ISABELLE de Flandre; son mariage stipulé avec Edouard d'Angleterre; IX, 14.

ISABELLE de France, fille de Philippe-le-Bel; son mariage avec Edouard II; source de calamités pour la France; IX, 37, 39, 41, 182, 212. Ses plaintes contre son époux, 273. Son voyage en France, 274. Ne s'est signalée que par l'infamie, 299. Elle aigrit Charles-le-Bel contre Edouard; ses amours avec Mortimer, 448. Rigueurs de son mari, 452. Chargée de négocier la paix, 453, 454. Refuse de retourner en Angleterre, 456. Ses apprêts de guerre, 459 et suiv. Elle débarque à Orewell; détrône et fait périr le roi, 462 et suiv. Son droit à la couronne de France; la réclame pour son fils; X, 8, 9. Odieuse à l'Angleterre; son traité avec Bruce; elle reconnaît l'indépendance de l'Ecosse; fermentation contre elle; comment fait valoir ses prétentions sur la France, 14 à 16. Ses embarras, 26, 49. Concession qu'elle fait à Philippe vi, 50, 51. Sa grossesse; son fils la fait emprisonner, 53.

ISABELLE de France; son mariage avec Jean Galeas Visconti; X, 574, 575.

ISABELLE DE VALOIS, duchesse douairière de Bourbon; prisonnière d'une compagnie d'aventuriers; XI, 118. Est échangée et mise en liberté, 134.

ISABELLE DE BOURBON; son mariage avec le sire d'Albret; XI, 86.

ISABELLE d'Aragon, marquise de Montferrat, cède au duc d'Anjou ses droits à la succession paternelle; XI, 220.

ISABELLE de Castille, épouse le comte de Cambridge; XI, 163.

ISABELLE de France; son mariage avec Richard II stipulé; XII, 72. Il est célébré, 79. Sa restitution et celle de sa dot sont réglées, 135. Son retour en France, 145. Elle épouse Charles d'Angoulême, 247. Accompagne à Paris sa belle-mère, 281, 298. Sa mort, 346.

ISABELLE DE FOIX hérite du comté de ce nom; XII, 143, 144.

ISABELLE de Bourgogne; son mariage avec le comte de Penthièvre; XII, 248, 346.

ISABELLE de Portugal; son mariage avec Philippe-le-Bon, duc de Bourgogne; XIII, 175. Son entrée à Paris; 246. Arrêtée à Bruges, 304. Intercède pour cette ville, 307. Son entrevue avec Winchester, 334. Médiatrice entre la France et l'Angleterre; se rend au congrès de Gravelines; ses conseillers, 336, 337. Son rôle dans les négociations, 341. Propositions de la France; elles sont refusées; trêve marchande que signe la duchesse pour la Flandre et le Brabant, 341 à 344. Négocie l'alliance intime de d'Orléans et de son mari, 372. Attend le premier à Gravelines, 375. Ses entrevues avec Charles VII, 380, 445. Importe à la cour de Bourgogne les romans espagnols, 585. Accueille le dauphin, 641. Elle s'interpose entre son fils et son mari; XIV, 8. Rentre en faveur auprès de ce dernier, 122.

ISABELLE de Lorraine hérite de cette province; est épouse de René d'Anjou; XIII, 197. Implore le secours de Charles VII; conduit à sa cour Agnès Sorel, 203. Se met en possession de la Provence; débarque à Naples; son peu de succès dans ce royaume, 295, 296. Offensée par les Messins; 423. Sa mort; XIV, 38.

ISABELLE DE BOURBON; son mariage avec Charles-le-Téméraire; XIII, 579. Accueil qu'elle fait au Dauphin, 641.

ISABELLE de Clermont, femme de Ferdinand d'Aragon, roi de Naples; sa constance; elle ranime le parti de son mari; XIV, 47, 48.

ISABELLE, reine de Castille, fiancée au prince de Viane; XIV, 107. Pourquoi succède à son frère, 113. Recherchée par le duc de Guienne, 295. Epouse Ferdinand-le-Catholique, 393. En guerre avec sa nièce, 430. Triomphe de son parti, 512 à 514. Sa paix avec la France, 552, 553, 583. Engagée dans la guerre avec les Maures, 613. Rigueurs de son inquisition, 614. Prise de Grenade; titre que lui donne le pape; XV, 124, 125. Ses ambassadeurs à Venise, 200. Evénemens qui lui sont communs avec son mari, 211, 224, 249 à 253, 286, 332, 334, 336, 337, 374, 405, 426. Sa mort; son testament, 439, 444.

ISABELLE d'Aragon, duchesse de Milan; ses efforts pour gouverner; XV, 142. Son aïeul offre de la rappeler, 153. Son entrevue avec Charles VIII, 167. Le Maure lui remet son fils, 294.

ISABELLE de Portugal; recherchée par Charles-Quint; XVI, 255. Sa mort; XVII, 26.

ISABELLE d'Espagne, fille de Philippe II; son père aspire à la placer sur le trône de France; XXI, 45, 73, 121, 145, 173. Projet de mariage pour elle, 168, 174, 180, 192, 228. Son élection proposée, 190 et suiv. Sa main offerte au duc de Guise; protestation du parlement contre son avénement, 195 à 197. Vaine négociation pour lui faire épouser Henri IV, 214, 215. Parti qui s'obstine à la vouloir faire proclamer en France, 291. Son mariage avec l'archiduc Albert, 359, 469; XXII, 38, 39. Son désir de la paix, 137. Elle reconnaît l'indépendance des provinces unies, 138 à 140. Proposition qu'elle leur fait, 533. Ses rapports avec l'empereur, 541. Epoque de sa mort; XXIII, 239.

ISAMBART, l'un des juges de la Pucelle; sa compassion; XIII, 186.

ISENBURG (LE COMTE), ambassadeur des princes protestans près de Henri III; son audience; XX, 222 à 224.

ISENBURG (LE PRINCE D') vaincu par Soubise à Sangers Hausen; XXIX, 156. Tué à Berghen, 195.

ISOARD, comte de Die, prend la croix; IV, 533.

ISSEM, calife de Cordoue; fait attaquer l'Aquitaine; butin qu'il enlève; II, 345. Sa mort, 346, 366.

ITTHIER, évêque de Glanower, contribue à pacifier la Guienne; XXIV, 484, 485.

IUSIF, lieutenant des Abassides en Espagne; sa mort; II, 258.

IVAN BASILOWITZ prétend à la couronne de Pologne; XIX, 218.

IVAN VI, empereur de Russie; son avénement; est détrôné; sa mort; XXVIII, 265, 266.

IVARRA (DON DIÉGO D'), envoyé de Philippe II à Paris; son pouvoir sur les Seize; XXI, 122, 123. Conseils qu'il donne à Mayenne, 138, 144, 145. Comment apprécie les Etats-généraux, 177. Veut faire assassiner Mayenne, 227, 228. Ses dipositions pour défendre Paris, 261, 262. Evacue cette ville, 265, 266. S'obstine à vouloir faire proclamer l'infante reine de France, 291. Préventions qu'il inspire contre Mayenne, 292.

IVRY (BATAILLE D'), gagnée par Henri IV sur Mayenne; XXI, 54.

JAC

JACOBINS, ordre de prédicateurs; par qui fondé; pouvoir qu'il reçoit; VII, 150. D'où leur nom; ils ouvrent des écoles indépendantes de l'université; leurs querelles avec ce corps; VIII, 27. Leur disgrâce au sujet de *l'immaculée conception;* XI, 549, 550, 595.

JACONNELLE (THOMAS), inquisiteur; Vaudois qu'il envoie au supplice; armée qu'il accompagne; XVIII, 216.

JACQUELINE DE BAVIÈRE, de Hainaut; épouse Jean de France; XII, 247, 492. Se remarie au duc de Brabant; ses démêlés avec lui; elle fait casser son mariage; elle épouse le duc de Glocester; riche dot qu'elle lui apporte; XIII, 25, 26. Son retour sur le continent, 38, 39, 48. Prise à Mons; sa fuite en Hollande, 49, 51. Vaincue par Philippe de Bourgogne; son dernier mariage cassé par le pape, 65, 66. Comment le duc de Bourgogne devient possesseur de ses fiefs; son dernier mariage; sa mort, 83, 84, 304.

JACQUES BONHOMME, nom que les seigneurs donnent aux paysans; souffrances de ces derniers; X, 488.

JACQUES (LES) OU LA JACQUERIE; son explosion; X, 530, 531. Est écrasée, 532, 533.

JACQUES, évêque de Préneste; légat du pape en France; sa mission; VII, 201. Lettre qu'il lit appelant à l'empire Robert d'Artois, 202 et suiv.

JACQUES Ier, roi d'Ecosse; prisonnier en Angleterre; XII, 621. Sa fille épouse le Dauphin Louis XI; il est assassiné; XIII, 291, 292.

JACQUES II, roi d'Ecosse; envahit l'Angleterre; XIV, 14.

JACQUES III, roi d'Ecosse; sa minorité favorable au parti de Lancastre; XIV, 119. Avertissement qu'il donne à Louis XI, 424. Son frère réfugié en France, 583.

JACQUES IV, roi d'Ecosse; neutre entre la France et l'Angleterre; XV, 618. Trêve dans laquelle il est compris, 624. Il déclare la guerre, est vaincu et tué à Flowden, 653, 654.

JACQUES V, roi d'Ecosse; son régent; XVI, 54, 148, 149. Son impuissance à servir François Ier, 141. Alliance que lui propose Henri VIII, 255.

Son voyage en France; fable à ce sujet; ses luttes dans son royaume, 530, 531. Son alliance recherchée par l'empereur et par les deux rois; mariage qu'on lui propose, 532, 533. Il épouse Madeleine de France, puis Marie de Guise, 534, 535. Séance du parlement à laquelle il assiste, 538. Comment offense Henri VIII; XVII, 114. Ses hostilités avec ce prince; sa défaite; sa mort, 142, 143.

JACQUES Ier d'Angleterre et VI d'Ecosse; sa naissance; XVIII, 491. Est proclamé en Ecosse, 493. Mariage négocié pour lui; XX, 162. Son avénement en Angleterre; XXII, 84. Ambassade que lui envoie Henri IV; leur traité d'alliance, 91 à 95. Son traité de paix avec l'Espagne, 109. Est garant de l'indépendance des provinces unies, 146. Refuse d'intervenir dans les affaires d'Allemagne, 166. Sa timidité; il recherche l'alliance de l'Espagne; ambassade que lui envoie la France, 257. Ambassade qu'il envoie à Paris; dans quel but, 370. Négociateur de Richelieu auprès de lui, 387. Sa politique, 417. Son gendre prend parti pour les Bohémiens, 447. Compte sur son appui, 471. Faible secours qu'il lui donne, 474. Son culte pour la puissance royale; considère son gendre comme un rebelle, 496. Conseils qu'il lui donne; négocie avec l'Espagne le mariage de son fils, 507. Rupture que cause Buckingham; le roi se rapproche de la France; le prince de Galles épouse la sœur de Louis XIII; disposé à combattre la maison d'Autriche, 543 à 548. Sa mort, 557.

JACQUES II, roi d'Angleterre; d'abord duc d'York; effet de sa prépondérance sur la religion du pays; XX, 247, 248. Quitte l'armée française; XXIV, 529. Son poste à la bataille des Dunes, 569. Bat la flotte hollandaise; XXV, 109. Livre la bataille de Solbay, 239. Acte du *Test* dirigé contre lui, 258. Le prince d'Orange épouse sa fille, 364. La chambre des communes cherche à l'exclure du trône, 413. Efforts de son frère pour le lui assurer, 457. Son avénement; ses projets; appui qu'il attend de Louis XIV, 474. Insurrection contre lui; il la réprime; ses rigueurs judiciaires, 523. Soupçons qu'il inspire à son gendre, 528. Louis excite son zèle persécuteur, 538 à 540. Prétentions d'étiquette du pape auxquelles il se soumet, 553. Ses rapports avec son gendre; grossesse de sa seconde femme, 559, 561. Il est le seul allié de Louis; XXVI, 13. Son despotisme; ses débats avec son clergé; naissance de son fils; explosion qu'elle détermine; attaqué par le prince d'Orange; il a négligé les avertissemens de la cour de France, 14 à 20. Abandonné par sa fille; il se réfugie en France, 23, 24. Le trône est donné à sa fille et à son gendre, 25. Hospitalité qu'il reçoit; impression qu'il fait à la cour de Louis, 30 et suiv. Son expédition en Irlande; il perd la bataille de la Boyne; son retour en France, 42, 43, 49 à 51. Désastres de son parti, 99 à 101. Ses apprêts à la Hogue, 102 et suiv. Louis est disposé à l'abandonner, 176. Espérances de ses partisans; nouveaux efforts de Louis; son départ, 192 à 198. Son compétiteur reconnu, 214. Sa mort, 305. Voy. *Stuart.*

JACQUES-PIERRE, conspire contre Venise; XXII, 424.

JACQUEVILLE (HELYON DE) se met à la tête des insurgés de Paris; XII, 408, 413. Arrestations qu'il fait au nom du roi, 418. Soupçonné d'avoir tué Jacques de la Rivière, 421. Réprimande qu'il fait au Dauphin, 425. Il accompagne Jean-sans-Peur, 458.

JAGELLON. Voy. *Uladislas V.*

JAFFA (LE COMTE DE) opine pour que saint Louis demeure en Terre-Sainte; VII, 458.

JAFFIER (ANTOINE) dévoile le complot contre Venise; XXII, 424.

JALIGNY (GUICHARD DAUPHIN, SIRE DE), député à Jean-sans-Peur; XII, 303. Prend part à la victoire de Hasbain, 304. En rend compte à Paris, 308. Son poste à Azincourt, 482. Est tué; XIII, 40.

JAMETZ (LE SIRE DE) est de l'armée du Milanais; XV, 627. Blessé à Novarre, 632. Est de l'armée du duc d'Orléans; XVII, 122.

JANSÉNISME; origine de cette secte; XXIV, 517 à 520.

Table générale de l'Histoire des Français.

JANSÉNIUS; sa doctrine sur la grâce condamnée à Rome; XXIV, 517 à 520. Ses cinq propositions; XXV, 79, 87, 88.

JANSON (LE CARDINAL); sa mission à Rome; XXVI, 115.

JANSSON (ZEYHER) commande les Flamands soulevés; X, 21. Son supplice, 25.

JARENTE, évêque d'Orléans; a la feuille des bénéfices; XXIX, 87; XXX, 351.

JARNAC (CHARLES DE CHABOT, SIRE DE) est de la maison du duc d'Orléans; XVII, 68. Insurrection qu'il excite à la Rochelle et qu'il punit, 133 à 135. Se rend en Piémont, 184. Son duel avec la Chataigneraye; sa victoire, 314 à 316. Prisonnier dans Saint-Quentin; XVIII, 54. Quitte le parti des Bourbons pour celui des Guises, 127. Est envoyé à la Rochelle; XIX, 25.

JARS (LE CHEVALIER DE), condamné à mort; gracié au pied de l'échafaud; XXIII, 215.

JARS (LE COMMANDEUR DE) est de l'intimité d'Anne d'Autriche; XXIV, 37.

JARZAY (LE MARQUIS DE), provoqué par les Frondeurs; XXIV, 277. Gagné par Condé, 281. Son amour pour la reine, 277, 282. Sa déconvenue, 296, 297. Prisonnier à Rhétel, 359.

JASSENIS (JACQUES DE), notaire, donne acte à Nogaret de son discours contre Boniface VIII; IX, 120.

JAUCOURT (LE SIRE DE) représente au sacre l'un des pairs laïques; XIII, 144. Trêve qu'il négocie, 205.

JAUCOURT (LE MARQUIS DE) apaise les troubles de Genève; XXX, 231.

JAURÉGUI (JEAN DE) assassine le prince d'Orange; XX, 48.

JAYME Ier, roi d'Aragon, fiancé à une fille de Simon de Montfort; remis entre ses mains; VI, 388. Rendu aux Aragonais, 432. N'est point reconnu à Montpellier, 436. Abandonne Raymond VII, 581. Fait la conquête des îles Baléares et du royaume de Valence; chevaliers français qui le secondent; VII, 124, 125. Est adopté par le roi de Navarre, 126. Ne peut faire valoir ses droits à son héritage, 130. Epoque de son entrée à Valence, 184. Son traité avec le comte de Toulouse, 233. Se prête au divorce de ce prince, 241. Ligué contre saint Louis, 248. Ne prête aucune aide aux confédérés, 267. Veut donner en mariage à l'un de ses fils l'héritière de Provence, 331. Trompe Raymond de Toulouse; est lui-même prévenu et se retire, 333. Son séjour à Montpellier qui lui appartient, 372. Reconnaît Alphonse de Castille comme roi des Romains; VIII, 35. Fixe ses limites avec la France; garde la Catalogne, le Roussillon et Montpellier; renonce à ses autres fiefs en deçà des monts; Etats qu'il tient à Montpellier, 40 à 42. Ses alliances de famille avec saint Louis et Manfred, 60, 61. Son démêlé avec le roi de France; il lui cède, 143, 144. Déterminé par lui à prendre la croix; s'embarque malgré l'opposition du pape; est repoussé par des tempêtes, 169. Renonce à son entreprise; part qu'y prennent ses fils, 170. Son intervention en faveur du comte de Foix, 233, 234. Troubles dans sa famille, 235. Assiste au concile de Lyon, 249. Menace la Navarre, 297. Aux prises avec les Maures de Maroc; sa défaite; sa retraite; sa mort, 271.

JAYME II, roi d'Aragon; d'abord roi de Sicile; ses sentimens à l'égard de Philippe-le-Bel; VIII, 384. Son étroite union avec son frère Alphonse; opérations qu'ils concertent, 391. Son désir de faire la paix, 394. Il assiége Agosta; victoire navale de son amiral; prisonniers qu'il délivre à prix d'or; un seul excepté, 396. Il fait capituler la place, 397. Echec de ses troupes en Calabre, 405. Trêve qu'il signe avec le roi de Naples, 406. Abandonné par son frère, 443. Lui succède; est couronné à Saragosse; épouse la fille de Sanche de Castille, 445. Ne peut se liguer contre Philippe-le-Bel, 485. Par qui représenté au congrès d'Anagni; son mariage, 501. Articles secrets qu'ils souscrit, 502. Le pape l'attire à Rome; le nomme gonfalonier de l'Eglise; dans quel but; IX, 11. En cette qualité fait la guerre à son frère, 59. Le réduit aux abois; se retire, 60. Est invité au couronnement de Clément v, 165. Le reçoit à Montpellier; lui fait hommage de la Corse et de la Sardaigne, 166. Ses conquêtes sur les Maures, 272. Est oublié des Français, 382. Il fait la conquête de la Sardaigne; sa mort, 429.

JAYME (DON) d'Aragon, fils du roi Jayme II; abdique ses droits au trône; IX, 383.

JAYME Ier d'Aragon, roi de Majorque; ses fiefs; VIII, 271, 272. Ses démêlés avec son frère, 308. Son entrevue avec le roi de France, 316. Ne peut pénétrer le but des armemens de son frère, 330. Fait hommage au roi de France, 348. Attaque le royaume d'Aragon, 353. Se réfugie dans le camp français, 362. Conduit l'armée contre son frère, 365. Accompagne le roi dans sa retraite, 372. Considéré comme traître à sa patrie, 373. Est chargé de soutenir la guerre au midi, 383. Attaqué par ses deux neveux, 391. Envahit puis évacue le Lampourdan, 392. Entre encore dans cette province et échoue, 400. Philippe-le-Bel lui fait passer des subsides, 404. Il attaque de nouveau le Lampourdan, 408. Forces qui sont à sa disposition, 409. Seul chargé de la guerre, 437. Négocie vainement pour obtenir la paix; défie son neveu d'Aragon, 438. Son immobilité, 441. Son traité avec Alphonse, 444. Philippe lui enlève la possession de Montpellier, 464. Ses conflits avec le roi; IX, 143. Honneurs qu'il rend à Clément v; assiste à son couronnement, 166.

JAYME II, roi de Majorque; fait hommage à Philippe VI; X, 58, 59. Son entrevue avec lui, 96. Refuse l'hommage aux rois ses suzerains, 219. Sa rupture avec eux; il fait sa paix avec Philippe, 220. Est dépouillé par le roi d'Aragon, 224, 225. Sa captivité, 228. Son séjour à la cour d'Avignon; il vend ses seigneuries à Philippe; son dernier armement contre l'Aragon; sa mort, 354, 355.

JAYME d'Aragon, fils du roi de Majorque; fait prisonnier; X, 355. Épouse Jeanne, reine de Naples, 598.

Son commandement en Espagne à l'armée du prince de Galles; ses espérances, 71. Sa maladie, 78. Est fait prisonnier, 90. Son effort pour conquérir l'héritage de son père; sa mort; sa prétendue donation à Louis, duc d'Anjou, 219, 220.

JEAN Ier, fils de Louis-Hutin, meurt en naissant; IX, 344, 345.

JEAN II, roi de France, d'abord duc de Normandie; son mariage; il est armé chevalier; serment que lui prêtent les princes; X, 66, 67. Son père veut rétablir pour lui le royaume d'Arles, 69. Robert d'Artois fait un *voult* contre lui, 76, 77. Sa maladie, 95. Il commande l'armée royale de Flandre, 162. Ses opérations en Hainaut, 164 à 166. Assiste Charles de Blois contre Montfort, 191 à 193. Influence l'élection du pape Clément VI, 198. Retourne en Bretagne, 199. Son armée; ses opérations; trêve qui y met fin, 216 à 218. Ses négociations avec le dauphin viennois, 221 à 223, 266. Ses apprêts contre les Anglais, 251. Sa retraite, 256, 257. Il préside les Etats de Languedoc, 269, 271. Il rentre en campagne; ses succès; il lève le siège d'Aiguillon; fait mettre de Mauny en liberté, 273 à 275, 310 à 312. Est présent à la prise de possession du Dauphiné par son fils aîné, 358. Épouse Jeanne d'Auvergne, 365. Succède à son père, 367. Son caractère; sa règle de conduite; pourquoi nommé *le Bon*; prend possession de la couronne; est sacré à Reims; chevaliers qu'il arme; il fait périr le comte de Guines; donne son comté d'Eu et sa charge de connétable; son voyage en Bourgogne; il rachète la fiancée du duc de Savoie; accueil que lui fait le pape à Avignon, 370 à 381. Il tient les Etats du Languedoc; puis les Etats-généraux à Paris; son faste; ses tournois; ses dépenses; il altère les monnaies; ses avanies et confiscations; sommes qu'il obtient des communes et des députés des provinces; il recommence les hostilités avec Edouard; signe une trêve d'un an, 382 à 393. Accueil qu'il fait au duc de Lancastre; ses exactions; il institue l'ordre de l'Etoile; ses fêtes; ses négociations en Espagne, 398 à 400. Il cherche à s'attacher les rois de Navarre et de Castille; ses déceptions; dégoûts dont il abreuve son gendre de Navarre; faveurs dont il comble Charles d'Espagne; il proroge la trêve; ses mesures fiscales, 403 à 409. Sa colère à la mort de son connétable; son traité avec l'assassin; il le reçoit en lit de justice; ses projets de vengeance; il gagne les d'Harcourt; fuite de ceux qu'il veut punir; attaque Charles; reçoit de lui un envoyé recommandé par le pape; élude le traité projeté avec Edouard; change les monnaies; demande des subsides de guerre à ses sujets; fait la paix avec le Navarrais; ses hostilités contre Edouard, 411 à 424. Ses embarras; ses expédiens financiers; il convoque les Etats-généraux de la *langue d'oïl*; réformes auxquelles il consent; concessions qu'il obtient; il reconnaît le partage de la souveraineté entre lui et les trois ordres de l'Etat, 426 à 431. Il leur fait voter *la gabelle et le droit de vente sur les marchandises*; résistances qui l'engagent à remplacer ces taxes par un impôt sur le revenu; sa colère contre le roi de Navarre et les d'Harcourt; il les arrête en trahison; exécutions qu'il fait faire sous ses yeux; prisonniers qu'il retient; rumeur qu'il apaise à Rouen; prétendu pardon qu'il accorde à son fils; provocation qu'il reçoit; ajourne le supplice de Charles; s'empare de ses fiefs; ses opérations militaires en Normandie, 445 à 457. Il se porte sur la Loire contre le prince de Galles; il perd la bataille de Poitiers et est prisonnier, 458 à 475. Sa captivité hâte la réunion des Etats, 477. Prodigalités que cette assemblée découvre, 480. Son séjour à Bordeaux; respect que lui témoigne Edouard; sa dignité chevaleresque; il se recommande aux seigneurs gascons pour n'être point emmené en Angleterre, 498 à 500. Signe une trêve de deux ans; est conduit à Londres. sa rencontre avec Edouard III, 502 à 504. Invoqué par le pape contre Cervoles, 507, 508. Signe le traité de Londres, l'envoie au Dauphin; son chagrin lorsqu'il est rejeté; sa captivité resserrée, 554 et suiv. Sa liberté stipulée par le traité de Brétigny, 572. Son retour en France, 573. Il ratifie le traité; sermens dont le pape le délie; otages qu'il livre; il se rend à Boulogne; puis à Paris, 576 à 578. Priviléges qu'il confirme; sa tâche difficile; désordre du royaume; ravages de la peste et des compagnies d'aventure; faiblesse de son autorité; il recueille l'héritage de la Bourgogne; réunit à la couronne la Champagne et la Bourgogne; laisse au Dauphin le gouvernement, 580 à 592. Son séjour à Avignon; ses projets de mariage avec la reine de Naples; son entrevue avec le roi de Chypre; il prend la croix; revient à Paris; subsides qu'il obtient du Midi; nouvelle activité de la peste; traité qu'il ratifie; ses scrupules sur le manque de foi du duc d'Anjou; il se détermine à passer en Angleterre; ses avances à la famille de Navarre; il assure la Bourgogne à son fils Philippe; il convoque les Etats à Amiens; son arrivée à Londres; son entrevue avec Edouard; son projet de former un congrès de rois; méfiance qu'il inspire au peuple anglais; sa mort, 596 à 612. Il est inhumé à Saint-Denis; XI, 5; 6.

JEAN de France, comte de Poitiers, puis duc de Berry; part qu'il prend à la bataille de Poitiers; X, 462. Est gouverneur du Languedoc, 509, 510. Ses exactions, 548, 562. Est otage de son père, 577. Rachète sa liberté, 604 et suiv. Son retour à Londres, 610. Il annonce au Dauphin la mort du roi, 612. Congé que lui accorde Edouard; XI, 57. Il reste en France, 100. Armée qu'il rassemble, 107, 108, 116, 126. Sa première campagne; secondé par Duguesclin; il prend Limoges, 134 à 137. Ses conquêtes en Aquitaine, 169 et suiv. Députation qu'il reçoit de la Rochelle; il entre en Poitou, 174, 175. Est exclu de la régence et de la tutelle des enfans du roi, 205, 307. Sa jonction avec le duc d'Anjou, 238. Est à l'armée de Normandie, 240. Son frère l'éloigne des affaires, 288. Est appelé à la cour par la maladie du roi; assiste à ses obsèques, 296 à 298. Assiste au sacre de Charles VI, 314. Contribue à apaiser le mécontentement de Paris, 317. Obtient le gouvernement du Languedoc, 320 et suiv. Ses hostilités avec le comte de Foix; ses vengeances, 327 à 331. Soulèvemens qu'il excite; guerre des *Tuchins*, 367. Son entrevue avec le duc d'Anjou, 370. Comment son absence influe sur le conseil de régence, 379. Se prononce pour l'expédition de Flandre; en fait partie, 382 à 392 et suiv. Son séjour à Arras, 405. Ses rigueurs à Paris; exactions par lesquelles il remplace les supplices; sa part dans le produit; villes dans lesquelles les mêmes scènes se reproduisent; effet de sa rapacité au Midi; impôts qu'il fait voter par les Etats du Languedoc, 410 à 416. Se lasse de la guerre de Flandre, 429. Négocie la paix; poignarde le comte Louis de Male; signe une trêve générale, 431 à 433. Effets de sa méprisable ineptie, 435, 445. Il ne peut prêter secours à sa belle-sœur d'Anjou; ses préoccupations en Languedoc, 450, 451. Mariage de sa fille, 457. Le comte d'Armagnac commande ses troupes, 458. Négociations qu'il rompt, 470. Il laisse ravager le Midi, 471. Fait avorter le projet de descente en Angleterre, 477 et suiv. N'est point disposé à venger Clisson; accord qu'il ménage entre lui et le duc de Bretagne, 509 à 511. Attire ce dernier à Paris; trêve qu'il signe avec Lancastre; est trompé, 521 à 527. Indignation du royaume contre lui; son bouffon; ses prodigalités; son renvoi; son ressentiment; crime dont il est soupçonné; ses créatures expulsées, 534 à 544. Accueille le roi en Berry; son mariage; jusqu'où accompagne son neveu; par qui le fait escorter; supplice de son trésorier; il est destitué; sa fureur; ses crimes, 562, 563, 567 à 571, 577 et suiv. Veut déposséder Visconti, 589 à 593. Ménage la réconciliation entre le duc de Bretagne et le roi; obtient de ce prince le règlement de la succession de Foix, 597 à 601. Son entrée à Amiens; sa magnificence; XII, 10. Accompagne le roi, 13. Appui que Jean attend de lui, 15. Informé des projets de Craon; envieux de Clisson; le pape lui est dévoué; son opposition à l'expédition de Bretagne, 19 à 21. Reprend le pouvoir; fait chasser les *marmousets*; ses actes de gouvernement, 25 et suiv. Son gendre est connétable, 35. Protecteur de Clément VII, 38. Nommé tuteur du Dauphin, 40. Reprend les conférences avec l'Angleterre; résultat des négociations; ses calomnies contre Valentine Visconti, 42 à 46. Il renouvelle la trêve avec l'Angleterre; scandale de ses rapports d'intérêts avec Clément VII; repousse un moyen de faire cesser le schisme, 53 à 57. Sa vaine ambassade à Avignon, 68 à 70. Apprend le désastre du comte de Nevers, 86. Sa nonchalance dans le conseil, 95. Accueille le roi de Navarre, 99. Puis le comte Derby; ses brouilleries à la cour; actes communs à lui et au duc de Bourgogne, 108 à 111. Accueille les projets d'alliance de Derby, 123. Sa colère à la chute de Richard II, 131, 132. Il reconnaît Henri IV, 135. Fait reconnaître l'empereur élu, 138. Sage ordonnance signée en son absence, 140. Il est nommé de nouveau gouverneur du Languedoc; par qui se fait remplacer, 143. Réconcilie les ducs de Bourgogne et d'Orléans, 150. Ses débats avec ce dernier, 153. Signature qu'il désavoue, 162. Son discrédit, 181, 182. Sa maladie, 197. Déclin de ses facultés, 219. Convoqué par Jean-sans-Peur, 233. Nommé capitaine général des Parisiens; négocie avec d'Orléans; médiateur entre lui et Jean-sans-Peur, 236 et suiv. Il accueille les propositions de Henri IV, 248. Réconcilie encore en apparence les deux ducs rivaux, 270. Conseils auxquels il assiste après la mort de d'Orléans, 273 à 275. Ses conférences avec Jean, 283, 284. Il entend le sermon de Jean Petit, 286. Il prend parti pour la reine, 293, 298, 307, 310, 313. Pourquoi réside à Paris, 330. Sa faiblesse dans l'affaire de Montagu, 332 et suiv. Est dupé aux Etats du royaume, 340, 341. Entre dans la ligue de Gien, 347. Rappelé à Paris par le roi; ses conditions; n'est point d'abord remplacé comme capitaine-général des bourgeois; il signe le traité de Bicêtre et s'éloigne de la cour, 349 à 353. Se détache des Orléans ; est neutre entre les deux partis, 355, 356. Son rôle de médiateur ; il se déclare contre Jean-sans-Peur ; les Parisiens le remplacent, 360. Exilent ses adhérens, 362. Incendient son palais de Bicêtre, 372. Il est destitué du gouvernement de Languedoc, 377. Ses stipulations avec Henri IV, 381 à 384. Armée qui marche contre lui ; il est assiégé dans Bourges, 386 à 388. Il négocie ; paix qu'il signe, 390 à 393. Il n'assiste point aux Etats, 400. Il porte le chaperon blanc des Cabochiens, 416. Il conseille de céder au peuple, 419. Son entrevue avec le négociateur des princes ; il rapporte à Paris leurs conditions, 426, 427. Escorte le Dauphin, 430. Reprend ses fonctions de capitaine-général, 431. Serment que les princes prêtent entre ses mains, 434. Est chargé de garder Paris, 443. Son incapacité, 454. Comment accueille les observations des Parisiens sur la paix d'Arras, 457. Il assiste au service du duc d'Orléans, 459. Son exil, 464, 465. Son rappel ; le pouvoir lui est remis ; son ambassade à Henri V, 467. Ses mesures contre ce prince, 470 à 472. Ne suit pas l'armée ; empêche le roi et ses fils de la suivre, 479. Son retour à Paris, 491. Son imbécillité, 493. Sa mort, 502.

JEAN, quatrième fils de Charles VI ; reçoit le duché de Touraine ; XII, 142. Son mariage, 247. Il devient Dauphin ; se déclare pour Jean-sans-Peur, 492, 493. Dépossédé de la succession du duc de Berry, 502. Pourquoi reste en Hainaut ; promesses que lui font Jean et le comte son beau-père ; marche au-devant de sa mère ; les deux cours négocient, 505 à 507. Sa mort ; soupçons d'empoisonnement, 508, 509.

JEAN-SANS-PEUR, duc de Bourgogne, d'abord comte de Nevers ; sa naissance ; XI, 151. Son mariage avec Marguerite de Hainaut, 454. Il conduit le deuil aux obsèques de Duguesclin, 556. Part pour combattre Bajazet ; XII, 76, 77. Son désastre à Nicopolis ; il est prisonnier, 86 à 89, 91. Sa délivrance ; son retour, 95, 96. Alliances de sa famille avec celle d'Orléans, 184.

Son avénement ; il mérite son surnom ; il fait hommage à Charles VI ; son autorité à la cour de France, 195 et suiv. Son rang au conseil d'état ; son opposition au duc d'Orléans ; il s'annonce comme le protecteur du peuple ; il recueille la succession de sa mère, 221 à 223. Confirme, en Flandre et en Artois, les libertés et les priviléges ; attaqué par le comte de Pembroke ; veut assiéger Calais ; demande vainement des secours à d'Orléans ; marche sur Paris ; enlève le Dauphin ; convoque le conseil ; accuse l'administration ; ses partisans ; il arme les bourgeois ; se réconcilie avec son rival ; mariages des princes, 229 à 240 ; 246, 247. Comment accueille les ouvertures de Henri IV pour la paix, 249. Son commandement ; ses apprêts ; ses prodigalités ; son expédition échoue ; il s'en prend au duc d'Orléans, 252, 253. Sa trêve avec Henri, 266. Nouveau sujet de querelle avec d'Orléans ; leur apparente réconciliation ; il le fait assassiner ; sa contenance après le meurtre ; ses aveux ; sa fuite ; causes de son crime ; il récompense les assassins ; approbateurs qu'il trouve ; sentimens du peuple de Paris ; terreur et inertie des princes, 270 à 280. Il publie son apologie ; ses conférences avec le roi de Sicile et le duc de Berry ; il rentre à Paris à la tête d'une armée, aux acclamations du peuple ; il fait justifier son crime par le docteur Jean Petit, 282 à 285 et suiv. Obtient des lettres de rémission et le souverain pouvoir ; dissout le parti de la reine ; attiré en Flandre ; secourt le comte de Hainaut ; marche contre les Liégeois ; réactions contre lui à Paris ; députés qui le somment de se justifier en personne ; il gagne la bataille de Hasbain ; ses cruautés ; terreur du parti d'Orléans, 291 à 307. Il rentre en vainqueur à Paris ; ses négociations ; ses excuses au roi et aux fils d'Orléans ; leur paix sans garantie, 312 à 315. Se fait un parti dans le conseil des princes ; traité et alliances par lesquels il se fortifie ; sa réconciliation avec les Bourbons, 317 à 319. Pourquoi réside à Paris, 330. Il fait exécuter Montagu ; est maître absolu du conseil; ses exactions; son traité avec la reine; il fait convoquer les Etats; s'y fait déléguer le pouvoir royal, 333 à 341. Son alliance avec le roi de Sicile, 344. La ligue de Gien se forme contre lui; ses mesures; est secondé par le roi; rumeur contre lui à Paris; il signe le traité de Bicêtre et s'éloigne de la cour, 347 à 353. Détache le duc de Berry du parti d'Orléans; ses rapports avec le conseil, 355, 356. Sa réponse au cartel des Orléans; Berry se tourne contre lui; un de ses affidés est capitaine-général de Paris, 359 à 361. Son armée de Flamands; villes qu'ils prennent; leur retraite; il les suit, 364 à 369. Secondé par Henri IV, il se rend maître de Paris; il ôte le gouvernement du Languedoc au duc de Berry; ses vengeances; grands emplois dont il dispose; priviléges qu'il accorde aux Parisiens, 372 à 380. Le roi implore son secours; il rassemble l'armée royale, 385, 386. Assiége Bourges, puis fait la paix; promet une de ses filles à Philippe d'Orléans; ses luttes de cour avec ce parti; son empire sur le Dauphin, 388 à 395. Trêve qu'il signe avec Henri v; sa présence aux Etats; soupçons mutuels que lui et d'Orléans s'inspirent, 398 à 401. Entend les doléances de l'Université; ordonnance qu'il fait rendre dans le sens des réformes proposées, 403, 404. Insurrection qu'il excite; il engage le Dauphin à entendre les insurgés; reproches de ce prince; prisonniers qu'il prend sous sa garde, 407 à 413. Il porte le chaperon blanc des Cabochiens, 416. Sur quelles passions il s'appuie, 421, 422. Il laisse exécuter Des Essarts, 424. Réaction contre les Cabochiens qui l'entraîne; ses hésitations; il quitte Paris; ses partisans proscrits; le roi de Sicile lui renvoie sa fille; il dévore cet affront; ses négociations; il feint de marcher au secours du Dauphin; l'entrée de Paris lui est refusée; il est déclaré rebelle; le roi convoque le ban et l'arrière-ban, puis marche contre lui; difficulté qu'il éprouve à lever ses feudataires; de qui abandonné; ses ouvertures au roi; le conseil veut le déposséder; armée qu'il rassemble; médiateurs qu'il envoie au camp royal; il fait la paix d'Arras, 426 à 452. Ses mœurs rudes et cruelles, 454. S'entoure de proscrits; ravage le comté de Tonnerre; réaction nouvelle contre lui; la paix est néanmoins ratifiée; ses négociations avec Henri v, 458 à 461. Récriminations du Dauphin contre lui; son absence; ambassade qu'il envoie à ce prince; ses conditions refusées; il rompt la paix, 464 à 467. La renoue, 470. Troupes que le Dauphin lui demande, 471. Il ne paraît pas à l'armée royale; empêche son fils et d'autres princes de s'y rendre, 477, 479. Fortifié par la défaite d'Azincourt; marche sur Paris; pourquoi s'arrête, 490, 491. Sa mollesse; injonction de d'Armagnac; sa retraite; son discrédit, 494, 495. Il défend Jean Petit au concile de Constance; son succès, 498, 499. Rigueurs contre ses partisans à Paris, 501. Propositions que lui fait Henri v, 503. Promesses qu'il fait au Dauphin; par qui ses intérêts défendus, 505 à 508. Ses partisans dans le parlement expulsés; ses circulaires pour soulever les villes; il investit Paris; s'en éloigne; places qu'il prend; il délivre la reine, 517 à 522. Négocie avec Henri v, 524. Complot avorté pour lui ouvrir Paris; il licencie ses troupes; est renforcé par le duc de Lorraine; popularité qu'il recherche, 528, 529. Le Languedoc prend parti pour lui, 531. Pouvoirs qu'il donne pour la paix; projet de traité rompu; les siens introduits dans Paris, 534 à 538. Son absence, 541. Son entrevue avec l'empereur, 543. Son retour; son entrée à Paris; il se nomme capitaine-général; emplois dont il dispose; franchises qu'il rend aux bourgeois; épidémie qui moissonne les siens; ne peut empêcher un massacre de prisonniers; fait sortir de Paris les égorgeurs et exécuter Capeluche; étranges soins qui l'occupent; sa lenteur contre les ennemis, 547 à 553. Ses ouvertures au Dauphin; médiateurs qu'il emploie; projet de traité qu'il signe et qui est rompu; ses négociations avec Henri v; secours qu'il envoie à Rouen, 555 à 558. Est imploré par les assiégés; promesse qu'il leur fait; ses offres à Henri ; marche contre les Anglais; fait retraite sans les attaquer, 560 à 563. Suspension d'armes qu'il signe avec Henri; trêve avec le Dauphin, 565. Son entrevue avec le roi anglais; exigences de ce prince; concessions qu'il lui fait; offres de réconciliation du parti du Dauphin; il rompt les conférences; son entrevue avec le Dauphin; paix incomplète de Pouilly, 571 à 576. Il abandonne Paris ; à qui confie sa défense; ses motifs ; le Dauphin lui demande une nouvelle conférence; ses hésitations; il l'accepte ; il est assassiné sur le pont de Montereau, 579 à 583.

JEAN D'ANJOU, duc de Calabre, épouse Marie de Bourbon; XIII, 298. Conseil auquel il assiste, 421, 440. Escorte le roi à Caen, 504. Son père lui cède la Lorraine; XIV, 38. Son expédition en Italie, 40 à 43. Forces du parti de son père; victoire qu'il remporte; pourquoi n'en retire pas de fruit, 47. Ruine de son parti en Italie, 115 à 119. Engagé dans la ligue du bien public, 168. Ses demandes, 169. Fait sa jonction avec Charolais, 181. Négociateur du parti, 185. Ce qu'il obtient par le traité de Conflans, 192. Sa famille suspecte à Louis, 200. Promesses que lui fait ce prince, 203. Arbitre entre lui et son frère, 209, 255. Sa mission auprès de Charles, 217, 218. Son expédition en Aragon, 284. Sa mort, 330, 340, 397.

JEAN VIII, pape, partisan de Charles-le-Chauve; III, 197. Pose sur sa tête la couronne impériale, 200. Motifs pour lesquels il le préfère aux princes de sa maison, 201. L'invoque contre les Sarrasins, 204. Vient à sa rencontre, 210. Chassé de Rome ; débarque en Provence, 231. Tous les opprimés s'adressent à lui; il convoque l'assemblée du royaume; il couronne Louis-le-Bègue; refuse de couronner Adélaïde, femme de ce roi; pour quel motif, 232. Dispose de fiefs; promulgue des lois; gouverne en souverain, 233. Retourne en Italie, 235. Adopte Boson et favorise son élévation, 238. Veut le faire nommer roi d'Italie; sa tentative échoue, 239. Donne la couronne impériale à Charles-le-Gros, 245. Meurt, 253.

JEAN XII, pape, couronne l'empereur Othon-le-Grand; III, 467.

JEAN XV, pape; sollicité par Hugues Capet contre le parti carlovingien ; IV, 55. Séduit par Héribert, chef de ce parti, 56. Ses luttes à Rome, 60. Sa colère contre Hugues; légat qu'il envoie en France, 61. Etat d'oppression de la puissance pontificale dont sa mort marque le terme, 90, 91.

JEAN XIX, pape, couronne à Rome l'empereur Conrad-le-Salique; IV, 186. A succédé à son frère Benoît VIII, 294.

JEAN XXI, pape, supprime la constitution de son prédécesseur, tendant à prévenir les interrègnes du saint-siége ; VIII, 254. Brièveté de son règne, 269. S'interpose entre les rois de France et de Castille, 276. Arrête encore les armes françaises ; meurt ; soupçonné de sciences occultes, 281.

JEAN XXII, pape, son élection ; IX, 342. Il reconnaît Philippe V; entreprend de le régenter, 354, 355. Veut réformer l'éducation du royaume, 356. Archevêché, évêchés qu'il institue; sa croyance aux sorciers; ses craintes superstitieuses; il fait périr l'évêque de Cahors, 357. Nouveaux supplices ; persécution religieuse envers les Bégards, 358 à 361, 414, 415. Rigueurs de l'inquisition ; sacrifices humains sous le nom de *sermons publics*, 362 et suiv. Ses efforts pour faire la paix entre la Flandre et la France; ses légats, 373, 374. Seconde Edouard II contre les Ecossais; menace Bruce d'excommunication; cérémonie ridicule à laquelle il refuse de se prêter, 379, 380. Il reconnaît Bruce, 381. Attire les Français en Italie, 385. Armée de son légat qui passe pour son fils, 386. Il anathématise les Pastoureaux, 392. Il lance de nouvelles bulles contre les Juifs, 393. Il excite le peuple à la cruauté, au fanatisme, 394. Il casse le mariage de Charles IV, 406. L'autorise à épouser Marie de Luxembourg, 407. Lui accorde des subsides sur le clergé pour une croisade, 411. Protège le sire de Casaubon et son frère, 413. Emploie l'autorité de l'Eglise pour inculquer la croyance aux sortiléges; s'acharne contre les ordres mendians, 414 et suiv. Se prétend juge entre Louis de Bavière et Frédéric d'Autriche, 432 et suiv. Seconde Léopold, 438. Stimule le zèle du roi de France, 441. Il reconnaît Philippe VI; X, 28. Ses querelles théologiques; par qui accusé d'hérésie, 34 et suiv. Ses idées sur la vision béatifique, 36. L'héritier de Savoie à sa cour, 39. Ses négociations, 47. Son entrevue avec Valois, 48. Bulle de croisade qu'il publie; son autorité ébranlée, 61, 62. Demandes que lui fait le roi de France; il veut passer en Italie, 69, 70, 79. S'interpose entre ce prince et Édouard d'Angleterre, 72. Sa croyance à l'intervention des puissances infernales, 74. Ses débats avec la Sorbonne; sa mort, 81 à 84. Son trésor, 92, 93.

JEAN XXIII (BALTHASAR-COSSA), pape; son élection; sa réputation suspecte; il affaiblit son parti; XII, 345, 346. Est emprisonné, 496.

JEAN usurpe l'empire à la mort d'Honorius; est tué; I, 148.

JEAN VI, Paléologue, empereur de Constantinople; prélats qu'il amène au concile de Ferrare; XIII, 324.

JEAN DE BRIENNE prend le titre de roi de Jérusalem; débarque en Terre-Sainte; VI, 498. Y commande, 500. Attaque l'Egypte; désastres de la croisade; chevaliers pris par les Musulmans, 501. Prend Damiette; est excommunié, 502. Forcé de rejoindre l'armée qui capitule, 503. Sa présence au concile de Sens, 527. Au sacre de Louis VIII, 538. Demande à retarder la croisade projetée par Frédéric II, 556. Assiste au sacre de saint Louis; VII, 23. N'est qu'usufruitier du royaume de Judée, 44. Se rend en Italie, 46. Mission que lui donne le pape, 48. Il entre dans les Abruzzes; ses progrès; sa retraite, 49, 109. La couronne de Constantinople lui est offerte, 109. Il est couronné à Sainte-Sophie; époque de sa mort; nullité de son règne, 110, 111, 184.

JEAN de Luxembourg, roi de Bohème; son avénement; IX, 269. Son influence sur les électeurs de l'empire,

331. Sa sœur épouse Charles IV; ce mariage l'attache à la France, 407. Il accompagne Charles dans le Midi, 419. Son fils épouse Blanche de Valois, 421. Est allié de l'empereur Louis de Bavière; contribue à la victoire de Mulhdorf, 432. Echange qu'il projette et auquel il renonce, 433. Ses intrigues pour faire monter Charles-le-Bel sur le trône impérial; son inconstance; il met lui-même obstacle à ce dessein, 434, 435, 437, 439. Il commande une division de l'armée française; X, 21. Pourquoi réside à Paris, 30. Se rend en Italie; domination qu'il y établit, 49. Ne peut se résigner à vivre loin de la cour de Philippe; il y revient après avoir paru dans son royaume, 60. Mariage de sa fille avec Jean de France; cour plénière à laquelle il assiste; serment qu'il prête, 66, 67. Son zèle pour la maison de France; ses négociations auprès du pape, 70. Il prend la croix, 96. Forme en Allemagne une ligue en faveur de son fils, 99. Est seul opposé à l'empereur, 136. Est lieutenant de Philippe de Languedoc; prend le château de Penne, 140. Ses négociations auprès de l'empereur; leur succès, 144, 145. Il fait partie de l'armée royale, 149. Il demande la bataille à Edouard au nom de Philippe, 151. Marche au secours de Tournai, 172. Est plénipotentiaire du roi de France, 176. Il attaque l'empereur, 265. Son secours invoqué par Philippe, 282. Il est devenu aveugle; il est appelé par le pape à Avignon; son fils est élu roi des Romains, 284. Désastres de ce prince; il trouve avec lui un refuge à l'armée de Philippe; ordre de ce roi qu'il fait révoquer, 286. Ses coureurs sont près d'atteindre les Anglais, 291. Est tué à Crécy, 299. A été le plus brillant chevalier de son siècle, 374.

JEAN-HENRI, comte de Tyrol, ferme le passage de l'Italie à l'empereur Louis IV; X, 145.

JEAN (SANS-TERRE), roi d'Angleterre; son imprudence; ce qu'elle lui a coûté; V, 247. Son mariage, 496, 523. Pourquoi son surnom; ses défauts; VI, 24. L'Aquitaine lui est destinée; il attaque Richard, 37. Commandement que lui confie son père, 52. Son projet de départ pour la Terre-Sainte, 59. Sa trahison à l'égard du roi, 62. Richard cherche à gagner son amitié, 90. Il partage le pouvoir avec sa mère; ses conseillers; ses complots; sa négociation avec Philippe, 130, 140, 142. Il échoue en Angleterre, 143. S'efforce de retenir son frère en captivité; se réfugie en Normandie; ses terreurs à la délivrance de Richard; ses désirs de réconciliation; il trahit Philippe; est reçu en grâce, 147 à 149. Son infériorité à l'égard des princes capétiens; ses prétentions à la succession de Richard; est couronné en Angleterre; sa conférence avec Philippe; il rejette les propositions du roi; est attaqué; se réconcilie avec son neveu qui lui est encore enlevé; fait la paix; conserve l'Angleterre et la Normandie, 183 à 189. Son divorce; il enlève la femme du comte de la Marche et l'épouse; soulèvement qu'il excite et combat, 207, 208. Sa victoire sur Arthur; il le traîne de prison en prison; le tue; horreur universelle contre lui; il se fait couronner une quatrième fois; sa vie dissipée; sa feinte sécurité; il ne fait rien pour défendre la Normandie, 213 à 224. Il part pour l'Angleterre; ses apprêts; ses exactions, 226, 227. Ne défend point Rouen, 230. Son étrange conduite; il s'embarque et revient à terre aussitôt; cité à la cour des pairs comme meurtrier; ne comparaît pas; jugement qui le dépossède de ses domaines en France; ses hostilités; sa trêve avec Philippe; il revient à Portsmouth; son traité avec Othon, 232 à 245. Ses vassaux à la croisade du Midi, 280. S'engage dans une querelle avec le pape; son emportement; frappé d'interdit; sa résistance; est excommunié; sa cruauté à l'égard d'un archidiacre; ses subsides à Othon; ses richesses; il dépouille les juifs, 314 à 318. Le légat du pape délie ses sujets du serment de fidélité; son parti en France; ses mercenaires; son aversion pour l'indépendance des nobles; il reçoit l'hommage du comte de Boulogne; odieux à l'Angleterre; ses terreurs; sa tyrannie, 322 à 326. Se réconcilie avec l'Eglise en lui faisant don de ses états qu'il reçoit en fief, 330 à 334. Sa flotte secourt les Flamands, 339. Se dispose à envahir le Poitou; il rappelle les prélats et se soumet à l'absolution; son armée dispersée; ligue des seigneurs contre lui, 342 à 345. Comment termine les affaires d'Angleterre; débarque à la Rochelle; partisans qui l'attendent, 347 à 350. Est d'abord maître de la campagne; sa retraite, 352, 353. Nature de cette guerre; ses scrupules à l'égard des hérétiques, 424 à 426. Trêve que lui accorde Philippe, 429. Ce qu'il lui reste en France, 430. Recommande au pape le comte de Toulouse, 443. Il signe la grande charte; se dispose à fausser son serment; arme ses routiers; fait appuyer son droit de l'autorité de l'Eglise; ses ravages; ses exécutions sanglantes; il pousse à bout l'Angleterre; sa couronne est offerte à Louis de France; il est protégé par le pape comme feudataire du saint-siège; vaine mission du cardinal Gualo; il se retire devant Louis; est abandonné; comment se défend au nord; sa cause débattue à Rome; sa mort, 445 à 462.

JEAN Ier, roi d'Aragon; son avénement; poursuit sa belle-mère et les favoris de son père; se déclare pour Clément VII; XI, 491. Mariage de sa fille, 566. Aux prises avec un chef de bandes; ne peut se rendre en France, 576.

JEAN II d'Aragon, roi de Navarre; son inertie dans le Bordelais; XIII, 493. Son frère lui laisse l'Aragon; XIV, 41, 103. Ses mariages; ses Etats; sa haine envers ses fils du premier lit; révolte, proscription et emprisonnement de son fils aîné, 104, 105. Insurrection contre lui; attaqué par le roi de Castille; il fait alliance avec Louis XI; secours qu'il reçoit, 106 à 108. Aux prises avec la maison d'Anjou et avec Louis, 284, 285. Son ressentiment contre le roi, 341. La vue lui est rendue; il recouvre le Roussillon; défend Perpignan avec valeur, 392, 393. Son traité avec Louis, 394. Veut l'éluder, 423, 424. Trêve nouvelle, 431. Abandonné par Charles-le-Téméraire, 453. Son refus de traiter avec Louis; sa mort, 552, 553.

JEAN Ier, roi de Castille; encore infant envahit la Navarre; accorde la paix à Charles-le-Mauvais; XI, 237, 239. Son avénement; son respect pour les droits des peuples, 244. Il reconnaît Clément VII, 250, 334. Sa jeunesse, 303. Il renouvelle son alliance avec la France, 334. Son traité avec le Portugal; mariage de son fils, 420. Fait envahir le Portugal; sa défaite; il reçoit des secours de la France, 468, 469. Dévaste lui-même ses états, 472. Obtient la liberté du prince de Navarre, 487. Continue la guerre, 491. Renforcé par les Français; ne peut tenir la campagne; invoque encore Charles VI, 493. Il négocie avec Lancastre, puis congédie les Français, 497, 498. Son traité avec Lancastre; pacification de la Castille; mariage de son fils avec la fille unique de son rival, 525 à 527. Ses bons rapports avec la France continuent, 549. Sa mort; XII, 11.

JEAN II, roi de Castille; son avénement; son alliance avec la France; XII, 320.

JEAN, prince de Castille, fils de Ferdinand et d'Isabelle; sa mort; XV, 253.

JEAN, prince de Biscaye, rival d'Alphonse XI de Castille; assassiné par son ordre; X, 29.

JEAN III (D'ALBRET), roi de Navarre par sa femme Catherine; ses fiançailles; XV, 78. Accueil qu'il fait à Philippe d'Autriche, 376. Son alliance avec Louis XII, 380. Ce roi veut le déposséder, 500. Son alliance avec lui; menacé par le pape et l'Aragonais, 586. Est expulsé, 602, 603. Rejoint l'armée française, 605. Son procès avec Lautrec; XVI, 62. Sa mort, 106.

JEAN Ier (LE GRAND), roi de Portugal, d'abord grand maître de l'ordre d'Avis; sauve le Portugal de l'invasion des Castillans; est proclamé roi; remporte la victoire d'Aljubarotta; demande des secours à l'Angleterre; XI, 468, 469. Continue la guerre en Castille, 491. Epouse Philippine de Lancastre, 492.

JEAN III, roi de Portugal; fiançailles de sa fille avec Philippe d'Espagne (Philippe II); XVII, 142.

JEAN IV, roi de Portugal, d'abord duc de Bragance; révolution qui le porte au trône; XXIII, 418 à 420. Son alliance avec Richelieu, 421. Sa mort; XXIV, 548.

JEAN V, roi de Portugal; Philippe V recherche son alliance; XXVII, 531. Sa vie désordonnée; sa superstition; XXVIII, 17, 18, 83; XXIX, 221.

JEAN, duc de Bragance, d'où ses prétentions à la couronne de Portugal; XX, 25, 26. Reconnaît Philippe II, 29.

JEAN CASIMIR, prince palatin, roi de Pologne; XXV, 112. Son abdication, 179.

JEAN CASIMIR, frère de l'électeur palatin; son père l'envoie en France à la tête d'une armée; XVIII, 514. Son entrevue avec Condé; il lui demande de l'argent; somme dont il se contente, 523, 524. S'enrôle au service du prince d'Orange, 530, 531; XIX, 16. Lève des troupes pour les Huguenots français, 345. Il se met en campagne, 354, 355. Forces du parti, 362. Il cantonne son armée en Champagne, 367. Ses troupes en Flandre; elles se dissipent, 495, 496. Inimitié de d'Alençon pour lui, 497. Sa négociation sans succès avec les Etats de Flandre; XX, 85. Troupes qu'il envoie à Henri de Navarre, 289, 290.

JEAN SOBIESKI, roi de Pologne; ses rapports avec Louis XIV; XXV, 449. Il sauve Vienne assiégé par les Turcs, 450. Son expédition en Valachie, 526, 527. Prétentions d'étiquette du pape auxquelles il se soumet, 553. Sa mort; XXVI, 229.

JEAN Ier, duc de Bretagne; son mariage; VII, 127, 141. Est mis en possession de son duché; en fait hommage à saint Louis, 186. Assiste à la cour plénière de Saumur, 235. Ses courses en mer, 281. Croisé avec saint Louis, 348. Ligué contre le clergé, 363. Propose de prendre Alexandrie, 410. Se désiste de ses prétentions sur la Navarre; VIII, 8. Epoque de sa mort, 409.

JEAN II, comte de Richemont, puis duc de Bretagne; gendre du roi d'Angleterre; prend la croix; VIII, 163. Succède à son père; se considère comme un pair d'Angleterre, 409, 410. Ligué avec Édouard; prend le commandement de son armée, 485. Evacue la Réole, 494. Son système de défense, 509. Il change de parti; pour quels motifs; ses négociations avec Philippe; son mariage; il est créé pair de France; IX, 12, 13. Suit l'armée royale en Flandre, 25. Conduit en Angleterre Marguerite, sœur du roi, 40. Sa mort au couronnement de Clément v, 168.

JEAN III, duc de Bretagne; son secours invoqué par Edouard II; IX, 452. Ses tribunaux sont affranchis de la juridiction du parlement de Paris; X, 17. Droits de sa femme à la succession de Savoie, 37. Cour plénière à laquelle il assiste; serment qu'il prête, 66, 67. Ses mariages sans enfants; sa famille; sa haine contre son frère; son projet d'échange avec Philippe VI; recueille en Angleterre le comté de Richemont et en fait hommage à Edouard III, 87 à 89. Ses négociations avec Philippe pour garantir sa succession à Jeanne de Penthièvre, 108, 109. Fait partie de l'armée royale, 172. Sa mort; débats sur sa succession, 184, 185. Ses scrupules au sujet de ses dispositions en faveur de sa nièce, 186.

JEAN V, duc de Bretagne, d'abord comte de Montfort; efforts de son parti; est secouru par les Anglais; X, 456. Ascendant qu'il prend, 504, 505. Il continue la guerre, 563. Ce que le traité de Brétigny stipule pour lui, 572, 577. Il suspend puis recommence les hostilités; est renforcé par Chandos; gagne la bataille d'Auray; ses progrès; il signe le traité de Guérande qui lui assure son duché; son alliance avec le prince de Galles; il fait hommage à Charles v; XI, 18 à 26. N'ose embrasser ouvertement le parti de l'Angleterre, 108. Méfiance que lui inspire Charles; son alliance avec Edouard, 153 à 155, 162, 163. Il est paralysé par ses barons; le roi de France médite sa perte, 178. Attaqué par Duguesclin, il passe en Angleterre, 180, 181. Il débarque à Calais; se déclare l'ennemi de son suzerain, 185. Ses débats avec Lancastre, 188. Il retourne en Bretagne, puis en Angleterre, 197, 199. Son séjour en Flandre, 223, 261. Il est ajourné au parlement; ses fiefs sont confisqués, 281. Son traité avec l'Angleterre; accueil et renforts qu'il reçoit en Bretagne; propose de faire juger sa querelle par des arbitres; tempête qui arrête la flotte envoyée à son aide, 284 à 287. Ses négociations; son alliance avec Richard II, 291. Ne peut seconder les Anglais en Bretagne; sa réconciliation avec Charles VI, 324 à 326. Lui fait hommage; se réconcilie avec Clisson; excite le mécontentement de Richard VI, 362. Invoqué par le comte de Flandre, 426. Prend part à la guerre en ce pays; capitulation qu'il obtient pour les Anglais, 429, 430. Clisson lui cherche un compétiteur; il le pénètre; il le fait prisonnier par trahison; il le délivre; à quelles conditions; négociations; hostilités et accommodement à ce sujet; désappointement du duc sur l'appui qu'il attendait de l'Angleterre, 500 à 512. Ses efforts pour disposer son duché à l'alliance anglaise; inquiétude qu'ils donnent au roi; est attiré à Paris; issue de ses débats avec Clisson, 519 à 523. Ce qu'il pense d'un projet de Charles, 586. Renouvelle les hostilités contre Clisson; son rendez-vous avec le roi, 597, 598. Aigreur de leurs conférences; leur traité, 600 à 602. Son complot contre Clisson; appui qu'il attend des princes; XII, 14 à 17. Le roi demande que Craon lui soit livré; il le cache, 19. Le roi marche contre lui, 21 à 25. Il reprend les hostilités, 35. Acharnement des deux partis; par qui est secondé, 41, 42. Par qui pacifié, 49, 50, 63 à 65. Mariage de son fils; grâce qu'il obtient, 80. Sa présence à la cour; les noces de son fils célébrées de nouveau, 98. Seconde Derby, 129. Sa mort, 136.

JEAN VI, duc de Bretagne, d'abord comte de Montfort; son mariage avec Jeanne, fille de Charles VI; XII, 72, 79, 98. Par qui sa garde réclamée à la mort de son père, 136. Il est confié au duc de Bourgogne, 156, 157. Il prend possession de son duché; fait hommage au roi, 193, 194. Son rôle dans le conseil d'état de France, 221, 223. Sa trêve avec Henri IV, 266. Ses hostilités contre Clisson, 269. Ses conférences avec Jean-sans-Peur, 284. Il assiste au sermon de Jean Petit, 286. Il rejoint la reine, 293, 298, 307, 310, 313. Ne paraît point aux Etats, 339. Pourquoi hostile au parti bourguignon; il déclare la guerre au comte de Penthièvre, 346. Entre dans la ligue de Gien, 347. Le Dauphin lui demande secours, 417. Sa présence à l'armée royale; il ne la suit pas, 479. Négociateur à Paris; en est exclus, 494. Accompagne la reine, 507. Passe en Angleterre, 525. Sa convention de neutralité avec Henri V, 526, 557. Médiateur entre le Dauphin et les Bourguignons, 555, 556. Son entrevue avec ce prince, 589. Sa neutralité entre les deux partis; il est arrêté en trahison par Olivier de Penthièvre; sa femme le délivre, 591 à 593. Ses alliances avec Bedfort et Philippe-le-Bon; XIII, 24, 25. Il se rapproche de Charles VII, 44. Les Anglais lui déclarent la guerre sans l'attaquer, 68. Il rappelle son frère; traite avec les Anglais; achète et se fait payer la liberté du duc d'Alençon, 74 à 76. Mariage de ses enfans, 169. Ligué contre La Trémoille; ses débats avec le duc d'Alençon, 222, 223. Représenté au congrès d'Arras, 250. Est caution du duc d'Orléans, 374. Son entrevue avec le roi; mort de sa femme, 388. Epoque de sa mort, 481 et suiv.

JEAN d'Avesnes, comte de Hainaut; ses démêlés avec la ville de Valenciennes; VIII, 453. Sa soumission à Philippe-le-Bel, 463. Ligué contre lui avec Edouard d'Angleterre; IX, 15. Recherche son alliance, 35. Un de ses fils tué à la bataille de Courtrai, 101. Est allié à la France contre les Dampierres, 137. Est assiégé dans Ziriksée et dégagé, 150, 151.

JEAN de Hainaut, sire de Beaumont; commande les troupes d'Isabelle d'Angleterre; IX, 461. Renforce Edouard III; X, 148. Seconde son neveu contre Philippe VI, 161. Est plénipotentiaire d'Edouard, 176. Prend parti pour la France, 265. Son secours invoqué par Philippe, 282. Survit au désastre de Crécy, 301. Sauve le roi, 302. Marche au secours de Calais, 325.

JEAN, comte de Flandre, prend la croix; VIII, 163. Assiste au sacre de Philippe-le-Hardi, 222.

JEAN de Namur, fils de Gui, comte de Flandre; chargé de défendre Courtrai; IX, 19. Se met à la tête des Flamands soulevés, 110. Cède le commandement en chef à son frère Philippe, 137. Défait avec lui à Mons-en-Puelle, 151, 152. Marche au secours de Lille, 154. Son petit-neveu Louis lui donne la seigneurie de l'Ecluse, 423. Révolte contre lui; il est fait prisonnier, puis relâché, 424.

JEAN de Namur, fils de Robert, comte de Flandre; sa présence à la cour de Louis X; IX, 320, 321.

JEAN, duc de Brabant, épouse Marguerite de France; VIII, 179. Ses débats avec le comte de Luxembourg au sujet de la possession du Limbourg; secours qu'il reçoit de la France; sanglante victoire; sa réconciliation avec le fils du vaincu, 412 à 414. Ligué avec Edouard d'Angleterre contre Philippe-le-Bel, 495. Ses ambassadeurs auprès du comte de Flandre; IX, 13. Nouveaux efforts qu'il promet contre la France, 15. A le commandement de Gand, 19. Conseil qu'il donne à Philippe-le-Bel; médiation qu'il offre, 155.

JEAN III, duc de Brabant; son fils épouse Marie de France; X, 66. Se ligue avec Edouard III, 110, 118. Sa parenté avec ce prince, 132. Son entrevue avec lui, 133. Ses négociations secrètes avec Philippe de Valois, 146. Commande une division de l'armée anglo-impériale, 152. Prend part au siège de Tournai, 170. Avertissement qu'il donne à Edouard, 174. Est son plénipotentiaire, 176. Donne asile à Godefroi de Harcourt, 236. Intercède vainement pour lui, 249. Seconde l'insurrection de Dendermonde, 260. Fomente celle de Gand, 263. Alliance qu'il projette avec le jeune comte de Flandre, 319.

JEAN, duc de Brabant; ses démêlés avec sa femme; leur mariage est cassé; XIII, 25, 26. Ses débats avec Glocester, 38, 39. Secouru par Philippe-le-Bon, 48. Sa mort, 83.

JEAN de Hapsburg assassine son oncle Albert d'Autriche; IX, 214.

JEAN de Bavière, évêque de Liége; accompagne le duc de Bourgogne; XII, 231. Troupes qu'il lui amène, 235. Ne veut point prendre les ordres; gouverne Liége en soldat; ses excès; les citoyens le remplacent, 295. Guerre atroce à ce sujet, 296. Ses fureurs après la victoire; son surnom de *Sans-Pitié*, 306. A qui laisse sa succession; XIII, 48.

JEAN, évêque de Bareuth; ses rigueurs contre de prétendus hérétiques; XIII, 610, 616, 622.

JEAN-ALBERT, duc de Mecklembourg; traité signé en son nom; XVII, 435.

JEAN-GUILLAUME, duc de Saxe; secours qu'il amène au parti royal de France; XVIII, 515.

JEAN-GEORGES, électeur de Brandebourg; est de l'assemblée de Lunébourg; XX, 288.

JEAN-GUILLAUME, duc de Clèves et de Juliers; meurt sans postérité; débats sur sa succession; XXII, 163 et suiv.

JEAN-GEORGES, électeur de Saxe; son rôle dans la guerre de trente ans; XXIII, 175 et suiv., 179, 194, 220, 247, 258.

JEAN d'Asnières; sa harangue contre Marigny; IX, 305, 306.

JEAN (FRÈRE) de Beaune, inquisiteur; supplices auxquels il préside; IX, 361.

JEAN de Gand; ses écrits en faveur de l'autorité impériale contre l'autorité ecclésiastique; IX, 436.

JEAN, seigneur de la Flèche; prétend à la possession du Maine; IV, 404.

JEAN (DE LA GRILLE), évêque de Saint-Malo; d'où lui vient son surnom; V, 373.

JEANNE d'Angleterre, veuve du roi de Sicile; emprisonnée; mise en liberté; VI, 99. Tempête qu'elle essuie, 105. Epouse Raymond VI de Toulouse, 163.

JEANNE de Flandre; son mariage; VI, 328. Son peu d'empressement à délivrer son mari prisonnier; obtient mainlevée de la confiscation de la Flandre, 428. Retient toujours son mari en prison, 538. Méconnaît le prétendu Baudoin, 561. S'enfuit à Paris; chassée par un soulèvement, 562. Déclare que son prétendu père est un ermite nommé Rays, 564. Le fait arrêter et exécuter; murmures qu'elle excite; comment les apaise, 565, 566. Assiste au sacre de saint Louis; VII, 23. Se remarie, 132. Restitutions qu'elle fait à Baudoin II de Constantinople, 188. Comment a laissé grandir l'autorité royale, 275. Sa mort sans enfans; suivie d'une guerre civile, 296.

JEANNE de Saint-Gilles, fille de Raymond VII; son mariage; VII, 71, 233. Indifférence de son père pour elle, 240. Son départ de Damiette, 445. Sa dernière entrevue avec son père, 466. Son retour en Europe, 468, 469. Sa mort éteint la famille des comtes de Toulouse; VIII, 223.

JEANNE de Ponthieu, reine-mère de Castille; fiefs que sa mort laisse au roi d'Angleterre; VIII, 306.

JEANNE de Navarre, héritière de ce royaume; alliance projetée pour elle; VIII, 242. Son âge à la mort de son père, 256. Effervescence dans son royaume; sa mère l'enlève et la conduit à la cour de France, 257, 258. Epouse Philippe-le-Bel, 353, 354. Son nom n'est jamais mêlé aux affaires publiques, 383. Naissance de son fils aîné, 425. Offre sa médiation entre Philippe et Edouard d'Angleterre, 476, 477. Engagement que le roi prend en son nom, 506. Sa mort; IX, 169, 170. Soupçons d'empoisonnement, 285, 286.

JEANNE d'Angleterre; son mariage

stipulé avec Amédée v de Savoie; IX, 15.

JEANNE de Savoie, duchesse de Bretagne; veut réclamer puis abandonne la succession de Savoie; X, 37, 38.

JEANNE de France, fille de Louis-le-Hutin et de Marguerite de Bourgogne; enfant à la mort de son père; par qui protégée; IX, 337, 339. Ses intérêts stipulés, 339, 340. Elle est confiée à la famille de Bourgogne, 341. Personne ne défend ses droits au trône, 349, 350. Vaine protestation de son oncle Eudes au sacre de Philippe v, 351. Son mariage avec Philippe d'Evreux, 354. Ses droits à la couronne; X, 8. Apporte à son mari la couronne de Navarre, 13. Est couronnée à Pampelune, 27. Son retour à Paris, 28. Sa mort, 354.

JEANNE d'Evreux, épouse Charles-le-Bel; IV, 421. Est veuve et enceinte; accouche d'une fille, 468, 469; X, 1, 10, 11. Médiatrice entre Jean II et Charles-le-Mauvais, 412, 415. Entre ce dernier et le Dauphin, 552, 553. Son aversion pour ce prince; XI, 2. Négocie la paix définitive entre les deux beaux-frères, 27.

JEANNE de Bourgogne, épouse de Philippe-le-Long; accusée d'adultère; IX, 290. Déclarée innocente, 292, 293. Epoque de sa mort; X, 40, 43.

JEANNE de Valois, femme de Robert d'Artois; partage sa disgrâce; X, 44, 45. Complice de ses opérations magiques, 74. Est emprisonnée, 77, 78.

JEANNE d'Artois, comtesse douairière de Foix; sa captivité; X, 55, 56. Est mise en liberté, 226.

JEANNE de Penthièvre, fille de Guí, nièce de Jean III, duc de Bretagne; X, 88. Son oncle veut lui assurer sa succession; son mariage avec Charles de Blois, 108, 109, 185. Est à la tête de son parti, 324. S'oppose à la pacification signée à Angrand; XI, 18. Est réduite, par le traité de Guérande, au comté de Penthièvre, 24, 25. S'oppose à la réunion de la Bretagne à la France, 282, 285. Meurt sans racheter ses fils captifs, 501.

JEANNE de Valois, comtesse de Hainaut; combat qu'elle empêche; X, 175.

JEANNE Ire, reine de Naples, femme d'André de Hongrie; son avénement au trône de Sicile; ses négociations avec le Dauphin viennois; X, 223. Fait ou laisse étrangler son mari, 283. Est expulsée de l'Italie; débarque à Nice avec son nouvel époux, 337. Vend Avignon au pape, 338. Est déclarée innocente du meurtre d'André; rentre à Naples avec le secours du pontife, 339. Seconde le roi de Majorque, 355. Invoquée par le pape contre les Vaudois, 395. Ses possessions en Provence dévastées, 507. Est veuve et recherchée par la famille de France; elle épouse Jayme d'Aragon, 598. Ses démêlés et sa réconciliation avec le duc d'Anjou; XI, 83. Protectrice du pape Clément VII, 247, 248. Apprêts de Louis de Hongrie et de Charles de Duras contre elle; le pape Urbain VI la déclare déchue du trône; le pape Clément VII lui fait adopter le duc d'Anjou, 249, 250, 258, 309. Anarchie dans ses états, 303. Sa chute; sa mort, 358, 359. Sort de ses états de Provence, 370, 371. Invalidité de sa donation; parti fidèle à sa mémoire, 446, 447.

JEANNE de Bourgogne, femme de Philippe de Valois; sa mort; X, 353.

JEANNE de Bourbon; son mariage projeté avec Humbert II; elle épouse Charles, depuis roi de France; X, 357, 358, 365. Est sacrée à Reims; XI, 13. Est nommée par le roi tutrice de ses enfans, 205. Sa mort, 231, 233.

JEANNE d'Auvergne, veuve de Philippe de Bourgogne; épouse Jean, depuis roi de France; X, 365. Dans quelles circonstances quitte Paris et marie son fils du premier lit, 486. S'interpose entre le roi de Navarre et le Dauphin, 515. Se retire à la cour de son fils, 567. Négocie un traité entre la Bourgogne et Edouard III, 568. Sa mort, 588. Son aversion pour Charles v; XI, 2.

JEANNE de Bourgogne, fiancée du duc de Savoie; cédée par lui à la France; dans quel intérêt; X, 380, 381. Sa mort, 587.

JEANNE de France, épouse Charles-le-Mauvais; X, 403. Assiégée dans Melun; fait faire la paix entre son frère et son mari, 552, 553. Sa mort; XI, 231.

JEANNE, duchesse de Brabant; son zèle pour la maison de Bourgogne; XI, 453. Ses débats avec la maison de Juliers, 516. Ses troupes défaites par le duc de Gueldre, 519.

JEANNE de Boulogne, épouse le duc de Berry; XI, 562. Sauve la vie de La Rivière; XII, 34. Fêtes auxquelles elle assiste; fatale mascarade, 36, 37. Se remarie à La Trémoille, 519.

JEANNE de France; son mariage avec l'héritier de Bretagne; XII, 72, 79. Ses noces célébrées de nouveau, 98. S'installe en Bretagne, 194. Sa guerre aux Penthièvres; elle délivre son mari prisonnier, 591 à 593.

JEANNE de Navarre, duchesse de Bretagne, puis reine d'Angleterre; la garde de son fils lui est remise; XII, 136. Elle épouse Henri IV, 156, 157. Médiatrice entre son fils et son mari, 266.

JEANNE de Luxembourg; son mariage avec Antoine de Bourgogne; XII, 160.

JEANNE II, reine de Naples; aux prises avec Louis III d'Anjou; XII, 607. Son mariage avec Jacques de la Marche; elle le fait emprisonner; XIII, 70. Adopte Louis, 169. Appelle au trône Réné, frère de ce prince; elle meurt, 294.

JEANNE D'ARC, pucelle d'Orléans; sa mission interprétée par l'annaliste de l'Église; XIII, 86, 147. Explosion qu'elle détermine, 102. Elle donne à la multitude le pouvoir d'accomplir une grande révolution; lieu de sa naissance; son éducation; passion politique de sa famille; sa constitution physique; ses extases; se croit appelée à conduire le Dauphin à Reims; refuse de se marier; parle de sa mission à l'un de ses oncles, 115 à 118. Repoussée par Beaudricourt, elle insiste; chevaliers qui s'offrent à l'accompagner; son départ; ses dangers; son arrivée à Chinon; son entrevue avec le roi; récits merveilleux, 119 à 121. Méfiance qu'elle inspire à l'archevêque de Reims; épreuve qu'elle subit; sa virginité est reconnue; on admet dès lors que son pouvoir surnaturel vient de Dieu; se déclare appelée à délivrer Orléans, 122, 123. Est armée de toutes pièces; se jette dans cette ville; effet qu'elle y produit; terreur des Anglais; sa beauté; sa pureté; combattans qu'elle attire; sortie victorieuse, 124 à 128. Ses succès; ses blessures; sa constance; elle fait lever le siège; retourne à la cour; honneurs qu'elle reçoit, 129 à 133. S'interpose entre le roi et Richemont, 134, 135. Décide la victoire à Patay, 136. Elle supplie le roi de marcher sur Reims et le détermine, 137, 138. Elle fait prendre Troyes; son entrée à Reims; elle assiste au sacre; demande à se retirer; est retenue à l'armée, 141 à 145. Lettres qu'elle fait écrire au duc de Bourgogne, 147. Soulève Château-Thierry, 148. Entraîne le roi sur Paris; attaque cette ville sans succès; est blessée, 149 à 152. Ses derniers faits d'armes; elle est prisonnière, 157 à 161. Terreur que son nom inspire en Angleterre; difficulté du recrutement, 174. L'inquisition demande qu'il soit procédé contre elle; l'évêque de Beauvais la réclame; elle est vendue; poursuivie comme sorcière; ses interrogatoires; son appel au pape et au concile; sa rétractation; elle est condamnée à un emprisonnement perpétuel, 182 à 189. Déclarée relapse; condamnée à mort; brûlée vive; ce que font pour elle et pour sa famille Charles et le peuple, 190 à 194. Regrettée par les capitaines; comment tentent de la remplacer, 195.

JEANNE II de Navarre, d'Albret; porte le royaume de Navarre dans la maison de Bourbon; XIV, 106. Projet de la marier à Philippe II; XVII, 51, 82. Son mariage avec le duc de Clèves, 83, 84. Cette union est déclarée nulle; elle épouse le duc de Vendôme, 152, 153, 362. Professe le calvinisme; XVIII, 75. Son zèle pour sa croyance, 107. Elle assiste à la conférence de Poissy, 231. Son mari la renvoie en Béarn, 257. Complots pour l'enlever, 318, 422. Citée à l'inquisition, 383,

384. Mot du duc d'Albe que son fils lui répète, 447. Catherine fait célébrer la messe à sa cour, 453. Elle quitte la cour de Charles IX, 471. Rejoint Condé à la Rochelle; XIX, 30 à 32. Présente son fils et le jeune Condé aux protestans; les fait reconnaître chefs du parti, 49, 50. Son dévouement; sa constance, 70, 71. Ses envoyés à Paris, 102. Elle est séduite par les offres de la cour, 104 à 106. Accueil que lui fait le roi, 107. Sa lettre à son fils; ses rapports avec Catherine; elle signe les articles du mariage de Henri, 126 à 131. Caresses que lui fait le roi; elle meurt empoisonnée, 139 à 141.

JEANNE de Castille, fille du roi Henri IV; pourquoi ne lui succède pas; XIV, 113, 295. En guerre avec sa tante Isabelle, 430. Epouse Alphonse V de Portugal; défaite de son parti, 512 à 514.

JEANNE de France, duchesse de Bourbon, négocie au nom de la ligue du bien public; XIV, 169. Est sœur de Louis XI, 201.

JEANNE HACHETTE repousse l'assaut des Bourguignons à Beauvais; XIV, 361.

JEANNE DE FOIX, comtesse d'Armagnac, est empoisonnée; XIV, 388, 389.

JEANNE de Vendôme épouse le duc de Bourbon; XV, 39. Est veuve, 51.

JEANNE de France, fiancée à Louis d'Orléans (Louis XII); XIV, 160. Son mariage, 402. Eloignement de son père pour elle, 633. Elle sollicite la mise en liberté de son mari; XV, 96. Rupture de leur mariage, 271 à 273, 276 à 278. Sa retraite; sa mort, 278.

JEANNE (LA FOLLE), reine de Castille, femme de Philippe d'Autriche; héritage qui lui est destiné; XV, 253. Naissance de son fils, 365, 366. Se rend en Espagne, 374 et suiv. Comment sa raison troublée, 405. Mort et dispositions testamentaires de sa mère, 439. Elle est proclamée reine de Castille, 443. S'embarque avec son mari, 450. Sa folie complète, 462, 463. Son père stipule pour elle, 623, 659. Les Castillans pensent que son fils a hérité de son incapacité; ils répugnent à la déposséder; XVI, 95, 96. Sa mort; XVII, 564.

JEANNE de Savoie, régente pour Victor-Amédée II; à qui veut marier son fils; XXV, 433. Passage qu'elle accorde aux troupes françaises, 436.

JEANNIN (LE PRÉSIDENT) est de la ligue; XX, 131. Du conseil de l'union, 498; XXI, 47. Confident de Mayenne; sa politique, 23. Son ambassade en Espagne, 123. Il accompagne Guise près du duc de Parme, 137. Il fait connaître les conditions auxquelles traiterait Mayenne, 162. A ordre de proposer aux Etats des conférences avec les royalistes, 187. Ses négociations, 237, 341. Est à Laon; liberté que la capitulation de cette ville lui donne, 300. Ménage le traité entre le roi et Mayenne, 399 et suiv. Mémoire qu'il a rédigé, 474. Est le négociateur habituel du roi; XXII, 13. Envoyé près de Biron, 69, 71. Décline les instructions données à Sully, 92. Est du parti espagnol, 98. Opposé à Sully dans le conseil, 126. Sa mission en Hollande, 139, 140. Il accourt chez la reine à la mort du roi, 185. Reçoit ses ordres, 195. Travaille avec elle, 206. Son âge; son austérité; a besoin de recevoir l'impulsion, 210, 211. Penche pour l'alliance avec l'Espagne, 227. La reine lui confie les finances, 236. Ses conseils à la levée de boucliers des princes, 283 et suiv. Sa communication à l'assemblée du tiers, 323. Présente le compte des finances, 324 et suiv. Favorable à Condé, 340, 353. Ses rapports avec Galigaï, 346, 347. Accident qu'il éprouve, 358. Est remplacé, 364. Rentre au ministère, 412. Son mémoire sur les affaires d'Allemagne, 473. Rentre au conseil; y fait appeler la reine-mère, 500. Sa mort, 513.

JEFFERSON, l'un des rédacteurs de la déclaration d'indépendance des Américains; XXX, 138.

JEFFREYS, instrument des rigueurs judiciaires de Jacques II; XXV, 523, 539, 540.

JENKINS, capitaine anglais; mutilé par les Espagnols; ses paroles au parlement; elles décident la guerre; XXVIII, 218.

Table générale de l'Histoire des Français. 22

JENNE (LE MARQUIS DE), gouverneur espagnol de la Franche-Comté; attaqué par Condé; XXV, 147 et suiv.

JENNINGS (SARAH), duchesse de Marlborough; son empire sur la reine Anne; XXVI, 329. Sa disgrâce; XXVII, 94, 116, 136 et suiv. Son zèle pour Marie-Thérèse d'Autriche; XXVIII, 233.

JÉRÔME de Prague; ses précurseurs en Albigeois, puis en Bohême; VI, 521; XI, 211. Sa réformation; XIII, 319, 320, 360.

JÉROSLAUS, tzar de Russie, père de la reine Anne de France; sa gloire; ses alliances avec la famille impériale de Constantinople; IV, 265.

JERSEY (LE COMTE DE), ministre de la reine Anne; son désir de la paix; XXVII, 140.

JOANNÈS envoyé par Guise à Paris; XX, 331.

JOANNICE, roi des Bulgares, fait prisonnier Baudoin de Constantinople; cache le sort de ce prince; VI, 560.

JOEL (JEAN), capitaine anglais; fait perdre à son parti la bataille de Cocherel; y est tué; XI, 11 à 13.

JOHN (JEAN DE SAINT-), lieutenant d'Édouard 1er en Guienne; la saisie de cette province lui est notifiée; VIII, 476. Garnisons qu'il reprend dans les places, 492. Évacue la Réole, 494. Son système de défense; il est fait prisonnier, 509.

JOHNSON (W.), général anglais, fait capituler le fort de Niagara; XXIX, 180, 181, 182.

JOHNSTON, amiral anglais; son combat avec Suffren; XXX, 215.

JOINVILLE (SIMON DE) défend Troyes pour le comte de Champagne; VII, 61.

JOINVILLE, sénéchal de Champagne, historien de saint Louis; croisé avec lui; ses apprêts de départ; VII, 386. Arrive à Chypre après le roi, 389. Part qu'il prend à l'affaire de Damiette, 401. Effet que produit sur lui le feu grégeois, 419. Part qu'il prend à la bataille de Mansourah, 423, 425. Confesse et absout Guy d'Ibelin, 444. Sa détresse, 455. Opine pour que le roi reste en Terre-Sainte, 458. Est le personnage le plus considérable de la croisade, 463. Ses entretiens avec saint Louis pendant leur retour; à la nouvelle de la mort de la reine-mère, 497, 501 et suiv. Cité comme historien, 21, 24, 33, 55, 57, 62, 128, 157, 166, 206, 237, 239, 284, 312, 341, 381, 387 à 389, 393, 394, 398, 399, 402, 408 à 429, 431 à 439, 442 à 449, 454 et suiv.

JOIGNY (LE COMTE DE), prisonnier à la bataille d'Auray; XI, 22.

JOLY DE FLEURY, avocat général; est du parti d'Orléans; XXVII, 234. Influence le parlement, 238. Est nommé procureur général, 296. Méfiance qu'il inspire au parlement, 396. Persécutions auxquelles il s'est opposé, 515. Sa fidélité à la cause des libertés gallicanes; XXVIII, 47.

JOSEPH Ier, empereur; son mariage; XXVI, 307. Commande l'armée du Rhin, 347 et suiv. Sa renonciation à la couronne d'Espagne, 427. Son avénement, 435. Son portrait; révolte que sa dureté fait éclater; sa perfidie, 436, 437. Il vend la principauté de Mirandole, 444. Sa convoitise à l'égard de l'Italie; ses mesures; il fait prendre possession de Naples; sa dureté à l'égard du vice-roi; XXVII, 11 à 13. Ses dons, ses promesses au duc de Savoie, 14 et suiv. Sa tyrannie pousse les Transylvains à la révolte, 32, 139. Ses vengeances, 38. Sa lassitude, 40. Il pille l'Italie, 61. Ses violences; négociations qui l'alarment; son traité avec le pape, 62 à 64. Son plénipotentiaire à Gertruidenberg, 95 et suiv. Parti qu'il tire de la guerre, 102 et suiv. Sa mort, 116, 140.

JOSEPH II, empereur; son avénement, XXIX, 311, 312. Abandonne les affaires à sa mère, 393. Son entrevue avec Frédéric; ils conviennent du partage de la Pologne, 480, 481. Ses offres à Necker; XXX, 128. Son voyage en France; son portrait; son but politique; ses hommages à la Dubarry; ses désappointemens; son dépit; sa boutade à l'égard de Voltaire, 153 à 158. Il convoite la succession de Bavière; son ambition contenue par Frédéric, 227 à 228. La France s'interpose; il signe la paix de Teschen, 230. Accusation dont sa sœur est l'objet, 266, 349. Il veut forcer l'ouverture de l'Escaut, 325 et suiv. Son voyage en Crimée, 404.

JOSEPH, roi de Portugal; chassé de Lisbonne par un tremblement de terre; XXIX, 69. Ses désordres, 221. Il est assassiné; ses terreurs; ses vengeances; il sévit contre les jésuites, 222 à 225. Guerre qu'il soutient, 255, 256. Sa mort, 308.

JOSEPH, prince de Bavière; ses prétentions à la succession d'Espagne; XXVI, 274. Son lot selon un projet de partage, 276. Testament du roi en sa faveur; sa mort, 277 à 279.

JOSEPH (LE PÈRE), capucin; confident de Richelieu; sa mission à Rome; XXII, 545. Est envoyé près de la ligue catholique en Allemagne; ses succès; XXIII, 131. Il signe le traité de Ratisbonne, 170. Il relève le courage du cardinal, 291. Intrigue contre lui à laquelle il se prête, 329. Pourquoi n'est point cardinal; son portrait; sa mort, 398 à 400.

JOSSELIN, évêque de Soissons, conseiller de Louis-le-Jeune; V, 259. Le seconde contre Rome, 267.

JOSSEQUIN, favori de Jean-sans-Peur; le décide à l'entrevue de Montereau; se met sous la protection du Dauphin; XII, 580, 584.

JOURNÉE DES HARENGS, combat remporté par les Anglais au siège d'Orléans; XIII, 97 à 99.

JOVIEN, successeur de Julien; néglige l'Occident; meurt; I, 33.

JOVINUS dispute l'empire à Honorius; sa mort: I, 138, 141, 142, 146.

JOYEUSE (LE MARÉCHAL DE), lieutenant du roi en Languedoc; ses combats avec les protestans; XVIII, 325. Son inflexibilité à leur égard, 420. Association catholique qu'il signe, 452. Soulèvement contre lui; Etats provinciaux qu'il préside; leur demande au roi, 517, 518. Est aux prises avec Crussol d'Acier, 519, 520. Ne peut entrer à Nîmes; XIX, 195. Lieutenant du Dauphin d'Auvergne, 292. A été évêque, 330. Ses combats; ses cruautés, 331. Aux prises avec Turenne, 335, 530. Réception qu'il fait à la reine-mère, 507. Devient l'ennemi de Montmorency; XX, 82. Est aux prises avec lui, 106, 219. Commande pour la ligue au midi, 501. Son indépendance; secours qu'il tire des Espagnols; époque de sa mort; XXI, 105, 106.

JOYEUSE (ANNE D'ARQUES, DEPUIS DUC DE) est appelé à la faveur de Henri III; XIX, 502. Son attaque contre Bussy, 474. Il perd Saint-Luc, 521. Devient le beau-frère du roi; fêtes de son mariage; XX, 6, 7. Le pouvoir exercé par lui et d'Epernon, 8, 9. Se rend au-devant d'Antoine de Crato, 29. Dénoncé par Salcède, 63. Surprend Alciès, 74. Est amiral; ses voyages; ses intrigues contre Montmorency, 81 à 83. Est secrètement associé à la ligue, 119. Propose au roi de s'allier aux Guises; combat le duc d'Elbeuf, 146, 147. Son commandement, 190. Ses opérations en Languedoc; son retour à Paris, 218 à 221. Il attaque le roi de Navarre; régimens qu'il taille en pièces; il revient à la cour, 261 à 264. Y est mal accueilli; obtient la permission de livrer bataille, 265. Il côtoie le Navarrais pour gagner Coutras et y rejoindre Matignon, 268. Il perd la bataille de Coutras; est tué; 269 à 277. Son corps remis à Turenne, 278.

JOYEUSE (LE CARDINAL) envoyé par Henri IV à Sixte-Quint; XX, 506. Offre sa médiation aux Vénitiens; XXII, 133. Fait partie du conseil de régence, 176. Couronne la reine, 180. Mariage pour lequel son consentement est nécessaire, 219. Est du parti espagnol, 227. Sacre Louis XIII, 231. Dispute la préséance aux princes du sang, 232, 233. Sa mésintelligence avec le comte de Soissons, 237. Liberté que son départ donne à la reine-mère, 249. Préside le clergé aux Etats-généraux, 300.

JOYEUSE (HENRI, MARÉCHAL DE), comte du Bouchage, reprend Angers; XX, 197, 199. Marche contre Condé, 201. Se fait capucin sous le nom de frère Ange, 264. Sa procession à Chartres; comment accueilli par Crillon, 366, 367. Reprend les armes et succède à son frère en Languedoc; XXI, 171. Il repousse la paix et continue les hostilités, 311 à 313. Sa réconciliation avec le roi; il rentre au couvent, 406 à 409, 412. Sa position féodale; XXII, 10. Sa maison élevée par le favoritisme, 218.

JOYEUSE (HENRI SCIPION, DUC DE) succède à son père en Languedoc; XXI, 106. Est tué, 171.

JOYEUSE (LE DUC DE) veut se récuser dans le procès de Condé; XXIV, 500, 501.

JOYEUSE (LE MARÉCHAL DE); contribution qu'il lève en Allemagne; XXVI, 28. Sa promotion, 117. Est mis sous les ordres de Luxembourg, 120. Puis de Lorges, 146 et suiv.

JUAN (DON) d'Autriche fait la guerre aux Maures de Grenade insurgés; XIX, 18, 19. Félicité par le pape, 20. Remporte la victoire de Lépante, 116. Est nommé gouverneur des Pays-Bas; ses conférences en France; il accède à la pacification de Gand, 488, 489. Il surprend Namur; sa correspondance saisie et communiquée aux États; la guerre recommence; il est victorieux; ses projets à l'égard de l'Angleterre, 490, 491. Manœuvres pour le forcer d'accepter la bataille; sa mort; successeur qu'il désigne, 495, 496.

JUAN (DON), d'Autriche fils naturel de Philippe IV; son arrivée à Naples insurgé; ses rigueurs raniment la révolution; XXIV, 157, 158. Remplace Arcos et est remplacé, 167, 168. Réduit la Catalogne, 489. Assiége Rosas, 497. Aux prises avec Conti, 514. Commande l'armée des Pays-Bas, 534. Sauve Valenciennes, 535, 536. Prend Saint-Guillain, 551. Sa lenteur entrave Condé, 554. Aux prises avec Turenne; perd la bataille des Dunes, 566 à 570. Ses succès en Portugal suivis de défaites; XXV, 56. Ses débats avec Nithard; sa cour de Saragosse, 177 à 179. Ses efforts pour dominer le roi, 321, 322. Sa faveur, 333, 334, 353. Abandon où il laisse les Pays-Bas, 368. Sa mort, 412.

JUDICAEL Ier (SAINT), roi des Bretons; vient à la cour de Dagobert; II, 36.

JUDICAEL II, dispute la couronne de Bretagne à Alain; est tué; III, 299.

JUDITH de Bavière épouse Louis-le-Débonnaire; II, 446. Jalousie des fils de l'empereur; elle n'a point alors d'enfans, 450. Présente au baptême la reine des Danois, 465. Ses mœurs passent pour dissolues; son favori Bernard, 466. Donne le jour à Charles-le-Chauve, 467. Ses artifices pour diviser les fils de Louis, 473. A leur révolte s'enferme dans un couvent; tombe entre leurs mains; III, 6. Prend le voile, 7. Mise en liberté, 14. Déclarée innocente, 15. Domine l'empereur, 20. Emprisonnée, 23. Délivrée encore; excite le ressentiment de son époux, 34. Ses avances à Lothaire, 37. Son ambition, 38. Réussit dans ses projets; recherche l'appui de Lothaire, 42. Son succès, 44. Son fils craint de ne la pouvoir placer en un lieu de sûreté, 60. Elle meurt, 82.

JUDITH, fille de Charles-le-Chauve; son mariage; III, 121. Ses incestes; épouse le fils de son premier mari, puis le comte de Flandre, 143.

JUHEL BÉRENGER, comte de Rennes, vaincu par Guillaume Longue-Épée; III, 394. Fait hommage à Louis IV, 413. Aux prises avec les Normands; vaincu, 424.

JUIGNÉ (DE), archevêque de Paris; sa bienfaisance; ses libéralités pendant l'hiver de 1788; XXX, 431.

JULES II (JULIEN DE LA ROVÈRE), pape, cardinal, légat de son oncle en France; XIV, 475, 476. S'interpose entre Louis XI et Maximilien; se fait livrer Balue et d'Harancourt, 579 à 581. Sa haine pour Alexandre VI; il vient en France; hâte les résolutions de Charles VIII; XV, 182. Presse le roi de déposer le pape, 185. Son élection; il fait arrêter Borgia, 416, 417. Sa préoccupation, 425. Son ambition; sa fougue; ses plans; circonstances pendant lesquelles il commence la guerre; villes qu'il soumet, 465 à 469. Favorable aux Génois, 473. Elude une entrevue avec Louis XII; ne peut lui-même voir Ferdinand, 480, 481. D'Amboise stipule pour lui lors de la ligue de Cambrai; part qui lui est faite; sa répugnance; il communique le traité aux Vénitiens; ses demandes; ses représentations à Maximilien, 502 à 504. Il excommunie Venise, 506. La fait attaquer, 512. Sa résolution de chasser les

Français; son traité avec Louis; il réconcilie l'Eglise et les Vénitiens; ses poursuites contre le duc de Ferrare; ses intrigues pour dissoudre la ligue; ses caresses au roi d'Angleterre; coalition qu'il médite; ses rapports avec l'évêque de Sion; il le nomme son légat; secours que lui promet la Suisse, 523 à 531. Louis se met en garde contre lui, 533. Il éclate; donne à Ferdinand l'investiture de Naples; fulmine une bulle contre le duc de Ferrare; fait attaquer les Français, 538 à 543. Généraux qu'il excommunie; ses inquiétudes; sa maladie; ses négociations avec Chaumont; renfort qu'il reçoit; ses exigences; places qu'il investit; son audace au siége de la Mirandole; il y entre par la brèche, 545 à 550. Ses offres à Gurk et à Maximilien; cardinaux qu'il nomme; excommunications qu'il fulmine; il désigne Louis; sa rupture avec Gurk; son armée défaite à Casalecchio; convoque le concile de Saint-Jean de Latran; forme la ligue sainte; anathématise le concile de Pise, 564 à 577. Sa bulle pour donner la Navarre à l'Aragonais; son soin d'exciter les Suisses; obéissance qu'il obtient du clergé italien; sa trêve avec Maximilien, 586 à 590. Sa terreur à la bataille de Ravenne; rassuré par l'attitude du concile de Saint-Jean; repousse les avances de Louis; Suisses qu'il soudoie; cherche vainement à entraîner Maximilien dans la ligue, 595 à 598. Effet présumable de son anathème contre Louis; favorable à Sforza; il transige avec Maximilien aux dépens de Venise; ses projets d'affranchir l'Italie, 606 à 611. Sa mort, 615, 617 et suiv. Suites de l'impulsion qu'il a donnée à la Suisse, 645.

JULES III (JEAN-MARIE DEL MONTE), pape; son élection; XVII, 389. Il convoque à Trente le concile œcuménique, 410, 411. Il veut conserver la suzeraineté de l'Eglise sur Parme, 421. Il rompt avec les Farnèses; s'allie à l'empereur et ébranle ses troupes, 422, 423. Il suspend le concile, 443. Trêve qu'il signe, 467, 468. Ses efforts pour la paix générale, 545. Sa mort, 547.

JULIANE, fille naturelle de Henri 1er, roi d'Angleterre, épouse d'Eustache de Breteuil; V, 139. Assiégée par son père; à quelles conditions elle capitule, 141.

JULIEN reçoit de Constance la mission de reconquérir les Gaules; bat les Allemands à Strasbourg et les repousse au delà du Rhin; I, 28. Chasse aussi les Francs; s'allie aux Francs saliens de la Toxandrie, 29. Passe le Rhin; force les Allemands à demander la paix, 30. Etablit ses quartiers d'hiver à Paris, 31. Passe trois fois le Rhin; est proclamé Auguste par son armée et marche avec elle sur l'Orient, 32. Il ne regarde plus l'Occident; son expédition en Perse et sa mort, 33. Adoucit la capitation dans les Gaules, 69.

JULIERS (GUILLAUME, DUC DE) accompagne le roi de France; VIII, 275. Le combat; est fait prisonnier; IX, 21. Il assiége Cassel, 96, 97. Son poste à la bataille de Courtrai, 98, 100. A celle de Mons en Puelle, 151 et suiv. Evénemens auxquels sa maison a une part accessoire; X, 110, 133, 148, 170, 176; XI, 111.

JULIERS (LE MARQUIS DE); ses débats avec la maison de Bourgogne; XI, 516 et suiv. Réconcilié avec le roi de France, 531 et suiv.

JUMONT (JEAN DE), grand bailli du duc de Bourgogne en Flandre; ses cruautés; XI, 460, 461. Guerre atroce qu'il fait aux Liégeois; XII, 296.

JUMONVILLE (DE), officier français, tué par les Anglais en Amérique; XXIX, 65.

JUSTINIEN; sa novelle sur les élections ecclésiastiques; I, 98. Ses efforts pour reconquérir l'empire d'Occident, 272. Se résout à attaquer les Ostrogoths; sollicite l'alliance des Francs, 273. Leur abandonne les droits de l'empire dans les Gaules, 279. Effrayé de l'esprit entreprenant de Théodebert, 281. Reçoit une ambassade des Avares, 316. Maître de l'Italie, 322. Introduction de ses Pandectes dans les codes du moyen âge; VIII, 79.

JUVIN (BALTHASAR) dévoile le complot contre Venise; XXII, 424.

KALIL-ASCRAF, soudan d'Égypte ; son père lui prescrit de prendre Acre ; VIII, 416, 446. Il investit cette ville, 448. Sa nombreuse armée ; ses succès, 449. Prend la place ; massacre des habitans ; terreur des chrétiens qui évacuent la Terre-Sainte, 450, 451.

KARA-MUSTAPHA assiége Vienne ; repoussé par Sobieski ; XXV, 450.

KATT, ami de Frédéric de Prusse ; son supplice ; XXVIII, 220.

KAUNITZ (LE PRINCE DE), ministre de l'empereur ; négociateur à Aix-la-Chapelle ; XXVIII, 457. Devient chancelier ; ses talens ; son système politique, XXIX, 54 à 58. Ses traités avec France, 77 et suiv., 83. Gouverne la cour de Vienne, 312, 393. Appuie Choiseul, 406. Son influence sur ce ministre ; XXX, 13. Comparé à Maurepas, 23. Ses idées compromises, 156 et suiv. Projets de l'empereur qu'il ne contrarie pas, 228.

KEENE, résident anglais à Lisbonne, s'interpose pour la paix avec l'Espagne ; XXVIII, 432. Son influence à la cour de Madrid ; XXIX, 236.

KEITH (LORD), maréchal d'Écosse ; insurge les jacobites ; sa fuite ; XXVII, 380. Lieutenant de Frédéric ; ses opérations en Moravie, 160, 161. Est tué, 164.

KEITH, ambassadeur anglais à Vienne ; mécontentement que lui témoigne l'impératrice ; XXVIII, 459.

KENNEDY, Écossais au service de Charles VII ; défend Lagny ; XIII, 211, 213.

KENT (THOMAS, COMTE DE), conseiller de Richard II ; XII, 100.

KEPPEL (LE COMMODORE DE) s'empare de Belle-Isle ; XXIX, 253 et suiv. Combat à Ouessant ; est mis en accusation ; XXX, 166 à 169, 171.

KERKELEVANT, commandant d'Arras pour la France ; perd cette ville par surprise ; XV, 131.

KERSAINT, capitaine de vaisseau français ; ses brillants combats ; XXX, 173. Ses conquêtes en Amérique, 202.

KEVENHULLER commande l'armée impériale en Italie ; XXVIII, 138. Impose à Montemar, 148. Sommé de rendre Vienne aux Français, 230. Troupes qu'il met en campagne, 233. Il bloque Lintz, 240. Entre à Munich, 262. Ses conseils au prince Charles, 275. Sa mort, 312.

KIRIEL (THOMAS), capitaine anglais ; ses succès en Normandie ; XIII, 308, 316, 499. Il perd la bataille de Fourmigny ; est fait prisonnier, 499 à 502.

KLEIST, lieutenant de Frédéric, envahit la Franconie ; XXIX, 262.

KLESEL (LE CARDINAL DE), ministre de l'empereur Matthias, lui conseille la modération ; XXII, 446.

KNIPHAUSEN, lieutenant de Weymar ; XXIII, 220.

KNOLLES (ROBERT), chef de partisans ; ses ravages en Normandie ; X, 506. Il sauve le comte de Longueville, 550. Prend part à la bataille d'Auray ; XI, 21. Il débauche Perduccas d'Albret, 117. Il commande l'armée anglaise de Picardie, 140. Sa marche jusque sous Paris ; sa retraite vers le Maine et l'Anjou ; insubordination parmi les siens ; échec qui l'empêche de livrer bataille ; il congédie son armée en Bretagne, 141 à 143. Soutient le parti anglais dans cette province, 181. Défend Brest ; prisonniers qu'il fait périr, 183.

KNOX, ministre protestant en Écosse ; propose d'enlever la régence à la reine-mère ; XVIII, 134.

KONIG (PIERRE), consul des tisserands à Bruges ; son arrestation ; son crédit parmi les Flamands ; ils se soulèvent pour le délivrer ; IX, 93. Introduit des troupes dans Bruges ; fait massacrer tous les Français, 95. Prince qu'il place à la tête du parti populaire ; leur succès, 96. Est armé chevalier, 99.

KONIGSECK (LE COMTE DE), ministre impérial à Madrid ; ses querelles avec Riperda ; XXVIII, 11. Son influence sur la reine, 15. Comment en use, 39, 40. Préliminaires qu'il signe, 42. Le traité de Sévillan conclu sans lui, 67, 68. Il commande l'armée d'Italie; victorieux à la Secchia; il perd la bataille de Guastalla, 125 à 130. Part pour Vienne, 131. Fait retraite jusqu'au Tyrol, 134, 135. Vaincu à Chotusitz par Frédéric, 242. Son entrevue avec Bellisle, 246 et suiv. Commande les Autrichiens à Fontenoi, 363 et suiv.

KONIGSMARK; ses amours avec la reine d'Angleterre; XXVIII, 21.

KONIGSMARK, général suédois; ses opérations en Franconie; XXIV, 44. Il renforce Turenne, 84, 175. Se rend en Bohême, 176.

KOPROLI (AHMET), visir de Mahomet IV; ses talens; ses victoires; est vaincu à Saint-Gothard; XXV, 68, 69. Ses démêlés avec l'ambassadeur de France, 180. Sa mort, 525.

KYMES (LE COMTE DE), lieutenant de Henri V en Normandie; XII, 533. Au siége de Rouen, 559. Est tué à la bataille de Baugé, 610.

LAB

LA BARRE (LE CHEVALIER DE); son supplice; XXIX, 297 à 299.

LA BARELLE, ministre protestant; s'empare du Capitole de Toulouse; XVIII, 320.

LA BAUME (PIERRE DE), évêque de Genève; chassé de cette ville; lui fait la guerre; XVI, 475, 476.

LA BAUNE (DE), négociateur français à Vienne; XXVIII, 142.

LA BERLOTTÉ bat en brèche Cambrai; XXI, 361, 375.

LA BERTE, capitaine huguenot, offre de faire prisonnière Catherine de Médicis; XX, 238.

LA BLACHE (LE COMTE DE); son procès avec Beaumarchais; XXIX, 456.

LA BOÉTIE (ÉTIENNE DE) de Sarlat; son Traité de la Servitude volontaire; circonstances qui l'inspirent; XVII, 357 et suiv.

LA BORDE, capitaine huguenot prisonnier, tué de sang-froid; XIX, 37.

LABORDE, banquier; sa faillite; XXIX, 461.

LABORDE, valet de chambre de Louis XV; soins qu'il lui donne; XXIX, 503 et suiv.

LA BOULAYE accompagne Condé; XX, 198. Ses opérations, 202, 206. Est gardien du cardinal de Bourbon; XXI, 24.

LA BOULAYE (LE MARQUIS DE), frondeur; émeute qu'il excite; XXIV, 291. Est excepté de l'amnistie, 473.

LA BOURDONNAIS; ses succès dans l'Inde; son arrestation; sa mort; XXVIII, 451, 452.

LAC

LA BOURGADE, ministre protestant; sa mort; XIX, 237.

LA BOURLIE; ses intrigues en Hollande; XXVI, 415, 416.

LA BROSSE conduit des troupes françaises en Écosse; XVII, 258. A part au massacre de Vassy; XVIII, 263.

LA BRUYÈRE (PÈRE ET FILS), promoteurs de la ligue à Paris; XIX, 377. Le fils y représente le Châtelet; XX, 132. Assemblée qui se tient chez le père; XXI, 130.

LA CABRIÈRE (MASSACRE DE); XVII, 241.

LA CARODIÈRE, chef protestant dans le Poitou; aux prises avec le comte de Lude; ses échecs; XVIII, 520.

LA CASE bloque Épernon dans Angoulême; XX, 398.

LA CHAISE (LE PÈRE), confesseur de Louis XIV; ses complaisances; XXV, 173. Passe pour avoir béni son second mariage, 447. Son opinion sur la révocation de l'édit de Nantes, 518. Son crédit; maison de campagne que le roi lui donne; il signale le pape comme janséniste, 549 à 551. Il assiste à la représentation d'Esther; XXVI, 33. Préventions qu'il inspire au roi contre les dévots, 383; XXVII, 185, 187. Ce qu'il pense du livre de Quesnel; XXVI, 385. Époque de sa mort; XXVII, 91. A reproché au roi sa dureté, 92.

LA CHALOTAIS, procureur général à Rennes; XXIX, 231. Comment excite la haine de d'Aiguillon; 320. Son arrestation, 321 et suiv.; 364, 365. Son innocence reconnue; son exil condamné comme arbitraire, 416 et suiv.

LA CHAPELLE-MARTEAU; son rôle dans la ligue; XX, 132. Soulèvement qu'il prépare, 328, 331. Comment excité par Guise, 343. Est nommé prévôt des marchands, 350. Préside le tiers aux Etats de Blois, 405, 412. Son discours, 417. Requête qu'il présente au roi, 433. Députés qu'il réunit, 437. Sa proposition pour la solde des armées, 444. Son arrestation, 464. Par qui substitué à Paris, 476. Reste prisonnier, 493. Assemblée à laquelle il assiste; XXI, 190. Sa mission près de Villars-Brancas, 244. Renvoyé par lui sous escorte, 283. Comment impliqué dans la procédure sur la mort de Henri III, 403.

LA CHATAIGNERAYE, ligueur, quitte l'armée royale; XXI, 509.

LA CHATRE (PIERRE DE), archevêque de Bourges; ses luttes avec Louis-le-Jeune; V, 260.

LA CHATRE (CLAUDE DE) commande la garde de Louis XI; XIV, 594.

LA CHATRE (CLAUDE, MARÉCHAL DE), gouverneur du Berry; assiége Sancerre; XIX, 232, 233. Est arrêté, 473, 475. Mis en liberté, 478. Est de la ligue; XX, 130. Garde les passages de la Loire, 202. Confiance que lui témoigne le roi, 400. Se déclare pour la ligue, 492. Commande pour elle en Berry, 501. Quand a quitté l'armée royale, 509. Défend Orléans, 533. Rejoint Mayenne; XXI, 81. Fait évader Guise, 120. Conférence à laquelle il assiste, 190. Il s'entend avec l'archevêque de Bourges, 209. Engagement qu'il signe, 237. Il se déclare pour Henri IV, 241. Ses stipulations, 243. Ménage la paix avec les Guises, 316. Commande l'armée de Champagne; XXII, 222. Accompagne Louis XIII au parlement, 293.

LA CHATRE (LE DUC DE); pourquoi s'éloigne des ministres; XXIII, 538. Ordres que lui donne la reine, 343. Est de la cabale *des importans*; XXIV, 20. Sa disgrâce, 33.

LA CHESNAYE est de la conjuration d'Amboise; XVIII, 141.

LA CHETARDIE (LE MARQUIS DE) place Elisabeth de Russie sur le trône; XXVIII, 265, 266.

LA CLIELLE, agent de Henri IV à Rome; XXI, 219, 343.

LA CLOCHETERIE, commandant de *la Belle-Poule*; son brillant combat naval; XXX, 163, 166, 167, 169. Sa mort, 209.

LA CLUE (L'AMIRAL DE) perd contre les Anglais la bataille du cap Lagos; est tué; XXIX, 204 à 206.

LACMAN, roi de Suède, envoie des auxiliaires à Richard II de Normandie; IV, 171.

LA COCHE, chef huguenot, défend Grenoble; XVIII, 348.

LA COMBE (LE PÈRE) reprend les opinions mystiques de Mme Guyon; XXV, 439; XXVI, 238. Sa démence; sa mort, 253, 254.

LA CROTE forme des compagnies d'infanterie française; XV, 505.

LACTANCE, récollet, met le feu au bûcher d'Urbain Grandier; XXIII, 238.

LA CUEVA (MELCHIOR DE) bloque Messine; est vaincu par Duquesne; XXV, 332.

LA CURÉE contribue à l'arrestation de Condé; XXII, 376.

LACY (HENRI DE), comte de Lincoln, guerroie en Gascogne; VIII, 509. Reçoit le commandement en chef de l'armé; jalousie qu'il excite; IX, 12.

LADEVÈZE, remplaçant de Richelieu en Languedoc; rigueurs qui lui sont prescrites contre les Huguenots; XXIX, 41.

LADISLAS nommé duc de Dalmatie; II, 455.

LADISLAS, duc de Bohême; secours qu'il amène aux croisés; V, 337.

LADISLAS III, roi de Hongrie; sa mort; par qui sa succession réclamée; VIII, 407.

LADISLAS, roi de Pologne, ligué avec Léopold d'Autriche; IX, 411.

LADISLAS, roi de Naples, d'abord sous la tutelle de sa mère; XI, 487. Sa fuite; Naples proclame son compétiteur, 565, 566. Luttes de son parti; il perd les forts de Naples, 587, 588. Reprend l'avantage en Provence; XII, 62. Rentre à Naples, 144. Il travaille à s'emparer des états de l'Eglise, 212. Est maître de Rome, 322. Défend le pape Grégoire XIII; est attaqué par Louis d'Anjou, 342, 343. Sa défaite de Roccasecca, 386.

LADISLAS, roi de Bohême et de Hongrie; en guerre avec Philippe-le-Bon; XIII, 446. Liberté de conscience dans ses états, 610. Réclame la possession du Luxembourg; demande en mariage une fille de Charles VII; prisonnier de l'empereur; délivré par Huniades; le fait périr; meurt; partage de ses états; XIV, 10 à 12.

LADISLAS VI, roi de Bohême, est proclamé roi de Hongrie; XV, 99. Son mariage avec Anne de Foix, 376. Sa succession convoitée, 464, 482. Est invité à entrer dans la ligue de Venise, 503.

LADRIESCHE, trésorier de Louis XI; négociation dont il est chargé; XIV, 241.

LADURANT (GÉRONNET DE), châtelain de Montferrant; ses brigandages; XI, 516.

LADVENU (MARTIN), confesseur de la Pucelle; assiste à son supplice; impatience des soldats anglais; XIII, 192, 193.

LA FARE; ses relations avec Voltaire; XXVII, 295. Arrête Villeroi, 467, 468.

LA FAYETTE (LE SIRE DE) bat les Anglais à Baugé; XII, 610. Est l'un des conseillers du Dauphin, 616. Prisonnier à Verneuil; XIII, 33, 36. Prend part à la journée des Harengs, 77 et suiv. Se rend au congrès de Nevers, 243. Puis à celui d'Arras, 251. Caution de René d'Anjou, 297. Plaide pour la guerre aux Etats d'Orléans, 352.

LA FAYETTE, gouverneur du Nivernais; réaction catholique qu'il dirige; XVIII, 309.

LA FAYETTE (LE SIRE DE), grand maître de l'artillerie; son poste au siège et à la bataille de Novarre; XV, 630 à 632. Est à l'armée de Picardie, 639. Est prisonnier, 643.

LA FAYETTE, amiral de François Ier; XVI, 265.

LA FAYETTE (LA DEMOISELLE LOUISE DE); ses amours avec Louis XIII; XXIII, 328 et suiv.

LA FAYETTE; son départ pour l'Amérique; XXX, 146, 148. Il seconde Sullivan, 176. Sa mission près de d'Estaing; son dévouement à la dignité nationale, 178. Envoyé contre Arnold, 199. Sa valeur au siège d'York-Town, 201. Il demande la convocation des États-généraux, 341, 355. Assiste aux assemblées des Bretons; sa disgrâce, 382, 383. Commandement qui lui a été confié, 398.

LA FERRIERE organise l'Eglise calviniste à Paris; XVIII, 25.

LA FERTÉ-SENNETERRE (LE MARÉCHAL); son poste à la bataille de Rocroy; XXIV, 41. Contient les Espagnols dans l'Argonne, 407. Manœuvre contre le duc de Lorraine, 448. Rejoint Turenne, 450. Combat au faubourg Saint-Antoine, 453. Ses opérations au Nord et devant Arras, 510 à 513. Il seconde Turenne, 520. Ses désastres à Valenciennes, 535, 536. Assiége Montmédy, 553. Suite de ses opérations, 572. Il assiége Marsal; XXV, 54. Sa femme compromise par la Voisin, 405.

LA FERTÉ (LA DUCHESSE DE) croit Louis XV empoisonné; XXVII, 454.

LAFEUILLADE (FRANÇOIS D'AUBUSSON, MARÉCHAL DE); troupes qu'il conduit en Italie; XXV, 55. Puis en Allemagne, 68. Est gouverneur de Sicile; évacue Messine, 376 et suiv. Statue qu'il élève au roi, 547. Sa mort; XXVI, 81.

LAFEUILLADE (LE MARÉCHAL DE), chargé de conquérir la Savoie; XXVI, 413. Ses succès, 424, 444. Il assiége Turin, 468, 469. Ses fautes; sa part à la défaite sous cette ville, 470 à 474. Son ambassade à Rome; XXVII, 298. Pourquoi siège comme juge de Le Blanc, 534.

LAFFÉMAS, maître des requêtes; son habileté à obtenir des condamnations; il informe contre Marillac; XXIII, 189. Dirige le présidial de Troyes, 228.

LAFIN est surpris dans Lagny; XXI, 89, 90. Agent de Henri IV en Provence; sa double mission, 314 et suiv. Comment compromet Biron; XXII, 63, 64. Il le dénonce et cause sa perte, 69 et suiv.

LAFITAU, évêque de Sisteron; sa mission à Rome; XXVII, 432. Ses efforts pour faire nommer Dubois cardinal, 438 et suiv.

LA FONTAINE (JEAN DE); son élégie pour la grâce de Fouquet; XXV, 28.

LA FORCE (LE DUC DE) s'interpose entre les ducs d'Orléans et du Maine; XXVII, 238. Ses agiotages; poursuivi pour cause de monopole, 417.

LA FORÊT (PIERRE DE), archevêque de Rouen, porte la parole aux Etats-généraux; X, 428. Ouvre encore l'assemblée en qualité de chancelier du royaume, 478. Sa mise en jugement demandée, 480.

LA FORÊT, négociateur entre François Ier et Soliman; XVI, 481. Engagement qu'il prend avec le sultan, 542. Ville d'Italie qu'il fait livrer aux Turcs; sa mort, 550.

LA FURGUE livre Hesdin aux Espagnols; XXIV, 564.

LA GALISSONNIÈRE (L'AMIRAL) contribue à la prise de Port-Mahon; sa mort; XXIX, 72 à 75.

LA GARAYE, chef de conjurés protestans en Bretagne; XVIII, 139.

LA GARDE (PAULIN, BARON DE) est envoyé en ambassade à Constantinople; XVII, 100. Ses précédens, 111. Plan qu'il concerte avec Soliman, 112, 113. Succès de ses négociations, 140. Il accompagne Barberousse, 158. Se rend auprès du roi, 160. Est emmené à Constantinople par l'amiral turc, 196. Son armée contre les Vaudois; massacres qu'il fait faire, 239 à 244. Flotte qu'il amène de Marseille au Havre, 259. Traité qu'il signe en Angleterre, 332. Ses opérations sur mer, 431. Est chargé d'une expédition sur Naples; se retire à Scio, 492, 493. Son retour, 499. Son expédition sur la Corse, 501, 502. Il débarque en Toscane Léon Strozzi, 536. Echoue à Calvi, 553. Rentre en Provence, 554. Est nommé général des galères; XVIII, 476. Troupes qu'il rassemble; dans quel but; XIX, 122. Inquiétudes qu'il donne aux Rochellois, 141, 142, 196.

LA GARDIE (LE COMTE DE), chancelier de Suède; favorable à la France; XXV, 206.

LA GATTA (DON CARLOS DE) défend les Présidj; XXIV, 124.

LA GRANGE, capitule au Catelet; XXI, 365.

LA GRANGE-CHANCEL publie les Philippiques; XXVII, 343, 344. Accueil qu'il reçoit à la cour d'Espagne, 450.

LA GUERRE (RAYMONNET DE), armagnac; ses hostilités; XII, 506, 507. Projet de traité qu'il désapprouve; 536. Est arrêté, 538.

LA GUESLE, procureur du roi; projet de loi criminelle qu'il présente aux Etats de Blois; XX, 489, 490. Conduit au roi Jacques Clément, 538. Est du parti politique; XXI, 110. Investigation dont il est chargé, 402, 403.

LA GUICHE refuse de faire massacrer les Huguenots de Châlons; XIX, 176. Est nommé gouverneur de l'Arsenal, 502. Envoyé à Guise; XX, 333. Député de la noblesse aux Etats de Blois, 412.

LAGYENS (LES) envahissent les Gaules; sont détruits par l'empereur Probus; I, 15.

LA HAIE-VAUTELET, ambassadeur de France à Constantinople; ses démêlés avec le grand visir; XXV, 180.

LA HIRE, du parti du Dauphin; guerroie en Picardie; XII, 610. Ses bandes; ses expéditions; XIII, 8, 9. Sa capitulation en Champagne, 37. Prend part à la victoire de Montargis, 64. Se jette dans Orléans, 92. Se rend à Blois, 127. Poursuit les Anglais en retraite, 132. Victorieux à Patay, 136. Ses succès en Normandie, 158. Gloire de son nom; son étrange prière, 173. Il délivre Barbasan, 180. Il seconde Dunois, 213. Ses escarmouches autour de Beauvais, 227. Secouru par le connétable, 240. Bat Arundel, 248. Menace Paris, 249. Ses hostilités pendant le congrès d'Arras; il rend son butin, 258. Il se regarde comme un souverain indépendant; sa haine contre Jean de Luxembourg; il lui fait la guerre; prend d'Auffemont; est à son tour son prisonnier; Philippe-le-Bon le réconcilie avec ses ennemis, 284 à 287. Il pousse jusqu'aux portes de Rouen, 308. Il marche contre le concile de Bâle; sa retraite, 331, 332. Est du secours d'Harfleur, 371. Il réduit le comte de Saint-Pol, 379. Prend part au siège de Pontoise, 383. Sa mort, 391.

LA HOUSSAYE (ALAIN DE); Pierre-le-Cruel est tué sous sa tente; XI, 104.

LA HUGUERIE (MICHEL DE), secrétaire de Dohna; soupçonné d'être vendu à la ligue; XX, 291. Ses conseils à son maître, 297.

LAINÉ (JEANNE). Voy. *Jeanne Hachette.*

LAINEZ (JACQUES), général des jésuites; son discours aux conférences de Poissy; XVIII, 236. Il veut déférer le chancelier à l'inquisition, 243.

LA JONCHÈRE, trésorier de la guerre; sa faillite; XXVII, 471, 472. Est mis à la Bastille, 474. Rentre aux affaires; XXVIII, 28.

LA JONQUIÈRE, chef d'escadre français; sa défaite; XXVIII, 450.

LALAING (LES), favoris de Philippe-le-Bon; XIV, 7.

LALANDE commande à Landrecies; XVII, 148. Sa belle défense contre Charles-Quint, 154. Il défend Saint-Dizier, 200. Est tué, 202.

LA LANE, de Port-Royal; son mémoire au roi; XXV, 139, 140.

LALLIER (MICHEL DE) conspire pour livrer Paris à Charles VII; sa fuite; XIII, 13. Député au connétable, lui porte les vœux des bourgeois, 272. Le seconde; est nommé prévôt des marchands, 275. Complimente le roi, 313.

LALLY (DE); ses succès; ses désastres dans les Indes; XXIX, 254, 255. Son supplice; ses ennemis; son procès; défendu par Voltaire; sa réhabilitation, 300 à 305.

LALLY-TOLLENDAL (THOMAS-ARTHUR) obtient la réhabilitation de son père; XXIX, 305.

LA LOUE, chef protestant, prisonnier à Jarnac; danger qu'il court; XIX, 45. S'empare de Montcontour, 63. Sa mort, 79.

LA LOUVIÈRE, fils de Broussel, est gouverneur de la Bastille; il fait tirer sur les troupes royales; XXIV, 303, 457. Rend la forteresse au roi, 473.

LA LUZERNE, évêque de Langres; son esprit philosophique; XXX, 67.

LA MARCHE (JACQUES DE BOURBON, COMTE DE), connétable de France; assiste Charles de Blois contre Montfort; X, 191, 217. Fait partie de l'armée royale, 272. Négociation à laquelle il s'emploie, 412, 414, 415, 423. Offre sa démission; pourquoi, 426. Sédition à Arras qu'il réprime, 447. Par qui remplacé comme connétable, 466. Est prisonnier à la bataille de Poitiers, 469, 474. Marche contre la grande compagnie d'aventuriers; la fait reconnaître, 593. Perd contre elle la bataille de Brignais; meurt de ses blessures, 594.

LA MARCHE (JEAN DE BOURBON, COMTE DE); chef nominal de l'expédition contre Pierre-le-Cruel; XI, 39 et suiv., 46. Son retour en France, 50. Fait partie de l'armée de Normandie, 240. Assiste au sacre de Charles VI, 314. Sa part dans les confiscations de Paris, 413. Rassemble des troupes contre la Guienne, 457. Part pour la Bretagne; XII, 21.

LA MARCHE (JACQUES II DE BOURBON, COMTE DE) fait partie de l'armée du comte de Nevers; est prisonnier à Nicopolis; XII, 77, 89. S'apprête à secourir les Gallois, 186, 201. Son expédition échoue, 203, 204. Fait partie du conseil d'état, 222. Est chargé de revoir les comptes, 337. Ses réformes approuvées, 340. Est prisonnier des Armagnacs, 378. Le roi implore son secours, 385. Il assiste au service du duc d'Orléans, 459. Epoux de Jeanne de Naples; emprisonné par elle; s'échappe; ses rapports avec Charles VII; XIII, 69 à 71. Ses luttes avec La Trémoille, 78, 79, 90. Sommation que lui adressent les Etats, 92. Demande à faire partie de l'expédition sur Reims, 139.

LA MARCHE (OLIVIER DE); ses poésies lyriques; XIII, 594. Apprécié comme historien, 599. Louis XI demande qu'il lui soit livré; XIV, 150, 151. Envoyé auprès de ce roi, 212. Enlève la duchesse de Savoie, 481. Prisonnier à la bataille de Nancy, 494.

LA MARCHE (BOURBON-CONTI, COMTE DE); seul des princes du sang accompagne le roi au lit de justice Maupeou ; XXIX, 449. Porte les ordres de ce magistrat, 454. S'enferme avec le roi mourant, 504.

LA MARK (GUILLAUME DE) livré comme otage à Naples; XV, 230.

LA MARK (ROBERT DE) se met au service de Philippe de Castille; rentre dans l'alliance de Louis XII; XV, 458, 460. Trêve qui le comprend, 498. Est de l'armée du Milanais, 627. Son parc mobile; ses vaillantes charges à Novarre, 631, 632. Sa rupture avec la France; XVI, 90 à 92. Offensé par Charles-Quint; se réconcilie avec François Ier; défie l'empereur, 125, 126. Aux prises avec Seckingen et Nassau, 130, 131. Abandonné par la France, 332.

LA MARK (ÉVRARD DE), évêque de Liége; trompé par François Ier; s'attache à la maison d'Autriche; XVI, 90, 91.

LA MARSAILLE (BATAILLE DE) gagnée par Catinat sur le duc de Savoie; XXVI, 133.

LA MARSILLIÈRE, secrétaire de Henri IV; négociateur à Paris; XXI, 18.

LA MARTINIÈRE, chirurgien de Louis XV; soins qu'il lui donne dans sa dernière maladie; XXIX, 499, 500.

LAMBALLE (LA PRINCESSE DE) favorite de la reine; XXX, 259.

LAMBALLE (DE BOURBON, PRINCE DE); querelle d'étiquette à son sujet; XXVIII, 475.

LAMBERT (SAINT) reproche à Pépin sa bigamie; démêlés qui s'ensuivent; sa mort; II, 102.

LAMBERT, du parti des mécontens; exilé par Louis-le-Débonnaire; III, 12. Dirige le parti; dispute le pouvoir à Manfred, 31. Résiste aux armes de l'empereur, 34. Sa mort, 37.

LAMBERT, duc de Spolète, s'empare de Rome; III, 231.

LAMBERT, fils de Guido; ses guerres en Italie; III, 309. A le titre d'empereur; sa mort, 321.

LAMBERT de Hainaut recouvre l'héritage paternel; son mariage; sa descendance; III, 476, 477.

LAMBERT, légat du pape; réconcilie Philippe Ier avec l'Eglise; V, 15.

LAMBERT, potier d'étain de Paris; insurrection qu'il excite; XII, 545. Massacre des prisons, 546, 547.

LAMBESC (LE COMTE DE) au service de François Ier; XVI, 161. Est tué à Pavie, 236.

LAMBOI, général de l'empereur, amène des troupes au duc de Bouillon; XXIII, 450, 454. Son départ après la bataille de la Marfée, 458. Perd la bataille de Kempten; est prisonnier, 496. Aux prises avec le duc d'Orléans; ses succès divers; XXIV, 79 à 81. Lieutenant du duc de Lorraine, 115.

LA MEILLERAYE, protestant tué à Jarnac; XIX, 48.

LA MEILLERAYE (LE MARÉCHAL DE), capitaine des gardes de Marie de Médicis; sa disgrâce; XXIII, 158. Est grand-maître de l'artillerie; lieutenant de Condé, 286. Commande l'armée d'Artois; assiége Hesdin; entre dans la place; sa promotion, 390 à 392. Marche sur l'Artois sous les ordres du roi; ses opérations; contribue à la prise d'Arras, 421, 423 à 426. Tient en échec les Espagnols, 451. Ses opérations en Artois, 461 à 464. Ses conquêtes en Roussillon, 497 à 499, 519, 520. Ses débats avec les Vendômes, 542, 543. Lieutenant du duc d'Orléans; XXIV, 64, 115. Son expédition en Italie, 126. Il est nommé surintendant des finances, 209. Chargé d'apaiser une sédition; ses dangers, 214. Ses conférences avec les parlementaires, 228, 260. Aux prises avec les frondeurs du Midi, 344. Supplice qu'il ordonne, 345. Ses opérations autour de Bordeaux, 347, 348. Attaqué dans le parlement, 416. Est gardien de Gondi, 505. Mariage de son fils, 601. Voy. *Duc de Mazarin*.

LAMETH (LE VICOMTE DE), prisonnier à Marienthal; XXIV, 83. Son attitude après la paix, 504.

LAMOIGNON, premier président du parlement; fait partie de la chambre de justice; XXV, 29.

LAMOIGNON DE BASVILLE, intendant du Languedoc; son mémoire sur les persécutions contre les Huguenots; XXV, 522. Ses rigueurs à leur égard; XXVI, 390 et suiv. Effet qu'elles produisent en Europe, 414 et suiv. Se concerte avec Villars, 418.

LAMOIGNON (GUILLAUME II DE), chancelier de France; sa disgrâce; XXIX, 87. Epoque de sa mort, 88. Présent à la torture de Damiens, 110. Edits dont il donne lecture, 275. Son exil, 283. Sa démission, 403.

LAMOIGNON est nommé garde des sceaux; XXX, 345, 346. Son insistance pour le rappel de Necker, 348. Portée de son esprit, 358. Fait rappeler Malesherbes au conseil, 362. Projet de réforme auquel il travaille, 370. Considérations qui doivent honorer sa mémoire, 377 et suiv. Son fils, son gendre opposés à ses mesures, 379. Sa chute; ses dédommagemens, 410, 411.

LA MOLE, favori du duc d'Alençon; Charles IX ordonne de l'étrangler; XIX, 245. Il dénonce le complot des politiques; ses précédens, 263, 264. Son procès; son supplice, 268 à 270, 335, 341, 342.

LA MOTHE DES NOYERS; étrangers qu'il introduit en France; XVI, 191 et suiv. L'un des capteurs de François 1er, 238.

LA MOTHE; du complot d'Amboise; attaque cette place; XVIII, 147, 148. Tue Joyeuse; XX, 276.

LA MOTHE-HOUDANCOURT (LE MARÉCHAL) prend part à la victoire de Casal; XXIII, 428. Est lieutenant de Schomberg aux Pyrénées, 464. Ses échecs en Catalogne, 469, 470. Ses succès en Roussillon; sa promotion, 498, 499. Bat Leganez; est vice-roi de Catalogne, 520. Confirmé dans son commandement, 535. Ses échecs en Aragon; XXIV, 49, 50. Est battu à Lérida; ses revers; sa disgrâce, 72 à 74. Engagé dans la Fronde, 239, 246. Ne se réconcilie pas avec Mazarin, 270. Capitule à Barcelone, 489. Sa mort, 548.

LA MOTHE-HOUDANCOURT, évêque de Rennes; est du conseil de conscience de Louis XIV; XXV, 15.

LA MOTHE-HOUDANCOURT (Mlle DE); inclination de Louis XIV pour elle; XXV, 33, 53.

LA MOTHE; troupes françaises qu'il commande en Flandre; ses désastres; XXVII, 59, 60.

LA MOTTE-GONDRIN, lieutenant du duc de Guise en Dauphiné, est tué; XVIII, 327.

LA MOTTE conduit un renfort à Mayenne; XXI, 32. Lieutenant du duc de Parme, 81. Avis qu'il donne sur ses apprêts pour sauver Mayenne, 158. Est lieutenant de Fuentès; ses opérations contre Nassau, 360, 361. Il est tué, 365.

LA MOTTE-D'ARGENCOURT (LA DEMOISELLE); passion qu'elle inspire à Louis XIV; XXIV, 560.

LA MOTTE commande les Français envoyés en Pologne; XXVIII, 90.

LAMOTTE-PICQUET (L'AMIRAL) commande l'arrière-garde à Ouessant; XXX, 168 et suiv., 171. Renforce d'Estaing, 184. Capture le butin fait par Rodney, 195. Ne peut s'opposer au ravitaillement de Gibraltar, 211.

LAMOTTE-VALOIS (LA COMTESSE DE); son rôle dans l'affaire du collier; XXX, 303 et suiv. Fuite de son mari, 311. Est incarcérée; son évasion, 312 et suiv.

LANCASTRE (LE COMTE DE), cousin d'Edouard II; révolte contre lui; IX, 273, 277. Sa popularité, 333. Rappelé à la cour, 378. Est à la tête du parti des barons; sa défaite; son supplice, 445.

LANCASTRE (HENRI AU COL TORT, PREMIER DUC DE) venge le comte son frère; seigneurs de son parti; IX, 463. Fait prisonnier Edouard II, 465. Demande le champ clos en France; accueil qu'il y reçoit; X, 398, 399.

LANCASTRE (LE DUC DE) pacifie la Flandre; X, 352. Ses opérations militaires en Normandie, 454 à 457, 501. Quand observe la trêve que lui annonce le roi, 505. Amène un corps d'auxiliaires en Bretagne, 563. Il rejoint le roi à Calais, 564, 565. Négociateur à Brétigny, 570. Il conduit Jean en France, 573.

LANCASTRE (JEAN DE GAND, COMTE DE RICHEMOND, PUIS DUC DE), fils puîné d'Edouard III; renfort qu'il amène à son frère; XI, 70. Son commandement,

71. Part qu'il prend à la victoire de Najarra, 74. Est opposé au duc de Bourgogne ; ses opérations, 121, 122. Renforce le prince de Galles, 136. Il combat corps à corps, 139. Son frère lui laisse le commandement, 140. Petite guerre qu'il soutient, 150. Il épouse Constance de Castille ; prend en son nom le titre de roi ; passe en Angleterre, 106, 163, 164. Conséquences funestes de son absence, 168. Il s'embarque avec le roi, 175, 176. Son père le charge d'attaquer la France ; échec d'une de ses divisions ; ses souffrances ; son dénûment à son arrivée en Aquitaine ; vaine médiation des légats du pape ; sa détresse extrême ; son aigreur envers le duc de Bretagne ; son impuissance, 185 à 188, 195. Convient avec le duc d'Anjou de *tenir une journée* ; ne se trouve point au rendez-vous ; retourne en Angleterre ; négociateur à Bruges ; trêves qu'il signe, 195 et suiv., 218, 219. Protecteur de Wickleff, 215, 246. Survit à son frère aîné, 221. Accusé au parlement de malversation ; ne retourne plus à Bruges, 223. Accompagne à Londres Richard II ; est chargé de l'administration du royaume, 226. Jalousie qu'il excite, 228. Son expédition en France, 237 et suiv. Eprouve le pouvoir du parlement, 245. Ses nouveaux plans de campagne, 292. Se dispose à conquérir la Castille ; son traité avec le roi de Portugal ; il ne renforce pas son frère en Bretagne, 322 et suiv. Laisse échapper l'occasion de reconquérir la Guienne, 331. Trêve qu'il fait avec le roi d'Ecosse, 335, 336. Sa disgrâce ; il se réfugie à Edimbourg, 339. Négocie la paix ; signe une trêve générale, 431 à 433. Méfiance que le roi conçoit de lui, 460. Porte des secours en Portugal, 469. Envahit la Gallice ; se fait couronner roi ; mariage de sa fille avec le roi de Portugal ; ses luttes avec le roi de Castille ; ses progrès ; ses désastres, 420, 472, 491 à 499. Troubles en Angleterre qui le paralysent, 515. Ses conventions avec le roi de Castille et le duc de Berry, 524 à 527. Inquiétude que cette transaction donne à la France, 549. Son neveu lui abandonne l'Aquitaine à la charge de l'hommage-lige ; négociateur à Amiens ; accueil qu'il reçoit ; insiste pour conserver Calais ; XII, 9 à 12. Ses négociations aboutissent à une trêve, 42 à 45, 53, 54. Présent à l'entrevue des deux rois, 79. Comment son neveu se l'attache ; il s'éloigne de Londres, 102, 103. Ses craintes à la mort de Glocester, 105. Sa mort, 122.

LANCELOT, l'un des solitaires de Port-Royal ; ses ouvrages ; XXV, 78, 139.

LANCIA (CONRAD), amiral des galères en Catalogne ; VIII, 311. Assiège Malte, 357.

LANDAIS, favori du duc de Bretagne ; ses intrigues ; XIV, 396, 435. Correspondance que Louis XI surprend ; mort de son secrétaire, 541. Il fait périr Chauvin, 598, 599. Ligue des grands seigneurs bretons contre lui ; ses appuis ; sa chute ; sa mort ; XV, 5, 6, 19 et suiv.

LANDÉ ; troupes françaises qu'il commande dans la Valteline ; XXIII, 275.

LANDEREAU, chef catholique ; troupes qu'il rassemble ; XIX, 141. Ses expéditions aux Açores ; XX, 30, 34.

LANDÉRIC soupçonné de la mort de Chilpéric ; I, 371. Bat l'armée austrasienne, 410. Son pouvoir, 414. Battu par les Bourguignons, 421, 422.

LANDERIC, comte de Nevers ; opposé au roi Robert ; s'empare d'Auxerre ; IV, 130. Gendre d'Othe-Guillaume, 131. Sa mort, 165.

LANDRIANI, nonce du pape près de la ligue ; sourd aux conseils de Mayenne ; XXI, 125.

LANFRED, architecte ; pourquoi aveuglé ; IV, 516.

LANFRID, duc des Allemands ; vain secours qu'il amène aux Bavarois ; II, 163.

LANGALLERIE (LE MAJOR) force le passage du Rhin ; XXV, 241.

LANGARA (DON JUAN DE), amiral espagnol, croise devant Gibraltar ; XXX, 187. Sa défaite ; il se rend, 188.

LANGE (JEAN), orateur du tiers-état ; son discours ; XVIII, 199.

LANGE. Voy. *Dubarry.*

LANGERON (L'ABBÉ), quiétiste disgracié à la suite de Fénélon; XXVI, 254. Sa mort; XXVII, 296.

LANGERON (DE), commandant extraordinaire à Marseille pestiféré; XXVII, 432.

LANGEY (GUILLAUME DE BELLAY, SIRE DE), négociateur de François 1er près de Henri VIII; ce qu'il obtient; XVI, 345, 348, 349. Sa fortune et celle de ses frères due aux lettres, 356. Envoyé près de la ligue de Smalkade, 392. Règle l'entrevue des rois de France et d'Angleterre, 405. S'emploie au rétablissement d'Ulric de Wirtemberg, 426, 427. Ses rapports avec Mélanchton, 458. Ses intrigues en Allemagne, 487. Pourquoi n'y peut faire de levées, 506. Rend compte au roi de la situation du Piémont, 548. Son retour à Turin, 551. Enquête qu'il fait sur les Vaudois; XVII, 89, 235. Est commandant de Turin, 92. Places qu'il fait fortifier, 94. Surprend Marano en Frioul, 95. Conseil qu'il donne à Rincon; il accuse Guasto de l'assassinat de cet ambassadeur, 97 à 99. Successeur qu'il lui fait donner, 100, 111. Troupes qu'il lève, 118. Il tient tête à Guasto; sa mort, 128.

LANGLADE conspire contre Venise; XXII, 424.

LANGLOIS, échevin de Paris; s'entend avec Henri IV; sa récompense; XXI, 257. Contribue à introduire le roi dans Paris, 260, 262.

LANGLOIS, capucin; son projet de tuer Henri IV; son supplice; XXII, 47.

LANGOYRAN, chef huguenot; avis qu'il donne à Coligni; XIX, 142. Ses hostilités, 418.

LANGTON (ÉTIENNE), nommé archevêque de Cantorbéry; V, 315. Sa lutte avec Jean-sans-Terre qui aboutit à la grande charte, 330, 343 à 345. Ses démêlés avec le légat du pape, 347. Est chancelier de Louis de France, 459. Son influence à Londres; effet qu'elle produit, 464.

LANGUE D'OC, ou France où l'on parle le roman provençal; contrée régie par le droit écrit; X, 427.

LANGUE D'OIL, ou France où l'on parle le roman wallon; contrée régie par le droit coutumier; X, 427.

LANGUILLIER, chef protestant, prisonnier à Jarnac; XIX, 46.

LANNOY (HUGUES DE) commande la garnison de Compiègne; XII, 443. Demeure au camp bourguignon; XIII, 178. Il craint la guerre avec l'Angleterre, 267.

LANNOY (JEAN DE), ambassadeur de Louis XI en Angleterre; XIV, 137. Dénoncé comme ennemi de l'état par Charles-le-Téméraire, 157.

LANNOY (RAOUL DE), ses missions à Naples; XV, 353.

LANNOY (CHARLES DE), vice-roi de Naples; nommé général en chef à la place de Colonna; XVI, 200. Entre à Milan, 202. Doit soutenir l'armée de Provence, 212. Disperse des troupes dans les places; où prend position; pourquoi n'est pas poursuivi; sa faiblesse; son dénûment, 220 à 226. Réussit à entraîner ses soldats sur Pavie, 228, 229. Il gagne la bataille de ce nom; fait prisonnier le roi, 233 à 238. Il conduit ce prince dans sa tente; le fait transférer à Pizzighitone, 240. Négociation où il trompe le pape, 260. En désaccord avec Bourbon et Pescara, 261. Il veut faire passer François en Espagne, 262. Lui insinue le désir de se rendre auprès de l'empereur, 263. Le conduit à Madrid, 264, 265. Puis à la frontière, 277. Réclame en vain du roi l'exécution du traité de Madrid, 282. Prévient à Naples le comte de Vaudemont, 292.

LA NOCLE échappe à la Saint-Barthélemy; XIX, 173. Député près de Henri III, 332. Marche avec l'armée allemande; XX, 291. Négociateur en Angleterre; XXI, 114.

LA NOUE est de la maison du Dauphin; XVII, 67. Brevet qui lui alloue des biens confisqués, 380, 381. Il surprend Orléans pour le parti huguenot; XVIII, 506, 507. Son échec sur la levée de la Loire; XIX, 31, 32. Prisonnier à Jarnac; danger qu'il court, 45. Il secourt Chatellerault, 61. S'empare de Montcontour, 64. Est prisonnier, 69. Est échangé; chargé de défendre la Rochelle, 75. Ses succès; sa blessure; il perd un bras, 81. Sa mission à Paris, 102. Commandement qui lui est destiné, 122. Il assiége la citadelle de Valenciennes, 136. Marche au secours de Mons, 145. Capitule; son entrevue avec Charles IX; il est envoyé à la Rochelle; dans quel but; comment s'y installe, 203 à 210. S'y défend et en sort selon sa convention avec le roi; insulté par un fanatique, 224 à 227. Complot des mécontens qu'il empêche d'éclater, 232, 249. Est du parti des politiques, 260, 261. Se charge de soulever le Poitou, 262. Ses succès, 265. Avances que lui fait la régente; députés qu'il envoie aux Etats de la religion, 289 à 291. Ses rapports avec d'Alençon; ses opérations de guerre, 336, 337. Il rejoint d'Alençon, 344. Leur belle armée, 362. Attaqué dans Paris par des assassins, 385. Recommence les hostilités, 418. Annonce aux siens la paix de Bergerac, 452. Se rend en Flandre, 492. Est prisonnier, 537; XX, 40, 113. Tuteur de l'héritière de Bouillon; défend Sédan, 320. Secourt Senlis, 526. Sa jonction avec Sancy, 533. Egards du duc de Longueville pour lui; XXI, 7. Il se rend près de Henri IV; conseil qu'il lui aurait donné, 11. Troupes qu'il conduit en Picardie, 19. Il secourt le camp d'Arques, 32. Enlève le faubourg Saint-Germain, 35. Est envoyé en Brie, 92. Sa mort, 106, 107.

LA NOUE (ODET DE) rejoint Henri IV; XXI, 156. Son équipage saisi; mot du roi, 272, 273. Négociateur avec lui pour les Huguenots, 455 et suiv. Dénoncé par Lafin; XXII, 71. Médiateur entre le roi et Bouillon, 123, 124, 126. Envoyé par Richelieu en Hollande, 387.

LANSAC, attaché à l'ambassade française à Rome; son entrevue avec le pape; XVIII, 15 à 18. Envoyé par la reine au camp des Huguenots, 529. Troupes qu'il rassemble; XIX, 141. Est aux conférences d'Epernay; XX, 150. Envoyé par le roi près de Guise, 189. Accompagne la reine-mère, 229.

LA PALISSE (JACQUES DE CHABANNES, SIRE DE) est de l'expédition de Naples; XV, 339. Gouverne les Abruzzes, 352. Lieutenant du vice-roi, 383. Celui-ci l'empêche de dégager d'Ars, 386. Il est opposé à Gonsalve, 399. Est fait prisonnier, 401, 402. Est détaché comme auxiliaire de Maximilien, 517, 518. Commande l'armée d'Italie; a ordre d'entrer en Romagne, 577. Reprend le commandement après la mort de Gaston; son retour à Milan, 594, 595. Sa faiblesse; il évacue l'Italie, 598, 599. Envahit la Navarre; sa retraite, 604, 605. Accourt à l'armée de Picardie, 639. Prisonnier, 643. Est nommé maréchal; XVI, 12. Est de l'armée du Milanais, 23. Surprend Colonna, 25. Son poste à Marignan, 31. Se rend à la conférence de Calais, 133. Presse le roi d'attaquer les Impériaux, 134. Envoyé en Suisse, 151. Fait lever le siége de Fontarabie, 163. Retenu près de François, 192. Se rend en Provence; se retire devant Bourbon; le poursuit pendant sa retraite, 216, 217, 219. Conseille en vain au roi de ne point passer en Italie, 220. Opine pour lever le siége de Pavie, 230. Est tué, 236.

LA PAZ (LE MARQUIS DE); préliminaires qu'il signe; XXVIII, 41. Il conclut le traité de Séville; 67, 68.

LA PERSONNE, chargé de défendre La Fère; XIX, 529.

LA PEYROUSE; ses succès sur l'Hudson; XXX, 209. Son départ pour un voyage autour du monde, 316 et suiv.

LA PIERRE (ALBERT DE) dispose les Suisses à traiter avec François 1er; XVI, 26. Son départ, 28. Troupes qu'il a levées pour les Français, 48.

LA PLACE, historien, victime de la Saint-Barthélemy; XIX, 174.

LA PLACE, ministre protestant; insulte Lanoue; XIX, 226.

LA PLANCHE (REYNIER DE); son entrevue avec Catherine de Médicis; trahi par elle; son arrestation; XVIII, 158, 159.

LA POPELINIÈRE, député par les Rochellois aux Etats de la religion; XIX, 291. Reprend l'île de Rhé, 337. Député de Condé à Blois, 417. Plie devant Mayenne, 449.

LA PORTE (JEAN DE), capitaine anglais; battu par d'Aumale; XII, 17, 18.

LA PORTE (EUSTACHE DE), conseiller

au parlement; son arrestation; XVIII, 96. Confident de la fuite de Henri IV; XIX, 359.

LA PORTE, domestique d'Anne d'Autriche; son arrestation; XXIII, 333 à 335. Valet de chambre de Louis XIV; renvoyé par Mazarin; XXIV, 499.

LAPORTE, chef des Camisards; XXVI, 396.

LA PRIMAUDAYE, négociateur des Huguenots avec Henri IV; XXI, 455 et suiv.

LA PROUSTIÈRE; mission que lui donne Charles IX; XIX, 102.

LA PUEBLA, vice-roi de l'archiduc en Aragon; sa retraite; XXVII, 28.

LARA-NARBONNE (PIERRE, puis AIMERY DE); héritiers de la vicomté de Narbonne; fondent la maison de ce nom; VI, 161.

LARA (NUGNEZ DE), perd le combat d'Ecija contre les Maures; est tué; VIII, 262.

LARA (JEAN DE), le prince Ferdinand de Castille lui recommande ses fils; VIII, 262. Allié d'Alphonse dans la guerre civile de Castille, 354. Guerres de cette maison contre Ferdinand IV; IX, 174.

LA RAMIÈRE, chef huguenot; sa bravoure au siége de Saint-Jean-d'Angely; sa mort; XIX, 74.

LARAZE (PONS DE); ses brigandages; V, 235. Son repentir; sa pénitence; fonde un monastère, 236.

LARCHANT accompagne Henri III hors de la Pologne; XIX, 302. Arrestations qu'il fait; XX, 70. Sépare Guise de sa suite, 460, 461.

LARCHER (CLAUDE), conseiller au parlement; son supplice; XX, 132.

LA RENAUDIE (JEAN DE); cause indirecte de la disgrâce de Poyet; XVII, 130.

LA RENAUDIE (GODEFROI DE BARRI, SEIGNEUR DE), emprisonné; délivré par le duc de Guise; devient son ennemi; XVIII, 137. Ses menées pour lever en France l'étendard du protestantisme; ses plans; comment organise la conjuration d'Amboise, 138 à 141. Son entrevue avec Condé; il s'ouvre à Avenelle; est dénoncé par lui, 142. En est

averti; se résout à payer d'audace, 145. Il est tué, 147. Protestation de respect pour le roi qu'on trouve dans ses papiers, 148.

LA REYNIE instruit le procès de la Voisin; XXV, 406.

LA RIVIÈRE est élu ministre calviniste à Paris; XVIII, 25.

LA RIVIÈRE-PUY-TAILLÉ, capitaine catholique; ses défaites; XIX, 81.

LA RIVIÈRE (LOUIS BARBIER DE), abbé, favori de Gaston; est mis à la Bastille; XXIII, 284, 285. Trahison dont il est soupçonné, 504. Révèle au nom du prince le complot de Cinq-Mars, 506, 507. Gagné par la reine; XXIV, 14. Repoussé par les amis du prince, 20, 21. Empire qu'il exerce sur lui, 64. Ses terreurs à l'armée des Pays-Bas, 116, 118. Gagné à Mazarin, 231. Celui-ci lui manque de parole, 232. Négocie à Ruel, 260. Gagné par Condé, 281. Sa disgrâce, 298 à 300, 409. Son entrevue avec le prince, 302.

LA RIVIÈRE (L'ABBÉ DE); ses écrits économiques; XXVIII, 483.

LAROCHE (HENRI DE). Voy. Faure de Die.

LA ROCHE, intendant de Marie de Médicis; de quoi accusé; XXIII, 227.

LA ROCHE, secrétaire du cabinet en Espagne; ses menées contre Albéroni; XXVII, 318.

LA ROCHE-AYMON (LE CARDINAL DE), grand aumônier de France; soins religieux qu'il donne à Louis XV mourant; XXIX, 502, 506 et suiv.

LA ROCHE-CHEMERAULT porte à Henri III la nouvelle de son avénement; XIX, 287. Lui prépare un guide, 302.

LA ROCHE DU MAINE (LE SIRE DE) est de l'armée du duc d'Orléans; XVII, 122. Tué à Saint-Quentin, XVIII, 52.

LA ROCHEFOUCAULD (LE SIRE DE) part pour l'Italie; XVII, 428. Se jette dans Metz, 483. Prisonnier à Saint-Quentin; XVIII, 53. Signe l'association protestante, 282. Escorte qu'il commande, 287. Son entrevue avec la reine-mère, 291. Est envoyé en Saintonge, 294. Agitation qu'il entretient à Poitiers, 299. Il part pour Orléans, 304, 348. Renfort qu'il y amène, 351. Prend part à la bataille de Dreux, 358. Se résout à reprendre les armes, 496. Est envoyé en Poitou, 507. Il se retire en Angoumois; XIX, 4. Encourage les prétentions de la Rochelle, 25. Son cheval blesse Condé, 45. Se retire à Saintes, 49. Commande à la Rochelle, 75. Affection que lui témoigne le roi, 139, 152. Assiste au mariage du Béarnais, 150. Victime de la Saint-Barthélemy, 172.

LA ROCHEFOUCAULT (LE COMTE DE) amène du secours à Henri IV; XIX, 528. Comment délivre Epernon; XX, 398. Est de l'intimité de la reine-mère; XXII, 207. A ordre de s'éloigner de la cour, 269. Est rappelé, 270, 274. Est lieutenant de roi en Poitou, 289. Massacre de Huguenots que font ses troupes, 503.

LA ROCHEFOUCAULD (LE CARDINAL DE) accompagne Louis XIII au parlement; XXII, 293. Médiateur entre lui et sa mère, 453. Est président du conseil, 537.

LA ROCHEFOUCAULD (LE DUC DE), d'abord prince de Marsillac; pourquoi s'éloigne des ministres; XXIII, 538. Cherche à gagner Mme de Chevreuse à Mazarin, 22, 23. Ce qu'elle demande pour lui, 24. Lettres qu'il fait brûler, 28. Engagé dans la Fronde, 239. Cherche à soulever la Normandie, 302. Part pour l'Angoumois, 308, 310. Sauve la duchesse de Longueville, 308 à 310. Son attitude dans le Poitou, 316, 319. Vient au-devant de la princesse de Condé, 322, 323. Commence la guerre civile, 324 et suiv. Est déclaré rebelle, 332. Son rôle dans la guerre, 340 et suiv. Il fait la paix, 348 à 351. Il rompt avec Mazarin; traite avec l'ancienne Fronde, 360, 361. Son entrevue avec Condé, 370. Il l'accompagne, 382, 402. Prend Gondi entre deux portes; veut le poignarder, 387 à 389. Se résout à la guerre civile, 399 et suiv. Aux prises avec son oncle, 403. Son échec à Cognac, 405. Déclaré rebelle, 407. Prend part au combat de Bleneau, 427, 432. Se rend à Paris, 433, 434. Conspire contre le parlement, 437 et suiv. Blessé au faubourg Saint-Antoine, 454, 456. Est excepté de l'amnistie, 473. Sa soumission, 481, 482. Est père du duc de Longueville; XXV, 241.

LA ROCHEFOUCAULD (LE DUC DE) accompagne Condé; XXIV, 432. Combat au faubourg Saint-Antoine, 454. Retient Mme de Maintenon à la cour; XXV, 443. Intrigue contre elle, 495. S'oppose aux prétentions de Luxembourg; XXVI, 142.

LA ROCHEFOUCAULT insiste pour être admis près de Louis XV malade; XXVIII, 315. La favorite demande son exil, 344.

LA ROCHEFOUCAULT (LE CARDINAL DE) intercède auprès de Louis XV pour l'archevêque de Paris; XXIX, 33, 34. Conciliation qu'il ménage, 37. Il a la feuille des bénéfices, 39. Epoque de sa mort, 87.

LA ROCHEFOUCAULT (LE CARDINAL DE); requête qu'il présente à Louis XVI contre les livres antireligieux; XXX, 247.

LA ROCHEFOUCAULT (LE DUC DE); principes libéraux auxquels il adhère; XXX, 372.

LA ROCHE-GUYON (LE COMTE DE); son mot à Louis XIII; XXIII, 76.

LA ROCHE-POSAY part pour l'Italie; XVIII, 31. Est prisonnier, 40.

LASAGUE, émissaire du prince de Condé; son arrestation; ses aveux; XVIII, 167.

LA SALE se montre prêt à tuer Richelieu; XXIII, 521.

LA SAULSAYE, syndic du clergé; plaintes de l'ordre contre lui; XIX, 421.

LASCARI, vice-légat à Avignon; soulèvement contre lui; XXV, 57.

LASCARIS (JEAN-ANDRÉ), émigré grec; enseigne la langue grecque à Paris; XVI, 355.

LASCY (ROGER DE) défend Audely; VI, 220 et suiv.

LASCY (JEAN DE) présent à l'entrevue entre Philippe-le-Bel et Edmond d'Angleterre; VIII, 479.

LASCY, général écossais au service des Russes; ses victoires sur les Suédois; XXVIII, 264. Sa disgrâce, 266.

LAS MINAS (LE MARQUIS), conseiller de l'infant don Philippe; XXVIII, 273, 330 et suiv. Commande l'armée; ordonne la retraite, 402 à 404. Gagne la Savoie, 410. Ordres qu'il reçoit d'Espagne, 431, 432. S'ébranle pour rentrer en Italie, 446, 447.

LASNIER, résident de France dans les Grisons; aigrit ce peuple; XXIII, 317.

LASNY, général autrichien; occupe Berlin; XXIX, 212.

LASSIGNY part pour le Piémont; XVII, 184.

LAS TORRES; ses menées contre Albéroni; XXVII, 318. Assiége Gibraltar; XXVIII, 32.

LATILLI (PIERRE DE), évêque de Châlons; garde des sceaux de Philippe-le-Bel; jugé puis acquitté après la mort de ce roi; IX, 303.

LATONE (JEAN DE); son hérésie sur l'Eucharistie; XI, 157.

LA TOUR assiste aux derniers momens de Charles IX; XIX, 272.

LA TOUR, commandant français de Casal; secours qu'il demande; XXIII, 427.

LA TOUR envoyé par Richelieu en Angleterre; XXII, 387.

LA TOURNELLE; sa mort; sa veuve devient maîtresse de Louis XV; XXVIII, 253 et suiv. Voy. *Châteauroux (duchesse de)*.

LA TRÉMOILLE (LE SIRE DE); mission que lui donne le duc de Bourgogne; XI, 294. Reconnaît la bourgeoisie de Paris, 407. Est chargé de porter l'oriflamme, 426. Expédition en Afrique dont il fait partie, 583. S'interpose entre le roi et le duc de Bretagne, 601.

LA TRÉMOILLE (GEORGES DE), favori du Dauphin; danger qu'il court; XII, 425. Epouse la duchesse de Berry; est réduit par Jean-sans-Peur, 519. Rend au dernier Dauphin le château de Montereau, 584.

LA TRÉMOILLE (LE SIRE DE) arrête Giac; épouse sa veuve; XIII, 72, 73. Devient le favori de Charles VII, 77. S'applique à perdre Richemont; résiste aux princes du sang, 78, 79. Querelles dans lesquelles il engage le roi, 89. Fait défendre au connétable de rejoindre l'armée royale, 134, 135. Son opposition à l'expédition sur Reims; il écarte le connétable, 137 à 139. Conditions qu'il fait aux Auxerrois, 140. Il représente au sacre l'un des pairs laïques, 144. Détermine le roi à se retirer au delà de la Loire; ses motifs; ses prétextes, 152, 153, 154. S'oppose à ce que la Pucelle guerroie en Normandie, 158. Sa domination désastreuse sur le roi; sa méfiance envers Richemont; soupçonné d'être d'intelligence avec les Bourguignons, 165. Sa trahison envers les envoyés du connétable, 167. Rivalité que les reines lui suscitent, 203. Intrigues contre lui; il est blessé et prisonnier; sa disgrâce, 221 à 225. Il entre dans le complot de la Praguerie, 359, 361, 365. Le roi refuse de lui faire grâce complète, 367, 368. Est forcé de congédier ses aventuriers, 389.

LA TRÉMOILLE (JEAN DE), attaché à Philippe-le-Bon; XIII, 165. Trêve qu'il négocie, 205.

LA TRÉMOILLE (LOUIS DE), du parti d'Anne de Beaujeu; XV, 37. Commande l'armée royale, 38 à 40. Expédition qu'il doit commander en chef; ses lieutenans, 50, 51. Ses succès, 52, 53. Il gagne la bataille de Saint-Aubin du Cormier, 54 à 56. Fait exécuter les partisans des princes prisonniers; fait conduire ceux-ci en France, 59 à 61. Sentence qu'il signe, 89. Il soumet la Bretagne, 100. Ambassadeur près du pape; arrêté et remis en liberté, 184. A part à la victoire de Fornovo, 215. Conduit les obsèques de Charles VIII; bienveillance que lui témoigne Louis XII, 266, 267. Armées qu'il conduit en Italie, 308. Arrive en présence de Sforza; reçoit un renfort de Suisses; ces auxiliaires ainsi que ceux de Sforza reçoivent de la diète défense de se combattre; il ébranle sa gendarmerie; désordres dans le camp ennemi; capitulation de Novarre; Sforza lui est livré, 311 à 317. N'a point l'honneur de la victoire, 321. Exécution qu'il fait faire à Milan, 322. Rentre en France, 324. Escorte le comte de Flandre, 375. Marche au secours des Florentins, 389. Conduit une forte armée dans le royaume de Naples, 410, 411. Par qui secondé, 412. Sa maladie, 414. Son armée détruite, 424. Cachet de ses mémoires, 490. Sa négociation en Suisse, 614. Chargé d'envahir le Milanais, 627. Espère se faire livrer le jeune Sforza, 629. Perd la bataille de Novarre, 630 à 633. Est envoyé en Bourgogne, 635. Comment sauve Dijon; son traité avec les Suisses, 648 à 650. Ses explications avec le roi, 651 à 653. Est de l'armée du Milanais; XVI, 23. Force l'enregistrement du concordat, 63, 64. Presse le roi d'attaquer les Impériaux, 134. Est appelé en Picardie, 161, 186. Défend cette province, 194, 195. Conseille en vain au roi de ne point entrer en Italie, 220. Occupe Milan, 223. Rappelé au camp de Pavie, opine pour la levée du siége, 230. Propose d'attaquer l'ennemi, 231. Est tué, 236.

LA TRÉMOILLE (FRANÇOIS DE), sire de Mauléon; est de l'expédition de Naples; XV, 339.

LA TRÉMOILLE (LOUIS DE), duc de Thouars; propage la sainte ligue en Poitou; XIX, 371. Prend parti pour Henri IV; arrive à l'armée royale; XXI, 78. Ses succès contre Cossé-Brissac, 236. Sa position féodale; XXII, 11. Son mécontentement, 48. Dénoncé par Lafin, 71. Par qui recommandé au roi, 84.

LA TRÉMOILLE (CHARLES, DUC DE), beau-frère et compagnon d'armes de Condé; XX, 198, 204, 211, 212. A part à la victoire de Coutras, 269, 274. Jalousie qu'il fomente, 283. Troupes qu'il a amenées au Béarnais; XXI, 5. Son poste à Ivry, 53. Sujet de mécontentement que lui donne le roi, 458. Le parti obtient l'édit de Nantes, 481 et suiv. Sa mort; XXII, 113.

LA TRÉMOILLE (CHARLOTTE-CATHERINE DE) épouse le prince de Condé; XX, 211. Est veuve; accusée d'empoisonnement; condamnée, puis réhabilitée, 322, 323; XXI, 329, 330. Se rend aux conférences de Loudun; XXII, 356. Agite Paris, 378.

LA TRÉMOILLE (LE DUC DE), associé de Rohan et de Soubise dans les guerres religieuses; XXII, 341, 356, 462, 480; XXIII, 67.

LA TRÉMOILLE (LE DUC DE) prend parti pour la Fronde; XXIV, 260, 261, 316, 319, 341, 348.

LA TRÉMOILLE (LE CARDINAL DE), archevêque de Cambrai; sa mort; XXVII, 420.

LA TROUSSE (LE MARQUIS) combat les Huguenots dans les Cévennes; XXV, 537.

LA TRUEAUMONT; son complot contre Louis XIV; XXV, 282.

LATYMER (LE SIRE DE), lieutenant du duc de Buckingham; XI, 292.

LAUBANIE (DE); sa belle défense à Landau; XXVI, 413.

LAUBARDEMONT, intendant de justice; dirige le procès d'Urbain Grandier; XXIII, 237, 238. Rapporteur du procès de Cinq-Mars, 514.

LAUDERDALE (LORD) gagné par Louis XIV; XXV, 196.

LAUDON (LE COMTE), général autrichien; ses opérations en Lusace; XXIX, 163. Sa jonction avec les Russes; il décide de la victoire à Kunersdorff; son inaction, 200 à 203. Il bat les Prussiens à Landshut; prend Glatz, 210. Assiége en vain Breslaw, 211. Perd la bataille de Leignitz, 212. Prend Schweidnitz, 245.

LAUNAY (PHILIPPE ET GAUTIER DE), accusés d'adultère, de complicité avec deux brus de Philippe-le-Bel; leur affreux supplice; IX, 290, 291.

LAUNOY; assemblée des Seize qu'il préside; XXI, 130.

LAUNOY (JEAN DE), l'un des chefs du parti populaire en Flandre; guerre qu'il fait aux nobles; XI, 279. Sa constance, 340. Il perd la bataille de Nivelles; sa mort, 344, 345.

LAURAGUAIS (DE NESLE, DUCHESSE DE), maîtresse de Louis XV; XXVIII, 168, 169, 255, 293, 310, 315 et suiv., 346. Commandemens qu'elle fait donner à Richelieu; XXIX, 72, 129.

LAURENS, colonel américain; sa mission en France; XXX, 194, 195.

LAUTREC (LE VICOMTE DE); poste auquel l'appelle le Dauphin (Charles VII); XII, 603. Assiége Mauléon; XIII, 493.

LAUTREC (ODET DE FOIX, SIRE DE); trêve qu'il signe avec Ferdinand-le-Catholique; XV, 623. Est nommé gouverneur de Guienne; XVI, 12. Est de l'armée du Milanais, 23. Négocie avec les Suisses, 27. Est gouverneur du Milanais, 50. Son procès avec le roi de Navarre, 62. Mécontentemens qu'il excite en Italie; par qui soutenu; sa rivalité avec Trivulzio; sa confiance en Visconti; desservi par lui, 82 à 85. Seconde son frère de Navarre, 123. Sa méfiance du pape, 129. Il retourne à Milan, 131. Désordre de son armée; somme qu'il demande pour la recruter; promesses et sermens qu'il reçoit; on y manque; comment y supplée; sa tyrannie; il perd le Milanais; se retire dans les états vénitiens, 135 à 139. Renforcé par les Suisses; se rapproche de Milan; rallie Jean de Médicis; ne peut solder ses auxiliaires; forcé par eux d'engager le combat; perd la bataille de la Bicocque; se rend en France, 153 à 158. Ses explications avec le roi, 167. L'inimitié de la mère du roi à son égard est découverte; parti de sa sœur à la cour, 168 à 170. Est gouverneur de Guienne, 186. Ses opérations, 193, 194. Rejoint la régente à Lyon, 251. Opposé aux guerres d'Italie, 289. Commande l'armée qu'y envoie le roi; sa marche; il ne reçoit point d'argent; ses retards; quand arrive devant Naples; son armée minée par la contagion; il meurt, 312 à 317. Démarche à laquelle ses premiers succès entraînent le roi, 318, 319. Efforts languissans de la France après sa mort, 324.

LAUTREC (LE COMTE DE); sa mission en Suisse; XXVIII, 199.

LAUZUN (PUYGUILHEM, COMTE DE), aimé de Mademoiselle; faveur dont il jouit près de Louis XIV; leur rupture; sa captivité; sa rentrée à la cour; son mariage projeté et rompu; XXV, 198 à 205. Est enfermé à Pignerol, 217, 218. Est mis en liberté; à quel prix; son ingratitude, 440, 441. Il ramène les Stuarts en France; XXVI, 24. Refuse de commander l'expédition d'Irlande, 42. Secours qu'il y conduit, 49.

LAUZUN (LE DUC DE) fait la conquête du Sénégal; XXX, 187. Ses succès en Amérique, 200 et suiv.

LA VACQUERIE, premier président du parlement de Paris; négociateur du traité d'Arras; XIV, 610. Sa noble résistance à Louis XI, 618, 619. Comment accueille les remontrances du duc d'Orléans; XV, 11 et suiv.

LAVAL (LE SIRE DE); injonction qu'il fait au duc de Bretagne; XI, 177, 178. Sentiment qui l'a attiré dans les armées françaises, 280. Ne témoigne pas d'opposition à la réunion de la Bretagne au domaine de la couronne, 282. Se déclare pour le duc, 285. Son hostilité envers les Anglais; ses négociations à la cour de France, 324, 325. Sauve la vie de Clisson, 502 à 508. A la garde des places qu'il a remises au duc de Bretagne, 511.

LAVAL (LE COMTE DE) fait partie de l'armée royale; XIII, 134. Représente au sacre l'un des pairs laïques, 144. Epouse Isabeau de Bretagne, 169.

LAVAL (JEANNE DE) épouse le roi René; XIV, 38.

LAVAL (LE COMTE DE); ligue dans laquelle il entre; XV, 40. Il siége au lit de justice, 49.

LAVAL (CHARLOTTE DE), femme de Coligni; sa mort; XIX, 106.

LAVAL (LE COMTE DE) prend part à la surprise d'Anvers; XX, 55. Accompagne Condé, 198. Ses opérations, 202, 206. Sa mort; il est enseveli avec ses trois frères, fils de Dandelot, 212, 213.

LAVAL (URBAIN DE), ligueur; rôle que lui destine Guise; XX, 331.

LAVAL (LE COMTE DE) monte sur la flotte anglaise; XXIII, 72, 74.

LAVAL (LE COMTE DE), confident de la duchesse du Maine; XXVII, 363 et suiv.

LAVAL-MONTMORENCY (LE COMTE DE) est nommé colonel; XXX, 271.

LA VALLÉE ou VALLIER (LOUIS), gouverneur français à Gênes; son habileté; XIV, 48, 49. Chassé de cette ville, 56, 57. Se retire à Savonne, 59.

LA VALETTE (JEAN PARISOT DE), grand maître de Malte; siége glorieux qu'il soutient; XVIII, 459, 460.

Battu à Houdan par Coligni, 528.

LA VALETTE (NOGARET DE), frère de d'Épernon; son commandement en Dauphiné; XX, 310. Sa haine des hérétiques, 341. Son frère songe à se retirer auprès de lui, 371. Son alliance avec Lesdiguières, 391, 449. Député de la noblesse aux Etats-généraux, 412. Ses luttes avec le parlement d'Aix, 488. Il défend la rive gauche du Rhône; XXI, 104, 105. Son rôle dans le parti du Béarnais, 111. États qu'il convoque, 121. Il est tué, 169.

LA VALETTE (LE CARDINAL DE) assiste à l'assemblée des notables; XXIII, 29. Dévoué à Richelieu; conseils qu'il lui donne dans la journée des dupes, 156. Est chevalier du Saint-Esprit, 217. Son commandement; sa bravoure; troupes qu'il conduit en Alsace, 271. Sa retraite, 272, 273. Il ravitaille Colmar et autres places, 285. Il fait lever le siége de Saint-Jean de Losne, 296. Ses succès en Hainaut, 321. Commande en Italie; ses embarras, 347, 348. Il intercède pour son frère, 365. Attaque qu'il doit diriger, 369. Ses échecs en Piémont; sa mort, 378 à 385. Voy. *d'Epernon.*

LA VALETTE (LE CHEVALIER); son rôle dans la Fronde; XXIV, 253. Opposé aux nouveaux frondeurs; battu par eux, 324.

LA VALETTE, jésuite français; sa faillite; XXIX, 229 et suiv.

LA VALLIÈRE (LA DUCHESSE DE); passion qu'elle inspire à Louis XIV; XXV, 17, 18, 20. Aimée de Fouquet, 25. Ses amours dévoilées à la reine, 33, 34, 52, 53. Publicité que le roi leur donne, 60 et suiv., 82, 89, 128. Il la délaisse, 170 et suiv., 173. Elle fuit aux carmélites de Chaillot; est ramenée à Versailles, 217. Son entrée définitive au couvent, 307. Mariage de sa fille, 394. Mort de son fils, 441.

LAVARDIN (LE MARÉCHAL DE) soulève les Huguenots de Picardie; XIX, 31. Confident de la fuite de Henri de Navarre, 359. Son empire sur lui, 504. Suit la reine-mère, 513. Chargé de réconcilier le roi et la reine de Navarre; XX, 73. Engage Joyeuse à quitter l'armée, 264. Ses opérations devant le Béarnais, 266, 267. Prend part à la bataille de Coutras, 270. A commandé à Saint-Denis; XXI; 99. Est dans le carrosse du roi à sa mort; XXII, 181. Entraîne l'armée en faveur de la régente, 195. Accompagne Louis XIII au parlement, 293.

LAVARDIN (HENRI-CHARLES DE BEAUMANOIR, MARQUIS DE), nommé ambassadeur à Rome; débats à ce sujet; XXV, 554 et suiv.; XXVI, 44.

LA VARENNE (JEAN DE BREZÉ, SIRE DE), sénéchal de Normandie; contribue à la chute de la Trémoille; est avoué par Charles VII; XIII, 224, 225. Marche avec lui contre la Praguerie, 362. Son influence sur ce prince, 416. Assiége Metz, 447. Ses progrès dans la faveur du roi, 448. Ses débats avec le Dauphin; sa disgrâce, 470 à 472. Assiége le Mans, 479. Surprend Verneuil, 484. Fait capituler Gisors; escorte le roi à Rouen, 488, 492. Son expédition en Angleterre; XIV, 14. Louis XI fait informer contre lui, 82. Il débarque encore en Angleterre; capitule, 120, 121. Son poste à la bataille de Montlhéry; il est tué, 174.

LA VARENNE, envoyé par Henri IV à Madrid; négociation qu'il fait échouer; XXI, 215. Sert les amours de ce prince; XXII, 81. Fait fonder le collége des jésuites à La Flèche, 146. Sa mission en Savoie, 239.

LAVAUGUYON, confident du connétable de Bourbon, arrêté; XVI, 189.

LAVAUGUYON (LE DUC DE); bruit d'empoisonnement qu'il accrédite; XXIX, 336, 337, 342, 400. Gouverneur de Louis XVI; sa frivolité; XXX, 14.

LAVAYSSE, compromis dans le procès de Calas; XXIX, 293.

LA VEGA (GARCILASSO DE), poëte espagnol tué en Provence; XVI, 522.

LA VEGA (GARCILASSO DE), envoyé d'Espagne près du pape; arrêté par son ordre; XVIII, 14.

LAVERDY est nommé contrôleur général des finances; XXIX, 95, 284. Ses successeurs, 404.

LA VIE, procureur général à Bordeaux; ne peut maintenir cette ville dans le parti royal ; XXIV, 325, 328, 329.

LAVIETTE, ligueur, défend Dreux; XXI, 51.

LA VIGNE (DE), ambassadeur de François 1er à Constantinople ; ses efforts pour réconcilier Soliman avec Charles-Quint ; XVII, 254, 255. Le sollicite de mettre sa flotte en mer ; XVIII, 33.

LA VRILLIÈRE, secrétaire d'état; édit de Louis XIII dont il donne lecture; XXIII, 539. Ses fonctions sous Mazarin ; XXIV, 544.

LA VRILLIÈRE, comte de Saint-Florentin; est secrétaire du conseil de régence ; XXVII, 245. Redemande les sceaux à d'Aguesseau, 341. Répand la nouvelle de la mort du duc d'Orléans, 480. Succès de sa politique, 481. Lettres de cachet qu'il expédie; XXVIII, 59. Son portrait; époque de sa mort, 198. Est chargé des affaires du clergé, 477. Prélats qu'il veut empêcher de se présenter au roi ; XXIX, 33. Ses rigueurs contre les Huguenots, 41 et suiv., 47. Son zèle réprimé par le roi, 48 et suiv. Conseil secret auquel il est admis, 78. Son inamovibilité, 89, 90. Il perd La Chalotais, 321. D'Aiguillon est son gendre, 337. Il accompagne le roi au parlement, 360. Excite ce prince contre Choiseul, 365. Porte à ce dernier un ordre d'exil, 427. Injonction qu'il fait au parlement, 428. Le ministère dont il fait partie est remplacé ; XXX, 24 et suiv. Se prononce contre le rappel du parlement, 38. Sa retraite, 54, 55.

LAVOISIER ; ses découvertes; XXX, 316.

LAW ; ses conceptions financières; XXVII, 260 et suiv. Extension de son système, 341. Obstacles nés de sa qualité d'étranger et de sa religion, 342, 359. Ordonnance qu'il fait agréer au régent; ses idées; ses projets, 390 à 394. Opposition qu'y met le parlement, 395. Son arrestation projetée; il crée la compagnie d'Occident; ses plans de colonisation; ses marchés d'hommes en Allemagne; agiotage qu'il fait naître, 396 à 403. Sa conversion; il est membre de l'académie des sciences; puis contrôleur des finances; coup funeste que Conti porte à sa banque ; discrédit de son papier; mesures qui l'augmentent, 412 à 417. Il demande le supplice de Horn, 419. Sa chute, 423, 438. Il sort du royaume; époque de sa mort, 426, 427. Le système s'écroule après son départ, 444 et suiv. Incidemment nommé ; XXX, 77, 107, 115.

LAWFELD (BATAILLE DE) gagnée par le maréchal de Saxe sur le duc de Cumberland ; XXVIII, 442.

LAWRENCE ; ses succès dans les Indes contre les Français ; XXIX, 67.

LAXART (DURAND-ANDRÉ), oncle de la Pucelle; reçoit les confidences de sa nièce; en parle au sire de Baudricourt; est rebuté; XIII, 118, 119. Assiste au sacre, 144.

LAYET (OLIVIER), l'un des assassins de Jean-sans-Peur; XII, 583.

LAYNÉ, conseiller au parlement; son arrestation; XXIV, 213.

LEADRAG, nommé roi des Abodrites; II, 448.

LEAKE (L'AMIRAL) bat les Français sous Gibraltar ; XXVI, 449. Secourt Barcelone, 467.

LE BAILLY JOANNEAU, maire de Sancerre ; sa constance; sa mort; XIX, 233, 237.

LE BARROIS DES BARRES ; renforts qu'il conduit en Castille; pillage dont il profite; XI, 472, 473. Vainement provoqué par les Anglais, 496. Est envoyé à la poursuite de Clisson; XII, 33, 34.

LEBEL, valet de chambre de Louis XV ; à quoi employé ; XXVIII, 165 ; XXIX, 8.

LEBLANC (GUILLAUME) plaide devant François 1er pour la Rochelle; XVII, 137.

LEBLANC est nommé ministre de la guerre ; XXVII, 358, 367. Confiance que Dubois lui accorde, 462. Fait arrêter Villeroi, 468. Intrigue contre lui, 471, 472. Disgracié, 474. Son procès; son acquittement, 534, 535. Reprend son ministère, 549; XXVIII, 28. Epoque de sa mort, 193.

LE BOURSIER (JEAN); général des

galères de France; entre dans la Gironde avec sa flotte; XIII, 512. Négociateur avec les feudataires gascons, 515.

LE BOUTEILLER (GUI) défend Rouen assiégé par Henri v; XII, 558. Soupçons sur sa conduite, 565.

LE BOUTEILLER, l'un des assassins de Jean-sans-Peur; XII, 583. Prend la place du Crotoy; XIII, 31.

LE BRET, procureur général; sollicité de requérir la mort de Galigaï; XXII, 409.

LEBRETON (RICHARD). Voy. *Tracy*; V, 479.

LE BROUSART (PIERRE), inquisiteur à Arras; prétendus hérétiques qu'il fait brûler; XIII, 613, 615, 617, 618 et suiv. Réhabilitation de ses victimes, 623.

LE CAMUS DE BEAULIEU, favori de Charles VII; sa puissance; sa mort; XIII, 74, 76, 77.

LE CAMUS (LE CARDINAL); sa promotion; XXV, 552.

LÉCHELLE, tué à la bataille de Fribourg; XXIV, 68.

LE CLERC (PERRINET), marchand de Paris; livre aux Bourguignons une porte de la ville; les renforce; XII, 537, 538.

LE CLERC (JEAN) brise les images par zèle contre l'idolâtrie; est brûlé vif; XVI, 379.

LECLERC (PIERRE), ministre protestant à Meaux; son supplice; XVII, 282 à 284.

LE COCQ (ROBERT), évêque de Laon; champion des libertés publiques aux États-généraux; fait lecture des doléances des commissaires de l'assemblée; X, 482. Son talent; son influence, 490. Ses précédens, 491. Demandes qu'il fait au Dauphin au nom de l'assemblée, 493, 494. Son véritable caractère, 497. Il fait révoquer la dissolution des États, 510. Se retire à Laon, 512. Est, avec Marcel, dépositaire de l'autorité; usage qu'il en fait, 522. Médiateur entre le roi de Navarre et le Dauphin, 524. Se réfugie en Espagne; est évêque de Calahorra, 546.

LE COMTE (JEAN); soupçons qu'il inspire aux Seize; XX, 328. Suit le roi, 359.

LE COMTE, conseiller au parlement; son exil; XXIV, 96.

LE DAIM ou LE DIABLE (OLIVIER), confident de Louis XI; envoyé en Angleterre; XIV, 229. Son agent dans les Pays-Bas; projet de séparation qu'il suggère aux diverses provinces, 504, 507. Audience que lui donne Marie de Bourgogne; sa fuite; il met garnison dans Tournai; les Flamands battus sous cette ville, 519 à 521. Prédicateur qu'il veut interrompre, 547. Accueille le légat du pape, 580. Le roi le recommande à son fils, 616. Il annonce à Louis sa mort prochaine, 625. Est pendu, 641.

LÉE, évêque de Litchfield; célèbre le mariage de Henri VIII et d'Anne de Boleyn; XVI, 432, 433.

LEE, général américain; défend victorieusement Charles-Town; XXX, 137. Sa désobéissance à Montmouth, 175.

LÉE (ARTHUR), négociateur américain; signe le traité avec la France; XXX, 150.

LE FEBVRE, prévôt des marchands de Paris; insulté par la populace; XXIV, 438. Ses mesures pendant le combat de Saint-Antoine, 455. Destitué par Condé, 462.

LE FÉRON (LE PRÉSIDENT), prévôt des marchands; ordres qu'il reçoit du parlement et de la reine; est dévoué à la cour; XXIV, 225, 242 à 244.

LE FÈVRE (JEAN), auteur du Respit de la mort; XIII, 590.

LE FLAMAND (NICOLAS), bourgeois de Paris; son supplice; XI, 411.

LE FRESNE, surprend Angers; sa mort; XX, 195.

LEGANEZ (LE MARQUIS DE), gouverneur du Milanais; aux prises avec le duc de Savoie et Créqui; XXIII, 297 à 300. Puis avec ce dernier et Lavalette, 346 à 348. Son traité avec le prince de Savoie, 379. Ses opérations, 381, 382. Vaincu à la Rotta, 389, 390. Puis à Casal; ne peut sauver Turin, 427 à 430. Sa malveillance à l'égard du prince Thomas, 431. Ses opérations en Catalogne, 469. Battu à

Lerida, 520. Il fait lever le siége de cette ville; XXIV, 128, 129.

LÉGER (SAINT), complice de Grimoald; II, 60. L'un des chefs de l'aristocratie; ses luttes avec Ebroin; sa captivité; ses vicissitudes, 63, 66 à 70. Son supplice; vénéré comme martyr, 73, 76 et suiv.

LEGISTES (LES); leur apparition sous saint Louis; ont constitué en France la monarchie absolue; VII, 6 à 10.

LEGOIX, boucher de Paris; influence de ses fils dans cette ville; XII, 361 à 363. Ils pressent les décisions du conseil, 364. Brûlent le palais de Bicêtre, 372. Font armer la bourgeoisie, 407. Emprunt forcé qu'ils lèvent, 422. Leur exclusion, 428. Accompagnent Jean-sans-Peur, 458. Ils reparaissent, 550.

LEGOIX du comité des Dix nommé par les ligueurs; XXI, 131.

LEGRAND (JACQUES), moine prédicateur; ses réprimandes à la reine Isabeau; approbation de Charles VI; XII, 227, 228. Négociateur de d'Orléans; ses papiers saisis, 385.

LEHWALD, lieutenant de Frédéric; vaincu à Jagerndorf; ses succès contre les Suédois; XXIX, 143.

LEICESTER (COMTE, ROBERT DE), vaincu à Fremingham; V, 507. Est prisonnier et emmené en Angleterre, 509. Ramené en Normandie, 514. Sauve Rouen assiégé par Philippe-Auguste; VI, 144. Prisonnier, 150.

LEICESTER, favori d'Elisabeth d'Angleterre; sa jalousie contre d'Alençon; XX, 47. Envoyé au secours des Flamands; ses revers, 242, 243.

LEJAY, premier président du parlement de Paris; son enlèvement; XXII, 344; XXIII, 157. Privilége qu'il réclame pour Lavalette, 366.

LE MAISTRE (LE PRÉSIDENT); son rôle dans la ligue; XX, 132. Soulevé par Guise, 343. Envoyé près du roi, 480. Député aux États de Paris; XXI, 178. Il fait déclarer par le parlement une protestation contre l'élection au trône d'un prince ou d'une princesse étrangère, 196, 197. S'entend avec Henri IV; sa récompense, 257.

LE MAITRE (GILES) est nommé premier président du parlement de Paris; XVII, 398. Il dénonce au roi les conseillers opposans; XVIII, 93. Invoque la persécution contre les protestans, 96. Sa sortie contre le roi de Navarre; il est suspendu de ses fonctions, 222. Sa mort, 352.

LEMAITRE, l'un des solitaires de Port-Royal; XXV, 78.

LE MAS, piége qu'il tend à d'Aubigné; XIX, 525.

LE MASSON (ROBERT), chancelier du Dauphin; s'enferme à la Bastille; XII, 539. Son influence sur le jeune prince, 554; XIII, 6.

LE MERCIER (DENIS), chancelier du duc d'Orléans (Louis XII;) porte pour lui la parole au parlement; XV, 10, 11.

LEMOINE (EUSTACHE) commande la flotte de Louis VIII; est battu et pris; VI, 471.

LE MOINE (JEAN), cardinal légat en France; chargé d'excommunier Philippe-le-Bel; IX, 121, 122.

LENCLOS (NINON DE); amitié que lui témoigne Christine de Suède; XXIV, 547. Ses rapports avec Mme de Maintenon; XXV, 397.

LENET (PIERRE), procureur général à Dijon; son rôle dans la Fronde; XXIV, 314 à 316. Comment se dispose à commencer la guerre civile; il veut s'appuyer sur le parlement de Bordeaux, 317 à 321. Entre en cette ville, 325. Emissaire de Mazarin qu'il sauve, 326 et suiv. Ce qu'il attend de l'Espagne, 341. Ses mesures contre les parlementaires, 343. Trêve qu'il fait conclure; son influence sur la princesse, 348, 349. Sa retraite, 351. Envoyé en Espagne, 385, 402. Dirige le parti, 432. Jalousé par Conti, 484. Rejoint son père, 486.

LENOIR, lieutenant de police; pourquoi congédié par Turgot; XXX, 48.

LENONCOURT (ROBERT DE); son poste à l'armée de Charles VIII; XV, 187.

LENONCOURT (LE CARDINAL DE), évêque de Metz; s'emploie à livrer cette ville à Henri II; XVII, 452.

LENONCOURT (PHILIPPE, CARDINAL

DE), évêque d'Auxerre; favori du roi de Navarre; vendu aux Guises; XVIII, 250. Envoyé près de lui en ambassade; XX, 175; 226. Acte qu'il souscrit, 421. Accueille Henri IV à Tours; XXI, 38. Lui dévoile les intrigues du tiers parti, 112. Son atticisme, 194.

LENONCOURT (LE MARQUIS DE) tué à Thionville; XXIV, 43.

LE NORMAND D'ÉTIOLES; sa femme est maîtresse de Louis XV; voy. *Pompadour;* XXVIII, 347 et suiv. Elle cherche à se réconcilier avec lui; sa réponse; XXIX, 4 à 7. Il répudie sa riche succession, 331.

LENOX (LE COMTE DE), chef du parti tolérant en Écosse; se réfugie en Angleterre; XVIII, 258.

LENOX (LE DUC DE) est beau-frère de la duchesse de Verneuil; XXII, 105.

LENS (BATAILLE DE) gagnée par Condé sur l'archiduc Léopold; XXIV, 171.

LEOLYNN, prince de Galles; ses luttes avec Édouard d'Angleterre; sa soumission; VIII, 283. Sa révolte, 386. Sa défaite; sa mort, 387.

LÉON III, élu pape; offre le serment des Romains; II, 354. Ses luttes avec eux; il a recours à Charlemagne, 369 à 374. Il le reçoit à Rome et le proclame empereur, 377 et suiv. Son projet de l'unir à Irène, 384. Fait un voyage en France, 402. Nouveau soulèvement contre lui à la mort de Charles; sa mort, 436, 437.

LÉON IX, pape. Voy. *Bruno.*

LÉON X (JEAN DE MÉDICIS), pape; son élection; XV, 619. Ses précédens; ses premiers actes; cardinaux qu'il admet à se réconcilier avec le saint-siège, 619 à 621. Ses ménagemens pour la France, 628. Il ne confirme pas la sainte ligue, 645. Réconcilie Louis XII avec l'Église; enjoint au duc de Milan et au doge de Gênes de livrer passage aux prélats français, 656, 657. Ses efforts pour réconcilier Venise et l'empereur, 658. Ses promesses à François Ier; engagemens contraires qu'il prend ailleurs; XVI, 21. Son attitude en présence de l'armée française, 25, 26. Son traité avec François, 39, 40. Leur entrevue; ils modifient la pragmatique sanction, 42 à 44. Grande précaution que lui fait prendre son maître des cérémonies; il détourne François de marcher sur Naples, 45. Son concordat avec ce prince; il le fait approuver par le concile de Saint-Jean de Latran, 57 à 59. Il fait vendre des indulgences; commencement de Luther; 65 à 67. Objet des flatteries du roi et de Louise, 77. Ses négociations avec François et Maximilien sur l'élection du futur empereur, 79 à 81. Sacrifices que fait François pour se l'attacher, 87. Son candidat à l'empire; ses négociations secrètes avec Charles, 94. Son légat à Francfort, 99. Sa légèreté; son insouciance au sujet de Luther; ses usurpations en Italie; son alliance à la fois avec François et Charles; comment accuse les Français de la rupture de la paix, 126 à 130. Son général, 136. Sa mort, 138, 139.

LÉON III (L'ISAURIEN), empereur d'Orient; ses démêlés avec les papes; II, 146, 147. Sa mort, 149.

LÉON IV, empereur d'Orient; ses persécutions iconoclastes; se prépare à faire périr l'impératrice Irène; meurt; II, 287.

LÉON (L'ARMÉNIEN), empereur d'Orient; son traité avec Louis Ier; II, 434, 436. Légation qu'il lui envoie, 440. Détrôné, 465.

LÉON (PIERRE), cardinal d'origine juive; est élu pape; sa faction; V, 220, 221.

LÉON, légat du pape en France; préside deux conciles; IV, 61. Ses injonctions au roi Robert, 100.

LÉON (HENRI, SIRE DE) prend parti pour Montfort; X, 187. Son échec à Nantes, 192. Reproches qu'il s'attire; il change de parti, 193. Il négocie la capitulation d'Hennebon, 203. Commande à Vannes qui est pris, 212, 213. Reprend cette place, 214. Sa captivité, 234. Danger qu'il court, 240. Il est mis en liberté; message qu'il porte au roi de France, 241. Sentiment qui l'a attiré à son service; XI, 280.

LÉON, roi d'Arménie ; vaincu par Amurat Ier ; implore le secours de la France ; XII, 7.

LÉON (LE GRAND COMMANDEUR DE), négociateur pour la paix ; XVI, 556.

LÉONARD DE VINCI ; meurt en France ; XVI, 355.

LEONARD (LE PÈRE) conspire contre les Français à Metz ; sa mort ; XVII, 543 à 545.

LÉOPOLD Ier, empereur ; vaincu à Breitenfeld ; XXIII, 518. Son élection vainement entravée par Louis XIV ; XXIV, 549. Ne songe qu'à flatter ce prince ; XXV, 50. Son mariage ; sa lutte avec les Turcs, 56, 68, 69. Cède à l'influence de Louis XIV, 212, 213. Ligué contre lui, 253, 260, 266. Ses persécutions en Hongrie, 265, 266, 321. Comment rompt le congrès de Cologne, 271 et suiv. Rejette la neutralité de la Franche-Comté, 274. Ses forces sur le Rhin, 287. Ses conditions pour la paix, 344, 358. Alliés qui traitent sans lui ; désastres de ses armées ; il souscrit le traité de Nimègue, 375 à 386. Son indignation contre le duc de Mantoue, 436. Assiégé par les Turcs ; sauvé par Sobieski ; suite de cette guerre, 449, 450, 473, 525 à 527. Sa faiblesse, 457. Sa trève avec la France, 463. Dispose du Palatinat ; est de la ligue d'Augsbourg, 529. Opposé à Furstemberg ; XXVI, 12. Menacé et attaqué par Louis XIV, 14, 20 et suiv. Ennemis que ce prince lui suscite, 51. Il envoie des secours au duc de Savoie ; ses débats avec lui ; il l'abandonne, 60, 164, 166, 170 et suiv., 183. Son contingent dans la ligue, 67. Il signe la paix de Ryswick, 203, 211 à 216. Ses rapports avec l'Espagne ; ses prétentions sur la succession de Charles II ; ses négociations et transactions à ce sujet, 263, 268 à 272. Son traité de paix avec les Turcs, 278. Son mécontentement ; opposé à l'avènement du duc d'Anjou, 283, 299 et suiv. Il donne à l'électeur de Brandebourg le titre de roi ; mécontente les princes allemands ; crée un neuvième électorat, 307. Il entre dans la grande alliance, 311. Réclame toute la succession de Charles II, 312. Ses embarras, 316, 317, 403. Son armée descend en Italie, 319, 320. Sa déclaration de guerre, 329 à 331. Son traité avec le duc de Savoie, 359, 414. Sa renonciation à la couronne d'Espagne en faveur de son deuxième fils, 427. Sa mort, 435. Son portrait ; il a dû son pouvoir à la crainte qu'inspirait Louis, 436.

LÉOPOLD, marquis d'Autriche ; prétend à la couronne impériale ; V, 212. Assiste à l'assemblée de Saint-Jean d'Acre, 352.

LEOPOLD, duc d'Autriche ; sa haine envers Richard Cœur-de-lion ; il le fait prisonnier ; VI, 122, 123. Calamités de son peuple regardées comme une punition céleste ; sa blessure ; sa mort, 157, 158.

LÉOPOLD, duc d'Autriche ; croisé contre les Albigeois ; VI, 391. Battu par le comte de Foix, 394. Passe en Terre-Sainte, 499.

LÉOPOLD d'Autriche ; cherche à faire élire empereur son frère Frédéric ; IX, 331. Perd contre les Suisses la bataille de Morgarten ; ruine le parti autrichien dans l'empire, 384. Ses démarches pour mettre son frère en liberté et donner la couronne impériale à Charles-le-Bel, 437. Avantage qu'il remporte sur Louis de Bavière, 438. Secours en argent que Charles lui fait passer ; forces qu'il rassemble ; dépose les armes, 441, 442. Sa mort, 443.

LÉOPOLD, duc d'Autriche ; tué à la bataille de Sempach livrée contre les Suisses ; XI, 485.

LÉOPOLD d'Autriche, évêque de Strasbourg ; s'empare de Juliers ; XXII, 164.

LÉOPOLD, archiduc d'Autriche ; sa guerre dans les Grisons ; XXII, 526, 527. Ses garnisons chassées par les Français, 552. Sa querelle oubliée dans le traité de Monçon, 581.

LÉOPOLD, archiduc d'Autriche, commande les troupes de l'empereur son frère ; XXIV, 121. Est nommé gouverneur des Pays-Bas ; prend l'offensive ; villes dont il s'empare, 137 à 139, 171 à 173. Il perd la bataille de Lens, 173 à 175. Repousse les ouvertures de Mazarin ; ses négociations avec Bouillon, 254. Son émissaire près de la Fronde, 255 et suiv. Son traité, 262. Entre en Champagne; sa déconvenue; sa retraite, 266. Ses opérations en Flandre; négociations qu'il repousse par ses prétentions, 272, 273. Son traité avec la Fronde; ses hostilités, 331, 332. Ses progrès en Picardie; ses propositions de paix, 337, 338. Ses succès en Flandre, 488. Condé lui est donné pour collègue, 490. Ses désastres à Arras, 512. Sa retraite, 522. Appelle à Bruxelles le duc de Lorraine, 530. Est rappelé, 534.

LÉOPOLD, duc de Lorraine; recouvre ses états par le traité de Ryswick; XXVI, 215, 216. Son mariage, 232. Projet de lui donner le Milanais, 282. Se retire à Lunéville, 354. Epoque de sa mort; XXVIII, 144.

LÉOTALD, comte de Mâcon; accueille Louis IV; III, 443.

LE PASSAGE, général français; prisonnier à Marienthal; XXIV, 83.

LE PELLETIER, curé de Saint-Jacques-la-Boucherie; réforme qu'il demande à Mayenne au nom des Seize; XXI, 133. Excommunie ceux qui parlent de paix, 164. Sort de Paris, 267.

LE PELLETIER est nommé ministre des finances de Louis XIV; XXV, 465. Ses expédiens; sa démission; XXVI, 28, 29, 221.

LE PELLETIER DESFORTS, du conseil de régence; opposé à la quadruple alliance; XXVII, 322. Est nommé contrôleur général, 549. Ses opérations financières; XXVIII, 28 et suiv. Loterie qu'il établit, 183.

LE PLESSIS favorise l'évasion de Marie de Médicis, XXII, 450.

LÉPREUX, leurs supplices sous Philippe-le-Long; IX, 394 et suiv.

LERME (LE DUC DE) est nommé premier ministre de Philippe III; XXII, 38. Son désir de pacifier les Pays-Bas, 137. Rompt avec le duc de Savoie, 417. Remplace en Milanais Hinijosa, 419. Est promu cardinal, puis disgracié, 466, 467. Son exil, 525.

LE ROUX (OLIVIER), sa demande aux États-généraux; XIV, 682.

LEROY (VINCENT), est député d'A-miens aux États de Blois; XX, 413. Son arrestation, 464.

LESAGE, complice de la Voisin; XXV, 404.

LESCARES, envoyé par Henri IV à Biron; XXII, 71. Puis au comte d'Auvergne, 107.

LESCUNS (LE MARÉCHAL); pourquoi marche sur Reggio et y demande asile; XVI, 129. Rend compte au roi de l'état du Milanais, 151. Son poste à la bataille de la Bicocque, 156, 158. Convient d'évacuer l'Italie; ses gendarmes passent en Picardie, 159. Est du parti de sa sœur, 169. Conseille vainement au roi de ne point passer en Italie, 220. Rappelé au camp de Pavie; opine pour la levée du siège, 230. Est tué, 236.

LESDIGUIÈRES (FRANÇOIS DE BONNE DE), connétable; ses débuts; XIX, 8. Il relève le parti huguenot en Dauphiné, 234. Le commande, 339; XX, 20. Son attitude hostile; XIX, 519. Il est réduit, 534, 535. Ce qu'est pour lui la religion; XX, 4. Ses succès, 208. Il bat les Provençaux, 217, 218. Son traité avec Lavalette, 391. Ses relations au delà des monts dénoncées au roi, 446. Aux prises avec Mayenne, 448, 449. Paralyse la ligue, 488. Il défend la rive gauche du Rhône; XXI, 104, 105, 170. Il passe les Alpes, 170. Il force le duc de Savoie à accepter la trêve, 237. Sa lutte contre d'Epernon, 246, 313, 314. Est nommé lieutenant de Guise en Provence; ses humiliations; sa retraite, 384 à 387, 390, 392. Ses succès contre le duc de Savoie, 471, 472. Sa position féodale; XXII, 11. Jalousé par Sully, 18. Il prend Montmélian, 55. Ses députés de l'assemblée des Huguenots, 116, 242, 247. Troupes qu'il met en mouvement, 174, 239, 277. Est lieutenant général de Dauphiné, 216. Est appelé à la cour, 255. La duché-pairie lui est refusée, 259. N'est point zélé protestant, 264. Empêche le parti de se soulever, 390. Ses relations avec le duc de Savoie; est garant du traité d'Asti; contre les Espagnols; rappelé en France, 416 et suiv. Créé duc; son influence sur les religionnaires, 459. Ses intelligences avec Ossuna, 468. Se prononce contre l'assemblée de la Rochelle; est nommé maréchal général; conduit l'armée royale contre les Huguenots, 480 et suiv. Comprime ceux du Midi, 487. Intercède pour eux; est opposé à la guerre, 501, 503, 562. Son abjuration; il est nommé connétable, 505. Comment éloigné de l'armée, 509. Il négocie la paix, 511. Effet de sa défection en Dauphiné, 516. Son expédition contre la Ligurie, 554 à 556, 573. Sa mort; XXIII, 27.

LÉSIGNY, munitionnaire général de Henri II; tente de surprendre Strasbourg; il est éconduit; XVII, 456, 457.

LESLY (NORMAT) assassine le cardinal Beatoun en Ecosse; XVII, 334.

LESLY (LE COMTE DE), général de l'empereur; vaincu par Tékély; XXV, 379.

LESPARRE (ANDRÉ DE), envahit la Navarre; ses succès; ses revers; il perd la vue; XVI, 123 à 125.

L'ESPINE (DE), l'un des chefs protestans; confession qu'il signe à Poissy; XVIII, 237.

LESTANG (ANTOINE DE) poursuit le divorce de Louis XII; XV, 277.

LESTOCK, amiral anglais; son combat dans la rade de Toulon, XXVIII, 323.

LESTOCQ conspire pour Élisabeth de Russie; XXVIII, 265.

LESTRAUGE, du parti huguenot; console Coligni; XIX, 71.

LE TELLIER (MICHEL), chancelier, est nommé secrétaire d'état; XXIII, 537; XXIV, 25, 72. Négocie à Ruel, 260. Emploie des agens provocateurs, 292. Mission que lui donne Gaston, 364. Son renvoi, 382, 383. Contribue à pacifier la Guienne, 484, 485. Somme le chapitre de Paris d'administrer l'archevêché, 504. Son habileté, 443, 603. Ses travaux avec le roi; XXV, 7. Son portrait; ordre qu'il a établi au ministère de la guerre, 13. Ses fonctions, 29. Ses ordres à Mme de Navailles, 33. Il centralise l'administration; réforme l'armée, 41, 42. Son acharnement contre Fouquet, 70. Prospérité publique due à son activité, 95. Devient l'ennemi de Turenne, 132. Apaise la querelle du jansénisme, 140. Négocie la paix d'Aix-la-Chapelle, 153 et suiv.

Sauve Louvois de la disgrâce qui le menace, 293. Est nommé chancelier, 356. Fait nommé Pelletier ministre des finances, 465. Son oraison funèbre, 484, 515. Il demande au roi de révoquer l'édit de Nantes, 514, 517. S'est opposé à la nomination de Lepelletier; XXVI, 28.

LE TELLIER (MAURICE), archevêque de Reims; ne regrette point Turenne; XXV, 301. Examine le livre de Gerbois, 423. Commission de prélats dont il est rapporteur, 424 et suiv. Il raille Jacques Stuart sur sa dévotion; XXVI, 30. Libelles des jésuites contre lui, 386.

L'ÉTENDEUR (DE), chef d'escadre française; sa défaite; XXVIII, 450.

LEUDEGISILLE, général de Gontran, réduit Gondowald; I, 383 et suiv.

LEUDESIUS, maire du palais de Neustrie; II, 69. Sa fuite; se soumet à Ebroïn; sa mort, 73.

LEUTARD, curé des Vertus, prêche le premier une réforme religieuse; il disparaît; IV, 146.

LEUTHARIS. Voy. *Buccelinus*.

LEUTHERIC, archevêque de Sens; reliques qu'il prétend avoir trouvées; pèlerins qu'il attire; IV, 145. Accusé d'hérésie, 147. Sa présence au concile d'Orléans, 150. Livre Sens à Robert, 156. Sa mort, 213.

LEUTRON (LE BARON DE), général piémontais, prend Asti; dégage la citadelle d'Alexandrie; XXVIII, 397, 398.

LEUWIGILDE, roi visigoth; ses alliances avec la famille austrasienne; I, 268.

LE VEAU DE BAR, bailli d'Auxois; *Bourguignon*, est introduit dans Paris; est nommé prévôt de cette ville; y combat; XII, 538, 540, 541. Ses extorsions, 544.

LEVIEUX, échevin de Paris; insulté par la populace; XXIV, 438.

LEVINGSTON (LE BARON DE) accompagne en France Marie Stuart et son frère; XVII, 368.

LEVIS (GUY DE) reçoit le comté de Mirepoix; VI, 300. Amène des renforts à Simon de Montfort, 401. Les frères de Termes lui rendent leur château; VII, 69. Fief qui lui est accordé, 73.

Son établissement dans le Languedoc, 90.

LEVIS (JEAN DE), sire de Mirepoix; ses missions en Espagne; XV, 427.

LEVIS DE MIREPOIX (JEAN DE), pille Limoux à la tête des catholiques; XVIII, 324.

LEVIS (LE CHEVALIER DE); ses opérations au Canada; XXIX, 184.

LEYDE (LE MARQUIS DE), gouverneur de Dunkerque; est tué; XXIV, 570.

LEYDE (LE MARQUIS DE) fait la conquête de la Sardaigne; XXVII, 287. Puis celle de la Sicile, 330, 331.

LEYVA (ANTONIO DE), prend la fuite à la bataille de Ravenne; XV, 592. Commande Pavie assiégé par François Ier; sa constance, 223, 224, 228. Sa sortie pendant la bataille; ses soldats tuent les prisonniers, 237. Lieutenant de Bourbon, 284. Défend le Milanais; aux prises avec Saint-Pol; le bat à Landriane et le fait prisonnier, 325 à 327. Sa férocité; ses exactions, 328. Continue à commander les forces espagnoles du Milanais, 339. Général de la ligue italienne, 415. Oppression qu'il exerce sur Sforza, 420. Il prend possession du duché de Milan, 469. Armée qu'il rassemble pour le défendre, 490. Position qu'il prend, 498. Sa fille demandée en mariage par le marquis de Saluces, 503, 504. Rejoint par l'empereur, 504. Le conjure à genoux de ne point entrer en Provence, 508. Sa mort; ses derniers conseils à Charles, 519, 521. Par qui remplacé, 523. Accusé d'empoisonnement, 528.

L'HOSTE (NICOLAS), commis des affaires étrangères; sa trahison; sa mort; XXII, 103.

L'HUILLIER, prévôt des marchands de Paris; préside le tiers aux États de Blois; XIX, 405. Signe le cahier de l'ordre et le présente au roi, 438. Est gagné à Henri IV; XXI, 256. Ce qu'il obtient, 257. Où attend le roi, 260. Il lui présente les clefs de Paris, 263.

LIANCOURT (DE), assiste à la mort de Henri III; XX, 543. Épouse Gabrielle d'Estrées; XXI, 332. Est du conseil de régence; XXII, 176. Est dans la voiture de Henri IV à sa mort, 181.

LIBERTA, confident de Casaulx; conspire contre lui; le tue; sa mort; XXI, 394 à 398.

LIBUIN (SAINT); ses vains efforts pour convertir les Saxons; II, 234.

LICHTENSTEIN (LE PRINCE DE), ambassadeur de l'empereur à Paris; convention qu'il signe pour la pacification de la Corse; XXVIII, 210. A le commandement de l'armée d'Italie; ses promesses au roi de Sardaigne, 396. Gagne la bataille de Plaisance, 399 à 401.

LIÉ (DE), conspire contre Mazarin; XXIV, 30.

LIETHEN, lieutenant de Frédéric; décide de la victoire à Torgau; XXIX, 213.

LIGNAC (GUILLAUME DE) conduit des renforts en Castille; XI, 493. Négociation dont le charge le duc de Berry, 525.

LIGNE (LE PRINCE DE), prisonnier à Lens; XXIV, 174. Battu par Turenne, 572. Vice-roi de Sicile; XXV, 331.

LIGNERAC, agent de Mayenne auprès de Henri IV; XXI, 341.

LIGNEROLLES, écuyer du duc de Nemours; son arrestation; XVIII, 242. Est assassiné; pour quelle indiscrétion; XIX, 107 à 109.

LIGNONVILLE prend part à la victoire de Coutras; XX, 272.

LIGONDE, chef catholique; sa férocité; XVIII, 309.

LIGONIER, prisonnier à Lawfeld; XXVIII, 443. Louis XV le renvoie sur parole; mémoire dont il est porteur, 453.

LIGUORI, évêque; accorde aux princes le droit de vie et de mort sur les autres hommes; XX, 114.

LILLE-ADAM (LE SIRE DE), Armagnac, passe aux Bourguignons; XII, 519. Une porte de Paris lui est livrée; il entre dans cette ville, 538. Saisit la personne du roi, 539. Renforts qu'il reçoit; ses extorsions; laisse massacrer d'Armagnac, 544, 545. Est nommé maréchal, 548. Perd Pontoise par surprise, 576, 577. Mission que lui donne Jean-sans-Peur, 578. Son arrestation, 609. Troupes qu'il rassemble; XIII, 48, 50. Il commande dans

Paris pour le duc de Bourgogne, 148. Il marche sur Lagny, 211, 214. Demande des secours pour Paris, 249. Chassé de cette ville par les Anglais; fait sa paix avec Charles VII, 262. Villes qu'il lui ramène, 263. Il bat un corps anglais, 271. Rentre le premier dans Paris, 273. Surpris à Pontoise, 304. Il est tué dans Bruges, 305, 306.

LILLE-ADAM (PHILIPPE VILLIERS DE), grand-maître des chevaliers de Saint-Jean de Jérusalem; capitule à Rhodes; XVI, 180, 181.

LILLE-JOURDAIN (BERNARD DE), frère de Jourdain de Lille, sire de Casaubon; obtient la restitution des biens confisqués sur ce dernier; IX, 413, 414. Commande l'armée royale du Midi; X, 162. Ses succès, 171. Est opposé au comte de Derby, 250. Ses échecs, 251 à 254. Revanche qu'il veut prendre, 255. Sa défaite à Auberoche; il est prisonnier, 256. Position que lui fait le traité de Brétigny, 573.

LILLIEROOT, ambassadeur de Suède; sa médiation pour la paix générale; XXVI, 202.

LILLIERS (LE CHEVALIER DE); sa mission relative à la régence; XXVII, 228, 365.

LIMEUIL (LA DEMOISELLE DE); ses amours avec le prince de Condé; XVIII, 411.

LINANGES (LE PRINCE DE); son poste à la bataille de Cassano; XXVI, 445.

LINCESTER (JEAN), l'un des orateurs de la ligue; XX, 136. Comment annonce la mort de Catherine de Médicis, 473. Déclare dans un sermon que l'on ne doit plus obéir à Henri de Valois, 477. Le dénonce au peuple comme idolâtre, 503. Son zèle pour Henri IV après sa conversion; est admis près de lui; mot du roi; XXI, 276, 277.

LINCOLN, général américain; battu par Cornwallis; XXX, 190.

LINDSEY (LE COMTE DE); flotte anglaise qu'il conduit à la Rochelle; ne peut forcer l'entrée du port; XXIII, 72 à 74.

LINIÈRES (LE PÈRE), confesseur de Louis XV; XXVII, 492.

LIONCY fait mettre en faillite le jésuite Lavalette; XXIX, 229.

LIONEL, duc de Clarence, fils d'Édouard III; son mariage; son voyage en France; XI, 82. Sa mort, 99, 129.

LISBONNE; tremblement de terre qui dévaste cette ville; XXIX, 69.

LISET, président du parlement de Paris; sa querelle avec les Guises; XVII, 363. Se concerte avec le roi pour le jugement du maréchal de Biez, 383. Ses discours à un lit de justice, 386. Ses débats avec les Guises; sa disgrâce, 397, 398.

L'ISLE (JEAN DE), bourgeois de Paris; son zèle pour la liberté; X, 512.

LISOIS Voy. *Étienne*, prêtre d'Orléans.

LISOLA (LE BARON DE) combat dans un écrit les prétentions de Louis XIV sur les Pays-Bas; XXV, 129.

LIUDBERGE, fille de Didier; femme de Tassilon, excite l'inimitié de son mari contre Charlemagne; II, 309.

LIUDWIT, duc de Pannonie; ses députés à Louis-le-Débonnaire; II, 447. Résiste aux lieutenans de l'empereur, 448. Son pays dévasté, 449. Comment augmente sa puissance; est assassiné, 456.

LIUTBERT, évêque de Mayence; sa conduite à la chute de Charles-le-Gros; III, 272.

LIUTDOLF, ambassadeur d'Othon-le-Grand au concile de Trèves; III, 438.

LIUTGARDE, fille d'Othon; épouse Conrad de Worms; III, 405.

LIUTPRAND, roi des Lombards, seconde Charles-Martel contre les Sarrasins; II, 140. Ses démêlés avec le pape, 147. Effet de l'intervention de Charles, 148. Mort de Liutprand, 149.

LIUTWARD, évêque de Verceil; accusé d'adultère par Charles-le-Gros; III, 270. Part qu'il prend à sa déposition, 271.

LIVAROT, second de Quélus; survit à ses blessures; XIX, 498, 499. Est tué en duel, 501.

LIVIA (LE DUC DE), lieutenant de don Carlos en Italie; XXVIII, 113.

LIVRY (L'ERMITE DE) brûlé vif à

Paris comme luthérien ; XVI, 254.

LIVRY (L'ABBÉ DE) ; sa mission en Espagne ; XXVII, 524 et suiv.

LIZET (PIERRE), avocat-général, revendique au nom de François Ier une partie des fiefs du connétable de Bourbon ; XVI, 173, 174.

LOBKOWITZ (LE COMTE DE), ministre de l'empereur ; gagné par Louis XIV ; XXV, 212, 253, 256. Ses négociations sur la future succession d'Espagne ; XXVI, 271.

LOBKOWITZ (LE PRINCE DE) ; sa belle défense à Messine ; XXVIII, 119. Aux prises avec de Broglie ; d'abord vaincu à Salcé ; resté maître de la campagne, 243 et suiv. Marche sur Naples ; livre le combat nocturne de Velletri ; bat en retraite, 324 à 329. Ne défend pas le passage des Apennins ; est remplacé, 387 et suiv.

LODÈVE (GUILLAUME DE), amiral français ; vaincu et fait prisonnier sur les côtes de Catalogne ; VIII, 369.

LODON, gentilhomme de la reine de Navarre ; son arrestation ; XX, 70.

LODRONE (LE COMTE DE) ; troupes qu'il lève en Italie pour Philippe II ; XVIII, 484.

LOCKART (LORD) ; son entrevue avec Mazarin ; XXIV, 587.

LOCKE ; son voyage en France ; ses observations ; XXV, 309 (*note*).

LOEVENDALH (LE MARÉCHAL, COMTE DE) ; ses victoires en Russie ; XXVIII, 264. Ses services en France, 406, 407. Places hollandaises qu'il prend, 441. Il enlève d'assaut Berg-op-Zoom, 443, 444. Il investit Maëstricht, 455, 456. Y entre, 458.

LOHAING (LE SIRE DE), avocat de Jean-sans-Peur à Chartres ; XII, 313, 314.

LOHEAC (LE MARÉCHAL DE), l'un des généraux et conseillers de Charles VII ; opérations de guerre et événemens politiques auxquels il prend part ; XIII, 374, 380, 386, 479, 556, 627, 641 ; XIV, 3, 28, 34. Est destitué, 81. Engagé dans la ligue du bien public, 164. Est réintégré dans ses fonctions, 192. Son peu de scrupule comme homme de parti, 198. Reçu en grâce par le roi, 207. Attaque le duc d'Alençon ; ses succès, 234. Il dissuade le roi de se rendre à Péronne, 267. Attaque d'Armagnac, 291. Est de l'assemblée des notables, 320.

LOIR (ROBERT DE), l'un des assassins de Jean-sans-Peur ; XII, 583.

LOISEAU DE MAULÉON plaide pour la famille de Calas ; XXIX, 294.

LOISEL *purifie* les registres des tribunaux ; XXI, 270.

LOISEL, conseiller au parlement ; son arrestation ordonnée ; il s'évade ; XXIV, 213.

LOISELEUR (NICOLAS) chargé d'espionner Jeanne d'Arc ; XIII, 184. Conclut à ce qu'elle soit mise à la torture, 186, 187.

LOLLARDS, sectateurs anglais ; XI, 214.

LOMBARDS, éloignés des frontières de l'empire jusqu'au sixième siècle ; I, 120. S'allient aux Avares ; anéantissent les Gépides, 318. Cèdent leur territoire aux Avares et passent en Italie avec des Bulgares et des Saxons, 323. Leurs irruptions en Provence, 323 à 325. Suppriment l'autorité royale, 325. Mis à contribution par les Austrasiens, 367. Exemptés par Clothaire d'un tribut ; II, 8. Entourent et menacent le duché de Rome, 183. Voy. *Astolphe*, puis *Didier*.

LOMÉNIE, secrétaire d'état ; victime de la Saint-Barthélemy ; XIX, 174.

LOMÉNIE, ambassadeur de Henri IV en Angleterre ; ses reproches à Elisabeth ; XXI, 419. Est secrétaire d'état ; XXII, 13. Voy. *Brienne*.

LONGNAC (MONPESAT, BARON DE) propose de tuer le Béarnais ; XIX, 435. Devient favori de Henri III ; XX, 371, 400. Se charge de tuer Guise, 459, 460. Coup qu'il lui porte, 462. Poste qu'il fait donner à Du Guast, 494. Sa disgrâce ; sa mort, 495.

LONGNY (LOUIS DE), maréchal de France ; sa nomination ; XII, 380.

LONGUEVAL (NICOLAS DE BASSA, SIRE DE) ; forces françaises qu'il conduit en Gueldre ; XVII, 118. Est chargé de couvrir la Picardie, 124. Sa disgrâce, 304.

LONGUEVILLE (CHARLES D'ARTOIS, COMTE DE) est reçu en grâce et armé chevalier par le roi Jean; X, 376. Présent à l'exécution du comte d'Harcourt, 451. Prisonnier à la bataille de Poitiers, 470.

LONGUEVILLE (CLAUDE, DUC DE) entre en Italie; sa retraite; XVI, 159. Passe le mont Genèvre, 204.

LONGUEVILLE (LÉONORE, DUC DE), prisonnier à Saint-Quentin; XVIII, 63. Siége au lit de justice de Rouen, 397. Escorte la reine-mère, 437. Siége à l'assemblée de Moulins, 465. Il fait inhumer Condé; XIX, 47. Donne asile à Lanoue; le conduit à la cour, 203, 204. Est au siége de la Rochelle, 225. Incidemment nommé, 369.

LONGUEVILLE (HENRI 1er, DUC DE), allié des Bourbons; XX, 456. Sauve Senlis, 526 et suiv. Rejoint l'armée suisse, 533. Épanchemens qu'il arrête; sa réserve à l'égard de Henri IV; XXI, 7. Part pour la Picardie, 19, 37, 92. Secourt le roi à Arques, 32. Combat à la *journée des farines*, 101. Son rôle dans le parti, 111. Convoi qu'il intercepte, 298.

LONGUEVILLE (HENRI II, DUC DE), gouverneur de Picardie; XXII, 216, 282. Sa position à la cour, 218. Il la quitte, 338. Sa rivalité avec Concini, 341. A quelles conditions fait la paix, 355 à 363. Places dont il prend possession, 366. Réconcilié avec la reine-mère, 383. Largesses qu'il reçoit, 389. Son retour à Paris; son mariage, 400. Il agite la Picardie, 462. Succès du roi contre lui, 464. Jaloux du duc de Guise; XXIII, 13. Il commande l'armée de Bourgogne; puis celle de Weymar, 320, 372. Il doit passer le Rhin; sa maladie; par qui remplacé, 422. Ses opérations en Piémont, 519. Ses amours avec Mme de Montbazon; XXIV, 27. Négociateur du traité de Westphalie, 179, 182. Mépris qu'il fait du soulèvement de Paris, 214. Concessions qu'il exhorte la reine-mère à faire, 220. Conférence à laquelle il assiste, 227. Gondi compte l'entraîner dans la Fronde, 239, 245, 248. Ses désirs d'indépendance, 258. Forces qu'il lève, 261. Son accord avec le parlement de Normandie, 269. Réconcilié avec Condé, 276. Place de sûreté qui lui est promise, 278. Il convoite le Havre, 295. Son arrestation, 299, 308. Efforts pour soulever la Normandie en sa faveur, 302, 308, 315. Sa liberté demandée, 346, 349. Promise, 363. Et accordée, 369, 370. Prend parti pour la cour, 401.

LONGUEVILLE (ANNE-GENEVIÈVE DE BOURBON-CONDÉ, DUCHESSE DE); comment sa réputation attaquée; XXIV, 27. Démarche de Condé pour l'entraîner dans la Fronde, 238, 239, 245. Agite Paris, 247 à 249. Son mobile, 258. Son entrevue avec son frère, 270. Son caractère hautain, 283. Elle tente de soulever la Normandie; s'enfuit en Hollande, 302, 303, 308. Revient à Stenay; gagne Turenne au parti des princes, 310, 311. Traité qu'elle signe avec lui et l'archiduc Léopold; elle est déclarée coupable de lèse-majesté, 331, 332, 407, 475. Dévouement de la princesse palatine pour elle, 353. Amitié que lui porte La Rochefoucault, 361. Conditions que lui propose la cour, 363. Son retour à Paris, 370. Suit son frère à Saint-Maur, 382. Elle veut rallumer la guerre, 399, 401, 404. Elle agite Bordeaux, 430 et suiv. Brouillée avec La Rochefoucault, 482. Offres que lui fait le roi d'Espagne; elle négocie avec Vendôme; fait la paix; se jette dans la dévotion, 483 à 486. Sa retraite, 500. Son zèle janséniste; XXV, 139, 140.

LONGUEVILLE (CHARLES-PARIS, DUC DE), tué au passage du Rhin; XXV, 241.

LONGVIC (JACQUELINE DE), duchesse de Montpensier; avis qu'elle donne au prince de Condé; XVIII, 171. Médiatrice entre les Bourbons et la reine-mère, 183. Sa mort, 297.

LORÉ (AMBROISE DE) secourt Orléans; poursuit les Anglais en retraite; XIII, 124, 127, 132. Victorieux à Patay, 136. Gloire de son nom, 173. Livre la bataille indécise de Saint-Celérin, 196. Pille la foire de Caen, 241. Insurrection qu'il ne peut soutenir, 242. Commandant de Paris; s'efforce d'y maintenir l'ordre, 316.

LORIA (ROGER DE), amiral gibelin; ses succès contre Charles d'Anjou;

Table générale de l'Histoire des Français.

VIII, 336. Sa victoire sur la flotte provençale à Malte, 357. Sa victoire sur la flotte napolitaine, 358. Est appelé en Catalogne, 367. Sa victoire sur la flotte française, 369. Seconde victoire, 371. Ravage les côtes du Languedoc, 391, 392. Sa nouvelle victoire dans la rade de Naples, 396. Battu par le comte d'Artois, 405, 407. Position qu'il occupe pendant le congrès d'Anagni, 501. Scrupules que le pape fait naître chez lui; IX, 11. Il seconde les Français, 60. Etranges confidences que lui aurait faites Boniface VIII, 245, 246.

LORGES (JACQUES MONTGOMMERY, SIRE DE) défend le cours de la Marne; XVII, 205. Conduit des troupes en Ecosse, 258, 259. Ses escarmouches, 267.

LORGES, lieutenant de Condé; XX, 192.

LORGES (LE MARÉCHAL DUC DE) est de la Fronde; XXIV, 350. Sa retraite après la mort de Turenne; XXV, 297, 298. Est envoyé en Guienne; XXVI, 27. Puis sur le Rhin, 52. Ses opérations, 71, 72, 96, 109, 120, 126 et suiv., 146, 148 et suiv., 184.

LORRAINE (JEAN DE), cardinal; comment influence l'élection après la mort de Clément VII; XVI, 443. Assiste au supplice des protestans de Paris, 452. Empêche Brion d'attaquer Verceil, 489. Ses pouvoirs pour négocier avec l'empereur, 491. Suspend les hostilités, puis rejoint ce prince, 498. Obtient du pape une promesse de neutralité; annonce à la cour la guerre comme imminente, 500. Négociateur pour la paix, 556. Présent aux entretiens de l'empereur et du roi; XVIII, 10. Assiste à l'expédition de Roussillon, 127. Accompagne le roi à la Rochelle, 137. Est un de ses principaux conseillers, 269. Est du conseil de Henri II; son influence, 304, 305. Sa mort, 396.

LORRAINE (LE CHEVALIER DE), favori de Monsieur; son arrestation; son exil; XXV, 174, 175. Accusé de la mort de Madame, 193 et suiv. Négociation de famille à laquelle l'emploie le roi; XXVI, 87 et suiv.

LORRIS (ROBERT DE), chambellan du roi de France Jean; sa fuite; X, 417. Largesse du roi en sa faveur, 480.

LORRIS (GUILLAUME DE), auteur de la première partie du Roman de la Rose; XIII, 589.

LOS VELEZ (LE MARQUIS DE) est nommé vice-roi de Catalogne; villes qu'il prend; ses atrocités; il échoue à Barcelone; est envoyé en Italie; XXIII, 465 à 467. Vice-roi de Sicile; soulèvement qu'excite sa tyrannie, 146 à 148. Comment perd Alessio; sa mort, 150, 151.

LOTHAIRE, fils de Hugues, roi d'Italie; son mariage; III, 397.

LOTHAIRE, roi de France; sa naissance; III, 410. Son avénement; son sacre; il accompagne Hugues au siége de Poitiers, 448, 457 à 459. Assiége le château de Couci; se rend auprès de Saint-Bruno, 463 à 465. Reçoit l'hommage de Thibault et ses conseils; tend des embûches à Richard-sans-Peur; guerre qui s'ensuit; forcé à la paix; son impuissance à profiter de la minorité des princes du Midi; sa jalousie envers Hugues-Capet; sa présence à la cour de son oncle; son mariage; voile qui couvre son histoire; sa médiocrité, 468 à 475. Sa lutte avec Othon II, 479 à 482. Il entre en Lorraine; prend Verdun; le rend et fait la paix; Marie son fils en Aquitaine; mépris qu'il inspire; galanteries de sa femme; sa mort, 487 à 489. Appauvri par ses efforts pour se faire des créatures; IV, 15.

LOTHAIRE Ier, empereur; gouverne la Bavière; est proclamé empereur; II, 423, 433, 442. Reçoit l'Italie; épouse Hermangarde, 450, 451. Passe les monts, 455. Couronné par le pape; revient en France; apprend le supplice de deux de ses officiers; retourne en Italie; avec quelle mission; serment qu'il fait prêter aux Romains, 457 à 460. Excité contre son père, 467. Son mécontentement; il marche sur l'Espagne, 469, 470. Jure de défendre le jeune Charles, 473, 474. Rassemble des troupes en Italie; III, 5. Approuve la révolte de ses frères; se met à la tête du parti; ses vengeances; s'oppose à la déposition de son père; demeure chargé du gouvernement; faiblesse de son parti; de ses lumières; de son caractère; il se réconcilie avec Louis; lui livre ses propres partisans; signe le premier leur sentence, 7 à 15. Ligué de nouveau; amène avec lui le pape; son succès; il exile Judith et Charles; est chargé de la garde de l'empereur, 19 à 23. Ses actes publics; il fait renfermer Louis; est présent à la confession publique de ce prince; est sommé par ses frères de le traiter avec plus d'égards; voit son parti se dissiper; laisse son père en liberté; sa fuite; sa victoire; ses troupes l'abandonnent; il obtient son pardon; est réduit à l'Italie; s'y fortifie; le titre d'empereur lui est enlevé; sa maladie; prend les armes; quand ajourne les hostilités, 25, 28, 31 à 40. Avances que lui fait Judith; il partage les provinces de l'empire avec Charles; son lot, 42 à 45. À la mort de son père, réclame l'empire; demande le serment de fidélité à toutes les provinces; son message à Charles; veut arrêter les hostilités contre Pépin; ses luttes avec Louis; avec Charles, 52 à 56, 60, 61. Il rallie Pépin; perd la bataille de Fontenay; sa retraite, 62 à 67. Abandonné d'une partie de son armée, pourquoi; dévaste son palais d'Aix-la-Chapelle; se retire à Lyon; sa politique en Saxe contraire à celle de Charlemagne; ses effets; il signe le traité de Verdun; sa part est appelée de son nom la Lorraine, 73 à 77. Il concède un comté aux Normands; ses conventions avec Louis, 104, 105. Témoin inerte des ravages des Normands, 108. Sa conférence avec Charles; sa maladie; partage de ses Etats; il prend l'habit de moine et meurt, 113 à 115.

LOTHAIRE II, empereur; son élection; met au ban de l'empereur le comte de Souabe; investit du comté de Bourgogne le duc de Zœringhen; V, 213 à 215. Se déclare pour Innocent II, 222. Le conduit en Italie, 224, 225. Sa mort; rivalités pour sa succession, 280.

LOTHAIRE, roi de Lorraine; son avénement; il veut dépouiller son frère Charles; III, 115 à 117. Seconde Charles-le-Chauve, 132. Son entrevue avec ses oncles, 137. Son double mariage; procès scandaleux, 144 et suiv. Ses luttes à ce sujet avec l'autorité ecclésiastique; ses voyages en Italie; ses succès contre les Musulmans; réception qu'on lui fait à Rome; il est invité à une communion solennelle; adjuration que prononce le pape quand lui et ses compagnons reçoivent la communion; leur mort, 151 à 157.

LOTHAIRE, troisième fils de Charles-le-Chauve; moine, puis abbé; sa mort; III, 189.

LOUCHART; son rôle dans la ligue; XX, 133.

LOUCHART, du conseil des Dix, nommé par les ligueurs; exécutions qu'il fait faire; XXI, 132. Son arrestation; son supplice, 139.

LOUIS Ier (LE DÉBONNAIRE), roi de France et empereur; sacré à trois ans roi d'Aquitaine; II, 285. Etendue de son royaume; ses états attaqués par les Sarrasins, 345. Assiége Huesca, 360. Apparaît à la cour de son père, 361. Seconde le roi des Asturies, 365. Prend Barcelone, 384. Lot que son père lui destine, 405. Continue la guerre contre les Musulmans, 407. Ses échecs, 410. Ses talens militaires; sa faiblesse administrative; ses largesses; Charlemagne l'investit de tous ses titres; il prend lui-même la couronne sur l'autel; part pour l'Aquitaine, 416, 417. Son âge à la mort de son père; sa famille; ses précédens; sa bravoure; son amour de la justice; sa piété enthousiaste; son humble déférence pour l'opinion des prêtres; jugé plus propre au couvent qu'au trône; ses projets de vie monastique et de réforme des mœurs; ses maisons royales; son économie; son zèle pour le peuple; il reçoit le serment des grands; chasse les femmes de son père; punit les amans de ses sœurs; exécute les dernières volontés de Charles; ses actes de gouvernement; il renvoie Bernard en Italie; part qu'il fait à ses propres fils; princes qui recherchent sa protection; l'alliance avec l'empereur d'Orient renouvelée; inquiétude de la famille d'Adhelard; ses disgrâces; il secourt Hériold; déclare la guerre à l'émir de Cordoue; son mécontentement contre Léon III; mission dont il charge Bernard; réception qu'il fait à Etienne IV; sacré par lui; réforme la règle des chanoines; fait réprimer les Sorabes et les Gascons; ne conteste pas aux Romains le droit d'élire le pape; de souverain s'apprête à devenir sujet de ce pontife; nouveau partage de ses états; s'associe Lothaire; lots de ses autres fils; fait marcher des troupes contre son neveu; le fait juger et condamner; soumet les Bretons; perd sa femme Hermengarde; sa défiance contre ses parens; il fait tonsurer les bâtards de Charlemagne; veut se faire moine; épouse Judith de Bavière; son empire dégradé à l'intérieur s'étend au dehors; députés qu'il reçoit; guerres insignifiantes sur toutes les frontières; pirateries des Normands; partage de l'empire; mariage de Lothaire; grâces accordées en cette occasion; fréquence des assemblées; Louis y fait pénitence de la mort de Bernard et de ses rigueurs envers Adhelard et Wala, 423 à 452. Ses efforts pour réformer l'Eglise et l'Etat; il nomme Ladislas duc de Dalmatie; son influence au dehors; il reçoit une ambassade des Bulgares; agit encore en souverain avec le pape; ses expéditions contre les Bretons; ses troupes échouent en Navarre; sa passion pour la chasse; son clergé repousse le culte des images; présente au baptême Hériold; lui donne un comté dans la Frise; provinces qui lui échappent; son caractère personnel; l'état de sa famille ajoute aux causes d'affaiblissement de l'empire; a pour favori Bernard; naissance de Charles-le-Chauve; enquête qu'il fait faire en Espagne; condamnation d'Hugues et de Manfrid; mécontentement de Lothaire et de Pépin; factions à l'intérieur; les ennemis extérieurs encouragés par la faiblesse de Louis; agitations intérieures; réprobation qu'excite l'édit sur le baptême des esclaves des juifs; Louis comble Bernard de faveurs; fait couronner Charles-le-Chauve roi d'Allemagne; fermentation générale, 454 à 475. Révolte des fils aînés de l'empereur; son armée l'abandonne; sa faiblesse; il refuse de se faire moine; est mis sous la tutelle de Lothaire; sa jalousie; son adresse; sa persistance pour ressaisir le pouvoir; sa réconciliation avec son fils aîné; il fait mettre en liberté Judith; exile les complices de ses fils; renvoie ces derniers dans leurs royaumes; gouverne seul; son incapacité; excite de nouveaux mécontentemens; III, 5 à 16. Par qui gouverné; prononce la déchéance de Pépin et de Bernard; sa guerre en Aquitaine; son despotisme; ligue de ses fils; il est prisonnier et remis en tutelle; est renfermé au couvent de Saint-Médard; vicissitudes de l'opinion à son égard; mesure que prennent les chefs des mécontens; confession qu'ils lui font réciter publiquement; il prend l'habit de pénitent; fausses conséquences que ses ennemis tirent de cet acte; association pour sa délivrance, 18 à 31. Est en liberté; se réconcilie avec l'Eglise; reprend les armes; ressaisit le pouvoir; est rejoint par Judith; fait poursuivre le parti vaincu; pardonne à Lothaire; partage encore l'empire; lots de ses fils; son affaiblissement; son projet de voyage en Italie; comment brouille tout l'empire, 33 à 39. Met la couronne royale sur la tête de Charles; ses frontières attaquées, 41. Ses luttes avec la famille de Pépin et avec Louis de Bavière; parts qu'il fait à Lothaire et Charles; sa mort, 43 à 47. Il a commencé l'avilissement de sa race et préparé la guerre civile, 52.

LOUIS II (LE BÈGUE), roi de France et empereur; se marie sans le consentement de son père; sa révolte; sa soumission; il reçoit le royaume d'Aquitaine; III, 161 et suiv., 188. Lieutenant de son père en France, 210. Objet de sa méfiance; ses largesses à son avénement; inimitiés qu'elles excitent; il est reconnu par les mécontens; couronné par Hincmar; faiblesse de sa santé; de son esprit; de son pouvoir; provinces qui lui échappent; anarchie de celles qui lui restent, 223 à 230. Son double mariage; il est couronné par le pape; le laisse gouverner; alliances qu'il recherche; mariage de son fils; sa conférence avec Louis de Saxe; rendez-vous pris avec les princes Carlovingiens; sa mort, 233 à 235. Brièveté de son règne, 248. Son influence sur l'établissement du système féodal; IV, 7, 8.

LOUIS III ET CARLOMAN, rois de France; âge de Louis à la mort de son père; III, 235. Leur couronnement, 237. Leur lutte avec Boson; leur entrevue; leurs rapports avec Charles-le-Gros; attaqués par Louis de Saxe; obtiennent la paix; partagent le royaume; Louis bat les Normands; brièveté de leur règne; Louis envoie des troupes en Allemagne; aux prises avec Hastings; sa mort, 242 à 250.

LOUIS IV (D'OUTRE-MER), roi de France; emmené en Angleterre; III, 356. Appelé au trône, 393 et suiv. Sacré à Laon; son inimitié contre Hugues; ses luttes pour s'agrandir; ses appuis; ses succès; est forcé de prendre part aux guerres civiles de Germanie; confusion qui s'ensuit; nullité des opérations de Louis; son mariage; ses désastres; sa fuite en Bourgogne; il fait trêve avec Othon; marche au secours de Laon; est vaincu sur l'Aisne; s'enfuit de nouveau; son désir de relever l'autorité royale; il va chercher des ressources au Midi; accueil qu'il reçoit; naissance de son fils; ses négociations; sentimens dont il profite, 398 à 411. Ses partisans; intervention du pape et d'Othon; rétablissement de la paix, 413, 414. Il est tuteur de Richard de Normandie; ses combats; son séjour à Paris; ressources qu'il tire de l'Aquitaine; veut usurper l'héritage de son pupille; sa conférence avec Harald; il est prisonnier à Rouen; délivré par l'intervention de Hugues de France; captif de celui-ci; lui livre Laon; est remis en liberté; secours qui lui arrive; guerre confuse qu'il engage sur divers points; ses rapports avec Othon, 419 à 432. Sa présence au concile d'Ingelheim; griefs qu'il expose contre Hugues de France, 434.

Déclaration qu'il obtient du concile; secours qu'il obtient d'Othon; ses opérations de guerre; son courage; son habileté; invoque le médiation pacifique d'Othon; réconciliation générale; est aussitôt provoquée; motif qui assoupissent son ressentiment; se rend en Aquitaine par la Bourgogne; son séjour à Mâcon; seigneurs qu'il y reçoit; son retour; guerre obscure de châteaux, 437 à 445. Confusion universelle; les Hongrois en France; mort de Louis; sa famille, 447, 448. Appauvri par ses efforts pour se faire des créatures; IV, 15.

LOUIS V, roi de France; son entrevue avec Othon; III, 482. Associé à la couronne, 484. Épouse Blanche; qui l'abandonne; conjectures sur sa mémoire, 488 à 490. Sa mort, 495. Appauvri par ses efforts pour se faire des créatures; IV, 15.

LOUIS VI (LE GROS), roi de France. a compris ses devoirs chevaleresques; a relevé la famille royale; IV, 209. L'effort des communes pour s'affranchir lui est antérieur, 418. Il hérite de l'embonpoint de son père, 470. Commence la progression du pouvoir de la couronne; son père se l'associe; son surnom; V, 4 à 7. Son éducation; ses premières armes; ses petites troupes; il entreprend de réprimer le brigandage des châtelains; seigneurs qu'il réduit; ses échecs; il prend le titre de *défenseur de l'Eglise*; estime qu'il acquiert; jalousé par Bertrade; il veut la faire poignarder; est empoisonné; se réconcilie avec elle; chargé seul du gouvernement, 9 à 14. Se rend maître de la tour de Montlhéry; son premier mariage rompu; son influence, son autorité ne s'exercent qu'autour de Paris, 18 à 22. Ne s'oppose point à la conquête de la Normandie par le roi d'Angleterre, 48. Où s'étendent ses vues; son humilité devant le pape; son mariage cassé; sa guerre à son beau-père; ses luttes; sa valeur, 54 à 57. Etranger aux progrès de la science; sa hâte de se faire sacrer; ce qui en résulte; importance de son règne; extension qu'il a donnée à l'action centrale; il bataille sans cesse pendant huit ans; contre qui; à quelle occasion; villes, châteaux qu'il force, 71 à 81, 82. Ses luttes avec Thibaud de Blois, le sire du Puiset, les Rocheforts; protection qu'il accorde au commerce des villes de son domaine; ne leur permet point, comme aux autres villes, de se constituer en commune, Compiègne excepté; sa politique à l'égard des villes épiscopales, 83 à 88. Il confirme la coutume de Noyon; ses luttes à l'occasion de la commune de Laon; il défend celle d'Amiens, 91 à 96. Il règle l'héritage de la maison de Bourbon; quels sont ses voisins; motifs de dissension entre lui et le roi d'Angleterre; leur guerre; leurs défis, combats et traités; son voyage en Flandre; son mariage; quelles provinces méridionales relèvent de lui, 98 à 112. Est invoqué par le comte de Barcelone contre les Musulmans; lui promet des secours, 115. N'a point été le champion des libertés populaires; l'inféodation des campagnes ne lui a laissé de sujets immédiats que des bourgeois; il les a protégés contre les gentilshommes; où il a institué des communes; jamais dans les domaines des grands vassaux; énumération de celles qu'il a sanctionnées, 120 à 127. Portée de ses vues et de son intervention dans ces établissemens; son caractère; ses talens; il recommence la guerre contre le roi d'Angleterre; se déclare le protecteur de Guillaume Cliton; ses expéditions en Normandie; il réduit le sire du Puiset; ses négociations avec Foulques, 129 à 136 et suiv. Il surprend Andely; son respect pour les franchises ecclésiastiques; il perd ses deux alliés; continue la guerre avec valeur; perd la bataille de Brenneville; fait ravager la Normandie par la milice des villes, 142 à 148. Porte ses griefs devant le pape au concile de Reims, 151 à 154. Il abandonne Cliton; reçoit l'hommage de Guillaume Atheling; fait la paix avec Henri, 156, 157. Progrès de sa puissance; il est devenu le vrai roi féodal; fait reconnaître sa juridiction; soutient son droit d'investiture ecclésiastique; Suger emprisonné, puis gracié, 162 à 165. Il n'ose intervenir dans la querelle entre les comtes de Poitiers et de Toulouse; ni dans les guerres civiles de Flandre; est étranger aux nouveaux troubles de Normandie; armée féodale qu'il oppose à l'empereur Henri v, 170 et suiv. S'associe son fils aîné; le perd par accident; fait sacrer Louis-le-Jeune; ses démêlés avec l'Eglise; s'interpose entre le comte d'Auvergne et son évêque; acte de cruauté qu'il commet; son zèle pour Cliton; nouvelle ligue qu'il forme en sa faveur, 196 à 204. Le fait reconnaître comte de Flandre, 207. Reconnaît Thierry d'Alsace; ses ménagemens pour le roi d'Angleterre après la mort de Cliton; il fait la guerre aux Garlandes; réduit les Coucys; aux prises avec Thibaud, 209 à 212. Sa conduite à l'égard d'Innocent II, 222. Continue sa guerre de châteaux; sa maladie; faiblesse qu'elle lui laisse; se réconcilie avec Thibaud; réconcilie celui-ci avec le comte de Vermandois, 225 à 227. Recommande au pape Etienne d'Angleterre, 230. Mariage de son fils; il reçoit l'hommage d'Etienne pour la Normandie; meurt, 237 à 240. Dans quel état laisse le domaine royal, 248. Son mérite médiocre, 249. Sa charte en faveur de l'évêque du Puy en Velay, 255.

LOUIS VII (LE JEUNE), roi de France, maîtrise le régime féodal en l'adoptant; IV, 24. Chartes qu'il accorde à Orléans; V, 86. A Reims, 89. Sacré par le pape Innocent II, 198, 199. Son mariage; son avènement; son âge; son éducation, 237 à 242. Idées des relations réciproques entre ses feudataires et lui, 244. Ses luttes pénibles avec le roi d'Angleterre; situation du domaine de la couronne; son mérite médiocre; ses qualités; se rend à Paris; réprime les désirs de liberté d'Orléans; se fait couronner à Bourges; obscurité des premières années de son administration; ses opérations de guerre au midi; froideur des vassaux; il assiège en vain Toulouse; étend son autorité; juge les vicomtes de Limoges, 247 à 258. Ses démêlés avec le pape; est frappé d'interdit; ses brouilleries avec Thibaud; il entre en Champagne; incendie Vitry ; ses remords, 260 à 264. Nouvelles hostilités de Rome ; ses mesures vigoureuses, 266. Est absous ; fait la paix avec Thibaud, 270. N'est point entravé par les souverains étrangers, 271. Quand cesse de seconder Etienne en Angleterre ; entre en Normandie ; reçoit l'hommage de Geoffroi ; traite avec lui ; prête peu d'attention aux affaires d'Allemagne, 278 à 280. Etat prospère des provinces qui relèvent de lui ; chartes de communes qu'il accorde ou confirme, 286. Assiste au concile de Sens, 291. Ses sentimens chevaleresques ; idées qui l'entraînent à prendre la croix ; il se rend à la cour plénière de Bourges ; à l'assemblée de Vézelay, 301 à 304, 307. Exhortations que lui adresse Pierre-le-Vénérable, 310. Souverains avec qui il se concerte comme chef des croisés des Gaules, 315. Comment se procure de l'argent ; insurrection qu'il provoque et punit à Sens, 317, 318. Tient les assemblées de Châlons et d'Etampes ; à qui confie le royaume ; son entrevue avec le pape ; son départ ; sa marche ; son arrivée à Constantinople, 321 à 328. Sa bonne discipline ; barons qui le suivent ; sa conférence avec Manuel ; il passe le Bosphore ; apprend les désastres de Conrad, 332, 333. Le rallie ; sa noble conduite ; Conrad le quitte ; il poursuit sa marche ; force le passage du Méandre ; est battu à Laodicée ; perd la moitié de son armée, 337 à 343. S'embarque à Satalie pour Antioche avec les chevaliers, 345. L'infanterie abandonnée périt à Satalie ; pourquoi refuse de combattre ; part pour Jérusalem ; sa brouillerie avec Eléonore ; ses actes de dévotion au Saint-Sépulcre ; Il se rend à Saint-Jean d'Acre, 347 à 351. Echoue au siége de Damas ; son retour en France ; ses dettes ; instances de Suger pour hâter son retour ; conspiration contre lui déjouée ; changement dans son caractère ; sa dévotion monacale ; sa perpétuelle jeunesse, 353 à 364 et suiv. Ne prend point part aux poursuites contre les hérétiques ; semble éviter les regards de ses sujets ; son divorce ; domaines qui lui restent ; sa jalousie envers Plantagenet ; ligue qu'il forme contre lui ; leurs hostilités ; leur paix, 374 à 384, 387. Parallèle entre lui et son rival ; son mariage avec Constance de Castille ; son pèlerinage à Saint-Jacques ; perd sa femme et n'a pas de fils ; son alliance avec Raymond de Toulouse ; réduit le comte de Mâcon ; ses rapports avec Geoffroi d'Anjou, 388 à 396. Tombe dans la nullité ; traces qu'il laisse de son administration ; laisse l'ascendant à son rival ; cherche des alliés contre lui ; leur conférence ; projet d'union de leurs enfans, 401 à 405. Médiateur entre Henri et la maison de Champagne ; ne peut nier les droits de la maison de Poitiers sur le comté de Toulouse, 407 et suiv. S'interpose entre Henri et Raymond ; se jette dans Toulouse ; son domaine attaqué par Thibaut ; se fait honneur dans cette guerre, 410 à 413. Longueur et médiocrité de son règne ; ne paraît pas pouvoir balancer la fortune de Henri ; comment la scène change, 415 à 417. Menacé par Frédéric Barberousse ; écrase la commune de Vézelay, 426 à 429. Son clergé se prononce pour le pape Alexandre III, 432. Son troisième mariage avec Alix de Champagne, 435. Sa conférence avec Henri ; motifs d'irritation entre eux ; hostilités et trêve ; il assiste au concile de Toulouse ; ses négociations pour mettre fin au schisme ; il semble se prêter aux plans ambitieux de son rival, 436 à 443. Il assiste au concile de Tours ; sa bonne intelligence avec Henri ; il protége Raymond, 446 à 448. Accueille Thomas Becket ; mariage de ses filles ; il intervient en Auvergne ; fait prisonnier trois vassaux de Henri ; ménagemens de ce dernier pour lui ; il est fidèle au pape Alexandre ; naissance de son fils Philippe, 451 à 455. Son entrevue avec Plantagenet ; leur rupture ; paix qui la suit ; il reçoit l'hommage des fils de son rival ; son intervention dans les négociations avec Thomas Becket ; réduit encore Polignac, 459 à 472. Hostilités nouvelles et accommodement avec Henri ; il lui recommande Becket, 474 à 476. Sa colère à la mort de ce dernier; il invoque la vengeance du pape, 488. Satisfaction que lui donne Henri, 494. Soulève ses fils contre lui, 498, 501. Son expédition en Normandie; son obstination inaccoutumée; trêve employée en apprêts; il envoie des troupes en Angleterre, 503 à 509. Echoue à Rouen; sa retraite devant Henri; il fait la paix; dispose de l'archevêché de Reims; accorde, puis révoque des priviléges de commune à Auxerre, 512 à 518. Nouveaux démêlés au sujet du mariage des ses enfans; il recourt au pape; ses conventions avec Henri; il protége la commune de Laon, 524 à 530. Il s'associe son fils; maladie de celui-ci; son pèlerinage en Angleterre; sa maladie; son caractère; sa mort, 535 à 544. Valeur de sa suzeraineté sur les domaines de son rival; VI, 5. Appui qu'il a trouvé chez les grands vassaux, 6. L'histoire contemporaine l'a laissé dans l'ombre, 7. Épuisement de son épargne, 9. A qui a abandonné, avant sa mort, le gouvernement, 14. N'est point consulté pour le mariage de son fils, 15. Ses dernières aumônes; époque de sa mort; sa vieillesse précoce, 19.

LOUIS VIII, roi de France; sa mort termine l'interrègne qui commence à l'avénement de Hugues Capet; IV, 2. Le régime féodal lui survit, 3. Il le maîtrise en l'adoptant, 24; sa naissance; VI, 80. Sa supériorité sur les Plantagenets contemporains, 183. Son mariage, 189, 190. Son prétendu droit sur la couronne d'Angleterre, 238. Est armé chevalier, 310. Convention qu'il fait avec Frédéric II, 321. Le comte de Boulogne lui remet ses fiefs, 324. Assiste à l'assemblée de Soissons, 327. Son expédition en Flandre, 328, 339. Combat Jean en Poitou; ses succès, 351 à 353. Part contre les Albigeois; son arrivée à Lyon; son armée; à quoi il se borne, 414, 440, 442. La couronne d'Angleterre lui est offerte; ses secours aux barons; opposition du pape; il la décline et débarque en l'île Britannique; ses succès; ses opérations de guerre; comment appuie son droit à la cour de Rome; est excommunié par le légat, 254 à 461. Soupçons qu'il inspire aux barons anglais; comment confirmés; déclin de son parti; il n'a plus pour lui que Londres; ses exactions; murmures contre lui; apprend que le pape se dispose à confirmer l'excommunication; revient en France, puis retourne en Angleterre; échec qu'essuient les siens à Lincoln; ses renforts battus en mer; il renonce à la couronne d'Angleterre; reçoit l'absolution, 463 à 473. Se croise contre les Albigeois; rejoint le comte Amaury, 504. Son humanité; il assiége sans succès Toulouse, 506 à 509. Invoqué par le pape; marche sur le Poitou et l'Aquitaine, 513. Son âge à son avénement, 527. Son règne est le complément de celui de Philippe, 531. Sa descendance de Charlemagne; en quoi diffère de son père; d'où son surnom de *Lion*; son sacre; son entrée à Paris; son ordonnance d'abolition des intérêts et dettes des seigneurs; ses recommandations à Amaury, 536 à 541. Invoqué par les prélats de l'Albigeois; fiefs qu'il se fait céder; il prépare la croisade; conditions qu'il fait au pape, et que celui-ci refuse; sa colère, 544 à 549. S'en prend au roi d'Angleterre; son heureuse campagne contre ce prince; son entrevue avec Henri, roi des Romains, 553 à 560. Se déclare contre le prétendu Baudoin, 562. Le fait comparaître devant lui; le fait sortir du royaume, 565. Sollicité de nouveau par la cour de Rome contre les Albigeois, 566. Retenu par la guerre avec l'Angleterre, 570 à 572. Ce qu'il obtient du concile de Bourges; son testament; il règle la succession du comte de Boulogne; parlemens qu'il convoque; subsides que le légat lui accorde; cession que renouvelle Amaury; effet de ses sommations aux grands vassaux; force de son armement; sa marche par Avignon, 576 à 584. Il assiége cette ville; souffrances de son armée; maladies qui la minent; soumissions d'autres cités, 587 à 589. Vassaux qui l'abandonnent; sa rupture avec le comte de Champagne; il entre dans la place; suite de ses opérations; il ne trouve qu'un hérétique à brûler; son retour; sa maladie; seigneurs qu'il rassemble ; recommandations qu'il leur fait ; sa mort, 591 à 596.

LOUIS IX (saint), roi de France; son avénement termine l'interrègne qui commence à celui de Hugues-Capet; IV, 2. Est sous la tutelle de sa mère ; VI, 596. Pourquoi les historiens le font le quarante-troisième roi de France; VII, 4. Il commence la période pendant laquelle les légistes subordonnent le système féodal au principe monarchique; son but, 6 à 8. Les faits depuis ses temps montrent un enchaînement nécessaire, 13. Est armé chevalier, puis couronné, 23. Tient l'assemblée de Tours; reçoit l'hommage de Thibaud, 29. Son enlèvement projeté ; sa reconnaissance pour les bourgeois de Paris; restitutions que le pape lui enjoint de faire à l'Angleterre, 32 à 34. Sa mère règne en son nom, 50 et suiv. Paraît à l'expédition contre le duc de Bretagne, 59. A celle pour défendre Thibaud ; sommations faite en son nom aux barons confédérés, 61. La trêve entre lui et Henri d'Angleterre est prolongée, 63. Conciles auxquels il assiste, 71. Fiefs qu'il réunit à la couronne, 72. Etablit l'inquisition dans l'Albigeois, 75. Reçoit l'hommage de Raymond VII ; fiefs qu'il donne dans le Languedoc, 88 à 90. Marche sur la Bretagne, 98. Sa paix avec les barons, 102 à 106. Ses rigueurs à Beauvais, 113. Entre en Bretagne; échec qu'il essuie ; paix définitive qu'il signe, 133. Son mariage; despotisme de sa mère, 136, 137. Est sollicité par le pape de favoriser les inquisiteurs, 151. Sa conférence avec Raymond, 153. Sa majorité ; menacé par les émissaires du Vieux de la Montagne, 163. Renouvelle la trêve avec l'Angleterre ; n'a point encore de caractère propre ; est souvent gouverné par la noblesse, 165 à 167. Facilité avec laquelle il dénoue les ligues des barons, 169. Paraît s'être peu préoccupé de l'esprit républicain des villes, 171, 173. Appui qu'il donne au jacobin Robert, 179. Se dispose à une conférence avec l'empereur; à qui il marie son frère; comment apparaît à sa cour, 181 à 183. Le pape l'exhorte à se croiser, 186. Don qu'il fait à l'empereur de Constantinople, 189. Il acquiert la couronne d'épines du Christ et fonde la Sainte-Chapelle, 192 à 194. Comment accueille la nouvelle de l'invasion des Mogols, 199. Vains efforts du pape pour l'exciter contre l'empereur ; prêt qu'il fait à Baudoin, 201 à 205. Ce qu'il faut conclure de son zèle pour les croisades, 216. Effets de son activité pour prévenir le soulèvement du midi ; mariage de son frère ; cour plénière de Saumur; ses démêlés avec Henri III au sujet de la possession du Poitou, 230 à 239. Réclame ses prélats captifs de l'empereur. Sa position délicate à l'intérieur ; ligue formidable contre lui ; comment provoquée ; armée qu'il rassemble, 244 à 250. Il gagne les batailles de Taillebourg et de Saintes ; ses négociations; il fait son entrée en cette ville ; pardonne à Lusignan, 252 à 261. Ses projets sur la Guienne; maladies qui atteignent son armée ; lui-même attaqué ; sa trêve, 265, 266. Reçoit en grâce Raymond de Toulouse; conséquence de cette campagne ; elle détruit l'indépendance des grands vassaux ; caractère du roi ; considérations qui le dirigent dans ses négociations ; sa bravoure; sa santé délicate, 269 à 278. Ses actions après la guerre ; il reçoit l'hommage du comte de Foix ; ses ménagemens pour le comte de la Marche, 281 à 283. S'interpose entre lui et son frère Alphonse, 286. Naissance de son premier fils, 287. Ses instances au sacré collége pour l'élecd'un pape, 289. Grâce que lui accorde Innocent, 291. Sommation qu'il fait à ses feudataires qui relèvent de Henri ; démêlés qui s'ensuivent, 295. Est arbitre entre la comtesse de Flandre et ses enfans, 298. Sa promesse aux moines de Citeaux ; sa longue maladie, il prend la croix; alarmes des deux reines ; leurs instances pour qu'il diffère; son opiniâtreté ; sa santé revient plus forte que naguère ; naissance de son second fils ; ses lettres en Terre-Sainte, 308 à 313. Ses rapports avec le pape et l'empereur ; il achète le comté de Mâcon ; union qu'il négocie pour son frère Charles, 323 à 328, 332, 333. Fiefs qu'il lui donne ; ses motifs pour prendre la croix; son sentiment du devoir souvent peu éclairé; ses faiblesses; ses pratiques minutieuses; comment entendait discuter avec les incrédules, 337 à 340. Anecdotes; sa sobriété; ses mortifications; sa conviction que la croisade était l'œuvre la plus méritoire; ses efforts pour entraîner le pape; sa fraude pieuse pour augmenter le nombre des croisés; vaine prédication qu'il fait faire en Angleterre; son refus de s'emparer de ce royaume; trêve qu'il renouvelle, 343 à 353. Médiateur entre l'empereur et le pape; son indignation de l'opiniâtreté du pontife, 359, 360. Ligue de ses vassaux contre le clergé, 362. Leur dévouement à l'église; leur obéissance au roi, 364. Contraste de son humilité avec l'orgueil du pape; il règle les affaires de Flandre; seigneurs qu'il engage dans la croisade; il se fait confirmer la souveraineté des ports du Languedoc; fonde Aigues-Mortes; ses dispositions avant de partir; ses pourparlers avec Richard d'Angleterre, 370 à 374, 486. Il offre le commandement de sa flotte au roi de Norwège; il repousse les instances de sa mère pour le retenir, 376, 377. A qui laisse le gouvernement; sa marche à travers la France; il se sépare de sa mère; en quelle qualité il part; il n'a point d'armée; rendez-vous qu'il donne aux autres champions de la croix; son entrevue avec le pape; il prend le château de Gluy; il refuse de châtier Avignon, 380 à 385. S'embarque; sa flotte; ses magasins; séjour à Chypre, 356, 387 à 389. Son dessein de conquérir d'abord l'Egypte, 390. Ses négociations; son espoir de convertir le khan des Tartares; secours que lui demande Baudoin de Constantinople; maladies dans son armée; recommande encore l'empereur au pape; son arrivée devant Damiette; sa victoire; terreur qu'il inspire aux vaincus; il prend possession de la ville; ne profite point de ce succès, 392 à 405. Ordre qu'il donne relativement au butin de Damiette; son fatal séjour en cette ville, 407 à 409. Il marche sur le Caire; arrêté à Mansourah; est assiégé dans son camp; ses machines incendiées par des feux grégeois, 411 à 417. Il passe le canal Thanis et est enveloppé; détresse de l'armée; sa belle défense; il revient en deçà du canal; la contagion éclate dans son camp; son immobilité, 420 à 431. Il ordonne la retraite et négocie; ses désastres; son épuisement; ses chevaliers se rendent; il est prisonnier; traite de sa rançon; péril que lui fait courir le meurtre du soudan, 433 à 444. Est mis en liberté; sa loyauté en comptant sa rançon; sa joie à la délivrance du comte de Poitiers; rejoint la reine; son séjour en Terre-Sainte; accueil qu'il y reçoit; détresse commune; il annonce sa détermination de rester en Judée; petit nombre de chevaliers qu'il recrute; ne renouvelle point les hostilités; ses soins administratifs; ses négociations; il obtient la délivrance des captifs; ascendant qu'il prend sur les Egyptiens; fortifications qu'il élève; départ successif de ses barons, 446 à 463. Ses plaintes sur l'abandon où le laisse la chrétienté; amour du peuple pour lui; croisade de pastoureaux pour le délivrer, 473 à 475. Sa faiblesse en Terre-Sainte; à quel prix veut y attirer Henri III, 480 à 482. Sa déférence pour sa mère; ordre qu'il envoie de dépouiller les Juifs; apprend la mort de Blanche; sa douleur; son départ; accident en mer; son humanité; son retour à Vincennes; sa tristesse; son entrée à Paris, 493 à 501 et suiv. Il trouve l'Europe renouvelée; lui-même est modifié; calme du reste de son règne; situation réciproque de l'empereur et du pape à son départ; VIII, 1 à 3. Ignore la mort de Conrad quand il côtoie ses états, 5. N'a pas le temps de songer à l'élection du successeur d'Innocent; mariage de sa fille; il est le premier des monarques de l'Europe; s'abstient d'agir sur les peuples voisins; parti qu'il tire de la sécurité qu'ils lui donnent; il songe à préparer une seconde croisade; sa dévotion; comparé à Charlemagne; rapporte ses devoirs non à ses peuples, mais à Dieu; sa douleur à la perte d'une relique; se propose de réformer la législation; de réparer les injustices des précédens règnes ou du sien; sa première ordonnance ; il défend que la prévôté de Paris soit vendue ; à qui il la donne ; singulier conflit de juridiction., 7 à 20. Soucis que lui donne l'affaire des restitutions ; il veut abdiquer et prendre l'habit de dominicain ; ses rigueurs contre les hérétiques ; avanie qu'il fait aux banquiers lombards ; sa cour troublée par les débats de l'université et des jacobins ; preuve qu'il donne de sa foi ou de son sens droit ; ses négociations avec les rois d'Angleterre et de Castille ; époque où il pacifie la Flandre, 21 à 30. Reconnaît Alphonse de Castille comme roi des Romains ; se détermine à repousser les réclamations des Plantagenets ; ce qu'il leur concède ; son traité définitif avec eux ; mécontentement qu'il excite ; ses transactions avec le roi d'Aragon ; il perd son fils aîné ; consolations qu'il reçoit ; arbitre entre Charles d'Anjou et sa belle-mère ; les pacifie, 34 à 45. Prend parti pour Richard, comme roi des Romains, 47. Ses favoris ou ministres promus au cardinalat, 52. Invoqué par Henri III ; le pape offre à sa famille la couronne des Deux-Siciles ; ses scrupules ; il laisse carrière à l'ambition de son frère Charles, 56 à 58. Mariage de son fils ; correspondance avec le pape ; sa législation ; a fait passer la France du régime féodal au régime absolu ; ni lui, ni ses ministres, ni le pays n'ont eu conscience de cette transformation ; date de ses ordonnances ; il a commencé l'œuvre terminée par Louis XIV ; prospérité du pays sous son règne ; assentiment du peuple à la révolution qu'il opère ; ses mobiles ; ses moyens ; sa soumission à l'Eglise ; sa foi, dans les affaires de la guerre, à l'intervention de la Providence ; sa législation lui est inspirée par les scrupules de sa conscience ; son but est de supprimer le mal moral ; il établit la *quarantaine du roi* ; puis l'*assurement*. et supprime enfin les guerres privées ; ses mesures contre les duels, 60 à 78. Son ordonnance de *peuplement* empruntée au droit romain ; il institue la procédure écrite ; par les appels il ramène les justices féodales sous la dépendance de la justice royale ; établissement, puis extension des cas royaux ; il se regarde comme le premier juge du royaume ; ses jugemens sous le chêne de Vincennes ; son parlement ; ce qu'est le livre des *Etablissemens de saint Louis*, 80 à 92. Caractères généraux de sa législation ; il se fait un devoir d'être rigoureux ; veut faire pendre Engherrand de Coucy ; réforme les juges provinciaux ; sa résistance à l'autorité canonique ; concessions qu'il obtient du pape sur les immunités ecclésiastiques, 93 à 102. Il publie la *Pragmatique sanction*, d'où suit l'appel *comme d'abus* ; réforme les monnaies ; proscrit la banque ; autorise la publication de l'*établissement des métiers de Paris* ; fait intervenir dans la législation des députés du *tiers-état*, 104 à 117. Ses rapports presque nuls avec l'Espagne et l'Allemagne, 119. Par quels événemens est remplie la fin de son règne, 120. Choisi pour arbitre entre Henri III et le parti des barons ; il casse les statuts d'Oxford, 128 à 131, 136. Son démêlé avec le roi d'Aragon ; ses droits établis et reconnus, 143, 144. Conseiller qu'il donne au chef des croisés contre Manfred, 151. Comment apprécie la conquête de Naples ; il réconcilie les rois d'Angleterre et de Navarre ; il restitue un fief à Mathieu de Trie, 155. Autre question de fief qu'il soumet à la décision du pape ; préoccupation que lui donnent les affaires de la Terre-Sainte ; lettre qu'il reçoit du pape, 155 à 157. Il se décide à une nouvelle croisade ; son affaiblissement physique ; murmures de son clergé ; lieu de son embarquement, 160 à 165. Il secourt le roi d'Angleterre ; ses négociations ; seigneurs qu'il réconcilie ; princes et souverains qu'il sollicite de prendre part à l'expédition, 167 à 171. Son frère lui annonce la ruine du parti de Conradin ; la mort du pape ne change point sa résolution ; ses différends avec ce pontife ; apanage de ses fils ; mariage de sa fille Blanche ; inquiétudes de sa famille ; mort de sa sœur ; mariage de sa fille Marguerite ; régence qu'il forme ; il ne laisse à la reine aucune autorité ; ses pèlerinages ; il prend congé de la reine ;

tumulte qu'il punit ; ses négociations avec Michel Paléologue ; il touche à Cagliari ; promesse qu'il fait aux Pisans ; il cingle vers Tunis ; ses motifs ; ses hésitations ; difficultés qu'il éprouve à débarquer ; il s'empare de Carthage ; ses mesures défensives ; la peste éclate ; sa maladie ; sa mort ; réflexions sur son règne, 174 à 199. Que devient l'unité de pouvoir qu'il a établie ; son panégyrique ; désastre de sa famille au camp de Carthage ; ses obsèques ; sa mort regardée par les croisés comme une expiation de la fausse direction donnée à la croisade, 202 à 209. Le pape s'occupe de sa canonisation, 245, 519. Le parlement institué par lui est devenu presque absolument judiciaire, 248. Ordonnances de lui que son fils renouvelle, 296. A quoi sous son règne a fait place le sentiment d'indépendance des seigneurs, 375. Conséquences de son traité de paix avec Henri III, 467. Sa canonisation prononcée ; IX, 28. Bon ordre de ses finances, 47. Classe d'hommes que sa confiance aux légistes a formée, 73. Prétendue prédiction de lui, 74. Philippe-le-Bel, à son exemple, défend les guerres privées, 142. Sa législation rétablie ou modifiée par Louis le Hutin, 314 et suiv.

LOUIS X (LE HUTIN) ; sa naissance ; VIII, 425. Porte le titre de roi de Navarre ; se rend à l'assemblée de Poitiers ; IX, 187, 188. D'où son surnom ; son entrée à Pampelune, 193. Signalé par Clément V comme accusateur de Boniface, 236. Sa présence à la sentence d'abolition des Templiers, 259. S'engage à passer en Terre-Sainte, 262. Commande l'armée de Lyon, 266. Est armée chevalier ; prend la croix, 274, 275. Qui il a épousé, 289. Sa femme accusée d'adultère, 290. Il la fait étrangler, 292, 309. Ses droits à la couronne confirmés par le testament de son père ; son avénement ; joie du peuple, 295 à 297. Son goût pour les plaisirs, 299. Il abandonne la direction des affaires à son oncle Charles, 300. Il éloigne les ministres de son père, 302. Persécute Latilli, Marigny ; son mariage ; ses désordres ; son sacre ;

ses concessions au peuple et à la noblesse ; ses rigueurs invoquées contre les insurgés de Sens ; ses ordonnances pour établir les droits divers des ordres du royaume pour diverses provinces et pour Paris, 303, 306 à 318. Il détruit le système d'usurpation judiciaire suivi depuis un siècle ; pourquoi la noblesse ne recouvre pas toute son indépendance ; il désire la guerre ; il fait citer le comte de Flandre à lui rendre hommage ; ses expédiens pour se procurer de l'argent ; il vend la liberté aux serfs de ses domaines ; noble langage de son édit ; pourquoi cette ressource est peu productive ; il taxe les marchands italiens ; il rappelle les Juifs et leur permet de poursuivre leurs débiteurs ; à quelles conditions ; il convoque ses vassaux ; il publie son manifeste contre les Flamands ; les expulse du royaume ; les fait expulser d'Angleterre ; mauvais succès de sa campagne ; déconsidération qu'il en recueille ; il réforme les monnaies ; désorganisation de l'Europe ; il veut mettre fin à la vacance du saint-siége ; mission qu'il donne à son frère auprès du conclave ; il meurt, 319 à 336.

LOUIS XI, roi de France ; caractère de son règne ; XIII, 3, 4. Sa naissance, 27. Son mariage, 291. Son entrée à Paris, 313. Conspiration pour la mettre à la tête du gouvernement, 359 à 368. Il accompagne son père, 378. Son commandement à l'assaut de Pontoise, 386. Se rend à la journée de Tartas, 389, 390. Est mis à la tête du secours de Dieppe ; son portrait ; son succès ; prisonnier qu'il fait pendre, 405 à 407. Son expédition contre Armagnac, 409, 410. Puis contre les Suisses ; bataille que gagne son armée ; impression qu'il en reçoit ; ravage l'Alsace et la Souabe ; ses explications avec l'empereur ; ses négociations ; traité qu'il signe ; il rejoint son père en Lorraine, 428 à 437. Refroidissement du roi pour lui ; mort de sa femme, 448. Accusé de complot ; se retire en Dauphiné, 470, 471. Seconde Sforza, 477. Sa haine pour Agnès Sorel, 496, 497. Puis pour sa remplaçante et ses favoris; sa défiance de son père; il reste en Dauphiné; son mariage avec Charlotte de Savoie; son refus de se rendre à la cour; mécontentement mutuel du père et du fils, 542 à 545. Fait recueillir les *Cent Nouvelles nouvelles;* en est l'auteur présumé, 588. Célébré comme religieux par les chroniqueurs comtemporains, 600. Victimes de l'inquisition que son parlement réhabilite, 623. Ses débats avec son beau-père et son père; armée que rassemble contre lui Dammartin; sa terreur; sa fuite à Bruxelles, 627 à 639 et suiv. Accueil qu'il y reçoit; ses négociations avec le roi; la Dauphine le rejoint; ses ennemis veulent la guerre; XIV, 3 à 9. Ses intelligences avec York, 15. Comment impliqué dans le procès du duc d'Alençon, 22. Efforts des conseillers de son père pour le perdre, 28, 29. Son entrevue avec d'Armagnac, 35. Soupçons qu'il inspire au roi; résolution que prennent ses ennemis, 62 à 64. Son avénement; est proclamé à Saint-Denis; comment accueille l'envoyé de Dammartin; son sacre; il reçoit l'hommage lige du duc de Bourgogne et des autres feudataires; le duc le conjure de pardonner à ses ennemis; son portrait, 69 à 79. Son entrée à Paris; ses premiers actes de gouvernement; ses rapports avec Philippe, avec sa mère, ses oncles, Charolais, le comte de Foix et le duc de Bourgogne; ses exactions; insurrection qu'il punit sévèrement; il abolit la pragmatique sanction; comment cet acte est remis en vigueur; don que le roi fait à son frère; il tente d'enlever la duchesse douairière de Bretagne; son voyage au Midi, 80 à 103. Son traité avec le roi d'Aragon; médiateur entre lui et le roi de Castille; sa sentence arbitrale; son entrevue avec ce dernier prince; actes de son administration; ses négociations en faveur de ses cousins d'Anjou, 107 à 117. Faible secours qu'il donne à Marguerite, 120. Ses débats avec Philippe; il gagne de Croy; fait le traité d'Hesdin; son activité; sa politique; il enferme Dammartin à la Bastille; comment apprécié par de Commines; haine et défiance universelles qu'il inspire; Charles-le-Téméraire est le plus ardent de ses ennemis; intrigues qu'il pénètre; son entrevue avec le duc de Bourgogne et l'ambassadeur anglais; ouvertures qu'il fait à ce dernier; ses précautions contre le Téméraire et le duc Breton; ses débats avec ce dernier; sa trêve avec Edouard; projet dont il cherche à dissuader Philippe, 123 à 138. Son voyage en Flandre; le duc Bourguignon cède à ses instances; il perd sa mère; son retour à Paris; ses rapports avec la famille de Savoie; irritation des princes contre lui; alliances dont il s'assure au dehors; il reçoit l'hommage de Saint-Pol; ses négociations avec Philippe; il se justifie du projet d'enlever Charolais; assemblée qu'il convoque à Rouen; ambassade qu'il envoie à Lille; harangues de son chancelier; promesse de vengeance de Charles; ses griefs; son armement contre le duc de Bretagne, 140 à 155. Révolution de palais en Bourgogne fatale pour lui; ses reproches au duc d'Orléans; mort de ce prince; conjuration contre le roi sous prétexte *du bien public;* ambassade qu'il reçoit du duc de Bretagne; fuite et manifeste de son frère; forces de son parti; ses mesures militaires; ses succès; ses négociations; confédérés qu'il force à signer un armistice; bonne discipline de son armée, 158 à 171. Sa marche; il perd la bataille de Montlhéry, 173 à 178. Sa retraite; ses pertes; sa prudente politique; son séjour à Paris; pourquoi en sort; renfort qu'il y amène; secours qu'il reçoit; il signe le traité de Conflans; sa politique extérieure et intérieure avant cette transaction; il considère l'événement comme une leçon de politique; reçoit l'hommage des nouveaux feudataires; il disgracie les d'Anjous; comment s'assure du duc de Bourbon; ses conseils; priviléges de Paris qu'il confirme; ses promesses au duc de Calabre; il gagne le duc de Bretagne et enlève à son frère la Normandie; ses efforts pour prévenir une seconde ligue des princes; comment accueille les réclamations de son frère; ses mesures à l'égard de Charolois, 180 à 212. Inquiétudes qu'il lui donne, 214. Piége qu'il tend à son frère; ses rapports avec les ducs de Calabre et de Bretagne; par qui fait présider la commission des *réformateurs;* ses cruautés; personnages qu'il s'est attachés; il met en liberté Philippe de Bresse, 217 à 221. Il favorise les soulèvemens dans les Pays-Bas; il invite les princes à signaler les abus; arrêt qu'il obtient contre le duc de Bourgogne; ses efforts pour prévenir l'alliance de ses ennemis et d'Edouard IV; ses avances à Warwick; son ambassade en Angleterre; il se dispose à la guerre; missions qu'il donne au comte de Foix et au duc de Bourbon; il organise la milice de Paris; droit d'asile qu'il accorde à cette ville; il retarde les hostilités, 224 à 230. Est attaqué; ses hésitations; ses succès contre Alençon; ses négociations avec le Téméraire; leur traité; effets de son indécision; il demande la paix aux confédérés; ses concessions; ses motifs; il convoque les Etats-généraux; comment entend se servir du peuple; il ouvre l'assemblée; comment pose la question de l'apanage de son frère; comment la fait résoudre; il établit l'inamovibilité des fonctions judiciaires, 232 à 251. Il réduit le duc de Bretagne; signe le traité d'Ancenis; ses chances de succès contre le Téméraire; Dammartin l'excite à la guerre; il préfère négocier; d'où la faveur de Balue; supplices qu'il commande; est prisonnier à la suite de l'entrevue de Péronne, 253 à 272. Traité que lui impose Charles; il l'accompagne à Liége; exigence qu'il élude; promesse qu'il surprend au sujet de son frère; son impatience de rentrer en France; sa correspondance avec Dammartin; il fait entériner le traité de Péronne; il fait désarmer la frontière du Nord, 273 à 283. Entreprise dans laquelle il seconde la maison d'Anjou; sa rupture avec le roi d'Aragon; il découvre la trahison de d'Haraucourt et la Balue; les fait emprisonner; il donne la Guienne à son frère, et fait reduire les d'Armagnacs; ascendant qu'il prend sur son frère; mariage qu'il négocie pour lui, 284 à 295. Il fonde l'ordre de Saint-Michel; ses premiers chevaliers; le duc de Bretagne refuse d'en faire partie; il dissimule son mécontentement; puis force ce prince à la paix; sa bonne foi à observer le traité de Péronne; pourquoi n'accepte point en gage l'Alsace et le Brisgau; son alliance avec les Suisses; ses démêlés avec le pape au sujet de la Balue; ses rapports avec Marguerite d'Anjou et Warwick; naissance de son fils; il évite de se commettre avec le Téméraire, 296 à 308. Pourquoi désire la chute du roi d'Angleterre; d'où sa réputation odieuse; mauvaise foi des princes qui l'entourent; il recherche l'affection du peuple et ne l'obtient pas; pourquoi; sa législation libérale; heureux effets de l'inamovibilité des offices royaux; ses manifestations lors du triomphe de Warwick; il convoque les notables; expose ses griefs contre le duc de Bourgogne; est dégagé par cette assemblée des obligations du traité de Péronne, 311 à 321. Commence les hostilités; accusations honteuses qu'il échange avec Charles; son armée; sa méfiance; il signe la trêve d'Amiens, 326 à 332. Met des troupes sous les ordres de Marguerite d'Anjou, 337, 339. Comment se trouve isolé en Europe; fait délivrer de prison sa sœur de Savoie; ses ennemis intérieurs se multiplient; inconstance de son frère et du Breton; le comte de Foix gagné par ce dernier; le duc de Calabre gagné par Charles; obstacles qu'il met au mariage de ce prince avec Eléonore de Foix; sa duplicité à l'égard de cette famille; son traité avec le Téméraire; sa mauvaise foi; négociation incidente; troupes qu'il envoie dans le Midi, 341 à 351. Paix particulières qu'il fait avec Philippe de Bresse, avec Dulau; prières qu'il ordonne; espérance qu'il conçoit de la maladie de son frère; soupçonné d'empoisonnement, n'en témoigne pas de colère; prolonge les négociations jusqu'à la mort du prince; rompt avec le Bourguignon; saisit la Guienne; ses lieutenans; tâche qu'il se réserve;

trêve qu'il accorde au duc Breton; il s'attache Aydie et Commines; sa trêve avec le Téméraire, 352 à 376. Origine et nature de la féodalité contre laquelle il lutte; ses moyens dépravés comme ceux de ses rivaux; le plus redoutable lui laisse le champ libre; il écrase les moins puissans; ses infirmités arrêtent son activité, 377 à 381. Il fait juger d'Alençon; fait périr d'Armagnac; épargne Nemours; est maître du comté de Foix et de tout le Midi; ses revers en Roussillon; ses ménagemens pour le duc Breton; soucis que lui a donnés la famille d'Anjou; soupçonné de la mort du duc de Calabre; prend possession du duché de Bar; fait relâcher le duc de Lorraine; hérite du comté d'Eu; ses relations avec les Bourbons et les d'Orléans; mariages de ses filles; ses ennemis intérieurs morts ou rendus impuissans; le Téméraire seul encore à craindre; il le surveille; pourquoi négocie avec Saint-Pol; propose au Téméraire de se défaire de lui, 383 à 404. Encore accusé à la cour de Bourgogne au sujet de la mort de son frère, 406. Tentative d'empoisonnement qu'il punit; il suspend sa vengeance contre Saint-Pol; pourquoi n'éclate point contre le Bourguignon; ses auxiliaires; projet de ligue contre lui; comment accueille l'intervention du pape; d'où son désir d'éviter la guerre; insurrection à Bourges; ses rigueurs; négociation contre René d'Anjou et le Bourguignon qu'il découvre; il occupe Angers; fait ravager le Roussillon; apprend que la ligue est formée; sommation que lui fait faire Edouard; ses dispositions; il négocie avec le duc Breton, 409 à 426. Son alliance avec René II; il veut prolonger la trêve; ses lieutenans prennent Perpignan; il la fait dépeupler; signe une suspension d'armes avec l'Aragonais; envahit la Picardie; comment accueille le héraut d'Edouard; ce qu'il lui apprend, 429 à 432. Pourquoi redoute de livrer bataille; se sent haï; princes toujours prêts à l'accabler; succès de ses lieutenans, 434 à 437. Trêve qu'il signe avec Edouard; son portrait par Comi- nes; son humilité avec le roi anglais; sa libéralité à l'égard des soldats et des seigneurs anglais; confidences que lui font ces derniers; sa conversation avec l'émissaire de Saint-Pol; traités de paix et trêve qu'il signe, 441 à 454. Abandonne le duc de Lorraine; fait exécuter Saint-Pol, 456 à 460. Son alliance avec l'empereur et les Suisses; il se rend à Lyon, 462, 463. S'assure de la succession de la maison d'Anjou; fait rentrer dans son alliance le Milanais; la Savoie; fait arrêter le duc de Nemours et le maréchal de Rouhault; reçoit un envoyé de Charles, son débat avec le pape, 469 à 476. Prend possession de la Savoie; y fait reconduire sa sœur; donne asile au jeune duc; ses caresses aux Suisses; secours et subsides qu'il leur promet, 483 à 486. Dénonce à Charles, Campo-Basso, 490. Institution des postes; il apprend ainsi la bataille de Nancy; sa joie; ses mesures; ses prétextes; il saisit les deux Bourgognes; trésors dont il s'empare; concussions de ses lieutenans; ses succès en Picardie; son dessein d'agiter l'Artois et la Flandre; sur qui veut s'appuyer; pourquoi envoie Commines en Poitou; agens qu'il lui substitue au Nord; ambassade qu'il reçoit de Marie; il réclame la garde noble de sa vassale mineure; il obtient la remise de *la cité* d'Arras, 497 à 506. Ambassade qu'il reçoit des Etats de Flandre; il excite la fureur des Gantois, 508, 509. Succès de sa politique; sa sécurité du côté de l'Angleterre, de l'empire; ses rapports avec les princes d'Espagne; il fait la conquête de l'Artois; ses cruautés, éloignement de Marie de Bourgogne pour lui; comme elle accueille son envoyé, 511 à 519. Ses conquêtes en Hainaut et en Flandre; réaction contre lui en Franche-Comté; il laisse épouser l'héritière de Bourgogne par Maximilien; son armistice avec ce prince; il perd l'alliance de la Suisse; ses terreurs; son cœur haineux; il fait exécuter le duc de Nemours; ses rigueurs; son ordonnance sur les conspirations; ses ménagemens pour les personnages dénoncés par Nemours;

intrigue du Breton qu'il surprend; sermens mutuels qu'ils se prêtent; il dénonce les hostilités aux Bourguignons; son général; ses alliances; d'Amboise reprend la Bourgogne; pourquoi s'arrête, 519 à 544. Il signe une trêve d'un an; provinces qui lui restent; sa dévotion; prédicateur qu'il fait chasser; pourquoi rompt avec le pape; sa médiation offerte entre le pontife et les Florentins; son intervention dans le Milanais et en Savoie; il fait la paix avec l'Aragon, 552. Son influence sur Edouard; conseil qu'il lui donne; il prolonge leur trêve, 545 à 555. Il recommence la guerre avec Maximilien; solde des Suisses; fait la conquête de la Franche-Comté; institue un parlement de Bourgogne; il chasse la population d'Arras, 556 à 561. Ses mesures après la bataille de Guinegatte; il ne veut plus de prisonniers; son dégoût de la guerre; il se tient sur la défensive; caractère que prennent les hostilités; ses négociations; par qui entravées; traité que signe son ambassade auprès d'Edouard; ce qu'il évite de ratifier; sa trêve avec Maximilien; son désir de paix; son dépérissement; sa méfiance universelle; ses armées de mercenaires; sa méfiance de ses négociateurs; inquiétudes que lui donne la duchesse douairière de Bourgogne; il emploie l'intervention du pape; réception qu'il fait à son légat; il lui remet la Balue et d'Haraucourt, 565 à 581. Son influence en Savoie; il refuse la seigneurie de Gênes; ses rapports avec l'Espagne, l'Ecosse; droits successifs qu'il achète en Bretagne; ses rapports avec la Gueldre; ses luttes avec le duc de Bourbon; il recueille les successions du roi René et de Charles du Maine; réduit la Provence; fait condamner le comte du Perche; a maîtrisé toutes les résistances intérieures, 582 à 590. Il favorise le commerce; introduit la culture des mûriers; protége l'université; se déclare pour les réalistes; proscrit les nominaux; attire à Paris trois *imprimeurs* allemands; ses forces militaires; revenus publics; sa sombre monomanie; il éloigne sa femme; son fils; ses gardes; ses tourelles; ses intrigues; sa passion pour la chasse; il est attaqué d'apoplexie; son activité; ses ennemis se réveillent; Maximilien rompt la trêve, puis la renouvelle; le roi passe en revue, puis licencie son armée; ligue chrétienne qu'il propose contre les Turcs, 591 à 597. Il accueille l'appel de Chauvin; sa justice prévôtale; erreur de Tristan; nouvelles atteintes de son mal; ses confidens le vouent à saint Claude; calamités publiques; famine; contagion; son pèlerinage; il bénit le Dauphin; son lieutenant; ses libéralités, surtout envers son médecin; remèdes étranges qu'il emploie, 599 à 604. Sa joie à la mort de Marie de Bourgogne; ses démonstrations militaires; ses négociations pour la paix; il signe le traité d'Arras; laisse en paix le duc de Bretagne; son ascendant en Savoie, en Navarre; sa sécurité du côté de la Castille et de l'Aragon; état de la maison royale; ses instructions à son fils; serviteurs qu'il lui recommande; il compose pour lui *le Rosier des Guerres*; son ressentiment contre l'archevêque de Tours; ses mesures contre la disette; remontrances du parlement; courage de Lavacquerie; il lui cède; sa solitude au Plessis-lès-Tours; sa chasse aux souris; son luxe de toilette; *son compère Tristan*; ses ermites; reliques qu'il reçoit; sa négociation avec Bajazet II; il se fait sacrer de nouveau; ne peut recevoir la princesse d'Autriche; mission qu'il donne à Beaujeu; on lui annonce sa mort prochaine; ses derniers momens; appréciation de son règne; sa longévité; ses mœurs; ses rapports avec sa femme; sa famille; son aversion pour sa fille Jeanne; sa confiance en la dame de Beaujeu, 607 à 633. Ne laisse point de testament, 635. Actes de lui révoqués par sa fille 637. Affaiblissement du gouvernement, 640. Etats-généraux sous son règne, 643. Réaction contre ses ordonnances sur la chasse, 666, 667. Comment s'est ménagé l'entrée de l'Italie et s'est préparé à faire valoir ses prétentions sur Naples; XV, 137 à 139.

LOUIS XII, roi de France; caractère général de son règne; XIII, 3, 4. par qui tenu sur les fonts de baptême; XIV, 120. Perd son père à l'âge de deux ans; est déjà fiancé à Jeanne de France, 159, 160. Son mariage, 402. Son serment à l'égard du Dauphin; 614, 615. Exclu des affaires par sa jeunesse, 635. Grâce qu'il obtient pour sa famille, 638. La confiscation de Ledaim lui est donnée, 641. Assiste aux Etats-généraux, 645. Son parti dans cette assemblée, 648. Ministère qu'il fait désigner; son parti battu, 652 à 665. Discussions auxquelles il prend part, 675. Bureaux dont il est exclu, 678. Comment donne prise à la dame de Beaujeu; son voyage en Bretagne; à quoi excité par Landois; il assiste au sacre; ascendant qu'il prend sur le roi; la princesse les sépare; il intrigue pour ressaisir le pouvoir; il s'adresse au parlement, à l'université; Anne veut le faire enlever; sa fuite; sa soumission; son retour; il assiste au lit de justice de Rouen; se dispose à la guerre civile; cherche des appuis à l'étranger; XV, 2 à 16, 19. Ses ligues; ses échecs; ses partisans; sa fuite en Bretagne; désir du roi de le rejoindre, 22, 25, 28 à 36. La noblesse de Bretagne veut le faire expulser; son embarras, 40, 41. Sa prétendue passion pour Anne de Bretagne; lit de justice où il est sommé à comparaître, 47 à 50. Ses débats avec d'Albret; il perd la bataille de Saint-Aubin du Cormier; est prisonnier, 54 à 56. Sa terreur; sa captivité, 60, 61. D'Angoulême intercède pour lui, 76, 96. Ce que le traité de Francfort stipule en sa faveur; délivré par le roi; réconcilié avec les Bourbons; dénoûment qu'il prépare à ces troubles, 100 à 103 et suiv. Présent aux fiançailles du roi, 106. Partage ses plaisirs chevaleresques, 112. Il garantit la paix de Senlis, 134. Propriétaire d'Asti, a l'entrée de l'Italie, 138, 139. Part pour Gênes, 155. Remporte la victoire de Rapallo; sa maladie; il rejoint le roi à Asti, 159 à 163. Reste en cette ville; ses partisans l'engagent à s'emparer du Milanais, 167, 168, 181. Ses hostilités contre le Maure, 199, 200. Avertissemens que lui donne Com-

mines, 204. Surprend Novarre; y est renfermé, 210, 211. Presse le roi de le délivrer; est dégagé par le traité de Verceil, 220 à 222. Sa joie à la mort du fils du roi; ressentiment de la reine, 242. Inquiétudes qu'il donne à Sforza, 246. Pourquoi ne rentre pas en Italie, 248. Son entrevue avec Bourbon; pourquoi renvoyé à Amboise, 256. Son avénement; il s'occupe des obsèques de Charles; son sacre; son économie privée; sa bienveillance pour les serviteurs du feu roi; son principal confident; charges dont il dispose; création du grand conseil; sa lutte avec l'université; son divorce; il épouse la veuve de Charles, 261 et suiv., 265 à 279. Ses mesures financières; son entrée à Paris; il réforme la justice; remet en vigueur la pragmatique sanction; accorde au duc de Bourbon l'hérédité de ses fiefs pour sa fille; fait examiner les droits du duc de Lorraine sur Naples et la Provence; hostilités de Maximilien en Bourgogne; il renouvelle avec lui la paix; reçoit l'hommage de Philippe, son fils; confirme les traités avec l'Angleterre; ses plaisirs; ordre et économie qu'il y apporte; sa résolution de conquérir le Milanais; ses conventions avec les rois d'Espagne; il se ligue contre le Maure avec les Vénitiens et les Suisses; son épargne; offices qu'il vend; maladie contagieuse qui l'inquiète; il rejoint à Lyon son armée; ses lieutenans; il leur fait passer les Alpes; son traité avec Philibert II de Savoie, 280 à 291. Ses rapides conquêtes; naissance de sa fille; son retour en France; vertus de ses ministres; son désir du bien du royaume; il ambitionne le titre de père du peuple; il ne réalise pas les espérances des Milanais; ses exactions; sa dureté envers Florence; son alliance avec les Borgia, 295 à 305, 331, 332. Il apprend le soulèvement du duché de Milan; lieutenans qu'il y envoie, 308. Lui-même se porte à Lyon, 312. Ses rigueurs envers les Sforza et Louis-le-Maure, 321, 322. Ses engagemens envers les Florentins à l'égard de Pise, 325. Ses négociations; sa confiance en Georges d'Amboise; son voyage; son traité de Grenade; perfidie de ses moyens d'exécution; leur inopportunité; son ascendant en Italie; offres que lui fait le roi de Naples; il rassemble son armée, 332 à 338. Ses troupes prennent possession des états de Frédéric; soumission de ce prince, 340 à 346. Accueil qu'il lui fait en France, 348. Vice-roi qu'il envoie à Naples, 355. Il n'augmente point les tailles; caractère de ses ordonnances; il institue les parlemens de Rouen et de Provence; sa tolérance religieuse; projet de mariage de sa fille avec Charles-Quint; son désir d'obtenir de Maximilien l'investiture du Milanais, 361 à 367. Incursion de Suisses qu'il combat; son traité avec eux; il leur cède Bellinzona; son traité avec Maximilien; il accueille Philippe d'Autriche; leur serment; ses fêtes; son luxe; il favorise le mariage de Ladislas de Hongrie; son voyage à Paris; son ministre réforme les ordres religieux; son affabilité; sa vengeance à l'égard de Jean Standone; son alliance avec le roi de Navarre; sa rupture avec le duc de Savoie; il entre en Italie; par qui accueilli; pourquoi rappelé; la guerre éclate entre les Espagnols et le vice-roi de Naples; renfort qu'il fait passer à ce dernier, 370 à 383. Son indignation contre les Borgia; leur traité; leurs rapports; son entrée à Gênes; son attachement pour Tommasina Spinola; il protège les Florentins, 388 à 398. Sa convention avec Philippe; pourquoi éludée par Ferdinand; sa colère; ses apprêts d'une attaque générale, 405 à 410. Sa honteuse négociation avec Borgia, 412. Ses mesures pour l'approvisionnement de l'armée, 419. Sa situation précaire en Italie, 425. Sa trêve avec Ferdinand; il lui abandonne les Deux-Siciles; est dégoûté des guerres d'Italie; son projet de rétablir Frédéric; mort de ce prince; il signe les traités de Blois; affaiblissement de sa santé; douleur publique; précautions inverses que prennent la reine et Gié; il fait poursuivre et condamner le maréchal; reçoit l'investiture du Milanais; confirme le traité avec l'empereur; ses rapports avec Philippe, 427 à 443.

Ferdinand épouse sa nièce; leurs conventions; il veut dissuader Philippe de passer en Espagne; sa résolution de marier Claude à François; son testament, 445 à 448. Fait demander cette union par les Etats-généraux; fiançailles des futurs époux, 451 à 457. Princes des Pays-Bas qu'il rattache à son alliance; il secourt le duc de Gueldre; sa générosité à la mort de Philippe, 460 à 462. Sa santé chancelante, 465. Il favorise à contre-cœur les places de Jules II; ses rapports avec Gênes, 469 à 473. Il réduit cette ville; la punit; fait son entrée à Milan; déjoue les plans belliqueux de Maximilien; ne peut avoir une entrevue avec Jules; est complimenté par lui; sa conférence à Savonne avec Ferdinand; admiration qu'il témoigne à Gonsalve, 475 à 481. Il fait attaquer les Pays-Bas; ses projets sur Venise; trêve qu'il signe; ses transactions extérieures; ses alliances le présentent sous un jour désavantageux; sa politique naturelle à l'égard des empereurs allemands et des Espagnols; par quelle aberration il les introduit en Italie; proposition qu'il fait à la gouvernante des Pays-Bas pour arriver à la paix; son entrevue à Rouen avec son ministre; son dessein de remplacer les d'Albrets en Navarre par Gaston de Foix; questions qu'il néglige; différends réglés avec Maximilien; ligue de Cambrai contre Venise, 483 à 502. Il passe en Italie; gagne la bataille d'Agnadel; ses conquêtes; ses cruautés; sa loyauté à l'égard de Maximilien; secours qu'il lui laisse; son retour, 507 à 517. Conseillers qu'il a laissés à la reine; princes qui l'ont suivi; sa résidence à Blois; ses voyages; ses ordonnances; il prescrit de rédiger les coutumes; fruits qu'il recueille de la ligue de Cambrai; ressentiment du pape contre lui; leur traité de Biagrasso; il apprend la réconciliation de l'Eglise et des Vénitiens, 519 à 525. Son traité avec Henri VIII; sa haine envers les peuples libres; s'est fait un ennemi de Schisnner, évêque de Sion; manque l'alliance des Suisses; la remplace par celle des Valaisans et Grisons; perd son premier ministre;

veut gouverner par lui-même ; son incapacité ; sa méfiance de Jules II ; il resserre son alliance avec Maximilien, 528 à 533, 537, 551. Surprise que lui cause l'audace de Jules II, 559. Insurrection que le pontife prépare à Gênes ; elle échoue, 541. Le roi se fait autoriser par l'assemblée du clergé à lui faire la guerre, 543 à 545. Ordonne à Chaumont de l'attaquer, 551. Congrès qu'il convient d'ouvrir à Mantoue, 553, 555. Ses Etats provinciaux ; son parlement ; son clergé ; la reine le presse de faire la paix ; ses concessions ; comment s'apprête à combattre Jules ; concile qu'il convoque à Lyon ; méfiance que lui inspire Marguerite, 557 à 569. Arrête Trivulzio vainqueur ; licencie son armée ; embarras que lui donne Maximilien ; ils convoquent le concile de Pise ; le pape leur oppose le concile de Saint-Jean de Latran, et proclame contre eux la ligue sainte ; mesures que prend Louis ; invasion des Suisses qu'il détourne, 571 à 579. Trompé par Henri VIII ; son traité avec le roi de Navarre ; vaines promesses que lui fait Maximilien qui l'abandonne ; presse Gaston de livrer bataille, 585 à 590. Soustrait le royaume à l'obéissance de Jules ; lui fait de vaines avances ; mécontentement des Suisses contre lui ; il perd l'Italie ; est abandonné par ses alliés ; attaqué sur toutes les frontières ; qui envoie au midi, 595 à 604. Ses revers ; situation de l'intérieur ; son salut vient de la division de ses ennemis, 606 et suiv. Ouvertures secrètes que lui font Ferdinand et les Vénitiens ; sa répugnance pour s'allier à ces derniers ; négociations diverses ; neutralité de l'Ecosse entre Henri VIII et lui ; inimitié dont la mort de Jules le délivre, 611 à 618. Son désir de se réconcilier avec le saint-siège ; sa prédilection pour Maximilien ; son traité avec les Vénitiens ; sa trêve avec Ferdinand ; perfidie de ce prince ; par qui Louis fait envahir le Milanais, 620 à 627 et suiv. Pourquoi rappelle son armée vaincue à Novarre ; inquiété sur toutes ses frontières ; se met en défense ; épuisement de son trésor ; ses expédiens ; succès de sa flotte, 634 à 638. Défend à l'armée de Picardie de livrer bataille, 640. Ses mesures après la défaite de Guinegatte ; ressentiment des Suisses contre lui, 644, 645. Son indignation en recevant le traité de Dijon ; ses explications avec La Trémoille ; il ne ratifie pas ses conventions ; fidélité de Tournai à son égard ; sa réconciliation avec l'Eglise ; trêves qu'il signe ; il perd ses derniers postes en Italie ; mort de la reine ; empire qu'elle a eu sur lui ; il fait célébrer le mariage de sa fille ; partis qu'on lui propose ; ses démonstrations contre l'Anglais ; ses négociations ; son mariage avec Marie d'Angleterre ; sa mort, 651 à 670 ; XVI, 1. Sa parcimonie, 9. Education qu'il a donnée à son successeur, 11.

LOUIS XIII, roi de France ; sa naissance ; XXII, 62. Projet de lui faire épouser une princesse de Lorraine, 150. Son avènement, 185. Son entrevue avec Sully ; il confirme sa mère dans la régence, 197, 198. Intrigues de la cour d'Espagne pour lui substituer Condé, 224. Mariage que l'ambassadeur de cette cour propose pour lui, 230. Son sacre, 231. Première assemblée de Huguenots sous son règne, 241. Il monte à cheval contre la faction des princes ; préside les Etats de Bretagne ; son retour à Paris ; sa déclaration de majorité ; il annonce l'assemblée prochaine des Etats-généraux ; son caractère ; son besoin d'être dominé ; sa prédilection pour le grand prieur ; Luynes lui est présenté, 279, 288 à 296. Il fait l'ouverture des Etats, 300. Vœux de la noblesse et du clergé sur la vénalité des charges ; sur les impôts ; demandes du tiers sur les tailles et pensions, 302 à 304. Députation qu'il reçoit du tiers, 307. Chambre que les trois ordres lui proposent d'instituer pour poursuivre les financiers, 313 et suiv. Le tiers veut déclarer la puissance royale indépendante de tout autre pouvoir, 317. Différend dont il évoque le jugement, 322. Les cahiers des Etats lui sont remis en séance royale, 332. Son départ pour la frontière d'Espagne, 343, 344. Il déclare Condé et ses adhérens criminels de lèse-majesté ; maladie de sa mère, 346. Son mariage, 255, 262, 351. Par qui représenté aux conférences de Loudun, 355. Son entrée à Paris ; ses goûts enfantins ; il laisse le gouvernement à sa mère, 363, 364. Conseils que lui donne Sully, 373. Explique, en un lit de justice, l'arrestation de Condé ; reçoit en grâce les princes de la cabale ; changemens qu'il fait dans le ministère, 381 à 384. Fait réduire les chefs de la cabale ; fait tuer Concini ; est surnommé le Juste ; son acte de pardon, 390 à 401. Son entrevue avec sa mère qu'il exile ; sa dureté pour elle, 402 à 404. Comment dispose des biens de Concini ; sa méfiance de sa mère ; ses amusemens frivoles ; son ministère ; marche facile des affaires ; bon accueil qu'il fait aux Huguenots ; il rétablit en Béarn le culte catholique, 410 à 415. Intervient dans l'affaire de Savoie, 418 et suiv. Vanité qu'il en tire ; il convoque les notables à Rouen ; travaux de cette assemblée ; Luynes craint qu'il ne se rapproche de sa mère ; ses remontrances à d'Epernon ; sa froideur pour la reine ; agaceries que lui fait la dame de Luynes ; lettres que lui écrit sa mère ; son peu d'égards pour elle ; comment humilie La Force ; difficultés de l'affaire de Béarn, 425 à 435, 448. Attention qu'il porte à la guerre de trente ans ; seigneurs qui s'emploient à le réconcilier avec sa mère ; rigueurs de Luynes, 447 à 449. Ses hostilités ; sa paix avec d'Epernon ; gouvernement qu'il donne à Marie, 451 à 454. Faveurs qu'il distribue ; il délivre Condé ; Ses discussions avec l'assemblée des Huguenots, 456 à 459. Comment offense le parlement, 461. Prend les armes contre le parti de sa mère ; sa passion pour la guerre ; ses succès ; il renouvelle la paix, 463 à 465. L'empereur demande son secours ; il engage les princes allemands à rester neutres entre lui et l'électeur palatin ; traité d'Ulm que font signer ses ambassadeurs, 471 à 473. Rappelle ceux-ci ; soumet le Béarn ; ses hostilités contre les Huguenots ; ses succès ; il se fatigue de Luynes ; résistance qu'il éprouve au siége de Montauban ; sa retraite ; sa jalousie à l'égard de la dame de Luynes ; ; il ne regrette pas le connétable, 475 à 494. Ses idées d'absolutisme ; comment entouré à la mort de Luynes ; ordonne à sa veuve de quitter la cour ; rappelle Jeannin et Sillery ; fait entrer sa mère au conseil ; recommence la guerre ; cruautés de cette campagne ; dévotion de ses courtisans ; ses opérations ; grâces et emplois qu'il distribue ; il fait la paix ; son ministère ; il s'oppose secrètement à la promotion de Richelieu au cardinalat ; son voyage en Dauphiné ; ses violations du traité de Montpellier ; sa rentrée à Paris ; son attention attirée par l'occupation de la Valteline, 496 à 518 et suiv. Son traité à ce sujet avec Venise et la Savoie, 527 à 529. Richelieu est appelé par lui au conseil ; il disgracie la Vieuville, 534 et suiv. Son nouveau ministre lui expose ses vues à l'égard de la maison d'Autriche ; sa sœur épouse le prince de Galles, 542 à 548. Son éloignement pour la reine, 558. Il renvoie les plaintes du pape à Richelieu, 566. Interdit le commerce avec l'Espagne, 569. Saisie qu'il ordonne contre les Génois, 571. Sa froideur avec Charles Ier, 572. L'Espagne veut l'engager contre les Huguenots, 577. Son ministre complique les affaires pour les lui rendre insupportables ; son portrait ; son aversion pour sa femme ; comment choisit ses favoris ; sa lâcheté de cœur ; ses trois nouveaux amis ; leur complot contre Richelieu ; il entrave d'abord puis résout le mariage de son frère ; fait arrêter Ornano ; met la maison du cardinal en état de défense ; punit les conspirateurs ; humilie la reine ; XXIII, 1 à 23. Fait l'ouverture de l'assemblée des notables, 29. Ses débats avec l'Angleterre ; pourquoi refuse de recevoir Buckingham ; traité avec l'Espagne qu'il ratifie ; 37 à 43. Il sévit contre les duellistes et raille ceux qui ne se battent pas, 45, 46. Marche contre les Rochellois ; sa maladie ; sa bravoure, 49 et suiv. Son ennui ; son retour à la cour ; brouilleries qu'il y excite ; il revient au camp ; 58 à 61. Se loge au quartier de Bassompierre, 73. Sa dureté, 75, 76. Ses troupes entrent dans la place, 78. Son retour à Paris ; position que lui donne la prise de la Rochelle ; Richelieu le subjugue en faisant la guerre, 80 à 82. Soutient les prétentions du duc de Nevers sur Mantoue, 87. Le cardinal le décide à passer en Italie; il donne la régence à sa mère; pourquoi prend la route de Champagne; son entrevue avec Condé; il force le pas de Suse; traite avec le duc de Savoie, 93 à 107. Le cardinal le ramène en France; il se charge de poursuivre Rohan; il détruit Privas; entre dans les Cévennes; reçoit en grâce les chefs du parti, 110 à 116. Son départ pour Paris; est rejoint par le cardinal, 118. Il réconcilie ce dernier avec sa mère, 120. La peste l'empêche de se mettre à la tête de l'armée, 133. Il entre en Savoie, 139, 142. Son alliance avec Victor-Amédée, 150. Sa maladie; soins dont il est entouré; il promet la disgrâce du cardinal; lui laisse le pouvoir, 152 à 157. Richelieu l'emmène à Compiègne; faiblesse de sa santé; il sépare la reine de sa mère; marche contre son frère, 161, 162. Arrêt du parlement qu'il déchire, 165. Son activité sans fruit; mémoires que lui présente Richelieu; sa maladie habituelle; son traité avec l'empereur, 167 à 170, 172. Pourquoi le cardinal l'emmène à l'armée de Champagne; ses opérations; son entrevue et son traité avec le duc de Lorraine, 179 à 182. Ses rigueurs à l'égard du parlement, 185, 186. Il entre en Lorraine; réduit le duc, 195 à 197. Fait déclarer rebelles les partisans de son frère; marche contre lui, 204, 205. Son traité, ses rapports avec Gaston; il fait exécuter Montmorency; il raffermit le pouvoir de son ministre, 210 à 217, 241, 250 et suiv., 307, 311, 312. Il prend possession de Nancy; Richelieu l'excite contre les deux reines; ordre qu'il donne à d'Epernon; lit de justice qu'il tient, 226 à 230 et suiv. Rompt avec l'Espagne, 263. Oxenstiern lui est présenté, 266. Il reprend Saint-Mihiel; donne l'Alsace à Weymar, 273, 274. On lui reproche de n'employer que des Huguenots; il repousse les instances de sa mère pour rentrer en France; ses fêtes, 282 à 284. Il disgracie Saint-Simon, 288. Son injonction au parlement, 292. Il reprend Corbie, 294, 296. Richelieu lui donne le Palais-Royal, 314. Ses amours avec les demoiselles d'Hauteford et de Lafayette; intrigues de jésuites auxquelles cette dernière passion donne lieu, 160, 328 à 330. Il pardonne à la reine; met le royaume sous la protection de la vierge Marie; la grossesse de sa femme est annoncée, 332 à 336. Se rend à la frontière de Picardie; fait emprisonner Jean de Werth, 338 à 340. Sa santé chancelante; naissance de son fils, 349 à 351. Sa haine des Espagnols; empire absolu que son ministre exerce sur lui; son peu de scrupule à l'égard de Venise, 356 à 358. Sa participation au congrès de Cologne, 360. Offres d'amitié que lui fait sa mère, sa réponse, 362, 368. Par qui fait juger Lavalette, 366. Commandement que le cardinal lui destine, 369, 390. Son entrevue avec sa sœur de Savoie, 386, 387. Ses opérations; il entre à Hesdin par la brèche, 391, 392. Soulèvement qu'il fait réprimer et punir en Normandie, 395 à 398. Cinq-Mars devient son favori; il le fait grand écuyer; disgracie Mlle d'Hauteford, 401 à 404. Traité avec les Catalans qu'il accepte, 417, 467. Marche sur l'Artois; prend Arras, 421 à 426. Tristesse de sa famille; ses fêtes forcées; son *joujou*; lit de justice qu'il tient; il réclame le pouvoir absolu; discours que lui adresse Talon; il est comparé à la divinité, 433 à 440. Son traité avec le duc de Lorraine; sa rigueur à l'égard de Vendôme, 442 à 444. Sa déclaration contre les conspirateurs de Sédan, 452. Apprend la mort du comte de Soissons; reçoit Bouillon en grâce; sa détermination de ne jamais se séparer du cardinal; opérations qu'il surveille, 457 à 460 et suiv. Donne au prince de Monaco le duché de Valentinois, 473. Sa tristesse; Cinq-Mars seul l'en distrait, 480 à 482. Conspiration de ce dernier, 484 à 494. Maladie de sa mère; lui-même est en danger de mort; grâces qu'il distribue; il part pour le Midi; il nomme Guébriant maréchal; ne voyage pas avec le cardinal; n'écoute que Cinq-Mars; fait la conquête du Roussillon; son mécontentement contre le favori, 494 à 501. Sa rechute; le complot lui est dévoilé,

503 et suiv. Son retour; il se met en communication avec Richelieu; leur entrevue; aveux de son frère; son arrivée à Fontainebleau; il prend le deuil de sa mère; dépose contre Cinq-Mars; son mot pendant l'exécution, 505 à 516. Explications qu'il demande à Beaufort, 517. Son dépérissement; comment a accueilli la proposition de tuer le cardinal; vengeance qu'il lui refuse; sa déclaration contre son frère, 521 à 525. Ne regrette point Richelieu; appelle Mazarin au conseil; fait faire au cardinal de magnifiques obsèques; rigueurs dont l'opinion veut qu'il élude la solidarité, 527 à 529. Elles sont dans son caractère, 531. Grâces qu'il accorde; à quelle considération, 533, 534. Ses crises; zèle pour la reine qu'il punit; assemblée qu'il convoque dans sa chambre; il règle la régence et la composition du conseil; baptême de son fils; reçoit l'extrême onction; sa mort, 536 à 545. Ses derniers ordres oubliés, XXIV, 1 et suiv. Opérations militaires au moment de sa mort, 38, 39. Ses engagemens envers les Catalans, 181.

LOUIS XIV, roi de France; sa naissance; XXIII, 350. Mesures que prend son père pour sa minorité, 538, 539. Son baptême, 542. Son avénement; XXIV, 1 et suiv. Sa mère l'amène à Paris, 9, 10. Se rend au parlement, 13. Ses rapports avec la reine, 35 et suiv. Ses lits de justice, 60, 193 et suiv., 210. Médailles frappées à l'occasion des conquêtes de ses armées, 70, 92. Edits bursaux enregistrés en sa présence au parlement, 98, 99. A qui son éducation est confiée, 110, 111. Son exclamation à la victoire de Lens, 212. Ses voyages, 223, 230, 240, 276, 316, 332 à 335, 344. Hostilité du parlement de Bordeaux, 345. Comment accueille les remontrances du parlement de Paris, 362, 436. Sa mère veut l'enlever, 367. Elle le fait voir aux capitaines de la bourgeoisie, 368. Sa rencontre avec Condé, 381. Sa mère lui remet le pouvoir; il annonce sa majorité au parlement; ses déclarations en faveur de Condé et contre Mazarin, 392 à 395. Il part pour l'armée, 404. Personnages qu'il déclare rebelles, 407. Il marche avec Turenne, 436 et suiv. Sa correspondance avec le parlement, 443, 445, 449. Est témoin du combat du faubourg Saint-Antoine, 452. Est réputé captif de Mazarin, 464. Le fait partir; sa rentrée à Paris; son amnistie; ses mesures contre les factieux, 468 à 476. Phase monotone de son règne qui commence; il va au-devant du cardinal, 479, 480. La Guienne et le Midi se soumettent à son autorité, 483 à 486. Il assiége Sainte-Menehould, 494 et suiv. Les mécontens paralysés, 497. Son valet de chambre renvoyé par Mazarin, 499. Préside la séance royale des pairs juges de Condé; entre au parlement le fouet à la main; lui défend de s'assembler extraordinairement, 500 à 502. Son sacre, 507, 508. Il paraît au siége de Stenay, 510. Ses fêtes; son amour pour Olympe Mancini, 515, 516. Opérations de guerre qu'il fait; avances de Condé qu'il repousse; sa transaction avec Hocquincourt, 520 à 524. Deux de ses vaisseaux conduits en Hollande, 528. Exemple que lui donne le duc de Savoie, 530. Rentre en campagne, 534. Son oncle reparaît à sa cour, 539. Comment Mazarin le domine, 542, 543. Occasions qu'il a de déployer son faste, 545 à 547. S'oppose en vain à l'élection de Léopold 1er, 548. Oubli qu'il fait du droit des rois; son alliance avec Cromwell, 551. Est au siége de Montmédy, 553. Sa réconciliation avec Mademoiselle, 557. Ses amours avec Mlle de La Motte, avec Marie Mancini, 560. Ses fêtes auxquelles assiste Christine de Suède, 563. Son séjour à Mardick, 568. Sa maladie, 570 et suiv. Projets de le marier; ses amours, 575 à 578, 582, 583. Son voyage en Provence; il accueille Condé; perd son oncle; entre à Marseille; prend possession d'Orange; retourne aux Pyrénées; rejoint la cour d'Espagne; son mariage; son entrée à Paris, 585 à 597. Passion du jeu que le cardinal lui inspire; il refuse la fortune de ce ministre; derniers conseils de celui-ci, 599 et suiv. Sa déférence pour lui; ses sentimens à sa mort;

son caractère; son éducation; il annonce le dessein de gouverner lui-même; son énergie; sa constance; ses habitudes; ses rapports avec ses ministres; service que lui rend Colbert; il dissimule sa méfiance de Fouquet; zèle et habileté de Letellier et de Lionne; son conseil de conscience; XXV, 1 à 15. Son inclination pour La Vallière; il contraint sa cousine à se marier; naissance de son fils; son hostilité envers l'Espagne; il secourt les Portugais; les fait seconder par l'Angleterre; fait céder la préséance à son ambassadeur par le cabinet de Madrid; fait arrêter Fouquet; comment le remplace; chambre de justice qu'il institue; chevaliers du Saint-Esprit qu'il nomme; ses carrousels; but qu'il leur donne, 16 à 32. Ses amours révélées à la reine; sa colère; ses négociations avec le duc de Lorraine; il exile Mademoiselle; envoie Schomberg en Portugal; ses négociations; il achète Dunkerque à Charles II; ses ministres centralisent l'administration entre ses mains, 33 à 41. Ses convictions religieuses; il pourvoit à l'archevêché de Paris; ses débats avec la cour de Rome; satisfaction qu'il demande; ses apprêts de guerre; la réunion d'Avignon à la France est prononcée, 44 à 50. Ses accès de sensibilité pour les deux reines; publicité de ses amours, 52, 53, 60 et suiv. Il force le duc de Lorraine à lui livrer Marsal, et le pape à signer la paix, 54 et suiv. Accueil qu'il fait aux cardinaux Chigi et Impériali, 59. Secourt l'empereur; son mécontentement contre ce prince; question d'étiquette qu'il tranche; son acharnement contre Fouquet, 68 à 70. Il aggrave la peine; son ressentiment contre d'Ormesson, 74, 75. Autorise les violences contre Port-Royal; se dispose à tirer parti de la mort du roi d'Espagne; maladie de sa mère; ce qu'il fait pour Navailles; *grands jours* qu'il fait tenir; bulle contre le jansénisme qu'il obtient et fait enregistrer; mandemens qu'il casse; ses fêtes; mort de la reine-mère, 80 à 90. Son activité; ses passions; son despotisme; son orgueil; période de prospérité; rumeur du parlement qu'il apaise; sa déférence pour Turenne; il réforme l'armée; secondé par Louvois; empire de Lyonne sur lui; comment justifié, 91 à 99. Il revendique les Pays-Bas; futilité de ses titres; méfiance qu'il excite en Hollande, 100 à 102. Ses rapports avec ce pays et l'Angleterre; flottes qu'il met en mer; troupes qu'il veut envoyer en Pologne; de Witt refuse le passage; sa politique ambiguë; ligue qu'elle détermine; ses craintes; il entrave la paix, 107 à 116. Ses libéralités aux lettrés, aux savans, aux artistes; académies qu'il fonde; autres établissemens; ses doubles négociations; son traité avec Charles; il signe la paix de Bréda, 117 à 122. Ses conquêtes; inquiétudes qu'elles excitent; il accepte la médiation des Etats-généraux; assiste à la prise de Lille; revient à Saint-Germain et négocie, 122 à 133. Il réforme la législation civile et religieuse; ses idées sur sa prérogative; il apaise la querelle de Port-Royal; de Witt veut le forcer à la paix; il fait la conquête de la Franche-Comté, 134 à 145 et suiv. Récompense Condé; fait la paix d'Aix-la-Chapelle; son caractère révélé à l'Europe; ses empiétemens en Belgique; citadelles qu'il fait bâtir; malveillance universelle à son égard; comment prétend la combattre; son despotisme intérieur; éclat de sa cour; à qui doit la gloire de ses armes et de la littérature de son temps; il ne souffre aucune indépendance d'esprit; ses projets d'extirper l'hérésie; ses moyens de séduction sur les Huguenots; lois spéciales rendues contre ceux-ci, 150 à 169. Ses nouvelles amours; faveur de Mme de Montespan; il récompense ceux qui l'aident dans ses galanteries; disgracie ceux qui le blâment; complaisance de ses confesseurs; enchaînement de fêtes à sa cour; ses débats avec son frère; exil du chevalier de Lorraine; ligue qui garantit les états du roi d'Espagne, allié de Louis; ses intrigues diplomatiques, 170 à 179. Débats de son ambassadeur à Constantinople; il fait secourir Candie; ses prodigalités; sommes que lui coûte sa diplomatie; il gagne Charles Stuart à prix d'argent; ses exactions; son code forestier; son ordonnance criminelle; son influence à Rome; mission qu'il confie à sa belle-sœur, 180 à 188. Est témoin de l'agonie de cette princesse; il interroge son maître d'hôtel, 190 et suiv. Son traité avec Charles Stuart; ce qu'il propose à Mademoiselle; son débat avec Lauzun, dont le mariage est empêché, 195 à 200 et suiv. Sa haine contre les Hollandais; il s'empare de la Lorraine; ses apprêts de guerre; ses alliances; succès de sa diplomatie près de l'empereur; par qui remplace Lyonne; sa visite à Chantilly, 205 à 216. Brouilleries de ses maîtresses; de ses ministres; mort de son second fils; il fonde les Invalides; ses dépenses, 217 à 219, 308. Il accepte le titre de protecteur de l'académie; son nouveau chancelier; il persécute les Huguenots; son armée contre la Hollande; parallèle entre ses forces et celles de cette puissance, 220 à 225 et suiv. Il repousse ses avances; il déclare la guerre; ses généraux; poste qu'il donne à Turenne; maréchaux qu'il disgracie; ses premières opérations; secret dont il enveloppe ses plans, 230 à 239. Il passe le Rhin; conditions qu'il fait aux vaincus; suite de ses conquêtes, 242 à 245. Son retour à la cour; il repousse la paix; coalition contre lui; ses dispositions; ses inquiétudes pour Charleroi; il donne carte blanche à Turenne; sa prédilection pour Louvois; l'alliance anglaise est près de lui échapper; il aggrave les impôts; ôte aux parlemens le droit de remontrance; sa campagne en Belgique; il se rend en Lorraine, 250 à 263. Forcé d'évacuer la Hollande; ennemis qui se déclarent contre lui; alliés qui l'abandonnent; son isolement; reprend la Franche-Comté, 268 à 275. Renforce Turenne, 285. Près de disgracier Louvois, 293. Ses regrets à la mort de Turenne, 299. A qui confie son armée; promotions qu'il fait; publicité de ses amours avec Mme de Montespan; son jeu; ses enfans légitimés; institutrice qu'il leur donne; faveur naissante de celle-ci, 301 à 308. Emprunt qu'il fait; provinces qu'il soumet à *la régale*; opposition qu'il éprouve; soulèvemens causés par les impôts; diversions qu'il prépare contre les coalisés, 310 à 320. Son inaction en Flandre, 324. Il nomme Schomberg maréchal, 329. La souveraineté de la Sicile lui est offerte; il y envoie un vice-roi; nomme Duquesne lieutenant-général, 331 à 334. Sa campagne de Flandre, 337 à 339. Echecs de sa diplomatie; son désir de la paix; ses négociations; il prend Valenciennes, Cambrai, Saint-Omer; sa jalousie envers son frère; armée que lui opposent les alliés, 341 à 350. Il récompense Louvois; enthousiasme qu'il inspire; son enivrement; ses historiographes; direction qu'il donne au congrès de Nimègue; ses querelles d'étiquette; pourquoi se détermine à une nouvelle campagne; il prend Gand et Ypres; presse la conclusion de la paix; ses prétentions; ses concessions; conditions qu'il souscrit, 356 à 373. Ses ratifications; villes qu'il acquiert; il perd la Sicile; alliés, ennemis qui lui restent; opérations de ses armées; il force l'empereur et les princes du Nord à la paix; ses profusions; situation du royaume; mariage de sa nièce, de son fils et d'une de ses filles; sa dévotion; Mme de Maintenon se fait son mentor; scrupules qu'elle lui inspire; son inconstance, 375 à 400. Il fait évader la comtesse de Soissons, 404. Disgracie Pomponne; le remplace par Colbert de Croissy; places qu'il visite, fortifie ou fait bâtir; chambres de *réunion* qu'il institue; territoires qu'elles lui adjugent; il s'empare de Strasbourg; il entre à main armée dans le Luxembourg; bâtit Versailles; brave le mécontentement de l'Europe, 408 à 413. Son dévouement aux jésuites; ses mesures contre les jansénistes, les Huguenots, les mystiques, 414 à 419, 431, 432, 439, 486 et suiv. Ses démêlés avec le pape; il fait enregistrer les quatre propositions du clergé de France, 421 à 430, 485 et suiv. Ses intrigues en Italie; Casal lui est livrée; il fait châtier les Barbaresques, 433 à 437. Suite de ses usurpations; son despotisme; naissance de son petit-fils; faveurs qu'il accorde à ses fils légitimés; ses rapports avec la reine; elle meurt; son goût pour M*me* de Maintenon s'accroît; il l'épouse secrètement; chagrin qu'il cause à Colbert; il perd ce ministre, 438 à 448. Il s'aliène Sobieski; ses armemens; ses hostilités contre les Espagnols; emploie les bombes contre Alger; succès de ses armes; trêve de vingt ans; ses débats avec Gênes; il fait bombarder cette ville; la force à se soumettre; accueil qu'il fait au doge, 449 à 471, 474 à 476. Ses expéditions contre Liége, contre Trèves; il reçoit les ambassadeurs d'Alger et de Siam; appui que Jacques Stuart attend de lui, 472 à 474. Sa conversion; ses connaissances; son goût; son influence sur son siècle; son impitoyable dureté; exhortations religieuses dont il est circonvenu; adulations de la chaire à son égard, 477 à 484. Louvois lui inspire d'employer les dragonnades pour convertir les Huguenots, 495 et suiv. Succès que lui annonce son ministre; rigueurs contre les religionnaires, 508 et suiv. Il révoque l'édit de Nantes; conséquences de cette mesure, 514 à 523. Ses fêtes; ses constructions; il fait bombarder Tunis; défend à Conti de combattre les Turcs, 524 à 526. Inimitié de Guillaume; prétentions de sa belle-sœur sur le Palatinat; la ligue d'Augsbourg se forme contre lui; il dissimule son ressentiment, 527 à 531. Son déficit; misère universelle; il se relâche de ses rigueurs contre les Huguenots; il réveille le zèle persécuteur de ses alliés; il fonde Saint-Cyr et l'école des Cadets; lettres qu'il intercepte; courtisans qu'il exile, 532 à 546. Sa rancune contre Condé; opération qu'il subit; crédit de son confesseur; le pape lui est dénoncé comme janséniste; ses rapports et débats avec lui; ses hostilités; ses intrigues contre le prince d'Orange, 548 à 565. Sa situation lors de la formation de la ligue; il surprend les projets de Guillaume; en avertit Stuart; commence les hostilités en Allemagne; ses prétextes; ses succès; il déclare la guerre à la Hollande; ses prévisions confondues en Angleterre; il accueille les Stuarts; XXVI, 1 à 25, 30 et suiv. Ses ennemis; ses mesures; état de ses finances, 26 à 29. Fêtes à sa cour; il fait représenter Esther; annonce à son frère la mort de la reine d'Espagne; son armée dévaste le Palatinat; sa colère contre Louvois, 31 à 38. Il console d'Uxelles de la prise de Mayence; expédition qu'il envoie en Irlande; ses rapports avec le nouveau pape; il fait porter sa vaisselle à la Monnaie; son assiduité au travail; il éloigne M*me* de Montespan; son aversion pour le Dauphin; ses secours à Stuart; ennemis qu'il excite contre l'empereur; succès de ses armées, 40 à 52 et suiv. Il assiste au siége de Mons, 65 et suiv. Revient à Versailles; influence du conclave; crée de nouvelles charges et de nouvelles rentes; remplace Seignelai; il perd Louvois; par qui le remplace; établissemens de ses enfans légitimés; mariage de son neveu; ses voyages à Marly; ses ordres à ses généraux; ses négociations avec le pape; il prend Namur, 68 à 99. Ses recrues irlandaises; expédition à laquelle il les destine; il néglige les armées du midi, 101 et suiv. Son désir de la paix; épuisement du royaume; ses négociations; sa transaction avec le pape sur les quatre articles; maréchaux qu'il nomme; promotions dans la marine; il crée l'ordre de Saint-Louis; sa dernière campagne, 111 à 121. Commandement qu'il donne à son fils, 126. Il affaiblit l'armée de Catalogne; ses dispositions en Piémont; ses soins à la marine, 129 à 137, 154. Ses manières cérémonieuses passent dans les mœurs du pays, 138. Son impartialité dans le procès des ducs et pairs; rang qu'il donne aux légitimés; il se met sur la défensive, 144 à 146, 199. Veut frapper de grands coups en Espagne, 149 et suiv. Récriminations des Anglais contre lui, 157. Caractère atroce que prend la guerre; ses efforts pour dissoudre la coalition; ses ouvertures au duc de Savoie; il lui laisse prendre Casal; disposé à abandonner Jacques; médiateurs qu'il cherche; ses espérances trompées en Angleterre; ses nouveaux impôts; infériorité de ses armées; ses généraux, 159 à 180. Il élève Vendôme; modère le luxe de la cour; traite avec le duc de Savoie, 185 et suiv. Comment dispose des troupes d'Italie; son espoir de rétablir les Stuarts, 192 à 198. Il concourt au congrès de Ryswick; force les alliés à une suspension d'armes et signe la paix, 201 à 206, 211 et suiv. Situation de son royaume; il administre la guerre, les finances; accueil qu'il fait à la duchesse de Bourgogne; il appuie la candidature de Conti au trône de Pologne, 216 à 225, 229 et suiv. Ses fêtes; son camp de Compiègne, 232 et suiv. Il veut extirper le quiétisme, 236 et suiv. Comment apprécie Mme Guyon, 240. Ce qu'il fait pour Fénelon, 241. Il le disgracie, 246 et suiv. Fait confirmer le bref du pape contre lui, 260. Il apprend la mort du roi d'Espagne; négociations et transactions qui ont préparé le testament de ce prince en faveur de son petit-fils, 262 et suiv. Son traité de partage avec l'empereur, 272. D'où ses prétentions héréditaires, 274. Son désir d'éviter la guerre; ses ouvertures à Guillaume; suite des négociations, 277 et suiv. Sa convention avec les puissances maritimes, 282 et suiv. Agit sur l'Espagne même, 285. Conseil qu'il tient; il se décide pour l'acceptation du testament; récompense d'Harcourt; annonce sa décision à l'Europe, 292 à 298 et suiv. Son âge; ses ministres; ses fautes; il réserve le droit éventuel de Philippe v à la couronne de France; il fait prisonnières les garnisons hollandaises de la Belgique; il négocie, 300 à 303. Il promet de reconnaître le prince d'Espagne; mort de son frère; ses alliés; ses ennemis; sa lenteur; ses plans de campagne, 305 à 316 et suiv. Il disgracie Catinat, 323. Espérance que lui donne la mort de Guillaume, 327 et suiv. Prend la défense de Villeroi; le remplace par Vendôme; envoie son petit-fils en Italie, 335, 336. L'engage à retourner en Espagne; ses efforts au nord et sur le Rhin, 340 à 342 et suiv. Il envoie Villars en Bavière, 349 et suiv. Ses inquiétudes; alliés qui l'abandonnent; il gouverne la France et l'Espagne;

ses mesures militaires, 359 à 362 et suiv. Espère forcer l'empereur à la paix, 370. Met le duc de Savoie en demeure de se déclarer, 374. L'époque des revers commence; haines qu'il a soulevées; effet de son intolérance religieuse; son peu de dévotion; ses préventions contre les dévots et contre les opinions exaltées; son attachement à la discipline de l'Église; ses suites; affaire de Quesnel; son inflexibilité à l'égard des Huguenots, 378 à 389 et suiv. Qui oppose aux Camisards, 398, 416. Ses ordres aux armées du Rhin, 404. Sa politique à l'égard de l'Espagne; comment contrariée, 425, 426, 446 et suiv. Il rappelle la princesse des Ursins, 432, 447. Sa fermeté; sa condescendance pour l'opinion; son activité; il est partout en mesure, 433 à 435, 438. La crainte qu'il inspire fait la grandeur de l'empereur, 436. Mécontentemens contre lui en Lorraine, 439. Sa confiance en Villeroi, 441, 454. Ouvertures de paix; stérilité de ses états-majors; son affaiblissement; alarmes que lui épargne Mme de Maintenon; son désir de débuter par une victoire, 453 à 456 et suiv. Il rappelle Villeroi, 462. Ses ordres au duc d'Orléans, 469. Sa force d'âme dans l'adversité; épuisement de l'armée, de la population; ses expédiens financiers; négociation qu'il entame vainement avec la Hollande; il s'adresse au duc de Savoie; évacue l'Italie septentrionale; est pris au dépourvu à Naples; XXVII, 1 à 13. Par qui fait défendre la Provence, 15 et suiv. Ses inquiétudes à l'égard de l'Espagne, 20. Qui envoie en ce royaume, 23, 24. Ce qu'il espère de Vendôme, 30, 46. Contributions que Villars lève pour lui en Allemagne, 35. Son dessein de s'emparer de la principauté de Neufchâtel, 37, 38. Il publie le traité de commerce entre l'archiduc et l'Angleterre; ses mesures contre ce pays; échec de l'expédition d'Écosse; sa détresse financière; ses courtisans agioteurs; sa résolution de frapper de grands coups en Flandre; funestes mutations dans les commandemens, 40 à 46 et suiv. Sa prédilection pour le duc et la duchesse de Bourgogne, 48, 49. Rapports qu'il reçoit des armées, 53. Chagrin que lui cause Vendôme, 55. Ne peut sauver Lille, 57 à 60. Ses négociations en Italie, 61, 63. Intrigues du duc d'Orléans auxquelles il semble se prêter; ses rapports avec son petit-fils, 67 à 71. Il renouvelle ses offres de paix; conditions dures qu'on lui fait; ses concessions; il fait appel au dévouement du pays, 74 à 83. Opérations de ses armées; il perd son confesseur; le remplace par Tellier; il fait détruire Port-Royal; ses plénipotentiaires à Gertruydenberg, 85 à 93 et suiv. Refuse de faire la guerre à son petit-fils; défense opiniâtre de ses places du nord, 98 et suiv. Evacue l'Espagne, 104. Y envoie Vendôme et Noailles, 110 et suiv. Calamités domestiques qui fondent sur lui, 117 à 136. La maison d'Autriche l'égale en despotisme, 139. Négocie et ne veut point livrer bataille, 142, 143. Il perd la deuxième Dauphine, le Dauphin; suites de ces événemens, 149 et suiv., 156 et suiv. Dégoût que lui inspire la conduite de la duchesse de Berry; sa froideur à l'égard du duc d'Orléans, 153, 154. Il ordonne à Villars de livrer bataille; sa fermeté, 161. Sa réconciliation avec la reine Anne, 166 à 168. Il signe la paix d'Utrecht, 171 et suiv. Son indignation contre la princesse des Ursins, 174, 200. Il signe avec l'empereur le traité de Radstadt, 178. Envoie Berwick en Catalogne, 180. Nature des documens sur son règne; stérilité d'événemens nationaux; sa résolution de réformer les mœurs; se fatigue de son existence; comment s'engage dans l'affaire de la bulle *unigenitus*, 181 à 194. Tristesse de sa vie; sa cour; vide que lui laisse la duchesse de Bourgogne; nouveaux coups qui le frappent, 195 à 200. Ses dispositions après la mort du duc de Berry; les légitimés sont déclarés capables de succéder à la couronne; opportunité de cette mesure; ses infirmités; son mot sur son neveu; pressé de pourvoir par un testament au sort de la monarchie, 202 à 207. Ses débats avec lord Stairs, 209, 210. Expulse la princesse des Ursins, 211

à 214. Sa dernière maladie; sa mort, 215 à 217. Situation de son royaume; joie que fait éclater le peuple, 218 à 221. A qui eût laissé la régence; prétendans entre qui il a à choisir; s'arrête au duc d'Orléans; conseil qu'il lui adjoint; ses motifs; ils sont éludés, 223 à 234. Ses funérailles, 242. Ses vœux pour les Stuarts; ses secours au prétendant, 250, 251. Ses prodigalités, 260. Albéroni lui a été présenté, 271. La politique espagnole abandonnée, 272. Incidemment nommé; VIII, 64; XXIII, 84; XXVII, 288, 290, 291, 296, 301, 310, 312, 351, 359 à 361, 365, 369, 374, 377, 379, 396, 438, 448, 450, 462, 474, 483, 510, 512; XXVIII, 7, 18, 22, 36, 46, 55, 59, 60, 62, 78, 82, 93, 105, 106, 117, 153, 174, 188, 194, 229, 252, 290, 296, 307, 333, 361, 362, 441, 489; XXIX, 7, 11, 23, 54, 64, 68, 148, 167, 271, 336, 442, 444; XXX, 3, 11, 84, 117, 140, 145, 265, 281, 282, 320, 328, 387, 388, 405, 454.

LOUIS XV, roi de France, succède au titre de Dauphin; sa faiblesse; XXVII, 151. Epoque de sa naissance, 205. Conseils que lui donne son aïeul mourant, 216. Pouvoir absolu dont il hérite, 221. Gouverneur; précepteur; confesseur que lui désigne son aïeul, 231, 232. Est confié par le parlement à la garde du régent, 240. Son séjour à Vincennes, 241. Son trésor vide; son palais dépouillé; ses grands emplois aliénés, 246. Sa mort semble prochaine, 249, 268, 278, 498. Titre que lui donnent les Anglais, 279. Rumeur sur les dangers qu'il court entre les mains du régent; coup d'état qui change la surintendance de son éducation, 343 à 353. Lettre que lui adresse le roi d'Espagne, 365 et suiv. Confesseur qui lui est destiné; son mariage stipulé; sa maladie; bruits d'empoisonnement, 451 à 456. Son éducation; sa timidité; sa sauvagerie; sa passion pour le jeu; sa contenance au conseil de régence; s'installe à Versailles; circonvenu par Villeroi, 458 à 462. Son désespoir à l'enlèvement de ce dernier; il l'oublie, 468, 469. Il est sacré; comment initié aux affaires;

préventions que le régent lui inspire contre Villeroi ; il est déclaré majeur ; son ministère, 472 à 476. Sa douleur à la mort du duc d'Orléans ; il le remplace par *M. le Duc*, 480 à 482. Son règne manque de narrateurs contemporains ; isolement où l'ont tenu Dubois et le régent ; ses répugnances ; ses confesseurs ; comment livré sans partage à Fleury ; lui offre l'archevêché de Reims, 491 à 493. Sa taciturnité, 501. Sa nouvelle maladie, 502. Il prend le goût de la chasse ; sa santé se fortifie ; sa rechute ; il épouse Marie Leczinska ; son portrait brisé par la reine d'Espagne, 516 à 524. Il accueille la jeune reine, 531, 532. Il dissout l'assemblée du clergé, 540. Il disgracie M. le Duc ; donne le ministère à Fleury, 545 à 549. Son âge ; son portrait ; sa confiance en son ancien précepteur ; titre qu'il lui donne ; XXVIII, 4 à 7, 22. Il le fait nommer cardinal ; société qu'il recherche ; sa froideur pour Villeroi ; son insensibilité ; il refuse de recevoir M. le Duc ; agaceries que lui fait Mlle de Charolais ; sa timidité, 23 à 27. Nouvel espoir que sa santé donne à la cour d'Espagne, 30 à 34, 65. Sa lettre, son envoyé à Philippe v, 37 et suiv. Lit de justice qu'il tient, 46 et suiv. Reçoit le parlement ; lui impose silence, 49. Miracles sous son règne, 55. Mémoire qu'on lui remet contre Fleury ; il lui en signale les auteurs, 62 à 64. Naissance de son fils, 65. Ne prend point la défense de son aïeul de Savoie, 74. Tente de rétablir son beau-père sur le trône de Pologne, 78 à 80, 86 et suiv., 100. Il attaque l'empereur ; ses protestations à l'empire, 101, 102. Son ministre gouverne sans partage ; défauts qu'il lui doit ; son intempérance ; ses rapports avec les princes du sang ; se détache de la reine ; ses premières maîtresses ; il repousse les observations du cardinal, 152 à 174. Nom qu'il donne à Orry, 194. Sa prédilection pour Maurepas, 197. Troupes qu'il envoie en Corse, 208. Sa convention avec l'empereur pour pacifier cette île, 210, 212. Se ligue contre Marie-Thérèse d'Autriche, 224 et suiv. Ses armées en Allemagne, 229, 230. Fleury le prie de faire la paix, 246. Mort de son ministre ; il déclare qu'il veut gouverner par lui-même ; faveur de Mme de Châteauroux, 249 à 256. Ne prend point part à la guerre entre l'Angleterre et l'Espagne, 267. Volontés royales que Richelieu lui inspire, 275. Commandement qu'il refuse au comte de Saxe, 283. Sa répugnance pour l'alliance espagnole ; ses déclarations de guerre ; changemens dans ses conseils ; influences de sa maîtresse ; il éloigne Tencin ; conseils que lui donne Noailles ; sa résolution de se mettre à la tête de l'armée ; alliés qu'il cherche en Allemagne ; ils lui échappent ; sa bienveillance pour les Stuarts ; expédition qu'il propose ; il refuse de voir le prétendant, 291 à 302. Conditions que lui fait le roi de Prusse ; il tient lui-même le portefeuille des affaires étrangères ; il part pour l'armée ; ses succès militaires, 305 à 311. Il marche sur le Rhin ; son arrivée à Metz ; envoyé qu'il reçoit de Frédéric ; sa maladie ; ses terreurs ; sa confession ; il expulse ses maîtresses ; son entrevue avec la reine ; son retour à la santé et à ses habitudes, 313 à 319. Il se rend au siége de Fribourg, 321. Sa popularité ; il est appelé le *Bien-Aimé* ; il songe à rappeler Mme de Châteauroux ; son entrée à Paris ; son entrevue avec la favorite ; exils qu'elle lui demande ; ce qu'il lui accorde ; elle meurt ; il la remplace, 339 à 351. Mariage de ses enfans, 350. Misère publique que le duc d'Orléans lui signale ; mœurs qu'il affiche ; sévérité de sa législation contre les Huguenots, 354 à 359. Il prend goût à la guerre ; assiste à la bataille de Fontenoi ; invoqué par le roi de Prusse, 361 à 371. Il l'abandonne, 374. Comment secourt Stuart, 377, 382. Il signe avec le roi de Sardaigne les préliminaires de Rivoli, 392 et suiv. Ses conquêtes stériles dans les Pays-Bas, 405 à 407. Il secourt les Génois ; 420. Son désir de la paix ; sa torpeur ; passions qui l'en font sortir ; son avarice ; prodigalités auxquelles l'entraîne sa maîtresse ; il soutient contre elle

Orry; sa compassion pour les maux de la guerre; il subit l'influence de l'école philosophique, 423 à 429. Alliés qu'il cherche; second mariage de son fils; succès de ses négociations en Allemagne; il remplace d'Argenson, 433 à 436. Il attaque la Hollande; révolution qu'il y cause; il assiste à la bataille de Lawfeld, 438 à 443. Désastres de sa marine, 449. Ses ouvertures pacifiques repoussées, 453, 454. Il signe le traité d'Aix-la-Chapelle, 457. Il fait expulser Charles Stuart, 458, 462 à 465. Dominé par Mme de Pompadour; son éloignement pour son fils; contraste entre sa cour et celle de ce prince; ses rapports avec Stanislas; avec les princes du sang; ses ministres; impôt qu'il établit; son emprunt; fermentation que ces mesures excitent; chef qu'il a donné à l'opposition; sa prédilection pour d'Argenson, 466 à 483. Prospérité publique; accusations que son libertinage fait naître, 486, 487. Sédition à Paris; il évite désormais cette ville; fait percer le chemin de la Révolte, 489, 490. État florissant du pays; anarchie dans le gouvernement; absence de volonté chez le roi; empire de la favorite; le parc aux Cerfs; ses distractions; ses rapports avec sa famille; ses débauches imitées par ses courtisans; ses profusions; remontrances que lui fait le parlement; il force l'enregistrement de l'édit du vingtième, et celui de l'emprunt; XXIX, 1 à 19. Son édit sur les biens du clergé, 21, 22. Embarras que lui donne la querelle des prélats avec les magistrats; il saisit le temporel de l'archevêque de Paris; il exile le parlement; conciliation qu'il ménage, 30 à 37. Il adoucit les rigueurs contre les Huguenots, 48. Guerre générale que cause son indolence, 53. Ses hostilités avec l'Angleterre; commandement qu'il donne à Richelieu; accueil qu'il lui fait après le succès; comment entraîné à embraser le continent; ses négociations avec l'Autriche; ses offres à Frédéric; son irritation contre ce prince; il signe le funeste traité de Versailles, 72 à 82 et suiv. Mutabilité de ses ministres, 85 et suiv. Ses avances à l'archevêque; il l'exile; ses débats avec les parlemens, 98 à 102. Son coup d'état; fermentation publique; il est assassiné; ses terreurs; il éloigne la favorite, 104 à 109. La venge en disgraciant ses ennemis, 113 à 115. Il attaque Frédéric, 120, 121. Il fait emprisonner Maillebois, 132. Son amitié pour Soubise, 138. Ordres qu'il lui fait donner; il le nomme maréchal, 155 à 157. Jaloux de son fils; il lui refuse le commandement de l'armée; aucun de ses ministres ne lui plaît, 187 à 189. Ses idées religieuses, 215 à 218. Disposé à sévir contre les jésuites, 228. Ses hésitations; il les sécularise et ordonne la vente de leurs biens, 233, 234. Se sépare de plus en plus de la nation; son aversion pour Choiseul; ses édits bursaux; lit de justice qu'il tient; il fait réprimer les parlemens provinciaux; disgracie Lamoignon; ses concessions; tableaux de la misère du peuple qui lui sont présentés, 271 à 289. Sa diplomatie secrète, 305 et suiv. Sa police particulière, 318 et suiv. Sa froideur; ses occupations; son humeur contre Voltaire, 323 et suiv. Ses rapports avec la Dauphine; il perd la favorite; puis son fils, son beau-père, sa bru et enfin la reine; ses débauches; sa déconsidération; il refuse de présider la cour des pairs; ses réprimandes au parlement; poursuites judiciaires qu'il active; mémoire que lui adresse Bernis, 328 à 366. La Corse lui est soumise, 383. Sa crainte d'une guerre maritime, 392. Inquiétudes que lui donnent les crimes de la cour de Russie, 394. Actes de la czarine qu'il désapprouve à l'égard de la Pologne; il est circonvenu contre Choiseul; sa passion pour Mme Du Barry, 397 à 401. Mariage de son petit-fils; il introduit la nouvelle favorite à la cour, 314, 406 à 412. Excité contre les parlemens; s'oppose à la guerre, 413 à 416. Il engage la querelle, qui se termine par un coup d'état et la création du parlement Maupeou, 416 à 439. Il exile Choiseul, 427. Explosion de l'opinion publique contre lui, 444 et suiv. Protestation des princes du sang et des pairs; comme il les ramène, 449 et suiv. Comment apprécie Maupeou, 457. Nomme d'Aiguillon ministre des affaires étrangères, 463. Révolution qu'il favorise en Suède, 468 à 471. Ses rapports avec la Pologne, 473 et suiv. Sa douleur en apprenant le traité de partage, 484 et suiv. Il restitue au pape le comtat Venaissin, 493. Sa contre-police à l'égard de d'Aiguillon ; satisfaction qu'il lui donne; ses velléités de repentir; ses visites à sa fille carmélite; sa maladie; sa mort, 495 à 508. La vieille monarchie finit avec lui; ce que la France attend de son successeur ; XXX, 2 et suiv. Incidemment nommé, 12, 14, 15, 16, 19, 20, 22, 23, 30, 35, 54, 63, 115, 143, 156, 231, 257, 267, 275, 283, 290, 379.

LOUIS XVI ; sa naissance ; XXIX, 37. Est Dauphin à onze ans, 331. Ses préventions contre Choiseul, 337, 342, 400. Son mariage, 406 et suiv. Désastres qui signalent la fête que lui offre Paris, 411, 412. Est séparé du roi mourant, 504, 505. Son avénement; sa popularité due à ses vertus privées ; ce que le pays attend de lui; XXX, 2 et suiv. Etat extérieur de l'Europe, 10 et suiv. La France espère qu'il la fera sortir de son abjection, 12. Par qui et comment élevé ; a pris son père pour modèle, 14, 15. Comment compose son ministère, 19 et suiv. S'attache à Maurepas, 25. L'influence de la reine contrecarrée par celle des ministres, 28. Turgot entreprend de former son esprit selon ses vues, 33. Il seconde son ministre, 34. Ses indécisions à l'égard du parlement; il le réintègre, 36 à 44. Troubles qu'il apaise; sa confiance en Turgot ébranlée; son sacre, 48 à 52. Travail de Malesherbes qu'il rejette, 57. Remontrances que lui adresse le clergé, 65 à 68. Mémoire que lui remet Turgot sur l'impôt, 74. Edits qu'il force le parlement d'enregistrer, 78. Il abandonne son ministre, 85 à 89. Actes de son gouvernement contraires à ses sentimens personnels; par qui Necker introduit en son estime, 92 à 96. Celui-ci lui propose l'établissement des assemblées provinciales, 116, 119. Renvoie Sartines, 121. Abandonne Necker, 127, 129. La guerre d'Amérique commence sous son règne, 131. Secours qu'il autorise en faveur des insurgés, 143. Franklin lui est envoyé, 146. Est entraîné à se prononcer ouvertement, 148 à 151. Circonstances qu'il laisse échapper, 153. Visite que lui fait Joseph II ; leurs négociations, 154 à 158. Opposé au voyage de Voltaire, 160, 161, 280. Il commence la guerre, 162, 163. Récompense La Clochetterie, 167. Félicite Sartines et d'Orvilliers, 170. Disposé à transiger avec l'Angleterre, 181. Retenu par l'ascendant de Francklin, 191. Effort auquel Washington le détermine, 194, 195. Choisit mal le champ des opérations maritimes, 212. Récompense Suffren, 223. Sa méfiance de l'Autriche; motifs de rupture que lui donne l'empereur ; sa médiation amène la paix de Teschen, 227 à 230. Faveur qu'il accorde à Vergennes, 232 et suiv. Ses ministres augmentent les impôts; il casse les arrêtés du parlement de Besançon ; tendance de son cabinet; sa probité sans force; son mot à d'Ormesson ; faveur qu'il accorde au duc de Penthièvre, 236 à 242. Candidats qu'on lui propose pour le ministère des finances ; il refuse de rappeler Necker; embarras que lui donne le clergé, 246 à 249. Regrets qu'il donne à Maurepas; naissance de son premier fils ; cabale contre la reine, 251 à 256, 258. Par qui sa sœur gouvernée, 261. Représentations qu'il fait à Marie-Antoinette, 265. Pureté de la réputation de sa mère, 267. Il nomme colonel le comte de Laval, 271. Est dominé par la reine; sa taciturnité; son goût pour les travaux manuels ; pour la serrurerie; railleries de sa cour; ses connaissances en géographie et statistique; sa passion pour la chasse; ses mémoires; Il met à la loterie, 273 à 278. Faste de ses frères, 282. Pureté de ses mœurs, 283. Il achète Rambouillet, 290. Extorsion qu'il ne répudie point, 291. Son indulgence pour Calonne, 293. Edits qu'il signe, 296. Agiotage que son ministre réveille, 298. Son aversion pour le cardinal de Rohan, 302. Il le fait arrêter, 308. Il aurait voulu faire don à la reine du célèbre collier, 312. Ses connaissances en marine; son voyage à Cherbourg, 317. Secours qu'il donne aux Hollandais; il convoque les notables, 325 à 327 et suiv. Idées que son ministre lui soumet; méfiance qu'elles lui inspirent; il ouvre l'assemblée, 330 à 334, 336. Chagrin que lui cause la mort de Vergennes, 335. Il refuse à Necker d'être entendu par les notables, 342. Son inconséquence à l'égard de cette assemblée; il renvoie Miromesnil; change son ministère; exile Necker; son néant; il s'y soumet, 334 à 350. D'où ses répugnances à l'égard de Brienne, 352. Son système politique préférable à celui qui triomphe, 357. Edits qu'il fait enregistrer en lit de justice, 360. Refuse de convoquer les Etats-généraux; sa séance royale; ses rigueurs, 363 et suiv. Ses luttes avec le parlement, 366, 370, 373 et suiv. Lit de justice qu'il tient; il établit une cour plénière, 375 et suiv. Députation qu'il reçoit de la Bretagne, 382, 383. Il abandonne Brienne; sa torpeur, 387, 388, 393 et suiv. Grade qu'il a donné au prince de Salm, 400. Son incapacité militaire, 405. Il remet Necker à la tête des affaires, 407. Mémoire que lui adressent les princes, 423 et suiv. Vote des notables qu'il respecte dans les élections, 439. Pourquoi choisit Versailles pour lieu de réunion des Etats-généraux, 440. Sa vaine résistance au mouvement des esprits; dominé par l'assemblée, 455 et suiv.

LOUIS - STANISLAS - XAVIER (LOUIS XVIII), Monsieur, comte de Provence, frère de Louis XVI; son éducation; XXX, 14. Est inoculé, 20. Son mémoire en faveur du parlement Maupeou, 36. Ses bonnes dispositions à l'égard du parlement rappelé, 44. Ministre qu'il tente de faire nommer, 94. Opposé à Necker, 106, 126. D'Ormesson refuse de payer ses dettes, 242. Sa femme hostile à Marie-Antoinette, 255. Ses rapports avec cette reine; ses goûts littéraires; son attitude politique, 278 et suiv. Ses dettes payées, 290, 324. Libéralité de son bureau à l'assemblée des notables; réunions chez lui, 338 à 340. Son bureau à la seconde assemblée des notables vote pour la double représentation, 418 et suiv. Mémoire qu'il refuse de signer, 423.

LOUIS, fils aîné de saint Louis; sa naissance; VII, 287. Actes signés de son nom, 449. Détourne son père de se faire moine; VIII, 24. Belles espérances qu'il donne; son père l'exhorte à se faire aimer du peuple; sa mort à seize ans, 43.

LOUIS, fils aîné de Philippe-le-Hardi; sa mort; soupçons d'empoisonnement; VIII, 287 et suiv.

LOUIS, fils de Charles VI, prend le titre de Dauphin; XII, 142. Est enlevé par Jean-sans-Peur; assiste au conseil, 231 à 234. Sollicite son père contre le droit de prise, 268. Entend le sermon de Jean Petit, 286. Sa mère l'enlève de Paris, 292. Il y fait son entrée; conseil qu'il préside, 298. Il déclare la mémoire du duc d'Orléans justifiée, 302. Assiste à l'entrevue de Chartres, 312. Sa part dans le gouvernement, 316. Son séjour à Melun, 333. Le pouvoir royal lui est délégué, 340. Préside le conseil; interdit aux princes d'armer, 355. Son impuissance, 364. Il fait ses premières armes, 376. Le roi invoque son zèle; il rassemble l'armée royale, 385, 386. Il fait faire la paix; sa présence à l'assemblée d'Auxerre, 389 à 392. Faveur qu'il accorde à d'Orléans, 395. Assiste aux Etats-généraux, 400. Entend les remontrances de l'université, 403. Soupçons qu'il inspire à Jean-sans-Peur; il nomme Des Essarts gouverneur de la Bastille, 405 à 407. Il admet les insurgés de Paris; ses reproches au duc de Bourgogne; ses favoris emprisonnés; sermons qu'il essuie; ses déréglemens; dominé par les Cabochiens, il cherche à s'échapper de Paris; invoque le secours des princes, 409 à 417. Rigueurs des juges par lui institués; il ne s'oppose pas au supplice de Des Essarts; ses terreurs; ses débauches; réprimande que lui fait Jacqueville; sa résolution de fuir, 420 à 425. Il entend les propositions des princes ; dirige la réaction contre les Cabochiens ; prisonniers qu'il délivre ; publie la paix ; fonctions dont il dispose, 428 à 432. Son incapacité ; ses débats avec Bourgogne, 437 à 439, 454. Contient les Parisiens, 441. Accompagne son père à l'armée, 443 et suiv. Il fait la paix d'Arras et la fait jurer par les opposans ; sa retraite, 450 à 452. Ses prodigalités ; il disgracie son chancelier, 456. Réaction *Armagnac* pendant son absence, 459. Il exile les princes du sang ; fait saisir les trésors de sa mère ; rompt avec Jean-sans-Peur ; remet le pouvoir au duc de Berry, 464 à 467. Il se rapproche du duc de Bourgogne ; ses mesures contre l'Angleterre, 470 à 472. Il marche contre Henri v, 474, 475. Offre un renfort de Parisiens qui est refusé, 477. Il ne suit pas l'armée, 479. Son retour à Paris ; sa mort, 491, 492.

LOUIS de France, grand Dauphin, fils de Louis xiv ; sa naissance ; XXV, 20. Son mariage, 394. Elevé par Bossuet, 428. Prend Philipsbourg ; sa valeur ; XXVI, 19, 28. Son aversion pour la Dauphine, 49. Il commande l'armée du Rhin, 52, 56, 121, 126 à 128. Ses habitudes à la cour ; présent aux préliminaires du mariage de son cousin, 90 à 92. Est au siége de Namur, 98. Est de l'armée royale, 120. Commande les armées des Pays-Bas, 146, 147. Ses amours avec Mlle Choin ; sa mollesse, 227, 240. Projet de lui faire épouser la reine d'Espagne, 287. Se prononce pour l'acceptation du testament de Charles II, 292, 295. Sa maladie, 305. Jaloux de son fils ; XXVII, 55, 123. Conseils auxquels il assiste, 78, 82. Sa prédilection pour le roi d'Espagne ; ses rapports avec son père ; son mariage secret, 119, 121 et suiv. Ses préventions contre le duc d'Orléans, 128. Sa mort, 134 à 136.

LOUIS de France, duc de Bourgogne, second Dauphin ; sa naissance ; XXV, 439. Son mariage ; XXVI, 187, 225 et suiv. Camp formé à Compiègne pour son instruction, 233. A pour précepteur Fénélon, 240. Commande sous Boufflers l'armée du Nord, 342,

343. Revient à Versailles, 346. Est envoyé sur le Rhin, 362. Ses opérations, 370 et suiv. Envoyé en Provence ; XXVII, 18. Envoyé dans les Pays-Bas, sous la tutelle de Vendôme ; son incompatibilité avec ce prince ; leurs opérations communes ; leur échec à Oudenarde ; ses suites ; il ne fait rien pour sauver Lille ; il quitte l'armée, 47 à 60. Conseils auxquels il assiste, 78, 82. N'est point aimé du roi, 121. Dénigré par son père et par Vendôme, 123. Devient Dauphin, 135. Sa mort, 148 et suiv., 155 et suiv., 196. Un de ses projets d'administration adopté, 242.

LOUIS, Dauphin, fils de Louis xv ; sa naissance ; XXVIII, 65. Club que tient son sous-précepteur, 187. Visite son père malade à Metz ; mécontentement de ce prince, 319. Son premier mariage, 349. Se rend à l'armée ; assiste à la bataille de Fontenoi, 362 et suiv. Est veuf, 403. Son second mariage, 433, 434. Ses principes religieux ; son aversion pour la conduite de son père ; haine que lui voue la favorite ; contraste de sa cour avec celle du roi, 470 à 472. Il est l'espoir des jésuites ; XXIX, 7. Naissance de son second fils (Louis xvi), 37. Le roi lui remet la direction des affaires, 108, 109, 113, 114. Il demande vainement le commandement de l'armée, 187. Son dévouement aux jésuites, 218. Sa rupture avec Choiseul, 228. Ses amis espionnés par le roi, 319. Raillé par Mme de Pompadour, 325. Sa position à la cour ; sa cabale ; il perd son fils aîné ; déclin de sa santé ; sa mort, 328 à 333, 336, 359. Son fils le prend pour modèle et suit ses conseils écrits, XXX, 13, 20, 227, 232, 352. Pureté de ses mœurs, 283.

LOUIS II, empereur, défait par les Sarrasins ; III, 90. Son lot, 114. Sa vaine tentative pour dépouiller son frère Charles, 116, 117. Appelle Lothaire en Italie, 154. Ses embarras à la mort de ce dernier ; il ne peut disputer son héritage malgré l'appui du pape ; ses victoires sur les Sarrasins ; ses discussions avec l'empereur d'Orient sur le titre d'empereur ; sa captivité dans le palais du duc de Bénévent; ses guerres continuelles en Italie, 177 à 184. Sa mort sans fils, 197. Puissance des ducs italiens sous lui et son père; l'Italie est une fédération de princes, 199.

LOUIS IV, empereur, roi de Provence; III, 268. Traité en fils adoptif par Charles-le-Chauve, 269. Porte d'abord le titre de duc, 288. Proclamé roi, 289. Aux prises avec les Sarrasins, 319. Couronné roi d'Italie; puis empereur; ses succès; ses revers; est pris et aveuglé; fin de son règne, 322, 323. Sa famille dépossédée, 362.

LOUIS V, empereur, fait la guerre à Frédéric, son compétiteur; IX, 332, 384. Confirme les libertés suisses, 385. Gagne la victoire de Muhldorf; Charles-le-Bel se déclare son rival; son échec; il se réconcilie avec Frédéric; fidélité de ce prince, malgré les instances du pape; leur traité; la diète le reconnaît comme souverain légitime; il prend à Milan la couronne de Lombardie, 432 à 444. Son retour en Allemagne; X, 29. Secondé par les ordres mendians; protecteur d'Occam, 35. Négociations de Philippe de Valois pour le supplanter, 47. Excite les ennemis de Jean XXII; cherche à le faire déclarer hérétique, 82, 83. Avances que lui fait Benoît VIII; leurs négociations entravées par le roi de France, 93, 94. Est aux prises avec Charles de Luxembourg; ses succès; ses nouvelles instances auprès du pape; comment elles manquent leur but, 97, 98. Se ligue contre Philippe avec Edouard III, malgré le pape; son plan d'attaque contre l'influence française à la cour d'Avignon; diète qu'il tient; il déclare Philippe déchu de la protection de l'empire; son mécontentement; son départ pour Francfort, 114, 128, 132 à 139. Inquiétudes qu'il donne à Philippe; menaces que lui fait le pape; hostilité des prêtres contre lui; il manque de parole à l'Anglais et prête l'oreille au négociateur du roi de France; il cherche sans succès à porter ses armes en Italie, 141 à 145. Renfort qu'il envoie à Edouard, 148. Rompt encore son alliance avec lui; le pape lui refuse l'absolution, 181 à 183. Il donne à son fils Guillaume de Bavière la succession du comte de Hainaut, 265. Philippe se réconcilie avec lui, 266. Embarras que ce prince lui a suscités; son alliance avec Louis de Hongrie; menaces que lui fait le pape; il est excommunié, 283. Il expulse Charles de Luxembourg que le pape a fait élire roi des Romains, 285. Sa mort, 339, 340.

LOUIS (LE GERMANIQUE), fils de Louis-le-Débonnaire; II, 423. Reçoit la Bavière et le titre de roi, 443. Amène des troupes à son père; rejoint Pépin révolté; III, 5. Son départ, 8. Signe la sentence de mort de ses partisans, 15. Soulevé encore; se soumet de nouveau; se ligue avec ses frères, 19 à 22. Blâme l'emprisonnement de son père, 25. Marche pour le délivrer, 31. Le seconde contre Lothaire; son lot augmenté, 34 à 36. Puis réduit; il se résigne, 39, 40. Reprend les armes; son armée l'abandonne, 43. Refuse de reconnaître le dernier partage de l'empire; aux prises avec son père; ses troupes évitent le combat, 45, 46. En Bavière à la mort de son père, 52. Fait reconnaître son autorité au delà du Rhin; ses hostilités avec Lothaire; leur trêve, 55, 56. La guerre recommence; sa part à la victoire à Fontenay; il retourne en Germanie; son entrevue avec Charles-le-Chauve, 61 à 72. Leurs négociations; ils signent avec Lothaire le traité de Verdun; sa part est la Germanie, 75 à 77. Vaincu par les Slaves, 90. Sa conférence; ses conventions avec son frère aîné, 105. Ses opérations contre les Normands et les Slaves; les grands de la Neustrie lui offrent la couronne; entre en France à la tête d'une armée; dépossède son frère; quel usage il fait du pouvoir, 131. Rappelé dans son royaume; reperd la couronne, comme il l'a gagnée, sans bataille; pénitence que lui impose le concile de Metz au sujet de cette guerre, 124 et suiv. à 134. Son entrevue avec Charles; leur pacification, 137. Ses embarras à la mort de Lothaire, 177. Sa

Table générale de l'Histoire des Français.

maladie; il partage son héritage; provinces qu'il garde, 179 à 181. Ses apprêts à la nouvelle de la captivité de Louis II; sa confusion; restitutions auxquelles il consent, 183. Appelé par la diète d'Italie; y envoie son fils Charles-le-Gros, 198. L'Allemagne, sous lui, est un gouvernement presque républicain, 199. Envahit la France; se retire, 202. Sa mort; partage de ses états, 205.

LOUIS IV, roi de Germanie et de Lorraine ; sa longue minorité; sa mort; le dernier des Carlovingiens d'outre-Rhin; caractère de son règne; son successeur; III, 321, 323, 339 à 341.

LOUIS, roi de Saxe; son parti en Aquitaine; III, 112 à 116. Accompagne son père en France, 202. Son avénement en Saxe et en Thuringe; ses avances repoussées par Charles; il demande le jugement de Dieu; ses champions; sa victoire à Andernach, 205 à 208. Partage avec ses frères la Lorraine ; fait la paix avec Louis-le-Bègue, 228. Sa conférence avec lui, 234. Ses tentatives pour s'emparer de la couronne de France, 236, 237, 242, 245, 246. Survit à ses enfans ; sa mort, 249.

LOUIS, landgrave de Thuringe; croisé avec l'empereur Frédéric II; sa mort; VII, 45.

LOUIS, palatin du Rhin et de Bavière; chargé d'élire un empereur; sur qui se fixe son choix; VIII, 244.

LOUIS, électeur palatin, secourt ses co-religionnaires en France; XIX, 491.

LOUIS Ier, roi de Hongrie; ses luttes avec Jeanne de Naples; X, 283, 337; XI, 249 et suiv. Epoque de sa mort, 302. Son ambassade en France, 334.

LOUIS, duc de Bavière, nommé tuteur du Dauphin, fils de Charles VI; XII, 40. L'enlève de Paris; atteint par Jean-sans-Peur; l'y ramène, 231 à 233. Suit la reine à Melun, 292. A part aux dépouilles de Montagu, 336. Mariage stipulé pour lui, 338. Entend les doléances de l'université, 403. Son arrestation, 418. Devant quels juges traduit, 424. Est délivré, 430, 431. Sa maladie, 449. Il assiste au service du duc d'Orléans, 459.

LOUIS II, roi de Hongrie, tué à la bataille de Mohacz ; XVI, 330.

LOUIS, roi d'Espagne; sa naissance; XXVII, 29. Emmené à Valladolid, 109. Son mariage stipulé avec Mlle de Montpensier, 452. Son père abdique en sa faveur; influence de ses conseillers; il fait emprisonner sa femme; sa mort, 497 à 504.

LOUIS-ANTOINE, infant d'Espagne, archevêque de Tolède; sa naissance; XXVIII, 36.

LOUIS Ier, duc d'Anjou, roi de Sicile; armé chevalier; X, 376. Livré en otage au roi de Navarre, 414. Part qu'il prend à la bataille de Poitiers, 462. Assiste aux Etats-généraux, 493. Otage de son père, 577. Comment rachète sa liberté; son manque de parole, 604 à 606. Il assiste au sacre de Charles V; XI, 14. Nommé gouverneur du Languedoc; réclamé par l'Angleterre, 15, 16. Marche sur la Bretagne, 24. Le roi l'envoie auprès de l'empereur, 36. Son despotisme; son indépendance au Midi, 57, 58. Il préside les Etats de Languedoc, 63. Fait saisir la seigneurie de Montpellier, 71. Secourt Henri Transtamare; il fait attaquer en Provence la reine de Naples, 79 à 83, 90. Se prépare à la guerre, 97. Ordres que lui donne le roi, 99. Ses forces; capitaines qu'il fait périr, 107, 108. Sa mission, 116. Il fait noyer le commandant de la Roche-sur-Yon, 118. Il licencie son armée, 126. Sa deuxième campagne, 134 à 136. Réconcilié avec le roi de Navarre; son frère le retient à Paris, 148, 149. Sa visite au pape, 157. Mollesse de ses opérations, 169. Otages qu'il fait périr en Bretagne; sa retraite, 183. Il suit à distance l'armée anglaise; vaine médiation des légats du pape, 187, 188. Convient avec Lancastre de *tenir une journée;* se trouve seul au rendez-vous; signe une nouvelle trêve; seigneurs aquitains dont il réclame et obtient l'hommage; suite et succès de ses hostilités, 195 à 198. Séance royale à laquelle il assiste; le roi lui réserve la régence, 204. Son pouvoir souverain en Languedoc, 207. Ses rapports avec Grégoire XI, 212, 214. Négociateur à Bruges; son ambition; il se ménage l'entrée de l'Italie ; il réclame la succession de Jayme de Majorque; fait alliance avec Transtamare contre le roi d'Aragon ; accepte la médiation du pape, 218 à 220. Réconcilie les comtes de Foix et d'Armagnac; ne se rend point au congrès de Bruges, 222. Subsides qu'il lève ; ses opérations militaires, 227 et suiv. Il saisit Montpellier, 234. Renonce à prendre Bordeaux, 238. Est adopté par Jeanne de Naples, 250, 258. Soulèvemens contre lui en Languedoc; ses rigueurs; sa sentence cruelle contre Montpellier; il la modifie, 253 à 258. Son rappel, 260. Armée qu'il rassemble contre la Bretagne; elle se dissipe; trêve qu'il demande; le duc le prend pour arbitre; sa démarche auprès de Duguesclin; sa disgrâce, 286 à 288. Il s'empare du trésor de son frère; assiste à ses obsèques, 296 à 298. Disposition du roi à son égard, 307. Il réclame le pouvoir; accord auquel il consent; sommes qu'il saisit; ses débats au sacre de son neveu; sédition à Paris; comment il l'apaise; restitution qu'il veut en vain faire faire aux Juifs; préoccupation que lui donnent ses propres intérêts, 308 à 319. Institue un conseil de régence dont il est président, 321. Pourquoi les princes lui abandonnent les trésors de la monarchie, 323. Il convoque les Etats de langue d'oïl; ne réussit pas à rétablir les impôts sur Paris; ambassade qu'il reçoit du roi de Hongrie; sa colère contre l'université, 334 à 335. Ne met point à profit la désorganisation du gouvernement anglais; ses conventions avec Richard II; son avidité; ses mesures fiscales; il excite un soulèvement à Rouen et à Paris; sédition des maillotins; ses vengeances; il convoque les Etats-généraux à Compiègne; demande des subsides; enjoint aux bourgeois de Paris de rendre leurs armes; condition que lui fait la ville et qu'il accepte, 361 à 369. Sa marche sur Naples; ses forces; son entrevue avec le duc de Berry; ses alliés; il reçoit l'investiture et prend le titre de roi; exhortation du pape ; il écrase en Provence le parti de son rival; accueil qu'il reçoit en Italie; son entrée dans le royaume de Naples, 358, 359, 370 à 372. Influence de son absence sur le conseil de régence, 379. Futilité de ses droits; parti qui se déclare pour lui; son prompt épuisement; misère de son armée; vaines provocations qu'il adresse à son rival; sa maladie; sa mort; dispersion et ruine de son armée; sa famille, 446 à 450. A oublié ses neveux captifs en Angleterre, 501.

LOUIS II d'Anjou, roi de Sicile, dépossédé à la mort de son père; X, 450. Parti qui se forme pour lui, 487. Armé chevalier, 554. Entre avec le roi à Avignon ; reconnu en Provence ; proclamé à Naples; couronné par le pape; son mariage, 563, 566. Luttes de son parti; il débarque en Italie; est accueilli dans sa capitale, 586 à 588. Est obéi; XII, 62. Ses désastres; son retour en Provence, 244. Il fortifie le parti de Benoît XIII; lui donne asile, 178, 179. Sa froideur pour ce pontife, 212. Sa position au conseil d'état de France, 219, 220. Convoqué par Jean-sans-Peur, 233. Négociateur auprès de d'Orléans, 237. Médiateur entre les deux ducs, 239, 240. Subsides qu'il retient, 253. Tient chez lui le conseil, après le meurtre de d'Orléans, 273, 274. Ses conférences avec Jean, 283, 284. Il assiste au sermon de Jean Petit, 286. Rejoint la reine, 293, 307, 310, 313. L'amour des plaisirs le retient à Paris, 330. Son expédition en Italie; son impatience; son retour; son armée entre à Rome; il fait alliance avec Jean-sans-Peur; fait hommage au nouveau pape; son parti affaibli; ses négociations en faveur de Jean, 342 à 347. Son protégé nommé maréchal de France, 380. Secours qu'il porte au roi et au Dauphin, 385, 386, 417, 425. Sa présence à l'assemblée d'Auxerre, 392. Son entrée à Paris, 434. Il renvoie la fille de Jean-sans-Peur, 436. Chargé de garder Paris, 443. Rejoint l'armée royale, 477, 478. Se retire en Anjou, 491, 493. Le prince Charles lui est confié, 502. Soupçonné de l'empoisonnement du Dauphin ; sa mort, 509.

LOUIS III d'Anjou, roi de Sicile ; son mariage avec Catherine de Bourgogne ; XII, 345. Cette princesse est renvoyée à son père, 436. Nouvelle union projetée, 526. Son désir de la paix, 570. Son expédition à Naples ; il est proclamé roi, 605, 607. Sommation que lui adressent les Etats de Chinon ; XIII, 92. Son établissement en Italie ; mariage que sa mère recherche pour lui, 189, 197. Sa mort, 293, 294.

LOUIS Ier, comte de Flandre, d'abord comte de Rhétel ; son mariage ; IX, 373, 376. Son avénement ; son conseiller ; don qu'il fait de la seigneurie de l'Ecluse ; il amnistie les Brugelois soulevés ; ordonne de tuer Robert de Cassel ; fait brûler Courtrai ; est arrêté par les bourgeois et retenu prisonnier ; n'a plus pour lui que Gand ; mis en liberté à la demande du roi de France ; sermens qu'il prête ; il se rend à Paris ; traité qu'il stipule avec ses communes, 422 à 428. Assiste au sacre de Philippe VI ; est armé par lui chevalier ; l'invoque contre ses sujets ; X, 18. Rentre à Bruges ; ses vengeances, 24, 25. Ses prétentions à l'Artois, 40, 56. Il réside à Paris ; Anglais qu'il fait arrêter ; mécontente ses sujets, 102, 103. Son mépris pour eux, 111. Fait exécuter Zeyer ; est expulsé, 114. Sa flotte vaincue à Cathsand, 118. Il confirme les priviléges des Flamands et les désarme, 134. Il craint d'être arrêté par eux et s'enfuit, 135. Sa fidélité à la cause française ; son refus de traiter avec Edouard, 157, 158. Fait partie de l'armée royale, 172. Son retour en Flandre ; il en est encore expulsé, 197, 198. Rentre à Dendermonde ; Edouard cherche vainement à le faire déposer, 260, 261. Est tué à Crécy, 301.

LOUIS II, de Mâle, comte de Flandre, blessé à Crécy ; armé chevalier ; accueil qu'il reçoit en Flandre ; refuse l'alliance du roi d'Angleterre ; arrêté par ses sujets ; ses promesses ; il s'échappe et se réfugie en France ; X, 319 à 321. Effet de la fureur des Flamands, 326. Son retour dans son comté ; ses cruautés, 352, 353. Il épouse Marguerite de Brabant, 365. N'assiste point aux Etats-généraux, 490. A qui doit passer son héritage, 588. Est invité au sacre de Charles V ; XI, 6. Mariage de sa fille avec le second duc de Bourgogne, 112. Désir de Charles V de s'assurer de son alliance ; visite que lui fait son gendre ; il renouvelle les traités avec l'Angleterre, 152, 153, 162. Donne asile au duc de Bretagne, 223. Il reconnaît Urbain VI, 251. Ses débats avec son suzerain ; ses luttes avec ses sujets ; son voyage à Paris ; assistance que lui promet le roi ; conseils qu'il lui donne ; son retour ; supplices qu'il commande ; la guerre s'engage entre les nobles et les bourgeois, 262 à 279. Il est choisi pour arbitre par le duc de Bretagne, 286, 291. Pourquoi n'assiste point au sacre de Charles VI, 314. Son entrée à Bruges ; ses vengeances ; villes qu'il soumet et assiége ; ses traités ; ses hostilités nouvelles ; ses succès ; médiation qu'il repousse ; il perd la bataille de Bruges ; sa fuite, 341 à 356. Sa détresse à Lille ; ses plans ; troupes qu'il rassemble ; son entrevue avec le duc de Bourgogne ; ses cruautés, 379 à 381. Il fait hommage à Charles VI comme comte d'Artois, 385. Obtient que Bruges se rachète du pillage, 397. Demande vainement la grâce de Courtrai, 403. Sollicité de reconnaître Clément VII, 405. Prend congé du roi, 406. Sa violence contre les marchands anglais à Bruges, 418. Attaqué par l'évêque de Norwich ; sa défaite, 423, 424. Il invoque de secours de Charles VI, des ducs de Bourgogne et de Bretagne, 426. Sort de ses partisans à Bergues, 428. Il est poignardé par le duc de Berry ; sa mort décide une trêve générale, 433.

LOUIS, fils de Robert III de Flandre, comte de Nevers et de Rhétel, est mis en possession de ses fiefs ; IX, 155. Cité au parlement ; arrêté et dépossédé ; but de ces rigueurs, 277, 278. Sa présence à la cour de Louis-le-Hutin, 320, 321. Est encore cité au parlement, 373. Ses fiefs en France sont confisqués ; il accompagne son père à Paris, 374. Emprisonné par lui et accusé d'empoisonnement, 376. Mis en liberté ; se retire à la cour de France, 377. Sa mort, 422.

LOUIS, duc de Savoie, d'abord comte de Genève ; son mariage ; XIII, 236. Haine qu'il porte aux Suisses, 422. Ses négociations à leur sujet, 434, 435. Le Dauphin (Louis XI) épouse sa fille, 544. Attaqué par Charles VII ; fait la paix, 545, 546. Aux prises avec son gendre, 628. Méfiance qu'il inspire à ce prince, 638. Sa faiblesse ; opprimé par son second fils ; il invoque l'aide de Louis XI ; son voyage en France ; XIV, 142, 143.

LOUIS II, marquis de Saluces, reconnaît Charles VIII comme son seigneur ; pourquoi ; XV, 81 à 83. A livré aux Français l'entrée de l'Italie, 138. Part pour Naples, 158. Sollicite Louis XII contre Alexandre VI, 390. Rassemble sur le Garigliano les débris de l'armée de Nemours ; est rejoint par Gonzague, 416. Prend le commandement général, 420. Laisse détruire l'armée sur le Garigliano, 422. Se réconcilie avec la Sainte-Ligue, 601. L'armée de François Ier entre dans ses états ; XVI, 24. Amène au roi un renfort qui est intercepté, 232. A ordre de rallier les vaincus de Pavie, 251.

LOUIS, abbé de Saint-Denis, enlevé par les Normands ; III, 129.

LOUIS, fils de Charles de Lorraine ; quand sa postérité s'éteint ; IV, 50, 51. Elle subsiste en Allemagne ; oubliée des Français, 310.

LOUIS, comte de Chartres et de Blois ; ligué avec Richard Cœur-de-Lion ; VI, 168, 173. Prend la croix, 205.

LOUIS d'Anjou, évêque de Toulouse ; le pape Clément V s'occupe de le faire canoniser ; IX, 194. A qui sa mort laisse l'hérédité du trône de Naples, 268.

LOUIS de Tarente épouse Jeanne, reine de Naples ; débarque avec elle à Nice ; X, 337. Est couronné par le pape et rentre à Naples, 339. Invoqué par lui contre les Vaudois, 395. Sa mort, 598.

LOUIS de Navarre, frère de Charles-le-Mauvais ; défie Charles V ; ses hostilités contre lui ; XI, 16. Passe à Naples, 28.

LOUIS, comte de Blois ; son mariage ; XI, 457.

LOUISE de Savoie ; son mariage avec le comte d'Angoulême ; XV, 49. Accueil qu'elle fait à Philippe d'Autriche, 376. Ses rapports avec Gié ; elle dépose contre lui, 436, 437. Haine mutuelle qu'elle et la reine se portent, 448, 621. Bon accueil que lui fait cette princesse, 465. Son exil, 663. Avis qu'elle reçoit, 669. Son âge à l'avénement de son fils ; ses mœurs ; son école de galanterie ; ses mémoires ; son amour pour son fils ; XVI, 4 à 7. Cause de la fortune de Duprat, 13. Est nommée régente, 23. Attend le roi à Lyon, 45. Son indulgence pour les vices de son fils ; dirige les affaires de l'état, 68 à 71. Adresse avec laquelle elle flatte les Médicis, et conduit les négociations, 77. 81. Trompe les La Marck, 91. Subsides qu'elle promet à Lautrec, 136. Entend les remontrances du parlement, 145. Pourquoi détourne les fonds destinés à Lautrec ; sa concussion dévoilée par Semblançay ; sa vengeance ; parti à la cour pour elle ; mépris qu'elle inspire au connétable ; elle lui fait offrir sa main ; est refusée ; revendique du chef de sa mère les biens provenant des Bourbons, 167 à 173. Le complot du connétable lui est dénoncé, 185. Par qui ce prince regardé comme sa victime, 191. Est nommée régente, 220. Lettre que lui adresse son fils captif ; difficultés de sa position ; dévouement de Vendôme, 241 à 245. Est accusée des malheurs de l'état, 247. Son mécontentement contre Guise ; rejointe par lui à Lyon ; Lautrec l'y rejoint aussi ; mesures de défense qu'ils concertent ; demandes que lui adresse le parlement ; satisfait à celle de faire brûler des hérétiques ; s'occupe de diviser la ligue, 250 à 255. Son traité de Moore avec Henri VIII, 257.

Elle trompe les alliés, 260. Elle prépare le passage du roi en Espagne; sa correspondance avec Charles; trêves qu'elle signe, 263 à 266. Complot qu'elle lui dévoile, 269, 270. Nommée régente par l'édit d'abdication, 274. Accueille son fils à Bayonne, 277. Renonce à rien reprendre en Italie, 289. Négocie et signe avec Marguerite d'Autriche le traité de Cambrai, 329 à 333. Son indulgence pour le prince d'Orange, 342. Terres qu'elle donne en payement à l'empereur, 349. Son influence religieuse sur son fils; sa bigoterie; sa mort; trésors qu'elle laisse, 386, 387. Revendication qu'elle pouvait exercer sur son frère, 472.

LOUISE d'Anjou, duchesse de Nemours; sa mort; XIV, 472, 473.

LOUISE d'Orléans, reine d'Espagne; son mariage stipulé avec le prince des Asturies; XXVII, 452. Est conduite en Espagne; ses vices, 457. Sa captivité; elle perd son mari, 502 à 504.

LOUISE-ELISABETH de France épouse l'infant don Philippe; XXVIII, 349. Sa mort; XXIX, 336.

LOUISE de France, fille de Louis XV, carmélite; visites que lui fait son père; XXIX, 497.

LOUP, fils de Hatton, élu duc par les Gascons; II, 222. Livre Hunold, son oncle, à Charlemagne; confirmé dans son duché, 224. S'allie aux Navarrais contre Charlemagne, 261.

LOURDIN DE SALIGNY, chambellan de Jean-sans-Peur; son arrestation; XII, 401.

LOURO se charge d'assassiner Henri IV; est exécuté; XX, 80.

LOUVET, chef Armagnac, s'enferme à la Bastille, XII, 539. Son influence sur le Dauphin, 554; XIII, 6. Ses efforts pour le conserver, 41. Il est éloigné de la cour, 42 à 46. Reconnaît le pape Martin v, 54.

LOUVIGNY; sa déposition contre Chalais; XXIII, 21.

LOUVILLE est mis à la Bastille; XXIII, 215.

LOUVILLE (LE MARQUIS DE) accompagne Philippe V en Espagne; XXVI, 298. Son ambassade en ce pays; XXVII, 281 et suiv.

LOUVOIS (LE MARQUIS DE), ambassadeur de France à Rome; sollicite pour Richelieu le chapeau de cardinal; XXII, 514.

LOUVOIS (LE TELLIER, MARQUIS DE); époque de son entrée au ministère; XXV, 13. Son activité; son intelligence, 95, 97. Devient l'ennemi de Turenne, 132, 145. Contribue à la conquête de la Franche-Comté, 148. S'oppose à ce que Lauzun soit grand-maître de l'artillerie, 199. Opposé à son mariage, 204. Ses apprêts de guerre, 209. Contribue à perdre Lauzun; sa rivalité avec Colbert, 218, 219. Son arrogance à l'égard des députés hollandais, 204. Condition de paix qu'il leur propose, 244, 246. S'oppose à la démolition des forteresses prises, 251. Inquiétudes que le roi lui exprime pour Charleroi, 254. Ses ordres à Turenne, 255. Prédilection du roi pour lui; pourquoi, 256. Villes d'Alsace dont il s'empare, 263. Il dessert Turenne, 267, 268, 283. Est près d'être disgracié; ses excuses au maréchal, 268, 293. Comment le fait remplacer, 301, 302. Renforce Luxembourg, 350. Succès qui lui sont dus; sa récompense, 355. Embarras qu'il suscite à Colbert, 388, 448. Son zèle pour la grandeur du roi, 408. Il corrompt les magistrats de Strasbourg, 410. Qui fait nommer ministre des finances, 465. Mesures qu'il inspire au roi contre les Huguenots, 495 et suiv. Ordonne de convertir militairement le Béarn, 501. Annonce au roi les succès qu'il obtient, 508. Son opinion sur la révocation de l'édit de Nantes, 518 et suiv. Conseille d'écraser la ligue d'Augsbourg, 530, 531. Expériences qui se font dans son hôtel, 549. Il a créé la science de l'administration; XXVI, 5. A persuadé au roi de demeurer seul contre tous, 7. Il emploie l'armée aux travaux publics; désastres de cette entreprise, 10, 11. Sa discussion avec le roi sur un bâtiment; elle le décide à la guerre, 12, 13. Ses prévisions trompées en Angleterre, 19, 26. On le reconnaît dans Aman, 33. Il fait dévaster le Palatinat; colère que lui témoigne le roi, 34 à 38. Ordre qu'il donne à Luxembourg, 53. Il fait fêter la victoire de Fleurus ; son amertume contre le général victorieux, 54. Violences qu'il exige de Catinat, 56, 64. Il fait envahir le Piémont, 58. Sa ponctualité, 66. Affaiblit l'armée de Flandre, 70. Il fait arrêter Balloude ; sa mort ; son portrait ; sa perfidie ; sa dureté ; sa jalousie envers Mme de Maintenon ; jalousé par le roi ; soupçons d'empoisonnement, 73 à 82. Son système de faire vivre les armées en pays ennemi, 105. Griefs du duc de Savoie contre lui, 168. Le ministre de la guerre reste dans sa famille, 219, 220.

LOYOLA (IGNACE DE), fondateur de l'ordre des jésuites ; blessé au siége de Pampelune ; XVI, 124. Fait approuver l'institut des jésuites par le pape ; XVII, 90.

LUBOMIRSKI (LE PRINCE) en guerre avec le roi de Pologne ; XXV, 112.

LUCIENNE, première femme de Louis-le-Gros ; son divorce ; V, 21. Quand prononcé, 56.

LUDE (LE COMTE DU) ; troupes qu'il commande à Bordeaux ; XVII, 356.

LUDOLPHE, fils aîné d'Othon ; lui fait la guerre ; III, 446, 458.

LUDOVISI (HORACE) occupe militairement la Valteline au nom du pape ; XXII, 529.

LUDOVISI (LE CARDINAL), médiateur entre l'Espagne et la Savoie ; XXII, 421. Elu pape. Voy. *Grégoire XV*.

LUGEAC (LE MARQUIS DE), pourvoyeur de Louis XV ; XXIX, 8.

LUGOLI, échevin de Paris ; fuit avec Henri III ; XX, 359.

LUITGARDE, femme de Charlemagne ; II, 352. Sa mort, 376.

LULLIN (LE MARQUIS DE), négociateur du duc de Savoie au congrès de Vervins ; XXI, 475.

LUMEY (GUILLAUME DE), comte de la Mark ; commande les gueux de mer ; ses succès ; XIX, 134, 135.

LUNA (PIERRE DE) donne asile à Henri Traustamare ; XI, 79. Est élu pape ; XII, 59. Voy. *Benoît XIII*.

LUNDEN (L'ARCHEVÊQUE DE), envoyé de Charles-Quint aux diètes de l'empire ; XVII, 29. Déclaration qu'il fait sur les intentions de François Ier, 31.

LUPUS, duc de Champagne ; fidèle à la famille royale ; en butte à la haine des grands de l'Austrasie ; I, 361. Sauvé par Brunehault ; s'enfuit auprès de Gontran, 362. Recherché à son tour par ses persécuteurs, 394.

LUQUISSES (LES), Albanais au service de Montmorency ; leur arrestation ; XXII, 118. Leur supplice, 119.

LUSIGNAN (GUI DE), roi de Jérusalem ; époux de Sybille, sœur de Baudoin IV de Jérusalem ; est régent de ce royaume ; VI, 71. Le roi veut lui enlever ce titre, guerre civile ; le fils de sa femme est appelé au trône, 72. Est couronné roi ; marche au secours de Tyberiade, 75. Perd la bataille de ce nom ; est fait prisonnier, 76. Mis en liberté moyennant un serment qu'il viole ; il assiége Saint-Jean-d'Acre, 83. Haï de Montferrat, 84. Fait hommage à Richard ; est protégé par lui, 107. Ses prétentions réglées, 114. Reçoit le royaume de Chypre en échange de celui de Jérusalem, 121. Sa femme réclame l'héritage de Champagne ; VII, 62. Et la Judée, 209.

LUSIGNAN (HENRI DE), roi de Chypre ; Innocent IV lui offre le trône de Jérusalem ; à quelles conditions ; VII, 366. Accueille saint Louis, 388.

LUSIGNAN (EMERY DE) soulevé contre Henri II d'Angleterre ; réduit ; V, 463.

LUSIGNAN (HUGUES X DE), comte de la Marche ; époux d'Isabelle, comtesse d'Angoulême ; Jean-sans-Terre lui enlève sa femme ; il invoque Philippe-Auguste ; VI, 207, 209. Se joint à Arthur de Bretagne ; est fait prisonnier, 212, 213. Reprend sa femme ; abandonne Raymond de Toulouse, 581. Le favorise en secret, 590. Est allié du comte de Champagne ; VII, 19. Entre dans l'alliance anglaise ; à quel prix, 26. Y renonce, 30. Efforts du pape pour l'y maintenir, 34. Ses intérêts stipulés à Saint-Aubin du Cormier, 105. Mariage de son fils, 141. Il sévit contre les bourgeois d'Orléans, 162. Encore ligué avec Henri III, 164. Assiste à la cour plénière de Saumur, 235. Soutient les prétentions de Plantagenet au Poitou; accommodement, 239. Sa sourde hostilité ; il paraît à la cour du comte de Poitiers ; négocie contre lui ; donne sa fille en mariage au comte de Toulouse; forme une nouvelle ligue, 248. Insulte qu'il fait à Alphonse de France, comte de Poitiers, 249. Ne demande aux princes anglais que des secours en argent, 250. Pourquoi craint la présence de Henri III, 251. Son système de défense, 252. Reproches de Henri, 254. Ses propres regrets; ses récriminations, 255. Part qu'il prend à la bataille de Saintes ; négocie pour son compte, 258, 259. Sa soumission, 262. Il marche sur le comte de Toulouse, 269. Sa soumission a achevé de détruire l'indépendance des grands vassaux, 273. Son manque de constance favorable à la puissance de Louis, 274, 275. Son affaiblissement, 283. Accusé de félonie; près de se battre en champ clos, satisfait son accusateur, 284 à 286. Croisé avec saint Louis, 348. Ligué contre le clergé, 363.

LUSIGNAN (HUGUES XI DE), comte de la Marche ; épouse Yolande de Bretagne; VII, 141. Est prisonnier ; veut combattre en champ clos à la place de son père ; prend la croix ; VIII, 163. Sa mort, 193.

LUSIGNAN (HUGUES XIII DE), comte de la Marche et d'Angoulême; Philippe-le-Bel réunit ses fiefs à la couronne; IX, 142, 143, 406.

LUSIGNAN (AIMERY DE) ligué avec le roi d'Angleterre ; VII, 100.

LUSIGNAN, de la Fronde; émissaire de Mazarin qu'il veut sacrifier ; XXIV, 326. Son départ pour l'Espagne, 351.

LUSTRAC (MARGUERITE DE), veuve du maréchal Saint-André; projet de lui faire épouser Condé ; XVIII, 411.

LUTHER (MARTIN); thèse qu'il publie contre le trafic des indulgences; XVI, 66. Protégé par Frédéric-le-Sage, 94. Fermentation qu'il cause en Allemagne, 118. Excommunié; il brûle la bulle du pape; condamné par la diète de Worms ; progrès de sa doctrine, 121, 122, 127. Il prêche aux esclaves la soumission ; il prêche l'extermination des paysans révoltés, 248, 249. Effet de ses controverses sur la philologie, 362.

Connexion entre les progrès des études et celui de la réforme ; abus contre lesquels il s'est élevé, 364 à 369. Où a cherché la certitude; son erreur, 370 à 373. Sa traduction de la Bible; intolérance de ses premiers disciples, 374 à 376. Sa véhémence; passions qu'excite la connaissance des Écritures, 377, 378. Ses doctrines condamnées en France, 383, 384. Réfuté par Henri VIII, 403. Il engage Mélanchton à passer en France , 460. Dépassé par Muncer, 461. Par Calvin, 463. Sa mort; XVII, 274. Son nom incidemment rappelé; XI, 246; XIII, 106, 621, 624; XVII, 234; XVIII, 232; XXX; 11, 457.

LUX (LE BARON DE) demande la grâce de l'archevêque de Lyon; XX, 470.

LUXEMBOURG (COMTE DE); son débat avec le duc de Brabant; sa défaite; sa mort; VII, 413, 414.

LUXEMBOURG (JEAN, SIRE DE), frère du comte de Saint-Pol; fait lever le siége de Senlis; XII, 532, 533. Laisse massacrer d'Armagnac, 545. Nommé capitaine-général de Paris, 578, 579. Ses mesures après le meurtre de Jean-sans-Peur, 585, 586. Peu respecté des Anglais; sentimens de ses frères, 601. Ses succès contre le parti de Charles VII; XIII, 22, 29, 30. Troupes qu'il rassemble, 48. Comment accueille Saintrailles, 100. Sortie contre lui sous Compiègne, 159, 160. Lève le siége, 178, 179. A acheté et revend Jeanne d'Arc, 181, 182. Ses escarmouches en Picardie; ses cruautés, 226, 227. Assiége Laon, 240. Son entrée à Arras, 250. Ses efforts pour convaincre les Anglais de la bonne foi de Philippe, 267. Ses débats, sa réconciliation avec Lahire, 284, 287. Sa fermeté à contenir les aventuriers ; sa mort, 378.

LUXEMBOURG (LOUIS DE), évêque de Térouanne; chancelier de Henri VI; son entrée à Paris; XIII, 206. Fait épouser à Bedford sa nièce, 218. Autorité qu'il exerce à Paris; haine qu'il inspire; complot qu'il découvre; comme il le punit, 231, 232. Disgracié par York; sa maison désire le maintien de la paix entre la Bourgogne et l'Angleterre, 267. Conseiller de lord Willoughby, 270. Sa contenance à la prise de Paris, 273, 275. Il capitule, 276, 277.

LUXEMBOURG (JACQUELINE DE) épouse Bedford; XIII, 218.

LUXEMBOURG (JEAN, SIRE DE), du parti de Charles-le-Téméraire; XIV, 157.

LUXEMBOURG (CATHERINE DE), duchesse douairière de Bretagne; ses biens confisqués; XIV, 234.

LUXEMBOURG (LOUIS DE), comte de Ligny, siége à la cour des pairs; XV, 49. Est proposé pour époux à la duchesse de Bretagne, 103. Veut se faire à Sienne une souveraineté, 208. Son commandement sous Louis XII; il passe les Alpes, 290. Sa retraite, 306 à 308. Propose de tenir la campagne, 311. Sforza lui est livré, 317. N'a point l'honneur de la victoire, 321. Se met en possession de la Basilicate, 357.

LUXEMBOURG (FRANÇOIS DE); Henri III veut lui faire épouser sa maîtresse; il s'échappe de la cour; XIX, 323.

LUXEMBOURG (LE DUC DE) représente un des pairs laïques au sacre de Henri IV; XXI, 250. Est ambassadeur à Rome, 472.

LUXEMBOURG (LE MARÉCHAL DE), d'abord comte de Boutteville; du parti des princes; prisonnier à Rhétel; XXIV, 359. Envoyé en Bourgogne, 385. Est réduit, 482. Combat aux Dunes, 569. Est prisonnier, 570. Prend part à la conquête de la Franche-Comté; XXV, 147. Son commandement à l'armée de Hollande, 235. Ses succès, 243. Reste à la tête de l'armée; ses opérations d'hiver, 253, 254. Il rançonne Utrecht; sa retraite, 269, 270. Lieutenant de Condé, 276. Sa promotion, 302. Il commande l'armée d'Alsace; ne peut sauver Philipsburg, 337, 340, 341. Seconde le roi en Flandre, 346. Prend part à la victoire de Cassel, 348. Commande l'armée; fait lever le siége de Charleroi, 349, 350. Il gagne la bataille de Saint-Denis, 373 et suiv. Compromis par la Voisin; son arrestation, 404, 405. Il commande l'armée de Flandre; gagne la bataille de Fleurus; il n'en retire aucun fruit; XXVI, 52 à 54. Il assiége Mons; le roi vient à son quartier-général, 65. Est victorieux à Leuze, 70, 71. Ordres que lui donne le roi, 95, 96. Il soutient le corps de siége à Namur, 98, 99. Il gagne la bataille de Steinkerque, 109 à 111. Il supplie le roi de livrer bataille, 120, 121. Remporte la victoire de Neerwinde, 122 à 125. Prend Charleroi, 126. Sa liaison avec Condé; son mariage; son procès d'étiquette, 139 à 144. Ses manœuvres contre Guillaume, 146, 147. Sa mort, 157, 158, 217. Remplacé par Villeroi, 179.

LUXEMBOURG (LE DUC, PUIS MARÉCHAL DE); est aide de camp de Louis XV; XXVIII, 309. Il comprime le parlement de Normandie; XXIX, 100.

LUXEMBOURG-PINEY (LE DUC DE); principes libéraux auxquels il adhère; XXX, 372.

LUYNES (HONORÉ D'ALBERT, SIEUR DE) se déclare pour la ligue; fait arrêter Thore; XIX, 382, 383.

LUYNES (CHARLES-ALBERT DE), duc et pair, puis connétable de France; est présenté à Louis XIII; commencement de sa faveur; XXII, 295, 296. Ses occupations frivoles avec le roi, 364. Comment perd Concini, 391 et suiv. S'empare des sceaux, 396. Opinion que les princes ont de lui, 401. Comment circonvient le roi; fait exiler la reine-mère; fait exécuter Travail, 402 à 405. Fait juger la maréchale d'Ancre, 406 et suiv. Obtient la confiscation des Concini, 410. Veut s'emparer de l'esprit de la reine; sa politique extérieure et intérieure, 413 à 415. Langage qu'il met dans la bouche du roi, 425. Son mariage; sa grandeur; sa crainte de la reine-mère; il la fait surveiller; éloigne d'elle Richelieu, 331, 432. A le gouvernement de l'Ile-de-France; se sert de l'influence de sa femme pour assurer son crédit, 433, 434. Fait humilier Laforce, 435. Ses rigueurs contre les partisans de la reine-mère, 447 à 449. Fait faire la guerre à d'Epernon qui l'a délivrée; ses inquiétudes à son entrevue avec le roi, 451 à 453. Faveurs dont lui et les siens sont comblés; son entrevue avec Condé, 457. Dévouement que lui témoigne ce prince, 460. Déchaînement public contre son ambition, 461. Ses avances à la reine-mère; il prend les armes; la paix est renouvelée, 462 à 465. Ses intelligences avec Ossuna, 468. Prétexte qu'il a donné aux Huguenots de se réunir, 477, 479. Est nommé connétable, 480. Met en mouvement l'armée royale contre les réformés, 481. Achète la ville de Pons; se fait nommer garde des sceaux; le roi se fatigue de lui, 488, 489. Veut en vain séduire Rohan, 491. Comment termine la campagne; il fait renvoyer Arnoux; avertissement que lui donne le roi; sa mort, 492 à 494. Sa succession disputée, 497 et suiv. Comment a envisagé l'affaire de la Valteline, 520, 522. Etait beaucoup plus âgé que le roi; XXIII, 9, 10.

LUYNES (LE DUC DE) offre ses services à la Fronde; XXIV, 246. Son attitude hostile à la cour, 276.

LUYNES (LE DUC ET LA DUCHESSE DE), confidens du Dauphin; XXVIII, 471.

LUYNES (LE DUC DE); principes libéraux auxquels il adhère; XXX, 372.

LYNAR (LE COMTE DE), envoyé de Saxe en Russie; ses amours avec la régente; XXVIII, 265. Capitulation qu'il négocie; XXIX, 133.

LYONNE, secrétaire d'état, négociateur à Munster; a le secret de Mazarin; XXIV, 179. Envoyé par lui près de l'archiduc, 272. Son rôle dans la Fronde, 381. Son renvoi, 382. Sa mission en Espagne, 533 et suiv., 578. Puis en Allemagne, 549. Négociateur avec Cromwell, 550. Son habileté, 603. Ses travaux avec le roi; XXV, 7. Son portrait; ses idées politiques, 14. Ses fonctions, 29. Ses négociations, 39. Son empire sur le roi; ses projets sur la succession de Philippe IV; ses négociations habiles, 97 à 99. Ses conseils dans la guerre de Hollande, 115. Apaise la querelle du jansénisme, 140. Négocie la paix d'Aix-la-Chapelle, 151 et suiv. Désordres de sa famille; sa mort, 213, 214.

MAC

MACCHIAVEL, confidence que lui fait Louis XII; XV, 511.

MACDUFF, comte de Fife; plaide contre le roi d'Ecosse à la barre du parlement anglais; VIII, 461.

MACÈRE; ses efforts pour faire périr l'évêque Montluc; XIX, 216.

MACHAULT; libéralités envers cette familles révoquées; IX, 369.

MACHAULT (DE) d'Arnouville est nommé contrôleur général; établit le *vingtième*; ses emprunts; XXVIII, 476 à 481; XXIX, 16, 18. Il négocie avec les pays d'états; ses projets à l'égard des biens du clergé; résistance des prélats, 19 à 28, 32. Il passe au ministère de la marine, 37. Il a rendu libre le commerce des grains, 38; XXX, 35. Ses efforts pour éviter une guerre continentale; conseil secret auquel il est admis; XXIX, 77, 78,

MAD

81. Est garde des sceaux; époque de sa disgrâce, 88, 89, 93, 114, 115. Ordre qu'il porte à Mme de Pompadour, 109. Fait torturer Damiens, 110. S'est servi du parlement contre le clergé, 216. Candidat au premier ministère de Louis XVI; XXX, 20. Préféré par le roi; comment écarté, 21, 22. Ses idées reprises, 330. Eût peut-être conjuré une crise, 458.

MACIACCA contribue à la défense de Perpignan; XVII, 126.

MACKAY (LE GÉNÉRAL) tué à Steinkerque; XXVI, 111.

MADARON livre Nîmes aux Huguenots; XIX, 77, 78.

MADELEINE de France, demandée en mariage par Ladislas, roi de Hongrie; XIV, 10, 11. Epouse le vicomte de Castelbon, 85. Tutrice de son fils comte de Foix; fait hommage à son frère Louis XI,

391. Régente de Navarre, 613. Ligue dans laquelle elle entre; XV, 34.

MADELEINE de France, fille de François Ier; épouse Jacques v d'Ecosse; meurt; XVI, 534, 535.

MADSCHARS. Voy. *Hongrois*.

MADRUCE (ALISPRAND DE); son poste à la bataille de Cerisoles; XVI, 186.

MAGISTRI (JEAN), inquisiteur; prend part au procès de la Pucelle; XIII, 191.

MAGGI (CÉSAR) a fortifié le pas de Suse; XVI, 552.

MAGNENCE assassine Constant; est vaincu par Constance; se donne la mort; I, 25. Ses armées en Basse-Pannonie; défaites à Murse; poursuivies dans les Gaules; sa mort, 26.

MAGNOVALD, duc austrasien; tué par ordre de Childebert; I, 391.

MAGON, banquier; sa faillite; XXIX, 461.

MAHAULT. Voy. *Mathilde ou Mahault*.

MAHOMET chassé de la Mecque (Hégire); sa première victoire; II, 13.

MAHOMET II, sultan des Turcs; s'empare de Constantinople; XIII, 575. Le duc de Bourgogne veut se croiser contre lui, 576. Ses conquêtes; efforts du pape pour lui résister; XIV, 36, 37. Ses progrès en Grèce et en Illyrie, 137, 138. Un de ses fils prisonnier; il prend Otrante, 581. Sa mort; XV, 145.

MAHOMET III, sultan des Turcs; Henri IV recherche son alliance; XXI, 415.

MAHOMET IV relève l'empire ottoman; XXV, 68.

MAHOMET-EBEN-TUMART, fondateur de la secte fanatique des Almohades ou unitaires qui éteint l'Eglise d'Afrique; V, 167.

MAIGNAT, espion du duc de Savoie; son procès; XXII, 278, 279.

MAIGNELAIS rejoint l'armée de Mayenne; XXI, 81. Le trahit; est assassiné, 102, 103, 406.

MAILLART (JEAN), échevin de Paris; fait périr Marcel; X, 538, 539. Ordonne le supplice du trésorier de Navarre et de l'échevin Coussac; fait rentrer le Dauphin, 540.

MAILLEBOIS (LE MARQUIS, PUIS MARÉCHAL DE); troupes qu'il conduit en Corse; XXVIII, 210. Sa promotion; son armée en Allemagne; il neutralise Georges II, 229. Marche au secours de Bellisle, 258 à 262. Son commandement en Italie, 361, 363. Envahit le Piémont; a part à la victoire de Busignano; prend ses quartiers d'hiver, 386 à 392. Reprend ses opérations, 397 et suiv. Perd la bataille de Plaisance, 400, 401. Ses habiles manœuvres; les Espagnols l'abandonnent; fait retraite, 402 à 404. Ne peut empêcher l'invasion de la Provence, 410, 411.

MAILLEBOIS (LE COMTE DE); préliminaires qu'il signe avec le ministre de Sardaigne; XXVIII, 394. Brouillé avec d'Argenson, 436. Est de l'armée d'Allemagne; XXIX, 127. Sa conduite à Hastembeck; sa disgrâce, 130 à 132.

MAILLÉ-BRÉZÉ (PHILIPPE DE) reçoit en France Marie Stuart; XVII, 368. Est de la conjuration d'Amboise; XVIII, 141.

MAILLOT (BÉRENGER), marin catalan; défait les galères françaises; VIII, 367.

MAILLOTINS (SÉDITION DES) à Paris; XI, 364 et suiv.

MAILLOTIN DU BAC, prévôt des maréchaux de Charles-le-Téméraire; ses cruautés; XIV, 258, 465.

MAILLY (LE SIRE DE) entre dans le conseil de Charles VI; XII, 353. Se met à la tête des insurgés de Paris, 408, 413. Accompagne Jean-sans-Peur, 458. Son entrée à Paris, 538. Est nommé grand panetier, 548. Assiége Compiègne; XIII, 178. Secourt Paris, 249. Son désir de la paix, 267. Est caution du duc d'Orléans, 374.

MAILLY (LOUISE-JULIE DE NESLE, COMTESSE DE), maîtresse de Louis XV; XXVIII, 165 à 174. Sa disgrâce, 253 à 255. Soins qu'elle donne à sa sœur, 347. Incidemment nommée, 411. Son désintéressement, 425, 468.

MAINE (CHARLES D'ANJOU, COMTE DU) réside à la cour de Charles VII; XIII, 168, 197. Contribue à la chute du favori; demeure à la tête des conseils du roi, 221 à 225. Seconde le connétable, 239. Est au faîte du crédit, 292, 298. Se rend aux États d'Orléans, 351. Sa fidélité au roi, 358. S'interpose pour la paix, 366. Le roi lui donne Duchatel pour lieutenant, 377. Tournée dans laquelle il accompagne ce prince, 378. Ce qu'il obtient des Anglais, 415. Conseil auquel il assiste, 421, 440. Il rejoint l'armée royale en Normandie, 488. Escorte le roi à Rouen, 492. Puis à Caen, 504. Siège à la cour des pairs; XIV, 19. Don qu'il reçoit, 22. Désire la guerre avec Philippe-le-Bon, 28. Est l'objet de nouvelles largesses, 30. Est le conseiller habituel du roi, 3, 38, 55. Il l'excite contre le duc de Bourgogne, 60. L'aigrit contre son fils, 63. Prête serment de les réconcilier, 64. Disposé à se réunir à l'héritier du trône, 68. Il n'ose se présenter devant Louis XI, 80. Pardon, grâces et libéralités qu'il en obtient, 84. S'égare à la chasse avec Charolais, 86. Arbitrage dont il est chargé, 136. Son jugement, 145. Par qui excité contre le roi, 144. Sa sentence non notifiée au duc de Bretagne, 155. Son poste contre la ligue du *bien public*, 167, 168. Il manœuvre pour rejoindre le roi, 173. Sa fuite à la bataille de Montlhéry, 176. Dispersion de ses troupes, 180. Il rejoint le roi, 182. Négociateur pour lui; méfiance qu'il lui inspire, 185. Livré comme otage, 187. Sa disgrâce, 200, 201. Ses intrigues, 242. Disposé à seconder le duc de Bretagne, 365. Sa mort, 400.

MAINE (CHARLES D'ANJOU, COMTE DU), puis duc de Calabre; succède à son père; XIV, 400. Charges qu'il fournit contre Saint-Pol, 457. Médiateur entre Louis XI et Réné d'Anjou, 470. Vend au premier ses droits et sa succession, 471. Hérite du roi Réné et fait Louis son légataire universel, 586 à 588. Conséquences de ces dispositions; XV, 139.

MAINE (LOUIS-AUGUSTE DE BOURBON, DUC DU), fils légitimé de Louis XIV et de Mme de Montespan; Mme de Maintenon est son institutrice; XXV, 306, 396. Domaines qui lui sont donnés; ses emplois, 440, 441. Ses premières armes; XXVI, 19. Son affection pour sa mère, 48. Enrichi par Mademoiselle, 86. Son mariage, 93. Est à l'armée de Luxembourg, 98. Suppléé dans son gouvernement de Languedoc, 104. Ses prétentions de préséance, 145. Défend Dunkerque, 156. Est de l'armée de Flandre, 180. Attaque qu'il fait manquer, 181, 182. Prédilection du roi pour lui, 185. Son mariage, 131. De quoi accusé, 152, 155. Son infirmité, 196. Edit qui le déclare capable de succéder à la couronne, 202. Presse le roi de faire son testament, 206. Son entretien avec ce prince mourant, 215. Ses chances pour être régent, 224, 228. Motifs pour l'exclure, 229. La garde du jeune roi lui est commise; il est du conseil de régence, 231. Son altercation au parlement avec le duc d'Orléans, 236 à 238. Sa timidité; conséquences qu'elle entraîne, 239. Reste au conseil, 244. Fidélité de ses amis à la constitution, 300. Affection que lui porte le roi d'Espagne, 311. Opposé à la quadruple alliance, 322. Ses liaisons avec Cellamare, 326. Sa dégradation poursuivie, 337 et suiv. Coup d'état contre lui, 345 à 353. Ses intrigues, 364 et suiv. Son arrestation, 369 et suiv. Ses rapports avec Mme de Maintenon, 408, 409. Rentre en grâce, 449, 474; XXVIII, 23, 24. Epoque de sa mort; extinction de sa famille, 474.

MAINE (DE CONTI, DUCHESSE DU) épouse le duc du Maine; XXVII, 131. Sa cour à Sceaux, 197; XXVIII, 24. Son esprit d'intrigue; XXVII, 230. En butte à la haine du duc de Bourbon; prend part à la querelle des pairs et des légitimés; cherche à se faire un parti dans la noblesse, 337 à 341. Dubois exploite sa haine contre le régent, 361 et suiv. Ses intrigues avec Cellamare; ses confidens, 363 et suiv. Son arrestation, 369 et suiv. Parti qu'elle veut tirer de l'agitation en Bretagne, 382. Rentre en grâce, 449. Ses plans repris, 497.

MAINEVILLE (FRANÇOIS DE RONCHEROLLE, SIRE DE), chargé de pouvoirs du cardinal de Bourbon au traité de Joinville; XX, 127. Est de la ligue,

131. Préside le comité directeur, 132, 136. Rôle que lui destine Guise, 331. Il lui annonce la fuite du roi, 356. Est nommé conseiller d'état, 378. Commande à Paris, 501. Est défait à Senlis et tué, 525, 526.

MAINTENON (DUCHESSE DE), sa faveur naissante; XXV, 305 et suiv. Terre qu'elle achète, 307, 390. Est de la maison de la Dauphine, 395, 396. Elle se fait le mentor du roi, 396 et suiv. Son zèle persécuteur en contradiction avec ses sentimens, 419 et suiv. Sa tendresse pour les enfans de Mme de Montespan, 440. Elle veut quitter la cour, 443. Le roi l'épouse en secret, 444 à 447. Sa correspondance avec Noailles et Fénélon, 483. Ses rapports avec Mme Guyon, 488; XXVI, 239, 240, 242. Louvois intrigue contre elle; XXV, 495. Pourquoi se félicite des premières dragonnades, 499. Son opinion sur la sincérité des convertis, 509. Annonce la révocation de l'édit de Nantes, 517. Elle empêche la guerre, 530, 531. Sa compassion pour la misère publique, 543. Elle fonde Saint-Cyr, 544, 545. Son mot à la princesse de Conti, 546. Elle fait représenter Esther; XXVI, 32 et suiv. Scrupules qu'elle excite chez le roi sur les dévastations ordonnées par Louvois, 36 et suiv. Sa mission près de Mme de Montespan, 47. Rejointe par le roi, 68. Ses rapports avec Louvois, 75 et suiv. Sa part aux préliminaires du mariage du duc de Chartres, 91. Ses voyages à Marly, 94. Accueil qu'elle fait à la duchesse de Bourgogne, 226. Mariage de sa nièce, 232. Elle se détache de Fénélon, 246. Reçoit la rétractation de Beauvilliers, 250. Rigueurs auxquelles elle détermine le roi, 254. Ses protégés commis des ministres, 302. Cause la disgrâce de Catinat, 323. Son amitié pour Villeroi, 324. Ses efforts pour inspirer de la dévotion au roi, 383. Ce que témoigne sa correspondance avec lui, 434. Ses relations avec la princesse des Ursins, 447, 448. Alarmes qu'elle épargne au roi, 455. Villeroi repousse ses conseils, 462. Sa correspondance; XXVII, 4, 55, 105, 115, 120, 146, 182, 195, 256. Secret qu'elle garde, 41. Sa prédilection pour la duchesse de Bourgogne, 48, 121. Son amitié pour Voisin, 84. Sa lassitude, 120 et suiv. Console le roi de la mort de son fils, 135. Chagrin que lui cause celle de la Dauphine, 149, 196. Ses rapports avec le duc d'Orléans, 154, 155. Desseins dans lesquels elle seconde le roi, 184. Besoin continuel qu'il a de sa présence, 185, 186. Amis qu'elle abandonne, 187. Sa cour de Marly, 197. Prie le roi de faire un testament, 206. Assiste ce prince mourant, 216, 217. Sa prédilection pour le duc du Maine, 229. Abandonnée par Noailles, 233. Visite que lui fait le régent, 241. Plusieurs de ses protégés arrêtés, 369. Sa mort, 408.

MAIRE (DU PALAIS); ce qu'était cette dignité; I, 342, 404 et suiv.

MAISONS (LE PRÉSIDENT DE) est nommé surintendant des finances; XXIV, 334. Est blessé, 450.

MAJORIEN, empereur, novelle publiée par lui; I, 61. Se prépare à marcher sur l'Afrique, 163. Déposé, 164.

MALAGRIDA, jésuite portugais; vengeance dont il est l'objet; pourquoi; XXIX, 222 à 225.

MALASSISE (HENRI DE), négocie et signe la paix de Lonjumeau, appelée paix mal assise; XVIII, 528 à 531.

MALATESTA DE PESARO assiége Rome; XII, 343.

MALATESTI (CARLO), seigneur de Rimini; donne asile à Grégoire XII; XII, 322.

MALATESTI (SIGISMOND); allié des Angevins; défait près de Mondolfo; XIV, 118.

MALATESTI (PANDOLPHE IV), seigneur de Rimini; s'enfuit à l'approche de Borgia; XV, 331.

MALCOLM, roi d'Ecosse; allié de Henri II; armé par lui chevalier; renfort qu'il lui amène; V, 411.

MALEK EL KAMEL ou MELÉDIN; aux prises avec les croisés en Egypte; VI, 501. Capitulation qu'il leur accorde, 503. Ses négociations avec l'empereur Frédéric II; il lui rend Jérusalem; VII, 47, 48. Prisonniers qu'il fait pendant la trêve, 185. Est en guerre avec le sultan de Damas, 209. Traité avec les croisés, 211. Trêve qu'il fait avec Richard de Cornouailles, 214.

MALEK EL SALEH, sultan de Damas ; en guerre avec le sultan du Caire; VII, 209. Bat les croisés à Gasah, 210. Traité avec les Templiers, 211.

MALEK EL MANSOUR, soudan d'Egypte ; provoqué par les chrétiens ; VIII, 415. Prend Tripoli ; se dispose à assiéger Acre ; sa mort, 416. Ses recommandations à son fils, 446.

MALESHERBES (DE LAMOIGNON DE), sa naissance ; XXIX, 88. Ses remontrances au sujet du parlement Maupeou, 438. Est nommé ministre ; ses actes ; sa retraite ; XXX, 56 à 59, 68, 78 à 80. Ses bonnes influences ; ses édits, 248, 296. Ses efforts de conciliation, 362. Ses inquiétudes sur le sort de la monarchie, 390. Son manque d'énergie, 398. Comment apprécie le parlement, 422.

MALESTROIT (GUILLAUME DE), évêque de Nantes ; ses débats avec le duc de Bretagne ; XIV, 24.

MALEZIEUX, confident de la duchesse du Maine ; XXVII, 364. Rentre en grâce, 449.

MALMERSBURY (HARRIS LORD), négociateur en Espagne ; XXIX, 413, 414. Troubles qu'il excite en Hollande; XXX, 398 et suiv.

MALPLAQUET (BATAILLE DE), gagnée par Eugène et Marlborough sur Villars ; XXVII, 87.

MALTE (SIÉGE DE) par les Turcs contre les troupes de l'ordre ; XVIII, 459, 460.

MALTOTE ; d'où vient ce nom donné à une levée d'impôts ; VIII, 516.

MALTRAVERS, meurtrier d'Edouard II ; IX, 465.

MANCINI (LA DUCHESSE DE) ; projet de la marier au duc de Candale ; XXIV, 278, 338.

MANCINI (HORTENSE) ; sa beauté; XXIV, 582. Projet de la marier au roi d'Angleterre, 597. Epouse La Meilleraye, 601.

MANCINI (MARIE) ; passion qu'elle inspire à Louis XIV ; XXIV, 560, 576. Leur séparation, 582, 583. Son mariage, 601 ; XXV, 16.

MANCINI, l'aîné des neveux de Mazarin ; combat au faubourg Saint-Antoine ; XXIV, 453. Sa mort ; mort de sa mère, de son jeune frère et de sa sœur, 559.

MANCINI (OLYMPE), nièce de Mazarin ; passion qu'elle inspire à Louis XIV ; XXIV, 515. Son mariage avec le comte de Soissons, 532, 559, 576, 577. Est surintendante de la maison de la reine, 601. Influence qu'elle conserve sur le roi ; XXV, 16, 18, 33, 52. Elle veut le brouiller avec Lavallière, 34. Elle le trahit, 52, 53. Perd Mme de Navailles, 62. Son démêlé avec Madame ; ses aveux au roi ; son exil, 82, 83. Compromise par la Voisin ; quitte la France, 404, 405, 526. Soupçons qu'elle attire sur son fils ; XXVI, 341.

MANCINI (LA DUCHESSE) est destinée au duc de Bouillon ; XXIV, 601. Compromise par la Voisin ; XXV, 404, 405.

MANDELOT, gouverneur de Lyon; laisse massacrer les Huguenots ; XIX, 188. Ses succès contre Lesdiguières, 534. Est de la ligue ; XX, 130. Livre Lyon à l'association, 144, 145. Sa mort, 486.

MANFRED, fils naturel de l'empereur Frédéric II ; ses victoires dans les Deux-Siciles sur les troupes du pape ; VIII, 6, 32, 33. Gloire de son règne, 53. Le pape cherche un champion à lui opposer, 57. Mariage de sa fille, 60, 61. Comment combattu par Edmond d'Angleterre, 121. Charles d'Anjou marche contre lui, 149. Le pape prêche contre lui une croisade, 150. Il perd la bataille de Grandella et est tué, 153. Intérêts que la cour de Rome a sacrifiés pour se venger de lui, 157. Son gendre veut relever son parti, 311.

MANFREDI (ASTORRE III), prince de Faenza ; victime de la perfidie de Borgia ; XV, 331, 332.

MANGOT, chancelier ; procès criminel qu'il altère ; source de sa fortune ; XXII, 278, 279. Son entrée au ministère, 365. Fait résoudre l'arrestation de Condé, 372 et suiv. Médiateur avec Longueville ; est nommé garde des sceaux, 384. Sa disgrâce, 396.

MANOEL (DON JUAN), chef du parti

des la Cerda en Castille; VIII, 326.

MANOU assiste à la mort de Henri III; XX, 543.

MANRIQUE (DON PEDRO), lieutenant de Ferdinand-le-Catholique; envahit la Guienne; XV, 249.

MANS (LE); la première *commune* s'y établit; est de courte durée; IV, 406 et suiv.

MANSARD DU BOS; du parti d'Orléans; son supplice; XII, 378.

MANSEL (PHILIPPE), capitaine anglais; comment perd la Rochelle; XI, 173, 174.

MANSFELD (PIERRE ERNEST, COMTE DE); renfort qu'il amène au duc d'Orléans; XVII, 122. Rejoint Van Rossen, 458. Lieutenant du duc de Savoie; XVIII, 45. Envoyé en France; XIX, 53. Levées qu'il fait pour la ligue, 353. Se prononce pour la paix; XXI, 291.

MANSFELD (WOLFRAD, COMTE DE) prend le commandement des troupes de Deux-Ponts; XIX, 54. Sauve l'armée huguenote, 64. Sa valeur à Arnay-le-Duc, 83.

MANSFELD (CHARLES, COMTE DE); levées qu'il fait pour la ligue; XXI, 25. Ses avantages sur les Hollandais, 94. Remplace le duc de Parme dans les Pays-Bas, 146. Harcelé par le prince d'Orange, 181. Comment renforce Mayenne, 186, 255, 287. Se prononce pour la paix, 291. Renforce la garnison de Laon, 296. Reçoit l'ordre d'envahir la Picardie, 333. Envoyé contre les Turcs; sa mort, 360.

MANSFELD (ERNEST, COMTE DE) défend l'électeur palatin; XXII, 446. Congédié par lui; se rapproche de la France; battu à Fleurus par les Espagnols; rejoint le prince d'Orange, 507, 508. Guerroie en Allemagne, 530 à 532. Armée que lui confie l'Angleterre, 548. Ses désastres, 549. Sa mort; XXIII, 125.

MANSFELD (LE COMTE DE), général de l'empereur; évacue l'Italie; XXVI, 190, 191.

MANSOURAH (BATAILLE DE), gagnée par les mamelucks sur saint Louis; VII, 421 et suiv.

MANSTEINN (LE GÉNÉRAL PRUSSIEN) cause la défaite de Kolin; XXIX, 125.

MANUEL COMNÈNE, empereur de Constantinople; Louis VII se concerte avec lui pour la croisade; V, 315. Promet son assistance, 319. Ses ambassadeurs proposent la route de mer, 322. Son attitude en présence des croisés, 327, 330. Rappelle Conrad à Constantinople, 338.

MANUEL II, empereur de Constantinople; tributaire de Bajazet; XII, 74. Son ambassade en France; secours qu'il implore, 97. Vient en France, 120. N'obtient que des fêtes, 139. Son retour en Orient; présens que lui fait Charles VI, 168, 169.

MANUEL (JUAN); son zèle pour le jeune Charles Quint; XV, 482.

MANWARING poursuivi par le parlement anglais; XXIII, 68.

MAR (LE COMTE DE) soulève les jacobites en Ecosse; XXVII, 251. Ses désastres, 252, 253.

MARAVIGLIA, écuyer de François 1er; son émissaire à Milan; ses gens tuent Castiglione; son procès; son supplice; réparation que le roi demande; XVI, 420 à 423. Prétexte que ce prince tire de cette affaire, 441, 468; XVII, 100.

MARBEUF (LE MARQUIS DE); son commandement en Corse; XXIX, 317, 378 et suiv. Amnistie qu'il publie, 383.

MARCA (PIERRE DE), archevêque de Toulouse; est du conseil de conscience de Louis XIV; XXV, 15. Est nommé archevêque de Paris; sa mort, 43, 75.

MARC-AURÈLE; sous son règne le christianisme s'établit dans les Gaules et est persécuté; I, 94.

MARCEL II (MARCEL CERVINO), pape; son élection; sa mort; XVII, 548.

MARCEL (ÉTIENNE), prévôt des marchands de Paris; stipule pour les *bonnes villes* aux Etats-généraux; X, 428. Est à la tête du tiers-état, 478. Ses talens; son influence; habitudes militaires qu'il a données aux bourgeois de Paris; son immense popularité; approuve les demandes présentées par l'évêque de Laon, 490 à 494. Son véritable caractère, 497. Il fait révoquer la dissolution de l'assemblée, 510. Ses luttes avec le Dauphin ; il contribue à la délivrance du roi de Navarre ; son désir de la paix ; il fait prendre à la bourgeoisie des chaperons mi-parti rouge et bleu ; fait porter au prince les couleurs nationales ; est dépositaire de l'autorité ; usage qu'il en fait ; trompé par le régent, 512, 513, 517 à 524. Les nobles demandent sa mort ; mesures qu'il prend ; il fortifie Paris ; il l'approvisionne ; fait nommer le roi de Navarre capitaine-général, 528 à 530. Lui ôte ce titre ; négocie avec lui ; excite les soupçons de son propre parti ; veut le faire nommer de nouveau capitaine-général ; promet de lui livrer la porte Saint-Denis ; complot contre lui ; il est tué ; son corps exposé, puis jeté dans la Seine ; ses partisans arrêtés, 535 à 541.

MARCEL, prévôt des marchands de Paris ; désordre qu'il réprime ; XIX, 104. Dispose les bourgeois à la Saint-Barthélemy, 164.

MARCHADÈS, chef de Brabançons, au service de Richard VI ; 167. Fait prisonnier l'évêque de Beauvais, 168. Est chargé de faire une nouvelle levée, 173. Comment attaqué et dévalisé, 179. Acte de cruauté qui lui est attribué, 177. Prend parti pour Jean-sans-Terre ; ses opérations de guerre, 184.

MARCHAIRE, Franc, institué duc de Frioul ; II, 254.

MARCHEMONT. Voy. *Léon Brulart*.

MARCIEN (LE CHEVALIER DE) escorte Alberoni ; XXVII, 386.

MARCILLAC, gentilhomme de Marie de Médicis ; insulté par Rochefort ; ne peut obtenir vengeance ; XXII, 329, 330. Conspire contre Concini, 392 et suiv. Est expulsé de la cour ; XXIII, 25.

MARCOMANS, Allemands, I, 115.

MARCULFE, formule précieuse d'actes publics conservée par lui ; I, 408.

MARÉCHAL, médecin de Louis XIV ; soupçons d'empoisonnement qu'il repousse ; XXVII, 152. Ce que le roi lui dit du duc d'Orléans, 206.

MARETS (JEAN DES), avocat du roi ; soutient les prétentions du duc d'Anjou ; XI, 308. Porte à Paris soulevé les conditions des princes, 366. Paix qu'il négocie, 369. Son supplice, 410.

MARGUERITE, fille de Louis-le-Jeune, promise en mariage, à six mois, au jeune fils de Henri II ; V, 405. Remise à la garde de ce roi, 406. Son mariage à trois ans, 436. N'est point couronnée avec son mari, 474. Est enfin couronnée, 494. Son voyage à Paris, 498. Emmenée comme prisonnière en Angleterre, 509. Règlement de son douaire ; VI, 29, 30. Son mariage stipulé avec Bela, roi de Hongrie, 48.

MARGUERITE, épouse de Baudoin V, comte du Hainault ; mariage de sa fille ; VI, 15. Sa part dans la succession de son frère le comte de Flandre, 141.

MARGUERITE de Flandre s'enfuit à Paris avec la comtesse Jeanne ; VI, 562. Dispute le comté de Namur à Baudoin II de Constantinople ; VII, 189. Hérite de sa sœur, 296. Ses enfans ; son mariage ; est veuve quand elle devient comtesse de Flandre et de Hainault ; ses démêlés avec ses bâtards, 297. Guerre civile que termine l'arbitrage de saint Louis, 298. Croisée avec lui, 348. Le partage de ses états réglé par lui, 370. Nouveaux débats entre ses fils, 485 ; VIII, 7.

MARGUERITE de Provence, épouse saint Louis ; dureté de sa belle-mère envers elle ; VII, 136, 137. Naissance de son premier fils, 287. Ses instances pour empêcher Louis de prendre la croix ; elle lui donne un second fils, 312, 313. Témoignage de son confesseur sur les pratiques dévotes du roi, 339 et suiv. Part avec lui pour la croisade, 380. Quitte Damiette, 445. Ses couches en cette ville ; surnom qu'elle donne à son fils ; don qu'elle requiert d'un chevalier ; en quel lieu elle rejoint le roi, 448. Sa douleur à la mort de la reine-mère, 497. Incident de son retour, 501, 502. Son entrevue avec sa mère et ses sœurs; VIII, 23. Ses instances pour empêcher le roi de se faire moine, 24. Intérêt qu'elle prend à la cause de Henri III, 56, 57. Arbitre entre sa sœur, reine d'Angleterre, et le sieur de Pons; équité de sa sentence, 132. Sa jalousie contre sa sœur Béatrix; serment qu'elle fait prêter à son fils aîné, 142. Le roi ne lui accorde aucune autorité, 179. Il prend congé d'elle, 180. Bons offices du pape pour la réconcilier avec le roi de Naples, 245. D'où ses démêlés avec lui; abandonnée par le roi son fils; invoque le secours de l'empereur et du roi d'Angleterre, 300, 301. Recourt aux armes; barons de son parti; compte qu'elle rend à Edouard, 322 à 324. Blâmée par son fils aîné; par quelles médiations se terminent les débats, 325. N'a point de crédit sur son petit-fils; sa retraite, 382, 383. Survit à ses sœurs; respects dont elle est entourée, 467. Sa longue vie entretient l'harmonie entre les familles royales de France et d'Angleterre, 468. Sa mort, 507.

MARGUERITE, fille de saint Louis, épouse Jean de Brabant; VIII, 179.

MARGUERITE d'Ecosse, reine de Norwége; sa fille est héritière de l'Ecosse; VIII, 456.

MARGUERITE de Norwége hérite de l'Ecosse; le roi d'Angleterre la prend sous sa protection; VIII, 456. Son remariage stipulé; sa mort, 457.

MARGUERITE de France; son mariage projeté avec Edouard 1er d'Angleterre; VIII, 477, 480. Elle épouse ce prince; IX, 37, 39, 40. Son voyage en France, 212.

MARGUERITE de Brabant, épouse de l'empereur Henri VII; est couronnée; IX, 216.

MARGUERITE de Bourgogne, épouse de Louis-le-Hutin; IX, 289. Accusée d'adultère, 290. Tonsurée et incarcérée; son époux la fait étrangler, 292. Epoque de sa mort, 309.

MARGUERITE de France, comtesse d'Artois, épouse Louis 1er comte de Flandre; IX, 376. Fait conclure le mariage de sa petite-fille avec le duc de Bourgogne; XI, 112. Appelle ce prince à Arras; pour quel motif, 273. Sa mort, 351.

MARGUERITE de Flandre, comtesse de Montfort; ranime le parti de son mari prisonnier; X, 194. Sa constance; elle demande du secours à Edouard III, 200. Sa vaillance au siége d'Hennebon; sa délivrance, 201 à 205. Contribue à la prise de Vannes, 212, 213. Est comprise dans une trêve, 218. Continue les hostilités, 234. Accueille la veuve et le fils de Clisson; familles qui lui offrent leurs bras, 237, 238. Renforts qui soutiennent sa cause, 322. Est opposée à une autre femme, 324.

MARGUERITE de Brabant épouse Louis II de Flandre; X, 365.

MARGUERITE de Blois épouse Charles d'Espagne; X, 406.

MARGUERITE de Flandre épouse le duc de Bourgogne; X, 486. Est héritière de la Flandre, 588. Le pape fait rompre son second mariage projeté avec Edmond de Cambridge; XI, 39. Elle épouse Philippe-le-Hardi, duc de Bourgogne, 112. Recueille la succession de son père; sermens de fidélité qu'elle reçoit, 451, 452. Obtient la grâce des Gantois, 466. Est héritière du Brabant, 517. La garde de la reine de France lui est commise; XII, 27, 29, 30. Secourt le duc de Bretagne, 42. Protége Craon, 66. Sa haine pour la duchesse d'Orléans, 149. Elle renonce à la succession de son mari, 196. Sa mort, 223.

MARGUERITE de Naples, épouse de Charles Duras; droits qu'elle lui donne; XI, 446. Tutrice du roi son fils, 487. Prend le titre de régente, 565. Sa fuite; soulèvement contre elle à Naples, 566.

MARGUERITE de Bavière, de Hainaut, épouse Jean-sans-Peur; XI, 454. Obtient la grâce des Gantois, 466. Offensée par le duc d'Orléans; XII, 149, 278. Envoie des renforts au sire de Chastellux; XIII, 207.

MARGUERITE de Bourgogne épouse l'héritier du Hainaut; XI, 454; XII, 195. Médiatrice entre Charles VI et Jean-sans-Peur, 447 à 451, 460. Désaveu de son frère, 467. Assiste aux conférences de Valenciennes, 505.

MARGUERITE de Bourgogne, offerte en mariage au comte de Richemont; XIII, 24. Ce prince la conduit à Saumur, 59. Attaquée à Chinon par Charles VII, 89.

MARGUERITE d'Ecosse épouse le Dauphin (Louis XI); XIII, 291. Sa mort, 448. Son baiser à Alain Chartier, 594, 595.

MARGUERITE d'Anjou, reine d'Angleterre; épouse Henri VI; XIII, 412, 414, 415. Imbue d'idées de despotisme; empire qu'elle prend sur son mari; triumvirat dont elle sert les passions, 455 à 457. Elle reste dépositaire du pouvoir; son orgueil; son imprudence, 458, 459. Laisse prendre le Mans, 479. Elle offense toutes les classes en Angleterre; n'accorde de crédit qu'à Suffolk; éloigne le duc d'York, 483, 484. Est cause du succès de la France, 494. Méfiance du parlement à son égard; elle veut en vain sauver Suffolk, 507. Donne sa place à Beaufort de Sommerset, 509. Elle se prépare à la guerre civile, 514. Triomphe de son parti; elle veut reconquérir la Guienne; y envoie Talbot, 548, 549. Naissance de son fils; bruits injurieux; soulèvement contre elle, 572, 573. Ses vicissitudes; son parti vaincu à Saint-Alban; elle reprend son crédit, 633, 634. Forces de son parti; piège qu'elle tend à ses adversaires; ses intelligences avec Charles VII; XIV, 15. Son désir de le favoriser; ses alternatives de victoires et de défaites; elle est enfin vaincue à Towton; sa fuite, 49 à 55. Elle passe en France, 119. Secours qu'elle reçoit de Louis XI; battue à Hexam; confie son fils à un brigand; se sauve en Flandre, 120, 121. Son ressentiment contre le duc de Bourgogne; accueillie par lui; se réfugie à Bar, 122. Longtemps oubliée par Louis XI; se réconcilie avec Warwick, 300, 306, 307. Procession de réjouissance à laquelle elle assiste, 318. Dispositions de Charles-le-Téméraire à l'égard de sa famille, 323. Son retour en Angleterre; défaite de son parti; son fils, son mari massacrés; elle est enfermée à la Tour de Londres,

337 à 340. Louis achète sa liberté, 450. Elle lui vend ses droits successifs et sa succession, 471, 586; XV, 138.

MARGUERITE d'Angleterre, demandée en mariage par Charles-le-Téméraire; XIV, 229. L'épouse, 251, 252. Rejoint son frère à Calais, 433. Son influence sur le mariage de sa fille, 528. Excite l'Angleterre à la guerre, 554. Entrave les négociations de Louis, 571, 572. Dispose Edouard à rompre; ses plans bouleversés, 575, 576. Craintes qu'elle inspire à Louis, 579. Ses luttes de parti avec Henri VII, 118, 119. Aventurier qu'elle lui oppose, 284.

MARGUERITE de Bourgogne; offerte en mariage au duc de Guienne; XIV, 295.

MARGUERITE d'Autriche; sa naissance; XIV, 570. Louis XI veut la marier à son fils, 570, 608. Les Gantois la gardent comme gage de leurs privilèges, 606. Son union avec le Dauphin stipulée, 610. Son arrivée en France; son entrée à Paris; ses fiançailles; par qui reçue, 623, 624. Est élevée à la cour de France; XV, 86. Porte le titre de reine, 102. Son père la fait réclamer, 116. Est rendue à sa famille, 133, 135. Veuve du duc de Savoie; demandée en mariage par Henri VII; offres que lui fait Louis XII, 461, 462. Elle est gouvernante des Pays-Bas, 483. Ses efforts pour la paix, 484. Trêve qu'elle signe; entrevue de Cambrai à laquelle elle convient de se trouver, 498. Différens qu'elle règle; elle signe la *ligue de Cambrai*, 499 à 501. Est attaquée par le duc de Gueldre, 553. Coalition qu'elle veut former contre la France, 568, 569. Elle seconde la ligue sainte, 574, 576, 587. Comment Louis se sert contre elle du duc de Gueldre, 618. Sa neutralité, 641. Elle attire les Suisses en Bourgogne, 645 et suiv. Son entrevue avec Henri VIII, 655. Projet de la marier à Louis XII, 664. Elle s'attache la famille de La Marck; XVI, 91. Fait déclarer neutre la Franche-Comté, 160, 161. Préserve les Pays-Bas de la guerre; donne rendez-vous à Cambrai à Louise de Savoie; signe avec elle le traité de paix entre l'empereur et le roi de France, 328 à 333. Sa mort, 402, 403.

MARGUERITE d'Angoulême, duchesse d'Alençon, puis reine de Navarre; ses deux mariages; grâce et immodestie de ses écrits; XV, 519, 520. Education qu'elle a reçue de sa mère; XVI, 5. Offerte en mariage à Bourbon, 267. Son voyage en Espagne sans résultat, 269 à 272. Nommée régente par l'édit d'abdication qu'elle emporte, 274. Comment aux prises avec le syndic de la Sorbonne, 380. Sa vraie dévotion; protectrice des docteurs réformés; date de son second mariage, 386. Elle fait profession du protestantisme, 387. Son influence sur son frère, 448. Se rend au congrès de Nice, 560. Veut en vain reconquérir la Navarre; XVII, 120. Elle fait arrêter Poyet, 130. Sa mort, 382.

MARGUERITE, fille naturelle de Charles-Quint, épouse le duc de Florence; XVI, 414, 477.

MARGUERITE de France, fille de François Ier, présentée à l'empereur; XVII, 10. Projet de la lui faire épouser, 26. Son mariage négocié, 547; XVIII, 83. Elle épouse le duc de Savoie, 91, 198. Intercède pour les Vaudois, 214. Accueille Henri III; XIX, 303. Meurt, 307.

MARGUERITE d'Autriche, fille naturelle de Charles-Quint; épouse de Farnèse; ses biens séquestrés; XVII, 329, 423. Gouvernante des Pays-Bas, 448, 449. Députation qu'elle reçoit, soulèvement des *Gueux* qu'elle maîtrise, 479 à 484.

MARGUERITE de France, sœur de Charles IX; assiste à l'ouverture des Etats; XVIII, 191. Projet de lui faire épouser le prince de Béarn; ses amours avec Guise; XIX, 97, 98. Son mariage proposé à la reine de Navarre, 105. Entravé par le pape, 112. Les articles en sont signés, 131. Il est célébré, 149 à 151. Sa relation de la Saint-Barthélemy, 160, 166 à 169. Quitte précipitamment Saint-Germain, 264. Sa tentative pour délivrer son frère ou son mari, 270, 271. Elle fait assassiner Du Guast, 349. Ses dérèglemens, 357. Ne rejoint pas son mari, 372, 375. Attire d'Alençon à la cour, 380. De quoi accusée par les libelles du temps; intervient dans les querelles entre ses frères, 475 à 477. Fait évader d'Alençon, 479. Ses intrigues pour lui en Flandre, 486. Fêtes que lui donne don Juan, 490. Sa réconciliation avec son mari; leurs mœurs; leur indulgence réciproque, 505 à 512. Rigorisme huguenot de sa cour; elle change de résidence; ses amours avec Turenne dénoncées par le roi à son mari, 513 à 517. Spectatrice d'un combat sous Nérac; canonnade qui la fait fuir, 533. Médiatrice de la paix de Fleix, 540 à 542. Son retour à la cour de France; impression qu'elle y produit; affront que lui fait son frère; explications que demande son mari; XX, 68 à 73. Ses désordres; sa captivité; le roi songe à faire casser son mariage, 226, 227. Leur divorce; XXII, 29 à 33. Complot qu'elle dénonce au roi, 114, 118. Sa mort, 337.

MARGUERITE de Savoie, duchesse de Mantoue; ses dispositions en faveur de la maison d'Autriche; XXIII, 348, 358. Son effroi à la révolution du Portugal dont elle est vice-reine; ses concessions, 420. Elle presse la disgrace de d'Olivarès; XXIV, 48.

MARGUERITE de Lorraine épouse Gaston d'Orléans; XXIII, 182. 183. Il nie cette union, 212. Prétexte qu'en tire Richelieu, 224. Son frère offre de l'annuler, 225. Elle rejoint son mari, 226. Le cardinal l'accuse de rapt, 231. Arrêt qui casse son mariage, 234 Gaston lui cache son retour en France, 252. Leurs rapports, 284, 311. Le roi consent à la voir, 544. Son arrivée à la cour; XXIV, 19, 20. Fait prendre les armes contre Mazarin, 367. Intrigues auxquelles elle prend part, 379 et suiv. Est veuve; ses habitudes, 591. Education qu'elle a donnée à sa fille; XXV, 19. Brouillée avec son frère, 35.

MARGUERITE de Savoie; projet de la marier à Louis XIV; XXIV, 576, 577.

MARGUERITE D'ORLÉANS épouse

Côme de Médicis; malheurs de cette union; XXV, 18, 19, 36.

MARIANA, jésuite, sa doctrine du tyrannicide approuvée par la censure en Espagne; XXII, 191.

MARIE de France, comtesse de Champagne; ses brouilleries avec son époux; V, 252. Tutrice de son fils; VI, 20. Liguée contre Philippe-Auguste et reçue en grâce, 20, 23.

MARIE DE MERANIE épouse Philippe-Auguste; VI, 155. Le pape veut casser son mariage, 191, 194. Elle meurt, 199.

MARIE de France épouse Arthur de Bretagne; VI, 211.

MARIE de France, duchesse de Brabant; VI, 327. Sa naissance; ses mariages, 528.

MARIE -- ELISABETH, princesse d'Antioche: cède ses droits sur la Judée à Charles d'Anjou; VIII, 285.

MARIE de Hongrie, reine de Naples; droits que son mari réclame en son nom; VIII, 407. A toujours été reconnue à Rome comme reine de Hongrie; IX, 66.

MARIE de Brabant épouse Philippe-le-Hardi; VIII, 255. Son couronnement; envie qu'elle inspire au favori La Brosse, 265, 266, 287. Accusée par lui d'empoisonnement; enquêtes sur cette affaire; elle est vengée, 288 à 290. Un de ses accusateurs à Rome; correspondance du pape qui semble accréditer les soupçons, 291 à 295. Elle reste à la cour après la mort du roi, 383. Secours qu'elle envoie à son frère Jean de Brabant, 413. Offre sa médiation entre Philippe-le-Bel et Edouard d'Angleterre, 476, 477.

MARIE de Luxembourg épouse Charles-le-Bel; IX, 407. Sa mort, 420.

MARIE de France, fille de Charles-le-Bel; époque de sa mort; X, 6. Son droit à la succession paternelle a des partisans, 8.

MARIE de France épouse le fils du duc de Brabant; X, 66.

MARIE, proclamée *roi* de Hongrie; pourquoi détrônée; emprisonnée; épouse Sigismond de Brandebourg et remonte sur le trône; XI, 302, 486, 487.

MARIE, reine de Sicile; son royaume déchiré par des guerres civiles; XI, 303.

MARIE de Bretagne, reste veuve de Louis, duc d'Anjou; ne peut conserver ni Naples ni la Provence; XI, 450. Parti pour son fils en ces deux contrées, 487. La Provence le reconnaît; Naples le désire, 565. Il y est proclamé sous sa régence; elle le fait couronner par le pape, 566. Ses efforts pour le faire triompher; ses exactions, 587. Réaction contre elle en Provence; XII, 62. Ses accusations contre Craon, 14, 66. Elle le fait relever de l'accusation d'assassinat; puis emprisonner pour sa cause personnelle; 67. Epoque de sa mort, 219.

MARIE de Berry, veuve des comtes de Blois et d'Eu; est recherchée par le comte d'Erby; XII, 123.

MARIE d'Anjou, femme du Dauphin depuis Charles VII; lui est renvoyée par Jean-sans-Peur; XII, 555. Naissance de son fils (Louis XI); XIII, 27. Appelée à la cour, se retire à Bourges pendant l'expédition sur Reims, 139, 140. Sa famille, 168. Elle favorise la passion du roi pour Agnès Sorel, 203. Ses intrigues contre la Trémoille, 221. Est au faîte du crédit, 292, 298. Devient jalouse d'Agnès, 496, 497. Affection que lui témoigne son fils; XIV, 83, 84. Sa mort, 142.

MARIE de Bourbon épouse le duc de Calabre; XIII, 298.

MARIE de Clèves épouse le duc Charles d'Orléans; XIII, 372, 376. Se rend à l'assemblée de Nevers puis à la cour, 392, 396. Elle flatte la haine d'Anne de Beaujeu pour son fils; XV, 61.

MARIE de Savoie épouse le comte de Saint-Pol; Louis XI lui assure la comté-pairie d'Eu; XIV, 210, 322. Sa mort, 439.

MARIE de Bourgogne, fille unique et héritière de Charles-le-Téméraire; le Dauphin (Louis XI) est son parrain; XIV, 5. Sort de Gand avec son père, 223. Les princes veulent la marier au duc de Guienne, 323, 331. Son père la promet à de nombreux prétendans; dans quel but, 343 à 346. Projet de lui faire épouser le Dauphin, 349, 498,

503. Charles fait espérer sa main à Maximilien d'Autriche, 405. Son âge à la mort de son père, ses conseillers, 497. Attaquée en Bourgogne; sous quel prétexte, sa défense 499 à 501. Son ambassade à Louis; mariage que désirent pour elle les Flamands, 504, 507. Comment Louis excite contre elle la fureur des Gantois; supplice de ses conseillers, 508, 509. Sa répugnance pour épouser le fils de Louis, comment accueille son envoyé, 518, 519. Prétendant dont elle est délivrée, 521. Elle épouse Maximilien, 528 à 530. Accueil que ses conseillers font aux Suisses, 532, 533. Paix perpétuelle qu'elle fait avec eux, 543. Naissance de son fils, 546. De sa fille, 570. Sa mort, 605, 606.

MARIE d'Orléans, sœur de Louis XII, épouse de Jean de Foix; XV, 445.

MARIE d'Angleterre, fiancée à Charles (Quint); XV, 527. Epouse Louis XII; ses amours avec Brandon, avec François Ier; elle est veuve, 665 à 670. Se remarie à Brandon; XVI, 8, 9. Son douaire réglé, 257.

MARIE TUDOR, reine d'Angleterre; offerte en mariage à François Dauphin, à Charles-Quint, à François Ier, au roi d'Ecosse; XVI, 56, 105, 150, 215, 305, 320, 533. Déclarée bâtarde par le parlement, 532. Projet de la marier à l'Infant de Portugal; XVII, 19. Sa confiance en Charles, son fanatisme; efforts du parti protestant pour l'écarter du trône, 511. Son avénement; elle fait exécuter Jeanne Grey et ses partisans, 513. Son mariage avec Philippe II, 514, 523 à 525. Culte qu'elle rétablit, 523. Elle remet en vigueur les anciens statuts contre les hérétiques, 526. Elle offre sa médiation pour la paix, 545. Ses efforts pour extirper l'hérésie; prélats qu'elle fait périr; XVIII, 22, 23. Elle prend parti pour Philippe II, 43, 44. Ne pourvoit pas à la défense de Calais, 26. Sa douleur à la prise de cette place, 60. Sa mort, 83 à 85. Changement que cet événement apporte aux négociations, 89.

MARIE d'Autriche est reine de Hongrie; XVI, 330. Son frère Charles-Quint la nomme gouvernante des Pays-Bas, 403. Signe une trêve avec Montmorency, 544. Négocie et fait signer la trêve de Monçon, 553, 554. Projet de la marier à Henri VIII; XVII, 18. Subsides qu'elle lève en Flandre; fermentation contre elle, 37. Révolte des Gantois, 38. Effroi que lui cause l'armée rassemblée par le maréchal de Gueldre, 116. Elle fait reprendre le Luxembourg, 124. Secourt les places de son frère, 416. Fait attaquer la Champagne, 458. Présente à l'abdication de son frère; elle abdique elle-même, 565 à 567.

MARIE de Bourbon offerte en mariage au roi d'Ecosse; XVI, 533, 534.

MARIE DE GUISE, reine d'Ecosse, épouse Jacques V; XVI, 535. Est recherchée par Henri VIII; XVII, 18. Est envoyée en Ecosse, 21. A qui projette de marier sa fille, 144, 336, 366. Ses frères influencent Henri II en sa faveur, 332. Elle dirige le parti catholique, 334. Elle fait rappeler Essé et Montluc, 370. Son fanatisme, 413. Dans quel intérêt déclare la guerre à l'Angleterre; XVIII, 44. Toute l'autorité lui est dévolue, 132. Son intolérance excite la guerre civile; ses échecs; renforts qu'elle reçoit de France; elle est déclarée déchue de la régence; son triomphe, 133, 134. Sa mort, 135. Mouvement populaire qui l'a intimidée, 146.

MARIE STUART, reine d'Ecosse; son avénement; projet de mariage pour elle; XVII, 144, 333, 336, 365. Partis dans son royaume, 257, 366. Elle est amenée en France à six ans, 368. Comment peut prétendre à la couronne d'Angleterre; elle est écartée par le parti protestant, 511, 512. Son mariage avec François II, célébré; XVIII, 71. Elle prend le titre et les armes de reine d'Angleterre, 85. Avénement et tendresse pour elle de son époux, 99, 100. Robert Stuart réclame sa protection, 124. Elle est le lien des deux royaumes; analogie entre leurs situations, 132. Amnistie qu'elle accorde, 137. Assiste à l'assemblée des notables, 161. Elle quitte la cour,

208. Puis la France, 228, 229. Projet de lui faire épouser le roi de Navarre, 341. Puis le prince de Condé, 411. Elle se remarie à Darnley. Se réconcilie avec Elisabeth, 426. Mort de Rizio; puis de son mari. Elle épouse Bothwell; est enfermée à Lochlewen; son fils est proclamé roi, 490 à 493. Complot catholique dont ces événements préviennent l'explosion, 494. Elle est captive d'Elisabeth; ses correspondances; elle promet sa main au duc de Norfolk; supplice de ce seigneur; XIX, 124, 125. Don Juan conspire pour la délivrer, 491. Intermédiaire de Guise et du roi d'Espagne; XX, 23. Philippe rattache à sa mise en liberté l'existence du parti protestant, 244. Engagements qu'elle a pris d'extirper l'hérésie; inquiétudes qu'elle inspire aux ministres d'Elisabeth, 248 à 250. Complot de Babington pour la délivrer; sa condamnation; sa lettre à Mendoza; son supplice, 251 à 256. Vengeance qu'en veut tirer Philippe, 315.

MARIE d'Autriche, fille de Charles-Quint; épouse l'archiduc Maximilien; XVII, 374. Sa flotte attaquée par Lagarde, 431.

MARIE DE MÉDICIS épouse Henri IV; XXII, 35, 36. Son arrivée en France; leur entrevue; sentimens qu'il lui inspire; il lui fait présenter sa maîtresse; sa jalousie; leurs débats; ses amans; naissance de son fils, 58 à 62. Est du parti espagnol; ses manières glacées avec le roi; son mépris pour la duchesse de Verneuil, 98, 103 à 105. S'interpose en faveur de Bouillon, 126. Ses débats de famille, 128, 142. Jalousie que lui inspire la princesse de Condé; ses intrigues politiques; ses projets d'alliance avec l'Espagne, 155 à 157, 174. Son sacre; son conseil, 175, 176, 180. Est nommée régente à la mort du roi; personnages qui se dévouent à elle; résistance et soumission de Sully; le roi la confirme dans la régence; son conseil secret; elle achète la soumission du comte de Soissons, 185, 191. Emploi de son temps; son entourage; faveur des Concini, 206 à 210. Places qu'elle rend à d'Epernon; position qu'elle fait à ses fils, 216. Comment marie Guise; se réconcilie avec la duchesse de Verneuil; continue le pouvoir du feu roi; réduit les impôts; confirme l'édit de Nantes; caresse les chefs des Huguenots; termine l'affaire de Juliers; accueil et largesses qu'elle fait à Condé; sa gratification à Guise; factions et discordes à sa cour; sacre du roi; nouvelles querelles, 219 à 233. Division dans son conseil; prétentions des courtisans; elle disgracie Sully; inquiétudes que lui donne Condé; confiance qu'elle témoigne à d'Epernon; elle sauve Genève des entreprises du duc de Savoie; elle permet l'assemblée triennale des Huguenots, 234 à 239 et suiv. Faveurs dont elle comble Concini; sa colère contre lui; soucis que lui donnent les démêlés des grands; elle confirme l'édit contre les duels; elle humilie le comte de Soissons; ses caresses aux Guises, aux autres seigneurs; mariage qu'elle stipule pour le roi; tactique que lui inspire Concini; procès de magie qu'elle assoupit, 249 à 260. Dispose du gouvernement du comte de Soissons, 262. Sa modération à l'égard de Duplessis, 265. Veut punir la mort de Luz; ses hésitations; ses négociations avec les Guise; elle fait triompher leur faction; se réconcilie avec Concini, 268 à 275. Elle intervient dans l'affaire de Mantoue, 277. Ses profusions aux mécontens; affaiblissement de son autorité; mépris du peuple contre elle; comment diffamée; levée de boucliers des princes; elle négocie; fait la paix de Sainte-Menehould; recourt aux armes; ses succès; son retour à Paris; elle remet le gouvernement à son fils majeur; comment l'a élevé; son désir de le dominer; elle éloigne le grand-prieur, 279 à 295. Elle rassemble les Etats-généraux, 297 et suiv. Charge vénale qu'elle donne à Bassompière, 303. Invite le tiers à s'expliquer au roi; exhorte les Etats à travailler à leurs cahiers, 310, 311. Assoupit la querelle de d'Epernon et du parlement; ne peut tirer vengeance de Rochefort, 328 à 330. Son impatience de congédier les députés, 332 et suiv. Ses avances à Condé; ses mesures contre les princes; remontrances que lui font les Huguenots; sa maladie; Galigaï reprend son crédit sur elle, 338 à 347. Sa marche désastreuse; divisions dans son conseil; pamphlet contre elle; son humeur contre d'Epernon; ses conférences avec les révoltés; accident qu'elle éprouve, 352 à 358. Elle signe la paix; elle gouverne sous le nom de son fils; son inconstance et comment compose le ministère; nouvelles intrigues à la cour; cabale des princes; elle fait arrêter Condé, 361 à 377. Ses conseils; elle dissout la cabale, 380 à 383. Ne tire point parti de l'alliance de l'Espagne, 386, 387. Ses hostilités; ses succès; Luynes la dessert dans l'esprit de son fils, 390 à 392. Comment apprend le mort de Concini; refuse asile à sa veuve; ne peut être admise près de son fils, 395, 396. Leur entrevue, 402 et suiv. Surveillée par Luynes, 431, 432. Ses rapports avec son fils; vains efforts pour les réconcilier; son évasion; gouvernement qui lui est donné, 434, 448 à 453. Son entrevue avec son gendre de Savoie, 454. Son mécontentement; se méfie des avances de Luynes; ses hostilités; elle renouvelle la paix, 458 à 465. Sa réserve à la mort de Luynes, 499. Opposée à la guerre: suit son fils à l'armée; sa maladie, 482, 501, 502. Appui qu'elle donne à Richelieu, 514. Elle rejoint le roi à Lyon, 517, 528. Parti qu'elle tire des imprudences de la reine, 558. Elle incline pour la paix, 568. Faiblesse de son caractère; idées que lui inspire le cardinal; goût qu'elle a transmis à ses fils; XXIII, 6 à 8. Elle veut marier Gaston, 12. Est présente aux remontrances qu'essuie la reine, 23. Sa jalousie contre Richelieu; il la brouille avec ses fils, 59 à 61. Sa haine contre les Gonzague, 87, 88. Elle veut en vain empêcher la guerre; est nommée régente, 93 à 99. Ses débats et ses réconciliations avec le cardinal; elle fait arrêter puis relâcher la princesse de Nevers, 118 à 121. Richelieu laisse le champ libre à ses intrigues, 133. Elle veut la paix, 142,

143. Ses soins au roi malade; il lui promet la disgrâce du cardinal; journée des dupes; elle est arrêtée; se réfugie dans les Pays-Bas, 152 à 156. Ses efforts pour sauver Marillac; ses démêlés avec son fils Gaston, 191. Son complot avec Montmorency, 198 et suiv. Otage dont elle veut s'assurer contre Richelieu, 214. Acharnement avec lequel il la poursuit, 226 à 228. Intrigues de sa cour; émigrée, 239 et suiv. Abandonnée par Gaston, 250 et suiv. Ses instances pour rentrer en France; pourquoi repoussée, 282, 283. Elle négocie encore en vain son retour; générosité du roi d'Espagne à son égard; elle passe en Hollande puis en Angleterre; hospitalité qu'elle y reçoit; mécontens qui l'entourent, 362 à 365. Ses promesses à l'ambassadeur français; décision qui la retient en exil jusqu'à la paix, 367 à 369. Elle accueille Vendôme, 443. Se réfugie à Cologne; n'y reçoit point de moyens d'exister, 457, 458. Sa maladie, 494. Sa mort, 509, 510.

MARIE DE BOURBON-MONTPENSIER; projet de mariage pour elle; XXII, 151, 250; XXIII, 12 et suiv. Richelieu la fait amener à la cour, 20. Elle épouse le frère de Louis XIII, 24. Meurt en couches, 45.

MARIE-THÉRÈSE d'Autriche, infante d'Espagne; ses droits à la succession de ce royaume; XXIV, 129. Son mariage avec Louis XIV; stipulation à ce sujet, 575, 576, 584, 586, 594 à 596. Ses sentimens à la mort de Mazarin; XXV, 2. Sa jalousie, 17. Naissance de son fils; ses chagrins comme femme et comme Espagnole, 20 à 24. Sa maladie, 52. Les amours de son mari lui sont dévoilées, 33, 34, 53, 63. Sa fausse couche, 64. Prétentions sur le Brabant que le roi veut exercer en son nom, 85, 101. Il la rejoint à Compiègne, 128. Son retour à Saint-Germain, 132. Est témoin de l'agonie de Madame, 190. Opposée au mariage de Mademoiselle, 203. Mort de son second fils, 217. Elle suit le roi à l'armée, 261, 365. Ses rapports avec ce prince; son portrait; sa mort, 441 à 443. Son oraison funèbre, 483.

MARIE-ANNE d'Autriche épouse Philippe IV d'Espagne; XXIV, 274. Son incapacité pendant la minorité de son fils; XXV, 125, 126. Divisions à sa cour, 177. Ses efforts pour dominer le roi, 321, 322. Sa disgrâce, 334. Déportation de son favori, 353. Est cause des malheurs de sa bru, 393; XXVI, 34. Rentre en crédit; XXV, 412. Sa mort; XXVI, 207. Dépendance dans laquelle elle a tenu son fils, 273. A fait haïr la maison d'Autriche allemande, 281.

MARIE DE NEMOURS épouse Alphonse VI, puis Pierre II, rois de Portugal; XXV, 111, 112, 152. Projet de mariage pour sa fille, 433.

MARIE STUART épouse le prince d'Orange; XXV, 364, 560. Son père veut la supplanter en faveur de Anne sa sœur, 561. Naissance de son frère; XXVI, 16. Monte sur le trône, 25. Sa mort, 177.

MARIE-ANNE-CHRISTINE de Bavière, épouse le grand Dauphin; XXV, 394. Sa maison, 395, 396. Cause de la disgrâce de Pomponne, 404. Sa jalousie; XXVI, 31. Sa mort, 48, 49.

MARIE-ANNE DE BOURBON (Mlle DE BLOIS); son mariage; XXV, 394. Sa disgrâce, 546. Sa maladie; elle est veuve, 547. Surveillée par le roi; XXVI, 31. Durée de son mariage, 86. Ses galanteries, 227.

MARIE-ADELAIDE de Savoie, duchesse de Bourgogne; son mariage; XXVI, 187, 225 et suiv. Sa sœur épouse le roi d'Espagne, 308. Cause la disgrâce de Catinat, 323. Prédilection du roi et de Mme de Maintenon pour elle; sa légèreté; sa tendresse pour son mari; XXVII, 48, 49, 121. Ses égards pour Mlle Choin, 123. Devient Dauphine, 135. Sa mort, 147 et suiv., 195 et suiv. Eût été régente, 223.

MARIE-ANNE de Neubourg, reine d'Espagne; son empire sur son mari; XXVI, 273. Ses efforts pour qu'il dispose de sa succession en faveur de l'empereur, 277 et suiv. Haïe des Espagnols, 281. Suspecte au roi, 287. Elle perd son influence, 290. Quitte Madrid, 298.

MARIE-LOUISE de Savoie, épouse Philippe V d'Espagne; XXVI, 308, 309. Son incapacité, 361. Intrigues à sa cour, 425 et suiv., 432, 446 et suiv. Est régente; quitte Madrid, 465, 468; XXVII, 21. Son refus de descendre du trône, 105. Se retire à Valladolid, 109. Met ses diamants en gage, 111. Sa mort, 199.

MARIE DE BOURBON, infante d'Espagne; son mariage stipulé avec Louis XV; XXVII, 452. Est emmenée en France, 457. Son renvoi projeté, 517 et suiv. Et résolu, 521 à 525.

MARIE LECZINSKA, reine de France; épouse Louis XV; XXVII, 521 à 523. Son entrevue avec lui, 531, 532. Influences auxquelles elle est livrée, 545. Chute de ses favoris, 546 à 549. Rancune que lui garde Fleury; XXVIII, 7. Naissance de son fils, 65. Son père remonte sur le trône de Pologne, 79. Met une cocarde au chapeau de Villars, 106. Fleury la craint, 158. Perd l'affection du roi, 163 à 165, 172. Elle lui demande vainement de l'accompagner à l'armée, 309. Son entrevue avec lui, 319. Mme de Pompadour lui est présentée, 350. Manières affectueuses de la Dauphine à son égard, 434. Sa résignation, 471. Sa cour, 472. Ses rapports avec son père, 473, 474. Mme de Pompadour est nommée dame de son palais; XXIX, 6 à 8. Elle accourt auprès du roi blessé, 109. Repentir auquel elle désire le ramener, 218. Vénération que lui témoigne la favorite, 325. Sa position à la cour, 328 et suiv. Sa mort, 338, 339.

MARIE-THÉRÈSE d'Autriche, impératrice; projet de la marier en Espagne; XXVII, 528, 542; XXVIII, 11. Elle épouse François, duc de Lorraine, 149, 215. Prétendans à la succession de son père; elle fait la guerre au roi de Prusse; perd la bataille de Molwitz; ligue contre elle; enthousiasme pour sa cause en Angleterre; son opiniâtreté; elle se jette dans les bras des Hongrois; leur dévouement; subsides qu'elle reçoit, 221 à 233, 445. Se réconcilie et signe la paix avec Frédéric, 237 et suiv., 245. Ses négociations avec Fleury, 241, 246, 247.

Veut faire prisonniers les Français enfermés dans Prague, 257. Frédéric l'exhorte à la paix; elle s'y refuse; ses prétentions, 275 à 277. Cessions qu'elle fait au roi de Sardaigne; son alliance avec ce prince et l'Angleterre, 288 à 290. Louis xv lui déclare la guerre, 294. Elle veut faire annuler l'élection de l'empereur, 296. Conquête qu'elle projette; ses ennemis, 304, 305. Zèle des Bohémiens pour elle, 320. Son dessein d'enlever les Deux-Siciles aux Bourbons, 324, 325. Son manque de foi; sa dureté à l'égard de Gênes, 328, 329, 386, 411. Ses succès que complète la mort de l'empereur, 337, 338. Offres que veut lui faire Noailles, 360. Son double but; elle fait la paix avec la Bavière; élection de son époux; son acharnement contre Frédéric; forcée de signer avec lui le traité de Dresde; sa politique à l'égard des Pays-Bas, 371 à 376, 405. Elle y envoie des renforts, 408. Insensible aux calamités de la guerre; pourquoi, 429. Met obstacle à la paix, 454. Signe le traité d'Aix-la-Chapelle; son mécontentement contre l'Angleterre, 457 à 559. Elle remplace Bartenstein par Kaunitz; XXIX, 54. Ses projets à l'égard des feudataires de l'empire; elle se rapproche de la France; flatte Mme de Pompadour, 56 à 58, 120. Ses offres à la cour de Louis, 77 et suiv. Elle signe les traités de Versailles, 82 et suiv., 193 et suiv. Ses projets contre Frédéric, 116, 146, 190. Elle réduit le subside de la France, 188. Zèle de Choiseul pour elle, 235. Son désir de la paix, 251, 261. Elle signe le traité d'Hubertsbourg, 265. Avénement de son fils, 311, 312. Mariage de ses filles, 314, 406 et suiv. L'empereur lui abandonne la direction des affaires, 393. Opposée au partage de la Pologne, 481. Représailles dont la France la menace, 485. Son influence en ce pays; jalousie qu'elle y excite; XXX, 13. Position de sa fille à Versailles, 16 et suiv. 252, 256. Sa lassitude, 228.

MARIE - MADELEINE - BARBE de Portugal épouse Ferdinand vi d'Espagne; XXVII, 531. Comment domine ce prince; XXVIII, 430, 431. Usage qu'elle fait de son influence, 460. Sa mort; XXIX, 236.

MARIE-THERESE-ANTOINETTE, infante d'Espagne, épouse le Dauphin; sa mort; XXVIII, 349, 403, 433. Ce qu'elle a fait pour Beaumont, 481.

MARIE-JOSEPHINE de Saxe épouse le Dauphin; ses qualités aimables; XXVIII, 433, 434. Son ressentiment contre Frédéric de Prusse; XXIX, 120. Repentir auquel elle désire ramener Louis xv, 218. Sa position à la cour, 328 et suiv., 333. Sa mort, 335, 336.

MARIE-LOUISE, infante d'Espagne, épouse le grand-duc de Toscane; XXIX, 314.

MARIE - ANTOINETTE d'Autriche; son mariage avec le Dauphin (Louis xvi); XXIX, 406 et suiv. Désastres qui signalent les fêtes que lui offre Paris, 411, 412. N'est point admise près du roi mourant, 504. Ses promenades avec Louis; leur bienfaisance; sa beauté; sa majesté; son désir de domination; influence fatale de Vermond sur son esprit; pourquoi n'est point aimée à la cour et est populaire jusqu'à la mort de Louis xv; humiliée par la Dubarry; elle pousse au changement de ministère; XXX, 15 à 19. Ne peut faire rappeler Choiseul, 20. Contrecarrée par Maurepas et Vergennes, 28. Prend parti pour les parlemens, 36 et suiv. Ses tentatives pour faire remplacer La Vrillière, 55. Exhorte Necker à reprendre son portefeuille, 127, 128. Sa légèreté compromet la politique de Kaunitz, 156. Enthousiasme qu'elle témoigne pour Voltaire, 160, 161. Propos qu'elle aurait répandus sur la conduite du duc de Chartres à Ouessant, 171. Son influence balancée par celle de Vergennes, 232 et suiv. La mort de Maurepas lui livre le pouvoir, 251 et suiv. Elle devient mère, 252. Ses adversaires; parti pris de la déshonorer; cabale contre elle, 253 à 256. Politique fausse dont l'opinion la rend responsable; son éducation; sa légèreté; diffamation qu'elle s'attire; sa société intime; ses habitudes; ses courses à

Trianon; sa toilette; son impopularité due à des factions de cour; ses prétendues *nocturnales*, 257 à 268. La politique des ministres tend à la laisser se déconsidérer; ses rapports avec le prince de Montbarrey, 269 à 272. Elle domine le roi, 273 et suiv. Ses rapports avec ses frères, 278 et suiv. D'où l'inimitié du duc d'Orléans à son égard, 284 et suiv. Protectrice de Calonne, 288. Elle achète Saint-Cloud, 290. Sa haine envers le cardinal de Rohan, 302 et suiv. Affaire du *collier*, 305 et suiv. à 313. Profusion de Calonne à ses favoris, 324. Est du parti de Brienne, 341. Son irritation contre les notables, 344 et suiv. Elle fait changer le ministère; haine croissante contre elle à Paris, 346 à 350. Imitée par Brienne, 351. Son imprévoyance, 361. Le duc d'Orléans lui demande grâce, 366. Insultes dont elle est l'objet, 367, 368. Sa méprise; ses illusions à l'égard du contrôleur-général, 369. Elle est désabusée, 386, 387. Ses regrets à sa chute, 393 et suiv. Son entrevue avec Necker, 407. Elle se prête au renvoi de Lamoignon, 410. Elle approuve la double représentation du tiers, 426.

MARIENDAL (bataille de) gagnée par Mercy sur Turenne; XXIV, 82.

MARIETTE (guillaume), secrétaire du roi sous Charles vii; décapité comme faussaire; XIII, 471.

MARIGNAN (bataille de), gagnée par François 1er sur les Suisses; XVI, 31 et suiv.

MARIGNAN (medichino, marquis de); ses hostilités contre les Farnèses; XVII, 426. Accompagne l'empereur au siège de Metz, 484. Commande l'armée contre Sienne; ses succès; ses atroces cruautés; il bloque cette ville; ses nombreuses victimes, 534 à 537. La ville se rend, 542. Places dont il s'empare, 549. Sa mort, 553.

MARIGNY (engherrand de), confident et principal ministre de Philippe-le-Bel; IX, 73. Mission dont il charge le comte d'Evreux, 273. Ses négociations en Angleterre, puis en Flandre, 277, 278. A quoi a dû sa fortune, 301. A la mort du roi implore la protection d'Edouard ii, 302. Est arrêté, 303. Son caractère; il est accusé par le comte de Valois; cause de la haine de ce prince, 304. Son procès; désir du roi de lui sauver la vie; Charles de Valois le perd par l'accusation de magie; son supplice, 305 à 307. Reproche qu'il a rétorqué contre son ennemi, 310. Retour de l'opinion publique en faveur de sa mémoire, 311. Remords de Charles, 458.

MARIGNY (philippe de), archevêque de Sens; ses exactions poussent ce pays à la révolte: IX, 311.

MARIGNY (engherrand de), de la faction *Armagnac*; son supplice; XII, 551.

MARIGNY (le marquis de); faveurs que sa sœur attire sur lui; XXVIII, 426. Il recueille sa succession; XXIX, 331.

MARILLAC, ambassadeur de François 1er en Angleterre; armemens qu'il signale; XVII, 31. Hostile à Charles-Quint, 91. Ambassadeur près de Ferdinand; XVIII, 87. Assiste à l'assemblée des notables, 161. Il y prêche la tolérance, 163.

MARILLAC, avocat d'Anne Du Bourg; conseils qu'il lui donne; XVIII, 121.

MARILLAC (michel); Richelieu lui fait confier les finances; XXII, 539. Est nommé garde des sceaux; XXIII, 15. Son discours à l'assemblée des notables, 29. Code qu'il présente au parlement, 99 à 101. Il veut la paix, 142. Intrigue contre le cardinal, 154. Est destitué, 157. Sa mort en prison, 188.

MARILLAC (le maréchal) marche au secours de Casal; XXIII, 147 et suiv. Ses nombreux collègues, 151. Intrigue contre Richelieu, 154. Est arrêté, 157. Son procès; son supplice, 188 à 190. Vains efforts pour le sauver, 191.

MARILLAC, intendant du Poitou; ses dragonnades contre les Huguenots; XXV, 496 et suiv.

MARIN, légat du pape au concile d'Ingelheim; III, 433, 434.

MARINI (camillo) fortifie Metz; XVII, 483.

MARINI (LES FRÈRES); leur condamnation à Gênes; XXII, 570 et suiv.

MARLBOROUGH (CHURCHILL, DUC DE); ses premières armes; XXV, 271. Il se déclare pour Guillaume III; XXVI, 23. Son frère fait prisonnier Berwick, 124. Est général en chef, 329. Quand prend le commandement, 343, 345. Ses succès, 346, 372, 373. Ses manœuvres pour tromper Villeroi, 403. Sa jonction avec Eugène, 404. Victorieux à Schellemborg, 405. A Blenheim ou Hochstett, 407 à 411. Suites de la victoire, 412, 413. Veut percer en Lorraine; contenu par Villars; fait retraite, 438 à 440. Ses manœuvres contre Villeroi, 442, 543. Il le bat complètement à Ramillies, 457 à 363. Est l'un des trois directeurs de la grande alliance; XXVII, 9. Aux prises avec Vendôme, 31. Renforcé par Eugène; leurs succès à Oudenarde, 52 et suiv. Il assiége et prend Lille; places qui se rendent à lui, 57 à 60. Négociation qu'on lui communique, 68. Son projet de marcher sur Paris, 71. S'oppose à la paix, 76, 78 et suiv. Prend Tournai; livre la bataille de Malplaquet; prend Mons, 85 à 89. N'ose refuser de négocier, 94. Plénipotentiaire à Gertruydemberg, 95 et suiv. Sa guerre de siéges, 99 et suiv. Commencement de sa disgrâce, 116, 137. Où se recrute, 138. Commande encore l'armée, 139. Ses opérations; il prend Bouchain, 142, 143. Est disgracié, 159.

MARLBOROUGH (LE DUC DE); renfort qu'il amène à l'armée hanovrienne; XXIX, 149.

MARLE (THOMAS DE); sa cruauté; ses brigandages; invoqué au secours de la commune de Laon; V, 93. De celle d'Amiens, 94. Comment attire les armes de Louis-le-Gros contre lui; condamné par un concile et réduit, 94 à 97, 132. Recommence ses brigandages; est assiégé et blessé mortellement, 210.

MARLE (THOMAS DE) part pour Constantinople; VII, 295.

MARLE (HENRI DE) nommé chancelier de France; XII, 432. Réprime les désordres du Dauphin, 438. Est un des conseillers de ce prince, 514. Projet de traité qu'il fait rompre, 535, 536. Est arrêté, 538. Est massacré, 545.

MARLE (DE), maître des cérémonies de Henri III; XX, 435. Communication qu'il fait au tiers-état, 444.

MARLORAT, l'un des chefs protestans; confession qu'il signe à Poissy; XVIII, 237.

MARMOUTIERS (LA DAME DE), maîtresse de Guise; XX, 461.

MAROT (CLÉMENT); ses sentimens religieux; comment leur donne essor; son amour du plaisir l'éloigne de la réforme; XVI, 376, 377. Ses psaumes français; XVIII, 23, 75.

MARQUET (RAYMOND), marin catalan; défait les galères françaises; VIII, 367.

MARSAN (DE); ses spéculations; XXVII, 45.

MARSHALL (GUILLAUME), comte de Pembroke; prend parti pour Jean-sans-Terre; VI, 184. Fait hommage à Louis de France, 459. Trêve qu'il fait avec Philippe-Auguste, 496.

MARSILE de Padoue; ses écrits en faveur de l'autorité impériale contre l'autorité ecclésiastique; IX, 436.

MARSILIERE dissuade Henri IV de faire la guerre; XIX, 524.

MARSILIO, gouverneur ommiade de Saragosse; ligué contre Charlemagne; II, 261.

MARSIN (LE COMTE DE) prend part à la victoire de Nordlingen; XXIV, 86. Au siège de Lérida, 134. Est gouverneur de Tortose, 178. Ses opérations en Catalogne, 275. Est emprisonné, 356. Envoyé à Stenay, 385. Le parti des princes compte sur lui, 400. Il le dirige; ses rapports avec la reine, 432. Ses échecs, 437. Jalousé par Conti, 484. Rejoint Condé, 486. A causé la perte de la Catalogne, 488, 489. Commande l'armée espagnole; est vaincu près de Bruges; XXV, 130 et suiv. Disgracié; sa mort, 255.

MARSIN (LE MARÉCHAL) commande l'armée d'Allemagne; XXVI, 370, 402. Perd la bataille de Blenheim ou Hochstett, 407, 411. Sa retraite, 412,

413. Commande sur le Rhin, 438. Est secondé par Villars, 441. Villeroi ne l'attend pas, 456, 457. Son arrivée en Flandre, 460. Est envoyé en Italie, 469. Ses opérations; sa mort à Turin, 470 à 474.

MARTEL (GUILLAUME), chambellan de Charles VI; l'arrête dans sa folie furieuse; XII, 24.

MARTELLI (JACQUES DE LA RUE), agent des Guises à Rome; sa correspondance; XX, 158.

MARTIGNY (CHARLES DE), évêque d'Elne; négociateur de Louis XI en Angleterre; XIV, 573, 574.

MARTIGUES (LE SIRE DE); son zèle à mettre Metz en état de défense; XVII, 483. Soutient le siége de Leith en Ecosse; XVIII, 135. Son commandement à l'armée royale, 526. Il bat Dandelot et Lanoue; XIX, 31, 32. Est lieutenant de Montpensier, 35. Sauve La Noue et la cour, 45. Echec dont il est cause, 55. Il est tué, 75.

MARTIN (SAINT) proteste contre le supplice des priscillianites; I, 42. Son intolérance contre les païens, 101. Imitée par les autres prélats, 102. Consulté après sa mort, par Clovis, comme un oracle, 221.

MARTIN, fils de Chlodulfe, relève le parti des grands en Austrasie; II, 78. Marche sur la Neustrie, 79. Sa défaite; se réfugie à Laon, 80. Sa mort, 81.

MARTIN IV, pape; son extraction; son élection; sa partialité pour les Français; fait attaquer les Gibelins; ses rigueurs contre les hérétiques; VIII, 319 à 321. Sa médiation dans la famille de France, 322, 325, 326. Excommunie Michel Paléologue, 329. Explications qu'il fait demander au roi d'Aragon sur ses armemens, 330. Indulgences qu'il promet à ceux qui attaqueront la Sicile, 337. S'oppose au combat projeté entre Charles et son rival, 340, 346. Dispose de la couronne d'Aragon; la transmet à Charles de France, 349. Excommunie les Siciliens et les Aragonais, 353. Prend parti pour Alphonse X contre don Sanche, 354, 355. Sa mort, 374.

MARTIN V, pape, élu par le concile de Constance; XII, 530. Ses légats en France; leurs efforts pour la paix générale, 534, 535. Fausse bulle de lui qu'il dément; il défend le combat entre Glocester et Philippe-le-Bon; XIII, 50. Par qui reconnu dans le parti Armagnac, 54. Annulle le mariage de Jacqueline et de Glocester; croisade qu'il veut faire diriger par Winchester, 66, 67. Bulle qu'il fulmine contre le schisme espagnol, 107. Bulle de réconciliation, 108. Proteste contre la destination que Winchester donne à ses troupes, 147.

MARTIN, roi d'Aragon; protège le pape Benoît XIII; XII, 112.

MARTIN, amiral anglais, force le roi de Naples à un armistice; XXVIII, 285, 286.

MARTINENGO (LE COMTE) surveille et poursuit Condé; XIX, 28, 29. Se charge d'assassiner Damville, 292.

MARTINITZ (LE COMTE) seconde Ferdinand II contre la réforme; XXII, 444. Violence dont il est l'objet, 445.

MARTINITZ (LE COMTE DE); ses violences à Rome; XXVI, 288.

MARTINOZZI (LA DUCHESSE DE) épouse le prince de Conti; XXIV, 500, 524. Sa sœur épouse le fils du duc de Modène, 525. Est surintendante de la maison de la reine-mère, 601. Son zèle janséniste; XXV, 139 et suiv.

MARTINOZZI (LA SIGNORA), sœur de Mazarin; son départ pour l'Italie; XXIV, 558, 559.

MARTINUZZI (GEORGE), cardinal, ministre de Transylvanie; rompt avec la Porte; XVII, 418. Il est assassiné, 440, 441.

MARTRON (DE), chef catholique en Poitou; ses succès; XVIII, 305.

MARUEL (LE BATARD DE) assassine le connétable de France; X, 411. Est tué; XI, 13.

MARUGES (ÉTIENNE DE) est nommé garde des sceaux de Louis X; IX, 303.

MASCON (JOSSERAN DE), trésorier du roi de Navarre; sa mort; X, 538, 540.

MASHAM (Mme) contribue à la disgrâce de la duchesse de Marlborough; XXVII, 136.

MASQUE DE FER (L'HOMME AU); note à son sujet; XXV, 434 et suiv.

MASSA (DON FRANÇOIS DE TORALTO PRINCE DE), capitaine du peuple à Naples insurgé; XXIV, 157. Sa mort, 158, 159.

MASSELIN, historien des États généraux de 1484; son récit analysé; XIV, 643 et suiv. Sa part au débat sur le conseil du roi, 655. Son discours au connétable, 676.

MASSERANO (LE PRINCE DE), ambassadeur d'Espagne à Londres; ses négociations; XXIX, 391.

MASSIAC (LE MARQUIS DE) est nommé ministre de la marine; XXIX, 93.

MASSILLON a loué la révocation de l'édit de Nantes; XXVI, 389.

MASTINO DE LA SCALA, gibelin de Vérone; l'empereur ne peut faire sa jonction avec lui; X, 145.

MATELET introduit un secours dans Calais assiégé; XXI, 424.

MATERNUS, déserteur, à la tête d'une bande de soldats et de bandits pille les villes de la Gaule; I, 11.

MATFRID, confident de Lothaire; II, 467. Trahit Bernard, 468. Condamné à mort et gracié, 469. Opinion publique à ce sujet, 471. Rétabli par Pepin; III, 5. Dirige le parti des mécontens; ses démêlés avec Lambert; offenses qu'il fait aux rois d'Aquitaine et de Bavière, 31. Résiste aux armes de l'empereur, 34. Sa mort, 37.

MATHA, ses relations avec le coadjuteur de Retz; XXIV, 236. Ne se réconcilie pas avec Mazarin, 270, 276, 291.

MATHIEU de Flandre reçoit de Henri II le comté de Boulogne; son mariage; V, 438. Ligué contre lui, 462. Fief qui lui est promis, 501. Est tué, 503.

MATHIEU, abbé de Saint-Denis; saint Louis lui laisse la régence du royaume; sa famille; VIII, 179. Confirmé dans le pouvoir par Philippe-le-Hardi, 207, 208. Enquête dont il est chargé, 288, 289.

MATHILDE, mère d'Othon-le-Grand; gloire de sa famille qu'elle réunit, III, 473.

MATHILDE, fille de Conrad le Salique; promise à Henri 1er de France; meurt; IV, 215.

— Princesse du même nom; a épousé ce roi, 264.

MATHILDE (LA COMTESSE), l'âme du parti Guelfe en Italie; IV, 456, 460, 498 et suiv.

MATHILDE, seconde femme de Raymond de Saint-Gilles; IV, 466.

MATHILDE d'Anjou, promise à Guillaume d'Angleterre; V, 109. Leur mariage, 145. Son naufrage; sa mort, 158.

MATHILDE, fille de Henri 1er d'Angleterre; épouse l'empereur Henri v; V, 101. Son père lui destine sa succession, 173. Est veuve et revient en Angleterre; son père sollicite les suffrages de ses barons pour la faire reconnaître son héritière; exemples de femmes appelées à gouverner, 179 à 184. Malheurs causés par cette prétention, 191. Sermens que lui prêtent les barons anglais, 192. Son mariage avec Geoffroi Plantagenet, 193, 194. Ses brouilleries avec lui, 195, 196. Dernières recommandations de son père pour elle; elle hésite à quitter l'Anjou, 229. Disposée à lutter avec l'usurpateur Etienne, 231. Entre en Normandie, 232. Seconde son mari, 234. Parti pour elle, 274. Passe en Angleterre, 275. Sa fermeté; son aversion pour son mari, 276. Ses succès; ses revers, 277. Déclin de son parti, 278. Rejoint son mari en Normandie, 280. Son autorité dans cette province anéantie, 376.

MATHILDE de Boulogne épouse Philippe de France; VI, 429.

MATHILDE de Brabant épouse Robert d'Artois, frère de saint Louis; VII, 182.

MATHILDE ou MAHAULT, veuve du comte de Bourgogne; comtesse d'Artois; ce fief lui est disputé; IX, 330, 343. Porte la couronne royale au sacre de Philippe v; son gendre, 352. Ménagemens de Charles IV pour elle, 406. Comment ses droits à l'Artois confirmés; sa mort; sa succession disputée; X, 39, 40. Soupçons sur son genre de mort, 43.

MATHOS, jésuite portugais; vengeance dont il est l'objet; pourquoi; XXIX, 222 à 225.

MATIGNON, dévoile le complot du duc de Bourbon; XVI, 185.

MATIGNON, maréchal de France; commande les troupes royales en Normandie; réduit Montgommery; XIX, 266, 267. Le fait prisonnier, 271. Sa promotion, 502. Réduit La Fère, 529, 530. Dénoncé par Salcède; XX, 63. Occupe Mont-de-Marsan, 75. Conserve Bordeaux au roi, 144, 486. Son entrevue avec le Navarrais, 147. Son commandement, 189. Ne peut secourir Brouage, 194. Délivre cette place, 206. Marche contre le Navarrais, 207, 208. Plaintes de Mayenne contre lui, 210. Donne rendez-vous à Joyeuse, 268. A laissé échapper le Béarnais; XXI, 4. Il entre à Paris avec lui, 262, 263. Est de l'assemblée de Rouen, 443, 445.

MATIGNON (LE COMTE DE); son expédition préparée contre l'Ecosse; XXVII, 41, 42. Ses spéculations, 45. L'un des roués de la nouvelle régence, 494.

MATTHEWS, amiral anglais; son combat dans la rade de Toulon; sa condamnation; XXVIII, 323. Troupes piémontaises qu'il embarque, 332.

MATTHIAS, empereur, d'abord archiduc d'Autriche; appelé dans les Pays-Bas; reconnaît Nassau pour son lieutenant; XIX, 490, 491. Ses forces; ses espérances, 495. Il dépouille l'empereur son frère de ses états héréditaires; XXII, 85. Leur traité, 141. Son désir de la paix, 168. Effroi que lui causent les apprêts de Henri IV, 179. Son avénement; il intervient dans la succession de Mantoue, 277. Quand ont commencé ses luttes avec son frère; leur résultat; son compétiteur à l'empire; époque de son élection, 440 à 443. Temples protestans qu'il fait démolir; signal de la guerre de Trente ans, 445, 446. Sa mort, 447.

MATTHIAS CORVIN, élu roi de Hongrie; XIV, 11, 12. Aux prises avec l'empereur Frédéric; XV, 86. Sa mort, 91, 99. Efforts de Maximilien pour détruire son armée, 114. Traces de son invasion en Autriche, 132.

MATTHIEU (CLAUDE), jésuite; courrier de la ligue; pourquoi a reçu ce nom; XX, 157, 158.

MATTHISON, anabaptiste; gouvernement qu'il établit à Munster; XVI, 462.

MATTIOLI (LE COMTE); favori du duc de Mantoue; ses intrigues; son emprisonnement; XXV, 434.

MAUDOUX (L'ABBÉ) confesse Louis XV mourant; XXIX, 506, 507.

MAUFF, lieutenant et confident du comte d'Estaing; XXX, 174.

MAUGER, archevêque de Rouen; chassé par Robert le Magnifique; IV, 192. Se soumet à son autorité, 193.

MAUGER, comte de Corbeil; commande l'armée de Henri 1er de France contre sa mère; IV, 212.

MAUGIRON, lieutenant du roi dans le Dauphiné; ses rigueurs, leur effet; XVIII, 169, 170. Est chargé d'exterminer les Vaudois, 174. Aux prises avec des Adrets, 329, 331. Assiége Grenoble, 362. A part à la Saint-Barthélemy; XIX, 173. Lieutenant du Dauphin d'Auvergne, 292. Nommé gouverneur du Dauphiné, 502. Ses succès, 534.

MAUGIRON, mignon de Henri III; ses railleries sur d'Alençon; XIX, 476. Son combat; sa mort, 498 à 500.

MAUGIRON, général français; prisonnier à Dettingen; XXIV, 46.

MAULAC (PIERRE DE), écuyer de Jean-sans-Terre; dans quelle circonstance le seconde; VI, 215.

MAULEON (EBBLES DE). Voy. Rochefort (Godefroi).

MAULEON (SAVARY DE) assiste à l'assemblée de Soissons; VI, 327. Commande la flotte de Philippe Auguste contre la Flandre, 338. La perd, 339, 340. Prend parti pour Jean, 350. Ligué avec le comte de Toulouse, 394. Le seconde au siége de de Castelnaudary, 401. Défend le Poitou contre Louis VIII, 556, 557. Lui fait hommage, 559. Allié du comte de Champagne; VII, 19. Ligué avec Henri III d'Angleterre, 26. Fait arrêter le comte de Bar, 30. Se prépare à attaquer la Rochelle, 100.

MAULEVRIER (LE MARQUIS DE); passion que lui inspire la duchesse de Bourgogne ; XXVII, 49. Son ambassade en Espagne, 450; 457.

MAUNY (GAUTIER DE), lieutenant d'Edouard III; sa victoire à Cathsand; X, 118, 119. Son vœu en l'honneur des dames d'Angleterre ; il l'accomplit, 148. Est envoyé en Bretagne; livre Hennebon, 201, 204, 205. Bat Louis d'Espagne à Quimperlé, 205, 207. Chevaliers qu'il délivre, 209. Contribue à la prise de Vannes, 212, 213. Ses prisonniers, 234. Ses conseils au comte de Derby, 252, 256. Soutient le siége d'Aiguillon, 274. Sa belle défense; sauf-conduit qu'il obtient; son arrestation ; sa mise en liberté, 310 à 312. Sa conférence avec le gouverneur de Calais ; il apaise la fureur d'Edouard, 328, 329. Lui présente les six bourgeois de Calais ; intercède pour eux, 332. Fait le coup de lance aux portes de Paris, 569.

MAUNY (GRIGNARD DE), tué à Thun-l'Evêque, X, 160.

MAUNY (OLIVIER DE), cousin de du Guesclin ; fait prisonnier le roi de Navarre ; XI, 72.

MAUPEAU est du conseil de régence de Marie de Médicis ; XXII, 176.

MAUPEOU, premier président du parlement; sédition qui le menace; XXVIII, 489. Remontrances auxquelles il s'oppose; XXIX, 35. Est vice-chancelier, 88, 283, 284. Remplacé par son fils, 403.

MAUPEOU (LE COMTE DE) est chancelier de France; XXIX, 88, 284, 403. Courtisan de la Dubarry, 404. Excite le roi contre les parlemens, 413 à 416. Il engage la querelle qui se termine par un coup d'état et la création du parlement Maupeou, 417 à 439. Son triomphe, 440. Protestations des princes et pairs; son habileté; ses mesures, 449 à 455. Ses magistrats décriés par Beaumarchais; il n'en tient compte; froideur de la cour pour lui, 456, 457. Parlementaires qui le sollicitent; 463. Il n'est point dévot, 496. Se tient auprès du roi expirant, 502 et suiv. Popularité des magistrats qu'il a dispersés; XXX, 9. Le ministère dont il fait partie remplacé, 24, 54. Son effigie brûlée; son successeur, 26, 27. Défendu par le comte de Provence (Louis XVIII), 37. Ses proscriptions imposées au parlement rappelé, 41. Son parlement décrié, 42, 43. Adversaire de la reine, 253. Son nom incidemment rappelé, 288, 369, 378, 379, 410.

MAUPERTUIS est attiré par Mme de Pompadour ; XXVIII, 355.

MAURAN (PIERRE DE), chevalier toulousain ; poursuivi comme Henricien; sa pénitence ; V, 532 à 534.

MAUREGARD (ÉTIENNE DE) est l'un des conseillers du Dauphiné; XII, 515.

MAUREPAS (LE COMTE DE) est ministre de la marine ; XXVIII, 7. Injonction qu'il fait au parlement, 47. Arrêt de ce corps qu'il lacère, 49. N'a qu'une sinécure; son esprit superficiel, 194 à 196. Prédilection de Louis XV pour lui; d'où sa disgrâce, 197. Ses débats avec les dames de la Tournelle et de Flavacourt, 253. Est l'oracle d'Amelot, 306. Pourquoi envoyé en Provence, 309, 310. La favorite demande son exil, 344. Il lui annonce son rappel, 346. Est remplacé, 477. Louis XVI le nomme principal ministre; XXX, 20 et suiv. Son influence sur ce prince; il combat celle de la reine; par qui secondé, 25, 28, 30. Il fait rappeler le parlement exilé, 36, 38 à 41. Il raille le parlement Maupeou, 42. Se fait fort de diriger celui qu'il réintègre, 44. Décide le roi à se faire sacrer à Reims, 52. Ses rapports avec Turgot, 53. Il abandonne la Vrillière, 55. Le fait remplacer par Malesherbes; 56 et suiv. Réformes qu'il entrave, 80 et suiv. Il fait tomber Turgot, 86 et suiv. Par qui remplace son successeur, 93, 94. Comment soutient Necker, 102. Puis l'abandonne, 107, 111. Comment qualifie le compte rendu, 122. Sa mort, 126, 127, 249. N'a pas dépassé la portée des hommes de son temps, 129. Son inimitié à l'égard de Voltaire, 160. Son indifférence à l'égard de l'Amérique, 192. Comparé à Hyder-Ali, 214. Vergennes songe à le remplacer, 234. Détermine Joly de Fleury à entrer au ministère, 235. Se laisse guider par sa femme, 242. Sa mort livre le pouvoir à Marie-Antoinette, 250 et suiv. Sa politique à l'égard de cette princesse, 268 et suiv. Le roi lui confie l'ascendant qu'elle a sur lui, 274. A écarté Calonne, 288.

MAUREVEL (LOUVIER DE) assassine Mouy; XIX, 71. Assassine Coligni, 155 à 157. Chargé par la reine de tuer Lanoue; n'y peut réussir, 265.

MAURICE, empereur d'Orient; veut reconquérir l'Italie; I, 366. Fait passer Gondowald en France, 377.

MAURICE, archevêque de Rouen; démêlé dont il est causé; VII, 115.

MAURICE, duc de Saxe; renforce le roi de Romains; XVII, 157. Se rend à l'armée impériale, 197. Son ambition; comment il flatte l'empereur, 252, 253. Il contribue à abattre la ligue de Smalkade, 277, 280. Ses défaites, 286. L'électorat de Saxe lui est promis; il perd le landgrave de Hesse, 319, 320. Paraît prêt à sacrifier sa croyance, 338, 414. Est investi de l'électorat de Saxe, 342. Caresses que lui fait l'empereur, 374. Confiance qu'il inspire à ce prince, 408, 409. Il dirige mollement le siége de Magdebourg, 412. Sa trahison envers l'empereur; sa trêve avec les assiégés; son traité avec Henri II, 434, 435. Il est reconnu chef de la nouvelle ligue; il négocie, avec l'empereur, l'admission des protestans au concile de Trente, 437. L'empereur ne soupçonne pas ses desseins; il licencie ses troupes, 438, 439. Ambassade solennelle qu'il envoie à Inspruck, 441. Troupes qu'il rassemble; il lève le masque; rétablit le culte protestant; marche sur l'empereur; disperse le concile, 442, 443. Il négocie avec Ferdinand; entre à Inspruck, manque de faire l'empereur prisonnier, 444 à 446. Subsides qu'il a reçus de Henri II; trêve qu'il signe; son dessein de révendiquer les villes de l'empire occupées par le roi; ses conférences à Passau avec Ferdinand, ses propositions, 470 à 472. Il reprend les hostilités et fait signer la paix de Passau, 473 à 475. Sa politique à l'égard de l'empereur; sa campagne contre les Turcs; son peu de succès; sa rivalité avec Piadéna, 478, 479. Sa mort, 480. Conséquences qu'elle entraîne, 561.

MAURICE de Savoie (LE CARDINAL); inquiétude qu'il donne à la régente; XXIII, 327. Econduit par elle, 331. Ses talens; l'empereur le nomme administrateur du duché; il entre en Piémont; son complot; son traité avec Leganez, 376 à 379. Ses opérations, 382. Il traite avec la France, 432. N'exécute pas les conventions, 471, 472. Fait la paix avec sa belle-sœur et se marie, 518, 519.

MAURIENNE (COMTE DE); sa fatale imprudence à Laodicée; V 342.

MAURONTE, Franc, livre aux Sarrazins Avignon; II, 137. Réduit à prendre la fuite, 141.

MAUVOISIN (RAOUL DE) et Hugues Stavelot, maîtres du Vexin; leurs brigandages; IV, 476.

MAUVOISIN (PIERRE DE) à Bouvines; VI, 358. Saisit la bride du cheval de l'empereur, 361.

MAUVOISIN (GUI DE); part qu'il prend à la bataille de Mansourah; VII, 428. Opine pour le retour de saint Louis en Europe, 457, 458.

MAXIMIEN, associé à l'empire par Dioclétien; I, 20. Dépouillé par Constantin, 23.

MAXIMILIEN d'Autriche, empereur; son mariage; XIV, 344, 398, 405, 528 à 530. Son armistice avec Louis XI, 531. Sa paix perpétuelle avec les Suisses; enthousiasme des Flamands pour lui; il signe une trêve d'un an; naissance de son fils, 543 à 546. Ferdinand d'Aragon renonce à son alliance, 552. Il gagne la bataille de Guinegatte, 561 à 564. Ne retire aucun fruit de la victoire; caractère que prennent les hostilités, 567 à 569. Naissance de sa fille; ses négociations; refroidissement des Gantois; sa déférence pour sa belle-mère, 571. Sa trêve avec Louis, 575, 576. Le pape intervient; pourquoi refuse de recevoir son légat, 579 à 581. Il rompt la trêve, puis la renouvelle; son accord secret avec Edouard IV et le duc de Bretagne, 596 à 598. Mort de sa femme; à quelle condition a la tutelle de ses enfans; ses embarras; n'est point secondé par son père; ses prodigalités, 606, 607. Les Etats le forcent à la paix; il signe le traité d'Arras, 610, 611. Serment qu'il prête; comment le tient, 623. Veut revenir sur le traité d'Arras, 640. N'est plus obéi dans les Pays-Bas; XV, 16. Ligue contre lui; il ressaisit le pouvoir, 17. Se fait élire roi des Romains; ses hostilités en Picardie, 26 à 29. Entre dans une nouvelle coalition, 31, 34. La main d'Anne de Bretagne lui est proposée; son empressement à secourir le duc, 42 à 44. Ses échecs en Artois; excès de son armée; insurrection; il est prisonnier à Bruges; il traite avec ses sujets; otages qu'il livre; il viole le traité, 66 à 71. Ses idées de politique générale, 80. Ses échecs dans les Pays-Bas; sa fatigue de la guerre; il signe le traité de Francfort; ce qu'il réclame; pardon qu'il accorde; le traité embrasse la Bretagne; sentence arbitrale que rend en sa faveur Charles contre les Flamands, 83 à 89. Epouse par procuration Anne de Bretagne; sa politique mystérieuse, 91 à 93. Ne secourt point sa femme; ses guerres en Hongrie, en Flandre; à qui recommande Anne, 99. Ses prétendues amours avec cette princesse, 103. Pourquoi ne se venge pas de son mariage avec Charles VIII; ses préoccupations; son ambassade infructueuse, 114 à 116. Sa coopération annoncée par Henri VII; à quoi elle se réduit; succès de son fils en Flandre; ses rapports avec Ferdinand d'Aragon, 122 à 126. Délai qui lui est accordé pour accéder au traité d'Etaples; Arras lui est livré; mort de son père; il signe avec Charles le traité de Senlis; sa fille lui est rendue, 128 à 135. Il épouse Blanche Sforza, 144. Ses ambassadeurs à Venise, 200. Ligue qu'il signe, 203. Il ne lui envoie point de troupes, 209. Passe en Toscane; pourquoi n'est point redouté; Sforza resserre son alliance avec lui, 244 à 246. Ses hostilités contre Louis XII; il renouvelle la paix de Senlis, 283. Sa guerre; ses pertes en Suisse, 288, 292. Sforza le rejoint à Inspruck, 295. Sa paix avec les Suisses, 306. Incohérence de ses plans, 337. Union qu'il repousse pour son petit-fils, 367. Son traité avec la France, 372 à 374. Son projet de se faire couronner à Rome, 388. Il n'exécute pas le traité de Trente, 405. Rétablit la paix par le traité de Blois, 430, 431. Donne au roi l'investiture du Milanais, 440. Ses négociations avec lui, 460, 461. Il réclame la tutelle de son petit-fils, 463. Convoite la succession de Hongrie; veut passer en Castille, 464. Prend sous sa protection les Génois, 474. Ses projets belliqueux déjoués, 478, 479. Comme il dispose l'armée de l'empire; il entre en Italie; ne peut obtenir le passage ni des Vénitiens ni des Suisses; ses hostilités; sa retraite; trêve qu'il signe, 482 à 488. Son ressentiment contre Louis et contre la France; sa querelle avec Ferdinand; l'Angleterre lui est favorable; ses stipulations au congrès de Cambrai; part qu'on lui promet des dépouilles de Venise; représentations que lui fait Jules, 497 à 503. Conquêtes de ses vassaux sur les Vénitiens; il élude une entrevue avec Louis; auxiliaires que lui laisse ce prince; il assiège Padoue; son intrépidité; ses échecs, 513 à 519. Sa haine pour Ferdinand, 525, 526. Secondée par les Français; son armée reprend l'offensive; sa propre inaction en Allemagne, 533 à 536. Nouveau traité entre le roi de France et lui, 551. Congrès qu'ils conviennent d'ouvrir à Mantoue, 552, 555. Offres que lui fait le pape, 565. Comment seconde Louis; ils convoquent le concile de Pise, 571 et suiv. Ses vaines promesses à son allié, 587. Son ordre aux Allemands de quitter l'armée française, 589, 599. Trêve qu'il ratifie, 590. Il accorde le passage aux Suisses; Jules ne peut l'entraîner dans la ligue, 596, 597. Hostilités de son représentant, 600. Ses prétentions sur les Etats vénitiens; ils transige avec le pape; d'abord défavorable à Sforza; inquiétudes qu'il donne à l'Aragonais, 608 à 611. Négociations diverses sans résultat, 613 et suiv. Ferdinand stipule pour lui, 623. Se met à la solde de Henri VIII; contribue à la victoire de Guinegatte; ses prétentions sur la Bourgogne, 637 à 644. Sa ligue avec les Suisses, 646. Pourquoi quitte Henri; ses projets; trêve dans laquelle il est compris, 654 à 659. Projet de marier sa fille à Louis XII, 664. Promesse que lui fait Léon X; XVI, 21. Il envahit l'Italie; son armée se dissipe; signe le traité de Cambrai avec Charles et François Iᵉʳ; de qui a reçu des subsides, 48 à 54. Effet de sa retraite à Rome, 57. Veut assurer l'empire à son petit-fils; demande à Léon de le couronner, 79, 80. Sa mort; électeurs qu'il a gagnés à son petit-fils, 92, 93.

MAXIMILIEN II, d'Autriche, d'abord roi de Bohême, puis empereur, épouse Marie, fille de Charles-Quint; gouverne l'Espagne; XVII, 371. Sa résistance aux plans de l'empereur, 416. Son retour en Bohême, 417, 432. Engagemens qu'il prend par la paix de Passau, 474. Négociations de Henri II avec lui, 560. Il assiste à l'abdication de son oncle, 565. Est reconnu roi des Romains; XVIII, 350. Se montre favorable aux protestans; congrès que lui propose Catherine de Médicis, 414. Son avénement; sa tolérance; pourquoi n'abjure pas le catholicisme, 425. Ses luttes avec les Turcs et les Transylvains; il fait la paix, 456, 457. Menaces que le pape charge son légat de lui faire, 463. Effet de sa modération, 514. Mariage de ses filles; XIX, 96. Les princes allemands le proposent pour exemple à Charles IX, 99. Il blâme la Saint-Barthélemy, 190. Il accueille Henri III, 303. Union qu'il lui propose, 318. Est élu roi de Pologne; sa mort, 341.

MAXIMILIEN, archiduc d'Autriche; l'empereur lui donne l'électorat de Cologne; XXX, 228.

MAXIMILIEN, duc de Bavière, chef de l'union catholique en Allemagne; s'allie à l'empereur; XXII, 447, 472. Droit qu'il se réserve par le traité d'Ulm; il bat l'électeur palatin, 473, 474. Reçoit sa dignité électorale; commande l'armée d'exécution, 530, 531. Ajoute à la puissance de l'empereur, 541. Ingratitude de ce prince envers lui; XXIII, 124, 126. Sommation qu'il lui fait, 130. Prête l'oreille aux négociateurs de Richelieu, 130 à 132, 171, 175. Reste fidèle à l'Autriche, 181 à 183. Traités qu'il signe avec la France sans les exécuter, 184. Se met à la tête de l'armée; ses Etats conquis, 192. Wallenstein refuse de le secourir, 194, 217, 242. Leur jonction, 218. Il demande instamment la paix, 122. Sa convention de neutralité, 141, 142. Il recommence les hostilités, 175. Sa dignité électorale reconnue, 183.

MAXIMILIEN-EMMANUEL, électeur de Bavière; son commandement contre Louis XIV; XXVI, 26. Comment jeté dans la coalition, 27. Ses opérations sur le Rhin, 56. Assemblée à laquelle il assiste, 66. Est gouverneur des Pays-Bas; seconde Guillaume, 99, 110, 125. Assiégé Namur, 181. Son inaction, 199. D'où les prétentions de sa maison à la succession d'Espagne, 274. Son manifeste au sujet de la mort de son fils, 279. Il fait proclamer Philippe V à Bruxelles, 297. Prend parti pour la France; entraîne son frère, 303, 304, 306. Ses apprêts, 315, 316, 350. Il ne seconde point Villars, 351 à 354. Leurs opérations en commun; il menace le Tyrol, 362 à 368. Son échec; sa retraite, 374. Renforts qu'il reçoit, 403 et suiv. Il évacue son camp, 405. Ses forces; ses fautes, 406. Perd la bataille de Hochstett ou Blenheim, 407 à 411. Se retire en France, 412, 413. Léopold veut le mettre au ban de l'empire, 436. Est gouverneur des Pays-Bas; seconde Villeroi, 441 à 443. Commande nominalement l'armée; XXVII, 30. Est envoyé sur le Rhin, 49, 50. Détache Berwick sur la Flandre, 52. Ne prend point part à l'élection de Charles VI, 144. Considéré par lui comme rebelle, 169. Ce qu'il obtient par la paix d'Utrecht, 172. Sa partie de chasse avec le duc de Berry, 200.

MAXIMILIEN, roi de Bavière, d'abord prince de Deux-Ponts; Joseph II tente de le dépouiller; XXX, 228.

MAXIMUS (MAGNUS) prend le titre d'empereur; I, 40. Est proclamé par les légions des Gaules; est reconnu par les autres Césars; fait condamner Priscillien, 41. Détrône Valentinien II; est vaincu par Théodose et mis à mort, 42.

MAXIMUS (PETRONIUS) fait périr Valentinien III; I, 160. Est assassiné, 162.

MAYENNE (CHARLES DE LORRAINE GUISE, DUC DE); son mécontentement contre les Montpensiers; XVIII, 472. Il défend Poitiers; XIX, 60. Passe à Venise, 114. Accompagne son frère, 347. Commande l'armée royale; plie devant Condé, 361. Assiste à l'ouverture des Etats de Blois, 399. Siége au conseil d'état; armée qu'il commande, 444 à 446. Ses succès, 449. Soumet le Dauphin, 534; XX, 20. Son pouvoir en Bourgogne, 120. Son portrait, 121. Il stipule au traité de Joinville, 127. Soulève les ligueurs de la Bourgogne, 140. Se porte au devant des Suisses, 151. Se fortifie; place de sûreté qu'il obtient, 167, 168. Son commandement; il marche sur Condé, 189 à 192, 201. Puis contre Turenne; prend ses quartiers d'hiver; est aux prises avec le Navarrais; son armée ravagée par la peste; ses plaintes contre Matignon; il tombe malade; son retour à Paris, 206 à 211. Seconde son frère, 261, 301, 302. Commande l'armée de Dauphiné, 379. Sa détresse; ce que lui accordent les états, 444 à 445. Aux prises avec le duc de Savoie, Lesdiguières et Lavalette, 448, 449. Sa prétendue dénonciation au roi, 451. Son arrestation ordonnée, Mendoza l'avertit; il s'échappe, 464. Orléans soulevé en son nom, 475. Il ne peut entraîner Lyon; s'assure de la Bourgogne, 486, 487. Ses opérations; ses progrès; son entrée à Paris; est nommé lieutenant général; son activité; il fait accéder Mercœur à la ligue; commandement qu'il distribue, 497 à 501. Négociations que Valois ouvre avec lui; ses hostilités; ses succès; sa retraite devant les Huguenots; il surprend Tours et l'évacue, 506, 515 à 524. Rappelé à Paris, 527. Villes que l'armée royale lui enlève; secours qu'il invoque, 534. Renforts qu'il reçoit; il repousse toute solidarité avec Clément; négocie secrètement avec le Béarnais; XXI, 15 à 18. N'a point les qualités d'un chef de parti; son embonpoint; sa lenteur; il reconnaît roi le cardinal; sa sœur le presse vainement de se faire proclamer; ses conseillers; édit qu'il publie pour faire prêter serment à Charles; il entre en campagne; ses succès, 21 à 25. Il attaque le camp d'Arques; est repoussé; laisse Paris découvert, 27 à 33. Rentre en cette ville, 37. Prétentions diverses entre lesquelles il se trouve placé; pureté de ses vues; ses pourparlers avec le Béarnais; il convoque les Etats généraux, 44 à 47. Importance qu'il attache à la possession de Paris; il reçoit des subsides du pape; fait publier un décret de la Sorbonne contre Henri; ses mouvemens militaires, 49 à 51. Il livre et perd la bataille d'Ivry, 54 à 58. Revient à Saint-Denis; conseil qu'il y convoque; gagne la frontière de Flandre; à qui laisse le commandement de Paris, 60 et suiv. Secouru par Farnèse; il reprend ses opérations; il élude la bataille et surprend Lagny; il rentre à Paris, 72, 75, 81 à 92. Ses vains efforts pour retenir Farnèse, 94. Ne peut sauver Chartres; prend Château-Thierri; fait assassiner Maignelais; perd Noyon; se méfie du duc de Savoie; n'a aucun pouvoir en Languedoc, 102 à 105. Difficultés qu'il éprouve; rivalités dans sa famille; inquiétudes que lui donnent ses alliés extérieurs, 118 à 123. Monitoire du pape qu'il veut en vain supprimer; embarras que lui causent les seize; fureurs de cette faction, 125 et suiv. Réformes qu'elle lui demande, 133. Sa position critique; ses opérations en présence du Béarnais; mission qu'il donne à son neveu; réaction qu'il dirige et qui rend le pouvoir à la bourgeoisie, 135 à 139. Son fils gouverneur de Normandie, 142. Sa conférence avec Farnèse pour secourir Rouen; place de sûreté qu'il lui livre, 144 à 146. Opérations qu'ils font en commun; il prend le commandement de l'armée; il est bloqué par le roi et sauvé par Farnèse, 152 à 159. Sa maladie ; négociations qu'il entame ; ses conditions exorbitantes; il convoque les Etats généraux, 161 à 165. Le pouvoir lui échappe, 168, 169. Ses rapports avec les Seize, avec le pays, avec sa famille, avec Philippe II ; son manifeste pour influencer les élections; nullité de l'assemblée qu'elles produisent; il en fait l'ouverture; il s'éloigne de Paris; intrigues de son conseil secret; ses projets traversés, 172 à 180. Déclaré rebelle par le roi; faible secours que lui envoie l'Espagne ; ses récriminations ; il se rapproche des royalistes, 185 à 187. Met les envoyés d'Espagne en demeure de se prononcer, 190 et suiv. Comment déjoue les desseins de Philippe, 196 et suiv. Trêve qu'il signe avec Henri converti; ses actes aux états ; ses négociations, 205 et suiv., 237. Son portrait par d'Aubigné, 224 et suiv. Ses propositions aux ministres d'Espagne; il se réconcilie avec son neveu, 227 à 229. Sa participation aux révolutions de Lyon ; ses offres à Nemours; il ne peut obtenir sa liberté; il surveille Mercœur; commandement qu'il a donné à Cossé-Brissac; engagement qu'il signe; secours qu'il attend de l'Espagne, 231 à 238. Défections dans son parti, 240 et suiv. Intrigues à Paris et arrêt du parlement en faveur de Henri, à qui Cossé-Brissac livre cette ville ; arrêt qui enjoint à Mayenne d'obéir au roi, 251 à 258, 275. Il renferme sa famille à Laon; se retire en Lorraine, 286. Ses dispositions à l'égard de Henri; il se rend à Bruxelles, 289. Accueil qu'il y reçoit; prévention contre lui; ses récriminations; sa lettre à Philippe II ; il provoque Feria; celui-ci propose de l'arrêter; il rejoint l'armée ; ses manœuvres pour sauver Laon; sa retraite, 292 à 299. Biron lui est opposé en Bourgogne, 307. Il défend cette province, 319, 334. Sa mésintelligence avec Velasco, 335. Il quitte son camp et traite avec le roi, 340 à 342. Place qui lui reste en Picardie, 362. Il prolonge la trêve, 382. Son traité définitif, 399 à 408. Son entrevue avec le roi; sa fidélité à le servir;

époque de sa mort, 410, 411. Présent à l'arrivée du légat, 432. Parle au conseil en faveur des Huguenots, 458. Sa position féodale; XXII, 10. Est du conseil de régence, 176. Ses gouvernemens et ses places de sûreté, 215. Ses exigences, 235. Sa mort, 252. Gratifications qu'il a reçues, 388.

MAYENNE (DE LORRAINE, GUISE, DUC DE), d'abord duc d'Aiguillon, est nommé gouverneur de Paris; XXI, 119. Conseil de guerre que les seize veulent lui faire présider, 134, 135. Est gouverneur de l'île de France; son mariage, 414. Sauvé par Sully du ressentiment du roi; XXII, 143. Ses exigences, 235. Succède à son père, 252. Sa mission en Espagne, 262. S'éloigne de la cour, 273. Sa levée de boucliers, 282 et suiv. 338 et suiv. Incline pour la paix, 355. Se rend aux conférences de Loudun, 356. Ses dispositions, 359. Est de la cabale, son projet de tuer Concini ; il le trompe, 367 à 372. Se retire à Soissons, 378, 379. Son retour à Paris, 383. Gratifications qu'il a reçues; son manifeste, 389. Déclaré rebelle; battu par les troupes royales, 390, 391. Comment apprend la mort de Concini, rentre en grâce, 400. A le gouvernement de Guienne, 433. Excite la reine-mère à prendre les armes, 460. Confédéré avec elle, 462. Accueille le roi à Bordeaux, 476. Est tué, 490.

MAYNON D'YNVAN est contrôleur-général des finances ; XXIX, 404.

MAZARIN (JULES, CARDINAL DE); précédens judiciaires invoqués contre lui; XXII, 409. Comment entraîné à la guerre; XXIII, 84. Ses débuts; il est remarqué par Richelieu; négocie le traité de Chérasque, 142 à 150, 172. Est envoyé en France; confident de la reine-mère; la trahit, 282. Il ranime le courage du cardinal, 291. Sa promotion, 400, 495. Traité qu'il signe avec les princes de Savoie, 432. Il sauve le duc de Bouillon, 516. Est appelé au conseil; embarras de sa position; ses déviations au système de son prédécesseur; comment dirige la guerre; incline pour donner la régence à la reine; dissimulation qu'il lui inspire; parrain de Louis-xiv, 527 à 542. D'intelligence avec la régente; son portrait; il annonce sa retraite; XXIV, 5 à 17. Est confirmé dans ses fonctions, 17, 18. Son adresse; ses entretiens avec la reine, 21, 36, 37. Intrigues de M*me* de Chevreuse contre lui; il transige avec elle; sa faveur croissante, 22 à 26. Complot dont il est averti, 28, 32. Armée qu'il a confiée à d'Enghien, 38. Est affermi par la victoire de Rocroy, 43. Pourquoi désire continuer la guerre; sa capacité; égoïsme de ses vues; misère publique; ses ménagemens pour le parlement; son débat avec ce corps, 50 à 63, 79. Il traite avec le duc de Lorraine, 63. Par qui fait commander les armées, 64 à 66, 114 et suiv., 137. Il traite avec la régente de Savoie; néglige l'armée d'Espagne; rappelle Lamothe Houdancourt; direction qu'il donne aux négociations de Munster, 71 à 75, 112 à 114. Ses ordres à Turenne, 81. Annonce à la reine la victoire de Nordlingen. Ses dispositions en Catalogne, en Piémont, 88 à 91, 177. La reine fait régner sa volonté, 103, 110. Sa querelle avec la cour de Rome; forces qu'il dirige sur l'Italie; à qui confie l'éducation du roi, 106 à 111. Il veut s'emparer des *présidi*; son désappointement; son obstination; il effraye le pape, 123 à 127. Fait secourir l'armée de Flandre, 138. Satisfaction qu'il obtient en Italie, 143, 144. Sa méfiance pour Guise, 166. Représentations que lui fait Turenne, 175. Mort opportune de son frère; il signe la paix de Westphalie; secours qu'il a donnés aux Hollandais; projet de trêve avec l'Espagne qu'il fait rompre, 178 à 182. Son désir de reprendre les négociations; pourquoi; dépenses odieuses de la cour; nouvelles taxes; il conduit le roi au parlement, 187 à 194; son ressentiment contre Talon, 196. Il consent à l'exécution de l'arrêt d'union; ses ennemis prennent le nom de Frondeurs; il adopte le projet des parlementaires de ne point payer les créanciers de l'Etat; ses efforts pour arrêter l'esprit de réforme; recommande à la reine la patience, 198 à 211. Avis qu'il demande à Guitant, 214. Il engage la régente à céder à la sédition, 220. Il part pour Saint-Germain; haine universelle contre lui; sa circonspection, 223 à 227, 236. Il transige; sa rupture avec d'Orléans, 230 à 232. Il manque de foi aux parlementaires; par qui attaqué; arrêt de bannissement contre lui, 239 à 244. Il se lasse de la guerre; veut renouer les négociations avec l'Espagne; est rebuté, 253. Négocie à Ruel; raffermit la fidélité des Weymariens; résistances qu'il surmonte; qui reste en hostilité avec lui; dédain que lui témoigne Condé, 260, 265 à 271. Il veut exiler M*me* de Chevreuse; comment veut se faire un parti; mariages projetés de ses nièces; insulté par Condé; son traité avec lui; usage qu'il en veut faire, 276 à 280. Sollicitations dont l'assiège la noblesse, 284. Il surprend le parlement de Bordeaux; rumeur qu'excite l'affaire des rentiers; de quoi accusé; il fait arrêter les princes; sa fortune; son caractère; il ne cache plus ses vices; la perfidie est son arme habituelle; il songe à ruiner les frondeurs, 288 à 308. Comment sait les secrets de Beaufort, 312. Son expédition en Bourgogne; veut s'assurer du fils de Condé; est trompé, 316 et suiv. Bordeaux lui échappe; dangers de son émissaire en cette ville, 325 et suiv. Requête de la douairière de Condé contre lui; frondeurs qu'il fait déclarer rebelles; il porte la guerre au Midi; ses adhérens dans le parlement; sa petite guerre au coadjuteur; sa faiblesse pour d'Epernon; l'Espagnol cherche à le compromettre, 330 à 338. Ses négociations; sa trêve avec Bordeaux, 344 à 351. Il trompe Gondi et Châteauneuf; fait transférer les princes au Havre; se rend à l'armée; néglige l'Italie et l'Espagne, 354 à 356. Accusé par Broussel; est témoin de la victoire de Rhétel; son retour; ses entrevues avec la Rochefoucauld; sa duplicité; faction nouvelle qui se forme contre lui; condition qu'il met à la liberté des princes; son renvoi demandé; sa fuite; arrêt qui le bannit, 358 à 367. Il délivre les princes; sort du royaume, 369. Intrigues qu'il dirige, 374 et suiv., 390 et suiv., 396 et suiv., 402. Ses créatures sont congédiées, 382 et suiv. Déclaration du roi contre lui, 394. La reine le rappelle; troupes qu'il a levées; fureur du parlement; sa tête mise à prix; ses appuis; ses alliances; il rejoint la cour, 408, 411 à 417. Nouvelle attitude des partis contre lui, 418 et suiv., 435, 436, 440, 464. Personnages qu'il gagne; il négocie, 441 et suiv. Le roi promet de l'éloigner, 445. Sa jalousie contre Bouillon, 452. Il convoque le parlement à Pontoise; part pour Sédan, 468. Phases de sa lutte; son retour, 474, 478 et suiv. Soumissions qu'il obtient, 482 et suiv. Il renforce Turenne, 487. Sa paix avec le duc de Guise; il conduit le roi à l'armée; récompense Turenne; sa rapacité fiscale; maréchaux qu'il nomme; il disgracie Laporte; une de ses nièces épouse Conti; inquiétude que lui donne le parlement; il fait exiler plusieurs de ses membres; ses rapports avec Gondi; ses apprêts de guerre, 492 à 508 et suiv. Il fait la paix avec d'Harcourt; ce qu'il lui accorde; seconde les projets de Guise sur Naples; passion du roi pour sa nièce; il rend les sceaux au chancelier; laisse élire pape le cardinal Chigi, 513 à 517. Suit l'armée, 522, 534. Alliances de sa famille; ses négociations; il protége les Lorrains et les Vaudois; envoie Lyonne en Espagne, 524 à 533. Soins qu'il donne aux armées; il ramène Gaston à la cour et réduit Gondi à donner sa démission; son pouvoir absolu; comment domine le roi; ses rivaux quittent la scène; ses secrétaires d'Etat, 536 à 545. Favorise Alphonse IV de Portugal, 548. Sa maladresse à Montmédy, 553. Satisfaction qu'il donne à Cromwell, 555, 566. Réconcilié avec Mademoiselle et avec Beaufort; sa fortune politique; malheurs de sa famille, 557 à 560. Reçoit Christine de Suède; cause la perte d'Hesdin; favorise Turenne; prétend à l'archevêché de Cambrai, 563 à 566. Son arrestation résolue par *Monsieur*; sa frayeur, 571, 572. Il mé-

contente les Hollandais; trompe la cour de Savoie; liberté qu'il laisse au roi; promet le pardon de Condé, 579. Préliminaire de paix dont il convient; sa conférence avec L. de Haro dans l'île des Faisans; il éloigne sa nièce Marie, 575 à 581 et suiv. Signe le traité des Pyrénées, 588. Humilie le pape, 593. Charles II dédaigne son alliance, 597. Sa maladie; sa passion du jeu; il l'inspire au roi et à la cour; comment pourvoit sa famille; donne sa fortune au roi, qui la refuse; ses legs; ses derniers conseils; sa mort, 599 à 603. Déférence que le roi lui a montrée; XXV, 1 et suiv. Ministres qu'il lui a laissés, 7 et suiv. Ses épargnes; a appris au roi à dissimuler, 11, 12. Mariage qu'il a négocié, 18. Comment a troublé la bonne harmonie avec la Hollande, 39. A mécontenté le pape, 44.

MAZARIN (MICHEL), archevêque d'Aix; son frère demande pour lui le chapeau de cardinal; XXIV, 106 et suiv. Sa promotion, 143. Secours qu'il promet à Guise, 163. Est vice-roi de Catalogne; ses vices; sa mort, 177, 178.

MAZARIN (LE DUC DE), fils de la Meilleraye; son mariage; XXIV, 601. Hérite du cardinal, 602, 603. Les épargnes de celui-ci ne lui sont point laissées; XXV, 11. Veut se défaire de la charge de grand-maître de l'artillerie, 197.

MAZARIN (LA DUCHESSE DE); sa mort laisse sans asile les dames de la Tournelle et de Flavacourt; XXVIII, 253.

MAZÈRES est de la conjuration d'Amboise; XVIII, 141. Est pris, 146.

MEDAVI (LE COMTE DE), lieutenant de Vendôme sur l'Adige; XXVI, 463, 464. Bat le prince de Hesse-Cassel à Castiglione; XXVII, 10. Défend la Provence, 18. Accuse le maréchal Tessé, 19. Réprime les Huguenots, 305.

MEDICIS (COMTE Ier DE), le plus illustre marchand d'Europe; favorise le progrès des lettres; XIII, 464. N'a d'émule que Jacques Cœur, 537, 538.

MEDICIS (JULIEN ET LAURENT), victimes de la conjuration des Pazzi ; XIV, 546, 548. Négociations de Louis XI en faveur de Laurent ; XV, 138. Mort de ce personnage, 143.

MEDICIS (PIERRE DE) gouverne Florence ; XV, 143. Ses dispositions contraires à l'expédition de Charles VIII ; réponse évasive qu'il fait aux ambassadeurs français, 151, 152. S'engage à fermer les avenues de la Toscane, 154. Vient au-devant du roi comme ambassadeur ; son effroi ; ses concessions ; soulèvement contre lui à Florence ; sa fuite, 171, 172. Charles lui offre de le ramener à Florence, 174. Sort des forteresses qu'il a ouvertes aux Français, 243. Il laisse perdre l'artillerie française dans le Garigliano, 422. Florence est replacée sous le joug de sa famille, 600, 609.

MEDICIS (JEAN, CARDINAL DE), légat à l'armée de la ligue ; ses conseils ; XV, 580. Prisonnier à la bataille de Ravenne, 592. Comment mis en liberté ; élu pape, 619. Voy. *Léon X*.

MEDICIS (JULIEN DE) ; promesse que lui fait François Ier ; XVI, 40. Son mariage avec Philiberte de Savoie, 44. Sa mort, 87.

MEDICIS (LAURENT II DE) commande l'armée pontificale ; XVI, 26. Engagement que François Ier prend en sa faveur et en celle de son frère Julien, 40. Conseils que lui donne Bibbiena, 70. Flatté par le roi et sa mère ; alliance de famille ; date de sa mort, 77. Est père de Catherine, reine de France, 78. Usurpation que François Ier lui permet ; ses négociations avec Charles-Quint, 87, 88. Sa mort, 97. En lui s'est éteinte la branche aînée des Médicis, 126.

MEDICIS (JEAN DE), chef des bandes noires ; seconde les Français ; XVI, 153. Blessé au camp sous Pavie, 232. Est tué, 293. Exploit de sa bande, 314.

MEDICIS (JEAN-JACQUES DE), condottieri milanais, surprend Bayard ; arrête un renfort de Grisons ; XVI, 204, 205. S'empare de Chiavenna, 231. Général du duc de Savoie ; bat en retraite devant les Français, 488, 489. Guerroie autour de Turin, 523, 524.

MEDICIS (COME II DE), duc de Florence ; son entrevue avec Charles-Quint ; XVII, 149. N'est que le lieutenant de l'empereur, 372. Il fait arrêter puis relâcher Horace Farnèse, 424. Médiateur entre Sienne et les Espagnols, 496, 497. Fêtes qu'il donne à don Pedro de Tolède, 498. Sa neutralité, 499. Effroi que lui cause la flotte franco-turque, 500. Comment s'est attiré l'inimitié de Strozzi, 533. Ses hostilités contre Sienne, 534. Ses troupes occupent cette ville, 542. Sa conquête lui échappe, 549. Il se réconcilie avec Philippe II ; à quel prix ; XVIII, 32. Plan contre les Huguenots qu'il concerte avec la reine-mère de France, 427. Victimes qu'il livre à l'inquisition, 462.

MEDICIS (FERDINAND DE), grand duc de Toscane ; épouse Christine de Lorraine ; XX, 457. Médiateur entre Henri IV et la cour de Rome ; XXI, 166, 220, 342. Le château d'If lui est livré, 392. Favorise le complot pour rendre Marseille au roi, 394 et suiv. Son amitié pour ce prince ; service qu'il lui rend, 432. Lui donne sa nièce en mariage ; XXII, 35, 36. Conseil qu'il lui donne, 58. Ses efforts pour le maintien de la paix, 168. Crimes de sa famille et les siens, 191. Biens qu'il rend au fils de Concini, 411. Se prononce contre l'occupation de la Valteline, 526. Sa neutralité ; XXIII, 277.

MEDICIS (LE CARDINAL ALEXANDRE DE), légat du pape auprès de Henri IV ; honneurs qu'il reçoit ; son entrée à Paris ; il s'annonce comme médiateur pour la paix générale ; négociateur qu'il envoie en Espagne ; XXI, 431 à 434. Assiste au congrès de Vervins, 475, 478, 479. Le roi lui confie son projet d'épouser Gabrielle ; XXII, 29.

MEDICIS (ALEXANDRE DE), tyran de Florence ; XVI, 354. Charles-Quint propose de lui donner en mariage sa fille naturelle, 414. Promesses que le pape fait en son nom en faveur du mariage de Catherine, 417. Confirmé par l'empereur dans son pouvoir ; épouse sa fille, 477.

MEDICIS (HIPPOLYTE) est promu cardinal; XVI, 416. Comment influence l'élection après la mort de Clément VII, 443. Meurt empoisonné, 477.

MEDICIS (COME III DE), grand duc de Toscane; son mariage; XXV, 18, 19. Sa mort; XXVII, 505.

MEDICIS (JEAN GASTON DE), grand duc de Toscane; son avénement; sa famille s'éteint en sa personne; XXVII, 208, 268, 505, 506; XXVIII, 18, 66, 67, 83, 94, 95, 111, 143 à 146, 148, 149.

MEDINA-CELI (LE DUC DE), commissaire pour la paix; XVII, 551. Gouverneur des Pays-Bas; XIX, 136. Y arrive; laisse d'Albe diriger les affaires, 201. Est rappelé, 482. Commande l'invincible Armada; XX, 382. Se heurte contre la flotte anglaise; ses escarmouches pendant quatre jours; il se retire devant Calais; sa défaite, 384 à 388.

MEDINA-CELI (LE DUC DE), vice-roi de Naples; sa fidélité à Philippe V; XXVI, 319. Insurrection qu'il réprime, 327.

MEDINA-SIDONIA (LE DUC DE); ses opérations en Catalogne; XXVI, 107. Il perd la bataille de Torvella, 151, 152.

MEGENFRID, chambellan de Charlemagne, à un commandement dans la guerre contre les Huns; II, 335, 337.

MEGHEM (LE COMTE DE) commande les troupes royales contre les réformés des Pays-Bas; ses succès; ses rigueurs; XVIII, 482.

MEHEMET EL NASIR, roi de Maroc; passe en Espagne; rend l'ascendant aux Maures; VI, 405. Offre que lui fait Jean-sans-Terre, 447.

MEHEMET, visir de Mahomet IV; ses talens; XXV, 68.

MELAC (DE) défend Landau; XXVI, 347 à 349.

MELANCHTON rédige la confession d'Augsbourg; XVI, 389. François I*er* disposé à l'appeler en France, 448. Invité à s'y rendre; pourquoi ne fait pas ce voyage, 458 à 460. Se met en route pour le concile de Trente; XVII, 437.

MELANDER, général hessois, passe au service de l'empereur; XXIV, 421, 142. Battu à Sommershausen et tué, 176.

MELCOMBE (DODINGTON, LORD), ambassadeur en Espagne; ses rapports avec Alberoni; XXVII, 274, 283, 324. Ses plans rejetés par le roi, 275 à 277.

MELFI (LE PRINCE DE) commande à Luxembourg; XVII, 154. Est gouverneur du Piémont, 270. Il arrête le marquis de Saluces, 346. Sa maladie mortelle, 424.

MELGUEIL (PIERRE DE), feudataire de France; donne son fief au saint-siége; IV, 464.

MELISENDE, fille de Baudoin II, de Jérusalem, épouse Foulques d'Anjou; V, 195. Sa fermeté et son habileté, 298. Sa présence à l'assemblée de Saint-Jean-d'Acre, 352. Guerre civile avec son fils; VI, 67.

MELLIAN, procureur général; ses conclusions contre Beaufort, Broussel et Gondi; XXIV, 292.

MELLO (GUIDE), évêque d'Auxerre; requête qu'il présente à saint Louis; VIII, 102.

MELLO (DON FRANCISCO DE) prend le commandement de l'armée espagnole; XXIII, 463. Gagne contre Guiche la bataille d'Hennecourt, 500. Sa retraite, 517, 518. Perd la bataille de Rocroy; XXIV, 38 à 42. Ses échecs en Catalogne, 178.

MELLOBAUDES, ou MÉRAUBAUDES, roi franc, gouverne Gratien; I, 39. Meurt avec lui, 41. Son nom semblable à celui des Mérovingiens, 114.

MELORIA (BATAILLE DE), gagnée par la flotte des Pisans sur celle des Génois; VII, 243.

MELOS, citoyen de Bari, aide qu'il donne aux Normands; IV, 162.

MELUN (VICOMTE DE) prend part à la victoire de Bouvines; VI, 356, 359. Ce qu'il confesse aux barons anglais, 463.

MELUN (CHARLES DE), maître d'hôtel de Louis XI; séquestre des biens de Dammartin; XIV, 129. Met Paris en état de défense, 168. Commande l'armée qui y est rassemblée, 182. Escorte le roi, 188. Destitué ainsi que son père, 210. Rival en amour de la Ballue, 262. Son supplice, 264, 265.

MELUN (ROBERT DE), lieutenant de Maximilien en Hainaut; prend Arras; XV, 130.

MENA (JEAN DE) commence l'ère poétique en Espagne; XIII, 106.

MENAGER; négociations qu'il entame avec la Hollande; XXVII, 74. Puis avec l'Angleterre, 141 et suiv., 158.

MENDOZA, ambassadeur de Charles-Quint à Rome; proteste contre la réunion du concile œcuménique à Bologne; XVII, 340. Son despotisme à Sienne, 373, 494. Sa politique à l'égard des protestans, 411. Ses menaces au pape, 422. Ses titres littéraires; sa cruauté; sa fausseté, 494, 495. Sienne se soulève contre lui, 496, 497.

MENDOZA (DON BERNARDIN); sa mission auprès du Béarnais; XX, 81. Il veut en vain empêcher Henri III de recevoir l'ambassade des Pays-Bas, 138, 139. Tente de faire livrer Boulogne aux Espagnols, 166. Lettre que lui adresse Marie Stuart, 255. Sa correspondance avec Philippe, 316. Influence de ses intrigues, 380. Son évaluation des frais de l'Armada, 389. Fait échapper Mayenne, 464. Quitte le roi et se rend près du conseil de l'Union, 502. Communication que lui fait Mayenne; XXI, 60, 61. Aumônes qu'il fait à Paris, 71. Places qu'il cherche à se faire livrer, 78. Son pouvoir sur les seize, 122. Emissaire qu'il envoie à Henri IV, 214.

MENDOZA (INIGO DE), envoyé par Philippe II aux Etats-généraux de Paris; XXI, 173. Plaide la cause de l'infante devant les Etats, 192.

MENDOZA (FRANÇOIS) commande l'armée espagnole des Pays-Bas; ses cruautés; ses défaites; XXII, 39.

MENGUI (L'ABBÉ); son influence anti-janséniste sur le parlement; XXVIII, 47.

MENTZEL (LE COLONEL); ses ravages en Bavière; XXVIII, 262. Ses proclamations aux Alsaciens et Lorrains, 284, 313.

MENZIKOFF; crimes qui lui sont attribués; il fait monter Pierre II sur le trône de Russie; XXVIII, 21, 22. Sa chute; son exil, 75, 76. Son fils aux prises avec le comte de Saxe, 77.

MERCATOR (ISIDORE); collection de ses canons comprenant les fausses décrétales; II, 324.

MERCIER, assassiné à Paris comme Huguenot, XX, 368.

MERCOEUR (DE VAUDEMONT, DUC DE), siége aux Etats de Blois; XIX, 399, 428. Epidémie dont il est atteint, 529. Est gouverneur de Bretagne; XX, 12. Dévoué aux Guises, 121. Aspire à se rendre indépendant, 146, 199. Places de sûreté qu'il obtient, 168. Aux prises avec Condé; sa déroute, 192. Il fait prisonnier le comte de Soissons, 527. Rêve le démembrement de la monarchie; XXI, 46, 106, 119, 173, 231. Ses succès militaires, 171. Conférence à laquelle il est représenté, 190. Etats qu'il convoque, 235. Trêve qu'il publie et observe mal; son engagement de rester fidèle à la ligue, 236, 237. Il négocie avec le roi, 214. Ne se rend point au congrès de Bar, 287. Secondé par les Espagnols, 334. Faveur que le roi lui réserve, 383. Traité dont il ne profite pas, 407, 409. Il négocie et continue la guerre, 435. Son traité définitif, 470, 471. N'a point de représentant au congrès de Vervins, 475. Indemnités qu'il reçoit; XXII, 10. Epoque de sa mort, 169. Sa famille éteinte, 218.

MERCURIALE du Parlement; ce qu'est cette institution; XVIII, 94.

MERCY (LE COMTE DE), bavarois, prisonnier à Kempten; XXIII, 496. Aux prises avec Guébriant; XXIV, 45, 46. Perd la bataille de Fribourg, 66 à 70. Son frère y est tué, 69. Il gagne sur Turenne la bataille de Marienthal, 81 à 83. Perd celle de Nordlingen; est tué, 84 à 87.

MERCY (L'ABBÉ), envoyé par l'empereur au duc de Lorraine; XXIII, 451.

MERCY (LE BARON, PUIS COMTE FELD-MARÉCHAL DE), général de l'empereur; prisonnier à Crémone; XXVI,

334. Battu à la Hart; XXVII, 89. Commande l'armée autrichienne; XXVIII, 110. Livre la bataille de Parme; est tué, 123 à 124.

MERCY-ARGENTEAU (LE COMTE) notifie à la cour de Versailles le traité de partage de la Pologne; XXIX, 48 et suiv.

MERÉ, ligueur, du complot d'Angoulême; XX, 393.

MEROGE, complice de Biron; est arrêté; XXII, 73.

MERINDOL (MASSACRE DE); XVII, 241.

MÉRINS (LES), dynastie musulmane à Maroc; réveille la guerre en Espagne; VIII, 119.

MERINVILLE (LE COMTE DE) commande l'armée de Catalogne; XXIV, 526.

MERLE (MATTHIEU DE), capitaine huguenot; ses déprédations; XIX, 532.

MERLIN, ministre protestant; témoin de la mort de Coligny; XIX, 157, 166.

MERODE (LE COMTE DE); troupes impériales qu'il commande dans les Grisons; XXIII, 129.

MEROVEE, MÉROVINGIENS (Meer-Wig, guerrier de la mer), nom propre chez les Francs; I, 111. Aïeul de Clovis; l'histoire n'a conservé que son nom, 113. On a supposé que ses sujets étaient sous les drapeaux d'Aétius, 156. Doutes sur l'existence du roi Mérovée, 176, 177. Longue chevelure des Mérovingiens, 244. Leur dégradation, 402. Ses causes, 403, 404. Révolutions dans l'autorité royale; pouvoir des ducs, 406 et suiv.

MEROVEE, fils de Chilpéric et d'Andovère; sa guerre en Touraine; épouse Brunehault et se réfugie dans un asile; I, 343. Pardon de son père, qui l'emmène à Soissons, 344. Désarmé; ordonné prêtre; délivré; trouve asile à Saint-Martin de Tours, 345. Protégé par saint Grégoire, 346. Poursuivi par son père; sa fuite, 347. Sa mort, 348. Supplice de ses compagnons, 349.

MEROVEE, fils de Clothaire II, emmené à l'armée à quatre ans; I, 421. Est prisonnier et disparaît, 422.

MEROVÉE, fils de Thierry II; I, 439. Epargné par Clothaire, 444.

MESI (DE); son entrée au ministère; XXIX, 93.

MESLAY (LE BARON) trahit le parti huguenot; est lui-même trompé; XXIII, 69.

MESMER importe en France le magnétisme; XXX, 314 et suiv. Commenté par d'Esprémenil, 422.

MESMES (HENRI DE), négociateur de la cour avec Coligny; XIX, 80.

MESMES (LE PRÉSIDENT DE); son rôle dans la Fronde; XXIV, 197, 219, 220.

MESMES (DE), premier président du parlement; ennemi du duc d'Orléans; XXVII, 234. Gratification qu'il reçoit de lui, 424. Son admonestation à Tencin, 441.

MESMIN, résident de France dans les Grisons; enlevé par les Impériaux; XXIII, 129.

MESSELIÈRE, ligueur; du complot d'Angoulême; XX, 393.

MEULAN (GALERIUS, COMTE DE); du parti de Guillaume Cliton; V, 172, 173. Est fait prisonnier, 177. Ligué avec Louis-le-Gros, 204.

MEULAN (JEAN DE), évêque de Paris; escorte le roi de Navarre à son entrée en cette ville; X, 514.

MEUN (JEAN DE), auteur de la deuxième partie du Roman de la Rose; XIII, 588.

MEUSE (LE MARQUIS DE) accompagne Louis XV à l'armée; XXVIII, 309.

MEYRARGUES (LOUIS DE); ses intelligences avec l'Espagne; son supplice; XXII, 121, 122.

MEZIERE (LE BARON DE) défend Dijon; négocie avec les Suisses; est caution du traité; s'évade; XV, 647, 648, 651.

MEZIERE (LE MARQUIS DE); mariage de sa fille; XVIII, 472.

MEZZO MORTO, dey d'Alger; fait la paix avec Louis XIV; XXV, 455.

MICHEL (CUROPALATE), empereur d'Orient; traité de paix entre Charles et lui; II, 415.

MICHEL (LE BÈGUE), empereur d'Orient; exhorte les Francs à repousser le culte des images; II, 463. Comment monté sur le trône; états qu'il perd, 465.

MICHEL COMNÈNE, empereur de Constantinople; place dans sa garde des réfugiés anglo-saxons; IV, 399.

MICHEL PALEOLOGUE enlève Constantinople aux Latins; VIII, 50, 51. Inquiétudes que lui donne Baudoin; inimitié de Charles d'Anjou envers lui; ses négociations avec saint Louis, 182, 183. Ses ambassadeurs au camp de Carthage, 194. Attaque que médite contre lui Charles, 214, 285. Offre au pape de réunir les Eglises latine et grecque, 236. Ses ambassadeurs au concile de Lyon; sa profession de foi; il est admis dans le sein de l'Eglise romaine, 252, 285. Ligué contre Charles d'Anjou avec le pape et le roi d'Aragon, 311, 312. Excommunié par un nouveau pape; ses négociations avec Pierre III; menacé par Charles d'Anjou, 329. Hésite à commencer les hostilités, 332.

MICHEL de Césène, général des Franciscains, condamné comme hérétique; X, 35. Soutient que le pape n'est pas infaillible, 62.

MICHEL-ANTOINE, marquis de Saluces, commande le contingent français de la Sainte-Ligue; XVI, 284. Sa circonspection, 296. Se met à la tête de l'armée de Naples; capitule, 317. Date de sa mort, 502.

MICHEL, vayvode de Transylvanie; ses guerres avec l'empereur Rodolphe; XXII, 440.

MICHEL CORIBUT, roi de Pologne; son élection; XXV, 179.

MICHELLE de France; son mariage avec Philippe-le-Bon, depuis duc de Bourgogne; XII, 292, 588. Ses intérêts stipulés par le traité de Troyes, 598. Sa mort; XIII, 42.

MIGNON (NICOLE); ses pensées régicides contre Henri IV; son supplice; XXII, 47, 48.

MIGNOT, curé du Midi; ses rigueurs contre les Huguenots; XXVII, 306.

MILES (GUILLAUME), grand inquisiteur en France; hérétiques qu'il poursuit; X, 394.

MILLE (ADAM DE), vice-régent de Louis IX à Narbonne; administre les fiefs royaux de la rive gauche du Rhône; VII, 907.

MILLE, complice du comte de Horn, périt avec lui sur la roue; XXVII, 418, 419.

MILLECZIUS, chanoine de Prague, précurseur de Jean Hus et de Jérôme de Prague; le pape invoque sa punition; XI, 211, 441.

MILON, légat du pape à la croisade albigeoise; sa mission; VI, 280. Reçoit sept châteaux du comte de Toulouse, 281.

MINAS (LE MARQUIS DAS); ses opérations en Portugal contre Philippe V; XXVI, 432. Ses opérations en Espagne; il est blessé à la défaite d'Almanza; XXVII, 22 à 26.

MINDEN (BATAILLE DE), gagnée par le prince de Brunswick sur le maréchal de Contades; XXIX, 196 et suiv.

MINUCCI, général bavarois; battu près de Braunau; XXVIII, 275, 279.

MIOLANS (LE SIRE DE) prend part au massacre des Vaudois; XVII, 240.

MIRABEAU (LE MARQUIS DE); ses écrits économiques; XXVIII, 483. Il publie l'Ami des Hommes; XXIX, 269. Censure Marie-Antoinette; vante Calonne; comment apprécie d'Esprémenil; a méconnu la portée de son fils; XXX, 265, 299, 340, 422, 444 et suiv.

MIRABEAU (LE COMTE DE) condamne les idées financières de Necker; XXX, 101, 115. Son entrevue avec la reine, 368. Ce qu'il pense de la double représentation, 427. Ses idées sur le tiers-état; sa correspondance avec Cérutti, 486 et suiv. Son élection; ses précédens; son portrait, 443 à 449.

MIRABEL, chef protestant; se retire à Saintes; XIX, 49.

MIRABEL (LE MARQUIS DE), ambassadeur d'Espagne en France; ses ouvertures pour la paix; XXII, 576. Projet que son maître lui communique; XXIII, 23. Correspond avec la reine, 334.

MIRAMBEAU (LE BARON DE), huguenot; place que Condé lui enlève;

XIX, 381. Député aux Etats de Blois; opine pour la paix ; s'échappe et tire l'épée ; 425, 426.

MIRANDOLE (LOUIS PIC, COMTE DE LA) ; sa ville prise par Jules II ; XV, 547, 549, 550.

MIRANDOLE (GALÉOTTO II, COMTE DE LA) usurpe cette principauté ; se place sous la protection de la France; XVI, 524. Ses intérêts stipulés au congrès de Nice, 561.

MIRANDOLE (PIC DE LA), catholique tué à Jarnac ; XIX, 49.

MIREBEAU (LE MARQUIS DE), présent à la mort de Henri IV ; XXII, 181.

MIREMBEAU (BERTOLD, SIEUR DE) ; sa fidélité à Henri d'Angleterre ; VII, 264. Remet son château à saint Louis ; récompensé de sa loyauté, 265.

MIREPOIX assiste à la mort de Henri III ; XX, 543.

MIREPOIX (LE DUC DE) offre au protestant Fabre sa mise en liberté; XXIX, 52.

MIRON, médecin de Henri III ; s'échappe avec lui de la Pologne; XIX, 302. Ses pronostics sur ce prince ; XX, 107. Instructions qu'il porte à la reine-mère, 150. Sa mission auprès de Guise, 260. Négociateur avec la ligue, 374.

MIRON (ROBERT), prévôt des marchands de Paris ; préside le tiers aux Etats-généraux de cette ville; XXII, 300.

MIRON, commissaire de Louis XIII aux Etats de Languedoc; son arrestation ; XXIII, 202.

MISSERY, député aux Etats de Blois; son discours intolérant ; XIX, 425. Signe le cahier de la noblesse et le présente au roi, 438.

MOCENIGO (THOMAS), amiral vénitien ; sauve le roi de Hongrie après la défaite de Nicopolis ; XII, 91.

MODENE, agent de Gaston frère de Louis XIII ; son arrestation ; XXIII, 15.

MOERSBERG (PIERRE DE) demande l'extermination des Suisses à la bataille de Saint-Jacob; XIII, 430.

MOGOLS ; leur irruption au treizième siècle; VII, 195 et suiv.

MOLART forme des compagnies d'infanterie française; XV, 505. Remplace Bayard blessé, 583.

MOLAY (JACQUES DE), grand-maître des Templiers ; son arrestation ; IX, 200. Le roi d'Angleterre le recommande au pape, 208. Son interrogatoire, 225, 226. A tenu sur les fonts de baptême un des fils du roi, 287. Devant quels juges il est traduit; est condamné à une prison perpétuelle; sa rétractation, 288. Est brûlé vif, 289. Cite au tribunal de Dieu le roi et le pape, 293.

MOLÉ, premier président du parlement; conclusions scandaleuses qu'il prend contre le mariage de Gaston, XXIII, 234. Sa nomination, 494. Déclaration que lui remet le roi contre son frère, 523. Son influence dans la grand'chambre ; XXIV, 11. Rôle politique qu'il veut réserver à cette assemblée, 55. Ses démêlés avec les enquêtes, 56. Il lutte contre le ministère, 58. Sa maladie, 61. Il résiste à l'opposition parlementaire, 94 et suiv. Demande la liberté des conseillers arrêtés, 97. Il engage la lutte avec la cour et provoque l'arrêt d'union, 197 à 204. Convoque les chambres du parlement, 210. Obtient la liberté des conseillers arrêtés ; sa marche au travers des barricades, 217 à 222. Discussions qu'il s'efforce de modérer, 224, 225. Son respect pour la puissance royale, 234, 250. Envoyé à la reine; il négocie, signe et présente au parlement la paix de Ruel ; fureurs populaires contre lui ; son courage; pureté de ses motifs, 258 à 264, 270, 271. Fait révoquer l'ordre d'exil de Mme de Chevreuse, 277. Traité dont il est dépositaire, 280. Sa conduite dans l'affaire des rentiers ; de quoi accusé, 290, 441. Récusé par Broussel, 294. Favorable à la douairière de Condé, 330. Requête qu'il rédige, 357. Il ranime le courage du parti, 359, 360. Remontrances qu'il présente au roi, 362 et suiv. Déplore la contrainte exercée sur ce prince, 368. Appuie la proposition d'exclure les cardinaux du conseil du roi, 372. Est nommé garde des sceaux, 374. Ses remontrances sur le renvoi des sous-ministres, 384. Sauve Gondi,

388. Déclaration royale qu'il fait enregistrer, 408 et suiv. Émeute qu'il apaise, 411. Il part pour la cour, 412, 413. Sa réponse aux remontrances du parlement, 416. L'entrée d'Orléans lui est refusée, 425. Préside le parlement de Pontoise, 468. Sa mort, 516.

MOLIERE ; divertissemens qu'il écrit pour le théâtre de la cour ; XXV, 173.

MOLINA (LA SENORA) ; femme de chambre de la reine ; perfidie qu'elle dévoile à Louis XIV ; XXV, 34.

MOLINES (DON JOSEPH), ambassadeur d'Espagne à Rome ; arrêté par l'empereur ; XXVII, 284, 285.

MOLINES, pasteur protestant du Languedoc ; son abjuration ; ses remords ; XXIX, 46.

MOLINOS (MICHEL), secte qui prend son nom ; XXV, 488 et suiv. Condamné à Rome, 489 ; XXVI, 235.

MOMBEL (FRANÇOIS DE) secourt Genève insurgée ; est battu ; XVI, 476.

MONACO (LA PRINCESSE DE), inclination de Louis XIV pour elle ; XXV, 170.

MONALDESCHI, grand écuyer de Christine de Suède ; est assassiné ; XXIV, 561 et suiv.

MONASTEROL, ministre de Bavière ; XXVI, 367.

MONCADE (HUGUES DE), général de Charles-Quint ; prend Tournai ; XVI, 148. Ses fonctions dans l'invasion de la Provence, 212. Est vaincu, 217. Lieutenant de Bourbon, 284. Le pape se place sous sa protection, 287. Battu et tué dans la rade de Naples, 315, 316.

MONÇON (JEAN), dominicain, soutient que la vierge Marie a été conçue dans le péché ; soulève contre lui la Sorbonne ; pourquoi ; sa fuite ; ses partisans ; il se réfugie en Aragon ; XI, 549 à 551. Condamné par le pape, 552.

MONDEJEU défend Arras contre les Espagnols ; XXIV, 511.

MONDERIC, prince Mérovingien ; prétend à l'héritage de sa famille ; I, 266. Est tué, 267.

MONDOUCET, agent de Charles IX dans les Pays-Bas ; prisonnier qu'il recommande ; XIX, 148. Invoque pour les seigneurs de ce pays la protection de Henri III, 481. Négociations qu'il entame avec d'Alençon, 486.

MONEINS (TRISTAN DE), lieutenant du roi en Navarre ; massacré à Bordeaux ; XVII, 352.

MONK (BURKARDT) conduit l'armée du Dauphin contre les Suisses ; XIII, 424. Est tué, 431.

MONKTON, général anglais ; blessé à Québec ; XXIX, 183. Seconde les opérations de Rodney, 259.

MONOD, jésuite, confident de la régente de Savoie ; sa mission en France ; ses intrigues ; XXIII, 327 à 330. Dénoncé à Christine par Richelieu ; son pouvoir sur elle, 331, 375. Son exil, 348. Son emprisonnement ; sa mort, 380.

MONS (LE MARQUIS DE), ses rapports avec don Carlos d'Espagne ; sa mort ; XIX, 9.

MONS-EN-PUELLE (BATAILLE DE), gagnée par Philippe-le-Bel contre les Flamands ; IX, 151 à 153.

MONS-EN-VIMEU (BATAILLE DE), gagnée par Philippe-le-Bon duc de Bourgogne, sur Saintrailles ; XII, 612, 613.

MONSALEZ, catholique ; tué à Jarnac ; XIX, 49.

MONSOREAU tue Bussy d'Amboise ; XIX, 520. Prisonnier à Coutras ; XX, 277. Haine dont le poursuit la sœur de Bussy ; XXI, 305.

MONTAFILANT (LE SIRE), l'un des chefs de la confédération Bretonne ; XI, 283.

MONTAGU (JEAN, SIRE DE), commissionnaire de Charles V en Languedoc ; XI, 259. Conseiller de Charles VI, 536. Ministre d'état chargé des finances, 544. Est momentanément disgracié ; XII, 15, 25, 33. Escorte le Dauphin, 232. Prend parti pour la reine, 293. Négociateur entre elle et le duc de Bourgogne, 310. Ses emplois ; sa fortune ; sa famille ; ses fêtes somptueuses ; Jean-sans-Peur le fait arrêter, juger et exécuter, 330 à 335. Réparation à sa mémoire, 395.

MONTAGU (PIERRE DE), cardinal de Laon ; conseiller de Charles VI ; provoque le renvoi de ses oncles ; meurt empoisonné ; XI, 536 à 538.

MONTAGU (GÉRARD DE) promu à l'évêché de Paris ; fêtes à cette occasion ; XII, 331. Sa fuite, puis son retour, 336, 395. Est l'un des conseillers du Dauphin, 514. Traité qui le satisfait, 535. Conseil dont il fait partie, 543. Il révoque sa sentence contre Petit, 553.

MONTAGU (JEAN DE), archevêque de Sens, chancelier de France; XII, 331. Négociateur avec l'Angleterre; sa fuite, 336. Il jure la paix d'Arras, 451.

MONTAGU (LE SIRE DE), envoyé par Jean-sans-Peur au secours de Rouen ; XII, 558. Echappe au meurtre des compagnons de ce prince, 583. Annonce le crime aux grandes villes, 585. Fait capituler La Hire en Champagne; XIII, 39.

MONTAGU, général de la Rose blanche, vainqueur à Hexam; XIV, 120. Se déclare pour Warwich son frère, 309. N'ose s'opposer à Edouard IV ; troupes qu'il rassemble, 335. Il rejoint son frère, 337. Est tué, 338.

MONTAIGU (PIERRE-SANCHE DE), chef de la régence de Navarre pendant la minorité de la reine Jeanne; VIII, 257. Veut s'unir à la famille d'Aragon, 259.

MONTAIGU (LE SIRE DE) escorte le Dauphin ; XII, rejoint la reine à Melun , 293. Envoyé par elle au duc de Bourgogne, 310.

MONTAIGU (LE VICOMTE DE), chef protestant, suit Montgommeri ; XIX, 56.

MONTAIGU, négocie la pacification entre la France et l'Angleterre ; XXIII, 74, 75.

MONTAL (LE MARQUIS DE) capitule à Asti XXVIII, 397.

MONTALTO, médecin juif ; sa fréquentation imputée à crime aux Concini ; XXII, 407.

MONTAMAR ; levées protestantes qu'il amène à la Rochelle; XIX, 31. Victime de la Saint-Barthélemy, 166.

MONTAUBAN (ARTHUR DE), favori du duc François de Bretagne ; XIII, 526. Rival en amour de Giles, frère du duc ; offensé par lui ; son désir de vengeance, 527, 532. Se fait moine, 535.

MONTAUBAN (LE SIRE DE), favori de Louis XI; XIV, 7. Assiste au service de Charles VII, 69. Comment accueille le message de Dammartin, 72. Est nommé amiral, 82. Assiste à l'assemblée de Rouen, 149. Accompagne le roi, 188. Sa mort, 211.

MONTAUBAN, chancelier de Bretagne; est à la tête des affaires ; XV, 65. Entrave le mariage d'Albret, 73, 78. Ne peut entrer à Nantes, 74. Chargé de ratifier le traité de Francfort ; hostilités de son parti, 90. Ebruite le mariage de la Duchesse, 93, 98. Rédige son traité de réconciliation avec Rieux, 94. Cherche l'appui de l'Angleterre, 99. Compris dans un traité de réconciliation, 102. Réassiégé dans Rennes , 104. Présent aux fiançailles de la duchesse, 106.

MONTAUSIER (LE MARQUIS, PUIS DUC DE) ; son mariage avec Mlle de Rambouillet ; sa femme est gouvernante du Dauphin ; XXV, 20. Et de la maison de la reine, 62. Elle aide Louis XIV dans ses galanteries, 171, 172. Il est nommé gouverneur du jeune prince, 172.

MONTAVÉ, chef catolique ; sa férocité ; XVIII, 309.

MONTBARREY (LE PRINCE DE) est adjoint au ministre de la guerre; XXX, 81, 93. Est remplacé, 192, 195. Ses rapports avec Marie-Antoinette, 269 et suiv.

MONTBAS (LE COMTE DE), général hollandais , ne défend pas le Rhin; XXV, 240.

MONTBAZON (LE DUC DE) se porte au-devant du Navarrais et l'accompagne; XX, 519. Son commandement à l'armée royale, 534. Ses troupes sont toutes catholiques ; XXI, 5. Est du conseil de régence ; XXII, 176, Est dans la voiture du roi à sa mort, 181. Accompagne Louis XIII au parlement, 292. Nommé lieutenant du roi en Picardie, 363. Longueville lui enlève Amiens, 366. Donne sa fille en mariage à Luynes, 431. S'efforce de réconcilier le roi et la reine-mère, 448.

MONTBAZON (LA DUCHESSE DE) ; passion qu'elle inspire à Beaufort ; XXIV, 8. Sa rivalité avec la duchesse de Longueville ; elle la diffame ; 27 et suiv. Ses excuses à la princesse de Condé ; elle complote contre Mazarin, 28 à 31. Son exil, 32. Elle livre au cardinal les secrets de son amant, 312. Son influence sur ce dernier, 375.

MONTBELLIARD (LE COMTE DE), ambassadeur des princes protestans près de Henri III ; son audience ; XX, 222 à 224.

MONTBOISSIER (PONS DE) invoque Louis le Jeune contre la commune de Vézelay ; V, 427.

MONTBRUN (LE MARQUIS DE) désigné pour commander les Huguenots du Dauphiné ; XXII, 486, 487.

MONTBRUN (CHARLES DU PUY) ; ses exploits dans le Dauphiné contre les troupes royales ; XVIII, 169, 170. Seconde des Adrets, 332, 333. L'arrête, 349. Côtoie la marche du duc d'Albe ; cherche à entrer dans Metz, 497. Est appelé en Brie, 498. Est de l'armée de Crussol ; XIX, 34. Rejoint Coligni, 80.

MONTBRUN (LOUIS DU PUY) relève le parti calviniste en Dauphiné ; XIX, 234, 265. Ses hostilités ; colère de Henri contre lui, 313, 314. Il est battu ; prisonnier et exécuté, 338, 339.

MONTCALM (LE MARQUIS DE) ; ses succès contre les Anglo-Américains ; XXIX, 119, 174. Il succombe sous le nombre ; est tué ; sa mort entraîne la capitulation de Québec, 178 à 183.

MONTCASSIN (GABRIEL) conspire contre Venise ; dévoile le complot ; XXII, 424.

MONTCHEVREUIL (Mme DE) témoin du mariage de Louis XIV avec Mme de Maintenon ; XXV, 447. Son mari tué à Neerwinde ; XXVI, 123.

MONTCLAR (LE VICOMTE DE), chef protestant dans le Languedoc ; XVIII, 518. Se retire dans ses terres ; XIX, 4. Suit Montgommery, 56.

MONTCLAR (LE BARON DE) ; son commandement en Alsace ; ses succès ; XXV, 351, 352. Il s'empare de Strasbourg, 410. Contributions qu'il lève dans le Palatinat ; XXVI, 28. Sa retraite du Wurtemberg, 39.

MONTCLAR, procureur-général à Aix ; sa lutte contre les jésuites ; XXIX, 231.

MONTEBELLO (CARAFFA MARQUIS DE) ; le pape lui donne ce marquisat ; XVIII, 19. Insulté par Guise ; ses plaintes ; il est défait par les Espagnols, 39, 40. Dépouillé par son oncle, 88.

MONTECUCULLI, échanson du dauphin François ; accusé d'empoisonnement ; sa mort ; XVI, 528.

MONTECUCULLI (LE COMTE DE), au service de Philippe II ; est fait prisonnier ; XXI, 434.

MONTECUCULLI (LE COMTE DE) commande les troupes de l'empereur ; XXIV, 121. Bat les Turcs à Saint-Gothard ; XXV, 69. Marche au secours de la Hollande, 253. Son inaction, 256. Ses manœuvres contre Turenne ; il rejoint le prince d'Orange ; prend Bonn, 267. Sa campagne sur le Rhin ; ses opérations après la mort de Turenne, 294 à 298, 325.

MONTEFELTRO (ANTOINE DE) a part à la défaite de Fornovo ; XV, 215, 216.

MONTEJAN (LE MARÉCHAL) prend possession de Turin au nom de François Ier ; XVI, 488. Défend le Var, 514. Sa promotion, 556. Gouverneur de Piémont ; ses négociations ; XVII, 26. Avis qu'il donne au connétable, 70. Sa mort, 92.

MONTEJAN, protestant tué à Jarnac ; XIX, 48.

MONTELEONE, ambassadeur espagnol ; cherche à circonvenir Anne d'Autriche ; XXII, 413. Remarque sa jalousie à l'égard de la dame de Luynes, 434.

MONTELEONE (LE DUC DE), ambassadeur d'Espagne à Londres ; armement contre lequel il proteste ; XXVII, 326. Son fils arrêté comme complice de Cellamare, 367.

MONTEMAR (LE COMTE DE) commande les troupes espagnoles en Italie ; XXVIII, 110. Son activité ; il rejoint don Carlos, le suit dans le royaume de Naples ; ses opérations ; il remporte la victoire de Bitonto, 111 à 118. Fait la conquête de la Sicile, 119. Se transporte dans le Modénois ; sa présomption, 133 à 135. Il prend la Mirandole ; assiége Mantoue, 136 à 138. Ses protestations contre les préliminaires de Vienne, 147. Retourne en Toscane, 148. Sa campagne dans la haute Italie; 272, 273. Remplacé, 285.

MONTENEGRO (LE MARQUIS DE) rend Amiens à Henri IV; XXI, 468.

MONTEREY (LE COMTE DE) gouverneur espagnol des Pays-Bas; seconde le prince d'Orange ; est désavoué; XXV, 254, 255. Secourt Maestricht; est aux prises avec Louis XIV, 260 et suiv. Sert sous le prince d'Orange, 276 et suiv. Ses opérations en Catalogne, 353, 354. Influence la détermination du roi en faveur d'un successeur français; XXVI, 285.

MONTERUD, lieutenant du gouverneur d'Orléans; dispute cette ville aux protestans ; se retire; XVIII, 277, 278. Favorable à la réforme, 301.

MONTESSON (MADAME DE) ; son mariage secret avec le duc d'Orléans ; XXX, 283 et suiv.

MONTGOLFIER découvre les aérostats; XXX, 316.

MONTESPAN (LE MARQUIS DE) est de la Fronde, XXXIV, 400.

MONTESPAN (LE COMTE DE); jalousie qu'il inspire à Louis XIV; XXV, 171. Il est exilé; don qu'il accepte, 172. Refuse de se réconcilier avec sa femme ; XXVI, 48.

MONTESPAN (LA COMTESSE DE) ; commencement de ses amours avec Louis XIV; XXV, 170, 171. Opposée au mariage de Lauzun, 204. Sommes qui lui sont prodiguées, 208. Sa brouillerie et sa réconciliation avec La Vallière, 217. Elle perd Lauzun, 218. Attire le roi à la cour, 251. Publicité de sa faveur ; ses enfans ; leur institutrice ; faveur naissante de celle-ci, 303 à 308 ; fait nommer historiographes Boileau et Racine, 356. Elle suit le roi à l'armée, 365. Scrupule de ce prince à son égard, 396 et suiv. Elle est délaissée et reprise, 399 à 439. Elle rend à Lauzun sa liberté, 440. Louvois intrigue en sa faveur, 495. On la reconnaît dans Vasthi; XXVI, 33, 34. Sa retraite ; époque de sa mort, 47, 48. Mariage de ses enfans, 85, 86 et suiv.

MONTESQUIEU publie les *Lettres Persannes*; XXVIII, 179. Puis la décadence des Romains, 180. Sa popularité, 352. Attiré par Mme de Pompadour, 355. Ses sectateurs, 482. A mis en vogue en France la constitution anglaise ; XXX, 8. Son cachet d'opposition, 300.

MONTESQUIEU (ARTAGNAN, MARÉCHAL DE) ; son commandement à l'armée de Flandre ; XXVII, 99 et suiv. A part à la victoire de Denain, 162. Irrite la noblesse de Bretagne, 381.

MONTESQUIOU, tué à Condé; XIX, 47.

MONTEYNARD (LE MARQUIS DE) ; son entrée au ministère ; XXIX, 92. Est à la tête de celui de la guerre, 427.

MONTFALCON (LE PRIEUR DE), dénonciateur des Templiers ; IX, 196.

MONTFERRAT (CONRAD, MARQUIS DE), sauve Tyr à la chrétienté ; VI, 78. Son inimitié à l'égard de Lusignan; il refuse de le recevoir à Tyr, 84; enlève Elisabeth, héritière du trône ; l'épouse et prend le titre de roi, 85. Protégé par Philippe, 107. Ses prétentions réglées, 114. Sa mort, 121.

MONTFERRAT (BONIFACE, MARQUIS DE) prend le commandement de la quatrième croisade; VI, 207.

MONTFERRAT (MARQUIS DE); appui qu'il donne aux croisés contre Manfred; VIII, 151, 152.

MONTFERRAT (LE MARQUIS DE); sa guerre avec les Visconti; enrôle à sa solde la grande compagnie d'aventuriers ; X, 595.

MONFERRAT (LE MARQUIS DE) défend les Génois contre Boucicault; XII, 325 à 327.

MONTFERRAT (GUILLAUME-JEAN, MARQUIS); sa mère Marie accueille Charles VIII et lui prête ses joyaux; XV, 163, 163, 166. Elle meurt; son conseil de régence organisé, 221. Sollicite Louis XII contre Alexandre VI, 390. Il obtient la protection de l'empereur, 340.

MONTFERRAND (DE, SOULDICH DE L'ESTRADE), seigneur gascon du parti anglais, défend Mortagne par mer; XI, 229.

MONFERRAND (PIERRE-BERNARD DE, SOULDICH DE L'ESTRADE); prisonnier de la France; son traité particulier; XXIII, 513, 516. Ligue qu'il forme pour rappeler les Anglais, 547. Capitule à Châtillon, 554. Excepté de l'amnistie, 558.

MONTFORT (RICHARD DE); secours qu'il amène à Goel; IV, 514.

MONTFORT (AMAURY IV, COMTE DE); ses luttes avec Louis-le-Gros; V, 7. Frère de Bertrade, ligué avec son fils Philippe, 77. Ligué avec Louis contre Henri Ier d'Angleterre, 136. Conseil qu'il lui donne, 148. Plaintes du comte d'Evreux contre lui au concile de Reims, 154. Devenu comte d'Evreux; prépare le soulèvement de la Normandie en faveur de Guillaume Cliton, 172, 173. Demande et conclut la paix, 177. Encore ligué, 204. Brouillé avec Louis, puis reçu en grâce, 209, 210.

MONTFORT (HUGUES DE), du parti de Guillaume Cliton; assiégé par Henri d'Angleterre; V, 173. Encore ligué contre lui, 204.

MONTFORT (GUI DE), comte de Bigorre, blessé devant Toulouse; VI, 492. Sa mort, 511.

— MONTFORT (GUI DE), frère de Simon; lui amène des renforts; VI, 407. Battu par Raymond VI de Toulouse, 490. Blessé grièvement à l'attaque de cette ville, 492. Consent à la cession que fait son neveu à Louis VIII, 580. Sa mort; VII, 67.

MONTFORT (PIERRE DE); sa mission en France; VIII, 129.

MONTFORT (PHILIPPE DE); son établissement en Albigeois; VII, 89, 90. Croisé avec saint Louis; ses négociations, 437, 438. Lui annonce la délivrance de son frère, 447. Croisé contre Manfred; VIII, 151.

MONTFORT (SIMON DE), comte d'Evreux; châteaux qu'il livre à Henri II; V, 413. Prend la croix; VI, 205. S'engage dans la croisade contre les Albigeois, 273. Se signale au siége de Carcassonne, 289. La garde de Raymond-Roger lui est confiée, 293. Accepte les possessions de ce prince; ses précédens; son illustration; continue la guerre; son mariage; il porte ses armes contre le comte de Foix; dispose du fief de Mirepoix; fait la paix; fait empoisonner le vicomte de Beziers, 297 à 301. Ses ménagemens pour les vaincus; ses négociations; il reprend les hostilités; ses succès divers; ses cruautés; châteaux qu'il assiége; ses massacres; politique qu'il suit à l'égard du comte de Toulouse; son alliance avec le roi d'Aragon; il ne dissimule plus sa haine, 372, 378, 379 à 389. Ses renforts; il rentre en campagne; sa feinte modération; ses opérations; son habileté; machines qu'il emploie; description du chat; il prend Lavaur; supplice des assiégés; il attaque les domaines de Raymond; assiége Toulouse, 391 à 398. Forcé de lever le siége; ravage les comtés de Foix et de Comminges; s'empare du Quercy; déclin de ses affaires; son dépit contre Arnaud; réduit à ses seules forces; reçoit de nouvelles bandes de fanatiques; envahit l'Agénois; tient un parlement à Pamiers; ses statuts causent l'extinction de la plupart des familles anciennes; son ambition signalée au pape; ordres que lui adresse ce pontife; il les élude, 400 à 416. Aux prises avec le roi d'Aragon; gagne la bataille de Muret, 418 à 423. Ne retire point de fruit de sa victoire; remet aux Aragonais le jeune don Jayme, 431 à 432. Il bataille au Quercy et en Agénois; marie son fils; veut diriger le concile de Montpellier; est mis en possession de Toulouse et de tout le pays conquis, 435 à 439. Ses alarmes à l'approche de Louis de France, 441. Son avénement confirmé par le concile de Saint-Jean de Latran, 444. Sa rupture avec Arnaud; fortifications qu'il élève; il se rend à la cour de Philippe; fief dont il reçoit l'investiture; attaqué par les comtes Raymond; fait un armistice avec le fils et marche contre le père, 477 à 481. Pousse les Toulousains à la révolte; les punit; bataille avec le comté de Foix et les deux Raymond, 483 à 486. Est tué devant Toulouse, 492 à 494.

Table générale de l'Histoire des Français   29

MONTFORT (AMAURY DE) épouse Béatrix du Viennois; VI, 435. Attaque Toulouse, 492. Lève le siége de cette ville, 495. Protégé par le pape; secouru par Louis de France, 504. Fait massacrer la population de Marmande; échoue devant Toulouse; ses pertes; état de son parti; institution pour le soutenir, 507 à 513. Son découragement; il offre ses conquêtes à Philippe-Auguste, 515, 516. Aux prises avec Raymond VII; leur vaine tentative de réconciliation; effort du légat du pape en sa faveur, 519 et suiv. Légataire de Philippe; sa présence au concile de Sens; recommandations que lui fait Louis; il fait la paix; abandonne pour toujours l'Albigeois; cède ses Etats à Louis VIII, 524, 541 à 544. Elude une transaction proposée avec Raymond VII; 551. Stipule ses intérêts au concile de Bourges, 574. Renouvelle sa cession au roi; reçoit en échange la charge de connétable, 580. Est croisé; le pape veut le diriger sur Constantinople, 204. Sommations qu'il reçoit, 207. Est prisonnier à Gasah, 210. Sa mise en liberté stipulée, 212. Ses démêlés à Chypre; sa mort, 395.

MONTFORT (SIMON DE), comte de Leicester; réduit les Gascons; sa valeur; ses violences; VII, 489 et suiv. Sa révolte contre Henri III; statuts qu'il lui fait signer; succès divers de son parti; qui reprend l'ascendant; VIII, 54 à 56, 124, 127. Se soumet à l'arbitrage de saint Louis, 128. Sa victoire à Lewes; ses prisonniers; il est investi de l'autorité royale; parlement qu'il convoque; origine de la chambre des communes, 134, 135. Excommunications qu'il provoque, 137. Encouragé par Charles d'Anjou; hostilité du pape contre lui; il perd la bataille d'Evesham; est tué; désastres et regrets de son parti, 144 à 148, 166. Comment vengé par son fils, 218.

MONTFORT (GUI DE), fils du comte de Leicester; vengeance qu'il tire de la mort de son père; VIII, 218, 219. Proscrit avec son frère Simon; sa pénitence; commandement que lui donne le pape, 220. Combat naval qu'il s'obstine à livrer; est fait prisonnier; sa captivité perpétuelle, 396, 397.

MONTFORT (JEAN DE), exclu de l'héritage de Bretagne; ce qu'il affirme en le réclamant; son parti; ses progrès; condamné par la cour des pairs; il recherche la protection d'Edouard III; X, 88, 108, 109, 185 à 190. Est prisonnier, 193. Sa femme ranime son parti, 194. Il sort de prison; passe en Angleterre; fait hommage-lige à Edouard, 249. Son retour en Bretagne; 250. Ses échecs; sa mort, 258. Voy. *Jean V de Bretagne*.

MONTFORT-LOHEAC (LE SIRE DE); confédération qu'il forme contre la réunion de la Bretagne au domaine de la couronne; XI, 282, 283. Renfort qu'il amène au duc, 285.

MONTGAILLARD, commandant français à Brême; capitule; son supplice; XXIII, 346, 347.

MONTGEROT (COSSÉ DE), conseiller au parlement; miracles qu'il atteste; XXVIII, 56.

MONTGLAT (LE MARQUIS DE); réunion de la noblesse chez lui; XXIV, 285.

MONTGOMMERY amène des Ecossais à l'armée du Dauphin; XIII, 424.

MONTGOMMERY (JACQUES DE), sire de Lorges, blesse François Ier; XVI, 118.

MONTGOMMERY (LE COMTE DE) blesse mortellement Henri II; XVIII, 97, 98. Signe l'association protestante, 282. Son expédition en Berry; 302, 303. Il défend Rouen, 343. Sa retraite, 344, 345. La reine-mère le déclare responsable des hostilités du parti, 504. Se retire dans ses terres; XIX, 4. Soulève les Normands, 31. Coligni invoque son secours, 44. Il se retire à Saintes, 49. Rallie l'armée des vicomtes, 56. Ses succès dans le Béarn, 62. Sa tête mise à prix, 60. Sa jonction avec Coligni, 75, 76. Sa valeur à Arnay-le-Duc, 83. Il échappe à la Saint-Barthélemy, 173. Secours qu'il amène à la Rochelle, 227. Sa retraite; 228, 229. Faction qui pense à se réfugier sur ses vaisseaux, 231. Débarque en Normandie; ses revers, 265 à 267. Est prisonnier; sa perte est résolue, 271, 272. Son procès; son supplice, 297 à 299.

MONTGOMMERY (LE COMTE) marche sous les drapeaux de Condé; XX, 212. Prend part à la victoire de Coutras, 269. Il rejoint le roi; XXI, 156.

MONTGOMMERY (LE MARQUIS DE), lieutenant de Catinat en Piémont; XXVI, 63.

MONTGOMMERY, tué à Québec, dans les rangs des Américains; XXX, 141.

MONTGON (DE), tué à Crémone; XXVI, 333.

MONTGON (L'ABBÉ DE), envoyé par Philippe v d'Espagne, près de Fleury; XXVIII, 32 et suiv.

MONTHOLON (FRANÇOIS DE) est nommé garde des sceaux; XVII, 79. Accompagne le roi à la Rochelle, 137.

MONTHOLON (FRANÇOIS DE) est nommé par Henri III garde des sceaux; XX, 400. Son discours aux Etats de Blois, 417. Conseil auquel il assiste, 461.

MONTHYON (DE); comment apprécie Necker; XXX, 412.

MONTI (LE MARQUIS DE), ambassadeur de France en Pologne, prisonnier chez les Russes; XXVIII, 191.

MONTIEL (BATAILLE DE) gagnée par Henri Transtamare et du Guesclin sur Pierre-le-Cruel; XI, 103.

MONTIGNY (GALON DE) porte l'étendard royal à Bouvines; VI, 360.

MONTIGNY (LE SIRE DE), général de Maximilien; ses hostilités en Artois; XV, 27. Il est tué, 43.

MONTIGNY (LE BARON DE), envoyé des Flamands en Espagne; son arrestation; XVIII, 483. Ses rapports avec don Carlos; sa mort; XIX, 9.

MONTIGNY fait sortir de Dieppe la duchesse de Longueville; XXIV, 310.

MONTJAY (PAYEN, SIRE DE) livre le château de Gisors au roi d'Angleterre; V, 103. Ligué contre Louis-le-Gros, 106.

MONTJAY (GAUCHER DE); ses brigandages; V, 253. Réprimé par Louis VII, 254. Croisé à Vézelay, 307. Est tué; 343.

MONTLHERY (GUI TRUXEL DE); sa tour coupe la route de Paris à Orléans; V, 19. Sa faiblesse à la croisade; mariage de sa fille, 20.

MONTLHERY (MILON DE); mis en possession de la tour de ce nom; V, 78. Ligué contre Louis-le-Gros, 85, 106.

MONTLHERY (BATAILLE DE), gagnée par Charles-le-Téméraire sur Louis XI; XIV, 173 à 178.

MONTLUC (JEAN DE), auteur du plus ancien registre du parlement; VIII, 91.

MONTLUC (BLAISE DE), maréchal; son opinion sur les légions formées par François Ier; XVI, 439. Il détruit les moulins d'Auriol, 517. Indique le côté faible de Perpignan; 127. Est de l'armée d'Enghien, 159. Est envoyé par lui près du roi pour demander de livrer bataille, 178 et suiv. Prend part à la victoire de Cérisoles, 183, 185 et suiv. Reconnaît Boulogne, 270. Ses faits d'armes en Italie, 427, 461. Il défend Sienne, 536, 537, 539. Son arrivée à Rome; XVIII, 15. Son retour en Toscane; son départ, 40, 43. Est nommé colonel-général de l'infanterie, 76. Se rend à l'armée devant Thionville, 77. Protestans que fait massacrer son frère, 307. Edit qu'il est chargé de faire exécuter au Midi, 312. Son arrivée en Quercy, 317. Sa guerre aux protestans; sa férocité, 336 et suiv., 347. Plaintes contre lui, 438. Association dont il fait partie, 452. Ses opérations; il assiége la Rochelle, 520, 521. Réduit à l'inaction; XIX, 42. Ses brouilleries avec Damville, 76, 77, 83. Il marche sur Montauban, 193. Est de l'armée royale, 225. Est nommé maréchal; sa retraite; époque de sa mort, 312, 313.

MONTLUC (JEAN DE), évêque de Valence; sa mission à Venise; XVII, 164, 165. Son ambassade à Constantinople; ses efforts pour réconcilier Soliman et Charles-Quint, 254, 255. Henri II veut le faire nommer chancelier d'Ecosse; son rappel, 369, 370. Négociateur en ce royaume; XVIII, 136. Assiste à l'assemblée des notables, 161. Il y prêche la tolérance,

163. Est un des confidens de la reine-mère ; il penche vers la réforme, 206, 207, 467. Projet de paix qu'il propose, 290. Cité à l'inquisition, 383, 384. Il réfute les remontrances du parlement de Paris, 402. Est de l'assemblée de Moulins, 465. S'emploie à faire monter Henri sur le trône de Pologne ; XIX, 211. Part pour ce pays ; dangers qu'il court en route ; ses efforts pour effacer l'impression de la Saint-Barthélemy ; avis qu'il donne à la reine, 215 à 220. Succès de sa négociation, 237 à 241. Il se joint aux députés polonais ; il s'explique sur les promesses qu'il a faites, 241 à 243.

MONTLUC (JOACHIM DE) massacre les protestans de Meaux ; XVIII, 307.

MONTLUC ; ses vains efforts pour entrer dans Calais assiégé ; XXI, 424. Est tué, 426.

MONTLUEL, huguenot français, marche avec l'armée allemande ; XX, 292.

MONTMOUTH (LE DUC DE) ; auxiliaires qu'il commande à l'armée de Turenne ; XXV, 271. Se révolte contre Jacques II ; son supplice, 523, 539 ; XXVI, 20.

MONTMORENCY (LES) ; leur origine ; III, 455.

MONTMORENCY (BURCHARD DE), réduit par Louis-le-Gros ; V, 11. Ligué contre lui avec les Rochefort, 79. Exemple du droit des gens chevaleresque, 143. Prisonnier à la bataille de Brenneville, 146.

MONTMORENCY (MATHIEU DE), compagnon de croisade de Philippe-Auguste ; largesse qu'il reçoit ; VI, 104.

MONTMORENCY (BOUCHARD DE) amène des renforts à Simon de Montfort ; VI, 401. Sa mort, 595.

MONTMORENCY (LE SIRE DE), conseiller de la reine femme de Louis XII ; XV, 519.

MONTMORENCY (ANNE DE), connétable de France ; favori de François 1er ; XVI, 12. Objet de ses libéralités, 74. Défend Mézières, 132. Envoyé en Suisse, 151. Passe le Montcenis, 184. Poursuit Bourbon en retraite, 219. Ses passe-temps avec le roi, 230.

Est prisonnier à Pavie, 235 et suiv. Sa mission auprès de la régente, 263. Témoin de la protestation du roi contre le traité de Madrid, 275. Gouverneur du Languedoc, 283. Paye la rançon des princes otages, 350, 351. Excite le roi contre les protestans, 449. Ce qu'il prescrit à Brion, 499. Nommé lieutenant-général en Provence ; ruine cette contrée, 508 à 515. Sa circonspection ; il n'attaque point l'ennemi pendant sa retraite, 519 à 522. Accompagne le roi à l'armée du Nord, 540. Rassemble de nouvelles troupes et signe une trêve, 544. Son commandement au Midi ; il force le pas de Suse ; suspend les hostilités, 551 à 553. Négociateur pour la paix ; reçoit l'épée de connétable, 556. Son influence sur le roi ; projet qu'il seconde ; XVII, 1, 5. Est présenté à l'empereur ; assiste à ses entretiens avec le roi ; gouverne le royaume ; son portrait ; comment devient héritier de Chateaubriand ; sa capacité pour le travail ; sa constance ; son désir de réconcilier Charles et François ; son éloignement pour Henri VIII, 9 à 16. Il détourne l'empereur de l'alliance de ce prince, 20. Il veut détacher la France des protestans d'Allemagne ; son injonction au duc de Wirtemberg ; mariages qu'il négocie avec l'empereur, 25 et suiv. Leurs projets communs ; effet de son changement de politique ; les ambassadeurs français le désapprouvent ; il y persiste, 28 et suiv. Il rejette les offres des Gantois, 39. Il reçoit l'empereur, 43, 48. Il rompt les négociations avec ce prince, 58. Sa jalousie envers Brion-Chabot, 62. Sa rivalité, 67. Est le favori du Dauphin ; mécontentement qu'il inspire au roi ; ses efforts pour perdre l'amiral, 70 à 73. Sa disgrâce ; conséquences de sa politique à l'extérieur, 78 et suiv., 91. Sa défaveur croissante, 129. Le Dauphin demande vainement son rappel, 205. Sa politique reprise, 211. Henri II lui confie toutes les affaires ; ses premiers actes ; conseil qu'il forme et dont il est l'âme ; constance de l'amitié que lui porte le roi, 303 à 306, 331. Pourquoi renonce à sa dignité de maréchal, 309. Ses négociations avec le cardinal Trivulzio, 327. Sa haine contre les protestans, 344. Insurrection qu'il punit à Bordeaux, 353 à 356. Il marche sur le Boulonais, 387. Son crédit, 395. Ses créatures au parlement et au ministère, 398. Troupes qu'il envoie à Parme, 425. Il veut faire assassiner Léon Strozzi, 432. Son discours au lit de justice, 447. Ses opérations à l'Est; butin qu'il recueille, 456 à 460. Ses ordres à Brissac, 463. Par qui fait défendre Térouanne, 505. Armée qu'il rassemble; ses manœuvres sans portée; sa maladie, 507 à 509. Ses conférences avec le cardinal Pole; son commandement à l'armée royale, 526, 527. Pourquoi répugne à envoyer Montluc en Italie, 536. Ne permet pas à Cossé-Brissac de secourir Sienne, 538. Est commissaire pour la paix, 545. Nature de son ascendant sur le roi; XVIII, 4, 5. Destine à l'un de ses fils Diane, veuve de Castro, 7, 19. Rivalité de sa famille avec les Guises, 8. Son arrivée à l'armée, 46. Il fait secourir Coligni dans Saint-Quentin; perd la bataille de ce nom et est prisonnier, 49 à 53. Le roi l'oublie, 55. Ses négociations pour la paix, 76. Il est relâché sur parole et nommé commissaire, 82, 83. Il accompagne le roi au parlement, 94. Inimitié qu'il a portée à la reine; les ministres ne sont que ses subordonnés; appuis sur lesquels il compte; ses neveux, 101 et suiv. Le cachet du roi lui est retiré; sa disgrâce; il assiste au sacre, 108 et suiv. Compromis par le complot d'Amboise, 155, 156. Assiste à l'assemblée des notables; sa nombreuse escorte, 161 et suiv. Sa correspondance avec Condé saisie; ses projets contre les Guises découverts, 167. Il s'attache à la reine-mère; sa part dans le gouvernement; il assiste à l'ouverture des Etats, 188 à 191. Il se déclare contre la réforme; menace de quitter la cour; le roi l'y retient; il se ligue avec le duc de Guise, 207 à 211. Assiste à la réunion du conseil et du parlement, 218 à 220. Règle les termes de la réconciliation de Guise et Condé, 229, 230. Ce qu'il obtient du clergé; à quelles conditions, 238. Saint-André lui propose de faire périr la reine-mère, 241. Il repousse toute idée de tolérance, 252. Se résout à recourir à la force; rappelle les Guises, 261. Manque de respect au roi, 267. Son entrée à Paris, 270. Il agite cette ville, 275, 276. S'éloigne de la cour, 290. A favorisé le penchant du Languedoc pour la réforme, 314. Son lieutenant dans cette province, 325. Il dirige le roi de Navarre, 343. Conférence à laquelle il assiste, 352. Il gagne la bataille de Dreux et est prisonnier, 354 à 360. Son entrevue avec Condé, 366, 367. Il assiége le Havre, 392 à 394. Assiste au lit de justice de Rouen, 397. Est du voyage du roi, 437. Est à l'assemblée de Moulins, 465. Est encore un obstacle pour la reine-mère, 470. Pourquoi ne se démet pas de sa charge, 475, 476. Ses remontrances à l'amiral, 488. Sa colère à l'avis des nouvelles hostilités, 498. Il fait partir le roi pour Paris, 500. Ses vains efforts pour ramener ses neveux, 504, 505. Blessé au combat de Saint-Denis; sa mort, 506 à 513.

MONTMORENCY (LE MARÉCHAL FRANÇOIS DE) part pour l'Italie; XVII, 426. Ses sorties à Metz, 487. Prisonnier, 505, 506; XVIII, 4. Son mariage projeté, 19. Echappe au désastre de Saint-Quentin, 53. Edit qu'il présente au parlement, 254. Conférence à laquelle il assiste, 352. Ses communications au parlement, 373 et suiv. Se déclare garant des Châtillons, 377. Lieutenant de son père, 392. Siége au lit de justice de Rouen, 397. Se met à la tête du parti tolérant, 421, 470. Gouverneur de Paris; ses hostilités contre les Guises, 439 et suiv. Siège à l'assemblée de Moulins, 465. Son père veut lui résigner sa charge de connétable, 475. Son entrevue avec les Châtillons, 498, 499. Son poste à la bataille de Saint-Denis, 511. Ses dispositions à l'égard de l'amiral; XIX, 73. Est envoyé en Normandie, 103. Parti qu'il forme, 112. Négociateur avec l'Angleterre, 125. Méfiance du roi à son égard, 143. La reine-mère veut sacrifier sa famille, 152. Son absence de la cour sauve ses frères, 162. Il fait inhumer Coligni, 175. Echappe à la Saint-Barthélemy, 178. Demande la nomination d'un lieutenant général, 260. Sa conférence avec le duc de Lorraine, 261. Il est mis à la Bastille, 263, 292, 313, 327. Rigueurs dont il est l'objet; à quelle occasion, 333. Alençon demande sa liberté, 346. Médiateur entre ce prince et sa mère, 351, 362. Le roi veut l'abaissement de sa famille, 465. Réconcilie Bussy et Grammont, 474. Meurt sans enfans, 518.

MONTMORENCY (LOUISE DE), mère des Châtillons; leur inspire des idées de réforme; XVIII, 105.

MONTMORENCY-DAMVILLE (HENRI, MARÉCHAL, PUIS CONNÉTABLE DE); son entrevue avec Condé; XVIII, 159. Escorte Marie Stuart, 229. Garde qu'il commande, 287. Attaque qu'il déjoue, 292. Son poste à la bataille de Dreux, 357. Gouverneur du Languedoc; sa haine des Huguenots, 420, 421. Plaintes contre lui, 438. Siége à l'assemblée de Moulins, 465. Est du parti des Guises, 471. Visite les places frontières, 475. Ses brouilleries avec Montluc; XIX, 76, 83. Fureurs qu'il réprime à Orange, 103. Assiste au mariage de Henri IV, 150. Est au chevet de Coligni blessé, 157. Comment sauvé de la haine des Guises, 162. Pourquoi et comment combat les protestans du Languedoc, 235. Son attitude équivoque, 266. Ses rapports avec la reine-mère et avec l'assemblée de Milhaud, 293 à 297. Son entrevue avec Henri III, 303, 304. Est à la tête du parti des politiques, 313. Ses hostilités, 315. Confédéré avec Condé; le bruit de sa mort se répand, 327 à 333. Ses apprêts de guerre, 345 et suiv., 356. Ce que la paix stipule pour lui, 366. Par quoi maintenu dans son hostilité, 381 à 383. Députation que lui envoient les états, 418, 424, 435. Méfiance qu'il inspire aux princes huguenots, 447. Négocie avec la cour, 450 et suiv. Se rend maître de Beaucaire; reçoit la reine-mère à Toulouse, 506, 507. Hérite des titres de son frère aîné, 518. Son entrevue avec le roi de Navarre, 523. Aux prises avec son neveu Châtillon, 530. Comment entend la religion; XX, 4. S'est fait une sorte de souveraineté en Languedoc, 12, 187. Joyeuse tente de la lui enlever; le pape prend son parti, 82, 83, 106, 219. Se rapproche des Guises, 88. Son alliance avec le roi de Navarre, 180 et suiv., 321. Fanatisme que sa domination excite, 485. Son indépendance; XXI, 105, 311. Prospérité de ses armes, 171. Son alliance recherchée par d'Epernon, 245, 246. Pourquoi nommé connétable, 312 et suiv. Les Huguenots veulent le mettre à leur tête, 327. Conseille la déclaration de guerre à l'Espagne, 332. Vienne lui est livrée, 337. Ses lieutenans en Languedoc, 408. Il rejoint l'armée royale, 422. Assiste à l'assemblée de Rouen, 443. Faveurs qu'il reçoit; XXII, 10. Ses intrigues, 49, 53. Sollicite la grâce du comte d'Auvergne, 76. Parti qu'il veut tirer de la passion du roi pour sa fille, 156. Conseil dont il fait partie, 176. Tache qu'il imprime au tiers-parti, 179. Entraîne l'armée dans le parti de la régente, 195. Son gouvernement, 216. Est de la faction du comte de Soissons, 232. Sa mort, 291.

MONTMORENCY-MONTBERON, quatrième frère du précédent; est tué à la bataille de Dreux; XVIII, 357.

MONTMORENCY-THORÉ accompagne le roi chez Coligni; XIX, 157. Comment sauvé de la haine des Guises, 162. S'enfuit avec Condé, 267, 292, 327. Troupes qu'il commande; sa défaite, 345 à 347. Prétendue tentative d'empoisonnement contre lui, 354. Est arrêté au pont Saint-Esprit, 383. Est attaché à la réforme, 451. Défend Senlis; XX, 525 et suiv. Ne peut empêcher Mayenne de passer l'Oise; XXI, 37.

MONTMORENCY-MERU sollicite le commandement des galères; ne l'obtient pas; XVIII, 476. Accompagne le roi chez Coligni; XIX, 157. Comment sauvé de la haine des Guises, 162. Sa fuite, 292, 327.

MONTMORENCY (LE MARÉCHAL,

DUC HENRI DE.) succède à son père dans le gouvernement de Languedoc; XXII, 291. Fait délivrer le comte d'Angoulême, 366. Inquiétudes qu'il donne au roi, 462. Renfort qu'il lui amène, 492, 510. Péril qu'il court au siége de Montpellier, 510, 511. Il bat Soubise, 565. Vend sa charge de grand amiral; XXIII, 28. Intercède en vain pour Boutteville, 45. Troupes qu'il lève contre les Huguenots, 52. Poursuit Rohan, 71. Seconde l'armée royale, 113 et suiv. Jalousé par Richelieu; concessions qu'il lui fait, 117, 118. Avertit les princes de Savoie qu'ils doivent être enlevés, 136. Marche à la délivrance de Casal; force le passage des Alpes; prend Saluces, 143, 144. Ses nombreux collègues dans cette guerre, 151. Est nommé maréchal, 158. Ses brillantes qualités; amour que lui porte sa femme; d'abord partisan du cardinal; conspire contre lui; gagné par la reine-mère et Gaston; comment pousse le Languedoc à la révolte; ses complices; ses ressources; rejoint par Gaston; éclate sa détresse; il perd la bataille de Castelnaudary; est blessé et prisonnier, 197 à 208. Son jugement; son supplice, 211 à 213.

MONTMORENCY (LE CHEVALIER DE); arrestations qu'il fait par ordre de Henri IV; XXII, 118.

MONTMORENCY (DE), blessé au combat du faubourg Saint-Antoine; XXIV, 454.

MONTMORIN, ministre des affaires étrangères; ses efforts pour rappeler Necker; XXX, 347 et suiv. Ses mesures militaires, 398.

MONTOLIN, conférence à laquelle il assiste; XXI, 190.

MONTPAON (LE SIRE DE) livre son château aux Français; XI, 150.

MONTPELLIER (COMTES DE); expédition de Guillaume V à Majorque; V, 118. Alliance de la maison avec la famille de Provence, 217. Expulsion de Guillaume VI, 287. Alliance de Guillaume VII avec le roi d'Angleterre, 413, 459.

MONTPELLIER s'érige en république; se place sous la protection de Philippe-Auguste; VI, 436.

MONTPENSIER (JEAN DE); son mariage projeté; XI, 125.

MONTPENSIER (GILBERT DE BOURBON, COMTE DE), d'abord Dauphin d'Auvergne; ses commandemens; XIV, 330, 336. Est à la cour de Charles VIII, 637. Assiste au sacre; XV, 7. Se distingue à l'armée royale en Bretagne, 44, 45. Opposé aux Aragonais, 79. Il garantit la paix de Senlis, 134. Part pour Naples, 158. Est vice-roi de Naples; son incapacité, 206, 224. Fermentation contre lui; insurrection à Gaëte; il sort au devant du roi Ferdinand; Naples ferme sur lui ses portes; enfermé et assiégé dans les châteaux; il demande des secours, 225 à 228. Signe une capitulation qu'il n'observe pas, 230. Il continue la lutte; insubordination des Suisses; ses débats avec le vice-roi; sa détresse; il met bat les armes; meurt d'épidémie, 231 à 235. Date de sa mort, 256.

MONTPENSIER (LOUIS DE BOURBON, COMTE DE); sa piété filiale; sa mort à Naples; XV, 352, 353.

MONTPENSIER (FRANÇOIS DE BOURBON), duc de Chatelleraut; de l'armée d'Italie; tué à Marignan; XVI, 23, 35.

MONTPENSIER (LOUIS DE BOURBON, DUC DE), prisonnier à Saint-Quentin; XVIII, 52. Son peu de crédit, 107. Fait seul accueil à ses cousins, 174. Guise prend le pas sur lui au sacre, 212. Ses opérations contre les Huguenots; villes qu'il prend; cruautés de ses bandes, 297, 298. Il met garnison à la Rochelle, 305. Son acharnement, 347, 453. Ses progrès, 348. Il arrive sous Paris, 353. Ordre qu'il donne au parlement, 374. Assiste au lit de justice de Rouen, 396. Est du voyage du roi, 437. Reste seul représentant de la branche cadette, 454. Est à l'assemblée de Moulins, 465. Indépendance de son commandement, 525. Outrages auxquels il livre les prisonnières protestantes; XIX, 3. Le culte réformé interdit dans ses places, 23. Commande l'armée de Poitou; est subordonné au duc d'Anjou; le rejoint; ses cruautés, 35 à 38. Prisonniers qu'il veut faire pendre, 45. Combat à Montcontour, 64 à 66. Quitte l'armée; est nommé gouverneur de Bretagne, 74, 75. Son mariage, 98. Il quitte la cour, 114. Sa fille embrasse la réforme, quitte la France et épouse le prince d'Orange, 131, 132. Part qu'il prend à la Saint-Barthélemy, 154, 157, 171. Il se rend au siége de la Rochelle, 225. Marche sur la Guienne, 266. Son camp en Poitou, 286. Ses lettres aux insurgés, 289. Conseils auxquels il est appelé, 308. Resté seul des vieux capitaines, 312. Ses succès, 334. Il assiste à l'ouverture des états de Blois, 399. Et aux séances royales, 409. Ses négociations avec le roi de Navarre; propositions qu'il soumet aux états, 441 à 443. Siége au conseil d'état, 444, 445. Escorte la reine-mère, 507. Négociateur à Fleix, 540. Sa mort; XX, 12, 50.

MONTPENSIER (FRANÇOIS DE BOURBON, D'ABORD DAUPHIN D'AUVERGNE, PUIS DUC DE) assiste au lit de justice de Rouen; XVIII, 396. Est du voyage du roi, 437. Est à l'assemblée de Moulins, 465. Epouse l'héritière de Mezières, 472. Son commandement à l'armée royale; XIX, 74. Il quitte la cour, 114. Se rend au siége de la Rochelle, 225. Marche sur le Dauphiné, 266. Ordres que lui transmet Catherine, 286. Est chargé d'arrêter Damville, 292. Ses hostilités, 316. Il assiste à l'ouverture des états de Blois, 399. Siége au conseil d'état, 444, 445. Escorte la reine-mère, 507. Son ambassade en Angleterre; XX, 46. Il commande l'armée de d'Alençon en Flandre, 50. Est aux prises en Poitou avec Mercœur, 146. Accompagne la reine-mère, 229. Troupes qu'il amène au roi, 296. Est nommé gouverneur de Normandie, 371. Est du parti des Bourbons, 454. La noblesse de sa province est de son parti ; les villes se déclarent pour la ligue, 484. Brissac lui est opposé, 501. Il le bat près de Falaise, 521, 522. Rejoint l'armée royale, 534. Ses troupes sont toutes catholiques; XXI, 6. Il accompagne Henri IV en Normandie, 19. Prend part aux combats d'Arques, 30. Son poste à Ivry, 53. Il retourne en Normandie, 92. Est du tiers parti, 111. Sa mort, 160.

MONTPENSIER (CHARLOTTE DE BOURBON) embrasse la réforme; épouse le prince d'Orange; XIX, 131, 132.

MONTPENSIER (LA DUCHESSE DE), sœur de Guise-le-Balafré; agite Paris; XX, 324. Conspire contre le roi, 329. Est Guisarde, 454. Reçoit chez elle les chefs de la ligue, 476. Ses projets de vengeance, 496. Rappelle Mayenne à Paris, 527. Son exclamation sur l'assassinat de Henri III; XXI, 16. Sollicite Mayenne de se faire proclamer roi; son audace, 22, 23. Excite Paris contre le Béarnais, 33, 34, 67. Rejoint son frère à Saint-Denis, 60. Embarras qu'elle lui donne, 119. Ses alarmes, 133. Négociations qu'elle entrave, 196. Accueil que lui fait Henri IV, 272. Garantie que son frère stipule pour elle, 401.

MONTPENSIER (HENRI DE BOURBON, D'ABORD PRINCE DE DOMBES, PUIS DUC DE) est gouverneur de Bretagne; XXI, 106. Evacue cette province, 107. Son avénement, 160. Faction pour lui donner le trône, 168. Est défait en Bretagne, 172. Représente un des pairs laïques au sacre de Henri IV, 250. Villars se fait assurer son indépendance à son égard et lui déclare y renoncer, 280, 281, 284. Il fait capituler Honfleur, 286. Renforce l'armée royale à Lafère ; propose au roi de rendre les gouvernemens héréditaires, 422. Est de l'assemblée de Rouen, 443, 445. Entre dans le complot de Biron ; XXII, 53. Epoque de sa mort, 151.

MONTPEYROUX (RENAUD DE), évêque de Beziers ; ses exhortations aux habitans de cette ville ; VI, 284, 285.

MONTPEZAT (LE SIRE DE) insulte le territoire français; IX, 450. Sa mort, 451.

MONTPEZAT (LE SIRE DE) défend Fossano contre Charles-Quint; est forcé; XVI, 505, 506.

MONTPEZAT (LE SIRE DE) s'oppose à l'expédition de Navarre; XVII, 120. Renforce le Dauphin, 125. Ses discussions avec Annebaut, 127. Sa disgrâce, 129.

MONTPEZAT; son rôle dans la ligue; XXI, 108, 406.

MONTSABERT (GOISLARD DE), conseiller au parlement; ses luttes avec Brienne; XXX, 370. Son arrestation, 372 et suiv.

MONTREAL (AIMERY DE); réfugié à Lavaur; VI, 392. Son supplice, 397.

MONTRESOR (CLAUDE DE BOURDEILLE, COMTE DE) conspire contre Richelieu; XXIII, 294, 295, 306 et suiv. Ne peut entraîner d'Epernon, 310. Abandonné par Gaston, 311, 312. Trahison dont il est soupçonné, 504. Compromis par le prince, 508. Est de la cabale des Importans; XXIV, 20. Son emprisonnement, 33. Sa liaison avec Gondi, 236. Intermédiaire entre ce prélat et Beaufort, 248. Ne se réconcilie pas avec Mazarin, 270, 276, 291. Faveur qu'il attend, 476, 477.

MONTREUIL (TRAITÉ DE) entre la France et l'Angleterre; IX, 40.

MONTREVEL (LE MARÉCHAL) fait la guerre aux Camisards; XXVI, 398 et suiv. Ses cruautés, 414. Son rappel, 416.

MONTVAILLANT, député des Huguenots près de Damville; XIX, 293.

MOORE (LE COMMODORE); ses opérations contre les Français dans les Antilles; XXIX, 185 et suiv.

MORANO (GARCIAS), chef du parti castillan à Pampelune; tue Sanchez chef du parti français; VIII, 273, 274.

MORAS (DE); son entrée au ministère; XXIX, 93, 94.

MORAT (BATAILLE DE), gagnée par les Suisses sur Charles-le-Téméraire; XXIV, 478 et suiv.

MORBECQUE (DENIS DE) fait prisonnier le roi Jean; X, 471.

MOREAU DE SECHELLES est nommé contrôleur général des finances; XXIX, 37. Conseil secret auquel il est admis, 78. Epoque de sa retraite, 94.

MOREL, prévôt de l'hôtel; expédition où il accompagne Sully; XXII, 145.

MOREO (JUAN), chargé de pouvoirs de Philippe II au traité de Joinville; XX, 127. Communication que lui fait Mayenne; XXI, 60, 61.

MORET (LE COMTE DE), fils naturel de Henri IV; XXII, 218. Accompagne le duc d'Orléans dans sa fuite; XXIII, 164. Est déclaré criminel de lèse-majesté, 165. Sa condamnation, 186. Est tué, 206, 207.

MORGAN; intrigue dont il est l'agent; son arrestation; XXII, 105, 106.

MORHIER (SIMON), prévôt de Paris; sa contenance à la prise de cette ville; XIII, 273, 275.

MORIN (JEAN), lieutenant criminel; excite le roi contre les protestans; les espionne; XVI, 449. Supplice de ceux qu'il arrête, 454.

MORLAS (DE), envoyé par Henri IV à l'armée allemande; XX, 280 et suiv, 298. Le pousse à se convertir; XXI, 200.

MORMILE (CÉSAR), partisan des Français à Naples; XVII, 329, 348. Son opposition; il se réfugie en France; son expédition sur Naples; il se retire à Scio, 492, 493.

MORONE (JÉROME), chancelier du duc de Milan; son habileté politique; XVI, 221. Ses plans pour affranchir l'Italie; trahi par Pescara; mis en jugement, 269 à 271. S'attache à Bourbon; ses projets, 293.

MOROSINI, légat du pape en France; absolution qu'il obtient pour le comte de Soissons; XX, 390. Valois lui annonce la mort de Guise, 465. Sa souplesse; conséquence qu'elle entraîne, 468, 469.

MOROSINI, général vénitien; aux prises avec les Turcs à Candie; capitule; XXV, 181.

MORTEMAR; ses succès en Poitou contre Cossé-Brissac; XXI, 236.

MORTEMAR (LE DUC DE) fait rappeler Fleury; XXVII, 546.

MORTIMER (ROGER); ses amours avec Isabelle, reine d'Angleterre; IX, 448, 459, 465; X, 14. Est nommé comte de la Marche; grâces qu'il accumule, 50. Son supplice, 53.

MORTIMER (ROGER), reconnu héritier du trône d'Angleterre; XII, 125. Est tué, 126. Sa famille dépossédée, 131. Ses enfans captifs, 133.

MORTIMER (EDMOND); parti pour le placer sur le trône d'Angleterre; XII, 243, 250. Complot en sa faveur qu'il dénonce à Henri V, 472, 473. Sa maladie, 476.

MORVAN prend le titre de roi des Bretons ; est tué ; II, 461.

MORVILLE (HUGUES DE). Voy. *Tracy* ; V, 479.

MORVILLE (DE), ministre des affaires étrangères ; est du conseil d'état ; XXVII, 474. Opine pour le renvoi de l'infante d'Espagne, 521. Ses espérances ; XXVIII, 35. Est remplacé, 39.

MORVILLIERS (LE SIRE DE), officier du duc de Bourgogne ; mission qu'il remplit ; XII, 517. Cour de justice qu'il est chargé d'instituer, 523. Est chancelier de la reine ; conseil dont il fait partie, 543. Est nommé président du parlement, 548. Est envoyé au duc Philippe-le-Bon, 587. Sa participation au traité de Troyes, 598. Ses cruautés à Paris, 611. Il est destitué ; XIII, 231.

MORVILLIERS (PIERRE DE) est nommé chancelier de France ; XIV, 81. Explique la mission de Rubempré ; 149. Son ambassade à Lille au même sujet ; il porte la parole, 150 et suiv. Assemblée dans laquelle il parle encore au nom du roi, 154. Désavoué par lui, 188, 189. Destitué, 202.

MORVILLIERS, ambassadeur de Henri II à Venise ; XVII, 331. Refuse les fonctions de chancelier ; XVIII, 154. Assiste à l'assemblée des notables, 161. Négocie et signe avec l'Angleterre le traité de Troyes, 417. Négocie avec les Huguenots, 503. Est nommé garde des sceaux ; XIX, 26. Destitué, 101. Son mémoire en faveur de la paix, 144. Comment justifie la Saint-Barthélemy ; son but, 183. Assiste aux états de Blois, 409. Siége au conseil d'état, 445.

MORVILLIERS, chef protestant, rejoint le duc de Deux-Ponts ; XIX, 53.

MOSTANÇA (OMAR-MULEY), roi de Tunis ; ses relations avec les princes de Castille ; avec saint Louis ; VIII, 186. Attaqué par le roi, 187. Sommation qu'il lui fait, 191. Il l'attaque dans son camp, 192. Secours qu'il reçoit de toutes parts, 210. Ses échecs ; ses négociations ; paix qu'il signe ; tribut auquel il se soumet ; 211 à 214.

MOSTAZEM, cinquante-sixième et dernier calife de Bagdad ; détrôné et mis à mort ; VIII, 49.

MOTE (GÉRARD DE LA), pasteur albigeois ; son supplice ; VII, 38.

MOTRONE (LE COMTE DE), du parti français à Naples ; son supplice ; XVI, 342.

MOUCHY-LE-CHATEL (DROGON DE), réduit par Louis-le-Gros ; V, 11. Secours qu'il lui amène, 85.

MOUCHY (ANTOINE DE), *Démochares*, inquisiteur à Paris ; procédure qu'il commence ; XVIII, 97. Dénontion calomnieuse qu'il accueille contre les religionnaires, 118.

MOUCHY (LA DAME DE), confidente de la duchesse de Berry ; XXVII, 410, 411.

MOULINS (OUDART DES), premier président du parlement de Paris sous Charles VI ; XI, 544.

MOUNIER, dirige la résistance des Dauphinois au ministère Brienne ; XXX, 385. Il propose l'établissement de deux chambres, 434 et suiv.

MOUSTIER, échevin de Marseille ; son courage pendant la peste de cette ville ; XXVII, 429.

MOUVANS (LES FRÈRES) ; leur guerre de partisans en Provence ; XVIII, 170. Dirige les Vaudois soulevés, 216, 217. Se concerte avec des Adrets ; ses échecs, 332 à 335 ; arrête le chef, 349. Complice du meurtre de Charri, 406. Se joint à l'armée des vicomtes ; leurs opérations ; il font lever de siége d'Orléans, 518, 519. Est de l'armée de Crussol ; son insubordination ; il est vaincu et tué ; XIX, 34, 35.

MOUY ; la reine-mère le rend responsable des hostilités des protestans ; XVIII, 504. Il se retire en Picardie ; XIX, 4. Défend Niort, 69. Est assassiné, 71.

MOUY (DE), chargé de défendre la Fère ; XIX, 519. Capitule, 520. Marche avec l'armée allemande ; XX, 291. Son régiment réduit à quelques hommes, 310. Son poste à Ivry ; XXI, 53.

MULE (FOUCAULD DE), maréchal de Philippe-le-Bel ; bat les Flamands ; IX, 136.

MULEY-HASSAN, roi de Tunis ;

détrôné par Barberousse, rétabli par Charles-Quint; XVI 468.

MULEY-ABD-ALLAH, empereur de Maroc; accueille à sa cour Riperda; XXVIII, 14.

MOYSSET, financier; accusé de magie par Concini; XXII, 260.

MULHDORF (BATAILLE DE) gagnée par l'empereur Louis de Bavière sur son compétiteur Frédéric d'Autriche; IX, 432.

MUMMOLUS, patrice de Gontran, préserve la Gaule méridionale des Lombards et des Saxons; I, 323 à 325. Bat les Neustriens, puis rentre en Bourgogne; ses talens, ses travaux, 350. S'enfuit dans les possessions austrasiennes; fait alliance avec les seigneurs austrasiens, 361. Prend parti pour Gondowald, 376, 377. S'enferme avec lui dans Comminges, 383. Le trahit, 384, 385. Est tué, 386.

MUMMOLUS, préfet de la maison de Chilpéric, accusé de sortilége, mis à la torture; I, 365. Sa mort, 366.

MUNICH est conseiller de l'impératrice Anne de Russie; XXVIII, 76. Ses armées en Pologne, 88. Ses conditions aux assiégés de Dantzick, 91, 92. Ses victoires contre les Turcs, 199. Sa chute, 264 à 266.

MUNCER, fonde la secte des anabaptistes, 461. Son supplice, 462.

MUNUSA, général sarrasin, épouse la fille d'Eudes; accusé de vouloir se rendre indépendant; vaincu par Abderame; II, 127.

MURAT, envoyé par Henri IV au comte d'Auvergne; XXII, 107. Complot qu'il dénonce, 114 et suiv.

MURET (BATAILLE DE) gagnée par Simon de Montfort et les croisés de l'Albigeois contre le roi Pierre d'Aragon; VI, 421 et suiv.

MURRAY (LORD GEORGES) conseille la retraite à Charles-Edouard Stuart; XXVIII, 383.

MUSA, lieutenant du calife Valid, fait la conquête de l'Espagne; II, 105. Etablit le gouvernement à Cordoue, 125.

MUSA ou MUSET, cheik musulman en Espagne, forcé à la paix; IV, 159, 160.

MUSTAPHA-PACHA assiége Malte; XVIII, 459. Fait la conquête de Chypre; XIX, 115, 116.

MUSTAPHA II, empereur des Turcs fait la paix avec l'Autriche; XXVI, 278.

MUY (LE SIRE DE) réprime une insurrection à Reims; XIV, 90. Envoyé près de Charles-le-Téméraire, 239. Rend Roye, 360. Aide à prendre Tournai, 520.

MUY (LE CHEVALIER DE) bruit d'empoisonnement qu'il accrédite; XXIX, 336.

MYNARD, conseiller au parlement; invoque les rigueurs de Henri II contre les protestans; XVIII, 96. Il est assassiné, 123.

MYOLLANS (LE SIRE DE) contresigne les ordonnances de Charles VIII; XV, 95. Son empire sur lui, 100. Compris dans un traité de réconciliation, 102. Part pour Naples, 158.

NAM

NADASTI (LE COMTE) se révolte contre l'empereur; son supplice; XXV, 212, 213.

NADASTI (LE GÉNÉRAL) a part à la victoire de Plaisance; XXVIII, 401.

NAILLAC (PHILIBERT DE), grand-maître de Rhodes; échappe au désastre de Nicopolis; XII, 90.

NAMUR (ROBERT DE) renforce le duc

NAN

de Lancastre; XI, 124. Seconde le comte de Flandre, 341.

NANÇAY rassure la reine de Navarre sur le sort de son mari; XIX, 169.

NANCRÉ (LE MARQUIS DE) envoyé par le régent en Espagne; XXVII, 324.

NANCY (BATAILLE DE) gagnée par

Réné II de Lorraine sur Charles-le-Téméraire; XIV, 492 et suiv.

NANGIS (LE COMTE DE); passion que lui inspire la duchesse de Bourgogne; XVII, 49.

NANTECHIDE, seconde femme de Dagobert; II, 22. Mère de Clovis II, 33.

NANTOUILLET (ANTOINE DUPRAT, SEIGNEUR DE); guet-apens de trois rois chez lui; pourquoi; XIX, 243, 244.

NARBONNE et autres villes du midi constituées en république; VII, 174 et suiv.

NARBONNE (LE VICOMTE DE), l'un des conseillers du Dauphin (Charles VII) XII, 554. Tue au pont de Montereau le sire de Navailles, 582, 583. Armée qu'il commande; villes qu'il prend, 621. Perd la bataille de Verneuil; est tué; XIII, 33 à 36.

NARBONNE (JEAN DE FOIX VICOMTE DE) est beau-frère de Louis XII; XV, 61, 445, 586. Droit qu'il transmet à sa fille, 602.

NARBONNE; pourquoi surnommé Fritzlar; XXIX, 214.

NARSES, général grec; détruit la monarchie des Ostrogoths en Italie; I, 283. Détruit les aventuriers francs, 284. Gouverne l'Italie quinze ans, 322.

NASSAU (LE COMTE DE), prisonnier à la bataille de Poitiers; X, 466.

NASSAU (HENRI COMTE DE), négociateur de Charles (Quint), épouse l'héritière d'Orange; XVI, 20. Ses hostilités contre Lamark, 130, 131. Il assiége Mézières sans succès, 132. Sa retraite sur Valenciennes; danger qu'il court, 134, 135. Proposition qu'il fait à François Ier au nom de l'empereur, 444. Il lève des troupes pour ce dernier, 487. Menace la Picardie, 507. L'envahit; échoue au siége de Péronne; sa retraite, 525, 526.

NASSAU (RÉNÉ DE), prince d'Orange, est défait par le maréchal de Gueldre; XVII, 117. Force qu'il amène à l'empereur 150. Sa mort, 201.

NASSAU (GUILLAUME DE) hérite de la principauté d'Orange; XVII, 202. Est aux prises avec Coligni, 555. Assiste à l'abdication de l'empereur; porte à Ferdinand le sceptre et la couronne, 565 à 567. Commissaire pour la paix;

XVIII, 83. Il surprend le projet d'exterminer les protestans, 93. A embrassé la réforme; sa ville princière est prise, 329. Ses représentations hardies à Philippe II, 449. Pacification qu'il négocie, 480. Amnistie qu'il fait accepter à Anvers, 482. Il se retire en Allemagne, 483, 484. Troupes qu'il lève, 531; XIX, 13. Il entre en campagne sans succès; rejoint Condé en France, 15 à 17, 53. Quitte l'armée, 62. Cherche partout des alliés, 109, 110. Ses partisans mis à mort dans les Pays-Bas, 118. Armée qu'il lève; auxiliaires qu'il trouve en France, 122. Il épouse Charlotte de Bourbon, 132. Par qui fait commander les gueux de mer; concentre ses troupes, 134. Il passe le Rhin; ses opérations, 145 à 147. Ses progrès, ses revers; il se retire sur le Rhin et revient en Hollande, 200 à 202. Envoyé qu'il reçoit de la France; dans quelles circonstances critiques, 251 à 253. Stipulation du traité de Bergerac en sa faveur, 457. Ses vicissitudes dans les Pays-Bas, 482 et suiv. Sauvé par la mort des généraux espagnols et par le soulèvement du pays, 485. Il secourt les états de Flandre; détermine la pacification de Gand, 488, 489. Communique aux états la correspondance de Don Juan avec Philippe; il se fait nommer lieutenant de l'archiduc Mathias; ne peut décider les Flamands à prévenir l'Espagnol; ils sont battus, 490, 491. Ses forces; il espère contraindre Juan à recevoir la bataille; rivalités qui le paralysent, 495, 496. Il forme l'union d'Utrecht, 535, 536. Conseille aux états de Flandre d'appeler le duc d'Anjou, 537. Est proscrit; XX, 41. Secours qu'il obtient du prince français, 44. Il est blessé par un assassin, 48. Ses opérations de guerre, 49, 50. Il sauve Anvers, 51 à 55. Réconcilie d'Alençon et les états, 56. Ses soupçons à l'égard de Salcède, 57 à 59. Disposé à négocier encore avec d'Alençon, 85. Sa mort, 116, 117.

NASSAU (LOUIS DE); requête qu'il présente à la gouvernante des Pays-Bas au nom des réformés; XVIII, 479. Se dévoue à la cause des Flamands;

XIX, 13. Sa victoire à Groningue, 14. Sa défaite à Genningen, 15. Il passe en France, 53. Prend part à la bataille de Montcontour, 66, 68. Prend le commandement de l'armée, 80. Sa valeur à Arnay-le-Duc, 83. Se rend à la cour, 107, 109. Y attire Coligni après ses conférences avec le roi, 110. Ce prince écoute avidement ses conseils, 117. Troupes qu'il lève pour son frère, 122. Il surprend Mons, 136. Il s'y défend, 145 et suiv.; 203. Il renouvelle avec Charles les projets contre l'Espagne, 221, 251. Ses conférences avec Catherine, 259. Défait et tué à Moocker, 483, 484.

NASSAU (ADOLPHE DE) se dévoue à la cause des Flamands.; XIX, 13. Est tué, 14.

NASSAU (HENRI DE) conduit des troupes en France; XIX, 53. Est tué, 484.

NASSAU (MAURICE DE), prince d'Orange, est mis à la tête du parti protestant; XX, 117, 118. Considéré par Philippe II comme son ennemi personnel, 155. Ses revers, 242, 243. Ses grands talens se développent; ses succès; XXI, 74. Ses promesses à Henri IV, 114, 115. Flotte qu'il lui envoie, 153. Ses succès sur Mansfeld, 181. Son frère lui est opposé; il a assuré l'indépendance des Hollandais, 380, 381. Sa victoire à Nieuport; XXII, 39. Il prend l'Ecluse, 112. Il contient les Espagnols; est secouru par Henri IV; refuse la paix, elle est conclue, 136 à 140. Promet le renouvellement des hostilités, 175. Assiége Juliers, 222. Comment perd Barneveld, 456. Encourage l'électeur Palatin à accepter la couronne de Bohême, 471. Est rejoint par Mansfeld, 508. Fait lever le siége de Berg-op-Zoom; ses dernières campagnes; sa mort, 533. Il n'a pu sauver Breda, 549.

NASSAU (PHILIPPE-GUILLAUME DE), comte de Buren, fils aîné du prince d'Orange; est prisonnier en Espagne; XX, 117. Est catholique; mis en liberté, est opposé à son frère; XXI, 380.

NASSAU (PHILIPPE COMTE DE); renfort qu'il amène à Henri IV au siége de Rouen; XXI, 142. Ses échecs dans les Pays-Bas, 361.

NASSAU (JUSTIN DE); négociateur de la Hollande pour la paix générale; XXI, 477.

NASSAU (FRÉDÉRIC HENRI DE), prince d'Orange; armées françaises qui marchent à sa rencontre; XXIII, 267, 268. Réunis, ils prennent Tirlemont; leurs opérations, 269, 270. Battu près d'Anvers, 342. Marie de Médicis se met sous sa protection, 363. Sa jonction avec Guébriant, 517. Ses démêlés avec Servien; XXIV, 76. Ses opérations de guerre, 79, 80. Renforcé par Grammont; devient fou; époque de sa mort; 116 à 119.

NASSAU (MAURICE DE) inonde la Hollande; XXV, 249.

NASSAU (DE), prince d'Orange; Grammont l'exhorte à attaquer les Espagnols; XXIV, 119.

NASSAU (LE COMTE DE); troupes hollandaises qu'il commande dans les Pays-Bas; XXVIII, 311.

NASSAU-DIETZ (GUILLAUME IV DE), prince d'Orange; est proclamé stathouder héréditaire; XXVIII, 439, 441. Pourquoi quitte l'armée, 442. Met obstacle à la paix, 454, 460. Sa mort; XXIX, 71.

NASSAU (LE PRINCE DE); attaque qu'il commande devant Gibraltar; XXX, 211.

NASSAU (GUILLAUME V DE), stathouder; ses luttes avec les républicains hollandais; secouru par la Prusse; XXX, 396 et suiv. Son triomphe, 401.

NAVAILLES (LE SIRE DE) accompagne Jean-sans-Peur au pont de Montereau; est tué; XII, 582, 583.

NAVAILLES (LE MARÉCHAL, DUC DE) est assiégé dans Casal; XXIV, 176. Son poste au faubourg Saint-Antoine, 453. Assiége Sainte-Ménehould, 494. Ses opérations en Italie, 573. Sa disgrâce; XXV, 62, 82, 83. Gouvernement qu'il obtient, 84. Son expédition à Candie, 480. Prend part à la conquête de la Franche-Comté, 274. Lieutenant de Condé en Flandre, 276. Sa promotion, 302. Son commandement en Roussillon, 337, 354. Sa mort, 460.

NAVAILLES (LA DUCHESSE DE); sa

rivalité avec la comtesse de Soissons ; sa sévérité à l'égard des filles d'honneur de la reine ; XXV, 18, 33. Calomniée par son ennemie, 53. Sa disgrâce, 62, 63, 82, 83.

NAVARRO (piétro), capitaine espagnol, défend Canosa ; XV, 385. Renforce Gonsalve, 403. Fait capituler les châteaux de Naples, 408. Places du Roussillon qu'il a fortifiées, 411. Infanterie qu'il a formée par ses expéditions en Afrique ; il l'amène en Romagne, 579. Son emploi au siège de Bologne, 581. Et à la bataille de Ravenne, 591 à 593. Au service de François Iᵉʳ ; XVI, 22. Son poste à la bataille de Marignan, 31. Il réduit le château de Milan, 36. Commande la flotte française ; se présente devant Gênes ; transporte des troupes à Naples, 290 à 292. Lieutenant de Lautrec, 312. Sa maladie, 217. Prisonnier et étranglé, 317.

NAVARRO (don joseph), amiral espagnol ; son combat dans la rade de Toulon ; il est nommé marquis de la Vittoria ; XXVIII, 322 à 324.

NAZER (yousouf), ex-sultan d'Alep ; traité qu'il fait avec les croisés ; VII, 212. Richard d'Angleterre négocie avec lui, 214.

NEAUFLE (la dame) ; libéralités envers sa famille révoquées ; IX, 369.

NECKER ; ses plans d'économie ; XXIX, 94. Combat la libre circulation des grains ; XXX, 47. Son précurseur, 94, 95. Son entrée aux affaires, 96. Sa réputation ; ses habitudes littéraires ; place créée pour lui ; déficit annuel qu'il a à combler ; adopte le système de l'emprunt et des économies ; opposition qu'il rencontre ; il réduit la loterie ; cabales contre lui ; combattu au parlement, 97 à 112. Eloges qu'il reçoit ; beau côté de son administration, 113, 114. Il établit les assemblées provinciales ; fait remplacer Sartines, 115 à 121. Pourquoi publie son compte rendu ; orage contre lui ; sa démission, 122 à 127. Regrets qu'on lui témoigne ; jugement sur lui, 128 à 130. Opposé à la guerre d'Amérique, 131, 144, 191, 192, 195. L'empereur visite Paris sous son administration, 154, 155. Sa popularité comparée à celle de Voltaire, 158. Sa chute due au crédit de Vergennes, 234, 335. Ses traditions abandonnées par son successeur, 235 et suiv., 239. Comparé à d'Ormesson, 241, 245. Embarras de ses successeurs, 246. Nécessité de son rappel ; le roi le repousse, 247 à 249. Attaqué par Monsieur, 279. Prétendu équilibre qu'il a établi, 288. Calonne ne l'imite pas, 290, 295. Ses idées reprises, 330 et suiv., 354, 370. Son caractère et son administration incriminés par le contrôleur-général, 337 et suiv. L'opinion se prononce pour lui ; l'entrée des notables lui est refusée, 341, 342. Défendu par Joly de Fleury, 345. Son exil, 347 et suiv. Il refuse d'entrer au cabinet, 390 à 393. Il remplace Brienne ; son découragement, 407 et suiv. Il fait renvoyer Lamoignon ; état où il trouve le trésor ; son habileté ; son œuvre administrative éclipsée par la question politique ; questions relatives aux Etats-généraux qu'il n'ose trancher, 410 à 415. Il convoque les notables ; délibérations qu'il leur soumet, son indécision, 416 à 422. Publicité qu'il donne à son opinion ; sa gloire d'administrateur, 426 et suiv. Haï de Mirabeau, 436, 446. Garantie qu'il ôte au gouvernement dans les élections, 439. Impression que lui fait le mouvement électoral, 440. A quelle occasion traité en ennemi par la magistrature, 442.

NEDJM EDDYM, sultan du Caire lors de la croisade de saint Louis ; ses apprêts de défense ; VII, 391. Ses négociations, 392. Il connaît le lieu de débarquement du roi, 398. Sa milice de Mameluks, 401. Sa maladie, 402. Sa colère à la défaite des siens ; ses exécutions, 405, 406. Etablit l'armée à Mansourah, 406. Sa mort, 412.

NEERWINDE (bataille de), gagnée par Luxembourg sur Guillaume III ; XXVI, 122.

NEGREPELISSE ; association catholique qu'il signe ; XVIII, 452.

NEMOURS (jacques de savoie, duc de) part pour l'Italie ; XVII, 428. Se jette dans Metz, 483. Est aux prises avec Emmanuel-Philibert, 543. Tournoi où il joute; XVIII, 97. Accompagne le jeune roi au Louvre, 108. Conjurés qu'il prend à Amboise, 146, 147. Sa parole méconnue; son chagrin, 152, 153. Il veut enlever Henri, duc d'Orléans; son départ, 242. Il est envoyé en Berry, 299. Assiége Bourges, 303. Est aux prises avec Des Adrets, 335, 336. Négocie avec lui, 349. Assiége Lyon, 362. Est du voyage du roi, 437. Est de l'assemblée de Moulins, 465. Epouse la veuve de Guise, 470, 471. Indépendance de son commandement, 525. Félicité par le pape de son refus d'exécuter la paix; XIX, 20, 21. N'est point blâmé par la reine-mère, 22, 23. Il assiége sans succès Sancerre, 40. Est opposé au duc de Deux-Ponts, 52. Ses fautes, 53. Accompagne Guise; part qu'il prend à la Saint-Barthélemy, 154. Un de ses écuyers tués, 385. Désir du roi de l'abaisser, 465.

NEMOURS (HENRI DE SAVOIE), fils du premier lit de Jacques; accompagne Condé; XX, 198. Tenté de s'emparer de la Savoie; XXII, 419. Prend parti pour Marie de Médicis, 460.

NEMOURS (CHARLES-EMMANUEL DE SAVOIE, DUC DE); sa naissance; est dévoué aux Guises; XX, 121. Lieutenant de Guise, 303. Son arrestation, 463, 487, 493. Son évasion, 494. Siége à l'hôtel de ville de Paris, 498. Est gouverneur du Lyonnais, 501. Renforce Mayenne; XXI, 27. Entre à Paris, 37. Ses projets d'indépendance, 46. Il commande Paris, 61, 66, 77, 79. Procession à laquelle il assiste, 86. Ses prétentions, 173. Ses intrigues, 194. Sa captivité, 229 et suiv. Ses entreprises sur Lyon, 337. Sa mort, 382.

NEMOURS (HENRI DE SAVOIE, DUC DE), d'abord comte de Saint-Sorlin, général du duc de Savoie; ses hostilités contre la France; ses succès; XX, 447. Commande à Lyon, 501; XXI, 230. Ses négociations, 234. Repoussé par la bourgeoisie en armes, 235. Devient duc de Nemours, 383. Sa réconciliation avec le roi, 407, 412. Est à l'assemblée de Rouen, 443.

NEMOURS (LOUIS DE SAVOIE, DUC DE); son démêlé avec Cinq-Mars; XXIII, 403.

NEMOURS (CHARLES DE SAVOIE, DUC DE) est de l'armée de Flandre; XXIV, 80. Aimé de la duchesse de Chatillon, 314. L'un des directeurs de la Fronde, 352. Assemblée de la noblesse chez lui, 366. Suit Condé à Saint-Maur, 382. Pourquoi conseille la guerre, 399. Enrôlemens qu'il fait, 402. Est déclaré rebelle, 407. Marche au secours d'Angers, 422. Escorte Mademoiselle, 424 et suiv. Sa querelle avec Beaufort, 426. Il combat à Bléneau, 427. Accompagne Condé à Paris, 433. Son poste au combat de Saint-Antoine, 452, 454. Est blessé, 456. Tué en duel, 465, 466.

NEMOURS (LA DUCHESSE DE), médiatrice entre la princesse palatine et le duc de Beaufort; XXIV, 353. Elle gagne le dernier au parti de la Fronde, 375. Se rend à Bourges, 385.

NERET, échevin de Paris; contribue à y introduire Henri IV; XXI, 260.

NERVA, proclamé empereur chez les Séquanois; I, 11.

NESLE (SIMON DE); saint Louis lui laisse la régence; VIII, 179. Ses précédens; comment parle de la comtesse de Ponthieu, 180. Confirmé dans la régence par Philippe-le-Hardi, 207, 208. Dans quelle circonstance porte la parole au nom de l'assemblée des barons, 351.

NESLE (RAOUL DE), connétable de France; combat qu'il soutient en Catalogne; VIII, 368. Force qu'il commande dans le Midi, 395. Va combattre en Belgique, 413. Il fait faire la saisie judiciaire de la Guienne, 476. Prend possession de cette province, 478. Armée qu'il commande, 491. Prend le château de Podensac; se fait livrer les chefs gascons, 493. Son commandement en Flandre; sa victoire à Commines; IX, 21. Manœuvre qu'il propose à la bataille de Courtrai; charge qu'il a exécutée; sa mort, 99 à 101.

NESLE (GUI DE); maréchal de l'armée française; victoire en Flandre à laquelle il prend part; IX, 21. Tué à la défaite de Courtrai, 101.

NESMOND (LE PRÉSIDENT DE); son rôle dans la Fronde; XXIV, 314. Remontrance qu'il porte au roi, 436. Somme le duc d'Orléans de faire respecter la magistrature, 443. Est blessé, 450.

NESMOND (LE MARQUIS DE); escadre qu'il commande; XXVI, 197. Ses captures, 200, 201.

NETTENCOUCT, médiateur entre Henri IV et Bouillon; XXII, 126, 127.

NEUFCHATEL (LE COMTE DE), négocie le traité de Louis XI alors dauphin, avec les Suisses; XIII, 435. Troupes qu'il amène en France; XIV, 181. Inquiétude que lui donne Charolais, 190. Il entre à Péronne avec l'armée de Bourgogne, 268. Marche sur Liége, 276. Battu par les Suisses à Héricourt, 428.

NEUHAUSS (LE GÉNÉRAL), vaincu par Belle-Isle à Castellane; XXVIII, 419.

NEUHOF. V. *Théodore*.

NEUHOF (JEAN-FRÉDÉRIC DE); ses opérations en Corse; XXVIII, 211. V. *Théodore*.

NEUILLY (CHARLES DE); ses rigueurs judiciaires à Bordeaux; XVII, 354.

NEUILLY (LE PRÉSIDENT DE), l'un des Seize; excité par Guise; XX, 343. Se mêle à une procession de Flagellans, 366. Est député aux états de Blois, 412, 426. Son rapport sur la situation financière, 430. Audience à laquelle il est présenté, 435. Son arrestation, 464. Reste prisonnier, 493. Député aux états de Paris; XXI, 178.

NEUPERG (LE MARÉCHAL) commande l'armée autrichienne; perd la bataille de Molwitz; XXVIII, 223. Marche au secours de Prague, 255.

NEUSTRIE, France occidentale, 305. Subjuguée par les Austrasiens par la bataille de Testry; II, 85. Se soulève à la mort de Pépin; bat les Austrasiens; élit un maire du palais, 108.

NEVERS (JEAN, COMTE DE VALOIS ET DE), deuxième fils de Louis; prend la croix; VIII, 162. Ses apanages, 176. Il s'embarque, 181. Meurt de la peste, 193.

NEVERS (PHILIPPE DE BOURGOGNE, COMTE DE) hérite de ce comté; fait hommage à Charles VI; XII, 195. Siége au conseil d'état, 221. Y est convoqué par son frère, 234. Y assiste après le meurtre de d'Orléans, 273. Se déclare pour son frère, 279. L'accompagne, 283, 284, 297. Son mariage, 318. Il fait partie de l'armée royale, 386. Entend les doléances de l'Université, 403. Fait sa soumission au roi, 446. Rejoint l'armée royale, 477. Son poste à Azincourt, 482. Il est tué, 489.

NEVERS (CHARLES, COMTE DE) accompagne Philippe-le-Bon au camp de Nevers; XIII, 243. Puis au congrès d'Arras, 250. Promesse que lui fait Charles VII, 395. Siége auquel il prend part, 495. Représente un des pairs ecclésiastiques au sacre de Louis XI; XIV, 75. Assemblée à laquelle il assiste, 149. Engagé dans la ligue du Bien public, 154.

NEVERS (JEAN, COMTE DE); d'abord comte d'Etampes; assemblée à laquelle il assiste; XIII, 392. Attaque les Gantois, 564. Ses rigueurs inquisitoriales en Artois, 616, 620. Accueille le Dauphin (Louis XI), 641. Ce prince l'attache à son service; XIV, 125. Haï de Charles (le Téméraire), 126, 133, 459. Devient comte de Nevers et de Rhétel, 167. Perd la confiance du roi, 210. Réclame la succession de Brabant, 224. Assiste aux états de Tours, 244. Louis intercède pour lui près du duc de Bourgogne, 280. Ligue dans laquelle il entre; XV, 34. N'assiste pas à la cour des Pairs, 49.

NEVERS (ENGELBERT DE CLÈVES, COMTE DE) est de l'expédition de Naples; XV, 158. Représente un des pairs laïques au sacre de Louis XII, 266. Gouverneur de Bourgogne, 283. Escorte le comte de Flandre, 375. Suit le roi en Italie, 519. Sa mort, 635.

NEVERS (LE DUC DE); son commandement contre les impériaux; XVII, 200, 460 et suiv. Ses opérations sur la Meuse, 528. Il ravitaille Marienbourg, 554. Se tient sur la défensive; XVIII, 45, 46. Son poste à la bataille de Saint-Quentin, 52 et suiv. Il marche sur le Boulonnais, 57. Parle au nom de la noblesse aux Etats-généraux, 69. Succès militaires qu'il prépare, 77. Favorable aux protestans dans son gouvernement de Champagne, 307 et suiv. Dandelot l'évite, 351. Blessé mortellement, 359, 361. Voy. *Gonzague*.

NEVILLE (LE SIRE DE), soutient le parti anglais en Bretagne; XI, 181. Défend Brest, 182. Amène une armée à Bordeaux; secourt le roi de Navarre; ses succès; 239.

NEVILLE (ALEXANDRE), archevêque d'York; grand trésorier de Richard II; sa destitution; XI, 512, 513. Son procès, 546. Sa disgrâce; XII, 8.

NICEPHORE, empereur d'Orient; détrône Irène; reconnaît Charlemagne, II, 400. Ses guerres avec lui, 410, 411. Paix, 412. Sa mort, 415.

NICOLAI, président de la chambre des comptes; expose aux Etats de Blois l'état des finances du royaume; XIX, 419, 420. Siége au conseil d'état, 445.

NICOLAS Ier, pape, protecteur de Theutberge; excité contre Lothaire par Hincmar; III, 147. Ses démêlés avec ce dernier, 148. Excommunie les archevêques de Cologne et de Trèves, 151. Refuse de recevoir Lothaire; sa réponse aux instances de Theutberge, 152, 153. Sa mort, 154.

NICOLAS II est élu pape; IV, 305. Fonde le sacré collége; proscrit le mariage des prêtres, 306. Dénonce comme sectaire et hérétique le clergé marié auquel on donne le nom de *Nicolaïte*, 307. Le condamne par une constitution; il se soumet, 307, 308. Sa mort, 326.

NICOLAS III, pape; son projet d'anéantir l'autorité française en Italie; il maintient la paix entre Philippe-le-Hardi et Alphonse de Castille; VIII, 282. Se concerte avec l'empereur pour attaquer Charles d'Anjou, 285. Protection qu'il accorde à l'évêque de Bayeux; dans quelles circonstances; soupçons qu'il semble accréditer, 291 à 295. Reproches qu'il adresse au roi de France pour avoir donné un tournoi, 303. Sa politique à l'égard de la maison de France, 304. D'où son inimitié envers Charles, dont il a d'abord recherché l'alliance, 305. Il réclame contre lui les droits de l'empire; son dépit en le voyant céder, 306. Rôle qu'il joue dans les négociations pour amener la paix entre la France et les rois d'Espagne; ses entrevues avec Procida, 309 à 312. Traité qu'il ménage entre Charles et Rodolphe, 313. Sa mort, 318. Constitution de lui que casse son successeur, 321.

NICOLAS IV, pape; son élection; VIII, 397. Il dégage le roi de Naples des sermens qu'il a prêtés pour recouvrer sa liberté, 404. Il le couronne et lui accorde des subsides de guerre, 405. Secours qu'il envoie en terre sainte, 415. Invoque les princes d'Occident, 416, 447. Part qu'il prend à la paix entre la maison de France et l'Aragon, 442, 443. Subsides qu'il accorde à Philippe-le-Bel; il veut l'attirer en Sicile, 445, 446. Le sollicite en vain de secourir les chrétiens de la terre sainte, 452. Sa mort, 454. Interrègne qui la suit, 488.

NICOLAS V (THOMAS DE SARZANE), pape; sa science; XIII, 463. Ses rapports avec Charles VII et Frédéric III, 474 à 476. Elevé dans la maison de Médicis; ses rapports avec Jacques Cœur; il l'accueille après sa fuite, 538, 542. Semble considérer la religion comme un moyen de gouvernement, 609. Songe à excommunier d'Armagnac; sa mort, 625.

NICOLAS, évêque de Tusculum, légat du pape en Angleterre; ses démêlés avec l'archevêque de Cantorbéry; parti qu'en tire Jean; VI, 347. Il lève l'interdit, 348.

NICOLAS d'Abbeville (FRÈRE), inquisiteur à Carcassonne; ses extorsions réprimées par Philippe-le-Bel; VIII, 436.

NICOLAS, cardinal-évêque d'Ostie; légat du pape en Hongrie; a mission de faire reconnaître roi le jeune Charobert; IX, 67. Elu pape sous le nom de Benoît XI. Voy. *ce nom*, 144.

NICOLAS de Pise; chevalier de Boniface VIII. De quoi accusé; IX, 243.

NICOLAS, cardinal de Saint-Eusèbe;

présente la croix à Philippe-le-Bel et à ses seigneurs ; IX, 275.

NICOLAS d'Anjou, marquis de Pont, puis duc de Calabre ; assiste aux Etats de Tours ; XIV, 244. Attaque le duc de Bretagne ; ses succès, 253 à 255. Est de l'assemblée des notables, 319. Attaque qu'il prépare contre la Bourgogne, 330. Armistice, 333. Est gagné par Charles-le-Téméraire, 343. Lui amène ses troupes ; rompt son mariage projeté avec Anne de France, 365. Le Téméraire s'oblige à renoncer aux promesses de mariage échangées entre eux, 375. Son ambition ; son désir d'abaisser Louis XI ; il surprend Metz ; sa mort, 397 à 399.

NICOLE de Lorraine ; projet de lui faire épouser le Dauphin (Louis XIII) ; XXII, 150. Qui elle épouse ; abandon de son mari ; XXIII, 232, 441. Est amenée à Paris, 233. Sa mort ; XXIV, 548.

NICOLLE de Blois ; droit successif qu'elle vend à Louis XI ; XIV, 584 ; XV, 31.

NICOLLE, l'un des solitaires de Port-Royal ; XXV, 78, 139. Son mémoire au roi, 140. Eclat qu'il a répandu, 160. Son émigration, 415.

NICOPOLIS (BATAILLE DE), gagnée par Bajazet sur Jean-sans-Peur ; XII, 87 à 89.

NIDAU (LE COMTE DE), prisonnier à la bataille de Poitiers ; X, 466.

NITHARD, historien ; sa naissance ; II, 406. Eloge qu'il fait du caractère de Charles-le-Chauve ; III, 57. Est l'un de ses soldats les plus distingués, 60. Commande un corps d'armée à la bataille de Fontenay, 64. Son récit de l'entrevue de Strasbourg, 70. Où cesse son histoire, 77.

NITHARD (LE PÈRE), jésuite ; la reine d'Espagne lui abandonne le soin des affaires ; son incapacité ; XXV, 126. Ses démêlés avec don Juan ; son exil, 177 et suiv. S'est rendu odieux en Espagne ; XXVI, 281.

NIVELLE (BATAILLE DE), gagnée sur les Flamands soulevés par leur comte ; XI, 344, 345.

NIVERNAIS (LE DUC DE), envoyé par Louis XV à Frédéric ; XXIX, 80. Ambassadeur en Angleterre, 263.

NIVERNAIS (LE DUC DE) ; son attitude à l'assemblée des notables ; XXX, 343. Ses efforts de conciliation, 362.

NOAILLES (LE SIRE DE), ambassadeur de Henri II ; disposé à seconder Marie Tudor ; XVII, 513. Complote pour Elisabeth, 525.

NOAILLES (LE COMTE DE) apaise une révolte dans le Rouergue ; XXIV, 52.

NOAILLES (LE MARÉCHAL DUC DE), d'abord comte d'Ayen ; arrête le chevalier de Lorraine ; XXV, 174, 175. Aux prises avec les Huguenots, 506. Ses opérations en Catalogne ; XXVI, 41, 52, 65, 104 à 107, 128, 129, 146. Sa promotion, 117. Il gagne la bataille d'Uclez ; suites de sa victoire, 149 à 154. Il quitte le commandement, 184, 200. Accompagne Philippe V, 297.

NOAILLES (LE CARDINAL DE) ; archevêque de Paris ; d'où sa disgrâce ; XXV, 483. Intervient dans le jugement de Mme Guyon ; XXVI, 243. Est nommé archevêque de Paris, 245. Son acharnement contre Fénélon, 249 et suiv. Approbation qu'il a donnée au livre de Quesnel ; embarras que les jésuites lui suscitent à ce sujet, 385 à 388. Ses débats avec Tellier ; XXVII, 92. Abandonné par Mme de Maintenon, 187. Comment a dégradé son caractère, 189. Victime à son tour de l'intolérance ; comment s'engage dans l'affaire de la belle *unigenitus*, 192 et suiv. Préside le conseil de conscience, 245, 296. Son appel contre la bulle, 298, 299. Sa démission, 358. Refuse les sacremens à la fille du régent, 411. Refuse de donner à Dubois le démissoire, 421. Il accepte la bulle modifiée, 435. Son mandement à l'occasion d'un miracle, 539. Appelle de la condamnation de Soanen ; se rétracte ; meurt ; XXVIII, 44, 45. Son successeur, 58.

NOAILLES (LE MARÉCHAL DUC DE), d'abord duc d'Ayen ; son mariage ; XXVI, 232. Il accompagne Philippe V, 298. Marche au secours de la Provence ; XXVII, 18. Spéculations de sa femme, 45. Ses opérations en Roussillon, 65, 90, 112. En Languedoc, 104. En Espagne, 111, 115. De quoi accusé, 152.

Prend parti pour le duc d'Orléans, 233, 235. Préside le conseil des finances, 245. De dévot se fait libertin, 291. Sa retraite, 341. Son compte rendu sur l'état du trésor, 395. Est exilé, 462. 471. Offre ses services, 496. Ses mémoires historiques ; XXVIII, 2. Prend le commandement en Italie, 131 à 135. Reçoit l'avis d'une suspension d'armes, 138. Est à la tête de l'armée d'Allemagne ; perd la bataille de Dettingen ; sa retraite; sa mésintelligence avec Coigny, 280 à 283. Sa faveur; ses conseils au roi, 295 à 296, 299, 300. Négociations qu'il fait suivre en Allemagne, 303. Il dirige les affaires étrangères, 306. Accompagne le roi à l'armée, 309. Son commandement, 310. Il marche sur le Rhin, 313. Laisse échapper l'armée autrichienne, 320. Ses conseils et négociations pacifiques, 360.

NOAILLES (DE), comtesse de Toulouse ; son mariage ; amitié que lui porte Louis XV; date de sa mort; XXVIII, 25, 26.

NOAILLES (LE MARQUIS DE) notifie en Angleterre le traité entre la France et les Américains ; XXX, 152. Son rappel, 162.

NOAILLES contribue à la prise de la Grenade ; XXX, 184.

NOCE, l'un des confidens du régent; XXVII, 250. Est exilé, 462, 471.

NOEL (LE PÈRE) assiste la duchesse de Bourgogne à ses derniers momens; XXVII, 148.

NOFFO DEI, dénonciateur des Templiers ; IX, 196.

NOGARET (GUILLAUME DE), ministre de Philippe-le-Bel ; IX, 73. Sa fortune; accusateur de Boniface VIII, 119, 120, 163, 175, 189, 237, 248 à 255. Son origine albigeoise relevée par le pape, 127. Suite de ces débats : ses intrigues à Anagni ; il arrête le pape ; ses menaces ; son embarras ; il est chassé par le peuple, 129 à 133. Sommes qui lui sont prodiguées, 140. Benoît XI maintient son excommunication, 146. Soupçonné de l'empoisonnement de ce pape, 148. Absous par Clément V, 190. Se rend maître de la maison du Temple à Paris, 199, 200. Qui il représente à l'assemblée de Tours, 220. A quoi a dû sa fortune, 301. Libéralités envers sa famille révoquées, 369.

NOGENT (LE COMTE DE), son opinion sur la sédition qui éclate au sujet de Broussel ; XXIV, 214.

NOGENT (COMTE DE) tué au passage du Rhin ; XXV, 241.

NOIRCARMES, général catholique des Pays-Bas; prend Valenciennes ; XVIII, 482. Marche sur Mons ; XIX, 146.

NOIRMOUTIERS (LA TRÉMOILLE, DUC DE), général français ; prisonnier à Dettingen ; XXIV, 46. Envoyé par les Frondeurs à l'archiduc, 262. L'accompagne en Champagne, 266. Ne se réconcilie pas avec Mazarin, 270, 276. Son entrevue avec Condé, 279. Le titre de duc lui est promis, 299. Son attitude après la paix, 504.

NOMENOE prend le titre de roi des Bretons ; III, 61. Ses déprédations, 73. Attire les Normands, 80. Sommé par les états de l'empire de rester en paix et de renoncer au titre de roi, 84. Ses nouveaux succès, 85. Se fait reconnaître roi par Charles-le-Chauve, 90. Reprend les hostilités ; ses ravages, 93, 95. Sa mort; actions de sa vie, 106.

NORADDIN monte sur le trône d'Alep ; V, 300. Le plus dangereux adversaire des chrétiens, 349. Ses victoires sur Baudoin ; VI, 67, 68. Par qui fait défendre l'Egypte, 69. Sa mort, 70.

NORBURY (HENRI) renforce Kiriel ; XIII, 499. Sa retraite après la défaite de Fourmigny, 502, 503.

NORDBERT, lieutenant de Pépin d'Héristal ; II, 91. A mission de veiller sur le roi, 92. Sa mort, 100.

NORDLINGEN (BATAILLE DE), gagnée par Condé sur Mercy ; XXIV, 88.

NORFOLK (DUC DE), négociateur à Gravelines ; XIII, 337.

NORFOLK (THOMAS HOWARD DUC DE) envahit la France ; pénètre jusqu'à l'Oise ; XVI, 194, 195. Sa retraite, 197. Ravage les frontières d'Ecosse; XVII, 143. Il assiège Montreuil, 198. Les impériaux le quittent, 219. Sa condamnation à mort; comment sauvé, 290.

NORMAN, maire d'Angoulême; conspire contre d'Epernon; sa mort; XX, 392 à 397.

NORMANDS ou Danois; commencent leurs pirateries; II, 325. Leur haine contre la France, 402. Y portent la terreur, 449, 450. Théâtres de leurs ravages; III, 37, 38, 41, 73. Villes qu'ils prennent, 79, 81. Leurs chefs, 85, 87. Désolent à la fois plusieurs contrées, 90 à 95. Propagent le paganisme, 96. Commencement de leurs établissemens sédentaires, 104. Leur expédition sous Oger-le-Danois, 107, 108. Nouveaux pillages, 110, 111. Guerre entre eux, 114. Premiers échecs, 116, 117. Où ils se répandent, 120. Prennent Paris, 121. Leurs colonies militaires, 122. Chute de leurs adversaires, 123. Comment le roi Charles les combat, 129, 140. Adoucissement dans leurs mœurs, 141. Bravent les moyens de défense de Charles; le mettent à rançon; battent Robert-le-Fort, 169 à 175. Commencent à s'amollir et à se diviser, 184. Conversion, colonisation de ceux d'Angers, 185. Leur expédition sous Rollon, 204. Leurs exactions, leurs dévastations, 209, 210. Réprimés en France, se rejettent sur le Rhin, 245 à 247. Continuent leurs déprédations, 249, 250. Battus par Carloman, 254. Reprennent leurs avantages et ne se retirent qu'à prix d'argent, 255, 256. Leur marche de Louvain à Rouen, qu'ils enlèvent, 260, 261. Assiégent Paris, qui résiste à leurs fureurs, 262 à 264. Lèvent le siége; à quelles conditions, 267. Leur navigation; leurs armes; leur valeur, 277. Aux prises avec Eudes, 291, 292, 297. Echouent à Sens; échouent à Paris deux fois; leurs incursions; défaite en Bretagne; négocient avec Eudes; entrevue dans les provinces d'Arnolphe, 298 à 300. Battent les Germains; campent à Louvain, 301. Sont écrasés par Arnolphe, 303, 304. Vainqueurs d'Eudes; passent en Angleterre, 305. Reparaissent après quatre ans; s'éloignent à prix d'argent, 313, 314. Passent selon le succès, en Angleterre ou en France, 317, 318. Vont jusque dans les états de Rodolphe, 320. Leur établissement en Normandie, 328, 329. Importance de ces événemens, 332. Adoptent la langue romane; esprit de vie qu'ils lui donnent; en font une langue régulière, 334. L'emploient les premiers à la législation et à la poésie; esprit qu'ils apportent dans l'application des lois féodales, 335. Commencent un progrès vers un ordre meilleur; leur ardeur à remettre en culture la Normandie; petit nombre de leurs armées, 336. Les 30,000 compagnons de Rollon pères d'un grand peuple; renouvellent une race dégénérée, 337. L'épuisement des théâtres de leurs ravages; la résistance des seigneurs les engage dans la vie sédentaire, 338. Nouvelle incursion sous un nouveau chef, 358 à 360. Dernière race d'hommes qui vient se fondre au milieu de la nation française, 449. Leurs pèlerinages en Italie; IV, 117. Leurs incursions; leurs déprédations; leur établissement légal dans cette contrée, 302.

NORMANDS (JACQUES DES); archidiacre de Narbonne; porte en France la bulle *Ausculta Fili*; IX, 83, 128.

NORRIS conduit un secours anglais en Bretagne; XXI, 309. Assiége le Crozon, 310, 311. Est envoyé en Irlande, 419.

NORRIS (L'AMIRAL SIR JOHN) fait échouer l'expédition du prétendant; XXVIII, 302, 303.

NORTH (LORD), chef du ministère anglais; ses mesures de rigueur déterminent la révolution d'Amérique; XXX, 133 à 135. Ses luttes avec Pitt, 142. Ses motifs de sécurité à l'égard de la France, 186. Sa haine contre ce pays, 204. Sa chute, 210. A eu Fox pour collègue, 227.

NORTHUMBERLAND (DUDLEY, D'ABORD COMTE DE WARWICK, PUIS DUC DE) dépose et fait exécuter le protecteur; fait déclarer héritière d'Edouard VI Jeanne Grey, qui épouse son fils; son supplice; XVII, 510 à 513.

NORWICH (COMTE DE); son complot contre Guillaume-le-Conquérant; IV,

403. Comment puni; dépossédé en Angleterre; maintient son indépendance dans ses seigneuries de Guel et Montfort en Bretagne, 445. Avec qui ligué, 446.

NOTTINGHAM (THOMAS MAUBRAY, COMTE DE), maréchal d'Angleterre; soutient l'administration du duc de Glocester; XI, 546. Négociateur en France; XII, 70. Arrête et fait périr Glocester, 104, 105. Est créé duc de Norfolk; sa rupture avec Derby; sa disgrâce, 106, 107. Son insurrection; son supplice, 243.

NOVI (PAUL DE), élu doge par Gênes insurgée; ses luttes; son supplice; XV, 474 à 477.

NOVIANT ou NOGENT (JEAN LE MERCIER, SIRE DE), conseiller de Charles VI; XI, 536. Est ministre d'état chargé des finances, 544. But du voyage qu'il fait faire au roi dans le Midi, 562. Il dévoile les exactions du duc de Berry, 569. Les oncles du roi impatiens de le faire tomber, 589 à 593. S'oppose vainement à la restitution du comté de Foix, 599. Sa disgrâce préparée et accomplie; XII, 15, 25, 27. Son emprisonnement, 33. Son exil, 34.

NOVION, président au parlement; lutte avec la cour; XXIV, 61. Propose de ne point payer les créanciers de l'état, 208. Demande la peine de mort contre Mazarin, 224. Siège à Pontoise, 468.

NOVION (LE PRÉSIDENT DE); pamphlet qui lui est attribué; XXVII, 336.

NOYAU (ETIENNE) demande à François Ier la grâce de La Rochelle; XVII, 137.

NOYERS (MILÈS DES) porte l'oriflamme à l'armée de Flandre; X, 20.

NUGNEZ (DON JUAN), chef du parti des la Cerda en Castille; VIII, 326. Attaque l'Aragon, 347.

NYELLE (JEAN DE), chancelier du Dauphin; son arrestation; XII, 418. Sa destitution, 432.

O

O (JEAN D'); prisonnier dans Metz; XVII, 486. A part à la Saint-Barthélemy; XIX, 168.

O (FRANÇOIS D'), surintendant des finances d'Henri III; son avarice, ses débauches, sa dureté; XIX, 501. Est atteint de la coqueluche, 529. Est disgracié, XX, 8. Visites domiciliaires auxquelles il procède, 342. A ordre d'employer la force dans Paris, 343, 344. Il combat, 347. Ses conseils, 355, 362. Méfiance qu'il inspire au roi, 364. Expose aux Etats la situation financière, 428, 429. Conseil auquel il assiste, 461. Engage Valois à établir dans une ville à lui le siége du gouvernement, 505. Son commandement à l'armée royale, 534, 535. Assiste aux derniers moments de Valois; salue Henri IV, 543, 545. Déclare à ce dernier que les princes et les pairs n'obéiront qu'à un roi catholique, XXI, 7 à 9. Ses malversations, 62. Il est du tiers-parti, 111. Son influence sur la conversion du roi, 198, 199. Il entre à Paris avec lui, 262. Est surintendant des finances, 271. Sa mort, 318.

O (LE MARQUIS D'); conseiller du duc de Bourgogne; XXVII, 53.

OBDAM, général hollandais; son échec, XXVI, 372.

OBERG (LE GÉNÉRAL); vaincu par Soubise à Lutternberg, XXIX, 157.

OCCAM, théologien, protégé par l'empereur Louis de Bavière; X, 35. Se réfugie en Allemagne pour professer la philosophie des Nominaux, 36.

OCCHINI (BERNARDINO); chef des réformés napolitains, XVII, 492.

OCTAI, khan des Mogols; son système d'extermination des vaincus; VII, 223.

OCTAVIEN; cardinal, évêque d'Ostie; sa mission en France; VI, 194. Ses négociations secrètes avec Philippe-Auguste, 198.

ODALRIC, archevêque de Reims; III, 466. Excommunie Thibaut; fait restituer le château de Couci, 471.

ODILON, duc de Bavière; son mariage; II, 151. Menace Carloman de la guerre, 152. Coalition qu'il forme; battu sur le Lech, se retire au delà de l'Inn, 155. Les princes ses alliés jugés et punis, 157. Sa mort, 163.

ODILON, abbé de Cluny; son intervention au siège d'Auxerre, IV, 132. Son zèle pour l'établissement de la paix de Dieu, 151. Ses conférences avec Hildebrand, 297. Sa mort, 298.

ODGIVE, femme de Charles-le-Simple; se retire en Angleterre avec son fils; III, 355. Hésite à le renvoyer pour régner en France, 394. Serment qu'elle obtient; débarque à Boulogne, 395. Sentimens qu'elle excite chez son fils, 398. Abbesse à Laon; s'échappe; épouse le comte de Vermandois, 444. Douaire qu'elle reçoit, 445.

ODOACRE, chef des fédérés, dépose Augustule; I, 164. Borne sa domination à l'Italie, 171. Remplacé par Théodoric, 187. Donne le nom d'Hérules à ses soldats; pourquoi, 237.

ODOM, comte d'Orléans, chassé par Pépin; III, 5. Est exilé, 7. Sa mort, 34.

ODON, comte de Toulouse, méconnaît l'autorité royale; III, 296.

OFFEMONT (LE SIRE D'); entre dans le conseil de Charles VI; XII, 353. Prisonnier à Meaux, 618.

OGER-LE-DANOIS, chef normand; son expédition; pillage, incendie de Gand, d'Aix-la-Chapelle, de Trèves, de Cologne, de Rouen, de Beauvais, de nombreux monastères, enfin de Bordeaux; III, 108.

OGGER, clerc; le roi Robert lui voit dérober un candélabre, et favorise sa fuite; IV, 109.

OGIER, ambassadeur français en Danemarck; pourquoi réprimandé; XXIX, 148.

OGNATE (LE COMTE D') est nommé vice-roi de Naples insurgé; gagne Annese; soumet les révoltés; fait périr leurs chefs, y compris Annese; XXIV, 168 à 170.

OGYLVIE, général de Marie-Thérèse, rend Prague au roi de Prusse, XXXIII, 320.

OISEL (CLUTIN D'), ambassadeur de France à Rome; proteste contre la citation à l'inquisition de la reine de Navarre; XVIII, 384.

OLAUS, roi de Norwége; envoie des auxiliaires à Richard II de Normandie; IV, 171.

OLIMPIA (DONNA); son crédit à la cour de Rome; XXIV, 143. Empoisonnemens qui lui sont attribués; XXV, 401.

OLIVA (PIERRE JEAN D'), chef des Begards; IX, 361.

OLIVARES (LE COMTE DUC D'); favori de Philippe IV; gouverne la monarchie espagnole; XXII, 469, 525. Apprécié par Richelieu, 540. Jalousie que lui donne Buckingham; rupture qui s'ensuit, 544. Traités qu'il signe avec la France, 567 et suiv.; XXIII, 42. Sollicité de se déclarer contre Richelieu, 70. Ses lenteurs à l'égard de l'envoyé du cardinal, 94, 95, 103. Propositions qu'il fait à ce dernier, 133. Retarde la paix, 146. Ne peut seconder Montmorency, 205. Supériorité de Richelieu sur lui, 259. Son empire absolu sur le roi; n'ose avouer son désir de continuer la guerre, 357. Ses négociations particulières avec Richelieu, 361. Comment pousse les Catalans à la révolte, 405 et suiv. Ses apprêts pour les réduire, 415, 465. Il cause le soulèvement du Portugal, 418 et suiv. Sa hauteur avec le duc de Lorraine, 441. Confident du complot de Cinq-Mars, 490 et suiv. Ses efforts pour sauver Collioure, 498. Sa disgrâce, XXIV, 48, 49. Effets de sa tyrannie, 111, 112.

OLIVETAU (PIERRE); premier traducteur français de la Bible, XVII, 234.

OLIVIA; son rôle dans l'affaire du Collier; XXX, 306, 313.

OLIVIER (LE PRÉSIDENT); sa mission en Allemagne, XVII, 171, 172. Est nommé chancelier; 251. Sa mission près de l'empereur, 264. Il est du conseil royal, 305. Son goût pour les lettres; ses ordonnances entachées de cruauté, 385, 386. Il refuse sa démission; il rend plus redoutable la justice prévôtale, 398 à 401. Ses scrupules en matière fiscale, 468. Mémoire qu'il rédige sur les prétentions de la France sur Naples, sur Milan, etc., 546. Rentre en fonctions; XVIII, 109. Dresse un édit d'amnistie, 144. Refuse d'abord de sceller la nomination de Guise aux fonctions de lieutenant-général du royaume, 147. Sa mort; douleur que lui cause le système de violence des Guises, 153, 154.

OLLEHAIN (LE SIRE D'), chancelier de Guienne; porte la parole aux États-généraux; XII, 401. Excite la fureur des insurgés de Paris, 412.

ONDEDEY, confident de Mazarin; XXIV, 398.

OPDAM, amiral hollandais, battu par le duc d'York et tué; XXV, 109.

OPERA; établissement de ce théâtre à Paris; XXIV, 132.

OPPÈDE (JEAN MEYNIER, BARON D'); jalousie de ses vassaux contre les Vaudois; XVII, 234. Arrêt d'extermination contre ces derniers, qu'il est chargé de faire exécuter, 238. Ses cruautés, 240 à 244. Il est accusé judiciairement, 401.

OPPEDE (LE BARON D'), président du parlement d'Aix; ses rigueurs; XXIV, 286, 592.

ORAISON (LE MARQUIS D'), ligué contre d'Epernon en Provence; XXI, 315, 316. Puis contre Lesdiguières, 386.

ORANGE (RAIMBAUD, COMTE D') prend la croix; IV, 533. Part avec le comte de Toulouse, 549.

ORANGE (BERTRAND DE BAUX, PRINCE D'); priviléges que l'empereur lui accorde; V, 536.

ORANGE (LOUIS DE CHALLONS, PRINCE D'), du parti bourguignon; XIII, 171. Fait la paix avec Charles VII, 228.

ORANGE (JEAN DE CHALLONS), PRINCE D'); du parti de Charolais, XIV, 157. Quitte sa cour, 459. Fait la conquête des deux Bourgognes, 499, 524. Se réconcilie avec la duchesse Marie; combat les Français, 525 à 527. Accusé d'empoisonnement; 548. Ses échecs en Franche-Comté, 558. Ses biens lui sont restitués, 642. Il assiste aux États de Tours, 645. Se retire en Bretagne; XV, 24. Sa parenté avec le duc, 33. Ligué avec d'Orléans, 34. Ses échecs, 40, 41, 45. De quoi accusé, 54. Mis en liberté, 76. Médiateur avec d'Albret, 93. Son dessein de mettre fin aux troubles de Bretagne, 102. Rejoint le roi, 104. Présent à ses fiançailles, 106. Fait cession de ses prétentions sur le duché, 107. Faveurs qu'il reçoit, 110. Garant de la paix avec Maximilien, 134. Escorte le roi à son entrée à Paris, 281.

ORANGE (PHILIBERT DE CHALLONS, PRINCE D'); sa sœur épouse le comte de Nassau, XVI, 20. Compagnon d'exil de Bourbon; est fait prisonnier, 216, 217. Commande l'armée impériale; la conduit de Rome à Naples, 315. Sa victoire sur Lautrec, 317, 324. Ses rigueurs contre les Angevins de Naples, 341, 342. Assiége et fait capituler Florence, 343, 344.

ORANGE (CLAUDINE DE CHALLONS, PRINCESSE D') transporte sa principauté dans la maison de Nassau; XVI, 20, 342. Voy. Nassau.

O'REILLY, général espagnol, prend possession de la Louisiane, XXIX, 389.

ORGEMONT (PIERRE D'), chancelier; soutient les prétentions des ducs de Bourgogne et de Bourbon, XI, 308; il propose de faire sacrer Charles VI, 309. Assemblée dans laquelle il prend la parole au nom du roi, 411, 412.

ORLEANS (PHILIPPE DE VALOIS, DUC D'), frère de Jean II; son poste à Poitiers; X, 462 et suiv. Assiste aux États-généraux; XI, 106.

ORLÉANS (PHILIPPE D'), comte de Vertus, fils du duc d'Orléans; actes auxquels il prend part; XII, 393, 394, 400, 403, 459, 470. Sa mort, 608.

ORLÉANS (LOUIS, DUC D'), deuxième fils de Charles V; son âge à la mort de son père; XI, 307. Conduit le deuil de Duguesclin, 556. Son mariage avec Valentine Visconti; son voyage au Midi, 560 et suiv., 577. Croisade qu'il veut diriger, 582. De quel projet détourne son frère, 586. Ses oncles veulent déposséder son beau-père ; ses fiefs, 589 à 593. Ses pratiques de sorcellerie ; il disgracie Craon, 596, 597. Tumulte qu'il apaise, 601. Il accompagne son frère ; XII, 13, 21. Ses dangers, 24. Ecarté des affaires, 26 à 29. Pourquoi le peuple ne prend point parti pour lui, 31. Appuie Clisson en Bretagne, 35. Accident qu'il cause dans une mascarade, 37, 38. Nommé régent, 40. Assemblée à laquelle il assiste, 56, 86. Sa vaine ambassade à Avignon ; il éloigne la duchesse, 68 à 71. Marques de l'inimitié du duc de Bourgogne, 81. Son représentant à Asti le trompe, 83. Sa position dans le conseil, 95. Demande en vain à partir pour l'Orient ; offensé par la présence à la cour du duc de Bretagne, 98. Accueille Derby ; sa rivalité avec ses oncles ; nouveau fief qu'il obtient ; actes et démarches communes à lui et au duc de Bourgogne, 107 à 111, 147. Accusé d'ensorceler le roi ; supplice des calomniateurs, 115. Ses idées superstitieuses, 119. Son alliance avec Derby ; se regarde comme joué, 128, 129. Sa colère à la chute de Richard II, 131, 132. Il reconnaît Henri IV ; sa dissidence avec le duc de Bourgogne ; est contrecarré par lui en Bretagne ; prend parti pour Wenceslas ; son projet d'expédition avorte, 137 à 138. Son désir du pouvoir ; ses opérations militaires dans le Luxembourg ; son alliance avec le duc de Gueldre ; son armée dans Paris ; sa réconciliation avec le duc de Bourgogne ; son zèle pour Benoît, 35. Ses démêlés avec le duc de Berry, 146 à 150, 153, 180. S'oppose vainement au mariage de la duchesse de Bretagne ; son défi au roi d'Angleterre ; sa correspondance avec lui ; il est nommé président du conseil de Langue d'Oïl ; comment use de son pouvoir ; comment il le perd, 156 à 163. Conseil dont il fait partie ; alliances de famille avec le duc de Bourgogne ; il déclare en son nom la guerre à Henri IV, 182 à 184. Ses hostilités sans succès ; son départ pour Avignon, 188 à 190. Effet de son absence, 193 ; à la mort de son oncle de Bourgogne, il s'arroge l'autorité royale ; ses dilapidations ; son traité avec le roi de Navarre ; se dispose à la guerre avec l'Angleterre ; ses négociations ; sa légèreté ; ses prodigalités ; sa dissipation ; il ne fait rien pour la défense du pays, 196 à 203. Protége vainement Savoisy, 209. Sa froideur pour Benoît XIII, 212. Son union avec la reine ; elle lui abandonne les affaires, 218. Il est le champion du pouvoir absolu. Ses exactions ; ses ordonnances d'exemption ; comment traite ses créanciers personnels, 221 à 226. Il s'alloue le gouvernement de la Normandie, 228, 229. Il refuse d'aider Jean-sans-Peur à prendre Calais ; à son approche il fuit de Paris, 231. Sa colère à l'enlèvement du dauphin, 233. Ses partisans ; secours qu'on lui amène, 235. Repousse les négociations ; se dispose à livrer bataille ; par quelle médiation rentre dans Paris avec son rival ; sa situation dans cette ville, 238 à 240. Suite de la réconciliation ; mariage de son fils et de son favori ; il accueille les propositions de Henri IV, 246 à 248. La guerre résolue ; son commandement ; il excite le dépit de Jean ; sa honteuse expédition, 253 à 256. Nommé gouverneur de Guienne ; son apparente réconciliation avec le duc de Bourgogne ; celui-ci le fait assassiner, 270 à 272. Ses obsèques, 274. Comment sa mort est envisagée, 278 à 280. Sa mémoire attaquée par Jean Petit, 285 à 291. Défendue par Serisy, 300, 301. Déclarée justifiée, 302. Son service funèbre célébré, 459.

ORLEANS (CHARLES DE VALOIS, DUC D'), d'abord duc d'Angoulême ; son mariage avec Isabelle de France ; XII, 247. Se réfugie à Blois à la mort de son père, 281. Reçoit les excuses de Jean-sans-Peur ; pardon forcé qu'il prononce, 313 à 315. S'éloigne de la cour, 337, 339. Son mariage avec Anne d'Armagnac ; force qu'acquiert son parti ; ses négociations ; forme la ligue de Gien, 346, 347. Sa jeunesse l'empêche d'en être le chef, 352. Il lève des troupes ; conditions qu'il fait au conseil ; accuse Jean d'assassinat ; cartel qu'il lui envoie, 355 à 359. Ses adhérens exilés ; il est déclaré rebelle, 362 et suiv. Il investit Paris, 367 et suiv. Mesures du conseil contre son parti, 372, 378, 379. Il fait retraite, 375. Ses fiefs dévastés, 377. Son traité avec Henri IV ; armée qui marche contre lui, 381 à 386. Il jure la paix, 393, 449, 451. S'insinue dans la faveur du Dauphin ; usage qu'il en fait ; ne peut se libérer envers les Anglais ; leur livre en otage son jeune frère, 395 à 397. Pourquoi n'assiste point aux Etats, 400. Le Dauphin lui demande secours, 417. Il rassemble des troupes ; négociations et propositions de son parti, 425 à 427. Son entrée à Paris, 434. Ses rigueurs contre les Bourguignons ; il assiste au service de son père, 459. Tournoi où il joute ; son exil, 463 à 465. Rejoint l'armée royale, 471, 477, 479. Prisonnier à Azincourt, 482, 491. Avantage qu'en tirent les Bourguignons, 491. Zèle de son frère pour la paix, 570. Il traite de sa liberté, 608 ; XIII, 87. Sa médiation ; ses offres à Henri V ; ses négociations ; ses dons à Dunois, 232 à 235, 334, 335. Se rend au congrès de Gravelines, 337. Son rôle dans les négociations ; visites qu'il reçoit à Calais, 341. Retourne en captivité, 343. Son talent pour la poésie ; sa mise en liberté ; son mariage, 369, 371 à 376, 590. Il se tient à l'écart ; sa correspondance avec Philippe, 381. Se rend à l'assemblée de Nevers ; se soumet au roi, 392, 396. Représente la France au congrès de Tours, 411. Prétend à l'héritage des Visconti ; ses troupes défaites, 477. Il siége à la cour des pairs ; XIV, 19. Son neveu hérite du duché de Bretagne, 25. Il conduit le corps de Charles VII, 70. Ses griefs contre Louis XI, 146. Engagé dans la ligue du bien public, 154. Emotion que lui causent les reproches du roi ; sa mort, 159, 160.

ORLÉANS (FRANÇOISE D') épouse le prince de Condé ; XVIII, 441. Assiégée dans Orléans ; délivrée par l'armée des vicomtes, 519. Accompagne son mari ; XIX, 29. Son abjuration, 198.

ORLÉANS (DE BOURBON, DUC D'), deuxième fils de Henri IV ; projet de mariage pour lui ; sa mort ; XXII, 151, 250.

ORLÉANS (JEAN-BAPTISTE-GASTON, DUC D'), frère de Louis XIII, d'abord duc d'Anjou ; épouse que son père lui destine ; XXII, 151. Se dispose à suivre le roi à l'armée, 501. Disgrâce de son gouverneur, 537. Il cède le pas au légat, 566. Faiblesse de son caractère ; son goût pour le favoritisme ; sa santé ; il s'attache à Ornano ; sa lâcheté de cœur à l'égard de ses amis ; XXIII, 6 à 10. Intrigue dont il est le nœud ; arrestation de son favori ; il complote contre Richelieu ; est humilié par lui ; ses projets ; son mariage ; son apanage, 11 à 18, 23, 24. Assiste à l'assemblée des notables, 28. Ne répond pas à l'appel de son parti ; ses plaisirs ; naissance de sa fille ; mort de sa femme ; il intercède pour Boutteville, 44, 45. Commande l'armée royale, 49, 56. Elude des propositions de mariage ; sa brouillerie avec sa mère, 60, 61, 87. Pourquoi ne suit pas l'armée d'Italie, 103. Feint de vouloir enlever Marie de Gonzague ; se retire en Lorraine ; fait sa paix avec Richelieu ; ne paraît pas à la cour, 119 à 121. Eclate encore contre le cardinal ; sort du royaume ; sa guerre de brochures, 133, 154, 159, 164, 165. Il épouse Marguerite de Lorraine ; se retire à Bruxelles, 182, 183. Ses efforts pour sauver Marillac ; ses débats avec sa mère ; il se rend à l'armée espagnole, 191. Son invasion ; son complot avec Montmorency ; sa fuite à Castelnaudary ; il se réfugie en Espagne ; ses concessions ; traité qu'il signe ; sa honte ; il se rend en Flandre ; secours qu'il invoque, 195 à 214. Est rejoint par sa femme, 226. Le cardinal fait de son mariage une cause criminelle, 231. Arrêt qui casse cette union, 234. Intrigues de sa cour émigrée ; ses engagemens envers l'Espagne ; ses négociations avec le roi, 239 à 241. Leur réconciliation, 250 et suiv. Ses fêtes ; ses rapports avec sa femme ; ses favoris, 284, 285. Complice de Soissons ; leurs opérations, 293 à 295. N'a point les qualités d'un chef de parti ; jalousé par le roi ; excité à faire périr le cardinal ; baptême de sa fille ; sa terreur ; sa fuite ; ses dénonciations ; sa soumission au roi,

306 à 312. Naissance de son neveu, 350. Il vit oublié, 444. Complice de Cinq-Mars, 484 et suiv. Signal que les Espagnols attendent de lui ; sa sécurité troublée par Bouteiller ; ses projets révélés au roi ; ses révélations ; sa bassesse, 500 à 509 et suiv. Sa retraite ; il compromet Beaufort, 516, 517. Déclaration du roi contre lui, 523 à 525. Revient à la cour, 533. Les ministres veulent l'exclure de la régence, 536. Est nommé lieutenant-général du roi mineur, 538 à 539. Fait enregistrer l'édit royal, 541. Pourquoi prend les armes ; offensé par Beaufort ; il envoie chercher la duchesse à Bruxelles, 543 et suiv. Ses promesses à la reine ; XXIV, 9. Soupçon qu'il lui inspire, 10. Renonce à toute part dans le pouvoir, 13, 14. Se contente du titre de lieutenant-général, 17, 18. Comme accueille la duchesse ; ses amis s'enrôlent dans les importans, 20. Comment sauve Mazarin, 31, 523. Rapports avec la reine, 36, 37. Transaction avec le parlement à laquelle il se prête, 61. Il commande l'armée des Pays-Bas ; prend Gravelines, 64, 65. Ses succès ; il seconde le prince d'Orange, 79, 80. Son discours aux parlementaires, 96. Il cède le pas à la reine de Pologne, 104. Enghien lui est adjoint ; leurs opérations communes ; il quitte l'armée, 114 à 118. Ses débats avec Condé, 132. Ses conférences avec les parlementaires unis, 205, 209, 211, 227 et suiv. Son opinion sur la sédition qui éclate, 214. Il engage la reine à céder, 220. Agit selon les intérêts de Mazarin ; se brouille avec lui et avec Condé ; se rapproche des Frondeurs, 231 à 233. Négocie, 258 à 260. Pacifie la Normandie, 269. Bon accueil qu'il reçoit à Paris, 271. Sa rivalité avec Condé, 280, 281, 374 et suiv. Siége au parlement, 293. Brouillé avec La Rivière ; confident du projet d'arrêter les princes, 299, 300. Déconcerte la douairière de Condé, 330 à 332. Le roi lui confie l'autorité ; envoyé du parlement de Bordeaux qu'il ne peut évincer ; ses embarras ; émeute qui le menace ; se dispose à la paix, 335 à 338, 346. Compromis par Mazarin, 349. Se dessaisit des princes prisonniers ; trompé par la reine, 354. Faction dans laquelle il s'engage ; offensé par le parlement ; frayeur que lui fait la reine ; comment reprend courage ; il demande le renvoi du cardinal, 361 à 365. Son indécision, 367. Il annonce la délivrance des princes, 368. Son entrevue avec eux, 370. Il ramène Condé à Paris ; sa faiblesse à l'égard de tous les partis ; sa fuite ; ses remontrances à la reine, 389. Accompagne son neveu au parlement, 393. Laisse la régente s'éloigner, 404. Ses ménagemens pour les princes ; Condé veut l'isoler, 408, 409. Emeute qu'il soudoie, 411. Il dénonce le retour de Mazarin, 413. Tiers-parti qu'il forme, 418 et suiv. Ses mesures militaires, 421 et suiv. Conduit Condé au parlement, 434. Conspire contre ce corps, 437 et suiv., 443, 449. Annonce l'intervention du duc de Lorraine qu'il a appelé, 445 à 447. Sa contenance pendant la bataille du faubourg Saint-Antoine, 454 et suiv. Seconde Condé, 458 à 464. Veut informer contre Rieux ; il perd son fils ; aspire à la retraite, 466 et suiv. Est exilé à Blois, 473. Se refuse à recevoir sa fille, 475. Ses régimens suivent Condé, 487. Il reparaît à la cour, 538, 539, 511. Son arrangement avec Mademoiselle, 556, 557. Sa mort, 590. Mariage de sa seconde fille ; XXV, 18.

ORLÉANS (MADEMOISELLE D'), la grande Mademoiselle ; sa naissance ; XXIII, 45. Son baptême, 308, 309. Elle accueille son père, 533. Mariage qu'elle ambitionne ; XXIV, 106. Chargée de défendre Orléans, 423. Son escorte ; elle entre dans cette ville, 424, 425. Réconcilie Nemours et Beaufort, 428. Fête qu'on lui donne, 437. Son entretien avec le duc de Lorraine, 447. Elle fait ouvrir Paris à l'armée des princes, et fait tirer le canon de la Bastille sur les troupes royales, 454 à 458. Sa retraite, 475. Ses régimens suivent Condé, 487. Sa réconciliation, 556, 557. Hérite de son père, 590, 591. A gâté sa sœur ; XXV, 19. Refuse d'épouser l'héritier de Lorraine, 35. Puis le roi de Portugal, 37. Est exilée, 38. Aide Louis XIV dans ses galanteries, 171. Est témoin de l'agonie de Madame, 191. Le roi lui propose d'épouser Monsieur; son amour pour Lauzun, 196 et suiv., 200 et suiv. Son mariage projeté et rompu, 203 à 205. A quel prix achète la liberté de Lauzun; ingratitude de ce dernier, 440, 441, 481. Sa colère contre lui; XXVI, 42. Enrichit les légitimés, 86.

ORLÉANS (D'), duc de Valois, fils de Gaston; sa mort; XXIV, 467.

ORLÉANS (PHILIPPE, DUC D'), d'abord duc d'Anjou, puis *Monsieur*, frère de Louis XIV; sa naissance; XXIII, 433. Sa mère l'amène à Paris; XXIV, 9, 10. Ses rapports avec elle, 35 et suiv. Sa maladie, 222. Accompagne le roi au parlement, 393. Va au-devant de Mazarin, 479. Ses attentions pour Mademoiselle, 557. Ses espérances à la maladie du roi; ses projets, 571 et suiv. Mort de son oncle, 590, 591. Son mariage, 598. Ses mœurs efféminées; XXV, 16. Son animosité contre Olympe Mancini, 53. La Vallière est de sa table de jeu, 63. Soins qu'il donne à sa mère, 90. Est au siège de Courtrai, 128. Ses démêlés avec le roi, 174, 175. Edit qu'il fait enregistrer, 184. Ses bouderies à l'égard de Madame, 187 à 189. Est témoin de son agonie, 190. Il s'empare de sa correspondance, 191. Charles Stuart refuse sa lettre, 192. Justifié de l'accusation d'empoisonnement, 193. Songe à se remarier, 196, 197. Opposé au mariage de Lauzun, 204. Il épouse la princesse palatine, 211. Son commandement à l'armée royale, 234. Ses opérations, 236 à 238. Son retour à la cour, 250. Il assiége Saint-Omer; gagne la bataille de Cassel, 347 et suiv. Mariage de sa fille, 393. Faveurs qu'il ambitionne en vain, 441. Exclu des conseils, 548. Il perd sa fille; XXVI, 34. Il assiste au siège de Mons, 65. Mariage de son fils; anecdotes à ce sujet, 87 et suiv. Est au siège de Namur, 98. Est chargé de la défense des côtes, 120. Mariage de sa fille, 232. Sa mort, 305.

ORLÉANS (PHILIPPE DE BOURBON, DUC D'), d'abord duc de Chartres, puis régent de France; ses premières armes; XXVI, 65. Son mariage; anecdotes à ce sujet, 87 et suiv. Est de l'armée de Luxembourg, 98, 110, 124. Commande la cavalerie sous Villeroi, 180. Son avénement, 305. Est envoyé en Italie, 462. Sa retraite de l'Adige à Turin; il perd la bataille sous cette ville, 469 à 474. Est envoyé en Espagne; ses conquêtes en Aragon; XXVII, 24 à 29, 47, 65 et suiv. Ses intrigues pour monter sur le trône à la place de Philippe V, 67 et suiv., 124. Conseil auquel il assiste, 82. Son portrait; déchaînement universel contre lui; pourquoi; ses amis lui conseillent de donner satisfaction au roi; son pardon; mariage de sa fille, 123 à 129. De quoi accusé; scandale de sa conduite; son goût pour la chimie; soupçons qui en résultent; ses rapports avec le roi, 152, 154, 196, 201. Il renonce à tous droits sur l'Espagne, 167, 168. Encore accusé à la mort du duc de Berry; ses droits à la régence; motifs qui semblent l'exclure; comment apprécié par le roi; son silence sur le testament de ce prince, 205 à 207, 224 à 228. Ses agens en Espagne mis en liberté; se réconcilie avec Philippe V; son entretien avec le roi mourant, 213 à 215. Ce prince le nomme président du conseil de régence; parti qui lui donne le pouvoir; son altercation avec le duc du Maine; il déclare le duc de Bourbon chef du conseil; se fait confier la garde du roi; le pays disposé à se jeter entre ses bras; ses réformes; sa visite à Mme de Maintenon; il conduit le roi à Vincennes; s'installe au Palais-Royal; prisonniers qu'il délivre; fait administrer les ministères par des conseils; modifie le conseil de régence; emplois qu'il distribue; son besoin d'être dominé; il promet de ne point employer Dubois; sa cour; ses libéralités; fermentation et querelles qu'il excite, 230 à 249. Il s'appuie de l'Angleterre contre l'Espagne; donne ordre d'arrêter le prétendant, 250 et suiv. Ses opérations financières; services que lui rend Law; mission qu'il confie à Dubois, 255 et suiv. Intrigues d'Alberoni contre lui, 272 et suiv. Son envoyé en Espagne, 231 et suiv. Relâchement des mœurs publiques dont il donne le signal, 290 et suiv. Son impiété; son intolérance; son respect pour Fénelon; ses négociations sur la bulle *Unigenitus;* sa velléité de tolérance à l'égard des Huguenots; il les réprime; il accueille le czar, 295 à 308. Son intérêt à maintenir la paix; il néglige la politique de la France à l'égard de l'Italie; haine que lui porte Philippe v, 310 à 312. Invoqué par la faction opposée à Alberoni; ses menées; négociation de Dubois; il signe la quadruple alliance, 317 à 322. Se réjouit des désastres de l'Espagne et du duc de Savoie; son opinion sur Alberoni, 333 et suiv. Ses décisions en sens contraires sur le débat des pairs et du parlement; la dégradation des légitimés lui est demandée; son embarras; il disgracie d'Aguesseau et remplace Noailles; rumeurs que répandent ses ennemis; impression que font sur lui les Philippiques; coup d'état dont il frappe les légitimés et le parti de la vieille cour; il congédie les conseils; forme un ministère; est dupe des alliés; moyens qu'emploie Dubois pour l'entraîner à la guerre; inimitié de la cour de Madrid; intrigues et arrestation de Cellamare, 336 à 367. Le régent annonce sa conspiration; ne permet pas à Dubois de lire la liste des conjurés; il fait arrêter le duc et la duchesse du Maine; assurances de fidélité que lui donne le comte de Toulouse; il fait déclarer la guerre à l'Espagne, 368 à 373. Par qui fait commander les troupes, 375 et suiv. Ses démêlés avec la noblesse de Bretagne; supplices qu'il ordonne; force le roi d'Espagne à la paix; il institue la banque et le système de Law, 381 à 401. Il se repaît de richesses factices; ses prodigalités; ses constructions; secourt la Suède; il perd sa fille; détails sur cette mort; il nomme Law contrôleur-général; coup funeste que Conti porte à sa banque, 404 à 415. Ses mesures pour la sûreté des agioteurs; il fait rouer le comte de Horn; son ivresse perpétuelle; il laisse le pouvoir à Dubois; lui donne l'archevêché de Cambrai; il réduit les rentes; décrète la banqueroute; change l'administration; il exile le parlement; change le lieu du marché des effets publics; éloigne Law, 417 à 426. Il secourt Marseille désolée par la peste; demande le chapeau de cardinal pour Dubois, 432 à 434, 439. Fait enregistrer par le parlement la bulle *Unigenitus* modifiée; rappelle ce corps de l'exil, 435, 436. Ses débats avec le duc de Bourbon, 444 et suiv. Dette énorme qui résulte du système; gracie les complices de Cellamare; Dubois lui ramène la cour d'Espagne; mariages de famille négociés; méfiance qu'il inspire au peuple; annonce au roi l'union projetée, 448 à 456. Soins de Dubois pour son affermissement; son dégoût du vice et des affaires; il congédie sa maîtresse; ramène la cour à Versailles; disgracie Villeroi; l'exile; annonce son départ au roi; par qui le remplace; il nomme Dubois principal ministre, 459 à 470. Initie le roi aux affaires; lui remet le pouvoir; reste du conseil d'état; est nommé premier ministre; sa mort; comparé à Louis xiv et à M. le duc; ses qualités; ses vices; il lui a manqué le sentiment du devoir et la volonté; services que lui a rendus Dubois; dans quel état laisse la France; il a isolé le roi; l'a livré sans partage à Fleury, 472 à 473. Impression que produit sa mort sur son fils, 495. A refusé de persécuter les calvinistes, 511. Asile qu'il a donné au roi de Pologne, 522.

ORLEANS (DEMOISELLE D'), comtesse de Valois; son frère songe à la marier au roi; XXVII, 518.

ORLEANS (LOUIS DE BOURBON, DUC D'), d'abord duc de Chartres; est du conseil d'état; XXVII, 474. Son avénement; sa nullité; sa dévotion; intrigues de *M. le Duc* contre lui, 495 et suiv., 502, 516. Espoir de ses partisans, 520. Qui ses ennemis font épouser au roi; il le représente à la célébration du mariage, 521 à 523. Sa tentative pour entrer aux affaires; sa retraite, 160, 161. Misère publique qu'il signale, 353. Querelle d'étiquette qu'il soulève; ses études ascétiques; époque de sa mort, 475. Les sacremens lui sont refusé par le curé Bouetein; XXIX, 29.

ORLEANS (MARIE-LOUISE D') épouse le roi d'Espagne; sa mort; XXV, 393; XXVI, 34.

ORLEANS (LOUISE D'); son mariage stipulé avec le deuxième fils de Philippe v; XXVII, 453. Renvoyée d'Espagne, 525, 528.

ORLEANS (MARIE D'), Mademoiselle, épouse le duc de Berry; XXVII, 129. Scandale de sa conduite, 152, 153, 291, 343. Eloignement du roi pour elle, 153, 198. Ses rapports avec son mari, 201. Accusée d'inceste, 226. Ses prodigalités, 256, 260. Sa mort, 409 et suiv. Son parc acheté par le roi, 458.

ORLEANS (CHARLOTTE D'), duchesse de Modène; ses désordres; XXVIII, 18, 273. Ses complaisances pour Mme de Pompadour, 350.

ORLEANS (LOUIS-PHILIPPE, DUC D'); sa bravoure à Dettingen; XXVIII, 281. Son mariage, 475. Sa protestation contre le parlement Maupeou; son accommodement; XXIX, 449 et suiv. S'enferme avec le roi mourant, 504, 505. Prend parti pour le parlement exilé; XXX, 37. Son alliance avec ce corps, 43. Sa visite à Necker, 128. Son mariage secret, 283.

ORLEANS (LOUIS-PHILIPPE-JOSEPH, DUC D'), d'abord duc de Chartres, proteste contre le parlement Maupeou; son accommodement; XXIX, 449 à 452. Reste avec le Dauphin, 504. Prend parti pour le parlement exilé; XXX, 37. Sa visite à Necker, 128. Prend part au combat d'Ouessant, 169. Compte qu'il en rend au roi, 170. D'abord applaudi, puis cruellement accusé, 171. Son rôle d'opposition; son éducation; ses mœurs; son mariage; d'où son inimitié à l'égard de la reine; son manque d'énergie, 282 à 286. Son anglomanie, 287. Son opposition; son exil, 364. Sa popularité; il demande grâce à la reine; est autorisé à se rapprocher de Paris,

365 à 367. Emeute dont on l'accuse, 410. Mémoire qu'il refuse de signer, 423. Ses libéralités, 431. Sa brochure intitulée : Délibération à prendre pour les assemblées de bailliages; 433.

ORLÉANS (DE PENTHIÈVRE, DUCHESSE D'), pureté de sa réputation; XXX, 267. Son mariage, 283. Ses libéralités, 431.

ORLOF (LE COMTE); sa victoire à Tchezmé; XXIX, 395, 477.

ORMEA (LE COMTE D'), ministre de Sardaigne; fait arrêter Victor-Amédée; XXVIII, 70 à 74. Rejoint l'armée, 108. Ses négociations, 288.

ORMESSON (D') est du conseil d'union; XX, 498.

ORMESSON (D'), l'un des juges de Fouquet; conclut contre lui au bannissement; éprouve le ressentiment du roi; XXV, 73 à 75.

ORMESSON (D') est nommé contrôleur-général; sa probité; son incapacité; ses hésitations; XXX, 241, 242. Son discrédit; ses opérations; sa chute, 243 à 245. Par qui remplacé, 287. Déficit qu'il laisse, 289.

ORMOND (LE DUC D'); troupes anglaises qu'il conduit contre Cadix; XXVI, 355 à 357. Son succès contre l'escadre française, 358. Commande l'armée des Pays-Bas ; se sépare des alliés; XXVII, 160. Accusé de trahison, 251. Commande les troupes du prétendant, 375. Désastres de sa flotte, 380. Ses négociations avec Riperda; XXVIII, 11.

ORNANO (SAN PIETRO), maréchal de France; ses précédens; expédition sur la Corse qu'il fait résoudre; XVII, 500 à 503. Chargé d'empoisonner Damville; XIX, 332.

ORNANO (ALPHONSE, MARÉCHAL D') bat les Suisses; XX, 310. Conseille à Henri III de tuer Guise, 336. Son avis pendant les barricades, 355. A appris la fuite du roi, 362. Méfiance de ce prince, 364. Il semble posséder sa confiance; ses doutes, 400, 401. Confident du projet de tuer Guise, 458. Est chargé d'arrêter Mayenne, 464. Il défend la rive gauche du Rhône; XXI, 105, 170. Est du parti politique,

110. Soulève Lyon en faveur de Henri IV, 235. Est nommé lieutenant de Conti en Dauphiné, 384. Est de l'intimité de Marie de Médicis; XXII, 207. Est chevalier du Saint-Esprit, 458.

ORNANO (JEAN-BAPTISTE, MARÉCHAL D') cause la chute de La Vieuville; XXII, 537. Sort de prison, 539. Gouverneur du frère de Louis XIII; est son favori; XXIII, 10. Est nommé maréchal, 12. Mission que lui donne Louis XIII; il le trompe; son arrestation, 14 à 16. Sa mort, 22, 44, 254.

ORNANO, chef des Corses insurgés contre Gênes; son mémoire au cardinal Fleury; XXVIII, 208. Il s'embarque, 211.

ORRY (JEAN), ministre en Espagne; est appelé en France; XXVI, 428, 482. Retourne à Madrid, 447. Sa forfanterie; ses démêlés avec le duc d'Orléans; XXVII, 66.

ORRY, contrôleur-général des finances; sa probité; époque de sa mort; XXVIII, 188, 194. Sa confiance excessive aux financiers, 353. Est à bout d'expédiens, 426. Sa démission, 476; XXIX, 16.

ORSINI (MAISON DES), partisans de l'indépendance de l'Italie; leur influence au conclave après la mort de Nicolas III; *Mathieu* et *Jean* enlevés et jetés en prison; VIII, 319. Satisfaction que leur donne le pape élu, 320. *Napoléon* accusé de la mort de Betion XI; IX, 148. *Mathieu* dirige la faction guelfe du conclave, 158. *Napoléon* penche pour les Gibelins, 159.

ORSINI (LES) de Naples se mettent à la tête du parti angevin; XI, 447.

ORSINI (LE CARDINAL), légat de Martin V en France; projet de traité qu'il obtient; comment rompu; XII, 534 à 536, 555, 556.

ORSINI (JEAN-ANTOINE), prince de Tarente; allié du parti angevin; victoire dont il atténue l'effet; XIV, 46 à 48. Il fait sa paix avec l'Aragonais, 118, 119.

ORSINI (LES) traitent avec Charles VIII; XV, 184. Leur rivalité avec les Colonna, 228. Offrent leurs services à la France, 245. En butte aux Borgia; protégés par Louis XII, 396, 397. Prennent l'ascendant sur Valentinois, 413. Détruisent son armée, 416. Envoient leur cavalerie à Gonsalve, 421.

ORSINI (VIRGINIO); sa fidélité au roi de Sicile; XV, 191. Il est fait prisonnier, 193.

ORSINI (FABIO), cardinal, envoyé en France pour féliciter Charles IX de la Saint-Barthélemy; XIX, 188, 189.

ORSINI (PAUL GIORDANO) accompagne en France Marie de Médicis; XXII, 58. Passe pour son amant, 62.

ORSINI (VIRGINIO) passe pour l'amant de Marie de Médicis; XXII, 62.

ORSINI (MARIE), duchesse de Montmorency; son amour pour son mari; XXIII, 198.

ORTHEZ (LE VICOMTE D') refuse de faire massacrer les Huguenots de Bayonne; XIX, 176.

ORVAL D'ALBRET (LE SIRE D') envahit le Médoc; XIII, 511. Réduit à la défensive, 550. Assiège Bordeaux, 556.

ORVAL (LE SIRE D') est de l'armée d'Italie; XVI, 23. Présente le concordat au parlement, 60. Ambassadeur en Allemagne, 98, 99. Est gouverneur de Champagne, 186. Repousse les landsknechts, 193.

ORVAL (DE BÉTHUNE, COMTE D'), fils de Sully; défend Montauban contre Louis XIII; XXII, 490.

ORVES (D'), amiral français; sa jonction avec Suffren; sa mort; XXX, 215.

ORVILLIERS (D') sauve le château de Ham; XXI, 362, 363.

ORVILLIERS (L'AMIRAL D') livre contre les Anglais le combat d'Ouessant; XXX, 166 à 169. Félicité par le roi, 170. Pourquoi désobéi par son arrière-garde, 171. Son inaction; son incapacité, 172, 173. Comparé à d'Estaing, 174. Ses opérations infructueuses de concert avec les Espagnols, 183. Se retire dans un couvent; sa mort, 184, 186. D'où sa réputation, 192. Ses flottes nombreuses, 214.

OSCHAR, duc des Normands, prend et incendie Rouen; ses pillages; sa retraite; III, 79.

OSMOND, gouverneur de Richard-sans-Peur; le tire de captivité; III, 424, 425.

OSORIO (DON ALVAREZ) commande les Espagnols à Lafère; renfort qu'il reçoit; est assiégé; sa détresse; XXI, 421 à 423. Il capitule, 426.

OSORIO (JOSEPH); subsides qu'il apporte aux Frondeurs; XXIV, 342, 343.

OSSAT (ARNAUD D'), agent secret de Henri IV à Rome; XXI, 219, 343. Entend le décret d'abolition, 345, 346. Sollicite le divorce du roi; XXII, 32. Négocie la remise à la France du marquisat de Saluces, 42. Obtient des dispenses pour le mariage de la sœur du roi, 67, 68. Encourage le roi à sévir contre les conspirateurs, 77. Ses conseils; son traitement supprimé, 78.

OSSUNA (LE DUC D'), vice-roi de Naples, conspire contre Venise; XXII, 422 et suiv. Conspire contre son maître pour l'indépendance de l'Italie; sa captivité; sa mort, 467 à 469, 525.

OSTERMANN, ministre de Russie; fait envahir la Pologne; XXVIII, 88. Sa chute, 264, 266.

OSTROGOTHS, goths orientaux; I, 116. Leurs annales, 117. S'établissent dans la Pannonie, 169. Leur disparition; II, 12. Voy. *Théodoric, Théodat, Vitigès, Totila.*

OTHE (GUILLAUME) s'empare de la plus grande partie de la Bourgogne; son origine; sa fortune; ses alliances; IV, 131. Ses inquiétudes; traite avec Robert; se contente du titre de comte de Bourgogne; garde la puissance réelle, 163. Menacé du côté du royaume d'Arles; ligue qu'il forme contre le roi Rodolphe; administre son royaume, 164, 165. Epoque de sa mort, 191.

OTHELIN, comte de Bourgogne, marche au secours du roi de Naples; VIII, 337. Comment assure sa succession à la famille de France, 483, 484.

OTHMAR (SAINT), abbé de Saint-Gall; sa mort; II, 212.

OTHON-LE-GRAND, empereur, s'empare du royaume d'Arles; III, 396. Ses guerres civiles; sa cruauté; ses victoires, 401 à 405. Sa faction le proclame roi de France; il fait une trêve avec Louis, 408. Il rétablit la paix, 413, 414. Son intervention dans les débats de Louis et de Hugues, 422, 425, 429 à 432, 435. Sa présence au concile d'Ingelheim, 434. Prend le titre de roi d'Italie; le rend à Béranger à titre de fief; son mariage; discordes dans sa famille; sa guerre avec son fils et son gendre, 445 et suiv., 458. Sa victoire sur les Hongrois, 461. Sa confiance en saint Bruno, 465. Conquiert une seconde fois l'Italie; reçoit la couronne impériale; son génie; son influence, 467. S'interpose entre ses deux neveux; réunit sa famille, 473. Sa mort, 474.

OTHON II, empereur, fils du précédent; associé à toutes ses couronnes; ses vices; ses débauches; ses brillantes qualités; III, 475. Apaise les troubles de la Lorraine et du Hainaut; ses luttes avec Lothaire; il entre en France; pénètre jusqu'à Montmartre; son échec dans sa retraite; il fait la paix, 477 à 482. Passe en Italie; fait la guerre aux Sarrasins; diète qu'il tient à son retour; sa mort, 486.

OTHON III, empereur, fils du précédent, tombe au pouvoir de Henri de Bavière; rendu à sa mère; III, 486 et suiv. A pour vassal le comte de Flandre; IV, 16. Protecteur de Gerbert, 54. L'élève au saint-siége, 62, 118. S'attribue le droit de disposer de la tiare, 91, 92. Sa présence à un concile à Rome, 101. Sa mort; extinction de la famille de Saxe; la couronne impériale devient élective, 85, 122, 123, 127.

OTHON IV, empereur, d'abord duc de Brunswick, élu roi des Romains par le parti ecclésiastique; supériorité des armes de son rival; VI, 172 et suiv. Abandonné par Jean-sans-Terre; est accablé; passe en Angleterre; traité qu'il y signe; événement qui relève sa fortune; le pape le favorise, 244 à 246. Son édit contre les sectaires invoqué par le comte de Toulouse, 277. Ses vassaux à la croisade du Midi, 279. Couronné empereur; excommunié; ses échecs en Italie; il se retire dans ses états héréditaires; feudataires qui l'attirent en France; promesses qu'il leur fait; le comte de Boulogne prend parti pour lui, 319 à 324. Ses dispositions; ses ressources; il prend le commandement des confédérés, 342, 349 et suiv. Perd la bataille de Bouvines, 357 à 365. Son scrupule à l'égard des hérétiques, 426. Disparaît de la scène du monde; époque de sa mort, 428, 497.

OTHON, précepteur de Sigebert III; son pouvoir; sa mort; II, 41.

OTHON, député des Neustriens près de Louis-le-Germanique; III, 128.

OTHON, duc de Saxe, refuse la couronne de Germanie; III, 341.

OTHON, comte de Verdun, fait hommage à Louis IV; III, 402. Sa mort, 405.

OTHON, fils aîné de Hugues-le-Grand, hérite par sa femme du duché de Bourgogne; sa mort; III, 462, 473.

OTHON, duc de Basse-Lorraine, fils de Charles; meurt sans enfans; IV, 50.

OTHON, évêque de Freysingen, frère de l'empereur Conrad; route qu'il suit en Asie; V, 337. Assiste à l'assemblée de Saint-Jean-d'Acre, 352.

OTHON, duc de Bavière, dispute la Bohême à Charobert; est anathématisé; IX, 194.

OTHON de Brunswick, quatrième mari de Jeanne de Naples; ne peut la défendre; XI, 359.

OTTOBONI, légat du pape en Angleterre; a mission d'y rétablir l'autorité absolue; VIII, 146. Princes anglais qu'il détermine à se croiser, 170.

OTTOCAR, roi de Bohême; Richard, roi des Romains, lui donne l'Autriche et la Styrie; VIII, 121. Ses luttes avec l'empereur Rodolphe de Hapsburg; il est réduit et ne conserve que la Moravie et la Bohême, 284. Encore vaincu; tué, 305.

OTTOCAR WENCESLAS, roi de Bohême; se soumet à Rodolphe de Hapsburg; lui demande en mariage sa fille; VIII, 305. Son couronnement; IX, 24. Son fils élu roi de Hongrie; représentations que lui adresse le pape, 67.

OUDART DE BUSSI, bourgeois d'Arras; cruauté de Louis XI à son égard; XIV, 516, 517.

OUEN (SAINT), ou Audoin, reçoit saint Judicaël; II, 36. Amitié que lui porte Dagobert, 37. Conseil qu'il donne à Ebroïn, 72. Le venge contre saint Philibert, 75.

OXENSTIERN, chancelier de Suède; son alliance avec Richelieu; XXIII, 220 à 222. Jalousé par lui, 236. Conquête qu'il lui abandonne, 248. Il vient à Paris; traité qu'il fait avec Richelieu, 265, 266. Ses réclamations au congrès de Munster; XXIV, 183.

OXFORD (LE COMTE D') échoue au siége de Quimper; X, 258.

OXFORD (LE COMTE D') renforce Warwick; vaincu avec lui; XIV, 337, 338.

OXFORD (LE COMTE D'), négociateur de Henri VIII avec François Ier; XVII, 217.

OXFORD (LORD), Harley, ministre de la reine Anne; son désir de la paix; XXVII, 140. Accusé de trahison, 251.

OZMA (L'ÉVÊQUE D'), confesseur de l'empereur; sa prétendue délibération sur la mise en liberté de François Ier; XVI, 265.

PACHÉCO (LE CARDINAL), vice-roi de Naples; rappelle à lui des troupes impériales; pourquoi; XVII, 499.

PADILLA (DON JUAN DE), chef de l'armée des communes en Espagne; vaincu à Villalar et exécuté; XVI, 163, 164.

PAGET, négociateur de Henri VIII; XVII, 217. Commissaire pour la paix, 546.

PAIGNY (HENRI DE) seconde la reine-mère de France dans ses prétentions sur la Provence; VIII, 323.

PAJOT (MADELEINE); passion du duc de Lorraine pour elle; elle est enfermée; XXV, 35, 36.

PALAVICINO (OBERTO), chef gibelin; veut fermer à Charles d'Anjou l'entrée de l'Italie; VIII, 149, 152.

PALEARIUS (AONIUS), professeur milanais; brûlé par l'inquisition; XVIII, 463.

PALFY (LE COMTE DE), lieutenant d'Eugène; passe l'Adige; XXVI, 322.

PALISSER, vice-amiral anglais; son rôle à Ouessant; sa mise en accusation; XXX, 171.

PALLIANO (CARAFFA, DUC DE); le pape lui donne ce duché; XVIII, 9. L'en dépouille, 88. Sa mort, 244.

PAMFILI (LE CARDINAL); Mazarin lui donne l'abbaye de Corbie; dans quel but; XXIV, 106 et suiv.

PANAT (DE), chef protestant; est de l'armée de Crussol; XIX, 35. Conseiller de Damville, 295.

PANDECTES: effet de leur découverte; VIII, 79.

PANDOLPHE, cardinal, légat du pape en Angleterre; délie les sujets du roi Jean de leur serment de fidélité; VI, 322. Réconcilie ce prince avec l'Eglise; le protége contre les Français, 330 et suiv.

PANCIROLO, légat du pape; secondé par Mazarin; XXIII, 143.

PANGÉ, confident de Monsieur (d'Alençon); compagnon de sa fuite; XIX, 479.

PANIGAROLA; ses prédications dans Paris assiégé; XXI, 68.

PANISSAULT, Huguenot; prend parti pour Condé; XXII, 349.

PAOLI (GIACINTO), chef des Corses insurgés contre Gênes; son mémoire au cardinal Fleury; XXVIII, 208. Il s'embarque avec ses fils, 211.

PAOLI (PASQUALE), libérateur de la Corse; abandonne cette île; XXVIII, 211. Guerre qu'il y soutient; XXIX, 315 et suiv., 378 et suiv. Il se réfugie en Toscane, puis en Angleterre; époque de sa mort, 382.

PAOLUCCI (LE CARDINAL); traité qu'il signe avec l'empereur au nom du pape; XXVII, 63.

PAPPENHEIM (HENRI DE), maréchal de l'empire; annonce à Rodolphe de Hapsburg son élection; VIII, 244.

PAPPENHEIM, général de l'empire; ses talens; sa férocité; XXIII, 127. Ses désastres à Leipzig, 178. Ses succès en Saxe, 194. Il est tué à Lutzen, 219.

PARABÈRE (DE) est gardien du cardinal de Bourbon; XXI, 24. Ses succès contre Cossé-Brissac, 236.

PARABÈRE (LA MARQUISE DE), maîtresse du régent; XXVII, 461.

PARAMO (LOUIS), grand inquisiteur en Sicile; XII, 192.

PARDAILLANT combat et tue La Renaudie; XVIII, 147. Victime de la Saint-Barthélemy; XIX, 160, 168. Voy. *Ségur*.

PARÉ (AMBROISE) panse Coligni blessé; XIX, 157. Epargné à la Saint-Barthélemy, 175. Maladie du roi qu'il explique, 253.

PAREDÈS (GARCIAS DE) assiége Louis d'Ars dans Venouse; XV, 408.

PARIS, séjour d'hiver de Julien; I, 31. Résidence de Clovis, 201. De Childebert, 269. Importance de sa possession, 303. Reste commun aux trois frères de Charibert, 330. Abandonné par les premiers Carlovingiens; cesse d'être une capitale; II, 25. N'est pas même nommé par les historiens de Charlemagne, 368. Son attachement au langage roman; III, 59. Pris par les Normands, 86, 122. Est à leur merci, 129, 138. Pillage de l'abbaye de Saint-Germain, 139. Pris encore, 170. Soutient un siége mémorable; réduit à l'île de la Seine; par qui défendu, 262. Siége de l'université, IV, 33, 34. Consumé par un incendie, 215. N'obtient jamais de droit de commune, 422. Par qui fondée la réputation de ses écoles; V, 65. Embelli et fortifié par Philippe-Auguste; VI, 151. Privilége de son université, 195. Eclat de ses écoles; VII, 40. Esprit d'indépendance et de réforme de son école de théologie; 41. Troubles de son université, 92 et suiv. Les professeurs se retirent à Angers, 94. Con-

Table générale de l'Histoire des Français. 31

cessions qui les ramène, 96. Les corps de métiers y sont organisés; VIII, 113 et suiv. Le parlement y est établi, 435. La paix entre la France et l'Angleterre y est signée; IX, 116. Fêtes qu'on y célèbre; ordonnances en sa faveur, 318. Les Etats s'y rassemblent; crédit de Lecoq et Marcel; X, 477 et suiv., 490, 519. Ses luttes avec le Dauphin (Charles v), 527 et suiv., 536, 540. Ses environs pillés; XI, 311. Désarmé par Charles vi, 401, 407 et suiv. Troublé par la folie de ce roi; XII, 26, 149 et suiv., 231, 269 et suiv., 278 et suiv. Le duc de Bourgogne y domine, 286 et suiv. Il s'en éloigne, 297 et suiv. Suite des troubles, 307 à 317. Tyrannie des bouchers; luttes avec les Armagnacs, 363, 369 à 376, 392 et suiv., 399 à 432, 433 et suiv. Le Dauphin y domine, 454 et suiv., 494. Tyrannie du comte d'Armagnac, 499, 514 et suiv. Périnet Leclerc en livre l'entrée aux Bourguignons, 537 à 545. Misère publique; massacre des prisons, 546 et suiv. Abandonné par Jean-sans-Peur, 578. Henri v d'Angleterre y est reçu en maître, 601, 605. Sa décadence; XIII, 51 et suiv. Attaqué par Charles vii, 147 à 152. Henri vi d'Angleterre y est couronné, 206. Le duc de Bourgogne y promet la paix, 245. Enlevé aux Anglais, 268 à 276. Le roi y séjourne, 348. Son commerce avec la Normandie rétabli, 418. Réforme de l'université, 607. Querelle de ce corps au sujet de la levée des tailles; XIV, 32 et suiv. Séjour qu'y fait Louis xii; XV, 280. Liberté de ses citoyens, 379. Une église reformée y est établie; XVIII, 25. Troublé par les querelles de religion, 240, 252 à 256, 268 à 274. Par la rivalité des Guises et des Montmorencys, 440 et suiv. Investi par les Huguenots, 502 et suiv. Tumulte pour la croix de Gastine; XIX, 102. Les Huguenots attirés à Paris et massacrés le jour de la Saint-Barthélemy, 148 à 177. La ligue établie dans cette ville, 376. Son comité directeur; ses prédicateurs; XX, 131 à 135. La duchesse de Montpensier; les Guises dirigent la faction; journées des barricades, 323, 327, 330, 331 à 358. Supplices des Huguenots, 368. Paris se soulève à l'occasion du meurtre des Guises, 474 à 481. Défendu par Mayenne, 497, 527. Assiégé par Henri III, 533 et suiv. Henri IV s'en éloigne; XXI, 17, 19. Ses faubourgs sont enlevés, pillés, puis évacués, 34 à 37. Importance de sa possession, 48. Effet qu'y produit la défaite d'Ivry, 58 à 60. Attaqué par le vainqueur; procession de la ligue; misère publique, 61 à 72, 76, 78. Délivré par le duc de Parme, 84 et suiv. Affamé de nouveau, 98 à 100. Le roi d'Espagne y est tout-puissant, 122. Ses agitations causées par les Seize et les bouchers; violence de ses prédicateurs; supplice de trois magistrats, 126 à 132. Mayenne y renverse le parti extrême, 133 à 139. Les Etats-généraux y sont convoqués, 165. Travaux de cette assemblée, 171 à 180. Paris est livré à Henri IV, 251 à 267. Sa soumission; ses effets, 269 et suiv. Agitations, barricades, siéges et combats dont il est le théâtre à l'occasion de la Fronde; XXIV, 215, 240, 247, 253, 276, 288 et suiv., 369, 384 et suiv., 409, 433, 437 et suiv., 451 et suiv., 460 à 472. Son université se prononce contre la cour de Rome; XXV, 564. Accroissement de sa population; efforts de M. le Duc pour empêcher son agrandissement; XXVII, 531 et suiv. Prospérité de ses habitans; leur esprit philosophique, XXVIII, 351. Ses embellissemens; ses troubles, 482 et suiv. Voltaire y rentre; XXX, 158. Ses élections pour les Etats-généraux, 449.

PARIS (LES FRÈRES), financiers sous la régence; leurs talens; leurs expédiens; XXVII, 258. Leur exil, 423. Sont chargés de la réduction des effets publics, 445 et suiv. Disgraciés de nouveau, 549. Rentes qu'ils ont créées; XXVIII, 29. Voy. *Duverney*.

PARIS (LE DIACRE); sa mort; son horreur pour les jésuites; sa sépulture à Saint-Médard; miracles sur son tombeau; XXVIII, 49 et suiv., 175.

PARLEMENT, cour du roi; caractère que donne saint Louis à cette assemblée; VIII, 88, 89. Organisation de celui de Paris sous Philippe-le-Bel, 435. Edouard d'Angleterre y est cité, 465, 473, 479. Il juge Armagnac; XIV, 34. Cause qu'il évoque, 61. Louis XII y assiste; XV, 280. Ses conflits avec François 1er et Duprat; XVI, 16, 57 à 64, 297 et suiv. Création d'une quatrième chambre; opposition à ce sujet; 144, 145. Le procès de Louise de Savoie lui est déféré, 173 et suiv. Ses rapports avec cette princesse, 250 à 253. Rigueurs de celui de Provence contre les Vaudois; XVII, 237 à 244, 401. Parlement semestrier à Paris et en Bretagne, 519. Celui de Paris hésite à enregistrer les édits de tolérance; XVIII, 252 et suiv., 373. Ses luttes avec Catherine de Médicis, 401 et suiv. Le roi lui annonce que le massacre des Huguenots est fait par ses ordres; XIX, 177. Sa députation à Henri III; XX, 367. Il se divise après le meurtre des Guises; actes du parlement épuré, 480 et suiv. Son arrêt pour le maintien de la loi salique; XXI, 196. Ses arrêts en faveur de Henri IV, 251. Il est reçu en grâce; son édit contre la ligue, 270 à 274. Il exile les jésuites; sa cruauté, 321 et suiv. Il examine la procédure relative à Jacques Clément, 402. Son opposition à la paix de Folembray, 409 et suiv. Il proclame régente Marie de Médicis; XXII, 188, 197. Il condamne Ravaillac, 201 et suiv. Il reconnaît Louis XIII majeur à treize ans, 293 et suiv. Ses luttes avec la reine-mère, 334 et suiv. Son arrêt contre Condé, 343. Ses commissaires jugent la veuve de Concini, 407 et suiv. Il exhorte Richelieu à la sévérité; XXIII, 33. Son opposition au code Michau, 99 et suiv. Il ne juge point Marillac, 190. Il se forme en lit de justice, 230 et suiv. Son opposition à la création de l'académie, 280. Son personnel est augmenté; ses remontrances, 283. Il condamne Lavalette, 366. Humilié par le roi, 435 et suiv. Pourquoi impropre à la législation; il confère à Anne d'Autriche la régence absolue; XXIV, 10 à 15. Flatté par Mazarin; ses luttes avec le ministre commencent, 52 à 61. Son rôle dans la Fronde, 93 à 98, 190 à 261, 335, 352, 357, 362 à 372, 382 à 390. Il reconnaît Louis XIV majeur, 392. Son attitude dans la nouvelle Fronde, 411 à 415, 421, 429, 435, 448, 463, 468, 477 à 480. Ses derniers efforts; sa soumission, 500 et suiv. Troubles auxquels prennent part ceux de Bordeaux et de Provence, 266, 286 et suiv., 327 et suiv., 342 et suiv. Celui de Paris ne réclame point le droit de juger Fouquet; XXV, 71 et suiv. Hauteur du roi à son égard, 96. Edits bursaux qu'il enregistre, 184. Son droit de remontrance aboli, 258. Son arrêt contre les prétentions de la cour de Rome, 558. Procès de préséance qu'il juge; XXVI, 138 et suiv. Il enregistre l'édit de légitimation des fils naturels du roi; ce prince lui consigne son testament; XXVII, 202, 205. Il casse cet acte, 233 à 240. Ses rapports; ses luttes avec le régent; son humiliation, 340 à 357. Son opposition au système de Law, 393 et suiv. Son exil, 322 à 424. Il enregistre la bulle *unigenitus*, 434, Rigueurs auxquelles il se refuse contre les religionnaires, 514. Edit fiscal qu'il enregistre, 536. Ses luttes avec Louis XV au sujet du jansénisme; miracles du diacre Pâris; XXVIII, 46 à 50. Ses égards pour les propriétés des Huguenots, 61. Ses vexations à l'égard des Huguenots eux-mêmes, 355. Le roi se rend invisible pour ses magistrats, 489 et suiv. Ses remontrances contre les emprunts; XXIX, 19. Sa collision avec l'archevêque et le conseil; exilé et rappelé, 29 à 39, 97 et suiv. Coup d'état contre ce corps, 105 et suiv. Son alliance avec Choiseul, 216. Il supprime les jésuites, 230 et suiv. Lit de justice; édits bursaux qu'il est sommé d'enregistrer; luttes à ce sujet, 271 et suiv., 280 et suiv. Ses préjugés, 289. Il condamne Lally, 304. Sa querelle avec le roi s'aigrit, 321 et suiv., 345 et suiv. Ses poursuites contre d'Aiguillon; il suspend la justice; Maupeou l'abolit, 417 à 430. Parlement Maupeou, 432 et suiv., 454 et suiv., 456. L'opinion demande le rappel des anciens parlemens; XXX, 30 et suiv. Leur réintégration, 40 et suiv.

Leurs luttes avec Louis XVI, 77, 106, 121, 289. Celui de Paris demande les Etats-généraux, 359. Coup d'état contre lui, 371.

PARRY (WILLIAM) tente d'assassiner Elisabeth d'Angleterre; son supplice; XX, 115, 116.

PARTHENAY (GUILLAUME, SIEUR DE); subside qu'il se fait allouer par Henri III d'Angleterre; VII, 263.

PARTHENAY (LE SIRE DE) arrêté comme coupable de sortiléges; comment se sauve; IX, 416.

PASCAL (BLAISE), le plus bel ornement de Port-Royal; époque de sa mort; XXV, 77. Eclat qu'il a répandu, 160.

PASCUETHAN ET WURFAUD, lieutenans de Salomon, roi de Bretagne; le trahissent; III, 186.

PASQUAL Ier, pape; son élection; II, 442. Veut couronner Lothaire, 457. Accusations contre lui; enquête ordonnée par l'empereur, 458. Serment qu'il prête; sa mort, 459.

PASQUAL II, pape, veut enlever aux rois de France et d'Angleterre le droit d'investiture ecclésiastique; V, 39. Epoque de son intronisation, 51. Porte Henri V à la révolte contre l'empereur son père, 52. Son voyage en France; il préside le concile de Troyes; ses démêlés avec le nouvel empereur; réception qu'il fait à Philippe et à Louis; casse le mariage de ce dernier, 54 à 56. Couronne l'empereur Henri V, 113. Recommence avec lui la guerre des investitures et l'excommunie, 114. Epoque de sa mort, 149.

PASQUAL III, antipape, reconnu par l'empereur Frédéric; V, 453. Feudataires du Midi qui prennent parti pour lui, 456. Sa mort, 465.

PASQUAL, complice de Campulus. Voy. ce nom.

PASQUIER (ÉTIENNE) ne fait point partie des Etats-généraux; XIX, 404. Rassemble la cour des comptes à Tours; XX, 505; XXI, 110.

PASSAC (GAULTIER DE) conduit des renforts en Castille; XI, 493.

PASSANO (JOACHIM) négocie le traité de Moore; XVI, 257.

PASSIONEI (LE CARDINAL), ministre du pape; accusé par Beaumont de jansénisme; XXIX, 103.

PASTOUREAUX, croisés pour la délivrance de saint Louis; VII, 475. Qui se mêle à eux, 476. Leur hostilité pour les ordres prêcheurs, 477. Meurtre d'un prédicateur et de plusieurs prêtres à Orléans, 478. Ils sont excommuniés; la reine Blanche les fait exterminer, 479.

— Nouveaux pastoureaux sous Philippe-le-Long; leur misère; ils entrent à Paris; leurs courses au Midi; leurs excès; leur extermination; IX, 389 à 392.

PASTOUREL (LE), prétendu inspiré à l'exemple de la Pucelle; son supplice; XIII, 195, 196.

PATAY (COMBAT DE), gagné par la Pucelle, Saintrailles, etc., sur Talbot, etc.; XIII, 136.

PATERINS, réformateurs; V, 370. Leurs supplices, 433.

PATINO (DON JOSEPH) part pour la Sardaigne; XXVII, 287. Est mis avec son frère à la tête du ministère espagnol; XXVIII, 15. Vigueur qu'ils rendent à leur pays, 112. Epoque de la mort de don Joseph, 217.

PAUL Ier, pape; II, 206. Ses sujets de plainte contre le roi des Lombards; protégé par les ambassadeurs de Pépin, 207. Fait opérer la translation de reliques, 214, 215.

PAUL II, pape, autorise la vente comme esclaves des bourgeois de Dinant; XIV, 216. Nomme Balue cardinal, 234. Consent avec peine à le laisser juger, 299. Dispenses que lui demande Charles de Guienne; sa mort, 346.

PAUL III (ALEXANDRE FARNÈSE), pape; son élection; sa modération; sa neutralité entre François Ier et Charles-Quint; XVI, 443, 444. Consistoire qu'il tient, 492 et suiv. Sa promesse de neutralité, 500. Ses efforts pour réconcilier les deux princes et rétablir la paix de l'Eglise; il convoque un concile œcuménique à Mantoue; retire sa bulle, 536 à 538. Ménage le congrès de Nice et s'y rend, 558 à 562. Son désir de maintenir les libertés de l'Europe; XVII, 8. Son désir de détrôner Henri VIII, 26, 27.

Projets de tolérance qu'il repousse avec indignation, 86. Il approuve l'institut de jésuites, 90. Ses entrevues avec l'empereur, 103, 149. Il convoque le concile œcuménique de Trente, 226, 227. Sa prédilection pour la France; sa lettre hautaine à l'empereur; offres que lui fait François 1er, 228, 229. Bulle relative au concile qu'il publie, 230. Ses légats à cette assemblée, 254. Joie que lui donne la mort de Luther; son ressentiment contre l'empereur, 274. Secours qu'il lui promet contre les protestans, 275. Pourquoi publie leur traité, 277. Il rappelle ses troupes, 287. Alarmes que lui cause l'empereur, 292. Ses présens à la femme et à la maîtresse de Henri II, 307. Cardinaux qu'il nomme à la demande du roi, 309. Ses négociations avec ce prince, 327. Il transfère à Bologne le concile de Trente, 328. Son fils est assassiné par les impériaux; son penchant pour les Français, 330, 331. Embarras qu'il donne à l'empereur, 338 à 340. Impuissance où le réduit sa vieillesse, 373. Sa mort, 388, 389. Il s'est cru le droit de disposer de Parme et de Plaisance, 421.

PAUL IV (JEAN-PIERRE CARAFFA), pape; son élection; son ardente volonté; son inflexibilité; XVII, 548, 549. Sa haine contre les impériaux, 558. Communications que lui fait Henri II; XVIII, 2 à 4. Ses luttes contre la maison d'Autriche à l'aide de la France; ses violences; son népotisme; ses vicissitudes, 6, 8 à 18. Guise entre en Italie comme son capitaine; il l'attire dans le royaume de Naples; ses hostilités, 31 et suiv. Ses désastres; ses soucis; rappel de Guise; congé qu'il lui donne; il signe la paix, 40 à 42. Sa fougue religieuse; son animosité contre Philippe; ses efforts pour introduire l'inquisition en France, 61 à 65. Il reconnaît enfin Ferdinand, 87. Il est brouillé avec ses neveux; il les dépouille, 88. Il attache sa gloire à faire fleurir l'inquisition, 92. Bulle qu'il publie; exécution qu'il ordonne; sa mort; insurrection qui la suit, 113 à 115.

PAUL V (CAMILLE BORGHÈSE), pape; son élection; ses débats avec Venise; il manque pousser cette république à la réforme; XXII, 131 à 134. Exhorte Henri IV au maintien de la paix, 169. Reproches qu'il lui adresse, 180. Projet auquel veut l'associer l'Espagne, 224. Intervient dans la succession de Mantoue, 276. A part aux dépouilles de Concini, 411. Intervient dans l'affaire de Savoie, 418 et suiv. Nomme cardinal le duc de Lerme, 466.

PAUL (JEAN, CARDINAL DE SAINT-), l'un des juges du divorce de Philippe-Auguste; VI, 198.

PAUL (LE CHEVALIER); flottille française qu'il commande dans le golfe de Naples; XXIV, 150.

PAULET (CHARLES), financier sous Henri IV; invente l'impôt nommé la Paulette; XXII, 129.

PAULETTE (LA); ce qu'est cet impôt; XXII, 129.

PAULICIENS, réformateurs; leurs opinions répandues dans l'Orient; ont donné asile aux Albigeois persécutés; VI, 521.

PAULIN (LE VICOMTE DE), chef protestant dans le Languedoc; XVIII, 518; XIX, 56. Est nommé par le parti gouverneur de Montauban, 255. Donné pour conseiller à Damville, 295.

PAVIE (BATAILLE DE), gagnée par les lieutenans de Charles-Quint sur François 1er; XVI, 234 et suiv.

PAVILLY (EUSTACHE DE), carme, lit au Dauphin les doléances de l'université; XII, 403. Réformes qu'il propose, 405. Son âpre sermon au même prince, 414. Son discours au roi, 418. Expose au duc de Bourgogne la détresse de Rouen, 560.

PAZ (PIERRE DE LA); danger qu'il court à Seminara; XV, 227. Poursuit d'Allègre, 408. Contenu par Bayard au passage d'un pont, 419.

PAZZI (LES); leur conjuration à Florence; encouragée par le pape; XIV, 546, 548. Parti qu'en tire Louis XI; XV, 137, 138.

PECQUIGNY (JEAN DE) approuve, au nom des nobles, les demandes présentées aux Etats-généraux par l'évêque de Laon; X, 494. Délivre de prison le roi de Navarre, 513. Bat l'armée provinciale de Picardie; échoue à Amiens, 545, 546. Il sauve le comte de Longueville, 550.

PECQUIGNY (TRAITÉ DE) entre Louis XI et Edouard IV; XIV, 450.

PECQUIGNY (LE DUC DE) est aide de camp de Louis XV; XXVIII, 309.

PEGNARANDA (LE COMTE DE), négociateur espagnol; élude la paix avec la France; XXIV, 187, 188, 230, 272.

PELAGE, cardinal d'Albano, légat du pape à la cinquième croisade; refuse de reprendre Jérusalem en échange de l'Egypte; son insolence; il excommunie Jean de Brienne; VI, 502. Il conduit l'armée au Caire où elle capitule, 503.

PÈLERINAGE (GRAND) en Terre-Sainte; prélude des croisades; IV, 331 à 333.

PELHAM (HENRI) est chef du ministère anglais; XXVIII, 300.

PELLÉ (LE CARDINAL) est de la ligue; XX, 131. Ses efforts pour la faire approuver publiquement par le pape, 157, 158. Ses rapports avec le pontife, 317. Répond au nom du clergé au discours d'ouverture des Etats de Paris; XXI, 179. Conférence à laquelle il assiste, 190. Ses exhortations aux Etats, 208. Engagemens qu'il signe, 237. Sa mort, 267.

PELLICIER (GUILLAUME), lettré protégé par François 1er; XVI, 358.

PELLISSON, consulté par Louis XIV sur la rédaction de ses mémoires; XXV, 5. Son arrestation, 28. Se convertit au catholicisme; entre dans la confiance du roi, 416.

PELOUX (LE SIRE DES); proposition de Charles-Quint qu'il porte en France; XVII, 54, 56.

PEMBROKE (RICHARD DE), maréchal d'Angleterre; soulevé contre Henri III; sa mort; VII, 121.

PEMBROKE (LE COMTE DE) prend la croix; VIII, 170. Battu par les Ecossais; IX, 182, 183. Fait capituler Gaveston, 273.

PEMBROKE (LE COMTE DE) est donné pour lieutenant à Robert d'Artois; X, 211. Assiége Rennes, 214. Défend Aiguillon, 274.

PEMBROKE (LE COMTE DE) amène des troupes au prince de Galles; XI, 108. Ses opérations, 118, 119. Il enlève la duchesse de Bourbon, 134. Fait partie de l'armée du prince, 136. Son combat corps à corps, 139. Renforts qu'il prépare en Angleterre, 164. Sa flotte et son armée sont anéantis à la Rochelle; il est fait prisonnier, 165 à 167. Est nommé en Gallice, 168, 169. Attaque les Flamands; est tué; XII, 230.

PEMBROKE (LE COMTE DE), négociateur de Henri IV en France; XII, 248, 249.

PEMBROKE (LE COMTE DE) assiste aux Etats de Tours; XIV, 244. Renforce Marguerite d'Anjou; 339. Se réfugie en Bretagne, 340. Edouard espère se le faire livrer, 438.

PENARD, gardien du duc de Guise; le laisse évader; XXI, 120.

PENAUTIER, receveur général du clergé; compromis dans le procès de la Brinvilliers; XXV, 403.

PENDERGRASS dénonce un complot contre Guillaume III; XXVI, 196.

PENIS, frondeur, agite Paris; XXIV, 443.

PENNALOSA (LE COMMANDEUR), envoyé à Charles-Quint pour lui annoncer la capture de François 1er; lettre que lui remet le roi; XVI, 241.

PENTHIÈVRE (JEAN DE BLOIS, COMTE DE), otage de son père en Angleterre; X, 477; XI, 24. Sa délivrance; son mariage avec la fille de Clisson, 500, 501, 511. Traités qui stipulent ses intérêts, 601, 602; XII, 64, 65. Intrigues où il seconde le duc d'Orléans, 136. Sa mort, 194.

PENTHIÈVRE (OLIVIER, COMTE DE); son mariage; XII, 248. Le duc de Bretagne lui déclare la guerre, 346. Arrête ce prince en trahison; est forcé de le mettre en liberté, 591 à 593. Il fait la guerre en Guienne; XIII, 513, 552, 556.

PENTHIÈVRE (JEAN DE), comte de Périgord, commande l'armée royale; ses succès en Guienne; XIII, 510, 511. Ville qu'il réduit, 513.

PENTHIÈVRE (DE BOURBON, COMTE DE); ses vertus; XXVIII, 26. Sa bravoure à Dettingen, 281. Un seul de ses enfans lui survit ; querelles d'étiquette à son mariage et au sujet de son fils, 474, 475. Faveur que lui accorde Louis XVI ; XXX, 242, Mariage de sa fille, 283. Ses libéralités, 431.

PÉPIN (L'ANCIEN) prend parti pour Clothaire ; I, 439, 440. Conseiller de Dagobert ; ses possessions ; II, 9. Perd Chrodoald, 14. Maire du palais, 23. Le roi lui retire sa confiance, 26. Retenu en exil, 33. Reprend son poste ; il meurt, 40. Abaissement de sa maison, 61. Son héritage recueilli par Pépin d'Héristal, 90.

PEPIN D'HERISTAL ; II, 9, 78. Relève le parti des grands en Austrasie ; marche sur la Neustrie ; sa défaite, 78 à 80. Ses alliances ; traité avec Warato ; sa victoire à Testry, 83 à 85. Il rend héréditaire sa charge de maire du palais ; son triomphe est celui de la haute aristocratie ; ses domaines ; son titre ; son pouvoir ; sa résidence ; ses fils ; lots qu'il leur donne ou destine ; part qu'il fait aux grands qui l'ont secondé, 88 à 93, 100, 101. Ses victoires sur les Frisons ; il assemble les comices nationaux ; fait proclamer Clovis III ; sa bigamie ; sa guerre contre les Allemands ; sa maladie ; il appelle Grimoald qui est assassiné et le venge ; à qui il laisse le pouvoir ; sa mort ; ses dernières dispositions, 97 à 108.

PEPIN-LE-BREF, roi de France ; son lot dans l'héritage paternel ; prend possession de la Bourgogne ; arme contre Grifon ; le dépouille ; bat les Aquitains ; puis les Allemands ; difficulté des débuts de sa domination ; il proclame Childéric III ; II, 149 à 153. Règlemens religieux qu'il établit par le concile de Soissons ; seconde son frère en Germanie, 155. Rappelé en Aquitaine ; y réduit Bunold, 156. S'empare de l'Austrasie ; dépouille les fils de Carloman ; met en liberté Grifon ; soulèvement de ce prince ; il le poursuit ; bat la confédération des Saxons ; envahit la Bavière ; y fait la paix ; en ramène Grifon, 160 à 163. Dépose Childéric ; consulte le pape et est proclamé roi, 164 à 166. Silence des contemporains sur l'importance de cette révolution ; sur le caractère, les projets, la politique du nouveau roi ; fausse anecdote sur son courage et sa force physique, 169. Etablit pour son avantage personnel, en faveur de l'Eglise, le droit de déposer et de choisir les souverains ; appelle les évêques aux assemblées nationales ; renouvelle le rit hébraïque de l'onction sacrée ; reçoit le saint Chrême d'abord de saint Boniface, puis du pape Etienne II ; remet le sceptre aux mains des prêtres ; change l'époque des conciles nationaux, 172 à 174. Ses capitulaires ; leur esprit casuiste, 176 à 179. Son zèle pour l'accroissement du pouvoir ecclésiastique, 182 et suiv. Comment accueille le pape Etienne ; reçoit le titre de patrice romain ; convoque les comices ; n'a point d'égard pour la mission de son frère Carloman ; le retient en France ; force Astolphe à la paix ; revient chargé de butin, 186 à 190. Rappelé par les instances du pape et par une lettre *de saint Pierre lui-même*; passe de nouveau les Alpes ; fait lever le siége de Rome ; assiège Pavie ; réduit Astolphe ; fait rendre à l'Eglise de Rome les provinces restituées par les Lombards, 194. Sa guerre contre les Saxons ; tribut qu'il leur impose, 195. Enlève aux Sarrasins la Septimanie ; prend Narbonne, 197, 198. Convoite l'Aquitaine, 199. Ses prétextes pour attaquer son duc Guaifer ; la réunit à la couronne ; sa correspondance avec le pape, document historique conservé, 201 à 205. Ses ambassadeurs arrêtent les Lombards, 207. Sa maladie ; il intercède les saints ; fait le partage de son royaume ; meurt ; obscurité qui enveloppe son règne ; l'histoire de la nation disparaît comme la sienne ; légende, 210 à 216.

PEPIN, neveu de Charlemagne et fils de Carloman ; sa fuite ; II, 232.

PEPIN, fils de Charlemagne, baptisé et sacré roi de Lombardie ; II, 285. Entre en Bavière, 311. Fait la conquête de l'Istrie et de la Liburnie, 333. Part qu'il prend à la guerre contre les Huns, 335, 337. Envoyé au-devant du pape Léon, 372. Marche sur la frontière de Bénévent, 377. Ses succès, 383, 384. Lot que son père lui destine, 404. Fait la guerre en Corse, 407. Ses échecs à Venise; en Toscane; en Corse, 410. Est repoussé de Venise; sa flotte est battue par celle des Grecs, 411. Sa mort, 412. Ses enfans, 415.

PEPIN, bâtard de Charlemagne, conspire contre lui; II, 339. Est jugé, condamné à mort et tonsuré, 340.

PEPIN, deuxième fils de Louis-le-Débonnaire; II, 423. Chargé du gouvernement de l'Aquitaine, 433. Reçoit le titre de roi, 443. Epouse Ingeltrude; part pour l'Aquitaine, 455. Seconde son père contre les Bretons, 461. Se rend aux Etats d'Aix-la-Chapelle; est envoyé contre Aizon; son retour, 467 à 469. Donne le signal de la révolte contre son père; III, 5. Son départ, 8. Il signe la sentence de mort de ses partisans, 16. Avances que lui fait Bernard, 18. Ligué avec ses frères; leur succès, 10 et suiv. Blâme l'emprisonnement de son père, 25. Marche pour le délivrer, 31. Le seconde contre Lothaire; son lot augmenté, 34 à 36. Puis réduit au profit de Charles-le-Chauve, 39. Se soumet, 40. Promet de protéger son jeune frère, 41. Sa mort, 42.

PEPIN II, roi d'Aquitaine; son couronnement; il est attaqué par son aïeul; III, 43, 45. Allié de Lothaire, 55, 62. Lutte avec Charles-le-Chauve, 57, 60, 61, 66. Défait à Fontenay, 64, 65. Soutient la guerre en Aquitaine, 73. Abandonné par Lothaire, 75. Dépossédé par le traité de Verdun, 79. Défend victorieusement Toulouse; ligué avec Guillaume de Septimanie; bat une armée neustrienne; sommé par les Etats de l'empire de quitter l'Aquitaine; s'y maintient, 82 à 85. En obtient par la paix la cession presque entière, 88. Ses vices; mécontentement de ses peuples, 92. Ses grands se donnent à Charles; il est sauvé par Abdérame, 93, 94. Est tonsuré et renfermé dans un couvent; son intempérance, 109. S'échappe; retourne en Aquitaine, 110. Son parti s'y maintient, 116. Secondé par des Normands et des Sarrasins; ses vicissitudes; ses dévastations; il meurt en prison, 117, 120, 130, 163 à 165.

PEPIN, fils de Bernard, roi d'Italie, se range du parti de Lothaire; III, 56.

PEPIN DE BARI; mission dans laquelle il seconde le roi de Naples; VIII, 503.

PERALTA seconde Navarro (Pietro); XV, 385.

PERAULT (LE PRÉSIDENT), intendant de la maison de Condé; son arrestation; XXIV, 308.

PERCEVAL, ingénieur, tué au siège de Thionville; XXIV, 43.

PERCY (THOMAS), comte de Worchester, aux prises avec les Français; empêche la révolte de la Rochelle; ne peut sauver Poitiers; accompagne le duc de Lancastre; XI, 133, 134, 168, 171, 185. Est lieutenant du duc de Buckingham, 292.

PERCY (HENRI), comte de Northumberland; protecteur de Wickleff; XI, 215. Ramène Richard II à Londres, 226. Opposition qu'il fait dans le parlement; prend part à l'administration, 513. Défaite de son fils, 547. Négociateur à Amiens; XII, 10. Persécuté par Richard, 127. Prend parti pour Henri de Lancastre, 129. Son soulèvement; sa fuite, 243. Il invoque le secours de la France, 250. Sa mort, 319, 320.

PERCY (HOTSPUR) perd contre les Ecossais la bataille d'Otterbourn; est prisonnier; XI, 547. Condamné à l'exil; XII, 127. Est tué, 186.

PEREFIXE (HARDOIN DE), abbé de Beaumont, puis archevêque de Paris; est nommé instituteur de Louis XIV; XXIV, 111. Education qu'il lui a donnée; XXV, 3. Est de son conseil de conscience, 15. Sa promotion, 44. Son zèle jésuite; sa violence à l'égard de Port-Royal, 75 à 80, 87. Opposition qu'il soulève, 139.

PERGOLA (ANGE) assiége Rome; XII, 343.

PERICARD, secrétaire des Guises; est arrêté; XX, 470. Ses interrogatoires, 493.

PÉRIGORD (LE COMTE DE); secours

qu'il amène à Lille-Jourdain; est pris avec lui; X, 254, 256.

PÉRIGORD (ARCHAMBAUD, VICOMTE DE); sa condamnation à mort; sa fuite; son fief confisqué; XII, 109.

PÉRIGORD (DE COMTE DE); bruit d'empoisonnement qu'il accrédite; XXIX, 336.

PERKIN WAERBECK, fils naturel d'Edouard IV d'Angleterre; rôle que sa tante lui destine; XV, 119. Il réclame le trône; son supplice, 284.

PEROSA (LE COMTE DE) arrête Victor-Amédée; XXVIII, 72.

PERPÉTUE (SŒUR); son emprisonnement; XXIX, 34.

PERCHE (LE COMTE DE), maréchal de Louis de France en Angleterre; battu à Lincoln; est tué; V, 468, 469.

PERROT-LE-BÉARNAIS, châtelain de Chahnet; ses brigandages; XI, 515. Seconde Arundel, 524.

PERRUSSE (HECTOR), prévôt des marchands, appelé par Henri III; XX, 342. Destitué par les Seize, 359.

PERSAN (LE BARON DE); son procès; XXII, 448, 449. Prisonnier à la Marfée, 455.

PERUSSEAU (LE PÈRE), jésuite, confesseur de Louis XV; sa circonspection à la maladie de ce prince; XXVIII, 315. La favorite demande son exil, 344. Sa longue inquiétude, 346.

PERWEISS (HENRI DE) est élu évêque de Liége; XII, 295. Il assiége son compétiteur, 303. Perd la bataille de Hasbain; sa mort, 304 à 306.

PESARO (JEAN), ambassadeur de Venise; traité qu'il fait avec Louis XIII; XXII, 528.

PESCARA (ALPHONSE D'AVALOS, MARQUIS DE), prisonnier à la bataille de Ravenne; XV, 592. Entre à Milan; XVI, 139. Défend le Milanais contre Lautrec, 153. Pourquoi quitte l'armée, 199, 200. Son retour en Lombardie, 202. Ses manœuvres pour bloquer Bonnivet, 204. L'attaque pendant sa retraite, 206 à 208. Le pape lui écrit pour empêcher l'invasion de la France, 211. Son empressement à contrarier Bourbon, 212, 215. Prévenu par le roi à son retour en Lombardie; se disperse dans les places,

220, 221. Où prend position, 222. Pourquoi n'est pas poursuivi, 223. Sa faiblesse; son dénûment, 224, 225. Réussit à entraîner l'armée sur Pavie. 228, 229. Il gagne la bataille de ce nom, 233 à 238. En désaccord avec Bourbon et Lannoy, 261. Il veut garder François en Italie, 262. Trompé par Lannoy, 264. Complot dans lequel il feint d'entrer et qu'il dévoile; sa mort, 268 à 271.

PESCIOLINI commande le château d'If pour Médicis; XXI, 394.

PETERBOROUGH (LORD); son expédition en Espagne; s'empare de Barcelone; XXVI, 451, 452. En fait lever le siége, 466, 467. Ne peut vaincre l'indolence de l'archiduc; XXVII, 20. Quitte la Péninsule, 22, 23. Ses talens, 137. Contribue à la chute d'Alberoni, 385.

PETIT (JEAN), docteur en Sorbonne; attaché à l'ambassade en Italie; XII, 264. Justifie par écrit et dans un sermon, en présence des princes, le meurtre du duc d'Orléans, 285 à 291. Par qui réfuté, 300 et suiv. Sa mort, 358, 359. Son apologie condamnée en Sorbonne, 442. Ses doctrines déférées au concile de Constance, qui casse l'arrêt précité, 498, 499. L'évêque de Paris le révoque, 553.

PETIT-MESNIL, ministre de Charles VII; XIII, 399.

PETIT (GUILLAUME), confesseur de François Ier; encourage son goût pour les savans et les artistes; XVI, 357. Conférence qu'il prépare pour discuter avec Mélanchton, 458, 459.

PETRARQUE, l'oracle de son siècle; ses efforts pour rappeler le pape en Italie; XI, 66. Ses éloquentes attaques contre les scandales de l'Eglise, 208.

PETRONILLE de Guienne; son mariage; V, 261 et suiv. Confiée à son futur époux, 283.

PETRUCCI, l'un des assassins de Coligni; XIX, 165.

PETTEKUM; négociation à laquelle il est employé; XXVII, 75, 93.

PEYFFER, général suisse; troupes qu'il dirige sur l'île de France; XVIII, 495. Leur arrivée à Meaux, 499. Elles escortent le roi, 500. Levées qu'il fait pour la ligue ; XX, 140.

PEZAI (LE MARQUIS DE), nommé ministre à la place de Clugny ; XXX, 94, 95.

PHARAMOND ; doutes sur son existence ; I, 176, 177.

PHELIPPEAUX (L'ABBÉ) poursuit Fénélon ; XXVI, 252.

PHILIBERT (SAINT), fondateur de l'abbaye de Jumièges ; II, 59. Prend parti contre Ebroin ; est exilé par saint Ouen, évêque de Rouen, 75.

PHILIBERT Ier, duc de Savoie ; Charles-le-Téméraire lui fait espérer la main de sa fille ; XIV, 344. Embuscade qu'il évite, 481. Est sous la protection de Louis XI, 484, 485. Sa paix avec les Suisses, 486. Ses oncles veulent le dominer, 551. Lieutenance que lui donne Louis, 552. Luttes pendant sa minorité, 582. Sa mort, 605.

PHILIBERT II, duc de Savoie ; son avénement ; son traité avec Louis XII ; promesse qu'on lui fait ; XV, 290, 291. Réception qu'il fait au roi, 296. Son traité avec lui, 333. Leur froideur ; par quoi causée, 380.

PHILIBERTE de Savoie ; son mariage avec Julien de Médicis ; XVI, 44.

PHILIPPA de Flandre ; son mariage stipulé avec Edouard Ier d'Angleterre ; VIII, 495. Son arrestation ; sa captivité en France ; sa mort ; accusation d'empoisonnement, 496.

PHILIPPA d'Avesnes ; son mariage stipulé avec Edouard III d'Angleterre ; IX, 461. Ce prince l'appelle auprès de lui ; X, 139. Elle reste en Flandre, 160. Son retour en Angleterre, 177. Est présente à l'entrevue avec le comte de Flandre, 320. Obtient la grâce des six bourgeois de Calais, 332, 333.

PHILIPPE Ier, roi de France ; longueur de son règne ; IV, 197. Eclat de la chevalerie sous lui, 199. N'a point compris qu'il devait être le premier chevalier du royaume, 209. Sa naissance ; est sacré à Reims ; serment qu'il prête ; formule d'élection que prononce l'archevêque, 267 à 269. Agé de sept ans à la mort de son père, 311. Son avénement n'est point contesté, 318. A pour tuteur le comte de Flandre ; pourquoi son nom grec ; tranquillité des sept premières années de son règne ; chagrin que lui donne le second mariage de sa mère ; donations au couvent de Hasnon, qu'il confirme, 320 à 324. Sa minorité encourage l'ambition de Guillaume, 335. Sa nullité due plutôt aux institutions de la monarchie qu'à lui ; abandonné à lui-même à la mort de Baudoin ; ses déréglemens ; trafic des dignités ecclésiastiques ; sa soumission au pape à ce sujet, 381 et suiv. Ses défauts ; sa faiblesse ; remontrances amères ; menaces et censures qu'elles lui attirent de la part d'Hildebrand, 389 à 395 et suiv. Il seconde la comtesse de Flandre ; est vaincu près de Cassel ; son mariage, 411 à 414. Sa rivalité avec Guillaume ; son indolence contraste avec l'activité de l'empereur et du conquérant ; son train de vie sédentaire ; envie que lui inspirent les succès et la gloire de son vassal, 441 à 413. Il est l'appui des mécontens que celui-ci excite ; ligué avec eux ; son succès contre Guillaume, 445, 446. Médiateur entre lui et son fils Robert ; ne prend point part à la querelle entre l'empire et le sacerdoce, 449 à 451. Lettre que lui écrit Hildebrand ; sa soumission équivoque, 458, 459. Son sommeil au milieu d'une époque d'activité ; son embonpoint ; ses expéditions militaires ; sa fuite au siége du château de Puiset attribuée à un miracle ; veut répudier Berthe ; recherche Emma de Sicile ; n'a de puissance que par l'idée féodale du devoir ; à quoi elle se réduit, 469 à 475. En dissension avec Guillaume, 477. Comment attire l'attention sur lui, 496. Acquiert le Gâtinais, 506. Son mariage avec Bertrade, comtesse d'Anjou ; double guerre et brouilleries qui en résultent ; à quoi tient le crédit qui lui reste ; sa maison, sorte d'armée ; comment en dispose ; vend son secours au sire de Breteuil ; attaqué par le clergé ; concile qu'il convoque ; il est excommunié, 517 à 523. Déféré au jugement du concile de Plaisance, 528. Puis de celui de Clermont, 530. Comment se soumet à l'anathème ; indulgence du pape pour lui, 535, 536. Est reçu en grâce ; par quelle déclaration, 541. N'est point assez riche pour acheter les seigneuries des croisés; en quelles mains elles passent, 542. Attaqué par Guillaume-le-Roux; son apathie, 554, 555. Vainement invoqué par Elie, 557. Ce qu'est son règne; à quoi se réduisent les fonctions royales; s'associe son fils; motifs qui le déterminent; étendue de ses domaines; V, 3 à 6. Sa lettre au roi d'Angleterre; il la désavoue; abandonne à Louis tout le gouvernement; vains efforts du clergé pour rompre sa liaison avec Bertrade; comment se réconcilie avec l'Eglise; sa visite à Foulques-le-Réchin, 13 à 16. Affront que lui fait le comte de Poitiers; il ne peut en tirer vengeance; tenu en échec par la seule tour de Montlhéri, 18, 19. Excommunié par le concile de Poitiers, 26. Achète la vicomté de Bourges, 29. Ne s'oppose point à la conquête de la Normandie par le roi d'Angleterre; donne sa fille en mariage à Boëmond, prince d'Antioche; lettre que lui adressé l'empereur Henri IV; son insouciance pour les affaires publiques, 48 à 50 et suiv. Humilité avec laquelle il se présente au pape; démêlés que lui cause la possession de Bourges; sa mort en habit de bénédictin, 56 à 58. Son règne n'a été qu'une longue anarchie, 61. Est resté étranger au progrès de la science, 71.

PHILIPPE II (AUGUSTE), roi de France, change la confédération féodale en monarchie; IV, 3. Maîtrise le système féodal en l'adoptant, 24. Supprime la commune d'Etampes, autorise la corporation des tisserands, 433. Chartes de communes données par son aïeul et confirmées par lui; V, 124 à 128, 130. Conquêtes sur Jean-sans-Terre; grande illustration de son règne, 247. Epoque de sa naissance, 455. Comment son père veut le marier, 524. Est associé à la couronne; sa maladie; il est couronné, 536 à 540. Sa conduite à l'égard de son père mourant, 543. Disproportion, au moment de son avénement, entre la couronne de France et celle d'Angleterre; VI, 3 et suiv. Le premier des Capétiens préconisé par l'histoire contemporaine; pourquoi; d'où son surnom; gouverne à quatorze ans; sa ferveur religieuse; il débute par persécuter les Juifs, les dépouiller et les bannir; son édit contre les juremens; 7 à 11. Sa pénalité capitale contre toute personne qui s'écarte de la foi; sur qui il tourne ses premières armes; son orgueil; ses idées romanesques sur la nature de son pouvoir; épouse Isabelle de Hainaut sans consulter sa famille; se fait couronner avec elle; mécontentement qu'il excite chez les grands; intervention de Henri II, 17. Pacification générale; garanties réciproques que se donnent les deux rois, 18, 19. Jalousie de son autorité qui l'éloigne des grands vassaux; leur ligue contre lui; hostilités; secours de Henri-au-court-mantel; emploi des Brabançons; succès des deux rois; congrès de Senlis; acquisition au domaine royal du Vermandois et d'une part de la Flandre; nouvelle paix, 13 à 25. Par quoi sont préparées les conquêtes de ce règne, 27. Règle le douaire de sa sœur Marguerite, 30. Part qu'il prend à la destruction des *Cotereaux*, 33. Ses démêlés, hostilités et traités avec les comte de Flandre et duc de Bourgogne; son entrevue avec le roi d'Angleterre; il réclame l'hommage de Raymond de Toulouse, le douaire de Marguerite, la garde-noble des filles de Geoffroi; trève qu'il emploie en apprêts de guerre, 39 à 51. Ses mouvemens; Richard se montre son partisan; il prend la croix; prétexte qu'il saisit pour commencer la guerre; se rend maître de l'Auvergne et du Berry; en sort; ses conférences avec Henri; il reçoit l'hommage de Richard; leur étroite alliance; il l'accueille à sa cour; conditions qu'il fait à Henri rejetées; il prend le Mans; puis Tours; soulève les Bretons; force son rival à la paix, 52 à 62. La couronne de Jérusalem lui est offerte, 73. Naissance de son fils; ses apprêts de départ pour la Terre-Sainte; ses dispositions fiscales; établissemens d'une dîme *saladine*, 80 à 82. Ses exigences à l'égard de Richard, à la mort de Henri II; assemblée de Paris; serment qu'il prête; à qui laisse le pouvoir; sa convention de garantie réciproque avec Richard; sa marche; ses rapports avec Gênes; il y retrouve le roi anglais, et le prévient à Messine; pourquoi séjourne en cette ville, 89 à 98. Comment offensé par Richard, 100. De quoi accusé auprès de lui; leurs explications; leur traité; ses largesses; son arrivée à Acre; pourquoi refuse de donner l'assaut; protége Montferrat; discordes et rivalités dans son camp; sa maladie; les Conditions qu'il fait à Saladin; capitulation d'Acre; massacre auquel il ne prend point part; sa rivalité avec Cœur-de-Lion éclate; ses partisans; il se détermine à partir; ses arrangemens avec son rival; sa route; son entrevue avec le pape; il arrive à Paris; son départ n'a point affaibli les Croisés, 102 à 118. Ses récriminations contre l'Anglais, 121. Sa jalousie; son désir de vengeance; son soin de se concilier l'Eglise; preuve de zèle qu'il lui donne; supplice de quatre-vingts Juifs; ses dispositions de guerre, 134 à 138. Sa négociation avec Jean-sans-Terre; lutte qu'il suscite au midi; il fait le partage de la Flandre; acquiert l'Artois; apprend la captivité de Richard; envahit la Normandie; est secondé par Jean-sans-Terre; ses succès divers, 140 à 144. Ses négociations pour que l'empereur retienne son rival; avertit Jean qu'il est délivré; trahi par ce dernier; aux prises avec Cœur-de-Lion; leur armistice, 146 à 151. Il embellit, pave et assainit Paris; y conduit des eaux pures; agrandit son enceinte; son mariage avec Ingerburge; son aversion pour elle; il fait prononcer son divorce; ses négociations avec Rome; son mariage avec Marie de Meranie, malgré la menace d'excommunication; ses exactions, 152 à 156. Ses rapports avec Richard; ils traitent; puis la guerre éclate; ligue contre lui; sa position périlleuse en Flandre; satisfactions et otages qu'il donne au comte Baudoin, 164 à 169. Il favorise les prétentions à l'empire de Philippe de Souabe, 171. Confédération qui le menace; il vend aux Juifs leurr appel; hostilités à son désavantage; injonctions que lui fait le pape; trêves qu'elles amènent; démêlés qui la suivent, 173 à 177. Prétendu trait de grandeur d'âme qu'on lui attribue à la mort de Richard, 179. Sa supériorité sur le successeur de ce roi, 183. Le jeune Arthur lui est confié; il reprend les hostilités en Normandie et les suspend; conditions qu'il fait à Jean; il entre en Bretagne; soupçons qu'il inspire au parti du jeune duc; il fait la paix; pourquoi; ses démêlés avec la cour de Rome au sujet de son mariage; est frappé d'interdit; chasse les prélats qui se soumettent au pape; il fait emprisonner Ingeburge, sa hauteur; ses exactions; effet de l'interdit; le pape consent à faire juger la question de divorce; il se soumet à ses conditions; il fixe les priviléges de l'université de Paris; à quelle occasion, 185 à 197. Ses négociations avec ses futurs juges; se résout brusquement à reprendre Ingeburge, 199. Invoqué contre Jean par les feudataires du midi; renouvelle avec lui les traités; le somme de comparaître devant la cour des pairs; envahit la Normandie; fait épouser sa fille au duc Arthur; reçoit son hommage; lui confie des troupes, 207 à 212. A sa mort envahit la Tourraine, 215, 216. Entre en Poitou; revient en Normandie; reçoit l'hommage du comte d'Alençon; force Andely et le château Gaillard; repousse les injonctions du pape; assentiment écrit qu'il obtient de ses barons; explications pacifiques que lui donne Innocent; fait la conquête de toute la Normandie; ses lieutenans prennent possession de l'Anjou, du Poitou, de la Tourraine; il achève la conquête de ces provinces; revient présider au jugement de la cour des pairs qui dépossède Jean de ses domaines en France; jugement sans précédens et qui n'a point été conservé; sa tournée sur la Loire; force Jean à signer une trêve; ses tournées à la tête d'une armée, 219 à 243. Ses démarches contre Othon IV, 246. A étendu la France *wallone*, 248. Innocent l'exhorte à faire la guerre aux hérétiques, 267. A déposséder Raymond de Toulouse, 270. Préoccupations qui l'en détournent, 271. Sous quel prétexte abandonne Raymond, 277. Ses vassaux à la croisade, 280. Pourquoi en reste témoin inactif; gloire de son règne; preuve de respect pour les droits des citoyens qu'il donne à l'occasion des fortifications de Paris; dans quelle pensée a relevé la juridiction de la cour des pairs; ordonnance de lui à laquelle concourent plusieurs seigneurs; il s'appuie sur eux pour résister à Rome; ils soustraient les fiefs aux tribunaux ecclésiastiques; sa vigueur à l'égard des évêques; impose du respect à Innocent III; son amour des études, sa protection, sa libéralité font de Paris une nouvelle Athènes; il favorise les romans de chevalerie; arme son fils chevalier; romans et poèmes qui paraissent de son temps; il donne une existence historique aux douze pairs de Charlemagne; fait épier l'enseignement théologique de Paris; ordonne le supplice de plusieurs docteurs; désarme ainsi le pape; fait brûler des hérésiarques; n'est ni en paix ni en guerre, 302 à 314. Protége Frédéric II; sa convention avec lui; jalousie qu'il excite parmi ses grands feudataires, 320 à 322. Réduit le comte de Boulogne; se dispose à tenter la conquête de l'Angleterre; assemblée qu'il tient; hommage et serment qu'il reçoit; son soin à se proclamer défenseur de la religion; à motiver ainsi son attaque contre Jean; sa réconciliation avec Ingeburge; est sommé de mettre à exécution la sentence d'excommunication portée contre Jean; grand armement préparé à Boulogne, 324 à 330. Injonction que lui fait le légat Pandolphe de renoncer à son entreprise; conseil qu'il reçoit d'attaquer la Flandre, 335. Pourquoi ce projet sourit à ses gentilshommes; son dessein d'abattre Gand; comment contrarié; pourquoi sacrifie sa flotte; villes qu'il pille, rançonne ou incendie; habitans vendus comme esclaves; il licencie son armée, 338 à 342. Double orage contre lui en Flandre et dans le Poitou; oppose son fils à Jean; marche au nord, gagne la bataille de Bouvines; son retour triomphal à Paris, 348 à 366. Il recommande au pape le comte de Toulouse, 387. Intercédé pour celui-ci par le roi d'Aragon, 414. Sa victoire de Bouvines est plus féodale que nationale; elle établit la supériorité du pouvoir monarchique sur celui des grands comtes, 425. Comment est amené à confondre cette action civile avec l'action religieuse qui agit sur le Midi; influence qu'il acquiert dans cette contrée; n'a plus rien à démêler avec Othon; donne mainlevée de la confiscation du comté de Flandre; s'assure le comté de Boulogne; accorde une trêve à Jean; paix avec des seigneurs; il paraît avoir perdu de son activité; apporte indirectement obstacle au zèle des croisés du Midi, 427 à 431. Montpellier se donne à lui; il la prend sous sa sauvegarde, 437. Récuse l'intervention du pape dans les affaires d'Angleterre; soumet la décision de ces questions à la cour des pairs; comment fait soutenir la déchéance de Jean; se sépare de la cause de son fils, 455 à 458. Conseils qu'il lui donne; est excommunié par le légat, 460, 461. Sa politique douteuse, 466, 467. Il refuse des secours à son fils, 470. Reconnaît Simon de Montfort comme son homme lige pour ses fiefs du midi, 479. Invoqué par lui, 493. Son besoin de repos; ses trêves avec l'Angleterre, 496. Impôt qu'il lève sur le clergé pour subvenir à la cinquième croisade, 499. Son fils part pour l'Albigeois, 504. Il est sourd aux instances des comtes Raymond, 505. Invoqué par le pape, 513. Amaury lui offre ses conquêtes, 515. Son refus; comment motivé, 516. Le légat espère l'entraîner; déclin de sa santé; prévoyance qu'on lui attribue; sa dernière maladie; ses voyages; ses travaux; ordre de ses finances; son testament; sa mort; ses enfans; ses obsèques; son portrait; ses institutions; ne s'est point associé son fils, 522 à 536.

PHILIPPE III, le Hardi, roi de France; supérieur aux princes anglais ses contemporains; VI, 183. Sa naissance; VII, 313. Son mariage avec

Isabelle d'Aragon; VIII, 60, 61. Serment que sa mère lui fait prêter et dont le pape le relève, 142. Il prend la croix, 162. Est armé chevalier, 165. S'embarque, 181. Atteint de la peste, 193. Instruction que son père écrit pour lui, 195, 196. Son règne presque inconnu, 199. D'où son surnom; sa faiblesse; son ignorance; seule lueur de l'histoire sur son caractère, 202, 203. Circonstances funestes de son avénement, 205. Sa vie est en péril; son testament; son favori, 206. Reçoit l'hommage de ses vassaux au camp de Carthage; confirme les régens nommés par son père; continue les hostilités, 208. Il fait piller le camp des Sarrasins, 211. Son retour en France; naufrage de sa flotte sur les côtes de la Sicile, 214, 215. Par quoi retenu dans cette île, puis en Calabre; mort de la reine, 217. Son lugubre voyage à travers l'Italie; son entrevue avec le conclave, 218. Son arrivée à Paris; il dépose à Saint-Denis les restes de son père; est sacré à Reims; fiefs dont il hérite; importance du comté de Toulouse; en prend possession; promet aux Languedociens de respecter leurs priviléges; comment règle les prétentions de l'Angleterre sur une partie de cet héritage, 221 à 225. Secours qu'il fait passer au pape pour la Terre-Sainte; son projet de croisade; ses derniers débats avec Henri III; marche au midi avec une armée féodale; attaque et réduit le comte de Foix; le reçoit en grâce, 227 à 234. Ses intrigues en Espagne, 236. Sa dévotion monacale; sa société; il reçoit l'hommage d'Edouard d'Angleterre, 241, 242. Obtient du pape des concessions ecclésiastiques; lui remet le comtat Venaissin, 245 à 247. Réception qu'il lui fait en deçà des Alpes; n'assiste point au concile de Lyon, 250. Son mariage, 255. Sa jalousie envers Rodolphe de Hapsburg; ses apprêts de guerre que le pape arrête, 256. Donne asile à la jeune reine de Navarre et fait occuper son royaume, 258. Veut l'unir à son fils aîné; le pape consent qu'elle épouse le second de ses fils, 259. Appelé au secours de son lieutenant en Navarre, 263. Absorbé par des intrigues de cour, 265 à 268. Son invasion en Espagne; ses deux armées, 272, 273. Celle qu'il commande en personne; il est défié par Alphonse X; conditions qu'il lui fait, 275. Par quoi arrêté, 276. Soupçons qu'on lui insinue contre son favori, 277. Rassemble encore des troupes; avance qu'il fait aux banquiers italiens de son royaume; sommes qu'il se procure; opposition que met le pape à ses desseins; il les abandonne, 279 à 282. Obscurité qui voile sa cour au moment de la fermentation de l'Europe; mort de son fils aîné; son favori accuse la reine d'empoisonnement; enquêtes sur cette affaire; supplice de Labrosse; il sollicite vainement du pape la déposition de l'évêque de Bayeux; ses ordonnances; il fixe les bases de l'organisation de l'ordre nouveau des avocats; il établit la vénalité des fiefs; situation de la famille royale, 286 à 299 et suiv. Il accueille à sa cour le prince de Salerne; arme chevalier son jeune frère; tournoi qu'il donne; accident funeste; reproches que lui adresse le pape, 301 à 303. Son traité avec Edouard; à quel sujet; ses négociations avec les rois d'Espagne; il réclame les infans de La Cerda; médiation du pape, 306 à 310. Son désir de faire la paix; entrevue projetée; son voyage dans le Midi sans résultat quant à l'Espagne; influence qu'il acquiert en Aquitaine; il fonde le parlement de Toulouse, 313 à 318. Bienveillance pour lui du nouveau pape Martin IV, 321. Désapprouve la rupture de sa mère avec son oncle de Sicile; ce qu'il fait pour les La Cerda, 325 à 327. Soupçons que lui inspirent les armemens du roi d'Aragon; prêt qu'il lui fait; pourquoi; avertissement qu'il donne au roi de Sicile; médiateurs qu'il emploie; mesures défensives qu'il prescrit, 329 à 331. Sa nullité fixe les regards de la nation sur son oncle, 333. Sa conférence avec le roi de Naples; se rend en Aquitaine; fait attaquer l'Aragon; reçoit l'hommage du roi de Majorque; augmente les libertés des peuples; se dispose à con_ quérir l'Aragon pour Charles de Valois; délibération de ses barons sur cette affaire, 342 à 350 et suiv. Fait commencer les hostilités; fait célébrer le mariage de son fils aîné; diffère son expédition; dispositions testamentaires d'Alphonse x en sa faveur; envoie le comte d'Artois en Espagne; dans quel but, 353 à 356. Marche sur l'Aragon; est rejoint par le roi de Minorque; ses opérations; sa pénible retraite; sa maladie; sa mort, 360 à 373. Les grands seigneurs pendant son règne ont presque disparu de la scène, 376. Il a pesé tour à tour sur l'Italie et sur l'Espagne, 380. Sa veuve reste à la cour, 383. Inquiétudes qu'il a données à Edouard 1er, 388. La guerre commencée par lui continue, 391. Elle occupe peu la France, 409.

PHILIPPE IV (LE BEL), roi de France; son mariage avec Jeanne de Navarre; il prend le titre de roi; VIII, 259, 353, 354. Il marche sur l'Espagne, 361. Son avénement en France, 376. Poids de son royaume dans la balance européenne; documens historiques de son règne; sa beauté; son caractère n'est point décrit par ses contemporains; silence des chroniques sur les reines qui se trouvent à sa cour; il quitte le Midi; est sacré à Reims; faveurs particulières que lui accorde le pape; sa parenté avec les souverains ses voisins; son respect pour eux; sentimens qu'il leur inspire; sa guerre avec l'Aragon, 380 à 384. Ses rapports avec Edouard d'Angleterre; avec Pierre d'Aragon, 389 à 391. Son conseil retarde la paix, 394. Il ne reconnaît point la trêve ménagée par Edouard, ses plaintes à ce roi; son voyage au Midi; il fait recommencer les hostilités contre l'Aragon; son traité avec don Sanche de Castille; ce qu'il stipule pour les La Cerda; son entrevue avec Edouard; il accueille Charles de Salerne; méconnaît le traité qui délivre ce prince; fait arrêter les ambassadeurs du roi d'Aragon; envoie des subsides au roi de Minorque; continue la guerre, 399 à 404. Son administration intérieure n'est connue que par ses ordonnances; ce qu'il faut induire de leur teneur; caractère superbe, inflexible, inaccessible aux remords, que lui ont donné les légistes; ses idées d'absolutisme; ses ordonnances avantageuses au tiers état; ce qu'était la bourgeoisie; les clercs exclus des tribunaux et des professions de procureur et d'avocat; les Juifs protégés; rapports entre la carrière des légistes et celle des prêtres; leur mutuelle jalousie; défiance que les premiers inspirent à Philippe contre le clergé, 417 à 422. Sécheresse des chroniques en ce qui concerne sa personne et ses actions; naissance de son fils aîné; respect pour ses propres volontés; son opinion sur ses devoirs envers ses sujets; sa rapacité impitoyable; sa magnificence; il fait arrêter tous les marchands italiens établis en France; sommes qu'il leur extorque; ses favoris; comment avilit la magistrature; en quelle circonstance a sévi contre les Juifs; organise le parlement de Paris; règle les droits de vente des biens de main morte; réprime l'inquisition; ne se met point à la tête de ses troupes du Midi; son voyage en cette contrée; il resserre son alliance avec Don Sanche; règle la succession de Béarn; sa jalousie contre Edouard; ses conférences de Bayonne; impression qu'il produit sur les Aquitains; ne prend point part au traité de Tarascon; indemnité qu'il donne au roi de Naples, il ne ratifie point le traité; feint de vouloir le faire annuler; dans quel but; ne veut pas promettre de passer en Terre-Sainte; subside qu'il perçoit même sur les fiefs de l'empire; réclamation de Rodolphe, 426 à 448. Vainement sollicité par le pape de secourir les chrétiens de la Terre-Sainte, 452. Amour que lui portent les sujets français d'Edouard, 455. Observe avec inquiétude l'agrandissement de ce roi, 457, 461. Sa détermination de l'attaquer; ses exactions; soulèvemens qu'elles excitent en Normandie; comment il acquiert Valenciennes et Montpellier, 462 à 464. Fait citer Edouard à comparaître devant son parlement, 465, 468 à 473. Edouard se soumet à sa juridiction, 475. Il saisit la Guienne,

476, 478. Sa duplicité; il accuse Edouard de contumace, 479. Ce prince renonce à son allégeance; comment a étendu son influence au Midi et s'est assuré la possession du comté de Bourgogne; l'empereur élu s'engage à l'attaquer, 481 à 484. Difficultés qu'il suscite à son rival; ses besoins d'argent; il s'empare de la vaisselle plate de ses sujets; ses négociations extérieures sont inconnues, 486 à 488. Promesses à son parti et au nouveau pape; ses mesures défensives contre Edouard, contre l'empereur, 490, 491. Ses défis échangés avec ce dernier, 494. Il fait arrêter le comte de Flandre et sa fille; accusation contre lui; son alliance avec Baillol; zèle de Boniface VIII pour lui et pour la paix; son attaque vers Douvres rompt un projet de trêve; disposé à se réconcilier avec l'Aragon; se fait représenter au congrès d'Anagni; stipulations du traité en sa faveur; sa défiance envers Boniface, 496 à 503. Voile qui couvre sa cour et ses conseils; il déjoue sans bruit les desseins de son rival; secondé par les frères Franzesi; privilége qu'il leur accorde; il altère les monnaies; il perd son aïeule; avances qu'à cette occasion lui fait Edouard; se refuse à toute pacification, 505 à 508. Sa politique égoïste funeste aux Ecossais, 512. Frayeur qu'il inspire aux légats du pape; ses exactions nouvelles; bulle que fulmine Boniface; origine de leur brouillerie; se regarde comme directement attaqué; défend de sortir du royaume l'or et l'argent; réprimande que lui adresse Boniface, 514 à 519 et suiv. Est, selon les historiens généalogistes, le quarante-cinquième roi de la monarchie; IX, 4. Il convoque le premier les députés des communes de son royaume; pourquoi s'appuie sur la bourgeoisie; protége au dehors les sujets en lutte avec leurs souverains; ascendant de ses armes sur celles d'Edouard; ce qu'il prévoit de l'avenir; sa perspicacité; son adresse dans les négociations; son système de corruption; sa résolution de se venger tôt ou tard du pape; de quel côté dirige sa politique; il s'attache le duc de Bretagne; le comte de Flandre lui déclare la guerre; ligue qu'Edouard forme contre lui; comme il la dénoue; armée qu'il rassemble; villes de Flandre qui l'attirent en cette province; il est appelé par le parti de la liberté; sa brillante armée; il assiége Lille, 8 à 19. Prend cette ville, puis Courtrai et Bruges, 21 et suiv. Ses intrigues en faveur d'Albert de Hapsburg; les Gascons soumis; aumônes que lui fait le pape; la canonisation de saint Louis lui est annoncée; il se fortifie en Flandre et menace Gand; armistice qu'il consent; beaux résultats de cette campagne; parti qu'il se forme dans Lyon; alliés qu'il acquiert; guerre privée qu'il autorise; barons franc-comtois soudoyés contre lui par son rival; diversion qu'il a préparée en Ecosse, 25 à 33. Il accepte la médiation de Boniface pour la paix avec Edouard; partialité du pape pour lui; il accepte ses conditions, 36 à 38; est mis en possession légale de presque toute l'Aquitaine; avenir que prépare à la France le mariage de sa fille Isabelle avec Edouard d'Angleterre; il secourt Albert, 40 à 42. Son entrevue avec lui; ses relations avec la cour de Rome; il fait saisir le temporel de l'archevêque de Reims; son insatiable besoin d'argent; ses exactions; il pressure les Juifs et les prélats; la sentence du pape l'a dégagé envers ses alliés; il abandonne les Ecossais; il attaque le comte de Flandre; le retient prisonnier, et annexe son domaine à la couronne, 44 à 53. Rumeurs publiques sur sa déloyauté; il les brave et se rend en Flandre, 55. Accueil qu'il y reçoit; il y laisse un gouverneur et est sourd aux plaintes que celui-ci excite, 56. Son orgueil ombrageux, 59. Le pape le met à la tête du parti guelfe, 61, 62. Il abandonne les infans de La Cerda; sa politique est secondée par Rome, son dessein de sauver les Ecossais; trêve qu'il obtient pour eux par le traité d'Anières; ses nouvelles discussions avec Boniface; offensé par le légat; son système de gouverner par les tribunaux et de se venger judiciairement; ses confidens; leur art d'accomplir l'injustice au nom de la loi ; enquête qu'il fait faire contre l'évêque de Pamiers ; il le fait arrêter et accuser ; demande au pape sa punition, 68 à 76. Bulle *Ausculta fili* ; reproches sévères que le pontife lui adresse ; ses débats à ce sujet ; il défère sa querelle aux Etats du royaume ; caractère et composition de cette assemblée ; il ne lui communique la bulle que par extrait, 76 à 85. Sa lettre à Boniface ; doutes sur l'ordre qu'il aurait donné de brûler la bulle ; tenue des Etats ; lettre que chaque ordre adresse au pape ; le pape déclare le tenir pour excommunié ; la révolte de la Flandre fait diversion à sa colère, 87 à 92. A fait démanteler Bruges, 94. Effet que produit sur lui la défaite de Courtrai ; modifications dans ses rapports avec Edouard ; son énergie ; il résout de faire face à tout ; il remplit son trésor et altère les monnaies ; ses impôts ; il fait saisir le temporel des prélats qui se rendent à Rome ; son ordonnance de réformation ; ses mesures de police à Paris ; réorganisation du Châtelet ; répression de l'inquisition ; il rassemble une armée ; vend la liberté à des serfs et la noblesse à des roturiers ; entre en Flandre ; ses forces ; il rappelle son frère d'Italie ; ses escarmouches ; trêve qu'il signe ; son irritation à l'égard du pape ; il favorise à Rome les Colonna, 102 à 112. Ses griefs contre Albert de Hapsburg ; son empressement à terminer toute autre querelle que celle avec le pape ; soulèvement de Bordeaux contre lui ; ses négociations ; son traité avec Edouard ; il abandonne l'Aquitaine et les Ecossais ; sa dissimulation à l'égard de Comyng ; il s'apprête à lutter contre Boniface ; il convoque le clergé de France ; prélats qui répondent à son appel ; charge Nogaret de porter la parole, 114 à 119. Modération de ses négociations avec le pontife ; il est excommunié ; fait emprisonner les prêtres chargés de la bulle ; convoque une nouvelle assemblée de barons ; requêtes et accusations qu'il se fait présenter contre le pape, 121 à 123. A qui il les notifie ; adhésion qu'il obtient à la convocation d'un concile général pour juger Boniface ;

prend sous sa protection tous ceux qui interjetteraient appel au concile ; le pape énumère ses griefs contre lui et se dispose à l'excommunier ; il s'est préparé à le prévenir ; il le fait arrêter ; son but atteint par la mort du pontife ; son orgueil blessé ; est vengé de lui ; calme qu'il met à se venger des Flamands ; d'où cette différence ; il ne fait contre ceux-ci aucun effort vigoureux avant d'avoir terminé l'affaire de Rome, 125 à 135. Ses succès divers ; trêve qu'il consent ; sa pénurie ; ses dépenses ; ses ressources fiscales ; il établit la périodicité des parlemens ; défend les guerres privées ; réunit à la couronne les comtés de la Marche et d'Angoulême ; ses conflits avec le roi de Minorque ; il met un frein aux exactions des inquisiteurs ; but de son séjour à Toulouse ; inquiétude que lui donne la prompte élection de Benoît XI ; il le félicite, députés qu'il lui envoie ; réponse qu'il reçoit, 136 à 146. Accusé de l'empoisonnement de ce pape ; il favorise les communes ; libertés qu'il accorde à celles du Languedoc en échange de celles librement consenties ; ses forces de terre et de mer ; il fait délivrer le comte de Hainaut ; victoire de son amiral génois Grimaldi ; il remporte la victoire de Mons-en-Puelle ; il assiège Lille ; fait la paix ; acquiert la Flandre française ; effets intérieurs de cette guerre ; fermentation contenue par des supplices ; il fixe le prix des blés ; ses rigueurs ; part qu'il prend à l'élection de Clément V ; il poursuit la mémoire de Boniface ; se cache sous le nom de Nogaret ; assiste au couronnement du nouveau pape, 148 à 166. Seigneurs qui l'accompagnent ; accident cruel ; faveurs que lui accorde Clément ; mort de la reine ; soulèvement qu'il punit ; sécurité que lui laissent Edouard, Albert et le roi de Castille ; il fait déposséder, puis déporter tous les Juifs ; il rétablit le titre de la monnaie ; pourquoi ; révolte du peuple de Paris ; terribles exécutions ; il modifie son ordonnance monétaire ; il rétablit le combat judiciaire ; dans quel but ; débats et négociations avec

Table générale de l'Histoire des Français. 32

Edouard, 168 à 182. Le pape abandonné à sa discrétion ; leur conférence de Poitiers ; il a surtout à cœur la condamnation de Boniface ; il offre de prouver son hérésie ; comment Clément tente de le désarmer, 186 à 190. Grâces que ce pape lui prodigue ; il lui demande l'abolition de l'ordre des Templiers ; obscurité qui voile ce procès ; corruption judiciaire de l'époque, 194, 195. Ses instances pour la prompte punition des prétendus coupables ; il les fait arrêter, interroger et mettre à la torture ; il fait proclamer les accusations contre eux ; tentative d'opposition du pape ; comment prévient le mécontentement du peuple ; supplice de quelques Juifs ; ses impitoyables légistes ; par quel historien justifié, 197 à 204. Il demande au roi d'Angleterre de suivre son exemple ; le roi de Naples, le duc de Bretagne, les autres monarques l'imitent, 207 à 209. Son ascendant en Europe ; Edouard le regarde comme son appui, et épouse sa fille ; soin de l'empereur à éviter de lui donner de la jalousie ; il veut à sa mort faire élire Charles de Valois ; il échoue ; son mécontentement ; appui intérieur qu'il cherche ; convocation des Etats ; il rejette sur cette assemblée l'odieux du supplice des Templiers ; sa conférence avec Clément ; son embarras ; premières exécutions qu'il ordonne ; ses rapports avec le pape ; il consent que le pontife juge les dignitaires de l'ordre, 211 à 224. Son accueil au grand maître des Hospitaliers, 231. Il renouvelle ses instances pour la condamnation de Boniface, 233. Contrainte qu'il exerce sur Clément ; ses soins pour faire réussir l'accusation, 236 à 238. Son caractère moral ne donne aucune garantie de véracité aux dépositions, 247. Pourquoi se ralentit et minute une bulle évasive ; admet les modifications de Clément qui termine ce grand débat ; contradictions dans sa procédure contre les Templiers, 251 à 256. Il convoque à Lyon les notables pendant le concile de Vienne ; est présent à la sentence d'abolition de l'ordre ; sommes qu'il retire de la transmission de ses biens aux Hospitaliers, 258 à 260. S'engage à passer en Terre-Sainte ; subsides qu'il perçoit ; s'arrête à Lyon pour achever de réunir cette ville à la France ; son traité avec l'empereur Henri VII ; il fait occuper Lyon par une armée ; usurpe la souveraineté de cette ville, 262 à 267. Appui qu'il donne en Italie à Robert, roi de Naples, contre l'empereur ; sa sécurité du côté de l'Espagne ; soucis que lui donnent les affaires d'Angleterre ; plaintes de sa fille Isabelle ; attire son gendre en France ; arme ses fils chevaliers ; fêtes à Paris ; il prend la croix ; ses nouvelles luttes avec les comtes de Flandre et de Nevers ; ses continuels embarras financiers ; ses expédiens ; gabelle qu'il établit et à laquelle des séditions le forcent de renoncer, 269 à 284. Défaveur où il est tombé ; sa cruauté redouble ; ses soupçons ; procès qu'il fait à l'évêque de Troyes ; autres rigueurs ; son intolérance religieuse ; supplice de Marguerite de la Porette ; supplice du grand maître des Templiers et du commandeur de Normandie ; procès des brus du roi, 285 à 289. Sévérité de ses mœurs, 292. Sa mort ; allégresse publique ; nature de son despotisme ; son ignorance sur les causes de la richesse des nations ; force de son règne ; sa famille, 295 et suiv. Sa confiance en ses frères ; il a préféré aux nobles les parvenus ; il s'est plu à consulter les bourgeois ; réaction contre sa politique, 300 et suiv. Pourquoi a expulsé les Juifs, 335. Sa race semble maudite, 467, 468. En élevant les légistes au-dessus des autres corps de l'Etat, il s'est appliqué à les maintenir dans la dépendance de l'autorité royale ; pouvoir de son parlement ; X, 3. Ses filles peuvent prétendre à la couronne, 8. But des mariages de ses fils avec les filles de Mahault, 39.

PHILIPPE V (LE LONG), roi de France, d'abord comte de Poitiers ; est à l'assemblée de cette ville ; IX, 187. Armé chevalier ; prend la croix, 274. Sa femme accusée d'adultère, 290 et suiv. Son apanage confirmé par le testament de son père, 295. Son goût pour les plaisirs ; 299. Mission que lui donne son frère auprès du conclave; il apprend la mort du roi; son retour à Paris, 334 à 336. L'assemblée des barons lui confère le gouvernement; ses droits à la régence et au trône très-contestables; il est disposé à transiger; son traité avec le duc de Bourgogne, 338 à 340. Durée de sa régence; prend les armes pour la succession de l'Artois; traite avec le comte de Beaumont; naissance et mort de son neveu Jean Ier; époque à laquelle les contemporains font commencer son règne, 342 à 345. Son avénement est une usurpation heureuse qui a consacré l'exclusion des femmes, 349. Il s'empare du Louvre; puis de Reims; se fait sacrer; non sans opposition; est reconnu par le roi d'Angleterre; convoque les états-généraux; l'assemblée approuve son couronnement et sanctionne l'exclusion des femmes; l'université approuve cette doctrine; il perd son fils; ses conventions avec les princes opposans; il est reconnu par le pape; le pontife entreprend de le régenter, 351 à 355. Révolution ecclésiastique qu'il lui permet d'opérer, 357. Plainte qu'il reçoit de lui, 358. Persécutions qu'il lui laisse ordonner, 361. Incertitudes sur son caractère et sur sa politique; sur qui tour à tour il s'appuie; inconstance de son administration; ses ordonnances; révoque les libéralités de ses prédécesseurs sur le domaine royal; il organise des services administratifs et judiciaires; il reconnaît aux Français le droit de se taxer; lève sur les commerçans étrangers des contributions extraordinaires; ses rapports extérieurs, notamment avec la maison de Flandre; dispense Édouard de lui rendre hommage, 364 à 377; son entrevue avec lui; il renouvelle l'alliance avec les Ecossais; ses rapports avec les princes d'Espagne; sécurité que lui donne l'état de l'Allemagne; intervient en Italie pour assurer le triomphe des Guelfes, 380 à 385. Evénemens qui développent son caractère; supplice du prévôt du Châtelet; extermination des nouveaux Pastoureaux, 388 et suiv. Son voyage à Poitiers; il persécute les lépreux et les Juifs; sa maladie; sa mort; souillures sanglantes de son règne; seul souvenir heureux qu'il laisse; sa famille; la loi fondamentale qu'il a invoquée tournée contre elle, 394 à 405. D'où les droits sur l'Artois qu'il a défendus les armes à la main; X, 40.

PHILIPPE VI (DE VALOIS), roi de France; son expédition en Italie; IX, 385 à 387; accompagne son père à l'armée du Midi, 450. Dispositions de Charles-le-Bel mourant, en ce qui le concerne, 469. Est le plus proche agnat dans la ligne masculine; X, 6. Son portrait; il se met en possession de la régence; est reconnu en cette qualité par les barons; prend le titre de roi; s'empare du trésor royal et de la fortune privée du trésorier qu'il fait condamner et exécuter; il réforme le Châtelet; son traité avec Philippe d'Evreux; n'est point vivement inquiété par la famille d'Angleterre; feudataires ou alliés qu'il se concilie; hommages qu'il reçoit; est sacré à Reims; arme chevalier le comte de Flandre; se prépare à le secourir contre ses sujets; belle armée qu'il rassemble; division qu'il commande; princes qui l'accompagnent, 9 à 20. Gagne la bataille de Cassel; rétablit le comte de Flandre à Bruges; licencie son armée; fait périr dans les tourmens Guillaume-le-Chauve; ses rapports avec Edouard III; il reçoit son hommage; est en possession paisible du trône; reconnu par le pape; félicité par lui de ses sentimens pieux; son faste; ses rois courtisans; son avidité; ses règlemens monétaires; il fixe les limites entre les juridictions royale et ecclésiastique; limite les usurpations des prélats; renouvelle les ordonnances de saint Louis contre les hérétiques, 22 à 34, 37. Sa conduite dans le procès du comte Robert d'Artois; ses ordonnances fiscales; il convoite la couronne impériale; ses hostilités et sa transaction avec Edouard, 42 à 52. Son acharnement contre la famille d'Artois; secours qu'il prête au duc de Bourgogne; autorise les débiteurs nobles à se libérer en payant une partie de la dette; son éloignement pour les bourgeois; il supprime les administrations municipales de Laon, de Toulouse; reçoit l'hommage du roi de Majorque; ses mœurs, ses idées chevaleresques; charme de sa cour; il demande au pape de prêcher une croisade; bulle qu'il obtient, 55 à 61. Est roi selon les idées de la noblesse; fastueux, despote; qualités brillantes, vices et travers de sa cour chevaleresque; mariage de ses enfans; fêtes qu'il donne; il publie son projet de croisade; serment que les princes prêtent à son fils; ses ressources fiscales; ses négociations avec le pape, 63 à 70. Cause de sa rupture avec l'Angleterre; colère et terreur que lui inspirent les opérations magiques de Robert d'Artois; il emprisonne sa sœur, femme du coupable; proclamé chef de la croisade; prête serment de passer en Syrie; prend la croix; réclame l'aide féodale de tout le royaume; fait juger par le parlement de Paris que le Languedoc est tenu à cette obligation; ses menaces au pape, 72 à 82. Il règle un différend entre le Brabant et la Flandre; nouveaux soucis que lui donne Robert d'Artois; il cherche sans succès à s'approprier la Bretagne; ses hostilités contre Edouard; conseils pacifiques que lui donne la cour de Rome; promesse qu'il en obtient; il fait échouer ses négociations avec Louis de Bavière; son voyage à Avignon; souverains qu'il rencontre ou réunit; il reçoit avec eux la croix des mains de Benoît XII; empêche la réconciliation de l'empire avec l'Eglise, 86 à 98. Ses négociations avec Edouard; il prend parti pour Bruce; ses contestations avec le premier en Aquitaine; il le fait provoquer par le comte de Flandre; est près de renoncer à ses projets de guerre; sentimens qui le poussent à la déclarer; sa haine contre Robert d'Artois; il somme Edouard de lui livrer ce prince; ses apprêts, ses alliés, ses ressources; il ordonne de saisir la Gascogne; marie son neveu avec l'héritière du duc de Bretagne, 99 à 109. Conseille le supplice du Flamand Zeyer; comment qualifié par son rival; commence les hostilités, 114 à 117. Conséquences de la guerre qu'il com-

mence; pourquoi la nation la considère comme à lui personnelle, 121 et suiv. Dernier effort du pape pour la prévenir; il requiert le service féodal du dauphin; fidélité des Ecossais à sa cause; son activité pour prévenir Edouard en Guienne; ses capitaines; concession qu'il fait à la noblesse du midi, 127 à 131. Prétextes de défi qu'il a donnés à l'empereur; concessions qu'il fait accorder aux Flamands, 133 à 135. Griefs et mesures contre lui proclamés à la diète de Coblentz, 137. Ses dispositions militaires et maritimes; ses négociations pour dénouer la ligue; leurs succès; ses expédiens fiscaux; appui que lui donne le pape; il est défié par son rival qui entre en campagne; rois et seigneurs qui marchent avec lui; il s'apprête à défendre Cambrai, 140 à 149. Le comte de Hainaut passe dans son camp; ses lieutenans demandent en son nom la bataille au roi d'Angleterre; pourquoi elle n'a point lieu; succès de ses troupes en Guienne, 151 à 155. Leurs incursions dans les Pays-Bas; sa rupture avec le comte de Hainaut; est attaqué par lui; armées et flotte qu'il ébranle; *chevauchées* de ses lieutenans en Flandre; sa tentative de réconciliation avec cette province; il la fait frapper d'interdit, 160 à 164. Il rejoint l'armée; refuse un armistice au comte de Hainaut, 166. Se retire à Arras après la défaite de sa flotte; met Tournai en défense; n'a aucun motif de presser la fin de la guerre; progrès de son lieutenant en Guienne; il soulève les Ecossais; se rapproche de Tournai assiégé; la détresse de cette ville le dispose à la paix, 169 à 174. Trêve qu'il signe; il licencie son armée; faveurs qu'il accorde à Tournai; ses motifs pour désirer un traité définitif; il détache l'empire de l'alliance anglaise; demande solennellement et en vain sa réconciliation avec l'église; continue ses négociations avec Edouard; prolonge la trêve, 176 à 184. Evoque le jugement sur la succession de Bretagne, 188. Exhorte son neveu à prendre possession du duché qui lui est adjugé, 190. Diversion qu'il entretient en

Écosse, 195. Il refuse, puis renouvelle la trêve avec Edouard ; sa flotte, 210 et suiv., 218. Invoqué par Charles de Blois, 216. Son ordonnance relative aux monnaies ; ses négociations au midi ; ses projets d'agrandissement aux dépens du roi de Majorque ; il acquiert l'héritage du Dauphin viennois, 219 à 223, 266. Il laisse dépouiller le roi de Majorque ; met en liberté la comtesse de Foix ; seconde l'expédition en Espagne du roi de Navarre, 224 à 226. Il défend de secourir Jayme ; désordre de ses finances ; il établit le monopole du sel ; autres mesures fiscales qu'il projette ; il convoque les Etats-généraux ; impôt sur la vente des marchandises ; altération des monnaies ; ordonnances sur le commerce de blé ; attire et fait mettre à mort Olivier de Clisson et quatorze seigneurs bretons ; autres exécutions qu'il commande, 228 à 236. Ses explications avec l'Anglais ; ses ordonnances pour limiter ses donations ; pour favoriser le commerce ; pour régulariser les appels en parlement ; causes de son exaspération contre Edouard ; épuisement de son trésor, 246. Il ne répond point aux accusations de son rival ; effets de sa politique tyrannique ; armée qu'il rassemble, 240 à 251. Il confisque le fief de Montfort, 258. Guerre civile qu'il a excitée en Allemagne ; il se réconcilie avec l'empereur ; reconnaît son fils comme comte de Hainaut ; le pape lui défend de seconder la croisade du Dauphin viennois, 265 à 267. Etats qu'il convoque ; règlemens fiscaux ; son faste ; sa pénurie ; grande armée qu'il forme, 269 à 273. Est attaqué inopinément du côté de la Normandie par le roi d'Angleterre ; forces qu'il lui oppose, 276, 277. Son traité avec les députés de cette province, saisie par son rival, 279. Menacé dans Paris ; secours qu'il invoque ; embarras que son inimitié a donnés à l'empereur ; n'est point consulté sur le projet du pape de remplacer ce souverain ; est obligé de seconder cette révolution ; les partisans et les chefs de la famille de Luxembourg arrivent à Saint-Denis et relèvent son courage ; sédition et rumeurs à Paris ;

il est résolu à combattre ; il poursuit Edouard ; le laisse échapper au gué de la Somme ; passe le pont d'Abbeville, 282 à 291. Perd la bataille de Crécy, 292 à 303. Sa cruauté, son ineptie, causes de ce désastre ; ses terreurs ; son silence orgueilleux à l'égard de son peuple, 305 à 307. Il fait arrêter de Mauny ; pourquoi le délivre ; son but en faisant lever le siége d'Aiguillon ; il licencie ses armées ; désastre de son allié le roi d'Ecosse ; édits fiscaux qui suivent la défaite de Crécy ; il prend l'oriflamme à Saint-Denis ; le remet au duc de Bourgogne ; ses rapports avec le jeune comte de Flandre, 312 à 319. Il convoque ses vassaux pour délivrer Calais ; son armée ; il échoue et la licencie, 324 à 328. Sa lassitude ; trêve qu'il signe, 335, 338. Terreur religieuse que lui inspire la grande peste de 1348. Ses ordonnances contre les blasphémateurs ; il continue à altérer les monnaies ; il destitue tous ses trésoriers et receveurs ; place auprès de sa personne le brigand Bacon, 345 à 347. Reste étranger aux intrigues qui agitent l'Allemagne, 350. Il renvoie en Flandre le comte Louis II, 352. Il achète la seigneurie de Montpellier ; il met son petit-fils en possession du Dauphiné ; nouveaux expédiens fiscaux ; il fait condamner les Flagellans ; il renouvelle la trêve ; comment la viole, 354 à 362. Il se remarie, 364. Sa dernière exaction, 366. Sa mort, 367. Sa haine pour les fils de Robert d'Artois, 376. Sa confiance en son connétable, 377. Ses courtisans enrichis par des confiscations, 409.

PHILIPPE, fils de Philippe Ier et de Bertrade ; sa naissance ; V, 14. Projets ambitieux de sa mère pour lui, 12, 17. Son mariage ; son apanage, 20, 21. Sa guerre à Louis-le-Gros ; avec qui ligué ; est dépouillée de ses fiefs ; se retire en Normandie, 76 à 78.

PHILIPPE, fils aîné de Louis-le-Gros ; associé à la couronne ; V, 196. Sacré à Reims ; meurt par accident, 197. Son vœu de se consacrer à la défense de la Terre-Sainte, 302.

PHILIPPE Ier (LE HARDI), premier duc de la seconde maison de Bourgogne; d'abord duc de Touraine; part qu'il prend à la bataille de Poitiers; est fait prisonnier; X, 463, 469, 471. Son père veut lui faire épouser la reine de Naples, 598. Il reçoit l'investiture de la Bourgogne; quand prend le titre de duc, 607, 608. Il assiste au sacre de son frère Charles v; XI, 14. Celui-ci confirme la donation de la Bourgogne en sa faveur, 15. Il commande en chef les troupes royales, 17. Il assiste aux États-généraux, 106. Epouse l'héritière de Flandre, 112. Est chargé d'enlever aux Anglais leurs possessions en Picardie, 116. Ses opérations, 120 à 122. Etonnement que produit sa retraite, 126. Plans de campagne qu'il concerte avec ses frères; commandement qui lui est assigné, 134, 135. Naissance de son fils aîné; sa visite au comte de Flandre; inquiétude que les Anglais en conçoivent, 152. Il assiste à la reddition de Thouars, 177. Signe une trêve, 198, 199. Est nommé co-tuteur des enfans du roi, 205. Ses exactions en Bourgogne, 207. Prolonge la trêve; ses prodigalités, 218 et suiv. Manœuvres de guerre au nord, 227. Mission qu'il ne remplit pas; accueil qu'il fait à l'empereur, 230. Ses opérations en Normandie contre le Navarrais, 234 à 236, 240. S'interpose entre les Flamands et leur comte, 273. Traité qu'il ménage; accueil qu'il fait aux chefs des Gantois, 274. Confiance qu'il inspire au roi, 288. Est nommé capitaine général des gendarmes et des arbalétriers, 289. Ses opérations contre l'armée anglaise; pourquoi retourne à la cour, 293 à 296. Assiste aux obsèques du roi, 298. Réclame une part de l'autorité; accord auquel il consent, 308 à 310. Seul des pairs laïques assiste au sacre de Charles VI; ses débats sur la préséance, puis sur la spoliation du trésor, avec le duc d'Anjou, 316. Contribue à apaiser les troubles de Paris; à instituer le conseil de régence, 317, 321. Médiateur entre le duc de Bretagne et le roi, 325. Empêche ce prince de partir pour le Languedoc, 329. Son amitié pour Aubryot, 332. Comment devient chef du conseil de régence; il fait résoudre l'expédition de Flandre; fait prendre au jeune roi l'oriflamme; sa marche, 379 à 392 et suiv. Sauve Bruges du pillage, 397. A tenu le roi loin du péril à Rosbecque, 399. Sa part dans le pillage de Courtrai, 403. Son séjour à Arras, 405. Ses vengeances; ses exactions à Paris et autres villes, 412 à 415. Il est invoqué par le comte de Flandre, 426. Négocie la paix; signe une trêve générale, 431 à 433. Effet de son ineptie, 435, 445. Ne peut secourir sa belle-sœur d'Anjou; prend possession des fiefs de son beau-père; subsides qu'il obtient du roi; sermens de fidélité que sa femme reçoit; se décide à la guerre; mariage de ses enfans; il fait célébrer celui du roi; 452 à 457. Ses apprêts contre les Gantois; cruautés de son bailli; pourquoi désire négocier; amnistie qu'il promet; ses partisans; succès de ses émissaires; il accorde la grâce des Gantois; ne punit pas le meurtre d'Ackermann, 460 à 467. Pourquoi rompt les négociations avec l'Angleterre, 470. Accompagne le roi; ses reproches au duc de Berry, 477, 480. Profite des désastres que son frère a causés, 481. N'est point disposé à venger Clisson; accord qu'il ménage entre lui et le duc de Bretagne, 509 à 511. Ses débats avec le duc de Gueldre, 516 à 519. Ambassade qu'il envoie au duc de Bretagne; il l'attire à Paris, 521 à 523. Il pousse son neveu à la guerre de Gueldre, 528. Murmures contre lui dans le royaume; son renvoi, 535 à 538. En butte à la haine publique; ses créatures expulsées, 541 et suiv. Il entre avec le roi à Avignon, 566. Prend congé de lui, 567. Acquiert le Charolais, 576. Fêtes magnifiques qu'il donne au roi, 577. Pourquoi veut déposséder Jean Galéas Visconti; expédition qu'il seconde et qui échoue, 589 à 593. Intrigues dans lesquelles il manœuvre d'accord avec son frère Jean de Berry, 597 à 602. Son entrée à Amiens; sa magnificence; XII, 10. Appui que Jean V attend de lui, 15. Le roi lui ordonne de convoquer ses vassaux pour venger Clisson; sa jalousie; il blâme l'expédition, 19 à 21 S'aperçoit de la folie furieuse du roi;

reprend le pouvoir; conseil qu'il assemble à Paris; a la plus grande part à la régence; nature de ses titres à cet emploi; il expulse Clisson, 24 à 32. Disgracie les autres ministres; fait instruire leur procès et celui du connétable; dispose de cet office, 34, 35. Est nommé tuteur du Dauphin; reprend les conférences avec l'Angleterre; négociations qui aboutissent à une trêve; ses calomnies contre la duchesse d'Orléans, 40 à 46. Arbitre entre Clisson et Jean v, 49 et suiv.; 63. Prolonge la trêve avec l'Angleterre; renouvelle l'alliance avec la Castille, 53, 54. A quelle assemblée assiste, 56. Sa vaine ambassade à Avignon pour terminer le schisme; il reprend les affaires, 68 à 71. Ce qu'il suggère au roi de Hongrie; ses prodigalités; ses exactions pour équiper son fils; guerre dans laquelle il soutient son gendre; il fait conclure les traités avec l'Angleterre; ses négociations en Italie; dans quel but, 76 à 84. Il apprend le désastre de son fils, 86. N'est occupé que de le racheter; paye sa rançon; ses extorsions; accueille le duc de Bretagne, puis le roi de Navarre, 95 à 99. Réception qu'il fait à Derby; ses brouilleries à la cour; attire en France Wenceslas; assiste à l'assemblée du clergé; mesure qu'il fait prendre au roi contre le schisme, 108 à 111. Comment ses sentimens contre le duc d'Orléans flattés, 114. Hostile au comte Derby, 123 à 125, 128. Change de sentimens à son égard, 129. Sa colère à la chute de Richard II, 131, 132. Il reconnaît Henri IV; sa dissidence avec le duc d'Orléans, 135. Déjoue ses projets sur le jeune duc de Bretagne, 136. Fait reconnaître l'empereur élu, 138. Reçoit la jeune Isabelle; ses prodigalités; don qu'il obtient du roi; son hostilité; ses apprêts contre le duc d'Orléans; leur réconciliation, 145 à 150. Comment s'assure le gouvernement de la Bretagne; son traité avec la duchesse douairière et avec le roi de Navarre, 156, 157. Mariage d'un de ses fils; son absence de Paris; ce qui en advient; se déclare le champion des Bourgeois; popularité qu'il acquiert; il est mis à la tête du gouvernement; ses mesures fiscales, 160 à 164. Son crédit baisse; conseil dont il fait partie; alliances de famille avec d'Orléans; il fait renouveler la trêve avec l'Angleterre, 180 à 185. Il met un frein à l'avidité du pape, 190. Envoie le duc de Bretagne dans son duché; installe son fils Antoine en Brabant; ses fêtes; sa mort; sa famille; ses dettes, 193 à 196.

PHILIPPE II (LE BON), duc de Bourgogne; d'abord comte de Charolais; son mariage avec Michelle de France; XII, 292. Assemblée à laquelle il assiste, 403. Se rend à Gand, 423. Aux conférences de Valenciennes, 505. Fait secourir Senlis, 532. Son avénement; ses mesures; il recherche l'alliance anglaise; sa résolution d'exclure du trône de France la race régnante, 586 à 589. Fait conclure le traité de Troyes; opérations de guerre dans lesquelles il seconde Henri; il lui livre les forts de Paris; y fait son entrée; son retour en Flandre; procès qu'il intente au Dauphin, 596 à 606. Son entrevue avec Henri; rendez-vous qu'ils prennent; il gagne la bataille de Mons-en-Vimeu, 610 à 613. Paraît au siège de Meaux; délivre Côné; son alliance recommandée par Henri mourant; son insensibilité pour les maux du pays, et 616 suiv. Allié de Bedfort et des princes bretons; est le seul appui des Anglais; mécontentement qu'ils lui donnent; XIII, 24 à 27. Il s'interpose entre les ducs de Brabant et de Glocester; sa trêve avec Charles VII, 38 à 40. Mesures qu'il prend contre Glocester; leur défi mutuel; il hérite de Jean-sans-Pitié; le pape intervient dans sa querelle; succès de son armée; où il réside, 48 à 53. Pressé par Richemond de se réconcilier avec le roi; fait la guerre à Jacqueline de Hainaut; ménagemens des Anglais pour lui, 65 et suiv. Possesseur des fiefs de Jacqueline; il hérite encore du comté de Namur; ses hostilités avec les Liégeois, 82 à 85. Propose de prendre en dépôt Orléans assiégé, 100. Lettres que lui adresse la Pucelle, 147. Il anime Paris contre Charles VII; ses forces dans cette ville, 148. Ses négociations; places que Charles lui livre; effet que produit sur lui la retraite du roi; sa sœur le rattache aux intérêts anglais; Bedfort lui remet la régence, 152 à 155. Il assiége Compiègne, 159, 177. Son troisième mariage; il institue l'ordre de la Toison d'Or; recueille la succession du duc de Brabant: refuse la bataille, 175 à 179. Sommé de remettre la Pucelle aux Anglais, 181 à 183. Fait secourir le comte de Vaudemont, 198 à 202. Trêve qu'il signe avec Charles VII, 204, 205. Il négocie sans se séparer de l'Angleterre; il met en liberté Réné d'Anjou, 215 à 217. Seigneurs qui abandonnent son parti; ses heureuses hostilités contre le comte de Clermont; naissance de son fils, 228, 229. Son peu d'empressement de terminer la guerre; son entrevue avec Bedfort, 233. Son ambassade au duc d'Orléans; ligué avec le duc de Savoie contre le duc de Bourbon; suspension d'armes, 235 à 238. Se rend au congrès de Nevers; sa réconciliation avec Bourbon; convention qu'il signe avec les envoyés de Charles VII; son entrée à Paris; il promet la paix; ses déclarations; il châtie Anvers, 243 à 247. Son entrée à Arras; son traité avec la France, 250 à 257. Reste d'attachement des Parisiens pour lui, 259. Il fait notifier au conseil de Henri VI la paix d'Arras, 262. Réprime le soulèvement d'Amiens; fait la guerre aux Anglais, 264 à 269. Heureux effets de sa réconciliation avec Charles VII, 278. Médiateur entre Luxembourg et Lahire, 287. Son lieutenant en Bourgogne, 289. Comment seconde encore Vaudemont, 293. Il délivre définitivement Réné; ses concessions, 296, 297. Son échec à Calais; offensé et mis en péril par les Brugelois; il les châtie, 299 à 308. Ses troupes plient devant les Anglais, 317. Son désir de la paix; il charge sa femme des négociations; mariage de son fils; il fixe sa résidence à Saint-Omer pendant le congrès; visites qu'il y reçoit, 335 à 337, 341. Il refuse d'entrer dans la Praguerie et de recevoir dans ses états les conjurés en armes, 364, 365. Ses négociations pour la délivrance du duc d'Orléans, 371, 372. Son entrevue; sa correspondance avec lui, 375, 381. Convocation de princes qu'il provoque et à laquelle il ne se trouve pas, 392. Promesses que lui fait le roi, 395. Haine qu'il porte aux Suisses, 422. S'interpose pour qu'ils ne soient soumis ni à la France ni à l'Autriche, 435. Traités; guerres qu'il fait sans consulter Charles; leurs griefs réciproques; ils renouvellent leurs traités, 445 à 447. Fêtes qu'il donne à l'empereur, 450. Sa puissance; ses richesses; ses explications avec Charles VII; insurrection contre lui à Gand; ses cruautés; médiation sans effet de Charles; il écrase les révoltés à Gavre; pardon qu'il leur accorde, 559 à 571. Son projet de croisade contre Mahomet II; ses fêtes extravagantes; ses courses en Allemagne; l'empereur l'évite; ce qu'il obtient de Charles, 576 à 580. Romans de chevalerie importés à sa cour, 585. Auteur présumé des *Cent nouvelles nouvelles*, 588. Mystères joués devant lui en Flandre, 597. Célébré comme religieux par les chroniqueurs contemporains; ses déréglemens; sa cruauté; sa tyrannie, 601 à 602. Il donne asile au Dauphin, 639 et suiv.; XIV, 5. Ses efforts pour le réconcilier avec le roi; divisions à sa cour; ses favoris; son chancelier; son fils à la tête des mécontens; il tire l'épée contre celui-ci; leur réconciliation; son ressentiment; ses rapports avec le Dauphin et Charles; ses débats avec le comte de Saint-Pol, avec Ladislas de Hongrie, 6 à 10. Élude de siéger à la cour des pairs, 17. Son ambassadeur plaide la cause du duc d'Alençon, 20, 21. Ses débats avec le roi, 26 à 29. Il refuse de voir Armagnac, 35. Ses ambassadeurs à la diète de Mantoue; ce qu'il promet au pape, 44, 45. Ses derniers démêlés avec Charles, 60 à 63. Louis XI recherche son appui; service funèbre auquel il assiste, 67 à 69. Escorte le roi à Reims; l'arme chevalier; est présent à son sacre; lui fait hommage; lige; le conjure de pardonner à ses ennemis, 73 à 76. Ce qu'il augure de lui; son entrée à Paris; il attire les regards de la bourgeoisie; Louis prend congé de lui; son départ, 79 à 84. Sa trêve avec Edouard IV; accueil qu'il fait à Marguerite d'Anjou; sa maladie; il rend sa faveur à sa femme et à son fils; ses débats avec Louis; il lui remet les ville de la Somme, 122 à 126. Son entrevue avec lui; ambassade qu'il reçoit d'Edouard IV; sa santé chancelante; ses trêves avec l'Angleterre; son vœu de croisade; il se réconcilie avec son fils; renonce à partir en personne; secours qu'il envoie au pape, 136 à 141. Excité contre le roi par le duc de Bretagne, 144. Négocie; terreur que lui inspire le projet attribué à Rubempré; il évite Louis, 147, 148. Reçoit son ambassade; réponse qu'il lui fait, 150 à 152. Sa maladie; il abandonne le pouvoir à son fils, 156 à 158. Lettre qu'il reçoit du duc de Berry, 163. Défié par les Liégeois, 184. Son affaiblissement, 212. Nommé *Mainbourg* de Liége, 213. Sa mort; ses obsèques, 221. Médiateur entre les princes de Gueldre, 381.

PHILIPPE II, roi d'Espagne; mariages projetés pour lui; XVII, 25, 51, 82, 83. Etats que son père lui destine, 53. Est investi du duché de Milan, 60. Est fiancé à l'infante de Portugal, 142. Sa ratification du traité de Crespy stipulée, 215. Son père l'appelle à Bruxelles, 343. Il préside les Cortès, puis passe en Italie, 370, 371. Contrées qu'il parcourt; impression que produit sa morgue, 375 à 377. Tâche que son père lui réserve, 415. Il retourne en Espagne, 417. Son mariage avec Marie Tudor, 514, 523 à 525. Son père lui donne Sienne, Naples, la Sicile et Milan, 549. Impatience qu'il donne à son père; il quitte l'Angleterre, 564. Abdication de ce prince; États qu'il lui laisse, 565 à 567. Il jure la trêve de Vaucelles; accueil qu'il fait à Coligni; XVIII, 5, 6. Attaqué par Henri; sous quel prétexte, 29, 30. Défection des princes italiens; il se rattache Médicis, 32. La guerre lui est déclarée, 35. Le pape veut le dépouiller du royaume de Naples, 37. Sa bigoterie sauve le pontife; il lui accorde la paix; sa réconciliation avec les princes d'Italie;

Marie Tudor se déclare pour lui; son armée; ses généraux, 42 à 45. Refuse, après la victoire de Saint-Quentin, de marcher sur Paris; suite de ses opérations; avertit Marie Tudor que Calais est menacé, 53 à 56. Son désir de la paix; pourquoi; animosité du pape contre lui, 60 à 62. Les Guises recherchent son alliance, 73, 74. Suspension d'armes qu'il signe; restitutions réciproques que Henri et lui stipulent; son éloignement pour Marie Tudor; pourquoi a sauvé Élisabeth et la reconnaît, 82 à 85. Il fait la paix avec Henri II; convient d'épouser sa fille; persécuteurs ardens qui l'entourent; ses projets d'extermination dévoilés au prince d'Orange, 87 à 93. Identité de ses intérêts avec ceux des Guises, 103. Mission de deux princes Bourbons près de lui; son retour en Espagne; supplices auxquels il préside; il fait arrêter l'archevêque de Tolède; comment pourvoit au gouvernement des Pays-Bas, 111 à 113. Promet à François de seconder son ministère, 130. Son mariage célébré, 131. Il poursuit de sa vengeance les Caraffa; servilité du pape; le parti catholique de France le prend pour chef; requête qu'on lui adresse; il prend avec la reine-mère le ton d'un arbitre, 244 à 248. Secours qu'il envoie aux triumvirs, 338. Autres secours qu'il promet; ses projets sur l'Angleterre, 341. Ses ambassadeurs au concile de Trente; leur ligne de conduite, 380. Mécontentement que lui inspire le pape, 382. Sommation qu'il fait faire à Catherine, 415, 416. Célébré par les confréries de Bourgogne, 419. Ménagemens de Maximilien pour lui, 425. Ses rigueurs contre l'hérésie poussent à bout les Pays-Bas; son obstination; ses plans d'extermination paraissent adoptés par Catherine de Médicis, 448 à 451. Favorisé par l'état de l'Europe; sa guerre avec les Turcs; il désarme les Maures en Espagne; ses conquêtes en Afrique; siége que soutient Malte; se livre sans inquiétude à sa lutte contre l'hérésie; toute l'Italie est sous sa dépendance, 455 à 461. A seul l'approbation du pape, 464.

Activité de sa correspondance avec Catherine; il commence la guerre civile des Pays-Bas; son armée commandée par le duc d'Albe, 478, 481 à 485. Ses intelligences avec Marie Stuart, 494. N'a pas encore eu son égal en fanatisme et en cruauté; il défère son fils à l'inquisition; mort mystérieuse de ce prince et de la reine; ses ordres au duc d'Albe de purger les Pays-Bas des hérétiques; XIX, 6 à 12. Sa guerre d'extermination avec les Maures de Grenade; félicité par le pape; il blâme Catherine, 17 à 21, 87. Son mariage stipulé avec Anne d'Autriche, 96. Son intervention au contrat de mariage de Charles IX, 97. S'attend à être attaqué par ce prince, 110 et suiv. Sa ligue avec Venise et le pape contre les Turcs; victoire de Lépante, 115 à 117. Il rappelle d'Albe, 136, 482. Joie que lui cause la Saint-Barthélemy, 190. Lutte acharnée que la Hollande soutient contre lui, 202. Le projet de ligue entre les Nassau et la France renouvelé, 221. Rapports de Philippe avec l'Angleterre, 249. Il prend pour modèle de gouvernement l'empire turc, 282. Dépassé en égoïsme à l'égard des Pays-Bas par les Valois, 480. Confédération qui se forme contre lui, 485 et suiv. Il nomme don Juan gouverneur des Pays-Bas, 488. Leur correspondance communiquée aux États, 290. Jaloux de son frère, il ne le renforce pas, 495. Provinces qui rentrent sous son obéissance, 536. Son alliance avec les Guises, 538. Ses rapports avec Henri III et les partis en France; anéantissement de la richesse et de l'énergie dans ses États; d'où ses prétentions à la couronne de Portugal; il s'en empare; détruit les espérances de Crato aux Açores; sa tyrannie; XX, 21 à 35. Il met à prix la tête du prince d'Orange, 44. Ses émissaires pour assassiner le Béarnais, 78 et suiv. Lui propose son alliance, 81. Ses intrigues avec le duc de Savoie, 88. Droit de vie et de mort qu'il s'arroge sur ses ennemis, 115, 254. La mort de Nassau fêtée dans ses États, 116, 117. Velléités de Valois de l'attaquer; indignation des catholiques, 119. Ses négociateurs au traité de Joinville; son but, 127 et suiv., 140. Son activité; son inflexibilité; princes qu'il considère comme ennemis personnels; conspiration qu'il dirige; ses malheurs de famille; il fait couronner son seul fils; éducation qu'il lui donne; son influence en Europe, 154 à 157. Sa tentative pour s'emparer de Boulogne, 166. Il est le véritable roi de la ligue; il fait construire l'invincible Armada; rattache l'existence du parti protestant à la mise en liberté de Marie Stuart, 242 à 244. Ses vœux pour la mort d'Élisabeth, 249, 250, 253. S'apprête à mettre en mouvement sa flotte; ses rapports avec Valois et Guise, 314 à 316. Inquiétudes qu'il donne au premier, 370, 380. Ses subsides au second, 379. Ses feintes négociations avec Élisabeth; ses projets sur l'Angleterre; destruction de l'Armada; ce que cette expédition lui a coûté, 380 à 389. Comment le duc de Savoie compte sur lui et veut lui être agréable, 446, 529. Ses prétentions à la couronne de France; ses projets; XXI, 22, 45, 180, 181. Assistance qu'il donne à Mayenne, 25, 50. Considère Henri IV comme un usurpateur, 41. Ordres qu'il donne à Farnèse de sacrifier les Pays-Bas pour sauver la Ligue, 73 à 75. Discipline de ses troupes, 82. Il secourt Joyeuse en Languedoc et Mercœur en Bretagne, 106, 121. Son pouvoir à Paris, 122, 127. Il veut faire abolir la loi salique, 123. Les Seize lui offrent la couronne, 136. Comment représenté aux États-généraux de Paris; il entretient les divisions des partis, 173, 174. Comment l'assemblée est appréciée par ses envoyés, 177. Ses intrigues; ses offres à Mayenne, 185 à 187, 229. Ses projets dévoilés aux États de Paris, 192 et suiv. Le pape lui cache ses secrètes intentions, 218. Il le tient dans sa dépendance, 221, 326, 342. Défections de Ligueurs qu'on lui annonce, 242, 243. Il nomme l'archiduc Ernest gouverneur des Pays-Bas, 290. Repousse le projet de proclamer sa fille, 292. Ses prétentions sur la Bretagne, 308. Henri lui déclare la guerre, 331.

Comment y répond; ses apprêts, 333, 334. Comparé à Henri; supériorité de ses forces; il fait banqueroute; inanition à laquelle il réduit l'Espagne; ses armées peu nombreuses; son mode de recrutement; férocité de ses troupes, 347 à 354. Calme et capacité de ses généraux; ses inquiétudes sur la santé de son fils; il veut marier sa fille à un prince d'Autriche, 358, 359. Laisse son armée sans argent, 374. Nomme l'archiduc Albert gouverneur des Pays-Bas, 379. Son traité avec Epernon, 389. Comment a pris possession de Marseille, 393. Il renouvelle le traité de neutralité de la Franche-Comté, 413. Inquiétudes qu'il donne à Elisabeth, 428. Le légat du pape fait sonder ses intentions pour la paix générale, 433, 434. Il y est disposé, 468, 469. Ses négociateurs au congrès de Vervins; sa fidélité envers ses alliés; la paix est signée, 470 à 480. Sa mort; cession qu'il a faite à sa fille; XXII, 37 à 39.

— PHILIPPE III, roi d'Espagne; son père le fait reconnaître comme héritier de la couronne; éducation qu'il reçoit; XX, 155. Inquiétudes qu'il donne à ce roi; XXI, 359, 469. Son avénement, sa mollesse; à qui confie les affaires; son épuisement; XXII, 37 à 39. Ses rapports avec Henri IV, 41. Inimitié de ce prince envers lui, 83. Redoute de se brouiller avec lui, 85. Projet d'abaisser sa maison, 93. Les secrets du ministère français lui sont vendus, 103. Pourquoi protège la duchesse de Verneuil, 105. Il fait la paix avec l'Angleterre, 110. Ses émissaires en France, 121, 122. Il expulse les Maures, 160 à 163. Sa modération dans l'affaire de Clèves; ses offres, 168. Son parti à la cour de France, 227. Mariages stipulés entre les deux familles, 230, 256. Intervient dans la succession de Mantoue, 278. Rompt avec le duc de Savoie, 417. Pourquoi ne veut pas être nommé dans le traité avec lui, 421, 422. Disgracie le duc de Lerme, 466, 467. Remplace ses vice-rois en Italie; meurt, 467, 468. Ses secours à l'empereur, 472. Son orgueil, 495. Querelle d'étiquette qui a causé sa mort, 523, 524. Hostilités que cet événement a retardées, 533.

— PHILIPPE IV, roi d'Espagne; son mariage stipulé avec Elisabeth de France; XXII, 230, 255, 256. Est célébré, 351. Son avénement, 469. Jacques d'Angleterre recherche son alliance, 507. Comment compose son ministère; donne satisfaction à Bassompierre au sujet de la Valteline, 524 à 526. Il fait consigner cette province au pape, 529. Recommence la guerre contre les Provinces-Unies, 533. Sa puissance formidable, 540, 541. Songe à remarier sa sœur; XXIII, 23. Flotte qu'il envoie contre la Rochelle, 57. Ne s'est jamais montré à ses soldats, 98. Subventionne les Huguenots de France, 112. Sa politique inflexible et cruelle; dépérissement de ses Etats, 122, 123. La reine sa sœur correspond avec lui, 332 et suiv. Empire absolu que son ministre exerce sur lui, 357. Son peu de scrupule à l'égard de Venise, 358. Sa participation au congrès de Cologne, 368. Sa générosité envers Marie de Médicis, 383. Orgueil de son ministre à l'égard des Catalans, 405. Dureté de sa correspondance, 407, 408. Ses apprêts pour réduire la province révoltée, 415. Son traité avec Bouillon, 450. Déchirement dans la monarchie, 460. Pourquoi ne se rend pas lui-même en Catalogne, 465. Ordres qu'il donne, 467. Satisfaction qu'il donne au prince Thomas, 471. Emissaire de Cinq-Mars qui lui est envoyé, 490 et suiv. Ses promesses aux conjurés, 503, 504. Il disgracie d'Olivarès; part pour son armée; XXIV, 48, 49, 72. Sa sœur lui renvoie sa proposition d'arbitrer les conditions de la paix, 112, 113. Il perd son fils unique, 129. Le duc de Modène renonce à son alliance; arrogance de son ambassadeur à Rome; révolutions dans les Etats italiens, 144 et suiv. Ne peut renforcer l'armée des Pays-Bas, 171. Son obstination à continuer la guerre, 183. Il se remarie, 274. Secours qu'il envoie aux Frondeurs, 342, 483. Son désir de s'attacher Condé, 487. Succès de ses armées, 488, 489. Son traité avec le duc de Lorraine, 530. Ses fils, 576. Sa loyauté à l'égard de Condé, 579. Souveraineté qu'il veut lui accorder, 583. La main de sa fille lui est demandée pour Louis XIV, 586. Il l'accorde, 587. Pourquoi retarde le mariage, 589. Se rapproche des Pyrénées; son entrevue avec sa sœur, 594 et suiv. Querelle d'étiquette dans laquelle il cède à la France; XXV, 23, 24. Il ne songe qu'à flatter son gendre, 50. Accorde le passage à ses troupes par le Milanais, 55. L'empereur épouse sa fille; pourquoi rappelle ses forces d'Italie, 56. Déclin de sa santé, 81. Sa mort; débilité de son héritier, 84, 85. Projets de la France sur sa succession, 98, 109, 122, 125. Dégénération de sa race; XXVI, 964. Son opinion sur les renonciations, 265, 266. Ses négociations avec la cour de France et l'empereur, 267 et suiv.

PHILIPPE V, roi d'Espagne, d'abord duc d'Anjou, est appelé à la succession de Charles II; XXVI, 262 et suiv., 290. Son aïeul le salue roi; son départ; il est proclamé dans tous ses États, 295 à 298. Son droit éventuel à la couronne de France réservé, 302. Son mariage; par qui reconnu et non reconnu, 308 et suiv. Fidélité de ses vice-rois, 319. Il passe en Italie; offense son beau-père; rejoint Vendôme; leurs opérations; son retour en Espagne, 336 à 341. Ce royaume attaqué pendant son absence, 355 et suiv. Son incapacité, 361. Son pouvoir dans les Pays-Bas, 388. Sa popularité en Espagne; intrigues à sa cour, 424 et suiv., 446 et suiv. Ses opérations militaires; ses succès, 428 et suiv. Général que son aïeul lui envoie, 438. La province de Valence se déclare contre lui, 451. Nécessité où il se trouve de redoubler d'efforts, 453. Ses échecs à Barcelone; forcé de rentrer en France; il se rend à Burgos, 465 à 468. La transmission intégrale de la monarchie sur sa tête reconnue impossible; XXVII, 2. Son vice-roi prisonnier à Naples, 13. Élan de patriotisme en sa faveur; son armée remporte la victoire d'Almanza; ses suites; il supprime les priviléges de l'Aragon; naissance de son fils, 20 à 29. Son chagrin au départ de Berwick, 47. Ses négociations en Italie; rompt avec le pape; ses désastres; ses succès dans la Péninsule; intrigues du duc d'Orléans pour le supplanter, 63 à 66 et suiv. Ses rapports avec son aïeul, 69 et suiv. Les alliés veulent le détrôner, 74 et suiv., 79 et suiv., 94, 96 et suiv. Ils lui proposent le royaume des Deux-Siciles, 76. Son refus de céder la couronne; ses efforts; ses troupes; ses désastres; secours qu'il obtient de son aïeul; succès de ses armes; sa victoire de Villa-Viciosa, 104 à 117. Les alliés reconnaissent l'impossibilité de le renverser, 140, 142, 157. Dénûment de son armée, 145. Affermi sur son trône; fait adopter la loi salique en Espagne, 165 à 168. N'est point reconnu par l'empereur, 169, 176. Ce que les traités d'Utrecht stipulent à son égard, 170 et suiv. Ce qu'il veut réserver pour la princesse des Ursins, 174. Cessions qu'il fait, 175. Ses rigueurs en Catalogne, 179 à 181. Mort de la reine; intrigues qui le circonviennent, 199, 200. Son second mariage; il disgracie la favorite, 211 et suiv. Se réconcilie avec le duc d'Orléans, 213, 214. Ses prétentions à la régence, 224, 228. Appui que le duc d'Orléans cherche contre lui, 249 et suiv., 263. Sa mélancolie poussée jusqu'à la folie; son dessein de partir pour la France; sa cour, 265 et suiv. Il ne reconnaît pas l'empereur, 269. Ses ressentimens contre le régent servis par Alberoni; son peu d'amour chez les Espagnols; il recherche l'alliance anglaise en même temps que le régent; Georges lui préfère le prince, 272 à 278. Ses rapports avec ce dernier; guerre qu'il fait à l'Autriche; il s'empare de la Sardaigne; bref du pape contre lui, 281 à 289. Sa haine aveugle contre l'empereur et le régent; sa maladie, 310 à 315. Menées qu'elle cause; son rétablissement, 318 à 325. Son désir de continuer la guerre, 333. Joie que causent ses désastres au régent, 334. Sa part dans les intrigues de Cellamare; sa lettre à Louis XV, 365 et suiv. Publie sa déclaration de guerre contre la France; ses illusions; ses secours au prétendant; ses opérations; son retour à Madrid, 374 à 379. Il encourage les insurgés de la Bretagne, 382 et suiv. Il disgracie Alberoni; entre dans la quadruple alliance, 384 à 387. Il s'emploie à faire nommer Dubois cardinal, 437. Poste qu'il est supposé destiner à Charolais, 448. Toujours hostile au régent; ramené par Dubois; alliances de familles stipulées, 450 à 454. Ses formes inquisitoriales, 457, 458. Son abdication; son espoir de succéder à Louis XV; son projet de voyage en France; perd son fils; remonte sur le trône, 497 à 505. Son ressentiment au renvoi de l'infante; ses débats; son alliance avec l'empereur; négociations de son confesseur; son alliance avec le Portugal, 523 à 531. Punit Riperda; XXVIII, 13. Avances que lui fait Fleury; direction que la reine donne aux affaires, 14 et suiv. Donne son agrément à la nomination de Fleury au cardinalat, 23. Mission qu'il donne à Montgon, 32 à 34. Accueille un envoyé de Louis XV; sa mélancolie; préliminaires qu'il signe, 37 à 42, 67. Ne prend point la défense de son beau-père de Savoie, 74. D'où son état de langueur, 83. Sa présomption, 111. Son fils proclamé roi de Naples, 116. Reconnu par le traité de Vienne, 140 à 151. L'Angleterre lui déclare la guerre, 218, 219. Se ligue contre Marie-Thérèse d'Autriche, 226. Ses prétentions; ses alliances, 269, 270. Ses ordres au roi de Naples, 272. Fait obstacle à la paix, 291. Sa fille épouse le Dauphin, 349. Diversion favorable pour lui que fait Charles-Edouard Stuart, 382. Sa mort, 402, 403. Pourquoi insensible aux calamités de la guerre, 429. Comment dominé par la reine, 430.

PHILIPPE, fils de Baudoin II de Constantinople; ses droits réservés au concile de Lyon; VIII, 252. Prend le titre d'empereur; mariage projeté de sa fille; IX, 62.

PHILIPPE, roi de Navarre; de la maison d'Evreux; son mariage; son avénement; IX, 354, 375; X, 13, 14. Sa parenté; son traité avec Valois, 8, 13. L'accompagne en Flandre, 20. Est couronné à Pampelune, 27. Pourquoi revient et réside à Paris, 28, 30. Cour plénière à laquelle il assiste, 66, 67. Il prend la croix, 96. Fait partie de l'armée royale, 149, 154, 172. Son expédition en Espagne; sa mort, 226, 227.

PHILIPPE, fils de Philippe-Auguste, est légitimé; VI, 199. Son mariage; est mis en possession des comtés de Boulogne et de Calais, 429. Legs que lui fait son père, 527. Sa naissance, 528. Recommandations que lui fait Louis VIII mourant, 595. Pourquoi surnommé *Hurepel*; ses droits à la régence de Louis IX; VII, 20. Pourquoi ne la dispute point à la reine-mère; inquiétudes qu'il lui donne, 21. Assiste au sacre de saint Louis, 23. Châteaux que la reine lui accorde, 24, 25. Sa haine pour le comte de Champagne, 28. Se met à la tête des mécontens, 31, 32. Ses efforts pour reprendre place dans le gouvernement qualifiés de révolte, 51, 52. A quoi a tenu qu'il soit reconnu par les grands, tuteur légitime du roi, 54. Il déclare la guerre au comte de Champagne, 58. Attaque ses Etats; par qui secondé, 61. Ses alliés évacuent la Champagne, 62. La ravagent encore; satisfaction qu'il obtient du comte, 101. Est conservateur de la trêve de Saint-Aubin du Cormier, 105. Ses titres à la régence oubliés, 106. Comment son inimitié poursuit Thibaud, 127, 128. Sa mort; soupçons d'empoisonnement, 129. Sa mort altère les rapports entre le trône et l'aristocratie, 132. Analogie de sa position et de celle de Philippe V; IX, 338.

PHILIPPE (DON), infant d'Espagne; établissement que sa famille veut lui faire en Italie; XXVII, 548; XXVIII, 95, 270, 290. Envahit la Savoie; 273. Associé au prince de Conti; leurs opérations, 330 et suiv. Son mariage, 349. Secondé par Maillebois, 363. Envahit l'Italie; entre à Milan, 388 à 392. Il perd la bataille de Plaisance, 398 à 401. Forcé d'évacuer l'Italie, 403, 404. Veut conserver la Savoie;

sa retraite en Provence, 410. Indifférence de son frère pour lui, 424, 431 et suiv. Le traité d'Aix-la-Chapelle lui donne Parme, Plaisance et Guastalla, 457, 461. Offres que lui fait l'Autriche; XXIX, 77. Est compris dans le pacte de famille, 239 à 242. Epoque de sa mort, 314.

PHILIPPE, infant d'Espagne; son imbécillité; XXIX, 238.

PHILIPPE Ier, comte de Flandre, commis à la garde de Henri Plantagenet; ligué contre lui; V, 462. Fief qui lui est promis, 501. Entre en Normandie, 503. Ses apprêts d'attaque, 507. Envoie des troupes en Angleterre, 508. Sa déloyauté au siége de Rouen, 513. S'oppose au mariage de Philippe-Auguste avec l'héritière de Boulogne, 525. Assiste au couronnement de Philippe-Auguste, 540. Pouvoir qu'il prend à sa cour; lui fait épouser sa nièce; VI, 15. L'engage à hâter le couronnement de la reine, 16. Se prête à la réconciliation de la famille royale; par quelle influence, 18. Entre dans une nouvelle ligue, 20, 21. Règle la succession du Vermandois et la dot de sa nièce, 23. Ordonne le supplice d'une multitude d'hérétiques, 34. Se remarie; démêlés avec le roi qui en résultent, 39. Trêve pendant laquelle il attaque brusquement le Hainaut, 40. Lève la milice des communes florissantes de la Flandre, 42. Entre en campagne; ses ravages; pénètre jusqu'à neuf lieues de Paris, 42, 43. Fait la paix, 44. Prend la croix, 54. Sa mort en Terre-Sainte, 120. Epoque de sa mort, 141.

PHILIPPE (LE BEAU), archiduc d'Autriche, comte de Flandre, roi de Castille; sa naissance; XIV, 546. Projets de mariage pour lui, 571, 575. Les Gantois le gardent comme gage de leurs priviléges, 606. Les Etats de Flandre traitent pour lui avec la dame de Beaujeu; XV, 9. Sa tutelle est rendue à son père, 16. Il s'excuse de siéger à la cour des pairs, 49. Guerre civile dans ses Etats, 115. Ses succès, 123. Garantie de son hommage livré à Charles VIII; 134. Sa femme *Jeanne-la-Folle* devient héritière de l'Espagne, 253. Fait hommage à Louis XII, 283, 284. Naissance de son fils Charles-Quint; il propose de le marier à Claude de France, 366. Stipulations qui le concernent dans le traité de Trente, 372, 373. Se rend en Espagne à travers la France; accueil que lui fait le roi; leur serment, 374 à 376. Quitte l'Espagne et sa femme; reçoit des otages de Louis XII; négocie avec lui la paix et le mariage de leurs enfants; signe en ce sens la convention de Lyon; ordonne à Gonsalve de suspendre les hostilités, 405 à 407. Sa loyauté, 409. Sa correspondance avec d'Amboise, 428, 429. La paix établie entre lui, son père et le roi, 430. Mort et dispositions testamentaires de sa belle-mère, 439. Il prend le titre de roi de Castille; ses efforts pour conserver la paix avec Louis, 440 à 443, 449. Sa rupture probable avec son beau-père, 443. Son projet de passer en Espagne, 446. Sa lutte avec le duc de Gueldre; leur trêve, 449. Jeté par la tempête en Angleterre; y est comme prisonnier; extorsions de Henri VII, 450, 451. Louis, pendant son absence, fait rompre par les Etats-généraux les traités de Blois, 452 à 457. Sa lettre à ce prince; son débarquement en Espagne; sa mort, 458, 459. Apprêts de guerre; négociations que cet événement suspend, 460 à 462.

PHILIPPE, duc de Souabe, prétend à l'empire quoique excommunié; VI, 170. Opposition du pape; secondé par Philippe-Auguste; est élu roi des Romains, 171. Sa supériorité sur son rival Othon, 172. Ses victoires; sa réconciliation avec l'Eglise, 244. Sa mort, 245.

PHILIPPE, comte de Savoie; hommage qu'il fait à Edouard d'Angleterre; VIII, 238. A le titre de comte de Bourgogne; seconde la reine-mère de France, 323.

PHILIPPE, duc de Savoie, d'abord comte de Bresse; pouvoir qu'il s'arroge à la cour de son père; convoqué en France; emprisonné par Louis XI; XIV, 142, 143. Est mis en liberté; ses négociations avec le duc de Bretagne, 221. Se présente devant Louis à Péronne, 269. Troupes qu'il conduit devant Liége, 276. Fait la paix avec Louis xi, 352. Assiége Perpignan, 393. Sa retraite désastreuse, 394. Demande secours pour sa belle-sœur, 483. Est gouverneur du Piémont, 484. Dénoncé par Nemours; ménagemens du roi pour lui, 537, 540, 551, 552. Sa présence à la cour de Charles VIII, 637, 642. Assiste aux Etats-généraux, 645. Au sacre; XV, 7. Seconde la dame de Beaujeu; est nommé gouverneur du Dauphiné, 13, 14. Sentence qu'il signe, 89. Date de sa mort, 291.

PHILIPPE de Rouvres, dernier duc de l'ancienne maison de Bourgogne; survit à son père; X, 311. Son avénement, 354. Est armé chevalier, 376. Le roi Jean son beau-père visite ses Etats; soin que prend ce monarque pour que son pupille n'ait point d'héritier, 380. Son mariage avec Marguerite de Flandre, 386. N'assiste point aux Etats-généraux, 490. Sa mort, 588. Son splendide héritage; époque de la célébration de son mariage, 588.

PHILIPPE, duc de Brabant, d'abord comte de Ligny et de Saint-Pol, commande l'armée du duc de Bourgogne; XIII, 50, 51. Son avénement, 83. Sa mort, 177.

PHILIPPE-MARC, chef de routiers; ordres que lui donne Jean-sans-Terre; VI, 449, 450.

PHILIPPE de Dreux, évêque de Beauvais; aux prises avec le comte de Boulogne; VI, 323, 824.

PHILIPPE, chancelier de l'université de Paris; son enseignement profane blâmée par l'Eglise; VII, 95.

PHILIPPE DE RIETI, fils de Gui, comte de Flandre, est prisonnier à Naples; VIII, 396. Sa fortune en Italie; il abandonne ses fiefs; IX, 136. Revient en Flandre; reçoit le commandement des révoltés contre Philippe-le-Bel, 137. Perd la bataille de Mons-en-Puelle, 151 à 153. Se retire à Lille, 154.

PHILIPPE, prince de Tarente; vaincu et fait prisonnier à Trapani; IX, 60, 61.

PHILIPPE, comte d'Artois et de Boulogne, fils unique du duc de Bourgogne, accompagne son père à l'armée royale; X, 272. Est tué au siége d'Aiguillon, 310.

PHILIPPE de Navarre, comte de Longueville, frère de Charles-le-Mauvais; complice de l'assassinat de Charles d'Espagne; X, 410. Sa fidélité à l'alliance anglaise, 424. Refuse l'invitation du Dauphin funeste à son frère, 449. Défie le roi de France, 453. Passe en Angleterre; son alliance avec Edouard, 454. Ses opérations militaires en Normandie, 455, 501, 502. Trêve dans laquelle il est compris, 505. Comment il l'observe, 506. Refuse d'être compris dans la pacification entre son frère et le Dauphin, 515, 516. Aide le premier à bloquer Paris, 542. Tente vainement de faire lever le siége de Saint-Valery; sa retraite pénible, 550. Continue les hostilités malgré la paix que signe son frère, 552, 553. Se joint au roi d'Angleterre, 565. Nouveau traité qu'il conclut au nom de son frère, 577. Réclame au nom de celui-ci l'héritage de Bourgogne, 591. Comment accueille les avances de Jean, 607. Sa mort; XI, 8. Charles V dispose de son héritage, 14.

PHILIPPE, évêque du Mans, cardinal de Luxembourg; sa promotion; XV, 186. L'un des juges du divorce de Louis XII, 274.

PHILIPPE DE NEUBOURG reçoit de l'empereur l'investiture du Palatinat; XXV, 529.

PHILIPPI, député des Huguenots près de Danville; XIX, 293.

PHILIPPIDE (LA), premier poëme historique du moyen âge; VI, 221.

PHILIPPINE DE LANCASTRE épouse Jean Ier, roi de Portugal; XI, 492.

PHOTIUS, patriarche de Constantinople, commence le schisme des Grecs; III, 175.

PIADENA (CASTALDO, MARQUIS DE) fait poignarder Martinuzzi; XVII, 441. Sa rivalité avec Maurice de Saxe, 479. Conseil qu'il donne à l'empereur, 529. Secours qu'il conduit en France; sa mort; XVIII, 338.

PIALY, renégat hongrois, commande la flotte turque au siége de Malte; XVIII, 459. Prend part à la conquête de Chypre; perd la bataille de Lépante, 115 à 117.

PIBRAC (GUI DU FAUR DE) poursuit la mémoire de Coligni; publie la justification de la Saint-Barthélémy; XIX, 184, 185. Henri III l'éloigne de sa personne, 310. Sous quel prétexte; son arrivée en Pologne, 340. Ne paraît pas aux Etats de Blois, 404.

PICART (LE PETIT) défend Nesle contre Charles-le-Téméraire; est pendu; XIV, 359.

PICARD, docteur en Sorbonne; sa prédication à Meaux; XVII, 285.

PICARD, cordonnier de Paris, insulte Concini; suite de cette affaire; XXII, 367, 368, 370. Agite Paris, 378.

PICCININO (JACQUES), condottieri; secours qu'il amène à Jean d'Anjou; XIV, 46. Se détache de son parti, 119.

PICCOLOMINI (ÆNEAS-SYLVIUS), secrétaire de l'empereur Frédéric III; son éloquence; sa haute politique; sa philosophie; XIII, 463. En quoi seconde l'empereur, 475. Est élu pape. Voy. *Pie II*.

PICCOLOMINI (OCTAVE); l'empereur lui confie sa vengeance contre Wallenstein; XXIII, 244. Il contient le prince d'Orange, 269, 270. Renforce le cardinal infant, 286. Arrête les succès de Lavalette, 321. Sauve Anvers, puis Saint-Omer, 342. Sa victoire à Thionville, 391, 392. Aux prises avec Guébriant, 422. Force Bannier à la retraite; perd la bataille de Wolfenbuttel, 475, 476. Vaincu à Breitenfeld, 518. Commande en Espagne; ses succès; XXIV, 50. Lieutenant du duc de Lorraine en Flandre, 115. Ne peut sauver Dunkerque, 120. Commande l'armée d'Allemagne; ne peut défendre contre Turenne la Bavière, 176.

PIE II (PICCOLOMINI-ÆNEAS-SYLVIUS), pape; son désir d'arrêter l'invasion des Turcs; diète qu'il convoque à Mantoue; XIV, 36, 37. Pourquoi reconnaît roi de Naples Ferdinand d'Aragon, 41, 42. Ses projets échouent; ce qu'il obtient du duc de Bourgogne; il seconde Ferdinand, 44 à 46. Négocie l'abolition de la pragmatique sanction, 91. L'obtient sous une forme ambiguë, 96 à 98. Ses efforts pour expulser les Français, 115 à 119. Il appelle les chrétiens à la guerre sacrée, 138. Secours que lui envoie Philippe, 141. Sa mort, 155, 156.

PIE III (FRANÇOIS-PICCOLOMINI) est élu pape; règne dix jours; XV, 415.

PIE IV (JEAN-ANGE-MEDICHINO); son élection; son zèle inquisitorial; XVIII, 115. Il convoque de nouveau le concile de Trente, 218. Lettre artificieuse que lui écrit la reine-mère, 227. Complot auquel il n'est pas étranger, 242. Le clergé français a recours à lui; son état de dépendance à l'égard de la maison d'Autriche; preuves qu'il en donne; son népotisme; il évoque au concile toutes les affaires religieuses; difficultés à ce sujet, 243 à 246. Son lieutenant à Avignon prend Orange, 329. Direction qu'il donne au concile; alarmes que lui cause le cardinal de Lorraine; son inflexibilité; personnages qu'il fait citer à l'inquisition; par qui modéré; accueil qu'il fait à Rome à Guise; sa maladie; fin du concile, dont il confirme le décret, 379 à 385. Subsides qu'il a offerts à la France, 389. Sommation qu'il faire à Catherine, 415, 416. Consent à différer la publication du concile; pourquoi; son désir de traduire l'Hôpital à l'inquisition, 429, 430. Sa dépendance de la cour de Madrid; son ardeur de persécutions; complot contre lui; sa mort, 461, 462.

PIE V (MICHEL-CHISLIERI), pape; son élection; son zèle inquisitorial; ses premières victimes; ses menaces à l'empereur; Philippe II seul lui paraît comprendre ses devoirs de roi; ses instances près de Catherine; XVIII, 462 à 464. La regarde comme pervertie, 477. Ses rapports avec Marie Stuart, 494. Ses vertus austères; son fanatisme; XIX, 6, 7. Félicitations qu'il adresse au roi d'Espagne; à son frère, aux ducs d'Albe et de Nemours; il blâme la reine-mère, 20, 34, 87. Vente de biens ecclésiastiques qu'il autorise en France, 26. Ses forces à Avignon, 79. Ses alarmes; son opposition au mariage du Béarnais, 112. Epoque de sa mort, 114, 137. Sa ligue avec Venise, 115, 116.

PIERCE (ALIX), maîtresse d'Edouard III; dénoncée au parlement; son exil; son rappel; le roi meurt dans ses bras; XI, 225, 245.

PIERRE II, roi d'Aragon; son avénement, VI, 164. Eclat de son royaume, 249 et suiv. S'interpose en vain entre les croisés du Midi et le vicomte de Béziers, 289, 290. Simon de Montfort lui offre son hommage; il le refuse; excite contre lui des soulèvemens, 372, 373. Marie à Raymond VII sa sœur Sancha; son alliance avec Montfort; sa présence au concile d'Arles; il se retire, 387 à 390. Raymond implore son appui, 409. Il intercède en vain pour lui à la cour de Rome, 411, 417. Puis auprès de Philippe-Auguste, 414. Prend les armes; assiége Muret; perd la bataille de ce nom; est tué, 418 à 423.

PIERRE III, roi d'Aragon, épouse Constance de Sicile; VIII, 60, 61. Refuse de prendre le titre de comte de Toulouse, 224. Sa lutte avec son frère qu'il fait périr, 235. Son père lui livre le commandement de l'armée; apanage dont il hérite, 271. Donne asile à ses neveux infans de la Cerda, 278. Situation de ses états; date de son couronnement, 283. Fait enfermer les La Cerda; ses démêlés avec son frère; ses ménagemens à l'égard de Philippe-le-Hardi; ses conventions avec don Sanche de Castille; expédition qu'il prépare en Sicile; ses droits; ses partisans, 308 à 311. Sa négociation sans effet avec Philippe, 316. Il concerte avec Sanche la conquête de la Navarre; ses apprêts maritimes; ses conférences avec les Procida; ses négociations avec Michel Paléologue; sous quel prétexte fait un emprunt au roi de France; impénétrabilité avec laquelle il garde son secret; il met à la voile; événement qui lui vient en aide; vêpres siciliennes; ambassadeurs qui lui offrent la couronne; il débarque en Sicile; est couronné; secourt Messine; succès de son amiral, 326 à 336. Convient de combattre en champ clos son rival; revient en Catalogne, 338, 339. Elude le combat; accusé de lâcheté et de manque de foi; ses Etats attaqués; reconnaît et confirme les libertés de la nation, 345 à 348. Sa situation critique, 356. Méfiance que lui inspire le roi de Castille; victoires de son amiral, 357. Prononce la grâce du prince de Salerne, 359. Attaque formidable que dirige contre lui le roi de France, 361. Les secours des rois de Castille et de Minorque lui échappent; il se jette dans les Pyrénées, 362. Renforts que lui arrivent, 365. Combat qu'il livre vers Ostalrich; faux bruits de ses exploits et de sa blessure mortelle, 367, 368. Il reprend Gironne; se dispose à attaquer son frère, 373. Sa mort, 374. Ses relations avec Philipe-le-Bel; partage de ses Etats, 391.

PIERRE IV, roi d'Aragon; son avénement; son entrevue avec Philippe de Valois; il prend la croix; X, 96. Ses démêlés avec le roi de Majorque, 220. Il le dépouille, 224, 225, 228. Abolit les priviléges de ses peuples, 340. Attaqué par Jayme II, 355. Aux prises avec les rois de Castille et de Navarre; son alliance avec ce dernier; XI, 7, 8, 27. Promesses que lui a faites Henri de Transtamare, 50. Il s'engage à ne point livrer passage à ses ennemis, 55, 56. Il livre passage à l'armée anglaise en retraite, 81. Parti qu'il veut tirer de la chute de Pierre-le-Cruel, 105. Son alliance avec Edouard III, 108, 113. Le duc d'Anjou et Transtamare projettent de lui enlever les domaines du roi dépossédé de Majorque; il en réfère à la médiation du pape, 220. Reconnaît Clément VII, 250. Epoque de sa mort, 303, 490.

PIERRE-LE-CRUEL, roi de Castille; son avénement; son portrait; son entrevue avec Charles de Navarre; il fait périr Eléonore de Guzman; ses projets de mariage; il épouse Blanche de Bourbon; sa passion pour Marie Padilla; il fait enfermer puis empoisonner sa femme; X, 401 à 405. Son frère naturel Henri se prépare à l'attaquer, 602. Son alliance, puis sa rupture avec Charles-le-Mauvais; XI, 7, 8, 27. Projet de le détrôner; ce que son allié Edouard III fait pour sa défense, 37 à 39. Le bruit se répand qu'il est excommunié; effet de cette fable; il lève une armée; ses fureurs; sa fuite, 45 à 48. Se dispose à rentrer en Castille; secours que lui prête le prince de Galles; accueil que lui fait ce prince; ses promesses aux Etats d'Aquitaine et à Edouard, 50 à 53. Forces que ce prince rassemble en sa faveur, 68. Son départ; il traverse la Navarre, 70, 71. Part qu'il prend à la victoire de Najarra; ses cruautés après la bataille; prisonniers qu'il épargne à la demande d'Edouard; il est de nouveau reconnu roi; il élude ses promesses, 74 à 79. Sa tyrannie ranime le parti de son frère, 81. Il est abandonné de tout le monde; a recours aux Maures, 91. Il perd la bataille de Montiel; est poignardé par son frère; chute de son parti, 102 à 105. Alarmes qu'elle cause à Edouard III, 114. Son alliance funeste à l'Angleterre, 164, 168.

PIERRE-LE-JUSTICIER, roi de Portugal; ses cruautés; il refuse asile à Pierre de Castille; XI, 47, 48. Son alliance avec Henri de Trastamare, 50. Parti qu'il veut tirer de la chute de Pierre-le-Cruel, 105.

PIERRE, roi de Portugal; dépose son frère; XXV, 112, 152. Son traité avec l'Espagne, 157.

PIERRE Ier DE LUSIGNAN, roi de Chypre, son séjour à Avignon; sa renommée; X, 598, 599. Se dispose à prêcher la croisade, 600. Négociations auxquelles il s'emploie; son peu de succès, 607. Accueil qu'il reçoit à la cour du prince de Galles, 612. Assiste aux funérailles de Jean; XI, 5. Puis au sacre de Charles V, 14. Son expédition en Egypte, 35.

PIERRE-LE-GRAND, czar de Russie; révolution qui lui transmet le pouvoir absolu; XXV, 449. Ses démêlés avec le roi d'Angleterre; XXVII, 277. Son voyage en France, 308. Ses projets en faveur des Stuarts, 327 et suiv. Provinces qu'il prend à la Suède, 407. Epoque de sa mort, 520. Ses cruautés; rumeurs sur sa fin; XXVIII, 21, 75. Sa fille monte sur le trône, 205.

PIERRE II, czar de Russie; son avénement; son mariage; XXVIII, 22. Sa mort, 75.

PIERRE III, czar; son enthousiasme pour Frédéric; XXIX, 147. Son avénement; il recherche son amitié; met une armée sous ses ordres, 249, 250. Sa mort, 261, 394.

PIERRE Ier (DE DREUX), duc de Bretagne; son mariage; assemblée à laquelle il assiste; VI, 327. Se rend à l'armée de Louis de France, 351. Médiateur entre le roi et le vicomte de Thouars, 430. Croisé contre les Albigeois, 504. Sa loyauté, 506. Favorise en secret le comte de Toulouse, 594. Allié du comte de Champagne; VII, 19. N'assiste point au sacre de Louis IX, 22. Pourquoi surnommé Mauclerc. Sa puissance; inquiétudes qu'il donne à la reine-mère; relève à la fois de deux couronnes, 25. Ses alliances avec l'Angleterre et Henri III, 26, 97, 164. Il y renonce, 30. Ses luttes avec Blanche de Castille, 55 à 59. Il reçoit Henri en Bretagne; arrêt qui le prive de son fief, 98. Secours que lui laisse l'Anglais, 102. Trêve qu'il signe, 104. Son alliance avec Thibaud de Champagne, 127. Après la reprise des hostilités signe un traité définitif et s'unit à la France, 133. Mariages de ses enfans, 141. A quelle occasion sévit contre les bourgeois d'Orléans, 162. Remet son duché à son fils; est placé à la tête des croisés, 186. Son entrevue avec l'empereur de Constantinople, 205. Comment obligé de s'embarquer à Marseille; anarchie où il trouve la Terre-Sainte; avantage qu'il remporte sur les Turcs; défaite qu'éprouvent ses barons insubordonnés; traite avec le sultan du Caire; s'embarque pour l'Europe, 207 à 212. Assiste à la cour plénière de Saumur, 235. Médiateur entre saint Louis et Hugues X de Lusignan, 259. Marche sur le comte de Toulouse, 270. Comment a laissé grandir l'autorité royale,

271 et suiv. Croisé avec saint Louis, 348. Négociateur avec le soudan vainqueur, 439. Sa mort, 449.

PIERRE II, duc de Bretagne; deuxième fils de Jean VI; sa faiblesse; sa superstition; XIII, 524, 526. Il demande la grâce de son frère Giles, 529. Recueille la succession de son frère François; fait hommage à Charles VII; fait périr les bourreaux de Giles, 534, 535. Sa mort; ses rapports avec sa femme; XIV, 12.

PIERRE-LEOPOLD (DE LORRAINE), grand duc de Toscane; bienfaits de son administration; XXVIII, 146. Gendre de l'empereur, 215. Son avénement; XXIX, 312. Son mariage, 314. Accueil qu'il fait aux réfugiés corses, 382.

PIERRE, archevêque de Narbonne, tient une assemblée politique où figurent les trois ordres; IV, 437.

PIERRE-L'ERMITE ou COUCOU PIERRE; sa retraite près d'Amiens; son pèlerinage au Saint-Sépulcre; lettre que lui donne Siméon, patriarche de Jérusalem; IV, 526. Promesses qu'il obtient d'Urbain; ses prédications en Italie, puis en France, sur les persécutions des pèlerins et l'humiliation des saints lieux, 527. Effet qu'elles produisent en Italie, 528. Son éloquent discours au concile de Clermont, 531. Cohue de croisés qu'il dirige; ses excès, 539. Passe en Asie, 540. Perd toute son armée, 553.

PIERRE-LE-VÉNÉRABLE, abbé de Clugny, émule de saint Bernard; le seconde; V, 260, 265, 290. Retient Abailard à Clugny, 293. Éclat qu'il répand sur la France, 301. Ses exhortations contre les Juifs, 310. Applaudit au supplice de Bruys, 371.

PIERRE DE BENEVENT, cardinal légat du pape chez les Albigeois; sa mission pacifique; VI, 432. Convoque un concile à Montpellier, 485. Ce concile donne à Simon de Montfort le comté de Toulouse, 439. Représentations du légat à Louis de France, 441. Son impatience au siége de Toulouse, 493.

PIERRE, archevêque de Narbonne; concile qu'il préside; dispositions législatives qu'il promulgue; VII, 36. Assiste au siége de Bécède, 38. Les frères de Termes lui remettent leur château, 69. Défend Carcassonne pour le roi, 230. Excommunie Raymond, 268. Assiége le château de Monségur et fait brûler deux cents religionnaires, 300, 301.

PIERRE, troisième fils de saint Louis, comte de Blois, d'Alençon et du Perche; prend la croix; VIII, 162. Ses apanages, 177. Il s'embarque, 181. Ce que lui prescrit le testament de son frère, 206. Survit à trois des fils de saint Louis, 300. Seconde les prétentions de sa mère contre Charles d'Anjou, 323. Marche au secours de ce dernier, 337. Est égorgé dans sa tente, 341. Douleur de sa famille, 342 et suiv.

PIERRE DE BOULOGNE, templier, appelé à la défense de l'ordre; IX, 226. Représente les détenus à Paris, 227.

PIERRE, comte de Mortain; otage de son père; XI, 148. Est armé chevalier par Charles VI, 314. Conduit le deuil de Duguesclin, 556. Siége au conseil d'état; XII, 222. Prend parti pour la reine, 293. Est créé pair, 318. Le roi implore son secours; il fait partie de l'armée royale, 385, 386. Sa mort, 389.

PIERRE GOURDE, calviniste; ses hostilités; XIX, 313.

PIENNES (LE SIRE DE) contresigne les ordonnances de Charles VIII; XV, 95. Part pour Naples, 158. Défend la frontière de Picardie, 637, 639. Occasion de victoire que les ordres du roi l'empêchent de saisir, 640. Perd la bataille de Guinegatte ou *des Eperons*, 641, 642.

PIENNES (LE SIRE DE), du parti protestant; son entrevue avec la reine-mère; XVIII, 291.

PIENNES (Mlle DE) mariée à François de Montmorency; enfermée dans un couvent; XVIII, 19.

PIGENAT; ses prédications dans Paris assiégé; XXI, 68.

PIGNATELLI (BARTHÉLEMI), évêque de Cosenza; légat du pape en Angleterre; VIII, 139; 140.

PILES; levées de protestants qu'il amène à la Rochelle; XIX, 31. Il défend Saint-Jean-d'Angély, 70, 73, 74. Rejoint Coligni, 78. Victime de la Saint-Barthélemy, 168.

PIMENTEL (DON ANTONIO DE); son combat naval avec Brézé; XXIV, 124, 125. Envoyé d'Espagne en France, 577 et suiv.

PINART (CLAUDE); sa mission en Suède; XIX, 318, 321. Accompagne la reine-mère; XX, 352. Est congédié, 400.

PINEAU, commandant du château de Poitiers; neutralité dont il convient; XVIII, 299. Trahit les Huguenots, 300, 301.

PINTO donne le signal de la révolution de Portugal; XXIII, 420.

PIROT; confidence que lui fait Fénélon; XXVI, 249.

PISAN (PIERRE) a appris la grammaire à Charlemagne; II, 318.

PISAN (CHRISTINE DE), panégyriste de Charles-le-Sage; XI, 3, 126.

PISANI (LE MARQUIS DE), ambassadeur de Henri III à Rome; ses rapports avec Sixte V; XX, 317, 506. Prend parti pour Henri IV; rejoint son armée; XXI, 78. Envoyé par lui près du pape; ordre qu'il reçoit du pontife, 166, 167.

PISDOÉ (MARTIN), partisan de Marcel; son supplice; X, 566, 567.

PISSELEU (ANNE), maîtresse de François Ier; est duchesse d'Etampes; XVI, 280, 281. Présentée à l'empereur; XVII, 10. Anecdote sur le passage de ce prince en France, 47, 48. Son inimitié envers Diane de Poitiers, 67, 69, 211, 288. Elle obtient la grâce de Brion Chabot, 77. Pourquoi cherche à faire valoir le duc d'Orléans, 119. Elle fait disgracier Poyet, 130. Ses prétendues trahisons, 202, 210. Ses créatures jugent Poyet, 248. Sa disgrâce; scandaleux procès que soutient son mari, 313, 314.

PITHOU (PIERRE) purifie les registres du parlement et autres; XXI, 270.

PITIGLIANO (LE COMTE DE), lieutenant du duc de Calabre; sa circonspection; XV, 177. Sa fidélité, 191.

Est prisonnier, 193. Raffermit Gonzague vaincu, 218. Aux prises avec les Borgia; protégé par Louis XII, 397. Partage avec d'Alviano le commandement de l'armée vénitienne; leur désaccord; ils perdent la bataille d'Agnadel; sa retraite, 507 à 510. Sa mort, 534.

PITT, depuis lord Chatam; dirige l'opposition anglaise; XXVIII, 300. Est mis à la tête des affaires; XXIX, 144. Forces qu'il fait passer en Amérique, 175, 177. Repousse la médiation de l'Espagne, 240, 241. Sa toute-puissance ébranlée, 243. Sa retraite, 253. Pourquoi a fait attaquer Belle-Isle, 254. L'opinion publique lui est favorable, 262. Epouse la querelle des Américains; XXX, 132. Popularise leur cause en Angleterre, 141, 144. Son but; où tendent les concessions qu'il propose, 142 et suiv. Il croit la France abattue, 145. Sa haine contre cette nation, 204, 210, 226. Sa mort, 224. Politique de son fils, 403.

PITT (WILLIAMS), partisan de la paix avec la France; XXX, 226. Attaqué par Fox, 319 et suiv. Traité qui le met en goût de philanthropie, 321 et suiv. Sa prétendue critique du discours de Colonne, 338. Ses victoires diplomatiques; il soulève la Hollande, 395 et suiv. Ses armemens contre la France; comment calmé, 402 et suiv., 405.

PLACIDIE, sœur d'Honorius; épouse Ataulphe; I, 138. Gouverne l'empire sous le nom de son fils Valentinien, 3, 148.

PLANCY (LE SIRE DE); commandement que lui confie Louis XI; XIV, 366.

PLANTA (LES); leur influence en Suisse; XXII, 135.

PLASIAN (GUILLAUME DE), ministre de Philippe-le-Bel; IX, 73. Requête qu'il présente au roi contre Boniface VIII, 122, 123. Acte d'accusation dont il donne lecture et donc il atteste la vérité; somme le roi de faire juger le pape par un concile général, 124. Son origine albigeoise relevée par le pape, 127. Est député près de Benoît XI; 145. Signalé par Clément V comme accusateur de Boniface, 236 et suiv. Incidents de la procédure, 248, 249. A quoi a dû sa fortune, 301. Libéralités envers sa famille révoquées, 369.

PLATANIA (L'ABBÉ), confident de Philippe v; sa disgrâce; XXVIII, 15.

PLECTRUDE, femme de Pépin d'Héristal; II, 92. Son opinion sur Saint-Lambert, 101. Gardienne de Charles prisonnier; tutrice d'un maire du palais enfant, 107. Le conduit à Paris; est vaincue sur la route, 108. Les Austrasiens se soulèvent contre elle, 109. Maîtresse encore de Cologne; achète la paix des Neustriens, 112. Est entièrement dépossédée, 115.

PLEINOEUF (Mme DE); intrigues de sa fille contre elle; XXVII, 471, 534.

PLELO (LE COMTE DE) prend le commandement des Français en Pologne; est tué; XXVIII, 90.

PLESSIS-PRASLIN (CÉSAR, DUC DE CHOISEUL, COMTE ET MARÉCHAL DE) prend part à la victoire de Casal; XXIII, 428. Il fait arrêter d'Aglié, 433. Ses opérations en Italie; XXIV, 7. Prend Rosas; est nommé maréchal; retourne en Piémont, 90, 91. Fait lever le siège de Casal; assiège Crémone, 176, 177. Aux prises avec Turenne, 332. Remporte la victoire de Rhétel, 358. Amène Gondi chez la reine, 377. Remontrances qu'il lui fait, 381. Va au devant de Mazarin, 479. Prend Orange, 593. Troupes qu'il conduit en Italie; XXV, 57.

PLOTT (OTHON) lève des reitres pour la ligue; XX, 140.

POBAR (LE MARQUIS DE); son scrupule d'étiquette près de Philippe III; XXII, 524. Ses défaites en Rousillon; XXIII, 498, 499.

POCOCKE (L'AMIRAL) prend la Havane; XXIX, 257, 258.

PODEWILS (DE), ministre de Frédéric de Prusse; négocie le traité de Berlin; XXVIII, 245.

PODIEBRAD (GEORGES) établit la liberté de conscience en Bohême; XIII, 610. Est élu roi; répand les germes de la réformation; XIV, 12. Son alliance avec Louis XI, 145.

POGGI (STEFANO); gravité de son témoignage dans le procès de Boniface VIII; IX, 245.

POIET (BERTRAND DE), cardinal légat de Jean XXII; passe pour fils de ce pape; ses troupes à Asti; IX, 386. Le pape veut fonder pour lui une principauté, 432. Est chargé par lui de préparer son retour en Italie; X, 69, 70.

POIGNY, envoyé par Valois à Henri IV; XX, 226.

POINTIS (L'AMIRAL, COMTE DE) prend Carthagène; XXVI, 210, 211. Son échec sous Gibraltar, 449.

POITIERS (BATAILLE DE) gagnée par Charles-Martel sur les Sarrasins; II, 130.

— Autre du même nom gagnée par le prince Noir sur Jean II de France; X, 465 et suiv.

POITIERS (ALPHONSE, COMTE DE), frère de saint Louis; son mariage; VII, 71, 233. Ses apanages; il est investi de ses fiefs, 234 et suiv. Difficultés à ce sujet, 237 à 239. Convoque ses vassaux, 247, 248. Insulte que lui fait le comte de la Marche, 249. Est blessé au siège de Fontenay, 252. Reconnu par le comte rebelle, 262. Le persécute sourdement, 284 et suiv. Est du voyage de Citeaux, 308. Est chargé de seconder sa mère dans le gouvernement, 381. Attendu à Damiette; y débarque, 409, 410. Propose de marcher sur le Caire, 411. Son poste au camp de Mansourah, 415. Il est prisonnier et s'échappe, 428. Otage de la rançon du roi; puis délivré, 441, 446, 447. Opine pour le retour en Europe, 458. Son départ, 460. Epoque de son départ pour la croisade, 467. Epoque de son retour; il prend possession des fiefs de son beau-père; fait casser son testament, 468. S'établit à Vincennes; 469. Son mécontentement contre saint Louis, 481. Conseiller de sa mère; son accord avec son frère Charles pour ôter aux villes du midi leurs libertés, 482. Villes qu'il réduit, 483. Est atteint de paralysie, 499. Gouverne ses domaines par commissaires; dépouille Toulouse de ses privilèges, 44, 45. Il prend la croix, 160, 163. Contributions qu'il lève en Languedoc; libertés qu'il rend à cette occasion, 171. Il s'embarque, 181. Est atteint de la peste, 205. Se prépare à partir de Tunis pour la Terre-Sainte, 214. Pourquoi abandonne ce projet, 215. Sa mort, 222.

POLASTRON (DE), général français; sa dévotion; XXVIII, 241.

POLASTRON, est de l'intimité de Marie-Antoinette; XXX, 262.

POLE (MICHEL DE LA), comte de Suffolk, l'un des favoris de Richard II; XI, 478, 512. Le parlement demande vainement son exil, 478, 479. Sa fuite; il est banni, 514, 515, 546, 547.

POLE (RÉGINALD, CARDINAL DE); intrigues contre Henri VIII qu'il dirige; XVII, 27 et suiv. Sa proscription; punition de ses correspondans, 30. Ses prétentions à épouser Marie Tudor; il est arrêté en Allemagne, 514. Sa vaine négociation en France, 526, 527. Il s'interpose encore pour la paix, 545. Est nommé commissaire, 546. Sa mort; XVIII, 84.

POLET (L'ABBÉ), confesseur et confident du cardinal Fleury; son zèle antijanséniste; XXVIII, 43.

POLHAIN (WOLFGANG DE), ambassadeur de Maximilien; épouse par procuration Anne de Bretagne; XV, 91, 92. Le mariage de cette princesse avec Charles VIII lui est caché, 105, 106.

POLIGNAC (VICOMTE DE) fait prisonnier par Louis-le-Jeune; V, 452. Réclame vainement la protection de Henri II son suzerain, 453. Est encore réduit, 472.

POLIGNAC (LE VICOMTE DE) engagé dans la ligue du bien public; XIV, 164. Sa liaison avec le duc de Bourbon, 201.

POLIGNAC (LE VICOMTE DE) est député aux états de Blois; XIX, 404.

POLIGNAC (LE CARDINAL DE); ses négociations en Pologne; XXVI, 229 et suiv. Plénipotentiaire à Gertruydenberg; XXVII, 95. Puis à Utrecht, 158. Confident de la duchesse du Maine, 363 et suiv. Presse Alberoni de reprendre les affaires, 502. Mémoire dont on le croit l'auteur; XXVIII, 63.

POLIGNAC (LA COMTESSE, PUIS DU-CHESSE JULES DE), favorite de Marie-Antoinette; XXX, 260. Est du parti de Brienne, 350, 399. Insultée à Paris, 368. Porte le dernier coup au contrôleur général, 393 et suiv.

POLIGNAC (DIANE DE); son influence sur Marie-Antoinette; XXX, 261 et suiv.

POLIGNAC (LE DUC DE); élévation soudaine de sa maison; XXX, 262. Sa familiarité avec Calonne, 293. Est son seul appui, 345.

POLTROT DE MEREY assassine le duc de Guise; qui il accuse de complicité; son supplice; effets de son crime; XVIII, 364 à 366, 375 à 377.

POMBAL (SÉBASTIEN CARVALHO, MARQUIS DE), ministre de Portugal; ses réformes; son despotisme; ses cruautés; XXIX, 221 à 226. Guerre qu'il soutient, 255, 256.

POMENARS (LE MARQUIS DE); ses procès criminels; XXV, 400.

POMPADOUR, ligueur; ses succès en Limousin; XXI, 107.

POMPADOUR (LE MARQUIS DE), confident du duc du Maine; XXVII, 364 et suiv. Son arrestation, 369. Rentre en grâce, 449.

POMPADOUR (JEANNE POISSON DAME LENORMAND D'ÉTIOLES, MARQUISE DE) devient maîtresse de Louis XV; XXVIII, 347 à 351. Elle s'entoure de philosophes, 355. Accompagne le roi à l'armée, 362, 406. Sa confiance en Bellisle, 411. Ses profusions; position qu'elle fait à son frère; sa haine contre Orry; son désir de la paix, 424 à 427. Elle fait disgracier d'Argenson, 436. Comment domine le roi, 466 à 469. Indispose ce prince contre son fils, 471. Elle compose et dirige le ministère, 476 et suiv. Son éloignement pour d'Argenson, 483. La police à sa dévotion; la Bastille peuplée de ses ennemis, 487. Protectrice de Berryer, 489. Sa démarche pour se réconcilier avec son mari; elle se fait nommer dame du palais de la reine; comment elle conserve son empire sur le roi; le parc aux cerfs; XXIX, 4 à 10. Elle applaudit au projet de dépouiller le clergé, 22. Incline pour le parlement, 32. Se déclare contre lui, 35, 36.

Conciliation qu'elle ménage, 37. Guerre générale que cause son inconséquence, 53. Flattée par Marie-Thérèse; elle fait entrer la France dans la ligue contre Frédéric, 57 et suiv. Elle change le ministère, 59, 60, 87 et suiv. Commandement qu'elle fait donner à Richelieu, 72. Sa jalousie, 74. Conférences chez elle avec l'ambassadeur de l'Autriche, 77 et suiv. Son zèle pour l'Autriche, 84. Fermentation contre elle; le roi lui ordonne de s'éloigner, 104, 106, 109. Sa vengeance, 113 à 115. Troupes qu'elle fait passer en Allemagne, 120, 121. Ses généraux, 126 et suiv., 138. Son ressentiment contre Frédéric, 146 à 148. Ordres qu'elle fait donner à Soubise, 155. La France lui attribue ses revers, 158. Désastres qu'elle cause, 164 à 166. Elle laisse sans secours le Canada, 175. Conséquences de sa présomption, 186. Elle abandonne Bernis, 189, 190. Elle fait conclure le second traité de Versailles, 193. Sentimens antireligieux qu'elle veut inspirer au roi, 217, 218, 272. Elle le dispose à sévir contre les jésuites, 228. Elle aspire à se donner une réputation d'énergie, 232. Elle fait disgracier Lamoignon, 283. Elle fait refuser un commandement au prince de Conti, 308. Son portrait; ses affections; ses habitudes, 325, 326. Sa mort, 329 à 333, 336. Son poste ambitionné, 400, 402. Protectrice de Terray, 404. Son exemple suivi par Mme Dubarry, 498.

POMPERANT, compagnon d'exil du connétable de Bourbon; XVI, 189. Fait prisonnier François 1er, 238. Ses soins attentifs pour ce prince, 240.

POMPIGNAN (LE FRANC DE), archevêque de Vienne; remontrances qu'il est chargé d'adresser à Louis XVI; XXX, 65, 67, 68. Serment qu'il prête de défendre les droits du Dauphiné, 384.

POMPONE (HUGUES DE), assiégé et forcé à Gournai par Louis-le-Gros; V, 56, 57.

POMPONE DE BELLIÈVRE; mission que Charles IX lui donne en Suisse; XIX, 191. Son ambassadeur en Pologne; il quitte ce poste; pourquoi, 301. Siége au conseil d'état; 445. Négociateur à Fleix, 540. Envoyé pour interroger Salcède; XX, 63. Sa mission à la cour de Nérac, 74. Puis auprès de Joyeuse et Montmorency, 106. Conseille de faire la guerre aux Huguenots, 167. Est envoyé près d'Elisabeth; intercède pour Marie Stuart, 256. Envoyé à Guise; trompé par lui, 332, 334. Dissuade le roi de le faire tuer immédiatement, 336. Interpellé par ce prince, 338. Accompagne Catherine, 352. N'a plus de crédit, 364. Sa mission près de d'Épernon, 371. Il est congédié, 399. Négocie avec Brissac; XXI, 256. Entre avec le roi à Paris; est envoyé aux princesses lorraines, 266, 267. Négociateur au congrès de Vervins, 473 et suiv. Combien de temps préside le conseil comme chancelier; XXII, 13. Jusqu'où suit le roi dans le midi, 120.

POMPONNE DE BELLIÈVRE, envoyé par Richelieu en Italie; XXIII, 477. Est ambassadeur en Angleterre; son entrevue avec la reine-mère, 367, 368. Remontrances qu'il lui porte, 416. Commission qu'il préside; il est nommé premier président du parlement, 481. Ambassadeur en Hollande, 527. Sa mort, 543, 548.

POMPONNE (SIMON-ARNAUD; MARQUIS DE); lettres que lui adresse Mme de Sévigné; XXV, 28, 72. Ambassadeur en Suède, 206. Est nommé ministre des affaires étrangères, 214. Propose de ménager les Hollandais, 244. Négociateur à Nimègue; ses talens, 360. Sa disgrâce, 406, 407, 415. Sa science diplomatique; XXVI, 5. Son portrait; époque de sa mort, 219, 300.

PONCET, voyageur français; tableau qu'il fait à Catherine de Médicis du gouvernement turc; XIX, 279 et suiv. Propose l'établissement d'un impôt unique, 430.

PONCET, l'un des orateurs de la ligue; XX, 136.

PONCHER (ÉTIENNE); évêque de Paris; sa politique sage à l'égard de Venise; XV, 516. Son ambassade en Allemagne, 553. Puis au congrès de

Mantoue, 585. Est garde des sceaux ; XVI, 12. Sa mort ; son frère supplanté par Duprat, 297, 298. Son père exécuté, 302. Son frère François, évêque de Paris, emprisonné ; meurt à Vincennes, 303 à 305. Véritable crime de ce dernier, 311.

PONIATOWSKI (STANISLAS) est proclamé roi de Pologne ; XXIX, 310, 311. Catherine II le traite en vassal, 396 et suiv. La France n'a point d'ambassadeur près de lui, 473. Il convoque le sénat auquel le traité de partage est communiqué, 490. Il le ratifi.e, 491. Ses offres à Necker ; XXX, 128 Son enthousiasme pour les insurgés américains, 139.

PONS (RÉGINALD DE) négocie avec saint Louis ; VII, 255. Sa soumission, 262. Son démêlé avec la reine d'Angleterre ; par qui jugé ; VIII, 132.

PONS (LE SEIGNEUR DE) prend parti pour les Français ; XI, 150 ; XII, 245.

PONS (LE SIRE DE) ; ligue qu'il signe ; sa soumission ; XV, 34, 39.

PONS (LA DEMOISELLE DE) épouse Richelieu ; XXIV, 295. Ne peut servir la duchesse de Longueville, 310. Son influence sur la reine ; XXV, 303.

PONT (LE MARQUIS DE) siége au conseil d'Etat sous Charles VI ; à quel titre ; XII, 222. Escorte le Dauphin, 232. Son commandement contre la Lorraine ; satisfaction qu'il obtient, 251, 252. Se réconcilie avec Jean-sans-Peur, 317.

PONT (LE MARQUIS DE), lieutenant du duc de Guise ; XX, 302 et suiv., 312. Projet supposé de lui transmettre la couronne de France, 364. Renforce Mayenne ; XXI, 28. Dans quel but, 45.

PONTANUS (JOVIANUS) rédige l'abdication d'Alphonse II, roi de Sicile ; XV, 188.

PONTCARRÉ est du conseil de régence de Marie de Médicis ; XXII, 176.

PONTCHARTRAIN, ministre de Henri IV ; prend les ordres de la régente ; XXII, 195. Négociation qu'il communique au conseil, 255. Envoyé près de Condé, 339. Négociateur aux conférences de Loudun, 356. Fait signer la paix, 360.

PONTCHARTRAIN (LOUIS-PHELIPEAUX, COMTE DE) est nommé ministre des finances ; XXVI, 29. Et en même temps ministre de la marine, 70. Son administration, 222 et suiv. Son opinion sur l'acceptation du testament de Charles II, 292, 295. Est nommé chancelier, 301. Conseil auquel il assiste ; XXVII, 78. Empêche le procès que l'on veut faire au duc d'Orléans, 126. Son entrevue avec le roi, 135.

PONTCHARTRAIN (LE COMTE DE) est secrétaire du conseil de régence ; XXVII, 245. Voy. Lavrillière.

PONTCHATEAU (LA DEMOISELLE DE), petite-nièce de Richelieu ; son mariage avec Puylaurens ; XXIII, 252, 253.

PONTCOURLAY (LE MARQUIS DE) bat une flotte espagnole sous Gênes ; XXIII, 346.

PONTEFRACT (PIERRE DE), ermite ; sa prédiction ; arrêté par ordre de Jean-sans-Terre, 326. Son supplice, 333.

PONTIS ; manœuvres militaires qu'il enseigne à Louis XIII ; XXII, 463.

PONT-VALIN (COMBAT DE) gagné par Du Guesclin sur un parti anglais ; XI, 143.

POPAINCOURT (JEAN DE), ambassadeur de Louis XI ; XIV, 229.

POPOLI (LE DUC DE) prend part à la victoire d'Almanza ; XXVII, 25. Ses opérations en Catalogne, 180. Se déclare pour la guerre avec l'Autriche, 285.

POPON, duc des Frisons, vaincu et tué par Charles-Martel ; II, 135.

PORCIEN (LE SIRE DE), otage en Angleterre ; XI, 101. Est de l'armée royale, 180. Ses opérations, 186.

POREE (GILBERT DE) ; ses enseignemens ; condamnés par un concile ; V, 373.

POREE (MARTIN), évêque d'Arras ; défend les doctrines de Jean Petit ; XII, 498.

PORETTE (MARGUERITE DE LA) ; son livre sur l'amour de Dieu ; son supplice ; IX, 287.

PORTER conspire contre Guillaume III ; XXVI, 195, 201.

PORTLAND (LORD) fait avorter un complot contre Guillaume III; XXVI, 196. Son entrevue avec Boufflers ; suspension d'armes qu'il signe, 205, 206, 211. Est ambassadeur à Paris, 232. Ouvertures que lui fait le roi, 275.

PORTO-CARRERO (LE COMTE DE) débarque d'Espagne en Calabre; XV, 399.

PORTO-CARRERO (FERNAND-TELLO DE); son poste au combat de Doullens; XXI, 367, 369. Est gouverneur de cette ville, 371. Il surprend Amiens, 461, 462. Sa glorieuse défense; il est tué, 466, 467.

PORTO-CARRERO (LE CARDINAL), archevêque de Tolède; partisan de la France; XXVI, 281, 285. Testament qu'il fait signer à Charles II, 289, 290. Il fait proclamer Philippe V, 297. A quoi met son patriotisme, 446. Son inconstance; XXVII, 20.

PORTO-CARRERO (L'ABBÉ), confident de Cellamare; son arrestation; XXVII, 367.

PORTSMOUTH (DE KERHOUENT, DUCHESSE DE) accompagne Madame en Angleterre; XXV, 188. Subside dont elle profite, 271.

POSSEVIN, jésuite; ce qu'il déclare à l'ambassadeur de Henri IV; XXI, 220.

POSTHUMUS, général de Galiénus; s'oppose vainement aux Francs; I, 13. Est tué, 14.

POT (GUI); Louis XI le recommande à son fils; XIV, 616. Il fuit avec le duc d'Orléans; XV, 13.

POT (PHILIPPE), sire de la Roche; ses principes démocratiques aux Etats-généraux; XIV, 657 et suiv., 680.

POTEMKIN; ses villes fantasmagoriques; XXX, 404.

POTHIER, président du parlement; son arrestation; XX, 481.

POTIER (AUGUSTIN), évêque de Beauvais, confident d'Anne d'Autriche; XXIII, 542. Se croit premier ministre; propose aux Hollandais de se convertir; XXIV, 8. Sa réserve à l'égard du parlement, 13. Joué par la reine, 17, 18, 21. Ce qu'il obtient, 19. Les affaires l'accablent, 26. Son exil, 33.

POUILLOT (ÉTIENNE), protestant brûlé vif; XVII, 285.

POUJOL (LE VICOMTE DE), complice de Montmorency à Castelnaudary; XXIII, 208.

POULAIN (NICOLAS), ligueur; se fait l'espion de Henri III; XX, 131. Complot qu'il fait avorter, 166. Ses rapports; mépris de Catherine et de Villequier pour lui; avis qu'il donne au roi, 326 à 330, 339.

POULAINS, nom injurieux des chrétiens nés du mélange des Croisés et des Syriens; leurs mœurs efféminées; V, 299.

POULENGY (BERTRAND DE), chevalier, s'offre à escorter Jeanne d'Arc; XIII, 119, 120.

POYET (GUILLAUME), président du parlement de Paris; sa mission en Savoie; XVI, 474. Il est nommé chancelier; XVII, 61. Il fait arrêter Brion-Chabot, 62. Ses actes; ses ordonnances, 62 à 67. Son empressement à perdre l'amiral, 73 et suiv. Il entre dans les ordres, 78. Sa disgrâce, 79. Sa négociation avec le roi de Danemark, 113. Son arrestation, 129, 130. Il est mis en jugement, 248. Sa condamnation; il est remis en liberté; sa mort, 249 à 251. A créé la Guillelmine, 470.

POYNING (SIR EDWARD), amiral anglais; seconde Maximilien; XV, 123.

PRACONTAL (LE MARQUIS DE) prend part à la victoire de Speyerback; XXVI, 371.

PRADELLE (DE), gouverneur de Vincennes; ses ouvertures au coadjuteur; XXIV, 503. Auxiliaires qu'il conduit en Hollande; XXV, 110.

PRAGMATIQUE SANCTION, sommaire des libertés de l'Eglise gallicane; sa promulgation; XIII, 318, 327.

PRAGUERIE (GUERRE DE LA); d'où ce nom; XIII, 358.

PRASLIN, capitaine de gardes de Henri IV; veut lui prouver l'infidélité de Gabrielle; XXII, 29. Arrête le comte d'Angoulême, 72, 73. Sa mission en Flandre, 173. Le bâton de maréchal lui est promis, 379.

PRASLIN (DE) défend Crémone; XXVI, 333.

PRASLIN (LE DUC DE) est nommé ministre des affaires étrangères; XXIX, 92, 227. Sa chute préparée, 415. Son exil, 427, 501.

PRASLIN (LE DUC DE); principes libéraux auxquels il adhère; XXX, 372. Il assiste aux assemblées des Bretons; disgrâce de la duchesse, 382, 383.

PRATELLE (PIERRE DE) défend Rouen contre Philippe-Auguste; VI, 230.

PRATO (CARDINAL DE); faction du conclave qu'il dirige; son accord avec le chef du parti opposé; IX, 159. Est d'intelligence avec Philippe-le-Bel; pontife qu'il fait élire, 160 à 162. Conseil qu'il donne à Clément V, 190. Sa mission en Allemagne, 216.

PRAXÈDE (DON THOMAS DE) commande le fort de Crozon en Bretagne; cette place est enlevée d'assaut; XXI, 310, 311.

PRÉAU (LE CHEVALIER DE); son complot contre Louis XIV; XXV, 282.

PRÉCIGNY (LE SIRE DE), négociateur de Louis XI; XIV, 185.

PRÉCY, lieutenant de Charles VIII dans la Basilicate; marche au secours de Naples; gagne la bataille d'Eboli; XV, 228 à 230. Ses débats avec le vice-roi, 234. Poste que lui confie Chaumont, 538.

PREGENT-LE-BIDOUX renforce la flotte vénitienne; XV, 352. Sa défaite, 402. Il sauve Gênes, 541. Abandonne cette ville, 634. Défend les côtes de la Bretagne, 635. Succès maritimes à lui attribués, 637, 638.

PRÊLES (RAOUL DE), jurisconsulte, persécuté par Louis-le-Hutin; IX, 308.

PRÉTEXTAT (SAINT), évêque de Rouen, unit Mérovée et Brunehault; I, 343. Sa condamnation, 348. Meurt assassiné, 389.

PREVOST (JEAN), l'un des orateurs de la ligue; XX, 135.

PREVOT, général anglais, défend Savannah; XXX, 185.

PRIDEAUX, général anglais, tué à Niagara; XXIX, 179.

PRIE (AYMAR DE) est de l'expédition de Naples; XV, 339. Est à l'armée de Picardie, 639. Est arrêté; XVI, 189.

PRIE (LE MARQUIS DE), négociateur de l'empereur à Rome; XXVII, 63.

PRIE (LE SIRE DE), grand queux de Charles VII; conseils qu'il lui donne; XIV, 9.

PRIE (LE SIRE DE), prisonnier à Hesdin; XVII, 507.

PRIMATICCIO (FRANÇOIS) de Bologne, appelé à la cour de François Ier; XVI, 355.

PRISCILLIEN, premier hérésiarque supplicié; I, 41, 42.

PRIULI (JULES), envoyé par Venise à Louis XIII au sujet de l'occupation de la Valteline; XXII, 522.

PRIX (SAINT); ses démêlés avec Hector, patrice de Marseille; II, 67.

PROBUS, empereur, dégage les Gaules; I, 15. Recrute des Germains; repeuple de tribus barbares les frontières dévastées, 16. Sa mort, 17. Troubles qui la suivent, 18.

PROCIDA (GIOVANNI DE), Sicilien réfugié en Aragon; VIII, 311. Ses voyages; ses entrevues avec le pape, 312, 313. Ses conférences avec le roi d'Aragon, 329. Est l'âme du soulèvement de la Sicile, 332. Secours qu'il commande dans Messine, 335. Position qu'il occupe pendant le congrès d'Anagni, 501. Il se range du parti guelfe et français; IX, 60.

PROCIDA (ANDRÉ); ses conférences avec le roi d'Aragon; VIII, 329.

PROCOPES (LES), capitaines hussites; leurs exploits en Bohême; XIII, 61, 67.

PROTADIUS, amant de Brunehault; son élévation; I, 420. Maire du palais de Bourgogne, 423. Sa mort, 425.

PROVENCE (ROYAUME DE); sa formation au profit de Charles, fils de Lothaire; III, 115.

PRUNEAU (JEAN), l'un des chefs du parti populaire à Gand; XI, 272. Accueil que lui fait le duc de Bourgogne, 274. Surprend et démantèle Oudenarde; est exilé, 276, 277. Son supplice, 278. Sa mort n'abat point son parti, 341.

PRYE (Mme DE), maîtresse de M. le Duc; ses intrigues contre sa mère; XXVII, 471. Pouvoir qu'elle acquiert; ses vices; ses roués; sa confiance en Duverney, 494, 495. Gagnée par le ministère anglais, 506. Comment prend en haine l'infant d'Espagne, 518. Ses intrigues pour marier le roi, 519 et suiv. Sur qui son choix s'arrête, 521 à 523. Son acharnement contre le Blanc, 534, 535. L'un de ses protégés ambassadeur, 541. Son poste dans la maison de la reine; son exil; sa mort, 545 à 549. Ses scandales; XXVIII, 4, 22, 161.

PTOLOMÉ DE LUCQUES, historien cité au sujet de l'abolition des Templiers; IX, 259.

PUCELLE (L'ABBÉ), conseiller au parlement; défend la cause du jansénisme; XXVIII, 46 et suiv. Est exilé, 49. Atteste les miracles sur la tombe du diacre Paris, 56.

PUISET (HUGUES-LE-BEAU DU); ses luttes avec Louis-le-Gros; V, 7. Ses brigandages, 81. Son château est pris et lui prisonnier, 82. Hérite du comté de Corbeil; est remis en liberté; à quelles conditions, 83. Définitivement réduit, 135.

PULTENEY, chef de l'opposition anglaise; forme un nouveau ministère; XXVIII, 268.

PURNON, premier maître d'hôtel de Madame; soupçonné d'empoisonnement; ses aveux; XXV, 192, 193.

PURPURAT (FRANÇOIS), président du conseil de Piémont; son colloque avec l'envoyé de François Ier; XVI, 474.

PUSSORT, l'un des juges de Fouquet, opine pour la mort; XXV, 74.

PUYGAILLARD, lieutenant du duc de Montpensier; prend Angers; XVIII, 297. Ses défaites; XIX, 80. Il tente de surprendre la Rochelle, 257. Il fait respecter la capitulation de la Fère, 530. Son expédition en Flandre; XX, 41, 42.

PUY-GREFFIER (SAINT-CYR); sa valeur à Montcontour; XIX, 68, 69.

PUYLAURENS (ANTOINE DE LAAGE) devient favori du frère de Louis XIII; XXIII, 15. Se vend à Richelieu, 16, 159. Déclaré coupable de lèse-majesté, 165. Ses amours en Lorraine, 182. Complice de Montmorency, 205. Sa conduite à Castelnaudary, 208. Dénonciations qu'il promet, 210. Le prince inquiet sur sa liberté, 212. Brouillé avec Chanteloube, 227, 239 et suiv. Comment est attiré à Paris; son arrestation; sa mort, 250 à 254.

PUYSEGUR, médiateur entre Richelieu et Bouillon; XXIII, 458.

PUYSEGUR (LE MARÉCHAL DE) est premier aide de camp de Luxembourg; XXVI, 158. Ce que témoigne sa correspondance, 315.

PUYSIEUX (BRULARD DE SILLERY, MARQUIS DE) est nommé ministre des affaires étrangères; XXVIII, 436. Son mémoire pour la paix, 453. Sa condescendance pour la favorite, 477. Sa retraite; XXIX, 59. Projets qu'on lui cache, 78.

PUY-VIAUD soulève les Huguenots du Périgord; XIX, 31. Emportement de Coligni qu'il supporte, 33, 34. L'amiral invoque son secours, 44. Il est défait, 45. Fait lever le siège de Niort, 55. Victime de la Saint-Barthélemy, 168.

QUA

QUADES, Slaves; leur part à l'invasion des Gaules; I, 121. Leurs armes; leur cavalerie légère, 122.

QUATREPIED, paysan normand; insurrection qu'il dirige; sa mort; XIII, 242.

QUE

QUELLENET, victime de la Saint-Barthélemy; XIX, 168.

QUÉLUS, mignon de Henri III; ses querelles avec Bussy; leur réconciliation; XIX, 474, 477, 478. Insulté par Balzac-Antraguet; leur combat; sa mort; ses obsèques, 498 à 500.

QUESLIN, conseiller au parlement; son exil; XXIV, 96.

QUESNAY, fondateur des Economistes; ses rapports avec Mme de Pompadour; XXVIII, 469. Ses sectateurs, 483; XXIX, 16. Turgot l'accepte pour maître; XXX, 32, 33.

QUESNEL (LE PÈRE), oratorien; est chef du jansénisme; ses réflexions sur le Nouveau Testament; ce livre comdamné; son arrrestation; XXVI, 385 à 388.

QUIERET (HUGUES), amiral de Philippe VI; sa mission; X, 147. A ordre de prévenir le retour d'Edouard III sur le continent, 162. Perd la bataille de l'Ecluse et est tué, 167 à 169.

QUIEVRAIN (PHILIPPE DE), fils de Jean de Croy; se réfugie en France; XIV, 157, 158.

QUINAULT; divertissemens qu'il écrit pour le théâtre de la cour; XXV, 173.

QUINGEY (LE SIRE DE), émissaire de Charles-le-Téméraire; prend part à l'insurrection de Bourgogne contre Louis XI; XIV, 332, 350, 355, 356.

QUINTAUX (PIERRE DE), négociateur de Ferdinand-le-Catholique; signe la trêve d'Orléans; XV, 659.

QUINTIN (JEAN) nommé orateur du clergé aux Etats-généraux; XVIII, 194. Son discours; il incrimine Coligni; est obligé de se rétracter et donne occasion à l'esprit de tolérance de se manifester, 199, 200.

QUINTIN (LE MARQUIS DE), de la fronde; prisonnier à Rethel; XXIV, 359.

QUINTRIO commande l'armée austrasienne; I, 410. Nommé par le peuple maire du palais, 414. Est tué, 415.

QUIROGA (ANTONIO); troupes mutinées qu'il commande en Flandre; il est mis sous les ordres de Mayenne; XXI, 74, 75.

QUIROS (DON BERNARD); ses reproches à l'empereur; XXVI, 213.

RABALLEAU, président au parlement; plaide pour la guerre; XIII, 352.

RABAUD (PAUL); ses prédications au désert; XXIX, 45, 52.

RABAUT de Saint-Étienne; se prononce pour le gouvernement par une seule chambre; XXX, 435 et suiv.

RABELAIS, ses œuvres; son incrédulité, sans qu'il ait renoncé aux avantages de l'église catholique; XVI, 376.

RABUTIN (FRANÇOIS) prend part à la campagne d'Alsace; caractères de ses mémoires; XVII, 461.

RABUTIN, cause de la disgrâce de la princesse de Condé; XXV, 216, 217.

RACINE (JEAN) est élevé à Port-Royal; XXV, 78. Eclat qu'il a répandu, 160. Est nommé historiographe du roi, 356. A quelle occasion compose Esther; allusions que l'on trouve dans cette pièce; XXVI, 32, 33.

RACONIS (LE COMTE DE), commande l'armée piémontaise contre les Vaudois; XVIII, 216.

RADBODE, duc des Grisons; refuse de se convertir; II, 96. Vaincu par Pepin, 97. Rompt la paix; est encore vaincu, 103. Allié des Neustriens, 109. Bat Charles Martel; rallie Raginfred; se retire, 112.

RADDON, maire du palais en Austrasie; I, 444. Seconde Clothaire; II, 4.

RADEGONDE (SAINTE). Voy. Clothaire Ier.

RADINGEN (POLIFER), chef d'aventuriers; sa défaite; XII, 357.

RADONVILLIERS (LE PÈRE), jésuite, instituteur de Louis XVI; XXX, 14.

RADULPHE, duc de Thuringe. Se rend indépendant; II, 42.

RAFFAELI, chef des Corses insurgés contre Gênes; son arrestation; XXVIII, 202.

RAGÉNOLD, chef normand; pénêtre en Auvergne; vaincu; III, 358. Se retire et se recrute en Normandie; attiré par les partisans de Charles; encore vaincu sur les bords de l'Oise; continue la guerre avec fureur; sa victoire près d'Arras, 359. Sa défaite décisive, 360.

RAGINFRED, élu maire du palais par les Neustriens; allié de Radbode; place sur le trône Chilpéric III; perd la bataille de Vincy; appelle le secours d'Eudes; accablé à Soissons; se démet de ses fonctions; II, 108 à 117.

RAGNACAIRE, roi des Francs de Cambrai; allié de Clovis; I, 179. Tué par lui, 231.

RAGNER, duc des Normands; prend Paris; III, 85 et suiv.

RAGNETRUDE, maîtresse de Dagobert; II, 23. Mère de Sigibert, 33.

RAGNOWALD, défait en Aquitaine; I, 363, 364.

RAGOTSKI (GEORGES), prince de Transylvanie; envahit la Hongrie; XXIV, 81. Lui et ses adhérens proscrits et exécutés; XXV, 212, 213.

RAGOTSKI soulève la Hongrie; XXVI, 317, 403; XXVII, 32. Est sourd aux instances d'Alberoni pour la guerre, 379.

RAINARD, comte de Sens; de quoi accusé; chassé et rétabli à Sens; IV, 154 et suiv. Sa mort sans enfans; son fief revient à la couronne, 308.

RAINAUD de Cornouailles, oncle de Henri II, l'invite à passer en Angleterre; V, 381. Ses victoires pour sa cause contre ses fils, 506, 507.

RAINAUD de Dammartin, comte de Boulogne; ligué avec Richard contre Philipe; VI, 168, 173. Abandonné par Jean, 189. Prend la croix, 205. Aux prises avec l'évêque de Beauvais; réduit par le roi; remet ses fiefs au prince Louis; prend ouvertement parti pour Othon et pour Jean, 323, 324. Commande la flotte anglaise, 339. Ligué avec Othon, 350. Prisonnier à Bouvines, 362. Est enfermé à Péronne, 365. Languit en prison; mariage de sa fille, 429; VII, 20. Sa liberté réclamée, 22. Se tue, 24.

RAINULFE, comte de Poitiers; trahit et livre Pepin II; III, 164, 165. Tué dans un combat contre les Normands, 175.

RAINULFE, duc d'Aquitaine, élève Charles-le-Simple; III, 271. Prend le titre de roi; y renonce; obscurité de son histoire, 293. Ses voisins invoquent contre lui Eudes, 296. Meurt; soupçons à ce sujet, 305, 306.

RAIS (LE MARÉCHAL DE); armée qu'il rassemble à Blois; secourt Orléans; XIII, 124 à 127. Seconde les sorties de la Pucelle, 130.

RALET, procureur du roi; fait pendre son fils comme Huguenot; XVIII, 308.

RAMBURES (LE SIRE DE) entre dans le conseil de Charles VI; XII, 353. Est nommé grand maître des arbalétriers, 380. Son poste à Azincourt, 482. Il prend parti pour le Dauphin, 610.

RAMBOUILLET, envoyé par la reine-mère à Henri IV; XX, 229. Confidences auxquelles l'admet Valois, 260, 365, 400. Ses conseils pendant les barricades, 355. Et après la fuite du roi, 362. Méfiance de ce prince, 364. Expose aux Etats la situation financière, 428. L'assemblée agite si elle l'admettra aux séances, 445. Le roi lui demande son aide pour se défaire de Guise, 458. Conseil auquel il assiste, 461. Est de l'intimité de la reine-mère; XXII, 207. Médiateur entre l'Espagne et la Savoie, 418.

RAMBOUILLET (LE MARQUIS DE) combat au faubourg Saint-Antoine; XXIV, 453. Mariage de sa fille avec Montausier; école de pruderie de l'hôtel Rambouillet; XXV, 20, 21.

RAMILLIES (BATAILLE DE) gagnée par Marlborough contre Villeroy; XXVI, 458.

RAMIRE, roi des Asturies; ses progrès contre les Musulmans; III, 92.

RAMIRE, frère d'Alphonse-le-Batailleur. Sort du couvent pour monter sur le trône d'Aragon; V, 218. Son mariage; fiançailles de sa fille; sa guerre avec Alphonse VIII de Castille; rentre dans son couvent, 219, 220. Epoque de sa retraite, 283.

RAMSAY fréquente le club de l'entresol; XXVIII, 187.

RAMUS (PIERRE), victime de la Saint-Barthélemy; XIX, 174.

RANCON (GEOFFROI DE); cause la déroute des Français à Laodicée; V, 342.

RANDAN (LE SIRE DE) part pour l'Italie; XVII, 428. Se jette dans Metz, 483. Négociateur en Ecosse; XVIII, 136.

RANDAN commande en Auvergne; XX, 501. Est vaincu et tué; XXI, 62.

RANDON (LE DUC DE) a mission de réprimer le parlement de Besançon; XXIX, 283.

RANGONE (GUIDO); ses troupes licenciées par François Ier; XVI, 501. S'efforce de soulever le parti français en Ligurie, 519. Ne peut s'emparer de Gênes; fait lever le siége de Turin, 523, 524. Sa mésintelligence avec Gonzaga; conséquences qui en résultent, 545, 546.

RANTGORE assassine Grimoald; son supplice; II, 106, 107.

RANTZAU (LE MARÉCHAL); on reproche au roi de l'employer; XXIII, 282. Guerroie dans la Hesse, 320. Renforce Guébriant; XXIV, 43, 45. Est battu à Dittlingen et prisonnier, 46. Lieutenant du duc d'Orléans, 64, 80, 115. L'armée lui est confiée, 121. 133. Sa rivalité avec Gassion, 137. Ses blessures; il fait manquer le secours de Landrecies, 138, 139. Lieutenant de Condé; sa pointe sur Ostende; sa défaite, 171 à 173.

RAOUL, comte de Crespy, épouse Anne, veuve du roi de France Henri Ier; III, 323.

RAOUL, comte d'Evreux; à quel prix livre Bertrade à Foulque le Réchin; IV, 507, 508. Pourquoi fait aveugler sa femme, 516.

RAOUL LE VERD, archevêque élu de Reims; ses prétentions au sujet du sacre de Louis-le-Gros; V, 73.

RAOUL, comte de Vermandois, cousin de Louis-Le-Gros; secours qu'il lui amène; V, 85. Charte de commune qu'il accorde à Saint-Quentin, 91, 128. Est blessé; blesse mortellement Thomas de Marle, 210. Mariage de sa fille, 211. Réconcilié avec Thibaut, 227. Escorte Louis-le-Jeune en Aquitaine, 238. Son divorce; son mariage; anathématisé à ce sujet, 262 et suiv. Chargé de la régence, 324. Meurt; sa maison s'éteint, 366.

RAOUL, duc de Lorraine; renforce Philippe VI; X, 286. Tué à Crécy, 301.

RAOUL de Cahors, bandit du parti anglais, en Bretagne; sa fortune; X, 347.

RAPIN (LE VICOMTE DE), chef protestant; suit Montgommeri; XIX, 56.

RASCE de Harselle, l'un des chefs du parti populaire à Gand; XI, 272. Cherche à surprendre le comte Louis de Male, 273. Guerre qu'il fait aux nobles, 279. Sa constance, 340. Il perd la bataille de Nivelle; sa mort, 344, 345.

RASPONI (L'ABBÉ), négociateur du pape avec Louis XIV; XXV, 55, 58.

RAUCOUX (BATAILLE DE) gagnée par le maréchal de Saxe sur le prince Charles de Lorraine; XXVIII, 408.

RAUCHINGUS, chef de l'aristocratie austrasienne; conspire contre Childebert; I, 392. Est mis à mort, 393.

RAULIN (NICOLAS), chancelier de Bourgogne, et Antoine, son frère; événemens auxquels ils prennent une part accessoire; XIV, 7, 8, 133.

RAUNAI, conjuré d'Amboise; est pris; XVIII, 146.

RAVAILLAC (FRANÇOIS) assassine Henri IV; XXII, 181, 182. Son procès; ses aveux; son supplice; complices que malgré ses déclarations on lui cherche, 202 à 205. Doutes sur ses interrogatoires, 279.

RAVENSTEIN (ADOLPHE DE CLÈVES) commande une division de l'armée de Charles-le-Téméraire; XIV, 168. L'un des conseillers de la duchesse Marie; traite de la remise d'Arras, 505.

RAVENSTEIN (PHILIPPE DE CLÈVES), otage de Maximilien; prend parti contre lui; XV, 70 à 72. Ses succès dans les Pays-Bas, 83 à 85. Réconcilié avec le roi des Romains, 88. Assiégé dans l'Ecluse; se rend, 123. Il représente un des pairs laïques au sacre de Louis XII, 266. Commande la flotte française, 339. Arrive à Naples; envoie en France le roi Frédéric, 347. Son expédition malheureuse sur Metelin (Lesbos), 349 à 352. Gouverneur de Gènes; pourquoi quitte cette ville, 471, 472. Son ambassade près de François Ier; XVI, 47.

RAVIGNAN (LE MARQUIS DE); son commandement en Bavière; ses fautes; XXVIII, 262.

RAYMOND-PONS III, comte de Toulouse, d'abord opposé à Rodolphe de France; III, 356. Bat les Normands, 358. Vainqueur des Hongrois; reconnaît Rodolphe, 375. Accueil qu'il fait au roi Louis, 422. Sa mort, 442.

RAYMOND-BÉRENGER, comte de Barcelone; ses prouesses contre les Sarrazins; IV, 416.

RAYMOND-BÉRENGER II est assassiné; IV, 439. Comment s'est reconnu feudataire du saint-siége, 464.

RAYMOND-BERENGER III, fils du précédent; quel est son tuteur; IV, 440. Invoque le secours de Louis-le-Gros; V, 115. Epouse l'héritière de Provence; ses guerres à ce sujet, 116. Paix qui les termine, 170. Sa mort; partage de sa succession, 216.

RAYMOND II, comte de Rouergue; d'abord opposé à Rodolphe de France; III, 356. Le reconnaît, 375.

RAYMOND III gouverne sous la tutelle de sa mère, III, 474.

RAYMOND de Saint-Gilles, comte de Toulouse; un des plus puissans souverains de l'Europe; excommunié deux fois; ses mariages; IV, 465 et suiv. Dispose de la main de sa belle-sœur, 473. Ses ambassadeurs au concile de Clermont s'engagent pour lui à prendre la croix, 532. Armée qu'il commande; sa route, 548 et suiv. Son comté saisi par le comte de Poitiers; V, 24. Ses combats; son retour à Constantinople; il refuse de revenir en Europe; ses possessions en Terre-Sainte; sa mort, 30 à 32.

RAYMOND, comte de Gallice, de la maison de Franche-Comté, gendre d'Alphonse VI; père d'Alphonse VII; IV, 469.

RAYMOND BÉRENGER IV hérite du comté de Catalogne; ses autres fiefs; V, 216. Ses plans ambitieux, 217. Fiancé à l'héritière d'Aragon; son beau-père lui cède la couronne, 219. Lui confie sa fille, 283. Sa puissance; il défend son jeune frère, et à sa mort prend le titre de marquis de Provence; ses luttes en Espagne, 284, 285. Ligué contre Raymond, comte de Toulouse; entre en Languedoc; son entrevue avec Henri II, 409. Seigneurs français qui lui font hommage et le secondent dans ses guerres en Navarre; ses luttes avec la maison des Baux, 418, 419. Sa victoire sur eux; sa mort; son fils sous la tutelle de son neveu, du même nom que lui, dont lui-même a été tuteur; mort de ce neveu; enfant qu'il laisse; ses droits méprisés, 420, 421. Prend parti pour l'antipape Pasqual III, 456. Sa mort; VI, 30.

RAYMOND de Poitiers, prince d'Antioche; sa brouillerie fatale au comte d'Edesse; V, 300. Accueille Louis-le-Jeune son neveu; invoque vainement son assistance contre Noradin; contribue à sa brouillerie avec Eléonore, 348 à 350. Jalousie du roi contre lui, 377.

RAYMOND V, comte de Toulouse, épouse Constance sœur de Louis-le-Jeune; V, 393. Henri II menace de le dépouiller; sa puissance; ses ennemis, 408, 409. Invoque le secours de Louis, 410. Ses états dévastés; trêve, 411 à 414. Invite Henri à assister au concile de Toulouse, 439. Inquiété encore par lui; appui que lui donne Louis; sa réconciliation avec ses voisins; mariage de son fils, 448. Est attaqué, 449. Sa femme Constance de France demande le divorce contre lui, 455. Se range du parti de Pasqual III, 456. Aux prises avec Henri et ses alliés, 458, 459. Lui fait hommage, 493, 499. Priviléges que lui accorde l'empereur, 536. En butte à la jalousie du roi d'Angleterre et aux attaques du roi d'Aragon et du vicomte de Béziers; VI, 30. Se fortifie par l'alliance du duc de Bourgogne, 35. Refuse hommage à Richard Cœur-de-Lion; invoque l'appui du roi de France, 48. Aux prises avec lui; recourt encore à

Philippe, 55. Prend les armes à l'imitation du roi, 140. Par qui réprimé, 141. Sa cour; rendez-vous des troubadours, 159. Sa mort; surnommé *le bon Comte*, 162. Sa longue rivalité avec Alphonse II d'Aragon, 164.

RAYMOND-TRANCAVEL, vicomte de Béziers; ligué avec Henri II contre le comte de Toulouse; V, 409, 413. Abolit à prix d'argent une coutume cruelle à l'égard des juifs, 434. Se réconcilie avec Raymond de Toulouse, 448. Prend parti pour l'antipape Pasqual III, 456. Attaque le comte de Toulouse; est assassiné, 459.

RAYMOND, comte de Tripoli, demande vainement l'assistance de Louis-le-Jeune; V, 351. Régent du royaume de Jérusalem; VI, 71, 72. Ses conseils sur le secours de Tybériade, 75.

RAYMOND VI, comte de Toulouse et de Saint-Gilles; son avénement; VI, 162. Traite avec Richard Cœur-de-Lion; son mariage, 163. Ses luttes avec la famille des Baux; son alliance avec Pierre II d'Aragon; est excommunié; injonction que lui fait le pape; ses menaces à Castelnau; accusé de sa mort; est anathématisé, 264 à 270. Accueil que lui fait le légat du pape; sa terreur; sa rupture avec Raymond-Roger; ses offres de soumission; conditions qu'on lui fait, 275 à 277. Ses représentations au pape; ses humiliations; est admis à se croiser contre son neveu, 280 à 282. Excommunié; se rend de nouveau à Paris, puis à Rome; accueil bienveillant qui lui est fait; renvoyé au jugement d'un concile, 372, 374, 376 à 379. Ménagé par le pape et par Simon; cité au concile d'Arles; est déclaré ennemi de l'église; ses domaines sont offerts au premier occupant, 387 et suiv. Fait une dernière tentative de réconciliation; fait ouvertement la guerre; ses alliés; leurs succès, 393, 394. Attaqué directement; réconcilie les Toulousains assiégés; fait lever le siège; reprend l'avantage, 400 à 402. Se réfugie près du roi d'Aragon, 409. Secouru par ce prince; opprimé par Montfort, 412 à 418. Vaincu à Muret, 421, 422. Réconcilié avec l'Eglise; cède ses droits à son fils; se met à la discrétion du pape, 432, 433. Se soumet au décret qui le dépossède, 439. Se retire en Angleterre; plaide sa cause à Rome; intérêt qu'il inspire; ce qu'il obtient, 442 à 444. Sa dépossession sanctionnée par son suzerain; zèle pour lui en Provence; il lève une armée en Espagne; ses opérations, 479 à 481. Pourquoi cher au peuple; sa marche victorieuse; il entre à Toulouse; il bat Gui de Montfort; chevaliers qui le rejoignent; attaque qu'il repousse, 486 à 492. Il sauve sa capitale, 495, 508, 509. Remet à son fils le gouvernement; ses vaines négociations auprès de Philippe et de Louis, 505. Sa mort; la sépulture lui est refusée; ses ossemens dispersés, 516 à 518.

RAYMOND VII, comte de Toulouse, épouse Sancha d'Aragon; VI, 387. Son père lui cède ses droits, 433. Il se réfugie en Angleterre; se rend à Rome; est mis en possession du comtat Venaissin et du marquisat de Provence, 442 à 444. Zèle pour sa famille dans ces provinces; il lève une armée et attaque Montfort, 480. Trêve qu'il fait avec lui, 481, 491. Ses succès, 503, 505, 510 à 512. Succède à son père; force Amaury à la paix, 519, 520, 542. N'est point convoqué au sacre de Louis VIII, 538. Le pape demande que la paix lui soit accordée; ses négociations avec Arnaud, puis avec Rome et le légat, 549 à 553, 568, 569. Protégé par le roi d'Angleterre; plaide sa cause au concile de Bourges; ses instances pour obtenir sa réconciliation avec l'Eglise, 573 à 575. Sa dépossession décrétée, 577. Excommunié, 579. Abandonné de tous ses alliés hormis le comte de Foix, 581, 582. Son système de défense, 585, 589, 594. Abandonné par ses barons et ses communes; ligue secrète en sa faveur, 590. Allié du comte de Champagne; VII, 19. En butte à l'hostilité de l'archevêque de Narbonne, 36. Attaque le lieutenant du roi, 37. Entre de nouveau en campagne; négocie et signe le traité qui le dépouille; ce qui lui reste; mariage de sa fille stipulé; il consent à l'établissement de l'inquisition dans ses états, 66 à 75. Fonde l'université de Toulouse; pénitence qu'il subit; est armé chevalier; fait hommage à saint Louis des fiefs qui lui sont laissés; persécuté par Fouquet; est dispensé de se rendre en Terre-Sainte; conditions qu'il obtient pour le comte de Foix; ses possessions au delà du Rhône lui sont restituées; il se réconcilie avec le comte de Provence; fait hommage à l'empereur, 86 à 90, 138. Nouvelles humiliations qu'il subit, 146. Est encore accusé; sa conférence avec saint Louis; statuts qu'il souscrit contre les hérétiques, 153, 154. Est excommunié, 159. Reçoit le commandement des troupes de la seigneurie d'Avignon et de Marseille, 173. Est près de se liguer avec l'empereur, 178. Secondé par lui, attaque le comte de Provence; ses progrès; il échoue au siége d'Arles; sa crainte d'offenser saint Louis, 227 à 229. Renouvelle sa soumission; promet d'aider l'Eglise contre l'empereur; serment qu'il prête au roi; fait la paix avec le comte de Provence; traite avec le roi d'Aragon; mariage de sa fille, 232, 233. Ses démarches hostiles à Louis IX; il fait prononcer son divorce; veut se remarier pour déshériter sa fille Jeanne, 240, 241. Demande la fille du comte de la Marche; se ligue avec lui, 248, 249. Rejoint Henri III; fait un traité avec lui, 263. Ses hostilités; ses alliés; ses succès; sa soumission; par quoi occasionnée, 267 à 271. Pourquoi n'a pu mettre obstacle à l'agrandissement de l'autorité royale, 274 et suiv. Plaintes de Henri contre lui, 279. Supplices d'hérétiques qu'il ordonne, 282. Son mariage entravé, 286, 287. Absous par Innocent IV, 291. Veut rendre l'inquisition au clergé séculier; médiateur entre l'empereur et le pape, 293, 294, 306. Nouvelles persécutions dans ses états et contre lui-même, 298 et suiv. Assiste au concile de Lyon, 318. Son divorce avec Marguerite de la Marche; dans quel but; joué par le pape; ses déceptions; il passe en Espagne, 330 à 334. Croisé avec saint Louis, 372.

Renouvelle son vœu; meurt avant de l'accomplir, 387. Affaissement de son caractère; marques de son asservissement aux prêtres; il fait brûler quatre-vingts hérétiques; son testament, 464 à 467.

RAYMOND-ROGER, vicomte de Béziers, succède à son père; VI, 161. Menacé par la croisade de l'Albigeois; accueil que lui fait le légat; sa rupture avec le comte de Toulouse; ses hostilités, 275, 282. Est assiégé dans Carcassonne; sa valeur; protégé par le roi d'Aragon, 284 à 289. Effet de cette médiation; conduite généreuse du vicomte; défense désespérée; il se rend au camp des croisés sous sauf-conduit; est arrêté, 290 à 292. Dépossédé par Simon de Montfort, 297. Meurt, 301.

RAYMOND TRENCAVEL, fils de Raymond-Roger, âgé de deux ans; Pierre d'Aragon le reconnaît vicomte de Béziers; VI, 375. A pour tuteur le comte de Foix; la vicomté de Béziers retourne à son obéissance, 510, 511. Prend possession de l'héritage de son père, 543. En butte à l'hostilité de l'archevêque de Narbonne; VII, 36. Est dépossédé et se retire en Aragon, 89. Reparaît pour réclamer son héritage, 229. Rentre à Carcassonne, 230. Sa capitulation; sa retraite, 231. Ligué avec le comte de la Marche, 248. Croisé avec saint Louis, 372.

RAYMOND (GUILLAUME), podestat d'Avignon; sa constance au siége de cette ville; VI, 588.

RAYMOND BERANGER, comte de Provence; mariage de sa fille Marguerite avec saint Louis; VII, 134 et suiv. Réconcilié avec Raymond VII de Toulouse, 138. Mariage de sa fille Eléonore avec Henri III d'Angleterre, 139, 140. Aux prises avec les communes de Provence; ses succès à Nice, à Arles, 172, 173. Aux prises avec le comte de Toulouse; est mis au ban de l'empire; ses pertes, 227, 228. Protégé par le roi d'Angleterre, 229. Fait la paix avec Raymond, 233. Ce prince recherche sa troisième fille; il se prête à son divorce, 241. Assiste au concile de Lyon, 318. N'a point de fils; ses dispositions pour assurer ses fiefs à sa quatrième fille Béatrix, 328, 329. Il la promet à Raymond de Toulouse, 330. Il meurt, 331.

RAYNEVAL (LE SIRE DE), l'un des capitaines de Charles v; XI, 17, 18.

RAYNOLD, duc du Maine, mis en fuite par les Normands; III, 261.

RAYS (BERNARD DE), ermite, accusé d'avoir pris le nom de Baudoin de Constantinople. Voy. ce nom; VI, 564.

RAXILLI (LE CHEVALIER DE) prend part au combat de la Belle-Poule; XXX, 166.

READING (SIMON), du parti d'Édouard II; exécuté; IX, 465.

REBENAC, ambassadeur de France; griefs du duc de Savoie contre lui; XXVI, 169.

REBENDER (LE MARÉCHAL DE) est ministre du roi de Sardaigne; XXVIII, 70 et suiv. Commande son armée, 108. Sa disgrâce, 120.

REBIBA (LE CARDINAL SCIPION) est légat du pape à la cour de Bruxelles; XVIII, 12.

RECARÈDE; son père Leuwigilde lui destine sa couronne et veut lui faire épouser la fille de Frédégonde; I, 368. Bat les troupes de Gontran en Septimanie, 389. Recherche l'amitié des Francs, 395.

RECES de la diète d'Augsbourg; base de la paix de religion en Allemagne; XVII, 563.

RECHIAVIUS, roi des Suèves; vaincu et mis à mort; I, 163.

RECKROD (LE COLONEL); renfort qu'il amène au duc d'Orléans; XVII, 122. Est de l'armée royale, 484.

REDING (ITAL), capitaine suisse; exécutions qu'il fait faire; XIII, 427.

REGENCES en France. Voy. *Blanche de Castille, Anne de Beaujeu, Catherine et Marie de Médicis, Anne d'Autriche, Orléans (Philippe, duc d')*.

REGINALD, comte de Gueldre; ligué avec Édouard Ier contre Philippe-le-Bel; XIII, 195.

REGINFRED. Voy. *Hériold*.

REGNIER (FRÈRE), légat du pape dans le Midi; l'un des fondateurs de l'inquisition; VI, 260, 261. Ses prédications; ses controverses, 261 et suiv. Quitte la cour du comte de Toulouse, 268. Hérétique converti; son zèle persécuteur, 299, 300.

RELY (JEAN DE), chargé de lire les cahiers des États-généraux; XIV, 650, 656, 660, 665.

REMI (SAINT), évêque de Reims, réclame de Clovis un vase enlevé à son église; anecdote à ce sujet; I, 180. Baptise Clovis, 188. Conseiller le plus habituel de ce prince, 233.

REMOND (LE PRÉSIDENT), négociateur de François Ier avec Henri VIII; XVII, 216.

REMY (PIERRE), trésorier de Charles IV; son supplice; X, 11, 12.

RENAUD Ier, comte de Bourgogne, prisonnier de Hugues, comte de Châlons, délivré par son beau-père, Richard de Normandie; IV, 191. Père de Guido; prétentions au duché de Normandie; ruine de leur parti, 240, 277.

RENAUD III, héritier du comté de Bourgogne; exclu par l'empereur; guerre à ce sujet; s'affermit dans la Franche-Comté; V, 215, 216, 423. Sa fille épouse l'empereur Frédéric Barberousse, 424.

RENAUD, comte de Bar; ses démêlés avec les bourgeois de Verdun; V, 130.

RENAUD, archevêque de Reims, sacre Philippe, fils de Louis-le-Gros; V, 197. Propose au concile de Reims de consacrer Louis VII, 198.

RENAUD, archevêque de Cologne, chancelier de l'empereur; son entrevue avec Louis-le-Jeune; V, 442. Sa mission auprès des rois de France et d'Angleterre, 453.

RENAUD D'OSSA (JACQUES), cardinal de Porto; interprète la bulle *Ausculta fili*; IX, 82. Chargé d'élire un pape; sa basse origine, 341. Sa fortune; se désigne lui-même; est couronné sous le nom de Jean XXII. Voy. *ce nom*, 342.

RENAUD d'Orléans, templier, appelé à la défense de l'Ordre; IX, 226.

RENAUD de Nevers conspire contre Venise; XXII, 424.

RENAZE (DE), secrétaire de Biron, dépose contre lui; XXII, 74.

RENÉ d'Anjou, roi de Provence;

d'abord duc de Bar, puis de Lorraine ; XIII, 168, 169. Assiste au sacre de Charles VII, 144. Pourquoi surnommé LE BON; l'héritage de la Lorraine lui est disputé ; il perd la bataille de Bullégneville; est fait prisonnier, 197 à 202. Traite de son rachat; est mis en liberté sous conditions, 216, 217. L'empereur lui adjuge son duché; pourquoi rentre en captivité; la couronne de Naples lui est offerte; il est enfin délivré; mariages de ses enfans ; il pourvoit à l'administration de ses états; ses courses; il est reçu comme souverain en Provence; passe en Italie, 292 à 299. Hostilités de sa régence en Lorraine contre Vaudemont, 330, 337. Chassé de l'Italie ; sa fille cadette épouse Henri VI, 413 à 415. Conseil auquel il assiste, 421, 440. Veut subjuguer les trois évêchés; obtient le secours de Charles, 423, 436 et suiv. Rançon qu'il reçoit, 438. Refroidissement du roi pour lui, 448. Pas d'armes tenu devant lui, 450. Il rejoint l'armée royale en Normandie, 487. Fait son entrée à Rouen, 492. Puis à Caen, 504. Ses poésies, 591. Son influence sur Charles VII ; XIV, 3, 38. Son veuvage; sa retraite en Provence; son second mariage; son expédition en Italie, 38, 39. Il est de nouveau proclamé dans le royaume de Naples, 42, 43. N'envoie aucun secours à son fils, 46. Ne s'occupe que de poésie et de peinture, 49. Libéralité de Louis XI à son égard, 84. Ruine de son parti en Italie, 115 à 119. Excité contre le roi par le duc de Bretagne; ses dispositions personnelles, 144, 146. Ses protestations de dévouement, 154. Son poste contre la ligue du bien public, 167, 168. Inefficacité de ses services, 200. Il assiste aux Etats de Tours, 244. Convoite la couronne d'Aragon, 284. S'interpose entre Warwick et sa fille, 306. Est de l'assemblée des notables, 319. Apprend les désastres de sa famille, 340. Pourquoi se retire en Provence, 365. Désire l'abaissement de Louis XI, 396, 397. Négocie la vente de ses états au Téméraire, 422, 464. Cède sa succession à Louis, 469 à 471. Est désormais son allié, 472, 543. Sa mort; sa famille; pourquoi a déshérité son petit-fils, 585 à 587. Conséquences de ses dernières dispositions ; XV, 138, 139.

RENÉ II, duc de Lorraine ; son avénement; enlevé par Charles-le-Téméraire ; mis en liberté; XIV, 399, 400. Allié du roi et de l'empereur; attaque le Bourguignon, 429. Livré par Louis à la vengeance de Charles, 456, 457. Est dépossédé, 460, 461. Se porte au secours des Suisses, 477. Il reprend ses états et Nancy ; secondé par les Suisses; il gagne la bataille de Nancy, 482 et suiv., 487 à 496. Sa mère lui a transmis ses droits successifs; pourquoi déshérité par son aïeul; dispute en vain la Provence à Louis XI, 586 à 580. Restitution qu'il obtient de Charles VIII, 639. Ses réclamations aux Etats-généraux, 682. Son traité avec la dame de Beaujeu; il vient à Paris; XV, 8, 13. Pourquoi se ligue contre la princesse, 30, 31, 34. Invalidité des actes qui l'ont dépossédé; manque la conquête de l'Italie, 138 à 141. Représente un des pairs laïques au sacre de Louis XII, 266. Entre avec lui à Paris ; ses droits sur Naples et la Provence examinés et regardés comme non fondés, 281 à 283. Sa mort; ses fils, 499.

RENÉ, bâtard de Savoie, gouverneur de Provence, est de l'armée d'Italie; XVI, 23. Négociateur de François Ier avec les Suisses, 52. Enjoint au parlement d'enregistrer le concordat, 61, 62. Envoyé en Suisse, 151. Obtient d'y lever des troupes, 152, 153. Est du parti de la mère du roi, 169. Se dispose à assiéger le connétable de Bourbon, 189. Retenu près du roi, 192. Opine pour lever le siége de Pavie, 230. Est prisonnier, 238.

RENÉ de Savoie, comte de Cipierre, est assassiné; XIX, 27, 28.

RENÉ, parfumeur; empoisonne la reine de Navarre; s'en vante; XIX, 141.

RENÉE de France, fille de Louis XII, sa naissance; XV, 564. Projets de mariage pour elle, 612, 613 ; XVI, 18, 19. Le connétable désire l'épouser, 172. Elle épouse Hercule II d'Este, prince de Ferrare, 340. Complice de Fieschi;

XVII, 324. Mariage de sa fille, 349. Elle assiste à l'ouverture des États-généraux; XVIII, 191. Protestans auxquels elle a donné asile et qu'elle est contrainte de chasser; XIX, 58.

RENIER, comte de Hainaut; du parti de Charles-le-Simple; se donne à Zwentibold; III, 312. Prend le titre de duc de Lorraine, 341. Donne à Charles-le-Simple la couronne de ce royaume, 342.

RENIER ou RAYNIER AU LONG COL, fils du précédent; investi comte du Hainaut; III, 343. Se reconnaît vassal du roi de France, 372.

RENIER III, dépossédé; exilé; III, 463.

RENIER, aidé de son frère Lambert, recouvre l'héritage paternel; son mariage; sa descendance, 476; III, 477.

RENIER, calviniste; sauvé par Vézins, son ennemi; XIX, 193, 194. Il soulève le haut Languedoc, 195.

RENNEBERG (LE COMTE DE), du parti flamand; sa défection; XX, 40.

RENTI, chef huguenot; rejoint Coligni; XIX, 78. Est tué, 147.

RENTI (LE MARQUIS DE), lieutenant du duc de Parme; XXI, 81. Ses manœuvres d'avant-garde, 88, 90.

RENTY (ÉDOUARD DE), l'un des capitaines de Charles v; XI, 17, 18. Est gouverneur de Tournai, 31.

REPNIN (LE PRINCE); mission que lui donne Catherine II, en Pologne; XXIX, 396, 474. Ses victoires sur les Turcs, 491.

REQUESENS (LOUIS DE) remplace le duc d'Albe dans les Pays-Bas; sa modération inutile; ses combats; sa mort; XIX, 482 à 485.

RESNEL (LE MARQUIS DE) tué à Valenciennes; XXIV, 536.

REVEL (DE) défend Crémone; XXVI, 333.

REVENTLAU poursuit Villars; XXVI, 369. Vaincu par Vendôme, 463.

REVENTLAU (LE BARON DE); ses opérations en Italie; XXVIII, 399.

REVOL est nommé secrétaire d'état; XX, 400. Appelle Guise dans le cabinet du roi, 462. Proposition de paix qu'il contre-signe; XXI, 185. Remplacé par Villeroi, 307.

REYNOLD (SIR); renfort anglais qu'il amène à Turenne; XXIV, 552.

REYNOLD vend les gardes suisses au duc d'Orléans; XXVII, 233.

RHADAGAISE commande l'invasion générale des Barbares; entre en Italie; I, 127. Est pris et mis à mort, 128.

RHETEL (BATAILLE DE) gagnée par Duplessis-Praslin sur Turenne; XXIV, 357.

RHODES (ILE DE) conquise par les chevaliers de l'Hôpital; IX, 231.

RIAL (RAYMOND DE); sa constance au siége d'Avignon dont il est podestat; VI, 588.

RIARIO (OCTAVIEN), prince d'Imola et Forli; envoyé par sa mère à Florence; XV, 305.

RIBAUMONT (EUSTACHE DE); son combat corps à corps avec Edouard III; X, 363. Il reconnaît le camp du prince de Galles, 462. Est tué, 469.

RIBERA (DON JUAN DE), archevêque de Valence; propose à Philippe III l'expulsion des Maures; XXII, 100.

RIBERAC, second de Balzac-Antraguet; sa mort; XIX, 498, 499. Son frère est de la ligue; XX, 131.

RIBERPRÉ, prisonnier à Valenciennes; XXIV, 536.

RICCI (LE PÈRE), général des jésuites; son refus de concessions; XXIX, 368.

RICHARD Ier (CŒUR-DE-LION), roi d'Angleterre; son mariage stipulé; est duc d'Aquitaine; fait hommage à Louis-le-Jeune; V, 468. Son désir de gouverner, 498. Sa révolte, 500. Sa soumission, 515. Soulèvement contre lui, 519 à 521, 526. Se rend au couronnement de Philippe-Auguste, 538. Sa bravoure; sa bonne mine; pourquoi son impatience de régner; VI, 24. Idole des contemporains; héros de chevalerie, 26. Ses luttes avec ses frères, 36 à 38. Son alliance avec Alphonse d'Aragon; Raymond lui refuse hommage, 48. Débats au sujet de son mariage projeté, 50. Commandement que lui confie son père; traite avec Philippe; prend la croix, 52, 54. Guerre générale qu'il fait éclater; hommage qu'il rend à Philippe; leur étroite alliance; il se retire à la cour de France, 55 à 58. Seconde Philippe dans ses opérations de guerre; accourt auprès de son père mort, 60 à 63. Ses remords; ses concessions à Philippe; son couronnement; son départ pour la Terre-Sainte; serment qu'il prête, 89 à 91. Sa convention de garantie réciproque avec Philippe; sa marche; ses griefs contre le roi de Sicile; sa lutte avec lui; offense Philippe; leurs discussions; surpassé en adresse chevaleresque par Guillaume des Barres; le persécute; son traité avec Tancrède; ses fiançailles; il s'empare de Chypre; son arrivée à Acre; protège Lusignan; discordes des assiégeans; sa maladie; ses négociations avec Saladin; il fait capituler Acre; massacre qu'il ordonne; sa rivalité avec Philippe éclate; ses partisans; ses arrangemens avec lui; serment qu'il en reçoit, 93 à 115. Ses victoires après le départ de Philippe; manque l'occasion de prendre Jérusalem; pertes de l'armée; est obligé à traiter; accusé de la mort de Montferrat; son départ; sa captivité, 117 à 122. Philippe se dispose à l'attaquer; état de son royaume et de ses domaines; inimitiés; intrigues qui les agitent; négociation qui a hâté son départ de la Terre-Sainte, 134 à 140. Accusé devant la diète germanique; son assurance; ses négociations avec l'empereur; sa délivrance; son retour en Angleterre, 145 à 147. Reçoit en grâce Jean; descend en Normandie; aux prises avec Philippe; armistice, 149 à 151. Ses exactions; il paye sa rançon; ses otages en Autriche lui sont renvoyés; concessions à lui faite de la suzeraineté sur la Provence; il n'en profite pas, 156 à 159. Ses traités; ses guerres avec Philippe; ses alliés, 164 à 169. Attiré au parti guelfe; forme une confédération nouvelle; ses hostilités entachées de cruautés, 172 à 175. Sa trêve faite par l'injonction du pape; pourquoi; assiége le château de Chabrol-Caylus; sa mort; elle entraîne la dissolution de la confédération féodale; était Français par le langage; les usages; les lois; a passé à peine six mois en Angleterre, 177 à 181. Par qui son héritage disputé, 184.

RICHARD II, roi d'Angleterre; sa naissance; XI, 70. Son droit à la couronne reconnu; créé prince de Galles, 221. Son avénement; son entrée à Londres; son tuteur; troubles à sa cour; négociations que l'on entame en son nom, 225 et suiv. *Le bon parlement* réélu dès son couronnement, 245. Il s'attache à Urbain VI, 250. Secourt le duc de Bretagne, 284. Sa flotte dispersée par la tempête, 287. Son alliance avec la Bretagne; armée qu'il met sur pied, 291, 292. Est destiné à humilier la majesté royale, 303. Ambition et rivalité de ses tuteurs, 322. Soulèvement contre lui; pourquoi; il négocie avec les insurgés; les disperse, ses vengeances; ses conventions avec la France, 336 à 340, 360 à 362. Ses négociations avec d'Arteveld, 383 à 385. Croisade que son conseil encourage, 420, 421. Son amitié vainement réclamée par le comte de Flandre, 423. Pleins pouvoirs qu'il donne à son oncle Lancastre pour traiter de la paix, 431. Guerroie contre les Ecossais et les Français; sa méfiance envers Lancastre, 459, 460. Son gouvernement affaibli; ses favoris; titres qu'il donne à ses oncles; pourquoi désire la paix; ses ouvertures repoussées, 469, 470. Il ne fait rien pour s'opposer à la descente projetée par les Français; son indocilité aux conseils de ses oncles; son obstination à soutenir ses favoris, 478, 479. Donne le gouvernement de l'Aquitaine à Lancastre, 499, 525. Guerre civile contre lui; il se soumet après sa défaite; ses rapports avec le duc de Gueldre, 512 à 517. Son impatience de faire la paix avec la France, 545, 546, 601; XII, 7 à 9. Il perd de nouveau sa popularité; ses négociations à Amiens, 10. Ses instructions relativement à Calais, 12. Ses négociations avec le roi de Navarre, 48. Mort de sa première femme; repousse l'alliance de son oncle Glocester; son mariage avec Isabelle de France, 71 à 73, 78 à 80. Ses projets de réaction; ses conseillers; subsides qu'il obtient; il brouille ses oncles entre eux; son triomphe; il disgracie Nottingham et Derby; veut faire expulser ce dernier de la cour de France, 100 à 107. Persiste à soutenir Boniface, 113. Comment veut perdre Derby ; à qui destine sa couronne; sa tyrannie; pourquoi passe en Irlande ; à qui laisse la régence ; est détrôné ; se rend ; abdique ; ses favoris se donnent à son rival ; sa mort ; conséquences qui en résultent, 122 à 135. Soulèvement en son nom, 155, 207.

RICHARD III, roi d'Angleterre ; d'abord duc de Glocester ; seconde Édouard IV ; égorge Henri VI ; XIV, 339, 340. Comment cause la mort de son frère Clarence, 555. Son usurpation, 640. Ses crimes ; XV, 18. Son compétiteur ; il entre dans la ligue d'Orléans ; à quelle condition ; il est détrôné et tué, 19 à 21.

RICHARD, duc de Bourgogne ; beau-frère de Charles-le-Chauve ; III, 187. A sous sa garde Ermengarde, 252. Tuteur du jeune roi de Provence, 289. Reconnaît Eudes, 296. Les ennemis de celui-ci comptent sur lui, 307. Accorde un refuge à Charles-le-Simple, 310. Avantages qu'il remporte sur les Normands, 325. Sa mort, 350.

RICHARD-SANS-PEUR, duc de Normandie ; son avénement ; confié à Louis IV ; ses tuteurs danois ; guerre contre eux ; III, 418 à 420. Captif du roi, 423. Sa délivrance, 425. Remis en possession de son héritage, 428. Son mariage, 430, 468. Sa lutte contre Lothaire, 469 à 471. Auteur présumé d'une des six pairies laïques ; IV, 16. Beau-frère de Hugues Capet ; à favorisé son élévation ; a réduit à son parti le comte de Flandre ; son portrait ; sa mort, 65, 66.

- RICHARD II, fils du précédent ; reconnu ; IV, 66. Révolte de paysans dans ses états, 111, 112. Fournit des troupes au roi Robert ; envahit avec lui la Bourgogne, 131 et suiv. Le seconde au siége de Valenciennes, 141. Accuse auprès de lui des hérétiques, 148. Ses rapports avec le comte Rodolphe, 161, 162. Ses guerres avec Eudes, 171. Sa mort ; sa fidélité à l'alliance de Robert ; a affermi la maison Capétienne ; comment a délivré son gendre Renaud de Bourgogne ; son âge avancé à sa mort, 190, 192.

RICHARD III, fils du précédent ; assiége Châlons ; pourquoi ; IV, 191. Fait la guerre à son frère Robert ; meurt, 192.

RICHARD, abbé de Saint-Vanne à Verdun ; visite que lui fait l'empereur Henri II ; IV, 168. Il le reçoit moine ; lui impose la condition de continuer à gouverner ; devient son conseiller, 169.

RICHARD, comte de Cornouailles ; passe en France ; VI, 571. A le duché d'Aquitaine ; VII, 27. Ses efforts pour maintenir la ligue contre saint Louis, 30. Confère avec l'empereur Frédéric, 181. Son expédition en Terre-Sainte, 213, 214. Ses prétentions sur le Poitou, 238, 239. Débarque en France, 251. Négocie avec saint Louis ; son mariage ; concessions de fiefs qu'il obtient, 255, 256, 288, 289. Refuse le titre de roi des Romains, 365. Ses réclamations, 374. La couronne des Deux-Siciles lui est offerte ; ses hésitations ; VIII, 4. Proclamé en Allemagne par une partie des électeurs, 34. Il réclame le Poitou, 35. Son retour en Angleterre, 47, 48. Ce que devient son parti, 120, 121. Prête serment aux statuts d'Oxford, 127. Prisonnier à la bataille de Lewes, 134. Sa mort, 220. Politique des papes à son égard, 243.

RICHARD, comte de Cambridge ; conspire contre Henri V ; son supplice ; XII, 472, 473.

RICHARD (FRÈRE), cordelier ; ses prédications ; protégé par Charles VII ; XIII, 114, 115.

RICHARD, duc d'York, lieutenant-général de Henri VI en France ; sa présence à la cour de son neveu ; XIII, 175. Ses premiers actes, 267, 270. Il secourt Pontoise ; offre la bataille ; ravage l'Ile-de-France, 382 à 385. Ses droits à la couronne d'Angleterre ; l'attention publique attirée sur lui, 458, 459. Est envoyé en Irlande, 484. Son ambition inquiète la cour, 509. Il se prépare à la guerre civile, 514. Son désappointement ; il licencie son armée, 548. S'empare du pouvoir ; reçoit le titre de protecteur ; secourt les émigrés gascons, 573, 574. S'attribue le poste de gouverneur de Calais; ne songe pas à attaquer la France, 575. Vainqueur du parti de la reine; puis exilé; ses négociations avec le duc d'Alençon, 633 à 635. Forcés de son parti; piéges qu'il évite; XIV, 15. Ses prétextes; ses troupes à Londres; transaction, 16. La guerre recommence; deux fois victorieux; il est défait et tué à Wakefield, 50 à 55.

RICHARDE, impératrice; accusée d'adultère par son époux Charles-le-Gros; comment se justifie; III, 270. Sa retraite, 271.

RICHARDOT, négociateur de Philippe II; XXI, 293, 475.

RICHBOTE, petit-fils de Charlemagne; tué dans un combat; III, 84.

RICHEBOURG (COMÉRON DE), ligueur; rôle que lui destine Guise; XX, 331.

RICHELIEU (ANTOINE DUPLESSIS DE), capitaine catholique; ses excès contre les Huguenots; XVIII, 297.

RICHELIEU (FRANÇOIS DUPLESSIS), grand prévôt de l'hôtel; arrestations qu'il fait à Blois; XX, 463, 464. Fait brûler les corps des Guises, 470.

RICHELIEU (HENRI DUPLESSIS DE) est de l'intimité de Marie de Médicis; XXII, 207. Son exil, 449. Tué en duel, 452.

RICHELIEU (ARMAND-JEAN DUPLESSIS, CARDINAL DE); son opinion sur l'assemblée des Huguenots; XXII, 248. Son discours au nom de l'ordre du clergé, 332, 333. Évêque de Luçon; son entrée au conseil, 365. Envoyé par la reine-mère près de Condé, 369. Fait résoudre l'arrestation de ce prince, 302 et suiv. Nommé secrétaire d'état, 384, 385. Il reprend la politique extérieure de Henri IV; ses envoyés; sa guerre de plume avec la cabale, 387 à 390. Comment accueilli par le roi à la mort de Concini, 396. Accompagne la reine-mère en exil, 403. S'en éloigne, 432. Sa disgrâce, 449. Son rappel, 452. Ses relations avec la reine-mère, 458. Négocie la paix, 465. Conseil qu'il lui donne à la mort de Luynes, 499. Reçoit le chapeau de cardinal, 514, 515. Entre au ministère, 534 et suiv. Y maintient son rang comme cardinal; ses mesures à la chute de La Vieuville, 536 à 539. Son projet d'abaisser la maison d'Autriche; il expose ses vues au roi; négocie l'alliance de l'Angleterre; son succès; il fait secourir les Hollandais; refuse aux Anglais le passage par la France; soulève contre la ligue catholique le nord de l'Allemagne, 540 à 550. Il fait occuper la Valteline, 551. Négocie avec la Savoie le partage de la Ligurie; expédition qu'il fait faire au delà des monts, 552 à 556. Il parle d'amour à la reine, 558. Embarras que lui donnent les protestans; comment entend réduire la Rochelle, 559 à 565. Comment accueille les réclamations du pape; il convoque une assemblée de notables; puis une assemblée du clergé; subsides qu'il obtient; actes par lesquels il déclare la guerre; affaire Marini; il désire la paix, 566 à 572. Son ressentiment contre les Huguenots; ses échecs en Italie; ses doubles négociations; son traité avec les réformés; paix de Monçon avec l'Espagne; il trompe ses alliés, 573 à 582. Effets de son entrée au conseil; sa capacité; son portrait; il complique les affaires pour les rendre insupportables au roi; grands intérêts qu'il embrasse; sa politique à l'extérieur; son idée d'unité de pouvoir à l'intérieur; son influence sur la reine-mère; XXIII, 1 à 8. Complot des favoris et du frère du roi contre lui; ils lui sont dénoncés, 9 à 16. Comment sévit contre les conspirateurs; supplice de Chalais, 17 à 23. Sa politique à l'égard de Gaston et de la reine; courtisans qu'il fait congédier; son dessein d'anéantir les Huguenots; ses efforts pour relever la navigation et le commerce; il en prend la surintendance; il convoque une seconde assemblée de notables; dans quel but, 24 à 28. Son discours, 30. Obtient, comme malgré lui, l'aggravation des peines contre la rébellion; fait décréter la démolition des places de l'intérieur; coup hardi qu'il porte à la puissance de Rome; il rétablit les finances, 31 à 36. Ses débats avec l'Angleterre; son traité avec l'Espagne pour attaquer cette puissance; partis qui s'agitent contre lui; il sévit contre les duellistes; supplice de Boutteville, 37 à 46. Ses mesures pour secourir les îles de Rhé et d'Oleron, 50. Il assiége la Rochelle; il brouille Louis et sa mère; guerre générale qu'il pressent; négocie avec l'Angleterre; sa dureté; il n'accorde que la vie aux vaincus; dit la messe dans la place; abolit ses priviléges, 53 à 80. Pourquoi fait la guerre, 81 et suiv. Pourquoi soutient les prétentions du duc de Nevers sur Mantoue, 87 à 90. Se dispose à passer en Italie; intrigues qui l'entravent; il négocie en Espagne; décide le roi à partir; hait Marillac; son entrevue avec Condé; son activité; ses propositions au prince de Piémont; il force le pas de Suse, 93 à 105. Forme une ligue pour l'indépendance de l'Italie; son mécontentement contre Guise; se décide à sacrifier Eugène; ramène le roi en deçà des monts; fait la paix avec l'Angleterre, 106 à 112. Ses plans de campagne contre les Huguenots; les force au traité d'Alais; entre à Montauban; affaiblit Montmorency en Languedoc; priviléges de cette province qu'il supprime, 113 à 118. Ses luttes avec la reine-mère et le duc d'Orléans; apparentes réconciliations, 118 à 122. Il recherche l'alliance de Gustave-Adolphe; il soulève la diète contre Wallenstein; son envoyé en Italie; il se fait nommer principal ministre et se met à la tête de l'armée, 130 à 133. Fait la guerre au duc de Savoie; s'empare de Pignerol, 134 à 137. Ses mesures contre ce prince et contre les impériaux; ne veut pas que Louis passe les Alpes; contrecarré par la reine-mère; il négocie; remarque Mazarin; reste maître de Casal; met fin à la guerre de sa succession de Mantoue, 138 à 150. Nouvel orage contre lui; journée des dupes, 151 à 158. Suites de ce complot; il emmène le roi à Compiègne; fait exiler la reine-mère et force Gaston de sortir du royaume; gouverneurs qu'il remplace, 159 à 166. Il est au comble du pouvoir; son mémoire au roi; les reines ne lui font plus obstacle; sa maladie habituelle, 167 à 170. Succès de ses envoyés à la diète; il trompe l'empereur; traite avec la Suède; subsides qu'il donne à Gustave-Adolphe, 171 à 173. Ses promesses aux princes catholiques, 174, 175. Pourquoi conduit Louis à l'armée; ses conventions avec la Bavière et le duc de Lorraine, 179, 184. Membres du parlement pour lesquels il intercède; rigueurs auxquelles il emploie ce corps; il fait juger et exécuter Marillac, 185 à 190. Il fait réduire le duc de Lorraine; inquiétudes que lui donne Gaston; par qui le fait poursuivre, 195 à 197. Disgracie Valençay, 200. Le complot de Montmorency contre lui éclate; ses mesures; son triomphe; traité qu'il fait souscrire à Gaston; son opinion sur le traitement à infliger au maréchal, 198, 199; 201 à 211. Sa maladie; joie qu'elle cause et qu'il punit; il est chevalier du Saint-Esprit; par quels événemens sa politique extérieure modifiée, 214 à 217. Il resserre son alliance avec les Suédois et les protestans, 219 à 222. Il empêche les Hollandais de faire la paix; sa guerre contre la Lorraine; son but de pousser jusqu'au Rhin; son acharnement contre la reine-mère; assassins qu'il punit; il fait humilier la jeune reine, puis d'Epernon; son discours au lit de justice; comment envisage le mariage de Gaston, 222 à 233. Ses rapports avec les parlemens; *grands jours* de Poitiers; procès d'Urbain Grandier, 234 à 239. Sa correspondance secrète avec Wallenstein, 243. Impression que fait sur lui la mort de ce général; ses subsides aux Provinces-Unies; troubles qu'il veut exciter en Belgique; il fait flotter le drapeau français sur la rive gauche du Rhin, 244 à 246, 248, 249. Est prêt pour la guerre; a l'entrée de l'Allemagne et de l'Italie; sa réconciliation avec Gaston; il perd Puy-Laurens, 250 à 254. Constance de ses efforts contre la maison d'Autriche; sa supériorité sur d'Olivarès, 255 à 260. Prétexte que lui donne la captivité de l'électeur de Trèves pour déclarer la guerre; ses alliés; il renouvelle le traité avec la Suède; pourquoi divise le commandement, 261 à 267 et suiv. Il fait défendre la Valteline par Rohan, 274 et suiv. Ses opérations en Italie, 277 et suiv. Il fonde l'Académie française; ses prétentions littéraires, 280, 281. Sa seconde campagne; il crée de nouveaux offices; fêtes qu'il fait donner par la cour; ses rapports avec Gaston; opérations de guerre qu'il dirige, 283 à 286 et suiv. Sauve Saint-Simon, 288. Son découragement après la prise de Corbie; par qui ranimé; énergie qu'il montre, 291. Ressources que Paris lui offre; il reprend l'offensive; complot contre sa vie, 292 à 295. Il reprend Corbie, 296. Direction qu'il donne aux opérations en Italie, sur mer et aux Pyrénées, 297 à 302. Mauvais succès de ses négociations; accusé par l'opinion publique; ses expédiens financiers; sa foi en un alchimiste, 302 à 305. Sa vie encore menacée; fuite des conspirateurs; son faste; il construit le Palais-Royal; ses châteaux; il fonde à la Sorbonne un collége de gentilshommes; ses pensionnaires parmi lesquels est Corneille, 306 à 314. Il fait juger *le Cid* par l'Académie, 315. Il met Rohan dans la nécessité de capituler; ne lui pardonne pas, 316 à 319. Suite des opérations militaires, 320 à 322. Ne reconnaît pas le nouvel empereur, 323. Il n'a plus d'alliés en Allemagne, 324. Intrigue de jésuites contre lui; elle lui est révélée, 328 à 330. Il dénonce Monod à la régente de Savoie; isole Louis; découvre des lettres de la reine; l'humilie encore, 331 à 335. Sa tyrannie fiscale, 336 à 338. Ses succès divers; échec de Fontarabie; sa colère, 342 à 346. Il envoie Lavallette en Italie, 347. Son pouvoir; son système affermi par la naissance du Dauphin, 349 à 351. Il célèbre la félicité de la France; résultats qu'il a obtenus de la guerre; il n'ose avouer son dessein de la continuer, 355 à 357. Ses négociations particulières avec Olivarès; il entrave les négociations générales; empêche une réconciliation de la famille royale et le retour de la reine-mère; excite contre Charles 1er les puritains d'Écosse, 361 à 364, 368. Il fait condamner et exécuter en effigie le duc de Lavallette, 365 à 367. Nouvelle campagne qu'il ouvre; ses plans; ses négociations avec Weymar; mort de ce prince; il achète son armée, 369 à 372. Révolutions qui le rendent maître d'une partie du Piémont; par qui le fait défendre, 373 à 388. Son effort en Flandre, 389 à 392. Ses faibles résultats au Midi, 393 à 395. D'Enghien (le grand Condé) recherche sa nièce, 393. Mesures sévères que lui propose le chancelier à l'égard des révoltés de Normandie; demande le chapeau de cardinal d'abord pour Joseph, puis pour Mazarin, 398 à 400. Pourquoi place Cinq-Mars auprès du roi, 401 et suiv. Secondé par la révolte des Catalans, 404 et suiv. Traite avec eux; les amène à se soumettre à la France, 415 à 417. Son alliance avec Bragance, 421. Suite des opérations militaires, 421 et suiv. Il ne renforce pas l'armée d'Italie, 426. Son traité avec les princes de Savoie, 431 à 433. La régente récrimine contre lui; fêtes du mariage de sa nièce; nom qu'il donne à Cinq-Mars; pourquoi fait tenir un lit de justice, 434 à 444. Soumission du duc de Lorraine; condamnation de Vendôme; le cardinal veut réduire le comte de Soissons, 442 à 444. Il est informé de son complot avec les ducs de Bouillon et de Guise; ses mesures, 445 à 451. Accusations contre lui, 453. Il apprend la défaite de la Marfée et la mort de Soissons; reçoit la soumission de Bouillon, 456 à 459. La guerre le rend nécessaire au roi, 460 et suiv. Acte de férocité qu'il fait punir, 464. A qui destine la vice-royauté de Catalogne, 468. Disgracie Sourdis, 469, 470. Alliés qui lui échappent, 470 et suiv. Ses ordres à Guébriant, 475. Subsides qu'il obtient du clergé, 477. Opposition que soulève sa politique; tristesse du royaume; il défend à Cinq-Mars de se trouver dans aucun conseil, 479 à 482. Comment s'est attiré la haine de Fontrailles, 483.

Conspiration de Cinq-Mars contre sa vie, 484 et suiv. Il part pour le Midi, 494, 495. Ne voyage pas avec le roi; sa disgrâce semble prochaine; Cinq-Mars rejette un projet de le tuer, 497. Sa maladie; il dicte son testament, 498. Il fait révéler au roi le complot; comment en a eu connaissance, 503 à 505. Son retour; son entrevue avec le roi; il fait juger les conspirateurs; les emmène à sa suite, 506 à 511. Impatience universelle contre son joug, 515. Se fait porter dans une chambre mobile; son dépérissement; ses terreurs; il sait que le roi n'a point repoussé l'idée de le tuer; officiers dont il demande en vain le renvoi; acte qu'il concerte avec Louis, 520 à 523. Sa mort, 525 à 527. Ses obsèques; rigueurs dont l'opinion le rend responsable; déchaînement contre sa mémoire, 528 à 530. Déviations à son système, 532 à 534. A rendu difficile la position d'un conseil de régence; XXIV, 2 et suiv. Embarras de ses partisans, 6. Rôle auquel il a réduit le parlement, 10. Les *importans* veulent faire condamner sa mémoire, 20. Secours qu'il a donnés aux Hollandais, 180.

RICHELIEU (ARMAND-JEAN DUPLESSIS, DUC DE), général des galères; son expédition en Catalogne; XXIV, 134. Puis à Naples, 166, 167. Emprisonné en Provence, 269. Son mariage, 295, 296. Du parti de Condé, 403.

RICHELIEU (LE DUC, PUIS MARÉCHAL DE); sa trahison; sa captivité, sa délivrance; XXVII, 448, 449. L'un des roués de la nouvelle régence, 494. Pourquoi siége comme juge de Le Blanc, 534, 535. Son ambassade à Vienne; il impose à Riperda, 541, 542. Ses mémoires historiques; XXVIII, 3. Son désir de la guerre, 78. Aimé de la duchesse de Modène, 273. Corrupteur du roi, 165, 169, 255. Volontés royales que parfois il lui inspire, 275. Il l'accompagne à l'armée; le fait rejoindre par ses maîtresses, 309, 310. Disgrâce que lui attire la maladie du roi; il est rappelé, 315 à 319. Ses avertissemens à la favorite, 343. Elle lui écrit, 344. Lettres qu'il supprime, 345. Par qui veut remplacer Mme de Châteauroux, 347. Excite le roi à la guerre, 361. A part à la victoire de Fontenoi, 368. Défend Gênes, 445. Sa fureur, 477. Rigueurs qui lui sont prescrites contre les Huguenots; XXIX, 41. Ses ordres sanguinaires, 49 et suiv. Il prend Port-Mahon, 72 à 75. Emulation qu'il donne aux courtisans, 84. Sa mission près de l'archevêque, 98. Il n'a point de commandement en Allemagne, 126. Ses intrigues, 128. Il supplante d'Estrées, 129 à 132. Il fait capituler Cumberland à Closterseven; ses opérations; ses pillages, 132 à 135. Rôle de son armée, 138. Son droit de traiter mis en question, 149. Son rappel, 150. A charge au roi par son incrédulité, 272. A mission de réprimer le parlement de Bordeaux, 281. Sa parenté avec d'Aiguillon, 319. Est intimidé par Mme de Pompadour, 325. Bruit d'empoisonnement qu'il accrédite, 337. Il intrigue contre Choiseul, 399, 400. Introduit à la cour Mme du Barry, 408, 409. Ses soins au roi mourant, 502 à 508. Sa visite à Necker; XXX, 128. Adversaire de la reine, 253. Opposé à la convocation des notables, 328.

RICHEMOND (LE LORD DUC DE); éloge qu'il fait de Necker; XXX, 113. Est ministre, 223. Partisan de la paix, 226.

RICHEMONT forme des compagnies d'infanterie française; XV, 505.

RICHILDE, maîtresse, puis femme de Charles-le-Chauve; III, 187. Sa fuite; son accouchement après la défaite d'Andernach, 208. Accompagne son époux en Italie, 210. Sacrée comme impératrice, 211. Elle repasse les Alpes, 212. Opposée à Louis-le-Bègue, 225. Lui remet enfin les ornemens royaux, 226.

BICHILDE, veuve de Baudoin VI de Flandre; attaquée par Robert-le-Frison; se réfugie en France; IV, 411. Secours qu'elle obtient, 412. Défaite de son parti; se retire en Hainaut; continue la guerre; paix qui la termine, 413, 414.

RICHON défend contre Louis XIV le château de Vayres; est pendu; XXIV, 345.

RICOUSSE, ingénieur français, prépare la conquête de la Franche-Comté; XXV, 146.

RIDICOUX, jacobin; son projet de tuer Henri IV; son supplice; XXII, 47.

RIENZO (COLAS DE) rétablit la république à Rome; X, 337.

RIEUX (LE SIRE DE), maréchal de Bretagne; sa victoire sur les Anglais; XII, 206. Opération dans laquelle il seconde le duc d'Orléans, 224. Son expédition dans le pays de Galles, 244. Il est destitué, 380. Secours qu'il prête à Duchâtel, 541. Il menace Paris; XIII, 249. Ses succès en Normandie, 263, 264. Sa mort, 330.

RIEUX (LE MARÉCHAL DE) ligué contre Landois; XV, 5. Est nommé lieutenant-général du duc de Bretagne, 24. Ligues dans lesquelles il entre, 34, 40. Sa mission auprès de la dame de Beaulieu; il passe au parti du duc; ses succès, 46, 47. Son poste; sa fuite à Saint-Aubin du Cormier, 55, 56. Négocie avec le roi, 63. Est tuteur des enfans du duc François; est à la tête des affaires; associés qui sont portés à la guerre; ses embarras, 65, 66. Favorise les prétentions de d'Albret, 72. Refuse de recevoir à Nantes Dunois et Montauban, 74. S'oppose à la pacification de la Bretagne; hostilités de son parti, 90. Est informé du mariage de la princesse, 93. Signe un traité de réconciliation, 94. Ce qu'il obtient de Charles VIII, 95. Assiégé dans Rennes, 104. Part pour Naples, 158. Fait fuir l'armée sicilienne, 190. Son commandement en Roussillon; ses échecs, 411. Il défend la Bretagne contre les Anglais, 601.

RIEUX (DE), protestant tué à Jarnac; XIX, 48.

RIEUX (LE COMTE DE), tué à Castelnaudary; XXIII, 206, 207.

RIEUX (LE COMTE DE); ses voies de fait avec Condé; XXIV, 466.

RIGONTHE, fille de Chilpéric; son départ pour l'Espagne; sa marche; I, 368, 369, 370. Comment arrêtée en route, 377.

RIGORD, panégyriste de Philippe-Auguste; VI, 8. Quand s'arrête son récit, 497.

RINCON, agent de François Ier près de Soliman; XVI, 394. Ses négociations; XVII, 23 à 25. Son embarras, 31. Son zèle à réconcilier Venise et les Turcs, 80. Hostile à Charles-Quint, 91. Son voyage en France; il est assassiné en Lombardie, 97 à 99, 107, 110.

RIOM, amant de la duchesse de Berry, envoyé en Espagne; XXVII, 410, 411.

RIPERDA (LE BARON DE), ministre hollandais en Espagne; ses rapports avec Alberoni; XXVII, 274. Se fait Espagnol et catholique; sa faveur; son improbité; alliance de famille qu'il projette; traité qu'il conclut avec l'Autriche, 526 à 529. Ses rodomontades, 530. Richelieu lui impose, 541, 542. Son retour en Espagne; ses intrigues; ses imprudences; sa chute; ses indiscrétions; sa captivité; sa fuite à Maroc; il meurt musulman; XXVIII, 9 à 16. A ébranlé la morale publique, 185.

RIPUAIRES, Francs; I, 113. Leur loi, 199.

RIQUET (PIERRE-PAUL) entreprend le canal de Languedoc; XXV, 66, 67.

RIVIÈRE (BUREAU DE LA), secrétaire de Charles V; XI, 193. Poursuivi à la mort du roi; rentre en grâce, 320. Confident de Charles VI, 456. Son crédit sur lui, 536. Est ministre d'état, 544. But du voyage qu'il fait faire au roi dans le Midi, 562. Il dévoile les exactions du duc de Berry, 569. Les oncles du roi impatiens de le faire tomber, 589 à 593. S'oppose en vain à la restitution du comté de Foix, 599. Sa chute préparée; XII, 15. Il accueille le roi, 21. Son expulsion, 25, 27. Son emprisonnement; son exil, 34.

RIVIÈRE (JACQUES DE LA); son arrestation; son exécution; XII, 413, 421.

RIVIÈRE (LE CHEVALIER DE) prend part à la conquête de la Franche-Comté; XXV, 146.

RIZIO (DAVID), confident de Marie Stuart; est tué; XVIII, 491. Est l'agent du parti catholique, 494.

ROAIX (DAVID DE) donne asile au comte de Toulouse ; VI, 439.

ROBERSART (LOUIS DE) ; battu par Saintrailles ; XIII, 179.

ROBERT, roi de France, d'abord comte de Paris; bat les Normands; III, 325. Médiateur entre Charles et Rollon, 328. Parrain de ce dernier, 330. Offensé par Haganon, 344. Souverain maître de Paris et du duché de France; sa puissance, 349. Sa révolte; ses mouvemens militaires ; il se fait proclamer roi, 350, 351. Est tué près de Soissons, 352.

ROBERT II, roi de France, sacré à Reims ; IV, 41. Ses démêlés avec son père, 52. Derniers conseils de celui-ci, 78. Impossibilité de rien connaître de son administration, 84. Révolution dans l'Eglise sous son règne à laquelle il est étranger, 91. Prend possession du trône sans formes d'élection, 95. Son avénement n'apporte aucun changement à un gouvernement où l'autorité royale n'a plus aucune fonction ; par suite de l'inféodation et de la subinféodation de ses domaines propres, il n'y est même point libre de ses mouvemens ; à quoi se bornent ses occupations royales ; ses démêlés avec le clergé au sujet de la captivité d'Arnolphe et de son mariage avec sa cousine Berthe ; son second mariage, 102. Fables à ce sujet ; sa patience mise à l'épreuve par le caractère de sa seconde femme Constance ; sa douceur ; hymne qu'il compose ; sa dévotion ; ses aumônes qu'il cache à Constance ; ses sermens sur de fausses reliques, par horreur du mensonge ; se laisse dérober par charité les ornemens d'or de son manteau ; autres traits de charité et de simplicité ; où il faut, sous ce règne chercher l'histoire de France ; effort du peuple en Normandie pour secouer le joug, 97 à 111. Robert accuse l'évêque de Laon de trahison ; a recours au pape Sylvestre, 122. Son long règne contient en germe la fermentation universelle qui va se manifester, 124 et suiv. Absence de portée de sa politique ; la Bourgogne lui échappe ; ses expéditions contre cette province ; son repos pendant dix ans, 129 à 134. Prend le château de Melun ; excite l'inimitié d'Eudes de Blois ; ses favoris ; sa rupture avec Constance ; sa réconciliation, 136. Son entrevue avec Henri II ; assiége vainement avec lui Valenciennes ; ce fief lui échappe, 141, 142. Va rendre hommage à la tête de saint Jean-Baptiste, prétendument trouvée à Saint-Jean-d'Audely, 145. Fait poursuivre et brûler de nouveaux gnostiques, 148 à 152. S'empare de Sens et la restitue, 155 à 157. Son pèlerinage à Rome ; offrande qu'il dépose sur l'autel des apôtres ; son retour, 160, 161. Termine la guerre de Bourgogne ; est reçu à Dijon ; investit duc son second fils Henri et se contente d'une vaine suzeraineté, 163. Parallèle entre lui et l'empereur Henri II ; leur entrevue, 166, 167. Médiateur entre Richard et Eudes ; s'associe son fils aîné ; ses guerres avec lui ; leur réconciliation, 171 à 173. La couronne d'Italie lui est offerte ; cherche à enlever à l'empire la basse Lorraine ; renonce à ce double projet ; endure avec douleur les mépris du comte de Poitiers, 179 à 181. Abandonne Foulques pour Eudes avec qui il fait la paix, 183, 184. Mort de son fils aîné ; dissensions de famille sur sa succession ; fait couronner Henri ; sa guerre avec lui, 187 à 190. Sa mort, 195. Longueur de son règne, 197. La chevalerie a dû commencer sous lui, 199. Sous son règne la noblesse châtelaine s'est multipliée ; l'art de la construction des châteaux a fait des progrès, 200. Pourquoi a fait élever sa fille Adèle à la cour de Flandre, 208. N'a point compris qu'il devait être le premier chevalier du royaume, 209. N'a laissé aucun souvenir glorieux, 310.

ROBERT, roi de Naples, troisième fils de Charles II ; IX, 194. Usurpe la couronne ; sa lutte avec l'empereur Henri VII, 268 à 271. Accorde sa sœur en mariage à Louis-le-Hutin, 308, 309. Attire les Français en Italie, 385. Seconde les plans du pape Jean XXII, 432. Sa fidélité à la maison de France ; X, 30. Met obstacle à la réconciliation de l'empereur avec l'Eglise, 94. Conseil astrologique qu'il donne à Philippe de Valois, 154. Sa mort, 223.

ROBERT II (STUART), roi d'Ecosse (pour Robert Ier, V. *Bruce*). Son avénement; son alliance avec Charles v de France; XI, 151. Trêve qu'il fait avec les tuteurs de Richard II, 336. Renforcé par les Français; son expédition au nord de l'Angleterre, 459, 460. Sa mort; XII, 11.

ROBERT III, roi d'Ecosse; son avénement; XII, 11. Son accord avec la France pour faire cesser le schisme, 113. Sa trêve avec l'Angleterre, 207.

ROBERT II, duc de Bourgogne, roi de Thessalonique; fait partie de l'armée de Philippe-le-Hardi; VIII, 275. Est juge de Labrosse, 290. Sollicite vainement du pape la punition du beau-frère du condamné, 295. Seconde la reine-mère de France, 323. Forces qu'il commande dans le Midi, 395. Présent aux promesses que fait Philippe-le-Bel aux princes anglais, 479. Commande l'armée royale contre l'empereur élu, 491. Echappe au désastre de Courtrai; IX, 102. Son témoignage à l'assemblée de Paris, 120. Sa mort, 171.

ROBERT III, comte de Flandre, d'abord comte de Béthune; commande les croisés contre Manfred; VIII, 151. Arrive à Rome sans avoir combattu, 152. Sa prétendue mort en Catalogne, 368. Défend Lille contre Philippe-le-Bel; IX, 18. Evacue cette place, 21. Se retire à Bruges avec le comte Gui son père, 24. Sa défaite, 52. Sa captivité, 53. Sa mise en liberté; son avénement au comté de Flandre, 155. Assiste à l'assemblée de Poitiers, 188. Cité au parlement, 277. Ses luttes avec Louis X, au sujet de la cession des villes de la Flandre française, 277, 278. Ses hostilités; ses fils à Paris, 320. Est déclaré par les juges de Louis X contumace et rebelle, 321. Envahit l'Artois et se retire, 328. Mariages projetés pour son fils, 373. Ses projets de guerre; ses sujets s'y refusent; il fait hommage à Philippe V; réclame Lille, Douai et Béthune, 374. Refus qu'il essuie; il revient en Flandre, 375. Son retour à Paris; il abandonne les trois villes; accepte les conditions de Philippe V; il a fait étrangler Yolande sa seconde femme; il accuse d'empoisonnement son fils aîné, 376. Veut faire passer son héritage à son second fils; remet l'aîné en liberté, 377. Sa mort; ses efforts pour déshériter son petit-fils, 422.

ROBERT de Cassel, second fils de Robert III de Flandre; partialité de son père pour lui; IX, 377. Efforts de ce prince pour lui assurer son héritage, 422. Son neveu Louis ordonne de le tuer; il échappe, 424, 425. La souveraineté lui est offerte; il bat les Gantois, 426.

ROBERT (LE FORT), comte d'Anjou; sa grandeur naissante; ses succès contre les Normands et les Bretons; a reçu en récompense un duché qui s'étend de la Seine à la Loire; bat Louis, fils aîné de Charles-le-Chauve; III, 162. Comblé d'honneurs par le roi, 169. Ce qu'étaient ses victoires, 170. Son échec, 172. Est tué, 175.

ROBERT, duc de Bourgogne, fils aîné du roi Robert II; sa mère lui destine le trône; IV, 188. Fait la guerre à son père, 189. Ligue de sa mère en sa faveur, 211. Est confirmé dans son duché, 212. Oublié par les historiens, 215. Ne laisse pas trace de son existence, 311, 320. Epoque de sa mort, 466.

ROBERT (LE MAGNIFIQUE), duc de Normandie; son avénement; il chasse l'archevêque de Rouen; donne le jour à Guillaume-le-Bâtard; il devient l'arbitre de ses voisins; réconcilie le comte de Flandre avec son fils; IV, 192 à 194. Secourt Henri roi de France, 212. Reçoit de lui le Vexin, 214. Gloire de son règne; commencement de ses relations avec l'Angleterre; ses démêlés avec Canut-le-Grand; arme contre lui une flotte; jeté par les vents sur les côtes de la Bretagne; force le duc Alain à lui faire hommage; son pèlerinage en Terre-Sainte; il fait reconnaître son jeune fils; meurt; comment subjugué par Harlette de Falaise, 235 à 240.

ROBERT (COURTE-HEUSE), fils de Guillaume-le-Conquérant; son mariage; IV, 339. Ligué avec les révoltés contre son père; cause de leurs démêlés; son exil; ses voyages; ses déréglemens; il rentre en grâce, puis retourne en exil, 446 à 451. Son père lui laisse la Normandie, 478. Il en prend possession; sa prodigalité; fiefs qu'il vend à son frère Henri; parti qui se forme pour lui en Angleterre; écrasé, menacé à son tour; sa maladie; il achète le secours de Foulques-le-Réchin; a perdu sa bravoure; parti contre lui dans Rouen même; il prend la fuite; sauvé par Henri, 503 à 511. Se réconcilie avec Guillaume, 513. Vend son secours au sire de Breteuil, 521. Prend la croix, 533. Son départ; ses compagnons; secours qu'il prête au pape en Italie; s'arrête chez les Normands des Deux-Siciles; accueil qu'il y reçoit; s'y recrute des plus braves barons de Guiscard, 346 à 348. Débarque en Asie, 553. Son retour en Europe, 560. Etendue de ses domaines; V, 8. Où il apprend la mort de Guillaume-le-Roux; son mariage; reprend possession de la Normandie; attaque Henri; leur paix; débarque en Angleterre; sa frayeur; ses concessions; pourquoi ménagé par son frère, sa mollesse; cessions qu'il fait encore à son frère; attaqué par lui; vaincu à Tinchebray; dépossédé; captif jusqu'à sa mort, 33 à 47.

ROBERT (LE FRISON), fils de Baudoin v de Flandre; son expédition désastreuse en Gallicie; ses intrigues en Orient; s'établit dans la Frise; guerre entre lui et la famille de son frère Baudoin vi; sa victoire près de Cassel; fait fuir le roi de France; garde la Flandre; pacification; IV, 408 à 414. Fait assassiner Godefroi le Bossu, 461. En guerre avec Philippe; pourquoi, 519.

ROBERT (LE JEUNE), fils du précédent, prend la croix; IV, 533. Part avec Robert Courte-Heuse, 547. Débarque en Asie, 553. Etendue et richesse de ses domaines; V, 8. Ses guerres avec l'empereur; motifs de son alliance avec Louis-le-Gros; ses relations antérieures avec le roi d'Angleterre; présent à l'entrevue des deux rois, 101 à 103. Sa mort, 106.

ROBERT, évêque désigné de Chartres; chassé par Hildebrand; IV, 452.

ROBERT, frère utérin de Guillaume-le-Conquérant; seigneuries qu'il reçoit en Angleterre; IV, 443.

ROBERT, comte de Glocester, fils naturel de Henri 1er d'Angleterre; prête serment à Mathilde; V, 192. Assiste aux derniers momens de son père, 229. Se dispose à placer sa sœur sur le trône, 274, 275. La conduit en Angleterre, 275. Son zèle pour elle, 277. Est prisonnier et échangé contre Etienne, 278.

ROBERT, comte de Dreux, frère de Louis-le-Jeune, croisé à Vezelay; V, 307. Assiste à l'assemblée de Saint-Jean-d'Acre, 352. Son retour en Europe; intrigues qui le suivent, 360. Soupçons qu'il excite; conjuration sans éclat, sans effet, 361, 362. Ligué contre Henri Plantagenet, 382. Défend le domaine royal, 412.

ROBERT II, de Dreux, secourt l'évêque de Beauvais; VI, 323. Assemblée à laquelle il assiste, 327.

ROBERT III, comte de Dreux (GATEBLED), secourt l'évêque de Beauvais; VI, 323. Assiste à l'assemblée de Soissons, 327. Se rend à l'armée de Louis de France, 351. Prisonnier, 352. Est échangé, 365. Est au lit de mort de Louis VIII, 595. Assiste au sacre de saint Louis; VII, 24. Du parti des seigneurs; attaque le comte de Champagne, 101. Sa mort, 132.

ROBERT de Dol; son héritage et sa fille remis aux Plantagenets; V, 527.

ROBERT, comte d'Alençon, fait hommage à Philippe-Auguste; VI, 219, 220.

ROBERT, jacobin, albigeois converti, surnommé le Boulgre; ses fureurs en Flandre; VII, 179. Sa condamnation, 180.

ROBERT d'Anjou; épouse Yolande d'Aragon; VIII, 501, 502.

ROBERT de Bourgogne; comte de Tonnerre; prisonnier du Dauphin; IX, 431.

ROBERT, électeur palatin, empereur élu, reconnu par la cour de France; XII, 137, 138. Son impuissance, 176. Débilité de l'empire causée par sa rivalité avec Venceslas, 320. Époque de sa mort, 495.

ROBERT de Bavière, archevêque de Cologne; expulsé; Charles-le-Téméraire entreprend de le rétablir; XIV, 408, 409, 417.

ROBERT; son ascension en aérostat; XXX, 315.

ROBERTET (FLORIMOND), ministre de Louis XII; ses talens; XX, 532. Il veut réconcilier le roi et les Vénitiens, 612. Est nommé par François 1er principal secrétaire; XVI, 12. Rédige le traité d'Ardres, 113.

ROBINSON, envoyé anglais près de Marie-Thérèse d'Autriche; XXVIII, 228.

ROBUSTELLI (LE CHEVALIER) fait massacrer les protestans dans la Valteline; XXII, 518. Organise ce pays sous sa présidence, 522.

ROC (JEAN), émissaire de Charles-le-Téméraire; pourquoi mis à mort; XIV, 328.

ROCAFUERTE (LE COMTE), insurgé catalan; son supplice; XXIII, 465.

ROCCA-SPARVIERA (LES SIRES DE); leurs fiefs vaudois; XVII, 233.

ROCHAMBEAU (LE COMTE DE); avis qu'il donne à Richelieu, XXIX, 131. Ses opérations, 133, 260. Son expédition en Amérique; XXX, 182, 190 et suiv.

ROCHE-SUR-YON (CHARLES DE BOURBON, PRINCE DE LA); XVII, 363. Son commandement; ses opérations, 528. Son peu de crédit; XVIII, 107. Réconcilié avec Dandelot, 109. Sa mission près de Philippe II, 111. Fait seul accueil à ses cousins, 174. Il salue roi Charles IX, 186. Assiste à l'ouverture des Etats, 191. Cardinaux qui lui cèdent le pas, 225. Est surintendant de l'éducation du roi; conditions qu'il fait aux protestans, 239, 240. Edit qu'il force le parlement d'enregistrer, 255, 256. Sa bienveillance pour les protestans d'Orléans, 277. Et pour ceux de Bourges, 301. Entrevue à laquelle il assiste, 352. Est au lit de justice de Rouen, 396. Est du voyage du roi, 437. Sa mort, 454.

ROCHE-AYMON (LE SIRE DE LA) opposé aux Espagnols en Languedoc; XV, 249.

ROCHECHOUART (LE VICOMTE DE); ses terres ravagées par Chandos; XI, 118.

ROCHECHOUART (LE SIRE DE); sa fidélité au parti anglais; XI, 171. Il est prisonnier, 179.

ROCHECHOUART (LE SIRE DE), négociateur de Charles VIII; XV, 86.

ROCHECHOUART, protestant; tué à Jarnac; XIX, 48.

ROCHECHOUART (LE MARQUIS DE) prend possession du comtat Venaissin; XXIX, 376.

ROCHECOUR (L'ABBÉ DE); Louis XV lui demande l'absolution; XXIX, 113.

ROCHEFORT (GUI, COMTE DE) marie sa fille à Louis-le-Gros; quelle dot il lui donne, V, 21. Sa fureur à la rupture de ce mariage, 56. Sa défaite, 57. Destitué de sa charge de grand-sénéchal; fait la guerre à Louis; avec qui ligué, 79, 85.

ROCHEFORT (GODEFROI DE); sa guerre avec Mauléon; forcé à la paix par Louis-le-Jeune; V, 254.

ROCHEFORT (BERNARD-RAYMOND DE), évêque de Carcassonne; donne sa démission; VI, 403.

ROCHEFORT (LE SIRE DE); son hostilité envers les Anglais en Bretagne; ses négociations à la cour de Charles VI; XI, 324, 325.

ROCHEFORT (GUILLAUME DE) nommé chancelier de France; XIV, 622. Ordonnance qu'il signe, 636. Son discours aux Etats-généraux, 646, 647. Mécontente les députés du tiers-état, 673, 674. Calme leur agitation, 675. Joue les députés, 676 et suiv. Ordonnance qu'il signe; XV, 30. Opine pour la paix avec la Bretagne, 64. Sa réponse aux ambassadeurs de Maximilien, 116.

ROCHEFORT (GUI DE), chancelier; confirmé par Louis XII; établit le grand conseil; XV, 267, 268. Travaille à la réforme de la justice, 281. Reçoit l'hommage de l'archiduc Philippe, 283. Ses grandes qualités, 298, 299. Ses idées organisatrices, 363. Il cherche à brouiller Louis et Philippe d'Autriche, 440 à 443. Assiste aux Etats-généraux, 452. Parle au nom du roi; lit les articles du mariage entre François de Valois et la princesse Claude, 453, 457. Conseiller de la reine, 519. Ses derniers travaux; sa mort, 521.

ROCHEFORT (FRANÇOIS DE) fait évader de prison le roi de Navarre; XVI, 261.

ROCHEFORT (JACQUES DE SILLY, BARON DE), orateur de la noblesse aux Etats-généraux; son discours; XVIII, 199.

ROCHEFORT (LE SIRE DE) préside la noblesse aux États de Blois; XXX, 404.

ROCHEFORT, du parti de Condé; poste qu'il résigne; XXII, 289. Insulte un gentilhomme de la reine; poursuites contre lui; comment assoupies, 329, 330.

ROCHEFORT (LE MARÉCHAL, MARQUIS DE); ses opérations en Hollande; XXV, 249. Puis dans l'électorat de Trèves, 262. Lieutenant de Condé, 276. Sa promotion, 302. Sa femme est de la maison de la Dauphine, 395.

ROCHEFORT (LORD); son ambassade à Madrid; puis à Paris; XXIX, 391 et suiv.

ROCHEGUDE, calviniste; ses hostilités; XIX, 313.

ROCHEMORTE surprend Angers; sa mort; XX, 195.

ROCHEPOT défend Ardres; XVII, 199.

ROCHEPOT conspire contre Richelieu; XXIII, 308 et suiv.

ROCHES (GUILLAUME DES), du parti d'Arthur de Bretagne; le réconcilie avec son oncle Jean; pourquoi; le ramène à Philippe-Auguste; VI, 187, 188. Lieutenant de ce roi; son expédition, 231, 232. Forteresses qui lui sont confiées, 243.

ROCHES (PIERRE DES), évêque de Winchester; fait disgracier du Bourg; et domine à son tour le roi Henri III; VII, 118, 120. Est expulsé, 133. Propose de refuser de secourir les Sarrasins contre les Mogols, 197.

ROCHE-TENON (LE SIRE DE LA) secourt Beauvais; XIV, 362.

ROCHETTE, inquisiteur devenu protestant; brûlé vif; XVII, 11.

ROCHETTE, pasteur protestant; son supplice; XXIX, 51, 290 à 292, 296.

ROCKENDOLF; corps qu'il commande pour la France; XVII, 528. Sa mission près de Maximilien II, 560.

ROCKINGHAM popularise en Angleterre la cause des Américains; XXX, 141. Est ministre; sa mort, 223. Partisan de la paix, 226.

ROCROY (BATAILLE DE) gagnée par le duc d'Enghien sur les Espagnols; XXIV, 40.

RODA (JÉROME DE) se met à la tête des Espagnols dans les Pays-Bas; XIX, 486.

RODGAUDES, duc de Frioul; confirmé par Charlemagne; II, 248. Conspire pour rappeler Adalgise, 252. Sa mort, 253, 254.

RODNEY (L'AMIRAL) est chargé de bombarder le Havre, XXIX, 204. Il prend la Martinique et autres îles, 259. Ses victoires; ses échecs pendant la guerre d'Amérique; XXX, 188, 189, 211, 295 et suiv., 206 à 209, 225.

RODOLPHE ou RAOUL, roi de France; ligué avec Robert; III, 350. Proclamé roi; n'est point reconnu en Aquitaine; comment il règne, 355 à 357. Sa guerre aux Normands, 359, 360. Sa famille, 361. Reçoit l'hommage de la Provence, 362. Ses démêlés avec Héribert; sa guerre dans le duché de France; les guerres privées commencent sous son règne; il soumet les Normands de la Loire; dispose du comté de Vienne; se fait reconnaître par les seigneurs du Midi; part qu'il prend à la lutte entre Gislebert et Hugues; assiège Reims; défait les Hongrois; meurt; ne laisse point d'enfans; son héritage disputé et morcelé, 370 à 381.

RODOLPHE, duc de Souabe; élu roi de Germanie; IV, 455. Vaincu et tué, 456.

RODOLPHE Ier de Hapsburg, élu empereur; VIII, 244. Son ambassadeur prête en son nom, au concile de Lyon le serment de protéger l'Eglise, 252. Menacé par Philippe-le-Hardi, 256. Son entrevue avec le pape, 264. A qui destine le royaume d'Arles, 265.

Rétablit dans l'empire l'autorité des lois; acquiert l'Autriche; réduit le roi de Bohême; se prépare à humilier Charles d'Anjou, 284. Ses projets suspendus à la demande du pape, 285. Invoqué par la reine-mère de France, 301. Il fonde la maison d'Autriche; triomphe encore d'Ottocar; le pape recherche son alliance, 305. Efforts de ce pontife pour exciter les hostilités entre lui et le roi de Sicile, 306. Traité qu'il fait avec ce dernier, 313. Sa politique suivie par sa maison; il tend à établir son pouvoir dans la partie la plus barbare de l'Europe, 410. Son refus de toucher à l'Italie et d'y aller prendre la couronne impériale; sa répugnance analogue pour la partie occidentale et maritime de l'empire, 411, 412. Rançon que lui payent les Juifs, 433. Ses réclamations à l'égard du roi de France; à quel sujet, 448. Ses dernières intrigues; sa mort, 452, 453.

RODOLPHE II, empereur; son frère appelé dans les Pays-Bas; XIX, 490. Son ambassadeur lui rend compte de la santé de Henri III; XX, 108. Sa mollesse; ses vices, 156. Inquiétudes que lui donne l'armée qui doit intervenir en France, 257. Ne reconnaît pas d'abord Henri IV; XXI, 41. Hostilité de ce prince contre lui; XXII, 40. Aux prises avec son frère Matthias, 85. Leur traité, 141. Double ligue d'électeurs pour disposer de l'empire à sa mort, 166. Son désir de la paix, 168. Effroi que lui causent les apprêts de Henri IV, 179. Sa mort, 277, 443. Sa constance; son adresse à combattre la réforme, 438, 440, 442. Résultats de ses luttes avec son frère, 441.

RODOLPHE, duc de Bourgogne; son origine; III, 289. Se fait proclamer roi de Bourgogne; prétend à la Lorraine; s'en désiste; fait hommage à Arnolphe, 290. Attaqué par les Normands, les Hongrois et les Sarrasins, 320. Porte encore le titre de roi, 323. Sa mort, 539.

RODOLPHE II, fils du précédent; règne comme lui sur la Suisse, la Franche-Comté, partie de la Bourgogne; son règne n'est pas mieux connu, III, 361. Vaincu par Burchard; leur réconciliation; épouse sa fille; appelé à la couronne d'Italie, 364. Sa victoire; est roi de Lombardie, 365. Arrête les Hongrois au passage des Alpes, 366. Est dépossédé en Italie par Hugues de Provence, 368. Reçoit en échange la Provence et fonde le royaume d'Arles; fin de son règne, 369. Sa mort, 396.

RODOLPHE III (LE FAINÉANT), roi d'Arles; ses démêlés avec ses grands; maisons feudataires qu'affermit sa faiblesse; IV, 73 à 76. A quoi se réduisent les actions de son règne, 84. Ne songe point à s'opposer au partage de la Bourgogne, 131. Soumet son royaume à l'empire, 164, 165. Renouvelle ce traité, 182. Escorte Conrad empereur à son couronnement à Rome, 187. N'obtient guère d'obéissance de ses feudataires; sort à peine des montagnes de la Suisse, 221. A favorisé sa sœur Gerberge; il meurt, 222. Sa langue propre était l'allemand, 261.

RODOLPHE, duc d'Autriche; son mariage avec Blanche de France; IX, 44. Il la perd, 170. Effort de son père pour lui assurer la Bohême, 173.

RODOLPHE DE BAVIERE; prétendant à l'empire, est écarté; IX, 216. Son frère plus tard est élu, 332.

RODOLPHE, comte de Cambrai, du parti de Charles-le-Simple; se met sous la protection de Zwentibold; III, 312.

RODOLPHE, frère de l'impératrice Judith; tonsuré; III, 8.

RODOLPHE, chef normand; ses rivalités avec Roric; III, 184.

RODOLPHE, abbé de Saint-Waast; du parti d'Arnolphe; III, 291.

RODOLPHE, comte normand; combat des paysans soulevés; ses rigueurs; IV, 112.

RODOLPHE ou DRENGOTT, comte normand; ses démêlés avec le duc Richard; se rend à Rome pour obtenir justice; IV, 161. Est envoyé par le pape dans la Pouille; ses succès contre les Grecs; appelle d'autres Normands qui forcent le passage des Al-

Table générale de l'Histoire des Français.

pes et fondent le royaume des Deux-Siciles, 162.

RODOLPHE prêche la croisade en Allemagne; demande le massacre de tous les Juifs; V, 311.

RODRIGUE, dernier roi visigoth; II, 105.

ROGER, archevêque de Trèves; nommé grand chancelier de France; III, 349.

ROGER (COMTE), investi du comté de Laon; III, 370. Dépouillé par Louis IV, 399. Est comte de Douai; fait hommage à Othon; prisonnier de Louis, 408. En reçoit le commandement de Laon; fuit avec lui, 409. Sa négociation heureuse en Normandie; sa mort, 412.

ROGER, comte de Montreuil; en guerre avec le comte de Flandre; III, 463.

ROGER, comte de Troyes; prend le château de Dijon; III, 464.

ROGER, comte normand; se met au service de la comtesse de Barcelone; épouse sa fille; par quel odieux stratagème il force les Musulmans à la paix; IV, 159, 160.

ROGER, grand comte de Sicile; beau-père de Raymond de Saint-Gilles; IV, 466. Destine sa seconde fille au roi de France; l'envoie à Toulouse, 473.

ROGER, comte de Sicile, prend parti pour Anaclet; V, 222. Reçoit de lui le titre de roi, 224. Confirmé par Innocent II; Louis VII se concerte avec lui pour la croisade, 315. Promet son assistance, 319. Ses ambassadeurs à Etampes insistent pour que l'expédition s'embarque, 322.

ROGER (VICOMTE), chargé par le roi Etienne de rendre la justice en Normandie; V, 274.

ROGER, vicomte de Béziers; fait massacrer tous les habitans de cette ville; V, 472. Protége les Henriciens; soupçonné de l'être lui-même, 531. Est excommunié, 535. Attaque le comte de Toulouse; VI, 30. Sa cour, rendez-vous des troubadours, 159. Sa mort, 161.

ROGER (PIERRE), sieur de Cabaret; humanité de Simon de Monfort à son égard; VI, 392.

ROGER (GUILLAUME), frère du pape Clément VI; terres qu'il achète du Dauphin viennois; X, 223, 266.

ROGER (RAYMOND), comte de Beaufort, vicomte de Turenne; chef du parti de Duraz en Provence; XI, 564, 587. Ses progrès; XII, 62. Seconde Boucicault contre Benoît, 13, 112.

ROGER, pasteur protestant; son supplice; XXVIII, 357.

ROHAN (LE VICOMTE DE) assiste à la reddition de Thouars; XI, 177. Injonction qu'il fait au duc de Bretagne, 178. Sentiment qui l'a attiré dans les armées françaises, 280. Ne témoigne pas d'opposition à la réunion de la Bretagne, 282. Son hostilité envers les Anglais; ses négociations avec la cour de France, 324, 325. Assiste aux États de Bretagne, 502, 503. Ses hostilités contre le duc, 511.

ROHAN (LE VICOMTE DE), ligué contre Landois; XV, 5. Ses titres au duché de Bretagne, 33. Il se ligue avec la dame de Beaujeu, 40. La main de l'héritière du duché lui est proposée, 42, 47. Prétention qu'il fait valoir, 73. Cherche à enlever la jeune duchesse, 74. Sentence qu'il signe, 89. Est lieutenant de la Trémoille, 100. Ses fonctions en Bretagne, 159.

ROHAN (LE VICOMTE DE) est de l'armée de Henri II; XVII, 484. Est prisonnier, 486. Signe l'association protestante; XVIII, 282. Son entrevue avec la reine-mère, 291.

ROHAN (FRANÇOISE DE) répudiée comme protestante par le duc de Nemours; XVIII, 470, 471.

ROHAN (LES); René prend le commandement des Huguenots; XIX, 81. Jean échappe à la Saint-Barthélemy, 173. Le duc défend la Rochelle, 374. Le vicomte est lieutenant de Condé à l'attaque d'Angers; XX, 200 et suiv. Leur position en Bretagne; XXII, 11. Henri IV veut exclure leurs députés de l'assemblée des Huguenots, 116. Luynes allié à eux par son mariage, 431. Leur parenté avec la maison de Navarre, 218. Leur alliance avec les Chabot; XXIV, 105.

ROHAN (HENRI, DUC DE), gendre de Sully; son commandement à l'armée royale; XXII, 174. Son beau-père l'invite à se rapprocher de Paris, 195. Dirige l'expédition sur Juliers, 222. Ses idées d'indépendance, 229. Prend parti pour Conti, 232. Son attitude à l'assemblée de Saumur, 244 à 247. Comment conserve Saint-Jean-d'Angely, 257, 258. Signe l'acte d'union des églises réformées, 264. Se rend à la cour de Louis XIII, 290. Comment offensé, 345. Sa campagne en Guienne, 348 à 350. Conférences auxquelles il assiste, 356, 359. Obtient le gouvernement du Poitou, 366. Empêche les Huguenots de se soulever, 390. Passe en Savoie, 432. S'interpose entre la reine-mère et le roi, 448. Rejoint cette princesse, 462. Soulevé de nouveau, 480 et suiv. Commande en Guienne et en Languedoc, 484. Défend Montauban, 491. Sa constance, 505. Son entrevue avec Lesdiguières, 509. Son traité, 511. Violation dont il se plaint, 516. Il reprend les armes; ses opérations dans le Midi, 559 à 565. Resté seul en évidence; XXIII, 27. Excité par les Anglais, 43. Sa détresse, 51 à 53. Attendu à la Rochelle, 64. Devise que lui rappelle sa mère, 66. Son habile campagne en Languedoc, 69 à 72, 81. Son traité avec l'Espagne, 112 et suiv. Est reçu en grâce, 116. Sa campagne dans la Valteline, 274 et suiv., 298, 300, 315 et suiv. Récriminations et intrigues dont il est l'objet, 282, 283. Sa mort, 339, 340. Mariage de sa fille; XXIV, 105.

ROHAN (LA DUCHESSE DE), fille de Sully; gagne au parti huguenot le duc de Candale; XXII, 348. Elle défend Castres, 564. Est dans la Rochelle assiégée; XXIII, 63.

ROHAN-CHABOT (LE DUC DE), du parti de Condé; XXIV, 422, 423. Négocie, 442. Est excepté de l'amnistie, 473.

ROHAN-GUÉMÉNÉE (LE CHEVALIER DE); son complot contre Louis XIV; XXV, 281, 282.

ROHAN (LE CARDINAL DE) administre le viatique à Louis XIV; XXVII, 215. Son ambition, 300. Ses rapports avec Mme de Maintenon, 408. Il sacre Dubois, 421. Est nommé ambassadeur à Rome, 438, 440. A mission d'acheter le conclave, 441 et suiv. Prend place au conseil de régence, 460. Presse Alberoni de rentrer aux affaires, 502. Il réveille le zèle constitutionnaire, 538.

ROHAN (LE CHEVALIER DE), l'un des roués de la nouvelle régence; XXVII, 494. Insulte Voltaire; XXVIII, 180.

ROHAN (LE CARDINAL LOUIS DE), évêque de Strasbourg; ses mœurs; son ambition; haï de Louis XVI et de la reine; ses rapports avec la comtesse de Lamotte; XXX, 301 à 304. Affaire du collier, 305 et suiv. Son arrestation, 308. Sa punition; sa crédulité, 309 à 313.

ROHAN (LE DUC DE) figure aux assemblées des députés bretons; XXX, 382. Sa pension supprimée, 383.

ROHAULT (LE MARÉCHAL JOACHIM) est de l'armée royale; XIII, 512. Avis qu'il donne à Dammartin; XIV, 73. Désordres qu'il réprime, 90. Marche contre Charles-le-Téméraire, 178. Trahison d'un de ses affidés, 187. Il dissuade Louis du voyage de Péronne, 267. Défend Beauvais, 362 et suiv. Son procès; sa condamnation, 473 et suiv.

ROJAS (RUY DIAS DE), vice-amiral castillan; fait voile pour la Gallice après la victoire de la Rochelle; XI, 168. Ramène des troupes devant cette ville, 172. Bloque Bayonne, 238.

ROLAND, préfet de la frontière britannique, tué à la bataille de Roncevaux; II, 262. Conjectures sur ce célèbre paladin; ses exploits appartiennent vraisemblablement au temps de Charles-Martel, 263, 264. Sa gloire doit avoir quelque réalité, 264.

ROLAND, chef des Camisards; XXVI, 396.

ROLLAND, son rôle dans la Ligue; XX, 132. Soulevé par Guise, 343. Nommé échevin de Paris, 359. Est resté dans cette ville, 476.

ROLLEMARE (GUILLAUME DE) chargé par le roi Etienne de rendre la justice en Normandie; V, 274.

ROLLIN; miracles qu'il atteste; XXVIII, 56.

ROLLON ou RAOUL, duc de Normandie, maître de Rouen ; III, 204. Ses expéditions, 324. Assiége Paris ; fait une trêve ; remonte jusqu'en Bourgogne ; vaincu devant Chartres, 325. Sa fureur ; ses cruautés, 326. Reçoit l'offre d'une province de France, à condition de se convertir, 327. Fonde la Normandie ; épouse Gisèle, fille de Charles-le-Simple ; comme il rend hommage à ce roi 328, 329. Entre à Rouen ; reçoit le baptême, 330. Fait le partage de son duché selon le système féodal, 331. Fermeté de son administration ; se fortifie contre les pirates ; soumet les Bretons, 332. Petit nombre de ses compagnons, 337. Circonstances qui les entraînent dans la carrière de la civilisation, 338. Appelé au secours de Charles, 354. Ses sujets recrutent Ragénold, qu'ils abandonnent, 359, 360. Abdique en faveur de son fils, 371.

ROMAINS ; état des Gaules lorsqu'ils parviennent sur leurs frontières ; I, 3. Ne passent les Alpes que deux cent seize ans avant Jésus-Christ, 4. Ne s'établissent au delà des monts qu'en cent vingt-quatre avant Jésus-Christ ; soumettent les Gaules en dix ans, 5. S'assimilent les vaincus, 6. Ne peuvent plus recruter leurs armées, 16. L'emportent encore sur les Barbares par la force de la discipline, 29. Ne détruisaient jamais violemment les coutumes des peuples vaincus, 56. Leur génie fiscal ; leur système d'impôts, 67 et suiv. Leurs frontières, 73. Menacés au Nord par une foule de peuples belliqueux, 74. Leurs marchés d'esclaves alimentés par la guerre, 84. Fermés au 2e siècle, 86. Les Romains seuls dans l'antiquité ont adopté l'usage des noms de famille ; heureux effets de cette coutume, 89. Noms de la république éteints sous Théodose, 90. Distinction de naissance abolie par les empereurs ; vices et mollesse des nobles, 91. Tremblans pour leurs richesses, 92. Mettent leur point d'honneur à affranchir un grand nombre d'esclaves, 105. Imposent encore aux Barbares vainqueurs, 137. Partagent avec eux des terres, 141. Ne paraissent plus à l'armée, 156. Remplacés par les fédérés, qui suivent leur sort, 164. 165. Incorporés dans la nation des Francs, 190. Clovis devient leur chef, 191. Après la conquête habitent les villes, 198. Ne laissent aux champs que les colons et les esclaves, 199. Faible protection que leur accorde la loi salique, 200. Opulence de quelques villes, 206. Leur haine contre les Bourguignons ; ses causes, 207. Efforts de Gondebaud pour se les concilier, 208. Protection que leur accordent les Gombettes, 209. Rétablis dans leurs priviléges par Théodoric, roi des Ostrogoths, 217. Admis aux emplois sous les rois Francs, 353. Milices romaines dans les armées de Chilpéric, 354.

ROMANZOW (LE MARÉCHAL) ; ses victoires sur les Turcs ; XXIX, 491.

ROMONT (LE COMTE DE), lieutenant de Charles-le-Téméraire ; ses hostilités sur l'Yonne ; XIV, 365. En guerre avec les Suisses, 461. Renforce l'armée bourguignonne, 463. Ligué contre Louis XI, 537. Ménagemens de ce prince pour lui, 540. Il veut saisir l'autorité en Savoie, 551. Renforce Maximilien, 563. Satisfaction que lui donne la dame de Beaujeu, 582 ; XV, 13.

ROMUALD, fils d'Arigise ; envoyé en ambassade à Charlemagne ; II, 306. Est retenu prisonnier, 307. Mis en liberté, 308. Meurt, 309.

RONCEVAUX (BATAILLE DE) gagnée par les Gascons sur Charlemagne ; II, 261 et suiv.

RONNAY (HENRI DE) annonce à saint Louis la mort du comte d'Artois ; VII, 425.

RONQUILLO (DON FRANCISCO) ; ses opérations contre les Portugais ; XXVI, 429.

RONSARD ; poëte français ; ses efforts pour contenir les fureurs populaires contre les Huguenots ; sa gloire ; XVIII, 296.

RONSOI, gouverneur de la citadelle de Doulens ; XXI, 367, 370. Sa mort, 381.

ROOKE (LE CHEVALIER) ; flotte que Tourville capture sur lui ; XXVI, 137. Son expédition sur Cadix, 355 et suiv. Sur Barcelone, 430. Combat les Français en vue de Malaga, 431.

ROQUEBERTIN ; ses promesses à Sforza qui veut se livrer à lui; XV, 316.

ROQUEFEUILLE, amiral français ; chargé de débarquer le prétendant en Angleterre ; échoue ; XXXIII, 302, 303.

ROQUELAURE (LE MARÉCHAL DE), confident de la fuite de Henri de Navarre; XIX, 359. Son empire sur lui, 504. Le presse de changer de religion ; XX, 107. Mission que ce prince lui donne; XXII, 67. Ses déréglemens, 88. Il est dans le carrosse du roi à sa mort, 181. Est lieutenant-général de Guienne, 216. Confédéré avec la reine-mère, 462.

ROQUELAURE (LE DUC DE), prisonnier à la Marfée; XXIII, 455. Hostile à Mazarin, 440. Sa promotion, 498, 499.

ROQUELAURE (LE DUC, PUIS MARÉCHAL DE) réprime les Huguenots ; XXVII, 305.

ROQUE-SERVIÈRE tué à la bataille de Fribourg; XXIV, 68.

RORBACH (BERCHTOLD DE) brûlé vif pour avoir exagéré la douleur du Christ dans la Passion; X, 408.

RORIC, chef normand ; obtient un comté dans la Batavie; III, 104. Sa jalousie contre Rodolphe ; parti que Charles-le-Chauve en tire, 184.

ROSA (JACQUES); son ermitage au Plessis-les-Tours ; XIV, 621.

ROSBACH (BATAILLE DE) gagnée par Frédéric sur les princes d'Hildeburghausen et de Soubise; XXIX, 139 et suiv.

ROSE BLANCHE, nom du parti d'York; XIV, 51.

ROSE ROUGE, nom du parti de Lancastre ; XIV, 52.

ROSE (GUILLAUME), évêque de Senlis; l'un des orateurs de la ligue; XX, 135, 428. Exaltation qu'il produit dans Paris assiégé; XXI, 68. Il prêche une nouvelle Saint-Barthélemy, 129. Ses invectives contre le Béarnais, 163. Assemblée à laquelle il assiste; sa sortie contre les prétentions de Philippe II, 190, 191. Il quitte Paris, 267. Arrêt rendu contre lui par le parlement; XXII, 48.

ROSE (LE CHEVALIER); son courage pendant la peste de Marseille; XXVII, 429.

ROSEBECQUE (BATAILLE DE) gagnée par Clisson et Charles VI contre les Flamands commandés par d'Arteveld ; XI, 393 à 396.

ROSNE (DE), lieutenant de Guise à Châlons; chassé de cette ville; XX, 487. Mission que lui donne Mayenne, 497. Il défend Paris ; XXI, 34. Rejoint Mayenne, 81. Engagement qu'il signe, 237. Lieutenant de Fuentès, 360. Prend Calais, 423 à 426.

ROSNIEVEN (LE SIRE DE) accepte la mission d'assassiner La Trémoille ; XIII, 224.

ROSSANO (LE PRINCE); sa longue résistance aux Aragonais; XV, 408.

ROSSEM (MARTIN VAN), maréchal de Gueldre ; armée qu'il rassemble ; XVII, 116. Il bat le prince d'Orange, 117. Est renforcé par les Français, 118. Est chargé de couvrir la Picardie, 124. Il bat les impériaux à Sittard, 146. L'empereur demande qu'il passe à son service, 151. Il se rend à l'armée impériale, 197. Ses hostilités ; ses cruautés en Champagne; sa retraite, 458, 459.

ROSSIEUX, Guisard; soulève Orléans; XX, 475.

ROSSO DEL ROSSO de Florence appelée à la cour de François Ier; XVI, 355.

ROSS ou ROSE (LE MARÉCHAL), d'abord colonel des Weymariens; sa retraite ; XXIV, 46. Il manœuvre contre Mercy, 82. Prisonnier à Marienthal, 83. Expédition dont il est chargé ; XXVI, 42.

ROTHAD, évêque de Soissons; déposé par Hincmar; replacé par le pape; III, 148.

ROTHARD, évêque de Strasbourg; du parti de Louis IV; III, 402. Exilé puis gracié par Othon, 405.

ROTHENBOURG (LE COMTE DE) est envoyé par Frédéric près de Louis XV; XXVIII, 306.

ROTHILDE, belle-mère de Hugues de France; dépossédée de l'abbaye de Chelles; III, 349.

ROTHRUDE, fille de Charlemagne;

il la destine à Constantin v; II, 285. Le contrat signé et confirmé par des sermens; instituteur grec donné à la jeune princesse alors âgée de huit ans, 288. Ce mariage n'a point lieu, 328. Sa mort, 411.

ROTROU, comte du Perche; prend la croix; IV, 533. Part avec Robert, 545. Fait la guerre en Espagne; V, 168. Sa veuve épouse Robert de Dreux; son fils entre dans la conspiration de ce prince, 361.

ROTRUDE, femme de Charles-Martel; mère de Carloman et Pépin; II, 149.

ROTTAN; pousse Henri IV à se convertir; XXI, 200.

ROTTEMBOURG (LE COMTE DE) est envoyé par Louis XV en Espagne; XXVIII, 37 et suiv.

ROUANNÈS (LE DUC DE) renforce Lesdiguières en Piémont; XXII, 421. Déclaré criminel de lèse-majesté; XXIII, 164. Sa condamnation, 186.

ROUCI (ALAIN DE) amène des renforts à Simon de Monfort; VI, 402. Fait périr le roi d'Aragon à la bataille de Muret, 421, 422.

ROUÉS (LES), compagnons de plaisir du régent; d'où ce nom; XXVII, 225.

ROUHAULD, capitaine catholique; tente de surprendre la Rochelle; XIX, 257.

ROUHET (LA DEMOISELLE DE); promesses qu'elle fait au roi de Navarre au nom de la reine-mère; XVIII, 188. Assiste ce prince à son lit de mort, 346.

ROUILLÉ, négociateur de Louis XIV avec la Hollande; XXVII, 75 et suiv. Ses propositions au roi d'Espagne; 111.

ROUILLE (ANTOINE-LOUIS) est nommé ministre de la marine; XXVIII, 477. Puis des affaires étrangères; XXIX, 60. Conseil secret auquel il est admis, 78. Sa retraite, 90. Présent à la torture de Damiens, 110.

ROUSSEAU (JEAN-JACQUES); apparition de ses écrits; XXVII, 380; XXVIII, 482; XXIX, 270; XXX, 263.

ROUSSEL (ALEXANDRE), pasteur protestant; son supplice; XXVIII, 60.

ROUSSILLON forme des compagnies d'infanterie française; XV, 505.

ROUVILLE (JEAN DE), chancelier de Bretagne; envoyé en Angleterre; XIV, 133, 149. Accompagne Charles-le-Téméraire, 172. Sa fuite à la bataille de Montlhéry, 179. Reçu en grâce par Louis XI, 207. Sa mission auprès de lui, 209.

ROUVRAI, victime de la Saint-Barthélemy; XIX, 165.

ROYE (BARTHÉLEMI DE), exécuteur testamentaire de Philippe-Auguste; VI, 525.

ROYE (REGINALD DE) seconde Nogaret dans la capture des Templiers de Paris; IX, 200.

ROYE (MATHIEU DE) commande une chevauchée autour de Courtrai; X, 163. Seconde Charles de Blois en Bretagne, 217. Met Poitiers en état de défense, 475. Est otage du roi, 578. Danger qu'il court à la rupture de la paix; il est remis en liberté; XI, 101, 102.

ROYE (TRISTAN DE); renfort qu'il conduit en Castille; pillage dont il profite; XI, 472, 473.

ROYE (LA DOUAIRIÈRE DE), belle-mère du prince de Condé; avis qu'elle lui transmet; XVIII, 167, 170. Son arrestation, 177. Elle est déclarée innocente, 212. Elle se retire en Allemagne, 279.

ROYE (ÉLÉONORE DE), princesse de Condé; avis qu'elle donne à son mari; XVIII, 171. Rejoint le prince à Orléans, 279. Y garde le connétable prisonnier, 360. Son entrevue avec la reine-mère, 366. Sa mort, 411.

RUBBI (LE MARQUIS), lieutenant de l'empereur en Sardaigne, dépossédé par les Espagnols; XXVII, 287 et suiv. Vice-roi de Sicile; est expulsé; XXVIII, 119.

RUBEMPRÉ (LE BATARD DE), aventurier au service de Louis XI; soupçonné de vouloir enlever Charles-le-Téméraire; arrêté par lui, XIV, 148. Sa mission expliquée par le roi, 149. Louis le fait réclamer, 150 et suiv. Sa parenté avec les de Croy, 156. Capitule à Roye, 360.

RUBEMPRÉ (JEAN DE) rend Nancy au duc René; XIV, 482, 483, 487,

488. Tué à la bataille de Nancy, 494.

RUBEMPRÉ (ANDRÉ DE), favori du cardinal de Bourbon ; gagné par Guise; XX, 125.

RUCCELLAI (HORACE), ambassadeur de Toscane à la cour de France; fête que lui donne la reine-mère; XX, 457.

RUCCELLAI (L'ABBÉ) contribue à l'évasion de Marie de Médicis ; la quitte; XXII, 450, 452.

RUFFEC (LE SIRE DE) ; troupes qu'il commande; XIV, 351.

RUFFEC, chef catholique, défend Poitiers ; XIX, 60.

RULECOURT (LE BARON DE) ; son expédition sur Jersey ; il est tué ; XXX, 196.

RUPERT, prince palatin ; battu en mer par Ruyter; XXV, 113. Prend l'ascendant sur lui; repoussé par la tempête, 250.

RUSCA (LUCCHINO). V. *Valperga*.

RUSE de Beaulieu est nommé secrétaire d'état; XX, 400. Acte qu'il souscrit, 422. Assiste aux derniers momens de Henri III, 543.

RUTHVEN (MORTON), complice du meurtre de Rizio; sa fuite; XVIII, 491, 492.

RUTLAND (LE COMTE DE), négociateur en France; XII, 78; XIII, 175, 206, 207.

RUSSEL (L'AMIRAL) ; ses opérations dans la Méditerranée ; XXVI, 152, 153, 173, 197, 207.

RUVIGNY (LE MARQUIS DE), lord Galloway ; émigré protestant ; assiége Casal ; XXVI, 172. Son commandement en Portugal, 430, 449. Il entre vainqueur à Madrid ; XXVII, 20. Ses opérations ; il perd la bataille d'Almanza; est blessé, 22 à 26. Vaincu à la Gudina, 89, 90. Où se recrute, 138.

RUYTER (L'AMIRAL) conduit en Hollande deux vaisseaux français; XXIV, 528. Commande la flotte ; sa victoire sur les Anglais; son échec; ses manœuvres; XXV, 110, 113 à 115. Il force l'entrée de la Tamise ; ses succès, 120, 121. Est du parti aristocratique, 230. Livre la bataille de Solebay, 238, 239. Aux prises avec le prince Rupert, 250. Livre encore trois grandes batailles, 264. Echoue à la Martinique, 281. Ministres protestans qu'il tire de captivité, 321. Son expédition en Sicile; il livre la bataille de Montgibel ; sa mort, 333 à 336.

RUYZ (SIMON), premier chambellan de Castille ; brûlé vif; VIII, 279.

SAB

SAARBRUCK (LE COMTE DE); son secours invoqué par Philippe de Valois; X, 282. Est conseiller du Dauphin, 422. Prisonnier à la bataille de Poitiers, 466. Sa négociation en Angleterre; XI, 100. Puis à Bruges, 224.

SAARBRUCK (AIMÉ, COMTE DE); renfort qu'il amène aux Armagnacs; XII, 443. Sa mort, 449.

SAARBRUCK (ROBERT DE), damoiseau de Commercy; ses ravages; XIII, 377. Charles VII lui pardonne, 378.

SABATIER DE CABRE, conseiller au parlement, demande la convocation des Etats-généraux ; XXX, 359. Son

SAC

arrestation, 364, 365. Son exil, 367.

SABLEUIL (ROBERT DE) aux prises avec Geoffroi Plantagenet ; V, 233.

SABRAN (LE COMTE DE), envoyé par Richelieu à l'empereur ; XXIII, 133.

SACCHETTI (LE CARDINAL DE), candidat à la tiare ; est exclu ; XXIV, 78.

SACCHIA (BERTRAND) livre Marano aux Français; XVII, 96.

SACIERGE (PIERRE DE); ordonnance qu'il signe; XV, 30. Négociateur de Charles VIII, 86. Voy. *Amboise (Louis d')*.

SACKVILLE (NIGEL DE), excommunié par Thomas Becket; V, 479.

SACKVILLE (LORD GEORGES) atténue la victoire de Minden; XXIX, 197, 198.

SACY, l'un des solitaires de Port-Royal; XXV, 78, 139. Mis en liberté, 141.

SAGEBRAN (henri), moine; opérations magiques que Robert d'Artois lui confie et qu'il révèle; X, 75, 76.

SAGITTAIRE, évêque, du parti de Gondowald; I, 383. Est tué, 386.

SAINT-AIGNAN (le duc de) est gouverneur de Berry; XXIV, 303. Ses égards pour la princesse de Condé, 322.

SAINT-AIGNAN (le duc de), ambassadeur français en Espagne; faction qui s'appuie sur lui; XXVII, 317. Soupçonné par Alberoni, 325. S'échappe de Madrid, 366. Rentre en France, 370.

SAINT-ALBAN (le duc de); son ambassade à Paris; XXVI, 232.

SAINT-ALVIRE (le marquis de) est de la Fronde; XXIV, 323.

SAINT-ANDRÉ (le sire de) contribue à la bataille de Guinegatte; XIV, 562, 564. Commande les troupes royales; XV, 37 à 40. Lieutenant de la Trémoille; 51, 100. Contient les Espagnols en Roussillon, 240. Ses hostilités; ses succès arrêtés par une trêve, 249, 250.

SAINT-ANDRÉ (le maréchal) est de la maison du Dauphin; XVII, 67. Se rend en Piémont, 184. Banni de la cour, 257. Méfiance de François Ier à son égard, 302. Est du conseil royal, 305. Est nommé maréchal, 308. Il pourvoit sa nombreuse famille, 311. Excite la haine du roi contre la mémoire de son frère, 313. Son zèle catholique, 344. Il est de l'armée royale, 481. Son commandement, 527. Ses opérations, 528. Il attaque sans succès l'armée impériale à Germigny et Givet, 554, 555. Il accourt à l'armée de Champagne; XVIII, 47. Comment secourt Saint-Quentin, 50. Est prisonnier, 53. Ses négociations pour la paix, 76, 82. Il est nommé commissaire, 83. Il assiste à l'assemblée des notables, 161. Révolte dans son gouvernement de Lyon; sommes qu'il en tire, 168, 169. Il salue roi Charles IX,

186. Médiateur entre la reine-mère et les Guises, 189. Assiste à l'ouverture des Etats, 191. Pourquoi s'emploie à réconcilier les Guises et Montmorency; il forme avec eux le triumvirat, 210 à 212. Assiste à la réunion du conseil et du parlement, 218 à 220. Il repousse toute idée de tolérance, 252. Refuse de s'éloigner de la cour, 258. Rappelle les Guises, 261. Son arrogance, 266, 267. Son entrée à Paris, 270. Il presse la reine de se déclarer pour le parti, 274. Il s'éloigne de la cour, 290. Ses opérations en Poitou; il rejoint l'armée royale à Bourges, 298 à 301, 303. Ne peut arrêter d'Andelot; défend Corbeil, 351. Tué à Dreux, 358.

SAINT-ANDRÉ (jean); son discours aux Etats-généraux; au nom du parlement; XVIII, 70. Dénonciation calomnieuse qu'il accueille contre les religionnaires, 118.

SAINT-ANDRE (le prieur de) en Ecosse; prend les armes pour la cause protestante; XVIII, 133.

SAINT-ANDRE, gouverneur catholique de Nîmes; surpris et tué; XIX, 77, 78.

SAINT-AUBIN DU CORMIER (bataille de), gagnée par Louis de la Trémoille sur le duc d'Orléans; XV, 54 à 56.

SAINT-AUNAIS (le marquis de) commande en Catalogne; XXIV, 574.

SAINT-BLANCARD (le baron de), officier de marine de François Ier; rallie la flotte de l'empereur; XVII, 9. Assiste Barberousse, 24.

SAINT-CHAMANS livre Château-Thierry à Henri IV; XXI, 304.

SAINT-CHAUMONT (le marquis de), ambassadeur de France à Rome; ne s'oppose pas à l'élection d'Innocent x; XXIV, 78.

SAINT-CONTEST (barberic de) est ministre des affaires étrangères; sa mort; XXIX, 60.

SAINT-COSME, chef huguenot, s'empare de Nîmes; XIX, 77, 78.

SAINTE-CROIX (le cardinal de), légat du pape en France; sa médiation pour la paix; XIII, 205, 232. Assiste au congrès d'Arras, 250. Ses efforts pour réconcilier les maisons de France et de Bourgogne, 254, 255.

SAINTE-CROIX, complice de la Brinvilliers; XXV, 401 et suiv.

SAINTE-CROIX (LE CHEVALIER DE) capitule à Belle-Isle; XXIX, 254.

SAINTE-GEMME prend le commandement de Poitiers pour les Huguenots; XVIII, 300.

SAINTE-HELÈNE, l'un des juges de Fouquet; opine pour la mort; XXV, 74.

SAINTE-HERMINE, chef huguenot, est reçu à la Rochelle; XVIII, 521.

SAINTE-MALINE porte à Guise le premier coup; XX, 462.

SAINTE-MARIE est de la conjuration d'Amboise; XVIII, 141.

SAINTE-MÊME assiége Brouage; XX, 197. Sa retraite, 206.

SAINT-ETIENNE poignardé comme protestant; XVIII, 308.

SAINT-EVREMOND; sa disgrâce; son enthousiasme pour Louis XIV; XXV, 356.

SAINT-GELAIS, huguenot; ses hostilités; XIX, 418. Conduit les débris de l'armée de Condé; XX, 204, 205. Marche sous les drapeaux de ce prince, 212. Surprend Niort, 508.

SAINT-GENIÈS, complice du duc du Maine; son arrestation; XXVII, 369.

SAINT-GENIS, député du roi de Navarre aux Etats de Blois; XIX, 417.

SAINT-GEORGES (DE), chef d'escadre français; sa défaite; XXVIII, 450.

SAINT-GERAN s'offre à venger Marcillac; XXII, 330. Contribue à l'arrestation de Condé, 376. Récompense que lui promet Marie de Médicis, 379.

SAINT-GERMAIN défend Etampes contre Henri III; son supplice; XX, 534.

SAINT-GERMAIN (LE COMTE DE) est de l'armée d'Allemagne; XXIX, 121, 127. Ses projets de réforme militaire, 152, 153. Il est nommé ministre de la guerre; ses précédens; ses aventures; son exil; son mysticisme chevaleresque; XXX, 59 à 64. Sa fougue réformatrice; frein qu'y met Maurepas, 80 et suiv. Peines corporelles qu'il prescrit; il s'aliène l'armée, 84.

SAINT-HÉRAN, gouverneur d'Auvergne; ordre qu'il reçoit de la reine-mère; XIX, 23. Refuse de faire massacrer les Huguenots, 176.

SAINT-HILAIRE (LE GÉNÉRAL), blessé du même boulet qui tua Turenne; XXV, 296, 297.

SAINT-IBAL conspire contre Richelieu; XXIII, 294, 295. Est de la cabale des importans; XXIV, 20. Ses liaisons avec Gondi, 236.

SAINT-JACOB SUR LA BIRSE (BATAILLE DE), gagnée par le Dauphin (Louis XI) sur les Suisses; XIII, 428 et suiv.

SAINT-JACQUES SUR LA SILLE (BATAILLE DE), gagnée par les montagnards suisses sur les Zuricois; XIII, 426.

SAINT-LÉGER, commandant au Catelet; se rend; sa disgrâce; XXIII, 288.

SAINT-LUC, mignon de Henri III, attaque Bussy; XIX, 474. Propos de Maugiron à ses noces, 476. Terreur qu'il cause au roi; dans quel but; sa disgrâce, 521. Est assiégé dans Brouage; XX, 193, 194. Avantages de Condé sur lui, 212. Cède au Navarrais, 213. Prisonnier à Coutras, 276, 277. Parti que Condé espère tirer de sa capture, 284. Sa lassitude de la guerre; XXI, 198. Introduit des troupes dans Rennes, 236. Son entrevue avec Brissac, 258. Il entre le premier dans Paris, 262. Demande à Elisabeth de secourir la Bretagne, 309. Est nommé grand maître de l'artillerie, 385. Remplacé en Bretagne, 435. Il est tué, 467.

SAINT-LUC est de l'intimité de Marie de Médicis; XXII, 207.

SAINT-MAIGRIN; levées protestantes qu'il amène à la Rochelle; XIX, 31.

SAINT-MAIGRIN combat au faubourg Saint-Antoine; XXIV, 453 et suiv.

SAINT-MARC (CARDINAL DE), légat de Martin V; XII, 534 à 536. Conseil dont il fait partie, 543. Sa médiation entre les partis en France, 555, 556. Voy. *Orsini*.

SAINT-MARTIN; sa constance à défendre Vincennes pour Henri III; XX, 483.

SAINT-MARTIN, conseiller au parlement; son arrestation; XXVII, 357.

SAINT-MESGRIN, mignon de Henri III, attaque Bussy; XIX, 474. Est assassiné par ordre de Guise, 500.

SAINT-OLON, résident de France à Gênes; offense cette ville; XXV, 464 et suiv.

SAINT-PAUL est de la ligue; XX, 131. Barricades qu'il pousse en face du Louvre, 348. Commande en Champagne, 501. Renfort qu'il amène à Mayenne; XXI, 51, 81. Ravitaille Paris, 75, 76. Est maréchal de la ligue; engagement qu'il signe, 237. Défend Reims contre le parti royal, 249. Guise le tue, 287 à 289.

SAINT-PAUL (LE COMTE DE) est du tiers-parti; XXI, 111. Entre à Paris avec le roi, 263. Est gouverneur de Picardie, 364. Aux prises avec Fuentès; battu à Doulens, 365 à 369. Quitte l'armée, 370. Sa réputation militaire compromise, 382. Ses vains efforts pour entrer dans Calais, 424. Est gouverneur de Picardie; XXII, 216. Descend de Dunois, 218. Cède son gouvernement à son neveu, 282. Prend parti pour la reine, 348. Effet de sa soumission, 349. Combat les Huguenots, 486. Sa mort; XXIII, 189.

SAINT-PIERRE (EUSTACHE DE); son dévouement pour la ville de Calais; X, 330 et suiv. Il prête serment à Edouard III, 334.

SAINT-PIERRE (LE SIRE DE); le connétable Saint-Pol lui est livré; XIV, 457. Lettres que lui adresse Louis XI, 458. L'un de juges de Nemours; a part d'avance à ses dépouilles, 536. Instructions que lui donne le roi, 566.

SAINT-PIERRE (L'ABBÉ DE); sa polysynodie; XXVII, 243. Fréquente le club de l'entre-sol; XXVIII, 187.

SAINT-POL (WALLERAND DE LUXEMBOURG, COMTE DE); troupes qu'il commande en Hainaut; XI, 101. Rejoint le duc de Bourbon, 134. Rappelé à la cour, 319, 320. Son échec au château de Merk; XII, 230. Est du parti bourguignon, 360, 361. Nommé connétable, 380. Est du conseil royal, 385. Envoyé en Picardie, 387. Ordonnance qu'il signe, 419.

SAINT-POL (PIERRE DE LUXEMBOURG, COMTE DE); sa fille épouse Bedford; XIII, 218, 219.

SAINT-POL (LOUIS DE LUXEMBOURG, COMTE DE), connétable de France; éducation que lui donne son oncle; XIII, 227. Son entrée à Arras, 250. Le roi lui demande pleine et entière obéissance; il s'engage à obtenir la paix, 378 à 380. Il seconde le Dauphin, 406. Conseil auquel il assiste, 421, 440. Renfort qu'il amène à Dunois, 485, 486. Il est appelé au siège de Rouen, 488. A celui de Caen, 504. Auteur présumé des *Cent Nouvelles nouvelles*, 588. Ses débats avec Philippe-le-Bon; il presse Charles VII de faire la guerre à ce prince; XIV, 9, 10. Demande asile au roi pour le comte de Charolais, 61. Réconcilié avec le duc et les de Croy, 84. Envoyé par Charles en Bretagne, 138. Sommé par Louis XI; vient à sa cour et lui fait hommage, 146, 147. Prend la défense du duc de Bretagne, 153. Engagé dans la ligue du *bien public*, 154. Est l'agent le plus actif du complot, 160. Nombreux partisans qu'il entraîne, 167. Il commande l'avant-garde de Charolais, 168. Ses demandes, 169. Il occupe Montlhéry, 173. Prend part à la bataille de ce nom, 174, 177, 178. Conseille de faire retraite, 179. Négociateur du parti, 185. Son entrevue avec le roi, 187. Inquiétude que Charolais lui donne, 190. Il est nommé connétable, 192. Prête serment pour son office, 199. Louis le marie à sa belle-sœur; fief qu'il lui assure, 210. Il accompagne Charolais à Dinant, 215. Négociateur entre lui et le roi, 235 à 237. Comment offense le Téméraire, 250. Ses cruautés, 259. Il encourage Louis à négocier, 264. L'accompagne à Péronne, 268. Sa mission auprès du duc de Guienne, 295. Chevalier de Saint-Michel, 296.

Avis qu'il donne au Téméraire, 308. Est de l'assemblée des notables, 319. Sa politique tortueuse; ses griefs contre Louis et contre Charles; ses plans, 322, 323. Il surprend Saint-Quentin, 326. Ses intrigues; ses mouvemens militaires, 331. Son désappointement, 333. Trahi par Louis, 349, 355, 376. Envahit la Picardie et l'Artois, 371. Ordre que lui donne le roi, 372. Désir du Bourguignon de se venger de lui, 375. Il prend Saint-Quentin pour son compte; négocie avec Louis, 403, 404. Projet de le perdre; il en est averti; offres qu'il fait au roi, 410 à 412. Leur entrevue; ils se trompent mutuellement, 412 à 413. Ligue dans laquelle il entre, 426. Son faux rapport à Louis, 432. Sa méfiance des deux rivaux; son échec à Avesnes; il refuse l'entrée de Saint-Quentin à Edouard et au Téméraire, 439, 440. Ses alarmes; son émissaire auprès de Louis; ses sentimens dévoilés au Bourguignon, 447 à 449. Sa confiscation abandonnée à ce prince; son effroi; défection des siens; son arrestation, 454, 455. Livré à Louis, 456, 457. Son procès; son exécution, 458.

SAINT-POL (LE BATARD DE); son rôle dans le parti bourguignon; XIII, 249, 267.

SAINT-POL (JACQUES DE) battu et fait prisonnier; XIV, 437.

SAINT-POL (FRANÇOIS DE BOURBON, COMTE DE) joute au couronnement de François Ier; XVI, 10. Est de l'armée d'Italie, 23. Le roi blessé dans sa maison, 117, 118. Comme gouverneur de Paris fait enregistrer au parlement un édit royal, 146. Mission que lui aurait donnée Louise de Savoie auprès du connétable, 174. Est prisonnier à Pavie, 238. Est gouverneur du Dauphiné, 284. Son expédition malheureuse en Italie; son incapacité; sa défaite à Landriano; il est prisonnier, 325 à 327. Lieutenant de Brion en Savoie, 486. Escorte le roi à la Rochelle; XVII, 137. Conseil auquel il assiste, 179.

SAINT-PREUIL; acte de férocité qu'il commet; sa punition; XXIII, 464.

SAINT-PRIEST (LE VICOMTE DE); rigueurs qui lui sont prescrites contre les Huguenots; XXIX, 41. Arrestation qu'il fait faire, 46. Ses dragonnades en Languedoc, 47 et suiv.

SAINT-PRIS assiste aux derniers momens de Charles IX; XIX, 272.

SAINT-QUENTIN (BATAILLE DE), gagnée par les impériaux commandés par Emmanuel-Philibert de Savoie sur les Français et le connétable de Montmorency; XVIII, 51 à 53.

SAINT-QUENTIN, colonel des Wallons; gagné à Henri IV; est arrêté; XXI, 260. Mis en liberté, 265.

SAINTRAILLES (POTON DE), du parti du Dauphin; guerroie en Picardie; XII, 610. Est prisonnier à Mons en Vimeu; se rachète, 612, 613. Ses bandes; ses expéditions; XIII, 8, 9. Prisonnier à Cravant, 21. Aux prises avec Jean de Luxembourg, 29, 30. Combat dans l'armée bourguignonne, 51. Se jette dans Orléans, 92. Est blessé, 94. Envoyé au duc de Bourgogne, 100. Prend part au combat de Patay, 136. Défend Compiègne, 159. Gloire de son nom, 173. Secourt Compiègne; bat Helly, puis Robersart; seconde Boussac, 179. Par qui tente de remplacer la Pucelle; son échec; il est prisonnier, 195, 196. Il seconde Dunois, 214. Echangé contre Talbot, 230. Secouru à Laon, 240. Bat Arundel, 248. Menace Paris, 249. Ses hostilités pendant le congrès d'Arras; il rend son butin, 258. Il se regarde comme un souverain indépendant, 284. Pousse jusqu'aux portes de Rouen, 308. Son poste au siège de Montereau, 311. Sa fidélité au roi, 360. Il attaque les places du comté de Comminges, 402. Assiège Metz, 437. Et plus tard Falaise, 505. Il seconde Jean, comte de Périgord, 510. Est au siège de Bordeaux, 556. Réduit d'Armagnac, 627. Sa mort; XIV, 102.

SAINT-ROMAIN (JEAN DE SAINT-CHAUMONT, SIEUR DE), chef protestant, est de l'armée de Crussol; XIX, 35. Aux prises avec Damville, 235. Nommé par le parti gouverneur de Nîmes, etc., 255. L'un des conseillers de Damville, 295. Ses hostilités,

313. A été archevêque d'Aix, 330.

SAINT-RUTH (DE); troupes françaises qu'il conduit en Savoie; XXVI, 61. Son expédition en Irlande; ses échecs; il est tué, 100.

SAINT-SAENS (ÉLIE DE), gouverneur de Guillaume Cliton, le sauve; V, 100, 101. Excite Louis-le-Gros contre le roi d'Angleterre, 101. Reçoit le comte de Montreuil, 208.

SAINT-SAUVEUR, massacré à Boston; XXX, 179.

SAINT-SÉBASTIEN (LA MARQUISE DE); son mariage secret avec le duc de Savoie; XXVIII, 69 et suiv.

SAINT-SEVERIN (LE COMTE), négociateur français à Aix-la-Chapelle; XXVIII, 454. Préliminaires qu'il signe, 456. Négociation qu'on lui cache; XXIX, 78.

SAINT-SIMON (LE SIRE DE) combat à Montargis; XIII, 64. Ravitaille Laon, 240. Est du secours d'Harfleur, 371. Est de l'armée du Dauphin, 424.

SAINT-SIMON (GÉRARD DE) commande à Reichenau; XXIII, 318. Sa retraite à Fontarabie, 345.

SAINT-SIMON (CLAUDE, DUC DE) est favori de Louis XIII; XXIII, 25. Sauve Richelieu d'une imminente disgrâce, 156 et suiv. Confiscation qui l'enrichit, 187. Sa disgrâce, 287, 288. A été écuyer du roi, 403. Est de la nouvelle Fronde; XXIV, 317, 319, 341, 348.

SAINT-SIMON (LE DUC DE); ses premières armes; son opposition aux prétentions de Luxembourg; XXVI, 142 et suiv. Sert à l'armée du Rhin, 199. Son amitié pour le duc d'Orléans; démarche qu'il lui conseille, 126, 127. Il le réconcilie avec la duchesse, 129. Sa joie à la mort du Dauphin, 135. Ses représentations au duc, 153. Ses mémoires, 182 et suiv. Ce qu'il pense de la mort du duc de Berry, 201. S'interpose entre les ducs d'Orléans et du Maine, 338. Est du conseil de régence, 243, 244. Son caractère; faveurs qu'il obtient, 246 à 249. Propose la banqueroute, 256. Apporte au régent les Philippiques; propose un lit de justice aux Tuileries, 344, 345.

Sa part au coup d'état que frappe le régent, 345 à 353, 369. Son ambassade en Espagne, 453. Il visite le roi malade, 454. Jalousie qu'il inspire à Dubois, 471. Prévoit la mort du régent, 477 et suiv. Sa haine pour Noailles; XXVIII, 280.

SAINT-SIMON, blessé à York-Town; XXX, 201.

SAINT-SULPICE, ambassadeur de France en Espagne, obtient le voyage en France de la reine Elisabeth; XVIII, 444. Son fils tué; XIX, 385.

SAINT-SURIN, lieutenant de Condé; XX, 192.

SAINT-THOMAS (LE MARQUIS DE), premier ministre de Savoie; sa maison de plaisance brûlée; XXVI, 133. Ses négociations avec la France, 168 et suiv. Est conseiller de Charles-Emmanuel; XXVIII, 70 et suiv.

SAINT-VALLIER (LE SIRE DE), conseiller de la reine Anne, femme de Louis XII; XV, 519. Sa mission à Venise; XVI, 166. Complice du connétable; est arrêté; sa condamnation; sa grâce, 189 à 191; XVII, 69.

SAINT-VINCENT (ROBERT DE), conseiller au parlement; inquiétudes qu'il signale; XXIX, 348.

SAINT-YON, de la faction des bouchers de Paris; XII, 363, 364. Leur exclusion, 428, 432. Ils reparaissent, 550.

SAINT-YON, du comité des Dix, nommé par les ligueurs; XXI, 131. Conseil de guerre dont il doit faire partie, 134.

SAINT-YON; mission que Richelieu lui donne près de Cinq-Mars; XXIII, 482.

SAINTES (BATAILLE DE) gagnée par saint Louis sur Henri III d'Angleterre; VII, 258.

SAINTES (COMBAT NAVAL DE) gagné par Rodney sur l'amiral de Grasse; XXX, 206 et suiv.

SAISSAC (BERTRAND DE), tuteur de Raymond-Roger, vicomte de Beziers; VI, 161. Promet au clergé de ne point souffrir les hérétiques, 162.

SAISSET (BERNARD DE), évêque de Pamiers; ses démêlés avec le comte de Foix; IX, 46, 47. Est légat du pape à la cour de France, 72. Sa hauteur; comme il offense Philippe-le-Bel, 73. Vengeance qu'il attire; son arrestation; accusé de trahison, 74, 75. Son procès; le pape réclame sa mise en liberté, 76, 77.

SALADIN, sultan de Damas et d'Alep; sa bravoure; sa générosité; VI, 64. Circonstances qui fondent sa grandeur, 68. Succède à son oncle émir d'Egypte, 69. Usurpe le trône de Noraddin, 70. Pourquoi laisse subsister le royaume des chrétiens, 74. Prend Tybériade, 75. Gagne la bataille de ce nom, 76. Fait périr les chevaliers de Jérusalem et du Temple, 77. Tue lui-même Châtillon; prend Jérusalem et presque toute la Terre-Sainte, 78. Ses propositions à l'empereur Frédéric, 81. Sa joie en voyant les Latins assiéger Saint-Jean d'Acre, 83. Son camp vainement attaqué, 85. Aux prises avec les fils de Noraddin; s'approche de Saint-Jean-d'Acre, 108. Ses propositions aux princes croisés; non acceptées, 110. Ne souscrit point aux leurs; ne rachète point les capitulés d'Acre, 111. Ses défaites, 117. Conditions de paix qu'il propose, 120. Sûretés qu'il donne aux Latins, 203. Epoque de sa mort, 204.

SALAMANQUE (DON MIGUEL DE), envoyé par d'Olivarès à Richelieu; XXIII, 361. Négocie avec Bouillon et Soissons, 448.

SALCÈDE (PIERRE DE) fait la guerre au cardinal de Lorraine dans le diocèse de Metz; pourquoi; XVIII, 443. Victime de la Saint-Barthélemy; XX, 57, 58.

SALCÈDE (NICOLAS DE); ses intrigues dans les Pays-Bas; est reconnu comme agent des Guises; ses aveux; sa translation à Paris; son supplice; XX, 57 à 64.

SALERNE (LE PRINCE DE) appelle les Français en Italie; XV, 141. Part avec eux pour Naples, 158. Les seconde, 386.

SALERNE (FERDINAND SAN-SEVERINO, PRINCE DE); son poste à la bataille de Cérisoles; XVII, 186, 188, 189. Son opposition politique au vice-roi de Naples, 491. Il se réfugie en France; son expédition sur Naples; il se retire à Scio, 492, 493.

SALIENS, Francs; I, 113.

SALIERS, capitaine des gardes de Henri III; fait démasquer la reine de Navarre; XX, 69.

SALIGNAC (LE BARON DE) rend le Catelet aux Espagnols; XVIII, 54.

SALIGNAC, confident et lieutenant de Henri IV; XX, 107, 269. Entre à Paris; XXI, 262. Poursuit les Espagnols, 266.

SALIQUE (LOI); code des Francs; I, 199. Crimes contre les personnes punies par des amendes; proportionnées au rang de l'offensé et à la nature de l'offense, 200. Article de cette loi improprement appliquée à la succession au trône et désigné sous le nom de *loi salique;* IX, 348.

SALIS (RODOLPHE-LE-LONG), accusé d'avoir livré Sforza; XV, 319.

SALIS (LES); leur influence en Suisse; XXII, 135.

SALISBURY (COMTE DE) commande la flotte anglaise; VI, 339. Excite les seigneurs flamands contre Philippe, 350. Prisonnier à Bouvines; est échangé, 365. Commande une armée contre les barons anglais, 452. Fait hommage à Louis de France, 459. Change de parti, 467. Conseiller du prince Richard, 571.

SALISBURY (LONGUE-ÉPÉE GUILLAUME, COMTE DE); son poste à la bataille de Mansourah; VII, 421, 422. Est tué, 423.

SALISBUBY (LE COMTE DE), négociateur d'Edouard III dans les Pays-Bas; X, 109. Le roi le laisse à Gand, 160. Il est fait prisonnier, 163. Est mis en liberté, 200. Est lieutenant du comte d'Artois, 211. Assiége Rennes, 214. Son expédition en Espagne, 227. Acte déloyal qu'on lui attribue, 235. Il brûle des vaisseaux castillans à Saint-Malo; XI, 180. Secourt Brest, 182, 183. Négociateur à Bruges, 223.

SALISBURY (LE COMTE DE); sa mission en France; XII, 123. Son armée en faveur de Richard II se dissipe, 130. Son supplice, 133.

SALISBURY (LE COMTE DE), lieutenant de Henri V au siége de Rouen;

XII, 559. Guerroie en Champagne; XIII, 18. A part à la victoire de Cravant, 20. Ses opérations en Champagne, 32. Prend part à la victoire de Verneuil, 33 et suiv. Il fait la conquête du Maine, 47. Débarque avec des renforts, 85. Villes qu'il prend pour parvenir à assiéger Orléans ; ses promesses au duc de ce nom ; il investit la place, 86 à 88, 93. Sa mort, 95, 96.

SALISBURY (LE COMTE DE), chancelier du protecteur duc d'York ; XIII, 573. Forces de leur parti ; XIV, 15. Ses troupes à Londres ; transaction, 16. La guerre recommence ; ses vicissitudes ; sa victoire à Borebeath ; sa proscription, 50 à 53. Sa mort, 54.

SALLASAR, capitaine d'aventuriers, sert Charles VII contre la Praguerie; XIII, 364. Au service de d'Armagnac, 404. Réduit par le Dauphin, 409. Son commandement à l'armée de Louis XI ; XIV, 170.

SALLAZARE (GALÉAS) ; ses hostilités contre les Génois; XV, 473.

SALM (HERMANN DE), comte de Luxembourg ; élu roi des Germains par le parti d'Hildebrand; IV, 462. Abdique ; meurt, 498.

SALM (LE COMTE DE) ; son secours invoqué par Philippe de Valois; X, 282.

SALM (LE RHINGRAVE DE) ; ses défaites en Hollande ; XXX, 400.

SALOMON, proclamé roi des Bretons; III, 130. A des Normands sous ses drapeaux, 141. Ligué avec les fils de Charles-le-Chauve, 162. Ligué avec Charles lui-même contre un parti de Normands ; son indépendance affermie, 185. Sa mort, 186.

SALVIANI (ANTONIO), inquisiteur ; tué par les Vaudois qu'il s'apprête à faire brûler ; XI, 213.

SAMANT (REGNAULT DE) commande l'artillerie du roi de Naples ; XV, 383.

SAMO, Franc, se met à la tête des Vénèdes ; II, 10. Est élu leur roi, 11. Ses démêlés avec Dagobert, 28. Sa victoire, 29. Protecteur des Urbiens, 30.

SAMSON, archevêque de Reims; prêche la croisade; V, 397.

SANCERRE (LE MARÉCHAL DE), aux prises en Tourraine avec le comte de Pembroke; XI, 119. Expédition dans laquelle il accompagne le duc de Bourbon, 134. Il assiste au siége de Thouars, 177. Fait partie de l'armée de Bretagne, 180, 240. Assiste au sacre de Charles VI, 315. Château qu'il réduit en Guienne, 331. Part qu'il prend au passage de la Lys, 387, 388. Son entrée à Paris, 408. Gouverne le Languedoc; XII, 31, 32. Moines-sorciers qu'il envoie pour traiter Charles VI, 94. Est nommé connétable, 97. Calomnies et supplice de ses deux moines, 114, 115. Il saisit le comté de Foix, 144. Sa mort, 182.

SANCERRE (LE COMTE DE) contribue à la victoire de Saint-Jacob sur la Birse; XIII, 428 et suiv. Combat en Guienne ; entre en Dauphiné, 641.

SANCERRE (LE COMTE DE) défend Saint-Dizier contre Charles-Quint; XVII, 200. Il capitule; prétendue trahison, 202.

SANCHE IV, roi de Castille, se fait reconnaître prince royal au mépris des droits de ses neveux; dans quelles circonstances; VIII, 263, 270, 271. Comment délivre l'Espagne de l'invasion des Maures de Maroc, 272, 282. Ses débats avec sa mère, 278. Ses vengeances, 279. Ressentimens qu'elles excitent, 283. Son pouvoir en Castille, 308. Ses conventions avec Pierre III d'Aragon, 310. Il concerte avec lui la conquête de la Navarre, 326, 327. Se dispose à attaquer son père ; engage la guerre civile, 328. Le pape se déclare contre lui ; son père mourant lui pardonne ; il est proclamé roi ; ses négociations avec Philippe, 354 à 356. Méfiance qu'il inspire à Pierre d'Aragon, 357. Il l'abandonne, 362. Son ambassade au camp français, 370. Est encore suspect aux princes d'Aragon, 394. Son traité avec Philippe-le-Bel, 401. Attaque l'Aragon, 408. Resserre son alliance avec Philippe, 439. Ses troupes vaincues, 441. Est détaché de l'alliance française, 445. Ne peut se liguer contre Philippe-le-Bel, 484. Sa mort, 502. Guerre civile qui la suit, 504; IX, 67.

SANCHE (don), roi de Majorque; réside à Montpellier; fait hommage à Philippe v; IX, 383. Accompagne Charles-le-Bel à Toulouse, 419.

SANCHE, marquis de Gascogne; livre Pépin à Charles-le-Chauve; III, 109.

SANCHE MITTARA rend la Gascogne indépendante; III, 229, 293. Ne combat que les Sarrasins, 294.

SANCHE III, roi de Navarre; ses luttes avec les Maures; IV, 85. Vient à Saint-Jean-d'Angely rendre hommage à la prétendue tête de saint Jean-Baptiste, 145.

SANCHE VII (le fort), roi de Navarre; Thibaud IV de Champagne est son héritier; VII, 125. Il adopte le roi d'Aragon; pourquoi son mécontentement contre son neveu, 126. Déclin de sa santé, 128. Sa mort, 130.

SANCHE (don), infant de Castille, archevêque de Tolède; prisonnier des Maures et tué; VIII, 262.

SANCHE (don) de Castille, frère de Henri Transtamare; ses succès sur Felton; il exhorte son frère à livrer bataille; XI, 73. Son commandement, 74. Est prisonnier; le prince Noir lui sauve la vie, 76.

SANCHEZ (pierre), chef du parti français en Navarre; cherche à introduire leurs troupes dans Pampelune; est tué; VIII, 273, 274.

SANCHEZ (fernand), amiral de Castille; se joint à l'amiral français; leur expédition sur les côtes d'Angleterre; XI, 226, 227.

SANCIE de Provence; son mariage; VII, 248, 287. Mariage de sa sœur du même nom, 288, 289, 330.

SANCY (le père), aumônier de la reine Henriette d'Angleterre; ramené en ce royaume; XXIII, 40.

SANDOVAL (don bernard de), archevêque de Tolède; grand inquisiteur; propose à Philippe III l'extermination des Maures; XXII, 161.

SANDOZ, ministre de Prusse à Paris; XXIX, 482.

SANDWICH (le comte de) tué à la bataille de Solebay; XXV, 239.

SANDWICH (lord), négociateur anglais aux conférences de Bréda; XXVIII, 437. Les fait suspendre, 438. Se rend à celles d'Aix-la-Chapelle, 454. Préliminaires qu'il signe, 456.

SAN-ESTEVAN, du conseil d'Espagne; XXVI, 289.

SANGA (jean-baptiste), négociateur de la cour de Rome en France; rassure les Italiens sur les projets de François Ier; détermine ce prince à ébranler sa flotte; XVI, 288 à 290.

SAN-GIORGIO (le duc de) tué à l'attaque de Barcelone; XXIII, 466.

SAN-JUAN (le duc de), vice-roi de Sardaigne; sa fidélité à Philippe v; XXVI, 319.

SAN-PHILIPPE (le marquis de), résident d'Espagne à Gênes; affront qu'il signale à sa cour; XXVII, 285.

SAN-PIETRO est de la maison du duc d'Orléans; XVII, 68.

SANSAC (de), chef catholique en Angoumois; ses succès; XVIII, 305. Est donné pour conseiller au duc d'Anjou; XIX, 36. Echoue au siége de la Charité, 62. Prisonnier à Coutras; XX, 277.

SANSEVERINI (les) se mettent à la tête du parti angevin à Naples; XI, 447.

SAN-SEVERINO (le cardinal) réclame le commandement de l'armée française; XV, 594, 595. Se réconcilie avec le saint-siége, 621.

SAN-SEVERINO (les frères); Anton-Maria combat à Rapallo; XV, 160, 161. Galéas révolutionne Pise, 173. Il combat les Français, 211, 291, 292. Abandonne son armée, 293. Arrestation des trois frères, 321.

SANTA-COLONNA (don dalmace de quéralt, comte de), vice-roi de Catalogne; dureté des ordres qu'il reçoit de Philippe IV et d'Olivarès; suspect aux Catalans; les provoque à la révolte; insurrection qui éclate; il est tué; XXIII, 405 à 414.

SANTA-CROCE (prospero), nonce du pape; ses négociations avec le roi de Navarre; XVIII, 250. Suit la cour à Monceaux, 258.

SANTA-CROCE commande pour les Espagnols à Casal; est surpris; XXIII, 147, 149.

SANTA-CRUZ (LE MARQUIS DE), général de Philippe II aux Açores; sa victoire; il fait exécuter les prisonniers français; XX, 31, 32. Nouvelle expédition qu'il ruine, 35. Sa mort, 382.

SANTA - CRUZ trahit Philippe V d'Espagne; XXVII, 20.

SANTILLANA. Voy. *Villena*.

SAQUENVILLE (PIERRE DE), du parti de Charles-le-Mauvais; son supplice; XI, 14.

SARGINES (GEOFFROI DE); son dévouement à saint Louis; VII, 434, 437. Fait aux Musulmans la remise de Damiette; massacre des malades, 445. Est remis en liberté, 446.

SARLABOS, l'un des assassins de Coligni; XIX, 165.

SARMATES reçoivent puis abandonnent des terres dans les Gaules; I, 22, 23. Leur part à l'invasion de cette contrée, 121.

SARMIENTO (DON DIÉGO PÉREZ); secours espagnols qu'il amène en Bretagne; XV, 77, 78.

SARPI (FRA PAOLO); soutient contre l'Eglise les intérêts du sénat vénitien; est assassiné; son énergie redouble; les principes de la réforme se propagent à Venise; XXII, 132.

SARRASIN (JEAN), prédicateur; livre Chartres au parti de Charles VII; XIII, 212, 213.

SARRASINS; leur irruption en France; II, 125 et suiv. Conjectures sur les incursions, 136. Leur affaissement, 257. Leur irruption en Aquitaine, 342. Leurs pirateries; III, 42, 73, 85. Pillent l'extérieur de Rome; leurs établissemens dans le duché de Bénévent, 89. Ligués avec Pépin II, 120. Ceux d'Italie menacent Rome, 204, 265. Stimulant de ces expéditions, 277. Leurs incursions en Provence; bande qui s'y fixe, 319. Puis s'établit dans le Valais, 320. Terreur qu'elle inspire; entretenue par le roi Hugues, 415.

SARRETTE; ses reproches à saint Louis; VII, 343.

SARTINES (DE), ministre sous Louis XVI; favorable au rappel du parlement; XXX, 38. Soupçonné par Turgot, 48. Poste qu'on lui destine,

55. Ligué avec Maurepas, 86. Cabale contre Necker, 106, 121. Son renvoi, 121, 191, 195. Il publie sa défense, 122. Il a relevé la marine française, 465. Ses éloges au commandant de la *Belle-Poule*, 167. Félicité par le roi, 170.

SASSENAGE (LE BARON DE), chef catholique; assiége Grenoble; XVIII, 348.

SAULI (ANTONIO), banquier génois; prête de l'argent à Charles VIII; XV, 158.

SAULX (LA COMTESSE DE) veut donner la Provence au duc de Savoie; XXI, 104. Ennemie de d'Epernon, 315.

SAUNDERS, amiral anglais; ses succès dans les Indes contre les Français; XXIX, 67. Flotte qu'il conduit au Canada, 180.

SAUVE (LA DAME DE), maîtresse de Henri de Navarre; XIX, 342, 357. Accompagne la reine-mère au Midi, 507.

SAUVEBOEUF, de la Fronde; émissaire de Mazarin qu'il veut sacrifier; XXIV, 326. Négocie avec l'Espagne, 342.

SAUX (FRANÇOIS D'AGOÛT, COMTE DE), gouverneur de Lyon; est destitué, XVIII, 423.

SAVAGE, complice de Babington; XX, 251 et suiv.

SAVARON, député aux États-généraux de Paris; son discours à Louis XIII; XXII, 307, 309.

SAVELLI (ANTONILLO); son poste à l'armée de Charles VIII; XV, 187.

SAVELLI, général de l'empereur, cause la défaite de Rhinfeld; XXIII, 339. Veut secourir Brisach; est battu, 341.

SAVEUSE (HECTOR DE) délivre la reine Isabeau; XII, 522. Ses violences à Paris, 544. Commande à Reims; ne peut décider les bourgeois à se défendre contre Charles VII; XIII, 143. Est au siége de Compiègne, 178. Punit le soulèvement d'Amiens, 265, 266. Ses rigueurs contre de prétendus hérétiques, 620, 622.

SAVEUSE (CHARLES DE); renfort qu'il amène aux Anglais; XV, 123.

SAVEUSE, ligueur, battu et fait prisonnier à Bonneval; XX, 525, 527.

SAVIGNAC (LE MARQUIS DE) est de la Fronde; XXIV, 323.

SAVOIE (MAISON DE); son origine; IV, 75.

SAVOIE (THOMAS DE) épouse Jeanne de Flandre; VII, 132.

SAVOIE (BONIFACE DE), archevêque de Cantorbéry et son frère Pierre de Savoie, favoris de Henri III; XII, 288.

SAVOIE; princes de cette maison qui appuient les prétentions de Marguerite, veuve de saint Louis, sur la Provence; VIII, 323.

SAVOIE (PIERRE DE), archevêque de Lyon; comment donne Lyon à la France; IX, 31, 263, 265 et suiv.

SAVOISY (PHILIPPE DE), garde du trésor de Charles V; XI, 193. Est forcé de le livrer au duc d'Anjou, 312, 313.

SAVOISY (CHARLES DE), grand-maître d'hôtel de la reine Isabeau; négociateur en Castille; XII, 201. Il offense l'université; son bannissement; son hôtel rasé; sa ruine, 208 à 210. Ses courses en mer contre les Anglais, 245. Prisonnier à Azincourt, 489.

SAVONAROLA (JÉRÔME); sa tentative de réforme; XIII, 624. Son influence à Florence; ses injonctions à Charles VIII; XV, 242.

SAXE (LE DUC DE) envahit l'Alsace; en est repoussé; XXVI, 71, 72.

SAXE (MAURICE, COMTE, PUIS MARÉCHAL DE) dispute la Courlande à Menzikoff; XXVIII, 77. Prend du service en France; est chargé d'investir Kelh; s'en empare, 100 à 102. Ses opérations, 136. Conduit l'armée française en Bohême; enlève Prague, 235. Ses fausses opérations, 241. Le roi refuse de lui donner le commandement en Alsace, 283. Son projet d'expédition en Angleterre, 299. Ses troupes; il ne peut débarquer, est nommé maréchal, 301 à 303. Accompagne le roi à l'armée, 309. Son commandement, 310, 313. Sa campagne défensive, 335. Est renforcé; assiège Tournai; gagne la bataille de Fontenoi, 362 à 369. Sa maladie; places qu'il fait capituler, 370. Le roi lui laisse l'armée, 406, 407. Il remporte la victoire de Raucoux, 408, 409. Sa négociation en Saxe, 433. Places qu'il prend, il gagne la bataille de Lawfeld; 441 à 443. Mémoire dont il charge Ligonnier, 453. Il investit Maëstricht, 455, 456. Y entre, 458.

SAXE-EISENACH (LE PRINCE DE); son commandement à l'armée impériale; XXV, 351. Ses échecs, 352.

SAXONS partent des bouches de l'Elbe et pillent les côtes maritimes des Gaules; I, 36. Au IVe siècle connus seulement par ces expéditions, 112. Établis à Bayeux, 156. Limitrophes des Francs, suspendent leurs pirateries; les reprennent, 246. Sont vaincus; s'associent pour longtemps à la monarchie française, 247. Refusent de reconnaître Clothaire, 287. Battent les Francs et les forcent à la paix, 288. Une armée de Saxons suit les Avares puis les Lombards, 323. Fait irruption en Provence; est vaincue et revient aux bords de l'Elbe à travers les Gaules, 324, 325. Leurs conquêtes en Angleterre; leur conversion au christianisme; II, 12. Se font exempter du tribut par Dagobert; à quelles conditions; leur manque de foi, 31, 32. Envahissent l'Austrasie, 113. Réprimés et vaincus par Charles Martel, 113, 116. Leur puissance s'est accrue, 123, 124. Vaincus mais insoumis, 124. Diversion que fait en leur faveur l'irruption des Sarrasins, 125. Nouvelle guerre contre eux, 140. Se coalisent avec Odilon de Bavière, 155. Battus à plusieurs reprises, 156, 157. Prennent parti pour Grifon; sont confédérés avec les Frisons et les Venèdes; leurs défaites, 162. Soumis au tribut par Pépin, 195. Leurs guerres avec Charlemagne commencent; ils sont divisés en Ostphaliens, Westphaliens, et Angriens; multitude de leurs chefs, 233. Leurs diètes générales; comment ils accueillent saint Libuin; ils incendient une église et massacrent les chrétiens; effet de cet événement chez les Francs, 234. Leur défaite, 235 et suiv. Envahissent la Hesse; leur armée se disperse, 249. Encore soulevés, 254. Accablés; se soumettent à être baptisés, 255. Donnent des otages ; convoqués au champ de mai des Francs ; y assistent, 256. Nouveau soulèvement, 260, 265. Ravagent la rive droite du Rhin ; se retirent ; échec qu'ils essuient, 266. L'administration des Francs leur est imposée, 290. Cause d'une révolte ; leur victoire ; vengeance de Charles, 292 à 294. Soulèvement général qu'elle excite, 295. Leurs défaites, 296. Domptés par une guerre d'extermination, 297 à 301. Ligués avec les Huns ; recommencent la guerre ; détruisent l'armée de Thédéric ; leurs dévastations, 341. N'osent résister à Charlemagne ; se soumettent, 352. Convoqués au champ de mai ; ne s'y rendent point ; écrasent les Weltsi qui répondent à l'appel de Charles ; punis par une nouvelle invasion, 353. Sans cesse attaqués et affaiblis, 356, 357, 358. Au milieu de ces désastres passent de la barbarie à la civilisation, 359. Massacrent les envoyés de Charles et son ambassadeur en Danemark. Attaquent les Abodrites ; sont défaits, 364, 365. Dernière guerre contre eux ; transplantés dans l'intérieur ; ou fugitifs en Suède, 401. Le droit d'hérédité leur est rendu, 432. Etat des ordres inférieurs ; leur soulèvement provoqué par la politique de Lothaire ; terreur qu'il cause dans l'empire ; III, 73, 74. Succèdent à l'empire fondé par Charlemagne, 345.

SCAGLIA (L'ABBÉ), agent de la princesse de Montferrat ; son inimitié pour Richelieu ; XXIII, 14. Ses intrigues en Espagne, 70.

SCALA (DE LA) les frères ; renforts qu'ils conduisent à Gunoso ; XVII, 173.

SCALES (LORD), lieutenant de Bedford ; son échec en Bretagne ; XIII, 75. Seconde Salisbury, 86 et suiv. Lieutenant de Suffolk au siége d'Orléans, 96. Fait retraite ; sa position, 131, 132. Prisonnier à Patay, 136. Secourt Paris, 249. Guerroie autour de cette ville, 262, 263. Reprend l'offensive, 308. Ne peut sauver Meaux, 347. Secourt Avranches, 358. Commande à Pontoise, 383. Rigueurs dont il est le ministre ; XIV, 51. Avis qu'il donne à Edouard IV, 309.

SCALES (LORD) ; secours qu'il amène au parti d'Orléans ; est tué à la bataille de Saint-Aubin du Cormier ; XV, 53 à 56.

SCANDER BEG (JEAN CASTRIOT), appelé en Italie contre les Français ; XIV, 118. Sa ruine, 156.

SCARRON, fortune de sa veuve. V. *Maintenon*.

SCHANDELAND (JEAN DE), inquisiteur général en Allemagne ; supplice qu'il ordonne ; X, 408.

SCHARFERDIN ou CORADIN aux prises avec les croisés en Egypte ; VI, 501. Ses offres, 502.

SCHARNACHTAL (NICOLAS DE) général suisse ; bat les Bourguignons à Héricourt ; XIV, 428. A Grandson, 466 et suiv.

SCHERTEL (SÉBASTIEN) commande les troupes protestantes ; comment paralysé ; XVII, 278.

SCHINER (MATTHIEU), évêque de Sion, hostile aux Français ; XV, 371. Louis XII s'en fait un ennemi ; Jules II le nomme son légat ; parti qui lui est opposé, 530 à 532. Conduit une armée de Suisses contre les Français ; sa retraite, 542, 543. Est promu cardinal, 566. Il seconde la ligue sainte, 576. Excite les Suisses contre la Bourgogne et le Milanais, 587. Lève une armée ; obtient de Maximilien le passage par le val de l'Adige, 596, 597. Consigne à Sforza les clefs de Milan, 610. Réclamation de Trivulzio contre lui, 614. Subside qu'il reçoit du pape, 628. Détermine l'invasion de la Bourgogne, 645. Puis la bataille de Marignan ; XVI, 28 et suiv. Suisses qu'il a enrôlés pour l'empereur, 49. Indignation que lui témoigne la diète, 152.

SCHISME (LE GRAND) d'Occident ; son origine ; XI, 216. Ses effets, 246, 247, 250.

SCHLIEK poursuit Villars ; XXVI, 369.

SCHMETTAU (LE MARÉCHAL), envoyé par Frédéric à Louis XV ; XXVIII, 314. Presse Noailles d'attaquer les Autrichiens, 320. Evacue Dresde ; XXIX, 202.

SCHOENING commande l'armée impériale sur le Rhin ; XXVI, 109.

SCHOMBERG (GASPARD DE), ses premières armes; XVIII, 297. Ses missions en Allemagne; XIX, 124, 220, 221, 251, 253. Levée qu'il fait en Suisse, 286, 353. Son fils prend parti pour Antraguet, 498 et suiv. Négociateur avec la ligue; XX, 374. Troupes qu'il commande; XXI, 53. Est du parti politique, 110. Son influence sur la conversion du roi, 199. Il entre à Paris; prépare les esprits à la paix, 209. Négocie avec Brissac, 256. Commissaire du roi près des Huguenots, 457. Est de l'intimité de la régente; XXII, 207.

SCHOMBERG (LE COMTE MARÉCHAL DE), envoyé par Richelieu en Allemagne; XXII, 387, 388. Passe en Italie, 421. Est chevalier du Saint-Esprit, 458. Est surintendant des finances; presse le roi de faire la guerre aux Huguenots; ses motifs, 498. Gouvernemens qu'il reçoit, 507. Sa disgrâce, 513. Rappelé au conseil par Richelieu, 539. Son discours à l'assemblée des notables; XXIII, 30. Son poste au siège de la Rochelle, 56. Entre dans la place, 78. Est de l'armée d'Italie, 103. Corps dont il a le commandement, 112, 113, 139, 145. Marche au secours de Casal, 147 et suiv., 172. Inconstance avec laquelle il a été employé, 151. Fait arrêter Marillac, 157. Poursuit le duc d'Orléans, 197. Gagne la bataille de Castelnaudary, 205 à 208. Renforcé par Sourdis, 322. Seconde les opérations de Condé, 393 à 396. Son mariage, 403. Il a le commandement en Catalogne, 464. Soupçonné d'avoir dénoncé Cinq-Mars, 504. Vice-roi de Catalogne; ses succès; XXIV, 178.

SCHOMBERG (CHARLES DE), favori de Louis XIII; son complot contre Richelieu; XXIII, 11 et suiv.

SCHOMBERG (LE MARÉCHAL COMTE DE) capitule à Saint-Guillain; XXIV, 551. Est envoyé en Portugal; XXV, 38. Ses victoires, 56, 85. Sa promotion, 302, 329. Ses opérations en Catalogne, 328, 329. Puis en Flandre, 339, 340, 459, 460. Est Huguenot, 490. Son émigration; il est tué en Irlande; XXVI, 50.

SCHOMBERG (LE DUC DE) est dans les rangs des coalisés; XXVI, 108. Est tué, 135.

SCHOMBERG (LE DUC DE), lieutenant de l'archiduc Charles, XXVI, 427. Est rappelé, 430.

SCHULEMBOURG (LE MARÉCHAL) commande l'armée autrichienne en Italie; ses opérations; XXVIII, 389, 390. Est rappelé, 396.

SCHEWERIN, maréchal prussien, tué à la bataille de Pragues; XXIX, 123.

SCROOP (WILLIAM), chambellan de Richard II; négociateur en France; XII, 78. Est son favori; son avidité; son supplice, 126, 130.

SCROOP (RICHARD), archevêque d'York; son insurrection; son supplice; XII, 243.

SCUDERY; son jugement sur le Cid; XXIII, 315.

SCULFE, archevêque de Reims, refuse de secourir Charles-le-Simple; III, 354.

SCYTHES, une des races barbares qui menacent l'empire; I, 107. Leur irruption sous le nom de Huns, 118.

SEAFORTH (LORD), jacobite, débarque en Écosse; sa fuite; XXVII, 380.

SEATON dépose contre Cinq-Mars; XXIII, 511, 512.

SEBASTIANUS dispute l'empire à Honorius; sa mort; I, 138, 146.

SEBASTIEN (DON), roi de Portugal; la dynastie de ce royaume s'éteint en sa personne; XX, 24, 25.

SECHELLES, employé sous Le Blanc, ministre de la guerre; XXVIII, 28.

SEKENDORF (LE BARON DE), maréchal bavarois, lieutenant du prince Eugène en Allemagne; se tient sur la défensive; XXVIII, 136. Ses vains efforts pour défendre la Bavière, 262. Il évacue ses retranchemens sous Philipsbourg, 312. Conseille la paix à l'électeur, 372.

SECKINGEN (FRANÇOIS) passe au service de la famille d'Autriche; XVI, 90, 91. Veut enlever Bonnivet, 105. Ses hostilités contre La Mark, 130.

SEDAN (ROBERT DE LA MARK, SIRE DE)

est de l'armée du duc d'Orléans;
XVII, 122. Est du conseil royal de Henri II, 305. Est nommé maréchal, 308, 309.

SEDECIAS, juif, médecin de Charles-le-Chauve, soupçonné de l'avoir empoisonné; III, 212, 213.

SEGRAVE, lieutenant d'Edouard Ier en Ecosse; sa défaite; IX, 117.

SEGUIER, président de la Tournelle; indulgence de ce tribunal; XVIII, 93, 94. Il est de l'assemblée de Moulins, 465.

SEGUIER (JEAN), lieutenant civil, fait détruire les libelles contre Henri IV; XXI, 270. Investigation dont il est chargé, 403.

SEGUIER (PIERRE), chancelier de France; sa nomination; XXIII, 216. Est de l'Académie, 281. Délibération qu'il signe au sujet de la reine-mère, 368. Son entrée à Rouen, 397. Commission qu'il préside, 443. Il fait poursuivre criminellement les ducs de Guise et de Bouillon, 452. Ses ménagemens pour le duc d'Orléans, 509. Juge de Cinq-Mars, 511. Est du conseil de régence, 539, 540. A offensé la reine-mère; XXIV, 6. Ses rapports avec elle et avec le parlement, 13 à 15, 54. En butte à la haine des importans, 21, 25. Lit de justice auquel il renonce, 61. Maximes de despotisme qu'il oppose au discours de Molé, 97. Il porte la parole au parlement, 194 et suiv. Lutte contre ce corps, 198. Consent au nom de la reine à l'exécution de l'arrêt d'union, 204. Ses efforts pour arrêter l'esprit de réforme, 209. Son carrosse arrêté par les barricades, 217. Il exhorte la reine à céder, 220. Il part avec elle, 223. Conférences auxquelles il assiste, 228, 260. Ses vicissitudes, 374, 389, 469. Il est juge de Fouquet de Croissy, 481. Accusé de faiblesse et de versatilité; XXV, 15. Chambre de justice qu'il préside, 29, 70. Il promet d'empêcher Fouquet de parler, 72. Ordonnance de réformation qu'il a rédigée, 134. Sa mort, 219.

SEGUIER, avocat-général; ses remontrances au sujet du parlement Maupeou; XXIX, 438.

SEGUIN, comte de Bordeaux; mis à mort par les Normands; III, 90.

SEGUIN, archevêque de Sens; Hugues-Capet recherche son appui; IV, 43.

SEGUIRAN, jésuite; confesseur de Louis XIII; cause la chute de La Vieuville; XXII, 537.

SEGUR DE PARDAILHAN échappe à la Saint-Barthélemy; XIX, 173. Négociateur de Henri IV avec Elisabeth; XX, 162 et suiv. Sa mission en Allemagne; levées qu'il y fait, 288, 289, 321.

SEGUR capitule à Lintz; XXVIII, 240, 241, 262.

SEGUR, agent confidentiel de Louis XV; XXIX, 494.

SEGUR (LE MARÉCHAL DE) est nommé ministre de la guerre; XXX, 192, 195. Lutte avec Vergennes, 240. Sa démission, 363. Ses plans militaires, 398.

SEGUR (LE COMTE DE); traité de commerce qu'il signe avec la Russie; XXX, 396.

SEIDLITZ commande la cavalerie de Frédéric; sa charge décisive à Rosbach; XXIX, 140.

SEIZE (LES); leurs doctrines; ils réclament pour le pays le droit d'élire un roi; XX, 292 à 296.

SELIM, sultan des Turcs; ses conquêtes; XVI, 94.

SELIM II, sultan des Turcs; fait la paix avec Maximilien; XVIII, 457. Fait sur les Vénitiens la conquête de Chypre; perd la bataille de Lépante, 115 à 117.

SELVE (JEAN DE) négocie le traité d'Étaples; XV, 666. Se rend à la conférence de Calais; XVI, 133. Plénipotentiaire à Madrid, 273. Subsides qu'il offre au roi au nom des parlemens, 312. Talens et fortune de son fils, 360.

SELVE (GEORGES DE), évêque de Lavaur; lettré protégé par François Ier; XVI, 360. Ses négociations; XVII, 34, 50, 54.

SELVE (DE), attaché à l'ambassade française à Rome; son entrevue avec le pape; XVIII, 15 à 18.

SEMBLANÇAY, surintendant des

finances de François 1er; sommes qu'il promet à Lautrec; XVI, 136. Il dévoile les concussions de la mère du roi; son supplice, 167 à 169, 302.

SEMPY (LE SIRE DE) harcèle l'armée du duc de Buckingham; XI, 293. Passe la Lys, 387. Est nommé capitaine d'Ypres, 405.

SENAN, chef protestant en Provence; XVIII, 334.

SENECEY (LE BARON DE), orateur de la noblesse aux Etats de Blois; inspiré par la reine-mère; l'ordre demande qu'une seule religion soit soufferte dans le royaume; XIX, 412, 413. Son discours de clôture, 428. Est de la ligue; XX, 131. Orateur aux seconds Etats de Blois; son discours, 417. Sa réponse au nom de la noblesse au discours d'ouverture des États de Paris; XXI, 179. Passe au parti de Henri IV, 334.

SENEF (BATAILLE DE) gagnée par Condé sur Guillaume III; XXV, 277.

SENLIS presse Coligni de prendre les armes; XVIII, 272.

SENNETERRE envoyé par Louis XIII au duc de Savoie; XXIII, 106.

SENS (Mlle DE) fait sa cour à Mme de Pompadour; XXVIII, 351.

SENTINELLI assassine Monaldeschi; XXIV, 561 et suiv.

SEPTIMANIE, partie du Languedoc; part des Visigoths dans les Gaules après Clovis. Voy. *Visigoths.*

SEPTIMIUS SEVERUS bat son compétiteur à l'empire Clodius Albinus; I, 12.

SERBELLONI (FABRIZIO), gouverneur d'Avignon; prend Orange; XVIII, 329. Son inflexibilité à l'égard des protestans, 420.

SERBELLONI (LE COMTE DE) aux prises avec Rohan dans les Grisons, XXIII, 276, 277. Le fait capituler, 318. Guerroie au pied des Pyrénées, 322.

SERIGNAC (LE VICOMTE DE), chef protestant; suit Montgommeri; XIX, 56.

SÉRIGNAN défend Barcelone; XXIII, 466.

SERIN (LE COMTE DE); sa révolte contre l'empereur; son supplice; XXV, 212, 213.

SERISY (MAÎTRE), abbé de Saint-Fiacre; justifie la mémoire du duc d'Orléans; XII, 300 à 302.

SERISY de la Fronde; prisonnier à Réthel; XXIV, 359.

SERLO, seigneur de Montigny; exerce le brigandage; réduit par Louis IV; III, 399.

SERLO, évêque de Seez; ses remontrances au roi d'Angleterre; V, 42. Il lui coupe la barbe et les cheveux, 44. L'excite contre son frère, 45.

SEVERAC (LE MARÉCHAL DE), du parti de Charles VII; perd la bataille de Cravant; XII, 19 à 21.

SERVAN demande une déclaration des droits de l'homme et du citoyen; XXX, 433.

SERVET (MICHEL); sa controverse avec Calvin; son supplice; XVII, 517, 518.

SERVIEN, négociateur français; conclut le traité de Chérasque; XXIII, 150. Conseille à Lavalette de modérer son courage, 271. Envoyé au congrès de Munster; XXIV, 76 et suiv. A le secret de Mazarin, 179, 182. Ce qu'il stipule pour la maison de Bavière, 183. Son renvoi, 382 et suiv. Sa mission en Savoie, 532. Sa mort, 550.

SERVIERES (DE) se rend à l'assemblée des Huguenots; XXII, 242.

SERVIN, avocat-général, demande la régence pour Marie de Médicis; XXII, 187, 188.

SESSA (LE DUC DE), ambassadeur d'Espagne à Rome; comment intimide Clément VIII; XXI, 221. Condition qu'il met à l'absolution de Henri IV, 343. Se montre peu disposé à seconder le duc de Savoie contre la France; XXII, 45.

SESSEVAL, lieutenant du roi en Picardie; prisonnier et égorgé à Doulens; XXI, 366, 368, 381.

SETON (JEAN), chevalier écossais; son trait d'audace; XI, 141.

SEVE (DE), sous-ministre de Colbert; XXV, 29.

SEVERE (ALEXANDRE). Voy. *Gaules.* Donne le premier des terres aux soldats; I, 72.

SÉVIGNÉ (LA MARQUISE DE); intérêt qu'elle prend à Fouquet; XXV, 28, 72. Éclat qu'elle a répandu, 160, 487. Sa mort; XXVI, 217.

SEVIN, commission judiciaire dont il fait partie; XXIV, 481.

SEVRE (LE CHEVALIER DE) se rend au siège de la Rochelle; XIX, 225. Excite la colère de Henri III; XX, 137.

SEXTI (LES DEMOISELLES), religionnaires; leur procès; ses suites; XXVI, 394.

SEYMOUR (JEANNE) épouse Henri VIII; XVI, 532. Sa mort; XVII, 18.

SEYMOUR (THOMAS), grand-amiral; frère du protecteur; son supplice; XVII, 387, 509, 510.

SEYMOUR renforce la flotte anglaise; XX, 386.

SEYSSEL (CLAUDE DE), négociateur de Louis XII en Suisse; XV, 614.

SFONDRATO (HERCULE), duc de Monte-Marciano; armée qu'il conduit au secours de la ligue; XXI, 125, 144, 145.

SFORZA ATTENDOLO, connétable de Sicile; fait proclamer roi Louis III d'Anjou; XII, 607.

SFORZA (FRANÇOIS), allié du roi René; arrêté en trahison; XIII, 413, 414. Secondé par le Dauphin (Louis XI); usurpe le duché de Milan, 477, 478. Aux prises avec Alphonse-le-Magnanime; XIV, 39. Sa défiance des Français, 42. Il secourt Ferdinand de Naples, 46. Louis XI le prend pour modèle; pourquoi, 78. Ses efforts malgré leur amitié pour expulser les Français de l'Italie, 115 à 119. Son alliance avec lui, 144. Mécontentement qu'elle inspire, 146. Lui envoie des secours, 184. Sa mort, 341.

SFORZA (GALÉAS), duc de Milan; secours qu'il amène à Louis XI; XIV, 184. Son avénement; haine que lui portent ses sujets, 341, 342. Ligue dans laquelle il entre, 426. Abandonne Charles-le-Téméraire et se rapproche de Louis, 472. Meurt assassiné, 536.

SFORZA (ALEXANDRE), vainqueur du parti angevin à Troia; XIV, 118.

SFORZA (JEAN GALÉAS), duc de Milan; sous la tutelle de sa mère; XIV, 551. Son incapacité; dominé par son oncle; XV, 142, 143. Son dépérissement; son entrevue avec Charles VIII; sa mort; soupçons d'empoisonnement, 166 à 168.

SFORZA (LOUIS) ou Louis-le-Maure; gouverne le Milanais; son projet de faire de l'Italie un seul corps; ses alliances; ses ennemis; pourquoi appelle Charles VIII; XV, 142, 143. Fait alliance avec Maximilien, 144. Son traité secret avec le roi de France, 147, 148. Avances que lui fait Ferdinand, 153. Est caution de Charles pour un emprunt, 158. Son entrevue avec d'Orléans, 160. Il rejoint le roi à Asti; ses fêtes, 163. Il l'exhorte à pousser en avant; l'engage à passer par la Toscane; est présent à l'entretien du roi et de son neveu; soupçonné de la mort de ce dernier; s'empare de son duché; haine des Français envers lui, 163 à 168. Il est leur dupe; rejoint le roi et le quitte, 178, 181. Ses griefs contre lui; ligue qu'il propose aux Vénitiens, 198, 199. Il la signe, 203, 204. Pourquoi hésite à commencer les hostilités; est attaqué; renferme le duc d'Orléans dans Novarre, 210, 211, 220, 221. Fait la paix de Verceil, 222, 223. Hésite s'il rentrera dans l'alliance française; pourquoi s'en éloigne, 246. Projet de l'attaquer, 248. Contremandé, 249. Menacé par Louis XII, les Vénitiens, les Suisses, 287. A qui a recours; excès des Turcs inutiles à sa cause, 288. Ses moyens de défense; ses places se rendent; ses généraux battent en retraite; il se retire dans le Tyrol, 291 à 295. Révolution qui lui rend son duché, 306, 307. Ses auxiliaires landsknechts et suisses; il assiège Novarre; prend la ville; y entre et se dispose à livrer bataille; ses Suisses veulent débaucher ceux de l'armée française; les uns et les autres reçoivent de la diète défense de combattre; la gendarmerie française l'attaque; ses mercenaires refusent de se défendre; se soulèvent contre lui; il veut se rendre; ils le retiennent et le livrent; est conduit en France; sa dure captivité, 309 à 321. Intérêt que lui porte Maximilien; ses effets, 367, 373.

SFORZA (FRANÇOIS); son oncle le dépossède et le retient captif; XV, 168. Il est rendu à sa mère et mis en liberté, 294, 295. Louis XII se le fait livrer et lui fait prendre l'habit monastique, 303.

SFORZA (JEAN), beau-frère de César Borgia; à son approche lui abandonne Pesaro; XV, 331.

SFORZA (CATHERINE); sa courageuse résistance à Borgia; est prisonnière, puis mise en liberté; XV, 305.

SFORZA (BLANCHE) épouse Maximilien; XV, 144.

SFORZA (ASCAGNE), ambassadeur près du pape; arrêté par lui; XV, 184. Presse Charles VIII de le déposer, 185. Emmène en Allemagne les enfans de son frère, 294. Son retour à Milan, 307. Il est livré à Louis XII et emprisonné, 321. Sa liberté stipulée, 373. Amené en Italie par d'Amboise, 414.

SFORZA (MAXIMILIEN), duc de Milan; rétabli par les Suisses et le pape; l'empereur ne lui est point favorable; XV, 607, 608. Mis en possession de sa capitale, 610. Mécontentement contre lui dans le duché, 627. Il se met sous la protection des Suisses; sa détresse, 629. Ils gagnent la bataille de Novarre; il recouvre toutes ses places, 630 à 633. Veut refuser le passage à des prélats français; injonction qu'il reçoit du pape, 657. Se rend à François Ier; XVI, 36, 37. Sa mort, 339.

SFORZA (FRANÇOIS), duc de Milan; ce que Charles-Quint et Léon X stipulent pour lui; XVI, 129. Ligué contre la France, 167. N'ose attendre à Milan, dépeuplée par la peste, l'armée française, 221. Son épuisement, 226. Son complot pour affranchir l'Italie; trahi par ses complices; son duché confisqué, 268 à 271. Ligue pour l'y rétablir, 282, 283. Forcé dans le château de Milan à capituler, 285, 286. Mal secondé par Saint-Pol, 326. L'empereur lui rend son duché, 339. Il entre dans la ligue italienne; demande Catherine de Médicis; est refusé, 416. Opprimé par les Espagnols; reçoit un agent secret de François; pourquoi le fait périr; ses explications au roi, 419 à 422. Vengeance que ce prince médite;

mariage et mort de Sforza, 468, 469.

SFORZA (ALEXANDRE), lieutenant de Farnèse; conseils qu'il lui donne; XXI, 156.

SHELBOURNE popularise en Angleterre la cause des Américains; XXX, 141. Partisan de la paix, 226.

SHIRCOUK, émir de Noraddin en Egypte; l'emporte sur le roi de Jérusalem; réunit cette province aux principautés de Damas et d'Alep: sa mort; VI, 69.

SHREWSBURY (LE COMTE DE) aux prises en Ecosse avec le baron d'Essé; XVII, 368, 369.

SHREWSBURY (LE DUC DE), ministre de la reine Anne; son désir de la paix; XXVII, 140.

SIBYLLE, fille d'Amaury, roi de Jérusalem; ses mariages; VI, 71. Son fils est roi, 72. Elle est couronnée reine et couronne Lusignan, son époux, 75. Sa mort, 85.

SICHILDE, seconde femme de Clothaire; II, 15, 18.

SICON, duc de Bénévent, fait hommage de son duché à Louis-le-Débonnaire; II, 447.

SIEGFRID, roi de Scandinavie; donne l'hospitalité à Witikind; II, 257. Ses ambassadeurs au champ de mai, 290. Ambassadeur qu'il reçoit de Charles, 364.

SIEGFRID, Danois; négociateur entre les Français et les Normands; III, 256.

SIEYES; sa brochure Qu'est-ce que le tiers-état? XXX, 417. Ses idées constitutionnelles, 434 et suiv.

SIGEBERT, roi des Francs ripuaires; allié de Clovis; blessé à la bataille de Tolbiac; I, 185. Assassiné par son fils à l'instigation de Clovis, 229.

SIGEBERT, roi des Francs; I, 302. Obtient par le sort Reims, 303. Transporte sa résidence à Metz, 305. Epouse Brunehault, fille du roi des Visigoths, 313. Combat les Avares; leur prisonnier; rachète la liberté et contracte avec eux une alliance, 317. Ses guerres avec Chilpéric, 318, 319, 326 à 329. Sa guerre avec Gontran, 320, 321. Nouvelle guerre avec Chilpéric, 326. Ses troupes vaincues en Touraine, 328. Est salué roi par l'armée neustrienne, 332. Meurt assassiné, 334.

SIGEBERT II, roi des Francs; vains efforts pour lui assurer la couronne; sa mort; I, 439 à 444.

SIGEBERT III, roi des Francs; II, 23. Son baptême, 26. Couronné à trois ans roi d'Austrasie, 33. Agé de huit ans à la mort de son père, 40. Obscurité qui enveloppe son règne; son mariage; sa mort, 43. Ses libéralités envers le clergé, 54.

SIGEBRAND, confident de Bathilde; tué; II, 63.

SIGEBOLD, représentant de l'archevêque Hugues au concile d'Ingelheim; convaincu de faux; puni; III, 436.

SIGEFRID, roi des Normands au siège de Paris; III, 267. Tué à Louvain, 304.

SIGÉRIC, successeur d'Ataulphe; meurt assassiné; I, 144.

SIGISMOND (SAINT), fils de Gondebaud; fait périr son fils Sigéric; I, 259. Vaincu par trois des fils de Clovis, 260. Sa mort, 261.

SIGISMOND de Brandebourg; roi de Hongrie, puis empereur; son mariage; XI, 487. Aux prises avec Bajazet; sa défaite; renfort qu'il reçoit de France; XII, 74 à 76. Ses conseils méprisés; il échappe au désastre de Nicopolis, 87 à 90. Contribue à racheter les captifs, 97. Persiste à soutenir Boniface, 113. Défend l'Europe contre les Orientaux, 121. Son voyage à Paris; époque de son élection, 495. Son zèle pour la paix de l'Église; il a convoqué le concile de Constance; comment agit sur les trois papes; but de son voyage; il offre en France sa médiation aux deux partis, 496, 497. Son peu de succès; son départ, 499. Son entrevue avec Jean-sans-Peur, 543. A érigé la Savoie en duché; XIII, 236. Ses ambassadeurs au congrès d'Arras, 250. Il est sollicité de déclarer la guerre au duc de Bourgogne, 267. Il adjuge la Lorraine à Réné d'Anjou, 292, 293. Protecteur du concile de Bâle; sa mort, 323.

SIGISMOND, duc d'Autriche; provinces qu'il remet en gage à Charles-le-Téméraire; pourquoi; XIV, 297, 298, 407. Ligue dans laquelle il entre, 415. Il veut dégager le comté de Ferrette; soudoyé par Louis XI; insurrection qui lui rend cette province, 416, 417. Cède le Tyrol à Maximilien; XV, 91.

SIGISMOND-AUGUSTE, roi de Pologne; sa sœur épouse le roi de Hongrie; conseils qu'il lui donne; XVII, 84, 418.

SIGISMOND-AUGUSTE, roi de Pologne; la famille des Jagellons s'éteint en lui; XIX, 210 et suiv.

SIGISMOND de Suède prétend à la couronne de Pologne; XIX, 218.

SIGNADO (DON AGOSTINO) défend Valence contre les Français; XXIV, 537.

SILEN (GASPARD) d'Ury, accusé d'avoir livré Sforza; XV, 319.

SILHON, confident de Mazarin; XXIV, 398.

SILHOUETTE (ÉTIENNE DE) est contrôleur-général de finances; son économie tournée en ridicule; sa disgrâce; XXIX, 94, 95.

SILINGES, Vandales; leur parti en Espagne; I, 135. Exterminés, 144.

SILLERY (BRULART DE), chancelier; négociateur français au congrès de Vervins; XXI, 473. Quand est promu à présider le conseil; XXII, 13. Sollicite le divorce du roi, 32. Négocie son mariage, 35. Délibère les instructions données à Sully, 92. Est du parti espagnol, 98, 227. Ses informations judicieuses, 120. Opposé à Sully dans le conseil, 126. Prépare l'édit contre les duels, 152. Accourt chez la reine à la mort de Henri IV. Son mot, 185. L'engage à se faire donner la régence par le parlement, 187. Reçoit ses ordres, 195. Est de son conseil secret, 199. Travaille avec elle, 206. Son âge; ses faiblesses, 210, 211, 248, 249. Menacé par Soissons, 255. Procès de magie qu'il fait avorter; intrigues de courtisans contre lui, 260 et suiv. Sa sentence dans l'affaire de Luz, 268. Ses débats avec Villeroy, 280. Sa timidité à la levée de boucliers des princes, 283. Il fait vérifier la déclaration de Louis XIII majeur, 293. Invite le tiers à s'expliquer au roi, 310. Congédie les trois ordres, 325. Sa lutte avec le parlement, 337, 338. Accusé par Condé, 340. Desservi près de la reine, 353. Accident qu'il éprouve, 358. Anéantissement de son crédit, 359. Sa disgrâce, 363. Rentre au conseil; y fait appeler la reine-mère, 500. Sa part dans le gouvernement; il est renvoyé; époque de sa mort, 513, 514.

SILLERY-PUYSIEUX; mort de sa femme; discussion avec la famille Villeroy; XXII, 280. Sa disgrâce, 365. Le roi se plaint à lui de Luynes; sa prudence, 489. Sa part dans le gouvernement; il est renvoyé, 513, 514.

SILLERY (LE COMMANDEUR DE) est du conseil secret de Marie de Médicis; XXII, 199. Accusé par Condé, 340. La reine se croit ensorcelée par lui, 348. Desservi auprès d'elle, 353. Est éloigné de la cour, 355. Son ambassade à Rome, 515.

SILLY (JACQUES DE) commande l'artillerie de l'armée contre Naples; XV, 339. Garnison ennemie qu'il fait pendre, 343.

SILLY (DE); troupes qu'il commande contre l'Espagne; XXVII, 377.

SIMEON, patriarche de Jérusalem; sa conférence avec Pierre l'Ermite; IV, 526.

SIMIER, mignon de Monsieur, duc d'Alençon; est arrêté; XIX, 475, 477. Est mis en liberté; s'enfuit avec ce prince, 478, 479. Ses négociations pour lui faire épouser Elisabeth d'Angleterre, 497; XX, 46.

SIMON, comte de Crespy; aux prises avec le roi de France; IV, 470.

SIMON, cardinal de Sainte-Cécile; légat du pape en France; VIII, 161, 162. Elu pape sous le nom de Martin II. Voy. *ce nom*, 319.

SINAM, capitan-pacha de Soliman; attaque la Sicile et Malte; XVII, 429. Son expédition sur Naples, 492, 493.

SINCLAIR (OLIVIER), favori de Jacques V d'Ecosse; commande son armée; XVII, 143.

SIRMOND, jésuite; Richelieu le donne pour confesseur à Louis XIII; XXIII, 332. Sa disgrâce, 537.

SIROT; son poste à la bataille de Rocroy; XXIV, 41. Prisonnier à Deutlingen, 46.

SIRUELA (LE COMTE DE) est nommé gouverneur du Milanais; ses opérations; XXIII, 471, 472. Ses échecs, 518, 519. Ses succès divers; XXIV, 47.

SIRVEN, protestant; son procès; son acquittement; XXIX, 295, 296.

SISMONDI (UGOLIN-BUZZACHERINO DE) commande la flotte de Pise; son expédition; VII, 248.

SIXTE IV (LA ROVÈRE), pape; son élection; XIV, 346. Ses efforts pour réconcilier Louis XI et Charles-le-Téméraire; ses menaces d'excommunication, 417. Son débat avec Louis, 475, 476. Il encourage la conjuration des Pazzi; Louis défend de lui faire passer de l'argent, 546 à 549. Médiation qu'il élude, 550. S'interpose entre Louis et Maximilien; son légat en France, 579 à 581. Sa circonspection, 597. Envoi de reliques à Louis, 621. Sa mort; XV, 8.

SIXTE-QUINT (FÉLIX-PARETTI, CARDINAL DE MONTALTO), pape; son élection; sa longue dissimulation; son énergie; son despotisme; se déclare contre la ligue; XX, 159 à 161. Excommunication qu'il fulmine contre le Béarnais et Condé; protestation de Henri IV, 182 à 186. Explication de son nonce avec Valois, 227, 228. Ses idées sur l'obéissance due aux rois; répétées à Henri III, 233. Ses vœux pour la mort d'Elisabeth, 249, 250, 253. Tient la balance entre Valois et la ligue, 316, 317. Son légat à bord de l'invicible Armada; sa bulle d'excommunication contre Elisabeth; ses projets à l'égard de l'Angleterre, 383. Colère que lui cause le meurtre du cardinal de Guise, 469, 470. Repousse toute explication, 495, 506, 507. Il compare la délivrance de l'Eglise, opérée par Clément, à la Passion; XXI, 17. Il prévoit le triomphe du Béarnais, 19. Assistance qu'il donne à Mayenne, 25. Considère son rival comme un usurpateur, 41.

Son légat en France, 44. Sa mort; à quoi ses trésors employés, 124, 125.

SLAOMIR, roi des Abodrites, renoue l'alliance avec les Francs; II, 447. Fait prisonnier et condamné à l'exil, 448.

SLAVATA (LE COMTE) seconde Ferdinand II contre la réforme; XXII, 444. Violences dont il est l'objet, 445.

SLAVES; rôle peu important de cette race dans la subversion de l'empire; I, 121. Ses mœurs, 122. Poussée par les Tartares se jette sur les Germains, 124. Révolutions chez ces peuples; II, 12. Coalisés avec les Bavarois contre les Francs, 162. Leurs différends avec les Saxons réglés par Charlemagne, 269. Leur soin à rechercher son alliance, 326. Battent Louis-le-Germanique; III, 90. Attirés contre lui par Charles-le-Chauve, 112. Leurs succès, 125.

SMALKADE (LIGUE DE); par qui formée pour la défense du parti protestant en Allemagne; secondée par les rois de France et d'Angleterre; XVI, 391 à 393. Se réconcilie avec Charles-Quint, 395. Pourquoi son alliance recherchée par François 1er, 423, 424, 435. Elle rétablit le duc Ulrich de Wirtemberg, 425 à 428. Fait la paix avec Ferdinand, 428. Alarmée des persécutions que dirige François contre les protestans, 455. Ses princes se rapprochent de Ferdinand, explications que leur donne le roi de France, 457. L'empereur contraint de traiter avec elle d'égal à égal; XVII, 7. Elle est trahie par Montmorency, 82. Désir de Charles-Quint de l'humilier, 112, 226. Ses désastres, 276 à 280, 373.

SMITBERG, général des Weymariens; prisonnier à Marienthal; XXIV, 83.

SMITH (THOMAS), négociateur d'Elisabeth d'Angleterre; signe le traité de Troyes; XVIII, 417.

SOANEN, évêque de Senez; son exil; XXVIII, 44.

SOBOLE (LES FRÈRES), commandants de Metz; leur tyrannie; ils traitent avec Henri IV; XXII, 90.

SODERINI mis à la tête de la république florentine; XV, 395.

SOELTEREN (PHILIPPE-CHRISTOPHE DE), archevêque électeur de Trèves; sa tyrannie; sa captivité; sa liberté réclamée par la France; XXIII, 260 à 263. Réinstallé dans sa capitale; XXIV, 89.

SOISSONS (COMTE DE), croisé avec saint Louis; VII, 248.

SOISSONS (DE BOURBON, COMTE DE) prend les armes pour le roi de Navarre; veut épouser la sœur de ce prince; XX, 265. Gentilshommes qui se joignent à lui, 267. Ses mobiles, 285, 389. Rentre en grâce auprès de Henri III, 390. Assiste aux États de Blois, 421. Les cahiers de Paris demandent qu'il soit déclaré indigne du trône, 423. Est du parti Bourbon, 454. Faction dont il est le chef, 503. Ses conseils au roi, 504. Est fait prisonnier, 527. S'échappe et rejoint l'armée du Béarnais; XXI, 32. Son rôle dans le parti, 111, 112, 168. Ses intrigues, 194. Représente un pair laïque au sacre de Henri IV, 250. Son projet de mariage avec la sœur de ce prince est rompu, 278, 279. Ses rapports avec lui, 336. Femme dont il cause le supplice; XXII, 47. Refus du roi de lui accorder sa sœur, 67. Instruction diplomatique qu'il délibère, 92. Exaction qu'il obtient, 96. Adversaire de Sully, 98, 143. Quitte la cour, 178, 196. Son fils au lit de justice; il rentre à Paris; faveurs qu'il obtient, 197 à 201, 216. Sa faction; il est gagné par la reine-mère, 226, 227, 229, 232. Représente un pair laïque au sacre de Louis XIII, 231. Ses exigences, 235. Efforts pour le réconcilier avec son neveu, 236. Sa mésintelligence avec Joyeuse, 237. Courtisé par Concini, 249. Haï des Guises; mortifié par la reine-mère; ses menaces au chancelier; s'éloigne encore de la cour, 252 à 255, 258. Sa mort, 262. Mariage projeté pour sa fille, 454.

SOISSONS (LOUIS DE BOURBON, COMTE DE); à qui son père veut le marier; XXII, 250. Son avénement; il est nommé gouverneur du Dauphiné, 262. Accompagne Louis XIII au parlement, 292,

Se rend avec sa mère aux conférences de Loudun, 356. Accident qu'il éprouve, 358. Brouillé avec Condé; le remplace comme chef du parti des princes; excite la reine-mère à prendre les armes, 460, 461. Confédéré avec elle, 462. Commande l'armée royale qui assiége la Rochelle, 506. Fort qu'il fait bâtir à l'entrée de cette ville, 559. Ses projets de mariage; intrigues auxquelles il se mêle; XXIII, 13. Sa fuite, 19. Il excite le duc de Savoie à la guerre, 43. Se soumet, 67, 68. Accompagne le roi au parlement, 204, 230. Est de l'armée de Lorraine, 273. Passe en Picardie; prend le commandement; sa retraite; il est soupçonné de trahison, 287 à 290. Gaston lui est adjoint; ils complotent contre le cardinal; leurs opérations, 293 à 295. Sa terreur; il se retire à Sedan, 310, 311. Le cardinal lui permet d'y rester, 312, 313. Sa conspiration; le cardinal de Retz l'en dissuade, puis le seconde; ses adhérens; déclaration du roi contre lui; son manifeste, 444 à 453. Gagne la bataille de la Marfée; est tué, 454 à 459. Ses intelligences avec Cinq-Mars, 483 et suiv. Ses bénéfices distribués, 495.

SOLANO, général espagnol, prend la Floride occidentale; XXX, 205.

SOLI (ROUSSEAU DE); secours qu'il conduit en Terre-Sainte; VIII, 416.

SOLIERS (GUILLAUME DE), Albigeois converti; dénonciation qu'on attend de lui; VII, 85. Valeur que l'on attribue à son témoignage, 85.

SOLIMAN, sultan des Turcs Seljoucides; attaqué par les croisés; ses défaites; IV, 553, 559.

SOLIMAN II, sultan des Turcs, s'empare de Rhodes; XVI, 181. Défait le roi de Hongrie à Mohatz; est protecteur du successeur que les Magnats lui donnent; assiégé Vienne, 330, 331. Alarmes qu'il donne à Charles-Quint, 338. Ses apprêts; ses relations avec François Ier; effroi qu'il répand en Allemagne, 394, 395. Il est contenu par Charles-Quint, 396, 406. François compte sur son assistance, 435. Son amiral, 445. Ses ambassadeurs à Paris, 456. Son traité avec François Ier, 481. Opérations sur l'Italie qu'ils doivent faire en commun, 542, 543. Armée qu'il conduit en Illyrie en vue d'Otrante; ville qui lui est livrée; pourquoi se jette sur Corfou, 550. L'entrée des provinces vénitiennes lui est promise par des traîtres, 553. Remporte sur le roi des Romains la victoire d'Esseck, 557. Est abandonné par François, 561. Protecteur de Jean, roi de Hongrie; XVII, 22. Ses rapports avec François, 23 à 25. Son traité avec Venise; comment secondé par les agens français, 81. Bat Ferdinand à Buda; occupe la Hongrie, 85, 104, 108. Offre son assistance à la France contre la maison d'Autriche, 96. Ses succès; ses dévastations, 102. Son ascendant sur les princes d'Autriche, 107. Explications que donne François sur son alliance avec lui, 110, 111. Ses plans d'attaque, 112. Il envoie Barberousse en Provence, 148. Ses succès contre les Allemands, 156, 157, 164. Offres que lui fait l'empereur, 253. Effort des ambassadeurs français pour le réconcilier avec ce prince, 254, 255. Trêve qu'il signe, 272. Henri II le sollicite de ne la point renouveler, 323. Son inaction, 403, 404. Ses hostilités en Transylvanie; il est sollicité par Henri de mettre sa flotte en mer, 418, 419. Il fait attaquer la Sicile, puis Malte, 429. La France demande encore le secours de sa flotte; XVIII, 33. Sa dernière campagne; sa mort, 456, 457. Sa guerre avec Philippe II; siége de Malte, 457 à 460.

SOLIS (FERDINAND DE) assiégé dans Gravelines; capitule; XXIV, 65. Ses désastres sous Arras, 512.

SOLMES (LE COMTE DE); ses fautes à Steinkerque; XXVI, 111.

SOLTIKOFF, général russe, bat les Prussiens à Zullichau, puis à Kunersdorff; son inaction; XXIX, 199 à 203.

SOMMA (LE DUC DE), partisan des Français à Naples; XVII, 465.

SOMMERIVE (LE COMTE DE); son zèle catholique; XVIII, 259. Est nommé gouverneur de la Provence; y écrase le parti protestant, 333 à 335. Devenu comte de Tende; ses avantages contre les vicomtes, 519. Assassinat de son frère; XIX, 27, 28. Son refus de massacrer les protestans à la Saint-Barthélemy, 176.

SOMMERSET (ÉDOUARD SEYMOUR, COMTE DE HARTFORD, DUC DE) se fait déclarer protecteur d'Angleterre; XVII, 293. Il recherche l'amitié de la France, 294. Mariage qu'il veut conclure, 333. Il emploie la force des armes; sa victoire sans fruit, 335, 336. Sollicité par l'empereur d'attaquer les Français; son impuissance, 364. Ses propositions aux Écossais repoussées, 366. Révoltes contre lui; il fait exécuter son frère; attaqué par Henri II, 386, 387. Son traité avec la France, 390, 391. Il est déposé et exécuté, 509, 510.

SOMMERSET (LES DUCS DE). Voy. *Beaufort*.

SONICHILDE, deuxième femme de Charles-Martel, mère de Grifon; II, 149. Se renferme à Laon avec lui, 151. Se rend et est jetée dans un couvent, 152.

SONNAC (GUILLAUME DE), grand-maître des Templiers; son poste à la bataille de Mansourah; VII, 421, 422. Est blessé, 423. Perd l'œil qui lui reste, 427.

SOPHIE, fille de Louis XV. Voy. *Adélaïde*.

SORABES, peuple slave ligué avec les Saxons; II, 291. Ligué avec Charlemagne contre les Weltsi, 332. Guerre qu'ils soutiennent, 407. Veulent secouer le joug; sont réprimés, 439.

SORBONNE (LA), école de théologie de Paris; poids qu'elle a acquis dans le monde chrétien; X, 37.

SOREL (AGNÈS); passion qu'elle inspire à Charles VII; XIII, 203. Sentimens qu'elle réveille en lui, 204. Contribue à la chute du favori, 221. Doit-on lui faire honneur du changement dans le caractère du roi? 345. Son influence sur les affaires, 416. Et sur l'esprit de son amant, 461, 462. Insultée par le Dauphin, 470. Haïe de la reine et de ce prince; sa mort; rumeurs à ce sujet, 496 à 498. Jacques Cœur accusé de l'avoir empoisonnée, 539 et suiv.

SORIA (DON DIÉGO), stratico de Messine; sédition qu'il provoque; XXV, 331.

SORLIN, chirurgien d'Epernon; est attaqué par le maire d'Angoulême; XX, 395.

SORTES ou ALLEUX; nature et modification de cette propriété; III, 219 et suiv.

SOTOMAYOR (ALONZO DE); son duel avec Bayard; sa mort; XV, 400.

SOTOMAYOR, ambassadeur espagnol à Lisbonne; négocie la paix avec l'Angleterre; XXVIII, 432.

SOUBISE (LE COMTE DE) signe l'association protestante; XVIII, 282. Son entrevue avec la reine-mère, 291. Est envoyé à Lyon, 294, 332. Secondé par des Adrets, 336. A quoi a employé Poltrot; accusé par lui d'être son complice, 365. Soulève le Périgord; XIX, 31. Prisonnier à Jarnac, 46.

SOUBISE (DUC DE), frère du duc de Rohan; son attitude à l'assemblée de Saumur; XXII, 247. Signe l'acte d'union des églises réformées, 264. Offensé par la cour, 345. Rejoint Condé, 349. Conférences auxquelles il assiste, 356. Commande les insurgés du Poitou et de la Bretagne, 484. Sa soumission, 487. Il surprend Royan, 494. Battu à l'île de Rié, 502 et suiv. Passe en Angleterre, 505. Il reprend les armes; ses opérations maritimes, 559 à 565. Réfugié à Londres; XXIII, 27, 43, 365. Est de l'expédition de Buckingham, 48, 62. Secourt la Rochelle, 68, 72, 74. Est reçu en grâce, 116. Est de l'armée du comte de Soissons, 452.

SOUBISE (Mme DE); inclination de Louis XIV pour elle; XXV, 399.

SOUBISE (LE PRINCE, PUIS MARÉCHAL DE), est aide de camp de Louis XV; XXVIII, 309. Sa mission auprès de Lenormand d'Etioles; XXIX, 6. Son commandement contre Frédéric; 121. Sa jonction avec l'armée des Cercles, 133, 135. Il perd la bataille de Rosbach, 137 à 140, 149. Ses opérations en Hesse; ses succès à Sangers-Hausen et à Lutternberg; sa promotion, 155 à 157. Sa jonction avec Broglie, sa retraite; ses débats avec le maréchal, 246 à 248. Ses échecs, 260, 261. Son amitié pour la favorite, 325. Le ministère dont il fait partie remplacé; XXX, 24 et suiv. Plaintes de Saint-Germain que ses fautes ont autorisées, 61. Réformes qu'il entrave, 80 et suiv. Incidemment nommé, 302.

SOUBISE (LE CARDINAL DE) intercède auprès de Louis XV pour l'archevêque de Paris; XXIX, 33, 34.

SOUCHES (LE COMTE DE) commande l'armée impériale en Flandre; XXV, 276 à 280.

SOUPLAINVILLE (GUILLAUME DE), envoyé par le duc de Bretagne à Louis XI; se vend au roi; XIV, 368, 369.

SOURDÉAC, commandant à Brest; démarches des Anglais pour qu'il leur livre cette place; XXI, 309.

SOURDIS; renfort qu'il amène à Henri IV; XXI, 156.

SOURDIS (LE CARDINAL) accompagne Louis XIII au parlement; XXII, 293. Sujet dont il entretient l'assemblée du clergé, 311. Son opinion sur l'identité entre la doctrine et la discipline de l'Eglise, 319. Négocie la paix entre le roi et sa mère, 465. Incline pour la paix générale, 568. Par qui remplacé à l'archevêché de Bordeaux; XXIII, 229.

SOURDIS, évêque de Maillezais, général des galères de France; secourt l'île de Rhé; XXIII, 50. Dit la messe dans la Rochelle, 78, 79. Succède à son frère comme archevêque de Bordeaux; ses débats avec d'Epernon, 229, 230. Sa circonspection dans le procès de Grandier, 236. Opération maritime dont il est chargé; scandale de ses débats avec Vitry, 300, 301. Ses mouvemens, ses succès, 321, 322. Ses combats sous Fontarabie, 344 à 346. Ses opérations; ses échecs en Catalogne; il s'enfuit à Rome, 469, 470. Est rappelé, 534.

SOUSA, jésuite portugais; vengeance dont il est l'objet; pourquoi; XXIX, 222 à 225.

SOUVRÉ accompagne Henri III hors de la Pologne; XIX, 302.

SOUVRÉ; renfort qu'il amène à Henri IV; XXI, 156.

SOUVRÉ (LE COMMANDEUR), gagné par Mazarin; XXIV, 441.

SPADA (LE CARDINAL); commission dont il fait partie; XXVI, 288.

SPARRE (LE COMTE DE); ses intrigues en faveur des Stuarts; XXVII, 327.

SPENCER (HENRI), évêque de Norwich; est chef d'une croisade contre les Flamands partisans de Clément VII; XI, 419. Expédition qu'il doit diriger, 420. Son départ; ses lieutenans; son obstination, 421. Il prend Gravelines; ses rapports avec le comte de Flandre, 422, 423. Sa victoire à Dunkerque sur les forces du comte, 424. Ses succès; ses pillages; les Gantois acceptent son secours et le renforcent au siège d'Ypres, 425. Lève le siège à l'approche de Charles VI; se renferme dans Gravelines, 427.

SPERRUYTER, général de l'empereur; cause la défaite de Rhinfeld; XXIII, 339.

SPIFAME, évêque de Nevers; embrasse la réforme; est envoyé à la diète de Francfort; XVIII, 350.

SPINA, ministre protestant, reproche à Henri IV sa conversion; XXI, 215.

SPINI (SIMON DE), banquier florentin; agent prétendu de la simonie de Boniface VIII; IX, 240.

SPINOLA, gouverneur de Provence pour le roi de Naples Charles III; XI, 450. Abandonne cette province, 564, 565.

SPINOLA (TOMMASINA), Génoise; attachement qu'elle inspire à Louis XII; XV, 392, 393.

SPINOLA (PAUL); partisan des Français à Gênes; XVII, 348.

SPINOLA (GASTON), général de Philippe II; entre à Cambrai; XXI, 377.

SPINOLA (AMBROISE, MARQUIS DE), général de Philippe III; prend Ostende; XXII, 112. Son désir de la paix, 137. Marche contre l'électeur palatin, 472. Son retour en Hollande; il assiége sans succès Berg-op-Zoom, 533. Prend Breda, 549. Est gouverneur du Milanais; XXIII, 132. Ses propositions à Richelieu, 133. Appelé à Turin par le duc de Savoie, 137. Assiége Casal, 138. Vaincu par Montmorency, 143.

Son désir d'obtenir Casal ; cette ville lui est remise ; sa mort, 146, 147, 149.

SPINOLA (PHILIPPE) commande l'armée espagnole en Roussillon ; XXIII, 394. Excès de ses soldats en Catalogne, 410.

SPINOLA (LE CARDINAL) ; commission dont il fait partie ; XXVI, 288.

SPORCK (LE GÉNÉRAL DE) commande les impériaux en Flandre ; XXV, 280.

SQUILLARE, ministre des finances en Espagne ; insurrection qu'il cause ; son exil ; XXIX, 369, 370.

STAAL (DE LAUNAY, DAME DE) ; son arrestation ; XXVII, 370.

STAEL (Mme DE) ; éloge qu'elle fait de son père ; XXX, 105, 110, 129.

STAFFARDE (BATAILLE DE), gagnée par Catinat sur le duc de Savoie ; XXVI, 63.

STAFFORD (LE COMTE DE), négociateur à Brétigny ; X, 570. Accompagne en France le duc de Lancastre ; XI, 185.

STAHREMBERG (LE COMTE DE), vaincu par Créqui ; XXV, 379. Capitule à Philipsbourg ; XXVI, 21. Commande l'armée d'Italie, 373 et suiv., 422 et suiv. En Catalogne ; XXVII, 65. Le duc d'Orléans prend l'ascendant sur lui, 66. Contenu par Besons, 90. Il mène le prétendant en Aragon, 107. Vaincu à Villaviciosa, 114. Son impuissance, 145, 165, 169. Entretient la guerre en Catalogne, 179 à 181.

STAHREMBERG (LE COMTE DE) ; son ambassade à Paris ; XXIX, 77 à 79. Avantage que lui donne Frédéric, 81. Succès de ses négociations, 82 et suiv.

STAIRS (LORD), ambassadeur de Georges Ier en France ; ses débats avec Louis XIV ; XXVII, 207 et suiv. Engagé à prendre parti pour le duc d'Orléans, 235. Offre à ce prince l'alliance anglaise, 249 et suiv. Il cherche à faire arrêter le prétendant, 251, 252. Il signe la quadruple alliance, 322. Ses opérations militaires en Allemagne ; sa jonction avec le roi ; XXVIII, 278, 279. Son billet à Noailles, 283.

STANDONC (JEAN), recteur de l'université ; exilé par Louis XII ; pourquoi ; XV, 379, 380.

STANHOPE (ALEXANDRE), ambassadeur d'Angleterre en Espagne ; XXVI, 151, 200. Secourt Barcelone, 467. Ne peut vaincre l'indolence de l'archiduc ; XXVII, 20, 22. Accompagne ce prince, 23. Traité de commerce qu'il stipule avec lui, 39, 40. Prend Port-Mahon, 64. Ses forces en Catalogne, 65. Ses négociations avec le duc d'Orléans, 67 et suiv., 124. Il mine le prétendant en Aragon ; ses victoires ; il le fait entrer à Madrid, 107 à 109. Il perd la bataille de Brihuega, 114. Ses talens, 137. Son entrevue avec Dubois, 265, 277, 311. Il signe la quadruple alliance, 322. Ses conventions secrètes avec Dubois, 324, 384. Son voyage à Madrid ; ses explications avec Alberoni, 331. S'emploie à faire nommer Dubois, cardinal, 437.

STANHOPE (LE COLONEL) est envoyé à Madrid ; XXVII, 324. Ses opérations de guerre contre l'Espagne, 377 et suiv. Témoin du courroux du roi et de la reine, 524. Reçoit les révélations de Riperda ; XXVIII, 13.

STANISLAS-LECZINSKI est couronné roi de Pologne ; XXVI, 438 ; XXVII, 522. Louis XV épouse sa fille, 523. Il remonte sur son trône ; XXVIII, 78 à 80, 86, 87. Est renversé, 88 à 92. Devient souverain de la Lorraine ; époque de sa mort, 140 à 146. S'enfuit de Lunéville, 313. Sa cour, ses habitudes, ses rapports avec le roi et la reine, 472 à 474. Sa mort ; XXIX, 334, 335.

STAPFER (JACQUES) ; Suisses qu'il a enrôlés pour l'empereur ; XVI, 49.

STAVELO. V. Mauvoisin.

STEIN (GEORGE DE) conduit à Charles-le-Téméraire la garnison de Grandson ; XIV, 464, 465.

STEINFLICHT (LE GÉNÉRAL) compagnon de fuite de Leczinski ; XXVIII, 91.

STEINKERQUE (BATAILLE DE), gagnée par Luxembourg sur Guillaume III, XXVI, 109.

STEPHANIE de Provence, voy. Baux (comte des).

STERKEMBERG, tué à Malplaquet ; XXVII, 88.

STILICHON, favori d'Honorius ; I,

125. Renverse en Orient Rufin, en Afrique Gildo; bat en Italie Alaric; mais a concentré toutes les légions et découvert les Gaules, 126. Poursuit et cerne Rhadagaise, 127, 128. Assassiné, 135.

STIRUM (LE COMTE DE), battu par Villars à Hochstedt; XXVI, 369.

STORMOND (LORD), ambassadeur en France; ses griefs; XXX, 144. Son rappel, 162.

STRATE (VAN DER) (LES); leur conjuration contre le comte de Flandre; V, 206. Leur supplice, 207.

STRICLAND (L'ABBÉ); émissaire de l'empereur en Angleterre; est expulsé; XXVIII, 139.

STROZZI (PHILIPPE), ambassadeur de Clément VII; son mot sur la dot de Catherine de Médicis; XVI, 431.

STROZZI (PIERRE), maréchal; troupes qu'il lève pour François Ier; XVII, 118, 120. Son armée, ses projets, sa défaite, 192, 193. Il continue la guerre et amène ses troupes en France, 194, 195. Est au camp de Jaulons, 200. Prêt qu'il refuse à Henri II; il arrête le marquis de Saluces, 346. Il se rend à la Mirandole, 424. Troupes qu'il rassemble; ses hostilités, 426. Il fortifie Metz, 483. Est nommé maréchal; commande à Sienne; son infériorité; ses échecs, 533 à 535. Il appelle à son aide son frère; il est battu à Marciano et à Lucignano; suite de ses opérations, 536, 537. Il demande en vain le secours de Brissac, 538. Où tient la campagne, 543. Il capitule, 549. Troupes qu'il conduit à Rome; XVIII, 14, 15. Assiste à la réception faite à Guise, 37. Ses efforts pour le réconcilier avec les Caraffa, 40. Il entre à Calais déguisé, 56. Il est tué au siége de Thionville, 77.

STROZZI (LÉON), prieur de Capoue; secours qu'il conduit en Écosse; XVII, 335. Sa victoire navale contre les Anglais, 387. Ses exploits dans la Méditerranée; sa retraite, 431, 432. Il reprend les armes; est tué, 536.

STROZZI (LAURENT), le cardinal, évêque d'Alby; protestans qu'il fait massacrer; XVIII, 324. Est du voyage du roi, 437. Association catholique qu'il signe, 452.

STROZZI (PHILIPPE); son commandement à l'armée royale; XVIII, 506. Il est prisonnier; XIX, 55. Trait de cruauté de lui, 89, 90. Troupes qu'il rassemble, 141. Inquiétude qu'il cause aux Rochellois, 196. Il les assiége, 224. Commande l'armée royale du Poitou; ses lettres aux insurgés, 289. Accompagne Guise, 347. Réconcilie Bussy et Grammont, 374. Perfidie dont le roi le fait l'agent, 517. Expédition qu'il conduit aux Açores; il est tué; XX, 30 à 32.

STRUENSÉE; sa faveur à la cour de Danemark; sa disgrâce; XXIX, 472.

STUART (JEAN), connétable d'Écosse au service de Charles VII; XII, 621; XIII, 9. Il perd la bataille de Cravant, 19 à 21. Tué à la journée des Harengs, 97 à 99.

STUART (JACQUES), comte de Murray, frère naturel de Marie; est amené en France; XVII, 368. Est nommé régent d'Ecosse; XVIII, 493.

STUART (ROBERT); accusé de conspiration à Paris; son évasion; XVIII, 123, 124. Il reçoit du connétable un coup d'épée, 511. Est tué; XIX, 48.

STUART (JACQUES), le prétendant; fils de Jacques II; sa naissance; il est proclamé prince de Galles; XXVI, 16 et suiv. Est emmené en France, 24, 30, et suiv. Ce que Louis XIV espère pour lui, 177. Ce roi promet de le reconnaître, 305, 310. Echec de son expédition sur l'Ecosse; XXVII, 41, 42, 48. Les alliés le font expulser de la France, 80, 171. Sa maladie, 151. Regrets de sa sœur, 208. Sa cour à Rome, 214. Ses tentatives; son expédition en Écosse; il échoue, 251 à 255, 263. Projets de Charles XII et du czar en sa faveur, 326 et suiv. Troupes que lui donne le roi d'Espagne, 375. Présens qu'il accepte de Dubois, 436, 442. Ses sollicitations au pape; naissance de son fils, 438, 439. Sa restauration stipulée entre l'empereur et le roi d'Espagne, 529; XXVIII, 10, 11. Il fait nommer Tencin cardinal, 175, 295. Met ses bijoux en gage, 379. Brouillé avec son fils, 462. Epoque de sa mort, 465.

STUART (CHARLES-ÉDOUARD), fils du prétendant; sa naissance; XXVII, 438. Son projet d'expédition en Angleterre; XXVIII, 299 et suiv. Il ne peut débarquer, 301 à 303, 309. Son délaissement; ses apprêts; il gagne les Hébrides, puis l'Ecosse; sa victoire à Preston; marche sur Londres; fait retraite; ses succès à Penrilk, à Falkirk; sa défaite décisive à Culloden, 377 à 385. Expulsé de France, 458, 462 à 465. Epoque de sa mort, 465.

STUART, général anglais dans les Indes; aux prises avec Bussy; XXX, 220.

SUARÈS, jésuite; sa doctrine tyrannicide; XXII, 321.

SUBLET DES NOYERS, secrétaire d'état sous Louis XIII; conseil auquel il assiste; XXIII, 368. Acte de vengeance qu'on lui attribue, 464. Entrevue de Richelieu et de Cinq-Mars chez lui, 482. Jaloux de Mazarin, 530. Son zèle pour la reine; sa disgrâce, 536, 537. Se fait le champion des droits de la régente; XXIV, 5; est remplacé, 25, 72.

SUCHEWERELL (LE DOCTEUR); son procès aux communes d'Angleterre; XXVII, 95.

SUÉNO chasse du trône son père Harold; III, 416.

SUENON, roi de Suède, invoqué par les Anglo-Saxons; IV, 399.

SUESSE (TADDÉE DE), négociateur de l'empereur Frédéric II à Rome; VII, 306. Prononce sa justification au concile de Lyon, 318. Réplique au pape, 319.

SUÈVES. Voy. *Allemands*. Suivent les Vandales en Espagne; I, 134. Dépossédés par les Visigoths, 144. Et par les Vandales, 149. Presque anéantis par Théodoric II, 163. Se rangent sous sa dépendance, 166. Leur disparition; II, 12.

SUFFOLK (LE COMTE DE) est fait prisonnier en Flandre; X, 163. Lieutenant de Robert d'Artois en Bretagne; assiège Rennes, 211, 214. Accompagne en France le duc de Lancastre; XI, 185.

SUFFOLK (LE COMTE DE) a pris part à la victoire de Cravant; XIII, 20. Puis à celle de Verneuil, 33 et suiv. Battu à Montargis, 63, 64. Seconde Salisbury, 86 et suiv. Commande le siége d'Orléans; ses lieutenans; chevaliers bourguignons qui le rejoignent, 96. Fait retraite; position qu'il prend, 131, 132. Prisonnier à Jargeau, 133. Le vainqueur lui sauve la vie, 134. Sa présence à la cour de Henri VI, 175. Son entrée à Paris, 206. Représente l'Angleterre au congrès d'Arras, 250.

SUFFOLK (LE MARQUIS DE), favori de Henri VI; négociateur en France; ses intrigues; comment veut dominer le roi; XIII, 410 à 413, 415. Secondé par la reine, 455. Reste avec elle dépositaire du pouvoir, 457, 458. Laisse prendre le Mans, 469. Est au comble du crédit, 484. Est cause des succès de la France, 494. Accusé par le parlement; condamné à l'exil, 507. Arrêté et décapité sans jugement, 508.

SUFFOLK (LE DUC DE), émigré de la rose blanche; au service de Louis XII; XV, 640. Est de l'armée du Milanais; XVI, 22. Embuscade où il est employé, 183. Il part pour l'Italie, 184. Marche sur Moulins, 185. Opine pour lever le siége de Pavie, 230. Est tué, 236.

SUFFOLK (LE DUC DE), négociateur de Henri VIII; XVII, 217. Il prend les armes en faveur d'Elisabeth; son supplice, 525.

SUFFOLK (FRANÇOISE, DUCHESSE DE), sœur de Jeanne Grey; ses droits à la couronne d'Angleterre; XVIII, 85.

SUFFREN (LE BAILLI DE); ses exploits dans l'Inde; XXX, 206, 211 à 223, 225. Commandement qu'on lui donne; époque de sa mort, 402.

SUGER, abbé; mot de Philippe Ier rapporté par lui; V, 19. Témoignage qu'il porte de la valeur de Louis-le-Gros, 57. Est son biographe; ses talens; place qu'il occupe dans les conseils du roi, 68. Idée que donnent de lui ses écrits, 69. Trompé par le comte de Blois, 84. Son élection à l'abbaye de Saint-Denis sans le concours du roi; est emprisonné, puis installé,

164. Son dénombrement de l'armée féodale de Louis, 164 et suiv. Assiste à l'élection de l'empereur Lothaire II, 213. Escorte Louis-le-Jeune en Aquitaine, 238. A, dit-on, recueilli les fabuleuses chroniques sur Charlemagne, 245. Seconde Louis contre Rome, 267. Appréciation de son mérite comme homme d'état; dissuade Louis de la croisade, 315, 316. Chargé de la régence, 324. Lettres du roi; demandes d'argent, 327, 328, 359. Ses instances pour hâter le retour de Louis, 368. Ses mesures pour déjouer le complot de Robert de Dreux, 361. Remet au roi son pouvoir intact, 362. Sa mort; nature de son talent, 366 à 368.

SUISSES (RÉPUBLIQUE DES); son commencement; IX, 214.

SULLIVAN, général américain; ses opérations; XXX, 176. Ses dissentimens avec d'Estaing; son ordre du jour injurieux contre la France; ses manœuvres, 177 à 179.

SULLY (MAXIMILIEN DE ROSNY, DUC DE) accompagne d'Alençon en Flandre; son entretien avec Henri IV; XX, 38, 40. Sauvé par le prince d'Orange, 54. Avis qu'il donne à la cour, 81. Dissuade le Navarrais de changer de religion, 109, 110. Est amené à Condé, 203. Prend part à la bataille de Coutras, 272, 273. Quitte l'armée huguenotte; pourquoi, 287. Le Béarnais l'engage à suivre Soissons, 390. Ordre que lui donne ce prince, 540. Il l'accompagne à Saint-Cloud, 544. Son poste à Ivry; XXI, 53. Ses entretiens avec le roi, 182, 183. Emissaire espagnol qu'il introduit chez ce prince; sa faveur, 214 à 216. Il négocie avec Villars Brancas, 244, 273 à 283. Il se fait remettre les promesses de mariage du comte de Soissons et de la princesse de Navarre, 279. Il ménage la paix avec Guise, 316. Sa mission près de Bouillon, 326. Confidence que lui aurait fait le cardinal de Bourbon, 330. Blâme la déclaration de guerre à l'Espagne, 332, 348. Est du conseil, 337. Présent à l'entrevue de Mayenne et du roi, 410, 411. Refuse de se rendre en Angleterre, 420. Son entrée aux finances; ses complaisances,

440, 441. Il engage le roi à accepter les propositions des notables, 448. Le conseil de raison ne peut se passer de ses avis, 451. Ses expédiens financiers, 463, 464. Centralise son administration; XXII, 14. Il rétablit l'ordre dans les finances; son dévouement au roi; sa jalousie contre les principaux Huguenots; sa dureté; son indélicatesse; remise qu'il fait de la taille; il n'a introduit aucune innovation; ses ressources sont des ventes d'offices; ses pots de vin; desséchemens qu'il entreprend; ses améliorations aux moyens de communication; il centralise l'exploitation des mines; ses mémoires; comment a mérité la reconnaissance de la postérité, 17 à 26. Il détourne le roi du projet d'épouser Gabrielle, 29, 30. Il déchire la promesse de mariage faite à la duchesse d'Entragues, 34. Contribue à lui faire épouser Marie de Médicis, 36. Ses apprêts de guerre contre la Savoie, 54. Il fait raser le fort Sainte-Catherine, 56. Est défavorable au duc de Savoie, 57. Apaise les querelles du roi et de la reine, 62. Envoyé en Angleterre, 65. Moins soupçonneux que le roi, 66. Dénoncé par Lafin, 70. Trompe Biron, 71. Le reçoit à la Bastille sans le voir, 74. Pourquoi supprime le traitement de d'Ossat, 78. Le roi lui enjoint de ne point protéger les Guises, 80. Son ambassade près de Jacques d'Angleterre; ses doubles instructions; traité d'alliance qu'il signe avec ce prince, 91 à 95, 109. Exactions et dilapidations qu'il prévient; agit sur l'esprit du roi en réveillant son animosité contre l'Espagne; faction qui lui est opposée; sommes qu'il accumule pour la guerre; somme qu'il juge nécessaire; ses expédiens; trahison qu'il découvre; il est nommé gouverneur du Poitou, 96 à 103. Veut attirer à la cour le comte d'Auvergne, 107. Préside l'assemblée des Huguenots; on l'y écoute avec méfiance, 115 à 117. Ses apprêts contre Bouillon, 122, 124 à 126. Querelles intérieures qu'il apaise, 128. Il institue *la Paulette*, 129. Missions diverses que le roi lui donne; coupables qu'il recherche et fait

Table générale de l'Histoire des Français.

exécuter, 142 à 145. Le roi le presse de se convertir, 147. Stimule l'ambition de ce prince ; excite son humeur, son envie ; trésor qu'il a accumulé ; comment grossi, 157 à 159. Il conseille l'arrestation de Condé, 172. La France lui semble confiée, 175. Sa maladie, 179. Visite que veut lui faire le roi, 181. Ses soupçons à la mort de ce prince, 190 et suiv. Ses démarches ; avis qu'il reçoit ; il s'enferme à la Bastille ; secours qu'il appelle, 193 à 195. Sa soumission ; son entrevue avec la régente et le roi, 197, 198. D'où ses brouilleries avec le comte de Soissons, 200. Travaille avec la reine, 206. Ses offres à Concini ; comment accueillies ; son âge ; son caractère ; son avidité, 209 à 211. Sommes qu'il fait payer à Condé ; il va à sa rencontre, 225. Est du parti anti-espagnol, 229. Ne se rend pas au sacre, 231. Prend fait et cause pour Conti, 232. Sa roideur ; soulèvement contre lui parmi les courtisans ; sa disgrâce, 234 à 236. Il se rend à l'assemblée de Châtelleraut ; elle est transférée à Saumur ; attitude qu'il y prend, 242, 243. Sa rivalité avec Bouillon ; défendu par Rohan ; Duplessis les réconcilie, 244 à 246. Son zèle protestant se ranime, 264. Se tient à l'écart dans la guerre des princes, 290. Dilapidations après sa retraite, 298. Offensé par la cour, 345. Ouvre ses places à Condé, 349. Repousse la paix, 355. Se rend aux conférences de Loudun, 356. Résigne à son gendre le gouvernement de Poitou, 366. Ne veut pas favoriser Condé ; ses conseils au roi, 373. Vit à la cour, 432. Veut en vain négocier entre le gouvernement et son fils, 490. Intercède pour les révoltés huguenots ; sa propre soumission, 503 à 505. Est oublié ; époque de sa mort ; XXIII, 27. Cède sa charge de grand maître de l'artillerie, 286. Sa mort ; a vécu trente ans retiré des affaires ; quand sa réputation a grandi, 478.

SULLY (LE DUC DE), d'abord marquis de Rosny ; projets de mariage pour lui ; XXII, 147. Commande l'artillerie de l'armée royale, 174, 175.

SULLY (LE DUC DE) ; sa liaison avec Voltaire ; XXVII, 295.

SUPERSAX (GEORGE DE), négociation dans laquelle il sert Louis XII ; XV, 532. Il décide les Suisses à la retraite, 578, 579. Leur amène des renforts, 631. Les dispose à traiter avec François 1er ; XVI, 26. Troupes qu'il a levées pour les Français, 48.

SUPINO (RÉGINALD DE) ; part qu'il prend à l'arrestation de Boniface VIII ; IX, 130 et suiv. Est absous par Clément V, 190. Intervient dans le procès à la mémoire de Boniface, 234, 235. Issue de cette affaire en ce qui le concerne, 255.

SURIENNE (FRANÇOIS), capitaine aragonais au service de l'Angleterre ; capitule au Mans ; villes qu'il prend en Bretagne ; désavoué par le roi ; XIII, 479 à 481. Passe au service de la France, 493.

SURREY (LE COMTE DE) bat le roi d'Ecosse à Flowden ; XV, 653, 654. Ravage les côtes de Bretagne ; débarque à Calais ; fait sa jonction avec Beaurain ; leur retraite ; XVI, 162.

SURREY (LE COMTE DE) décapité sous Henri VIII ; XVII, 290.

SURVILLE (CLOTILDE DE) et autres poètes apocryphes du XVe siècle ; XIII, 592, 594.

SURVILLE (DE) capitule à Tournai ; XXVII, 86.

SUSE (LE MARQUIS DE) commande l'armée piémontaise ; prisonnier à Villafranca ; sa mort ; XXVIII, 331.

SUWAROW (LE MARÉCHAL) bat Dumouriez à Landskron (Pologne) ; XXIX, 478. Son originalité ; XXX, 223.

SUZANNE DE BOURBON épouse Charles de Montpensier ; XV, 338 ; XVI, 22. Sa mort, 172. Sa donation à son mari attaquée, 173.

SUZE (LE COMTE DE), général du pape ; battu par des Adrets ; XVIII, 333.

SYAGRIUS gouverne le Soissonnais ; I, 165. Battu et tué par Clovis, 179.

SYDNEY, secrétaire d'état d'Elisabeth ; lettre que lui adresse Duplessis ; XX, 176. Inquiétudes que lui donne Marie Stuart, 249.

SYLVA (RUY-GOMEZ DE) ; sa rivalité avec le duc d'Albe ; XVII, 551. Commissaire pour la paix ; XVIII, 83.

SYLVA (EMMANUEL DE), vice-roi

d'Antoine de Crato aux Açores ; sa défaite ; son supplice ; XX, 35.

SYLVA (DON PHILIPPE DE) commande l'armée espagnole en Aragon ; gagne la bataille de Lérida ; prend cette ville ; ses succès ; XXIV, 72 à 94. Cède à l'ascendant de d'Harcourt, 91.

SYLVESTRE II, pape. Voy. *Gerbert*.
SYLVESTRE III, pape. Voy. *Benoît IX*.

TAL

TABOUREAUX DES RÉAUX est nommé contrôleur-général ; XXX, 98.

TACQUES-TIBAUT, bouffon du duc de Berry ; objet de ses prodigalités ; XI, 534, 535.

TAGENS, lieutenant en Angoumois ; son rôle dans le complot d'Angoulême ; XX, 392, 394, 397, 398.

TAILLEBOURG (GEOFFROI DE RANCOIGNE) négocie avec saint Louis ; VII, 255. Sa soumission, 262. Comment se déclare vengé du comte de la Marche, 284.

TAIS (LE SIEUR DE) ; son poste à la bataille de Cerisoles ; XVII, 187, 188. Ne peut seconder Strozzi, 193. Son échec à Boulogne, 220, 222.

TAIX (GUILLAUME DE), député aux États de Blois ; sa relation citée ; XIX, 409, 433, 441.

TALBOT (GUILLAUME) ; cruauté dont il est le ministre ; VI, 317.

TALBOT, capitaine anglais ; guerroie dans le Maine ; XIII, 75. Lieutenant de Suffolk au siége d'Orléans, 96. Fait retraite ; position qu'il prend, 131, 132. Prisonnier à Patay, 136. Victoire qu'il remporte, 195. Echangé contre Saintrailles, 230. Secourt Paris, 249. Guerroie autour de cette ville, 262, 263. Surprend Pontoise, 304. Secondé par Glocester, 308. Ses succès, 316, 317. Ne peut sauver Meaux, 347. Secourt Avranches, 358. Assiége Harfleur, 370. Ravitaille Pontoise, 383, 384. Assiége Dieppe, 404. Son échec, 406. Il seconde Sommerset dans sa défense de la Normandie, 485. Se retire à Rouen, 486. Défend cette place ; est livré comme otage ; reste prisonnier, 488 à 492. Mis en liberté, 505. Sa correspondance avec les seigneurs gascons, 547. Envoyé en Guienne ; surprend Bordeaux ; son activité ; ses rapides conquêtes, 548. Il perd la bataille décisive de Châtillon ; est tué, 551 à 554.

TALBOT (GEORGE), comte de Shrewsbury ; assiége Térouanne ; XV, 639.

TALLARD (LE COMTE, PUIS MARÉCHAL DE) ; son ambassade en Angleterre ; XXVI, 282. Ce que témoigne sa correspondance, 315. Lieutenant de Boufflers en Flandre, 345. Ses opérations sur la Moselle, 354, 362. Sur le Rhin, 370 et suiv. Il remporte la victoire de Speyerbach, 371. Se rend en Bavière, 402 et suiv. Sa jonction avec l'électeur, 405, 406. Il perd la bataille de Hochstett ou Bleinheim ; est prisonnier, 407 à 411. Son ancien chapelain négocie la paix ; XXVII, 139. Est du conseil de régence, 231. Vote contre le duc du Maine, 351.

TALLEYRAND DE PÉRIGORD (HÉLIE) ; sa femme est maîtresse du pape Clément V ; IX, 294.

TALLEYRAND-PÉRIGORD (LE CARDINAL DE) ; légat du pape ; ses négociations pour prévenir la bataille de Poitiers ; X, 463, 464. Trêve qu'il ménage, 502. Il prend la croix ; est nommé légat de la croisade, 600.

TALLEYRAND-PÉRIGORD (L'ABBÉ DE), depuis évêque d'Autun ; délégué du clergé ; XXX, 65. Ses mœurs, 66. Député près du roi, 67, 68.

TALMASH, général anglais ; débarque à Brest ; est tué ; XXVI, 155.

TALON (OMER), second avocat-général ; son discours au lit de justice ; XXIII, 438 à 440. Consultation que signent lui et Jacques Talon, 509. Avis que lui donne la reine ; XXIV, 8. Conclut au parlement à faire déférer à cette princesse le pouvoir absolu, 16. Son entretien avec Mazarin, 52. Lit de justice qu'il annonce, 60. Transaction qu'il ménage, 62. Bulle contre laquelle il appelle comme d'abus, 109. Taxe sur Paris qu'il défend, 191. Son discours sur l'abus des lits de justice, 194. Il parle à la régente au nom des magistrats, 199. Regarde comme acquis le droit d'union, 203. Propos qu'il recueille, 220. Conseil qu'il donne au duc d'Orléans, 229. Son respect pour la puissance royale, 234, 251. Envoyé à Saint-Germain; réception qui lui est faite, 243, 244, 253 à 255. Il dénonce l'assemblée des rentiers, 290. Ses conclusions sur la demande du parlement de Bordeaux, 336. Sur la requête de la princesse de Condé, 357. Sur la proposition d'interdire l'entrée des conseils aux cardinaux, 373. Sa véhémence contre Mazarin, 416. Veut faire juger Rieux, 466.

TALON, avocat-général; soutient l'accusation contre Fouquet; XXV, 73. Ses réquisitoires hostiles à la cour de Rome, 486, 557.

TAMARIT, membre de la députation de Catalogne; son arrestation; XXIII, 411.

TAMERLAN ou Timur-Beg; tient les Turcs en échec; X, 599. Ravages de ses Tartares en Europe; sa prochaine guerre avec Bajazet; XII, 121. Le bat et le fait prisonnier, 168.

TANCARVILLE (LE COMTE DE) fait partie de l'armée royale; X, 273. Est envoyé à la défense de Caen, 277. Est prisonnier, 278, 279. Encore prisonnier à la bataille de Poitiers, 469, 474. Présente au Dauphin le traité de Londres, 555. Rapporte la réponse, 560. Négociateur à Brétigny, 570. Accompagne le roi en Bourgogne, 592. Prend la croix, 600. Assiste au sacre de Charles V; XI, 14.

TANCARVILLE (LE COMTE DE) assiste au conseil des princes après le meurtre du duc d'Orléans; XII, 273. Prend parti pour la reine, 299. Porte la parole aux États, 340. Ambassadeur en Angleterre, 467, 468.

TANCRÈDE de Hauteville; ses douze fils; leurs exploits en Italie; leur cruauté; leur rapacité; leur valeur chevaleresque; IV, 302.

TANCRÈDE, roi de Sicile; époque de son avénement; pourquoi haï de Richard Cœur-de-Lion; cherche à l'apaiser; VI, 99. Hostilité et apparente harmonie, 100. Rapport qu'il fait à Richard, 102. Son traité avec lui, 103. Accorde à Philippe, à son retour, le passage dans ses États, 115, 116.

TANUCCI (BERNARDO), ministre de don Carlos à Naples; son habileté; XXVIII, 117; XXIX, 237, 238. Expulse les jésuites, 373.

TARDIF (JEAN), conseiller au Châtelet; son supplice ordonné par les ligueurs; XXI, 132.

TARENTE (LE PRINCE DE) est de la Fronde; XXIV, 403. Blessé au faubourg Saint-Antoine, 454. Son démêlé avec Rieux, 466.

TARIK, général maure; gagne la bataille de Xerès; II, 105.

TARTARES; leur rôle dans l'invasion; veulent effacer toute trace du travail des hommes; I, 123. Refluent vers l'Occident, 124. Effet de leur attaque, 127.

TASSILON, duc de Bavière; fils d'Odilon et de Chiltrude; a pour tuteur son oncle Grifon; ses états envahis; II, 163. Sa soumission; son inimitié contre les vainqueurs, 226. Cherche l'occasion de secouer le joug, 248. Ses négociations avec Charles; se rend à sa cour; prête un solennel serment, 289. Ses nouvelles intrigues; sa perfide ambassade, 309, 310. Triplement attaqué; dépossédé; condamné à mort; enfermé dans un couvent, 311 à 313. Ses intelligences avec les Huns ont compromis les Francs, 326.

TATTEMBACH (LE COMTE); sa révolte contre l'empereur; son supplice; XXV, 212, 213.

TAVANNES (LE SIRE DE) est de l'armée du Milanais; XV, 627.

TAVANNES (LE MARÉCHAL DE) est de la maison du duc d'Orléans; XVII, 67, 68. Son influence sur ce prince, 121. Est envoyé à la Rochelle; combat qu'il livre aux bourgeois, 135. Ses opérations; mot du duc d'Orléans, 263. Il contribue à la prise de Metz, 452, 453. Ses offres à la reine; XVIII, 7. Est de l'armée d'Italie, 31. S'oppose à Dijon à l'enregistrement de l'édit de tolérance, 258. Rançonne les Huguenots plus qu'il ne les persécute, 310, 311. Sa harangue au roi; son insubordination, 418, 419. Associations catholiques qu'il forme en Bourgogne, 452. Indépendance de son commandement, 525. Reçoit l'ordre d'arrêter Condé; lui en donne avis; XIX, 28, 29. Est donné pour conseiller au duc d'Anjou, 36. L'engage à livrer bataille, 42. Ses débats avec le cardinal de Lorraine; déroute qu'il empêche, 55. Ses conseils à la reine, 56, 57. Il dirige les mouvemens à Montcontour, 65, 72. Jalousie qu'il inspire, 72, 73. Il quitte l'armée, 74. Sa promotion; il désapprouve la paix, 100. Arbitre entre les deux partis, 102. Conseil qu'il donne à la reine-mère, 130. Défiance que le roi témoigne de lui, 163. Son mémoire en faveur de la paix, 144. A part à la Saint-Barthélemy, 148, 149, 151, 156, 159, 160, 162, 164, 172. Sa mort, 312. Son château rasé, 356.

TAVANNES (GUILLAUME DE); villes de Bourgogne qu'il conserve au roi; XX, 487. Opposé à son frère, 501.

TAVANNES (LE VICOMTE DE) commande en Bourgogne pour la ligue; XX, 501. Son poste à Ivry; XXI, 56. Défend Noyon, 103. Aux prises avec Biron à Dijon, 335, 339.

TAVANNES (LE COMTE DE); son rôle dans la Fronde; XXIV, 385. Battu par les royalistes, 401. Les Espagnols veulent le rallier, 407. Prend part au combat de Bléneau, 427. Commande l'armée des princes, 433. Trompé par le duc de Lorraine, 448. Son poste dans le faubourg Saint-Antoine, 451. Sa soumission, 482.

TAVEWIEN, lieutenant de Frédéric; sa belle défense à Breslaw; XXIX, 211.

TAVORA (LES); leur conspiration contre Joseph de Portugal; leur supplice; XXIX, 222 à 225.

TAXIS (JEAN DE), directeur des postes impériales; arrêté par ordre du pape; XVIII, 13.

TAXIS (JEAN-BAPTISTE DE), chargé de pouvoirs de Philippe II au traité de Joinville; XX, 127. Son ambassadeur à Paris; XXI, 173. Il pérore aux Etats-généraux, 192. Confiance qu'il accorde à Mayenne, 293. Négociateur du traité de Vervins, 475.

TAYFALES, Tartares venus à la suite des Vandales; s'établissent dans le Poitou; I, 123.

TEISSIER (ÉTIENNE), dit Lafage; pasteur protestant; son supplice; XXIX, 51.

TEKELY (LE COMTE), Transylvain; ses hostilités; ses succès contre l'empereur; XXV, 378, 379, 388. Sa captivité, 527.

TELIGNY (FRANÇOIS DE) défend Térouanne; XV, 639. Est de l'armée du Milanais; XVI, 23. Son poste à Marignan, 31. Il est tué à Saint-Quentin; XVIII, 49.

TELIGNY, du parti huguenot, est appelé aux conférences de Châlons; XVIII, 526. Se rend à Lonjumeau; y signe la paix, 528 à 531. Sa mission à Paris; XIX, 102. Epouse la fille de Coligni, 106. Son intermédiaire avec la cour, 132. Affection que lui témoigne le roi, 139, 152. Confidences que lui fait ce prince. 143. Son aveuglement, 162, 163. Sa mort, 166.

TELLIER devient confesseur de Louis XIV; son portrait; sa funeste influence; ses débats avec Noailles; il fait détruire Port-Royal; XXVII, 91 à 93. Comment engage l'affaire de la bulle *Unigenitus*, 190 et suiv. Assiste le roi mourant, 216. Le prince le désigne pour être confesseur de Louis XV, 232. Est exilé, 245, 297. Plaintes du pape contre lui, 297 et suiv.

TELLO (DON) de Castille, frère de Henri de Transtamare; l'exhorte à livrer bataille; pourquoi; sa fuite; XI, 73, 74. Villes qu'il donne au roi de Navarre, 90.

TEMPLE (SIR WILLIAM) est informé que Richelieu soudoie les puritains; XXIII, 364.

TEMPLE (SIR WILLIAMS), négociateur anglais à Paris; XXV, 110, 126, 142, 154, 175, 206, 344, 362, 369 et suiv., 392.

TEMPLIERS (ORDRE DES); quels instrumens Philippe-le-Bel emploie contre eux; VIII, 432. Il demande au pape leur abolition; impénétrabilité de ses motifs et de leur équité; IX, 195. Leurs dénonciateurs; absurdes accusations contre eux; instances du roi pour leur punition, 196, 197. Leur arrestation; leurs tortures, 198 à 201. Leurs aveux partiels; sous quelle impression faits; comment obtenus, 205 à 207. Sont arrêtés en Angleterre, en Provence, en Bretagne, 209. Le pape défère leur jugement au concile de Vienne; leur nombre, 210, 211. Sont déclarés dignes de mort par les Etats de Tours, 219. Embarras qu'ils donnent à Philippe; leurs premières exécutions à Saint-Antoine et Saint-Denis, 220, 221, 222. Le pape abandonne leurs personnes, mais défend leurs biens et veut juger les dignitaires de l'ordre, 223, 224. Interrogatoire du grand-maître; défenseurs de l'ordre; enquêtes et témoignages, 225 à 228. Nouvelles exécutions, 229, 230. Suppression de l'ordre au concile de Vienne; enquêtes préalables; sentence du pape, 256 à 260. Supplice du grand-maître, 287 à 289.

TENCIN (LE CARDINAL DE), catéchise Law; XXVII, 412. Convaincu de simonie; son humiliation; sa mission à Rome, 440 et suiv. Se fait l'agent des constitutionnaires; est archevêque d'Embrun, 538. Fait exiler Soanen; XXVIII, 44. Son zèle persécuteur, 58. Sa promotion; il est archevêque de Lyon; ses mœurs, 175. Prétend à la succession de Fleury; sa retraite; époque de sa mort, 294, 295. Ses intrigues en faveur des Stuarts, 299 et suiv. 379. Sa retraite; XXIX, 59. Sa correspondance avec Louis XV, 307.

TENCIN (MADAME DE); son esprit, son habileté pour toute sorte d'intrigues; XVII, 412. Elle travaille à rompre l'intimité de Louis XV et de la reine; XXVIII, 165, 169.

TENDE (LE COMTE DE); Suisses qu'il lève pour la France; XVI, 284. Fait le dégât en Provence, 510. Favorise les protestans; XVIII, 259, 424. Attaqué par son fils, 333 et suiv. V. *Sommerive.*

TERMES (RAYMOND DE); sa longue défense contre Simon de Montfort; a la vie sauve; VI, 384 à 386. Ses fils Olivier et Bernard se soumettent à Louis IX; VII, 69. Olivier reparaît avec Trencavel, 230. Se croise avec saint Louis, 372.

TERMES (LE SIRE DE) prend part à la victoire de Patay; XIII, 136.

TERMES (LE SIRE DE); troupes qu'il amène à l'armée du Dauphin; XVII, 125. Ses opérations, 126. Son poste à la bataille de Cerisoles, 187, 188. Il arrête le marquis de Saluces, 346. Il commande l'armée d'Ecosse, 370. Ses succès, 388. Est envoyé en Italie, 424. Troupes qu'il rassemble; ses hostilités, 426. Proteste au nom du roi contre le concile de Trente, 434. Met Sienne sous la protection de la France, 497. Ses hostilités, 498, 499. Il s'embarque, 500. Son expédition sur la Corse, 501, 502. Sa mésintelligence avec le cardinal de Ferrare, 533. Suite de ses opérations en Corse, 537. Opine pour la conquête de la Lombardie; XVIII, 34. Guise lui promet son secours, 78. Il envahit la West-Flandre; ses premiers succès; il perd la bataille de Gravelines; est prisonnier, 79, 80. Escorte les Bourbons, 174. Repousse toute idée de tolérance, 252. Son entrée à Paris, 270.

TERNANT (LE SIRE DE) nommé prévôt de Paris; XIII, 275. Complimente le roi, 313.

TERNAY (LE CHEVALIER DE) commande la flotte française en Amérique; demande des secours; XXX, 193. Sa mort, 198.

TEROUANNE; siége et ruine de cette ville; XVII, 505, 506.

TERRAY (L'ABBÉ) est contrôleur-général des finances; ses opérations; XXIX, 404 à 406, 409, 410. Excite le roi contre les parlemens, 413 à 416. Il fait exiler Choiseul, 426 et suiv. Est ministre de la marine, 428. Son triomphe, 440. Ses exactions; il spolie les créanciers de l'état; ruine le crédit public; rembourse les charges des parlementaires, 457 à 463. N'est point dévot, 496. Se tient auprès du roi malade, 502 et suiv. Le ministère dont il fait partie remplacé; XXX, 24. Son effigie brûlée, 26. N'a marché qu'à l'aide de banqueroutes, 33. Spéculation honteuse que dévoilent ses papiers, 35. Clugny lui est comparé, 93. A vainement diminué le déficit, 99. Est à la portée des hommes de son temps,129. Incidemment nommé, 408.

TERRIDES; renfort qu'il amène à Montluc; XVIII, 320. Il assiége les Huguenots dans Montauban, 348, 364. Association catholique qu'il signe, 452. Conduit des troupes à la reine, 520. Conseiller de Damville; XIX, 295.

TESSÉ (LE MARÉCHAL, COMTE DE), lieutenant de Catinat en Savoie; XXVI, 56. Ses négociations, 166 et suiv., 187, 319, 320. Ses opérations de guerre, 322. Ses intrigues, 325. Assiégé dans Mantoue, 335. Prend le commandement en Espagne, 433, 438. Assiége sans succès Gibraltar, 449. Accompagne Philippe en Catalogne, 465 et suiv. Commande l'armée des Alpes; XXVII, 15 et suiv. Sa disgrâce, 19. Sa mission à Rome, 61, 63. Envoyé en Espagne, 497, 501 à 505. Est rappelé, 524.

TESTRY (BATAILLE DE), gagnée par Pépin d'Héristal sur les Neustriens; II, 85.

TESTU (LAURENT) livre la Bastille aux Seize; XX, 358.

TEUCTÈRES, Francs; I, 113.

TEUTONIQUES, chevaliers; leur expédition au Nord; leur défaite; VII, 184.

TEXEIRA, valet de chambre de Joseph de Portugal; ministre de ses plaisirs; XXIX, 222, 223.

THANCMAR, fils aîné de l'empereur Henri; déshérité; III, 396. Fait la guerre à son frère Othon; est tué, 401.

THAUN (LE COMTE DE) défend Turin assiégé par Lafeuillade; XXVI, 468, 472. A part à la victoire sous cette ville, 473. Fait la conquête de Naples; XXVII, 12, 13. Envahit le Dauphiné; est contenu; 104.

THEDERIC, général de Charlemagne; part qu'il prend à la bataille de Sonnethal; II, 292, 293. Commande une armée contre les Huns, 335; 337. Taillé en pièces par les Saxons révoltés, 341.

THEMINES, du parti de Henri IV; ses succès en Quercy; XXI, 107.

THEMINES (LE MARÉCHAL DE) arrête Condé; XXII, 375 à 377. Tue en duel Richelieu, frère du cardinal, 452. Aux prises avec Rohan, 564. Le cardinal lui destine le gouvernement de Bretagne; XXIII, 25.

THEOBALD, duc des Allemands, fait la guerre aux Francs; est vaincu; II, 155. Rétabli dans sa dignité; puis puni, 157.

THEOBALD, archevêque de Rouen; démêlé dont il est cause; VII, 115.

THEOCRÈNE (BENOIT TAGLIACARNE), précepteur des enfans de François 1er; XVI, 355.

THEODAT, appelé au trône par Amalasonthe qu'il épouse; la fait périr; menacé par Justinien; sollicite l'alliance des Francs; I, 273. Sa mort, 274.

THEODEBALD, successeur de Théodebert; inactif pendant un règne de sept ans; I, 282. Sa mort, 285.

THEODEBERT, roi d'Austrasie, fait partie de l'expédition contre les Saxons; I, 247. Ses conquêtes sur les Visigoths, 268. Succède à son père; apaise ses oncles par des présens, 269. Le plus actif des rois francs, 270. Ses libéralités envers l'Eglise; ses mœurs dissolues, 271. Attiré par les Grecs en Italie, 272. S'y rend à la tête de cent mille hommes, 275. Armement de ses troupes; il trompe les Goths et les Grecs qui tous l'attendent comme allié; les écrase tour à tour; s'empare de Pavie et se gorge de butin, 277. Désordres de ses troupes; reproches que lui fait Bélisaire; il fait retraite, 278. Songe à marcher sur Constantinople par la vallée du Danube; ses habiles conseillers gaulois; sa mort, 281.

THÉODEBERT, fils de Chilpéric, bat les Austrasiens; envahit leurs provinces outre-Loire; ses dévastations; I, 327. Sa mort, 331.

THEODISE, conseiller du légat du pape; comment dirige le concile de Saint-Gilles; VI, 377 et suiv. Vient au camp des croisés, 381.

THEODOALD, fils de Grimoald,

maire du palais à six ans; II, 107. Sa mort, 108.

THEODON, fils de Tassilon, livré en otage à Charlemagne; II, 312. Tonsuré, 313.

THEODORE; nom que prend le chagan des Avares après sa conversion; II, 403.

THEODORE NEUHOF se fait proclamer roi de Corse; ses précédens; sa vanité; ses échecs; il se rend en Hollande; y est arrêté pour dettes; son retour; sa chute; sa longue captivité à Londres; époque de sa mort; XXVIII, 203 à 212. Incidemment nommé, 379.

THEODORIC ou THIERRY Ier, roi des Francs; I, 182. Soumet Rhodez, Albi, l'Auvergne, 225. Forcé de lever le siége d'Arles, 226. Son âge à la mort de Clovis, 238. Pourquoi les Francs ne donnent pas à lui seul l'héritage paternel, 239. Sa part, 241. Réprime les Saxons, 247. Son alliance avec Hermanfroi; trompé par lui; porte la guerre en Thuringe; s'associe à son frère Clothaire; leurs victoires, 249. Fait périr les princes vaincus, 250. Tente de faire périr son frère Clothaire, 252. Ne prend point part à l'expédition de ses frères contre les Bourguignons, 260, 264. Dévaste et pille l'Auvergne soulevée, 265, 266. Fait périr Mondéric; prétendant à l'héritage de Clovis, 267. Ses querelles; ses alliances avec ses deux frères, 268. Sa maladie; il fait périr Sigevald, son confident; il meurt, 269. Il résidait à Reims, 303.

THEODORIC Ier, roi des Visigoths, fils d'Alaric, successeur de Wallia; I, 145. S'allie à Aétius contre Attila, 155. Tué à la bataille de Châlons, 158.

THEODORIC II, roi des Visigoths; I, 161. Entre en Espagne; ses victoires; rappelé par la chute d'Avitus, 163. Ses conquêtes en Espagne et dans les Gaules, 166. Sa mort, 167.

THEODORIC, roi des Ostrogoths, règne en Italie; I, 186. Etend sa domination jusqu'au Rhône; on ne sait si c'est par la guerre ou par des traités, 215, 216. Cherche à faire revivre l'empire d'Occident, 216. Priviléges qu'il accorde aux Romains, 217. Ses efforts pour défendre Alaric contre Clovis, 218. Envoie des secours aux Visigoths, 225. Bat leurs ennemis, mais ne les fait point poursuivre; dépossède Gésalric et rend le trône à Amalaric, 226. Gouverne l'Italie, l'Espagne, la Gaule méridionale; rétablit les magistratures romaines, 254. Gagne du terrain sur les Francs et les Bourguignons, 255. Meurt sans fils après avoir laissé l'Italie à son petit-fils Athalaric; la Gaule méridionale et l'Espagne à Amalaric, 256.

THEODORIC, comte d'Autun, de la faction de Hugues; III, 237. Conduit des troupes en Allemagne, 249. Député près de Charles-le-Gros, 257.

THÉODOSE-LE-GRAND, empereur d'Orient; I, 39. Reconnaît Maximus; proclamé dans les Gaules, 41. Le détrône et rétablit Valentinien II, 42, 43. Appelé encore à son secours, 43. Détrône et fait mettre à mort Eugène; réunit tout l'empire, 44. Sa mort, 45. Abandonne aux cités gauloises la part du fisc dans les droits d'entrée, 63. Concède des terres du fisc, 72. Etat du sénat sous son règne, 90. Défend aux païens les sacrifices, 101. Faiblesse de ses successeurs, 125.

THEODOSE II établit Valentinien III sur le trône d'Occident; I, 148. Ses concessions aux Huns, 152.

THÉOPHANIE, fille de l'empereur d'Orient, femme d'Othon II; l'accompagne à Aix-la-Chapelle; III, 479. En Italie, 485. Haïe des Allemands, 486. Desservie par Lothaire; est néanmoins nommée régente, 487. Part qu'elle prend à l'avénement de Hugues-Capet, 493, 495. Protectrice de Gerbert; IV, 54, 62.

THERMES (BELLEGARDE, COMTE DE), favori de Henri III; XX, 371, 400. Coup qu'il porte à Guise, 462. Assiste aux derniers momens du roi; salue Henri IV, 543, 545. Sa lassitude de la guerre; XXI, 198.

THEUDEBERT, reconnu roi d'Austrasie à dix ans; I, 413. Epouse son esclave Blichilde, 416. Sa guerre avec Clothaire, 417. Avec les Gascons,

419. Avec son frère Thierry, 424, 425. Fait tuer Blichilde; nouvelle guerre avec Thierry, 431. Concessions qu'il lui arrache, 432. La guerre recommence; défaites et mort de Theudebert, 434 à 436.

THEUDERIC, capitaine saxon, prisonnier de Pépin; II, 162.

THEUDICLÈS, général visigoth, bat les fils de Clovis en Espagne; I, 280.

THEUDIS, roi des Visigoths; I, 258. Vaincu par Théobebert, 268. Attaqué par les fils de Clovis, 279, 280.

THEUTBERGE, femme de Lothaire II; accusée d'inceste; se justifie; III, 144. Se confesse coupable; pourquoi est enfermée; s'enfuit; est accueillie par Charles et protégée par Hincmar, 145. Protégée par Nicolas 1er, 147. Haïe de son mari, 151. Le force à la reprendre, 152. Demande à en être séparée; réponse du pape, 153. Se rend à Rome et demande la dissolution de son mariage, 154.

THEUTBERT (comte) défend Meaux; est tué; III, 292.

THEUTGAUD, archevêque de Trèves, oncle de Valdrade; III, 144. Excommunié, 151.

THIAN (LE BATARD DE) assiégé dans Senlis; XII, 531 à 553. Envoyé au secours de Rouen, 558. Prisonnier à Meaux; XIII, 347. Est pendu, 348.

THIANGES (LE COMMANDEUR DE); sa ressemblance avec Stanislas Leczinski; il s'embarque; XXVIII, 86.

THIARS (LE COMTE DE); ses mesures militaires en Bretagne; XXX, 382.

THIBAUD-LE-TRICHEUR, comte de Chartres, gardien du roi Louis; III, 428. Prend le château de Couci, 442. A qui il le confie; jusqu'où il étend sa domination, 464. Son hommage à Lothaire; son influence sur le caractère du jeune roi, 468. Sa guerre avec les Normands; sa défaite, 469. Forcé à la paix; excommunié par l'archevêque de Reims; lui rend le château de Couci, 470, 471.

THIBAUD, comte de Blois; IV, 227. Est fait prisonnier par Geoffroi d'Anjou, en bataillant contre Henri de France; à quel prix achète sa liberté, 233, 234.

THIBAUD (LE GRAND), quatrième du nom à Blois, deuxième en Champagne; ligué avec Rochefort; V, 57. Hérite des comtés de Blois et de Chartres; force le château du Puiset; se brouille avec Louis-le-Gros; est blessé et vaincu, 81 à 85. Acquiert la Champagne, 99. Assiste à l'entrevue de Louis et de Henri d'Angleterre; excite de nouveau la guerre entre eux; son inimitié contre Louis, 104 à 106. Arrête son allié le comte de Nevers, 133. Sa fidélité à la cause de Henri, 138. Comment lui apprend le naufrage de ses enfans, 159. Aux prises avec Louis-le-Gros, 211, 212. Réconcilié avec lui et avec Raoul de Vermandois, 227. La couronne d'Angleterre lui est offerte, 230. Jalousie que lui inspire l'usurpation de son frère Étienne, 231. Escorte Louis-le-Jeune en Aquitaine, 238. Transige avec Étienne, 239. Refuse à Louis le service féodal; pourquoi, 257. Ses brouilleries avec lui; comment aggravées; attaqué; ses revers, 261 à 263. Fait la paix; à quelles conditions; nouvelle rupture; négociations et paix définitive, 265 à 270. Sa mort; coup d'œil sur ses actions, 365.

THIBAUD III, comte de Champagne; ligué avec Richard Cœur-de-Lion; VI, 168. Prend la croix, 205. Sa mort, 206.

THIBAUD (LE GRAND), quatrième du nom en Champagne, roi de Navarre et premier du nom; VI, 206. Seul pair laïque qui ait pu assister au sacre de Louis VIII, 538. Ses poésies; ses amours avec la reine Blanche; favorise en secret le comte de Toulouse, 590. Sa rupture avec Louis VIII; soupçonné d'avoir fait empoisonner ce roi, 591. Lettres que lui écrivent les barons à la mort de Louis; VII, 16. Appui que la reine attend de lui; pourquoi, 17. Sa galanterie; ses vers; il forme les *trouvères*; son ambition, 18. Ses alliés, 19. Accusations sur lui, 20. N'assiste point au sacre de saint Louis; l'entrée de Reims lui est interdite, 22, 23, 28. Ses apprêts de guerre; il change subitement d'attitude et fait hommage à Louis, 29. Devient le conseiller de Blanche; envie qu'il excite, 31. La sauve dans sa guerre de Bretagne, 55. Comment rompt ses négociations avec le duc de ce fief, 56, 57. Explosion contre lui; guerre qu'on lui déclare, 58. Attaqué sur plusieurs points; ses moyens de défense, 60, 61. Son droit comme souverain attaqué par sa cousine Alix de Chypre; époque du jugement prononcé, 62, 63. Est choisi pour arbitre par le comte de Toulouse, 69. En butte aux ravages des barons, 97, 99. Se réfugie à Paris, 101. Promet de passer en Terre-Sainte, 102. Est héritier de la couronne de Navarre, 125. Disposition de son oncle pour le déposséder, 126. Alliances qu'il recherche en France; son mariage; son procès avec Alix de Chypre; mort prochaine du roi de Navarre; mort de son constant ennemi Philippe Hurepel; accusations dont il est l'objet, 127 à 129. Transige avec Alix; vend trois comtés à Blanche; part pour la Navarre, 130. Est couronné roi, 131. Son départ altère l'équilibre aristocratique en France, 132. Il prend la croix, 161. A quelle occasion sévit contre les bourgeois d'Orléans, 162. Attaqué par la reine-mère; à quelles conditions obtient la paix; ligué avec le roi d'Angleterre, 164, 165. Le pape veut le diriger sur Constantinople, 204. Comment obligé de s'embarquer à Marseille; son arrivée en Terre-Sainte, 207, 208. Son départ pour l'Europe, 212. Il semble disparaître de la scène, 227. Assiste à la cour plénière de Saumur, 235. Ligué contre saint Louis, 248. Ne fait aucun mouvement, 254. Distrait des affaires de France; laisse grandir l'autorité royale, 274. Il réside en Navarre; son démêlé avec Henri III, 296. Sa mort; VIII, 8.

THIBAUD V, comte de Blois; V, 366. Veut épouser Eléonore d'Aquitaine, 380. Henri II d'Angleterre recherche son alliance, 403. Leur réconciliation, 407. Attaque le domaine royal; par qui contenu, 412. Epouse la deuxième fille de Louis-le-Jeune; est nommé grand sénéchal, 452. Ses prétentions sur la terre de Montmirail, 473. Médiateur entre Louis et Henri, 474. Entre Henri et Becket, 476. Demande au pape vengeance du meurtre de ce dernier, 489. Ligue contre lui; fief qui lui est promis, 502. Encore médiateur, 514. Partage avec la reine sa sœur, et ses trois frères, le gouvernement; VI, 14. Offensé par le jeune roi, 15, 16. Passe en Normandie et demande l'intervention de Henri II, 17. Ligue qu'il forme, 20, 21. S'interpose entre le roi et le comte de Flandre, 44. Prend la croix, 54. Sa mort en Terre-Sainte, 120.

THIBAUD II, roi de Navarre; son avénement; il épouse Isabelle de France; VIII, 8. Il reconnaît roi des Romains Alphonse de Castille, 5. Ses sujets s'efforcent de lui arracher une charte; le pape le dégage de ses sermens, 136, 137. Réconcilié par saint Louis avec le roi d'Angleterre, 155. Il prend la croix, 163. Réconcilié par saint Louis avec le comte de Bar, 168. Atteint de la peste, 205. Sa mort en Sicile, 216, 217.

THIBERT, de la faction des bouchers de Paris; XII, 363.

THIERRY II, proclamé roi de Bourgogne à neuf ans; I, 413. Sa guerre avec Clothaire, 417. Avec les Gascons, 419. Entre vainqueur à Paris, 422. Marche contre Theudebert, 424. Révolte de son armée; il fait la paix, 425. Epouse et répudie Ermemberge, 427. Chasse saint Colomban, 430. Vaincu par Theudebert, 432. En apparence réconcilié; recherche l'alliance de Clothaire, 433. Recommence la guerre; est vainqueur à Toul puis à Tolbiac; fait massacrer Theudebert et toute sa famille, 434 à 436. S'empare de l'Austrasie, 437. Ses querelles avec Clothaire; sa mort, 438.

THIERRY III, second fils de Clovis II; II, 44. A le titre de roi, 61. Est placé réellement sur le trône, 65. Enfermé par la faction des grands, 66. Rétabli par elle, 69. Règne en son nom, 70. Son impuissance, 71. Vaincu par la faction opposée, 73. Règne nominalement, 74. Son enfance perpétuelle, 83. Prisonnier et roi après la bataille de Testry, 85. Est commis à la garde de Nordbert, lieutenant de Pépin, 91. Formule des chartes publiées sous son nom, 92. Comme il règne; sa mort, 97, 98.

THIERRY IV, fils de Dagobert III, d'abord oublié; II, 110. Tiré du couvent et proclamé roi, 122. Meurt, 139.

THIERRY, comte de Hollande, fait hommage à Louis IV; III, 402.

THIERRY, comte de Toul, attaqué par Eudes de Blois; l'empereur Henri II prend sa défense; IV, 168. Origine de cette querelle; apaisée, 171.

THIERRY IV, comte de Hollande, ligué avec Godefroi-le-Hardi; IV, 273. Tue un chevalier dans un tournoi, 378.

THIERRY V, comte de Frise et de Hollande; sous la tutelle de sa mère; IV, 410.

THIERRY d'Alsace, comte de Flandre; prétend à la succession de Charles-le-Bon; V, 207. Appelé par les Flamands, 208. Reconnu par Louis-le-Gros, 209. Seconde le comte d'Anjou en Normandie, 279. Croisé à Vezelay, 307. Prend le commandement de l'infanterie, 346. L'abandonne, 347. Assiste à l'assemblée de Saint-Jean-d'Acre, 352. Soupçons que lui inspire Robert de Dreux; avis qu'il donne à Suger, 361. S'interpose entre les deux frères Plantagenet, 396. Part pour la croisade avant la conclusion de cette affaire, 397. Confie son fils à Henri II, 403.

THOIRAS (LE MARÉCHAL DE) bat le duc de Soubise; XXII, 565. Il repousse de l'île de Rhé, Buckingham; XXIII, 49, 50. Commande la garnison de Casal, 108, 140. Il signe le traité de Cherasque, 150. Inconstance avec laquelle il a été employé, 151. Sa promotion, 158. Est tué, 298.

THOMAS BECKET (SAINT), chancelier d'Henri II; depuis archevêque de Cantorbéry; chargé par le roi de continuer la guerre du Midi; V, 413. Devient allié de Louis-le-Jeune, 417. Elu archevêque de Cantorbéry; dans quel but, 444. Se pose comme rival du roi, 445. Leurs hostilités au sujet des immunités ecclésiastiques; se rend au concile de Tours, 446. S'oppose aux constitutions de Clarendon; est mis en jugement, 450. Se réfugie en France; accueil que lui fait Louis, 451. Il gagne des partisans en Angleterre, 456. Regardé en France comme un martyr; nommé légat du pape; excommunie les ministres de Henri, 460. Tentatives de réconciliation; son obstination à refuser toute condition, 460 à 472. Est reçu en grâce, 475, 476. Prodigue les excommunications; est assassiné, 478 à 480. Etrange événement dans le XIIe siècle, 481. Thomas est réputé saint aux yeux du peuple, 496. Prétendus miracles sur sa tombe, 497. Dévotion de Henri pour son tombeau, 510, 529. Pèlerinage qu'y fait Louis, 539.

THOMAS, prévôt de Paris, sous Philippe-Auguste; est arrêté; à quelle occasion; VI, 196.

THOMAS D'AQUIN (SAINT) meurt en se rendant au concile de Lyon; VIII, 250. A enseigné la philosophie des réalistes; X, 35.

THOMAS de Savoie, prince de Carignan; son voyage en France; XXII, 454. Aux prises avec Louis XIII; XXIII, 140. S'engage au service de l'Espagne, 264. Battu par les Français à Avain, 268. Inquiétudes qu'il donne à la régente, 327. Econduit par elle, 331, 332. Secourt Saint-Omer, 342. Sa réputation militaire; son traité avec Leganez, 376, 379. Ses opérations, 381, 382. Turin lui est livré, 384. Vaincu à la Rota, 389, 390. Puis à Casal; rend Turin par capitulation, 427 à 430. Son traité avec la France, 431 à 433. Il le rompt, 471 et suiv. Fait la paix avec sa belle-sœur, 518, 519. Son commandement, 535. Ses succès divers; XXIV, 47, 71, 91, 92, 122. Il s'embarque, 123. Sa retraite, 125. Va au-devant de Mazarin, 479. Il commande l'armée française, 525. Sa mort, 532.

THORISMOND, roi des Visigoths, successeur de Théodoric Ier; I, 158, 159. Sa mort, 161.

THOU (CHRISTOPHE DE) préside la commission qui doit juger Condé; XVIII, 177, 178. Remontrances qu'il fait à la reine-mère, 254, 255. Puis au roi, 401. Est de l'assemblée de Moulins, 465. Sa mission en Allemagne; XIX, 132. Il applaudit à la Saint-Barthélemy, 178. S'attaque à la mémoire de Coligni; dans quel but, 184. Préside la commission contre les conjurés politiques, 268 et suiv. Sa liberté de penser; dans quelles limites, 327. Signe la ligue; ses réserves, 379. N'est point élu aux Etats de Blois, 404. Son opinion dans l'affaire de Salcède; XX, 64. Sa mort; jugemens sur lui; son opposition à la réforme du calendrier, 65 à 67.

THOU (JEAN-CHARLES DE); sa mission en Normandie; XX, 372. Son arrestation, 482. Est du parti politique; XXI, 110. Il fait modifier l'édit de tolérance, 118. Il entre à Paris; prépare les esprits à la paix, 209. Négocie avec Brissac, 256. Ses observations sur le serment de Bouillon, 307. Commissaire du roi près des Huguenots, 457. La régente lui confie les finances; XXII, 236. Envoyé à Condé, 286. Négociateur à Loudun, 355.

THOU (NICOLAS DE), évêque de Chartres; sacre en cette ville Henri IV; XXI, 249 et suiv.

THOU (FRANÇOIS-AUGUSTE DE), complice de Cinq-Mars; XXIII, 485 et suiv. Son entrevue avec Fontrailles, 502. Son arrestation, 505. Dénoncé par Gaston; 508. Son jugement; sa mort, 511 à 515. A compromis Beaufort, 516.

THOU (DE); son ambassade en Hollande; XXIV, 528.

THOUARS (VICOMTESSE DE), rivale d'Emmeline de Poitiers; vengeance de cette dernière; IV, 71.

THOUARS (GUI DE) épouse Constance de Bretagne; VI, 188. Prend part à la conquête de la Normandie par Philippe-Auguste, 227 et suiv. Sa fille est duchesse de Bretagne; il prend le titre de duc; gagné au parti de Jean-sans-Terre, 240. Réduit au titre de régent, 241.

THOUARS (AIMERY, VICOMTE DE), ligué contre Jean-sans-Terre; VI, 207. Prisonnier, 214. Son partisan; lui gagne son frère Gui, 240. Se déclare hautement pour lui, 241. Châtié par Philippe, 242. Se déclare pour Jean, 350. Fait sa paix avec Philippe, 430. Puis avec Louis VIII, 557. Fait hommage à ce prince, 572. Ligué avec le roi d'Angleterre; VII, 27, 100.

THOUARS (LE SIRE DE) et autres seigneurs poitevins se renferment dans la ville de ce nom se rendent à Charles V et assurent la soumission du Poitou; XI, 171, 177.

THOUARS (LE SIRE DE); son arrestation; XIII, 167. Sa mise en liberté, 225. Se rend à l'armée du connétable de Richemont, 239.

THOUARS (LA VICOMTESSE DE), maîtresse du duc de Guienne; sa mort; XIV, 353.

THOULONGEON (LE SIRE DE), maréchal de Bourgogne; envoyé au secours de Rouen; XII, 558. A part à la victoire de Cravant; XIII, 20. Battu et fait prisonnier, 29. Contribue à la victoire de Bullegneville, 199 à 202. Rançon de Réné d'Anjou stipulée à son profit, 217. Il gouverne la Franche-Comté, 639. Favori de Philippe-le-Bon; XIV, 7.

THRASICO, duc des Abodrites; II, 365. Est fait roi du pays occupé par les Saxons de la rive droite de l'Elbe, 401. Chassé par Godfrid, 409.

THROYMORTON (NICOLAS), ambassadeur d'Angleterre à la cour de Charles IX; négocie et signe le traité de Troyes; XVIII, 416, 417.

THUDUN, roi hun; sollicite l'alliance de Charlemagne; II, 356.

THUGUT, envoyé autrichien près de Frédéric; XXX, 230.

THURINGIENS, nouvelle monarchie; I, 247. Leurs affreuses cruautés; leurs rois, 248. Battus par les Francs, 249. Réunis aux Francs, 251. Se rendent indépendans; II, 42. Soumis à Charlemagne; leur révolte, 301. Leur soumission; punition de leurs chefs, 302, 303.

THURMANN D'URY; écartelé pour avoir livré Sforza; XV, 319.

THURN (HENRI, COMTE DE), protecteur de la liberté religieuse en Bohême; XXII, 442. Conseillers intolérans qu'il fait jeter par les fenêtres, 445. Bat les troupes espagnoles, 446.

THUROT ; armement français qu'il doit conduire en Écosse; XXIX, 204.

TIEFENBACH, général de l'empereur; manœuvre pour rallier Tilly ; XXIII, 177.

TIÉPOLO (ÉTIENNE) ; flotte vénitienne qu'il commande; XVII, 164.

TIGNONVILLE (GUILLAUME DE), prévôt de Paris ; ses débats avec l'université ; XII, 269. Il informe sur le meurtre du duc d'Orléans, 273, 274. Est destitué, 292. Est député à Jean-sans-Peur, 303. Prend part à la victoire de Hasbain, 304. En rend compte à Paris, 308.

TILBERY (GERVAIS DE), chanoine de Reims; jeune fille qu'il fait brûler comme hérétique; pourquoi; VI, 200, 201 (note).

TILLADET se montre prêt à tuer Richelieu; XXIII, 521, 522.

TILLAY (JAMES DU), ministre de Charles VII; XIII, 399. Chagrin qu'il cause à la Dauphine, 448.

TILMAN, colonel suisse de l'armée protestante; sa mort; XX, 305.

TILLY (LE COMTE DE) se met au service de l'empereur; XXII, 472. Ses opérations, 531, 532. Le roi de Danemarck réunit une armée contre lui, 550. Il le bat à Lutter; ses succès; XXIII, 123 à 125. Il prend Magdebourg ; atrocités qu'il autorise, ses opérations ; il perd la bataille de Leipsig, 175 à 178. Est battu sur le Lech; sa mort, 192.

TILLY (LE COMTE DE); son commandement en Hollande; XXV, 248. Aux prises avec Boufflers; XXVI, 344.

TILLY (DE); vaisseaux français qu'il conduit dans la Chesapeach; XXX, 198.

TINGRY (MADAME DE) compromise par la Voisin ; XXV, 405.

TIPPOO-SAEB, sultan de Mysore ; ses luttes contre les Anglais ; XXX, 216 et suiv. Son avénement, 220.

TIXIER, négociateur des Huguenots avec Henri IV; XXI, 454 et suiv.

TODT, lieutenant de Gustave-Adolphe; XXIII, 179.

TOESNE (RODOLPHE DE), chevalier de Guillaume-le-Bâtard; révolté contre lui; IV, 338.

TOIRAS, envoyé par Guise à Paris ; XX, 331.

TOLBIAC (BATAILLE DE) gagnée par Clovis sur les Allemands ; I, 185.

TOLÈDE (DON LUIS DE), lieutenant de son père; XVII, 498.

TOLÈDE (DON FRANÇOIS) prend possession de Sienne; XVII, 549.

TOLÈDE (DON PEDRO DE), vice-roi de Naples ; ses démêlés avec Caraccioli ; sa tyrannie ; XVI, 542, 550. Insurrection qu'il excite à Naples ; XVII, 326. Sa fausseté, sa cruauté, 372. Opposition contre lui, 491. Comme il la punit; expédition contre lui; danger auquel échappe, 492, 493. L'empereur lui ordonne de marcher sur Sienne, 497. Sa mort à Florence, 498.

TOLÈDE (GARCIA); convoi qu'il enlève aux Turcs ; XVII, 196. Lieutenant de son père; prend à sa mort le commandement de l'armée impériale contre Sienne; est rappelé à Naples, 498, 499. Vice-roi de Sicile ; secourt Malte et fait lever le siége; XVIII, 460.

TOLÈDE (DON PEDRO DE) est nommé gouverneur du Milanais; fait la guerre au duc de Savoie; XXII, 419. Ses succès; corps qui l'empêchent d'en tirer parti, 420. Il assiége Verceil, 421. Conspire contre Venise, 422 à 425. Est rappelé, 467.

TORNIELLI, général du duc de Savoie; cède devant Brion et les Français ; XVI, 488.

TORQUEMADA (THOMAS DE), grand inquisiteur en Espagne; ses victimes ; XIV, 614.

TORRINGTON (L'AMIRAL HERBERT LORD) vaincu à Sainte-Hélène par Tourville; XXVI, 54, 55.

TORSTENSON (LÉONARD) prend le commandement de l'armée suédoise; XXIII, 476. Ses succès en Moravie et en Silésie; sa victoire à Breitenfeld, 518. Doit se concerter avec Guébriant, 535. Aux prises avec Gallas ; XXIV, 44. Il opère en Bohême, 81. Sa maladie, 121.

TOSTON, frère de Harold, l'attaque; débarque en Angleterre avec une armée de Norvégiens; est vaincu et tué; IV, 355, 356.

TOTILA relève et soutient les Ostrogoths en Italie; I, 282. Sa mort, 283.

TOTT (LE BARON DE), ingénieur français; fortifie les Dardanelles; XXIX, 477.

TOULOUSE (LOUIS-ALEXANDRE DE BOURBON, COMTE DE) est nommé grand amiral; XXV, 441. Son affection pour sa mère; XXVI, 48. Enrichi par Mademoiselle, 86. Reste seul à pourvoir, 93. Défend Dunkerque, 156. Est de l'armée de Flandre, 180. Il combat les Anglais sous Malaga, 430, 431. S'éloigne de Barcelone, 466, 467. Son infirmité; XXVII, 197. Edit qui le déclare capable de succéder à la couronne, 202. Son entretien avec le roi mourant, 215. Motifs pour l'exclure de la régence, 230. Est du conseil, 231, 244. Préside le conseil de la marine, 245. Sa dégradation poursuivie, 337 et suiv. Coup d'état contre lui, 345 à 351. Grâces qu'on lui accorde, 352, 474. Ses protestations au régent, 372. Son mariage; sa cour goûtée de Louis XV. Sa mort; XXVIII, 24 à 26, 474.

TOULUN; ses conquêtes vers les frontières de la Chine; impriment le mouvement des barbares; I, 124.

TOURAN CHAH, soudan d'Egypte; absent à la mort de son père; VII, 412, 426. Son arrivée en Egypte; se fait reconnaître; prend le commandement de son armée, 432. Comment accueille les ouvertures que lui fait saint Louis; son exigence, 433, 434. Fait l'armée prisonnière, 438. Son empressement à délivrer le roi moyennant rançon; leur négociation, 439, 440. Il est assassiné, 442. Son traité avec Louis respecté, 444. Partage de son empire, 461.

TOURILLE (LE MARQUIS DE) envahit la Lorraine; XXV, 207.

TOURNEMINE (LE PÈRE), jésuite; confident de la duchesse du Maine; XXVII, 363.

TOURNIER, avocat député aux Etats de Blois; soulève Toulouse contre Valois; XX, 485.

TOURNON (GUILLAUME, SIRE DE); hommage qu'il fait à Edouard d'Angleterre; VIII, 239.

TOURNON (FRANÇOIS DE), archevêque d'Embrun, puis de Lyon et cardinal; plénipotentiaire à Madrid; XVI, 272. Préside le concile de Lyon qui condamne la réforme luthérienne, 383. Ses diverses missions à Rome, 411 à 413, 415, 417; XVII, 308; XVIII, 10. Excite le roi contre les protestans; XVI, 449; XVII, 237, 281. Ses négociations avec le roi de Danemarck, 113. Ses expédiens fiscaux, 131. Accompagne le roi à la Rochelle, 137. Accusé judiciairement, 245, 401. Est un des principaux conseillers du roi, 269. Legs que lui fait François Ier, 302. Eloigné du ministère par Henri II, 304. Ses instructions, 465. Trêve qu'il signe avec le pape, 466. Supplices qu'il ordonne dans le diocèse de Lyon, 515, 518. Dévoile au roi le projet de mariage de Philippe II; XVIII, 82. Est appelé au ministère, 108, 109, 111. Porté par les Français au saint-siége; échoue, 115. Ses mesures contre les hérétiques, 116. Du Bourg fait appel à sa juridiction, 121. Il assiste à l'assemblée des notables, 161. Il repousse la proposition de convoquer les Etats, 163, 164. Assiste à leur ouverture, 191. Sort de l'assemblée, 225. Interrompt de Bèze à la conférence de Poissy, 232. Sa violence, 234, 235. Il repousse toute proposition tendante à la tolérance, 252. Est éloigné de la cour, 258.

TOURVILLE LA ROCHEFOUCAULT (LA COMTESSE DE); son rôle dans la Fronde; XXIV, 314, 322.

TOURVILLE (LE MARÉCHAL DE); son combat contre les Espagnols; XXVI, 12. Il remporte dans la Manche la victoire de Sainte-Hélène, 54, 55. Il livre la bataille de la Hogue, 102 et suiv. Sa promotion, 117. Flotte qu'il capture, 137. Ses opérations dans la Méditerranée, 152, 153. Sa mort, 217.

TOUSSAINT; son rôle dans la ligue; XX, 133.

TOUSTAIN, valet de chambre de Philippe-le-Bon; son supplice; XIV, 123.

TOWNSEND (LORD); ses négociations avec Dubois; XXVII, 277.

TOWNSEND, général anglais; fait capituler Québec; XXIX, 183.

TRACY (GUILLAUME DE), meurtrier de Thomas Becket; V, 479, 480. Colère qu'il a pu ressentir, 481. Sentimens de fidélité au roi qui ont dû l'animer, 4-6.

TRAISNEL (LE BARON DE), chancelier de France; assiste au siége de Caen; XIII, 504.

TRAITÉS : de Verdun qui rend indépendantes les unes des autres les trois parts de l'héritage de Charlemagne; III, 77.

— de Brétigny, par lequel Jean II rachète sa liberté au prix d'immenses sacrifices; X, 570.

— de Troyes, qui reconnaît pour futur successeur de Charles VI le roi d'Angleterre; XII, 599.

— d'Arras, qui rend à l'alliance française le duc de Bourgogne; XIII, 257.

— de Madrid, qui rend la liberté à François Ier; XVI, 275.

— de Cambrai, qui rectifie le précédent traité; XVII, 332.

— du Cateau-Cambrésis, entre Henri II et Philippe II; la maison de France recommence à reprendre de l'ascendant; XVIII, 89.

— de Vervins, entre Henri IV et Philippe II, id.; XXI, 479.

— de Munster ou de Westphalie, qui fixe les bases du droit public européen; XXIV, 179.

— des Pyrénées, qui met fin à la lutte entre les maisons de France et d'Autriche, 578, 580, 587, 597.

— de Bréda, entre Louis XIV et Charles II; XXV, 121.

— d'Aix-la-Chapelle, entre le roi et l'Espagne, 154.

— de Nimègue, époque la plus glorieuse du règne de Louis XIV, 582, 585.

— de Ryswick, qui met fin à la guerre européenne contre le roi; XXVI, 214.

— d'Utrecht, qui met fin à la guerre de la succession d'Espagne; XXVII, 170.

— de Rastadt, complément du précédent, 177.

— de Vienne, qui termine la guerre de la succession de Pologne; XXVIII, 148.

— d'Aix-la-Chapelle, qui termine la guerre de la pragmatique sanction, 456.

— de Versailles, qui cimente l'alliance entre les maisons de France et d'Autriche; XXIX, 82, 193.

— de Versailles, qui met fin à la guerre de l'indépendance de l'Amérique; XXX, 223 et suiv.

TRAJAN, proclamé empereur à Cologne; I, 11.

TRASIGNIES (LE SIRE DE) commande en Bourgogne; pris à l'improviste par les Français; XIV, 499.

TRAUN (LE COMTE DE), lieutenant du vice-roi de Naples; son système de défense; XXVIII, 115. Capitule à Gaëte, 118. Force Montemar à la retraite, 272, 273. Livre la bataille du Tanaro, 287. Conseiller du prince de Lorraine, 311.

TRAVAIL conspire contre Luynes; son supplice; XXII, 404, 405.

TRAVERSARI (AMBROISE). Voy. *Guarino*.

TRINITÉ (LE COMTE DE LA) commande l'armée piémontaise contre les Vaudois; XVIII, 216.

TRENK (LE BARON DE); ravages de ses pandours en Bavière; XXVIII, 262.

TRESILIAN, grand-juge de Richard II; ses rigueurs; XI, 340. Il multiplie les supplices, 361. L'un des favoris du roi, 512. Son procès; il est pendu, 546, 547.

TRESMES (LE DUC DE); ce qu'il obtient à la mort de Louis XIV; XXVII, 247.

TRESSAN (DE), évêque de Nantes; sacre Dubois; XXVII, 421. Persécute les calvinistes, 510 et suiv., 516.

TRESSAN (LE COMTE DE) est de la cour de Stanislas; XXVIII, 472.

TREVOR, ambassadeur anglais; négocie la paix d'Aix-la-Chapelle; XXV, 153.

TRISSINO (LÉONARD); villes vénitiennes dont il prend possession au nom de l'empereur; XV, 515.

TRISTAN (PIERRE) se jette au-devant des coups dirigés sur Philippe-Auguste à Bouvines; VI, 361.

TRISTAN (L'ERMITE), prévôt des

maréchaux; ses exécutions sommaires; XIII, 288 Prend part au siége de Bayonne, 518. Cour à laquelle il siége; XIV, 19. Par qui armé chevalier; comment veille à la sûreté de Louis XI, 196, 258. Il arrête Dulau, 234. Supplices qu'il commande, 264, 265. Se met en devoir d'arrêter le duc d'Alençon, 366. Il le conduit à la tour du Louvre, 385. Ses exécutions à Arras, 517. Puis en Flandre, 569. Fait pendre sur un geste; erreur qu'il commet à l'égard d'un moine; mot du roi, 599, 600. Son activité redouble, 620, 622. Ses justiciables, 630. Est oublié; XV, 57.

TRIVET (THOMAS), général anglais; secourt le roi de Navarre; XI, 239. Lieutenant de l'évêque de Norwich, 421.

TRIVULZIO (JEAN-JACQUES), au service du roi de Sicile; son traité avec Charles VIII; XV, 190, 191. Il passe à son service, 199. Fait capituler Pontremoli, 208. A part à la victoire de Fornovo, 214. Veut en vain recommencer le combat, 218. Recouvre ses biens dans le Milanais; reste à Asti, 223, 224. Ses intelligences en Lombardie, 245. Inquiétudes qu'il donne à Sforza, 246. Ordres contradictoires qu'il reçoit, 248, 249. Il prépare l'invasion de l'Italie par Louis XII, 290, 294. Est gouverneur du Milanais, 297. Soulèvement contre lui; sa retraite, 306 à 308. Son camp de Mortara, 310. Il rentre en France, 369. Un de ses châteaux assiégé par les Suisses, 370. Envoyé au secours des Vénitiens, 486. Refuse de prendre l'offensive, 487. Son poste à la bataille d'Agnadel, 508. Sa rivalité avec Chaumont; ses effets; il lui succède, 551 à 553. Ses hostilités; il met en déroute l'armée du pape à Cazalecchio, 569, 570. Ordre du roi qui lui fait perdre le fruit de la victoire, 571. Veut réconcilier Louis et les Vénitiens, 612, 613, 622. Ses négociations en Suisse, 614. Comment le cardinal de Médicis enlevé de ses mains, 619. N'a point le commandement de l'armée du Milanais, 627. Y accompagne François 1er; XVI, 23. Passe les Alpes, 25. Sa rivalité avec Lautrec; ses précédens; ses talens militaires; sa partialité comme guelfe; sa disgrâce; sa mort, 83 à 87.

TRIVULZIO (ALEXANDRE), excommunié; XV, 545. Capitule à la Mirandole, 550.

TRIVULZIO (LE CARDINAL), légat du pape près de l'armée française; ses efforts pour la paix; XVI, 536.

TRIVULZIO (THÉODORE) évacue Milan après la bataille de Pavie; XVI, 239. Est nommé maréchal, 284.

TRIVULZIO (ANTONIO), depuis cardinal, prend part au massacre des Vaudois; XVII, 239. Lettre que lui adresse Montmorency, 327.

TRIVULZIO (LE CARDINAL) est nommé vice-roi de Sicile; sa dureté; sa perfidie; XXIV, 151.

TROISVILLE se montre prêt à tuer Richelieu; XXIII, 521, 522. Son retour, 534.

TROMP, amiral hollandais, concourt à la prise de Gravelines; XXIV, 65. Puis à celle de Dunkerque, 119. Batailles auxquelles il prend part; XXV, 114, 264. Est du parti orangiste, 230. Son expédition sur les côtes de France; 281, 282.

TRONÇON conspire contre Concini; XXII, 392 et suiv. Est expulsé de la cour; XXIII, 25.

TRONSON (JEAN), rapporteur des procès des protestans de Meaux; XVII, 283.

TRONSON, supérieur de Saint-Sulpice, chargé de juger Mme Guyon; XXVI, 243. Manuscrit que lui communique Fénélon, 249.

TROUBADOURS; leur origine; IV, 494. Leur influence sur les croisades, 496.

TROUVÈRES, émules, en langue vallone, des troubadours provençaux; par qui formés; VII, 18.

TROYES (JEAN DE), chirurgien; orateur de la faction des bouchers de Paris; XII, 363. Fait armer la bourgeoisie, 407. Son discours au Dauphin, 411. Il fait prendre au roi Charles VI le chaperon des cabochiens, 418. Réforme qu'il fait adopter, 419. Fonctions que remplit son fils Henri, 422. Il sont l'un et l'autre exclus, 430 à

342. Accompagnent Jean-sans-Peur, 458.

TROYES (CÉLÈBRE TRAITÉ DE) par lequel Charles VI reconnaît pour son héritier Henri V d'Angleterre; XII, 596 à 600.

TROJA (LE COMTE DE) défend Rome contre Louis d'Anjou; XII, 343.

TRUCHARÈS, maire de la Rochelle, ouvre cette ville aux Huguenots; XVIII, 521.

TRUDAINE, prévôt des marchands de Paris; fraude qu'il dévoile; XXVII, 424. Embellit la ville; plante les Champs-Elysées; XXVIII, 484.

TRUDAINE, intendant des finances; son opposition à Necker; XXX, 104, 106.

TRYE (MATHIEU DE); restitution que lui fait saint Louis; VIII, 155.

TRYE (GUILLAUME DE), archevêque de Reims; sacre Philippe de Valois; X, 17.

TRYE (MATHIEU DE), maréchal de France, commande une *chevauchée* autour de Courtrai; X, 163.

TRYE (REGNAULT DE), dit Patrouillart, prend la parole pour le roi de Navarre au parlement; X, 415.

TSERCLAES (LE PRINCE DE) commande les Espagnols en Flandre; XXVI, 372. Ses opérations dans la Péninsule, 428 et suiv.

TUBEUF (DE), président des comptes; ses conférences avec les parlementaires; XXIV, 228.

TUCHINS, bandes armées dans le Midi; XI, 367. Le roi évoque leur répression, 416. Le duc de Berry les poursuit, 451.

TUDOR (OWEN), second mari de Catherine de France; XIII, 281.

TUDOR (EDMOND), frère utérin de Henri VI, reçoit de lui le comte de Richemond; est père de Henri VII; XIII, 281.

TULLIBARDINE (LORD), jacobite, débarque en Ecosse; sa fuite; XXVII, 380.

TURENNE (HENRI DE LATOUR D'AUVERGNE, VICOMTE DE), maréchal, lieutenant de Caumont de La Force; XXIII, 270. On reproche au roi de l'employer, 282. Sert sous La Valette, 324. Se signale à l'armée d'Italie, 426. Prend part à la victoire de Casal et à la prise de Turin, 427 à 430. Puis à la conquête du Roussillon, 498. Sa liaison avec Mazarin utile à son frère, 516. Commande en Italie sous le prince Thomas, 535. Est promu maréchal, malgré sa religion, et appelé au commandement de l'armée de Weymar; XXIV, 65. Prend part à la victoire de Fribourg; ses conquêtes après la bataille, 66 à 70. Il perd la bataille de Marienthal, 81 à 83. Est renforcé; décide la victoire de Nordlingen, 84 à 87. Recule devant Gallas; entre dans Trèves, 89. Secondé par Wrangel; il fait irruption en Bavière, 121, 122. Est presque oublié en Allemagne, 133. Ses manœuvres en Souabe; force le Bavarois à la neutralité; se met en marche pour la Flandre; punit la révolte des Weymariens, 139 à 143. Retourne en Allemagne; gagne la bataille de Sommershausen; se rend maître de la Bavière, 175, 176. Gagné à la Fronde; est abandonné par son armée; s'enfuit en Hollande, 261, 266. Reçu en grâce, 276. Part pour Stenay, 308. Armée qu'il y rassemble; comment la duchesse de Longueville l'attache à son parti, 310, 311. Son traité avec l'archiduc; il est déclaré rebelle; ses hostilités, 331, 332. Ses progrès en Picardie; il marche sur Vincennes; les princes en sont enlevés; il se retire, 337, 338. Vaincu à Rhétel, 358. Le ministère demande qu'il dépose les armes, 363. Se déclare pour la reine, 401. Marche sur Paris, 417. Il livre le combat de Bléneau, 426 et suiv., 433. Ses opérations, 436 et suiv. Aux prises avec le duc de Lorraine, 447, 448. Puis avec Condé, 448 et suiv. Gagne la bataille du faubourg Saint-Antoine, 452 et suiv. Il perd son frère, 465. Ses opérations, 470 et suiv. Il ramène le roi à Paris, 473. Rejette hors du royaume Condé et le Lorrain, 487. Ses campagnes contre ce prince, 490 à 496. Victoire d'Arras, 510 à 512. Il prend le Quesnoy; combat et réduit le comte d'Harcourt, 513. Places qu'il prend dans le Hai-

Table générale de l'Histoire des Français.

naut; sa correspondance avec Condé; sa négociation avec Hocquincourt, 520 à 524. Le duc d'York quitte son armée, 529. Son échec à Valenciennes, 535, 536. Comment le répare, 537. Renforcé par les Anglais; tente en vain de prendre Cambrai; ses succès en Flandre, 552 à 555. Confiance que lui accorde le cardinal; il assiége Dunkerque et gagne la bataille des Dunes, 565 à 570. Places qu'il prend, 572, 573. Sa mission près de Mlle de Montpensier; XXV, 38. Conseils qu'il donne au roi pour la réforme de l'armée; déférence de ce prince pour lui, 97. Un de ses secrétaires découvre le *droit de dévolution* en Brabant, 100. Son commandement à l'armée des Pays-Bas, 126. Ses conquêtes, 127 et suiv., 130 et suiv. S'attire l'inimitié des Letellier, 132, 145. Se convertit au catholicisme, 159, 160, 165. Il dévoile la déloyauté de Charles Stuart, 175. Ses indiscrétions, 194. Il est nommé maréchal général à l'armée de Hollande, 234, 235. Ses opérations, 236 à 238. Ses succès, 242 et suiv. Il propose de démolir les places prises; son inaction, 251. Est envoyé contre l'électeur de Brandebourg, 253. Obtient carte blanche; réduit ce prince à signer la paix, 255 à 257. Est opposé aux impériaux, 260. Contrarié par Louvois; son échec, 267, 268. Ses auxiliaires anglais, 271. Il contient le duc de Lorraine, 275, 284. Sa belle campagne sur le Rhin; il livre les batailles de Sintsheim et d'Ensisheim; évacue l'Alsace par le nord; y entre au midi; gagne la bataille de Turckheim; détruit l'armée coalisée; chasse ses débris au delà du Rhin, 282 à 292. Ses plaintes contre Louvois; satisfaction que lui donne le roi; aux prises avec Montécuculli; ses manœuvres au delà du Rhin; sa mort; ses suites, 293 à 298. Regrets universels qu'il laisse, 299 et suiv. Opérations après sa mort, 324, 325, 340, 351. Il fut le plus grand maître de stratégie des temps modernes; XXVI, 5. Le roi lui survit, 217.

TURENNE (LE PRINCE DE); son expédition contre les Turcs; XXV, 526.

TURGOT est nommé ministre; XXX, 27. Est l'homme éminent du cabinet; ses précédens; ses qualités; ses doctrines d'économie politique; il entreprend de former selon ses vues l'esprit du roi, 28 à 33. Ses mesures financières; il rétablit le libre commerce des grains, 34, 35. Se prononce contre le rappel des parlemens, 38, 39. Ses réformes, 44 et suiv. Troubles qu'il apaise, 48, 49. Son crédit; sa popularité ébranlée; il engage vainement le roi à se faire sacrer à Paris; ses rapports avec Maurepas, 50 à 53. Son parti fortifié par l'entrée de Malesherbes au ministère, 55 et suiv. L'archevêque de Narbonne lui est comparé, 67. Commissaire pour l'examen des remontrances du clergé, 68. Il abolit la corvée; impose une taxe à la noblesse; renverse l'organisation des maîtrises; son erreur sur l'impôt qu'il veut faire supporter tout entier par la propriété foncière; son système d'hiérarchie politique; édit qu'il présente au parlement; secondé par Voltaire; ses déboires, 69 à 78. 121. Malesherbes renonce au ministère, 78 à 80. Il est lui-même congédié, 85 à 89. Réaction qui suit sa chute, 90 et suiv., 96. A vainement diminué le déficit, 99 et suiv. A eu l'idée des assemblées provinciales, 115 à 118, 120. Comparé à Necker, 129 et suiv., 236. Opposé à la guerre, 144. Comparé à Joseph II, 155. Sa popularité comparée à celle de Voltaire, 158 et suiv. Visite que lui fait ce dernier, 161. Ses traditions abandonnées, 239. Comparé à d'Ormesson, 244, 245. Sa mort, 248, 249. Occupation à laquelle il surprend le roi, 276. Attaqué par *Monsieur*, 278. Où s'est formé, 287. Calonne ne l'imite pas, 290. Son esprit novateur, 316, 321. Ses idées reprises, 330 et suiv., 338. Incidemment nommé, 390, 442. Eût peut-être conjuré la crise, 458.

TURIN (BATAILLE DE), gagnée par Eugène sur le duc d'Orléans; XXVI, 472.

TURNHAM (ROBERT DE) livre à Jean-sans-Terre les trésors de Richard; VI, 184.

TURKEIM (BATAILLE DE), gagnée par Turenne sur le grand électeur; XXV, 291.

TURLUPINS, sectaires; XI, 161.

TURPIN; ses chroniques; comment recueillies; II, 264.

TUSCULUM (LES MARQUIS DE) disposent de la tiare comme d'un bénéfice attaché à leur fief; IV, 90. L'empereur Henri III détruit cet abus, 297. Tentent de le faire revivre, 305.

TYBERIADE (BATAILLE DE), gagnée par Saladin sur Lusignan; VI, 76.

TYRCONNEL, vice-roi d'Irlande; du parti des Stuarts; XXVI, 42. Sa mort, 100.

TYRO (PROSPER), chroniqueur suspect; I, 176.

TYRREL (GAULTIER) tue à la chasse Guillaume-le-Roux, roi d'Angleterre; IV, 561. Sa fuite; passe en Terre-Sainte où il meurt, 562.

TZEKLI (MOÏSE); ses guerres avec l'empereur Rodolphe; XXII, 440.

UBALDINI, nonce du pape près de Henri IV; ses efforts pour la paix; XXII, 169. Est du conseil secret de la régence, 199.

UBILLA du conseil d'Espagne; apporte au roi son testament tout dressé en faveur du duc d'Anjou; XXVI, 289, 290.

UGURS. Voy. *Avares*.

ULADISLAS V, roi de Pologne; défend l'Europe contre les Orientaux; XII, 121.

ULRIC, duc de Wittemberg; assiège Dijon; stipulations pour lui dans le traité de cette ville; XV, 646, 647, 650. Chassé de ses états; par qui rétabli; y introduit le protestantisme, 425 à 426. Ses propositions à Ferdinand d'Autriche, 457. Secours qu'il amène à François Ier, 520. Injonction que lui fait le connétable; XVII, 23. Ses désastres, 277 à 280. Sa soumission, 321. Son découragement, 414.

ULRIQUE-ELEONORE, reine de Suède; son avènement; XXVII, 328. Secours pécuniaires qu'elle reçoit du régent; à quoi les emploie; ses sacrifices pour obtenir la paix, 406, 407. Affaiblissement de son pouvoir; XXVIII, 263.

UMFROI, chefs d'aventuriers normands en Italie; IV, 301. Le pape Léon IX est son prisonnier, 302.

UNIGENITUS (BULLE), propositions qu'elle condamne; débats qu'elle soulève; XXVII, 192 et suiv.

URBAIN II, élu pape par le parti d'Hildebrand; son origine; ses talens, sa fermeté; IV, 498. Désastres de son parti; comment les répare, 499. Son influence en France, 501. Mission qu'il donne à Hugues, archevêque de Lyon, 522. Son peu d'enthousiasme pour les croisades, 525. Promet à Pierre l'Ermite de demander aux chrétiens un secours pour l'Orient, 527. Tient le concile de Plaisance; affluence qui s'y trouve; affaires qui s'y traitent, 528. Tient le concile de Clermont plus préoccupé de la victoire de son parti que de la délivrance de la Terre-Sainte, 529. Son discours peu digne de la circonstance, 530. Emu de l'éloquence de Pierre; paroles qu'il y ajoute, 531. Passions qu'elles excitent; il nomme Aymar vicaire apostolique de l'expédition, 532. Son séjour en France; il met les biens des croisés sous la garantie de la trève de Dieu, 534. Traite avec indulgence Philippe, 535, 536. Le reçoit en grâce; prépare la croisade, 541. Fait dissiper par les croisés le parti de Henri IV en Italie; reprend possession de Rome, 547. Convoque le concile de Poitiers; V, 25. Epoque de sa mort, 51.

URBAIN III, pape; meurt de douleur à la prise de Jérusalem par Saladin; VI, 79.

URBAIN IV, pape; son élection; est Français; comment complète le sacré collége; VIII, 51, 52. Offre la couronne des Deux-Siciles à la famille de saint Louis, 57. Comment combat les scrupules du roi ; agit sur le comte d'Anjou, 58. Mariages auxquels il s'oppose vainement, 60, 61. Confirme la sentence arbitrale rendue par saint Louis contre les barons anglais en faveur de leur roi, 132. Ses efforts en faveur du pouvoir absolu, 136. Ses légats en Navarre, en Angleterre ; sa mort, 137. En quel état il laisse ses négociations avec le comte d'Anjou ; leur traité ; ses moyens d'exécution, 138 à 142. De quel serment a relevé Philippe-le-Hardi, 142. Lenteur du conclave assemblé pour le remplacer, 144. Subside que lui a refusé le clergé de France, 157.

URBAIN V (GUILLAUME-GRIMOARD), pape, son élection ; il accueille à Avignon le roi de France ; X, 596, 597. Entrave son projet d'épouser la reine de Naples ; lui donne la croix, 598, 599. Encourage le projet de croisade, 600. Ordonne la canonisation de Charles de Blois ; XI, 23. Frappe d'anathème les capitaines d'aventuriers, 31. Son entrevue avec l'empereur, 35. Empêche le mariage du duc de Cambridge ; son projet de détourner les compagnies, 39. Subside qu'il donne à du Guesclin, 40. Sa bulle contre les Béguards, 42 et suiv. Ses rapports avec Pierre-le-Cruel, 45, 46. Il rétablit le saint-siége à Rome malgré les instances du roi de France, 66, 67. Serment dont il relève les chevaliers français, 69. Secours pécuniaire qu'il donne à Transtamare, 80. S'interpose entre la reine de Naples et le duc d'Anjou, 83. Prélats qu'il a nommés en Aquitaine, 109. Autorise le mariage de Philippe-le-Hardi et de Marguerite de Flandre, 112. Son dégoût de l'Italie ; son retour à Avignon ; sa mort, 155, 156.

URBAIN VI (BARTHÉLEMI PRIGNANI), pape ; son élection ; sa déposition par le sacré collège commence le grand schisme ; XI, 216. Son parti en Italie, en Allemagne, 247, 249. Il déclare Jeanne de Naples déchue du trône ; souverains qui s'attachent à lui, 250, 251, 309. Scandales qu'il ajoute aux causes du schisme, 300,

384. Il couronne roi de Naples Charles Durazzo, 358. Le duc d'Anjou a mission de l'expulser, 371. Il prêche la croisade contre les Clémentins de Flandre, 419. Double expédition qu'il encourage en Angleterre, 420. Epoque de sa mort, 484, 566.

URBAIN VII, pape ; son élection ; son court règne ; XXI, 124.

URBAIN VIII (BARBERINI), pape ; son avénement ; XXII, 529. Dispenses qu'il donne pour le mariage de Charles Ier d'Angleterre, 545. Ses troupes chassées de la Valteline, 551, 552. Ses plaintes sans effet, 565 à 567. Son ressentiment, 581. Coup hardi que porte Richelieu à son pouvoir ; XXIII, 36. Autorise le mariage du duc de Rhétel et de Marie de Gonzague, 85. Négocie en faveur du duc de Nevers, 89. Ligue qu'il élude de signer, 108. S'interpose pour la paix ; y emploie Mazarin, 142. Sa neutralité, 277. Il ne veut point rompre le mariage de Gaston, 284. Il offre sa médiation aux puissances belligérantes ; sa faiblesse ; longue difficulté d'étiquette qu'il soulève ; double congrès qui s'ouvre ; son légat à celui de Cologne ; lenteurs des négociations, 357 à 361. Son aigreur à l'égard de la France ; pourquoi ne nomme pas de cardinaux, 398 à 400. Ses démêlés avec d'Estrées, 401. Son accommodement avec la France ; promotion de Mazarin, 495. Guerres de ses neveux avec les Farnèses ; sa mort ; XXIV, 47, 48, 78.

URBIENS, Slavons ; secouent le joug des Francs ; II, 30.

URBIN (LE DUC D') en butte aux Borgia ; sollicite Louis XII contre Alexandre VI ; XV, 389, 390. Ses hostilités contre les Vénitiens, 512. Il attaque sans succès décisif le Ferrarois, 540 à 542. Ses discussions avec le ministre de Jules II, 546. Son oncle le soupçonne de mollesse, 549. Défait à Casalecchio ; il poignarde le cardinal de Pavie, 569 à 570. Rentre dans la Romagne, 598. Dépouillé par Laurent de Médicis ; XVI, 87, 127. Commande l'armée vénitienne, 198. Puis l'armée de la ligue italienne ; ne secourt pas Milan, 285. Le pape le rejoint, 314.

N'est point secondé par Saint-Pol, 326. Obtient la protection de l'empereur, 340.

URBIN (GUI D'UBALDO, DUC D') est gendre de Farnèse; XVII, 329. Il commande les troupes de Paul IV; XVIII, 10.

URFÉ (LE SEIGNEUR D'), confident de Charles-le-Téméraire; XIV, 346. Sa faveur près de Charles VIII, 642. Sa mission à Gênes; XV, 154. Est de l'expédition de Naples, 339, 383.

URFÉ (LE MARQUIS D'), ambassadeur de Henri II à Rome; lettre que lui écrit le roi; XVII, 413. Ses menaces au pape, 422.

URRACA reconnue reine de Léon et de Castille; épouse Alphouse-le-Batailleur; son mariage cassé; V, 183. Ses désordres; ses intrigues, 184.

URREA (PEDRO DE), ambassadeur de Ferdinand au congrès de Mantoue; XV, 556.

URSAMALA (ARNOLPHE DE), templier; enquête dont il est chargé; VIII, 289. Mission que lui donne à Rome Philippe-le-Hardi, 291.

URSINS (GUILLAUME JUVÉNAL DES); rôle qu'il attribue à son père; XI, 541; XII, 27, 108, 433.

URSINS (JEAN JUVÉNAL DES) est nommé prévôt des marchands de Paris; XI, 544. Importance que lui donne son fils, l'historien; XII, 47, 108, 109, 432, 433. Réquisitoire prononcé par lui, 299. Est nommé chancelier du Dauphin, 432. Est disgracié; pourquoi, 456. Suit le dernier Dauphin dans son exil, 555. Plaide la paix aux Etats d'Orléans; XIII, 352.

URSINS (JUVÉNAL DES), archevêque de Reims, chancelier; député près de Louis XI; XIV, 71. Officie au sacre de ce prince, 75. Remplacé comme chancelier, 81. Reprend ses fonctions, 202. Porte la parole aux Etats de Tours, 245. Epoque de sa mort, 386.

URSINS (LA PRINCESSE DES), confidente de la reine d'Espagne; empire qu'elle prend en ce pays; XXVI, 309,

362. Ses intrigues, 425, 426. Fortune de son protégé Orry,' 428. Appelée à Versailles, 432. Son retour en Espagne, 446 et suiv. Ses relations avec Mme de Maintenon, 447, 448. Quitte Madrid, 465, 468; XXVII, 21. Encourage le roi dans la voie du despotisme, 28. Secret qu'on lui cache, 41. Sa guerre d'intrigue avec le duc d'Orléans, 66 et suiv., 125. Obstination qu'elle inspire au roi, 105. Félicitée par Mme de Maintenon, 115. Nouvelles que cette dernière lui apprend, 147. Ce que les souverains veulent stipuler pour elle, 174. Ses intrigues; ressentiment de Louis, 199, 200. Sa disgrâce, 211 et suiv. Epoque de sa mort, 214. Sa haine contre Giudice, 272.

URSIO, l'un des chefs de l'aristocratie austrasienne; I, 362, 393. Sa mort, 394.

USEZ (LE DUC D'); réunion des maisons ducales chez lui; XXIV, 285.

USSAC, Huguenot; livre La Réole à la reine-mère; XIX, 511.

USSEDA (SANDOVAL, DUC D') épouse par procuration de Louis XIII l'infante d'Espagne; XXII, 351. Fait disgracier et remplace le duc de Lerme son père, 467. Pourquoi appelé près de Philippe III malade; comment son retard cause la mort du roi, 524.

USUSMARIS (NICOLAS), vice-amiral génois au service d'Edouard III; ordres que lui donne ce prince; X, 115, 116.

UXELLES (LE MARÉCHAL); armée qu'il conduit à Mantoue; ses désastres; XXIII, 88, 89, 101. Prisonnier à la Marfée, 455. Assiége Sainte-Ménehould; XXIV, 494.

UXELLES (LE MARÉCHAL D') capitule à Mayence; XXVI, 40. Commande l'armée d'Alsace, 318. Plénipotentiaire à Gertruydenberg; XXVII, 95. Puis à Utrecht, 158. Est du conseil de régence, 231. Préside le conseil des affaires étrangères, 245. Refuse de signer, puis signe la quadruple alliance, 322. Vote contre le duc de Maine, 351.

VACHERO (JULES-CÉSAR) conspire contre Gênes; XXIII, 92, 93.

VADÉ imagine de donner à Louis XV le surnom de Bien-aimé; XXVIII, 343.

VALAVOIR ravitaille Messine; XXV, 332.

VALBELLE (LE CHEVALIER DE) secourt Messine; XXV, 331 et suiv. Son poste à la bataille de Mont-Gibel, 335.

VALDRADE, seconde femme de Lothaire II; procès scandaleux au sujet de son mariage; III, 144 et suiv. Amour de son mari pour elle, 151. Eloignée de sa cour avec ordre de se rendre à Rome, 152. N'ose s'y rendre, 153. Conserve son crédit sur Lothaire; est absoute de l'anathème et de l'excommunication, 154. Son fils, 228. Sa fille, 252.

VALENÇAY (LE COMMANDEUR DE); complot contre Richelieu qu'il fait avorter; XXIII, 16, 17. Complice de Montmorency, 200. Trompé par le pape; XXIV, 420, 421.

VALENCÉ, commandant à Montpellier; ses excès de pouvoir; XXII, 516.

VALENGIN (LE COMTE DE). Voy. *Neufchâtel.*

VALENS, empereur d'Orient; I, 33. Loi fiscale citée, 69. Reçoit les Goths dans la Thrace, 118.

VALENTI (LE CARDINAL); anecdote à son sujet; XXIX, 217.

VALENTINIEN Ier; proclamé empereur; I, 33. Dégage les Gaules; bat les Allemands à Solicinium; élève un retranchement sur les frontières de la Germanie; s'allie aux Bourguignons; leur manque de parole, 35. Réprime les brigandages des Gaules par d'atroces cruautés, 37. Meurt d'apoplexie, 38. Loi fiscale citée, 69.

VALENTINIEN II, empereur en Italie; I, 36. Reconnaît Maximus, 41. Chassé par lui, 42. Restauré par Théodose; dominé par les Francs Arbogaste et Baudon; veut secouer le joug; est assassiné, 43. Concède des terres du fisc, 72.

VALENTINIEN III, établi sur le trône d'Occident; I, 148. Sa lâcheté; tue Aétius; est tué, 160. Convulsions de l'empire après sa mort, 161.

VALENZUELA (DON FERNAND DE), favori de la reine-mère d'Espagne; sa déportation; sa mort; XXV, 353.

VALÉRIANUS, empereur; I, 12.

VALERY (THOMAS DE SAINT-); charge qu'il exécute à Bouvines; VI, 363.

VALERY (JEAN DE SAINT-), chevalier chargé de répartir le prix du butin de Damiette; VII, 407. Avis qu'il donne à saint Louis pendant la bataille de Mansourah, 424.

VALETANT (PIERRE DE), grand maréchal des logis de l'armée de Charles VIII; XV, 162.

VALID, calife; l'Espagne conquise par ses lieutenants; II, 105.

VALLON, du parti de Condé; prend part au combat de Bléneau; XXIV, 427. Commande l'armée des princes, 433. Son poste dans le faubourg Saint-Antoine, 451.

VALOIS (CHARLES DE), fils de Philippe-le-Hardi; la couronne d'Aragon lui est offerte; VIII, 349. Sa présence à l'assemblée des barons français, 351. Prend le titre de roi d'Aragon; marche sur l'Espagne, 361. Est disposé à renoncer à ce royaume, 395. Traité pour le lui conquérir, 401. Son frère refuse d'abandonner ses droits, 404. Le roi de Naples y renonce en son nom et lui cède le Maine et l'Anjou, 443, 444. Son frère tente de faire prêcher la croisade en sa faveur, 445. Sa mission dans le Hainaut, 463. Il pousse son frère à se venger de l'Angleterre, 471. Commandement qui lui est confié, 491. Assiège la Réole; exécutions qu'il fait faire devant la place, 493. Il s'en empare; ses cruautés; leurs effets, 494. Par qui représenté au congrès d'Anagui; ses prétentions à l'Aragon définitivement abandonnées, 501. Son frère le rappelle, 508. Mariage de sa fille Isabelle; IX, 12. Commande l'armée de Flandre, 51. Ses victoires; ses progrès; sa déloyauté envers le comte de Flandre, 52. Il le fait prisonnier,

53. Le pape l'appelle en Italie pour le mettre à la tête du parti Guelfe, 61. Il lui fait entrevoir les couronnes impériales d'Orient et d'Occident; il accepte ses offres, 62. Rassemblé une armée, 63. Entre en Italie, 69. Son entrevue avec le pape; titres et mission qu'il reçoit de lui, 70. Rappelé par son frère; est méprisé des Italiens, 110. Son traité avec Frédéric, 110, 115. Son témoignage à l'assemblée de Paris, 120. Ses escadrons rompus à la bataille de Mons en Puelle, 153. Fait mettre à la torture une prétendue prophétesse, 157. Ses démêlés; sa réconciliation avec l'archevêque de Bordeaux et le pape, 161, 162. Assiste à son couronnement; est grièvement blessé, 168. Se rend à l'assemblée de Poitiers, 188. Efforts de Clément V pour l'élever au trône de Constantinople, 190, 191, 192, 195. Philippe veut le faire élire empereur, 214, 215. Il échoue, 216. Trompé par le pape, 233. Invoqué par lui, dans quelle circonstance, 235. Présent à la sentence d'abolition des templiers, 259. Conseiller de son neveu, 268. Fête qu'il donne; il prend la croix, 275. Juge de Jeanne de Bourgogne, 292. Confiance que le roi son frère a eue en lui; a été l'objet de sa prédilection; son neveu Louis X lui abandonne la direction des affaires, 300. Sa secrète désapprobation de la politique de Philippe, 302. Son chambellan est fait garde des sceaux, 303. Cause de sa haine envers Marigny, 304. Comment il achève de le perdre, 306. Accusé par lui de la pénurie du trésor, 310. L'opinion publique se prononce contre ses rigueurs, 311. Il seconde les prétentions de la noblesse, 312. Il lui donne l'exemple de battre de la fausse monnaie, 330. Est le seul appui de la veuve de Louis X, 336. L'Artois lui est consigné; mariage de sa fille, 344. N'a aucun intérêt à faire reconnaître reine sa petite-nièce Jeanne, 350. Assiste de mauvaise grâce au sacre de Philippe, 351. Veut marier sa fille à l'héritier de Flandre, 373. Serment qu'il confirme, 375. Il accompagne Charles-le-Bel dans le Midi, 419. Mariage de sa fille Blanche, 421. Invoqué par Edouard d'Angleterre, 445. Commandement que lui donne le roi, 450. Ses succès; trêve qu'il accorde, 451. Il licencie son armée, 453. Sa mort; remords que lui a donnés le supplice de Marigny, 458.

VALOIS (les); le fils du précédent monte sur le trône sous le nom de Philippus, et la maison royale se subdivise 1° en deux branches d'Orléans, voy. ce mot, puis *Louis XII;* 2° en une branche d'Angoulême, voy. ce mot, puis *François Ier;* 3° en une branche de Bourgogne, voy. *Philippe-le-Hardi, Jean-sans-Peur, Philippe-le-Bon, Charles-le-Téméraire, Antoine (bâtard), Antoine de Brabant et Nevers;* 4° en une branche de Berry, voy. ce nom; 5° en une branche d'Anjou, voy. *Louis Ier, Louis II, Louis III, rois de Naples, Réné, roi de Provence, Jean d'Anjou, duc de Calabre et du Maine.*

VALPERGA (THÉOBALDO); renfort qu'il amène à Charles VII; sa victoire, XIII, 29. Prend part à la bataille de Verneuil, 33 et suiv. Faction qu'il seconde, 41. Marche au secours d'Orléans, 95. Défend Compiègne, 159, 179. Représente la France au congrès d'Arras, 250. Négociateur avec la Guienne, 515. Ses menaces à l'émissaire de Dammartin, 72.

VANDALES transportés en Angleterre par Probus; I, 16. Migration de cette nation germaine, 119. Etablis en Ukraine; chassés par une famine, refluent à l'Ouest et passent le Rhin, 120. Entraînent avec eux des Quades, des Alains, des Tayfales, des Huns, 123. Arrêtés d'abord par les Francs; vainqueurs enfin, envahissent les Gaules, 128. Les dévastent pendant trois ans, puis passent en Espagne, 134. Vaincus par les Visigoths, 144. Reprennent le terrain perdu; puis, en corps de nation, passent en Afrique, 149. En font la conquête, 150. Dépossédés par Bélisaire, 272. Leur disparition; II, 12.

VARAMBON (MARQUIS DE); son poste au combat de Doulens; XXI, 367. Est prisonnier, 434.

VARDES (LE MARQUIS DE) refuse asile à Marie de Médicis; XXIII, 166.

VARDES (LE MARQUIS DE) intrigue contre La Vallière; XXV, 34. Son exil, 83. Son enthousiasme pour le roi, 356.

VARGAS, lieutenant du duc d'Albe en Flandre; XIX, 12. Prend Maëstricht, puis Anvers, 487.

VARICARVILLE conspire contre Richelieu; XXIII, 295.

VASCONCELLOS, gouverneur espagnol du Portugal; est tué; XXIII, 420.

VASSY (MASSACRE DE); XVIII, 262 et suiv.

VATABLE, professeur d'hébreu au collége de France; ses notes sur l'Ancien Testament; XVI, 374.

VATACÈS, empereur grec de Trébisonde; son alliance avec l'empereur Frédéric II; VII, 190.

VATEL, maître d'hôtel de Condé; son suicide; XXV, 215.

VAUBAN (SÉBASTIEN LEPRÊTRE, MARÉCHAL DE) dirige le siège de Maëstricht; XXV, 262. Celui de Valenciennes, 346. Celui de Luxembourg; il fortifie cette place, 460. Science qu'il a créée; XXVI, 5. Il inspecte les places maritimes, 27. Dirige le siége de Mons, 67. Celui de Namur, 97 et suiv. Il défend Brest, 155. Dirige le siége d'Ath, 205. Celui de Brisach, 370. Son neveu défend Béthune; XXVII, 101. Son projet de dîme royale, 535.

VAUBRUN (LE MARQUIS DE); son commandement en Alsace; XXV, 293. Fait retraite à la mort de Turenne; est tué, 297, 298.

VAUCELAS (ROSNY DE), ambassadeur de Henri IV en Espagne; intrigues qu'il découvre; XXII, 156, 157.

VAUCOURT (LOUIS DE); par qui tente de remplacer la Pucelle; il est prisonnier; XIII, 195, 196.

VAUDEMONT (ANTOINE DE) dispute à Réné d'Anjou l'héritage de Lorraine; secouru par le duc de Bourgogne; gagne la bataille de Bullegneville; XIII, 198 à 202. Projet de mariage avec une des filles du vaincu, 217. Il accompagne Philippe au congrès d'Arras, 250. L'empereur adjuge la Lorraine à son rival; ses plaintes, 292, 293. Ses hostilités, 330, 377. Il escorte le roi à Caen, 504. Est de l'assemblée des notables; XIV, 319.

VAUDEMONT (LE COMTE DE), frère du duc de Lorraine; s'attache au service de François Ier; XVI, 161. Son expédition infructueuse à Naples, 291, 292. Lieutenant de Lautrec, 312. Sa maladie, 317.

VAUDEMONT (NICOLAS DE LORRAINE, COMTE DE); sa fille demandée par Henri III; XIX, 318.

VAUDEMONT (LOUISE DE) épouse Henri III; XIX, 318, 321, 322. Son entrée à Paris, 384. Assiste à l'ouverture des Etats de Blois, 399. Et à la clôture, 428. Attachement du roi pour elle; XX, 5. Elle reçoit la visite de Guise, 340. Elle reste à Paris après la fuite du roi, 358. Promet de l'y ramener; paraît approuver l'insurrection, 373. Se rend à Blois, 405. Trahit son mari, 502. Derniers mots que lui adresse ce prince, 540. Sa requête à Henri IV; XXI, 41. Elle envoie d'Ossat à Rome, 219. Négocie avec Mercœur, 244, 435. Son opposition au traité avec Mayenne, 409. Protectrice de Mercœur, 470.

VAUDEMONT (CHRISTINE DE); Henri III la destine à Epernon; XX, 9. Elle ne l'épouse pas, 264.

VAUDEMONT (MARGUERITE DE) épouse Joyeuse; XX, 6, 7.

VAUDEMONT (MARQUIS DE MUY); son dévouement aux Guises; XX, 121.

VAUDEMONT (LE CARDINAL DE); son dévouement aux Guises; XX, 121.

VAUDEMONT (LE PRINCE DE), lieutenant de Guillaume III; aux prises avec Villeroi; lui échappe; XXVI, 181, 182. Fait proclamer Philippe V à Milan, 297. Sa fidélité à ce prince, 319. Ses opérations, 320, 324, 331, 374.

VAUDEMONT (LE PRINCE THOMAS DE) est de l'armée impériale; XXVI, 324, 332, 334.

VAUDOIS. Voy. *Albigeois*.

VAUDRAY (LOUIS DE) signe l'association protestante; XVIII, 282. Rejoint le duc de Deux-Ponts; XIX, 54.

VAUDREUIL (PHILIPPE DE RIGAUD,

MARQUIS DE), gouverneur du Canada; sa fermeté; XXIX, 173.

VAUDREUIL (LE MARQUIS DE), gouverneur du Canada; ses succès contre les Anglo-Américains; XXIX, 119, 174. Il occupe Montréal, 181. Capitulation qu'il signe, 184. Fait la conquête du Sénégal; XXX, 187. Rallie les débris de la flotte, 209. Est de l'intimité de la reine, 262.

VAULDREY (LOUIS DE), lieutenant de Maximilien en Hainaut; prend Arras; XV, 130, 131. S'empare de la Franche-Comté, 135.

VAURÉAL, évêque de Rennes; son zèle persécuteur; XXVIII, 58.

VAURUS (LE BATARD DE), du parti du Dauphin; ses cruautés; il est assiégé dans Meaux; XII, 614 et suiv. Il est pendu, 619.

VAUTIER, médecin de Marie de Médicis; lui est envoyé à Cologne; XXIII, 494.

VAUX (LE COMTE DE); ses opérations militaires en Corse; XXIX, 381 et suiv.

VEER (ROBERT) renforce Kiriel; XIII, 499. Conduit les débris de l'armée battue à Fourmigny, 502.

VEGA (JEAN DE), vice-roi de Sicile; attaque Dragut; XVII, 417.

VEINES (DE), complice de d'Ossuna; XXII, 467, 468.

VELASCO (DON FERDINAND DE), connétable de Castille, gouverneur espagnol du Milanais; chargé d'envahir la Bourgogne; XXI, 334. Sa mésintelligence avec Mayenne, 335. Rejoint par Nemours, 337. Il est vaincu à Fontaine-Française; sa retraite; Mayenne quitte son camp, 338 à 341. Conclut la paix entre l'Espagne et l'Angleterre; accueil que lui fait Henri IV; XXII, 110.

—VELASCO (DON FRANCISCO DE) commande en Catalogne; XXVI, 200, 207 et suiv., 431. Capitule à Barcelone, 452.

VELLADA (LE MARQUIS DE), gouverneur de Lombardie; aux prises avec les Français; XXIV, 71, 91, 122.

VELLY (LE SIRE DE), négociateur de François Ier avec Charles-Quint; XVI, 478 à 486. Son colloque avec l'empereur, 490, 491. Assiste au consistoire que tient le pape; ses explications avec l'empereur sur le discours de ce prince, 492 à 495. Signe la trêve de Monçon, 554.

VENDENESSE forme des compagnies d'infanterie française; XV, 505. Est tué; XVI, 206.

VENDOME (LOUIS DE BOURBON, COMTE DE) fait partie du conseil d'état; XII, 222. Est chargé de revoir les comptes, 337. Ses réformes sanctionnées, 340. Le roi invoque son secours, 385. Envoyé comme ambassadeur à Henri V, 468, 469. Rejoint l'armée royale, 477. Ses opérations, 478. Son poste à Azincourt, 482, 485. Il est prisonnier, 489. Ordonnance qu'il signe; XIII, 69. Il représente au sacre l'un des pairs laïques, 144. Sa retraite, 153. Il remplace le comte de Clermont, 147. Assiste au congrès d'Arras, 251. Caution de Réné d'Anjou, 297. Négociateur à Gravelines, 337. Se rend aux Etats d'Orléans; y plaide pour la paix; son insubordination au siége d'Avranches, 351, 352, 357. Il entre dans le complot de la Praguerie, 359, 361. Ses réclamations au congrès de Nevers, mal fondées, 392, 395. L'un des négociateurs au congrès de Tours, 411.

VENDOME (LE BATARD DE) fait prisonnier la Pucelle; XIII, 160. La vend à Jean de Luxembourg, 182.

VENDOME (JEANNE DE) accuse Jacques Cœur d'avoir empoisonné Agnès Sorel; convaincue de calomnie; XIII, 539, 540.

VENDOME (JEAN DE BOURBON, COMTE DE); l'un des conseillers de Charles VII; XIV, 3, 19. Représente un des pairs laïques au sacre de Louis XI; lui fait hommage-lige, 75. Assiste aux Etats de Tours, 245. Va chercher en Lorraine Marguerite d'Anjou, 306. L'accompagne dans une procession à Paris, 318.

VENDOME (FRANÇOIS DE BOURBON, COMTE DE); son âge à la mort de Louis XI; XIV, 614. Est à la cour de Charles VIII, 637. Assiste aux Etats-généraux, 645. Au sacre; XV, 7. Ordonnance qu'il signe, 30. Siége au lit de justice, 49. Sentence arbitrale qu'il souscrit, 89. Il garantit la paix de Senlis, 134. Part pour Naples, 158. Sa mort, 256.

VENDOME (CHARLES DE BOURBON, COMTE DE); son âge à la mort de Charles VIII; XV, 266. Otage du comte de Flandre, 406. Suit le roi en Italie, 519. Joute au couronnement de François Ier; XVI, 10. Est nommé gouverneur de l'Ile-de-France, 12. Est de l'armée du Milanais, 23. Sa nièce épouse un Médicis, 77. Gouverneur de Picardie, 131. Aux prises avec les impériaux, 152. Distribue sa gendarmerie dans les places, 161. Ses mouvemens contre les généraux impériaux, contrariés par les ordres du roi, 183, 184. Part pour l'Italie, 186. Retenu en France; pourquoi, 192. Est envoyé au secours de Paris, 196, 197. Est premier prince du sang; ses relations supposées avec le connétable; parti qui l'engage à s'emparer des affaires; il se dévoue au salut du royaume; rejoint la régente; est nommé président du conseil, 244, 245. Subsides qu'il offre au roi au nom de la noblesse, 312. Ordres qu'il reçoit pour la défense de la Picardie, 500. Ne peut défendre Guise, 525. Sa fille offerte au roi d'Ecosse, 533. Voy. *Antoine de Bourbon*, roi de Navarre.

VENDOME (CÉSAR DE BOURBON, DUC DE); sa naissance; XXI, 333. Est fait duc et pair, 459. Son mariage stipulé avec la fille de Mercœur; il est nommé gouverneur de Bretagne, 471. Il épouse cette princesse; XXII, 169. Son gouvernement, 216. Prévenance de la reine-mère pour lui, 255. Elle le mécontente, 259. Sa levée de boucliers, 282 et suiv. Sa soumission; il se rend aux Etats de Bretagne, 290. Repousse la paix, 355. Se rend aux conférences de Loudun, 356. Abandonné par Condé, 359. Gratification qu'il a reçue; son manifeste, 389. Rentre en grâce, 400. Excite la reine-mère à reprendre les armes, 460. Plie devant le roi, 464. Combat les Huguenots, 486. Sa dévotion, 504. Faiblesse de son caractère; XXIII, 6. Son arrestation, 19. Destitué de son gouvernement, 25. Et de sa charge d'amiral de Bretagne, 28. Ses amis s'agitent, 44. Est mis en liberté; ses promesses au cardinal de Richelieu, 159. Il passe en Angleterre; sa condamnation par contumace, 442 à 444. Est rejoint par son fils, 517. Son retour, 534. S'éloigne des ministres, 538. Ses débats avec La Meilleraye, 542 et suiv. Son portrait; sa cabale; XXIV, 7, 18, 21, 22. La Bretagne demandée pour lui, 24. Son exil, 33. La Fronde compte sur l'appui de sa maison, 239. Grâces qu'il obtient, 299, 303, 316. Fait la paix en Guienne, 484, 485. Ses opérations maritimes en Catalogne, 526. Intercède pour son fils, 557.

VENDOME (ALEXANDRE DE BOURBON, CHEVALIER DE), grand prieur de France; XXII, 170. Prédilection de Louis XIII pour lui; la reine-mère l'éloigne, 295. Il l'excite à reprendre les armes, 460. Confédéré avec elle; plie devant le roi, 462, 464. Sa dévotion, 504. Faiblesse de son caractère; XXIII, 6. Conspire contre Richelieu, 16. Son arrestation, 19. Sa mort, 22, 254. Ses partisans s'agitent, 44.

VENDOME (LOUIS DE BOURBON), d'abord duc de Mercœur, puis cardinal; son retour d'Angleterre; XXIII, 534. Pourquoi s'éloigne des ministres, 538. Ses débats avec La Meilleraye, 542 et suiv. Son portrait; XXIV, 7. Son exil, 33. Son projet de mariage, 278, 280, 284. Est gouverneur de la Catalogne, 303. Il épouse une nièce de Mazarin, 414, 601. Soumet la Provence, 486. Ses opérations en Italie, 537. Son frère reçu en grâce, 558. Mort de sa femme, 559. Il commande en Catalogne, 574. Ses démêlés avec Marseille, 591, 592. Fureurs populaires qu'il contient; XXV, 51.

VENDOME (LOUIS-JOSEPH, DUC DE); ses premières armes; XXVI, 98, 110. Son poste à la Marsaille, 134. Ses prétentions de préséance, 144. Commande en Catalogne, 184, 185. Ses succès, 200. Il prend Barcelone, 206 à 210. Commande en Italie; attend l'arrivée du roi d'Espagne, 335, 336. Est rejoint par lui; livre la bataille de Luzzara; dégage Mantoue, 337 à 340. Continue à commander en Italie,

362. Doit être secondé par l'électeur de Bavière, 368. Echec de ce prince; il désarme les Piémontais, 373 à 375. Chargé de conquérir ce pays, 413. Ses opérations, 422 à 424, 444. Il remporte la victoire indécise de Cassano, 445, 446. Ses opérations sur l'Adige; il est appelé en Flandre, 456, 462 à 464, 469. Son départ, 470. Ses habiles opérations contre Marlborough; XXVII, 30, 31. Confiance du roi en lui, 30, 46. Son incompatibilité avec le duc de Bourgogne; leurs opérations en commun; leur échec à Oudenarde; ses suites, 50 à 56. Il ne fait rien pour sauver Lille; quitte l'armée, 57 à 60. Est envoyé en Espagne; ses succès; il remporte la victoire de Villaviciosa, 110 à 117. Secondé par le Dauphin dans sa haine contre le duc de Bourgogne, 123. Son mariage, 131. Son inaction forcée, 145. Sa mort, 164. Ses rapports avec Alberoni, 270. Avec Voltaire, 295.

VENDOME (LE GRAND PRIEUR DE) est à la bataille de Steinkerque; XXVI, 110. Ses prétentions de préséance, 144. Seconde son frère en Italie, 423, 444 à 446. Ses rapports avec Voltaire; XXVII, 295. Réunion qu'il convoque au Temple, 440. Ses liaisons avec Conti, 376.

VÉNÈDES, jadis Hénèdes ou Hénéides, voy. *ce mot*; leur révolte contre les Avares; II, 10. Leur victoire; choisissent pour roi Samo, 11. Leur victoire contre les Francs, 28. Donnent asile aux débris des Bulgares, 31. Leurs ravages en Thuringe, 31, 32. Contenus par les Austrasiens, 33. Confédérés avec les Saxons, 162. Leurs différends avec eux réglés par Charlemagne, 269.

VENIERO, amiral vénitien, prend part à la victoire de Lépante; XIX, 116.

VENTABREN tire l'épée contre Montmorency; XIX, 262.

VENTADOUR, du parti de Charles VII; prisonnier à Cravant; XIII, 21. Tué à Verneuil, 33, 36.

VENTADOUR (GILBERT DE LÉVI, DE) prend parti pour d'Alençon; XIX, 344. Ses députés à Moulins, 362.

VENTADOUR (ANNE DE LÉVI, DUC DE), du parti de Henri IV; ses succès en Quercy; XXI, 107. Il représente au sacre un des pairs laïques, 250. Est gouverneur du Languedoc, 312, 408; XXII, 10. Envoyé à Condé par la reine, 283. Accompagne Louis XIII au parlement, 292. Poursuit Rohan; XXIII, 71.

VENTADOUR (LA DUCHESSE DE), gouvernante de Louis XV; le conduit près de son aïeul; XXVII, 216. Gratification qu'elle obtient, 248. Elle croit le roi empoisonné, 454.

VÊPRES SICILIENNES; massacre des Français à Palerme et dans toute la Sicile; VIII, 332, 333.

VERAC, envoyé par Condé en Dauphiné; XIX, 34.

VERAGUNA (LE DUC DE), du conseil d'Espagne; XXVI, 289. Vice-roi de Sicile; sa fidélité à Philippe V, 319. Ses menées contre Alberoni; XXVII, 318 et suiv.

VERALLO (LE CARDINAL), légat de Jules III; négocie la paix; XVII, 467.

VERDUGO, lieutenant de Fuentès dans les Pays-Bas; repousse Bouillon; sa mort; XXI, 361.

VERDUN (TRAITÉ DE); partage de l'empire de Charlemagne; III, 77.

VERE (HUGUES DE), présent à l'entrevue entre Philippe-le-Bel et Edmond d'Angleterre; VIII, 479, 481.

VERE (ROBERT DE), comte d'Oxford, marquis de Dublin, duc d'Irlande; favori de Richard II; XI, 469, 512. Le parlement demande son exil; résistance du roi, 478, 479. Il vend à Clisson la liberté de Jean de Blois, 501. Il lève une armée contre le parlement; sa fuite; son exil, 514, 515, 546, 547.

VERGANO (SCIPION), ingénieur; tué devant la Rochelle; XIX, 229.

VERGENNES (LE COMTE DE) est envoyé en ambassade en Suède; XXIX, 468, 471. Ses précédentes négociations en Turquie, 476. Est nommé ministre; XXX, 27. Sa politique, 28. Se prononce contre le rappel du parlement, 38. Ligué contre Turgot, 86. Puis contre Necker, 106, 126. Secours pécuniaire qu'il envoie aux Américains, 143, 144. Sa timidité; entraîné par le pays, 148. Traité qu'il consent, 150. Ses lenteurs, 153. N'est point partisan de l'alliance autrichienne, 157, 227. Ses combinaisons contre l'Angleterre, 182 et suiv. Faiblesse de sa politique, 191. Signe la paix de Versailles, 223 à 227. Médiateur entre les Turcs et la Russie, 230. Il apaise les troubles de Genève, 231. Son crédit croissant; usage qu'il eût pu en faire, 232 à 234. Ses tendances financières, 236. Sa prééminence sur le cabinet; il remplace Fleury, 237 à 241. Fait tomber le successeur de ce ministre, 244. Brouillé avec Miromesnil, 245. Sa politique à l'égard de la reine, 268. Ses négociations avec Frédéric; comment annulées, 273 et suiv. Appuie par hasard Calonne, 288. Direction qu'il donne au procès du Collier, 309, 312. Ses démonstrations en faveur des Hollandais, 325 et suiv. Il adhère au projet de convoquer les notables, 327 et suiv. Sa mort, 334 et suiv., 347, 348. Son système politique préférable à celui qui triomphe, 357. Embarras qu'il a légués à son successeur, 395 et suiv., 398 et suiv. A recommandé le prince de Salerne, 400.

VERGY (LE SIRE DE); à quel sujet il fait naître la guerre entre Philippe-Auguste et le duc de Bourgogne; VI, 46.

VERGY (LE SIRE DE), lieutenant de Philippe-le-Bon; ses hostilités contre le duc de Bourbon; XIII, 237. Ravages du bâtard de Vergy, 377. Il obtient son pardon, 378.

VERGY (LE SIRE DE), lieutenant de Maximilien; envahit la Bourgogne; est vaincu; XV, 283. Ses négociations, 645, 650.

VERMANDOIS (LOUIS DE BOURBON, COMTE DE); sa mort; XXV, 441.

VERME (JACQUES DEL), général milanais; sa victoire sur d'Armagnac; XI, 592, 593.

VERMIGLIO (PIETRO MARTIRE), chef des réformés napolitains; XVII, 492. Assiste aux conférences de Poissy; XVIII, 231. Prend la parole, 235. Confession qu'il signe, 237.

VERMOND (L'ABBÉ DE), précepteur et confident de Marie-Antoinette; son portrait; sa fatale influence sur la jeune reine; XXX, 17 et suiv. Direction qu'il veut donner au procès du Collier, 309, 313. Désigné pour être envoyé à Vienne par Loménie, 351.

VERNEUIL (BATAILLE DE) gagnée par le duc de Bedford sur le duc d'Alençon; XIII, 34 et suiv.

VERNON (L'AMIRAL); ses expéditions contre les colonies espagnoles; XXVIII, 267, 268.

VERRIERES (LOUIS), négociateur de Philippe II au congrès de Vervins; XXI, 475.

VERRUE (LE COMTE DE) défend le pas de Suse contre Richelieu; XXIII, 105. Sa mort, 325.

VERSAILLES (TRAITÉS DE) qui engagent la France dans l'alliance autrichienne; XXIX, 82 et suiv., 93 et suiv.

VERSORIS (PIERRE), député du tiers aux États de Blois; fait voter par l'ordre la suppression du culte réformé; XIX, 414, 415. Son discours à la séance de clôture, 427, 428.

VERTUS (Mlle DE); son zèle janséniste; XXV, 140.

VERVINS (JACQUES DE CONCI, SIRE DE) rend Boulogne à Henri VIII; XVII, 199, 207. Sa mollesse, 222. Sa disgrâce, 308. Il est condamné et exécuté, 382 à 385.

VESC (ÉTIENNE DE), sire de Grimault, chambellan de Charles VIII; compris dans un traité de réconciliation; XV, 102. Sa faveur, 113. Fait résoudre l'expédition de Naples, 147 à 149. Ambassadeur près du pape, 185. Présens qu'il a reçus, 195. Est surintendant des finances et duc de Nola, 206. Presse le roi de rentrer en Italie, 255. Mission que lui donne Louis XII; sa mort, 353.

VETUS (PIERRE); son complot pour livrer Boulogne à l'Espagnol; son arrestation; XX, 166, 167.

VETUS (LE PRÉSIDENT) est du conseil d'union; XX, 498.

VEZINS sauve du massacre des Huguenots son ennemi Renier; dans quel but; XIX, 193, 194. Henri IV lui enlève Cahors, 526, 527.

VIALAS, écuyer du duc d'Enghien; l'enlève; XXIV, 322.

VIC (DOMINIQUE DE), du parti de Henri IV; défend victorieusement Saint-Denis; est de la journée des Farines; XXI, 99 à 101. Entre à Paris avec le roi, 262. Secourt Cambrai, 374. Il capitule, 376 à 378.

VIC (AYMERI DE); sa mission en Languedoc; XXI, 312. Commissaire du roi près des Huguenots, 457. Négociateur aux conférences de Loudun; XXII, 356. Est garde des sceaux; triumvirat qu'il forme, 498. Sa mort, 510, 513.

VICH (JÉROME DE), ambassadeur de Ferdinand au congrès de Mantoue; XV, 566.

VICTOIRE, fille de Louis XV. V. *Adélaïde.*

VICTOR II, pape désigné par l'empereur Henri III; le jeune Henri IV lui est recommandé; IV, 304. Il meurt, 305.

VICTOR III, antipape, se met sous la protection de Frédéric Barberousse; IV, 431. Excommunie son rival Alexandre III; est lui-même anathématisé, 432. Excommunié par le concile de Toulouse, 438. Avances que lui fait Louis-le-Jeune, 440. Ses projets de conciliation échouent, 442. Sa mort, 453.

VICTOR III, élu pape; meurt; accusation à ce sujet contre le parti impérial; IV, 497.

VICTOR-AMÉDÉE, prince, puis duc de Savoie; son mariage avec Christine de France; son entrevue avec Marie de Médicis; XXII, 434, 454. Pourquoi vient à Lyon, 528. Négociation qu'on lui cache, 581. Il vient au-devant du roi; propositions de paix qu'il élude; XXIII, 104. Il défend le pas de Suse, 105. Sa visite à Richelieu; le cardinal donne ordre de l'enlever, 136. Son avénement; ses hostilités, 145. Signe le traité de Cherasque; ce qu'il y acquiert; ce qu'il cède à la France, 150. Sa politique, 264. Il se ligue avec Richelieu; ses opérations, 277 et suiv., 297 à 300. Sa victoire à Monbaldone, 322. Sa mort; soupçons à ce sujet, 325.

VICTOR-AMÉDÉE II, duc de Savoie; intrigue pour le faire monter sur le trône de Portugal; XXV, 433. Louis XIV excite son zèle persécuteur, 538. Ses rigueurs contre les Vaudois, 540 à 542. On le croit engagé dans la ligue d'Augsbourg; XXVI, 26. Se sert des Français contre les Barbets, 41, 57. Il se déclare contre les premiers; perd la bataille de Staffarde, 58 à 64. Ses forces; par qui secondé; il envahit la vallée de Barcelonnette; sa maladie; sa retraite, 107 à 109. Négociations auxquelles il prête l'oreille, 113. Il perd la bataille de Marsaille, 130 à 137. Dévaste le pays, 149 et suiv. Fait la guerre malgré lui; son ressentiment contre Louis; ses griefs contre l'empereur et le roi d'Espagne; ses négociations avec la France; menaces que lui fait Léopold, 163 à 171. Il assiége Casal et demande Pignerol, 172 à 175. Son traité avec Louis; il le dissimule et continue la guerre; lève le masque; se joint à Catinat, 187 à 189. Fait reconnaître la neutralité de l'Italie, 191. Défiance dont il est l'objet, 192. Effets de sa défection, 201. Son traité sanctionné à Ryswick, 214. Ce que le testament de Charles d'Espagne stipule à son égard, 263. Efforts de Louis XIV pour s'assurer de sa fidélité; mariages de ses filles, 308, 309, 319. Ses hésitations, 320. Il entre en campagne, 322. Méfiance qu'il inspire à Catinat, 323. Ses opérations, 324 à 327. Offensé par le roi d'Espagne, 337. Prête à regret ses soldats, 342. Son traité avec l'empereur, 359. Forcé de se déclarer, 374, 375. Aux prises avec deux armées; ses alliances, 414. Sa jonction avec Stahremberg, 423. Ses désastres; Eugène vient à son secours, 444 à 446. Défend Turin, 468, 469. Son activité; sa part à la victoire sous cette ville, 471 à 474. Ouvertures que lui fait le roi; XXVII, 10. Ce qu'il obtient de l'empereur; son commandement, 14 et suiv. Il entre en Provence, 17 et suiv. N'écoute que son intérêt, 40. Contenu par Villars, 60, 61. Offensé par l'empereur; comment apaisé, 62, 63. Ce que le roi offre de lui céder, 79. Menace d'envahir la France, 100, 146. D'où sa mollesse, 103, 164. Négociations pour lui donner le trône d'Espagne, 165. Signe la paix d'Utrecht, 171, 173, 175, 282. Ce que veut lui donner Alberoni, 314, 329. Ce que la quadruple alliance lui destine, 320 et suiv. Les Espagnols lui enlèvent la Sicile, 330 et suiv., 334. Il adhère aux conditions des alliés, 335 et suiv. Son abdication en faveur de son fils; son mariage secret; son désir de reprendre la couronne; son arrestation; sa mort; XXVIII, 68 à 74. Incidemment nommé, 82.

VIEILLEVILLE (LE MARÉCHAL), lieutenant de François Iᵉʳ; s'empare d'Avignon; XVI, 519. Piége qu'il évente et dont il sauve le duc d'Enghien; XVII, 158. Prend part à la victoire de Cerisoles, 188. Souvenirs de haine qu'il réveille, 313. Confiscation qu'il refuse, 380, 381. Il n'accepte point le gouvernement de Metz, 453. Ses opérations autour de cette place, 485. Il en est gouverneur; complot qu'il déjoue, 543, 544. Prétend avoir fait reconnaître Thionville; XVIII, 77. Sa mission en Languedoc; ses effets, 420. Assiste à l'assemblée des notables, 465. Eloigne Montbrun de Metz, 497. Escorte le roi, 500. Négocie, 503. Est envoyé à la Rochelle; XIX, 25. Défiance que le roi témoigne de lui, 143.

VIENNE (JEAN DE), archevêque de Reims; sacre Jean II; X, 375.

VIENNE (JEAN DE) défend Calais contre Edouard III; X, 310. Implore le secours de Philippe de Valois, 324. Il demande à se rendre, 328. Rapporte la réponse du roi, 329. Bourgeois qu'il livre aux Anglais, 331. Sa captivité, 333. Son expédition sur les côtes d'Angleterre; XI, 226, 227. Il bloque Cherbourg, 238. Reconnaît l'armée parisienne, 407. Commissaire à Rouen, 414. Son expédition en Ecosse et au nord de l'Angleterre; ce qu'elle produit, 458 à 460. Armement qu'il prépare à Harfleur, 500. Et qui est abandonné, 509. Sa négociation en Bretagne, 510. Négociateur en Castille, 549. Expédition en Afrique dont il fait partie, 583. Tué à la bataille de Nicopolis; XII, 88, 89.

VIENNE (DE), chef protestant; rejoint le duc de Deux-Ponts; XIX, 54.

VIERENDEL (ADRIEN DE), colonel flamand; sa mort; XX, 52, 53.

VIEUVILLE (LE MARQUIS DE LA) est lieutenant-général de Champagne; XXII, 215. Les princes forcent contre lui l'entrée de Mézières, 284. Aux prises avec le duc de Nevers, 383. Entre au ministère, 514. Y fait entrer Richelieu; sa querelle avec Bassompierre; sa chute; il est arrêté, 534 à 539. Sa condamnation; XXIII, 187. Est surintendant des finances, 376, 398. Sa mort, 497.

VIEUVILLE (DE LA); son expédition contre les Vaudois; XXV, 541.

VIEUVILLE (LE DUC DE LA), lieutenant de Maillebois en Italie; diversion qu'il produit; XXVIII, 389, 390.

VIEUX DE LA MONTAGNE (LE); ses assassins tuent Montferrat; VI, 121. Ses prétendus rapports avec saint Louis; VII, 163. Annonce en Europe l'invasion des Mogols, 197. Ses prétendues négociations avec saint Louis en Terre-Sainte, 461.

VIGENAIRE, commandant de Châlons; soulève la populace contre les Huguenots; XVIII, 308.

VIGNORI, gouverneur de Trèves; est tué; XXV, 325, 326.

VIGNORIS (LE COMTE DE) est député aux Etats de Blois; XIX, 404.

VIGOUREUX (LA), complice de la Voisin; XXV, 403 et suiv.

VILAINES (PIERRE DE), dit le Bègue; capitaine de Charles V; XI, 17, 18. Est fait prisonnier à Najarra, 75. Arrête Pierre-le-Cruel, 104. Est ministre d'état sous Charles VI, 544. Sa disgrâce; son emprisonnement; XII, 15, 25, 33. Son exil, 34.

VILAPLANA (FRANCISCO), négociateur envoyé par les Catalans révoltés à Richelieu; XXIII, 415.

VILLA (LE MARQUIS DE), général du duc de Savoie; bat les Espagnols à Monbaldone; XXIII, 322. Sa maladie, 325. Trahison qu'il prévient, 326. Sa jonction avec d'Harcourt, 388. Il prend part à la victoire de Casal, 428. Est tué au siége de Crémone; XXIV, 177.

VILLA D'ARIAS, capitaine-général d'Andalousie ; défend cette province contre les Anglais ; XXVI, 355 à 357. Assiège Gibraltar, 449. Seconde le roi en Catalogne ; XXVII, 106, 107. Ses conseils à la reine ; elle le force de donner sa démission ; XXVIII, 32.

VILLAFLOR (LE COMTE DE), Portugais ; bat don Juan d'Autriche ; XXV, 56.

VILLA-FRANCA, du conseil d'Espagne ; XXVI, 289.

VILLAGE (JEAN DE), commis et gendre de Jacques Cœur ; envoyé par lui en Orient ; XIII, 451. Enlève de prison son beau-père, 542.

VILLA-HERMOSA (LE DUC DE), gouverneur des Pays-Bas ; refuse de livrer bataille ; XXV, 339. Conseille la paix, 368. Ses opérations en Catalogne ; XXVI, 65, 106.

VILLA-MARINA (BERNARD DE), amiral de Sicile ; aux prises avec le duc de Calabre ; XIV, 40.

VILLANDRADE (RODRIGO DE), chef d'aventuriers enrôlé par Gaucourt ; XIII, 171. Seconde Dunois, 214. Campagne de Charles VII contre lui, 309, 310.

VILLANI (JEAN), historien ; sa présence au jubilé de l'an 1300 à Rome ; IX, 58.

VILLARET (FOULQUE DE), grand maître de l'Hôpital ; convoqué en France ; accueil qu'il reçoit ; effroi que lui cause le procès des Templiers ; fait la conquête de Rhodes ; IX, 230, 231.

VILLARS (AIMERY DE) proteste contre ses aveux comme templier ; IX, 228.

VILLARS (LE SIRE DE) a part à la victoire de Montargis ; XIII, 64. Se jette dans Orléans, 92. Est blessé, 94.

VILLARS sert sous le vice-roi de Naples ; XV, 383.

VILLARS (FRANÇOIS BOIVIN, BARON DE), secrétaire de Brissac ; fait la guerre en Italie ; caractère de ses mémoires ; XVII, 461, 462. Il est de l'armée royale, 484. Est prisonnier, 507. Sa mission, 538. Plans de campagne qu'il soumet au roi ; XVIII, 34.

VILLARS (LE MARQUIS DE) ; son rôle dans la ligue ; XIX, 157, 234, 294 ; XX, 501 ; XXI, 108, 406 ; XXII, 10.

VILLARS-BRANCAS (L'AMIRAL DE) défend Rouen contre Henri IV ; XXI, 142 à 144, 151, 152. Circonvenu par les royalistes, 210, 244. Son traité ; sa soumission, 278 à 283. Est nommé amiral ; ses rapports avec Montpensier, 284. Il prête serment devant le parlement, 307. Est prisonnier et égorgé au combat de Doulens, 366 à 369, 381.

VILLARS (LA MARQUISE DE) ; son complot contre Louis XIV ; XXV, 282.

VILLARS (LE MARÉCHAL, DUC DE) ; ses rapports avec l'électeur de Bavière ; XXVI, 27. Il investit Mons, 65. Son armée, 71. Son ambassade à Vienne ; ses négociations sur la future succession d'Espagne, 278 et suiv., 282. Son rappel, 312. Presse le roi de commencer la guerre, 316. Son expédition en Bavière ; il bat le prince de Bade à Friedlingen ; est promu maréchal, 349 à 354, 362 à 368. Remporte la victoire de Hochstett, 369. Est rappelé ; par qui remplacé, 370. Est envoyé contre les Camisards ; ses succès, 416 à 422. Aux prises avec Marlborough sur la Moselle ; le force à la retraite, 438 à 440. Contient en Alsace le prince de Bade, 441, 464, 465. Refuse de passer en Italie, 469. Il emporte les lignes de Stolhoffen ; XXVII, 31 et suiv. Contributions qu'il lève en Allemagne ; son retour sur le Rhin ; est appelé à la cour ; projet qu'il fait abandonner, 35 à 38. Pourquoi mis à la tête de l'armée des Alpes, 50. Contient le duc de Savoie, 60, 61. Commande l'armée des Pays-Bas ; il ne peut sauver Tournai ; livre la bataille de Malplaquet, 85 à 89. Suite de ses opérations, 99 à 102, 142 à 143. Il gagne la bataille de Denain ; villes qu'il reprend, 161 à 163. Prend Landau et Fribourg ; signe la paix de Rastadt, 176 à 179. Est du conseil de régence, 231. Préside le conseil de la guerre, 233, 245. Vote contre le duc du Maine, 351. Refuse de commander l'armée contre l'Espagne, 374. Ses mémoires ; XXVIII, 2. Son désir de la guerre, 78. Son commandement en Italie, 93. Son départ ; ses fanfaronnades ;

ses opérations, 106 à 111. Il rejoint don Carlos, 112. Sa mort, 120, 121.

VILLARS-BRANCAS (LE DUC DE); principes libéraux auxquels il adhère; XXX, 372.

VILLAVICIOSA (BATAILLE DE) gagnée par Vendôme sur Stahremberg; XXVII, 114.

VILLE (FLORENT DE), chevalier; fait périr le roi d'Aragon à la bataille de Muret; VI, 421, 422.

VILLEFRANCON; comment persécute les Huguenots en Bourgogne; XVIII, 311.

VILLEGAGNON (NICOLAS DURAND DE) amène Marie Stuart en France; XVII, 367, 368. Sa colonie de protestans au Brésil; XVIII, 27.

VILLEHARDOIN (GEOFFROI DE), maréchal de Champagne; chroniqueur cité; VI, 204. Traité qu'il fait à Venise, 206. Chef qu'il indique pour la croisade, 207. Le plus ancien des prosateurs français; ses mémoires sur la quatrième croisade, 530.

VILLENA (LE MARQUIS DE) donne en Espagne l'exemple des études sérieuses; XIII, 106.

VILLENA (LE MARQUIS DE); son mot sur le connétable de Bourbon; XVI, 271, 272.

VILLENA, duc d'Ascalona; vice-roi de Naples; sa captivité; XXVIII, 13.

VILLENEUVE (PONS DE) défend le château albigeois de Bécède; VII, 38.

VILLENEUVE (ROMÉE DE), conseiller du comte de Provence; dispositions testamentaires qu'il lui suggère; VII, 329. Favorable au comte de Toulouse, 332.

VILLENEUVE (DE), ambassadeur de France à Constantinople; médiateur entre l'empereur et les Turcs; XXVIII, 199, 200.

VILLEQUIER (LA DAME DE), maîtresse de Charles VII; haïe du Dauphin; XIII, 543. Sa cour, 576, 604, 605. Elle excite le roi contre son fils; XIV, 62. Maîtresse du duc de Bretagne; présent que lui fait Louis XI, 192. Elle seconde le prince Charles, 233. Ses biens confisqués, 234. Ses intrigues, 435. Elle fuit avec Chauvin, 598, 599.

VILLEQUIER (GEORGES DE); marquis de la Guerche; tue Lignerolles; XIX, 107, 109.

VILLEQUIER (RENÉ DE), confident de Henri III; l'engage à quitter la Pologne; XIX, 301. Discours que l'historien de Thou met dans sa bouche, 308, 309. Pourquoi réprimandé par le roi, 353. Il tue sa femme, 385, 386. Injonction qu'il fait au tiers-état à Blois, 423. Est gouverneur de Paris; ses vices, 501, 502. Conseille de faire la guerre aux Huguenots; XX, 170. Son mépris pour Poulain, 327. Dissuade le roi de tuer immédiatement Guise, 336. Visites domiciliaires auxquelles il procède, 342. Ses conseils pendant les Barricades, 351, 354.

VILLEROI, secrétaire d'état de François Ier; disgracié par Henri II; XVII, 304. A d'abord fait partie du conseil, 305.

VILLEROI, secrétaire d'état sous Charles IX; sa mission près de l'empereur; XIX, 97. Puis près du duc d'Anjou, 232, 235, 336. A ordre d'arrêter Damville, 292. Envoyé par Henri III près des chefs huguenots, 446, 453. Dénoncé par Salcède; XX, 63. Secrètement associé à la ligue, 119. Sa mission près de la reine-mère, 167. Conseille au roi de faire aux Huguenots la guerre, 170. De se mettre en personne à la tête de son armée, 259. Limites à la confiance que lui accorde Valois, 260. Ses conseils pendant les Barricades, 354. Et après la fuite du roi, 362. Défiance de ce prince, 363, 364. Négociateur avec la ligue, 374. Sa participation au complot d'Angoulême, 392, 393, 397, 398. Il est congédié, 399. Est du conseil de l'union, 498; XXI, 47. Médiateur entre Henri IV et Mayenne, 18, 63, 161 et suiv., 237, 238, 341. Confident de ce dernier; sa politique, 23. Communication qu'il reçoit, 60. A ordre de proposer aux Etats des conférences avec les royalistes, 187. Par qui circonvenu, 210. Est prêt à abandonner la ligue; conseille la paix à Mayenne, 243, 244. Est nommé secrétaire d'état, 307, 308. Son désir d'affermir l'autorité royale; XXII, 14. Négocie le mariage du roi, 35. Ses promesses au duc de Savoie, 56. Favorable à ce prince, 57. Lettre que lui écrit d'Ossat, 77. Signe les instructions données à Sully, 92. Est du parti espagnol, 97, 98, 227. Trahison de son principal commis; soupçons sur lui, 103. Ses conférences avec Bouillon; opposé à Sully dans le conseil, 126. Ses intrigues en Espagne, 156, 157. Accourt chez la reine à la mort du roi, 185. Reçoit ses ordres, 195. Est de son conseil secret, 199. Travaille avec elle, 206. Son âge; sa souplesse, 210, 211. Sa querelle avec Sully, 234. Signe le traité du double mariage entre les familles de France et d'Espagne, 256. Son alliance avec Concini, 274. Ses débats avec Sillery, 280. Ses conseils à la levée de boucliers des princes, 283, 286. Envoyé à Condé, 339. Lui est favorable, 340, 353. Ses rapports avec Galigaï, 346, 347. Négocie la paix avec Condé, 355. Accident qu'il éprouve, 358. Discussion qu'il soulève, 360. Ses conseils à la reine, 362. A un coadjuteur, 365. Reprend son poste, 412. Sa mort, 430.

VILLEROI (LE MARÉCHAL, MARQUIS DE) épouse la petite-fille de Concini; XXII, 274, 280. Est nommé gouverneur de Louis XIV; XXIV, 111. Son opinion sur la sédition qui éclate, 214. Mission que lui donne le duc d'Orléans, 364. Confiance que lui témoigne la reine, 398. Va au-devant de Mazarin, 480. Celui-ci met le roi en garde contre lui, 602. Méfiance de ce prince; XXV, 6. Est surintendant des finances, 28.

VILLEROI (LE MARÉCHAL DUC DE) est au siége de Namur; XXVI, 98. Sa promotion; son portrait, 117. Est mis sous les ordres de Luxembourg, 120, 146. Sa présomption, 154. Il défend Dunkerque, 156. Remplace Luxembourg en Flandre; ses lignes retranchées; ses opérations; il bombarde Bruxelles, 179 à 183, 204, 205. Il commande l'armée du Rhin; est envoyé en Italie, 317, 318, 323. Son échec à Chiari; conséquences qui en résultent, 324 à 327. Surpris à Crémone et prisonnier, 331 à 335. Commande l'armée des Pays-Bas, 362, 372, 373, 402, 403, 438. Trompé par Marlborough; il suit son mouvement, 404. Tenu en échec par Eugène, 406, 408. Sa retraite, 412, 413. Lignes dans lesquelles il se renferme; sa retraite, 441 à 443. Confiance du roi pour lui, 441, 455. Il perd la bataille de Ramillies; est remplacé, 456 à 463. Ne peut plus être employé; XXVII, 46. Rappelé à la cour, 155. Presse Louis de faire son testament, 206. Son entretien avec ce prince mourant, 215. Est du conseil de régence et gouverneur du jeune roi, 231, 244. Dévoile au duc d'Orléans les secrets de Louis XIV, 233. Sa fidélité à la constitution, 300. Opposé à la quadruple alliance, 322. Rumeurs contre le régent qu'il accrédite, 343. Leurs débats, 351 à 353. Se prononce pour la guerre à l'Espagne, 372. Ses rapports avec Mme de Maintenon, 408. Montre le roi au peuple; son mot; il presse ce prince de consentir à son mariage, 455, 456. Jalousie qu'il inspire à Dubois; leur entrevue; sa disgrâce; son exil, 462 à 469, 473. Fatigue qu'il causait au roi, 491. Comment accueilli par lui; époque de sa mort; XXVIII, 26.

VILLEROI (LE DUC DE); son insistance pour être admis près de Louis XV malade; XXVIII, 315.

VILLETTE (GEOFFROI DE), légiste sous saint Louis; l'assiste dans ses jugemens sous le chêne de Vincennes; VIII, 87.

VILLETTE (LE MARQUIS DE); Mme de Maintenon lui enlève ses enfans; XXV, 419.

VILLETTE, envoyé anglais à Turin; ses promesses au roi de Sardaigne; XXVIII, 396.

VILLETTE (LE MARQUIS DE); Voltaire est logé chez lui à Paris; XXX, 161.

VILLIERS (PIERRE DE), garde de l'oriflamme; dépose cet étendard à Saint-Denis; XI, 406.

VILLIERS (DE); mission que lui donne Henri III en Normandie; XX, 372.

VILLON (FRANÇOIS), créateur de la poésie burlesque: XIII, 595.

VIMIOSO (LE COMTE DE), ministre d'Antoine de Crato; ses désastres; sa mort; XX, 30 à 32. Ses négociations avec Henri de Navarre, 36.

VINCY (BATAILLE DE), gagnée par Charles Martel sur Raginfred; II, 114.

VINCY (ANTOINE DE), recteur de l'université; exclu de Paris comme ligueur; XXI, 276.

VINDOCIN (JÉRÔME); son supplice; XVII, 88.

VINTIMILLE, archevêque de Paris; son zèle persécuteur; XXVIII, 58, 59. Bénit le mariage de son neveu, 168. Pourquoi ranime la persécution; sa mort, 175, 176.

VINTIMILLE (LE MARQUIS DE) épouse une maîtresse de Louis XV; est veuf; XXVIII, 168, 171.

VIOLANTE d'Aragon, reine de Castille; enlève ses petits-fils les infans de la Cerda; VIII, 278. Qui elle a mis dans son secret, 279. Est belle-sœur de Philippe-le-Hardi, 287. Forcée de retourner en Castille, 308.

VIOLE, conseiller au parlement; son arrestation ordonnée; il s'enfuit; XVIII, 96. L'un des juges de Condé, 177. Remontrances qu'il fait à la reine-mère, 254, 255.

VIOLE, président des enquêtes au parlement; propose de veiller à la sûreté de Paris; XXIV, 224. Excite la colère de Condé, 228. Se pose comme ennemi de Mazarin, 336, 337. Comité secret dont il fait partie, 352.

VIOMARCH prend le titre de roi des Bretons; sa feinte soumission; II, 461. Sa mort, 462.

VIOMENIL (LE BARON, DEPUIS MARÉCHAL DE) est envoyé en Pologne; ses revers; XXIX, 478, 479. Ses opérations en Amérique, 199. Sa valeur à York-Town, 201.

VIRNEBOURG (HENRI DE), archevêque de Cologne; son alliance avec Philippe-le-Bel; IX, 215.

VIRY (AMÉ DE) fait la guerre au duc de Bourbon; lui est livré; obtient sa grâce; XII, 317, 318.

VISCONTI (GALÉAS ET MARC) entourent dans le Milanais Philippe de Valois et lui ouvrent la retraite; IX, 386, 387. Guerre de cette famille en Italie; X, 595; XI, 65. Son alliance avec la maison d'Angleterre; 82.

VISCONTI (JEAN-GALÉAS); son mariage avec Isabelle de France; à quelles conditions; X, 574. Sa constante amitié pour le roi son beau-frère, 192. Accueil de cette famille au duc d'Anjou, 372. La fille de Jean-Galéas épouse le duc d'Orléans, 560, 561. Il détourne Charles VI de porter la guerre en Italie. 586. Attaqué Jean d'Armagnac; motifs de cette guerre; ses démêlés avec sa famille; victoire de son général, 589 à 593. Reçoit de l'empereur l'investiture du duché de Milan; sa puissance; il aspire à soumettre Gênes; négociations du duc de Bourgogne contre lui; XII, 81 à 83. Ses projets rompus, 84. Il facilite le rachat du comte de Nevers et de ses compagnons; se remet ainsi en grâce à la cour de France, 95. Sa mort; anarchie qui la suit, 176.

VISCONTI (BERNABOS); son crédit en Italie; ses intrigues; XI, 155. Dépossédé par son neveu Jean Galéas; parti qui se forme pour son fils Charles, 592.

VISCONTI (VALENTINE) épouse Louis, duc d'Orléans; XI, 560, 561. Naissance de son fils, 591. Empire qu'elle conserve sur le roi; on répand le bruit qu'elle l'a ensorcelé; XII, 45, 46. Son mari l'éloigne, 71. Dispositions de Charles à son égard, 85. Sa haine pour la duchesse de Bourgogne, 149. Fonctions qu'elle fait donner à son mari, 161. Elle demande vengeance de la mort de ce prince; pourquoi quitte Paris, 281, 282. Y rentre, 298, Requête qu'elle présente, 300. Sa mort, 308. Droits qu'elle a transmis à son fils; XIII, 476; XIV, 146.

VISCONTI (CHARLES), gendre de Jean III d'Armagnac; son beau-père veut le faire rentrer dans la possession du Milanais; XI, 592, 593.

VISCONTI (JEAN-MARIE), duc de Milan; sa férocité; par qui protégé; par qui réduit; XII, 325 à 327.

VISCONTI (PHILIPPE-MARIE); sa part dans la succession paternelle; XII, 325. Est duc de Milan; renfort qu'il envoie à Charles VII; XIII, 29. Représenté au congrès d'Arras, 250. Met en liberté le roi d'Aragon, 296. Sa mort; son héritage disputé, 476, 477.

VISCONTI (SACRAMORO) passe du parti de Sforza au parti français; XV, 628.

VISCONTI (GALÉAS), conseiller de Lautrec à Milan; le dessert à la cour de François 1er; XVI, 85.

VISCONTI (ANCHISE); ses opérations dans le Milanais contre Lautrec; XVI, 154. Il défend Arona, 203.

VISCONTI (LE COMTE GIULIO), vice-roi de Naples chassé par les armes espagnoles; XXVIII, 115 et suiv.

VISIGOTHS, Goths occidentaux; I, 116. Leurs Balthes, 117. Marchent sur l'Italie, 119. Leurs établissemens dans les Gaules, 128, 135. Marchent sur l'Italie, 136. En partent pour les Gaules comme alliés de l'empire; détails sur leur prise de possession du Midi, 137 à 141. Font la conquête de l'Espagne, 143, 144. Reviennent dans les Gaules, 144. Battus par Aétius, 151. S'affermissent, 165. Leurs progrès intellectuels, 166. Ne reconnaissent point à leurs rois de droits héréditaires, 167. Professent l'arianisme, 184. Propriétaires des deux tiers des terres dans les provinces qu'ils occupent, 197. Se dispersent et perdent leurs habitudes militaires, 198. Leur défaite à Vouglé, 222. Remplacent Alaric par Gésalric; leur situation critique après la bataille, 224. Assiégés dans Carcassonne; secourus par les Ostrogoths, 225. Vaincus encore par les Francs, 557. Recouvrent le territoire perdu, 258. Vaincus par Théodebert, 268. Arrêtent les fils de Clovis et restent paisibles possesseurs de l'Espagne et de la Septimanie, 280. Défendent avec avantage cette dernière contrée, 412. Leur affaissement; II, 12. Renversés par les Maures, 104, 105. Possèdent encore la Septimanie; la perdent, 125. Y cherchent à secouer le joug; se donnent à Pepin, 197.

VISSANT (JACQUES ET PIERRE DE) se dévouent pour Calais; X, 330, 331.

VITELLI (LES) appellent les Français en Italie; XV, 245. Menacés par les Borgia, 393.

VITELLI (CHIAPPINO); renfort qu'il amène à Jules II; XV, 548.

VITELLI (CHIAPPINO) est lieutenant du duc d'Albe en Flandre; XIX, 146. Encourage la licence de ses soldats; ses combats; sa mort, 483 à 485.

VITIGÈS est élu roi par les Ostrogoths; I, 274. Ses promesses aux Francs; secouru par eux, 274, 275. Retire ses troupes de la Gaule méridionale, 279. Prisonnier des Grecs, 282.

VITRY (JACQUES DE), historien des combats en Terre-Sainte; prêche la croisade contre les Albigeois; VI, 493. Quand finit sa chronique, 488. Est Français, 500.

VITRY (LOUIS DE L'HOPITAL, BARON, PUIS MARÉCHAL DE) passe du parti royal à la ligue; XXI, 15. Député de la noblesse aux Etats-généraux de Paris, 178. Profite le premier de l'édit de pardon; est nommé par le roi gouverneur de Meaux, 239, 240, 242. Arrête Biron, XXII, 72. Conseil qu'il donne à Sully, 193. Tue Concini, 393 à 395. Met des gardes à la porte de la reine-mère, 396. Sa rudesse à son égard, 403, 404. Sa promotion, 412. Est chevalier du Saint-Esprit, 458. Est gouverneur de Provence; ses démêlés avec Sourdis; XXIII, 301. Est à la Bastille; conspire avec Soissons, 449. Mis en liberté, 533.

VITRY (NICOLAS), maréchal de l'Hôpital, a part à la victoire de Rocroy; XXIV, 39 à 42. Son rôle dans la fronde et au combat Saint-Antoine, 331, 439, 455. Condé lui ôte le gouvernement de Paris, 462.

VITTAUX (GUILLAUME DE) pense faire périr trois rois; XIX, 244. Assassine Du Guast, 349. Dévalise la maison de son frère, 385.

VIVANS (LE COMTE DE) contribue à la prise des lignes de Stolhoffen; XXVII, 33 et suiv.

VIVONNE (ANDRÉ); ses remontrances à François 1er; XVI, 73.

VIVONNE (MORTEMAR DE) est nommé maréchal; XXV, 302. Puis vice-roi de Sicile; son expédition en cette île; ses excès; il détruit à Palerme la flotte ennemie, 332 à 337. Est remplacé, 376.

VOISIN (JOSEPH); sa mission près du parlement de Paris; XXIV, 335 et suiv.

VOISIN (LA); ses crimes; son arrestation; son supplice; XXV, 403 à 406.

VOISIN est nommé ministre de la guerre; XXVII, 84. Est chancelier; édit qu'il prépare, 203. Presse le roi de faire son testament, 206. Mission qu'il donne au chevalier de Lilliers, 228. Est du conseil de régence, 231, 244. Dévoile au duc d'Orléans les secrets du roi, 233. Sa mort, 296.

VOLAND (ANTOINE DE); pourquoi sa fille détruit sa beauté; XVI, 218.

VOLTAIRE dirige la réaction contre le despotisme intolérant de Louis XIV; ses débuts; il est mis à la Bastille; XXVII, 294. Accusation de son école à l'égard des miracles du diacre Paris; XXVIII, 56. Son voyage en Angleterre; ses lettres philosophiques compromettent l'école qu'il fonde; sa fortune; apprécié comme historien, 180 à 184. Ses liaisons avec le roi de Prusse, 221. Sa mission près de lui, 305. Sa popularité, 352. Attiré par Mme de Pompadour, 355, 469. Est de la cour de Stanislas, 472. Ses sectaires, 482. Son injustice à l'égard des jésuites; XXIX, 220. Il leur doit sa première éducation, 228. Humeur du parlement contre lui, 289. Il fait réhabiliter la mémoire de Calas; sauve Sirven, 294 à 296. Ses efforts en faveur de de la Barre; il protège d'Étallonde; ce qu'il appelle la méprise d'Arras, 298 à 300. Il défend Lally, 304 à 305. Humeur du roi contre lui, 324. Flatté par Catherine II, 394. Ses sarcasmes sur la vénalité des charges, 431. Somme que lui fait perdre Terray, 461. A quoi attribue la maladie du roi, 500. A mis en vogue en France la constitution anglaise; XXX, 8, 9. Comment apprécie Turgot, 32. Seconde les vues de ce ministre, 77. Prédit sa chute, 85. Douleur qu'elle lui cause, 89. Boutade de l'empereur à son égard; son voyage à Paris; enthousiasme qu'il inspire, 158 à 162. Son mot à Turgot; il bénit le fils de Franklin, 161, 162. Intérêt que Monsieur prend à son retour, 280. A appris à son siècle l'humanité, 376. En a été le verbe philosophique et littéraire, 446.

VORÉE DE LA FOSSE, mission que François Ier lui donne en Allemagne; XVI, 458.

VORSTIUS, théologien hollandais; ses doctrines; XXII, 455.

VOULDY, émissaire de Mazarin près des princesses de Condé; trompé par elles; XXIV, 317, 318. Appose les scellés chez Fouquet; XXV, 27.

VOUGLÉ (BATAILLE DE) gagnée par Clovis sur Alaric II; I, 223.

VOYAULT, émissaire envoyé par Dammartin à Louis XI; XIV, 69. Comment accueilli, 72, 73. Propos du duc de Bourgogne qu'il relève, 79.

VULFARD, homme du roi, présente le combat aux Normands; III, 79.

VYTOUT (JEAN DE), défenseur de Metz contre Charles VII; XIII, 437.

WACHTENDUNK, général de l'empereur; troupes qu'il conduit en Corse; XXVIII, 201.

WADDON, l'un des partisans de Gondowald; I, 383, 386.

WADE, troupes anglaises qu'il commande dans les Pays-Bas; XXVIII, 311. Ses opérations contre Charles Édouard Stuart, 382.

WALA, tuteur du jeune Bernard; II, 415. Sa naissance, son crédit; sa capacité pour les affaires, 428. Prête serment à Louis-le-Débonnaire, 429. Obligé de se faire moine et abbé de Corbie, 434. Pardon public que lui demande Louis, 453. Donné pour conseiller à Lothaire, 455. Chef des mécontens; censeur du royaume, 471. Propose de déposer l'empereur; III, 8. Renvoyé par lui à son abbaye, 12.

Exilé; Bernard se rapproche de lui, 18. Sa mort, 37.

WALBURG (GERARD TRUCHSES DE), archevêque de Cologne; embrasse la réforme; se marie; XX, 67.

WALDECK (LE PRINCE DE), évêque de Munster; reprend cette ville sur Jean de Leyde; XVI, 462.

WALDECK (LE COMTE DE); secours qu'il amène aux Huguenots de France; XVIII, 351.

WALDECK (LE PRINCE DE) bat d'Humières à Walcourt; XXV, 38. Perd la bataille de Fleurus, 531 et suiv.

WALDECK (LE COMTE DE) a part au combat de la Secchia; est tué; XXVIII, 126, 127.

WALDECK (LE PRINCE DE) commande les Hollandais à la bataille de Lawfeld; XXVIII, 442. Tente vainement de secourir Berg-op-Zoom, 444.

WALDEMAR III, roi de Danemarck; son voyage à Avignon; X, 598. Son projet de passer en Angleterre, 611.

WALL (LE GÉNÉRAL), ministre d'Espagne; XXIX, 236. Sa disgrâce, 313.

WALLA (LAURENT). Voy. *Guarino*.

WALLACE (GUILLAUME) soulève l'Ecosse contre Edouard 1er; IX, 33. Chasse les Anglais; se fait nommer régent du royaume, 34. Est vaincu à Faldkirk, 50. Son supplice, 167.

WALLENSTEIN (LE COMTE); armée qu'il offre à l'empereur Ferdinand II; ses débuts; XXII, 532. Ses opérations; ses succès; XXIII, 124 à 127. Exécution dont ses troupes sont chargées, 128, 129. La ligue catholique demande leur licenciement; il est destitué, 131, 132, 171, 174. Il est rappelé; refuse de secourir le duc de Bavière; ses succès en Bohême, 193, 194, 217, 242. Invoqué par Gaston, 214. Sa jonction avec les Bavarois; il assiége Nuremberg; ses manœuvres après la levée du siége; il perd la bataille de Lutzen; 218, 219. Transaction qu'il conseille à l'empereur, 221. Sa conjuration; sa mort, 242 à 244.

WALLIA, roi visigoth; ses conquêtes en Espagne; son retour; I, 144. Sa mort, 145.

WALPOLE (ROBERT), ministre anglais; pensionne Mme de Prye; XXVII, 506. Ses efforts pour le maintien de la paix; XXVIII, 64 à 68, 85. Domine le cabinet, 139. Entraîné à déclarer la guerre à l'Espagne, 218, 219. Ses efforts pour réconcilier Frédéric et Marie-Thérèse, 128, 237. Sa chute, 268. Un de ses élèves aux affaires, 300. Incidemment nommé; XXIX, 444.

WALPOLE (HORACE), ambassadeur à Paris; son influence sur le ministère français; XXVII, 506. Sa liaison avec Fleury; résultats politiques qui s'ensuivent; XXVIII, 7 et suiv. Ses conférences pour la paix, 35. Secours qu'il assure à Théodore Neuhof, 212. Incidemment nommé; XXIX, 444.

WALSH; son armement en faveur de Charles-Edouard Stuart; XXVIII, 379.

WALSINGHAM, secrétaire d'état d'Elisabeth d'Angleterre; mémoire que lui envoie le Navarrais; XX, 112. Lettre que lui écrit Duplessis, 176. Inquiétudes que lui donne Marie Stuart, 249. Sa police, 251. Complot dont il a le secret, et qui donne prétexte à la condamnation de la reine d'Ecosse, 252 et suiv.

WALTER (LE CHEVALIER), lieutenant de l'empereur Frédéric à Jérusalem; n'est point obéi; VII, 209.

WANDELINUS, maire du palais; I, 361, 387.

WANGENHEIM, lieutenant du prince de Brunswick; son poste à Minden; XXIX, 196.

WANSLAER (PIERRE), capitaine gantois à Ypres; tué par les bourgeois; XI, 389.

WARATO, élu maire du palais après la mort d'Ebroin; traite avec Pepin; II, 83. Meurt, 84.

WARREN (COMTE DE), négociateur d'Edouard 1er roi d'Angleterre; VIII, 495.

WARREN, amiral anglais; sa victoire sur les Français; XXVIII, 450.

WARIGNIES (ROBERT) commande le château de Caen; X, 278.

WARNACHAIRE, maire du palais en Bourgogne; I, 414. Meurt, 416.

WARNACHAIRE, part qu'il prend à la ruine de Brunehault; I, 441 à 444. Seconde Clothaire; II, 4. Meurt, 16.

WARNES, barbares anéantis par les Francs; I, 412.

WAROCH, duc de Bretagne; sa guerre avec Chilpéric; I, 354, 355. Résiste aux Francs, 412.

WARTY (PERROT DE) surveille le connétable de Bourbon; XVI, 188.

WARWICH (LE COMTE DE) prend la croix; VIII, 170. Fait tuer Gaveston, 273.

WARWICK (LE COMTE DE) prend part à la victoire de Crécy; X, 292, 300. A celle de Poitiers; sauve la vie du roi Jean prisonnier, 472. Négociateur à Brétigny, 570. Accompagne en France le duc de Lancastre; XI, 185. Soutient le duc de Glocester, 546. Sa disgrâce; XII, 8. Accusé de complot; son exil, 103, 105.

WARWICK (LE COMTE DE), lieutenant de Henri V en Normandie; XII, 533. Au siége de Rouen, 558. Négociation dont il est chargé, 574. Il demande aux Bourguignons le trône de France pour Henri, 588. Est chargé de l'éducation de Henri VI, 622, 623. Lieutenant de Bedford en France; XIII, 61. Battu à Montargis, 64. Prend Pontorson, 74, 75. Est envoyé en Angleterre, 82. Sa présence à la cour de Henri VI, 175. Victoire qu'il remporte, 195. Son entrée à Paris, 206. Il marche sur Lagny, 211. Secourt Paris, 249.

WARVICK (LE COMTE DE); son entrée aux conseils de Henri VI; XIII, 573. Est du parti du protecteur; XIV, 15. Ses troupes à Londres; transaction, 16. Vicissitudes auxquelles il prend part, 50 à 55. Nommé le faiseur de rois, 195. Sa négociation en France; présens que lui fait Louis XI, 228, 229. En guerre avec le roi; est défait à Stamfort; se réfugie en France, 300 à 303. Secondé par Louis XI; descend en Angleterre; se réconcilie avec Marguerite d'Anjou; entre à Londres; expulse Édouard, 304 à 310. Secours qu'il promet à Louis, 330, 334. Troupes qu'il rassemble, 335. Refuse de se réconcilier avec Édouard, 336. Vaincu à Barnelt et tué, 337, 338.

WARWICK (AMBROISE DUDLEY, COMTE DE); secours qu'il conduit aux protestans de France; XVIII, 343. Refuse d'évacuer le Havre, 392. Est assiégé et capitule; contagion qu'il transporte à Londres, 393, 394.

WASHINGTON (GEORGES) fait ses premières armes contre les Français; XXIX, 64, 65. Commande l'armée américaine; XXX, 136 et suiv. La déclaration d'indépendance lui est envoyée par le congrès, 138. Ses victoires de Trenton, de Princeton, 149. De Montmouth, 175. D'Estaing ne se concerte pas avec lui, 176. Son refus de bombarder Boston, 185. Sa constance, 190 et suiv. Dissidences qu'il apaise, 193. Effort qu'il sollicite et obtient de la France, 194, 195. Se porte au Midi, 198, 199. Fait capituler Cornwallis à York-Town, 200 à 202.

WASNER (LE BARON DE), plénipotentiaire autrichien; alliance qu'il signe; XXVIII, 289.

WASO, évêque de Liége, s'interpose entre le roi de France et l'empereur; IV, 273. Sa tolérance, 288.

WASSENAER, ambassadeur hollandais, négociateur aux conférences de Breda; XXVIII, 408, 437.

WAT TYLER excite une insurrection formidable contre Richard II; XI, 337. Sa mort; effets de ce soulèvement, 338, 339. Son parti s'agite encore, 360, 361.

WATTEVILLE (JACQUES), avoyer de Berne; armée suisse qu'il conduit devant Dijon; XV, 646, 647. Sa conduite suspecte, 649.

WATTEVILLE (L'ABBÉ); ses intrigues en Franche-Comté; XXV, 149.

WATTEVILLE (LE BARON DE), négociateur de l'Espagne avec la Fronde; XXIX, 341, 348. Ambassadeur en Angleterre; sa querelle de préséance avec le comte d'Estrades; XXV, 23, 24.

WEDEL, lieutenant de Frédéric, perd la bataille de Zullichau; XXIX, 200.

WELAND, duc des Normands, vend son secours à Charles-le-Chauve; III,

140. Se convertit et lui prête serment de fidélité, 141.

WELTSI ou WELETABI, les plus septentrionaux des Slaves sur la rive droite de l'Elbe; II, 331. Partagent avec les Slaves Abodrites le pays entre l'Oder et l'Elbe; les attaquent; sont envahis par Charlemagne, 332. Leur soumission, 333. Convoqués au champ de mai; assaillis et taillés en pièces par les Saxons, 353. Ligués avec Godfrid, 409.

WENCESLAS, élu roi de Hongrie; IX, 67. Dispute le trône à Charobert, 115. Extinction de cette maison royale, 173, 194. Voy. *Ottocar Wenceslas*.

WENCESLAS, duc de Brabant et de Luxembourg; est invité au sacre de Charles v; XI, 6. Y assiste, 14. Sa veuve persiste dans l'alliance française, 111.

WENCESLAS, roi de Bohême, empereur élu; XI, 230. Sa destinée, 244. Se déclare pour Urbain VI, 249. Ses vices honteux, 301, 302. Il laisse tomber l'Allemagne en dissolution; ligues des villes libres, 484, 485. Ses bons rapports avec Charles VI, 548, 549. Chevaliers auxquels il offre le passage; XII, 76. Fiefs dont il donne l'investiture à Visconti, 81. Son emprisonnement, 101. Son infructueux voyage à Reims, 110. Persiste à soutenir Boniface, 113. Les électeurs s'apprêtent à le déposer, 121, 122. Par qui ils le remplacent; son ambassade à la cour de France; ses effets, 137, 138. Son affaissement, 147, 175, 176. Il approuve l'élection d'un évêque à Liége, 295. Débilité de l'empire résultant de sa rivalité avec Robert, 320.

WENILON, archevêque de Sens; trahit Charles-le-Chauve, qui demande sa punition; III, 135, 136.

WENLOCH, lieutenant de Warwick à Calais; l'y accueille à coups de canon; XIV, 303. Ses hostilités contre le duc de Bourgogne; envoyé qu'il reçoit, 324, 333. Renforce Marguerite d'Anjou; est tué, 339.

WENTWORTH (LORD) rend Calais à la France par capitulation; XVIII, 58.

WERDEREN (LE BARON DE) force les lignes de Villeroi; XXVI, 442.

WERTH (JEAN DE), général bavarois; renforce le cardinal-infant; XXIII, 286, 287. Son audace; il répand l'effroi dans Paris, 290. Ses carabiniers, 293. Bataille sur le Rhin, 320. D'abord vainqueur à Rhinfeld; est vaincu et fait prisonnier; enfermé à Vincennes; proverbe à ce sujet, 338 à 340. Battu par Guébriant, 518. Ses opérations contre ce général; XXIV, 45, 46. Il décide de la victoire à Marienthal, 83. Prend le commandement à Nordlingen; fait retraite, 87, 88. Passe au service de l'empereur, 142.

WESTMORELAND (LE COMTE DE) prend parti contre Richard II; XII, 129.

WEYMAR (BERNARD DE SAXE) seconde Gustave-Adolphe; XXIII, 179. Lui succède dans le commandement de l'armée, 220. Ne peut sauver Ratisbonne; perd la bataille de Nordlingen, 246, 247. Subsides que lui fournit la France, 266. Il lutte contre Gallas, 270, 271. Sa retraite, 272, 273. Louis XIII lui donne l'Alsace, 274. Détachement qu'il fait sur la Valteline, 275. On reproche au roi de l'employer, 282. Son voyage à Paris, 284. Il ravitaille l'Alsace, 285. Fait lever le siége de Saint-Jean de Losne, 296. Repousse le duc de Lorraine, 320. Défait, puis vainqueur à Rhinfeld, 338 à 340. Il prend Brisach et bat les armées de secours, 341. Ses projets; ses désirs; ses conquêtes en Franche-Comté; sa mort, 369 à 371. Son armée passe au service de la France, 372, 422, 473.

WHARTON (LE DUC DE); ses négociations avec Riperda; XXVIII, 11.

WICKLEFF (JEAN) prêche la réforme en Angleterre; XI, 214, 441. Ses doctrines; par qui il est protégé, 215. Nature de ses prédications, 245. Ses précédens; ses protecteurs; il n'est point persécuté, 246. Prédication de l'un de ses disciples, 336. Progrès de sa réforme, 361. Le clergé anglais veut livrer aux bûchers ses disciples; XII, 155. Où ses idées se répandent, 177. Ses disciples se multiplient, 497.

WILDE (GUILLAUME DE), prévôt de Liége ; met en liberté Himbercourt ; XIV, 238.

WILDE (LE SIRE DE), capitaine des Liégeois; perd la bataille de Bruestein; sa mort; XIV, 238.

WILDERODE, évêque de Strasbourg; ses concussions; sa mort miraculeuse; IV, 115.

WILFORD (GUILLAUME DE), amiral de Henri IV d'Angleterre; ses hostilités sur les côtes de Bretagne; XII, 188.

WILFRID, évêque d'York; hospitalité qu'il donne à Dagobert II; II, 71. Danger qu'il court en Austrasie, 78.

WILICHAIRE, duc des Allemands; soutient la guerre contre Pépin; II, 104.

WILLIBAD, patrice de Bourgogne; sa part à la guerre en Gascogne; II, 34. Sa mort, 41.

WILLIBERT, archevêque de Cologne ; Charles-le-Gros abuse de son nom; III, 259.

WILLOUGHBY (LORD) défend Compiègne, puis Paris ; XIII, 240, 262. Evacue cette dernière ville, 269 et suiv.

WILMINGTON (LORD) est nommé ministre ; XXVIII, 268. Sa mort, 300.

WILTSAN, roi des Weltsi; prête serment à Charlemagne; II, 333. Sa mort, 353.

WILT SHIRE (LE COMTE DE), de la *Rose rouge*; rigueurs dont il est le ministre; XIV, 51.

WINCHESTER (SAHER, COMTE DE). Voy. *Fitz-Walter* ; VI, 454, 468. Est prisonnier, 469.

WINIGISE, lieutenant de Charlemagne ; envoyé contre Adalgise ; II, 330.

WINTER (PIERRE), chef gantois ; défend le pont de Warneston sur la Lys; XI, 386. Est un des plus influens capitaines, 417. Il renforce les assiégeans devant Ypres, 425.

WIRTZ, général hollandais; défend le passage du Rhin; XXV, 240, 241.

WITT (JEAN DE), grand pensionnaire de Hollande; faction dont il est chef; pourquoi incline vers l'alliance française; XXV, 103, 104, 228. Propose d'ériger la Belgique en république indépendante; fait éluder l'alliance espagnole ; en guerre avec l'Angleterre, refuse un nouveau traité avec Louis XIV, 107 à 109. Troupes françaises auxquelles il n'accorde pas le passage ; 112. Opposé à la paix, 119, 120. Trompé par Louis, 124. Négociations qu'il entame, 132, 133. Comment veut forcer le roi à la paix, 142, 143. Joué par Charles Stuart, 175. Brouillé avec l'électeur de Brandebourg, 210. Il fait abolir le stathoudérat ; parti qui lui est opposé ; accusations dont il est l'objet, 229 à 231. Comment croit ramener le roi d'Angleterre, 232. Députés qu'il envoie à Louis, 243. Soulèvement contre lui ; il est tué, 245 à 249. Sa chute entraîne celle de l'aristocratie, 323.

WITT (CORNÉLIUS DE); seconde la politique de son frère; XXV, 228 et suiv. Sa mort, 245 à 249.

WITTELSBACH (OTHON DE) tue Philippe de Souabe; VI, 245.

WITTIKIND, le plus renommé des rois saxons ; cherche des libérateurs en Scandinavie; II, 257. Soulève ses compatriotes, 260, 265. Quitte encore la Saxe; y revient; l'excite à la révolte, secondé par les Sorabes, 291. Sa victoire à Sonnethal ; son armée se dissipe; il se retire chez les Normands, 292, 293. Sa soumission, 300. Son attachement à la religion chrétienne qu'il a embrassée, 341.

WITTIZA cause la ruine des Visigoths; II, 105.

WLADISLAS, roi de Pologne; épouse Marie de Gonzague; sa mort; XXIV, 103 à 105.

WOLFE (LE GÉNÉRAL); troupes anglaises qu'il conduit en Canada; XXIX, 175. Ses succès; sa mort, 179 à 183.

WOLFENBUTTEL (LE PRINCE DE) amène des renforts à Cumberland ; XXVIII, 456.

WOLFGANG de Bavière, duc de Deux-Ponts ; secours qu'il conduit aux protestans ; par qui renforcé ; sa mort; XIX, 42, 52 à 54.

WOLSEY (THOMAS), évêque de Lincoln; puis cardinal; négocie le traité d'Etaples; XV, 666. Administrateur de l'évêché de Tournai ; ses griefs

WOR

contre la France; par qui gagné; son influence sur le traité de Londres; XVI, 54 à 56. Choisit le lieu de l'entrevue du champ du Drap-d'Or, 110. Rédige le traité d'Ardres, 113. Gagné par Charles-Quint; espère la tiare, 116. Conférence qu'il doit présider à Calais, 130. Sa partialité pour l'empereur, 133, 134. Ligue qu'il conclut contre la France, 150. La papauté deux fois lui échappe; son mécontentement; comment apaisé, 212. Il dessert l'empereur, 255. Songe à changer d'alliance, 225. Son entrevue avec François 1er, 306. Le pape lui retire la cause du divorce de Henri, 347. Sa disgrâce; sa mort, 404.

WOODVILLE (ÉLISABETH) épouse Edouard IV d'Angleterre; XIV, 229. Réfugiée à Westminster; naissance de son fils, 334.

WORAD, comte du palais de Charlemagne, envoyé contre les Sorabes; II, 291. Sa défaite, 292, 293.

WYA

WOURDRETON (ROBERT DE) fait accuser d'empoisonnement le roi de Navarre; XI, 488, 489.

WRANGEL, général suédois; ses opérations de concert avec Turenne; XXIV, 121, 122, 139 à 143, 175.

WRBNA (LE COMTE), général de l'empereur; battu par Tekely; XXV, 379.

WULFOALD, maire du palais d'Austrasie; II, 62. Gouverne sous le nom de Childéric II, 63. Seconde l'insurrection contre Ebroin, 66. Accompagne et gouverne Childéric II, 67. Sa fuite, 69.

WULFRAMM (SAINT) tente vainement de baptiser le duc des Frisons; II, 96.

WURFAUD. V. *Pascuethan*.

WULGRIN d'Angoulême; révolté contre Richard Plantagenet; V, 521. Vaincu, prisonnier et gracié, 522.

WYATH (THOMAS); du parti d'Elisabeth; son supplice; XVII, 525.

XAI

XAINCOINGS (JEAN DE), receveur général des finances de Charles VII; sa disgrâce; XIII, 536. Courtisans enrichis de ses dépouilles, 537, 538.

XAINTES défend la cause catholique à la conférence de Poissy; XVIII, 235.

XIM

XAVIER (LE PRINCE) de Saxe perd la bataille de Luttemberg; XXIX, 260. Prétend au trône de Pologne, 310.

XIMENÈS (LE CARDINAL), archevêque de Tolède; est régent de Castille; XVI, 47. Sa disgrâce; sa mort, 95.

YVE

YVES, évêque de Chartres; refuse d'unir Philippe 1er et Bertrade; IV, 518. Emprisonné, puis relâché, 519. Sa lettre à l'archevêque de Lyon, 522. Conseille l'indulgence à l'égard du roi; V, 14. Ses conseils à Louis-le-Gros; le défend des prétentions de l'archevêque de Reims, 72, 73. Lettres de lui citées relativement à l'existence d'une commune à Chartres, 124.

YOL

YOLANDE de Bretagne, promise à Henri III d'Angleterre; puis à Charles d'Anjou; VII, 26, 31. Offerte par son père au comte de Champagne, 56. Epouse Hugues de Lusignan, 141.

YOLANDE de Jérusalem; son mariage avec l'empereur Frédéric II; VI, 546; VII, 44.

YOLANDE de Dreux épouse le duc de Bourgogne; VII, 60.

YOLANDE d'Aragon épouse Robert d'Anjou; VIII, 501, 502.

YOLANDE de Bourgogne, femme de Robert III de Flandre; étranglée par ses ordres; IX, 376.

YOLANDE, comtesse de Bar; prétexte qu'elle donne à l'évêque de Norwich d'attaquer la Flandre; XI, 423.

YOLANDE d'Aragon; son mariage avec Louis II d'Anjou; XI, 566; XII, 144. Sa convention de neutralité avec Henri V, 526, 557. Son influence à la cour de son gendre Charles VII; comment entend l'affermir sur le trône; ses négociations; XIII, 40, 41. Par qui secondée, 43. Reconnaît Martin V, 54. Brigue qu'elle forme pour dominer le roi, 70. Ordonnance qu'elle signe, 68, 69. Elle abandonne Giac, 72. Nouveau favori qu'elle présente au roi; son voyage, 74. Elle perd le favori, 76, 77. Don qu'elle obtient, 88, 89. Elle assiste aux États, 91. Elle vérifie la virginité de Jeanne d'Arc, 122. Son douaire; sa famille; ses intrigues; ses projets d'alliance avec la Bretagne, 168, 169. Elle favorise la passion du roi pour Agnès Sorel, 203. Ses intrigues contre le favori, 221 et suiv. S'est retirée de la cour; visitée par Réné, 298, 299. Se rend aux États d'Orléans, 350. Sa mort, 413.

YOLANDE d'Anjou épouse Ferry de Vaudemont; XIII, 217, 298, 414. Hérite de la Lorraine; XIV, 399. A transmis ses droits à son fils, 586.

YOLANDE de France épouse Amédée de Savoie; XIII, 546. Prisonnière; délivrée par Louis XI; XIV, 342. Se ligue contre lui, 426. Rentre dans son alliance, 471, 472. Prisonnière de Charles-le-Téméraire, 480, 481. Délivrée encore par son frère; leur entrevue; son retour en Savoie, 483. Sa mort, 551.

YOLET, député des Huguenots près de Damville; XIX, 293.

YVAIN de Galles; son commandement dans l'armée française; il fait prisonnier le captal de Buch; XI, 172. Echoue à Mortagne-sur-Mer, 229. Est assassiné, 238.

YVILLE (LE CAPITAINE) annonce à François Ier la détresse de Landrecies; XVII, 154.

YVOY-GENLIS part pour le Piémont; XVII, 184. Son gouvernement; XVIII, 294. Il capitule à Bourges; est repoussé par son parti, 303, 304. Soulève le Poitou; XIX, 31.

ZAN

ZACHARIE, pape, ordonne Carloman; II, 159. Consulté par Pépin; l'exhorte à se faire roi, 165. Ses mesures contre les faux prêtres, 180. Sa mort, 183.

ZAMA, lieutenant du calife; franchit le premier les Pyrénées; soumet la Septimanie; II, 125. Tente vainement de passer le Rhône; attaque Toulouse; y est tué, 126.

ZAMET (SÉBASTIEN), financier sous Henri IV; sa fortune; sa faveur; son luxe, ses complaisances pour le roi; XXI, 437, 459, 460. Gabrielle d'Estrées meurt après un repas pris chez lui; XXII, 31.

ZANETTI (GIULIO), savant de Pa-

ZAT

doue; brûlé par l'inquisition; XVIII, 463.

ZAPOLSKY (JEAN SIGISMOND DE SCÉPUS), prince de Transylvanie; sa mère gouverne en son nom; XVII, 418, 559. En guerre avec Maximilien II; fait la paix; XVIII, 456, 457.

ZAPOLSKY (JEAN), comte de Scépus, élu roi de Hongrie, sous la protection de Soliman; XVI, 331. Ses négociations avec François Ier, 393, 394. Ses rapports avec Ferdinand et les protestans; XVII, 22, 23. Son mariage; sa mort, 84.

ZATA, seigneur de Barcelone; apporte les clefs de cette ville à Charlemagne; II, 360.

ZELL (LE DUC DE), lieutenant du duc de Lorraine; XXV, 325. Prête ses troupes à Guillaume III; XXVI, 18.

ZENGUI (EMADEDDIN), sultan d'Alep; prend Edesse; horrible massacre; est assassiné; V, 300.

ZEYER, chevalier, collègue de d'Arteveld; son supplice; X, 114.

ZINGIS; ses fils amènent les Mogols en Pologne et en Hongrie; VII, 195. Etendent en tous sens leurs conquêtes, 198. Leur système d'extermination des vaincus, 223. Poursuit les Corasmiens, 302.

ZINZENDORF, ambassadeur de l'empereur à La Haye; XXVII, 167. Ne signe pas la paix d'Utrecht, 176. Son entrevue avec Riperda, 528. Signe les préliminaires de Vienne; XXVIII, 142.

ZIRIKSÉE (COMBAT NAVAL DE), gagné par la flotte génoise au service de la France sur les Flamands; IX, 150.

ZISKA, capitaine hussite; ses exploits en Bohême; XIII, 67.

ZOEHRINGEN (BERCHTOLD DE), du parti d'Hildebrand; dépouillé de la Souabe; IV, 498. A l'avantage en Bourgogne, 501.

ZOERINGHEN (CONRAD DE), investi du comté de Bourgogne; V, 215. S'affermit dans la Suisse, 216, 423.

ZOERINGHEN (BERTHOLD IV DE) succède à Conrad; V, 423. Est reconnu pour vicaire de l'empire en Bourgogne, 424. Elu roi des Romains; abdique; VI, 171.

ZONNEKIN (NICOLAS), bourgmestre de Bruges; commande les Flamands soulevés; X, 21. Perd la bataille de Cassel et la vie, 22, 23.

ZUNINGA (BALTHASAR DE), ambassadeur de Philippe III d'Espagne à la cour de Henri IV; offre l'appui de son maître à la duchesse de Verneuil; XXII, 105. Ses intelligences avec Meyrargues, 121. Ses explications avec le roi, 122. Est à la tête des affaires en Espagne, 525.

ZURLI (LES) se mettent à la tête du parti angevin à Naples; XI, 447.

ZWINGLE, réformateur de Zurich; détourne ses compatriotes de leurs enrôlemens comme mercenaires; sa mort; XVI, 442. Ses doctrines analogues à celles des Vaudois; XVII, 234.

ZWENTIBOLD, bâtard d'Arnolphe; reconnu roi de Lorraine; a mission de soutenir Eudes; III, 311. Se tourne contre lui; assiége Laon; son pouvoir s'accroît, 312. Forcé de lever le siége, se retire en Lorraine; donne asile à Charles, 313. Est exposé de toutes parts aux Normands, 318. Sa mort, 321.

FIN.